经济学
原理与政策

ECONOMICS 11E
PRINCIPLES AND POLICY

经济学精选教材译丛

〔美〕威廉·J.鲍莫尔（William J. Baumol） 著
　　艾伦·S.布林德（Alan S. Blinder）

方臻旻 译　方齐云 校

第11版

北京大学出版社
PEKING UNIVERSITY PRESS

著作权合同登记号 图字：01-2009-2927

图书在版编目(CIP)数据

经济学：原理与政策：第11版 /（美）威廉·J. 鲍莫尔（William J. Baumol），（美）艾伦·S. 布林德（Alan S. Blinder）著；方臻旻译. —北京：北京大学出版社，2016.10
（经济学精选教材译丛）
ISBN 978-7-301-27639-6

Ⅰ. ①经… Ⅱ. ①威… ②艾… ③方… Ⅲ. ①经济学—教材 Ⅳ. ①F0

中国版本图书馆CIP数据核字(2016)第242682号

William J. Baumol, Alan S. Blinder
Economics: Principles and Policy，11th edition.
Copyright © 2009 South-Western，Cengage Learning
Original edition published by Cengage Learning. All Rights Reserved.
本书原版由圣智学习出版公司出版。版权所有，盗版必究。

Peking University Press is authorized by Cengage Learning to publish and distribute exclusively this simplified Chinese edition. This edition is authorized for sale in the People's Republic of China only (excluding Hong Kong, Macro SARs and Taiwan). Unauthorized export of this edition is a violation of the Copyright Act. No part of this publication may be reproduced or distributed by any means, or stored in a database or retrieval system, without the prior written permission of the publisher.
本书中文简体字翻译版由圣智学习出版公司授权北京大学出版社独家出版发行。此版本仅限中华人民共和国境内（不包括中国香港、澳门特别行政区及中国台湾地区）销售。未经授权的本书出口将被视为违反版权法的行为。未经出版者预先书面许可，不得以任何方式复制或发行本书的任何部分。
本书封面贴有Cengage Learning防伪标签，无标签者不得销售。

书　　名	经济学：原理与政策(第11版)(翻译版) JINGJIXUE YUANLI YU ZHENGCE
著作责任者	〔美〕威廉·J. 鲍莫尔，〔美〕艾伦·S. 布林德　著 方臻旻　译　　方齐云　校
责任编辑	王　晶
标准书号	ISBN 978-7-301-27639-6
出版发行	北京大学出版社
地　　址	北京市海淀区成府路205号　100871
网　　址	http://www.pup.cn
电子信箱	em@pup.cn　　QQ：552063295
新浪微博	@北京大学出版社　　@北京大学出版社经管图书
电　　话	邮购部 62752015　发行部 62750672　编辑部 62752926
印 刷 者	北京大学印刷厂
经 销 者	新华书店 787毫米×1092毫米　16开本　46.25印张　1 092千字 2016年10月第1版　2016年10月第1次印刷
印　　数	0001—4000册
定　　价	98.00元

未经许可，不得以任何方式复制或抄袭本书之部分或全部内容。
版权所有，侵权必究
举报电话：010-62752024　电子信箱：fd@pup.pku.edu.cn
图书如有印装质量问题，请与出版部联系，电话：010-62756370

出 版 者 序

作为一家致力于出版和传承经典、与国际接轨的大学出版社,北京大学出版社历来重视国际经典教材,尤其是经管类经典教材的引进和出版。自2003年起,我们与圣智、培生、麦格劳希尔、约翰威利等国际著名教育出版机构合作,精选并引进了一大批经济管理类的国际优秀教材。其中,很多图书已经改版多次,得到了广大读者的认可和好评,成为国内市面上的经典。例如,我们引进的世界上最流行的经济学教科书——曼昆的《经济学原理》,已经成为国内最受欢迎、使用面最广的经济学经典教材。

呈现在您面前的这套"引进版精选教材",是主要面向国内经济管理类各专业本科生、研究生的教材系列。经过多年的沉淀和累积、吐故和纳新,本丛书在各方面正逐步趋于完善:在学科范围上,扩展为"经济学精选教材""金融学精选教材""国际商务精选教材""管理学精选教材""会计学精选教材""营销学精选教材""人力资源管理精选教材"七个子系列;在课程类型上,基本涵盖了经管类各专业的主修课程,并延伸到不少国内缺乏教材的前沿和分支领域;即便针对同一门课程,也有多本教材入选,或难易程度不同,或理论和实践各有侧重,从而为师生提供了更多的选择。同时,我们在出版形式上也进行了一些探索和创新。例如,为了满足国内双语教学的需要,我们改变了影印版图书之前的单纯影印形式,而是在此基础上,由资深授课教师根据该课程的重点,添加重要术语和重要结论的中文注释,使之成为双语注释版。此次,我们更新了丛书的封面和开本,将其以全新的面貌呈现给广大读者。希望这些内容和形式上的改进,能够为教师授课和学生学习提供便利。

在本丛书的出版过程中,我们得到了国际教育出版机构同行们在版权方面的协助和教辅材料方面的支持。国内诸多著名高校的专家学者、一线教师,更是在繁重的教学和科研任务之余,为我们承担了图书的推荐、评审和翻译工作;正是每一位推荐者、评审者的国际化视野和专业眼光,帮助我们书海拾慧,汇集了各学科的前沿和经典;正是每一位译者的全心投入和细致校译,保证了经典内容的准确传达和最佳呈现。此外,来自广大读者的反馈既是对我们莫大的肯定和鼓舞,也总能让我们找到提升的空间。本丛书凝聚了上述各方的心血和智慧,在此,谨对他们的热忱帮助和卓越贡献深表谢意!

"千淘万漉虽辛苦,吹尽狂沙始到金。"在图书市场竞争日趋激烈的今天,北京大学出版社始终秉承"教材优先,学术为本"的宗旨,把精品教材的建设作为一项长期的事业。尽管其中会有探索,有坚持,有舍弃,但我们深信,经典必将长远传承,并历久弥新。我们的事业也需要您的热情参与!在此,诚邀各位专家学者和一线教师为我们推荐优秀的经济管理图书(em@pup.cn),并期待来自广大读者的批评和建议。您的需要始终是我们为之努力的目标方向,您的支持是激励我们不断前行的动力源泉!让我们共同引进经典,传播智慧,为提升中国经济管理教育的国际化水平作出贡献!

北京大学出版社
经济与管理图书事业部

作者简介

威廉·J. 鲍莫尔

威廉·J. 鲍莫尔生于纽约市,在纽约市立大学获得社会科学学士学位,在伦敦大学获得博士学位。

他是纽约大学伯克利创业研究中心企业家精神哈罗德价格教授和学术指导,在那里他教授微观经济学导论课程,他还是普林斯顿大学约瑟夫·道格拉斯·格林(1895)荣誉经济学教授和高级经济学家。他经常担任美国及其他国家担任不同行业的大型公司的管理顾问以及许多政府机构的顾问。在很多领域,包括远程通讯和电力行业,现行管制政策都依赖于其提出的建议。他对经济学的众多贡献包括企业理论、可竞争市场、艺术和其他服务的经济学——"服务业的成本病"通常也被称为"鲍莫尔病"——以及经济增长、企业家精神和创新等方面的研究。  除经济学外,他还在普林斯顿大学教授了大约 20 年的木刻,并且是一位有成就的画家(你可以在 http://pages.stern.nyu.edu/~wbaumol/看到他的一些画作)。

鲍莫尔教授曾经是美国经济学会和其他 3 个专业社团的主席。他是由美国国会创建的美国国家科学院和有本杰明·富兰克林建立的美国哲学学会的成员。他还是国家经济学教育基金会和剧院发展基金的董事。他共获得了 11 个荣誉学位。

鲍莫尔是超过 35 部著作和几百篇期刊及报刊文章的作者,他的著作曾被翻译成十多种文字。

艾伦·S. 布林德

艾伦·S. 布林德生于纽约市,并进入普林斯顿大学学习,在那里,鲍莫尔是他的老师之一。在伦敦经济学院获得硕士学位和在麻省理工大学获得博士学位之后,布林德返回普林斯顿大学,在那里他从 1971 年开始教学生涯,包括自 1977 年开始教授宏观经济学导论。他现在是戈登·S. 伦奇勒经济学纪念教授,他还是由他创立的普林斯顿经济政策研究中心的联合主任。

1993年1月,布林德前往华盛顿担任克林顿总统的第一届经济顾问委员会成员。然后,自1994年6月至1996年1月,担任联邦储备局的副主席。因此他在20世纪90年代的财政政策和货币政策的形成中发挥了重要作用,即本书中大量讨论的主题。他还曾为几届总统竞选担任顾问。

布林德曾经为许多世界级大型金融机构担任顾问,十多次在国会做证,还参与过一些企业的创办。许多年来,他为报纸杂志写作了许多关于经济政策的文章,现在他是《纽约时报》周日商业版的专栏作家。此外,布林德的专栏文章也时常出现在其他报纸上。他还经常出现在PBS、CNN、CNBC和彭博电视台(Bloomberg TV)上。

布林德曾经担任东方经济学会主席和美国经济学会副主席,他是美国哲学学会及美国人文与科学院的院士,以及国外关系顾问委员会的成员。他有两个长大成人的儿子和两个孙子,他与妻子生活在普林斯顿,在那里他可以经常打网球。

前　　言

像通常一样,在准备新版时,我们做了许多细小的变动以改进表述的清晰性,并更新了近期重要的经济学事件以及文献的相关进展。但这一次,在我们能够认识到的范围内,我们将集中致力于一个能将本书与其他所有导论性教材区分开来的新增内容。

在第 11 版中,我们涵盖了对于企业家的作用,他们的活动、定价和收益的微观理论,以及其对经济增长的意义的大量讨论。经济学教科书(包括本书的旧版)中对于企业家地位的研究,全部得到同一结论:即企业家既可以是完全不可见的,也可以是实实在在的。① 实际上,在大量的教科书里,企业家(entreprenear)这个词甚至根本就不曾出现在索引中。

如今,由于企业家往往被归为四大生产要素之一(但同时也是唯一一个未花费完整的独立章节进行讲解的生产要素),这一疏漏就显得奇怪了。此外,似乎经济学家们已经广泛地认识到,经济增长是大众福利的基石,而且当前美国人均收入超过 80% 的部分都要归功于上个世纪的增长。再者,显然,尽管增长并非企业家独自制造出的成果,我们仍然要承认,大部分历史上的空前成就,在缺少他们的情况下,或许根本就不会出现。然而,在教科书里,他们一直是看不见的人。

除此以外,对于企业家经济活动的描述与分析,很明显是微观经济学中的一项论题:经济中个体活动者的激励和反应。这意味着对经济增长和刺激经济增长的政策的分析,有必要从两个方面同时进行考察:研究如必要储蓄与投资等问题的宏观经济学;分析发明和企业家精神这种孪生活动的微观经济学。然而,迄今大部分教科书都将增长问题彻底限定在宏观部分讨论,完全忽视了微观分析。但在我们的新版中,正如读者即将看到的,不再如此了。除了在宏观部分照惯例讨论增长问题之外,我们还花费了一个完整的章节,从微观经济学的角度,讨论了增长问题,并用半个章节的篇幅,讨论了作为两大人力生产要素之一的企业家。

第 11 版是这本书存在和修订近 30 年的成果。对使用本书的教师的意见调查表明,授课的教师往往由于课程安排而没有时间涉及某些章节的内容,尽管它们对于学生们而言是非常有趣的且没有——或者说没必要有——技术难度的资料。为此,我们进

---

① 此处作者这样说,是因为企业家并不是一个实体概念,更确切的说,它应该是一种职业的代名词,并且它并不局限于一个持久不变的职业状态,而是一个不断变动之中的职业选择。——译者注

一步将此类的章节进行了简化——尤其是讨论股票与债券市场的第9章,讨论规制与反托拉斯问题的第13章,讨论环境经济学问题的第17章,以及讨论贫困与不平等问题的第21章——使之适宜教师们将它们作为作业,布置给学生们在课后独立阅读。

在本书的微观部分,我们为满足相关读者的要求新添了一些资料。例如,在关于完全竞争的静态最优性质的资料方面,我们新添了关于科斯定理以及更多有关行为经济学的讨论。然而,正如先前已经指出的,最根本的改变还是围绕增长与企业家精神的微观经济学所添加的新资料。

在本书的宏观部分,我们试图使得短期与长期之间的关联更加清晰,且明显区别于以前的各个版本。在第11版中,我们还新添了许多关于次级贷款市场和接踵而至的金融危机与可能的经济衰退,以及2008年总统竞选中的一些经济问题的资料。按照我们的惯例,这些新添的资料散布在正文的多个章节里,确保所讨论的时政问题被安置在需要学习的相关经济学原理范畴。这一版里,我们还加入了少许有关中国的资料,而津巴布韦的经验很不幸地成为了当代恶性通货膨胀的实例。

我们在第10版的前言中以单独鸣谢一位在如此长的时期里为本书作出重大贡献的同事和朋友作结束。现在我们必须再次感谢已故的Sue Anne Batey Blackman,她与我们一起共同鉴证了这本书十个版本的成长;实际上,她已经是一位合著者。其实,关于环境问题的章节大部分都出自她的笔下。她那活跃的思维指引着我们进行各种艰难的尝试;她的慧眼总能捕捉我们的错误;而她充满鼓舞和令人愉悦的陪伴,支持着我们继续前进。或许,最重要的是,我们深深地爱戴并珍视她。遗憾的是,她过早地离开了我们。我们的孩子必将理解并支持我们的决定,只此一次,不是将这本书献给他们,而是献给我们刚刚逝去的朋友,Sue Anne。

学生须知

需要我们为你成功完成经济学课程的学习提供一个建议吗?和你正在学习的其他科目不同,经济学是一种积累:每周的课程都建立在你之前所学的基础之上。通过跟上每周的进度,你可以为自己省去很多挫折感——以及很多不必要的工夫。

为了帮助你达到这一目标,我们为你提供了章节内容小结、重要术语及重要概念的列表,以及根据各章内容选编的复习题。有效利用这些将使你更好地掌握经济学课程中的内容。作为额外辅助,我们还准备了学生增刊,帮助巩固本书的思想并提供更多的练习与反馈。

下同是一些为你量身定做的辅助资料及学习工具。如果你认为这些资源可能对你的课程学习有益的话,你可能会希望能够与你的指导教师进行讨论。有关这些资源更多的信息,可以在以下网站上获得:http://academic.cengage.com/economics/baumol。

我们希望这本书在你学习经济学的过程中能够有所帮助。欢迎你们对于如何更好地学习经济学指出意见与建议。请写信给本书的编者Baumol & Blinder,South-Western/Cengage Learning 5191 Natorp Boulevard,Marson,Ohio,45040。

学习指南

学习指南指导并辅助你理解教材的主要思想。它包含了学习目标各个章节的重要概念与术语列表、随堂小测验、多项选择、补充阅读书目表,以及各个章节研究的问题——都能帮助你检测自己对于关键思想的理解和领悟程度。

致谢

最后,对于在过去近三十年里慷慨地帮助我们致力于这本书编写工作的人士,我们虽蒙恩深远,无以回报,但仍要诚致谢意。在处理一本入门性的教材所需涵盖的许多主题上,我们均需帮助。我们的朋友和同事:Charles Berry,Princeton University;Rebecca Blank,University of Michigan;Avinash Dixit,Princeton University;Susan Feiner,University of Southern Maine,Claudia Goldin,Harvard University;Ronald Grieson,University of California,Santa Cruz;Daniel Hamermesh,University of Texas;Yuzo Honda,Osaka University;Peter Kenen,Priceton University;Melvin Krauss,Stanford University;Herbert Levine,University of Pennsyvania;Burton Malkiel,Princeton University;Edwin Mills,Northern University;Janusz Ordover,New York University;David H·Reiley Jr.,University of Arizona;Uwe Reinhardt,Princeton University;Harvey Rosen,Princeton University;Laura Tyson,University of California,Berkley;以及 Martin Weitsman,Harvard University 对于过去十个版本都分别就各自的知识领域,给予我们最诚挚的帮助。他们令我们受益匪浅。

其他学校的一些经济学家和学生,也给我们提供了许多颇为有益的改进建议,我们还将其中不少的建议整合应用到了第 11 版中。我们要感谢 Larry Allen(Lamar University),Nestor M. Arguea(University of West Florida),Gerald Bialka(University of North Florida),Kyongwook Choi(Ohio University),Kruti Dholakia(The University of Texas at Dallas),Aimee Dimmerman(George Washington University),Mark Gius(Quinnipiac University),Ahmed Ispahani(University of La Verne),Jin Kim(Georgetown University),Christine B. Lloyd(Western Illinois University),Laura Maghoney(Solano Community College),Kosmas Nartinakis(North Carolina State University),Carl B. Montano(Lamar University),Steve Pecsok(Middlebury College),J. M. Pogodzinski(San Jose State University),Adina Schwartz(Lakeland College),David Tufte(Southern Utah University),Thierry Warin(Middlebury College)的深刻见解。

显然,你手中的这本书绝非仅仅我们两人之功。Susan Walsh 接替了 Sue Anne 的工作,在本书的编写工作中扮演了相当重要的角色,她始终以最和蔼可亲的态度,用她深刻的见解与可靠的能力,极好地完成了任务。我们还要感谢 South-Western/Thomson Learning 公司的职员,包括:主编 Alex von Rosenberg,责任编辑 Mike Worls,高级市场营销经理 John Carey,开发编辑 Katie Yanos,高级项目经理 Heather Mann,传媒编辑 Deepak Kumar,高级美术指导 Michelle Kunkler,图像处理 Deanna Ettinger,高级生产协调人 Sandee Milewski。我们合作得非常愉快,非常感激他们对我们行事的方法、目的,以及写作风格的理解和宽容。我们还要感谢在普林斯顿大学和纽约大学的聪明勤奋的秘书与研究合作者

Kathleen Hurley 和 Janeece Roderick Lewis,他们成功完成了手稿整理过程中不计其数的任务。

最后,我们一定要感谢我们的夫人——Hilda Baumol 和 Madeline Blinde 对我们提供的一贯的支持。她们历经本书十一个版本相继出版,并且承受了在每一个新版本的准备过程中,我们带给她们的难以避免的忽视和纷扰。她们的容忍和理解,对本书的贡献亦是不容忽视的。

威廉 J. 鲍莫尔

艾伦 S. 布兰德

献给 Sue Anne Batey Blackman：睿智的，敬爱的，无可替代的。

目 录
content

第一部分 认识经济学

第1章 经济学是什么? 3
1.1 课程结束后仍须牢记的要点 3
1.2 经济学家的工具箱 8
小结 12
关键词 13
讨论题 13

第2章 经济:迷思与现实 14
2.1 美国经济:一个粗略的印象 14
2.2 投入:劳动和资本 18
2.3 产出:美国生产什么? 21
2.4 商业企业的中心作用 21
2.5 画面中少了什么? 政府 22
2.6 结论:它是一种混合经济 25
小结 25
关键词 26
讨论题 26

第3章 基本经济问题:稀缺性和选择 27
难题:怎样处理预算赤字问题? 27
3.1 稀缺性、选择以及机会成本 28
3.2 单个企业面临的稀缺性与选择 30
3.3 整个社会面临的稀缺性与选择 33
难题解答:解决预算赤字问题 34
3.4 效率的概念 35
3.5 任一经济中的三个协调问题 36
任务1. 市场如何促进有效的资源配置 36
任务2. 市场交换与决定每种物品生产多少 38
任务3. 如何在消费者中分配经济的产出 39
小结 40
关键词 41
自测题 41
讨论题 42

第4章 供给与需求:初探 43
难题:石油价格出了什么问题? 43
4.1 看不见的手 44
4.2 需求及需求量 44
4.3 供给及供给量 49
4.4 供给与需求均衡 52
4.5 需求变化对供给—需求均衡的影响 54
4.6 供给变化与供给—需求均衡 55
难题解答:波动的石油价格 56
4.7 对抗看不见的手:市场的回击 58
4.8 简单却有力的教训 64
小结 64
关键词 65
自测题 65
讨论题 67

第二部分 需求与供给的基石

第5章 消费者选择:个人与市场需求 71
难题:水不应该比钻石更值钱吗? 71
5.1 稀缺性与需求 72
5.2 效用:分析购买决策的一种工具 73
5.3 行为经济学:经济决策真的是"理性地"做出的吗? 81
5.4 作为一种权衡取舍的消费者选择:机会成本 81
难题解答:解开钻石—水悖论之谜 84
5.5 由个人需求曲线到市场需求曲线 85
小结 88
关键词 88
自测题 88
讨论题 89
附录 用图形分析消费选择:无差异曲线分析 89

目 录
content

小结 98
关键词 98
自测题 98

第6章 需求与弹性 100
难题:对香烟征税能阻止青少年
吸烟吗? 100
6.1 弹性:对反应程度的度量 101
6.2 需求价格弹性:其对总收入和总支
出的影响 106
难题回顾:对香烟征税能有效减少青少年
吸烟吗? 108
6.3 什么决定需求弹性 108
6.4 弹性的一般概念 109
6.5 需求曲线与经济决策的
时间段 112
6.6 现实世界中的应用:宝丽来对
柯达 113
6.7 结论 114
小结 114
关键词 115
自测题 115
讨论题 116
附录 我们如何才能从历史统计数据中
找到合理的需求曲线 116

第7章 生产、投入与成本:供给分析的
基石 120
难题:什么情况下企业的规模越大就越有
效率? 121
7.1 短期成本与长期成本:是什么使投
入可变? 121
7.2 只有一个可变投入时的生产、投入
选择及成本 123
7.3 多种投入的决定:最优投入组合的
选择 128
7.4 成本及其对产出的依赖 131
7.5 规模经济 137
难题解答:规模经济之谜 140
小结 143
关键词 144

自测题 144
讨论题 145
附录 生产无差异曲线 145
小结 149
关键词 150
自测题 150

第8章 产出、价格与利润:边际分析的重
要性 151
难题:公司能以低于成本的价格销售获取
利润吗? 152
8.1 价格与数量:是同一个决策,而不是
两个 153
8.2 总利润:将你的注意力集中于目标
上 154
8.3 经济利润与最优化决策 155
8.4 边际分析与总利润最大化 161
8.5 归纳总结:边际分析和最大化的原
理 166
难题解答:利用边际分析解决"无利可图"
的计算器问题 169
8.6 结论:边际分析的基本作用 170
8.7 理论与现实:一个警示 170
小结 171
关键词 171
自测题 171
讨论题 172

第9章 商业投资:股票与债券
(本章删除)

第三部分 市场与价格体系

第10章 完全竞争下的厂商与产业 175
难题:减少污染的激励实际上却增加了
污染 175
10.1 定义完全竞争 176
10.2 完全竞争厂商 177
10.3 完全竞争产业 184
10.4 完全竞争和经济效率 192
难题解答:减少污染哪个措施更好——胡
萝卜还是大棒? 193

小结 194
关键词 194
自测题 195
讨论题 195

第11章 垄 断 196
难题:美国电话电报公司在电话服务产业的"自然垄断"地位发生了什么变化? 196
11.1 定义垄断 197
11.2 垄断者的供给决策 200
11.3 垄断有其优点吗? 205
11.4 垄断下的价格歧视 206
难题解答:电话服务产业的竞争 209
小结 210
关键词 210
自测题 210
讨论题 211

第12章 竞争和垄断之间 212
难题:三个令人迷惑的现象 213
12.1 垄断竞争 213
难题1解答:解释零售商众多的原因 218
12.2 寡头 218
难题2解答:为何寡头做广告而完全竞争厂商一般不做广告? 219
难题3解答:折弯的需求曲线模型 224
12.3 垄断竞争、寡头和公共福利 234
12.4 简要回顾:比较四种市场结构 236
小结 236
关键词 237
自测题 237
讨论题 238

第13章 限制市场力量:管制与反垄断
(本章删除)

第四部分 市场的长处与局限

第14章 自由市场的情况I:价格体系 241
难题:跨越旧金山—奥克兰湾大桥:价格正确吗? 242

14.1 有效资源配置与定价 242
14.2 稀缺性与协调经济决策的必要性 246
14.3 完全竞争是如何实现效率的:图形分析 254
14.4 完全竞争是如何实现最优产出的:边际分析 257
难题解答:旧金山桥定价回顾 262
14.5 对价格机制的评估 263
小结 263
关键词 264
自测题 264
讨论题 264

第15章 自由市场的缺陷 265
难题:为何加拿大的医疗保健成本上升了? 265
15.1 市场在哪些方面做得很糟? 266
15.2 有效资源配置:回顾 266
15.3 外部性:使价格出错 268
15.4 公共物品的提供 274
15.5 现在和未来之间的资源配置 275
15.6 市场失灵的其他来源 277
15.7 市场失灵和政府失灵 282
15.8 某些生活服务部门的成本病:引入政府失灵 282
难题解答:解释加拿大医疗保健成本逐渐上升的原因 287
15.9 对市场体系的中肯评价 288
15.10 尾声:不宽容的市场,其带来丰富产品的本性及其危险的支持者 289
小结 290
关键词 291
自测题 291
讨论题 291

第16章 市场的重要成就:创新与增长 292
难题:市场如何实现史无前例的增长? 292

目 录
content

16.1 市场经济令人难以置信的增长记录 293
16.2 创新而非发明是自由市场独一无二的成就 295
16.3 自由市场创新的源泉:企业家的作用 296
16.4 创新性寡头垄断厂商的微观经济分析 297
16.5 自由市场在研发活动上的支出足够吗? 305
16.6 市场经济与新技术扩散的加速 308
16.7 结论:市场经济及其创新装配线 310
小结 310
关键词 310
讨论题 311

第17章 外部性、环境与自然资源 312
难题:那些有弹性的自然资源供给 312
第1部分:环境保护的经济学 313
17.1 回顾——外部性:市场机制的一个关键缺陷 313
17.2 环境政策的基本方法 318
17.3 两次为市场欢呼 322
第2部分:自然资源的经济学 323
17.4 经济分析:可耗竭资源的自由市场及定价 323
17.5 20世纪的实际资源价格 325
难题解答:可耗竭资源的储藏量不断增加 329
小结 329
关键词 330
自测题 330
讨论题 330

第18章 税收与资源配置 331
难题:布什的减税应当被部分废止吗? 332
18.1 征税的水平和类型 332
18.2 联邦税收体系 333

18.3 州和地方税收体系 338
18.4 税收中的公平概念 339
18.5 税收中的效率概念 341
18.6 税负的转嫁:税负归宿 343
18.7 税收何时能改进效率 347
18.8 公平、效率和最优税收 348
难题解答:支持和反对废止布什减税的理由 348
小结 349
关键词 350
自测题 350
讨论题 352

第五部分 收入分配

第19章 生产要素定价 355
难题:为什么更高的储蓄回报会减少某些人储蓄的数量? 355
19.1 边际生产率原理 356
19.2 投入及其引致需求曲线 358
19.3 投资、资本和利息 360
难题解答:资金的供给 363
19.4 租金的决定 365
19.5 对企业所有者的支付:利润是太高还是太低? 373
19.6 对边际生产率理论的批评 375
小结 376
关键词 377
自测题 377
讨论题 378

第20章 劳动力与企业家精神:人力投入 379
第1部分:劳动力市场 379
难题:企业家比大多数人想象的要赚得少——为什么如此之少呢? 381
20.1 竞争性市场中的工资决定 381
20.2 劳动力供给 384
20.3 工资为何不同? 389
20.4 工会组织与集体谈判 392

第2部分:企业家:另一种人力投入　398
20.5　企业家精神与增长　398
难题解答:为什么企业家所得令人惊讶得低?　403
20.6　制度与创新企业家精神的供给　404
小结　405
关键词　406
自测题　406
讨论题　407

第21章　贫困、不平等与歧视　409
难题:布什的减税不公平吗?　409
21.1　现实情况:贫困　410
21.2　现实情况:不平等　413
21.3　收入不平等的某些原因　416
21.4　现实情况:歧视　417
21.5　平等与效率之间的权衡取舍　418
21.6　对抗贫困的政策　421
21.7　对抗不平等的其他政策　424
21.8　对抗歧视的政策　425
21.9　回顾　427
小结　427
关键词　428
自测题　428
讨论题　428
附录　歧视的经济理论　429
小结　432
关键词　432

第六部分　宏观经济:总供给与总需求

第22章　宏观经济学导论　435
难题:为何2006—2007年经济增长放缓?　435
22.1　界定宏观经济学和微观经济学　436
22.2　宏观经济学中的供给与需求　437
22.3　国内生产总值　440
22.4　过山车上的经济　444
难题解答:经济为何放缓?　451

22.5　宏观经济的稳定性问题:预览　451
小结　453
关键词　454
自测题　454
讨论题　455

第23章　宏观经济政策的目标　456
第1部分:经济增长的目标　457
23.1　生产率增长:从小橡子开始成长……　457
难题:增长越快越好吗?　458
23.2　生产能力:潜在GDP和生产函数　458
23.3　潜在GDP的增长率　459
难题解答:增长越快越好吗?　460
第2部分:低失业率的目标　461
23.4　高失业的人力成本　462
23.5　计算失业人数:官方统计数据　463
23.6　失业的类型　464
23.7　"充分就业"时的就业是多少?　466
23.8　失业保险:意义重大的缓冲保护　466
第3部分:低通货膨胀的目标　467
23.9　通货膨胀:臆断与现实　467
23.10　通货膨胀作为收入和财富的再分配作用　470
23.11　实际利率与名义利率　471
23.12　通货膨胀扭曲度量　472
23.13　通货膨胀的其他成本　474
23.14　低通货膨胀与高通货膨胀的成本　474
23.15　低通货膨胀不一定会导致高通货膨胀　476
小结　476
关键词　477
自测题　478
讨论题　478

目 录
content

附录 统计学家是如何度量通货
膨胀的？ 478
小结 481
关键词 482
自测题 482

第24章 经济增长:理论与政策 484
难题:为什么大学教育变得越来
越贵？ 484
24.1 生产率增长的三大支柱 485
24.2 水平、增长率和趋同假说 487
24.3 增长政策:鼓励资本形成 489
24.4 增长政策:改进教育和培训 492
24.5 增长政策:推动技术变革 493
24.6 美国生产率的下降与增长 494
难题解答:为什么大学学费的相对价格持
续上升？ 496
24.7 发展中国家的增长 497
24.8 把长期和短期联系起来 500
小结 500
关键词 501
自测题 501
讨论题 501

第25章 总需求和有影响力的
消费者 503
难题:需求管理和坏脾气的消费者 503
25.1 总需求、国内产品和国民
收入 504
25.2 支出、生产和收入的循环流 505
25.3 消费支出和收入:重要的
关系 508
25.4 消费函数和边际消费倾向 511
25.5 影响消费函数的因素 512
难题解答:为什么1975年和2001年的减
税会失败？ 515
25.6 投资的极端不稳定性 516
25.7 净出口的决定因素 516
25.8 总需求的可预测性如何？ 518
小结 518
关键词 519

自测题 519
讨论题 520
附录 国民收入核算 520
小结 525
关键词 525
自测题 525
讨论题 526

第26章 需求方的均衡:失业还是
通货膨胀 527
难题:市场为何容许失业存在？ 527
26.1 均衡GDP的含义 528
26.2 收入决定机制 530
26.3 总需求曲线 533
26.4 需求方均衡与充分就业 536
26.5 储蓄和投资的协调 538
26.6 需求方的变化:乘数分析 541
26.7 乘数是一个一般性的概念 546
26.8 乘数与总需求曲线 548
小结 549
关键词 550
自测题 550
讨论题 552
附录A 收入决定的简单代数运算和
乘数 552
自测题 553
讨论题 554
附录B 进口变化时的乘数 554
小结 557
自测题 557
讨论题 558

第27章 引入供给方:失业还是通货
膨胀 559
难题:什么导致了滞胀？ 559
27.1 总供给曲线 560
27.2 总需求和总供给的均衡 563
27.3 通胀和乘数 565
27.4 再看紧缩缺口和通胀缺口 566
27.5 紧缩缺口的调整:通货紧缩还是
失业？ 568

27.6 通胀缺口的调整:通货膨胀 571
27.7 供给冲击引起的滞胀 573
27.8 将该模型运用到一个经济增长的例子 575
难题解答:解释滞胀 579
27.9 稳定性政策的作用 579
小结 580
关键词 580
自测题 580
讨论题 581

第七部分 财政政策与货币政策

第28章 总需求管理:财政政策 585
难题:总需求、总供给以及2008年的竞选 585
28.1 所得税和消费曲线 586
28.2 再看乘数 587
难题解答:2008年对税收和支出的争论 590
28.3 制定扩张性的财政政策 590
28.4 制定紧缩性的财政政策 591
28.5 支出政策和税收政策间的选择 592
难题:民主党和共和党 593
28.6 一些残酷的事实 593
28.7 供给学派减税背后的思想 595
难题解答:党派的再次争论 598
小结 599
关键词 600
自测题 600
讨论题 601
附录A 税收与财政政策的图形关系 601
小结 605
关键词 605
自测题 605
讨论题 606
附录B 税收与财政政策的代数关系 606

自测题 608

第29章 货币与银行体系 609
难题:为什么银行受到如此严厉的管制? 609
29.1 货币的性质 610
29.2 如何衡量货币数量 613
29.3 银行体系 615
29.4 货币供给的来源 619
29.5 银行与货币创造 620
29.6 为什么货币创造公式过于简单? 626
29.7 货币政策的必要性 627
小结 628
关键词 628
自测题 628
讨论题 629

第30章 总需求管理:货币政策 630
难题:为什么本·伯南克如此重要? 630
30.1 货币与收入:重大的区别 631
30.2 美国的中央银行:联邦储备体系 631
30.3 执行货币政策:公开市场操作 634
30.4 货币控制的其他手段 639
30.5 货币政策是如何发挥作用的? 640
30.6 凯恩斯模型中的货币与价格水平 643
30.7 从模型到政策争论 646
小结 646
关键词 647
自测题 647
讨论题 648

第31章 关于货币政策和财政政策的争论 649
难题:我们应该放弃稳定性政策吗? 649
31.1 货币流通速度和货币数量理论 650
31.2 财政政策、利率和货币流通速度 655

目 录
content

31.3 争论:我们应该依靠财政政策还是货币政策? 657
31.4 争论:美联储应该控制货币供给还是利率? 658
31.5 争论:总供给曲线的形状 662
31.6 争论:政府应该干预吗? 664
31.7 单一规则与审慎政策之争的各个方面 666
难题解答:应该怎么办? 670
小结 671
关键词 671
自测题 672
讨论题 672

第32章 短期与长期政府预算赤字 674
难题:联邦政府的预算赤字太大了吗? 674
32.1 预算应该保持平衡吗?短期分析 675
32.2 盈余与赤字:长期分析 677
32.3 赤字与国债:术语和事实 678
32.4 解释预算赤字或预算盈余 680
32.5 国债为何被看作一种负担? 684
32.6 预算赤字与通胀 685
32.7 国债、利率和挤出效应 688
32.8 国债的真正负担:减缓增长 690
难题解答:预算赤字太大了吗? 691
32.9 美国预算赤字的经济学和政治学 692
小结 694
关键词 694
自测题 695
讨论题 695

第33章 通货膨胀与失业之间的权衡取舍 696
难题:通胀与失业之间的权衡取舍已成为历史了吗? 696
33.1 需求型通胀与供给型通胀:复习 697
33.2 菲利普斯曲线的来源 698
33.3 供给型通胀与菲利普斯曲线的失灵 700
难题解答:为什么通胀和失业同时下降了? 702
33.4 菲利普斯曲线不能解释什么? 702
33.5 用财政政策和货币政策对付失业 704
33.6 应该做什么? 705
33.7 通胀预期与菲利普斯曲线 707
33.8 理性预期理论 710
33.9 经济学家之间(和政治家之间)为何存在分歧? 712
33.10 需求管理的困境 713
33.11 降低自然失业率的尝试 713
33.12 指数化 715
小结 716
关键词 717
自测题 717
讨论题 717

第八部分 世界经济中的美国 (本部分删除)

后 记 718

第一部分 认识经济学

　　欢迎大家学习经济学！可能你们的一些同学曾告诫过你们："经济学是很无聊的！"别相信他们——至少别过于相信他们。的确，经济学的学习不大可能是纯粹的乐趣，但经济学的第一门课程，却能给你一次大开眼界的经历。经济学的世界是辽阔而举足轻重的，而本书正是为了帮助你更好地理解它而特别策划的。

　　你是否曾考虑过，在你毕业时就业机会将会变得丰富还是匮乏？大学教育为何变得越来越昂贵？政府是否应该对大型公司持怀疑态度？为什么污染不能被根除？为什么20世纪90年代的美国经济发展得如此迅速，而日本经济则停滞不前呢？若以上任何一个问题激起了你的好奇心，那么，请继续读下去，你可能会发现经济学比你想象中的更有趣。

　　我们将在稍微靠后一点的章节中，开始为你提供独立开展经济学分析所需要的工具。而在下面列出的第一部分的四个章节中，我们将为你介绍经济学研究的主要问题，以及经济学家们用来研究其问题的一些方法。

第1章　经济学是什么？
第2章　经济:迷思与现实
第3章　基本经济问题:稀缺性和选择
第4章　供给与需求:初探

第 1 章 经济学是什么?

经济学,无论是从它所提出的问题,还是从它所用于寻求答案的方法来看,都是一门涉猎广泛的学科。许多世界上迫切需要解决的问题,在本质上都属于经济学范畴。本章的第一部分将让大家对经济学分析可以澄清的各种问题以及经济学原理提供的各种解决方法有所了解。第二部分将简略地介绍经济学家使用的工具——你会发现,在你学完这门课程之后的很长时间里,这些工具在你的事业生涯、个人生活以及作为一个见多识广的公民的角色等方面都能派上用场。

1.1 课程结束后仍须牢记的要点

大象也许从来不会忘记,但人类会。① 我们认识到大部分学生在期末考试后——或许是由于精神上的放松——不可避免地会将他们在一门课程中所学的大部分知识忘于脑后。然而,我们希望大家能够记住一些最为重要的经济学思想,更重要的是,记住这门课程所教授的思考经济问题的方法,它们将在你今后考量我们实际经济中所出现的经济问题时,给你提供帮助。

为了帮助大家识别最为关键的概念,我们已从本书众多的要点中挑选出了十个。其中一些对经济运行方式提出了重要的洞见,一些则与报纸上出现的重要经济政策问题有关,其余的则指出了一些甚至是在很有思想的非经济专业观察家中也会出现的常识性误解。大多数的误解都表明:想要有效地分析经济问题,仅凭常识是远远不够的。许多优秀的法官、政治家及大学里的行政管理人员若能懂得基本的经济学原理的话,他们将能做出更好的决策。

下面的例子可以说明这一点。假想你拥有一家小型机械的制造工厂,并租用了一个仓库。如果你的房东每年加收 10 000 美元的房租,你是否应当提高你的小型机械的价格,以补偿更高的成本带来的损失?还是恰恰相反——你应当降低价格以出售更多

---

① 思维复杂善变的人类总是健忘的。——译者注

数量的小型机械,并把所谓的管理成本分摊到更多的产品上?事实上,我们将在第8章中看到,这两种答案可能都是错误的!

"课程结束后仍须牢记的十个要点"中不乏违背直觉的要点,此处针对每一个要点只作扼要的概述。需强调的是,每个概念再次出现在本书时,我们会进行更为深入的讨论,并在书的边栏做标记以示强调。因此,大家无须急于现在完全掌握所有的内容,但是,你们要留意某些概念是如何在不同主题的讨论中不断重复出现的。当本课程结束时,对于常识何时起作用以及何时不管用,你们会有一个更好的了解;而且,你们还会辨别出那些通常被一些公众人物、新闻报道及电视评论者视为明智论断而被经常提出来的观点,都是常识性的谬论。

1.1.1 要点一:决策的真实成本是多少?

由于一个人不可能拥有无限的财富,人们经常不得不做出选择。如果你购买一台新电脑,就可能不得不放弃旅行计划。如果一家企业决定重置它的机械设备,就可能不得不延迟修建新董事办公室的计划。如果一国政府扩展其国防工程,它可能将被迫减少对学校建设的支出。

> 一个决策的**机会成本**,是指为了该决策所必须放弃的次优选择的价值(例如,放弃上学而选择工作)。

经济学家们认为,这类决策的真实成本并非购买电脑、新设备或国防上的开支数目,而是为了获得这些物品所必须放弃的价值,即度假旅行、新董事办公室和新学校的价值。它们被称为**机会成本**(opportunity costs),因为它们体现了个人、公司及政府为实现合意的支出所必须放弃的机会。经济学家主张,理性的决策必须建立在机会成本,而非仅仅是货币成本的基础上(见第3、第8、第14及第15章)。

大学教育的成本就是一个生动的例子。你认为上大学的成本是多少?大多数人可能会将学费、住宿费、伙食费、书本费等相加,然后减去可能得到的奖学金。我们假定总数是15 000美元。

经济学家的计算方式则与此不同。他们首先关心的是如果你不上大学将能赚到多少钱?假定你的年薪是20 000美元。它看起来似乎不相关,但由于你放弃了这个赚钱的机会而进入了大学,它就必须加到你的成本中。由于受教育,你的收入少了这么多。另一方面,在算账时,经济学家并不会将你念大学所需的所有住宿费、伙食费都算作受教育的成本。他们想知道的是住校比住在家中多花的那部分钱。经济学家只将这部分额外的费用计入受教育的成本中,因为无论你是否上大学,这些开支都是会发生的。总的来说,上大学的成本很可能比你想象中的要高得多。而且,正如我们稍后将要看到的,在任何个人计划中,考虑机会成本将会帮助你做出更理性的决策。

1.1.2 要点二:试图违反供求法则之举必遭市场的回击

当一种商品出现供给短缺时,其价格自然会有上升的趋势。有时极度不满的消费者会迫使政府将高价非法化——即实行价格上限——来"解决"问题。同样地,当供给过剩——例如好的年景使谷物大丰收——使价格有下降趋势时,生产者的积极性因此而受到打击,这又迫使政府实行价格下限。

但是这类破坏供求法则的企图,往往会产生事与愿违的效果,甚至有时会适得其反。为保障房客的利益而实行的租金控制政策,反而使得住房资源短缺,因为这项立法使建造和维修保养公寓变得无利可图了。对农产品实行价格下限时,人们购买减少,造成了过剩的囤积。

我们将在本书第 4 章及其他地方看到,干预价格机制所造成的此类后果绝非偶然。它们不可避免地遵循自由市场的运行方式。

1.1.3 要点三:出人意料的比较优势原理

当今中国生产了许多被美国大量购买的商品,诸如玩具、纺织品及电子设备。美国制造商常常抱怨来自中国的竞争并要求实行贸易保护以阻止进口品的涌入,在他们看来,这些进口品会威胁到美国的生活水平。这种观点正确吗?

经济学家认为这经常是错的,他们主张双方一般都会从国际贸易中获益。但是如果中国生产的所有商品的成本都比美国低,情况又将如何呢?美国人会全部失业吗?我们的国家会变得贫穷吗?

一个叫作比较优势原理的伟大结论说明,即便在这种极端状况中,两国仍旧能从贸易中各获其利。我们将在第 3 章中解释这个原理,而现在,打个简单的比方就足够了。

假定萨莉在农场上长大并且是个耕地能手。但是她同时是一个成功的乡村歌手,每场演出的出场费可达 4 000 美元。那么她应该腾出唱歌的时间来耕地吗?当然不。她反倒应当雇用耕地效率较低的阿尔菲为她耕地。尽管萨莉耕地可能比阿尔菲在行,但她唱歌所赚的钱远远多于耕地,因此她有必要专门从事唱歌而将耕地之事留给阿尔菲。尽管阿尔菲的耕地技能不如萨莉,但他的唱歌技术更加糟糕。

这样一来,阿尔菲依靠他拥有比较优势的那份工作养活自己(他耕地的水平不似唱歌那般糟糕),两人都能获利。两国之间亦是如此。即便其中一国生产任何产品都更具效率,但是如果两国各自生产其最具比较优势的商品,那么他们都能获利。

1.1.4 要点四:贸易是一种双赢局面

经济学中最根本的思想之一就是:双方必然都会期待从自愿交易中获得一些东西。否则他们为何同意进行贸易呢?这个原理看似不言自明,然而它在现实中被人忽略的频率却令人吃惊。

例如,在好几个世纪的时期里,人们普遍相信一国从国际贸易中的所得必然是另一国的所失。类似地,有些人本能地认为,倘若 A 女士在与 B 先生的交易中获利颇多,那么 B 先生必然遭受了剥削。法律有时会禁止买卖双方进行一些互利交易,比如,一次贷款由于利率"过高"被禁止交易(第 19 章);或者一个愿意参加工作的人被迫处于失业状态,因为提供给他的薪水"过低"(第 20 章);又如体育赛事入场券的转让行为也是违法的,即便是买者因无法以更低的价格买到票而乐意从倒票者手中购票(第 4 章)。

在上述每一种例子及很多其他的情况中,意愿良好但错误的推理阻碍了双方从自愿交易中可能的获利,进而干预了经济体系的一项最基本的功能(第 3 章)。

1.1.5　要点五：用边际方法思考的重要性

在本书中，我们将花很多笔墨来解释和肯定一种被称为"边际分析"的决策过程（尤见第5、第7、第8和第14章），用一个例子能最好地解释这个概念。

假定某航空公司从会计师那里得知，将一名乘客由洛杉矶运送到纽约的平均成本是300美元。那么若以200美元的价格将折扣机票在最后时刻卖给学生，航空公司能够获利吗？令人惊奇的是，答案是有可能获利。原因是，无论飞机承载20名还是120名乘客，公司都得支付此次航班的大部分飞行成本。

诸如维护、着陆权和雇用地勤人员等的成本与是否以折扣价格承载额外的持最后时刻售出票的乘客的决策无关。而需要考虑的相关成本仅仅是书写和办理增加机票所需的额外成本、这些乘客在飞机上所消费的食物和饮料的成本以及额外燃料成本等。所谓的边际成本在本例中可能非常微小。只要乘客支付的价格高于航空公司将本来闲置的座位给她的费用（即承载她的边际成本），那么公司就是有利可图的。因此，将座位以低票价出售给学生比让座位空着是更有利可图的。

在许多实际情况中，决策者由于未能正确理解边际分析，而拒绝了如本例中低票价所能带来的盈利的可能性。这些人都犯了一个代价不菲的错误：利用平均量而非边际量来计算成本。

1.1.6　要点六：外部性——可由市场方法解决的一个市场缺陷

市场擅长准确地生产出消费者想要的产品种类与数量。它是通过给予那些对消费者的需求能够及时做出反应并经济地生产出所需商品的生产者以回报来实现这一点的。但这一切得以良好实现的前提是只存在买者和卖者——没有任何其他人参与。然而，某些交易却影响到了不参与决策的第三方。此类例子不胜枚举——为中西各州提供电力的电力公司同时污染了水源，造成纽约州北部地区淡水鱼的大量死亡；某农民为农作物喷洒有毒的杀虫剂，但毒药渗入地下水中，影响了邻近社区居民的身体健康。

这类社会成本被称为外部性，因为它们影响了在引致这些成本的经济交易之外的非参与者。正如我们将在第15章和第17章中学到的，正是因为没有任何财务激励促使污染者将其破坏最小化，所以市场机制才对外部性鞭长莫及。如此一来，企业以尽可能低的成本进行生产，完全不考虑他们对环境可能带来的破坏。

不过，第15章和第17章将为政府指出一条利用市场机制控制负外部性的道路。如果电力公司和农民被征收利用新鲜空气和水的费用，正如他们购买所消费的煤和肥料那样，那么他们就会有降低其所造成的污染的财务激励。因此，在这种情况下，经济学家们相信，市场方法往往是解决市场最重大缺陷的最佳途径。

1.1.7　要点七：效率和公平间的权衡取舍

20世纪70年代后期以来，美国的工资和收入变得越来越不平等。高技能工作者已经与低技能工作者拉开了差距。富人越来越富,穷人却(相对而言)越发贫穷。虽然美国的失业率在很长一段时间内都比欧洲国家低得多,但许多欧洲国家的贫富差距也不像美国那样愈加极端。

许多经济学家将这个现象视为一枚硬币的两面。在如何能最好地权衡更高的经济效率(更多的产出和就业)与更大的公平这两种冲突性的主张方面,欧洲和美国做出了不同的选择。

简略而言,美国的方式就是让市场推动效率(市场在这方面很在行),然后配以最低限度的政府干预以减少经济中的不平等性(第21章将对一些干预行为进行研究)。但是欧洲大陆的许多国家却持有不同的看法。他们认为让许多美国人在完全没有额外补贴和就业保障的情况下以不足6美元的时薪进行工作的做法是不体面的。欧洲的法律不仅规定了相对较高的最低工资,而且还提供了丰富的额外补贴和就业保护。当然,为了实现这些方案,欧洲国家的税收必然高得多。

正如经济学家们所认为的,一种制度的优点也是其弱点之所在。在一国的产出规模和其产出分配的公平程度间存在着一种令人十分痛苦的权衡取舍。欧洲式政策以将这块经济大馅饼分得更平均为目的,但无意地就会使这块馅饼缩小。美国式政策以追求效率和产出最大化为目标,但这可能会容许不平等的存在,甚至还会滋生巨大的不平等。哪种制度更好呢?这个问题没有确定的答案,但我们将在第17章详细研究。

1.1.8 要点八:政府政策能够限制经济波动——但并不总能成功

市场经济的痼疾之一就是它们倾向于经历繁荣与萧条的周期。正如我们在后面的学习中将要看到的,繁荣往往会带来通货膨胀,而萧条往往会助长失业。数年以前,经济学家、商人和政治家认为这种波动是不可避免的:政府不能也不应干预经济波动。

现今这一观点已经被贴上了"陈腐"的标签。我们将在第六部分,尤其是第七部分中了解到,现代政府已经拥有很多手段能够并且已经用来缓和自己国家经济的波动,以达到既限制通货膨胀又限制失业的目的。其中一些手段组成了所谓的财政政策——控制征税与政府支出,其他的则组成货币政策——控制货币与利率。

然而,试着缓解经济周期和将其成功消除是不同的。经济波动始终陪伴着我们,理由之一就在于,由于政治与经济上的原因,政府的财政政策与货币政策有时候会失灵。正如我们将要在第七部分看到的,政策制定者并不总是能做出正确的决策。而且即便他们能够做出正确的决策,经济也不会总是做出预期的回应。除此之外,很多时候我们并不清楚究竟什么样的决策才是"正确的"决策,具体理由我们会在后文解释。

1.1.9 要点九:通货膨胀与失业之间的短期权衡取舍

20世纪90年代后半期,美国经济鸿运当头。能源价格下降、电脑价格下跌、美元升值等一系列幸运的事件,使美国的通货膨胀率在失业率降低至30年内最低水平的同时也下降了。在20世纪70、80年代期间,美国就不那么幸运。突飞猛涨的食品价格,尤其是能源价格的飙升使通货膨胀和失业率高得离谱。在这两个时期内,通货膨胀和失业都是同向变化的。

但是经济学家主张,这两个时期都不是"正常的"。当我们既未处于不同寻常的好运(如同美国在20世纪90年代),也未处于特别的厄运(如同美国在20世纪70年代)之中的时候,通货膨胀与失业之间往往存在着一种权衡取舍,即低失业往往促使通货膨胀上升,而高失业则往往促使通货膨胀下降。我们将在第六和第七部分,尤其是第33章中研究这种权衡取舍背后的机制。它展现了国民经济政策中的一个基本的困境。

1.1.10 要点十:在长期,生产率增长(几乎)意味着一切

在今天的瑞士日内瓦,一个手表厂的工人每年生产机械手表的数量是三个世纪以前的他的前辈生产数量的100倍以上。200年来,棉制品的劳动生产率(每工作一小时得到的产出)可能已经提高了1 000倍以上。据估计,在上个世纪,上升的劳动生产率已将一个典型美国工人的生活水平提高了近7倍(见第16章及第24章)。

虽然诸如失业、垄断和不平等之类的经济学问题对于我们而言也非常重要,且在本书中占有相当的比重,但在长期,没有任何事能比生产率的增长率——平均每个工人每小时能生产的产出量——更深远地影响我们的物质福利及社会在医院、学校和社会福利设施等方面的投入。第16章指出,生产率的一个看似很小的增长将在随后很长一段时间里对一国的生活水平产生巨大的影响,因为生产率像银行的储蓄利率一样是按复利计算的。同理,持续相当长一段时间的生产率增长的放缓将对生活水平产生破坏性影响。

1.1.11 总结

你会发现上述要点属于本书中比较基本的概念,也是我们希望课程结束后你仍然能够牢记的要点。但目前大家没有必要急于掌握这些概念,因为在阅读本书的过程中,你将能更为详尽地了解它们中的每一个。在课程结束的时候,你可能会惊奇地发现,它们看起来是那么自然,甚至是显而易见。

1.2 经济学家的工具箱

刚才我们讨论了经济学家所研究的几类问题,现在,让我们来认识一下他们用来分析这些问题的工具。

1.2.1 作为一门学科的经济学

尽管经济学显然是所有社会科学中最为严密的学科,然而相对于其他学科,例如物理学来说,它确实看来更加具有"社会性"而非"科学性"。一名经济学家必须是个万能博士,可以借鉴各种领域的分析方法。经济学不仅普遍应用数学推理方法,而且用到历史研究方法,然而又与数学家和历史学家所使用的不尽相同。统计学在现代经济学研

究中扮演着主要角色,尽管经济学家通常需要修改标准统计过程以使之适用于他们的经济学数据。

1.2.2 抽象的必要性

有些学生认为经济学太过抽象而"不现实",经济理论化的世界似乎只能看作他们所熟悉的世界的一个远亲。有一个关于化学家、物理学家及经济学家的老笑话:三人被困于一个荒岛上,他们有充裕的食品罐头,却没有开启罐头的工具。化学家认为在罐头下面点火能让铁罐因受热膨胀而自动开启;物理学家建议做一个弹簧将罐头弹到巨石上击碎;那么经济学家的建议呢?他说:"假设我们有一个启罐器……"

经济理论中确实有一些不切实际的假定,在本书中你也将发现一些这样的例子。但某些时候,将现实抽象化是必要的,这是由于经济世界具有不可思议的复杂性,而并非由于经济学家喜欢显得荒谬。

试比较化学家解释化学反应中各化合物的相互作用这类简单任务与经济学家解释经济中人与人间的相互作用这类复杂任务。分子会受到贪婪或利他主义的激励吗?分子会受到羡慕或野心的鼓动吗?分子会模仿其他分子的行为吗?对分子行为的预测会影响分子的行为吗?当然,人会有上述所有行为,而且还有其他多得多的行为。因此,预测人的行为理所当然要比预测一个化学反应困难得多。如果经济学家企图洞悉人类行为的所有特征,那么他们将永远都无法取得任何进展。因此:

> **抽象**是指为了突出一个问题中最重要的元素而忽略其他许多细节。

理解诸如经济这类复杂体系的运行时,将一些无关紧要的细节进行**抽象**(abstraction)是极为必要的。

没有一个固定不变的"正确"的抽象尺度能够适用于所有情况下的分析目的。抽象的最适尺度取决于具体的分析目标。对某一目的而言过于简略的模型,对于另一目的而言可能就变得不必要地复杂了。

由于必须在对复杂问题进行有用简化的同时又要避免严重扭曲事实,经济学家往往如履薄冰。例如,假定你想知道为什么人与人之间会存在贫富悬殊。然而,人与人之间的差别实在不胜枚举,而值得研究的却并不多。经济学家们必须忽略掉大部分的细枝末节以专心研究真正的要点。一个人头发或眼睛的颜色对贫富差距的影响可能微乎其微,但令人遗憾的是,他的肤色对这个问题可能是举足轻重的,因为种族歧视可能压低他的工资。身高和体重可能并无影响,但受教育程度却可能有较大的影响。

1.2.3 经济理论的作用

> **理论**是为了了解各种相关关系的运作方式而对相关关系的一种有意的简化。

有些学生认为经济学"太过理论化"。为了理解为什么这种看似"太过理论化"的情况是我们所无法避免的,让我们来讨论一下何谓**理论**(theory)。

对于一名经济学家或自然科学家而言,"理论"一词的含义与我们通常所谈论的意义有所区别。在科学领域中,理论并非一种未经证实的主张。例如,阿司匹林能够预防心脏病的说法并非一种理论,它只是一种假说,或者说是一种推测，一旦完成合适的实验即可检验它的真伪。而理论则不是如此，它是试图解释一些相关关系的运作方式而对事实的一种有意的简化（抽象），它是对于所观察到的现象背后的机制的一种解释。因此，万有引力为描述与解释行星运行轨道的理论打下了基础。同理，凯恩斯理论（在第六和第七部分中我们会讨论到）则力求描述和解释政府政策如何影响国民经济中的失业与价格。

从未学习过经济学的人往往无法正确地分辨"理论"和"实际政策"。尤其是政治家和商人，常常把抽象的经济理论视为"现实"的人们最应该忽略掉的事物。讽刺的是：

正是人们对政策的关注使得经济理论变得如此必要且重要。

为了分析政策选择，经济学家们不得不处理实际仍未发生的可能性。例如，为了了解如何缩短高失业持续的时间，他们必须研究一个未经试用的新政策提案是否有助于解决问题。再比如，为了确定哪项环境规划最有效，他们必须了解市场经济为何又如何产生污染，而如果政府对工业排污和汽车废气征税又会产生怎样的结果。诸如此类的问题都需要建立理论而不仅仅是考察事实，因为我们必须将仍未发生的可能性都加以考虑。

> 若两个变量总是同步变化，那么称它们具有**相关性**。相关并不一定意味着因果关系。

此外，事实有时会令人产生严重的误解。比如说，数据通常会显示两个变量一起向上或向下变动，然而这种统计上的**相关性**（correlation）并不能证明变量间确实存在着实质上的因果关系。例如，人们在下雨天时以较慢的速度驾车，而同时交通事故也更频繁，但是没人会认为较慢的驾驶速度导致了更多的交通事故。我们都明白这两种现象都是由同一个基本的因素引起的，即下雨。我们又是如何知道这一点的呢？并非仅仅依靠观察事故和车速数据间的联系。数据本身很少能告诉我们原因与结果。我们必须在分析中用到某种简单的理论。在雨天行车的例子中，理论的解释可能会是：雨后泥泞的道路往往更容易造成行驶事故。

同理，如果我们试图了解政府的不同政策如何能够降低失业率，或者征收污染排放税如何能够减少污染，那么我们必须借助于理论分析而不能仅凭数据。

统计相关并不意味着因果关系。数据往往需要某种理论来解释。

1.2.4 经济模型是什么？

> **经济模型**是将经济学的某些方面简化的小规模版本。经济模型通常用等式、图形或者语言来表现。

经济模型（economic model）是一个理论的全部或部分体现，它往往用来深入了解因果关系。"模型"的概念对小孩子来说很熟悉，与其他科学家一样，经济学家们和孩子们差不多以同样的方式使用这个术语。

孩子玩的航空模型在外观和运行上跟真的几乎一样，只是模型更小更简单，因此更容易操作和了解。波音公司的工程师同样也建造飞机模型。尽管他们的模型比孩子们的玩具要大得多、精细得多，他们的使用目的仍然是类似的："近距离"观察飞机模型的工作情况，并对它们做各种实验，以了解在不同环境条件下模型的运行情况（"如果我这样做，那么结果会怎样呢？"）。通过这些实验，他们可以对飞机在现实中可能的表现做出基于一定知识的猜测。

经济学家使用模型的目的也大抵相似。已故的 A. W. 菲利普斯(A. W. Philips),发现"菲利普斯曲线"(将在第 33 章中讨论)的著名工程师背景的经济学家,聪明地利用在管道中流动的有色液体作为指示构建了一个生动而简单的模拟经济中国民收入确定的模型。这个妙不可言的装置持续多年为伦敦政治经济学院添光加彩。尽管我们会利用语言和图表来解释经济模型,但菲利普斯的工程学背景使他能够用试管、阀门及水泵来描述他的经济理论。

千万别对看起来抽象的模型失去兴趣。把它们当作是那些有用的地图,并且记住,若没有地图,寻找洛杉矶的路会有多困难。

1.2.5　产生争议的原因:不完全信息和价值判断

俗话说:"如果让全世界的经济学家一个接一个连起来,他们也够不到达成共识的那个点。"[①]政治家和媒体常常揶揄经济学家在许多公共政策问题上总是起内讧。如果经济学真是一门科学,为何经济学家总是互不同意呢?毕竟,天文学家们现在就不会为是地球围绕太阳旋转还是太阳围绕地球旋转而争执。

这个问题反映了一种对科学本质的误解。在任何科学的前沿领域,争论都是广泛存在的。例如,天文学家们曾经的确为地球是否围绕太阳旋转而展开过激烈的争论。而今,他们争论的主题变为伽马射线爆发、暗物质,以及其他一些鲜为人知的奥秘。这些争论大都被公众忽略了,由于极少有人能够理解他们的争论。然而,经济学是一门社会学科,所以有关它的争论都能在公众中迅速而广泛地散播开来,而且所有人都感觉自己拥有足够的能力参与经济学辩论。

除此以外,经济学家们达成的一致其实比我们想象中的多得多。不管经济学家们各自的政见如何,实际上所有的经济学家都认为,征收污染排放税是保护环境的最佳途径之一(见第 15 章和第 17 章),而租金控制可以毁灭一个城市(见第 4 章),这样的例子还有很多。实际情况很可能是,经济学家已达成一致的问题远远多于他们有争议的话题。

最后,经济学家之间的许多争论根本就不是科学上的争论,有时候是由于一些相关的确切事实不为人知所造成的。例如,在第 17 章中我们将了解到,对排污者处以罚金数量的标准取决于对污染物形成的损害的量化估计值,然而这种估计却是不太可能实现的。类似地,虽然"地球正在缓慢变暖"是科学上一个较为广泛的共识,但在全球变暖的代价有多大这一点上却存在着很大的分歧。这样的争论使在一个具体政策提案上达成一致变得十分困难。

争议产生的另一个重要来源就是,与其他人一样,经济学家们也来自各种不同的政治派别:保守派、中间派、自由派、激进派等。每一种派别都可能抱持截然不同的价值观,因此即使他们在基本分析上达成一致,仍会在什么是公共政策问题的"正解"上产

[①]　此处是形容经济学家们各持己见,几乎每个经济学家所持的观点都不同。——译者注

生分歧。这里有两个例子：

（1）我们在本章前文中已经提到：降低通货膨胀率的政策可能会导致失业的增加。许多经济学家认为他们可以计算为了使通货膨胀降低一定量而导致的失业的增量，但他们在"为减少 1 个百分点的通货膨胀率而导致每年 300 万人失业是否值得"这个问题上各持己见。

（2）在设计所得税的过程中，社会必须决定对高收入的纳税人征多少税。一些人认为富人应当承担较大比例的税负，另一些人则认为对每个人征收相同比例的税会更加公平。

正如核物理学家无法断言在广岛投掷一颗原子弹是否是一个好主意一样，经济学家也无法回答这类问题。最终的决策取决于人们的道德判断，而这种道德判断只能通过公民所推选出的政府官员来实现。

> 尽管经济学能为一个特定的问题提供理论和事实上的知识，但政策问题的最终决策却往往取决于目前尚无法获得的信息或人们持有的各不相同的社会价值观和伦理取向，或者两点皆而有之。

小结 ▶▶

1. 为使大家从第一门经济学课程中获得尽可能多的知识，我们列出了 10 个要点，希望你们在期末考试结束之后仍能牢记在心。简单来说如下：

　　a. 机会成本是成本的正确度量。
　　b. 抗拒市场力量的企图往往会遭到回击。
　　c. 各国都能通过利用各自的比较优势从贸易中获利。
　　d. 在自愿交易中双方都会获利。
　　e. 好的决策往往需要借助于边际分析——将成本增量与相应的利益增量进行比较。
　　f. 外部性可能导致市场机制出现故障，但这种缺陷可以通过市场方法来弥补。
　　g. 政府拥有缓和繁荣和萧条的经济周期的工具，但这些工具是不完美的。
　　h. 在效率和公平间存在着一种权衡取舍，许多政策往往会顾此失彼。
　　i. 在短期，政策制定者面临着通货膨胀与失业之间的权衡取舍。政策往往会使它们此消彼长。
　　j. 在长期，生产率几乎是影响一个社会物质福利的唯一因素。

2. 常识在解释经济问题或做出经济决策时并不总是能提供可靠的指导。

3. 由于人的行为极为复杂，经济学家被迫将许多细节进行抽象，得到一个他们自己也心知肚明的不甚真实的简化形式，并将他们所拥有的知识构成一种称为"模型"的理论构架。

4. 相关性并不意味着因果关系。

5. 经济学家们利用简化模型来理解现实世界并预测其动态，就如同一个小孩通过摆弄铁路模型来了解真正的火车是如何工作的。

6. 尽管那些设计得比较完善的模型能够解释一些重要的经济问题，但它们很少能解决政策制定者所面临的问题。这些问题的解决需要引入涉及道德之类问题的价值判断，而对于价值判断的做出，经济学家并不比其他人在行。

关键词

机会成本　　　　　　　抽象　　　　　　　理论
相关性　　　　　　　　经济模型

讨论题

1. 考虑你应当如何建立一个你所在大学的管理的模型。若分别出于以下目的,你将如何决定各行政及管理人员是被包含在内还是排除在外?

　　a. 解释财务资助决策时是如何做出的;

　　b. 解释全体教员的素质。

请参照本章中关于地图的例子进行分析。

2. 将抽象的过程与你在上课时做笔记的方法进行类比。为何你不将老师所讲的每个字都记录下来呢?为何你不仅仅将讲课的题目记下后就停笔呢?简单说明,你是如何决定合适的细节量的。

3. 解释为何政府政策制定者不能够忽视经济理论。

第 2 章 经济：迷思与现实

> 合众为一。
>
> ——印于美国钱币上的格言

本章将为你介绍美国经济以及它在世界中所扮演的角色。对于一名土生土长的美国公民，这样的介绍似乎是没有必要的。当你从事一份暑期打工工作或者兼职的时候，当你支付大学学费的时候，当你买一块比萨饼的时候，你不仅是在参与美国经济，也是在从中观察。

然而，我们从日常生活中所获得的不经意的印象虽然有时候确实是正确的，但往往还是具有误导性的。经验表明，不仅仅是美国的学生，大部分的美国人对于一些基本的经济事实或者完全无知，或者存在极为严重的误解。美国人购买的大部分商品都产自中国就是很普遍的讹传之一。另一种讹传就是一般物品或服务的商业利润占到其价格的三分之一。还有，"人人都知道"联邦政府的工作量在过去的数十年里迅速增加了。实际上，这些认知根本与事实沾不上边。

因此，在我们探索经济运作方式的理论之前，我们非常有必要正确地了解一下美国经济的真实面貌。

2.1 美国经济：一个粗略的印象

美国经济是全球规模最大的国家经济，理由有如下两点。第一，美国人口众多。美国的人口恰好超过 3 亿，仅次于中国和印度位居世界第三。众多的人口里包括儿童、退休老人、全日制学生、住在福利机构的人，以及失业者，这些都是几乎无法创造产出的群体。虽然如此，美国的工作人口仍有大约 1.5 亿。只要想保持适当的生产率，他们就必须持续生产出大量的物品和服务。而他们也确实做到了。

人口并非美国经济稳居世界第一的主要理由。毕竟，印度的人口将近有美国的四倍之多，而印度的经济规模却比得克萨斯州的经济规模还要小。美国经济规模如此之大的第二个理由是，美国本身就是一个非常富裕的国家。美国工人的生产率位于世界先列，因此美国经济能够为每个公民创造价值45 000美元的物品和服务（对于每个工作的美国人而言就是超过 90 000 美元的物品和服务）。如果将美国的 50 个州分别视为

| 投入，或者说生产要素，是指用来制造产出的劳动、机器、建筑，以及自然资源。|

| 产出就是消费者以及其他人希望获得的一些物品和服务。|

一个个独立的国家，那么加利福尼亚州将变成全球第五大的国家经济体！

为什么有些国家（譬如美国）如此富裕，而其他国家（譬如印度）却如此贫穷呢？这也是经济学家所面临的一个主要问题。可以将经济体系想象成一台机器，你给予它劳动以及其他我们称为**生产要素**（factors of production）的**投入**（inputs），它则将之转化成**产出**（outputs），或者说人们想要消费的东西。美国经济机器以极高的效率完成了这些任务，而印度经济机器则非常无效率（尽管它在迅速地改进中）。了解这种状况发生的原因正是我们学习经济学的主要理由之一。

专栏
美国占世界 GDP 的比重——富有的感觉真好！

2007 年，全世界将近 66 亿人口生产了价值将近 50 万亿美元的物品和服务。而仅占世界人口 4.5% 的美国却生产了世界总产出的将近 27% 之多。正如图 2-1 所示，美国以 45 000 美元的人均 GDP 水平在物品和服务领域独占鳌头。七个主要的工业化经济体（即总人口仅占世界人口 11% 的美国、日本、德国、法国、意大利、英国和加拿大）创造了全世界 59% 的产出。然而，随着中国和印度这样的大国迅猛发展，这七国占的世界份额正在逐渐下降。

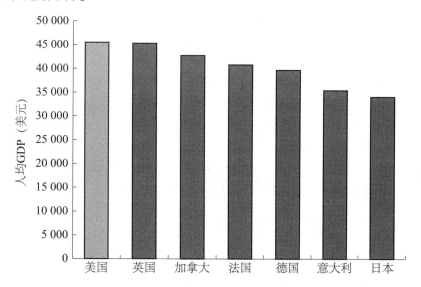

图 2-1　7 个工业化经济体 2007 年的人均 GDP

资料来源：International Monetary Fund, *World Economic Outlook Database*, October 2007, http://www.imf.org, accessed February 2008, and Central Intelligence Agency, *The World Factbook*, 2008. 各国的 GDP 都已经利用汇率转换成美元。

综上所述，是美国的人口与繁荣这两者的独特组合使得美国经济成为世界瞩目的焦点。世界上还有其他富裕的国家,比如瑞士;世界上也有其他人口众多的国家,比如印度。但是,它们都不似美国般兼具庞大的人口与高水平的人均收入。经济规模略小于美国经济规模二分之一的日本,是唯一接近的国家,尽管中国在拥有极其庞大的人口的同时,经济也在迅猛发展。

尽管美国是一个非常富裕且人口众多的国家,它的50个州仍然是不同的。至少在人口密度上就有极大的差别——从人口密度高的新泽西(每平方英里1 200人)到人口密度低的广袤的阿拉斯加(每平方英里只有1人)。正式公布的收入差距则要小得多。然而,这种差距仍然是显著的,比如西弗吉尼亚州的平均收入就只有康涅狄格州的一半。

2.1.1　一个私人企业经济

美国经济如此成功的秘诀之一就是自由市场与私人企业都非常繁荣。尤其是现今,私人企业与资本主义已经是全球的主宰。然而美国选择了自由市场作为主导思想,让个体和企业得以享有比几乎其他所有国家都更高程度的自愿买卖活动,它仍然是"一片充满机会的土地"①。

每个国家都是公有制和私有制的混合体。即便在社会主义时期,俄国人也拥有他们自己的私人财产。在美国,邮局和发电机构田纳西河谷管理局是隶属于联邦政府的企业,并且许多城市和州都拥有并运营着大众交通设施和体育场馆。尽管如此,美国仍然是世界上"私有化"程度最高的国家之一,鲜少有产业资产隶属于公有。在美国,甚至大部分城市公交公司和几乎所有的公用设施(比如电、煤气,以及通信工具)都是以私人企业的形式运营的。在欧洲,这些往往是隶属于政府的企业,尽管由政府所有向私人所有的转型已经越来越多。

> **国内生产总值(GDP)** 是对于经济规模的一种度量,即每年的总产量。实际GDP是根据货币购买能力的变化,或者说,根据通货膨胀对GDP作相应调整之后的结果。

美国还拥有全球"市场化"程度最高的经济。经济总产出的一个标准化的度量单位叫作**国内生产总值**(gross domestic product,GDP),这一术语常常出现在新闻中。市场占美国GDP的份额是相当可观的。尽管政府购买的物品和服务占GDP总额的18%,但是大多GDP还是由私人企业购买的,政府直接生产商品的情况在美国社会是极为罕见的。

2.1.2　一个相对"封闭"的经济

所有的国家都会和其他国家进行贸易,美国也不例外。美国的年出口额超过1.7万亿美元,年进口额超过2.4万亿美元。这个数目可不小,两者之间的差额也颇为可观。但是,美国的国际贸易所受到的关注往往是过度的。其实,尽管美国的进出口比例一直在持续增长,美国人所消费的商品仍然有大部分来自他们自己的生产,而美国的产出也大都在本土被消费。在1959年,美国平均进出口额仅占GDP的4%,这只是总额中极小的一个比例。现在这个比例已经超过了14%。尽管这个数目已经是不可忽略

---

① "a land of opportunity",原专指美国的阿肯色州(Arkansas)。——译者注

的了,它仍然意味着每年美国人所购买的商品尚有将近86%产自美国本土。

对美国经济最严重的误解之一就是关于美国不再制造任何产品,而只是从中国等其他国家进口所有商品的讹传。事实上,美国的总进口大约仅占GDP份额的17%,其中从中国进口的份额只有总进口的大约七分之一,也就是说,从中国进口的份额仅略微超过美国GDP的2%。当你了解到美国从加拿大进口的商品其实比从中国进口的商品多时,可能会非常惊讶吧。

> 我们把进出口占GDP份额较大的经济称作相对**开放的经济体**。

经济学家们利用"开放"与"封闭"这两个术语来显示国际贸易对于一国的重要性。对于"开放程度"的一种惯常度量方法就是根据国家的平均进出口水平,而平均进出口水平则用GDP份额来表示。鉴于荷兰的进出口占GDP约三分之二的事实,我们认为它属于极度**开放的经济体**(open economy)。根据这一标准,美国应当被归入发达的工业化国家中最为**封闭的经济体**(closed economy)之列。

> 我们把进出口占GDP份额较小的经济称作相对**封闭的经济体**。

2.1.3 一个增长中的经济……

关于美国经济的另一个显赫的事实就是它的增长:它的规模几乎每年都在变大(见图2-1)。2007年,美国的国内生产总值达到将近14万亿美元;而人均GDP,正如前面所提到的,达到45 000美元。如果用美元的不变价购买力①来衡量,美国2007年的GDP几乎是1959年的五倍。当然,2007年美国的人口比48年前要多得多,然而,即便扣除人口的增长,美国2007的人均真实GDP仍然比1959年高大约2.8倍。这并不是一个坏的表现,生活水平在48年内几乎扩大了3倍。

如果追溯到更早的时候,那么美国的人均购买力在过去的整个20世纪里已经增加了将近600%!这可是一个非常可观的数目。为了让你对这个数字有一个大致的概念,试想这样一种情景:你家仅处在美国的平均收入水平,然后被突然扣除了收入的七分之六,那会多么贫穷。大多数美国人在19世纪末的时候都还无法负担私人旅行,男人们以能够拥有他们愿望清单上的一套名贵西装为荣,并且孜孜不倦地用鹅毛笔蘸着储存在每个冬天都会结冰的墨水瓶里的墨水写字。

2.1.4 但是增长的路径中伴随着波动

> **衰退**是指经济中的总产出持续下降的时期。

虽然图2-1中所描绘的累计增长颇为壮观,但是美国经济的增长道路上其实是充满变数的。美国也曾交替地经历过经济发展的好时期与坏时期,我们将这样的交替称作经济波动,有时候也叫它商业周期。比如,从1959年起的第五年,美国的GDP其实是下降了。这类经济活动下降的时期被称为**衰退**(recession)。

美国经济增长的历史道路上所历经的坎坷在图2-1中几乎完全无法观察到。比如,从1983年到1984年,真实GDP的增长超过7%,这个增长率为罗纳德·里根以压

---

① 这一概念被称为真实GDP。

倒性的优势成功连任提供了保障。然而,从1990年到1991年,真实GDP其实有了轻微的下滑,这使得比尔·克林顿得以击败老布什。

经济增长中这种上下波动所造成的一种重要后果就是失业会在不同年份发生极大的变化。在20世纪30年代经济大萧条时期,工作人口的失业率曾经高达25%。然而,在第二次世界大战期间,失业率却不足1%。仅仅是在过去的数年里,美国的失业率就曾历经低至3.8%(2000年4月)到高达6.3%(2003年6月)的变化,这中间2.5%的差距代表着将近四百万失业的工人。了解失业为何会有这样剧烈的变化,而我们又能采取怎样的应对措施,是我们学习经济学的另一大主要理由。

2.2 投入:劳动和资本

接下来让我们把经济比作一台将投入转化为产出的机器。最重要的投入就是人力——那些运转机器的男男女女,他们有的坐在办公桌后面办公,有的在商店里售货。

2.2.1 美国劳动力:它有哪些成员?

我们在之前已经提到过,美国的就业人口约有1.5亿,其中有将近54%是男性,超过46%是女性。这个比例反映了男女就业情况相对于两代以前的剧烈变化,以前大部分的女性都是全职家庭主妇(见图2-2)。实际上,大量女性进入有报酬的劳动力行列是20世纪下半叶美国人生活的一项重大的社会转型。1950年,只有29%的女性参与了劳动市场;而今,将近60%的女性都在里面。其他工业化国家中女性占劳动力的份额也在增长。由于女性在劳动力行列中的作用逐渐增大,很多有争议的问题也随之而来——女性是否受到了歧视(证据表明她们确实如此)?政府是否应当强迫雇主给雇员放产假?诸如此类。

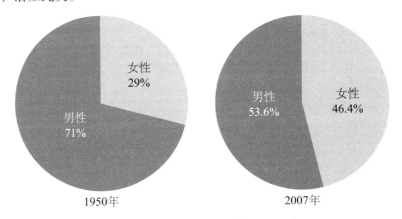

图2-2 就业人口性别构成,1995年和2007年

比起女性,劳动行列中的青少年所占的比例自20世纪70年代的顶峰之后已经有了显著的下降。16岁至19岁的青年男女在1974年的时候占总就业人口的8.6%,

而在 2007 年时仅剩 4.0%。随着"婴儿潮"①逐渐被出生低谷②所取代,20 岁以下的人变成了稀缺资源。如今,美国经济中仍然有将近 600 万青少年参加工作——这个数目在过去的数年里一直保持着稳定。大部分青少年填补着快餐店、游乐园这类低收入职位的空缺。相对少有青少年能够在美国的工厂中找到工作。

2.2.2 美国劳动力:他们做什么?

就业的这 1.5 亿美国人到底做什么呢?唯一的真实答案就是:任何你能想象到的事情。2006 年,美国拥有 101 010 名建筑师,396 020 名电脑程序员,超过 985 000 名木匠,超过 260 万名卡车司机,547 710 名律师,大约 390 万名秘书,165 780 名幼儿园教师,28 930 名儿科医生,62 860 名税务筹划人员,6 810 名地质工程师,283 630 名消防员,以及 12 970 名经济学家。③

和其他所有发达国家的就业人员一样,美国大多数就业人员生产的是服务而不是物品。2007 年,美国近 68% 的非农就业人员都受聘于私人服务产业,只有 16% 的就业人员从事于物品生产。这一服务大军里包括 1 840 万名教育与医疗卫生服务人员,约 1 790 万名商业与专业服务人员,以及超过 1 500 万名从事零售交易的人员(美国规模最大的单一雇主是沃尔玛)。相比之下,美国的制造行业只聘用了 1 400 万名员工,并且其中还有将近三分之一的员工是办公室职员而不是工厂工人。由此看来,美国动画片《辛普森一家》中的霍默·辛普森先生将蓝领工人视为美国工人的典型代表显然是一种非常具有误导性的行为。

联邦、州及地方政府则聘用了大约 2 200 万人,然而,与另一项普遍误解相反的事实是,这些人民公仆里面只有极少数人为联邦政府工作。联邦雇用了大约 270 万平民百姓——比起 20 世纪 80 年代减少了 10%(武装部队大约有 140 万名男女军人)。州与地方政府则提供了 1 950 万个职位——七倍于联邦政府职位的数目。美国还有将近 200 万农民和超过 1 000 万自由职业者。

正如图 2-3 中所显示的,所有的工业化国家在最近的数十年里都已经变成了"服务型经济体"。向服务的转型在很大程度上反映了"信息时代"的来临。与电子计算机、研究、通过教学和出版的信息传播,以及其他与信息相关的活动都带来了很多工作机会。这意味着,在富裕的经济里,从制造行业转到服务部门的就业人员优先的选择并不是诸如洗碗或者扫除这类低技能的职位。许多人都在服务部门找到了教育与经验会提供很大优势的职位。与此同时,技术变革使得可以雇用越来越少的工人来制造越来越多的产品。制造行业里这种劳动节约型的创新给相当一部分从事物品生产工作的劳动力提供了离开并转入服务行业的机会。

---

① 指美国在 1945 年第二次世界大战后出生率猛增期。——译者注。
② 出生率骤然减少的一段时期,指美国在 1965 年以后的时期。——译者注。
③ 资料来源:U. S. Bureau of Labor Statistics, *Occupational Employment and Wages*, May 2006, http://www.bls.gov, accessed January 2008.

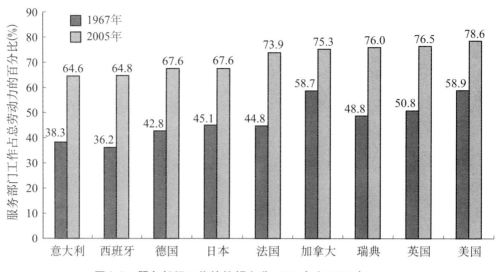

图 2-3 服务部门工作的份额上升，1967 年和 2005 年

2.2.3 美国劳动力：他们的收益如何？

总的来说，就业人员的工资构成了整个生产过程所产生的总收入的 70% 以上。如果加上医疗保险和抚恤金等津贴（津贴对于一部分就业人员而言相当于 30% 到 40% 的增额），那么平均每小时的工资超过 17 美元。由于平均每星期的工作时间大约有 34 个小时，美国典型的每周税前薪金大约是 600 美元（但不包括员工福利的价值）。这个数目很难称得上是可观的，大多数大学毕业生能赚到的数目都比这多得多[①]，但它仍然是像美国这样的富裕国家具有代表性的平均工资水平。

北欧各国的薪酬与美国类似。实际上，与数十年前的情况大不相同的是，现今其他一些工业化国家的工人得到的报酬比美国工人要高。根据美国劳工统计局的统计数据，2006 年，美国制造业的工人所生产的产出要低于许多欧洲国家制造业的产出水平。然而，美国的报酬仍然比日本、意大利，以及其他很多国家都要高。

2.2.4 资本及其收益

其他的国民收入（减去被土地与自然资源所有者拿去的极小一部分）则主要是流入资本所有者的手中，其中，资本是指组成国家工厂的那些机器和建筑。

这些商业资产的总市场价值是很难估计的，我们一般认为它们的价值在 30 万亿美元左右。因为资本平均回报率约为税前 10%，所以包括公司利润、利息和所有其他在内，资本的总收益能够达到大约 3 万亿美元。

民意调查显示美国人对于美国社会中商业利润水平的观点存在着扭曲。大街上的

---

① 现今，从大学毕业的男性比只有高中文凭的男性所能赚得的工资要高将近 80%，而从大学毕业的女性则比只有高中教育程度的女性所能赚得的工资要高将近 75%。资料来源：*The State of Working America, 2006/2007*, Economic Policy Institute, http://www.epinet.org, accessed December 2006.

男男女女们似乎都认为公司的税后利润约占商品价格的 30%，而实际的比例应当是接近 8%。

2.3 产出：美国生产什么？

这些劳动和资本都生产了些什么呢？消费支出约占美国 GDP 的 70%，你可以想象一下，这需要消费多少各种各样的物品和服务！美国的普通家庭将大约 60% 的预算都花在了服务上，其中房屋支出所占的比例最大。美国人每年还要支付大约 1 400 亿美元的电话账单，购买超过 350 亿美元的机票，花 900 亿美元看牙医。另外 40% 的预算则用于商品消费——每年的消费从总价值 3 750 亿美元的汽车到 600 亿美元的鞋，应有尽有。

这样一来，余留下的 30% 的 GDP 就属于其他一切非消费性支出。包括政府服务（政府购买飞机、枪械，以及士兵、教师、官员的服务等），企业购买机器与工业设施，以及消费者购置新房屋。

2.4 商业企业的中心作用

Calvin Coolidge 曾说："美国人的工作就是做生意。"虽然这个说法常常遭到嘲笑，但其实 Coolidge 基本上说对了。当我们窥探将投入转化为产出的经济机器内部的时候，我们主要看到了私人公司。美国拥有超过 2 500 万家商业企业，也就是说，平均每 12 个美国人就拥有一家企业，这是一个多么令人惊奇的数字！

这些企业的所有者和经理，雇用员工，获取或者租用资本货物，并进一步筹备满足消费者需求的产品的生产。听起来是不是很简单？实则不然。每年都有超过 80 000 家企业经营失败，只有少数在众目睽睽之中取得了成功，还有一些则历经成败。然而，对美国经济值得庆幸的是，成为富人的诱惑每年促使成千上万的人冲破困难创建自己的新企业。

一些规模最大的企业将自己的业务遍布世界各地，就像那些在美国运营的跨国公司那样。有些人声称当前想确定跨国公司真正的"国籍"是不可能的，因为这些公司可能在十个或者以上的国家都设有自己的工厂，它们的商品销遍全球，在许多国家都有自己的股东。比如，通用与福特在海外获得的利润就比在美国本土高，而美国人所开的丰田汽车业极有可能是在美国本土组装的。

同一产业中的公司是相互竞争的。大部分经济学家都认为，竞争是实现产业效率的关键。一种商品的唯一供应商发现自己能够很轻松地赚钱，那么他可能会因此失去继续创新或者控制成本的动力，企业的管理则因此而容易变得松散。然而，一个被许多极具竞争性的对手包围的公司则必须持续不断地寻求创新途径，降低成本，布下更好的诱饵。企业成功的回报可以是颇为丰厚的，但同时，对于失败的惩罚也是相当严酷的。

2.5 画面中少了什么？政府

讨论至此，我们可以对美国经济是如何运作的做一个简要的小结：超过 2 500 万家私人企业，以获得利润为动力，雇用了大约 1.5 亿工人和价值大约 30 万亿美元的资本。企业将其种类繁多的物品带入令人眼花缭乱的不同种类的市场中，在市场里寻求将它们卖给 3 亿多个消费者。

数以百万计的家庭与企业在物品与服务买卖的市场里进行交易，如图 2-4 所示。只有少数市场拥有实体，比如鱼市和证券交易市场。更多的是比较抽象的"场所"，即便交易的商品是具有实体的物品，业务也往往借由电话或者互联网进行。例如，尽管汽车和电脑市场没有集中的有形场所，这些市场仍然是高度竞争的。

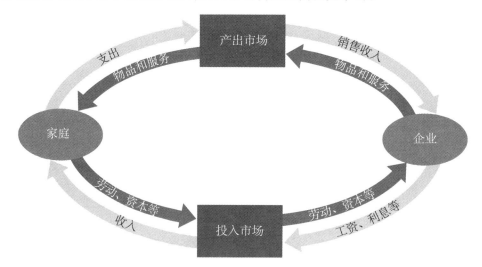

图 2-4　物品和货币的循环流图

正如图 2-4 所显示的，企业用在产出市场上出售物品和服务的所得支付投入市场中员工的工资以及资本供应者的利息和利润。这些收入流反过来促使消费者购买企业生产的物品和服务。货币、物品及生产要素的循环流动位于对国家经济如何运作的分析的中心。所有这些活动都被一系列相互关联的市场联系起来，其中一些属于高度竞争的市场而另一些的竞争性则没有那么强。

到目前为止，一切都还很完美。然而，整件事忽略了一个重要的环节——政府的作用，即便是在美国这样毋庸置疑的自由市场经济中，政府的影响也是无处不在的。那么，美国的政府在经济中的作用是什么，又是为什么呢？

尽管每年似乎都有新添的任务被指派给政府，市场经济中政府的传统作用仍然围绕着以下五个方面：

- 制定并执行律法
- 规制商业活动

- 提供特定的物品和服务,例如国防
- 征税以维持上述物品和服务的供给
- 收入再分配

上述的每一种任务本身已经颇具争议,又处于激烈的政治争论中,我们将对每个方面进行简要的分析来结束本章的内容。

2.5.1　作为裁判的政府

在大多数情况下,政府的势力都散布于经济当中,人们必须"按照规则行事"。然而,在比较优势的抢夺中,争执在所难免。A公司执行了它的合同吗?谁应该拥有那些具有争议的财产?此外,一些不顾道德的企业时而铤而走险——正如我们在那些为2007—2008年次贷危机推波助澜的欺诈案中所看到的那样。

于是,政府作为一个规则制定者,一个裁判,一个仲裁人,出现了。国会与政府以及地方立法机构审批了限定经济游戏规则的相关法律,各级政府的执行部门都有责任执行它们,而法庭则负责解释法律并调解纷争。

2.5.2　作为企业规制者的政府

我们生存的世界中不存在完全纯粹的事物。即便是在号称"自由市场"的经济中,政府也会以各种方式基于各种理由对自由市场的运作进行干预。政府的某些行为是为了使市场能够更好运作。例如,美国的反托拉斯法就被用于保护竞争,以免受到垄断的可能侵害。另一些规制行为则试图促进自由市场无法自发达成的社会目标——环境管制就是一个最好的例子。然而,正如批评者可能指出的,有一些经济规制行为根本就没有任何明确的理论依据。

我们在之前曾提到,美国人对于自由企业的信仰已经根深蒂固。因此,政府的规制作用在美国比在其他各国都更具争议性。毕竟,托马斯·杰斐逊总统曾经说过,管制最少的政府是最好的。两百年以后,里根总统、两位布什总统,以及克林顿总统都曾承诺解除不适当的规制——而且他们在某些时候也确实做到了。然而2007—2008年的金融危机却引发了许多要求更新、更紧的规制的呼声。

2.5.3　政府支出

争议最大的政治问题往往围绕税收与支出展开,因为它们是政府作用体现得最为重要的两个方面。不论是在白宫还是在国会,民主党与共和党都频繁地围绕联邦预算展开激烈的争论。1995年和1996年,这类争论甚至导致联邦政府一度暂时停工。在比尔·克林顿总统的治理下,政府得以实现一个相当规模的预算盈余——也就是说,政府征收到的税款超过了支出。然而好景不长,如今联邦的预算又回归到赤字状态,而且达到预算平衡状态的希望渺茫。

在2008年这一财政年度里,联邦政府的支出超过了2.9万亿美元——一个从字面上难以理解的数目。超过34%用于抚恤金与收入保障计划,包括社会保险计划(诸如社会保险与失业补偿之类)及扶贫计划。将近21%用于国防。超过23%用于医疗保健支出,主要是医疗保障和医疗援助计划。加上国债的利息,这四者总共占据了86%以上的所有联邦支出。余下的部分用于教育、交通、农业、住房以及对外援助等杂项。

州级与地方级的政府支出大约为2.1万亿美元。其中教育号称是占据州与地方政府预算比例最大的一项(34%),卫生与公共福利计划以相当的差距位居第二(18%)。尽管有这样巨额的公共基金支出,许多观察家仍然认为尚有很多急迫的社会需求没有得到满足。评论家则声称美国的国家公共基础设施(诸如桥梁和道路等)是充分的,而教育体系是不足的,对于国防的支出也是不足的,等等。

正如我们随后将要看到的那样,尽管美国政府的活动规模与范围都是相当大的,与其他先进的经济相比仍然是适度的。

2.5.4 美国的税收

税收要为一系列物品和服务融资,而且有时征税者似乎是无处不在的。每个人都要上缴所得税和工资税(这些都要从薪金中扣除),加诸购买物品上的销售税,加诸房屋的房产税,以及汽油税、酒税和电话税。

美国人总是感到缴税的范围太广而且税额太高。20世纪80年代与90年代,反税情绪是美国政局的一个主要特征。"无代表,不纳税"的老口号被"不要新税种"的新口号代替。然而,按照国际标准,美国人应该被归为世界上税负最轻的群体之中。美国的税负比例在乔治·W. 布什总统任职前期有了显著的下降,但随后又有了少许回升。

2.5.5 作为再分配者的政府

在市场经济中,人们依靠自己所能卖出的赚取收入。不幸的是,许多人除了无任何技术含量的廉价劳动以外没有任何可以卖出的东西。还有一些人甚至连廉价劳动都无法提供,这样的人在自由市场中几乎一钱不值。在极端的情况中,他们无家可归,饥饿,多病。罗宾汉①可以把钱从富人手中转移给穷人。有些人认为政府也应当这样做,有些人则不然。

假如你的道德感(我们每个人都必须为自己做出的一套个人判断准则)不能容忍富裕的环境中有贫穷的存在,那么有两个可能的补救措施。社会学家主张人们忽略市场的决策而强行使收入分配更加公平。"由按劳分配到按需分配"是马克思的理想。实际上,社会主义体制下也不是所有的事情都是那么光鲜,然而毋庸置疑的是,苏联的收入分配远比美国公平。

---

① Robin Hood,英国民间传说中劫富济贫的绿林好汉。——译者注

转移支付是指一定的个人从政府那里得到的一笔捐赠而不是对其服务的支付。

如果随着收入的上升,税收对于收入的比率也随之上升,那么,这种税制就是**累进的**。

自由主义则主张让自由市场自行决定税前收入的分配,然后依靠税制及**转移支付**(transfer payments)来削减不平等——这与罗宾汉的做法异曲同工。这便是包括**累进税**(progressive taxation)和反贫困计划在内的各种计划实施的理由。支持再分配的美国人坚定地站在支持自由主义方法一边。但是,什么再分配方式是最优的,以及多少才是足够的?关于这个非常具有争论性的问题,几十年来的争论都没有得出一个简单的答案。最近,随着工资差距的扩大,不平等问题在国家政治议题中变得突出。

2.6 结论:它是一种混合经济

混合经济是一种对自由市场的运作施加某种公共干预的经济,在这种经济中,也可能同时存在着公共产权与私人产权的混合。

尽管意识形态不同,但是,所有国家在所有时间内,都按照某种比例混合着公共和私人产权。所有国家都为了某些目的而依赖市场,而又给政府赋予一定的作用。因此,人们说**混合经济**(mixed economies)无处不在。但是,混合并不是同质化的,不同国家能够而且确实按不同方式混合着国家和市场部门。即使到今天,俄罗斯经济与意大利经济也是显著不同的,而意大利经济也显著不同于中国香港地区的经济。

在你们大多数人出生后不久,发生了令人震惊的历史事件:在整个欧洲,一些国家解体了。几年以来,这些国家经历了一个痛苦的转型过程,即从原来私人产权、自由企业和市场仅发挥次要作用的体制,向它们发挥中心作用的体制转变。如果你愿意用混合经济来说的话,那么,这些国家的经济混合方式改变了,而且是显著地改变了。为了理解这一转型在某一时刻为何如此困难又如此重要,我们就必须探讨本书的主题:什么是市场能做好的,什么又是市场做得很糟的?这一任务将从下一章开始。

小结 》》》

1. 美国经济是地球上最大的国家经济,这既是因为按世界标准来说美国是富裕的,也是因为美国人口众多。相对于绝大多数其他发达国家而言,美国经济既是特别"私有化的"又是特别**封闭的**。

2. 这些年来,美国经济有了显著的增长。但是,这种增长也受到周期性**衰退**的干扰,其间失业上升。

3. 美国拥有大规模的、多样性的劳动力队伍,其按年龄和性别的构成发生了显著的变化。近来,相对少的工人在工厂或农场工作,绝大多数在服务业部门工作。

4. 雇员拿回绝大多数的国民收入,而其他则大多以利息和利润的形式,归于资本提供者。

5. 联邦、州和地方政府雇用了美国劳动力队伍的六分之一(包括军队)。这些政府通过税收来为其支出融资,这要占到 GDP 的大约 28%。这一百分比在工业化世界中是最低的。

6. 除了征税和做出开支以外,在市场经济中,政府还作为裁判和规则执行者,以各种方式规制商业,并通过税收和**转移支付**再分配收入。因此,我们说我们拥有一个**混合经济**,它混合着私人和公共因素。

关键词

生产要素(或投入)   产出   国内生产总值(GDP)
开放的经济体   封闭的经济体   衰退
转移支付   累进税   混合经济

讨论题

1. 在混合经济中,政府的职能是什么?
2. 你认为为什么康涅狄格州的人均收入差不多是西弗吉尼亚州的两倍?
3. 绝大多数美国企业是小规模的,而绝大多数产出则是大型企业生产的。这听起来似乎有些矛盾。这如何会是真实的呢?
4. "生产要素"是何意?你在市场上出售过任何生产要素吗?
5. 粗略而言,多少比例的美国劳动力分别工作在工厂、服务业企业、政府部门?
6. 地球上最大的两个国家经济是哪里?为什么它们相对于其他经济要大得多?

第 3 章 基本经济问题：稀缺性和选择

> 我们的必需品是有限的，而我们的需求是无止境的。
>
> ——幸运饼干签语

本书的核心任务就是研究市场机制的强项与弱项。但是，为了解释这个复杂的问题，我们必须首先回答一个更简单的问题：经济学家们希望市场做什么？

最常见的答案就是，市场是为了解决经济学中的基本问题——如何最好地管理社会资源，以及在稀缺性的限制下如何尽可能好地使用它们。一个梦想家可能会虚拟一个需求不受限制的世界，在这个世界里，每个人，甚至非洲和中美洲的人都能驾驶宝马，吃鱼子酱，但地球没有足够的资源使这个梦想成真。因为资源是稀缺的，因此，所有的经济决策都存在着权衡取舍。若你有 5 美元，你将用来买一个比萨饼，还是用来为你的经济学课买新笔记本呢？通用汽车应该把资金更多地投资在装配线还是研究上呢？一个运转良好的市场机制就能够使这些决策变得容易并给予指导，它将每小时的劳动力和每千瓦小时的电力合理分配到（它希望）能使投入最好地为公众服务的地方。

本章说明了经济学家是如何对这类选择进行分析的。企业、政府，以及整个社会都是应用以机会成本概念为基础的同一基本原则来做决策。许多经济学中最基本的概念，如效率、劳动分工、比较优势、交易，以及市场的作用等，都将在本章中首次出现。

难题：怎样处理预算赤字问题？

在 20 世纪 80 年代初期至 90 年代末期大约 15 年的时间里，如何减少联邦预算赤字是当时首要的经济问题。里根总统、老布什总统、克林顿总统都曾对税收和支出的优先次序与国会发生过争论。哪个项目应该被削减？何种税收应该增加？

后来，由于强大的经济增长和赤字削减政策相结合，预算赤字如同春雪一样逐渐消失，并在几个财政年度里（1998—2001 年）转为预算盈余。在一段时间里，做出令人痛苦的选择的必要性似乎消失了——或者说看似如此。但这只是一种幻觉。即便是在预算处于盈余的那个短暂时期内，我们仍然必须做出艰难的选择。美国政府并不能负担所有东西。于是，随着股票市场的暴跌，经济增长变得缓慢，布什总统通过国会推行了一系列减税政策，预算盈余很快再次成为预算赤字，而且是美国历史上最大的预算赤字。

2004年总统竞选活动时的财政问题，与20世纪80年代至90年代的类似。哪些支出计划应该被削减，哪些应该增加？由布什推行的减税政策中，哪些应该被废止（如果有的话）？即使一个年度预算超过2万亿美元的政府都不得不确定优先次序并做出艰难的选择。

图片来源：ⓒ Photodisc Green/ Getty Images

即便是在资源相当丰富的时候，它们也绝不是无限的，所以每个人都必须做出艰难的选择。最优选择就是在可获得的资源允许的各种可能的选择中选取最合意的一种，在这种意义上资源总是稀缺的。

3.1 稀缺性、选择以及机会成本

资源是由自然或人类所提供的用于创造物品及服务的工具。自然资源包括矿物、土壤、水和空气。劳动是一种稀缺资源，因为时间（每天仅有24个小时）和熟练工人两者都是有限的。工厂和机器是人们制造的资源。这三种资源就是通常所指的土地、劳动力以及资本。它们也被称为投入或生产要素。

经济学中基本的主题之一就是稀缺性：**资源**（resources）总是有限的。即便是历史上最伟大的帝国之一的统治者和最负盛名的西班牙无敌舰队的统帅——菲利普二世，在他不能为将士提供军饷甚至是不能保证基本的粮食供应时，也必须处理军队中频繁发生的叛乱。据说在他统治期间，曾经历了令人吃惊的八次破产。最近这些年，尽管美国政府每年的支出达到了2万亿美元，但它仍然在为艰难的预算决策而烦恼。

但物质资源的稀缺性比资金的稀缺性更为基本。譬如，燃料的供给并不是无限的，因此一些环境学家声称我们现在就应该做出许多艰难的选择——例如让我们的房屋在冬季凉一点而在夏季就让它更热一点，以及居住在离工作地点更近的地方等。尽管能源的稀缺性是我们讨论得最为广泛的，但一般的原则适用于地球上所有资源——铁、铜、铀，等等。而且，甚至靠人类自身的努力生产出来的产品的供给都是有限的，因为这些产品需要使用燃料、劳动以及其他稀缺资源作为投入。我们可以生产更多的汽车，但生产过程中导致的劳动、钢材以及燃料等的增加意味着我们不得不减少其他物品的生产，如冰箱的生产。所有这一切都意味着下面这一个基本的经济学原理，我们会在本章中反复遇到它：

几乎所有的资源都具有稀缺性，这意味着人类所拥有的总是无法满足他他们所要的。因此,基于对这个不可逃避的事实——决定更多地拥有一样东西的同时就意味着我们将拥有更少的其他东西——的完全理解,我们必须在有限的可能性中做出选择。

事实上,有关经济学的一个很流行的定义是,研究如何利用有限的手段去追寻无限的需求。尽管和其他简短的阐释一样,这个定义也无法很完整地揭示经济学的意义,但它的确传达出了经济学家们的惯用手段的风格。

> 一项决策的机会成本就是决策者因为这项决策而不得不放弃的次优选择的价值。

为了说明一个东西的真实成本,让我们考虑一下额外增加汽车的生产而减少冰箱的产量这项决策。尽管一辆汽车的制造成本可能为 15 000 美元或其他价格,但它给社会带来的实际成本却应该等于为了增产这辆汽车所需要放弃的冰箱的价值。若用来制造一辆汽车的劳动、钢材和能源可以生产 30 台冰箱,那么一辆汽车的**机会成本**(opportunity cost)就是 30 台冰箱。机会成本这一原理极为重要,因此本章中我们将用大量篇幅从各方面对其作重点阐释。

课程结束后仍须牢记的要点

它(一项决策)的实际成本是多少? 经济学研究的机会成本原理是在家庭、企业、政府以及整个社会拥有的有限资源既定时,他们所能做出的选择。它研究人们如何能在各种互为竞争的选择中做出最优决策的推理方法。左右这种推理的主要原理是我们在第 1 章中介绍的一个"课程结束后仍须牢记的要点":由于资源的有限性,决定拥有更多的某一物品同时意味着决定放弃一些其他的物品。因此,任何一个决策的相关成本应是其机会成本——放弃的次优选择的价值。理性决策的做出必须以机会成本计算为基础。

3.1.1　机会成本和货币成本

由于我们生活在一个市场经济中,(几乎)任何物品都有自己的价格,所以学生们常常对某种产品的机会成本与市场价格间的联系与区别产生疑问。我们刚才所讨论的问题似乎区分了这两个概念:一辆汽车真实的机会成本并非其市场价格,而是其他可能被制造或购买的物品(例如冰箱)的价值。

但是,难道一辆汽车的机会成本与它的货币成本完全无关吗?一般的回答是,不是完全无关的。这两个成本由于市场经济确定价格的方式而紧密相关。例如,钢材既可以用来制造汽车又可以制造冰箱。若消费者对于钢材制造的产品(例如冰箱)有很高的评价,那么经济学家就认为制造一辆汽车的机会成本是很高的。然而,在这种状况下,对有很高评价的资源的强劲需求会推高它的市场价格。以这种方式,一个运行良好的价格制度将为钢材制定一个较高的价格,这将导致制造一辆汽车的货币成本同样变得较高。总而言之:

> 如果市场运行良好,那么机会成本较高的商品也会具有较高的货币成本。同理,机会成本较低的商品必然也具有较低的货币成本。

然而,我们不能错误地将机会成本与明确的货币成本视为等价。首先,市场有时候并不能很好地运作,因此,价格也无法精确地反映机会成本。此外,有些极具价值的物品可能根本不具备明确的标价。我们在第 1 章中曾遇到过这类例子——大学教育的机会成本与其明确的货币成本之间相去甚远。为什么?因为在进行货币成本计算的时候有一个很重要的方面被遗漏了：你的时间的市场价值，或者说你不去上大学而是去参加工作所能赚得的工资。由于你放弃了可能获得的工资——每年可达 15 000 美元或更多——而选择接受教育，它们就必须被计为上大学的机会成本的主要部分。

另外一些常见的有关货币成本和机会成本间不趋同的例子就是"免费"获得的商品及服务。譬如，美国西部的早期开拓者毁坏了没有市场价格的森林和美洲野牛群等自然资源，而让后人以资源损失的形式支付机会成本。同样，你可以不必花费直接的货币成本而获得免费赠送的某种物品，但若你为了得到这种"免费"的商品而不得不排队等候的话，你的机会成本就等于次优利用你的时间的价值。

3.1.2 最优选择：而非任意选择

人们和厂商是如何做出决策的呢？有很多方式，他们中的一些是依据很少有先见之明的预感，有些甚至是依据迷信或算命先生的建议。通常，当决策需要的信息稀缺，而且必要的研究和计算成本高昂又困难时，决策者将把选择设定在他能"接受"的第一可能选择上——一种或许得到并不太坏的结果而又看起来相当安全的选择上。即使决策者认识到也许还有其他他所不知道的更好的选择，他仍然会做出这一选择。这种决策方式被称为"满意"决策。

最优决策是能最好地实现决策者目标的决策，而无论这些目标是什么。它是通过与可能的替代选择进行显性或隐性的比较得到的。术语最优并不意味着作为观察者或分析者的我们证实或证伪了目标本身。

在本书中，像其他大多数讨论经济理论的书一样，我们将假定决策者寻求做得更好而非仅仅是满意。甚至，我们假定他们寻求达到最优的决策——一种能比其他任何可能选择都能使决策者更好地实现其目标的选择。我们将假定决策者所需要的信息是可获得的，并且研究能够使决策者决定什么是最优的可能的选择的程序。

对个人 X 而言的一个**最优决策**（best decision）是这样一种决策，它是通过显性或隐性地比较每一可能选择的结果后进行选择的，而且它被分析证明是一种能最有效促进个人 X 目标实现的选择。

我们将研究不同群体——包括消费者、生产者和销售者——在不同情况下的最优决策制定。在每种情形下决定什么是最优选择的分析方法，将是非常相似的。因此，如果你理解了其中之一，你就能理解它们所有的了。一种被称为"边际分析"的技术将用于这一目的。但在任何用于最优决策制定的方法背后，有一个基本思想，那就是，为了决定某一可能选择是否为最优，其结果必须与其他可能选择进行比较。

3.2 单个企业面临的稀缺性与选择

一个企业或经济体的**产出**是其生产的物品及服务。

在使用固定的**投入**（inputs）生产两种**产出**（outputs）的单个企业中，机会成本的本质可能是最清晰的。如果企业当前拥有的技术和有限的资源既定，那么它增加一种物品的生产就必须减少另一种物品的生产。除非管理者对

|一个企业或经济体所使用的**投入**是其用来生产产出的劳动、原材料、电力以及其他资源。|两种物品的受欢迎程度进行明确的测度,否则他们不可能做出理性的生产决策。
　　以农户琼斯为例,他拥有的土地、机器、劳动力以及肥料等的供给所能生产的大豆和小麦的各种产量组合如表3-1所示。显然,利用更多的资源来生产大豆意味着他将生产更少的小麦。|

表3-1　一个农民的生产可能性

大豆(蒲式耳)	小麦(蒲式耳)	图3-1中的标志
40 000	0	A
30 000	38 000	B
20 000	52 000	C
10 000	60 000	D
0	65 000	E

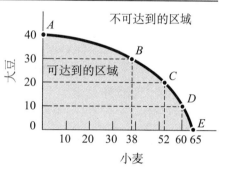

图3-1　单一农民的生产可能性边界
注:数量是指每年千蒲式耳。

　　表3-1显示,若琼斯只种植大豆,收成将为40 000蒲式耳。但若他减少大豆的生产至30 000蒲式耳,那他同时还能获得38 000蒲式耳的小麦。因此,获得38 000蒲式耳小麦的机会成本是减少的10 000蒲式耳大豆。换言之,增加10 000蒲式耳大豆的机会成本是38 000蒲式耳小麦。表3-1中的其他数据的解释类似。
　　当农场主的目标为获得尽可能多的货币利润,而不是最大化小麦或大豆的数量时,情况会变得更加复杂一些。假定生产38 000蒲式耳小麦要求琼斯放弃10 000蒲式耳大豆,而且如果他选择小麦产量,其利润为4 000美元,而如果他选择大豆,其利润为1 200美元(如果选择小麦专业化,这是必须放弃的)。那么,我们的农场主承担的机会成本就不再是10 000蒲式耳大豆,而是替代大豆生产将会提供的1 200美元利润。

3.2.1　生产可能性边界

|**生产可能性边界**表现为一个生产者可利用资源和已有的技术可以生产的各种物品的不同组合。|　　图3-1用图的形式传达了同样的信息。点A代表农民可选方案之一是生产40 000蒲式耳大豆而不生产小麦。因此,点A与表3-1中的第一行相对应,点B与第二行相对应,以此类推。类似AE的曲线将会在本书中频繁出现,它们被称为**生产可能性边界(或曲线)**(production possibilities frontiers)。生产可能性边界上及内部的任何一点都是可达到的,因为它没有要求比现在可用资源所允许的更大产量。曲线外部的点代表着很大的产量,在可利用资|

源及技术既定的前提下是不可达到的,只是想象中的虚构。
　　由于资源是有限的,生产可能性曲线总是向右下方倾斜。农民只能通过投入更多土地和劳动到小麦种植上来增加小麦的产量(在图3-1中向右移动),但这个决定将同时减

少大豆的产量(曲线必然向下移动),因为剩下来种植大豆的土地和劳动都减少了。

注意,除具有负斜率外,生产可能性曲线 AE 还具有另一个特性,即"向外弯曲"。这个曲度代表了什么意义呢?简单说来,当越来越多的资源从某项产出转移到另一产出上时,后者的增量是逐渐递减的。

假定农户琼斯最初只生产大豆,甚至将更适宜种植小麦的土地都用来种植大豆(点 A)。现在,他决定从大豆地中辟出一片土地改种小麦。他将改种哪一片土地呢?如果琼斯是明智的,他将使用那片从土壤化学成分、阳光照射方向等方面考虑最适宜种植小麦的土地。随着移至 B 点,大豆的产量由 40 000 蒲式耳降至 30 000 蒲式耳,而小麦的产量由 0 升至 38 000 蒲式耳。牺牲仅仅 10 000 蒲式耳的大豆就"获得"了 38 000 蒲式耳的小麦。

现在,试想农民还想生产更多的小麦。图 3-1 表明牺牲另外 10 000 蒲式耳的大豆(由 30 000 蒲式耳降至 20 000 蒲式耳)只能获得 14 000 蒲式耳的小麦(见点 C)。为什么?最主要的原因是,投入往往具有专用性。正如我们在 A 点处看到的,农民将更适宜种植小麦的土地也用来种植大豆了。因此,它们生产大豆的能力相对较低。当这些资源被用于生产小麦时,它们的产量提高了。

但是这种趋势并不能永远持续下去。随着小麦产量的增加,农民必然将更适宜于种植大豆而不适宜种植小麦的土地和机器用来种植小麦。这就是为何牺牲第一个 10 000 蒲式耳大豆能"购买" 38 000 蒲式耳小麦,而牺牲第二个 10 000 蒲式耳大豆仅能"购买" 14 000 蒲式耳小麦。图 3-1 及表 3-1 显示,随着小麦产量的递增,这种"回报"将越来越少——牺牲第三个 10 000 蒲式耳大豆仅能获得 8 000 蒲式耳小麦,等等。

如果农民的目标是最大化他从其土地和劳动中获得的小麦或大豆的产量,那么,我们会发现,生产可能性曲线的斜率表示的是机会成本的概念。例如,在点 C 和 B 之间,获取额外 10 000 蒲式耳大豆的机会成本,是放弃 14 000 蒲式耳小麦;在点 B 和 A 之间,获取额外 10 000 蒲式耳大豆的机会成本是放弃 38 000 蒲式耳小麦。总而言之,若我们沿生产可能性边界向左上方移动(更多地生产大豆,更少地生产小麦)时,以小麦衡量的大豆的机会成本是递增的。从另一角度来看同样的事情,若沿生产可能性边界向右下方移动,为获得更多小麦而必须放弃的大豆的机会成本是递增的——对于连续增加的额外一单位的小麦产出而言,越来越多的大豆必须被放弃。

3.2.2 成本递增原理

成本递增原理表明,随着某种物品产量的增加,每增产一单位的此物品的机会成本一般会增加。

我们刚刚运用农业的例子描述了一个极具一般性的现象。**成本递增原理**(the principle of increasing costs)表明随着某一物品产量的增加,多生产另一单位的此物品的机会成本将会增加。此原则并非放之四海而皆准,例外是存在的。但它的确看来是可应用到广泛的经济活动中的一种技术性规律。正如我们在农业的例子中所显示的,成本递增原理的基础是资源往往多少有一些专用性。因此,当我们将资源的使用由它们相对高效的方面转移到相对低效的方面时,我们就损失了(资源的)部分生产率。正如图 3-1 所示的情况,成本递增原理说明生产可能性边界是向外弯曲的。

或许，理解这一观念的最佳方式，是将其与没有任何资源是专业化的情况进行对比，在这种情况下，随着产出成比例变化，成本不会上升。图3-2描述了生产黑色鞋及棕色鞋的生产可能性边界。由于被用来生产黑色鞋的劳动和机器正好也同样适合于生产棕色鞋，故生产可能性边界是一条直线。若此公司减少生产10 000双黑色鞋，则它可以增产10 000双棕色鞋，不论在这两个产出之间有多大的移动。因为资源不是专用化的，所以，这种转移不会造成生产率的损失。

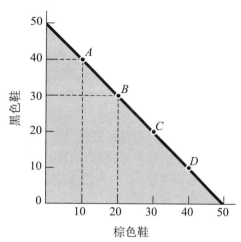

图3-2 资源非专用化的生产可能性边界
注：数量是指每周千双。

但是，更一般的情况是，随着一家企业把更多的生产能力集中到一种物品上，它就被迫使用了更适合于生产另一种物品的投入。因此，企业不得不改变投入的使用比率，因为某些投入的数量是有限的。这一事实也说明了企业的生产可能性边界的典型曲率。

3.3 整个社会面临的稀缺性与选择

如同单个企业一样，整个经济同样被其有限的资源和技术所束缚。若公众需要更多的飞机和坦克，他们就必须放弃一部分船和汽车。它需要建造更多的工厂和商店，就必须少建造一些住房和运动场。总而言之：

> 约束社会选择的生产可能性边界的位置和形状取决于整个经济的物质资源、技能和技术水平、人们的工作意愿，以及过去投入工厂建设、研究及发明的资源量。

由于很多国家长期以来都在争论是否要削减或加强军事力量，所以让我们用军事力量（用导弹表示）和居民消费（用汽车表示）的选择一例来阐释社会选择的本质。正如单个公司，经济作为一个整体也面临着一条导弹与汽车的生产可能性曲线，它是由其技术及可用资源，如土地、劳动、资本及原材料等决定的。这条生产可

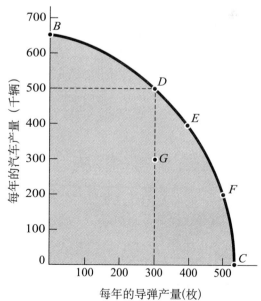

图3-3 整个经济的生产可能性边界

能性曲线类似于图 3-3 中的曲线 BC。若大多数工人被汽车工厂雇用,那么汽车的产量将会很大,而导弹的产出则会很小。若经济体在消费者的需求下降时将汽车制造业的部分资源转移,它便能通过国会的活动,将产出的组合移向更多生产导弹的地方(由 D 到 E 的移动)。然而,因为物质资源的专用性,这个过程中会发生某些损失,例如用来制造汽车座位的纺织品在导弹生产中作用不大。成本递增原理强烈地预示着生产可能性边界朝坐标轴向下弯曲。

我们甚至可以找到这样一个点,在该点上剩余资源除在汽车制造外无多大用处。在这种情况下,即使牺牲相当大量的汽车生产也几乎得不到额外的导弹。这也是边界上较陡的 FC 段所代表的意义。与 F 点相比,C 点处即使停止生产汽车也不能增加多少导弹产量。

社会生产可能性边界向下倾斜表明我们必须做出艰难的选择。想要增加居民的消费(汽车),唯有减少军事的支出,而不是靠言语和愿望。生产可能性曲线的曲率表明,随着国防开支的增加,用来"购买"额外的军事力量(导弹)所牺牲的居民消费越来越"昂贵"起来。

3.3.1 经济中其他地方面临的稀缺性和选择

我们已经强调过企业管理者及整个社会由于资源的有限性而被迫面临艰难的选择。然而,同样的选择也在其他地方存在——家庭、大学、其他非营利机构以及政府。

在一个必须决定如何分配其收入来购买所感兴趣的物品和服务的家庭中,机会成本的本质可能体现得最为明显。如果辛普森一家购买了一辆价格不菲的新车,那么他们将不得不大大削减对其他物品购买的开支。这一事实并不是说买车的行为是不明智的。但假若辛普森家在没有考虑这对其整体预算能力的全部影响的情况下购车,那么他们当然是不明智的。假如辛普森家想最有效地利用他们有限的资源,他们必须明白购买新车的机会成本等于他们因此而不得不放弃的东西——可能是一次旅行或是一台昂贵的新电视机等。如果家庭得自汽车的收益(无论如何度量)大于机会成本——如果取而代之的是他们购买同样昂贵的旅行或电视机所获得的收益,那么,购买汽车的决策就是理性的。

❓ 难题解答:解决预算赤字问题

正如我们已经注意到的那样,即使是像美国这样富有而强大的国家,也必须面对资源稀缺性所带来的限制。政府由于其可供使用的资源数量有限而面临选择的必要性,与企业和家庭遇到的问题相似。对于从他处购买的物品和服务,一国政府必须像一个大家庭一样预备预算;对于其自身生产的项目——教育、警备、图书馆等——它又十分像一家企业,面临着一条生产可能性曲线。尽管美国政府 2006 年的预算超过 2.6 万亿美元,但在布什总统和他的反对派之间存在的一些最激烈的争论,仍是源自关于政府的有限资源应如何在各种竞争性用途中分配这一问题上的分歧。即使不作说明,机会成本的概念仍然是这些争论的核心。

3.4 效率的概念

> 给定当前的技术知识水平,除非增加投入量或放弃一种产出的部分产量,否则不可能通过其他方式得到更多的另一种产出,那么这种产出组合就被认为是**有效率的**。

到目前为止,我们对稀缺性和选择的讨论,都是建立在企业或经济体总是运作于其生产可能性曲线之上而非其内部的假设之上的。换言之,我们已经隐含地假定,无论企业或经济体的决策是什么,它都是有效率地完成它。

经济学家将**效率**(efficiency)定义为无浪费。一个有效率的经济体能毫无浪费地利用它可利用的资源,并生产出其技术允许达到的最大产出量。

为了了解为何图3-3中经济的生产可能性边界上的任何一点(导弹和汽车组合的选择)都代表一个有效率的决策,现在假定社会决定生产300枚导弹。生产可能性边界表明,若要生产300枚导弹,那么所能生产的汽车的最大产量为500 000辆(见图3-3中点D)。只有在生产500 000辆汽车(当它生产300枚导弹时)而不是更少的如300 000辆(点G)时,经济的运作才是有效率的。

当经济体由点G移动至点D时,它不用放弃任何导弹(或其他任何物品),就能多生产200 000辆汽车,因此,点D是有效率的,点G则不是。显然,选择点G而不是点D,将构成机会的浪费——无效率。

需指出的是,效率的概念并未表明生产可能性曲线上的哪一点是最优的。相反,它仅表明曲线以内的各点都不是最优的,因为每个点都代表有资源的浪费。例如,假如社会的生产处于点G这样的情况中,那么就(暂时的)不存在做出艰难选择的必要。它可以移至点E而同时增加导弹和汽车的产量。

那么,为什么社会会发现它正处于生产可能性曲线以内的情况中呢?为什么现实生活中会存在资源的浪费呢?在现今经济中一个最重要的原因就是失业。当许多工人都失业时,经济必然会处于如点G这样位于曲线之内的点上,因为若在每个产业中投入一些失业者,经济将生产更多的导弹和汽车。经济将由点G向右(更多的导弹)并向上(更多的汽车)移动至生产可能性边界上,如点E。当且仅当没有任何资源的浪费时,经济才是运作在生产可能性边界上的。

低效率的情况也有其他的体现。投入的不合理分配——如在最适宜种植大豆的土地上种植小麦等——就是一个典型的例子。另一个体现低效率的很重要的典例就是:大型企业生产小型企业可以生产得更好的产出(因为小型企业生产时可以注意到更多的细节),或者小型企业生产适宜大规模生产的产出。还有其他一些例子是非法浪费,如裙带关系(例如,让一个无能的内弟得以晋升)或限制性的人事安排(例如,要求一个铁道部门安排一个消防员在柴油电机车上工作——在这上面没有火需要留意)。

一个尤其可悲的浪费形式是由对少数族裔及对女性劳动者的歧视引起的。当由于偏好的原因将一份工作给了一个白人男性,而不是给予更具工作能力的非裔美国女性时,社会就将牺牲一些潜在的产出,而且整个社会也必受到负面的影响。任何一个低效率的情况都表明,社会在可利用投入既定的情况下得到的产出,少于没有浪费时本该获得的产出。

3.5 任一经济中的三个协调问题

在决定如何配置其稀缺资源的过程中,社会在某种意义上必须做出三种决策:

第一,正如我们已强调的,它必须弄明白如何有效率地利用其资源,即它必须找到达到其生产可能性边界的方法。

第二,它必须决定生产何种组合形式的物品——多少导弹、多少汽车,诸如此类;即它必须在生产可能性边界上(所有的产出组合)选择一个特定的点。

第三,它必须决定给每人分配多少每种商品的总产出,这种分配必须是合理的,而不会将肉类分配给素食主义者或将酒类分配给禁酒主义者。

> **资源配置**是指社会对如何将其稀缺的投入资源在经济所生产的各种产出之间,以及生产这些产出的各个不同的企业或其他组织之间进行分配所作的决策。

社会能够而且的确以许多方式做出每一个决策——即经济学家常说的"如何生产"(how),"生产什么"(what),"为谁生产"(to whom)。例如,一个中央决策者可能会告诉人们如何去生产,生产什么,消费什么,就像苏联当局曾经做的,至少在某种程度上它是这样做的。然而,在市场经济体制之下,没有任何一个群体或个人能明确地做出所有**资源配置**(allocation of resources)的决策。相反,消费需求和生产成本通过价格与市场体系,将资源自动且无声地进行了分配。为了解市场是如何做到这些的,让我们分别来考虑这些任务。

任务1. 市场如何促进有效的资源配置

生产效率是一个经济的三大基本任务之一,并且社会以不同的方式追求效率。但有一个决定效率的基本因素,我们必须将其单独列出并给予特别关注:专业化导致巨大的生产率进步。

劳动分工的奇迹

> **劳动分工**意味着将某个任务分为一些更小更专业化的任务使得每个工人能更熟练地从事一个特定的工作。

亚当·斯密,现代经济学理论的奠基人,在他参观一家大头针制作工厂时,第一次为**劳动分工**(division of labor)如何提升效率和生产率这一事实所震惊。

斯密观察发现,通过这样划分工作,每个工人都更精于某一特定的领域,因而这组工人作为一个整体,其生产率得到了极大的提升。

换言之,通过劳动分工和专业化形成的奇迹,十个工人完成了本来可能需要数千人才能完成的事。这正是将落魄而贫困了好几个世纪的人类解放出来的工业革命的秘密之一。

令人惊叹的比较优势原理

然而,生产的专业化亦从更深层的意义上提高了效率。亚当·斯密注意到,"如何生产物品"会对生产率产生巨大的差异。"生产何种物品"亦是如此。这是因为人(以及企业、国家)的能力不同。有的擅长修理汽车,而其他的精于数字。有的对电脑精通,而其他的对厨艺十分在行。若人们能专业从事各自擅长的领域,然后相互进行贸易,这样,会计师的车能得到修理,电脑程序员能吃到可口而有营养的食物,那么,经济将会是最有效率的。

图片来源:© Courtesy of the Library of Congress

这是显而易见的。而经济学中另一个非常重要的思想之一就不那么明显了——两个人(或企业、国家)通常可以从贸易中获利,即使他们其中一个生产任何物品都比另外一个更具效率。一个简单的例子就可以解释原因。

有些律师打字比他们的助理更快更好。这样一位律师应该解雇她的助理而自己打字吗?不会。即便律师可能比她的助理更会打字,但明智的判断告诉她,应该专心于法律事务而把打字的工作留给工资较低的助理。为什么?因为多打1小时字的机会成本意味着少1小时用于与客户的沟通,而后者明显获利更多。

> 若某国与另一国相比,生产某种物品不似生产其他物品一样低效率,那么就称该国在生产此种物品上具有**比较优势**。

此例阐明了**比较优势**(comparative advantage)原理在发挥作用。尽管这位律师在打字上也具备优势,但她仍然专门打官司,因为她作为一名律师更具优势。她因为将打字工作交给效率稍低的雇员而蒙受了一些直接损失,但是通过向她的客户出售法律服务,她所得的收入足以补偿这种损失。

同样的原理在国与国之间一样适用。比较优势是国际贸易模式的经济分析基础。一个擅长某些特定产品生产的国家——诸如美国的飞机制造业、巴西的咖啡产业,以及沙特阿拉伯的石油工业等——应该朝着这些方面进行专业化生产,使生产量大于自我需求量。该国即可利用其出口所赚得的钱从其他国家购买它自己不生产的产品。即使贸易的一国在几乎所有方面都是最有效率的生产者,这也是正确的。其基本逻辑与我们"律师—打字员"的例子是完全相同的。例如,美国在电脑和电视机生产方面相比韩国可能都占优势地位,但若美国在电脑生产方面显著更有效率,而在电视机生产方面只略微更有效率,那么美国专业化于电脑制造业,韩国专业化于电视机生产,然后两国进行贸易是比较合算的。

这个原理被称为比较优势原理,是由大约两百年前的经济分析历史上的另一个巨匠大卫·李嘉图提出的。这是第1章所提到的课程结束后仍须牢记的要点之一。

> **课程结束后仍须牢记的要点**
>
> **令人惊奇的比较优势原理** 即使一国(或一名工人)在任何物品的生产上都逊于另一国(或另一名工人),但其在生产最缺乏效率的物品上,具有比较优势——相对于另一国而言。李嘉图发现,即使一国在任何物品的生产上都比另一国更有效率,它们也能通过贸易获利。这个理论在个人和企业中也同样适用。

比较优势在决定最具效率的生产和贸易的模式上至关重要。因此，即使一国能在国内更有效率地生产某一物品，它也能通过进口此物品获利。若这种进口行为能让一国专业化于其更具有效率的物品的生产，那么它就是合理的。而另一个效率较低的国家，则专业化于出口其生产最缺乏效率的物品。

任务 2. 市场交换与决定每种物品生产多少

专业化所带来的收益是受人欢迎的，但它们同时又产生了一个问题：在专业化的前提下，人们不再仅仅自给自足。在亚当·斯密的大头针工厂中的工人，并不需要使用他们每天生产的成千上万的大头针；他们想用这些大头针交换食物、衣服和住所等物品。同样，在我们的律师的例子中，行政助理打印出的法律诉讼摘要对其个人也毫无用处。因此，专业化需要一种机制，借助这种机制，生产大头针的工人，能用他们的大头针，与生产布料和土豆的工人进行交易，而办公室职员能用他们的打字技术，换取他们想要消费的物品。

若没有一个交易的体系，比较优势和劳动分工所带来的生产率奇迹，将对社会没有什么贡献，因为在有效率安排下的每个生产者将只剩下他们所生产的比较优势最大的物品，而没有其他任何物品消费；有了这个体系，生活水平便会得到极大提高。

尽管人们确实用一种物品交换另一种物品，但当每个人都同意使用某个共同的物件（例如带有特定印刷标记的纸）来购买和销售物品时，交易体系会运作得更好。例如，引入货币之后，大头针工厂的工人可以获得货币而非大头针，而他们可以用这些货币购买布料和土豆。纺织工人和农场主同样可以这样做。

但是，在一个运用货币交换物品和服务的市场上，市场机制也给我们带来需要决策的三个关键问题中的第二个：运用这个经济可用的资源，每种商品应该生产多少。如果在当前的价格下，比消费者愿意购买的更多的某种新产品被生产出来了，将会发生的是，制造那些新产品的将会有销售不出去的新产品留在他们手中。该产品的价格将会下降，制造者将被迫削减生产，同时某些制造者将被逐出市场。在当前价格下，如果生产者供应的新产品少于消费者需要购买的量的话，相反的情况将发生。因为稀缺，价格将上升，制造者将被引导增加生产。这样，每种商品的产出和价格将被推到供给与需求相匹配的水平，或非常接近于这一水平。这正是市场自动应对第二个关键决策的方式：在给定经济的生产能力（以生产可能性边界表示）的条件下，经济生产每种物品的数量将是多少。

任务 3. 如何在消费者中分配经济的产出

市场制度是经济组织的一种形式。在该制度下,资源配置决策是由个体生产者和消费者在没有中央的指导下按其自身最大利益做出的。

专业化和交易(在货币的帮助下)这两个现象一前一后地相互配合发挥作用,带来了繁荣的世界经济能够供应的商品在丰裕程度上的巨大增加。然而,这又给我们留下了第三个基本问题:什么力量使那些产出以一种合理的方式在人口中分配?是什么力量建立了一个运作良好的交易体系,使人们能够首先充分开发他们的比较优势,然后获取他们的消费所需?一种可供选择的方法是,让一个中央权威来告诉人们做什么。但亚当·斯密阐释并赞成另一种组织和协调经济活动的方法——市场与价格能够协调那些活动。斯密注意到,人们都善于追求他们自己的利益,而**市场制度**(market system)则能相当出色地利用这种利己之心。他是如此描述它的——带有明显的虔诚的意味——人们在追求自己的最大利益的同时,受到一只"看不见的手"的指引,来促进整个社会的经济福利。

那些与我们一样生活在一个像美国所具有的运作良好的市场经济中的人们,往往把市场的成就视为像每天东升西落的太阳一样自然。很少有人费神去思考诸如为何夏威夷的菠萝每天都能按照佛蒙特消费者希望的数量出现在佛蒙特的超市上之类的问题。市场通过利润动机处理这类问题,它引导企业的产出决策,使生产数量与消费者的偏好相匹配。例如,由于对面包的需求量增加而导致小麦价格的增长,将使农民生产更多的小麦而减少投入种植大豆的土地。这种价格体系也以适应消费者的口味和偏好的方式,在消费者中分配物品,运用自愿交易来决定谁将得到什么。消费者把他们的收入花费在他们(有能力购买的)最喜爱的物品上。素食者不会在牛排上浪费他们的任何收入,禁酒者没有必要把钱花在杜松子酒上。因此,消费者通过控制他们的支出模式,能够保证他们在超市购买的物品组合与他们的偏好相协调。这就是市场机制保证经济的产出以合理的方式在消费者中分配的方式,即这种分配趋于适应不同购买者的偏好。然而,这里至少还存在一个问题,购买物品的能力的划分很难做到平等。具有有价值技能的工人和稀缺资源的拥有者,能以相当有吸引力的价格出售他们的所有物。用他们所得的收入,他们可以购买大量的物品和服务。那些在销售他们所拥有的资源上不那么成功的人,赚得的收入较低,因此能购买的东西也较少。在极端情况下,他们还会遭受严重贫困。

从广义上讲,前面若干页所讨论的,就是关于市场经济如何解决任何社会所面临的三个基本问题:如何有效率地生产任一给定物品组合,如何选择一种适当的物品组合进行生产,如何在人们之间合理地分配这些物品。随着我们对以后各章节的学习,你将接触到更多与此相关的问题。你将了解,它们不仅是贯穿本章的中心思想,而且还是经济学家的整个工作体系的主题。在你学习本书的过程中,请将以下两个问题铭记于心:

- 市场在什么方面是有效的?
- 市场在什么方面是无效的?

随着对以后章节的学习,你会发现这两个问题的答案众多。

社会有许多重要目标,其中一些目标,譬如以最大的效率(最小的浪费)生产物品和服务,可以通过大致自由的市场运行得到极佳的实现。

但是,自由市场亦不能实现社会所有的目标。例如,它通常无法保持较低的失业率。事实上,市场的自由运作还可能与某些目标背道而驰,比如环境保护问题。许多观察者还相信,市场并不能依据伦理与道德标准分配收入。然而,正如你将从之后各章中了解到的,即便是在市场运作不佳的情况下,还有很多方式来控制市场机制的力量以弥补市场自身的缺陷。

经济学的辩论经常存在着政治上和意识形态上的含义。因此,在结束这一章时我们必须强调:我们刚刚所描述的主题既非抵制或者抨击资本主义制度,亦非"保守主义"立场。我们不需要站在保守主义立场上来认可市场机制对于达到经济目标而言是一件多么有效的工具。

决定以多大程度依赖市场力量的关键,是不可将结果与手段混为一谈。自由党和保守党显然抱有不同的目标,然而用来达到这些目标的手段的选择,大都由它是否有效来决定,而不是通过意识形态的预先判断来确定。甚至卡尔·马克思都强调,市场极为有效率地生产了大量丰富的物品和服务,而这在前资本主义社会的历史上是从未有过的。这些财富既可以用来实现保守党的目标,例如降低税率,亦有利于达成自由党支持的目标,例如为贫困者提供更多的公共援助。

当然,市场并不能解决所有的经济问题。事实上,我们刚才也指出,市场也是许多重要问题产生的源头。即便如此,几个世纪所累积的证据使得经济学家们相信,市场技术是解决大多数经济问题的最佳方式。本书中的分析将试图帮助大家认识到市场机制能有效达成的目标以及它无法或至少不那么有效率地改善的目标。我们要求大家忘记以前听到的所有口号——不论是来自左派还是右派的——并在学完本书的内容后自己拿主意。

小结 ▶▶▶

1. 所有**资源**的供给都是有限的。由于资源是**稀缺**的,**最优决策**便是在可利用资源允许的可能的选择中做出的最佳选择。

2. 由于资源是有限的,决定更多地获得一个东西就意味着放弃部分另一种东西。我们所放弃的那些东西就被称为我们所得到的东西的**机会成本**。机会成本是任何决策的真实成本。这是课程结束后仍须牢记的要点之一。

3. 当市场有效发挥其功能时,企业能更有效率地利用其资源并生产消费者最需要的物品。在这种情况下,机会成本与货币成本(价格)几乎是一致的。当市场运作不佳,或者重要且社会成本较高的物品没有合适标价,甚至免费提供时机会成本与货币成本便相距甚远。

4. 企业的**生产可能性边界**表示的是在给定现有技术和可利用资源的情况下,它所能生产的物品组合。生产可能性边界通常向外弯曲,因为资源往往具有专用性。

5. **成本递增原理**表明,随着一种物品的生产的增加,增加生产一单位此物品的机会成本通常会上升。

6. 与一个企业一样,整个经济也有一条生产可能性边界,其位置由技术及土地、劳动力、资本和原材料等可利用资源决定。

7. 一个企业或经济若处于其生产可能性边界内部的某一点,则它必然是无效使用资源或浪费资源,如当失业存在时,这种情况就会发生。

8. 经济学家将**效率**定义为"无浪费"。它主要是通过利用**劳动分工**和**比较优势**形成的**专业化**以及交易制度共同带来的生产率的进步实现的。

9. 两国(或两个人)可以通过专业从事各具备比较优势的活动并进行贸易来获取利益。即便某国在生产任何物品的活动中都处于劣势,这种贸易收益仍然存在,只要该国专业生产其最低效率的商品。"比较优势"原理是课程结束后仍须牢记的要点之一。

10. 若某交易是两个个人之间自愿进行的,那么,即便没有额外的物品产出,双方也都能获利。这也是课程结束后仍须牢记的要点之一。

11. 每个经济制度都必须设法回答三个基本问题:如何才能最有效地生产物品?每种物品应该生产多少?物品应该如何在使用者中分配?

12. **市场制度**能够很好地解决一些社会的基本问题,但它在某些其他问题上失去了效用,而且实际上,其本身也可能产生问题。市场何时以及怎样成功地解决问题,以及它何时又为何失灵构成了本书的主题,同时这也概括了经济学家整个研究的主要特征。

关键词

资源	机会成本	最优决策
产出	投入	生产可能性前沿(或曲线)
成本递增原理	效率	资源配置
劳动分工	比较优势	市场制度

自测题

1. 考虑 2007 年 Stromboli 国的两种选择。在情况(a)中,居民吃掉 6 000 万张比萨饼并建造 6 000 台比萨饼烤炉。在情况(b)中,居民吃掉 1 500 万张比萨饼而建造了 18 000 台烤炉。哪种情况将导致 2007 年 Stromboli 国更丰富的生产可能性边界?

2. 贾斯敏的小吃商店出售两种类型的薯片。她是通过向批发供应商购买来生产它们的。品牌 X 的成本是每袋 1 美元,而品牌 Y 的成本是每袋 1.4 美元。如果贾斯敏向批发商购买薯片的预算支出为 280 美元,画出她的生产可能性曲线。为何它不是"向外弯曲的"?

3. 某人以每年 24 000 美元的价格向房东租赁了一栋房子。购买这栋房子的价格是 200 000 美元,房客有足够购买房子的钱存于银行,年利率是 4%。购买这栋房子对房客而言是明智的交易吗?本题中哪里涉及机会成本吗?

4. 运用下表给出的数据,图示 Stromboli 国的生产可能边界。成本递增原理对 Stromboli 国是成立的吗?

2002年Stromboli国的生产可能性	
每年的比萨饼	每年的比萨烤炉
75 000 000	0
60 000 000	6 000
45 000 000	11 000
30 000 000	15 000
15 000 000	18 000
0	18 000

讨论题

1. 若你即将离开大学,你生活中将发生什么变化? 那么你受教育的机会成本又是什么呢?
2. 养鸡需要多种类型的饲料,如玉米和豆类。考虑苏联的某一农场。试着描述在旧式社会主义制度之下,如何决定养鸡的数目及各种饲料的数量。若现在这个农场私有化,那么市场又是如何引导该私有农场做出这些之前由中央计划机构做出的决策的?
3. 若你是你们大学的校长,当预算减少10%的时候你会做何变化? 减少25%时呢? 减少50%时呢?
4. 美国是世界上最富裕的国家之一。想想最近美国政府的决策受到稀缺性严重约束的一个例子。描述它所包含的权衡取舍。实际决策的机会成本又是什么?
5. 讨论资源的有限性对下列对象的影响:
    a. 地球上最贫困的人
    b. 地球上最富裕的人
    c. 堪萨斯州的一个农民
    d. 印度尼西亚政府

第 4 章　供给与需求:初探

> 自由企业制度过于重要,因而不能把它交给市场的自发行为。
> ——佛罗里达州众议员理查德·凯利,1979

　　在本章中,我们来学习经济学家最基本的研究工具:供给和需求机制。无论你的经济学课程是集中在宏观经济学还是微观经济学,你都将发现所谓的供求法则是经济分析的基本工具。经济学家使用供给和需求分析来研究诸如通货膨胀与失业、税收对价格的影响、政府的商业规制,以及环境保护等形形色色的问题。供给和需求曲线——分别将供给量与价格、需求量与价格联系起来的图形——说明了价格与数量是如何在自由市场中被决定的。

　　本章中的一个主题是世界各国的政府都曾干预价格机制的运行,整个历史的记载亦是如此。正如我们将看到的,这些与亚当·斯密"看不见的手"的抗争常常产生令各国当局惊讶且沮丧的不良负面效应。看不见的手回击了!

❓ 难题:石油价格出了什么问题?

　　1949 年以来,买者用来购买一桶石油的美元购买力一直保持相当稳定,而汽油也大致是保持廉价的。但是,在两个例外的时期——一个大约从 1975 年至 1985 年,另一个开始于 2003 年——石油价格暴涨,而加满一箱汽油对消费者来说也变得昂贵。很显然,这些变化的背后必然是供给和需求变化在发挥作用。但是,是什么导致它们如此巨大而突然的变化呢? 在本章稍后,我们将引述一篇关于剧烈而意想不到的事件如何导致供给发生变化的新闻故事,以便让我们这一章的分析变得生动有趣。

4.1　看不见的手

看不见的手是亚当·斯密用来描述市场制度中追求自身利益的人,是如何受到"看不见的手的指引"而促进社会福利的一个专有名词。

亚当·斯密,现代经济分析之父,对价格体系具有极高的评价。他惊异于其成果——既作为一个有效率的商品生产者,又作为一个满足消费者偏好的保障者。尽管自斯密时代以来,有许多人认同他对**"看不见的手"**(invisible hand)这一概念的狂热,但仍有许多人持否定态度。例如,与斯密同时期但生活在美国殖民地的人通常不满意自由市场产生的价格并认为通过法律他们能做得更好。这样的尝试失败了。在不计其数的例子,尤其是在房租、利率及保险费率等方面的例子中,公众对公开市场上收取的价格愤恨不已。

早在基督诞生好几百年前就存在着对利率(即贷款的价格)的控制,至少可以追溯到约公元前 1800 年由古巴比伦国王汉谟拉比编纂的法典。我们的历史记载还包括在戴克里先这位罗马帝国衰落时期的皇帝执政期间执行的一长串有关食物及其他商品的价格上限。更近一些的,美国人也受到各种价格控制的"保护"。法律在给一些价格(如租金)制定了上限以保护买者的同时,也给另一些价格(如农产品)制定了下限来保护卖者。然而,这种管制所涉及的所有事物似乎都以比以前更糟糕的混乱状态结束。尽管有租金控制,纽约市的租金仍然高涨。尽管法律禁止"倒票",热门的表演及体育比赛门票仍以惊人的高价销售——例如,超级碗①的门票通常在"黑市"上卖到几千美元。为了了解我们在对抗市场时出了什么差错,我们必须首先了解市场是如何独立运作的。本章通过研究供给与需求机制向这个方向迈出了第一步。然后,在本章末,我们将再回到价格控制的问题。

每个市场都既有买者又有卖者。我们从市场上的消费者一方来展开我们的分析。

4.2　需求及需求量

人们通常认为消费者的需求量是个定值。例如,当生产设计者提出一款新电脑时,管理者会问:"它的市场潜力有多少?"即可以售出的量是多少? 与此类似,政府统计部门进行研究来确定随后几年内美国将需要多少工程师或医生。

经济学家们认为这个问题提得不好,因为这种问题的答案并不是唯一的。相反,他们认为电脑的"市场潜力"和"所需要"的工程师数目取决于众多方面的影响,包括各自的价格。

任何产品的**需求量**(the quantity demanded)通常都取决于其价格。需求量同样也取决于包括人口、消费者收入、偏好及其他相关产品价格等在内的其他大量决定因素。

需求量是指在某一特定时间段,消费者愿意且能够购买的商品的量。

由于价格在市场经济中扮演着一个中心角色,我们将致力于"价格是

---

① Super Bowl,美国国家橄榄球联盟的年度总决赛名称。——译者注

如何决定需求量的"来开始我们对需求的研究。随后,我们将谈到需求量的其他决定因素。现在,我们认为价格以外的影响因素都是固定的。这种假设,通常表述为"当其他条件相同时",在经济学分析中广泛使用。让我们考虑牛肉需求量的问题,作为价格与需求关系的一个实例。若牛肉的价格相当高,那么其"市场潜力"将非常小。人们将寻找降低牛肉需求的方法,可能转而吃猪肉或鱼肉。若牛肉的价格下降了,人们将倾向于多吃牛肉。他们将吃得更频繁,或吃更大量的,或从吃鱼肉转为吃牛肉。因此:

> 对牛肉、电脑或工程师不存在单一的需求数字。而是,当其他影响因素固定不变时,在各种可能的价格上都对应着一个不同的需求数量。

4.2.1 需求表

需求表是显示在其他决定因素不变的情况下,某一特定时间内,某种产品的需求量是如何随价格变化而变化的。

表4-1 显示了**需求表**(demand schedule)是如何记录牛肉需求的信息的。它表明的是在其他因素不变的情况下,在某一特定时间段内,某一特定区域的牛肉消费者在不同的价格上所愿意且能够购买的牛肉量。具体来说,表中分别给出了在每磅6.90美元至7.50美元之间的每一可能的价格上牛肉的年需求量。在相对较低的价格水平上,例如每磅7.00美元/时,消费者每年愿意购买7 000万磅牛肉。但若价格上涨,例如每磅7.40美元,需求量将降至5 000万磅。

表4-1 牛肉的需求表

每磅牛肉的价格(美元)	需求量	图4-1中的符号
7.50	45	A
7.40	**50**	***B***
7.30	55	C
7.20	60	E
7.10	65	F
7.00	**70**	***G***
6.90	75	H

注:需求量以百万磅/年为单位。

常识告诉我们为何会如此。[①] 首先,随着价格的上涨,一些消费者将减少他们对牛肉的消费量。其次,更高的价格将促使某些消费者完全退出市场——譬如转向猪肉或鱼肉。考虑到上述两种情况,需求量将随价格的上升而下降。

> 当其他因素不变时,随着一种商品的价格上升,其需求量通常会下降;随着价格下降,其需求量通常会上升。

---

① 在后面的章节中将更全面地分析这个常识性的回答。

4.2.2 需求曲线

需求曲线是需求表的图形形式。它表示的是在其他决定因素不变的情况下，某一特定时期内，产品的需求量是如何随价格的变化而变化的。

表4-1中所包含的信息可以用图4-1表现出来，图中的曲线被称为**需求曲线**(demand curve)。线上各点分别对应于表中的各行。这条曲线显示出了价格与需求量之间的关系。例如，它告诉我们，为了每年能出售5 500万磅牛肉，价格必须定为每磅7.10美元，图4-1中的点 G 表明了这种关系。然而，当价格变为每磅7.40美元时，消费者将仅需求5 000万磅牛肉(如点 B 所示)。由于需求量随着价格的增长而减少，需求曲线具有负的斜率。

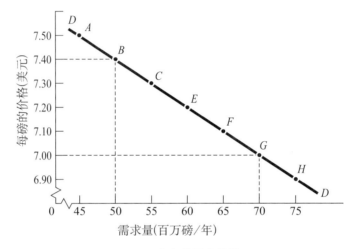

图 4-1 牛肉的需求曲线

需求曲线的移动出现在除价格外的其他相关变量发生变化之时。如果消费者在任何价格水平上比以前愿意购买更多，那么需求曲线就向右(向外)移动。若他们在任何价格水平上都愿意减少购买量，那么需求曲线就向左移动(向内移动)。

我们需要注意需求表和需求曲线定义中的最后一个词组："需求量的所有其他决定因素保持不变"。什么是"其他决定因素"呢？它们又是如何影响需求曲线的呢？

4.2.3 需求曲线的移动

牛肉需求量不仅受到牛肉价格的影响，还受到许多其他因素的影响。即使牛肉的价格本身不发生变化，人口规模和特征的变化、消费者收入及偏好的变化，以及相关替代品如猪肉和鱼肉的价格的变化等，都可能引起牛肉需求量的变化。

由于牛肉的需求曲线只能描述所有其他因素不变时，牛肉需求量与牛肉价格的关系，牛肉价格的变化仅仅使牛肉市场在同一条需求曲线上从一点移动到另一点。然而，其他任何一项影响因素的变化，都将引起整条**需求曲线的移动**(shift of the entire demand curve)。更一般地：

一种产品的价格变化会引起沿着该条需求曲线的移动，而其他任何一项影响需求量的因素的变化会引起整条需求曲线的移动。

若在每一给定价格下消费者都比以前愿意购买更多的牛肉,需求曲线便向右(或向外)移动;若他们在每一给定价格下愿意购买的牛肉减少,需求曲线便向左(或向内)移动。

图 4-2 用图形显示了这种区别。若牛肉的价格从每磅 7.30 美元降至每磅 7.10 美元,而需求量相应地增加,那么如箭头 CF 所示,我们沿需求曲线 D_0D_0 由 C 点移至 F 点。另一方面,若消费者突然觉得比以前更喜欢牛肉了,或者他们接受了一份认为牛肉有益于健康的研究报告,整条需求曲线便会如水平箭头所示由 D_0D_0 移至 D_1D_1,意味着消费者在任何给定价格下,都比以前更愿意购买牛肉。为了能更具体地表达这个概念及其广泛的应用,让我们考虑那些能够移动需求曲线的"其他因素"的具体例子。

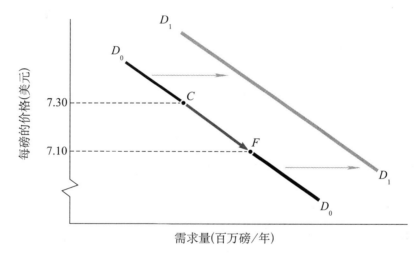

图 4-2 沿需求曲线的移动和需求曲线的移动

消费者收入 如果平均收入增加,即使价格保持不变,消费者也将增加购买大多数物品,包括牛肉。也就是说,收入的增加通常会造成需求曲线向外向右移动,如图 4-3(a)所示,图中需求曲线由 D_0D_0 外移至 D_1D_1,从而建立了价格与产出数量的新均衡。

人口 人口增加对需求量的影响或多或少与平均收入增加有相似之处。例如,即使牛肉价格和平均收入不变,更多的人口也很可能需要消费更多的牛肉,因此如图 4-3(a)所示,整个需求曲线向右移动。均衡价格和均衡数量同时上升。某特定类别人口的增长同样可以造成需求的移动——例如,在 20 世纪 70 年代后期和 90 年代中期之间,美国经历了少数族裔人口的突然增长。这个人群(被称为"Y 代"且包括了大多数本书的使用者)引发了对诸如移动电话和电子游戏等商品的需求增加。

在图 4-3(b)中,我们发现,人口的减少应该使牛肉的需求曲线由 D_0D_0 左移至 D_2D_2。

消费者偏好 若牛肉产业成功地发动了一次赞美吃牛肉的好处的广告活动,各个家庭可能决定在任何给定价格下都更多地购买牛肉,如果真是这样,牛肉的需求曲线将会向右移动,如图 4-3(a)所示。或者,一份表明牛肉有高胆固醇危险的医学报告则可

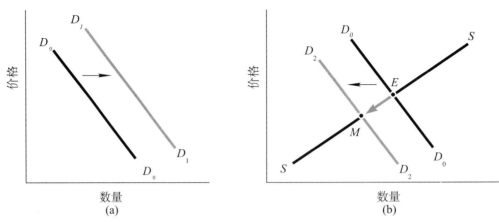

图 4-3 需求曲线的移动

能说服消费者更少吃牛肉,那么需求曲线便会向左移动,如图 4-3(b)所示。因此,一般的现象是:

若消费者偏好向更喜爱某一特定物品发生变化,则其需求曲线将向外向右移动,如图 4-3(a)所示。

不断变换的儿童玩具"潮流"便是一例——可能是游戏卡、电动玩偶,或者是最新的电子游戏。当父母们为孩子争购这些玩具时,它们就成为人们急切追寻的物品,而商店供不应求。

相关物品的价格及其可获得性 由于猪肉、鱼肉和鸡肉均是同牛肉竞争的大众食品,这些替代品的价格变化,同样可以使牛肉的需求曲线发生移动。若其中任何一种产品变得更便宜了,那么,一些消费者将不再消费牛肉。因此,如图 4-3(b)所示,牛肉的需求曲线将向左移动。其他价格变化可能使牛肉的需求曲线向右移动。例如,假定汉堡包和番茄酱变得更便宜了,那么一些消费者可能会吃更多牛肉,从而如图 4-3(a)所示,牛肉的需求曲线将向右移动。总而言之:

能够替代所研究商品的商品(如猪肉、鱼肉和鸡肉可替代牛肉)的价格的上升,会使该研究商品的需求曲线向右移动。通常与所研究商品一起使用的商品(如汉堡包和牛肉)的价格的上升,使该研究商品的需求曲线向左移动。

1995 年,一场霜冻使巴西的咖啡豆几乎减产一半时所发生的情况正是如此。美国三大咖啡生产商将价格提升了 45%,结果造成替代饮品,如茶的需求曲线向右移动。后来,在 1998 年,咖啡价格下降 34%,造成茶的需求曲线向左(或向原点)发生了移动。

尽管以上所列举的例子并不能完全说明影响需求量的所有可能性,但我们已经足够了解需求和需求曲线移动的基本原理了。让我们转向市场上的供给方。

4.3 供给及供给量

和需求量一样，由农场等企业所提供的牛肉供给量也不是固定的，它也取决于很多因素。显然，若有更多的农场或每个农场里有更多的牛的话，就会有更多的牛肉供给。如果坏天气使牛得不到良好的饲料，可能就会有更少的牛肉。然而现在，我们要同先前一样将注意力首先放到价格与牛肉供给量的关系上。

> **供给量**是卖者在某一特定时期内试图销售的产品数量。

经济学家一般假定更高的价格对应着更大的**供给量**（the quantity supplied），为什么呢？记住我们在第3章中对成本递增原理所作的分析。根据该原理，随着投入到牛肉生产上的农民（或国家）的资源增加，增产多一单位牛肉的机会成本也将上升。农民将发现，只有他们能以更高的价格出售牛肉——高到足够能弥补扩大生产所带来的额外成本时，才能使增加牛肉产量变得有利可图。换言之，为说服农民增加牛肉生产，通常需要提高价格。这个道理十分具有普遍性并适用于大多数物品和服务的供给。① 只要供给者以盈利为目的且成本递增原理成立的话：

随着商品价格的上升，供给量通常也会上升。随着价格的下降，供给量通常也会下降。

4.3.1 供给表和供给曲线

> **供给表**是表现其他影响因素固定不变时，在某一特定时间段，产品的供给量是如何随价格的变化而发生变化的。

表4-2给出了牛肉价格及其供给量之间的关系。这样的表格被称为**供给表**（supply schedule），它们表示的是在某一特定时期内，在各种可能的价格水平上，卖者所愿意提供的产品数量。这个特定的供给表表明，像7.00美元/磅这样的低价，使供给者仅愿意供给5 000万磅牛肉，而像7.30美元/磅这样更高一些的价格，将使他们供给更多的数量——5 500万磅。

表4-2 牛肉的供给表

每磅的价格（美元）	供给量	图4-4中的符号
7.50	90	a
7.40	**80**	**b**
7.30	70	c
7.20	60	e
7.10	50	f
7.00	**40**	**g**
6.90	30	h

注：数量以百万磅/年为单位。

---

① 这个分析在之后的章节中作细节性讨论。

> **供给曲线**是供给表的图形形式。它体现了在其他决定因素固定不变时,某一特定时间段,产品的供给是如何随价格的变化而变化的。

正如你可能已经猜想到的那样,把这些信息描绘在一幅图中,就会得出一条**供给曲线**(supply curve)。图 4-4 是与表 4-2 所示供给表相对应的供给曲线,它表现了牛肉价格与其供给量的关系。它向上倾斜——具有正的斜率——因为价格越高,供给量越大。请再次注意定义中的相同词组:"保持供给的其他决定因素不变",什么是"其他决定因素"呢?

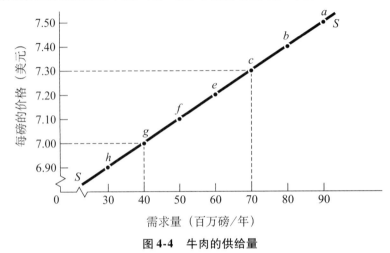

图 4-4 牛肉的供给量

4.3.2 供给曲线的移动

和需求量一样,某一市场的供给量同样受到除价格外很多因素的影响。天气、饲料的成本、农场的规模和数量,以及各种其他因素等,都会影响上市的牛肉量。由于供给曲线仅表明在其他影响因素不变时,牛肉价格与其供给量的关系,所以,其他任何供给量的决定因素的变化,都会引起整条供给曲线的移动。即:

> 商品价格的变化,将引起沿着同一条固定供给曲线的移动。然而,价格并不是影响供给量的唯一因素。如果其他任何影响因素发生变化,那么整条供给曲线都将移动。

图 4-5 用图描绘了这种区别。价格由 7.10 美元上升至 7.30 美元将使供给量增加,表现为在供给曲线 S_0S_0 上由点 f 至点 c 的移动。但是,由于除价格之外的任何其他因素影响而造成的供给量增加将使整条供给曲线向外向右移动,如水平箭头所示由 S_0S_0 移动到 S_1S_1。让我们来考虑这些其他因素是什么,以及它们又是如何影响供给曲线的。

产业规模 我们从最为明显的影响因素开始。若有更多的农民进入牛肉产业,在任一给定价格上的供给量将增加。例如,若价格为 7.10 美元/磅,每个农场愿意提供 60 000 磅牛肉,那么,100 000 农民将提供 60 亿磅,而 130 000 农民将提供 78 亿磅。因此,当产业中的农场更多时,在任何给定价格水平上,牛肉供给量都会增加,因此,供给曲线将向右移动。

图 4-6(a)描绘了产业规模由 10 万个农场增加到 13 万个农场后所造成的影响——供给曲线从 S_0S_0 向右移动到 S_1S_1。图 4-6(b)描绘了相反的情况:产业规模由

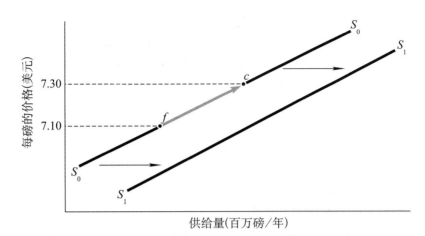

图 4-5 沿供给曲线的移动和供给曲线的移动

10 万个农场缩小到 62 500 个农场,供给曲线由 S_0S_0 左移至 S_2S_2。即便没有农场进入或退出市场,现有农场的扩张或收缩,同样能产生如图 4-6 所示的结果。

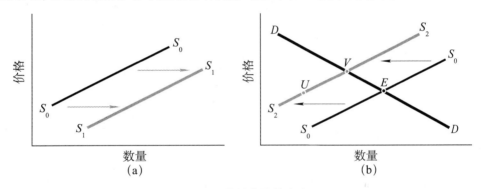

图 4-6 供给曲线的移动

技术进步 另一个造成供给曲线移动的影响因素是技术进步。假定某些有进取心的农民发明了一种新的生长激素,增加了牛身体的密度。其后,农场将能在任何价格水平上相比以前生产更多的牛肉;即如图 4-6(a)所示,供给曲线将向外向右移动。这个例子再次说明了一个适用于大多数产业供给的普遍的影响因素:

降低成本的技术进步将使供给曲线向外朝右方移动。

例如,在工业技术发明了一种能够通过程序控制来制造数种不同类型汽车的机器人之后,汽车制造商就能降低生产成本。这种技术进步使供给曲线向外移动。

投入的价格 投入价格的变化,同样能使供给曲线移动。假设一场旱灾导致饲料的价格上涨。由于农民必须花费更多的钱来养活他们的牛并保持它们的健康,因此在任一可能的价格水平上,农民不能再提供相同数量的牛肉。这个例子说明:

供给者必须购买的投入的价格上涨,将使供给曲线向内朝左方移动。

相关产出的价格 饲养者既销售牛皮也销售牛肉。若皮革价格急剧上升,饲养者将决定不像以前那样在上市前催肥他们的牛,因此牛肉的供给量将减少。如图 4-6(b)

所示,在供给—需求图中,供给曲线将向内移动。

类似的现象也会发生在其他产业中,有时会以其他的方式产生影响。例如,假定牛肉的价格上升,会使牛肉的供给也随之增加。随后,即便皮革的价格不变,牛皮的供给量也会上升。因此,牛肉价格的上升,将导致牛皮供给曲线的右移。总而言之:

在生产多种产品的产业,一种产品的价格发生变化,可能会引起该产业中其他产品的供给曲线移动。

4.4 供给与需求均衡

为分析自由市场是如何决定价格的,我们必须比较消费者的愿望(需求)和生产者的愿望(供给),来确定两者的计划是否相符,表4-3及图4-7帮助我们完成这项工作。

表4-3 牛肉的均衡价格和均衡数量的决定

每磅的价格(美元)	需求量	供给量	过剩或短缺	价格指向
7.50	**45**	**90**	**过剩**	**下降**
7.40	50	80	过剩	下降
7.30	55	70	过剩	下降
7.20	**60**	**60**	**相等**	**不变**
7.10	65	50	短缺	上升
7.00	**70**	**40**	**短缺**	**上升**
6.90	75	30	短缺	上升

注:数量以百万磅/年计。

> **供给—需求图**将供给曲线与需求曲线融汇在一起。它同时还决定了均衡的价格和数量。

表4-3将表4-1的需求表和表4-2的供给表结合在一起。同样,图4-7也是将图4-1的需求曲线和图4-4的供给曲线放在同一张图上,这样的图称为**供给—需求图**(supply-demand diagrams),你将在本书中多次遇到它。注意,由于我们已讨论过的理由,需求曲线具有负的斜率而供给曲线具有正的斜率。供求图中亦是如此。

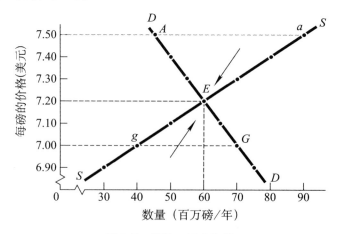

图4-7 供给—需求均衡

短缺是指需求量超过供给量。当产品存在短缺时，买者不能以现有价格购买到他们所需要的量。

过剩是指供给量超过需求量。当产品过剩时，卖者不能以现有价格出售他们所希望达到的量。

均衡是一种没有任何内在力量能使之产生变化的状态。偏离均衡位置的变化只可能是"外部事件"扰乱均衡状态后的结果。

在自由市场中，价格和数量均取决于供给曲线和需求曲线的交点。在图 4-7 中，供给曲线与需求曲线仅有一个交点 E。在 E 点，价格为 7.20 美元/磅，供给量和需求量均为 6 千万磅/年。这意味着在 7.20 美元/磅的价格水平上，消费者愿意购买的量正是生产者希望出售的量。

在较低的价格下，如价格为 7.00 美元/磅时，只有 4 000 万磅的牛肉供给（点 g），而牛肉的需求量却为 7 000 万磅（点 G）。因此，需求量将超过供给量。从而存在 7 000 万减 4 000 万，即 3 000 万磅的**短缺**(shortage)。价格将受未满足的需求拉动而上升。相反，在较高价格水平上，如 7.50 美元/磅时，供给量将为 9 000 万磅（点 a），而需求量仅为 4 500 万磅（点 A）。供给量将超过需求量——产生 9 000 万减 4 500 万，即 4 500 万磅的**过剩**(surplus)。

由于 7.20 美元/磅是图中唯一使供给量与需求量相等的价格，我们称 7.20 美元/磅为市场的均衡价格（或"市场出清"价格）。同样，6 000 万磅/年是牛肉的均衡数量。由于**均衡**(equilibrium)这个词在经济学分析中将频繁出现，有必要对其稍做解释。

均衡是一种没有任何内在力量能使之产生变化的状态。例如，设想一个静止于其中心点处的钟摆，如果没有任何外力（比如某人的手）作用于它，这个钟摆将一直保持静止，这便是在均衡状态。

然而，如果你推一下这个钟摆，它将打破均衡并开始摆动。当它达到其轨迹的最高点时，将再次静止。然而这一点并非均衡位置，因为重力会迫使钟摆向下摆动。随后，重力及摩擦力将使它左右摆动。最后，钟摆将回到它初始的位置。那个初始位置被称为稳态均衡，以此来描述钟摆趋向于回到该位置的这一现象。它同样是钟摆唯一的均衡位置。在其他任何一点，内在力量都将使它发生摆动。

经济学中的均衡概念与之类似，且能用供给—需求图来描述。为何表 4-3 及图 4-7 中除 7.20 美元/磅外没有其他均衡价格了呢？何种力量将使其他价格发生变化呢？

首先考虑低价格水平如 7.00 美元/磅，此时需求量（7 000 万磅）超过了供给量（4 000万磅）。若价格保持这样低，那么许多沮丧的消费者将无法购买到自己想要的数量。为了争夺牛肉的供给，有些人不得不额外付钱。由于顾客各自寻求比别人出价更高，市场价格将被提升。由于短缺造成的强大经济力量迫使价格上升，均衡价格以下的价格水平在自由市场上是无法持续存在的。

当市场价格超过均衡价格时，类似的力量会在相反方向发生作用。例如，如果价格达到 7.50 美元/磅，表 4-3 表明，供给量（9 000 万磅）将远远超过需求量（4 500 万磅）。生产者将无法以现有价格出售他们所希望达到的牛肉数量，有些会通过降价来抢夺竞争对手的生意。只要过剩存在——只要供给量超过需求量，这种竞争性降价就会持续下去。因此，高于均衡价格的价格水平亦无法持续存在。

结论已经相当清晰了。7.20 美元/磅的价格及 6 000 万磅/年的数量，组成了唯一不会自我毁灭的组合。因此它是这个市场唯一的均衡。任何一个稍低的价格都必须上升，而任何一个稍高的价格都必须下降。这就好像自然经济力量在 E 点放了一颗磁铁吸引着市场,就像重力吸引着钟摆一样。

钟摆的例子值得更深入的探究。大多数钟摆都更多地处于摆动而非静止状态。然而,除非它们反复受到外力的作用(当然,这也是现实中的经济均衡经常发生的事),否则钟摆会逐渐返回其静止点。自由市场中的价格与数量同样如此。如前面所讨论的,它们随着供给及需求曲线的移动而变化。结果,市场并不总是处于均衡状态。然而经验告诉我们,如果没有受到影响,它们通常趋向于均衡。

4.4.1 供求法则

> **供求法则**表明,在自由市场中,供给和需求的力量通常推动价格趋向一个水平,在该水平上供给量等于需求量。

在自由市场中,供给和需求的力量通常将价格推向均衡水平,即使供给量与需求量相等的价格水平。与绝大多数经济学"法则"一样,有些市场偶尔并不遵守**供求法则**(the law of supply and demand)。市场有时会长时间处于短缺或过剩状态,价格有时不能移到均衡水平。但这个定理在大部分情况下是正确的。

4.5 需求变化对供给—需求均衡的影响

图4-3说明了除价格外其他因素的变化,如消费者收入的增加,是如何使需求曲线移动的。例如,我们发现收入的增加能使需求曲线向右移动,这意味着,在任何价格水平上,消费者以其提高了的购买力,都将购买比以前更多的商品。这又会使均衡点移动,从而同时改变市场价格和销量。

图4-8(a)体现了这种市场调节。相对于图4-3(a)而言,它增加了一条供给曲线,以说明供给—需求均衡发生了怎样的变化。在图上所示的例子中,需求量由原来均衡价格为7.20美元/磅时的6 000万磅/年(需求曲线D_0D_0上的点E)增加到7 500万磅/年(需求曲线D_1D_1上的点R)。我们知道7.20美元/磅不再是均衡价格了。因为在这个价格上,需求量(7 500万磅/年)超过了供给量(6 000万磅/年)。为了重新达到平衡,价格必须上升。新均衡出现在点T,供给曲线与移动了的需求曲线的交点,此时的价格为7.30美元/磅,而且需求量与供给量均为7 000万磅/年。此例揭示了当供给曲线倾斜向上时均正确的一个一般结论:

> 任何使需求曲线向外向右移动,且不改变供给曲线向上倾斜的影响因素,都将使均衡价格和均衡数量上升。①

若消费者收入下降的话一切就相反了。图4-8(b)描绘了由消费者收入的下降而引起的需求曲线的左移(内移)。例如,需求量由上一个均衡价格(7.20美元/磅)时的6 000万磅/年(点E)下降到4 500万磅/年(需求曲线D_2D_2上的点L)。初始价格现在

---

① 例如,当收入迅速增加时,在许多发达国家,各种消费品的需求曲线都显著向外向右移动。例如,20世纪90年代初,敏锐的日本消费者为了花出他们增加的收入而对美国的牛仔服及耐克运动鞋的需求飞速上升。

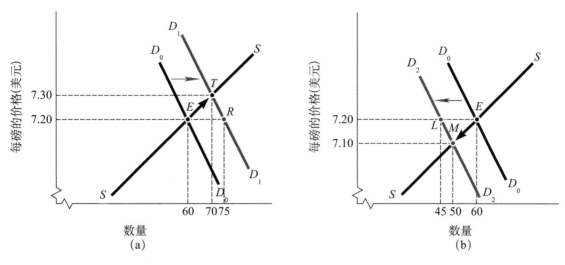

图 4-8 需求曲线移动的影响

注：数量以百万磅/年计。

过高因此必须下降。新均衡最终将建立在点 M，此时价格为 7.10 美元/磅，且需求量与供求量均为 5 000 万磅/年。简而言之：

> 任何使需求曲线向内向左移动，且不改变供给曲线的影响因素，将同时降低均衡价格和均衡数量。

4.6 供给变化与供给—需求均衡

我们可以用与需求变化对均衡价格及均衡数量的影响相似的例子来说明供给变化的情况。图 4-6 描绘了农场数量增加对牛肉供给曲线的影响。现在，图 4-9(a) 在图 4-6 供给曲线的基础上又加入了需求曲线，从而我们便能看到供给—需求均衡。注意到初始价格为 7.20 美元/磅，移动后的供给量变为 7 800 千万磅（供给曲线 S_1S_1 上的点 I），比原需求量 6 000 万磅（供给曲线 S_0S_0 上的点 E）多了 30%。我们从图中可以看出，7.20 美元/磅作为均衡价格而言太高了，价格必须下降。新均衡点在 J 处，价格为 7.10 美元/磅，数量为 6 500 千万磅/年，总而言之：

> 任何使供给曲线向外向右移动，且不改变需求曲线的影响因素，都将降低均衡价格并增加均衡数量。

如果该产业的需求曲线具有负的斜率，那么这应该总是正确的，因为只有当价格的下降能促使顾客增加购买量时，增加的供给量才能售出。[①] 移动电话产业便是一例。

---

① 由图可以看出，一旦具有正斜率的曲线向右移动，它与具有负斜率的曲线的交点必然会向下移动。自己动手画画看吧。

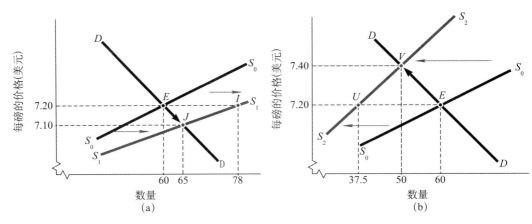

图 4-9 供给曲线移动的影响

随着进入该产业的供应者增加,移动服务的成本也下降了。一些移动运营商甚至只把固定电话作为一种签约后的额外福利。

图 4-9(b)描绘了相反的情况:产业的收缩。供给曲线向内向左移动,均衡由点 E 移至点 V,此时价格为 7.40 美元/磅,而数量为 5 000 万磅/年。总而言之:

> 任何使供给曲线左移,且不改变需求曲线的影响因素,都将提升均衡价格并减少均衡数量。

许多外力都可以通过使需求曲线或供给曲线发生暂时或永久的移动而干扰市场均衡。例如,1998 年,由于亚洲经济不景气引起汽油需求下降,同时暖冬又造成人们对汽油的需求减少,汽油价格因此下跌。1998 年夏,炎热的气候和久旱不雨几乎使美国的棉花颗粒无收,使供给曲线下移。这些外在因素通常改变均衡价格及均衡数量。如果你再次观察图 4-8 和图 4-9,你将清楚地发现任何造成需求曲线或供给曲线移动的事件都将改变均衡价格和均衡数量。

❓ 难题解答:波动的石油价格

汽油以及从石油生产出来的产品的价格的突然上升,既归因于需求的巨大变动,也归因于供给的巨大变动。例如,美国人更多地驾车以及购买耗油的车辆,导致需求曲线向上移动并提升价格。中东和俄罗斯局势的动荡压低了供给,而这同样也提升了石油价格。我们在加油站见证了汽油价格的波动。

4.6.1 应用:谁是真正的负税人?

供给—需求分析给我们提供了洞察现象深层内涵的能力。此处有一例。假定你所在州的法律将汽油税提升了 10 美分/加仑。加油站运营者每加一加仑油需多收 10 美分的税。他们将认为这种税收的增加提高了他们的成本,并将通过把油价提高 10 美分/加仑而将它转嫁到你和其他消费者身上。对吗？不，不对，或者应该说，不全对。

加油站的所有者当然乐意把所有的税收都转嫁到买者身上，然而市场机制只允许他们转嫁一部分，可能是 6 美分/加仑，在我们的例子中，他们将继续上交余下的 4 美分/加仑的税收。图 4-10，另一个供给—需求图说明了其中的原因。

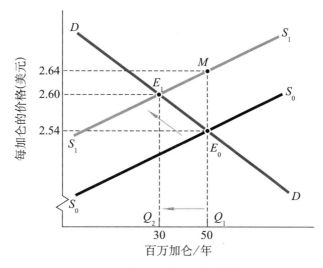

图 4-10　谁承担产品的新税收？

曲线 DD 为需求曲线。征税前的供给曲线是黑色曲线 S_0S_0。在新税收征收之前，均衡点在 E_0，而价格为 2.54 美元/加仑。我们可以将供给曲线的意义理解为在各种价格水平下卖者愿意提供的数量。例如，若价格为 2.54 美元/加仑，则他们愿意提供的数量为 $Q_1 = 5\,000$ 万加仑/年。

所以新的税收带来了怎样的影响呢？由于加油站的所有者们必须补偿政府加在他们头上的额外的 10 美分/加仑的税，只有当每加仑多收入 10 美分时他们才愿意保持以前的供给。因此，为了达到 $Q_1 = 5\,000$ 万加仑/年的供给量，2.54 美元/加仑的价格已不再适用。只有当价格变为 2.64 美元/加仑时，才能促使他们保持 5\,000 万加仑的供给量。因此，在 $Q_1 = 50$ 处，供给曲线上的点将向上移动 10 美分，即由点 E_0 移动到点 M。由于公司在任何其他供给量水平上都会坚持增加 10 美分的价格，因此整条供给曲线将由黑色曲线 S_0S_0 上移 10 美分的税收至新灰色曲线 S_1S_1。结果，供求平衡点将由 E_0 移至 E_1，从而价格将由 2.54 美元/加仑上升至 2.60 美元/加仑。

供给曲线的移动可能会造成加油站所有者成功地把 10 美分的额外税收完全转嫁给了消费者这种假象，即 E_0 与 M 之间的距离，但再仔细观察一下。均衡价格仅仅由 2.54 美元/加仑增至 2.60 美元/加仑，即价格只上涨了 6 美分，而不是增加的全部税收，10 美分。加油站本身必须承担余下的 4 美分税收。

现在，看起来这真的像是我们给大家变了个魔术。毕竟，供给曲线确实上移了整个增加的税收，而最终价格的增量却只有税收增量的一部分。然而，通过再次的观察可知，同一切魔术的表象一样，这种现象也有一个简单的解释。这个解释要从供给—需求机制中的需求方来考虑。需求曲线的负斜率表明，当价格上升时，至少有一部消费者将减少对汽油的需求量。这使卖者不得不放弃一部分价格的增长。换而言之,公司必须自己承担消费者不愿意承担的那部分4美分的税收。但是请注意,均衡数量也由5 000万加仑变为$Q_2=3 000$万加仑,因此从某种意义上来说,消费者和供给者都有损失。

这个例子并不难以理解。事实上,这个结果也几乎总是正确的。任何商品的税收增加所带来的成本上升,通常是由买者与卖者共同承担的。无论法律明文规定将税加在卖者还是买者头上,其经济学效果是相同的:供给—需求机制确保了两方共同分担税负。

4.7 对抗看不见的手:市场的回击

课程结束后仍须牢记的要点

正如我们在第1章列出的课程结束后仍须牢记的要点中所指出的,法律制定者和统治者常常对自由市场所产生的结果不满。由罗马到里诺,由圣经时代到太空时代,他们都在不断与"看不见的手"对抗。有时候,政府不是仅仅调整市场的运行,而是通过法律来提高或降低某些特定商品的价格。许多时候,当局认为市场价格在某种意义上是非道德性地过低或过高。因此,任何在政府所建立的价格水平之上或之下销售商品的人,都将遭受惩罚。这种价格上的法律约束,被称为"价格上限"和"价格下限"。为了了解其作用,我们将集中讨论价格上限的应用情况。

4.7.1 对市场机制的约束:价格上限

价格上限是法定最高价格,商品的价格依法不得高于该水平。

市场自身已证明它是一个严格抗拒一切左右其决策企图的难以战胜的对手。从强迫实施法定**价格上限**(price ceilings)的众多案例中,几乎可以得到同样的如下一系列结果:

(1)**由于需求量超过了供给量,持续的短缺将出现**。排队(人们排队等待)、直接配给(每个人得到一个固定的配给量)或者其他众多措施中的任何一种被用来替代价格机制所提供的分配过程,通常都是无效率且不受人欢迎的。例如,肆虐的短缺现象很有可能带来社会的混乱。

(2)**非法的市场,或所谓的"黑市",通常会兴起来供给商品**。通常会有一些人愿意冒险来非法满足未实现的需求。例如,尽管大多数州都禁止"倒票"活动(以高于通常的价格售票),但它仍然广泛存在于大多数热门体育赛事和摇滚音乐会中。

(3)**非法市场上的物价几乎肯定比自由市场中普遍的物价要高**。毕竟,违法者希望得到被捕及受罚等风险的一些补偿。例如,非法毒品通常都非常昂贵。(参见相关的政策争论专栏,"反毒战中的经济学"。)

(4)**价格的一大部分落入了非法供给者手中,而不为生产物品或提供服务的人获得**。例如,在被记入历史的纽约市戏剧票价控制的公众听证会期间,经常听到的抱怨就是,非法的额外收入都落入倒票者手中,而不是给了戏剧的那些投资人、制片人或是演员。

(5)**产业中的投资几乎干涸**。因为价格上限减少了投资者可赚取的合法报酬,所以对实行价格控制的产业的资本投入将会减少。即便只是对价格控制的担忧,也会产生这样的效果。例如,赞比亚对农作物的价格控制,使农民和大的农场主等相关群体选择减少产量而不是亏本生产。结果导致了成千上万人失业和大范围的食物短缺。

政策争论

反毒战中的经济学

近年来,美国政府一直在进行高度宣传的"反毒战争"。几十亿美元被用来试图查获国境线上的非法毒品。从某种意义上来说,禁毒活动已经取得了成功:联邦工作人员已直接缴获了数吨的海洛因及其他毒品。然而这对于流入美国城市街道中的毒品而言,仅仅是九牛一毛。简单的经济学推理便可以对此做出解释。

当反毒取得效果时,它使毒品的供给曲线向左移动,从而推动街道交易的毒品价格上涨。然而这又导致走私者的报酬增加,进而吸引更多罪犯加入这一"产业",使得供给曲线向右回移。最终的结果是,更多的走私船将毒品运到美国港口,填补了当局没收的大部分空缺。这就是为何许多经济学家认为,任何成功的反毒计划,都必须侧重于降低需求以降低街上毒品的价格;而非减少供给,那只会提升价格。

一些人认为政府应当更进一步,使一些毒品合法化。尽管这个建议仍然处于争议状态,且很难付诸实施,但其背后的推理却非常简单。美国的犯罪案中,尤其是抢劫与谋杀,与毒品相关的比例高得令人吃惊。一个主要的原因就是,街上毒品的价格太高,吸毒者不得不去偷钱;而且毒贩为了保障他们的高利润"产业",都不惜以杀人为代价。

如果毒品合法化又会如何呢?南美洲的农民从毒品上仅能获得几便士,而这些毒品到了洛杉矶和纽约街道上,却以几百美元的价格交易,我们似乎可以推断,合法化的毒品将便宜得多。事实上,根据一项估计,一服剂量的海洛因的成本不足50美分。因此,建议者指出,这将极大地减少与毒品相关的犯罪。例如,你何曾听说过为了香烟或酒精饮料而发生枪杀案?

反对毒品合法化的论点大都是从道德上进行考虑的:一国应该准许潜在的致命物吗?但经济学方面的考虑也存在:合法化后,毒品在街上的价格必定大幅下降,这会增加毒品的使用。因此,几乎可以肯定,合法化会减少犯罪,但与此同时,它会造就更多的瘾君子。关键是,会有多少新瘾君子出现呢?(没有人能给出一个准确的答案。)如果你认为需求量将变得非常大的话,那么你很可能不会认为合法化是一个好方案。

4.7.2 案例研究:纽约市的租金控制

我们最好用一个具体的包含价格上限的案例来分析上述和其他观点。纽约是美国唯一在第二次世界大战后还持续对大多数出租房屋实行合法租金控制的大城市。当然,租金控制的动机是为了保护消费者免受高租金伤害。但大多数经济学家认为,租金控制不但不能帮助城市及其居民,反而在长期中会使每个人的福利状况都恶化。简单的供求分析便可解释原因。

图 4-11 是纽约房屋出租的供给—需求图。曲线 DD 是需求曲线,曲线 SS 是供给曲线。如果没有价格控制,均衡点将在 E 处,此时租金为每月 2 000 美元,出租的房屋数量为 300 万套。如果租金控制是有效的,那么价格上限必然低于均衡价格 2 000 美元。但在较低的价格上限上,如 1 200 美元,房屋的需求量将变为 350 万套(点 B),而供给量却只有 250 万套(点 C)。

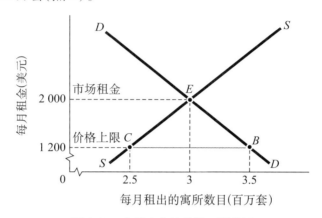

图 4-11　房屋出租的供给—需求图

图中显示了 100 万套公寓的短缺。"短缺"这个理论上的概念是以纽约市不正常的低空房率表现出来的,那就是只有很小份额的未被占用的可出租房屋——一般只有整个国家城市平均空房率的一半。自然地,租金控制使纽约市衍生出一个活跃的黑市。黑市从很多方面提升了受到租金控制的房屋的有效价格,包括贿赂,即为了排在等候者名单的优先位置所花的"关键费用",或要求潜在房客以虚高的价格购买不值钱的家具。

由图 4-11 可以看出,租金控制使公寓供给量由 300 万降至 250 万套。这种数量上的减少,在纽约是以什么形式表现出来的呢?首先,一些房产所有者由于租金过低,将部分公寓改为办公室或其他用途。其次,有些公寓得不到足够的维护。毕竟,租金控制引发了短缺,从而使破旧的公寓也更容易出租。再次,一些房主因不愿意承担不断增加的税费和燃料账单,放弃了他们的房屋。这些被丢弃的建筑,很快成为人们看不顺眼的东西,最终对公众的健康和安全都造成了威胁。

这些糟糕的现象的一个重要暗示是,租金控制,或更广泛地说,价格控制,对消费者有一种伤害,这种伤害抵消了那些足够幸运地找到并以较低的价格获得了因价格降低而变得稀缺的商品的人们的部分或所有利益。房客不得不经历长期的等待并承受极为费时的搜索过程来寻找一套公寓,而他们所找到的公寓,通常都管理不善甚至年久失修,房东的常规服务也不再提供了。这样的话,即便是对于那些幸运的受益者而言,租金控制带给他们的福利也远远少于表面上看来每月费用的减少所能带来的利益。其他形式的价格控制也普遍存在同样的问题。

既然存在着这么多的问题,为何租金控制仍在纽约持续存在呢?为何其他城市有时候也这样做呢?

第一点在于大多数人都无法理解租金控制所带来的问题。第二点,房主从政治上看不是多数。第三点,也是非常重要的一点,并不是每个人都受到了租金控制的伤害,而那些受益者都会竭力维护这种控制。例如,在纽约,许多房客只用支付他们在自由市场中所需支付的一小部分房租,他们当然对这样的情况非常满意。这一点描述了另一个非常普遍的现象:

几乎所有的价格上限或下限,都会产生一部分管制的受益者。这些人通过他们的政治影响竭力维持现状,以保护他们的利益。这也是为何价格上限或下限难以取消的原因之一。

4.7.3 对市场机制的约束:价格下限

价格下限是法律规定的最低价格水平,商品价格不允许降到该水平之下。

对市场机制的干预并不总是为保持低价格水平而设计。农产品价格支持和最低工资法,就是用法律来使价格保持高于自由市场的价格水平的两个值得关注的例子。这种**价格下限**(price floors)通常伴随着一系列标准的症状:

(1)**由于卖者找不到足够的买者,过剩便产生了**。例如,多种过剩的农产品已是美国政府面临的持续而昂贵的难题。欧盟的这个问题更为严重,因为它们一般的农业政策所规定的价格水平更高。据估计这项政策占据了整个欧盟花费的一半。[①]

(2)**当剩余的是物品而不是服务时,过剩就会产生如何处理的问题**。必须得采取一定的措施来处理超过需求量的过剩的供给量。例如,美国政府常常不得不购买、储存,并处理掉大量过剩的农产品。

(3)**为了遵守规定,卖者常常以他们不情愿的方式伪装打折扣**。例如,在政府规制飞机票价的年代,航空公司并不降低票价,而是提供更多更好的食品,以及更为时尚的航空服务员制服。而现在,食品变差了,票价也降低了。

(4)**人为地使价格保持在高水平上的规制会造成对此产业投资过热**。即便是由于经营成本高而无法在不受限制的市场中存活的无效率企业,也能在慷慨的价格下限的庇护下生存。例如,在20世纪80年代,当航空和货车运输业的管制被放松,并被允许按市场决定的价格收费后,它们双双经历了实力较弱的公司被淘汰的痛苦阶段,其原因正在于此。

下面我们再次用一个具体事例来说明价格下限是如何作用的。

4.7.4 案例研究:农产品价格支持和糖价案例

美国大范围的农产品价格支持计划于1933年开始实施,那时是大萧条时代,由于农民生活在水深火热之中,其作为一项"解决紧急危机的临时方案"出现。尽管现今农民仅占美国劳动力的2%,这些价格支持政策仍然伴随着我们。[②]

[①] The *Economist*, February 20, 1999.
[②] 在1996年通过的主要法律中,许多农产品价格支持政策将在七年的时段内被逐步淘汰。而事实上,许多支持计划,尤其是糖价格支持,几乎没有任何变化。

价格支持所产生的结果之一,就是大量无法出售的过剩产品出现,诸如谷类等农作物的产量,超出了消费者在支持后产生的高价格水平上愿意购买的数量。仓库被挤满了,又建造新的仓库。同时政府被迫实行计划,将无法处理的过剩谷类产品运到贫穷国家,以解决它们的营养不良和饥荒问题。事实上,如果价格支持能够有效地将价格水平维持在均衡水平之上,那么,必定会有某个人不可避免地要购买这些过剩产品。否则,这些过剩产品必然会通过某种方式回到市场中,降低市场价格,从而破坏价格支持计划。在美国(或其他地区),通常是政府购买这些剩余,这使得它的购买是以纳税人的利益为代价的——他们不得不付两次钱,一次是通过税收来支持政府的购买,另一次是通过美国公众在较高的价格水平上购买农产品。

农产品价格支持中一个富有争议的项目便是美国的制糖工业。糖的生产商从联邦政府得到低息贷款,并得到糖价不会低于某一特定水平的保证。

在像美国这样的市场经济中,国会不能简单地通过法律来制定价格;相反,它必须采取一定措施以实行价格下限。在糖价案例中,"一定措施"是指限制国内生产和国外进口,并因此使供给曲线向内向左移动。图 4-12 显示了这个价格下限中包含的机制。政府政策使供给曲线由 S_0S_0 向内移至 S_1S_1,从而使价格由 25 美分/磅上涨至 50 美分/磅。供给曲线向内移动得越多,价格便越高。

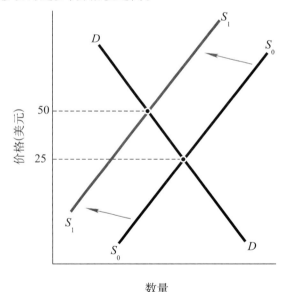

图 4-12　糖的价格支持

制糖工业显然从价格控制计划中得到了好处。然而消费者却不得不支付更高的价格来购买糖及其他以糖为原料的产品,如软饮料、糖块,以及点心等。尽管估计量各不相同,但联邦糖价支持计划每年都会花费消费者将近 15 亿美元。

若这一切对于你而言有些抽象的话,就看一看美国制造的软饮料的成分吧!你很可能从配料上找到"高果糖玉米糖浆"代替糖作为甜味剂。外国生产者一般会使用糖,但在美国,糖如果用于这项制造业的话成本就太高了。

4.7.5 价格管制引发的其他问题

我们的两个案例研究——租金控制和糖价支持——体现了价格上限和价格下限的一些主要的负面效应,但对其他方面几乎却未有涉及。由于市场机制是极其强硬的,对那些企图利用政府规章来规避它的那些人,会施以适当的惩罚,因此,还存在一些我们尚未提及的问题。在此列出一部分价格控制之下可能出现的其他问题。

徇私和贪污　当价格上限或价格下限造成短缺或过剩时,某些人必须对谁能买或谁将卖这些有限的产品做出决策。这种决策过程可能会导致种族或宗教上的歧视,政治上的徇私,或政府贪污。例如,在苏联,许多商品的价格都被人为地维持在一个较低的水平,这使得为购买某些特定商品而排队的现象随处可见。即便如此,苏联共产党干部及其他有优惠待遇的人群,仍然能购买到其他人无法购买的稀缺商品。

难以执行　对有很多供给者的产业部门实行价格限制的企图,几乎总是以失败告终,原因很简单,因为管制机构必须监控数量众多的卖者的行为。人们通常想方设法逃避或违反法律,类似于自由市场的价格往往随之重现。但这里存在一个很重要的区别:这种逃避的过程,无论其形式如何,都将产生一些运作成本,这些成本必然得有人承担。而通常,这些承担者通常都是消费者,他们必须给那些承担违法风险的供给者支付更高的价格。

附加限制　对价格控制体系终将会失效的担忧,导致了更多的规章制度被设计出来,以支撑这栋不稳固的大厦。消费者可能会被告知容许他们购买的时间及地点。警察和法庭的力量被用来防止新供给者的进入。有时,市场被人为划分为一个包含众多子市场的复杂体系,在这一结构下,每一类型的企业都拥有外人不被允许进入的保护圈。例如,在纽约,就有禁止租金控制型公寓向私人拥有型公寓转化的法律。

限制交易量　就控制成功地影响了价格这个意义上来说,它们会减少交易量。奇怪的是,无论管制后的价格是高于还是低于自由市场的均衡价格,交易量都会减少。若价格高于均衡价格,需求量将低于均衡量。另一方面,若价格低于均衡价格,供给量将减少。由于销量既不可能超过供给量,也不可能超过需求量,因此,交易量的减少是必然的结果。①

资源的错误配置　偏离自由市场价格,往往将导致对经济资源的错误使用,因为生产成本与价格之间的联系被破坏了。例如,由于价格上限使面包的价格低得离谱,俄罗斯农民曾经用面包代替未经加工的谷物来饲养农场动物。此外,正如更复杂的锁具需要用到更精细的盗窃工具一样,更复杂的规制也需要更多的资源来规避它们。

经济学家们是这样表述的:自由市场能够有效率地解决我们在第 3 章中概述的三个基本的协调任务:决定生产什么,如何生产以及商品应该分配给谁。价格控制破坏了整个市场机制。尽管市场绝非毫无瑕疵,且政府干预通常都有其值得称道的初衷,但仅仅良好动机是不够的。任何政府,若试图修补它们所认为的市场机制的缺陷,都将冒

---

① 见本章讨论题 4。

着在其他地方带来更严重损害的风险。正如一位卓越的经济学家曾经说过的,过于干涉自由市场运作的社会很快会明白,"看不见的手"是无处不在的。

4.8 简单却有力的教训

令人吃惊的是,许多当局者并不理解供求法则,或者对它置若罔闻。例如,几年前,《纽约时报》刊载了一张戏剧性的封面照片,照片上肯尼亚总统正将一大堆从偷猎者处没收的象牙点燃。附文解释说,这种焚烧是一种警示,用来说服世界停止象牙交易。[①] 你可能会怀疑这种行为是否真的触及了偷猎者的内心,但它的经济后果是很清楚的:由于世界市场上象牙的供给量减少,焚烧象牙的行为迫使象牙的价格升高,从而使屠杀大象的人得到的非法收益也增加。与肯尼亚政府试图实现的目标恰恰相反,这种行为只会怂恿更多的偷猎行为。

小结 》》》

1. 利用政府规制迫使价格高于或低于其均衡水平的企图,往往会导致**过剩**或**短缺**、以非法价格出售商品的黑市,以及一系列其他问题的产生。市场总是对破坏供求法则的企图予以回击。
2. 某产品的需求量并非一个定数。确切地说,**需求量**取决于诸如产品价格、消费者收入,以及其他产品价格等因素。
3. 其他因素保持不变,需求量与价格之间的关系可由**需求曲线**表示。
4. 对大多数产品而言,价格越高,需求量越少。因此,需求曲线往往具有负的斜率。
5. 某产品的供给取决于其价格和其他多种影响因素。**供给曲线**是显示其他因素不变时,**供给量**与价格之间关系的图形表现。
6. 对大多数产品而言,供给曲线具有正的斜率,这意味着更高的价格带来更大的供给量。
7. 由价格变化造成的需求量变化,表现为沿着同一需求曲线上点的移动。由决定需求量的其他任何因素的变化所导致的需求量变化,表现为**需求曲线的移动**。
8. 同样的区别也适用于供给曲线:价格变化导致沿着同一供给曲线上点的移动;其他决定因素的变化,导致整条供给曲线的移动。
9. 若某市场中供给量与需求量相等,则称其为**均衡**。均衡价格和均衡数量由供给—需求图中供给曲线与需求曲线的交点表示。**供求法则**表明,在自由市场中,价格和数量都倾向于移向这一点。
10. 消费者收入、偏好、技术、竞争产品的价格,以及其他许多影响因素的变化,都能导致需求曲线或供给曲线移动,从而改变由**供给—需求图**决定的价格和数量。
11. 对某商品征税,往往会导致此商品的价格上升。但价格的上升通常少于征税,因此,消费者所需支付的通常少于全部税收。
12. 消费者一般只承担部分税收,因为价格上升使他们购买减少从而导致需求量下降,而需求量下降又迫使价格下降。

---

① *The New York Times*, July 19, 1989.

关键词

看不见的手　　　　　　需求量　　　　　　　　需求表
需求曲线　　　　　　　需求曲线的移动　　　　供给量
供给表　　　　　　　　供给曲线　　　　　　　供给—需求图
短缺　　　　　　　　　过剩　　　　　　　　　均衡
供求法则　　　　　　　价格上限　　　　　　　价格下限

自测题

1. 下列指出的变化如何影响需求曲线的移动？
   a. 干旱对雨伞需求曲线的影响。
   b. 爆米花价格的升高对电影票需求曲线的影响。
   c. 可口可乐的降价对咖啡需求曲线的影响。
2. (稍难)美国一个旅游镇的 T 恤的需求曲线和供给曲线由以下方程给出：
$$Q = 24\,000 - 500P \qquad Q = 6\,000 + 1\,000P$$
   其中 P 的单位是美元，Q 表示每年出售 T 恤的数量。
   a. 用代数方法找出均衡价格和均衡数量。
   b. 若旅游者发现他们并不那么喜欢 T 恤，下列哪个等式可能代表新的需求曲线？
$$Q = 21\,000 - 500P \qquad Q = 27\,000 - 500P$$
   找出需求曲线移动之后的均衡价格和均衡数量。
   c. 假设镇上有两个新 T 恤商店开业，下列哪个等式可能代表新的供给曲线？
$$Q = 4\,000 + 1\,000P \qquad Q = 9\,000 + 1\,000P$$
   找出供给曲线移动之后的均衡价格和均衡数量。
3. 你预计下列需求曲线的形状为何：
   a. 对病人事关生死的药品。
   b. 在同时提供许多其他种类食物的大排档中，某一家摊位提供的薯条。
4. 以下两图表现了两个替代商品：磁带和光盘(CD)的供给曲线和需求曲线。

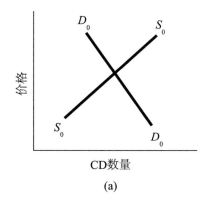

(a)

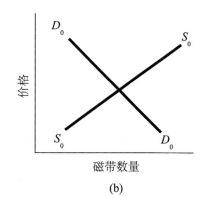

(b)

a. 在右图中,试说明当原材料价格升高使磁带生产成本上升时,会产生什么影响。

b. 在左图中,说明 CD 市场发生的变化。

5. 考虑本章所讨论的牛肉市场(表 4-1 至表 4-4 以及图 4-1 至图 4-8)。若政府决定为对抗胆固醇而对每销售 1 磅的牛肉征收 50 美分的税,按照如下步骤,分析征税的影响:

a. 构造新的联系消费者所付价格与供给量的供给表(替代表 4-2)

b. 在由图 4-7 所表示的自测题 7(a)构造的供给—需求图中,画出新的供给曲线。新的均衡价格和均衡数量是多少?

c. 税收成功实现了降低牛肉消费的目标了吗?

d. 均衡价格上升了多少?价格上升大于、等于还是小于 50 美分的税收?

e. 谁是真正的负税者,消费者还是生产者?(这可以作为课堂讨论的一个很好的问题。)

6. 下表显示了有关经济学原理教材市场的信息:

价格(美元)	年需求量	年供给量
45	4 300	300
55	2 300	700
65	1 300	1 300
75	800	2 100
85	650	3 100

a. 教材的市场均衡价格与均衡数量各是多少?

b. 为平息反对学费上涨的愤怒情绪,学校将教材价格限制在 55 美元。现在可以出售多少教材?

c. 保持价格限制仍然有效的同时,出版的自动化提高了教材的生产效率。用图形表明这项技术创新对市场价格和数量可能造成的影响。

7. 假定自行车的供给表和需求表如下表所示:

价格(美元)	年需求量(百万辆)	年供给量(百万辆)
170	43	27
210	39	31
250	35	35
300	31	39
330	27	43
370	23	47

a. 画出供给曲线和需求曲线,并将均衡价格和均衡数量表示出来。

b. 现在假设骑自行车变得不流行了,因此各个价格水平上每年的自行车需求量都下降了 900 万辆。新的均衡价格和均衡数量是多少?利用图形作答。并解释均衡数量的减少少于 900 万辆的原因。

c. 假定有几个主要的自行车生产商退出此行业,从而导致各个价格水平上自行车的年供给量减少了900万辆。找到新的均衡价格和均衡数量,并用图形表示。再次解释均衡数量的减少量少于900万辆的原因。

d. 若(b)和(c)中描述的情况同时发生,那么均衡价格和均衡数量又是多少?

8. 以下是大学城汉堡包假定的供给表与需求表:

需求表		供给表	
价格(美元)	每年的需求量(千个)	价格(美元)	每年的供给量(千个)
2.75	14	2.75	32
2.50	18	2.50	30
2.25	22	2.25	28
2.00	26	2.00	26
1.75	30	1.75	24
1.50	34	1.50	22

a. 画出供给曲线和需求曲线,并指出均衡价格和均衡数量。

b. 假定其他因素不变,牛肉(汉堡包的一种原料)价格的下降,对均衡价格和均衡数量产生怎样的影响?利用图形解释你的答案。

c. 假定其他因素不变,比萨饼(一种替代品)价格的上升,将对均衡价格和均衡数量产生怎样的影响?利用图形说明你的答案。

讨论题

1. 美国政府对牛奶的价格支持导致牛奶长期过剩。十年前,为了减少过剩,国会出钱请从事乳业的农民屠杀奶牛。用两张图,一张表示牛奶市场,另一张表示牛肉市场,来说明这项政策是如何影响牛肉价格的。(假定牛肉市场不受政府的管制。)

2. 在美国,从1990年至1997年,职业男性增长了6.7%,职业女性增长了11%。在这段时间内,男性的平均工资增长了20%,而女性的平均工资增长了25%。下列哪一种解释更符合这项数据?

a. 更多女性决定工作,从而增加了她们的相对(男性的)供给。

b. 对女性的歧视减少了,从而增加了女性的相对(男性的)需求。

3. 本章主张价格下限或价格上限都将减少市场中的实际交易量。用一张或几张图来检验这个结论,并解释其背后的常识。

4. 在1981年,管制将天然气的价格控制在自由市场水平之下,随后,纽约州的众议员 Jack Kemp 在《纽约时报》的一次采访中谈道:"我们需要解除对天然气的控制,以使天然气的产量增加从而使其价格下降。"[①]请评价该众议员的判断。

5. 讨论下列情况可能产生的影响:

a. 对公寓市场实行价格上限。

b. 对小麦市场实行价格下限。

---

① *The New York Times*, December 24, 1981.

用供求图表述上述每种情况下会发生什么。

6. 需求曲线同等程度的右移可能造成很小或很大的数量增加,这取决于供给曲线的斜率。请用图形来解释这一结论。

7. 你多久去租一次影碟?若租金减半,你会更频繁地租影碟吗?请比较你对家用影碟的需求曲线及你在现有价格水平上的"需求量"。

第二部分 需求与供给的基石

接下来的 4 章,描述和分析经济学家用来分析市场及其两个基本元素,买者(消费者)和卖者(生产者)的基本构成要素。就像在一部机器里一样,某一市场的所有部件同时一起运行,因此,不存在故事开始的逻辑起点。此外,故事的核心不在于个别部件,而在于它们装配在一起的方式。微观经济学中核心的 4 章从单个部件的分析着手,然后将它们装配成一个研究厂商是如何同时决定价格和产出的运作模型。

第 5 章　消费者选择:个人与市场需求
第 6 章　需求与弹性
第 7 章　生产、投入与成本:供给分析的基石
第 8 章　产出、价格与利润:边际分析的重要性

第 5 章　消费者选择：
个人与市场需求

物有所值。

——普珀里琉斯·西鲁斯(公元前1世纪)

你即将开始大学里新的一年，而你最喜爱的服装店正在减价促销。因此你决定多买些牛仔裤放着。你如何决定买多少条呢？牛仔裤的价格和你暑期打工所赚得的钱是如何影响你的决定的呢？你如何最有效地使用你的钱呢？经济学分析为这些决策的做出提供几种理性的方式。你会有意识或无意识地像一个经济学家一样思考你的决策吗？到本章末，你将能够使用"效用"和"边际分析"这两个概念来分析这些购买决策。

第4章向你介绍了供给和需求的概念，以及运用供给曲线和需求曲线来分析市场是如何决定产品价格及销售数量的。本章将研究需求曲线的基础，而正如我们已经看到的，需求曲线体现了整个市场的一半面貌。

难题：水不应该比钻石更值钱吗？

18世纪60年代，当亚当·斯密在格拉斯哥大学讲课时，曾通过提出一个难题来介绍有关需求的研究。他说，常识告诉我们，商品的价格某种程度上取决于它对消费者的价值是多少，即此商品提供的效用大小。但斯密又指出，有时候，某商品的效用对其价格几乎没有影响。

斯密用钻石和水举例。他指出，水对于大多数消费者来说有极大的价值；的确，是否有水可能事关生死。然而，水一般以非常低的价格出售，甚至免费，而钻石这种极少有人认为是必需品的东西，其价格却非常高。在本章中，我们将很快了解到边际分析这种有效的分析方法是如何帮助我们解答这个悖论的。

图片来源:@ Larry Larimer/Brand X Pictures/Jupiterimages

图片来源:@ Comstock Images/ Jupiterimages

5.1 稀缺性与需求

当经济学家使用"需求"这一术语时,他们并不仅仅指希望、需要、要求或偏好。更确切地说,"需求"是那些"将钱花在嘴上"的消费者的行为。"需求"假定消费者有能力并愿意支付必要的钱来购买所讨论的商品。例如,我们当中的某些人梦想着拥有一匹赛马或一架利尔喷气式飞机,但仅仅只有极少数富人能将这种幻想变成有效的需求。

任何一个消费者的选择都会受到一种最重要的约束,而且这种约束或多或少是消费者自身无法控制的:即个人的可支配收入是有限的。收入的稀缺性正是不太富裕的消费者对电脑、出国旅游及在昂贵的餐厅就餐的需求少于富裕消费者的原因。收入的稀缺性甚至影响所有消费者中最富裕的成员——政府。美国政府在军事、教育以及其他许多服务上的花费有几十亿美元,但政府从未有足够的资金购买他们想要的所有东西。

因为收入是有限的(因此它是一种稀缺资源),所以消费者对不同商品的任何购买决策都是相互依赖的。简能看的电影场数取决于她在购买新衣服上的花费。若约翰的父母刚刚花许多钱扩建了他们的房子,那么他们可能不得不放弃一次旅行。因此,若不综合考虑替代商品的需求曲线,那么没有人能真正理解电影与衣服或房子扩建与旅行的需求曲线。

例如,电影的需求量可能不仅仅取决于票价,还取决于衣服的价格。因此,一次衬衫的大减价活动可能促使简大量购买,以至于她只有极少的钱甚至没有钱去看电影。所以,只集中考虑一种商品的消费需求分析往往会遗漏最本质的部分。尽管如此,为了让分析过程更容易理解,我们先分别考虑各种产品。也就是说,我们使用了一个标准的简化假设,即所谓的"局部分析法"。这个假设要以其他一切变量保持不变为前提。在本章后面及附录中,我们将做更全面的介绍。

5.2 效用:分析购买决策的一种工具

在美国经济中,每天都有许多消费者做出众多决定。你决定买一张电影票而不是一本平装小说。你的室友决定购买两支而不是一支或三支牙膏。人们是如何做出这些决策的呢?

经济学家已建了一个消费选择的简单理论,这个理论假定每个消费者都以追求最大的满足,或效用,为目标去花费他的收入。这似乎是个非常合理的出发点,因为它只是说人们总是做他们更喜欢做的事。为了让这个理论发挥更大的作用,我们需要一种度量效用的方法。

一个世纪之前,经济学家将效用想象为人们在消费某种商品时获得的快乐的一种指标,而且他们认为效用可以在解读了消费者的思维后,直接用某种心理上的单位(有时被称为"util")度量。他们渐渐地意识到这个任务既没有必要也不太可能完成。你从你看的上一场电影中得到了多少个单位的 util 呢?你很可能无法回答这个问题,因为你对 util 是什么根本没有任何概念。也没有任何人能确切地了解。

但你可能可以回答另一个问题,比如"你愿意放弃多少个汉堡包来换取 1 张电影票?"如果你回答"3 个",没有人能说出你从看电影中得到了多少个单位的 util,但他们可以了解到你从电影中得到的比从 1 个汉堡包中得到的多。当经济学家用这种方式考虑这个问题时,汉堡包,而不是含糊不清的"效用",变成了度量单位。他们可以说,对于你而言,1 场电影的效用是 3 个汉堡包。

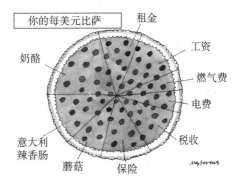

20 世纪初,经济学家断定这种间接度量消费收益的方法足够他们建立一个消费选择理论。任何人都可以通过询问你愿意放弃多少其他商品(如汉堡包)来换取 1 张电影票来度量电影的效用。任何商品都能胜任这项工作,但是最为简单的一种,也是最常使用的以及本书中将用到的选择,是货币!① 所以我们会这样说,"一双鞋的货币效用",以此来表明正在研究的消费者为了一双鞋愿意放弃多少钱。

5.2.1 效用分析的目的:分析人们的行为而非思维

此处有一个非常重要的警示:货币(或汉堡包)可能是一个非常不完美的效用度量工具。原因是,用货币度量效用就像用橡胶码尺测量桌子的长度一样。美元的价值随环境而变化,有时候变化很大。例如,你买彩票赚得 100 万美元,再增加 1 美元对你福

---

① 教师请注意:你可能意识到,我们在此区分了新古典主义理论中的基数效用和序数效用,但并未使用这些术语。此外,贯穿本书始终,货币度量边际效用(或货币边际效用)与货币与商品间的边际替代率同义。

利的增加必然比一星期前小得多。当你中了巨额奖金后，你可能会毫不犹豫地花9美元买个汉堡包，而在此之前你可能连3美元也不愿意花。这个差别并不代表你喜爱汉堡包的程度是以前的3倍。因此，尽管我们在本书中用货币作为效用的指标，但它并不能被看作是精确反映消费者对他们所购买商品的心态的指标。

那么我们为什么要使用货币效用这一概念呢？有两方面原因。第一，虽然我们的确不知道如何度量消费者心中所想，但我们的确知道如何近似地度量它（见下一节）。第二，也是更重要的一点，虽然它不是反映消费者深层思维的一个良好指标，但它能极有效地分析需求行为——消费者将花费多少来购买商品。

5.2.2 总效用与边际效用

> 某种商品对一个消费者的**总效用**（以货币度量）是他或她为换取该商品所愿意放弃的最大货币金额。

我们将一组商品对于某消费者的**总货币效用**（total monetary utility）定义为他为换取这些商品而主动愿意放弃的最大货币总额。例如，想象你非常喜欢吃比萨饼并计划购买4块比萨饼供你办的派对使用。像往常一样，你的资金并不十分充足，考虑到这一点，你认为不能承受高于52美元的价格。作为经济学家，我们认为4块比萨饼对于你的总效用是52美元，是你为了得到它们所愿意花的最大金额。

> 某商品对于某消费者的**边际效用**（以货币度量）是她或他为增加一单位此商品所愿意支付的最大金额。

总货币效用（以下将把"货币"二字省略）度量的是在某选定时段内，你从各种商品的购买中所获得的以货币估计的总收益。总效用对你来说是真正重要的事情，但是为了了解哪一个决定对增加你的总效用影响最大，我们还必须使用与之相关的**边际（货币）效用**［marginal（monetary）utility］的概念。这个概念不能够度量你从你的购买决策中获得的收益数量，但它提供了一种工具，用来分析一种商品能为你带来尽可能大的总效用的购买数量为多少。某种商品X对你的边际效用，被定义为你从多消费一单位X商品中所获得的总效用的增加。① 例如，如果你上个月买了2块比萨饼，那么边际效用表明的是，当你将比萨饼增加到3块时你将获得的额外愉悦的多少。在解释边际效用如何能帮你确定总效用最大时的消费量之前，我们必须先讨论如何计算这两项指标以及它们的含义。

表5-1有助于阐明边际效用与总效用之间的区别和联系。前两列代表的是你从由0至8这些不同数量的比萨饼的月消费中获得的总效用（以货币度量）。例如，一块比萨饼对你而言价值（不超过）15美元，两块比萨饼总共为28美元，以此类推。边际效用是任何两个相邻的总效用之差。例如，如果你已消费了3块比萨饼（价格40.50美元），再多消费一块会令你的总效用增至52美元。因此你的边际效用是二者之差（11.50美元）。

---

① 对那些学过微分课程的人来说，认识到"边际效用"正是对所消费商品（增加一单位）的总效用一阶微分的另一种说法是有益的。

表 5-1 本月比萨饼给你带来的总效用和边际效用

（1）每月比萨饼数量（Q）	（2）总效用（美元）（TU）	（3）边际效用（美元）（MU）= （$\Delta TU/\Delta Q$）	（4）在图 5-1 中的点
0	0.00		
		15.00	A
1	15.00		
		13.00	B
2	28.00		
		12.50	C
3	**40.50**		
		11.50	D
4	**52.00**		
		8.00	E
5	60.00		
		5.00	F
6	65.00		
		3.00	G
7	68.00		
		0.00	H
8	68.00		

注：第(3)列中的每个数字都是第(2)列中相邻两个数字之差，用锯齿线表示。

记住：无论何时，当我们使用总效用和边际效用的概念时，我们都将它们定义为消费者为购买此商品所愿意花的钱，而不是某种不可观察的（或想象中的）心理单位。

5.2.3 边际效用递减法则

有了这些定义，现在我们能给消费者的喜好作一个简单的假说：

> 在其他条件不变的情况下，消费者所拥有的某商品数量越大，新增一单位这种商品给总体满意所带来的边际效用就越小。

经济学家广泛使用这一似乎合理的观点。它的思想基础是每一个人对某一特定商品的用途都有自己的等级划分这一假设。所有的用途都是有价值的，但总有某些比另一些更有价值。以比萨饼为例，你可能首先考虑自己对比萨饼的欲望——你购买足以满足个人喜好的比萨饼。但比萨饼同时也可能为你提供满足你社交需求的机会。因此，你决定举办一场比萨饼派对，而不是一个人把所有比萨饼吃光。当然，在你的宴客清单上，首先是你的男朋友或女朋友。其次是你的室友，再次，如果你足够宽裕，你甚至可以邀请你的经济学老师！因此，如果你仅购买一块比萨饼，你就自己吃掉。如果你购买第二块比萨饼，你会和你的朋友一起分享。第三块和你的室友一起分享，以此类推。

边际效用递减法则说明每新增加的一单位某商品的货币价值对消费者而言是逐渐递减的。随着个人消费的增加，每增加一单位商品的边际效用都将减少。

关键是，每块比萨饼都会为你提供一定程度的满足感，然而每增加一块比萨饼给你带来的满足都会比前一块少（用货币来度量），因为它满足的是更低一级的需求。从本质上来讲，这个观点正是**边际效用递减法则**（the "law" of diminishing marginal utility）背后的逻辑，它表明当你已经拥有的某种商品越多时，你从再多一单位该商品中获得的（边际）效用就越小。

表 5-1 的第三列正体现了这一概念。第一块比萨饼的边际效用（简写为 MU）是 15 美元；即你最多愿意花 15 美元购买第一块比萨饼。第二块对你最多值 13 美元，第三块只值 12.50 美元，以此类推，直到你只愿意花 5 美元去购

买第六块比萨饼(那块比萨饼的边际效用只有 5 美元)。

图 5-1 中的边际效用曲线将表 5-1 中第一列和第三列的数据用图表示出来。例如,点 D 表明第四块比萨饼的边际效用是 11.50 美元,因此,在任何更高的价格水平上,你都不会愿意购买第四块比萨饼。

注意到边际效用曲线具有负的斜率,它同样表明边际效用是如何随拥有某种物品的数量的增加而减少的。然而,正如大多数法则一样,边际效用递减法则也有其例外。对某些人而言,获得更多一单位的某种物品的价值增加了而不是减少了,当人们沉浸于该物品时,情况很可能是这样。拥有少许邮票的集邮者可能认为再得到一张邮票是十分令人高兴的事,拥有大量有价值邮票的集邮者会不惜走遍全球来寻找另一张邮票。同样,感到第一杯啤酒令人愉快的酗酒者发现第四、第五杯亦极具诱惑力。经济学家通常将这种边际效用递增的情况作特殊对待。对大多数物品和大多数人而言,边际效用是随消费的增加而递减的。

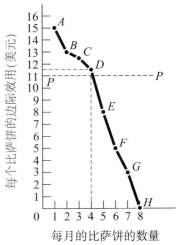

图 5-1　边际效用(或需求)曲线:
你这个月对比萨饼的需求

表 5-1 还表明了另一个有价值的关系。注意到,随着某人购买的商品数量的增加——即随着此人的消费向表的下方变动——总效用越来越大,而边际效用越来越小。现在原因应该是相当清楚了。边际效用的数值正如边际效用递减法则告诉我们的那样是逐渐减小的。然而只要边际效用是正数,总效用就始终是递增的。其他条件不变时,只要第 10 张 CD 的边际效用为正,那么一个拥有 10 张 CD 的人的福利便大于(效用高于)一个仅拥有 9 张 CD 的人。总而言之:

> 一般情况下,在其他条件相同时,随着某人获得的某种商品越多,其总效用将增加而边际效用会减少。特别地,当某商品极为稀有时,尽管其总效用由于过度稀缺而很小,但经济学家认为它拥有极大的边际效用。

5.2.4　边际效用的利用:最优购买规则

现在,让我们利用边际效用的概念来分析消费选择。消费者必须在资金有限的条件下在许多种商品中做出购买选择。你如何利用效用这一概念来选择最能满足你偏好的购买决策呢?

显然你可以选择购买任何数目的比萨饼,任何一种都会令你的总效用增加。但哪一种数量带来的净收益最大呢? 如果比萨饼是你唯一考虑需要购买的东西,那么理论上来说只需做一次简单的运算即可做出选择。我们需要一张列出你能购买的所有可选的比萨饼数量的统计表。此表应该包含各种可能的选择所带来的净效用。即它应该包含你从某一特定数量的比萨饼中获得的总效用减去你为购买它们所放弃的效用,即机会成本。从这张想象出的表中,我们便能轻松得知你的最优选择——能带给你最高净效用的比萨饼数目。

边际分析是计算最优选择的一种方法,最优选择就是能最好实现决策者相关目标的选择。它通过检验一个决策的小小变动是否及从多大程度上接近或远离目标而起作用。

但不幸的是,即使是在理论上,计算最优决策也比上面说的要困难得多。因为现实中没有一张能体现净效用的表;而且增加对比萨饼的购买意味着你可用于买衣服或看电影的钱将减少,你还得使花费在这些及其他的每一种物品上的钱带来的收益相等。所有这些都意味着我们必须寻找一种更有效的技术来决定购买比萨饼的最优数目(衣服及娱乐等其他的消费同样如此)。这个技术便是**边际分析**(marginal analysis)。

为了解边际分析是如何帮助消费者做出其最优购买决策的,首先回到我们的假设上。假定你试图通过购买比萨饼获得最大的总净效用。即你试图选择一个购买数目,令比萨饼带给你的总效用与你为购买它所放弃的货币的总效用之差最大。

我们可以将做出最优决策的分析过程比作爬山。首先,假想你只能买一块比萨饼,然后购买两块,以此类推。如果两块比萨饼带给你的总净效用更高的话,你可以认为自己向更高的"总净效用山"上迈了一步。购买的比萨饼越多,你在山上就爬得越高,直到某一个数量让你达到顶峰——最优购买量。然后,若你再增加购买,你将越过顶峰开始走下坡路。

图 5-2 正好画出了这样一座山峰,并描述了你的总净效用是如何随着你购买的比萨饼数量变化而变化的。它表明在向上倾斜的山坡上购买量还未令你达到顶峰。然后在 M 点出现了使你总净效用最大化的比萨饼数目(顶峰在 4 块比萨饼处出现)。在 M 点右方的任何一点,你都超过了最优购买量。你处在山峰的下坡处,因为你的购买量已经超过了满足你需求的最佳数目,你购买得太多以致无法得到最大的净效用。

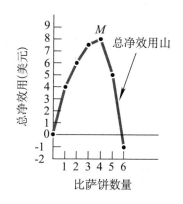

图 5-2 找到你的最优比萨饼购买量:最大化总净效用

边际分析如何帮助你找到最优购买量?它又是如何在你计划购买的量太少(因此你仍处于山的上坡段)或太多(因此你已处于下坡段)时提醒你的呢?表 5-1 所示的数据实例将帮助揭示这个答案。例如,第三块比萨饼的边际效用为 12.50 美元。这意味着你从三块比萨饼中获得的总效用(40.50 美元)比你从两块中获得的总效用(28 美元)正好高出了 12.50 美元。只要边际效用是一个正数,你购买得越多,你获得的总效用也就越大。

这体现的是购买的收益。然而这种交易中还存在着成本——你购买必须支付的费用。假定每个比萨饼的价格为 11 美元。那么第三块比萨饼的净边际效用等于边际效用 12.50 美元减去价格 11 美元,即 1.50 美元,这才是第三块比萨饼对总净效用的增量(见表 5-1 的第 3 行及第 4 行)。因此你拥有三块比萨饼的确改善了两块比萨饼时的福利。

我们再将上一段文字的逻辑归纳一下,以说明在给定的商品价格水平上,边际分析是如何解决找出最优购买量这一问题的。

课程结束后仍须牢记的要点

准则 1：若净边际效用是个正数，消费者的购买量必定太少，还未能使总净效用达到最大。由于边际效用超过了价格，消费者可以通过多购买（至少）一个单位的产品来增加其总净效用。换言之，由于边际净效用（也就是边际效用减去价格）告诉我们增加一个单位的购买是提升还是降低总净效用，因此，正的净边际效用意味着总净效用仍在上升中。消费者的购买量还不足以达到山的最高点。

准则 2：净边际效用为负数时的任何购买量都不是最优的。在这种情况下，买者可以通过减少购买量来获得更多的总净效用。买者已经超过"净效用山"的山顶开始走下坡路了。

现在只剩下唯一的选择了。若净边际效用（$MU - P$）大于零——边际效用大于价格，那么消费者不可能达到总净效用的顶点。同理，若净边际效用（$MU - P$）小于零——边际效用小于价格，那么这个购买量亦不可能达到最优点。因此，为使消费者的总净效用尽可能大，只有：

$$净边际效用 = MU - P = 0，即 MU = P$$

时，购买量才是最优的。

因此，假设消费者选择的是能带来最大总净效用的购买量，会产生下面这个最优购买规则：

若某商品的边际效用（以货币度量）超过了其价格，那么消费者增加购买该商品将是有利的；若其边际效用少于其价格，那么减少购买将是有利的。只要有可能，消费者应当购买使各商品价格（P）与边际效用（MU）完全相等的数量——$MU = P$ 时的数量，因为只有这时的数量才能使消费者从购买中获得的总净效用最大。其条件是这些决策必须将可用的资金在所有购买行为中进行分配。①

注意，尽管消费者真正在乎的是实现总净效益的最大化（而边际效用并不是最终目标），我们仍使用边际分析来指导最优购买量。边际分析只是作为一种分析方法——一种达到目的的手段。目标是总净效用的最大化，而不是边际效用或边际净效用。在学习边际分析的其他几个应用之后，我们将在第 8 章总结性地讨论"边际"思考是如何帮助我们在除购买决策之外的许多领域内做出最优决策的这一问题。

让我们从图上简要回顾一下"边际"思考的基本思路是怎样得出最优购买规则——$MU = P$ 的。重新回到比萨饼的边际效用图（图 5-1）。假定保罗的比萨饼屋以 11 美元的单价出售比萨饼（图中的虚线 PP）。在这种价格水平下，5 块比萨饼（点 E）并不是最优购买量，因为第五块比萨饼的边际效用只有 8 美元，小于其价格 11 美元。若只购买 4 块比萨饼，你的福利将得到改善，因为少买一块比萨的决策将只损失 8 美元而获得 11 美元——净收益 3 美元。

你应当注意，在现实生活中，使边际效用完全等于价格的比萨饼数量可能不存在。在我们的实例当中，第四块比萨饼价值 11.5 美元，而第五块比萨饼价值 8 美元——没有一块比萨饼的价格完全等于 11 美元。若你能购买中间数量的比萨饼（比如 4.38 块

---

① 经济学家能将价格与边际效用等同起来仅仅是因为他们利用货币来度量边际效用（或者用他们更经常使用的说法，因为他们研究商品的货币边际替代率）。如果边际效用是用某种心理学单位而不是用货币直接度量，那么 P 与 MU 的比较就没有任何意义了。然而，边际效用也可以用除货币以外的任何商品来度量。（例如，你愿意用多少比萨饼换取一张篮球赛的门票？）

比萨饼),那么 MU 的确可与 P 相等,然而保罗的比萨饼屋不可能向你出售 4.38 块比萨饼,因此你必须尽你最大的努力做出最优选择。你购买 4 块比萨饼,因为此时边际效用与价格水平最接近。

最优购买规则表明,你不应该购买边际效用高于价格时的数量(图 5-1 中诸如点 A、B、C 等处),因为此时更多的购买将使你福利改善。同理,你也不能终止于点 E、F、G 及 H 处,此时边际效用低于价格,如果你减少购买也将得到福利改善。更确切地说,你应该购买 4 块比萨饼(点 D),此处 $P = MU$(近似的)。因此,边际分析自然而然地推导出最优购买规则。

> 一个使边际效用大于价格的购买量决策无法实现总净效用的最大化,因为此时再增加购买一个单位可以使总效用增加多于成本的增加。同理,使边际效用小于价格的数量也不是消费者的最优购买量,因为此时减少购买量亦能使节约的钱多于损失的效用。总而言之,当且仅当购买量使边际效用尽可能接近于价格时,消费者可以使总净效用得到最大。

需指出的是,价格是由市场决定的客观存在且可观察到的数据,而边际效用是主观的,它体现的是消费者喜好。由于单个消费者缺乏对价格的影响力,他们必须调节他们的购买量,使各物品的主观边际效用与市场给定的价格相等。

5.2.5 从边际效用递减到向下倾斜的需求曲线

以下我们将发现,边际效用曲线与消费者最大化总净效用的需求曲线是同一条,即两条曲线是完全相同的。这一观察能使我们运用最优购买规则来证明,边际效用递减原理意味着需求曲线一般是向右下方倾斜的,即它们具有负的斜率。为此,我们使用表 5-1 中的边际效用列表来决定在各种价格水平上你应该购买的比萨饼数量。例如,我们将看到,价格为 8 美元时,你购买 5 块比萨饼是有利的,因为第五块比萨饼的边际效用为 8 美元。表 5-2 给出了各种价格及与之相应的最优购买量。(为了确信你理解了最优购买规则的逻辑,试证明表 5-2 右列中的数据事实上是正确的。)这个表最初被解读为边际效用表,它也可以被理解为需求表。因为它告诉我们要研究的消费者在各种价格水平时的需求,而这正是消费者需求曲线的含义。这个需求表由图 5-1 中的需求曲线图表示。这条需求曲线也是边际效用曲线。

表 5-2 在各种价格水平上,你对比萨饼的最优购买量

价格(美元)	每月的比萨饼购买量
3.00	7
5.00	6
8.00	5
11.50	**4**
12.50	3
13.00	2
15.00	1

注:为了方便解释,表中所示的价格均与表 5-1 中列出的边际效用相等。中间价格将使比萨饼的最优购买中包含小数(比如 2.6 块比萨饼)。

之所以如此，是因为在任一给定价格下，这条曲线将告诉我们消费者想要购买多少数量的该商品（在这一数量上，边际效用等于给定价格），而这也正是需求曲线的定义。因此，图中的曲线必定就是需求曲线。但这条曲线也告诉了我们在任一数量上的边际效用，因此它也是一条边际效用曲线。你也可以发现，与需求曲线的特征一样，在图中它也具有负的斜率。

让我们更仔细地研究一下负斜率的需求曲线背后的逻辑。若你在购买最优数量的比萨饼，此时，价格等于边际效用。然而，如果价格下降了，你将发现，那种产品的边际效用现在在新的降价之后的价格水平之上了。例如，表5-1显示，在比萨饼价格为12.5美元时，你的最优选择为三块比萨饼，因为第四块比萨饼的边际效用只有11.5美元。若价格降到11.50美元以下，此时更多地购买就是有利的——即购买第四块比萨饼是有利的，因为此时其边际效用超过了价格。而下一块（第五块）比萨饼的边际效用只有8美元。因此，若价格下降到8美元以下，那么你购买第五块比萨饼就是有利的。所以，价格越低，消费者将发现更多地购买就越是有利的，这也就是需求曲线具有负的斜率的意义。

请注意此处边际效用递减法则起到了关键性的作用。若价格下降了，试图将总净效用最大化的消费者必定会增加购买，直至边际效用相应下降到等于新的降低了的价格。根据边际效用递减法则，达到这一目的的唯一方法就是增加购买数量。

尽管这个解释有点抽象，我们仍然能很容易用实例将它具体化。我们已经指出，每个消费者都将商品分成各种轻重缓急不同的用途。对于你而言，为约会而购买比萨饼比与你的室友分享更重要。若比萨饼的价格很高，那么对你而言，理性的选择就是只购买能满足优先用途——那些具有高边际效用的用途的比萨饼数量。然而，当价格下降时，购买更多商品用于一些次要用途就合算了。边际效用递减法则和需求曲线的负斜率，都是以相同的消费者心理的一般性假设为基础，它们实际上是用两种不同的方法描述假定的消费者态度。

确实，也许令你惊讶的是，本章关于消费者决策过程——将价格与边际效用相等——的讨论，与你所见过的任何消费者的思维过程都不相似。买者看起来似乎更倾向于用直觉而非通过计算诸如边际效用之类的方式来做出决策。的确如此，但并不能低估这种讨论的意义。

当你对你的电脑下一道命令时，事实上你是激活了某些电子转换器并开始了一些所谓的二进制运算。多数电脑使用者并不知道也不关心他们引起的这种影响。但他们确实激活了二进制，而且对电脑程序的分析并没有因为描述这个过程而错误地反映事实。同理，若一个顾客将她的购买力在众多的购买选择中细分，以实现其货币可能形成的最大效用时，她必定遵循了边际分析的规则，即使她对此全然不知。

然而，越来越多的实验证据表明，现实和边际分析所提供的消费行为的描述，存在着一些永久性的差异。经济学家和心理学家的实验研究中，已出现了许多看来是违反最优购买规则的行为实例。例如，某项研究对两组研究对象提供了完全相等的选择，几乎具有相同的边际效用。尽管如此，由于提供给研究对象不同的非相关信息，两组的选择也相去甚远。

存在许多这样的例子——这里仅举两例。两组人会被问到,如果他们分别经历了一段沙漠中的长途步行,看见某个地方出售 10 美元一杯的冰镇啤酒,他们会怎么做? 第一组被告知这个地方是一个豪华旅馆,该组的成员会渴望选择购买;而另一组被告知啤酒是由一个破烂不堪的杂货店以同样价格出售的,则他们会慎重地拒绝购买。有这样的个人,曾经在 20 多年前以 15 美元购买了一瓶葡萄酒,而他们已经知晓,现在这样一瓶葡萄酒要卖到 800 美元,然而,他们不会以这个价格卖掉他们的葡萄酒(认为它的价值不止 800 美元),但同样也不会按这个价格购买另一瓶(认为它不值 800 美元)。

你还可以举出更多消费者不是按照经济理论所描述的那样行为的例子。但是,这些行为真的与经济运行有本质差异吗?例如,老酒的价格会真的因为那些拥有的人出售它们而大幅降价吗?答案是有时会如此。但是,有时市场机制会抵消这种"非理性"的影响。当德怀特·艾森豪威尔总统患心脏病时,发生了对这种情形的令人惊奇的解释。第二天,股票市场大跌,股票经纪人被惊惶失措的投资者所围攻,他们急于以任何可获得的价格出售他们持有的股票。但是,也有许多其他潜在的股票购买者,他们认识到,即使总统没有存活的希望,美国经济也不会发生剧烈的变化。股市的崩盘是以划算的价格获得有价值的证券的极佳机会,因而他们买进。而到了第二天,市场完全恢复了,前一天卖者非理性恐慌的影响也烟消云散了。其底线是,人类行为尽管远不是经济理论所假定的"理性决策"行为,但是,这并不会导致与市场上的行为有很大的差别。

5.3 行为经济学:经济决策真的是"理性地"做出的吗?

经济理论传统上关注最优决策。哪一组在超市的购买最大化消费者效用?哪些商业决策最大化公司利润?但近些年来,一些经济学家和心理学家质疑着理性经济决策所依赖的假设,即按照决策者的目标对回报进行小心的计算和比较。正如你所期望的那样,他们已经找到了许多与经济学家典型的理性假设不一致的证据。这种研究导致了一个被称为行为经济学的学说思想的产生,这一学派研究消费者和其他经济决策者的实际行为。

5.4 作为一种权衡取舍的消费者选择:机会成本

我们已经把最优购买规则解释为指导某种商品购买量决策的原则。然而,我们已经观察到,潜在的收入稀缺性将任何一项决策都变为了一种权衡取舍。给定每个消费者的收入都是有限的,那么,决定购买一辆新汽车,常常就意味着放弃一次旅行,或推迟购买家具。消费者的一次购买行为使她放弃的货币——她在这次购买行为中的花费——是真实成本的唯一度量,为了交换所必须放弃的,这也正是我们所定义的购买的机会成本。

课程结束后仍需牢记的要点

它的真实成本是多少？ 某次购买行为的真实成本即其机会成本——由于购买决策而不得不放弃的那些商品。我们已经在"课程结束后仍需牢记的要点"中涉及过机会成本计算——我们必须考虑购买决策的真实成本，这种成本把决策时我们不得不放弃的其他东西的数量纳入了考量。由于稀缺性约束了所有的经济决策，因此任何一种决策都意味着一些这样的权衡取舍。就连亿万富翁亦须面对它，尽管他们的困境并不会受到多少同情：是投资2 000万美元修建办公大楼呢，还是花3 000万美元赞助棒球队？

上例还具有另一个重要的意义。消费者的购买决策产生的权衡取舍不总是意味着要放弃另一种消费品。例如，消费和储蓄之间的选择就是这样。考虑一个高中生，他正在为是买一辆新汽车还是将这些钱存起来供上大学用而发愁。若她选择储蓄，随着利息的增加，原有的金额加上利息将足够提供她三年后的学费和膳食费用。放弃现在消费并将钱存入银行意味着这个学生由于利息而在以后变得更富有，从而在未来大学费用增加时她能承担更多的大学费用。因此，现在这辆新汽车的机会成本是她放弃那部分为未来而储蓄的资金的机会。我们可以得知：

> 从经济分析的观点看来，任何购买行为的真实成本都是其机会成本，而不是花费在购买上的货币数目。

一次购买的机会成本既有可能比其价格高亦有可能比价格低。例如，若你的电脑花去你1 800美元，而这次购买行为需要你牺牲两小时时薪为20美元的工作，那么电脑的机会成本便是你本可以用1 840美元（电脑本身的价格1 800美元加上你买电脑需要放弃的40美元）购买的物品量。在这种情况下，机会成本（用货币度量为1 840美元）比购买的价格（1 800美元）要高。（价格高于机会成本的例子请参见本章后的自测题4。）

5.4.1 消费者剩余：购买的净收益

消费者剩余是某一数量的商品X对购买它的消费者的价值与市场要求他为购买这一数量的X所支付的货币量之间的差额。

最优购买规则，$MU \approx P$，假定消费者总是想使从购买中获得的总效用的货币价值减去花费于购买的货币数额之差最大。① 因此，消费者真正为某商品支付的价格和他们愿意为其支付的价格之差从某种程度上表现了一种净效用收益。经济学家将这种差称为**消费者剩余**（consumer's surplus）——一次购买带给买者的总效用的净收益。消费者试图做出一种购买决策，使：

> 消费者剩余 = 总效用（以货币度量） − 总费用

最大。因此，正如经济学家们假设企业以总利润（等于总收益减去总成本）最大化为目的一样，他们同样假定消费者是以消费者剩余最大化，即购买某商品的总效用与总费用之差最大为目的。

消费者剩余这个概念似乎表明消费者在所有购买行为中都得到了某种免费的奖品，或剩余。在很多情况下，这种观点看起来非常荒谬。这怎么可能，尤其是在购买那

---

① 再次强调，在实际生活中，消费者往往只能让 *MU* 近似等于 *P*。

些价格高得可怕的商品时?

我们在第 1 章中曾有过提示,我们观察到,在没有欺骗的情况下,双方必然都能从自愿交易中获利,否则总有一方会拒绝参与。这一点对于消费者在超市或电器商店的自愿购买行为同样适用。若消费者并不期望从交易中得到净收益,那么他就犯不着去购买这种物品了。即便卖者从某种标准上看来"要价太高",那也只会减少消费者净收益的大小,而不会将之完全剥夺。若卖者太贪心,以至于剥夺了所有的净收益,那么对于这种犯罪行为有一个很合适的惩罚:消费者将拒绝购买,从而使贪心的卖者本来可以得到的利益永远无法兑现。基本原理表明,每一次非临界购买——除了那些对消费者而言无差异的任何一次购买——必然会导致一些消费者剩余的产生。

但是,这个剩余有多大呢?至少从理论上来讲,我们可以通过边际效用表或边际效用图(表 5-1 及图 5-1)的帮助来计算。如前例,假定比萨饼的价格为 11 美元,你购买了 4 块比萨饼。表 5-3 再现了表 5-1 中的边际效用值。它表明,第一块比萨饼对你而言价值 15 美元,因此,当价格为 11 美元时,购买这块比萨饼使你得到了 15 美元减去 11 美元,即 4 美元的净收益(剩余)。第二块比萨饼同样带给了你一些剩余,但由于边际效用递减,因而比第一块要少。确切地说,第二块带来了 13 美元减去 11 美元,即 2 美元的剩余。以此类推,第三块带给你 12.50 美元减去 11 美元,即 1.50 美元的剩余。只有第四块——你所购买的最后一块——几乎或者完全没有产生剩余,因为根据最优购买规则,最后一单位购买的边际效用近似地等于其价格。

表 5-3　计算你购买比萨饼的边际净效用(消费者剩余)　　　　　单位:美元

数量	边际效用	价格	边际净效用(消费者剩余)
0			
1	15.00	11.00	4.00
2	13.00	11.00	2.00
3	12.50	11.00	1.50
4	11.50	11.00	0.50
总和			8.00

现在,我们能很容易地确定你从购买 4 块比萨饼中获得的总消费者剩余。这就是各块比萨饼带来的剩余之和。表 5-3 体现此时消费者总剩余为:

$$4 \text{ 美元} + 2 \text{ 美元} + 1.50 \text{ 美元} + 0.5 \text{ 美元} = 8 \text{ 美元}$$

从这个角度来考虑最优购买规则,可以说明如果买者购买某商品多于一单位,那她总能获得一些消费者剩余的原因。注意,每单位的价格保持不变,但边际效用是随购买单位增加而逐渐递减的。最后一单位仅能带来极小的消费者剩余,因为此时 $MU \approx P$。但由于边际效用是递减的,先前的所有单位必然比最后一单位带来的边际效用要高。

我们从边际效用条形图中能更加精确地计算消费者剩余。图 5-3 中标注为 A、B、C 和 D 的方块是由图 5-1 的边际效用曲线(需求曲线)上对应的点得来的。各块比萨饼的消费者剩余均等于此块比萨饼的边际效用减去价格。通过用图表现消费者剩余,我们可以计算边际效用曲线及代表比萨饼价格的水平线之间的面积来决定你获得的消费者剩余——在本例中,水平线 PP 代表(固定)价格为 11 美元。

在图 5-3 中,右上角标记为 A 的方块表示你从第一块比萨饼中获得的 15 美元的边际效用;B、C 和 D 方块也具有类似的意义。显然,方块 A 中用阴影部分表示的是购买第一块比萨饼带来的 4 美元消费者剩余。方块的高等于边际效用 15 美元减去价格 11 美元。同理,之后两块阴影部分的面积分别表示第二块和第三块比萨饼带来的剩余。第四块比萨饼阴影部分面积最小,因为表示边际效用的高度(近似地)等于表示价格的高度。将图中的各阴影部分相加即可再次得到购买 4 块比萨饼的消费者总剩余(4 美元 + 2 美元 + 1.50 美元 + 0.5 美元 = 8 美元)。

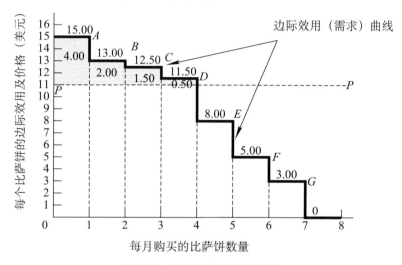

图 5-3　用图计算消费者剩余

要计算从购买一定数量单位的物品中获得的消费者剩余,可以先画出此人的需求曲线,其中各方块的高度代表各相应数量的物品的边际效用,然后画出一条水平线,其高度代表此物品的价格。水平线以上的各方块面积之和——水平线以上的需求(边际效用)曲线的面积——就是购买行为带来的消费者总剩余。

难题解答:解开钻石—水悖论之谜

现在,我们可以利用边际效用分析来分析亚当·斯密提出的悖论(他本人从未能解释):尽管水的效用似乎远远超过钻石,钻石却极为昂贵,而水却极为廉价。解答钻石—水悖论的关键在于边际效用与总效用的区别。

作为生命的必需品,水的总效用无疑是高于钻石的。但正如我们所看到的,价格与总效用并没有直接的关系。更确切地说,最优购买规则告诉我们价格趋向于与边际效用相等。我们有理由相信水的边际效用非常低,而钻石的边际效用却非常高。

在正常情况下,水的供给成本较低,所以其价格也相应较低。因此消费者对水的使用量相应也非常大。然而,边际效用递减原理将水对家庭的边际效用降至一个很低的水平。正如消费者剩余图(图5-3)所表现的,其总效用很可能非常高。

相反,高质量的钻石是极为罕见的(部分原因是垄断)。结果,钻石的消费量不足以使钻石的边际效用得到大幅度的下降,因此,购买这种奢侈品的买者必须为其支付极高的价格。随着某商品变得更加稀缺,其边际效用及市场价格都会上升,与总效用大小无关。而正如我们看到的,由于某商品的消费太小,即使它的边际效用很大,它的总效用也很可能相对很低。

因此,像很多悖论一样,钻石—水之谜有一个明确的解答。在本例中,你要记住的如下:

> 稀缺性使价格和边际效用上升,但它一般会令总效用减小。而尽管总效用度量的是消费者从消费行为中获得的收益,但与价格(近似)相等的却是边际效用。

5.4.2 收入与需求量

对边际分析的应用已让我们能够研究商品价格与购买量之间的关系。但除了价格之外的其他因素也会影响消费者对物品的购买量。下面,让我们思考一下需求量是如何对收入的变化做出反应的。

具体地说,我们把当消费者收入上升后,他们购买圆珠笔的数量将如何变化作为一个实例。看起来似乎可以肯定他们会比以前购买更多的圆珠笔,然而结果不一定是这样,收入的增加既可能增加亦可能减少对某一特定物品的购买。

劣等品是指在其他条件都不变时,其需求量会随购买者的实际收入的增加而减少的一种商品。

为什么消费者收入的增加可能会导致其减少对圆珠笔的购买呢?人们购买某些物品或服务只是因为他们无力支付更好的物品和服务。他们可能会购买二手汽车而不买新车。他们可能购买廉价的圆珠笔而不是手工良好的自来水笔,或购买二手服装而不是新服装。如果他们的实际收入上升了,他们可能会退出二手汽车市场转而购买新车,或增加购买自来水笔而减少购买圆珠笔。因此,收入的增加将减少对廉价圆珠笔和二手汽车的需求量。经济学家为收入增加导致需求量下降的这类商品形象地取名为**劣等品**(inferior goods)。

这项讨论的结论为,经济学家无法对消费者收入的增加对需求量的影响做出定论。但是,对于大多数商品而言,当收入增加而价格不变时,需求量将上升。这种商品通常被称为正常品(normal goods)。

5.5 由个人需求曲线到市场需求曲线

到此,我们已经研究了个人需求曲线是如何从消费选择理论中得出的。然而为了理解市场体系是如何运作的,我们必须得到一个整个市场中的价格与需求量的关

> **市场需求曲线**表示的是在其他条件不变时,在一定的时期内,市场中的所有消费者对某种产品的总需求量是如何随该产品的价格变化而发生变化的。

系——**市场需求曲线**(market demand curve)。例如,俄亥俄州的克里夫兰对笔记本电脑的需求就可以用这样的需求曲线描述。正是市场需求曲线在第4章中的价格和产出决定的供求分析中扮演了重要作用。

5.5.1 作为个人需求曲线水平加总的市场需求曲线

当个人在做出他自己的购买决策时,如果都不在意其他人的购买决策,那么我们就能简单地由消费者个人需求曲线获得市场需求曲线:如图5-4所示,简单地将个人需求曲线相加。图中给出了两个人Alex和Naomi的需求曲线DD和ZZ,以及总(市场)需求曲线MM。Alex和Naomi都是此产品的消费者。

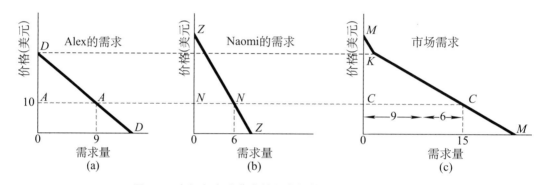

图5-4 市场各个消费者的需求与整个市场需求的关系

我们可以通过以下简明的步骤获得市场需求曲线:

步骤1:任选一个相关价格,比如10美元。

步骤2:在这个价格水平上,分别从图5-4(a)、(b)中Alex和Naomi的需求曲线上找到他们的需求量,9个单位和6个单位。注意,这个量在Alex和Naomi的图中分别用虚线AA及NN表示。

步骤3:将价格10美元处Alex和Naomi的需求量相加(虚线AA+虚线NN=9+6=15),得到此价格时市场的总需求。见图(c)中虚线CC,总需求量等于15个单位。注意,这种相加构成了图中的水平移动,因为我们在加总购买量,而这些量由各个图中距离原点的水平距离来表示。

然后,对各个价格水平都重复这些步骤以得到市场需求曲线上的其他点直至整个曲线MM的形状呈现出来。(市场曲线上的K点处的转角的出现,是因为此处对应的是Alex刚刚进入市场时的价格,而他的需求模式不同于Naomi的。在任何高于该价格的水平上只有Naomi愿意购买。)这便是所有的加总步骤。(问:假如有另一个消费者进入市场,又会发生怎样的变化呢?)

5.5.2 需求"法则"

与个人需求曲线的情形类似,我们认为市场的总需求量与价格是反向变化的,因此市场需求曲线的斜率也是负的。经济学家将这个关系称为**需求"法则"**(the "law" of demand)。注意,我们在法则一词上用了引号。到现在你应该已经了解经济学法则并不总是被遵循,我们将很快明白需求"法则"也不是没有例外。但先让我们了解为什么"法则"一般情况下是成立的。

> **需求法则**表明,较低的价格通常增加人们在市场上购买某种商品的数量,同样也倾向于增加购买者的数量。因此,对于大多数物品而言,需求曲线具有负的斜率。

在本章前面的部分中,我们已经解释了个人需求曲线一般向下倾斜是由于边际效用递减"法则"。若个人的需求曲线向下倾斜,那么由前面讨论的加总过程可知,市场需求曲线必然也是向下倾斜的。这凭常识即可知道,若市场中的每个消费者都在比萨饼价格上升时减少购买,那么市场中的总需求量必然也会下降。

然而,即便个人需求曲线斜率不为负,市场需求曲线仍然可能拥有负斜率,因为并非所有的消费者都一样。考虑两个个人需求曲线斜率不为负的例子。例如,若某书店降低某流行小说的价格,它可能会吸引许多新的消费者,而那些已经拥有了该书的消费者很少会再买一本。同理,人们对比萨饼的喜爱程度也各不相同。真正喜爱比萨饼的人即便价格很高也会坚持购买,而另一些人即便免费赠送也不会吃。但书和比萨饼的市场需求曲线仍可能是负的斜率。随着比萨饼价格的升高,对比萨饼的需求不那么狂热的消费者将完全离开比萨饼市场,将它们留给更喜爱吃比萨饼的人。因此,价格上升会导致需求量减少,只是因为高价格促使更多人完全放弃对比萨饼的喜好。对很多商品而言,低价的确能鼓励更多的消费者进入市场(例如新的买书者),而正是这些"见风使舵"的消费者(而不是那些个人需求曲线的负斜率)对需求"法则"起到了最重要的作用。

这一点在图 5-4 中也有所表现,在价格高于 D 时,只有 Naomi 愿意购买,在价格低于 D 时,Alex 也愿意购买。因此,在 K 点以下,市场需求曲线比 Alex 进入市场以前向右倾斜得更厉害。换言之,价格水平由 D 以下上升至 D 以上将有两个理由减少需求量:(1) Naomi 的需求曲线斜率为负;(2) Alex 将被迫离开市场。

因此,我们可以断定,需求法则具有坚实的依据。若个人需求曲线斜率为负,那么市场需求曲线斜率必然也将为负。此外,即使个人需求曲线斜率不为负,市场需求曲线也可能具有负的斜率。

5.5.3 需求法则的例外情况

人们已经注意到了需求法则的一些例外情况。一个常见的例子出现在消费者以价格判断商品质量的时候——消费者认为高价格的商品质量更好。例如,许多人即便看到药店隔壁货架上化学成分完全相同、仅售半价的非品牌阿司匹林,也会选择购买较贵的有品牌阿司匹林。购买品牌阿司匹林的消费者又会根据价格的高低来判断不同品牌的质量。他们会因为 X 牌稍贵而选择 X 牌而不是 Y 牌。若 X 牌的价格降至 Y 牌以下,消费者可能会认为它不再具有优越性而减少购买 X 牌。

造成需求曲线向上倾斜的另一个可能原因是虚荣心。若购买一辆劳斯莱斯的部分理由是为了显示某人的富裕,那么即使车的质量不变,车价的下降也可能导致销量减少。经济学家们还注意到了其他类型的例外。然而,对大多数商品而言,需求曲线具有负斜率是合理的假设,并且得到了数据的支持。

本章已将我们带入需求曲线背后,讨论了单个消费者的偏好如何决定其需求曲线,第 6 章将通过研究需求曲线形状的决定因素及其形状所反映的消费者行为来更深入地剖析需求曲线。

小结

1. 经济学家将**总效用**和**边际效用**区分开来。总效用,即某消费者从一次购买中获得的收益,是以他们愿意为得到该物品而放弃的最大货币量度量的。理性的消费者总是追求总(净)效用,或**消费者剩余**的最大化,消费者剩余等于某商品带来的总效用减去购买它花费的货币价值。

2. 边际效用是某消费者为增加一单位某特定商品而愿意花费的最大货币量。边际效用对于计算使总净效用最大化的购买量非常有用。它也是"课程结束后仍须牢记的要点"之一。

3. **边际效用递减"法则"**是一种心理学假说,它表明随着消费者得到的商品逐渐增多,增加一单位商品的边际效用逐渐递减。

4. 为了使花钱购买商品 X 获得的总效用最大,鉴于其他商品只能用购买 X 剩余的钱来购买,消费者必须购买使价格(近似)等于边际效用(以货币度量)的 X 商品数量。

5. 若消费者想将效用最大化,而且当购买量增加时边际效用减小,那么消费者的需求曲线具有负的斜率。价格的下降将促使消费者购买更多的商品,从而导致更低的边际效用。

6. 资源丰富的物品一般价格较低,且边际效用也较低,而与总效用的高低无关。这便是为何尽管水的总效用高于钻石但价格却较低的原因。

7. **劣等品**是在其他条件不变时,消费者变得富裕却减少购买的商品,如二手服装等。

8. 当消费者自愿购买某商品时,他们总能得到剩余。这意味着为购买商品所花的钱少于他们认为它们应有的价值。否则,他们就不会买它。这就是为什么消费者剩余一般为正的原因。

9. 作为课程结束后仍需牢记的要点之一,"它的真实成本是多少?"告诉我们,购买某商品 X 的真实经济成本是其机会成本——为得到商品 X 消费者不得不放弃的其他购买选择的价值。一单位某物品 X 的机会成本的货币价值既可能高于亦可能低于 X 的价格。

10. 消费者收入的增加能使需求量上升或下降。对正常品而言,收入上升将使需求量增加;对劣等品而言,由于购买它的目的只是节约,因此更高的收入反而会减少需求量。

11. 整个市场的需求曲线是通过在市场中购买商品的所有消费者的个人需求曲线水平加总得来的。在各个价格水平上,每个消费者愿意购买的数量相加即可得之。

关键词

总效用　　　　　　　边际效用　　　　　　　边际效用递减法则
边际分析　　　　　　消费者剩余　　　　　　劣等品
市场需求曲线　　　　需求法则

自测题

1. 考虑一个有两个消费者的市场,Jasmine 和 Jim。分别为两个消费者画出他们的需求曲线,并利用它们画出整个市场的需求曲线。

2. Emily 购买了一台 700 美元的空调。由于她家里的空气变清新了,在空调寿命期之内,她将节约 250 美元的窗帘清洗费。那么空调的机会成本(以货币度量)为多少?

3. 假定草莓的价格为每篮 3 美元。Jim 正考虑购买 0、1、2、3 或 4 篮草莓。请自己建立一个表格,表示出各个不同数量的草莓带来的总效用与边际效用(正如我们为比萨饼建立的表 5-1 一样)。从你的表中计算 Jim 应该购买多少篮草莓。

4. 用图形将自测题 3 中 Jim 获得的消费者剩余表示出来,并通过边际效用表的帮助来检查你的答案。

5. 下列哪些选项对于一般消费者可能是正常品?哪些可能是劣等品?
    a. 昂贵的香水
    b. 纸盘子
    c. 二手服装
    d. 海外旅行

6. 每天 14 加仑水和 22 加仑水,哪一个给你的边际效用更大?为什么?

7. 每天 14 加仑水和 22 加仑水,哪一个给你的总效用更大?为什么?

讨论题

1. 你购买了哪些劣等品?为什么你会购买它们呢?若你的收入增加了,你还会继续购买它们吗?

2. 一些不理解最优购买规则的人争论说,若消费者购买边际效用等于价格的数量的物品,他便不可能达到最优。他们认为,他应该在此之前就停止购买,或购买使边际效用远远高于价格的数量。这种论点错在哪里?(提示:如果这样的话,消费者将损失的机会成本是什么?消费者感兴趣的是边际效用最大化还是总效用最大化?)

3. 假设你想直接通过消费者对某商品的心理态度或感觉强烈程度,而不是以消费者愿意为其放弃的货币量来度量某商品的边际效用。为什么你会感到这样的心理学度量非常困难呢?

4. 列举你使用水的几种不同用途。若水的价格上升一点,你会放弃哪一种用途?若水的价格较大幅度上升呢?若极大幅度上升呢?

附录 用图形分析消费选择:无差异曲线分析

本章讲到的消费需求分析虽然都是正确的,但仍(至少)有一个缺点,即把消费者对每一种商品的购买决策视为一个独立的事件,它掩盖了消费者必须在其有限的预算下在商品间进行选择这个事实。目前的分析还未清晰表明每一购买决策背后的困难的抉择——为获取一些物品就需要放弃另一些。

当然,这一思想是隐含着的,因为任何商品的购买都包含了这种商品与钱之间的权衡取舍。如果你在房租上的花销增加了,那你在娱乐方面的支出会减少;如果你用于购买衣服的钱增加了,那你用于食物上的钱就会变少。为了更清楚地说明消费者的选择问题,经济学家们发明了两种几何工具:预算线和无差异曲线,即本附录要描述的内容。

可用的几何学：预算线

为了简单起见，假设世界上只生产两种商品：奶酪和橡皮筋。因此，家庭的决策问题就是在这两种商品上分配它的收入，显然，用在一种商品上的收入越多，用于另一种的收入就越少。但这种权衡取舍到底怎样呢？我们用一个数据的例子来解答这一问题，并介绍经济学家用来描述这种权衡取舍的图形工具。

假设奶酪的价格为 2 美元/磅、每盒橡皮筋的售价为 3 美元，并且消费者手上有 12 美元。很显然，他有许多不同的选择，如表 5-4 列出的。比如说，如果这个消费者不买橡皮筋，那他就可以带 6 磅奶酪回家，以此类推，消费者可以买到的每一种奶酪和橡皮筋的组合都可以表示在一个坐标图中，图的纵横两轴分别代表一种商品的购买量。在图 5-5 中，纵轴衡量奶酪的磅数，横轴衡量橡皮筋的盒数，每一个标明的点都代表表 5-4 中列出的一个组合。预算线 AE 表示的是消费者在奶酪的价格为 2 美元/磅，橡皮筋的价格为 3 美元/盒时，用 12 美元所能买到的两种商品的可能组合。如 A 点对应的是所有的钱都用于购买奶酪；E 点对应的是所有的钱都用于购买橡皮筋，在这两点之间（如 C 点），消费者同时购买两种商品（如 C 点上是 2 盒橡皮筋和 3 磅奶酪），总共花去其拥有的 12 美元。

表 5-4　12 美元预算所能实现的购买组合

橡皮筋盒数 （3 美元/盒）	橡皮筋 费用（美元）	剩余 资金（美元）	奶酪磅数 （2 美元/磅）	对应图 5-5 中的点
0	0	12	6	A
1	3	9	4.5	B
2	6	6	3	C
3	9	3	1.5	D
4	12	0	0	E

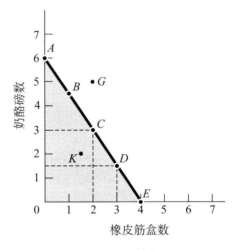

图 5-5　预算线

如果一条直线连接了 A 点与 E 点，如图 5-5 中的直线，那么它就记录了在两种商品之间分用 12 美元的所有可能的方式。例如，在 D 点，如果消费者购买 3 盒橡皮筋，那他剩余的钱就只够买 1.5 磅奶酪，这与表 5-4 中所列的相同。因而 AE 就被称为**预算线**（budget line）。

一个家庭的**预算线**（budget line）用图形代表的是在商品的价格和家庭持有的货币量既定时，它所能买到的两种商品的全部可能的组合。

预算线的性质

下面让我们用 r 来表示消费者购买的橡皮筋的盒数,用 c 来表示他获得的奶酪的磅数。当奶酪的价格为 2 美元/磅时,他用在奶酪上的钱为 2 美元乘上所买的奶酪的磅数,或计为 $2c$ 美元,同理,消费者在橡皮筋上花的钱为 $3r$ 美元,共计 $2c+3r$ 美元;如果消费者把 12 美元全部用在两种商品上,那么 $2c+3r$ 美元必须等于 12 美元,因此 $2c+3r=12$ 就是预算线的方程,它也是上图中直线的方程。①

同时还需指出的是,预算线代表的是消费者能够买到的商品的最大数量。因此,给定橡皮筋的购买量,预算线就表示出了他的钱所能买到的最大奶酪量。如果消费者想节俭一些,他就可以选择预算线下方的点,如 K 点。显然,他拥有的选择不仅包括预算线 AE 上的点,还包括这条直线与两轴组成的阴影三角形中的任意一点。相反,预算线上方的点,如 G 点,是消费者在有限预算的情况下无法实现的。5 磅奶酪和 2 盒橡皮筋的组合要花 16 美元,比他可以花的钱要多。

预算线的变化

预算线的位置是由两类数据决定的:购买的商品的价格和购买者拥有的收入。我们可以简单地看看价格或收入变化会怎样影响预算线的位置,以此来结束我们对预算线图的讨论。

显而易见,家庭收入增加会加大它可选择的范围。具体地说,收入增加会使预算线发生平移,如图 5-6 所示。原因很简单:可以使用的收入增多了,如增加 50%,如果把全部收入都用在两种商品上,那么可以让消费者的家人购买的每一种商品都正好增加 50%,图 5-5 中的 A 点会从其初始位置上移 50%,而 E 点会右移 50%。② 图 5-6 给出了三条预算线,分别对应着 9 美元、12 美元和 18 美元的收入。

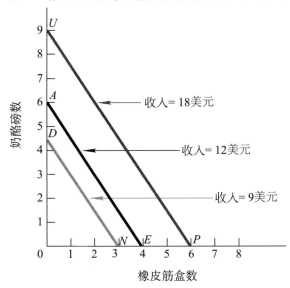

图 5-6 收入变化对预算线的影响

---

① 大家可能已经发现这个等式存在的一个问题,如果预算线 AE 上的每一点都是消费者可能花钱的一种方式,那他购买的橡皮筋的盒数一定会有分数形式。购买 3/2 盒可以被解释为还有 1.5 美元的橡皮筋留给下次购买。

② 代数证明很简单。设 M(起初为 12 美元)为消费者家庭的可用货币量。可以从预算线方程中解出 c,得到 $c=-(3/2)r+M/2$。这个方程对应着一条斜率为 $-3/2$、截距为 $M/2$ 的直线。可用货币量 M 的变化不会改变预算线的斜率,而只会引起该直线的平行移动。

最后，我们要问的是，当一种商品的价格改变后，预算线会发生怎样的变化。从图 5-7 中可以看出，当橡皮筋的价格下降后，预算线向外移动，但不再是平行移动，因为纵轴（奶酪）上的点不变。同样，原因是直截了当的。橡皮筋的价格下降 50% 后（从 3 美元到 1.5 美元），消费者用 12 美元可以买到原来 2 倍多的橡皮筋，点 E 向右移到点 H，此时消费者购买 8 盒橡皮筋。然而，由于奶酪的价格并未变化，12 美元能买到的奶酪数量也未受到影响，仍位于 A 点。由此得出决定预算线的一般性结论：两种商品中一种的价格下降，会使预算线沿着代表降价商品数量的轴线向外移动，而预算线另一端的位置不变。因此，橡皮筋的价格从 3 美元降至 1.5 美元，会使价格线从 AE 转向直线 AH。这是因为价格高时，12 美元只能买到 4 盒橡皮筋，价格低时，12 美元可以买到 8 盒。

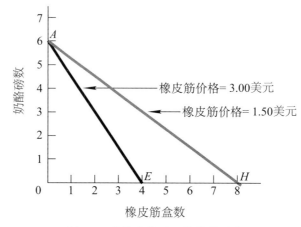

图 5-7　价格变化对预算线的影响

消费者偏好：无差异曲线的性质

预算线表示的是在消费者的收入大小以及由市场决定的商品价格既定时消费者拥有的选择，下面我们将研究消费者的偏好，来决定他会在这些拥有的可能性中间选择哪一种。

经大量研究之后，经济学家已经弄清楚了为分析消费者的选择所需的有关消费者的最少信息是什么。经济学家只需知道消费者如何对各种可供选择的商品组合排列顺序，确定他在两个相关组合中更喜欢哪一个，而不需要努力弄清楚他多么更喜欢这个偏好组合。举例来说，如果消费者可以在两组商品之间选择，一组为 W，包括 3 盒橡皮筋和 1 磅奶酪，另一组为 T，包括 2 盒橡皮筋和 3 磅奶酪，经济学家想了解的就是他更喜欢组合 W 还是组合 T，或是对两者无差异。注意这一分析不需要有关偏好程度的信息——不论消费者是狂热的喜欢两组商品中的一组还是仅仅略微偏爱一点。

用图表示，偏好信息可由一组称为**无差异曲线**（indifference curves）的曲线表示（图 5-8）。

无差异曲线是一条连接给消费者带来同等满意度的全部商品组合的曲线。

图中的任一点代表的都是奶酪和橡皮筋的一个组合。（例如，无差异曲线 I_b 上的 T 点代表 2 盒橡皮筋和 3 磅奶酪。）同一条无差异曲线上的任意两点（如无差异曲线 I_a 上的 S 点和 W 点）表示的是消费者同等喜欢的两组商品。如果两点如 T 与 W 位于不同的无差异曲线上，那么消费者会更偏爱位置较高的无差异曲线上的那一点。

但在我们研究这些曲线之前，让我们先看看如何解释一条曲线。无差异曲线上的一点并不能解释偏好，如曲线 I_a 上的 R 点仅仅代表由 4 盒橡皮筋和 1/2 磅奶酪组成的一组商品，但它并不意味着 1/2 磅奶酪和 4 盒橡皮筋对消费者是无差异的。若想曲线说明点什么，我们必须同时至少考虑它上面

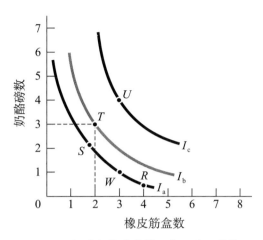

图 5-8　奶酪和橡皮筋的三条无差异曲线

的两点——如 S 点和 W 点。根据定义，无差异曲线代表了所有为消费者提供同等总效用的这类组合。

但我们并不知道在消费者能够购买的所有组合中，他会选择购买哪一组，现在的分析只表示在给定的两个组合中进行选择都是无差异的。在用无差异曲线分析消费者的选择之前，我们必须看看它的一些性质，最重要的是下面这一事实：

> 只要消费者对所讨论的每一种商品都想要更多，那么位置较高的无差异曲线（即图中的曲线离原点较远）上的任意一点都比位置较低的无差异曲线上的任意一点更受喜爱。

换句话说，在不同的无差异曲线之间，位置越高越好。原因很明显，对两条无差异曲线，如图 5-8 中的 I_b 和 I_c，位置较高的曲线上有些点在位置较低的曲线的上方和右方。曲线 I_c 上的 U 点就位于曲线 I_b 上的 T 点右上方，这意味着消费者在 U 点上获得的橡皮筋和奶酪都比 T 点上的多。假设他两种商品都想要，那么在 U 和 T 之间他必定更偏好 U。

根据定义，曲线 I_c 上的每一点带来的满意程度与 U 点一样，而曲线 I_b 上的其他点与 T 点的关系也一样，所以消费者对曲线 I_c 上的每一点的偏好程度胜过曲线 I_b 上的任意一点。

这又暗含了无差异曲线的另一个性质：它们永不相交。这是因为，如果无差异曲线，比如 I_b 上的任何一点都位于另一条无差异曲线 I_a 上方，那么 I_b 必定位于 I_a 的每一点上方，因为 I_b 上的每一点都比 I_a 上的更受消费者喜欢。

无差异曲线的另一个性质是它具有负的斜率。同样，这一点也只有在消费者对两种商品的需求是越多越好的条件下才成立。以同一条无差异曲线上的两点如 S 点和 R 点为例，如果消费者对这两点的偏好一样，那么其中一点代表的两种商品数量就不会都比另一点多。若 S 点上的奶酪多于 R 点，那 R 点上提供的橡皮筋必定多于 S 点，否则消费者就不会对这两点无差别，因此，向代表更多数量的橡皮筋的点移动，意味着奶酪的数量同时在下降。所以曲线总是向右下方倾斜，其斜率为负。

无差异曲线的最后一个性质是其弯曲的性质——它们凸向两坐标轴。它们向内弯曲——当它们从左向右延伸时，它们变得平坦（斜率的绝对值变小）。为了理解其原因，我们必须先看看无差异曲线斜率的经济解释。

无差异曲线和预算线的斜率

图 5-9 中，M、N 两点间的无差异曲线的平均斜率可以表示为 RM/RN。

无差异曲线的斜率(slope of an indifference curve),又称为商品之间的边际替代率(marginal rate of substitution,MRS),表示消费者为多获取一个单位的一种商品而愿意放弃的另一种商品的最大数量。

RM 是消费者从 M 点移动到 N 点放弃的奶酪数量,同样,RN 是移动产生的橡皮筋增加的盒数。由于 M 和 N 两组商品对消费者无差异,所以多获得的 RN 盒橡皮筋,必须恰好补偿消费者所失去的 RM 磅的奶酪。如此一来,RM/RN 之比代表的是消费者根据自己的偏好愿意用一种商品交换另一种商品的条件。如果 RM/RN 等于 2,那消费者将愿意放弃(不多于)2 磅奶酪来多获得 1 盒橡皮筋。

图 5-9 中,**预算线的斜率**(slope of a budget line)BB 也是奶酪和橡皮筋之间的一种交换比率。但它体现的不是消费者交换的主观意愿。斜率代表的是当消费者放弃钱来换取奶酪和橡皮筋时,市场为他提供的交换比率。我们已知预算线表示的是消费者用一不变数量的钱所能买到的全部商品组合。因此,预算线是支出不变的曲线。按当前价格,如果消费者减少购买图 5-9 中 DE 数量的奶酪,那么他将省下足够的钱可以多买 EF 数量的橡皮筋,因为在 D 点和 F 点上他所花的钱一样多。

预算线的斜率是在不改变花钱总额的条件下,消费者为多获取一个单位的一种商品,市场要求他放弃的另一种商品的数量。

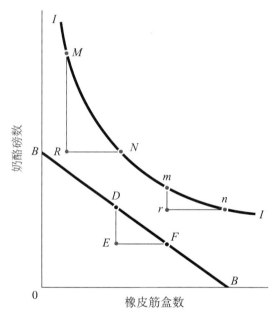

图 5-9　无差异曲线和预算线的斜率

如此看来,这两种曲线的斜率的意义非常相似。无差异曲线的斜率表示的是消费者愿意用一种商品交换另一种商品的条件,而预算线的斜率体现的是市场允许消费者能够用一种商品交换另一种商品的条件。

对预算线的斜率做更进一步解释将对我们更有帮助。常识提醒我们,奶酪和橡皮筋的市场交换率,应该与它们的价格 pc 和 pr 有关系,而且证明这一点也很容易。具体来说,预算线的斜率等于两种商品的价格之比。理由如下:如果消费者放弃一盒橡皮筋,他将有 pr 美元可再用于奶酪。但这些钱可以用来买多少奶酪与它的价格成反比,也就是说,奶酪的价格越低,这笔钱就可以买到越多的奶酪——每一美元可以买 $1/pc$ 磅奶酪。因此,消费者放弃购买一盒橡皮筋所省下的 pr 美元,可以让他多买 $pr \times 1/pc = pr/pc$ 磅奶酪。所以,预算线的斜率为 pr/pc,表示的是当消费者放弃一盒橡皮筋后他能多购买的奶酪数量。

在我们回到我们的主题——消费者选择的学习之前,我们先用上面对无差异曲线斜率的解释,来讨论前面尚未解释的无差异曲线的第三个性质——它的弯曲性。无差异曲线的形状说明,它的斜率从左往右是递减的。图5-9中,在点 m 右方,消费者愿意为一盒橡皮筋放弃的奶酪数量(rm),比他在 M 左方愿意换的奶酪少许多。这是因为,在 M 点,消费者开始就有大量的奶酪和少量的橡皮筋,而在 m 点,他的奶酪少,橡皮筋多。概而言之,无差异曲线的弯曲性这一前提认为,消费者一般更愿意换掉一部分他大量拥有的商品,而不愿换掉他只少量拥有的商品。这就是无差异曲线具有弯曲性的心理学前提。

现在我们可以运用我们的无差异曲线工具,来分析消费者是如何在他所能购买的商品组合,即由预算线所表示的橡皮筋和奶酪组合中进行选择。图5-10把图5-5中的预算线和图5-8中的无差异曲线放在了一起。

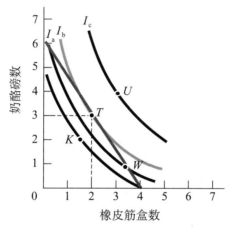

图5-10 最优的消费者选择

相切条件

根据无差异曲线的第一个性质,相对于位置低的曲线,消费者更喜欢位置较高的无差异曲线,所以,他会选择预算线上的一点,使之位于尽可能高的无差异曲线上。这就是无差异曲线 I_b 上的 T 点,其他的他同样喜欢的点则是无法实现的。例如预算线下方的 K 点和预算线上的 W 点,都无法将消费者推到如此高的无差异曲线上,而在 I_b 曲线上方的无差异曲线上的任意一点,也是不可能的,因为它们都超出了消费者的财力范围。所以,我们得出一条简单的消费选择规则:

> 消费者会在他们持有的货币允许的范围内,选择最能让他们满足的商品组合,这一选择就是预算线与一条无差异曲线的切点。

我们可以看看为什么只有切点 T(2盒橡皮筋和3磅奶酪)才能给消费者带来他的货币所能买到的最大效用。假设消费者考虑的是购买 $3\frac{1}{2}$ 盒橡皮筋和1磅奶酪,这使它位于预算线和无差异曲线 I_a 的 W 点上。但若减少橡皮筋的购买并增加奶酪的购买(沿预算线向左上方移动),那他可以达到另一条位置更高的无差异曲线 I_b,从而不需要多花钱就可获得更大满足。因此很明显在 W 点不合算。只有在切点 T 才没有进一步改善的余地。

在切点上,消费者从奶酪和橡皮筋的购买中获利最大,预算线的斜率等于无差异曲线的斜率。这正是切点的定义。上面我们刚看到,无差异曲线的斜率是奶酪与橡皮筋之间的边际替代率,而预

算线斜率是这两种商品的价格比。因此,我们可以把消费者的货币在两种商品之间的最优分配,用更为技术性的语言重新表述为:

若消费者选择的商品组合的边际替代率等于其价格之比,那么,他们将从其货币中获利最大。

有必要再次复习一下这个结论背后的逻辑。为什么边际替代率(无差异曲线的斜率)小于价格之比(预算线的斜率)的点,如 W 点,对消费者来说并不合算?因为,若消费者沿他的预算线向左上方移动,他可以利用市场机会获得他更喜欢的商品组合,只要消费者愿意用来换取一盒橡皮筋的奶酪数量(无差异曲线的斜率)比市场上一盒橡皮筋换取的奶酪数量(预算线的斜率)大,那么这一点就总是正确的。

收入变化的结果:劣等品

下面让我们看看,收入增加后,消费者的购买行为会发生什么变化。我们知道,收入增加,会使预算线向外平移,如图 5-11 中由 BB 移至 CC,橡皮筋的需求量随之从 3 盒增至 4 盒,奶酪的需求量也增多了。这一变化使消费者的均衡从切点 T 移至一条更高的无差异曲线的切点 E 上。

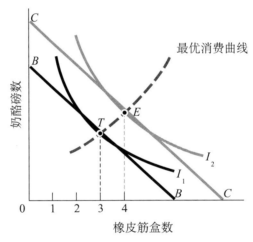

图 5-11 两种商品都不是劣等品时收入提高的影响

但收入提高,不一定会导致一种商品的需求增加。图 5-11 中,收入的增加的确使消费者能买到更多的奶酪和更多的橡皮筋。但无差异曲线的位置并不总是移动到能产生这样的结果的位置。图 5-12 中,当消费者的预算线从 BB 移至 CC 时,切点从 H 点向左上方移至 G 点。结果,消费者的收入提高,但他实际上购买的橡皮筋却减少了。这就是说,对这位消费者,橡皮筋是一种劣等品。

价格变化的结果:推导需求曲线

最后,我们来看看作为需求曲线基础的主要问题:如果一种商品的价格变化,消费者的选择会怎样改变?前面我们已解释过,一盒橡皮筋的价格下降,会使预算线沿横轴向外移动,而其纵轴上的截距不变。图 5-13 中,我们画出了橡皮筋的价格下降对其需求量的影响。随橡皮筋的价格下跌,预算线从 BC 转至 BD,切点也按相应的方向变化,由 T 点移至 E 点,使需求量从 2 盒增至 3 盒。橡皮筋的价格下降,而其需求量上升了,所以,橡皮筋的需求曲线的斜率为负。橡皮筋合意的购买量由 2 盒增至 3 盒,而且奶酪的合意购买量也增加了,从 3 磅增至 3¾ 磅。

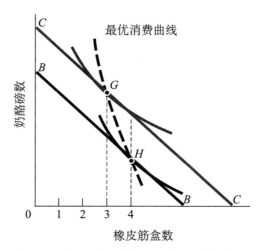

图 5-12　当橡皮筋是劣等品时收入提高的影响

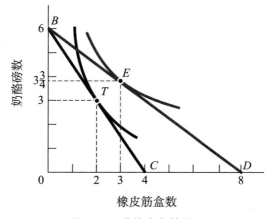

图 5-13　价格变化的结果

从图 5-13 可以直接构建出橡皮筋的需求曲线。T 点表明,当每盒橡皮筋的价格为 3.00 美元时,消费者会买 2 盒橡皮筋,E 点表明,当价格下降至每盒 1.50 美元时,需求量增到 3 盒。① 这二者在图 5-14 中分别表示为橡皮筋需求曲线上的 t 点和 e 点。若接着考虑橡皮筋的其他可能的价格的影响(从图 5-13 过 B 点画出的其他预算线),我们可以按上述同样的方法,找到需求曲线上的所有其他点。通过改变商品的价格以查看其他所有可能的价格的影响,我们就可以从无差异曲线中推导出需求曲线。

无差异曲线图还显示出需求曲线无法表示的一个重要结论,那就是,橡皮筋的价格变化还会引起奶酪的需求量变化,因为它会改变剩下来购买奶酪的钱的数量。在图 5-13 所示的例子中,橡皮筋的价格下降使奶酪的需求从 3 磅增至 3¾ 磅。

---

① 我们如何知道与 BD 预算线相应的橡皮筋价格是每盒 1.50 美元呢?因为 12.00 美元的总预算最多可以买 8 盒(D 点),每盒的价格必定是 12.00 美元/8 盒 = 1.50 美元/盒。

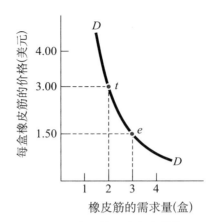

图 5-14　橡皮筋需求曲线的推导

小结

1. 无差异曲线分析让经济学家们可以对两种(或以上)商品的需求间的相互关系进行研究。
2. 无差异曲线分析的基本工具是消费者的**预算线**和**无差异曲线**。
3. 预算线表示的是,在商品的价格和消费者可用的货币量既定时,消费者能够买到的两种商品的全部组合。
4. 预算线是一条直线,其斜率等于商品的价格比,价格变化会改变**预算线的斜率**。消费者的收入变化会使预算线发生平移。
5. 无差异曲线上的两点表示的是对消费者来说无偏好差异的两组商品组合。
6. 无差异曲线一般斜率为负且"凸向"原点。**无差异曲线的斜率**表示的是消费者多获取一个单位的一种商品所愿意放弃的另一种商品的数量。
7. 消费者会选择其预算线上使他位于他所能达到的最高无差异曲线的那一点。这一点通常就是两种曲线的切点。该点代表的是在消费者可用的货币量的约束下,能给消费者带来最大收益的商品组合。
8. 消费者的需求曲线可以从他的无差异曲线中推出。

关键词

预算线　　　　　　　　　　　　　　　无差异曲线
无差异曲线的斜率(边际替代率)　　　　预算线的斜率

自测题

1. 试解释无差异曲线的斜率表示了怎样的消费者偏好信息。运用这种关系解释无差异曲线一般是 U 形弯曲的。
2. 在与自测题 1 相同的图上为约翰画出一些虚拟的无差异曲线。
   a. 估计他会买多少汽油和热狗。

b. 如果他的收入增至 140 美元,这些选择会怎样变化?是否有劣等品?
c. 如果汽油的价格升至 3.00 美元/加仑,这些选择又会怎样变化?
3. 约翰把他所有的收入都用在汽油和热狗上,试画出下列条件下他的预算线:
a. 他的收入为 100 美元,一加仑汽油和一个热狗的价格均为 2.60 美元。
b. 他的收入为 120 美元,两种商品的价格不变。
c. 他的收入为 100 美元,热狗的价格为 2.60 美元/个,汽油的价格为 3.00 美元/加仑。

第 6 章 需求与弹性

> 两种商品间的高交叉价格弹性表明它们是在同一市场中竞争。这可以防止某一种产品的供给者在价格上实施垄断。
>
> ——美国最高法院,杜邦玻璃纸案的判决,1956 年

本章我们将接着上一章继续研究需求和需求曲线。我们将说明经济学家衡量需求量对价格变化的反应程度的方法,以及这样的反应又是如何预示当生产者改变价格时他们所能得到的收益的。特别地,我们将引入并解释"弹性"这一重要概念,经济学家用它来考察需求量和价格间的关系。

❓ 难题:对香烟征税能阻止青少年吸烟吗?

公共健康专家相信,提高价格是减少青少年吸烟的一种有力武器。设想你自己是顾问组的一员,要帮助国会的一个委员会制定一项新的法律来解决这个问题。作为最年轻的成员,当你被问及香烟征税能在阻止青少年吸烟上产生多大影响时,你会怎样回答呢?如果可以,你将会选择怎样的统计数据来寻找答案?你又将如何分析相关数据呢?

本章将帮助你回答这些问题。正如经济学中常常发生的那样,我们将看到深入的研究会带来一些意想不到的结果。用征税来劝阻青少年吸烟的案例也是如此,对香烟征税可能确实会对青少年及

图片来源:© Royalty-Free/CORBIS

其他市民的健康有益。而且,由于税收收入增加,政府自然也会受益。这都不令人惊讶。真正令人意外的是:征税对阻止青少年吸烟越有效,政府财政收益就越少;反之亦

然,政府的税收收益越多,对健康就越无益。需求弹性的概念将更清晰地解释这一点。

6.1 弹性:对反应程度的度量

政府、企业、超市及法院,都需要一种度量需求对价格变化反应的方法——例如,X商品的价格下降10%对X商品的需求量影响很小还是很大?经济学家用"弹性"这一概念来度量需求量对价格变化的反应程度。市场营销者有时会用估计的弹性来决定如何给他们的产品定价或是否增添新产品。如图6-1(a)所示,那种相对较平坦的需求曲线表明消费者对价格变化非常敏感——当价格上升10美元时,需求量减少了2.5个单位(由4个单位到1.5个单位)。即当价格稍有升高时,他们的需求量便会大幅下降。这样"敏感"的曲线,被称为有弹性的或高度弹性的。如图6-1(b)所示,相对较陡峭的需求曲线,表明消费者对价格变化不敏感,这样的情况被称为缺乏弹性。在这张图中,价格上升10美元,仅使需求量减少了1个单位。

> **需求(价格)弹性**是需求量的变化百分比与造成需求量变化的价格变化百分比的比值。

用于此目的的一种精确度量,被称为**需求价格弹性**(price elasticity of demand),或简称**需求弹性**(elasticity of demand)。我们将需求弹性定义为需求量变化百分比与相应的价格变化百分比的比值。

若10%的价格上升导致需求量的减少大于10%,那么就说需求富有弹性。若10%的价格上升导致需求量的减少小于10%,那么就说需求缺乏弹性。

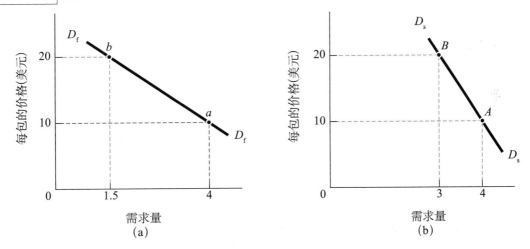

图6-1 假定的企业需求曲线

为什么我们需要这些定义来分析某特定需求曲线所表示的需求对价格的反应程度呢?起初,需求曲线的斜率似乎传达了所需的信息:图6-1中,曲线 $D_s D_s$ 比曲线 $D_f D_f$ 陡峭得多,因此,给定价格变化,图6-1(b)中所对应的需求量变化比(a)中要少得多。因此,图(a)中的需求曲线被称为"更有弹性的"。但是,斜率却无法表达这些,因为,任何曲线的斜率都取决于用来测量的单位,而经济学家们所使用的度量单位并不是固定的。例如,布料的产出可能用码或米来度量,牛奶可能用夸脱或升来度量,而煤可能用吨或担度量。图 6-2(a)将这一点很清晰地表现了出来。在图中,我们重回第 5 章比萨饼的例子,以块为比萨饼的需求量单位,以美元为比萨饼的价格单位。若每一块比萨饼的价格由 14 美元降至 10 美元(由点 A 到点 B),那么,对保罗比萨饼屋比萨饼的需求量,将从每周 280 块增加到 360 块——增量为 80 块。

现在请看图 6-2(b),图中显示的是完全相同的信息,但是,比萨饼的度量单位由块变为片(假定每块比萨饼可分为 8 片)。此时,同样的价格变化,将使需求量增加从每周 $8 \times 280 = 2\,240$ 片增加到 $8 \times 360 = 2\,280$ 片——即增量为 640 片,而不是 80 块。

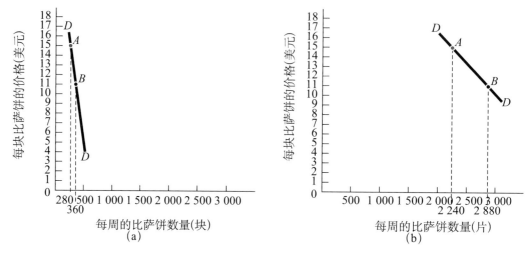

图 6-2　保罗比萨饼屋需求曲线斜率对度量单位的敏感性

图(b)中需求量的增加看起来似乎是图(a)的 8 倍,然而,真正变化的只是度量单位。图 6-2(b)中 640 单位的增量,其实与图 6-2(a)中 80 单位的增量是相同的。就像对同一气温上升,你可能会得到两个不一样的数据,它取决于你的度量单位是摄氏度还是华氏度。因此,曲线斜率的大小亦不同,它取决于你用来度量比萨饼的单位是块还是片。所以,斜率显然不能真实地反映需求量对价格的敏感度,因为只要度量单位发生变化,斜率就会改变。

经济学家创造弹性这个概念,正是为了解决这个问题。弹性是利用价格与数量变化的百分比来进行度量,而不是绝对变化量。由于百分数并不受单位的影响,因而弹性公式很好地解决了单位问题。若政府国防预算增加一倍,那么无论以百万还是以十亿美元为单位,它都增长了 100%。若对比萨饼的需求增加两倍,那么无论是以块数还是片数来衡量需求量,它都增加了 200%。因此前面给出的弹性公式,将需求量和价格的变化都表示成了百分数的形式。①

并且,弹性是用两个数量——价格变化前的需求量(Q_0)与价格变化后的需求量(Q_1)——的平均值的百分数来计算需求量的变化的。在我们的例子中,每周卖出的比萨饼增量为 80 块,是价格变化前的需求量 280 块(Q_0)与变化后的需求量 360 块(Q_1)

---

① 此节的余下部分均是纯技巧性问题。第一次阅读时,建议直接跳过,阅读下一节。

平均值 320 块的 25%。所以 25% 是我们在计算弹性时用来衡量购买增加的数据。这个过程是把需求的变化量(80 块)作为最初需求量(280 块)百分数或最终需求量(360 块)的百分数的一种有效折中。

同理,价格的变化也表示成变化"前"及变化"后"价格平均值的百分数。因此,弹性用两种价格的中间值来表示。即若价格下降了 4 美元(由 14 美元到 10 美元),由于 4 美元约为 14 美元(P_0)及 10 美元(P_1)的平均值(12 美元)的 33%,故我们称 33% 的价格下降导致比萨饼的需求量上升了 25%。

总而言之,弹性公式有两种基本特征:
- 公式中每个变化都用变化的百分数表示。
- 公式中每个百分数变化都以变化前和变化后的数量和价格的平均数的形式计算。

除此之外,经济学家还规定了需求价格弹性公式的第三条特征。我们已指出,当价格上升时,需求量通常是下降的。因此,当价格的变化是一个正值时,数量的变化往往是负值;当价格的变化是负值时,数量的变化往往是正值。因此,两个百分数变化的比值将是负数。然而,我们习惯于将弹性写成一个正数。因此:

- 公式中每个百分数变化都取其"绝对值",即计算中省略所有负号。①

在三条特征的基础上,我们现在便能给出需求价格弹性的计算公式了:

$$需求价格弹性 = \frac{100\% \times 需求量的变化/(价格变化前需求量与变化后需求量的平均数)}{100\% \times 价格的变化/(变化前价格与变化后价格的平均数)}$$

在本例中:

$$比萨饼需求价格弹性 = \frac{(Q_1 - Q_0)/\frac{(Q_1 + Q_0)}{2}}{(P_1 - P_0)/\frac{(P_1 + P_0)}{2}} = \frac{80/320}{4/13} = \frac{25\%}{31\%} \approx 0.8$$

6.1.1 需求价格弹性和需求曲线的形状

前面我们曾提到,由于度量单位的选择有任意性,有些需求曲线的表象具有欺骗性。经济学家已给出弹性公式来解决这个问题。虽然如此,需求曲线的形状仍然能提供有关弹性的某些信息。在图 6-3 的帮助下,我们便可以明白需求曲线的形状到底提供了什么信息。

完全弹性需求曲线 图 6-3(a)显示的是一条水平的需求曲线。此曲线被称为完全弹性(或无限弹性)。在任何高于 0.75 美元的价格水平上,需求量都将等于 0;即需求量变化的百分比将无限大。完全弹性一般出现在许多生产者都出售某种商品,从而

---

① 弹性公式的第三条特征——将所有负号除去——仅在度量 X 产品需求量对 X 产品价格变化的敏感度时使用。在本章接下来的内容中,我们将证明类似的公式也可以用来度量两个其他的变量。例如,供给的弹性便是利用一个类似的公式来度量供给量对价格的敏感度。在这种情况下,一般不会在计算弹性时将负号省略。理由在接下来的内容中将会说明。

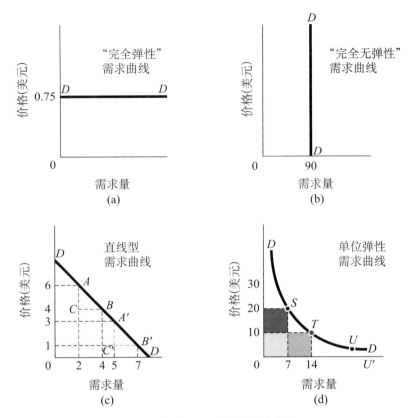

图6-3 拥有不同弹性的需求曲线

消费者可以在某一生产者提高价格时很轻易地转换到其他生产者处购买的情况中。例如,假定你和你们经济学班的其他同学,为了了解时事经济而必须每天都购买报纸,若你常常购买报纸的供给商 X 突然将价格由 75 美分提升到 80 美分,而邻街的竞争者 Y 仍保持原有的价格,那么,X 可能由于 Y 而失去所有的顾客。这种情况对任何在现行价格(图中为 75 美分)上竞争的商品都奏效。在这种情况下,没有人会支付比现行价格更高的价格,卖者即便只提高一点点价格,也会失去所有的顾客。

完全无弹性需求曲线 图 6-3(b)中显示的是另一种极端情况:一条完全垂直的需求曲线。因为曲线上任意一点的弹性都是 0,所以称这条曲线为"完全无弹性"。由于无论价格为多少,需求量总保持 90 个单位,数量变化的百分比总是 0,因此弹性(等于数量变化的百分比除以价格变化的百分比)也总是 0。在这种情况下,消费者的购买完全不受价格变化的影响。

如图 6-3(b)中所示的垂直的需求曲线,会出现在某些极为廉价的商品上。例如,即使橡皮筋降价,你也可能不会增加购买。当消费者认为某商品是一种绝对的必需品时,需求曲线也会是垂直的。例如,若你室友的祖父患有心脏病,那么无论价格如何,他家都将购买医生推荐的药品,而且即使价格下降他们也不会增加购买。

(看似简单的)直线型需求曲线 图 6-3(c)中显示的是两个极端之间的情况:既非垂直也非水平的直线型需求曲线。尽管直线型需求曲线的斜率始终保持不变,其弹性

却不然。例如,图 6-3(c)中点 A 与点 B 间的需求弹性为:

$$\frac{Q \text{的变化量对} Q \text{的平均量的百分比}}{P \text{的变化量对} P \text{的平均量的百分比}} = \frac{2/3}{2/5} = \frac{66.67\%}{40\%} = 1.67$$

而点 A′与点 B′间的需求弹性为:

$$\frac{2 \text{ 对 } 6 \text{ 的百分比}}{2 \text{ 对 } 2 \text{ 的百分比}} = \frac{33.33\%}{100\%} = 0.33$$

总而言之:

> 当给定的价格变化百分比对应较大的数量变化百分比时,称此需求曲线为**富有弹性**的。

沿着一条直线型需求曲线上的点由左向右移动时,需求的价格弹性逐渐减小。这是因为,随着数量的持续增加,固定的变化量所占的百分比将逐渐减小;然而,与此同时,价格也逐渐降低,固定的价格变化量所占的百分比将逐渐增加。因此,当沿着需求曲线从左向右移动时,弹性公式的分子减小而分母增大,因此弹性减小。

> 当给定的价格变化百分比对应较小的数量变化百分比时,称此需求曲线为**缺乏弹性**的。

单位弹性需求曲线 若直线型需求曲线的弹性在直线的不同部分是不断变化的,那么,弹性处处相同的需求曲线是什么形状的呢?图 6-3(d)中画出了它的一般形状,理由将在下一节中说明。此图描绘了弹性始终为 1 的曲线(即单位弹性需求曲线)。一条单位弹性需求曲线从中部凸向图中的原点——而两端分别趋近于两轴但不与轴线相交。

> 当给定的价格变化百分比对应相等的数量变化百分比时,称此需求曲线为**单位弹性**的。

正如我们所知道的,弹性大于 1 的曲线被称为**富有弹性的需求曲线**(an elastic demand curve)(即需求量变化的百分比大于价格变化的百分比);弹性小于 1 的曲线被称为**缺乏弹性的需求曲线**(an inelastic demand curve)。当弹性等于 1 时,经济学家们称其为**单位弹性**(unit-elastic)。

现实世界中,需求价格弹性似乎因商品的不同而各异。像昂贵的度假这样较为奢侈的商品,人们没有也能照常生活,因此,其弹性往往比诸如牛奶和衬衫这样的必需品的弹性大,即当价格上升时人们更容易放弃它们。像可口可乐和百事可乐这样相近的替代品,一般具有较高的弹性,因为若其中一种软饮的价格变贵了,消费者将转而购买另一种。同样,诸如原材料和各种机械等企业购买的商品的需求弹性,往往高于消费者购买的商品。这是因为,竞争迫使企业尽可能以最低价格购买商品。只有当企业需要的某特定投入没有任何合理的替代品或现有替代品的质量太差时,才会有例外出现。表 6-1 给出了经济中一些产业的弹性的实际统计估计值。

表 6-1 价格弹性的估计

产品	价格弹性
工业化学品	0.4
鞋的修补及清洁	0.4
食品、香烟及饮料	0.5
报纸及杂志	0.5
数据处理、精密仪器及光学仪器	0.7
医疗保健及医疗保险	0.8

（续表）

产品	价格弹性
金属制品	1.1
外出就餐（酒精饮品除外）	1.6
电力（居民用）	1.9
小船、娱乐用飞行器	2.4
公共交通	3.5
瓷器、餐具	8.8

资料来源：H. S. Houthakker and Lester D. Taylor, *Consumer Demand in the United States*, 2d ed. (Cambridge, MA: Harvard University Press, 1970), pp. 153-158; Joachim Möller, "Income and Price Elasticities in Different Sectors of the Economy: An Analysis of Structural Change for Germany, the UK and the USA," in Thjis ten Raa and Ronald Schettkat (eds.), *The Growth of Service Industries: The Paradox of Exploding Costs and Persistent Demand*, 2001, pp. 167-208.

6.2 需求价格弹性：其对总收入和总支出的影响

除了能作为需求对价格变化敏感度的一种度量外，弹性还有另一个非常重要的用途。正如本章末将列举的实例所述，企业总是希望知道价格的上升是否能使其总收入——通过向消费者出售商品而获得的钱——增加。需求价格弹性为解答此问题提供了一个简单的方法：

> 若对卖者产品的需求是有弹性的，那么提高价格将使总收入减少；若需求恰是单位弹性的，那么提高价格将使总收入保持不变；若需求是缺乏弹性的，那么提高价格将使总收入增加。价格下降时情况恰恰相反。

产品的买者的支出也存在相应的情况。毕竟，买者的支出与卖者的收入在本质是同一件事。

弹性与总收入的这种关系成立有两个主要原因，一是总收入（总支出）等于价格乘以需求量，$P \times Q$；二是价格的下降对公式中两个因子有相反的影响。它使 P 减小，如果需求曲线斜率为负，那么 Q 将增加。前一种影响通过减少消费者为每单位物品的支出降低了收入。后一种影响通过增加公司物品的销售量提高了收入。

对总收入（总支出）的净影响取决于弹性。若价格下降10%且需求量增加了10%（即单位弹性），这两种影响便恰好相互抵消：$P \times Q$ 保持不变。另一方面，若价格下降10%而需求量增加了15%（即弹性需求），那么 $P \times Q$ 将增加。最后，若价格下降10%只使得需求量增加了5%（即需求缺乏弹性），那么 $P \times Q$ 将减少。

从图中我们可以很容易明白弹性与总收入的关系。首先需指出的是：

> 需求曲线上任意一点（任意价格—数量组合），如图6-4中的点 S，所代表的总收入（总支出），都等于此点以下的矩形面积（图中矩形 $ORST$ 的面积）。因为矩形的面积等于高乘以宽，即 $OR \times RS$。显然，此即价格乘以数量，正是总收入。

为了说明弹性与消费者支出之间的联系，图6-4给出了一条富有弹性的需求曲线

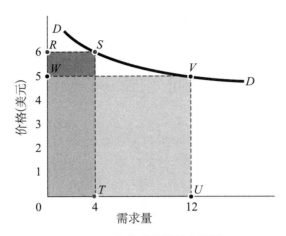

图 6-4 富有弹性的需求曲线

DD。在此图中,当价格下降时,需求量增加的百分比较大,从而使总支出增加。在单价为 6 美元时,需求量为 4 个单位,故总支出等于 4×6 美元 = 24 美元,用右上角角标为 S 的矩形区域表示。当单价降至 5 美元时,销售量变为 12 个单位。因此,矩形 0UVW 所表示的新的支出(60 美元 = 5 美元 × 12),超过了旧的支出。

相比之下,图 6-3(d)中,单位弹性需求曲线表明,即便价格变化了,总支出却仍然保持不变。无论价格为 20 美元销售量为 7 个单位(点 S),还是价格为 10 美元销售量为 14 个单位(点 T),总支出都是 140 美元。

这一讨论同时也证明了为什么单位弹性需求曲线的形状必须如图 6-3(d)所示,逐渐趋向于两轴,却不与两轴相交。当需求是单位弹性的时候,曲线上任意一点的总支出必须都相等。即图 6-3(d)中的点 S、点 T 及点 U 的总支出必定都是 140 美元。假定在点 U 处(或曲线上其他的某点处),需求曲线与水平轴相交,那么价格为 0,从而总支出将为 0,而不是 140 美元。因此,若整条需求曲线始终保持单位弹性,它就不可能与水平轴($P=0$)相交。同理,它亦不可能与纵轴($Q=0$)相交。由于需求曲线的斜率是负的,因此随着单位弹性需求曲线上的点由中央移向两端,它们必然越来越趋近于两轴,如图 6-3(d)所示,但它从不会与任一轴相交。

现在我们可以理解需求弹性为何对于企业决策如此重要了。企业不能急着得出价格上升将导致利润自动增加的结论,它可能会发现消费者以大量减少购买进行报复。例如,几年前,当 Heinz's 宠物用品公司提升其 9-Lives 牌猫食的价格时,由于消费者转而购买其他品牌,公司遭受了市场份额由 23% 至 15% 的骤减。事实上,若某公司的需求曲线是富有弹性的,即使价格的上升使每单位商品的收益增加了,它最终仍会因销售量大量减少而导致总收入实际上降低。

若某商品的需求是缺乏弹性的,那么降价同样是冒险的。例如,在成年吸烟者中,香烟需求弹性的估计值约为 0.2,即我们可以认为,价格下降 10% 仅将促使需求量增加 2%。这种关系可以解释,为何当菲利普·莫里斯将万宝路的价格下降 18% 时,企业数月利润就减少了 25%。因此,企业采取提高还是降低价格的策略在很大程度上取决于此产品的需求弹性。但弹性仅能告诉我们价格的变化是如何影响企业收入的;我们还必须考虑成本对企业产出决策的影响,这一点我们将在第 8 章讨论。

❓ 难题回顾:对香烟征税能有效减少青少年吸烟吗?

我们回到本章开始时提出的问题:对香烟征税,从而提高其价格,能有效地减少青少年吸烟吗? 我们可以利用青少年对香烟需求的价格弹性来解答这个问题。若需求弹性高,那么征税将是有效的,因为香烟税很少量的增加,就能导致青少年对香烟购买量的大幅度减少。若需求弹性小,那么情况则恰好相反。

年轻人对价格增长的敏感度高于成年吸烟者。据估计,青少年对香烟需求的价格弹性介于 0.7 到 1.65 之间。① 这意味着,如果对香烟征税使其价格上涨了 10%,那么青少年对香烟的需求将下降 7% 至 16.5%。如上述我们注意到的那样,成人对香烟的需求弹性仅为 0.2——他们对价格上升 10% 的反应仅使成年吸烟者的人数下降 2%。我们可以认为,导致香烟价格显著上涨的大幅征税,将使青少年戒烟的比率高于成年人。

在本章前面的内容中我们曾提到,若对香烟征税的行为无法达到减少青少年吸烟的目的,那么政府将从税收中获益不少。另一方面,若此项征税计划成功地减少了青少年吸烟行为,政府的财政收益将变得很小。这个论点的理由现在应该很清晰了。若青少年对香烟的需求是缺乏弹性的,那么,征税将无法成功地减少青少年吸烟。即许多青少年将继续购买香烟,而政府的税收收入也将由于税率的增加而增加。然而,当弹性很高时,价格的上升使总收入(此处为税收收入)下降了,因为需求量减少的百分比大于价格上升的百分比。即由于需求是富有弹性的,相对较少的青少年将在征税后继续购买香烟,从而支付新税额的青少年会较少。政府将"失败"。当然,这里征税的目的是改变青少年的行为,因此政府将会为收入减少而高兴。

6.3 什么决定需求弹性

怎样的物品拥有富有弹性的需求曲线,或者说它的需求量对价格极为敏感呢? 怎样的物品拥有缺乏弹性的需求曲线呢? 许多因素都可以影响消费者对价格变化的敏感度。

物品本身的性质 必需品,诸如基本食物之类,其需求曲线往往相对缺乏弹性,即消费者对这些产品的需求量对价格变化的反应十分小。例如,即使土豆的价格上升,消费者对土豆的需求量也将几乎保持不变。一项研究估计,土豆的需求价格弹性约为

---

① David R. Francis,"Demographic Groups Differ in Response to Substance Abuse Policies," *The NBER Digest*, National Bureau of Economic Research, September 1998, www.nber.org; John Tauras et al., "Effects of Prices and Access Laws on Teenage Smoking Initiation: A National Longitudinal Analysis," *Impac-teen*, University of Illinois at Chicago Health Research and Policy Centers, April, 2001, http://www.impacteen.org/; Alexander Ding,"Youth Are More Sensitive to Price Changes in Cigarettes Than Adults," *Yale Journal of Biology and Medicine*, 76, no. 3, (1 May 2003), pp. 115 – 124.

0.3,即当价格上涨10%时,土豆的购买量仅下降3%。相比之下,许多奢侈品,如到餐厅就餐,往往有较高的需求弹性。据估计,到餐厅就餐的需求价格弹性约为1.6,即价格上涨10%,购买量将下降16%。

相近替代品的可获取性　若消费者能很容易地找到某价格上升商品的可替代品,那么,他们将随时准备转变购买对象。因此,当市场上有某产品的相近替代品时,其需求将变得更有弹性。替代性往往是弹性的一个关键决定因素。对汽油的需求是缺乏弹性的,因为我们很难在没有汽油时发动一辆汽车,但对任何一种特定品牌汽油的需求都是极富弹性的,因为其他品牌都能达到相同的效果,这个例子说明了一个一般原则:狭义定义的商品(比如莴苣)的需求比广义定义的商品(比如蔬菜)的需求更富弹性。

消费者预算份额　消费者用于购买特定物品的预算份额同样影响着弹性。占据消费者预算很小范围的极为廉价的商品,往往拥有缺乏弹性的需求曲线。若回形针的价格上涨10%,谁会刻意减少购买呢?几乎没有人。但如果汽车的价格上涨10%,许多家庭将推迟购买新车,或选择购买二手汽车。

时间的长短　时间的长短也很重要,因为长期中,许多商品的需求都比短期内更有弹性。例如,20世纪70年代,当家用燃油价格上涨时,一些户主由使用燃油改为使用煤气。然而,只有少数能迅速转变过来,因为他们必须翻新炉子,以适应新的燃料。因此,在短期内,家用燃油的需求是缺乏弹性的。随着时间的推移,更多的户主有机会购买和安装新的炉子,需求曲线逐渐变得更有弹性。

6.4　弹性的一般概念

到此为止,我们仅仅了解了需求量对价格变化的敏感度——需求的价格弹性。但弹性在度量一个经济变量对另一个经济变量变化的敏感度上有着更为广泛的应用。从我们前面的讨论可以得知,企业对其产品需求曲线的价格弹性是极为感兴趣的,但它们对需求的兴趣却不止于此。正如我们已经指出的,需求量还受价格以外的其他因素影响。企业同样对消费者对这些变量的反应感兴趣。

6.4.1　收入弹性

> **需求收入弹性**是需求量变化的百分比对收入变化百分比的比率。

例如,需求量取决于消费者的收入。因此,一个企业的经理将有兴趣知道消费者收入的变化是如何影响其产品需求量的。幸运地,弹性此时也是有帮助的。显然,收入的增加会导致消费者对大多数物品需求的增加。为了度量这个反应的程度,经济学家使用**需求收入弹性**(income elasticity of demand)概念,即需求量变化的百分比对收入变化百分比的比率。例如,国外旅行就是相当有收入弹性的,中等及高等收入的人群比低收入人群去国外旅行的几率更大。相比之下,贫富咸宜的蓝色牛仔裤在收入增加时,需求也不会有明显的增加。

6.4.2 供给价格弹性

经济学家同样使用弹性来度量其他的敏感度。例如,为度量供给量对价格变化的敏感度,我们使用了供给价格弹性——定义为供给量变化的百分比对价格变化百分比的比率。比如说,当价格(在种植季节)上升7个百分点时,小麦的供应量会增加多少个百分点。当然,所有此类弹性的逻辑和分析都与需求价格弹性极为类似。

6.4.3 需求交叉价格弹性

消费者对许多产品的需求也受到其他产品的需求量及价格的影响。因此我们引入了一个重要的概念,需求交叉价格弹性,用来度量X产品的需求量是如何受Y产品价格变化的影响的。

> 其他条件不变时,若某种物品消费量的增加导致另一种物品需求量增加,那么它们就被称为**互补品**。

一些产品会使另一些产品变得更受欢迎,而有些产品又会减少其他一些产品的需求,这两方面都会显著地影响这种弹性的大小。某些产品往往一起使用。例如,对许多消费者来说,奶油和糖会提高咖啡的需求,反之亦然。芥末酱或番茄酱与汉堡包之间同样如此。在某些极端情况下,一种产品缺少了另一种产品将变得毫无用处——汽车和轮胎,鞋和鞋带,诸如此类。这样的商品——一种使另一种变得更具价值——被称为**互补品**(complements)。

> 其他条件不变时,若某种物品消费量的增加导致另一种物品需求量减少,那么它们就被称为**替代品**。

互补品的需求曲线是相互关联的。即咖啡价格的上涨很可能导致糖需求量的下降。为什么呢?当咖啡价格上升时,人们喝的咖啡变少了,因此对糖的需求也会减少。咖啡价格下降时,情况恰恰相反。其他互补品之间也存在类似的关系。

另一方面,某些产品会使其他产品的价值下降。这些商品被称为**替代品**(substitutes)。例如,拥有一辆摩托车可能会减少某人对自行车的需求。若你的食品柜里储存了许多金枪鱼罐头,你很可能不会冲出去购买鲑鱼罐头了。正如你所预料的,替代品的需求曲线也是相互关联的,但是却是负相关的。当摩托车价格下降时,人们对自行车的需求量下降,但对摩托车的需求量上升。当鲑鱼罐头价格上升时,人们可能会吃更多的金枪鱼罐头。

> 产品X对产品Y价格变化的**需求交叉弹性**,等于X的需求量变化的百分数与Y的价格变化的百分数之比。

经济学家利用**需求交叉价格弹性**(cross elasticity of demand)来检验两种产品是替代品还是互补品。其定义与普通的需求价格弹性非常相似,只是交叉价格弹性将与数量变化相应的自身价格变化换成了另一种产品的价格变化,例如将咖啡的价格变化改为糖的价格变化。举个例子,若糖价上涨20%使咖啡的需求下降了5%(即需求量的变化为-5%),那么需求交叉价格弹性将为:

$$\frac{\text{咖啡需求量变化的百分比}}{\text{糖价变化的百分比}} = \frac{-5\%}{20\%} = -0.25$$

显然,交叉弹性对企业而言非常重要,尤其是考虑到其竞争企业的价格时。例如,美国航空公司完全明白,如果它不与大陆航空或联合航空两家公司同步降价,它就会失去顾客。可口可乐与百事可乐是清楚体现需求交叉价格弹性重要性的另一个例子。而且,非直接竞争的企业也可能对交叉弹性相当感兴趣。例如,DVD 播放机的价格和 DVD 的出租,可能从很大程度上影响消费者对剧院门票的需求量。

需求交叉弹性遵循以下有关互补品和替代品的规则:

> 若两种物品为替代品,那么其中一种价格的上涨往往会导致对另一物品的需求增加,因此它们的需求交叉弹性一般为正值。若两种物品为互补品,那么其中一种价格的上涨往往会导致对另一种物品的需求减少,因此它们的需求交叉弹性一般为负值。请注意,由于交叉弹性是可正可负的,我们习惯上不会像计算一般的需求价格弹性那样将负号省略。

结果非常合乎常识。若一种物品的价格上涨,而消费者能找到替代品,他们往往会转向购买替代品。若日本制造的相机价格上涨,而美国制造的相机价格不变,那么至少有一部分人将转而购买美国产品。因此,日本制造的相机价格的上涨将导致美国相机需求的增加。两种变化的百分数都是正值,因此它们的比率——需求交叉价格弹性——也是正值。

然而,若两种物品是互补品,其中一种物品价格上涨将同时减少对该物品本身及其互补品的使用。显然,汽车与汽车专用收音机是互补品。汽车价格的大幅度上涨将使汽车的销售量减少,从而使汽车专用收音机的销售量随之减少。因此,汽车价格的正向变化将导致汽车专用收音机数量的负向变化。这些数字的比值——汽车与汽车专用收音机的需求交叉价格弹性——也将是负值。

在现实生活中,法院往往会估算需求交叉价格弹性来确定特定公司是否面临强大竞争足以阻止他们对消费者要价过高——如本章开始时引用的美国最高法院的案例。这个引例是法院运用交叉弹性概念的最早案例之一。它告诉我们,若两竞争的产品间表现出较高的需求交叉价格弹性(譬如麦当劳和汉堡王),那么任何一家公司都不可能在不失去大量顾客的前提下私自提高价格。在这种情况下,哪家公司被称为垄断者都不合理。若 X 公司价格的上涨导致其消费者转向 Y 公司购买产品,那么 Y 公司产品对 X 公司价格变化的需求交叉价格弹性必然会比较高。这也就意味着竞争的力量足以防止 X 公司随意提高其产品的价格。这种联系可以解释为何当竞争程度是重要的问题时,在向法庭或政府管制机构起诉中交叉弹性会被如此频繁地使用到。因为两种产品间的需求交叉弹性越高,这两种产品间的竞争就越激烈。因此交叉弹性是衡量这种竞争的有效方法。

只要有公司被指控有垄断行为,交叉弹性的问题便总是存在的。例如,1997 年,利通公司(Litton)和汉尼卫尔公司(Honeywell)这两个主要的飞机导航机械制造商之间发生了争论。1998 年,同样的问题再次发生在灰烬再利用企业 Rolite 公司对一家废物清除公司 Waste Management 的指控中,前者控告后者有垄断行为。(更多关于交叉弹性的讨论,参见"企业的市场份额是多大?运用交叉弹性来检验。")

专栏

企业的市场份额是多大？运用交叉弹性来检验

企业的"市场份额"经常是反托拉斯法律诉讼(见第13章)中的一个重要因素。原因很简单。如果一家企业的供给占整个产业产出的比例不大于20%，那么法院和管制者就认为该企业不是垄断者，因为若此企业提高价格，其顾客仍可以转向其他企业购买产品。另一方面，若公司占整个产业产出的比例有90%，法院就有理由为其垄断力量而担忧(这一点我们将在第11章讨论)。

在这类案件中，双方的争论常常很激烈，被告企业竭尽全力证明它们仅占很小的市场份额，而原告则恰恰相反。双方都清楚地知道被告企业真实的生产及销售数量，那么他们到底在争论什么呢？他们争论的是市场的总规模，显然它是影响企业市场份额的重要因素。模糊性问题也正产生于此，因为不同的企业生产的产品也不尽相同。例如，Rice Krispies 和 Cheerios 处在同一市场中吗？那 Quaker Oatmeal 呢？有的人会吃热的。① 那么冷冻的华夫饼呢？所有这些产品都是同一市场中的一部分吗？若是，那么这个市场便相当庞大，从而每个卖者都只占很小的市场份额。若这些产品都各自属于不同的市场，那么情况恰好相反。

许多观察家认为，决定相关市场界限的适当标准就是需求交叉价格弹性，就像最高法院在著名的杜蓬玻璃纸案件(以及更近期的，1998年Rolite诉Waste Management一案)中所做的一样。若两种产品拥有正而高的交叉弹性，它们必然是足以竞争的替代品，即它们必然属于同一市场。然而让法院判定属于同一市场的交叉弹性有多大呢？尽管法律并未建立一个明晰的弹性标准来确定某特定企业是否属于相关市场，但许多法官都认为，一个很高的交叉弹性显然表明两种产品间的激烈竞争，这就意味着它们必然在同一市场中。

6.5 需求曲线与经济决策的时间段

需求曲线的另一种更重要的性质并没有显示在图形中。需求曲线所表示的是，在某一特定时期，在每一可能价格下，某种物品的需求数量。也就是说，需求曲线所考虑的所有可选价格，都必须涉及同一个时期。经济学家不会把X商品在1月份10美元的价格和9月份8美元的价格进行比较。

这个特征赋予了需求曲线一种独特的性质，并使统计学计算变得更加复杂。显而易见的理由是，实际观测到的数据是不同日期的不同价格和数量。统计数据显示的可能是，例如，一个价格出现在1月份，而另一个价格则出现在之后价格发生变化的日期。

---

① Rice Krispies、Cheerios 和 Quaker Oatmeal 是生产谷类食品如麦片的三个品牌。——译者注

那么,为什么经济学家采取这种看起来很独特的方式,即仅仅运用假定的可信地出现在某个同一时期的价格(作为各种可能情况)来处理需求曲线呢?答案是,需求曲线严格限定的时间维度起源于决策制定的逻辑,而运用需求曲线作为工具的目的在于达成**最优决策**(optimal decision)——在既定情况下尽可能地接近决策制定者目标的决策。

> **最优决策**是最好地满足决策者目标的决策,不管那些目标是什么。它是通过显性或隐性比较各种备选方案而做出的选择。"最优"并不表明认可或否认目标本身。

当某企业试图在以下的六个月中对其产品进行定价,那么它必然要考虑在这六个月时间段内所有可行价格的范围及这些价格可能带来的结果。例如,若管理部门有理由确定最佳的价格水平应该在 3.50 美元至 5.00 美元之间,那么它可能应该考虑 3.50 美元、4.00 美元、4.50 美元及 5.00 美元这四种可能性,并估计在这六个月的时段内各种可能的价格水平上预期的销售量。这些估计的结果可能呈现为类似于下表的格式:

六个月内可能的价格水平(美元)	预期需求量
3.50	75 000
4.00	73 000
4.50	70 000
5.00	60 000

这张表提供了管理者做出最优定价决策所需要的信息。因为将被选择的价格是在所考虑问题的时间内的价格,决策中所有被考虑的价格应当是同一时期各种可能的价格。这张表也为经济学家画出需求曲线提供了准确的信息。

需求曲线描述的是对应于各种可能价格的一组假定的数量,但企业实际上只能选择其中的一种价格进行定价,需求曲线上所有的点都表示同一时段——决策制定的时段——内各种供选的可能性。

因此,方才描述的这类需求曲线并不仅仅是主要用于学术讨论的抽象概念。实际上,它精确地提供了企业或政府机构做出理性决策所需要的信息。然而,由于需求曲线上所有的点都是同一时段内假想的各种可能性,这给需求曲线的统计学估算造成了困难。这些困难将在本章的附录中讨论。

6.6 现实世界中的应用:宝丽来对柯达[①]

让我们来看看现实世界中的一个事例,以明确弹性这一概念是如何帮助解决与我们所讨论的截然不同的实际问题的。1989 年,美国地区法院,经历了长期的论证之后,判定摄影产品制造公司伊斯特曼—柯达侵害其竞争公司宝丽来设计的专利技术。之后法庭开始判定柯达在十年内(1976—1986 年)因专利侵犯亏欠宝丽来的金额,因为在这

---

① 这里必须指出的是,威廉·鲍莫尔是这一庭审案件的证人,为柯达作证。

十年内，柯达一直出售与宝丽来非常相近的立可拍照相机和胶卷。关键的问题是，柯达进入立可拍摄影领域到底给宝丽来造成了多少利润损失。需求价格弹性和需求交叉弹性在法院的裁决中都起了非常重要的作用。

法庭需要需求价格弹性的精确估计值，来确定1976—1979年，立可拍照相机销售量骤增的主要原因是柯达的竞争所造成的价格下降，还是柯达的名誉及因此带来的消费者对立可拍照相机信心的增强。若原因是后者，那么宝丽来便会因柯达的加入获利而非受损，因为柯达在市场上的出现使知道和急切想使用立可拍照相机的潜在消费者的总数增加了。

1980年后，立可拍照相机和胶卷的销售量开始急剧下降。对于这个问题的解释，立可拍照相机及其胶卷与传统照相机(35毫米)及其胶卷的交叉需求弹性是关键因素。为什么呢？因为立可拍照相机市场的萧条正巧出现在35毫米照相机、胶卷、冲洗及印刷同时出现显著价格下降的时候。若宝丽来总销售量的减少归咎于35毫米照相机成本的降低的话，那么柯达的立可拍照相机就不应该受到谴责。从而，柯达要付给宝丽来的赔偿金将大大减少。若传统照相机和胶卷的价格变化与立可拍相机和胶卷的需求交叉价格弹性较低，那么宝丽来销售量的下降很可能要归咎于柯达的专利侵犯行为，从而增加宝丽来有权索取的赔偿金额。

在相关弹性计算的基础上，宝丽来宣称柯达应该赔偿至少90亿美元，柯达则宣称只欠宝丽来约4.5亿美元，金额悬殊。法官判决的金额与柯达的十分相近。

6.7 结论

本章中我们继续研究了市场的需求方。我们将需求分析应用到企业决策之中，而不是像在第5章中一样致力于研究需求的基本组成。最值得注意的是，我们描述并分析了经济学家对消费者需求对价格变化的敏感度的度量，并证明了这种估计是如何决定企业价格变化对其总收入的影响的。我们说明了这些概念不仅能解释企业的销售及收入，而且还能解释其他许多不同的问题，比如吸烟和健康，法庭研究的企业间竞争的有效性，以及对专利侵犯的处罚决定等。在下一章中，我们将转向市场的供给方，逐步完成我们要理解市场是如何运作的框架的学习。

小结

1. 为度量需求量对价格的敏感度，经济学家计算**需求弹性**，并将其定义为需求量变化的百分比除以价格变化的百分比，并省略所有负号。

2. 若需求是**富有弹性的**(弹性大于1)，那么价格的上升将减少花在产品上的总支出(=卖者的总收入)。若需求是**单位弹性的**(弹性等于1)，那么价格的上升将使总支出保持不变。若需求是**缺乏弹性的**(弹性小于1)，那么价格的上升将增加总支出。

3. 使彼此的需求增加的物品(如热狗和芥末、手表和表带等)被称为**互补品**。当两种物品中的一种需求量增加导致消费者对另一种物品需求量减少时(如牛排和汉堡包、可口可乐和百事可乐等)，经济学家称它们为**替代品**。

4. **需求交叉弹性**定义为某一物品需求量变化的百分比除以另一物品价格变化的百分比。两种替代商品往往有正的需求交叉弹性。两种互补商品往往有负的需求交叉弹性。

5. 互为替代品的两种物品，若有一种价格上升，那么另一种物品的需求曲线将向右移动。互为互补品的两种物品，若其中一种价格上升，那么另一种物品的需求曲线将向左移动。

6. 需求曲线上所有的点都表示同一时段——在制定决策或考虑范围之内的有效价格所处的时段。

关键词

需求（价格）弹性　　富有弹性、缺乏弹性及单位弹性的需求曲线　　需求收入弹性
互补品　　　　　　替代品　　　　　　　　　　　　　　　　　　需求交叉弹性
最优决策

自测题

1. 以下各对产品，你预计哪些是替代品？哪些是互补品？
   a. 皮鞋和运动鞋
   b. 汽油和越野车
   c. 面包和黄油
   d. 立可拍照相机胶卷和普通照相机胶卷
2. 在自测题1所给出的每对产品中，你猜测产品的需求交叉弹性为何？
   a. 你预计它是正还是负？
   b. 你预计它的数值是大还是小？为什么？
3. 某特定商品的价格由20美元上升至25美元，导致需求量由25 000个单位减少至10 000个单位。请计算其需求价格弹性。
4. 若汽油的需求价格弹性为0.3，且现行价格为3.20美元/加仑，要使消费量减少10%，汽油的价格必须上升多少？
5. 对某些特定的商品征税能减少其消费。经济学家说这样的征税行为"扭曲了消费者的需求"。在考虑商品需求弹性和供给弹性的情况下，为达到以下目的，你将选择对什么商品征税？
   a. 得到大量的税收收入
   b. 尽可能减小对需求的扭曲
   c. 减少对有害商品的消费
   d. 减少对污染商品的生产
6. 试分别举例，说明哪些商品你认为是富有弹性的，哪些你认为是缺乏弹性的。
7. 除价格和广告之外，还有哪些可能影响产品需求量的变量？
8. 描述以下情况中，需求曲线可能发生的移动：
   a. 航班的准时性得到改善后的飞机旅行需求量
   b. 机票价格上升后的汽车需求量
   c. 汽油价格上升后的汽车需求量

d. 美国某年内平均气温升高后的电力需求量

（注意：缅因州的电力需求曲线与佛罗里达州的电力需求曲线反应是不同的。为什么呢？）

讨论题

1. 请解释以下判断成立的原因："若一家企业在当前的产出水平上拥有缺乏弹性的需求曲线，那么它总能通过提高价格而减少销量使其利润增加。"（提示：回顾对弹性及总支出/总收入的讨论。）
2. 请解释直线型需求曲线的弹性为何在各点上是不同的。
3. 列举一些使需求曲线发生整体移动的事例。
4. 请解释需求弹性公式为何要省略负号？
5. 某需求富有弹性的产品价格上升将减少企业的总收入。请解释。
6. 请解释需求弹性为何要以百分数度量？

附录 我们如何才能从历史统计数据中找到合理的需求曲线

需求曲线在时间范畴上的特殊性，加上除了价格以外还有其他许多变量影响需求量，都使得要从历史统计数据推导出一种产品的需求曲线相当困难。专业人士能够并且的确常常做出这样的估计，但这项工作到处是陷阱，常常需要运用先进的统计方法和解释。本章附录试图告诉大家这些陷阱。例如，如果大学毕业后你成为一家企业的营销经理并需要做需求分析，那么你需要专家来完成这一工作，如果你对你雇用来计算或预测你的需求曲线的统计师的资格表示怀疑，那么本附录还会告诉你在对结果做解释时需要注意的一些错误。此外，附录中也会给出一个统计学上决定需求曲线的合适方法的直观解释。

要从统计上估计出一条需求曲线，最明显的方法就是收集一组在不同时期的价格和售出数量的数据，如表6-2中给出的那样。然后把这些点画在以价格和数量为坐标轴的图上，如图6-5所示。之后我们就可以再画一条线（虚线 TT）把这些代表相应月份的价格和销售量的点（记为1月，2月，等等）尽可能连起来，在这个图中直线与这些点匹配得相当不错。这条线看起来与需求曲线很相近，但不幸的是，直线 TT 总结的是不同时间点的数据，与真正的需求曲线可能一点关系也没有。让我们看看其中的原因以及我们对此能做些什么。

表6-2 价格与数量的历史数据

	1月	2月	3月	4月	5月
销售量	95 000	91 500	95 000	90 000	91 000
价格（美元）	7.20	8.00	7.70	8.00	8.20

你可能会注意到图6-5中由历史上的点代表的价格和数量是不同时期的，而且图中的每一点代表的是特定时段的真实的（不是假设的）价格和销售量（如一个点代表1月的数据，另一个点代表2月的数据，等等）。这一区别是非常重要的。在历史数据代表的整个时段（1月至5月），真正的需求曲线——一个经济学家真正需要用来分析决策问题的需求曲线，很可能因为影响需求量的其他一些变量已经发生了变化。

实际的情况可能是如图6-6所示。在1月，需求曲线为 JJ，给出，到2月移至 FF，到3月移至

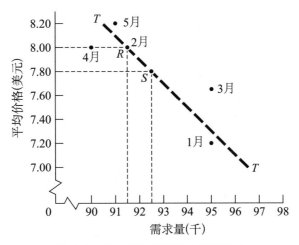

图 6-5 价格与数量的历史数据绘图

MM,等等。该图说明每个相关月份都分别有一条独立不同的需求曲线,而且其中的任何一条都不必与历史数据所给出的曲线 TT 相似。

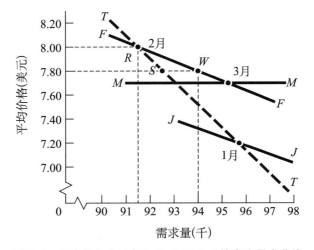

图 6-6 历史数据曲线与 1 月、2 月、3 月的真实需求曲线

实际上,根据历史数据绘出的曲线 TT 的斜率可能与真实的需求曲线的斜率大不相同,如图 6-6 反应的情况一样,因此,如果决策者以历史数据为基础选择她的价格,那么她很可能被严重误导。例如,她可能认为需求对价格的变化相当不敏感(TT 线的倾斜程度看似如此),因此她可能会认为减价是不可取的。而实际上,真实的需求曲线表明降价会大幅增加需求量,因为它们比图 6-5 所示的估计出的曲线的形状更富弹性。

举例来说,如果决策制定者在 2 月收取的价格为 7.80 美元,而不是 8.00 美元,根据历史数据,她只能有望增加 1 000 单位的需求量。(图 6-6 中 R 点上的 91 500 单位的销售量与 S 点上的 92 500 单位的销售量相比较),但是,2 月真实的需求曲线(图 6-6 中的 FF 线),表明销售量可增加 2 500 个单位(销售量从 R 点上的 91 500 单位增加到 W 点上的 94 000 单位),这样,一个依据历史数据而不是以真实的需求曲线做决定的经理很可能在实际中犯严重的错误。然而,令人惊讶的是,人们在实际中经常犯这种错误,即便是使用复杂的技术时。

一种解释：广告活动有作用吗？

多年前，美国一家最大的包装食品生产商进行了一项统计研究来判断其广告支出的有效性，他每年的广告费用接近于1亿美元。公司的统计员收集了公司历年的销售量和广告规划的相关数据，他高兴地发现，这些数据表明，两者之间存在明显的密切关系，需求量随广告的增多而增加。问题在于这种关系看起来太完美了。在经济学上，关于需求和影响需求的任一因素的数据，几乎从未显示过如此清晰的模式。人的偏好和其他影响因素的可变性太大，无法保证这种规律存在。

公司的经理对此有些怀疑，请本书的作者之一对该分析进行检查。稍做考虑就会发现，销售量和广告支出之间令人质疑的关系，是由于我们刚提到的原则被忽视了。实际上，调查者是用销售量和广告支出的历史数据构建的图形，即与图6-5和图6-6中的 TT 线相似，因而它不一定与真实的相关关系相近。

在研究这种情况之后，事实变得清晰起来。在过去，公司是根据它的销售量来安排广告的，自动地将其销售收入的一个固定比例分配给广告，而这一事实确实形成了两者关系的稳定性。因此，广告和需求之间的历史关系，描述的仅仅是公司的预算行为，而不是其广告活动的有效性。它显示的是销售量对广告的影响，而不是广告对销售量的影响。如果公司的经理用这样的曲线来计划未来的广告活动，他很可能会做出一些令人后悔不已的决策。这个故事告诉我们，在做经济决策的过程中，要避免使用与 TT 线一样的纯粹的历史数据曲线。

我们怎样从统计数据中发现合理的需求曲线？

至此所讨论的问题还只告诉大家怎样做是不合理的。但企业经理和经济学家经常需要与需求曲线有关的信息——如用来分析下一个4月的定价决策。如何才能找到真正的需求线呢？实际中，统计人员使用复杂的模型，其难度远远超出了基础课程所能涵盖的范围。但是，我们能（也将）通过一个简单的例子来让大家感受一下统计人员所用的先进方法，在这个例子中，一个直观的方法帮助我们来确定统计上的需求曲线位置。

本附录中所谈及的问题之所以出现是由于需求曲线和供给曲线（与经济学中其他的曲线一样）都是随时间不断变化的。然而，它们总会因为某个原因而发生移动，正如我们在本章中已看到的，它们发生移动是因为需求量和供给量还受价格以外的其他变量的影响，如广告、消费者的收入等。认识了这种关系可以帮助我们发现需求曲线——如果我们能决定影响需求（如对某种新产品的需求）的"其他因素"，并能发现那些其他因素什么时候变化及什么时候不变化，那么我们就能够推断需求曲线何时可能会移动，何时可能不会移动。

以对雨伞的需求为例，雨伞很少做广告，也相当便宜，因此广告或消费者收入对其销售量都没有大的影响。实际上，假定一年中雨伞的需求量主要取决于两个影响因素——价格和降雨量——是合理的。我们知道，价格变化会引起需求量沿着需求曲线变化但不会使曲线发生移动。很明显，多雨会使需求曲线外移，因为人们需要购买更多的雨伞，而在干旱的年份里曲线会内移。最理想的是，我们想找到一些日期，当时的需求曲线要在同一位置而供给曲线发生移动，这样我们就能获得许多不同的均衡点，所有这些点都靠近或位于同一条需求曲线。

假设表6-3给出了1993—2001年期间圣·路易斯的降雨情况，图6-7中的黑点代表了这些年的雨伞价格和卖出的雨伞数量，首先注意，在降雨最多的年份里，如1997年和2001年，图中黑点位于最右边，而代表降雨较少的年份的点则位于左边，这意味着雨水多的年份里雨伞卖得多，与我们降雨影响销售量的假设相符。对我们的目的来说更重要的是，在1993年、1995年、1996年和2000年四年里,降雨量几乎相同——约为27英寸。因此,在这些年里需求曲线没有变化。那么推断代表这四年的点靠近同一真实的需求曲线是合理的。

表6-3　圣·路易斯的年降雨量(1993—2001年)

年份	1993	1994	1995	1996	1997	1998	1999	2000	2001
降雨量(英寸)	26	18	28	29	35	20	32	27	34

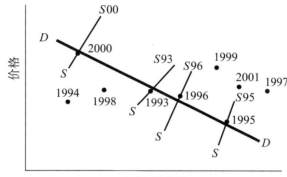

图6-7　从统计数据中估计合理的需求曲线

可是代表这四年的点相距甚远。由于需求曲线的位置不变,这种距离就意味着这些年里的供给曲线必定是发生了移动。所以,如果我们愿意的话,可以在统计上检验我们的推论。当我们发现用来制作雨伞的原材料,如布料、伞骨用的钢丝,以及伞柄用的塑料等原料的成本发生变化时,供给曲线会发生移动。因此,正如降雨量的数据显示需求曲线在哪些年份里发生了变化而在什么时候没有,投入品价格的相关数据可以告诉我们关于供给曲线的相关信息。

现在设想我们也有一个与降雨量表类似的表,逐年给出了这些投入品的成本(此处并未给出成本表);该表告诉我们,在我们所感兴趣的那四年里(1993年、1995年、1996年和2000年)这些成本互不相同,如是我们可以推断这些年里的供给曲线也是大不相同的,尽管我们已知这些年的需求曲线并未改变。因此,图6-7表明靠近这四点而画的 DD 线以及这四条供给曲线——S93,S95,S96 及 S00——也会通过相应的点,即这四年的均衡点。所以我们可以把 DD 线解释为这些年的真实需求曲线的一个合理的统计估计。我们认为那些代表降雨过多及过少的年份的点是不相关的,因为需求曲线在这些年里会发生移动,同时我们通过相关的点来画出统计上的需求曲线:根据那些使曲线发生移动的变量的数据,这些相关点是由不同的供给曲线和一条相同的需求曲线生成的。

用来获取统计上的需求曲线的实际方法远远比这里所说的复杂。但是,基本的原理与本例中所使用的方法相同。

第7章 生产、投入与成本：供给分析的基石

当然，那仅仅是一种估计。实际成本要更多一些。

——汽车维修工对顾客的话

假定你在艾尔建筑承包公司，一个生产标准化且价格公道的车库建造商，找到了一份暑假工作。在你工作的第一天，你发现艾尔公司已经购买或是已经签订合约准备购买足以满足它在今后两年内大致所需的木料、电线、工具，以及其他一些原料。唯一没有确定的投入便是其需要雇用的木工人数。因此，艾尔公司需要确定的只有一种投入的购买量：公司需要与多少名木工签约？在本章中，我们将剖析这类决策问题并回答下面的疑问：企业怎样选择投入对其生产最有利可图？

当企业做出它们的供给（产出）决策时，他们需要考察其产品可能的需求量。在前面两章中我们已经研究了需求。但为了理解企业在市场供给方面的决策，我们还必须研究其生产成本。一个企业的成本取决于它所买的劳动、原材料、机械设备，和其他投入的数量以及它为每种投入所付的价格。本章将研究企业如何选择最优的投入组合——使企业能以最低成本生产它们所决定的任一产出的组合。我们将在第8章中讨论企业是如何在产出和价格上做出追求利润的决策的。

为了使最优投入数量的分析更容易理解，我们将用两个阶段来逐步完成这个任务。我们在本章首先从简单一点的情况入手，此时企业其他的投入均已确定，只有一种投入可以变化。这一假设大大简化了分析并使我们得以回答两个关键问题：

- 投入的数量如何影响产出量？
- 企业如何选择一种投入的最优数量？

随后，我们将解决更现实的情况：企业同时对多种投入数量的选择问题。我们利用该分析的结果推出企业的成本曲线，并最终由此来分析供给曲线，而供给曲线在我们前面所讨论的供求机制中扮演了重要的作用。[①]

[①] 有些老师可能更倾向于在课程的后一阶段再讨论这个问题。

难题：什么情况下企业的规模越大就越有效率？

现代工业社会享受着自动化、装配线及精密机械等所带来的成本优势，因为所有这些通常都极大地降低了生产成本。但拥有这样性能强大的大设备的产业必然需要巨大的投资，因此，小型公司将无法得到太多现代科技所带来的便利。只有大型企业才能利用相关成本下降带来的好处。当企业能够利用这种经济学家所称的规模经济时，单位生产成本将随着产出的增加而下降。

然而大规模和低成本的这种关系并非适应于每个产业。有时法庭还必须决定是否需要将一家大型企业分解成几个小型公司。最具代表性的案例为对美国通信服务业垄断近50年的美国电话电报公司（AT&T）。[1] 力图分解AT&T的政府机构及分析家认为，这种巨型公司经济力量太强，导致消费者无法从企业的竞争中获益。包括AT&T自己在内的反对分解的人则指出，若AT&T的大规模带来了规模经济，那么小型公司的生产效率将比大型企业低得多，消费者成本将相应提高。谁是正确的呢？为了解答这一问题，法庭需要了解AT&T是否有显著的规模经济。

7.1 短期成本与长期成本：是什么使投入可变？

当一个企业要做出投入和产出决策时，它们的行为要受到之前的设备、厂房以及其他生产资源的合约的限制。在任何时点上，过去的决策是许多投入选择的先决条件。例如，假定某企业是在一年前购买的机械设备，那么除非该企业愿意承担提早更换设备的成本，否则它的生产决策就会受到机器剩余的经济寿命的约束。一个经济学家可能会说，在讨论时段内，这些暂时不可变更的资本是不可变的。若雇用工会劳动力的企业的劳动合约规定了企业必须雇用某固定数目的员工或者规定了每年员工需要工作的周数，那么它同样可能存在暂不可变的成本。若成本是由某种长期财务合约确定的，例如原材料的购买合约、仓库的租约，以及对无法转售或改变的设备的投资合约——否则会造成相当的投资损失，那么在某段时间内这些成本是不可变的。即使企业没有提前支付这些承诺，但在法律上它仍须为这些已签约的产品及服务付钱。

7.1.1 经济学中的短期与长期

一台已使用两年的有九年经济寿命的机器是一种不可避免的合约成本，因此在余

---

[1] AT&T的前身是贝尔电话公司（Bell Telephone Company），其有个昵称是"母贝尔"（Ma Bell）。1982年，当公司解体成为22个小单位时，它又重新使用了"贝尔"这个名字。这些小公司被称为"子贝尔"（Baby Bell）——7个地方电话公司分别为Nynex、Bell Atlantic、Ameritech、Bell-South、Southwest Bell、Uswest和Pacific Telesis Group。但在20世纪90年代，其中一些"子贝尔"——如Bell Atlantic和Nynex——又再次合并了。

> **短期**是指企业的某些成本合约还未到期的一段时间。

下的七年内它表现出的成本是不变的。然而超过这七年的时间后,这项投资便不再是不变的合约成本,因为那时企业更换这台机器可能更有利。经济学家将这一思想总结为决策制定的两个不同"时期"(或时段):**短期**(short run)和**长期**(long run)。

> **长期**是指足够使企业现有的合约都到期的一段时间。

这两个术语在本书中将反复出现。在短期内,由于工厂规模和其他投入的数量基本已经由过去的决策预先确定了,因此企业为了采用生产当前产出效率最高的方法而改变生产过程的机会相当小。尽管经理可以雇用更多员工加班工作,或购买更多的供应材料,但即便销售量比预期更多,它们也无法轻易地扩大工厂的规模。然而,在长期中,所有这些投入,包括工厂的规模在内,都是可以调整的。

让我们以艾尔公司为例,考虑它雇用的木工人数、购买的木材量,以及它购买的其他投入的数量。假定此公司为存放木材签订了一个为期5年的仓库租用合同。最终——在长期中——此公司可以减少仓库的租用面积,而且,若在长期中此地区的仓库不够,那么它还可以建造更多的仓库。然而一旦艾尔公司签订了仓库租用合同,那么它对仓库的大小几乎没有直接控制能力。但是,从长远计划来看,艾尔公司必然将更换原有的合同,那时它便可以重新决定租用或建造多大的仓库。

大型工业企业的情况往往与此类似。在短期内,企业对其厂房和设备的生产能力几乎没有掌控权。然而按照一些预先设定的计划,它们可以获得不同类型的机器,重新设计工厂,并做出一些其他决策。例如,在1995年至1996年,通用汽车仍然继续在其位于得克萨斯的工厂生产雪佛兰Caprice及其他大型后轮驱动汽车,尽管汽车的销售状况不佳。部分原因是公司明白工厂转向制造受欢迎的全尺寸皮卡需要一定的时间,虽然当时这种车供不应求。然而,到1997年,通用汽车的工程师就能使工厂转换为这类生产了。

需指出的是,并非所有的企业都具有相同的短期及长期时段;相反,这些时段长短不一,取决于每个企业的合约性质。例如,若企业每周都可以变更劳动力,每两年便可以变更机械设备,每20年便可以变更其工厂,那么20年便是长期,而小于20年的时间都属短期。

7.1.2 固定成本与可变成本

> **固定成本**是指产出增加时,企业用来生产这种产品的投入数量不发生变化的成本,这种不可分割的投入的总成本在产出变化时是不变的。企业运行的其他所有成本都属于**可变成本**。

短期与长期的这种区别同样也决定了当企业的产出量发生变化时,哪种成本会上升或下降。无论研究的时段有多长,有些成本都是不可变的,这种成本被称为**固定成本**(fixed costs);当一些种类的投入只能大批量购买,或当投入具有很大的生产能力时,固定成本就会出现。例如,每周仅生产两辆汽车这样的"迷你"汽车生产线是不存在的,而且,除非是极为奢华的车型,不用生产线生产汽车是不现实的。基于以上理由,汽车制造的固定成本包括此企业获得的最小(最廉价)生产线的成本。因为无论每天生产的汽车是10辆还是100辆,只要产出量不超出生产线的生产率范围,购买此生产线的资金都是不变的,所以这种成本是固定的。

在短期内,还有许多成本与固定成本有类似的性质;换言之,它们已由以前的决策确定并且是暂时固定的。然而在长期中,企业可以变更其资本和劳动合约。

因此，在长期中，更多的成本变为**可变成本**（variable costs）。当我们研究投入与成本的其他重要关系时，我们将更多地解释固定成本和可变成本。

7.2 只有一个可变投入时的生产、投入选择及成本

在现实生活中，所有的企业都使用许多不同的投入，并且需要决定这些投入的数量。虽然如此，我们将从讨论只有一种可变投入的短期情况开始——其他所有投入量都不发生变化。为了达到这个目的，我们将在理论分析过程中效仿物理学家或生物学家在实验室里做受控实验的做法：每次仅改变一种变量，以观察此变量单独作用时的影响。因此，我们将在假设其他一切变量保持不变的前提下研究某一种投入数量变化时的影响。

7.2.1 总物质产品、平均物质产品及边际物质产品

我们从企业的三大主要问题的第一个开始分析：使用的投入数量与生产数量间的关系是什么？艾尔公司已经根据雇用的木匠数量算出公司每年能建造出的廉价标准车库的数量。相关数据见表7-1。

表7-1 艾尔公司的总物质产品表

（1）木匠数量	（2）总产品（每年车库的数量）
0	0
1	4
2	12
3	24
4	32
5	35
6	30

此表开始与常识相符，即没有劳动力不能建造车库。因此，当艾尔公司雇用的劳动力投入为0时，产出也为0（见表的第1行）。然后，此表给出了劳动数量增加带来的车库总产出的增加，其中假定所有工人首先集中建造一间车库，完工后再着手建造下一间车库。例如，在1名木工的投入下，总产出为每年4间车库；在2名木工互相帮助并专门于不同任务时，年产出增至12间车库。当5名木工受雇之后，他们开始相互干扰。结果，雇用6名木工导致产出由35间车库减少到30间。

企业的**总物质产品**（TPP）是指其从给定数量的投入所获得的总产出量。

总物质产品 表7-1的数据在图7-1中用图表现了出来，这个图称为**总物质产品**（total physical product，TPP）线。此曲线反映了保持其他投入数量不变时，艾尔公司用不同数量的木工能建造的车库数量。

平均物质产品 为了更深入地了解木工的数量是如何影响产出的,艾尔公司可以利用表7-2给出的其他两项物质产品关系。**平均物质产品**(average physical product,APP)用于度量每单位投入的产出;它等于总物质产品除以使用的可变投入量。对艾尔公司而言,它等于每年建造的车库总数量除以它雇用的木工数量。表7-2的第5列显示的就是平均物质产品。例如,由于4个木工每年能建造32间车库,因此4个木工的平均物质产品为32/4,或8间车库/木工。

> 平均物质产品(APP)等于总物质产品(TPP)除以投入数量,因此,APP = TPP/X,其中 X = 投入数量。

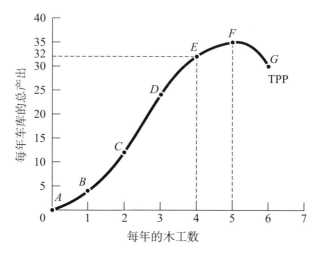

图 7-1 艾尔公司使用不同数量木工时的总物质产品

表 7-2 艾尔公司的生产表:总物质产品、平均物质产品及边际物质产品和边际收益产品

(1) 木工的数量	(2) 总物质产品 (间车库/年)	(3) 边际物质产品 (间车库/增加的木工)	(4) 边际收益产品 (千美元/年/增加的木工)	(5) 平均物质产品 (间车库/木工)
0	0			0
1	4	4	60	4
2	12	8	120	6
3	24	12	180	8
4	32	8	120	8
5	35	3	45	7
6	30	−5	−75	5

边际物质产品 为了确定应该雇用的木工人数,艾尔公司必须知道每增加一个木工所能增加的车库数量。这个概念被称为**边际物质产品**(marginal physical product,MPP),艾尔公司可以采取我们在第5章中介绍的由总效用计算边际效用的方法由总物质产品来计算边际物质产品。例如,第4名木工的边际物质产品可以通过雇用4个木工时的总物质产品减去雇用3个木工时的总物质产品来计算,即第4名木工的 MPP = 32 − 24 = 8 间车库。我们计算表7-2第3列中其他边际物质产品的方法与此完全相同。图7-2用边际物质产

> 一种投入的**边际物质产品**(MPP)是指在其他投入保持不变时,增加一单位的该投入带来的总产出的增量。

品曲线将这些数据用图表示了出来。

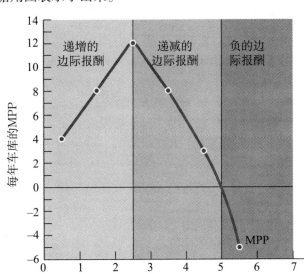

图 7-2　艾尔公司的边际物质产品（MPP）曲线

7.2.2　边际物质产品与边际报酬递减"法则"

图 7-2 中边际物质产品曲线的形状对艾尔公司的车库建造有相当重要的含义。将图 7-1 中的 TPP 曲线与图 7-2 中的 MPP 曲线进行比较，MPP 曲线可以视为反映 TPP 曲线变化率的曲线——MPP 等于 TPP 曲线的斜率，因为它告诉我们艾尔公司每增加雇用 1 名木工所得到的车库产出的增量。因此，直到投入达到 3 名木工时，边际物质产品都随着雇用木工人数的增加而增加。即在图 7-1 的点 A 至点 D 间，TPP 的增长率是递增的（它变得更陡）。在 3 名木工与 5 名木工之间，MPP（TPP 的斜率）是递减的，但始终保持正值（即在横轴以上）。结果，在这个区域内，TPP 仍然是递增的（其斜率 MPP > 0），但是增长得越来越慢（其斜率 MPP 仍然大于 0，但逐渐下降）。即在图 7-1 中点 D 到点 F 这个区域内，每增加一个木工都会使车库的产出增加，但增量总比上一名木工少。多于 5 名木工时，见图 7-1 中点 F 的右方，木工的 MPP 变为负值：由于增加的木工的干扰，总物质产品曲线开始下降了。

图 7-2 被划分为 3 个区域以显示这 3 种情况。需指出的是，每增加一名木工的边际报酬开始时是递增的，然后才开始减少。这是一种典型的模式，而且它与我们在第 5 章中对消费的效用的描述相对应。每增加一单位的投入都会使产量增加，但增长率却是递减的。在图 7-2 的最左边（边际报酬递增的区域），每增加一名木工所增加的 TPP 都大于前一名木工。

课程结束后仍须牢记的要点

　　边际报酬递减"法则"，已在经济学中扮演了两个世纪的重要角色，它表明保持其他投入不变时，任何一种投入数量的增加最终都会导致越来越低的边际报酬。

　　这条所谓的法则只是建立在事实观察的基础上，经济学家并不是通过分析推断得到这种关系的。某一投入的报酬由于可变投入的比例"法则"而逐渐递减。当其他投入保持不变而某一种投入增加时,这种数量递增的可变投入相对于其他投入逐渐变得充足,进而变得过剩了。(例如,劳动的比例上升而其他投入如木材的比例下降了。)由于艾尔公司雇用的木工越来越多而其他投入却数量固定,劳动时间相对艾尔公司其他投入的比例变得不平衡起来。木工的工时逐渐增加没有带来任何好处,最终开始妨碍生产。从这一点起,木工的边际物质产品开始变为负值。

现实世界中的许多情况似乎很符合可变投入的比例法则。例如,在中国,农民为了获得更大的谷类作物丰收以满足不断增加的人口的需求,不断增加对肥料的使用。尽管对肥料的消费已经比15年前大了4倍,中国的谷类产出却只增长了50%。这种关系当然暗示着肥料的使用已经到达了报酬递减的区域。

7.2.3 投入的最优量与报酬递减

我们现在可以讨论所有公司在做出生产决策时必须弄清的第二个问题:公司如何选择某一投入的最优量呢?为解答这一问题,请再次回顾表7-2的第1列、第3列所显示的边际物质产品。现在我们假定每名木工每年的薪水为50 000美元,而艾尔公司可以将每间廉价车库卖到15 000美元。

现在假定艾尔公司考虑只雇一名木工。这种选择是最优的吗?即它能使它的利润最大化吗?为了回答这个问题,我们不仅需要考虑每名增加的木工所建造的车库数量,而且需要考虑每间车库的货币价值。也就是说,我们首先需要把边际物质产品转化为其货币价值。在这个案例中,TPP的货币价值说明答案是否定的,只有1名木工不足以使利润最大化,因为第2名木工的边际物质产品是8间车库/年,如表7-2第3列中的第2行所示。当每间车库的价格为15 000美元时,这些额外的产出可以使总收入增加120 000美元。由于收入的增量超过了第2名木工50 000美元的雇佣成本,此公司的年利润增加了120 000美元 – 50 000美元,或70 000美元。

> 某投入的**边际收益产品(MRP)** 是指生产者增加使用一单位该投入时从增加的销售量中得到的额外收入。

边际收益产品与投入价格 某公司增加使用一单位某投入所得到的额外货币收入称为此投入的**边际收益产品**(marginal revenue product, MRP)。若艾尔公司的车库以固定的价格出售,比如15 000美元,投入的边际收益产品等于其边际物质产品乘以产品价格:MRP = MPP × 产品的价格

例如,我们方才得知第2名木工的边际收益产品为120 000美元,计算方法是8间车库(MPP)乘以每间车库15 000美元的价格。表7-2中第4列其他各项MRP的计算方法与此完全相同。MRP这一概念使我们得以归纳出最优的投入选择的一条简单的准则。具体地:

> 当某投入的边际收益产品超过其价格时,企业更多地使用此投入更有利。同理,当投入的边际收益产品低于其价格时,企业减少使用此投入更有利。

让我们用艾尔公司的车库一例来检验这条准则。我们已经观察到2名木工也不是最优投入量,因为第2名木工的MRP(120 000美元)超过了他的工资(50 000美元)。

那么第 3 名木工呢？表 7-2 显示第 3 名木工的 MRP(12×15 000 美元 = 180 000 美元)同样也超过了他的工资,因此,止于 3 名木工也不是最优的选择。第 4 名木工也是如此,因为他的 MRP 即 120 000 美元仍然超过他 50 000 美元的工资。然而,第 5 名木工的情况就不同了。雇用第 5 名木工并不是一个好主意,因为他的 MRP 是 3×15 000 美元 = 45 000 美元,少于他的雇佣成本 50 000 美元。因此,对艾尔公司而言,木工的最优雇佣量为 4,对应的总产出为 32 间车库。

请注意报酬递减在分析过程中所占的重要地位。当木工的边际物质产品开始减少时,此产品的货币价值也随之下降——边际收益产品也下降。生产者总是可以通过不断扩大投入量来获取利润,直到报酬递减开始并使 MRP 减少到投入的价格。因此艾尔公司应该在 MRP 降至与木工的雇佣工资相等时停止增加雇用更多的木工。

常识告诉我们,"在报酬开始递减的那一点之后"继续做某事是得不偿失的。然而正如我们从这里的分析中所见,与此完全相反,这样做其实是值得的。当且仅当报酬递减使投入的边际收益产品降至与其价格相等时,企业使用的投入量才是适当的,因为此时企业将不会失去增加其总利润的机会。因此,投入的最优使用量是使 MRP 与其价格相等时的量。记为:MRP = 投入的价格

此项分析的基本逻辑与我们在第 5 章中对边际效用与价格的讨论中使用的完全相同。艾尔公司力图使其利润最大化——它的木工投入赚取的总收入与购买投入的总成本之差。为达到这一目的,他必须将雇用的木工数量增至使价格与其边际收益产品相等的点,正如某一追求最优的消费者持续购买某商品直至其价格与边际效用相等。

专栏

走近生活:学习中的边际报酬递减

边际报酬递减"法则"不单在企业世界中,在日常生活中也常常出现。以贾森和他的学习习惯为例:他有拖延时间并在考试前夜"通宵达旦"临时抱佛脚的习惯。经济学家会如何描述贾森在凌晨短短数小时中每增加一小时的学习的效果与柯林每晚学习两小时的努力呢？

图片来源:© PNC/Brand X Pictures/Jupiterimages

7.3 多种投入的决定:最优投入组合的选择[①]

至此为止,我们一直假设企业只能改变一种投入量,而且无论生产者供给量为多少,此产品的价格都可以保持不变(在艾尔公司一例中,价格保持15 000美元),并以此来简化我们的分析。当然,这些假设在现实生活中都不是真的。在第8章中,我们将利用需求曲线来探索产量决策对价格的影响。但首先,我们必须涉及一个显而易见的事实——企业不是仅仅对一种投入做决策,而是同时对多种投入做出决策。即艾尔公司不仅需要决定雇用木工的人数,而且还要决定购买多少木材及工具,后两种决策显然要取决于木工的人数。因此,我们必须再次研究两个互相关联的基本问题:产出水平与最优的投入数量。然而这一次,我们将允许企业对多种投入的数量做出选择。用这种方式扩展我们的分析,我们可以研究一个关键的问题:用其选择的生产方式(亦称生产技术),企业是如何能通过增加另一种投入的使用数量来补偿一种投入不断下降的可利用性的。

7.3.1 替代性:投入比例的选择

正如我们在单变量投入分析中那样,通过物质产出或产品来开始分析是非常有用的,因此我们在分析多种投入时仍将从物质产品入手。企业可以在多种技术类型中选择一种来生产任何给定的产品。许多人错误地认为管理者在选择投入比例时没有多少选择权。他们认为只有技术考量才是这种选择的决定因素。例如,某种特殊型号的家具切割机器可能需要两个操作工人用一定量的木材工作一小时才能生产五张桌子——不多不少。但这种看待可能性的方式是过于狭隘的。第一个说有许多种方法可以解决一个问题的人,不论他是谁,他看事情是更透彻些的。

事实上,家具制造商可以在许多制造桌子的生产过程中选择一种。例如,更简单更廉价的机器可以将同一批木材生产成五张桌子,只是可能要多用两个小时以上的劳动。同样,更多的工人用简单的手工工具而不使用机器也可以最终完成工作。企业寻求的是一种成本最低的生产方式。

在发达的工业社会中,劳动是昂贵的而机器相对廉价,采取最为自动化的生产过程将更有利。例如,美国重型汽车和机械的生产者Caterpillar,通过投资使其得以用相同的人力生产两倍的卡车引擎的电脑而控制了劳动的高成本。然而在欠发达的国家中,机器相对稀缺而劳动力资源丰富,手工制造便可能是最经济的选择。在印度郊区有一个很好的例子。在那里,公司记录大多仍采用手写方式,而不是像美国一样广泛地使用电脑。

我们的结论是,企业可以用一种投入来替代另一种。一家企业若准备花更多的钱

[①] 老师可以继续讲授这节内容,或者将它与第19章、第20章中工资、利率、利润及租金的决定一起讲。

购买机器,那么生产同样数量的桌子所需的劳动便会减少。但这种替代是否有利就要取决于劳动和机器的相对成本了。从讨论中可以得到以下几个一般结论:

- 一般地,企业可以在不同的技术中进行选择来生产某一特定量的产出。技术性考量很少固定投入的比例。
- 给定一个目标生产水平,企业若减少对某一投入的使用(如劳动),往往就不得不增加其对另一投入(如机器)的使用。这种权衡取舍就是我们所指的一种投入对另一种投入的替代。
- 以最低的成本生产合意的产出水平的投入组合取决于各种可变投入的相对价格。

7.3.2　最优投入比例的边际规则

选择投入比例使生产一定量产出的成本最小实际上是一种常识。为了理解为什么,让我们再次转向边际分析。像以前一样,艾尔公司正考虑是购买更多昂贵的工具以减少建造车库所需的木工数量,还是相反。工具和劳动这两种投入是替代品;若公司在工具上的花费增加了,那么对木工的需求将减少。但工具并非劳动的完全替代品。工具需要由木工来操作,而且工具不具备发生意外状况时所需的判断力和常识。当然,没有工具的木工生产率也是较低的。因此,通过获得相对数量平衡的两种投入会使艾尔公司得到相当可观的收益。若他过多地使其中一种而过少地使用另一种,那么公司的产出将大大减少。换言之,投入之间过量的替代会使报酬递减的假设是合理的。随着使用越来越多的劳动替代昂贵的机器,追加劳动的边际物质产品将开始减少。

那么,艾尔公司应该如何决定是否增加使用工具而减少雇用劳动,或是相反呢? 正确答案显而易见,他应该比较在工具和劳动花费相同的资金,比如100美元,哪个能得到更多的产出。若他将这笔钱花在劳动上比花在工具上得到的更多(即边际收益产品更高),那么显然他在劳动上多花资金是有利的。事实上,在这种情况下,减少原计划对工具的花费转而用节省下来的钱雇用更多的木工对他而言是有利的。由此,我们可以得到以下三个结论:

(1) 若艾尔公司增加在木匠上的花费,如增加一美元所得到的新增劳动的边际收益产品比等量花费用在工具上所得的边际收益产品多,那么他应该改变计划,增加对劳动的花费并减少对工具的花费。

(2) 若艾尔公司增加一美元花费在劳动上所得到的边际收益产品比等量花费用在工具上所得的边际收益产品少,那么他应该增加对工具的花费并减少对劳动的花费。

(3) 若每增加一美元花费,劳动与工具所产生的边际收益产品是相等的,那么艾尔公司就应该保持他现有的购买计划。改变在两种投入上的花费比例不能带来任何额外的收益。[①]

现在只需要再多一步。例如,假定每一美元劳动的边际收益产品多于一美元工具

[①] 如果投入的边际收益产品和价格都是已知的,那么计算每美元投入的边际收益产品是非常容易的。例如,我们从表7-2中得知第3名木工的MRP为180 000美元,而他的工资为50 000美元。因此,他工资的每一美元的MRP为1 800 000美元/50 000美元=3.60美元。更一般地,每美元投入X的MRP等于X的MRP除以X的价格。

的边际收益产品,那么,正如我们刚才所见,艾尔公司应该比原计划向劳动投入更多的资金,并减少对工具的支出。但这种资金转移应该止于何处呢?因为每一美元劳动的边际收益产品高于工具,所以资金转移就应该持续到对工具的投资完全停止吗?显然,这种答案是毫无意义的——一个没有工具的工人的生产率是很低的。正确的答案应该是,根据报酬递减"法则",当艾尔公司购买的木工工时逐渐增多时,木工的边际收益产品就会逐渐减小。随着他在工具上花费的递减,工具就会变得更稀缺并更有价值,而且他们最初较低的边际收益产品会增加。因此,随着公司将资金更多地从工具转向木工,两种投入每一美元的边际收益产品就会越来越接近,最终相等。此时,艾尔公司在两种投入上的花费分配便达到最优水平。无论他如何改变投入的雇佣或购买比例,都无法从资金中获得更多的收益。

专栏

在农场和企业之外:最优投入比例的一般规则

我们刚刚讨论了企业是如何决定任意给定产出水平下最经济的投入组合的。这种分析不仅仅适用于企业,像你就读的大学这样的非营利组织也希望能找到成本最低的方法来完成多种任务(例如,维护土地和建筑);政府机构(有时)寻求用最小的成本实现他们的目标;即便是在家里,我们也能找到一个问题的许多解决方法。因此,我们现在对成本最小化的分析有非常广泛的应用范围。

7.3.3 投入价格的变化与最优投入比例

最优投入比例规则的常识推理过程产生了一个非常重要的结论。假定艾尔公司正以最低成本建造 7 间车库。若木工的工资下降,而工具的价格保持不变。这意味着每一美元可以购买的劳动量比以前更多,因此,每一美元木工的边际收益产品增加——一美元现在能购买的木工劳动及其产出比以前更多。但由于工具的价格保持不变,每一美元工具的边际收益产品也不会改变。因此,若艾尔公司先前在木工和工具上花费的分配比例是正确的,那么现在就不再是了。若先前每一美元木工和每一美元工具的边际收益产品相等,那么现在这种关系将发生变化,使得:

每一美元木工的边际收益产品 > 每一美元工具的边际收益产品

即两种投入的比例将不再是最优。显然,若艾尔公司增加木工的雇佣而减少工具的购买,它的福利将得到改善。

从另一个角度分析,为了恢复最优水平,每一美元木工的 MRP 必须下降至与每一美元工具的 MRP 相同。然而,根据报酬递减"法则",当木工的雇佣量增加时,其 MRP 会下降。因此,木工价格的下降促使艾尔公司增加木工工时的使用,而若这种增加足够大,它将使每一美元两种投入的边际收益产品恢复相等。总而言之,我们得到一条常识性结论:

当一种投入的成本相对其他竞争投入变得更高时,企业将很可能用另一种投入替代这种投入——减少对涨价投入的使用并增加对竞争投入的使用。

7.4 成本及其对产出的依赖

分析了厂商如何决定其投入数量后,现在我们走向分析企业向消费者销售其产品的价格和数量决定的下一个步骤。为此,企业还需要知道生产不同产量的成本。显然,这一成本——企业投入到生产中的资金数量——取决于它的产量以及达到这种产量所需要的投入量。我们如何度量这种成本关系呢?

7.4.1 投入量与总成本、平均成本及边际成本曲线

现在,我们转向企业必定会问的第三个主要问题:我们如何从刚才说明的投入决策中获得企业的成本关系呢?我们需要这些成本关系来分析第 8 章中企业的产出和定价决策,在第 8 章我们将研究市场机制分析的最后一个主要元素:追求利润最大化的企业应该生产的物品和服务的量为多少?

企业的最优产出量显然取决于成本随产出变化而变化的方式。经济学家一般用成本曲线来表现和分析这类信息。鉴于我们将再次在讨论中使用边际分析,我们会用到三种不同的成本曲线:总成本曲线、平均成本曲线及边际成本曲线。

这些曲线直接反映了生产的实质。在我们的例子中,车库建造的生产技术关系决定了木工的劳动时间、工具的种类和数量、木材量,以及艾尔公司用来建造给定数目车库的其他投入的数量。图 7-2 中已显示了木工的技术关系。由这些木工使用量与木工工资的数据,再结合有关工具、木材和其他投入的类似信息,以及根据投入间的最优比例,艾尔公司便能确定生产任意给定数量车库所需的成本。因此,成本关系直接由我们刚才讨论的生产关系决定。可以通过物质产品表来计算企业的总成本,其中我们假定企业无法影响木工或其他投入的价格,因为它们由工会合同或其他类似影响因素固定。我们首先从计算木工这部分成本入手。

方法很简单:在各产出水平上,从表 7-1 或图 7-1 中找出对应的木工数量。然后将木工的数量与年薪 50 000 美元相乘。

总成本 除木工成本外,艾尔公司还必须支付其他投入,如工具和木材等的成本。此外,艾尔公司的成本还必须包含它自身投入的所有机会成本——比如艾尔本人的劳动,他本可以在另一家公司工作赚钱,又比如他自己投入公司的资本,他本可以将其投资购买政府有息债券。其他投入的计算方法在本质上与木工成本的计算方法是相同的——先确定任何生产水平上的各种投入最优使用量,然后将其与价格相乘。因此,为计算艾尔公司每年建造车库,比如 4 间车库的总成本,我们有以下简明公式:

4 间车库的总成本 = (雇用的木工数 × 每个木工的工资) + (使用的木材量 × 木材的价格) + (钉子的使用量 × 钉子的价格) + ⋯

利用这种方法和类似于表 7-1 中的数据,我们可以直接获得如表 7-3 所示的各种产出数量的总成本。例如,表 7-3 中第 4 行、第 2 列表明,若艾尔公司每年想建造 3 间车库,它需要购买的劳动、木材,以及其他投入的总成本为 54 000 美元。表 7-3 中第 2 列的其他数据也表达类似的意义。总而言之:

表 7-3　艾尔公司的(可变)成本表

（1）	（2）	（3）	（4）
总产量 （间/年）	总可变成本 （千美元/年）	边际可变成本 （千美元/间增加的车库）	平均可变成本 （千美元/间）
0	0		0
1	28	28	28
2	44	16	22
3	54	10	18
4	62	8	15.5
5	68	6	13.6
6	75	7	12.5
7	84	9	12
8	100	16	12.5
9	132	32	14.7（近似值）
10	178	46	17.8

边际产品关系使企业得以确定以最低总成本生产任何产出水平所需的投入比例和数量。从投入的数量及价格中,我们可以确定任何产出水平的总成本(TC)。因此,总成本与产出的关系取决于投入与产出之间的生产技术关系及投入的价格。

总成本、平均成本以及边际成本曲线　另外两种成本曲线——平均成本曲线(AC)及边际成本曲线(MC)——也为我们的分析提供了重要的信息。我们可以像表 7-2 由总物质产品计算平均物质产品和边际物质产品一样,直接由总成本曲线计算出上述两种曲线。

在任何给定的产出水平上,平均成本都定义为总成本除以产量。例如,表 7-3 显示建造 7 间车库的总成本为 84 000 美元,因此平均成本为 84 000 美元/7,或 12 000 美元/间。

同理,我们将边际成本定义为多建造一间车库造成的总成本的增量。例如,第 5 间车库的边际成本等于建造 5 间车库的总成本 68 000 美元与建造 4 间车库的总成本 62 000美元之差,即第 5 间车库的边际成本为 6 000 美元。图 7-3 包含了三种曲线——总成本曲线、平均成本曲线及边际成本曲线。TC 曲线一般是随企业产出的增加逐渐上升的。毕竟,艾尔公司不可能指望建造 8 间车库的成本比建造 5 间、6 间或 7 间的成本低。AC 曲线和 MC 曲线都是近似 U 形——先下降,后逐渐上升,我们在本章的后面将研究 U 形的形成原因及含义。

至此,我们只考虑了艾尔公司的可变成本,或者说取决于其车库产出量的成本,这就是为什么这些成本在表中和图中被称为"可变的"。但是诸如它花费的办公室租金

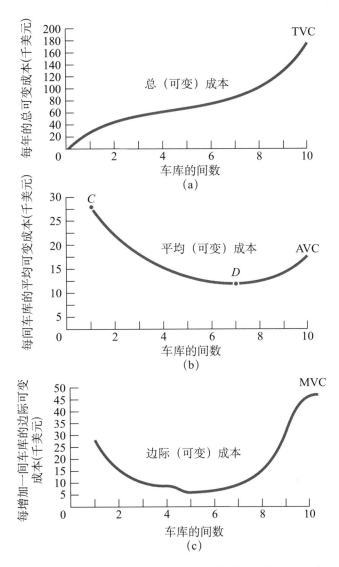

图 7-3 艾尔公司的总可变成本、平均可变成本及边际可变成本

注：数量单位为间/年。

等固定成本仍然存在，即无论它建造多少间车库，至少在某种限度内，这种成本的总量是不变的。当然，艾尔公司无法免费获得这种固定成本投入。这种成本是一个常量——是非零的正数。

总固定成本与平均固定成本曲线 尽管可变成本只是合起来的总成本的一部分（总成本包括固定成本和可变成本），包含两种成本在内的总成本曲线和平均成本曲线仍具有图 7-3 所显示的一般形状。相比之下，总固定成本曲线（TFC）与平均固定成本曲线（AFC）的形状却大有改变，见图 7-4。根据定义，无论公司的产量如何，TFC 都是不变的——除非它不生产任何东西。总之，任何 TFC 曲线都是与图 7-4(a) 中所示类似的水平线。在任意产出水平上，它都是等高的。

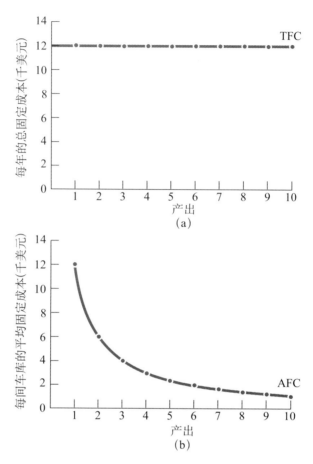

图 7-4　固定成本：总固定成本和平均固定成本

注：产出是每年的车库数。

然而平均固定成本却是随产出的增加而减少的，因为 AFC（等于 TFC/Q）（其中 Q 表示产出量）在 TFC 一定时，是随产出（分母）的增加而下降的。商人习惯于用另一种方式解释：产出的增加使固定成本在更多单位产品上分配（通常被称为"间接成本"），这意味着各单位承担的量将减少。例如，假定艾尔公司每年需要 12 000 美元的总固定成本。当它仅建造两间车库时，总固定成本 12 000 美元必然得由这两间车库分摊，即平均固定成本为 6 000 美元/间。但若它建造了 3 间车库，那么每间车库的固定成本便降至 4 000 美元＝12 000 美元/3（见表 7-4）。

AFC 永远不可能为 0。即使艾尔公司每年建造 100 万间车库，每间车库仍得分摊 TFC 的一百万分之一——它仍然是一个正数（尽管很小）。于是，随着产出的增加，AFC 曲线将逐渐降低，逐渐向横轴靠近却始终不相交，如图 7-4(b) 所示。

最后，我们指出边际固定成本的一个非常简单的性质：边际固定成本总是为 0。根据艾尔公司和房东所签订的租约，固定成本为 12 000 美元，多建造一间车库并不会增加它的年租。从另一个角度来看，由于总固定成本保持 12 000 美元不变，无论车库的产出如何变化，边际固定成本，比如第 5 间车库的固定成本是等于 5 间车库的总固定成本减去 4 间车库的总固定成本＝12 000 美元－12 000 美元＝0。

表 7-4　艾尔公司的固定成本

（1）车库的间数	（2）总固定成本（千美元/年）	（3）边际固定成本	（4）平均固定成本（千美元/间）
0	12	0	—
1	12	0	12
2	12	0	6
3	12	0	4
4	12	0	3
5	12	0	2.4
6	12	0	2
7	12	0	1.7
8	12	0	1.5
9	12	0	1.33
10	12		1.2

将成本划分为固定成本(FC)和可变成本(VC)之后,我们可以将总平均成本及边际成本的关系表达如下:

$$TC = TFC + TVC$$
$$AC = AFC + AVC$$
$$MC = MFC + MVC = 0 + MVC = MVC$$

7.4.2　边际生产率递减法则与 U 形平均成本曲线

前述关于固定成本及可变成本的讨论使我们得以了解平均成本曲线的形状以及它的 U 形所暗示的生产含义。曲线的典型形态是如图 7-3(b)所示的近似 U 形:曲线的左半部分是向下倾斜的,右半部分则是向上倾斜的。曲线左半部分平均成本随产出的增加而下降的原因有两个。

第一个原因非常符合直觉,与平均成本中固定成本随产出增加而使分配单位增加的特性有关。正如图 7-4(b)所示,随着产出的增加,平均固定成本曲线总是下降的,且在 AFC 曲线左半部分的末端下降幅度非常大。由于平均成本等于平均固定成本加上平均可变成本(AVC),几乎任何产品的 AC 曲线都包含固定成本(AFC)的部分,而平均固定成本起初随产出的增加下降得非常迅速。因此,产出增加使固定成本分配的单位增加,任何产品的平均成本曲线都应该有如图 7-3(b) CD 段所示的负斜率部分,它表现了平均成本递减的特征。

平均成本曲线有一段斜率为负的第二个原因与投入比例的变化有关。企业在增加某一投入量并保持其他投入量不变时,边际物质产品关系告诉我们,边际物质产品起初会上升。因此,平均成本将下降。例如,若艾尔公司使用木工的比例远远小于其他投入,那么木工雇佣量的增加在起初会使产出的增量递增(图 7-2 中左边木工边际物质产量递增的区域)。随着产量的增加,产出的平均成本将下降。

现在注意图7-3(b)中点 D 右边的任意一点。在曲线的这一部分,随着产出增加,平均成本也上升。为什么在曲线的这一部分平均成本的递减结束了呢？尽管在我们的简单例子中它似乎显得并不怎么重要,但是在现实生活中,递增的管理成本是使平均成本上升的一个主要来源。大的规模使企业的运作更为复杂。大型企业的管理相对而言更官僚、更没有人情味,成本也更高。随着企业规模逐渐扩大并失去了最高管理者的个人参与,官僚成本最终不成比例地上升。一般来说,这种变化最终将导致平均成本上升。

平均成本停止下降并开始上升的产出水平在不同的产业中也各不相同。在其他条件不变的情况下,固定成本的相对规模越大,转折点发生的产出水平就越高。[1] 例如,汽车生产转折点所处的产出水平比农业的更高,这也是几乎所有农场的规模都不及最小的汽车制造厂的原因。汽车制造厂的规模必须比农场大的原因是汽车生产的固定成本远比农业高,因此将固定成本分配于递增的产出单位使汽车制造的平均成本下降的时间比农业更长。因此,尽管两个产业中的企业可能都具有U形平均成本曲线,但汽车生产的U形的底部所处的产量远远大于农业。

一般企业的平均成本曲线都是U形的。我们可以将其向下倾斜的部分归功于边际物质产品的递增以及企业可以将其固定成本分摊给更多的产出数量上。同理,我们也能将曲线向上倾斜的部分主要归因于管理成本随公司规模扩大的不成比例增长。

7.4.3 短期和长期的平均成本曲线

在本章开始的部分,我们发现有些投入是可变的,而有些是事先确定的,这取决于相关的时间范围。由此可得：

平均成本曲线(及边际成本曲线与总成本曲线)取决于企业计划的时间长短——当其制订计划时对未来考虑多远。长期平均(及总)成本曲线与短期不同,因为在长期中,投入数量一般都是可变的。

其实,对短期平均成本和长期平均成本曲线的关系,我们可以说得更具体一些。以 Naomi 的家禽农场的生产量为例。在短期内,她可以选择的只是增加塞进鸡笼中鸡的数量。当然,她也可以不断地建造更多的鸡笼。然而,若鸡笼比她需要的大,她便不能轻易撤回她花费在这些多余空间上的资金。但在长期中,鸡笼年久失修需要更换时,她便可以选择不同大小的新鸡笼。

若 Naomi 造了一个较小的鸡笼,那么她的平均成本曲线就如图7-5中的 SL 所示。这表明,若她惊喜地发现鸡肉的销售量增加到了每周100磅,平均成本将变为每磅鸡肉0.40美元(点 V)。此时她可能希望自己修建的鸡笼更大一些,平均成本曲线变为 BG，

---

[1] 经验证据肯定了这项观点,尽管它意味着U形的底部通常是长而平的。即一个相当大范围的产出水平都介于递减和递增的平均成本之间。在这个中间区域内,平均成本曲线是近似水平的,这意味着在这个区间里,平均成本并不随产出的增加而增加。

这样每磅鸡肉的成本可以降至 0.35 美元(点 W)。但在短期内,她不能对这项决策采取任何措施;平均成本曲线仍保持在 SL 不变。同理,若她建造的是较大的鸡笼,短期平均成本曲线将为 BG,而即便她的销售量有大幅度的下降,农场仍需保持这个成本曲线不变。

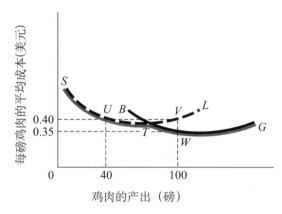

图 7-5　短期和长期平均成本曲线

在长期中,Naomi 必定更换鸡笼,她可以自由地重新决定鸡笼的大小。若她希望鸡肉的销售量达到每周 100 磅,那么她将建造较大的鸡笼,使每磅鸡肉的成本变为 0.35 美元(点 W)。若她只希望鸡肉的销售量达到每周 40 磅,她将建造较小的鸡笼,使每磅鸡肉的成本变为 0.40 美元(点 U)。

总之,在长期中,企业将选择能最为经济地生产它希望的产出水平的工厂规模(即短期平均成本曲线)。于是,所有短期平均成本曲线的最低点构成了长期平均成本曲线。在图 7-5 中,这条复合曲线用曲线 STG 表示。长期平均成本曲线表现了对应于各种产出水平的可能的最低短期平均成本。

7.5　规模经济

我们现在已经将分析本章开始时提出问题所需的所有基本工具都集中到了一起。为解答"大企业能从规模经济——使它比小企业更高效运作——中获益吗?"这一问题,我们需要这一概念的准确定义。

> 当所有投入的数量增加 $X\%$,而产出的增加大于 $X\%$ 时,生产就被称为具有**规模经济**,或说是**规模报酬递增**的。

企业的运营规模是由其使用各种投入的数量形成的。考虑企业将经营规模扩大一倍的情况。假定艾尔公司预备加倍雇用木工,加倍使用木材、工具以及其他投入。假定车库的建造数量由 12 间增至 26 间,即产出增加大于一倍。由于产出的增长百分比大于每一种投入的增长百分比,因此至少在这个投入和产量范围内,艾尔公司的生产被称为**规模报酬递增(或规模经济)**(increasing returns to scale or economies of scale)。

规模经济影响着许多现代产业的运作。在它存在的地方,它会使大企业比小企业更具成本优势,从而促进企业扩大其规模。汽车制造业和电信产业便是享受显著规模经济的两个典型实例。可以说,这些产业中的企业确实很庞大。

技术往往决定了某特定经济行为是否具有规模经济的特征。这种情况发生的一个典型实例就是仓库空间问题。假想有两间立方体形的仓库,且 2 号仓库的长、宽、高都是 1 号仓库的 2 倍。现在请回忆高中所学的几何知识。立方体任何一面的表面积均等于其长度的平方。因此,建造 2 号仓库所需的原材料将为 2^2,即 1 号仓库所需原材料的 4 倍。但是,由于立方体的容积等于其长度的立方,2 号仓库的容积将为 1 号仓库的 2^3,或 8 倍。因此,在一个立方形建筑里,4 倍的投入将使储存容量增至 8 倍——这是规模报酬递增很明显的一个实例。

当然,这个例子是过于简化的,它忽略了更高的建筑需要更强的地基,移动库存时难度增加等诸如此类的因素。但基本观念仍是正确的,而且此例也从某种程度上证明了为何仓库的自身性质产生了导致规模经济的技术关系。

尽管我们对规模经济的定义是建立在生产类型的基础上的,但它仍与长期平均成本曲线有着密切的联系。请注意,根据定义,各项投入的加倍使用都必须带来多于两倍的产出。若所有投入量都加倍,总成本必然也会加倍。但若投入加倍而产出多于原来的两倍,那么单位成本(平均成本)必然会下降。换言之:

> 规模经济的生产关系使长期平均成本曲线随产出的增加而下降。

图 7-6(a)描绘了一条平均成本递减的曲线,但这仅仅是长期平均成本曲线三种可能性中的一种。图(b)显示规模报酬不变的曲线。此时,若所有投入量都加倍,总成本(TC)和产出量(Q)都会加倍,因此平均成本(AC = TC/Q)保持不变。还有第三种可能性。当所有投入加倍时,产出还可能增加不足一倍。这种规模报酬递减的情况产生一条如图(c)中所示的向上的长期平均成本曲线。此图清晰地将 AC 曲线的斜率与公司的规模报酬性质之间的密切关系显示了出来。

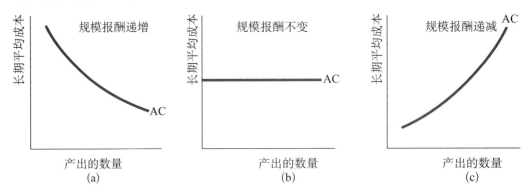

图 7-6 长期平均成本曲线的三种可能的形状

请注意,同一生产函数可以在某一区间显示递增的规模报酬,某一区间显示不变的规模报酬,某一区间显示递减的规模报酬。所有我们所示的 U 形平均成本曲线都具有这样的特点,如图 7-3(b)所示。

7.5.1 报酬递减"法则"与规模报酬

在本章前面的内容里,我们讨论了边际报酬递减法则。规模经济与报酬递减现象有关吗?初看这两个概念似乎是相互矛盾的。毕竟,如果某生产者从她逐渐递增的投入中获得的报酬是递减的,难道不就能得出增加每一种投入的使用都会使她遇到递减的规模报酬的结论吗?事实上,这两个原理并不相互矛盾,因为它们对应根本不同的问题。

- **单项投入的报酬** 这个分析针对的问题是,保持其他投入量不变,企业仅增加某一项投入将使产出增加多少。
- **规模报酬** 此处针对的问题是,若所有投入同时增加相同的百分比,产出量将增加多少。

报酬递减"法则"属于第一个问题的范畴,因为它研究的是一次仅改变一种投入的影响。当这种投入变得相对于其他投入丰富时,企业很可能面临报酬递减。因此,假如木工工时的增量相对给定的木材量过大,那么这对车库总建造量几乎没有帮助,从而产生递减的报酬。为了从追加雇用的木工中获得最大的收益,企业有必要获取更多的工具和原材料。

规模报酬则属于第二个问题的范畴,它研究所有投入都成比例增加时的影响。若艾尔公司把木工工时和所有其他投入都加倍,那么木工便不再多余。但仅增加一种投入而不扩张任何另一种投入,显然会使扩张的投入面临过剩的威胁,即使是在同时扩张所有投入时会导致产出有大的增加的工厂也是如此。因此,报酬递减"法则"(对一种投入)与任何一种规模报酬都是协调一致的。总而言之:

> 规模报酬和一种投入的报酬(保持其他投入不变)分别针对企业技术的两个不同方面。具有单项投入报酬递减特征的生产函数在所有投入成比例增加时可能会显示出递减、不变,或递增的规模报酬。

7.5.2 历史成本与分析成本曲线

在第 5 章中,我们提到一条需求曲线上所有的点都属于同一时段。在分析给定时段的最优决策时,决策者必须使用统一的时段,因为需求曲线描述的是某一给定时段内的各种可能的选择。成本曲线也是如此。成本曲线上所有的点都属于同一时段,因为图形研究的是企业在此时段内能够选择的各种产出水平所对应的成本,从而能够提供比较不同选择及其结果的信息,并制定出该时段的最优决策。

因此,不同时点上有关价格与数量的历史数据图往往不能成为决策者需要的成本曲线。这一观察结果将帮助我们解决本章开始所提出的问题,即递减的历史成本是否能成为决定企业最优规模的规模经济的依据。

> 经济分析中所使用的成本曲线上的任意一点都属于同一时段。

例如,汽车制造商成本曲线上的一点可能代表的是 2005 年此公司生产 250 万辆汽车的成本,同一曲线上的另一点可能为同年若生产300万辆汽车所需要的成本。这样的曲线被称为分析成本曲线,或在没有其他混淆因素时简称为成本曲线。这条曲线必须与历史成本图区分开来,历史成本图表现的是成本是如何逐年变化的。

分析成本曲线上的不同点表现同一时段内各种可选择的可能性。在2005年,汽车制造商既可以生产250万辆汽车,也可以生产300万辆汽车(或其他数量),但不可能两者同时生产。因此,成本曲线上至多只有一点能被实现。公司很可能在2005年生产250万辆汽车,而在2006年生产300万辆,但2006年的数据却不再对应2005年的成本曲线,因为该曲线是用来分析2005年的产出决策的。到2006年来临时,成本曲线可能已经发生了变动,因此2006年的成本数据将不再与2005年的成本曲线相符。

另一个不同种类的图形能显示成本和产出是如何逐年变化的,这样的图形将不同时段的统计数据集中在一起,但它不是经济学家所使用的成本曲线。

为什么经济学家极少使用历史成本图而是多用更抽象、更难解释、更不易做统计估计的分析成本曲线呢?答案是,对实际政策问题的分析——比如整个电信服务市场只有唯一供给商恰当与否——没有留给我们任何选择的余地。理性决策需要分析成本曲线。让我们来看看为什么。

难题解答:规模经济之谜

请回想一下本章开始时我们提出的问题。我们已研究过AT&T的解体并得出结论:要决定拆分这种大型公司是否有意义,经济学家必须了解此产业是否处于规模经济。被当作证据提供的是一张图,该图表明在1942年后随着通信量增加,长途通信的资本成本显著下降了。但我们仍未解答一个更重要的问题:为何这一信息不能成为规模经济存在或不存在的合法证据呢?

正如本节内容所述,为确定2007年一家大型企业是否能以比众多小型企业更低的成本提供电话服务,我们必须比较2007年大规模生产和小规模生产的成本。比较大供应商在2007年的成本及其在1942年本身规模还较小时的成本是毫无价值的,因为它不能提供需要的信息。1942年的情况与现今大小规模供应商之间的选择是无关的,因为没有任何小型企业会继续沿用1942年的陈旧技术。

从20世纪40年代至今,巨大的技术进步已使电信工业由原来的露天电线电路发展到微波通信系统、通信卫星、高承载同轴电缆,以及光纤。因此,电信产业的整个分析成本曲线逐年以相当可观的幅度向下移动。创新不仅降低了大规模运营的成本,而且降低了小规模运营的成本。只有决策者将现今大型供应商和小型供应商的生产成本相比较之后,才能在单个企业和多个企业间做出理性选择。只有所有点都处于同一时段的分析成本曲线才能提供这种信息。

图7-7和图7-8表现了两种极端的假设情况,其中一种表现规模经济,另一种则不是。它们都以相同的且成本迅速递减的历史成本数据(黑色)为基础。它们还分别表示了1942年和2007年两种可能的平均成本曲线。

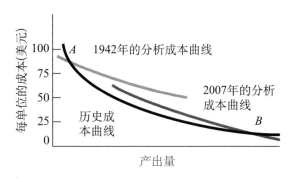

图 7-7　递减的历史成本曲线和各年递减的分析平均成本曲线

在图 7-7 中,由于技术进步使所有成本减小,分析成本曲线自 1942 年至 2005 年下移幅度很大。此外,两条成本曲线都向右下方倾斜,表明无论哪一年内,较大的企业平均成本总是较低。因此,图 7-7 所示的情况的确是一种规模经济,故较大的企业相对小企业更能以低成本满足市场。

现在请看图 7-8,图中的历史成本曲线与图 7-7 完全相同。但此时,两条分析成本曲线都是 U 形的。特别地,2007 年的成本曲线在产出水平 A 处对应着最低成本,是现有产出 B 处的二分之一,而 B 处对应着更大的供应商。因此,分析成本曲线的形状并未显示规模经济。即在图 7-8 所示的情况中,一个较小的企业的生产成本比大企业更低。此时,尽管历史成本下降的趋势非常大,任何人都不能因单个大企业的成本更低来证实它垄断市场是合理的。

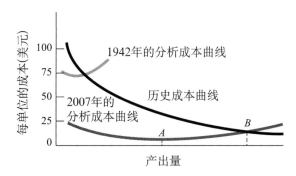

图 7-8　递减的历史成本曲线和各年 U 形的分析成本曲线

总之,历史成本无法反映单个大企业的成本优势或劣势。更一般来说:

> 由于历史成本曲线比较的不是大企业和小企业在同一时点上的成本,因此它不能用于决定一个产业是否具有大规模生产经济。只有分析成本曲线才能提供这种信息。

在电话服务一例中,一些估计表明大规模生产经济确实存在。可能正是因为这种影响,贝尔电话系统解体后 20 年,提供长途电信服务的企业一般仍然保持着非常大的规模,其中以 AT&T、MCI 和 Sprint 等公司为主导[1],此外还有六七家较小的公司也在这

---

[1] Federal Communications Commission, Industry Analysis and Technology Division, Wireline Competition Bureau, *Trends in Telephone Service*, May 2004, http://www.fcc.gov.

一领域竞争。具有讽刺意味的是,因1982年法院宣判从AT&T中分离出的一些"子贝尔"的本地电话公司重新联合起来了,其他的也正在寻求合并以获得大规模的成本及其他方面的优势。

7.5.3 理论与实际中的成本最小化

假若你试图自立门户开一家公司,我们确信你已知道如何使成本最小化,但是我们还应该指出企业决策的复杂程度远远超过我们在此的讨论。企业经理鲜少知道他的边际产品曲线的确切形状,或其成本曲线的准确性质。也没有人能写一本介绍企业迅速成功秘诀的指导书。我们在此说明的仅仅是指导我们做出较好决策的一系列基本原理。

企业管理被描述为一门在信息不充分的基础上做出重大决策的艺术,而我们所生活的复杂而多变的世界往往没有留给人们其他选择的余地,除了做出有根据的猜测。实际的企业决策至多只能与本章中概述的理想的成本最小化相近。当然,实际中经理也会犯错误,但是,当他们能很好地完成工作,且市场体系运作顺畅时,这种近似可能相当惊人地好。尽管没有任何体系是完美的,但促使企业以尽可能低的成本生产,毫无疑问是市场体系做得最好的工作之一。

政策争论

供给西部农场的水应该以补贴价格出售吗?

美国西部农场主的用水量非常大。由于该地区大部分地方的气候高度沙漠化,农业必须进行人工灌溉——实际上,水是非常重要的。例如,在加利福尼亚,农场主每年要使用3 000万英亩英尺的水量来灌溉他们的农作物(差不多100亿加仑)——相当于该州80%的供应水量。但是,西部农场主和农场经营者一直享受低价用水的优惠。例如,政府人为地将农业用水的价格控制得很低,因此,加州农场主只需支付城市居民支付水费的很小一部分。即便在旱季,加州农场主仍能继续使用大量的水,而城市居却不得不定量配给。

这种情况引发了农场主与环境保护主义者之间的激烈争论。毫无疑问,美国西部各州的水资源是相当匮乏的,再加上人口的增加,预计还有占相当比例的地方会有缺水隐忧。显然,农场主支付的水费远远低于其真实的边际成本,尤其是因为其成本包含非常高的机会成本——由于农业用水过度而必须放弃的其他用水的价值。

根据本章的分析显示,某种投入价格低会使生产者增加对它的使用,而且毫无疑问,水的低价导致西部农场主对它的消费增加。环境保护主义者和经济学家都认为,西部用水的价格应该与其真实的边际成本相等。事实上,他们建议说,在这样的价格水平上,所有的短缺都可能会消失。

另一方面,农场主们争论道,长期经验表明他们应该继续享有低廉的水价,而且过去的低价促使他们大量投入农业财产,所以价格上涨就等价于没收他们的投资。然而事实上,最近的水价小幅上涨鼓励了农民去寻找节约用水的方法,如滴水灌溉法,甚至有一些农民现在都急切想将剩余的水资源出售给加州城市地区。加州水利当局正在寻求为农民、城市居民及私营企业建立这样一个买卖水资源的市场。这表明更高的价格有时也会有利于社会，但它同时也说明相关人员的公平性问题如何随之产生。

资料来源：Dean E. Murphy, "Water Contract Renewals Stir Debate Between Environmentalists and Farmers in California," *The New York Times*, December 15, 2004, A. 22; James Flanigan, "Creating a Free-Flowing Market to Buy, Sell Water," *Los Angeles Times*, October 24, 2001, www. latimes. com; "California's Economy: The Real Trouble," *The Economist*, July 28, 2001, p. 31; California Department of Water Resources, http://www. owue. water. ca. gov.

小结 »»»

1. 企业的总成本曲线表示的是它生产任意给定量产出时可能的最低成本。这条曲线是由企业用于生产给定产出的投入组合及投入价格推导得到的。

2. 一种投入的**边际物质产品**(MPP)是指保持其他投入数量不变时，增加一单位这种投入能获得的总产出的增加。

3. 边际报酬递减"法则"表明，若企业增加某一投入量(保持其他投入量不变)，增加投入的边际物质产品是递减的。

4. 为使利润最大化，企业对一种投入的购买量必须增至递减的报酬使它的**边际收益产品**(MRP)降至其价格($P = $ MRP $ = $ MPP $\times$ 价格)水平。

5. 平均可变成本曲线和边际可变成本曲线趋向于 U 形，这表明这些成本在某一产出水平前下降，然后在更高的产出水平上上升。

6. **长期**是指企业的工厂获得替代更新并且所有现有合约都过期的一段足够长的时期。短期是比长期短的任何时期。

7. **固定成本**是不随产出的增加而总量变化的成本。其他所有成本都称为**可变成本**。有些成本在长期中是可变的，而在短期中不可变。

8. 在所有产出水平下，总固定成本(TFC)曲线都是水平的，平均固定成本(AFC)曲线向横轴下降，趋近于横轴但从不相交。

9. TC $=$ TFC $+$ TVC；AC $=$ AFC $+$ AVC；MFC $= 0$

10. 用一种较多的投入替代另一种较少的投入这样不同的组合方式生产同样的产出量总是可行的。企业往往会选择成本最小的方式来生产给定的产出。

11. 试图使成本最小化的企业将选择使各种投入的边际收益产品与其价格之比——每一美元的边际收益产品——都相等时的投入量。

12. 若企业投入加倍使其产出也加倍，那么称此企业是规模报酬不变的。若投入加倍使产出增加多于一倍，那么该企业是**规模报酬递增(或规模经济)**的。若投入加倍使产出增加少于一倍，那么它就是规模报酬递减的。

13. 若规模报酬递增，企业的长期平均成本便递减；规模报酬不变对应着不变的长期平均成本；规模报酬递减对应着递增的长期平均成本。

14. 经济学家不能简单地通过观察历史成本曲线来断定一个产业是否处于规模经济(规模报酬递增)。只有分析成本曲线才能提供这类信息。

关键词

短期　　　　　　　　　　长期　　　　　　　　　　固定成本
可变成本　　　　　　　　总物质产品(TPP)　　　　平均物质产品(APP)
边际物质产品(MPP)　　　边际收益产品(MRP)　　　规模经济(规模报酬递增)

自测题

1. 劳动价格为12美元/小时。9名工人每小时能生产180蒲式耳产品,而10名工人每小时生产196蒲式耳。土地的年租为1 200美元/英亩。9名工人耕种10英亩地,每亩地每年的边际物质产品为1 400蒲式耳。雇用9名工人并租用10英亩土地能使农场主的成本最小吗?若不能,他应该增大哪种投入的相对使用量?

2. 假定艾尔公司的总成本在各产出水平上的年增量为5 000美元。用表7-2说明这种变化是如何影响它的总成本和平均成本的。

3. 若某艾尔公司用作投入的每加仑油的边际收益产品为2.20美元,而油的价格为2.07美元/加仑,企业如何才能增加其利润?

4. 某企业雇用了两名职工,且每季租用15英亩土地,它生产150 000蒲式耳庄稼。若它把劳动和土地都加倍,产量将变为325 000蒲式耳。请问它具有不变、递减,还是递增的规模报酬?

5. 假定人均工资为20 000美元每季,而每英亩土地的季租为3 000美元。请根据自测题4中的数据,计算150 000蒲式耳的平均成本和325 000蒲式耳的平均成本。(请注意,产出增加时,平均成本也会增加。)这些数据与企业的规模报酬有何联系?

6. Naomi存储了许多鸡饲料。假定现在她购买了更多的鸡,但没有购买更多鸡饲料,并将饲料在更大数量的鸡之间平均分配。饲料的边际物质产品会发生怎样的变化呢?投入比例因此对边际物质产品有怎样的影响呢?

7. 请从自测题9和10所提供的数据中,分别计算从1到6单位产出水平的总成本和平均成本,并画出两条曲线。

数量	总可变成本(美元)
1	40 000
2	80 000
3	120 000
4	176 000
5	240 000
6	360 000

8. 若某企业在2008年的合约包括:机械设备5年内更换,厂房租期12年,以及写明3年内必须雇用的工人数量的工会合约,那么,从2008年的角度看来,企业的长期从何时开始?

9. 某企业的总固定成本为360 000美元。请建立一张表格给出产出水平由0到6变化时的总固定成本和平均固定成本,并画出相应的TFC和AFC曲线。

10. 如自测题 7 中的表格所示,计算企业的平均可变成本和边际可变成本,并画出 TVC、AVC 及 MVC 的图。为何 MVC 与 MC 是相同的呢?

讨论题

1. 假设某企业经历其产品需求的突然增加,在短期内,它必须加长营运时间并支付更高的加班工资以满足新的需求。在长期中,企业可以安装更多机器而不是用较少的机器延长工时。你认为短期和长期增加产出的平均成本哪个更低?如果长期平均成本包括企业购买的新机器,而短期平均成本不包含机器购买费用,这一事实对你的答案有何影响?

附录 生产无差异曲线

为了描述一个生产函数——企业的总产出大小与投入组合之间的关系——经济学家们使用一种称为**生产无差异曲线**(production indifference curve)的图形工具。每一条无差异曲线代表的是恰好能够生产某一给定产出量的投入数量的全部组合;因而,每一种可能的产出量都有一条不同的无差异曲线与之相对应。这些生产无差异曲线与第 5 章附录中讨论的消费无差异曲线完全相似。

一条生产无差异曲线有时也称为等产量曲线(isoquant),表示的是刚好足以生产一给定产出量的两种投入所有不同的数量组合。

图 7-9 表示能够生产给定小麦数量的劳动和资本的不同数量。图中给出了三条无差异曲线:一条是生产 220 000 蒲式耳小麦,一条是 240 000 蒲式耳,一条则是 260 000 蒲式耳。标有 220 000 蒲式耳的无差异曲线表明,使用该曲线上的点代表的任一投入组合,企业都能生产出 220 000 蒲式耳小麦。例如,它可利用 10 年劳动和 200 英亩土地(A 点)或同一曲线上 B 点表示的劳动—土地组合。由于 A 点位于 B 点右下方,所以它代表的是一种使用更多的劳动和更少的土地的生产过程。

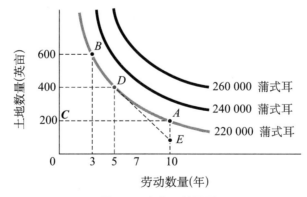

图 7-9 生产无差异图

点 A 和点 B 在技术上可以被认为是无差异的,因为它们代表的是恰好能生产同一数量的最终产品的两种不同的投入组合,但是这个意义上的"无差异"一词并不是意味着生产者不能在 A、B 两个投入组合中做出选择,投入价格会让生产者做出抉择。

如图 7-9 所示的生产无差异曲线说明了每一种投入组合能生产多少产出。由于生产无差异曲线是在二维图中画出的,它们只能同时代表两种投入。在更现实的情况中,企业很可能需要两种以上的投入,所以,为研究这一问题,经济学家必须进行代数分析。但即便如此,我们分析这种情况所需的所有原理都可以从双变量的例子中获得。

生产无差异曲线或等产量曲线的特征

在讨论投入价格和产量决策之前,我们先研究生产无差异曲线的形状特征。

特征1:曲线位置越高,对应的产出越大。位置高的无差异曲线上的点代表的两种投入的数量大于低的无差异曲线上的点。因此,曲线越高代表的产出越大。

特征2:无差异曲线一般具有负斜率,当我们向右移时,曲线向下倾斜。这样,如果企业减少一种投入使用量却又不想降低产出,那它就必须增加另一种投入的使用量。

特征3:一般假设无差异曲线在中间凸向原点,这一形状反映的是单一投入的边际报酬递减"法则"。例如,在图7-9中的 B、D 和 A 点分别代表的是生产同一产量的三种不同的投入组合。在 B 点企业使用了大量的土地和相对少量的劳动,而在 A 点情况恰好相反,D 点则位于两者之间。

现在让我们考虑在这些投入组合中做出选择。当农场主想从 B 点移至 D 点,他就要放弃200英亩土地而增加雇用2年的劳动。类似地,从 D 点移至 A 点就要放弃另外200英亩土地。但这一次,增加雇用2年的劳动还不足以补偿减少的土地。当农场主雇用越来越多的工人来代替越来越多的土地时,劳动报酬递减就意味着农场主现在需要增加更多的劳动——5年的劳动,而不是2年的劳动——来代替减少的土地。如果报酬不递减,无差异曲线将会是一条直线,DE。通过 D 点和 A 点的无差异曲线的弯度体现的是替代投入的报酬递减。

投入组合选择

生产无差异曲线描述的仅仅是能生产给定产出的投入组合,它体现的仅是技术上的可能性,要决定哪一个可能的选择最适合其目的,企业还需要相应的成本信息:投入的相对价格。

图7-10中**预算线**(budget line)代表了给一个企业带来相同成本的全部投入组合。例如,如果农场工人每年的酬劳为9 000美元,土地的租金每年每亩为1 000美元,那么支出360 000美元的农户可以雇用40名农场工人,租用0英亩土地(K 点),或者他可以租用360英亩土地,却再没有钱来雇工人(J 点)。可以肯定,农户选择其预算线中间的一点并依此在两种投入之间分配360 000美元更为合理。预算线的斜率表示的是农场主想在不增加预算的条件下多雇用一名工人时他必须放弃的土地的数量。

预算线代表在投入价格既定时,生产者使用既定数量的货币所能购买到的每一种投入组合的所有的点的轨迹。

如果投入的价格不变,图中预算线的斜率不会有改变。一条预算线上的每一点的斜率都相等,而且360 000美元的预算线的斜率与400 000美元的预算线或其他任何支出水平的预算线的斜率都相同。如果雇用一个工人的价格是租一英亩土地的成本的9倍,那么农户必须少租9英亩土地才能多雇用1名工人而不会改变他在这两种投入上花费的总金额。因此,斜率是增加1名农场工人要放弃的土地的英亩数 = $-9/1 = -9$。

所以,如果投入价格既定,任何预算线的斜率就不会变,并且不同支出金额的不同预算线的斜率都是一样的。由此得出两个结论:(1)预算线都是直线,因为整条线上的斜率都是相同的。(2)图中的预算线都是平行的,因为它们都有相同的斜率,如图7-11所示。

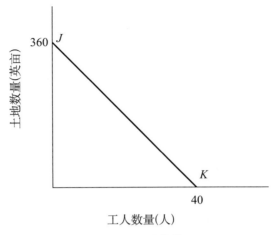

图 7-10　预算线

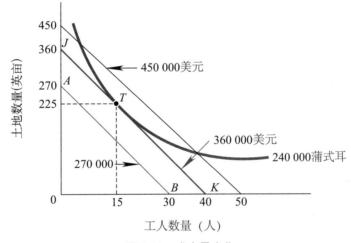

图 7-11　成本最小化

追求成本最小化的企业的预算不一定是固定不变的。它想要的是以尽可能少的预算来生产既定的产量（如 40 000 蒲式耳）。

图 7-11 把图 7-9 中生产 240 000 蒲式耳小麦的无差异曲线，同与图 7-10 中 JK 相似的一组预算线结合起来。企业的任务就是找到使它能达到 240 000 蒲式耳的无差异曲线的最低预算线。显然，270 000 美元的支出太少，预算线 AB 上任一点都无法生产出 240 000 蒲式耳小麦。同样，450 000 美元的支出又太多，因为企业能够更便宜地生产它的目标产出。结果是 T 点，在该点上，企业用 15 个工人和 225 英亩土地，生产 240 000 蒲式耳小麦。与相应无差异曲线相切的预算线，显然就是在无差异曲线的任何地方满足最低预算的曲线，因此，它代表着能生产出愿望产出的最低成本。总而言之：

　　以最低成本生产任一既定产出的方式是由预算线与生产该产出相对应的生产无差异
　　曲线的切点表示的。

成本最小化、扩展线及成本曲线

图 7-11 表明了如何决定生产 240 000 蒲式耳小麦的最低成本的投入组合。对其他任何产量，如

200 000 蒲式耳或 300 000 蒲式耳,农场主可以重复这一过程,在每种情况下,我们先画出相应的生产无差异曲线,然后找出能让农场主生产该产量的最低的预算线。例如,在图 7-12 中,预算线 BB 与 200 000 单位产出的无差异曲线相切,预算线 JK 与 240 000 蒲式耳的无差异曲线相切,而预算线 B′B′ 则与 300 000 单位产出的无差异曲线相切。这给了我们三个切点:S 给出了生产 200 000 蒲式耳产出的成本最低的投入组合;T 则是对 240 000 蒲式耳产出的成本最低的投入组合,而 S′ 代表的是生产 300 000 蒲式耳的成本最小的投入组合。

只要我们愿意,这一过程可以对其他许多产出水平重复,对每一个产出,我们画出它相应的生产无差异曲线并找出它与预算线的切点。图 7-12 中的 EE 曲线把所有成本最小的点连了起来,即它是 S、T、S′ 和所有其他生产无差异曲线和预算线的切点的轨迹。曲线 EE 称为企业的**扩展线**(expansion path)。

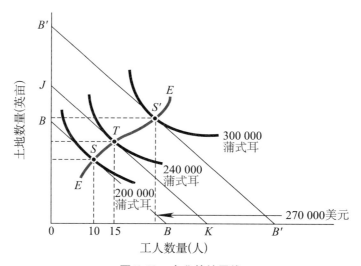

图 7-12 企业的扩展线

扩展线是企业生产所有相关产出水平的成本最小的投入组合的轨道。

图 7-11 中的 T 点表示出了产量(由通过该点的生产无差异曲线给出)和总成本(由相切的预算线给出)。同样,我们也能决定图 7-12 中扩展线 EE 上其他任意一点的产出和总成本。例如,在 S 点上,产出为 200 000 蒲式耳,总成本为 270 000 美元。这些数据恰好是我们找企业的总成本曲线所需的信息,即它们正好是表 7-3 所含的信息内容,而该表则是图 7-3 中的总成本曲线、平均成本曲线和边际成本曲线的来源。因此:

企业的生产无差异曲线和它的预算线的切点,构成了它的扩展线,扩展线表示的是企业生产每个相关产出时成本最小的投入组合。同时它也给出了扩展线上每一点的产出和总成本,这正是我们描绘企业的成本曲线所需的信息。

假设租地的成本上升而劳动的工资率下降,这些变化意味着预算线与图 7-11 中绘出的那些不同。具体地说,由于土地变得更贵,任何给定的金额只能租更少的土地,所以每条预算线在纵轴(土地)上的截距会下移。相反,劳动变便宜了,任何给定的金额能买到更多的劳动,因此预算线在横轴(劳动)上的截距会向右移。图 7-13 中画出的一组预算线,对应的土地租金为每英亩 1 500 美元,劳动的年工资率为 6 000 美元。如果要素价格发生改变,成本最小的投入组合通常会随之变化,在这幅图中,每英亩 1 500 美元的土地租金比 7-11 中的要高,而每年 6 000 美元的劳动成本比图 7-11 中的低。因此,这些预算线没有图 7-11 中的预算线陡,而此时的 E 点代表的是生产 240 000 蒲式耳小麦时成本最小的组合方式。

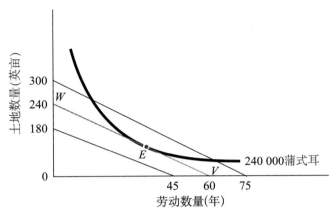

图 7-13　在不同投入价格组合下的最优投入选择

为了帮助大家弄清楚变化是如何发生的,图 7-14 把图 7-11 中的预算线 JK 和切点 T 与图 7-13 中的预算线 WV 和切点 E 放在同一幅图中,当土地租金上升和劳动工资下跌后,预算线(如 JK)比先前平坦一些(如 WV)。结果,生产 240 000 蒲式耳时成本最小的点从 T 点变到 E 点,而在 E 点上,农场主使用更多的劳动和更少的土地。如常识所指,当一种要素的价格相对另一种要素的价格上升时,企业减少使用更贵的要素而增加使用另一种要素将会更合算。

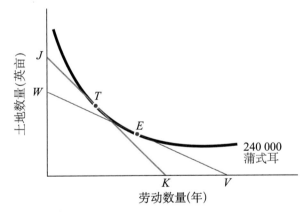

图 7-14　投入价格变化如何影响投入组合比例

一种要素的价格变化除了会引起一种要素替代另一种要素,还会促使企业改变其产出水平,我们将在下一章讨论这一问题。

小结　▶▶▶

1. 一种生产关系可由一组**生产无差异曲线**描述,每条生产无差异曲线代表了能够生产某一给定产出量的所有投入组合。

2. 只要每种投入的边际物质产品为正,生产无差异曲线就会具有负的斜率,而且曲线的位置越高代表的产出量越大,由于收益递减,这些曲线在中间弯向原点。

3. 任一给定产出的最优投入组合是由**预算线**与相应的生产无差异曲线的切点表示的。

4. 企业的**扩展线**表示的是,对它的每一种可能的产出水平,能够以最低成本生产这一产出的投入数量组合。

5. 每一产出水平的总成本可以从扩展线上的生产无差异曲线和预算线的切点获得，这些数字可以用来决定企业的总成本曲线、平均成本曲线和边际成本曲线。

6. 当投入价格变化时，企业通常会增加使用那种变得相对便宜的投入而减少使用那种变得相对昂贵的投入。

关键词

生产无差异曲线　　　　　预算线　　　　　扩展线

自测题

1. 自测题 2 中的企业扩展线的位置会怎样变化？

2. 自测题 3 中，假设工资涨到 20 美元/小时而胶水的价格升至 6 美元/加仑，那么 CCC 公司的最优投入比例会怎样变化？（用图形来解释你的答案。）

3. CCC 公司（Compound Consolidated Corporation）使用两种投入，劳动和胶水，生产盒子。如果劳动价格为 10 美元/小时，胶水为 5 美元/加仑，画出 CCC 公司总支出为 100 000 美元时的预算线，在同一张图中，描出一条生产无差异曲线，使其表示 CCC 公司用这么多支出能够生产出的盒子不超过 1 000 只。

第 8 章 产出、价格与利润：边际分析的重要性

商业是一项不错的游戏……你得用金钱来保持你的得分。

——诺兰·布什内尔（Nolan Busnell），
阿塔里游戏（ATARI）的创始人

假定你是一个电子游戏制作厂商的总裁。你最为重要的决策之一是应生产多少电子游戏，以及按什么价格销售，公司的所有者总是希望尽可能实现利润最大化。本章要讨论的就是能达成这个目标的决策所依据的基本原理。

在本章中，我们将结束对微观经济学的基本构成的讨论。第 5 章和第 6 章讨论的是消费者行为。第 7 章介绍了微观经济学中的另一个主要的参与者——企业。企业有两个主要任务：首先是有效率地生产其产品；其次是销售其产品并保证有利润。第 7 章描述了生产决策，并且证明这一过程获得了成本数据。在这一章我们很快会看到，这一成本信息正是企业管理者在市场条件许可的情况下，以利润最大化为目标决定企业产品的价格和数量所需要的。

在整个第二部分中，我们已经描述了企业和消费者是如何做出最优决策的，即在给定环境中，为尽可能达到消费者和生产者各自的目标，他们所能做出的决策。在本章中，我们将继续假定企业首先是追求利润最大化的，正如消费者追求效用最大化一样。可以参见下页的专栏"企业确实使利润最大化了吗？"，该文讨论了企业的其他目标。

> **最优决策**是所有可行决策中能最好地达到决策者目标的那一个。例如，如果企业的唯一目标就是获得利润，那么使企业利润最大的价格便是该公司的最优决策。

在前面三章中，边际分析帮助我们决定了是什么构成了一个**最优决策**（optimal decision）。由于这种分析方法非常有效，本章将总结归纳我们所研究过的边际分析方法，并说明如何在其他许多需要决定最优的情况中应用这种分析方法。

边际分析推出了一些出人意料的结论，证明"常识"有时具有很大的误导性。此处便有一例。假定一个企业的租金或其他固定成本骤涨。这家企业应该如何反应呢？某些人认为它应该提高其产品的价格以弥补租金的增加；

其他人则认为它应该降低产品价格从而增加销售量来补偿租金的增加。本章中我们将了解到，两种答案都是不正确的！一个面临租金上涨的以利润最大化为目标的企业，为了阻止其净收益下降，就既不应该涨价也不应该降价。

专栏

企业确实使其利润最大化了吗？

很自然的，许多人对企业是否真的只追求利润最大化而不顾所有的其他目标这一点表示怀疑。其实，生意人也和其他人相同：它们的动机是多种多样且复杂的。在既定的选择下，许多经理可能会更想控制规模最大的企业而不是利润最高的企业。一些人可能狂热追求技术创新而增加研发费用，导致利润减少。一些人可能会在"行善"意愿的推动下将部分股东的钱捐献给医院和学校。同一企业的不同经理并不总能在目标上达成共识，因此，甚至谈论企业的目标可能都是毫无意义的。所以，任何试图将管理目标总结为单一形式（利润）的行为必定是一种过分简单化的做法。

除此之外，利润最大化的确切条件太难以满足了。为确定投资的数量，产品该如何定价，或广告的预算分配是多么，可选择的范围实在太大了。而且，各种可选择的相关信息都极不易于获得且成本很高。因此，比如，当某企业管理者决定 1 800 万美元的建设预算时，他很少把它的结果与其他所有可能的选择，比如 1 700 万美元或 1 900 万美元的预算会带来的结果进行比较。但是，除非对所有可行的可能性做比较，否则管理者便不能肯定他的选择能够带来最大可能的利润。

通常，管理者关心的是决策的结果是否可以被接受——其风险是否足够低，其利润是否足够高——从而使公司对结果满意。因此不能期望这样的分析会带来最大可能的利润，虽然这样的决策可能是好的，但一些尚未被发现的选择可能会更好。

只追求可接受结果的决策制定过程被称为令人满意的，区别于最优化的（利润最大化）。一些分析家，如诺贝尔奖获得者，卡内基—梅隆大学的赫伯特·西蒙（Herbert Simon），认为工业和政府的决策制定往往都是令人满意的。

即便这一主张是正确的，它也不能说明利润最大化是一个不好的假设。请回顾我们在第 1 章中对抽象和建模的讨论。即便我们知道并非所有的企业都总在追求利润最大化，我们也可以通过假定它们是以此为目标的，以便更好地了解企业行为。

难题：公司能以低于成本的价格销售获取利润吗？

价格与产出决策有时甚至会使最有经验的商人头痛不已。以下现实生活中的事例显示,企业以低于成本的价格销售也是可能获得利润的。①

在最近两个便携计算器制造商的一场法律争论中,公司 B 指控公司 A 以 12 美元的价格出售了 1 000 万台高级计算器,而 A 明明知道这种价格连成本都不足以补偿。B 宣称 A 继续这项行为只是为了把 B 驱逐出此行业。起初,公司 A 提供给法庭的档案似乎与公司 B 的指控相符。原材料、劳动、广告以及其他生产计算器的直接成本达到 10.30 美元/台。公司 A 的会计还把此产品在公司中的年管理费用所占的份额也计算了进去——诸如一般管理、研究等方面的费用——总共是 4.25 美元/台。12 美元的价格显然不能补偿每台计算器 14.55 美元的成本。然而经济学家却认为,公司 A 可以向法庭证明,在 10.30 美元/台的价格水平生产计算器对公司 A 而言是一种可获利的行为,从而使以毁灭公司 B 为唯一目的的结论失去了基础。在本章末,我们将解释为什么良好的基本直觉不一定是商业决策的最好指导,而边际分析又是如何帮助解决这类问题的。

8.1 价格与数量:是同一个决策,而不是两个

当你们公司推出一系列新电子游戏时,市场部门必须确定销售的价格和游戏的生产数量。这些重要的决策极大地影响着企业对劳动的需求,消费者对产品的反应,以及公司今后的成就。本章的关键点就是为实现企业利润最大化,该如何决定价格与数量。

当企业选择利润最大化的价格和产出量时,它似乎必须选择两个数字。但事实上它只能选择一个。一旦企业选择了价格,它能销售的产出便完全取决于消费者。或者,企业也可以选择希望出售的产品数量,但此时,市场将决定能售出该数量的价格水平。企业面临的两难困境明确地体现了消费者在市场中扮演的重要角色。管理层只需做一个决策便可获得两个数字,因为企业的需求曲线表明了它向市场提供任何数量的产出时可能获得的最高产品价格水平。

我们还是以第 7 章中修建车库的例子来说明。艾尔公司向私人房屋主出售车库,并且艾尔试图弄明白如何才能让他经营的建筑最赚钱。为此,他必须估计出自己公司面临的需求曲线,企业的需求曲线不同于我们在前面章节中遇到的需求曲线——个体消费者的需求曲线和市场需求曲线(市场中所有消费者的需求加总得到)。现在我们关注的是单个企业(艾尔公司),它只是市场上众多企业中的一个。因为每个企业都在为自己的市场份额竞争,这就使得任一供给厂商的需求曲线都取决于市场中其他企业的数量和活动。单个企业所面临的需求曲线实际是个很复杂的问题,我们在接下来的几章中还将继续遇到。② 现在我们可以说,如果艾尔公司的服务越周到、广告越有效、质量的口碑越好,则其面临的需求曲线就与市场需求曲线靠得越近,这也就意味着,艾

---

① 下面的例子做了一些修饰以保护相关企业的机密性。
② 在一种情况下,市场需求曲线和单个企业的需求曲线之间的关系很简单。如果企业没有竞争者,它就是垄断者。由于垄断企业自身占有整个市场,它面临的需求曲线就和市场需求曲线是同一条。垄断问题将会在第 11 章讨论,而另一种直观的情况,完全竞争,也会在第 10 章学习。

尔公司拥有更大的市场份额。设想一下，它面临着一条如图 8-1 所示的车库需求曲线 DD。曲线表明了各种价格水平上的需求量。例如，在 22 000 美元/间车库的价格水平上（点 e），艾尔公司的顾客将需求 5 间车库。若艾尔公司更贪心地将价格提升到 26 000 美元/间车库（曲线上的点 c），它便只能售出 3 间车库。另一方面，若它希望售出 8 间车库，它只能以 16 000 美元/间车库的低价（点 h）来获得足够的顾客。总而言之：

> 需求曲线上任意一点都代表着一组价格和数量。企业可以选择其中任意一组，但是它永远不可能选择曲线上一点的价格，并同时选择另一点的数量，因为这样的产出是不可能在它所选择的价格水平上售出的。

因此，本章内我们不会分开讨论价格和产出决策，因为它们是同一个决策的两个不同方面。为了分析这一决策，我们对企业的行为做一个不完全现实的假设——假定公司追求的是最大可能的总利润而不考虑其他目标。因此，在本章（以及本书的大部分内容）中我们将假定企业只有一个目标：它想使自己的总利润尽可能地大。我们的分析策略将试图决定能实现这一目标的产出水平（或价格）应是多少。但你必须时刻记住，由于我们的结论依赖于这一简化假设，所以它并非适用于所有情况。把分析建立在利润最大化假设的基础上可以让我们拥有更敏锐的洞察力，但我们不得不失去一些现实性。

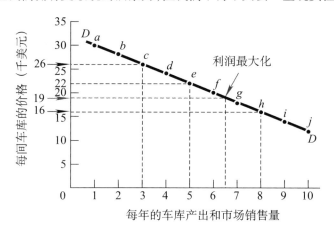

图 8-1 艾尔公司的需求曲线

企业的**总利润**是它在某时段内获得的净利润。它等于企业从销售中获得的总货币量（公司的总收入）减去生产这些产品的总花费量（总成本）。

课程结束后仍须牢记的要点

8.2 总利润：将你的注意力集中于目标上

于是，**总利润**（total profit）就是企业假定的目标。根据定义，总利润即公司的销售收益与支付的成本之差：

总利润 = 总收益 - 总成本（包括机会成本）

机会成本与利润 上面定义的总利润又被称为经济利润（economic profit），以区别于会计上定义的利润。这两个概念是不同的，因为经济学家的总成本包括了企业所有者使用的所有资本、劳动或其他投入的机会成本。例如，让我们假设某小型企业的所有者 Naomi 赚得的钱与她把自己的劳动和资本卖作他用时赚到的一样多（比如 60 000 美元/年）。那么，正如我们在第 3 章中知道的，经济学家称她获得的经济利润为 0。（Naomi 刚好足够补偿包含机会成本在内的所有成本。）与此不同的是，大多数会计师都认为她的利润为 60 000 美元，即总收入与总成本之差。

8.3 经济利润与最优化决策

　　经济学家为什么会使用这种看起来有些奇怪的利润的定义，不仅通常所说的成本要从总收入中减去，而且机会成本也必须扣除？答案是，这种做法可以直接地告诉我们企业是否做出了最优选择，换句话说，也就是企业是否选择了利润最大化的价格和数量。具体地：

　　(1) 如果经济利润是正的，那么企业的决策是最优的，即该价格和产出选择下的利润比其他可选价格和产出的结果都更多；

　　(2) 如果经济利润是零，那么企业的决策仍然是令人满意的，因为该价格和产出选择下的利润和其他最好的可选价格和产出的结果都一样多；

　　(3) 如果经济利润是负的，那么企业的决策就不是最优的，即至少有一种其他可选价格和产出组合能创造更多的利润。

　　因为机会成本有助于了解一项决策是否最优，故而我们给予机会成本很大的关注。当然这一点不仅适用于价格和产量，对几乎所有的决策问题都适用。为什么呢？举个例子就很容易理解了。设想某个企业有 10 万美元的预算，这些钱要么花在包装上面要么花在广告上面。进一步假设，如果这 10 万美元花在包装上，带来的会计利润（这是平时我们所定义的那个利润，总收益减去总的不包括机会成本的普通成本）是 2 万美元；而投资到广告上面的会计利润是 X 美元。那么，按照我们的定义，X 美元就是把钱投资到包装上的机会成本，换言之，X 美元是企业因投资包装而放弃的其他投资机会所能获得的利润。所以，对于可能投资包装的决策而言：

　　经济利润 = 会计利润 − 机会成本 = 20 000 美元 − X 美元 = 两种可选投资所得的差值

　　这就直接论证了上面的三个结论，因为：

　　(1) 如果 $X < 20\,000$，那么经济利润 > 0，投资包装的回报 20 000 美元是更好的投资选择；

　　(2) 如果 $X = 20\,000$，那么经济利润 = 0，这两项投资选择的利润是一样的；

　　(3) 如果 $X > 20\,000$，那么经济利润（20 000 美元 − X 美元）是负的，故而相对包装而言，广告就是一个更盈利的投资选择。

　　经济利润满足这些要求的原因非常简单：

　　某一决策的经济利润（economic profit）= 它的会计利润 − 它的机会成本 = 该决策的会计利润 − 其他可用的最好选择的会计利润。故而，只有某个决

> **经济利润**等于会计意义上的净收入减去资本和企业其他投入的机会成本。

策在会计层面上利润更高时,它的经济利润才是正的。

8.3.1 总收益、平均收益和边际收益

> 某供给企业的**总收益**等于它从产品的购买者获得的货币总量,其中没有去除任何成本。

为了解产出是如何决定总利润的,我们必须研究产出变化时,总利润的两个组成因素,总收益(TR)和总成本(TC)是如何变化的。很显然,总收益与总成本都取决于企业所选择的产出—价格组合。接下来我们就研究这些关系。

我们可以直接由需求曲线计算**总收益**(total revenue),因为根据定义,它等于产品的价格乘以消费者相应的购买数量。

$$TR = P \times Q$$

表 8-1 说明了我们是如何从艾尔公司需求表中获得总收益表的。前两列给出了相关的数量和与该数量相应的价格,也就是将图 8-1 的需求曲线用表格的形式表示出来,第 3 列给出的是各种数量与相应价格的乘积。例如,若艾尔公司以 18 000 美元/间车库的价格售出了 7 间车库,那么它的年销售收益便为 7 间车库 × 18 000 美元/间 = 126 000 美元。

表 8-1 艾尔公司的需求:总收益表及边际收益表

1	2	3	4
每年的车库数量(间)	价格 = 每间车库的平均收益(千美元)	每年的总收益(千美元)	每增加一间车库的边际收益(千美元)
0	—	0	
1	30	30	30
2	**28**	**56**	26
3	**26**	**78**	**22**
4	24	96	18
5	22	110	14
6	20	120	10
7	18	126	6
8	16	128	2
9	14	126	-2
10	12	120	-6

图 8-2 用图形将艾尔公司的总收益表表示为 TR 曲线。此图与图 8-1 中所示的信息完全相同,只是使用了一些不同的形式。例如,图 8-1 中需求曲线 f 点所示 $P = 20\ 000$ 美元/间车库和 $Q = 6$ 间车库/年的价格—数量组合与图 8-2 中点 F 处 120 000 美元/年的总收益(20 000 美元/间 × 6 间车库)是等价的。同理,图 8-2 中 TR 曲线上任意一点都与图 8-1 中类似标记的点相对应。

我们还可以用一种稍有不同但更有用的方法表述需求曲线和 TR 曲线之间的关系。

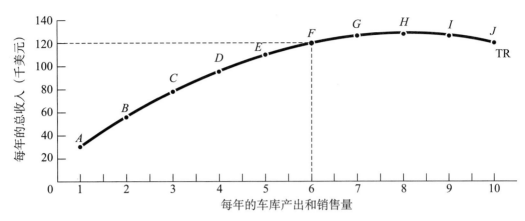

图 8-2 艾尔公司的总收益曲线

| 平均收益（AR）等于总收益（TR）除以数量。 |

由于产品的价格就是企业获得的单位产品收益，我们可以将需求曲线看作**平均收益**（average revenue，AR）曲线。为了解其中的缘由，请注意，根据定义，平均收益与总收益的关系可以用公式 $AR = TR/Q$ 来表示，又因为 $TR = P \times Q$，所以，

$$AR = TR/Q = P \times Q/Q = P$$

正如你所了解的，平均收益和价格只是同一件事物的不同名称。理由是很明显的。若某超市对所有顾客以相同的价格——比如，1 美元——出售糖块，那么商店从每块糖的销售中获得的平均收益必然也是 1 美元。

| 边际收益（MR）等于增加一单位总产出所获得的总收益的增量。从几何角度来讲，边际收入等于总收入曲线上相关产量的斜率，其公式为 $MR_1 = TR_1 - TR_0$，以此类推。 |

最后，表 8-1 的最后一列是各种产出水平的**边际收益**（marginal revenue，MR）。边际收益为我们提供了一种我们马上会解释到的分析工具。这一概念（与边际效用和边际成本类似）指的是增加一单位产出所造成的总收入的增量。因此，在表 8-1 中，我们看到当产出由 2 间车库增至 3 间时，总收益由 56 000 美元增至 78 000 美元，故边际收益等于 78 000 美元减去 56 000 美元，即 22 000 美元。

8.3.2 总成本、平均成本和边际成本

当然，收益只是企业利润图的一半。我们必须转向成本来完成另一半。

我们在第 7 章中已看到，平均成本（AC）和边际成本（MC）是直接从总成本（TC）获得的，其方法与由总收益来计算平均收益和边际收益完全相同。

图 8-3 绘出了表 8-2 中的数据并表示出了艾尔经营车库建筑的总成本、平均成本和边际成本曲线。正如我们在第 7 章中学习的，此处绘出的平均成本和边际成本曲线呈现 U 形被认为具有一般性。这个形状意味着，在任何产业中，都有一个企业的适当规模能最有效率地生产产出。较小的企业会失去从大批量生产带来的所有优势，因此其平均成本（每单位产出的成本）将比处在效率最高的产出规模上的企业要高。同理，太大的公司会遭遇管理和协调上的困难，甚至可能受到官僚体制的控制，因此每单位产出的成本亦将比最有效率规模的企业高。

表8-2 艾尔公司的总成本、平均成本和边际成本

(1) 每年的车库数量(间)	(2) 每年的总成本(千美元)	(3) 每增加一间车库的边际成本(千美元)	(4) 每间车库的平均成本(千美元)
0	12		—
1	40	28	40
2	56	16	28
3	66	10	22
4	74	8	18.5
5	80	6	16
6	87	7	14.5
7	96	9	13.7（近似值）
8	112	16	14
9	144	32	16
10	190	46	19

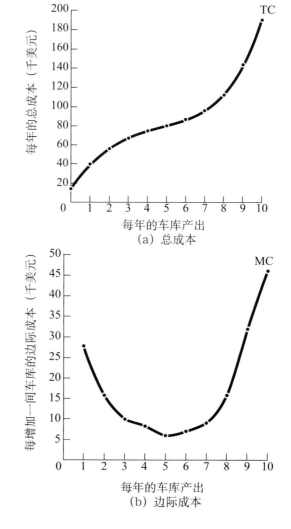

(a) 总成本

(b) 边际成本

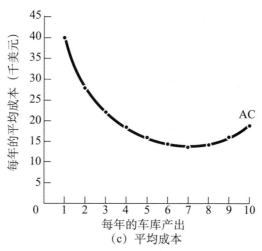

图 8-3 艾尔公司的成本曲线

注:产出以间为单位。

8.3.3 总利润最大化

现在我们已经掌握了回答我们核心问题的所有工具:怎样的产出和价格组合能产生可能的最大总利润?为研究产出是如何决定总利润的,表 8-3 将表 8-1 的总收益和表 8-2 的总成本结合在一起,表 8-3 中第 4 列——更确切地,应该称为总利润——就是各产出水平上总收益与总成本之差。

表 8-3 艾尔公司的总收益、总成本和总利润

(1) 每年的车库数量(间)	(2) 总收益(TR) (千美元)	(3) 总成本(TC) (千美元)	(4) 总利润(TR − TC) (千美元)	(5) 边际利润 (千美元)
0	0	12	−12	
1	30	40	−10	2
2	56	56	0	10
3	78	66	**12**	12
4	96	74	**22**	**10**
5	110	80	30	8
6	**120**	**87**	**33**	3
7	126	96	30	−3
8	128	112	16	−14
9	126	144	−18	−34
10	120	190	−70	−52

由于我们假定艾尔公司的目标是利润最大化,因此很容易确定它将选择的生产水平。此表显示,若每年建造并销售 6 间车库,艾尔公司能赚到它所能达到的最高利润水平——每年 33 000 美元(事实上,我们将很快了解到,比这个数还稍多一点的生产数量对艾尔公司更划算)。任何更高或更低的产量都会导致利润的减少。例如,若产出增

加到7间车库,利润会降至30 000美元。若艾尔公司犯每季度建造10间车库这种错误,它将蒙受净损失。

8.3.4 利润最大化:图解

我们可以用图形来表达相同的信息。在图8-4(a)中,我们将图8-2中的总收益曲线与图8-3中的总成本曲线放在一起。总收益与总成本之差为总利润,在图中表现为TR曲线与TC曲线的垂直距离。例如,当车库产出为4间时,总收益为96 000美元(点A),总成本为74 000美元(点B),而总利润等于点A与点B的距离,即22 000美元。

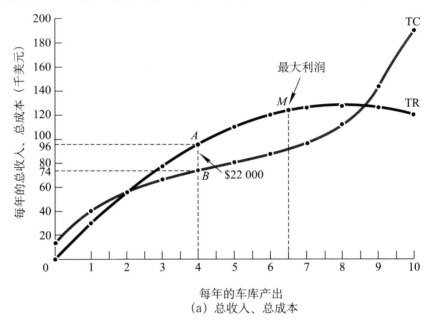

(a) 总收入、总成本

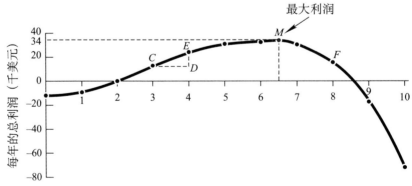

(b) 总利润

图8-4 利润最大化:图解

注:产出以间为单位。

从图上来看这个问题，艾尔是想实现总利润最大化，即 TR 曲线和 TC 曲线间的垂直距离。图 8-4(b) 是从图 8-4(a) 衍生出来的，给出了总利润曲线——TR－TC。我们可以看到，当车库的年产出水平达到 6½ 间——每两年 13 间——时，总利润达到最大值，约 34 000 美元(点 M)。此图证明我们通过观察表 8-3 所得出的结论是近似正确的，但并不精确。为什么？因为表中没有考虑在第 6 间车库完成后，艾尔公司继续购买劳动和原料又开始建造另一间车库并在下一年完工会带来更多利润的可能性。我们将在后文中详细讨论这种可能性。

图 8-4(b) 中的总利润曲线形如一座山。尽管这种形状不是必然的，但我们认为它具有一般性，原因如下：若一家企业什么都不生产，其利润自然等于 0；另一种极端是，一个企业生产的产出量太大，覆盖了整个市场，导致价格降到极低从而亏损；只有在中等产出水平——介于 0 和吞没整个市场之间的某处——时企业才能获得正利润。因此，总利润曲线将从极小的产出量对应的 0(或负值) 水平上升到中等产出对应的正值水平，最终降至产出过量时的负值水平。

8.4 边际分析与总利润最大化

从图 8-4 和表 8-3 中我们得知，许多产出水平都可以获得正利润，但企业并非把所有利润水平视为目标。事实上，它只需要可能的最大利润。若管理层知道其利润曲线的确切形状，那么确定最优的产出水平自然不是件难事。只需要将利润曲线最高点的位置确定即可，如图 8-4(b) 中的点 M。但是，管理层即使有也极少拥有足够的信息，因此需要另一种确定最优的技巧。这种技巧就是边际分析——与我们在第 7 章中用来分析企业投入购买决策及第 5、第 6 章中用来分析消费者购买决策的工具相同。

> **边际利润**是增加一单位产出所产生的总利润的增量。

这一次，我们将使用**边际利润**(marginal profit) 这一概念来解决艾尔公司的难题。回到表 8-3，我们注意到，艾尔公司产出从 3 间增至 4 间将使总利润 12 000 美元增至 22 000 美元：即将产生 10 000 美元的额外利润，如表 8-3 最后一列所示。我们将这个数目称为第 4 间车库的边际利润。同理，第 7 间车库的边际利润将为：

7 间车库的总利润－6 间车库的总利润＝30 000 美元－33 000 美元＝－3 000 美元

不难理解寻找最优产出水平的边际法则：

> 若增加一单位产出所产生的边际利润是正值，那么产出量应该增加。若增加一单位产出所产生的边际利润是负值，那么产出量应该减少。因此，只有边际利润既非正值亦非负值——等于 0——时的产出水平，才能使总利润最大化。

对艾尔公司而言，第 6 单位产出(第 6 间车库)的边际利润为 3 000 美元。这意味着建造 6 间车库是不够的。由于每年第 6 间车库的边际利润仍是正值，因此建造多于 6 间车库是有利的。但第 7 间车库的边际利润等于 30 000 美元－33 000 美元，即－3 000 美元，建造第 7 间车库将使总利润降低 3 000 美元，因此公司建造的车库数应少于7间。只有当车库产出在6间与7间之间(大约6.5间车库)时,边际利润才是非正非负的,此时总利润才达到最大,因为无论是增加还是减少产出都不能再使总利润增加了。

表8-3中的边际利润数据描述了边际分析有助于改进决策的一种方式。若我们仅仅观察表中第4列的总利润数据,我们可能得出6间车库是艾尔公司的利润最大化产出的结论。

图片来源:© Royalty-Free/CORBIS

而边际利润一列(第5列)则告诉我们事实并非如此。我们注意到,第7间车库的边际利润为-3 000美元,因此艾尔公司每年建造的车库应少于7间。但第6间车库的边际利润为+3 000美元,因此艾尔公司建造多于6间车库是合算的。从而,正如总利润图所证实的,介于6间和7间车库之间(差不多每两年13间)的生产水平确实是利润最大化的。

图8-4(b)中的山形利润曲线是边际利润等于0(或尽可能地接近于0)时利润达到最大化这一条件的图形表现形式。边际利润定义为企业增加一单位产出时获得的总利润的增加。例如,当产出增加时,比如从3单位到4单位,即图8-4(b)中CD的距离,总利润增加了10 000美元(DE的距离),而边际利润等于DE/CD(见图中的三角形CDE)。这恰巧是总利润曲线上点C与点E连线的斜率的定义。总而言之:

任一产出水平的边际利润等于总利润曲线上该水平的斜率。

有了这些几何上的解释,我们能更容易地理解边际利润准则的原理。如在图8-4(b)中的C点,总利润曲线是上升的,边际利润(等于其斜率)为正值。在这样的点上,利润不可能为最大,因为我们能通过向右移动获得更多利润。若企业决定坚持点C所示的产出,它将浪费增加产出带来的提高利润的机会。同理,在曲线斜率为负时,如F点,企业的利润也不可能是最大的,因为此处的边际利润(等于斜率)为负值。若企业发现自己处于点F,那它可以减少产出以提高其利润。

只有在像图8-4(b)中的M这样的点上,总利润曲线既非上升亦非下降,企业才可能到达山形利润曲线的顶点,而不是山形曲线的两侧。点M正是曲线的斜率——边际利润——等于零之处。因此:

除非相应的边际利润等于零,否则产出决策便不可能是最优的。

企业对边际利润本身并不感兴趣,只是对它所暗示的总利润感兴趣,认识到这点很重要。边际利润就像汽车上的温度表的指针一样:指针本身不会受到任何人的注意,但疏忽了它却会导致可怕的后果。

对边际分析最常见的误解就是人们往往认为走向边际利润等于零的那一点是一种愚蠢的行为。"正的边际利润不是更好吗?"这个观点源于人们将寻求数量最大化(即总利润)和判断是否真能达到这种最大化的标准(即边际利润)这两者混为一谈。当然,正的总利润比零的利润要好。相反,边际利润为零的判断标准只是表示一切良好——生产处在山形曲线的顶端,此时斜率为零,总利润达到最大。

课程结束后仍须牢记的要点

边际考量的重要性 边际分析:你很可能已经注意到本章中反复出现的主题,它是任何经济分析的基础,也是我们"课程结束后仍须牢记的要点"之一。任何有关是否扩展某种行为的决策往往都会涉及边际成本和边际收益两个因素。以平均数据为基础计算出的结果很可能会导致决策者失去各种机会,其中有些甚至是相当重要的机会。

更广泛地说,如果某人想做出最优决策,在计划计算时就应该使用边际分析。无论这项决策是用于追求选定产出的总利润最大化或成本最小化的企业、追求效用最大化的消费者,还是致力于人均产出最大化的欠发达国家,它都是适用的。它不仅适用于投入比例和广告决策,同样也可以应用于产出水平与价格的决策。

8.4.1 边际收益和边际成本:导向最优

利润最大化的边际分析的另一种方式可以由利润的组成元素成本和收入获得。为此,请回顾我们用总收益(TR)曲线和总成本(TC)曲线来构造的山形利润曲线图 8-4。此处有另一种寻找利润最大化的方法。

我们想要实现企业利润最大化,TR 和 TC 曲线间的垂直距离所代表的就是企业的利润。在诸如 3 个单位这样的产出水平上,这个距离并非最大,因为此处两曲线的距离仍在增加。如果我们继续向右移动,它们之间的垂直距离(即总利润)仍会继续增加。同理,我们在诸如 8 单位这样的产出水平上也不能达到 TR 和 TC 曲线垂直距离的最大值,因为此处两曲线正在相互靠近。我们可以通过向左移动(即减少产出)来增加利润。从图中可得出的结论是,只有当两曲线间的距离既非增加亦非减少——当它们斜率相等时(在图 8-4 艾尔公司的例子中,就是 6.5 间车库时),总利润——TR 和 TC 曲线之间的垂直距离——才能达到最大化。

我们在本章前半部分学习过的边际投入和边际成本曲线将能更好地帮助我们理解这一概念。和边际利润等于总利润曲线斜率一样的道理,边际收益也等于总收益曲线的斜率——因为它代表增加销售一单位产出时总收益的增量。同理,边际成本等于总成本曲线的斜率。将边际收益和边际成本分别视为总收益曲线和总成本曲线的斜率使我们可以用几何学重新表述我们刚刚用经济学方法得出的结论:

只有当产出水平使边际收益(近似地)等于边际成本时,利润才能实现最大化。表示为:

$$MR = MC$$

利润最大化的 MR = MC 规则的原理是显而易见的。① 当 MR 不等于 MC 时,由于企业可以通过增加或减少其产出而提高利润,所以利润不可能达到最大。例如,若 MR = 22 000 美元而 MC = 10 000 美元(见表 8-4),那么增加一单位产出将使总收益增加 22 000 美元,但成本只增加 10 000 美元。因此,企业可以通过增加生产和销售一单位产

---

① 你可能会猜测,由于总利润=总收益−总成本,因此必然有边际利润=边际收益−边际成本,事实上,这是正确的,它同时还证明了当边际利润=0 时,我们必然有 MR = MC。

出将利润提高12 000美元。同理,若MC超过了MR,比如MR = 6 000美元而MC = 9 000美元,那么企业增加一单位产出将损失3 000美元,因此它可以通过减少一单位产出增加3 000美元的利润。只有当MR = MC(或尽量近似相等)时,企业才无法通过改变产出水平来提高利润。

表8-4再现了表8-1和表8-2中艾尔公司的边际收益和边际成本。此表证明,MR = MC规则与图8-4和表8-3中得出的结论是相同的。若艾尔公司想将它的利润最大化,那么它每年应该建筑多于6间但少于7间的车库。第6间车库的边际收益等于10 000美元(用6间车库的销售额120 000美元减去5间车库的销售额110 000美元),而边际成本只有7 000美元(87 000美元 - 80 000美元)。因此,MR > MC,企业建造的车库应该多于6间。但是,第7间车库只有6 000美元的边际收益,却有9 000美元的边际成本——显然是一种亏损。只有产出为6½单位时,MR才完全等于MC。

表8-4 艾尔公司的边际收益和边际成本

(1) 每年的 车库数量(间)	(2) 边际收益 (千美元)	(3) 边际成本 (千美元)
0	—	—
1	30	28
2	26	16
3	**22**	**10**
4	14	6
5	14	6
6	**10**	**7**
7	**6**	**9**
8	2	16
9	-2	32
10	-6	46

由于边际分析图在以后的章节中非常有用,图8-5(a)中将利润最大化的条件MR = MC用图表示了出来。图中记为MR的曲线对应表8-4中的边际收益,记为MC的曲线对应边际成本。两条曲线交于点E,代表边际收益和边际成本在此点处相等。艾尔公司的最优产出是6½单位。[①] 图8-5(b)和(c)分别再现了图8-5(a)中的TR与TC曲线和图8-4(b)中的总利润曲线。请注意,MC和MR相交的点上的产出正是使TR与TC垂直距离最大的产出,同样它也是山形利润曲线达到顶峰时的产出水平。

---

① 我们必须在此提出一项重要的限制条件。边际收益和边际成本曲线有时候并不具备图8-4(a)所示的漂亮形状,它们可能会多次相交。在这种情况下,尽管在实现利润最大时的产出水平上MR = MC仍是正确的,但在其他MR = MC的产出水平上利润并不是最大的。

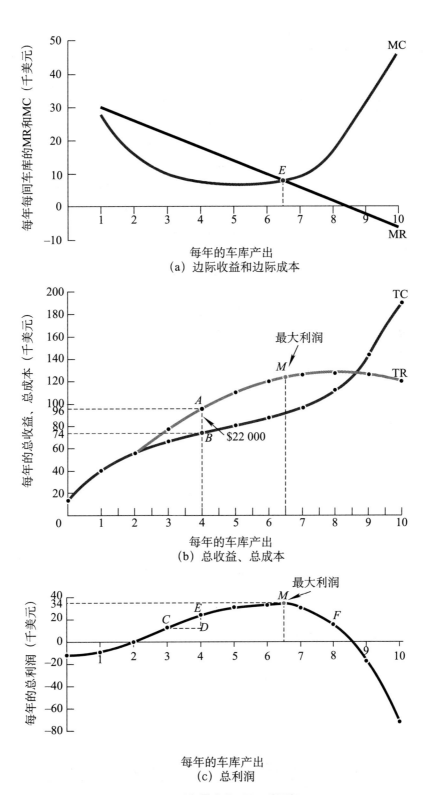

图 8-5 利润最大化：另一种图解

8.4.2 由最优产出确定最优价格

在本章开始,我们设置了两个目标:确定利润最大化时的产出和找出利润最大化时的价格,并且,我们着重说明了,只要知道其中一个,另一个就会自动得出。现在,我们已经确定利润最大化的产出,即 MR = MC 时的产出水平(在车库建筑一例中是 6.5 间车库/年)。我们剩下的任务就是决定利润最大化的价格。

幸运地,这个任务只需要一个简单的步骤就可以完成。正如我们在前面所说的,一旦企业选择了它想生产和销售的产出量,需求曲线就会确定为促使消费者购买这些产品它必须收取的价格。因此,若我们已知利润最大化的车库产出为 6.5 间,图 8-1 中的需求曲线就会告诉我们艾尔公司要售出这一产出所必须收取的价格。为了每年能销售 6.5 间车库(每两年 13 间车库),它必须将车库定价为 19 000 美元(介于点 f 和点 g 之间)。需求曲线告诉我们只有这个价格水平才能使消费者的需求量等于这个数值。

一旦 MR = MC 规则帮助我们确定了利润最大时的产出,我们便能很容易地通过需求曲线找到利润最大的价格。我们只需从曲线上找出使需求量等于最优数量所需的价格就可以了。

政策争论

利润与新兴市场经济

正如我们所知,市场是由利润动机驱动的。在自由市场中,利润并非由政府机构决定,而是由需求曲线和成本曲线所代表的需求和成本状况决定的。这些新兴市场经济中的许多居民惊异于自由市场带给成功企业家的巨大利润,同时又为这些企业家所表现出的贪婪感到不安。因此存在对这些利润实施一些限制的压力。

同样的情况也发生在英国和其他一些国家——当它们把原来属于政府的企业出售给私人并转向市场时。在英国,大量私人企业最初都是垄断企业,为了保护消费者,政府选择制定价格上限而不是利润上限以给公司适当的激励。而当一些企业的利润经证实是相当大的时候,英国政府机构便降低价格上限以削减它们的利润,这种行为不仅受到企业本身而且受到一些英国经济学家的强烈反对。在英国和其他国家发生的这类争论主要是:为了促进公平和提升社会道德水准,利润应该受到严格限制吗?或者由于利润上限减弱了对企业获取成功的激励,并因此使市场机制达不到本可实现的经济繁荣,对利润的这些限制措施应该被废除吗?

8.5 归纳总结:边际分析和最大化的原理

我们刚刚研究的利润最大化的边际分析原理可以被一般化,因为本质上相同的理论我们已经在第 5 章和第 7 章中使用过,且将在本书之后的数章中重复出现。为避免一再对此理论进行说明,有必要了解它是如何应用于企业利润最大的决策以外的问题的。

一般问题如下:决策者往往面临着一些变量的数量选择,如广告的花费额,或香蕉的购买量,抑或修建多少教学楼。每项活动都能带来收益,因此决策者选择的数量越大,得到的总收益也就越大。不幸的是,选择数量越大,相应的成本也会同时增大。关键在于考虑适当的权衡来计算在哪一点净收益——总收益与总成本之差——将达到最大。因此,我们有以下一般性原则:

如果要对一个变量的数量做出决策,以使

$$净收益 = 总收益 - 总成本$$

最大,那么决策者选择的该变量的数值必须使

$$边际收益 \approx 边际成本$$

例如,若某地区认为增建一所学校的边际收益大于其边际成本,显然再建立一所学校会令它福利改善。但若该地区建立的学校数量足够多,以至于边际收益小于边际成本,那么对建筑项目进行限制将使其福利改善。只有当边际收益与边际成本足够接近至相等时,社会拥有的学校数量才是最优的。

我们在之后的章节中将使用这个同样的概念。当我们分析某种同时产生收益和成本的数量决策时,我们的结论都是,最优决策出现于边际收益等于边际成本的那一点。无论我们考虑的是企业、消费者,还是整个社会的净收入,这种原理都适用。

8.5.1 应用:固定成本和利润最大化时的价格

现在,我们能够利用我们的分析框架得出一些让人意想不到的结论。假定企业的固定成本增加,例如,假想艾尔公司的财产税加倍了,那么带来最大利润的价格和产出会发生怎样的变化呢?它应该提高价格来补偿增加的成本,还是应该冒着降价的危险加大产出?答案是出人意料的:两者都不对!

当企业的固定成本增加时,只要该企业留在行业中仍是有利可图的,其利润最大化价格和产出就完全保持不变。

换言之,企业管理者不能采取任何措施来抵消固定成本上升的影响。管理者必须忍受它。这是常识无法指导正确决策的一种典型情况。

这是为什么呢?请回忆,根据定义,固定成本不会随产出的变化而变化。艾尔公司的固定成本的增加与生意的好坏无关,车库产出是 2 间或 20 间都没有关系。表 8-5 阐明了这种观点,且再现了表 8-3 中艾尔公司的总利润。表的第 3 列表明总固定成本每年增加了 10 000 美元。结果,总利润在原有基础上减少了 10 000 美元——无论公司的产出如何。例如,当产出为 4 单位时,我们看到总利润由 22 000 美元(第 2 列)降至 12 000 美元(最后一列)。

由于各个产出水平上利润的减少量都是相同的,固定成本增加以前的利润最大化产出必然仍是现在的利润最大化产出。在表 8-5 中,我们看到 23 000 美元是最后一列

中的最大一项,它表示的是固定成本增加之后的利润。这个近似的最大可能利润在产出等于6单位时达到,这与前面的结果一样。准确的利润最大化产出量与以前一样仍是6.5间车库,与之前完全一样。换言之,公司的利润最大化价格和数量保持不变。

表8-5 固定成本增加:之前和之后的总利润

(1) 每年的车库数量(间)	(2) 之前的总利润(千美元)	(3) 固定成本的增量(千美元)	(4) 之后的总利润(千美元)
0	-12	10	-22
1	-10	10	-20
2	0	10	-10
3	12	10	2
4	**22**	**10**	**12**
5	30	10	20
6	33	10	23
7	30	10	20
8	16	10	6
9	-18	10	-28
10	-70	10	-80

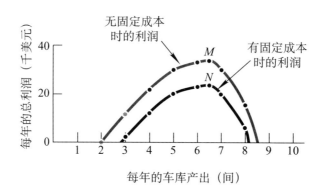

图8-6 固定成本并不影响利润最大化产出

图8-6中用图形将此表现了出来,其中有企业固定成本增加前后的山形总利润曲线(艾尔公司最初的利润曲线从图8-4中复制过来)。我们看到成本的增加将山形利润曲线直接下移了10 000美元,因此山峰的最高点正好从M点降至N点。但山峰的顶点既未左移亦未右移。它保持在6.5间车库的产出水平上。①

---

① 练习:固定成本的增加会改变边际成本吗?请解释。这对最优产出意味着什么?

难题解答：利用边际分析解决"无利可图"的计算器问题

现在,我们可以把利润决定的边际分析应用于解决本章开始时提出的难题了。这个例子是从现实生活中选取的,而现实绝不会如同课本上描述的那样简单,不能机械地应用 MR = MC 法则。然而,基本的推理过程确实对解答现实问题有所帮助。

我们的难题研究是生产电子产品的企业,其产品包括计算器。由于以 12 美元的价格出售由公司会计计算出的平均成本为 14.55 美元的计算器,该公司显然面临着亏损。14.55 美元包含 10.30 美元的多销售一个计算器的直接生产和营销(边际)成本,以及公司一般花费("间接成本")4.25 美元,诸如公司总裁报酬等。由于被指控为有意通过低于成本的销售价格将竞争者挤出行业,此公司利用了边际分析来证明指控是不成立的,计算器确实是公司有利可图的产品线。

为了说明这一点,公司的证人解释说,若销售真的是无利可图的,那么公司必然能够通过停止生产和销售计算器来增加收益。但是,事实是如果公司这样做,利润将会下降。

为了说明为什么,让我们再次研究这些数字。如果该公司放弃每年 1 000 万个计算器的销售量,1 000 万个计算器中,每个计算器都将使公司的收入减少 12 美元——12 000万美元的(边际)收益。但节省的成本又是多少呢?答案是,每个计算器能节省的成本只有直接成本 10.30 美元。即使停止供应计算器(计算器只是产品线的一部分),公司仍然需要支付总裁的薪水和一般的广告花费。也就是说,没有任何一项公司的固定通常开支会由于计算器的停产而节省。确切地说,节省的(边际)成本将等于每个计算器的直接成本 10.30 美元乘以产出 1 000 万——总成本节约 10 300 万美元。

因此,计算器的停产将使年总利润减少 1 700 万美元——10 300 万美元的成本节约减去 12 000 万美元的收益损失。换言之,继续生产计算器不会带来损失;相反,它每年都能产生 1 700 万美元的利润。因为每一单位的产出都带来 1.7 美元(12 美元收益—10.30 美元边际成本)。法庭认为这项推理正确并将此结论应用于判决之中。

这个案例阐明了一种会频繁遇到的情况。计算器制造商将产品以看似不足补偿成本的价格出售,其实不然。产生这种错觉的原因是,公司任何一件产品的成本都是由边际成本引起的。但是会计师一般不会以边际成本的形式进行计算,他们常常将其他不受产出减少或停止生产影响的成本计入成本之内。

同样的问题也出现于为学生(或者老年人及其他群体)提供打折机票的航班,学生票的票价低于乘客的平均成本,包括航班的燃料费、乘务人员的薪水,等等。但若公司没有满载飞行,只要学生票高于其边际成本(如售票的成本和提供给学生的食物),那么这样的机票显然能为公司带来利润,尽管低于每位乘客的平均成本。然而,这样的折扣价有时会招致对航空公司的指控。

8.6 结论:边际分析的基本作用

课程结束后仍须牢记的要点

边际考量的重要性 我们在第7章中了解到边际分析是如何帮助我们理解企业的投入选择的。同理,在第5、第6章中,它是阐明消费者购买决策不可或缺的工具。在本章中,它使我们得以分析产出和定价决策。边际分析的原理不仅可以用于消费者和企业的经济决策,同样可以用于政府、大学、医院及其他组织的决策。简而言之,这类分析适用于任何需对稀缺资源的使用做出最优决策的个人和组织。因此,本章中可以得出的重要结论之一,也是我们刚才讨论的两个案例可以产生的结论,即是"边际考量"十分重要——这也是我们"课程结束后仍需牢记的要点"之一。

一个与利润最大化相去甚远的生活实例将表明边际准则在决策制定中是多么有用。在女性被允许进入普林斯顿大学(以及其他一些大学)之前的几年里,管理者将准许女性入学的成本视为主要障碍。他们事先就认定任何入学的女性将造成学生总人数的净增加,包括与校友会和其他团体之间的关系在内的许多原因都表明,减少男性学生是不可行的。可能是基于平均成本的计算结果,许多评论家说成本高达8 000万美元。

对经济学家而言,相关数据显然实际上是边际成本,或者说增加入学学生数量所造成的总成本增量。女性学生当然会给普林斯顿带来额外的学费(边际收益)。若这些学费正好能补偿她们带来的成本增量,允许女性入学将使大学的财务状况不受影响。

一份仔细的计算结果表明,允许女性入学为大学带来的财务问题远远少于平均成平数据所反映的。原因之一是当时女性的课程偏好与男性选课具有不同的特点,女性往往选择的是在只有男生的学校里选课率低的课程。所以,允许1 000名女性进入原来全是男生的学校将比再增加1 000名男性入学所需要增加的班级要少。[①] 更重要的是,人们发现一些教室的使用率很低。这些建筑的运作成本几乎是固定的——女性的加入只会使它们的总使用成本极少增加。教室空间的边际成本接近于0,显然远远低于平均成本(每个学生的成本。)

基于以上理由,相关的边际成本竟然远远小于先前显示的数据。事实上,此成本接近先前估计的三分之一。毫无疑问,这种细致的边际计算方法对于女性被允许进入普林斯顿及随后应用普林斯顿分析计算的其他一些学校起到了重要作用。顺便提一下,更近期的数据也证实边际计算是完全合理的。

8.7 理论与现实:一个警示

现在我们已经完成了有关企业经理是如何做出最优选择的两章描述。但是当你去

---

① 参见 Gardner Patterson, "The Education of Women at Princeton," *Princeton Alumni Weekly* 69(September 24,1968).

华尔街(Wall Street)或缅街(Main Street)时,你能够看到经理正在计算边际成本和边际收益来确定应该生产的产量吗?并不时常如此——尽管在一些重要应用时他们会这么做。你也不太可能在商店中发现消费者利用边际分析来确定购买什么。与消费者一样,成功的商务人士往往也非常依赖于并不能用一套原理说明的"直觉"。事实上,在1993年 *Inc* 杂志针对 CEO 们的调查中,将近 20% 的调查对象承认是凭猜测来为其产品或服务定价的。

需要指出的是,我们并没有尝试着要精确地描述企业行为,而是用一个模型来辅助我们分析和预测这种行为。我们刚学习的4章内容组成了微观经济学的核心。我们将会在以后的学习中发现我们会反复遇到在这些章节中所学习过的原理。

小 结

1. 企业可以选择它希望出售的产品数量或希望收取的价格,但它不能对两者同时进行选择,因为价格影响需求量。
2. 在经济理论中,我们通常假定企业追求**利润**最大化。这种假设并不精确,但可以作为现实的一种有效的简化。
3. 某一企业的需求曲线是根据市场中同业之间相互竞争的激烈程度由市场需求曲线推导而来。
4. **边际收益**等于增加销售一单位产品所增加的收入。边际成本等于增加生产一个单位产品所增加的成本。
5. 利润最大化需要企业选择使边际收益等于(或近似等于)边际成本的产出水平。
6. 从几何学角度来讲,利润最大化时的产出水平出现于总利润曲线的最高点。此处,总利润曲线的斜率等于0(或尽可能接近于0),这意味着**边际利润**等于0。
7. 固定成本的变化不会改变利润最大化时的产出水平。
8. 若企业的销售价格高于边际成本,那么即便这种价格低于平均成本,增大产出也是合算的。
9. **最优决策**必须以边际成本和边际收益数据为基础,而不是平均成本和平均收益数据。这个概念是"课程结束后仍须牢记的要点"之一。

关键词

最优决策　　　　　　　　　总利润　　　　　　　　　　经济利润
总收益(TR)　　　　　　　平均收益(AR)　　　　　　边际收益(MR)
边际利润

自测题

1. 假定企业的需求曲线表明,在单价为10美元时,顾客对此产品的需求为200万单位。假定管理者决定同时选择价格和产出:企业生产300万单位产品并定价为18美元/单位。情况将会如何?
2. 假定一个企业的管理者想扩张它的市场份额,但产出的增加会导致其价格下降。它的利润一定会下降吗?为什么?
3. 为何企业追求总利润最大化是合理的,而不是追求边际利润最大化?

4. 某企业的边际收益为 133 美元,而其边际成本为 90 美元。若企业拒绝增加生产一单位产品,它损失的利润等于多少?

5. 请计算表 8-3 中的平均收入(AR)和平均成本(AC)。当产出使 AC = AR 时,企业的利润是多少?为什么?

6. 当企业生产 1 单位时,总成本为 1 000 美元,生产 2 单位时,总成本为 1 600 美元,生产 3 单位时,总成本为 2 000 美元。请画出它的总成本、平均成本和边际成本表。

7. 请画出复习题 6 中企业的平均成本和边际成本曲线。描述两曲线间的关系。

8. 下表是某企业的需求和总成本表。若它想使利润最大化,它应该生产的产出是多少?

数量	价格(美元)	总成本(美元)
1	6	1.00
2	5	2.50
3	4	6.00
4	3	7.00
5	2	11.00

讨论题

1. "不追求利润最大化可能是企业经理的理性选择。"讨论这项判断可能成立时的条件。

第三部分 市场与价格体系

到目前为止，我们仅仅谈到了一般意义上的厂商（firm）①，而没有考虑厂商运作的不同市场类型。为了理解某一厂商可能面对的不同类型的竞争，首先有必要清楚地解释我们所指的市场一词的含义。经济学家并非仅用这个词来表示在某一特定地方的有组织的交易，诸如伦敦证券交易所。市场更一般、更抽象的用法，是指一群卖者和买者，他们的活动会影响某一特定商品出售的价格。例如，一国内不同地区各自出售的通用汽车股票可以看作属于同一市场，而按我们的理解，在同一集市中一个摊位出售的面包和下一个摊位出售的光盘则属于完全不同的市场。

经济学家根据市场中包括的厂商数量、不同厂商的产品相同或不同，以及新企业进入市场的难易程度等，来区分不同的竞争类型。完全竞争是一个极端（许多小厂商销售完全相同的产品，进入市场容易），而完全垄断（只有一家厂商主导市场）是另一个极端。介于二者之间的是混合形式——称为垄断竞争（许多小厂商，各自出售稍有差别的产品）以及寡头垄断（少数大型竞争厂商）——它们同时具有完全竞争和垄断的某些特征。

完全竞争与美国经济中典型的市场形式相距甚远。的确，它非常罕见。完全垄断——严格意义上只有一个厂商——同样也很少碰到。你所购买的大多数产品，毫无疑问是由寡头或垄断竞争者供给的——我们将在第 12 章中准确定义这些术语。

　　第 10 章　完全竞争下的厂商与产业
　　第 11 章　垄断
　　第 12 章　竞争和垄断之间

---

① "firm"一词既可译为"厂商"也可译为"企业"，在讨论市场类型时，大家惯常称为"厂商"，因此这里我们也遵循这一习惯。——译者注

第 10 章 完全竞争下的厂商与产业

> 竞争会带来唯一的社会生产安排,这种安排使得我们必需的每一种商品按照我们必要的数量不多不少地生产,它使我们有足够的玉米和肉类而不至于挨饿,也不会因过量的甜菜糖而窒息,因过量的马铃薯酒而被淹没,因缺少裤子而赤裸,或因过量的纽扣而被淹没。
>
> ——弗里德里希·恩格斯(卡尔·马克思的朋友和共同作者)

不同产业在其厂商数量和典型规模方面存在非常大的差别。一些产业,如商业捕鱼,就包含极多的小厂商。其他产业,像汽车制造业,仅由几个产业巨头组成。本章涉及的是一种非常特殊的市场结构类型——称为完全竞争——在这种类型的市场中,厂商数量庞大而规模很小。正如已经注意到的那样,在现实中,这种市场结构,即使是近似地看也是极为稀少的。然而,因为将要指出的那些原因,直到几十年前,绝大多数经济理论在考虑厂商和市场时,还是集中关注完全竞争的情形。

我们将从比较各种市场形式,并给出完全竞争的准确定义,开始本章的讨论。但像通常一样,首先,我们给出我们的难题。

❓ 难题:减少污染的激励实际上却增加了污染

许多关注环境的经济学家和居民都相信,通过要求污染者对其所造成的损害做出赔偿,社会就能廉价而有效地获得更洁净的空气和水。(更多细节参见第 17 章。)然而,人们常常将污染收费看作是另一种税收,而这个词可以被解释为政治毒药。一些政治家已经建议,付钱给厂商让他们减少污染排放,他们的理由是,通过赏一根胡萝卜和通过打一棍子,在驱赶一头驴走动时是同样有效的。

至少有一些理论和统计证据表明,这种贿赂(或用更顺耳的词语来说是补贴)确实有效,至少在某种程度上是有效的。确实,个体污染厂商会对政府为减少排放的支付做出反应,减少他们的污染。但是,从长远看来,所产生的结果是社会可能最终遭到比以前更多的污染！对企业支付补贴实际上会恶化污染问题。促使每个厂商污染更少的补贴,怎么可能又会在长期中导致总污染量上升呢？这一章的分析将补充你的常识,以提供对这一问题的答案。

10.1 定义完全竞争

> 当某个产业由许多生产同质产品的小厂商组成、厂商进入或退出没有任何障碍、完善的信息可得时,该产业内就发生了**完全竞争**。

你可以从下面这个全面的定义中得知,完全竞争是多么特殊。当满足下列四个条件时,一个市场被称为是在**完全竞争**(perfect competition)下运行的:

极多的小厂商和顾客 竞争市场包含了如此之多的买者和卖者,以至于他们中的每一个都是整体可被忽略不计的一部分——事实上,他们是如此之小,以至于每个参与者的决策都对价格没有任何影响。这一要求排除了行业协会或厂商联合起来影响价格的其他的合谋安排。

产品的同质性 任一卖者提供的产品,都与任一其他卖者供给的产品完全相同。(例如,1号红冬小麦即为一种同质产品;而不同品牌的牙膏则不是。)因为产品是同质的,所以,消费者并不介意究竟从哪家厂商购买,因此,竞争也更为激烈。

自由进入和退出 想进入该市场的新厂商,不会遇到任何先进入者可以避免的障碍。因此,新厂商可以很容易地进入并与老厂商竞争。同样地,如果物品的生产和销售被证明无利可图,那么,也不会有任何障碍阻碍厂商退出该市场。

完全信息 每个厂商和每个顾客,都对可供选择的产品和价格有充足的信息。他们知道某一供给者是否比另一个以更低的价格销售。

在现实中,完全满足这些条件的情况,如果有的话,也是很少能找到的。一个非常接近于完全竞争标准的例子,就是普通股市场。在任意给定的一天,差不多都有几百万的买者和卖者交易着波音的股票;所有的股份都是完全相同的;任何想要出售他的波音股票的人,都能很容易地进入市场;而且,绝大多数有关公司和产业的信息,都可以从每天的报纸或互联网上获得(而且差不多是免费的)。许多农业和渔业也近似于完全竞争。但是却很难找到除此之外的其他例子,我们对于完全竞争模型的兴趣,当然不在于它反映现实的能力。

那么,我们为什么要花时间研究完全竞争呢？这个问题的答案把我们带回到本书的核心主题。在完全竞争下,市场机制在许多方面都能最好地运作。如果想更好地了解市场可以运作良好的方面,我们可以从完全竞争开始。

正如亚当·斯密在两个世纪之前提出的那样,完全竞争厂商能最有效率地利用社会的稀缺资源。还有恩格斯所提出的,只有完全竞争才能保证经济生产出恰好与消费者偏好相吻合的各种产品及其相应的数量。通过研究完全竞争,我们可以了解一个理想运行的市场体系所能完成的一些事情。这也正是这一章和第14章的主题。在第

11、第 12 章,我们将考虑其他市场形式,并看看它们是如何偏离完全竞争的理想情形的。更后面的章节(尤其是第 15 章以及第四和第五部分中的章节)将考察许多市场也不能很好完成的重要任务,甚至在完全竞争下也不能。所有这些章节组合在一起,应当能够提供一个对市场机制的优点和缺陷的中肯评价。

10.2 完全竞争厂商

为了探索在完全竞争市场会发生什么,我们必须分别研究个体厂商的行为和由这些厂商所组成的产业的行为。竞争条件下的厂商和产业之间的基本区别之一是与定价相联系的:

> 在完全竞争下,厂商没有任何选择,而只能接受在市场上决定的价格。因此,它被称为**价格接受者**(price taker),而不是价格制定者(price maker)。

在完全竞争市场中,没有任何厂商能运用和控制产品价格这一思想,是从完全竞争的严格定义中得出的。大量提供完全相同产品的竞争者的出现,迫使每个厂商跟随却不能超过其他厂商收取的价格,因为在任何更高的价格下,所有该厂商的顾客都将会离开它,并将他们的购买转移到其竞争对手那里。

> 在完全竞争下,厂商是**价格接受者**,它没有任何选择,而只能接受市场上决定的价格。

除了两个重要的例外,完全竞争下的厂商行为分析,与我们在第 7、第 8 章描述的是完全相同的。这两个例外与竞争厂商需求曲线的特定形状以及自由进入和退出市场相联系,并与它们对厂商利润的影响相一致。我们将逐一考虑完全竞争的这些特殊属性,从需求曲线开始。

10.2.1 完全竞争下厂商的需求曲线

在第 8 章,我们总是假定厂商面临着一条向下倾斜的需求曲线,也就是说,若一个厂商想要销售更多(不需要增加其广告或改变其产品说明书),那么它就必须降低其产品的价格。完全竞争厂商是这条一般原则的一个例外。

> 一个完全竞争厂商面临一条水平的需求曲线。这意味着,它能在现行市场价格下出售任何它想要出售的数量。它可以在不降低其产品价格的前提下,使其销售量增加一到两倍。

这是怎么可能的呢?答案是,竞争厂商相对于整个市场而言是如此不重要,以至于它对价格完全没有任何影响力。一个通过芝加哥商品交易所出售玉米的农场主,必须接受他的经纪人的现行报价。因为存在成千上万的农场主,所以,每蒲式耳的芝加哥价格,不会因为农场主贾斯敏不满意这个价格而决定储存一卡车的玉米,而不是将它送进谷物仓库,而发生变化。这样,对贾斯敏的玉米的需求曲线如图 10-1(a)所示。正如我们所能看到的那样,她在芝加哥被支付的价格将会是每蒲式耳3美元,不论她销售1卡车(A点)、2卡车(B点),还是3卡车(C点)玉米,这是因为3美元这个价格是由图形的右半部分,即图10-1(b)中该产业的供给和需求曲线的交点所决定的。

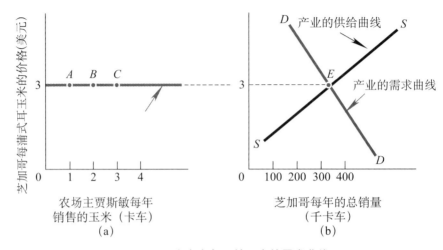

图10-1　完全竞争下某厂商的需求曲线

请注意,在完全竞争情况下,图10-1(b)中向下倾斜的产业需求曲线会导致图10-1(a)中个体厂商水平的需求曲线。同时也请注意,厂商的水平需求曲线的高度将等于产业供给曲线与需求曲线交点E的高度。因此,厂商的需求曲线通常不像产业的需求曲线那样。

10.2.2　完全竞争厂商的短期均衡

我们现已经具备了研究在完全竞争市场中运作的厂商如何决策的足够背景知识。请回顾第8章中利润最大化的条件,它要求厂商选择其边际成本等于其边际收益的产出水平:MC = MR。与其他类型厂商的利润最大化均衡相比,完全竞争厂商的唯一特征是它具有水平的需求曲线。从第8章中我们得知,如果厂商向所有顾客按相同的价格销售其产品,那么厂商的需求曲线同时也就是其平均收益曲线,因为厂商从销售某一商品所得到的平均收入就等于该商品的价格。也就是说,如果它以每件18美元的价格销售100件衬衣,那么很显然,它从每件衬衣销售中所获得的平均收益将为18美元、18美元、18美元等的平均 = 18美元。因此,由于需求曲线告诉了我们供给者能够销售某一给定数量的价格,所以这就意味着,它也告诉了我们当它销售这一给定数量时所能获得的平均收益,因此根据定义,厂商的需求曲线与其平均收益曲线是完全相同的。同一条曲线做着两项工作。但是,它还做着第三项工作。因为这条需求曲线是水平的,所以竞争厂商的边际收益曲线也是一条与其需求曲线相重合的水平直线,因此 MR = 价格(P)。道理很简单。

如果价格并不取决于厂商销售多少(这正是水平需求曲线的含义),那么每销售一额外单位所带来的收入增量(边际收益)就恰好等于市场价格。因此,在完全竞争下,

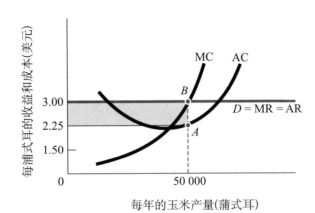

图 10-2　完全竞争厂商的短期均衡

边际收益始终等于价格,因为厂商是价格接受者。①

在完全竞争下,厂商的需求曲线、平均收益曲线,以及边际收益曲线都是同一条曲线。

正如在第 8 章一样,一旦我们知道了厂商的边际收益曲线的形状和位置,我们就能利用这些信息和边际成本曲线来确定其最优产出和利润,如图 10-2 所示。像通常一样,利润最大化产出位于 MC = MR 处(点 B)。这发生在 MC 曲线与需求曲线相交之处(在完全竞争下,D = MR = AR),因为正如我们刚刚已经看到的那样,厂商的产出太小以至不能影响市场价格。这家特定的竞争厂商每年生产 50 000 蒲式耳玉米——一个使 MC 和 MR 均等于市场价格 3 美元的产出水平,因此,

因为完全竞争市场中的厂商是价格接受者,所以,其利润最大化的均衡点必然出现在边际成本 = 价格 = AR = MR 的产出水平上。这是因为水平的需求曲线使价格与 MR 相等,从而根据利润最大化原理,两者必然也等于边际成本。用符号表示为:

$$MC = MR = P$$

这一思想可用表 10-1 解释,它给出了厂商不同产出量的总收益和边际收益、总成本和边际成本,以及总利润。我们从第 6 列中可以看出,当产出大约为 50 000 蒲式耳时,总利润达到最大值 37 500 美元。产出由 40 000 增至 50 000 蒲式耳所产生的边际成本(26 500 美元)与相应的边际收益(30 000 美元)最接近,证明 50 000 蒲式耳是利润最大化产出。②

---

① 对此还存在另一种证明方法。在第 8 章附录中我们已经看到,如果平均收益曲线是水平的,并且其高度等于价格,那么,我们就既不能得到 MR < AR,也不能得到 MR > AR,因为一个低于平均收益的边际收益必然推动平均数下降,而 MR > AR 则必然推动平均数上升。因此,因为需求曲线是水平的,所以我们必然得到 P = AR = MR。

② 边际成本并不精确等于边际收入,因为若要精确计算边际成本和边际收入,我们必须一次只增加 1 蒲式耳产出,而不能直接以 10 000 蒲式耳的速度增加。这显然太过繁琐! 我们往往不能更仔细地以 1 蒲式耳为单位进行计算,这也是我们为何总不能找到 MR 与 MC 完全相等的产出的原因。

表 10-1　某一完全竞争厂商的收益、成本和利润

（1）总数量	（2）总收益	（3）边际收益	（4）总成本	（5）边际成本	（6）总利润
0	0		32		-2
		30		24	
10	30		56		4
		30		11.5	
20	60		67.5		22.5
		30		18.5	
30	90		86		34
		30		26.5	
40	120		112.5		37.5
		30		56.5	
50	**150**	**30**	**112.5**	**26.5**	**37.5**
		30		56.5	
60	180		169		11
		30		93	
70	210		262		-52

注：数量为千蒲式耳，货币以千美元计。

10.2.3　短期利润：图形表示

到目前为止，我们的分析告诉我们厂商如何能选择最大化其利润的产出，它甚至可能赚取实质性的利润。但有时，即使厂商成功地实现了利润最大化，它还是有可能发现自己处于困境中，因为市场条件有可能使得最高可能的利润为负数。如果对厂商产品的需求很弱或其成本很高，那么，即使是厂商最可获利的选择也会导致亏损。在短期，需求曲线相对于成本既可能高也可能低。为确定厂商究竟是在赚取利润还是在遭受亏损，我们必须比较总收益（TR = P × Q）与总成本（TC = AC × Q）。因为产出（Q）是两个量的公因子，所以这个等式告诉我们，这个比较的过程等价于比较价格（P）与平均成本（AC）。如果 P > AC，那么厂商将赚取利润；而如果 P < AC，那么厂商将蒙受亏损。

因此，我们便能在包含有厂商平均成本曲线的图 10-2 中表示出厂商的利润。根据定义，每单位产出的利润等于每单位产出的收益（P）减去每单位产出的成本（AC）。在图 10-2 中我们看到，在年产出为 50 000 蒲式耳时，平均成本只有 2.25 美元/蒲式耳（点 A），而平均收益（AR）为 3 美元/蒲式耳（点 B），厂商赚取 AR - AC = 0.75 美元/蒲式耳的利润，作为 A 和 B 两点之间的垂直距离而出现在图中。

请注意，除了表示每单位利润外，图 10-2 还可以用来表示厂商的总利润。总利润等于单位利润（本例中为 0.75 美元）乘以单位数量（每年 50 000）。因此，总利润以阴影矩形的面积表示，该矩形的高为单位利润（0.75 美元），而宽为单位数量（50 000）。① 在这个例子中，年利润为 37 500 美元。一般而言，任何产出水平的总利润都等于底为产出水平、高为 AR - AC 的矩形面积。

MC = P 的条件，给出了使完全竞争厂商利润最大化的产出。然而，它不能告诉我们企业是在赚取利润还是在遭受亏损。为了确定这一点，我们必须比较价格（平均收益）和平均成本。

---

① 请回顾矩形的面积公式：面积 = 高 × 宽。

10.2.4 短期亏损的情况

显然,市场对图 10-2 中的农场主相当优待,但假若玉米市场对玉米的报酬并不那么慷慨,又会如何呢?例如,假若市场价格只有 1.50 美元/蒲式耳,而不是 3 美元/蒲式耳,又会如何呢?图 10-3 表明了在这些情况下厂商的均衡。该图中的成本曲线与图 10-2 是相同的,但需求曲线向下移到了相应的市场价格 1.50 美元/蒲式耳处。厂商仍然通过生产边际成本(MC)等于价格(P) 的产出水平来最大化利润——(MC = P = MR)——在图中为点 B,但这一次,"最大化利润"实际上意味着最小化亏损,如图中阴影矩形所示。

在最优产出水平(每年 30 000 蒲式耳)上,平均成本为 2.25 美元/蒲式耳(点 A),大于 1.50 美元/蒲式耳的价格(点 B)。因此,公司亏损 0.75 美元/蒲式耳乘以 30 000 蒲式耳,即每年亏损 22 500 美元。图 10-3 中,阴影矩形面积所代表的这个亏损已经是厂商的最佳状态,若它选择其他任意产出水平,都只会亏损更多。

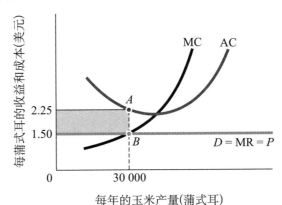

图 10-3　完全竞争厂商在较低价格下的短期均衡

10.2.5 停产与盈亏平衡分析

> **可变成本**是供给者承担的随其总产出量变化而变化的成本。

当然,任何厂商在停产之前,都只能承受有限数量的亏损。如果亏损过大,厂商可以退出经营。但有时因为即使停止了生产,也必须支付成本,那么在这种情况下,厂商继续经营是有好处的。为了理解选择停产还是继续经营从而至少暂时有助于补偿损失的逻辑,我们必须回顾短期**可变成本**(variable costs)和不可变成本之间的区别。回忆在第 7 章中讲到的,企业在短期内无法避免的成本,比如因为签订了合同(如与地主或工会),或是因为购买了必须负担成本的商品(例如,贷款购买的一台机器,该贷款合同要求在 X 年内每年支付),即为不可变成本。

如果厂商停止生产,那么,其收入及其短期可变成本将降至 0。但它的不可变成本将保持不变。如果厂商正在亏损,那么,在一定情况下,继续经营,直至不可变(不可避免的)成本的支付合约到期,可能反而对厂商更为有利;但在另一些情况下,立即停产且什么也不生产则更为有利。是否立即停产这种决策,显然取决于厂商可以立即避免

的成本是否大于它不再销售任何东西所放弃的收益。更具体地说,两条规则左右着这项决策:

> 规则 1:若总收入(TR)小于总成本(TC),厂商将蒙受亏损。在这种情况下,无论是在短期还是在长期,它都应该计划停产。

> 规则 2:若 TR 超过短期可变成本(TVC),厂商在短期内应该继续经营。

第一条规则是不言自明的。如果厂商的收入不能补偿其总成本,那么,它便一定会亏损,并且或早或迟,它将不得不关门。第二条规则更难以理解一些。假定 TR 小于 TC。如果我们不幸的厂商继续经营,它将亏损总成本与总收入之差:

$$\text{厂商继续营运的损失} = TC - TR$$

然而,如果厂商停止生产,那么其收入和短期可变成本都将变为 0,但是,其不可变成本仍然必须支付:

$$\text{厂商停产的损失} = \text{不可变成本} = TC - TVC$$

因此,只要厂商继续经营的损失小于其停产的损失,那么厂商最好是坚持营运:

$$TC - TR < TC - TVC$$

或

$$TVC < TR, \text{即} (AVC)Q < PQ, \text{或} AVC < P$$

这就是规则 2。其逻辑比初看起来的要简单:如果一个正在亏损的厂商的收益除补偿其短期可变成本外还有多余,那么它毫无疑问应该继续经营(暂时地),收入补偿其可以立即避免的可变成本还有多余,因为 TR 超过 TVC 的盈余提供了有助于补偿部分剩余成本——厂商在短期不能避免的成本——的收益。确实,尽可能多地赚取收入以补偿部分那些不可避免的成本,要比厂商所有者自己完全承担不可避免的成本要好得多。

当然,除非某个产出水平使得 $P - AVC$(可用于帮助补偿不可避免的成本的收益量)为正,否则,厂商就不会继续经营。也就是说,由于价格 P 是由产业的供给和需求决定的,因此,除非在这个产出上 AVC 尽可能地小,使得 $P > AVC$,否则,经营就不会继续。

我们可以用表 10-2 中的两种情况来说明规则 2。情况 A 代表的是正遭受亏损但在短期内继续经营能使处境改善的厂商。如果它停产,它将亏损全部价值 60 000 美元的短期不可变成本;如果它继续经营,其总收入 100 000 美元将超过其总可变成本(TVC=80 000 美元)20 000 美元。这意味着,继续经营贡献了 20 000 美元,可用于补偿不可变成本,从而将亏损减少到 40 000 美元。与之相反,在情况 B 中,厂商最好是停产,因为继续经营只会增加亏损。如果厂商继续经营,它将亏损 90 000 美元(表 10-2 中的最后一个数据);如果它停产,它将只亏损 60 000 美元的不可避免成本,而这项成本是无论它是否经营都必须支付的。

表 10-2 停产决策

	情况 A	情况 B
总收入（TR）	100	100
总可变成本（TVC）	80	130
短期不可变成本	60	60
总成本（TC）	140	190
厂商停产的损失（＝短期不可变成本）	60	60
厂商不停产的损失	40	90

注：数据以千美元计。

我们也可以利用图形来分析停产决策。在图 10-4 中，无论价格是 P_1、P_2 还是 P_3，厂商都会遭受亏损，因为这些价格中没有任何一个价格高到足以达到最小平均成本（AC）的水平。我们可以通过引入另一条短期成本曲线，即表明 AVC 如何根据厂商产出规模变化而变化的平均可变成本曲线，来说明厂商不立即停产的最低价格。为什么这条曲线是相关的呢？因为，正如我们刚刚看到的，只有当价格超过最低的可能实现的 AVC 时，厂商继续保持经营才是有利的。一个立即可以得出的结论是：

除非价格位于 AVC 曲线的最低点之上，否则，厂商就不会生产。

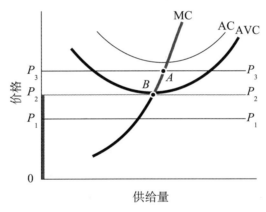

图 10-4　停产分析

在图 10-4 中，价格 P_1 低于最小平均可变成本。在这一价格下，厂商甚至不能补偿其可变成本，因此停产（产出为 0）会使其境况更好。价格 P_3 稍高一些。尽管如果厂商设定在 A 点 MC＝P，厂商仍会遭受亏损（因为 AC 超过 P_3），但是，这一价格至少能补偿其短期可变成本，因此，短期内继续经营是有利的。价格 P_2 是分界线的情况。如果价格为 P_2，停产或继续按 MC＝P（B 点）的生产水平经营，对厂商而言是无差异的。因此，P_2 是厂商进行生产的最低价格。正如我们从图中看到的，P_2 对应着 AVC 曲线上的最低点。

厂商的供给曲线
表示在某一给定时期内，在不同的可能价格水平上，厂商愿意提供的各种产出量。

10.2.6　完全竞争厂商的短期供给曲线

不知不觉，我们现在已经推导出了短期**完全竞争厂商的供给曲线**（supply

curve of the perfectly competitive firm)。为什么呢？请回顾一下，一条供给曲线可将诸如"若价格是这样，企业将提供多少产出"之类的问题的答案总结于一幅图中。现在我们可以看到：

- 在短期内，如果价格足够高，使得厂商能够补偿其 AVC，那么，竞争厂商将继续经营，且生产 MC 等于 P 的产出水平是合算的。因此，在图 10-4 中，对任意高于 AVC 曲线上的最低点 B 点的价格，我们都能从厂商的 MC 曲线上找出相应的供给量。

我们可以得出结论：

> 使得完全竞争厂商不会放弃经营的短期供给曲线，是对应于其边际成本曲线在 $P = AR = MR = MC$ 以上的那部分。P 位于平均可变成本曲线最低点上，即在 AVC 的最低水平上。（但是，应当记住，如果市场价格在所有产出水平都低于厂商的 AVC，正如我们刚刚看到的那样，那么，厂商最好是尽快放弃经营，使其供给量降为 0。）

10.3 完全竞争产业

既然我们已经完成了对完全竞争厂商的供给决策的分析，那么，接下来我们将注意力转向完全竞争产业。

10.3.1 完全竞争产业的短期供给曲线

我们有必要再次区分短期与长期，但此处的区分有所不同。产业的短期定义为，新企业不能进入或旧企业无法退出该产业的很短的一段时间，因此厂商的数量是固定的。与之相反，产业的长期是指，任何企业只要愿意就可以进入或退出产业的足够长的一段时间。此外，在长期，产业中的每个厂商都能根据其自身的长期成本来调整产出。① 我们的产业分析从短期均衡开始。

> **产业的供给曲线** 表示的是在给定的时段内，在各种可能的价格水平上，该产业将提供的各种产出量。

由于厂商的数量是固定的，因此从这些单个厂商获得**完全竞争产业的供给曲线**（supply curve of the perfectly competitive industry）就不是一件难事。在任何给定价格水平上，我们只需将各厂商的供给量加总就可以得到整个产业的总供给。例如，若价格为 2.25 美元/蒲式耳，玉米产业中 1 000 个相同厂商的每一家均供给 45 000 蒲式耳玉米，那么在价格为 2.25 美元/蒲式耳时，该产业的供给量为每个厂商供应 45 000 蒲式耳 × 1 000 厂商 = 4 500 万蒲式耳。

从单个厂商的供给曲线获得市场供给曲线的过程与第 6 章中我们从单个消费者的需求曲线获得市场需求曲线的过程是类似的。用图表示，就是将所有单个厂商的供给曲线横向相加，如图 10-5 所示。当价格为 2.25 美元时，产业中 1 000 个厂商中每一个都供给 45 000 蒲式耳，如图 10-5(a)中的点 c 所示，故整个产业供给 4 500 万蒲式耳，如图(b)中的点 C 所示。当价格为 3 美元时，各厂商供给 50 000 蒲式耳——图 10-5(a)

---

① 厂商的短期成本曲线和长期成本曲线之间的关系，已经在第 7 章讨论过。

中的点 e——故整个产业的供给为 5 000 万蒲式耳——图(b)中的点 E。对于任意其他价格水平我们都可以用类似的方法计算。通过加总每个厂商在各种可能的价格水平上的供给量,我们得到图 10-5(b)中的产业供给曲线 SS。

> 竞争产业的短期供给曲线是通过将所有厂商的短期供给曲线横向加总获得的。

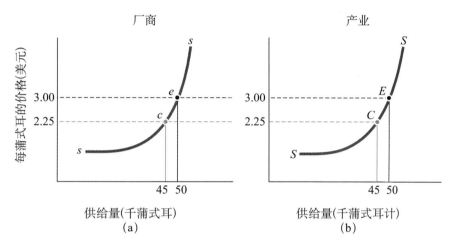

图 10-5 由单个厂商的供给曲线获得产业的供给曲线

这个加总过程表明,只要有新企业进入产业,产业供给曲线便将向右移动。

10.3.2 产业的短期均衡

现在我们已经得到产业供给曲线,只需结合市场需求曲线就可以确定均衡的价格和数量。我们将以图 10-6 中假想的玉米产业为例,其中产业供给曲线即图 10-5(b)中的曲线 SS,而需求曲线为 DD。价格与数量唯一的均衡组合是价格为 3 美元,数量为 5 000 万蒲式耳,此时供给曲线 SS 和需求曲线 DD 相交(点 E)。在任何较低的价格水平上,如 2.25 美元,需求量(如需求曲线上点 A 所示,7 200 万蒲式耳)将高于 4 500 万蒲式耳的供给量(点 C),因此,价格将被迫上升到 3 美元的均衡水平。在 3.75 美元这样高于均衡水平的价格上,情况则恰好相反。

请注意,与完全竞争厂商不同,完全竞争产业的需求曲线通常是向下倾斜的。为什么?由于每个厂商都太小,即便它单独将产出翻番,其影响也几乎可以忽略不计。但若产业中各个厂商都同时增加其产出,那就会带来相当大的变化。此时只有降低商品价格才能促使消费者购买更多的数量。

点 E 是完全竞争产业的均衡点,因为只有当价格为 3 美元时,卖者愿意供给的数量恰好就是消费者所需求的数量(此处为 5 000 万蒲式耳)。

那么,我们可以期望价格确实达到,或至少逼近这个均衡水平吗?答案是肯定的。为了说明为什么,我们必须考虑价格不处于均衡水平时的情形。假定价格低于均衡水平,比如 2.25 美元。这个较低的价格水平将刺激消费者增加购买,同时也使厂商的产出少于价格为 3 美元时的数量。我们的图也证实,当价格为 2.25 美元时,供给量(4 500万蒲式耳)低于需求量(7 200 万蒲式耳)。因此,买不到商品的买者的出现将会导致卖者提高价格,从而迫使价格上涨,向均衡价格 3 美元逼近。

同理,若我们的初始价格高于均衡价格,那么供给量必然会超过需求量。在这种情况下,焦虑的卖者很可能会降低价格,因此价格将被迫下降。在图 10-6 所描述的情况下,若由于某种原因实际价格不是均衡价格,那么 3 美元的均衡价格会产生一种磁力效应,拉动实际价格向均衡价格的方向变化。

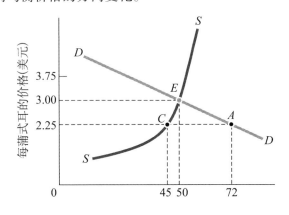

图 10-6　竞争产业的供求平衡

在现实中,大多数完全竞争市场的价格在一段很长时间后将移向均衡水平。事情最终往往会发展为图 10-6 所示的结果。当然,许多短暂的影响——导致产量减少的工人罢工,消费者品味的突然改变等——都可以使现实生活中的市场偏离均衡状态。

而正如我们刚才看到的,强大的力量迫使价格回到均衡——回到供给与需求曲线相交的那个价格水平上。这些力量对经济分析而言是根本而重要的。若没有这些力量,现实生活中的价格将与均衡价格没有多大关系,从而研究供求分析也就毫无意义了。幸运的是,所需的均衡力量确实会适时出现并将市场带回到均衡状态。

10.3.3　产业与厂商的长期均衡

完全竞争产业的长期均衡有别于我们刚才研究的短期均衡,原因有二。首先,在长期中,产业中厂商的数量不是固定的(本例中为 1 000 个);其次,正如我们在第 7 章中所看到的,在长期中,厂商可以改变厂房的大小和其他在短期内不可改变的合约。因此,厂商(和产业)的长期成本曲线与短期成本曲线是不同的。下面我们将了解到这些差异十分重要。

是什么诱使新厂商进入产业,又是什么促使旧厂商退出呢?简而言之,就是利润——经济利润[(也就是厂商收入超过经济体中其他厂商的平均收益并超过厂商成本(包括机会成本)的部分]。当厂商通过设定 MC = P 来选择其最优产出水平时,它既可能赚取利润,如图 10-2 所示,亦可能遭受亏损,如图 10-3 所示。对完全竞争厂商而言,这种利润和亏损都只是短暂的,因为若该产业的利润高于可投资产业的平均利润,新厂商可以自由进入。同理,若长期中旧厂商不能挽回成本,它们将退出产业。假定产业中的厂商正赚取高额利润,超过了现在可得的正常收益率,那么新厂商将认为进入这个行业是很有吸引力的,而生产的扩张将迫使市场价格在其最初水平上下降。为什么?回忆一下产业供给曲线是单个厂商供给曲线的横向加总。在完全竞争市场中,新厂商能以与现存厂商相同的地位进入市场,于是,新成员将与旧成员拥有相同的供给曲线,若市场价格不下降,而且每家的产出不变,新厂商的加入将导致厂商数量增加。结果,市场的总供给量将升高,从而超过需求量——当然会造成价格下降。所以,新厂商的进入必然会迫使价格下降。

图 10-7 显示这个进入的过程。在本图中,需求曲线 DD 以及原(短期)供给曲线 S_0S_0 与图 10-6 中的相同,寻求高利润的新厂商的进入使产业的短期供给曲线向右外移至 S_1S_1。新的市场均衡为点 A(而非点 E),表明价格为 2.25 美元/蒲式耳,而生产和消费量变为 7 200 万蒲式耳。新厂商的进入造成了价格的下降和产出的增加。

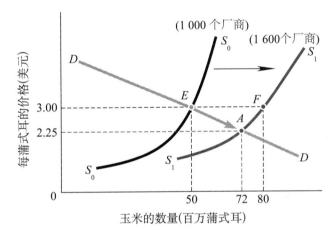

图 10-7 新厂商进入造成的产业供给曲线的移动

如果价格没有下降,那么新厂商进入后的供给量将为 8 000 万蒲式耳——点 F。此时,价格为何必须下降呢?因为产业需求曲线的斜率是向下的:只有价格下降时,消费者才会购买增多的产出。

为了弄清楚新进入者在哪一点上停止追求高利润,我们必须先考虑新厂商是如何影响原厂商的行为的。初一看,这一观点看似与完全竞争的概念相抵触,完全竞争厂商不应该受到竞争者行为的影响,因为没有哪个厂商能影响产业。是的,这些种玉米的农户不关心新厂商的进入,但他们的确会非常在意玉米的市场价格,而我们已经看到,新厂商进入玉米种植业会降低玉米的价格。

在图 10-8 中,我们把完全竞争厂商的均衡图(图 10-2)与完全竞争产业的均衡图(图 10-7)并列放在一起。在新厂商进入之前,市场价格为 3 美元,即图 10-8(b)中的 E 点,1 000 个厂商中的每一个均生产 50 000 蒲式耳——在这一点上,边际成本等于价格,即图 10-8(a)中的 e 点。每个厂商都面临着如图 10-8(a)中一样的水平需求曲线

D_0。产业中的企业都享有利润,因为每个厂商在 50 000 蒲式耳的产量上的平均成本低于价格。

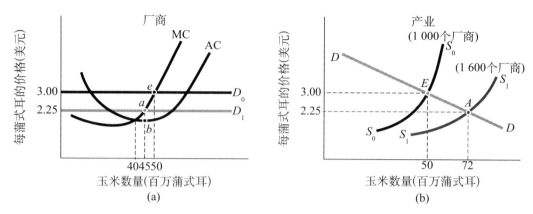

图 10-8 完全竞争厂商与完全竞争产业

现在假设这样的高利润吸引了 600 家新企业进入产业。每家的成本由图 10-8(a)中的 AC 和 MC 曲线表示。新厂商的生产加入后使图 10-8(b)中的产业供给曲线向右移动,价格随之降至 2.25 美元/蒲式耳。由于我们已知厂商的水平需求曲线的高度与产业价格相等,所以厂商的需求曲线现下移至直线 D_1 处,与降低后的市场价格相对应。产业中的厂商对需求的变化和相关的更低的价格做出反应。从图 10-8(a)中我们可以看出,每个厂商的产出都降到了 45 000 蒲式耳(a 点),但现在一共有 1 600 家厂商,所以产业的总产出为 45 000 蒲式耳 × 1 600 家厂商 = 7 200 万蒲式耳,即图 10-8(b)中的 A 点。

在图 10-8(a)中的 a 点上,仍有一些利润存在,因为 2.25 美元的价格超出了平均成本(位于 a 点下方的 b 点),因此,进入过程还未结束,只有当所有利润都被竞争带走,新厂商才不会再出现。图 10-9 的两幅图分别表示了完全竞争厂商和完全竞争产业的长期均衡。只有当进入使产业的供给曲线向右移至图 10-9(b)的 S_2S_2 的位置时,所有的利润才会消除而进入也会停止,因为此时每个厂商面临的需求曲线已降至最低的平均成本水平,即图 10-9(a)中的 m 点。①

在图(a)的均衡点 m 点上,每个厂商都选择自己的产出水平以实现利润最大化。结果对每个厂商都有 $P = MC$。但自由进入还迫使 AC 在长期中也等于 P,即图 10-9(b)中的 M 点,因为如果 P 不等于 AC,厂商就会获得利润或蒙受亏损,也就是说,厂商会发现进入或退出产业是有利的,而这与产业均衡不相吻合。因此,

当一个完全竞争产业处于长期均衡时,厂商获得最大利润,此时 $P = MC$,而且进入会迫使价格下降直至它与长期平均成本曲线相切($P = AC$)。从而在长期竞争均衡时,每个厂商都有:

$$P = MC = AC$$

---

① 如果最初的短期均衡是面临亏损而不是利润,那么厂商就会从产业中退出,使产业供给曲线内移,直至所有的亏损消除,最后我们仍是处在与图 10-9 一样的位置上。练习:为了检验你是否已理解,用与图 10-8 一样的图画出这种情形。

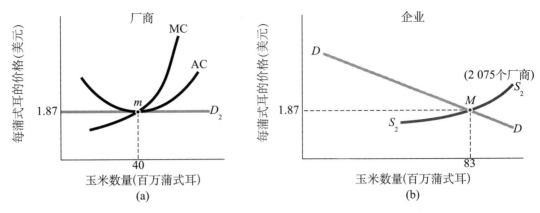

图10-9 竞争厂商和竞争产业的长期均衡

所以,尽管每个厂商的利润均为0,但它仍是可持续的最大利润。①

10.3.4 零经济利润:资本的机会成本

如果长期中厂商都赚不到利润,那为什么产业中还有企业存在?答案是经济学中所用的零利润概念与日常用法中的零利润不是一回事。我们已经在第8章遇到过这种情况并解释了它们之间的关系。这里我们用稍不同的方式再解释一遍。

> **经济利润**等于会计意义上的净收入减去企业所有者提供的资本或其他投入的机会成本。

我们曾反复指出,当经济学家计算平均成本时,他们把企业所有投入的成本都算在内,包括企业主提供的资本(资金)或其他投入(如劳动)的机会成本。由于企业并未向提供资本的一些人支付明确的报酬,所以这方面的成本有可能没被企业会计入账,因而经济学家所说的零**经济利润**(economic profit)对应传统会计方法中正的利润额。比方说,如果投资者把他们的资金贷作他用可以赚到15%,那么厂商也必须赚到15%的回报率以补偿资本的机会成本。15%的投资回报率是投资者投资的动力,这15%的投资回报率并不见得比投资到其他地方的收益更多,但这并不影响15%的回报率对投资者的吸引力。

课程结束后仍须牢记的要点

真实成本是多少?机会成本:由于经济学家认为这15%的机会成本是企业资本的成本,他们将它放进了AC曲线。如果企业无法在其资本上赚到起码的15%,那它将无法获得资金,因为投资者在其他地方可以获得更高的收入。为了收支相抵——为赚取零经济利润——企业赚的钱不仅要够支付劳动、燃料和原材料的成本,还必须够支付其资金的成本,包括企业所有者提供的所有资金的机会成本。

下面的例子可以说明经济利润和会计利润的区别所在。假设美国的政府债券支付8%的利息,而一家小商店的老板在他的生意投资上赚到6%的收入。店主可能看到的是6%的利润,而一个经济学家看到的却是他在生意上投资的每一美元都亏损了2%。由于店主把自己的钱投入了他的小店,他就放弃了购买政府债券并获得8%的回报的机会,他得到了-2%的经济利润。有了经济利润的这种解释,我们就能理解产业长期

---

① 练习:如果消费者收入增加使产业的需求曲线外移,在图10-9中说明厂商和产业的均衡会发生怎样的改变。

均衡的零利润条件背后的原因了。

经济意义上的零利润就是简单地指厂商赚取的是会计意义上的正常的、经济范围的利润率,长期中,完全竞争下的自由进出确保这一结果可以实现。

10.3.5 产业的长期供给曲线

现在我们已经基本上弄明白了我们在第 4 章开始介绍的供求分析背后的理论,但还有一件事仍有待解释,图 10-5 至图 10-8 描绘了产业的短期供给曲线和短期均衡。可是图 10-9 说的是长期完全竞争均衡,因此它的产业供给曲线必定也与长期有关。

产业的长期供给曲线与短期供给曲线有何关系呢？在我们已有的分析中找不到明确的答案。产业的长期供给曲线是同时借助两个过程从短期供给曲线推演出来的:第一是新厂商进入或旧厂商退出,这都会使产业的短期供给曲线移至长期位置上;与上同时发生的第二点是,当每个厂商不再受其固定成本(或合约)约束时,与其决策相关的成本曲线就变成了它的长期成本曲线,而不再是短期成本曲线。举例来说,一个正处于短期中的公司,其厂房的设计只能为 20 000 个顾客提供服务,即便它现在幸运地拥有 25 000 名顾客,它亦无能为力。当到了可以替换旧厂房时,管理者将愿意建一个新厂房,使之可以更方便、更有效地以更低的成本来为更多数量的顾客服务。因厂房扩大而带来的更低的成本就是厂商和产业的长期相关成本。

最后,我们还要指出的是,完全竞争产业的长期供给曲线(图 10-9 中的 S_2S_2)必定同样是产业的长期平均成本曲线,因为我们已知在长期经济利润一定是零。而且产业的价格不能高于所供给数量的产品的长期平均成本(LRAC),因为任何超出 LRAC 的价格都意味着有利润存在,从而会吸引新厂商进入并迫使价格降到平均成本水平。同理,价格也不能低于 LRAC,因为厂商会拒绝在这种价格下继续提供产品,产出下降,抬高价格,直至价格等于平均成本。因此,对任一可能的长期供给量,价格必须等于产业的长期平均成本。因此,产业的长期供给曲线就是产业的平均成本曲线,也是标准的供求分析图中与长期均衡价格和数量的决定相关的成本曲线。

所有这些要点都在图 10-10 中体现出来,其中产业的短期供给曲线 SS,位于长期平均成本曲线 LRAC 的左上方。以任一产业的产出为例,比如每年 7 000 万蒲式耳玉米。在这一水平上,长期平均成本为 1.50 美元/蒲式耳(A 点),但若农民收取的价格是由这一产量所处的短期供给曲线给出的,即 2.62 美元/蒲式耳(B 点),那么他们每售出一蒲式耳厂商就能获得 1.12 美元的经济利润。

这一经济利润必将吸引其他厂商进入该产业,从而使产业供给曲线外移,价格将下降。只要 SS 曲线没有一路下移至 LRAC,经济利润就会存在,进入也会持续。因此,SS 必须一直下降,直至它落在长期平均成本曲线的位置。此时,也仅在此时,新厂商的进入才会停止,而长期均衡实现。

完全竞争产业的长期供给曲线就是产业的长期平均成本曲线,新厂商的进入或退出以及产业中的旧厂商的调整促使产业移至这个供给曲线上。

我们将发现产业的长期供给曲线和 LRAC 曲线能为我们提供很多重要的启发。

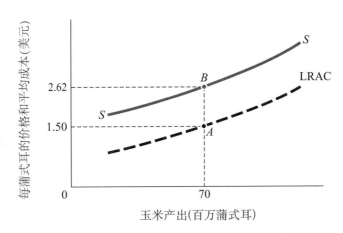

图 10-10　产业的短期供给与长期平均成本

政策争论

政府管制者应该用完全竞争来作为指导吗？

正如我们在本章看到的并会在第 14 章进一步讨论的，完全竞争最好地体现了市场机制，至少在一些重要的方面。它阻止厂商赚取超额利润，促使企业以最低的 AC 生产产品，而且它还有其他的优点。

我们在第 11 章和第 12 章会看到，垄断和寡头盛行的市场与完全竞争市场大不相同，在垄断或寡头市场上，几家大企业会收取带来巨大利润的高价格，并且它们生产的产品在数量上也可能与消费者的偏好不吻合，结果这些产业经常受到政府机构的管制。

可是，管制应该让垄断或寡头企业做什么呢？应该让它们像完全竞争厂商一样行事吗？应该迫使它们的价格与边际成本相等吗？应该设法把它们拆分成成千上万个小企业吗？

图片来源：© Royalty-Free/CORBIS

没有人相信政府管制应该做这么多。实际上，一些经济学家和其他人士认为完全竞争对这些受管制的产业而言并不是一个合意的目标，事实上也是一个不可能的目标。比如，若这些产业具有规模经济的特征，那么把它们拆分成小企业将会提高它们的成本，而消费者将要付出更多，而不是更少。而且，我们在第 7 章已看到，在有规模经济的产业中，平均成本曲线必定是向下倾斜的——企业的产出越大，其平均成本越低，所以，边际成本肯定小于平均成本（可复习看第 8 章的附录），等于边际成本的价格也必定小于平均成本，因此，当存在规模经济时，如果迫使企业收取一个等于边际成本的价格，那该企业将要被迫破产。

即便如此，许多管制者、经济学家和其他人士仍然坚信完全竞争是一种理想的状态，应该要求受管制的企业尽可能地依其行事。

10.4 完全竞争和经济效率

长期以来，经济学家们把完全竞争誉为一件美妙绝伦的事物，好比埃及法老图坦卡蒙的一个随葬面具（而且它也很稀罕）。当然，斯密的"看不见的手"产生的结果在各种意义上都被认为是有效率的，这一点我们将在第14章详细分析。但完全竞争高效率的一个方面可直接由我们刚刚完成的分析给出。

在前面我们已知，当厂商处于长期均衡状态时，它必定有 $P = MC = AC$，如图10-9(a)所示。同时我们知道，在 AC 曲线上的其他任一点上，MC 并不等于 AC（详细分析参见第8章附录）。这意味着厂商的长期竞争均衡是处在其长期 AC 曲线的最低点上，这一点也是长期 AC 曲线与厂商的水平需求曲线的切点。

> 在长期完全竞争均衡下，每个厂商都在各自的平均成本曲线的最低点上进行生产。因此，完全竞争产业的产出都是以最低的成本生产出来提供给社会的。

为什么竞争产业中的每个厂商在 AC 曲线最低点上进行生产是最具效率的呢？我们可以举例来说明这一点。假设产业共生产 1 200 万蒲式耳玉米，这一数量既可以由 120 家农户每户生产 100 000 蒲式耳，也可由 100 家农户每户生产 120 000 蒲式耳，还可由 200 家农户每户生产 60 000 蒲式耳来完成。当然，这一产业还可由其他数量的农户给出，但为了简单起见，我们这里只考虑上面三种可能性。

假设农户的 AC 数据由表 10-3 给出，进一步假设 100 000 蒲式耳的产出对应着 AC 曲线的最低点，即每蒲式耳的 AC 为 70 美分，那么该产业生产 1 200 万蒲式耳产出成本最低的方式是哪一种呢？换句话说，成本最小的农户数量是多少？根据表 10-3 中的第 5 列，我们看到，如果 120 家农户每户生产成本最低的 100 000 蒲式耳产出，那么产业生产 1 200 万蒲式耳产出的总成本将是最小的。

为什么呢？答案并不难发现，对任一给定的产业产出 Q，因为 Q 是不变的，当且仅当（每个厂商的）AC 最小时——也就是说，当进行生产的厂商数目恰好使每家厂商在最小的 AC 上生产时，产业的总成本（$AC \times Q$）才会是最小的。

表 10-3　厂商的平均成本和产业的总成本

(1)	(2)	(3)	(4)	(5)
厂商的产出	厂商的平均成本（美元）	厂商数量	产业的产出	产业的总成本（美元）
60 000	0.90	200	12 000 000	10 800 000
100 000	**0.70**	**120**	**12 000 000**	**8 400 000**
120 000	0.80	100	12 000 000	9 600 000

注：产出以蒲式耳计。

长期中完全竞争的这种成本效率可以从图 10-8 和图 10-9 中看出来。在达到充分的长期均衡之前（图 10-8），厂商可能不是以最低成本方式在进行生产。例如，由图 10-

8(a)中的 e 点和图 10-8(b)中的 E 点所示的 1 000 家厂商生产的 5 000 万蒲式耳可以由更多的厂商更便宜地生产出来,其中每个厂商生产一个更小的数量,因为平均成本的最低点位于图 10-8(a)中 e 点的左边。这个问题在长期中可由寻求利润的新厂商的进入来解决,在图 10-9 中我们看到,在进入过程完成之后,每个厂商都在其最有效率(最低 AC)的水平上组织生产——40 000 蒲式耳。

正如亚当·斯密说的,尽管每个厂商只关心它自己的利润,但整个玉米产业是由一只"看不见的手"指引着以最低的成本生产社会所需要的玉米产量。

❓ 难题解答:减少污染哪个措施更好——胡萝卜还是大棒?

最后我们回到本章开始提出的难题上,因为我们现在已经掌握了解答它所需的所有工具,特别是,完全竞争产业的长期供给曲线也是其长期平均成本曲线(LRAC)这一点。我们的问题是,是应该向污染者的排放征税,还是应该给他们补贴来减少排放?补贴,即政府付给应允减少排放的企业的补偿,的确会诱导企业减少它们的排放,然而,与事实矛盾的结果很可能是总体污染会加重。让我们看看其缘由。

图 10-11 中,我们已经画出了产业的长期平均成本曲线(LRAC)XX,我们现已知 XX 曲线也是产业的长期供给曲线,因为若供给曲线位于 LRAC 的上方(左边),那么经济利润就会存在,新厂商进入会推动供给曲线右移;如果供给曲线在 LRAC 的右下方,则会出现相反的情形。

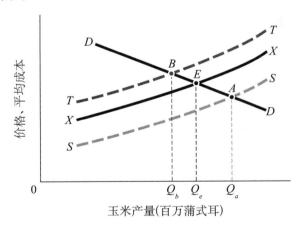

图 10-11 减少污染的激励措施:征税与补贴

显然,对企业征税会增加产业的长期平均成本,若它使图中的 LRAC,即长期供给曲线从 XX 上移到 TT,这一变化将使均衡点从 E 移至 B,进而使污染量从 Q_e 降至 Q_b。类似地,补贴会降低平均成本,因此它使 LRAC 和长期供给曲线向右下方移动(从 XX 到 SS),这一变化使均衡点从 E 移至 A 并使产业的污染产出增至 Q_a。

我们矛盾的结论是从污染产业的产量越多,它排放的污染物质也会越多这一假定得出的。在征税的情况下,均衡从 E 点移至 B 点,产生污染的产量从 Q_e 降至 Q_b,因此,污染排放会减少——这与常识给我们的预期相同。但是,获得补贴后,产业污染量将从 Q_e 增至 Q_a,尽管与直观感觉和每个企业的污染排放减少的事实相反,就整个产业而言,总的污染量却变多了。

什么可以解释这一奇怪的结果呢?答案是新厂商的进入或者原厂商的退出,补贴首先会给污染者带来经济利润,这又会吸引甚至更多的污染者进入该产业,基本上,补贴会鼓励更多的污染者开始营业。但是上图带我们走出了这个简单的事实。不错,我们最后会有更多的污染企业,但每个企业的污染排放都较补贴前少。因此,我们有两个影响因素,一个导致更多的污染,另一个导致更少的污染,两股力量谁会胜出呢?图形告诉我们,如果产生污染的产品的产量增加总是带来更多的污染,那么,在一个完全竞争产业中,补贴必定导致总污染增多。对污染排放征税会引起部分污染厂商退出该产业,相应的分析对税收减少污染机制给出了解答。

小结

1. 根据产业中的厂商数目、它们生产的产品的相似程度,以及阻止进入的可能性等条件,**市场**被归纳为几种类型。
2. 经济学家讨论的四大主要市场结构为垄断(单个厂商生产)、寡头(几个厂商生产)、垄断竞争(许多厂商生产有些差异的产品),以及完全竞争(许多厂商生产完全相同的产品,而且进退自由)。
3. 很少有产业能完全满足**完全竞争**的条件,但有些产业比较接近于它。研究完全竞争是因为它易于分析,还因为它代表的是市场机制运行良好的一种情况,因此它是衡量其他市场类型的一个有用标准。
4. 完全竞争厂商的需求曲线是水平的,因为它的产出占产业的产量比重太小而无法影响到价格。在水平的需求曲线下,价格、平均收益以及边际收益三者都相等。
5. 完全竞争厂商的短期均衡处于能带来最大利润的产出水平上,即 MR = MC = 价格时的产出水平,在这一均衡上,厂商既有可能盈利也有可能亏损。
6. 完全竞争厂商的短期**供给曲线**是由其边际成本曲线给出的。
7. 完全竞争下产业的短期供给曲线是产业内所有厂商的供给曲线的水平加总。
8. 在完全竞争的长期均衡下,自由进入迫使每个厂商都只能赚到零**经济利润**,或者说不多于厂商资本在其他用途中所能赚到的利润(资本的机会成本)。
9. 完全竞争产业的均衡位于产业供给曲线与需求曲线的交点上。
10. 在完全竞争的长期均衡中,厂商选择的产出是平均成本、边际成本与价格三者相等时的水平。它也是平均成本最小时的产出。厂商的需求曲线与它的平均成本曲线相切于平均成本最小的那一点。
11. 竞争产业的长期供给曲线与它的长期平均成本曲线相重合。
12. 对污染物的排放征税或给减少这些排放发放补贴都会诱导厂商减少排放,但在完全竞争下,补贴会导致更多污染厂商进入并可能引起产业的总排放增多。

关键词

完全竞争 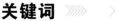 价格接受者 可变成本

厂商的供给曲线　　　　　产业的供给曲线　　　　　　经济利润

自测题

1. 在哪种情况下,厂商的需求曲线会是:
   a. 垂直的?
   b. 水平的?
   c. 具有负斜率的?
   d. 具有正斜率的?
2. 试解释为什么完全竞争厂商的短期均衡有 $P = MC$,而长期均衡有 $P = MC = AC$。
3. 试解释为什么一个赚取零经济利润的厂商关门停业是不明智之举。
4. 如果一个厂商的最低平均成本为 52 美元,相应的平均可变成本是 26 美元,那么当市场价格如下时,一个完全竞争厂商怎样做才合算?
   a. 市场价格为 51 美元;
   b. 价格为 36 美元;
   c. 价格为 12 美元。
5. 如果一个完全竞争产业的市场价格高于它的均衡水平,你认为会出现什么样的情况?

讨论题

1. 试解释,如果一个完全竞争厂商的水平需求曲线表示的是它可以在现行价格下出售任一它想出售的产品,那么为什么它不无限扩大自己的销售量呢?
2. 试解释为什么需求曲线也是平均收入曲线。回想一下,当平均收入不升也不降时,边际收益一定会等于平均收益,那么试解释为什么对完全竞争厂商总有 $P = MR = AR$。
3. 完全竞争的四大特征(大量小厂商、自由进入、标准化的产品,以及完全信息)中,
   a. 哪一个是完全竞争厂商面临的需求曲线为水平这一点的主要原因?
   b. 哪一个是长期均衡中厂商的经济利润为零这一点的主要原因?
4. 我们在本章表明,MC 曲线与 AVC 曲线(平均可变成本)相交于后者的最低点上,试解释其原因。(提示:由于根据定义,边际成本完全是由可变成本构成的,MC 曲线可以看作是边际可变成本线。运用第 8 章的附录中解释的边际量和平均量的一般关系来分析。)
5. (稍难)本章我们说过,厂商的 MC 曲线不仅通过它的 AVC 曲线的最低点,而且也通过它的 AVC 曲线的最低点,由于 AVC 的曲线位于 AC 曲线下方,上面的论述如何是正确的? 为什么? (提示:参看图 10-4。)

第11章 垄 断

> 垄断价格在任何时候都是能获取的最高价格。
>
> ——亚当·斯密①

在第10章中,我们描述了所有产业都是完全竞争的一个理想化市场体系,在第14至第16章中,我们将赞美这个体系的美妙之处。但本章我们会转向市场的缺陷之一——某些产业有处于垄断的可能性——以及这种缺陷在市场体系中产生的后果。

毫无疑问,我们将发现垄断市场比不上完全竞争市场的理想化运作。在垄断下,市场机制不能再有效率地分配社会资源,这表明政府对垄断的约束措施有时候也能改进市场的运行。

但首先,我们像平常一样由现实生活中的疑难问题入手。

❓ 难题:美国电话电报公司在电话服务产业的"自然垄断"地位发生了什么变化?

我们都能敏锐地觉察到电话服务市场的强烈竞争。我们怎么可能没有觉察到呢?多如牛毛的提供此类服务的公司,现有的和新成立的,都不断向我们推销一个又一个电视广告、互联网弹窗广告以及电话营销,这使得人们避之犹恐不及。人们深情地戏称AT&T公司的贝尔电话系统(Bell Telephone System)为"贝尔大妈",该系统曾是电话服务唯一的运营商。"贝尔大妈"的时代已经过去很久了,现在它基本被视为像小型马车一样精巧而古典的收藏品了。理论上讲,在"自然垄断"(参见后文定义)产业中,竞争者是没有生存空间的,电话行业又时常被认为是自然垄断的经典案例,那电话服务产业中为什么又存在竞争呢?本章中,你将学习垄断产生的原因和后果,并在学习过程中获得洞悉这些问题答案的能力。

---

① 但亚当·斯密的表述是错误的!见本章末的讨论题4。

11.1 定义垄断

> **完全垄断**是指一个产业中只有一个供给者,它的产品没有相近的替代品,且其他的厂商很难或不可能与之共存。

完全垄断(pure monopoly)的定义条件非常严格。第一,产业中只能存在一个厂商——垄断者必须是"城里唯一的参赛者"。第二,垄断者的产品不能存在相近的替代品。因此,即便是城市里唯一的天然气供给者也不能被视为完全垄断,因为其他厂商能提供像取暖用油和电力等相近的替代品。第三,必须有某种原因使得潜在的竞争者根本无法进入和生存,否则,垄断行为和它的超额经济利润将不复存在。

这些苛刻的条件使完全垄断鲜少存在于现实世界中。电话公司和邮局曾是单厂商产业且面临着极少或者是无效竞争的例子,起码它们的某些业务是如此。但是多数厂商至少还是会在一定程度上遇到来自替代品的竞争。即便某镇上只有一条铁路,它也必须与公交线、货运公司和航空公司竞争。同理,某特定品牌的啤酒生产者可能是该产品唯一的供给者,但仍不能将其视为完全垄断厂商。因为许多其他品牌的啤酒都可以成为它的产品的相近替代品,厂商若试图将价格提升至远远高于其他品牌的水平,它将损失大部分生意。

经济理论中不受限制的完全垄断在实际中很少存在还有另一个原因。我们将会在本章中了解到完全垄断的许多不合意特征。因此,在完全垄断可能产生的市场中,政府已介入以防止垄断出现或限制垄断者随意设置高价格。

如果我们不是由于现实的原因而研究完全垄断,我们为何又要学习它呢?因为和完全竞争一样,与我们将在下一章中谈到的更常见的市场结构比较,完全垄断是一种更容易分析的市场形式,因此,完全垄断是走向更现实模型的一块垫脚石;同时,如果我们在完全垄断的形式下进行研究,我们将能更清楚地了解其弊端(及可能的优点)。

11.1.1 垄断的来源:进入障碍和成本优势

> **进入障碍**是市场的一些特征:它们使新企业开业的难度和成本比市场中已存企业建立之初的更高。

保持垄断的关键条件在于排除市场中的潜在竞争者。达到这一目的的途径之一就是用某些特定的障碍阻止产业中新厂商出现。经济学家将这种阻碍称为**进入障碍**(barriers to entry)。以下是一些例子。

法律限制 美国邮政服务由于国会的批准而处于垄断地位。欲与邮政服务竞争的私营公司都被法律直接禁止。各种本地垄断的建立有时是由于政府给一个单独的企业一些特权(例如,在市体育馆经营食品业务的权利)或阻止其他企业进入产业(例如,只为一个有线电视供给者发放牌照)。

> **专利权**是指授予发明者的一种特权,发明者可以是个人或公司,这种特权能阻止其他人在未经专利权所有者同意的情况下生产或使用其发明。

专利权 某些企业受益于一个特殊而重要的合法的进入市场障碍,即**专利权**(patents)。为了鼓励发明创造,政府给予某些特定产品的发明者在一段时间内享有唯一的生产权利。在专利有效期内,企业处于受保护的垄断地位。例如,施乐复印机在许多年内(但现在不是)都处于普通纸张复制的垄断地位。大多数制药公司在自己发明的药物上也是垄断性的。例如,辉瑞制药(Pfizer)曾拥有一种畅销的抗抑郁药物左洛复(Zoloft)的专利权,该项专利于2005年年末过期,左洛复生产竞争的大门向一般制药公司敞开,竞争厂商的进入致使辉瑞制药的收入下降。①

对稀缺资源或投入品的控制 若某商品只能利用一种稀缺的投入生产,那么获得这项投入资源掌握权的公司可以使自己立于垄断地位。实例并不多见,但南美洲的钻石辛迪加在以前接近于此。

故意建立进入障碍 一家企业可以故意使其他厂商进入产业变得困难。其中一种方式就是对新竞争对手进行高成本的控诉,有些还是捏造的。另一种是花大钱在广告上,从而迫使其他新进者也要支付大笔费用。

巨额沉没成本 显然,若进入一项产业需要巨大的投资,尤其当此项投资是沉没的——即在很长一段时间内不能收回时,风险是很大的。例如,某一产业的生产可能需要建立一个昂贵且形态特殊的大型建筑,而这些支出只有在很长一段时间后从厂商的销售额中才能得以弥补。因此,巨额沉没成本限制了新企业进入产业。许多分析家由此认为沉没成本是进入市场最重要的"自然形成的"障碍类型。例如,生产喷气式飞机所包含的高额沉没成本使波音公司在747特大喷气式飞机上市后的许多年里,尽情享有长机身、宽机体的喷气式飞机市场的垄断者地位。如今空中客车在欧洲政府的资助下已经能支付高额投资,从而开始侵占波音的领地。

这些障碍将竞争者排除在外并确保了产业处于垄断状态。但若单个厂商相对于其他潜在竞争者而言拥有显著的成本优势,那么即便没有进入障碍它也能成为垄断者。技术优势和规模经济就是产生这种优势的两个很好的例子。

技术优势 若一个企业的专业技术大大超越了其他潜在竞争者,那么它在一段内将保持垄断地位。例如,IBM在许多年内都鲜有电脑生意上的竞争者,主要就是由于其精湛的技术。当然,竞争者最终还是赶上了。最近,微软把创造性和神奇的市场力量两者结合起来,在软件业务,尤其是操作系统上确立了霸主地位。

规模经济 如果单凭规模便能使大企业对较小的竞争者占有成本优势,那么很可能没有任何厂商能与此产业中最大的厂商竞争了。

11.1.2 自然垄断

> **自然垄断**是指一个产业中,大规模生产的优势使得单个厂商生产此市场中全部产出的成本低于多个厂商生产的成本。

最后一种成本优势足以引起特别关注。某些产业具有很显著的大规模生产的规模经济或范围经济(economies of scope,因同时生产大量相关产品,比如汽车发动机和车身,货车零部件等形成的成本锐减),以至于整个产业的产出若由一个厂商单独来生产,其成本要远远低于大量较小厂商生产的成本。对于这种情形,我们称之为**自然垄断**(natural monopoly)。一旦一个厂商的规模相对于其产品市场的大小达到足够大,其自然形成的成本优势很可能

---

① Tim Annett, "The Afternoon Report: Patents & Profits," *The Wall Street Journal* (Eastern edition), Online edition, April 20, 2007.

就会把竞争者驱出市场,不论这家企业中是否有任何人有这种邪恶的意图。

如果市场足够小,垄断者的规模也不一定要很大,真正关键的是此单个厂商的大小与产品市场总需求的比较。因此,一个乡下小镇上的小银行或一条交通稀疏的十字路上的加油站都可能是垄断者,尽管它们都是很小的公司。

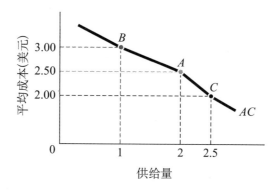

图 11-1　自然垄断

注:平均成本为美元每单位,数量以百万计。

图 11-1 表示的是导致自然垄断产生的平均成本(AC)曲线。它始终斜率为负,这表明产业中企业的产出越多,平均成本就越低。假定任何生产游戏的厂商都具有这样的 AC 曲线,而产业中最初有两个厂商。再假定较大的厂商以 2.50 美元的平均成本生产 200 万个游戏(点 A),而较小的厂商以 3.00 美元的平均成本生产 100 万个游戏(点 B)。显然,若较大的厂商以低于 3.00 美元而高于 2.50 美元(这样才能保证盈利)的价格出售产出,那么较小的厂商就会被挤出行业(因为较小的厂商只有亏损才能承受这一价格)。因此,即使没有进入障碍,垄断仍会"自然而然地"产生。

一旦建立了垄断地位(比如,生产 250 万个游戏——点 C),它的产量将趋向于增加更多,故其平均成本(AC)会进一步下降。规模经济将变为进入的一种十分有效的威慑,因为没有任何新进者有希望能与已存在的垄断厂商在这种低平均成本(2.00 美元)上相抗衡。显然,若自然垄断者能以其低成本保持低价格,那么公众利益将得到很大的满足,但是,风险就在于,一旦竞争者离开此产业,厂商就有可能提高价格。

许多公用事业公司也正是由于这个原因处于受管制的垄断地位。人们相信它们的产品生产和分配技术使它们能够通过大量生产带来成本的显著降低。因而人们认为更有利的方式是,让这些厂商掌握整个市场从而使成本变得更低,随后再对它们及其价格进行管制,而不是将它们拆解成数个竞争厂商。以下是这里讨论的结论:

> 垄断存在有两个基本原因:进入市场的障碍,如法律限制和专利权,以及高新技术或大规模经营的成本优势带来的自然垄断。一般认为,将因规模经济而拥有低成本的大公司分解是不明智的。但是进入障碍通常都被视为不利于公众利益的,除非大家相信它们有补偿性的好处,如专利权这样可以鼓励发明创造。

本章剩余的部分将分析,如果垄断者行动自由不受政府限制,它的行为会如何。

11.2 垄断者的供给决策

垄断厂商不具备我们通常意义上所定义的"供给曲线"。与完全竞争中的厂商不同，垄断者不受市场的支配，厂商没有必要接受不受自己控制的市场价格，也没有必要依据供给曲线将产出水平调整到与这个外部力量决定的价格相适应的程度。相反，它有权力确定价格，或者更确切地说，它依据自身的最高利益来选择需求曲线上任意的价格—数量组合。

换言之，垄断者不是一个价格接受者，不必简单地去适应供给与需求力量决定的价格。相反，垄断者是价格的制定者，如果它想，它就可以提高产品的价格。因此，第4章中所描述的标准的供求分析不适用于垄断产业的价格和产出决策。但不论垄断厂商选择什么价格，需求曲线始终指示着消费者相应的购买量。

垄断者的需求曲线与完全竞争厂商的不同，它往往是向下倾斜而非水平的，这表明价格的上升不会导致垄断者失去它所有的顾客。但是任一价格上涨都会让它们失去部分生意。价格越高，垄断者所能出售的产出就越少。

市场不能像对接受价格的完全竞争厂商那样把价格强加于垄断者。但垄断者亦不能同时选择销售的价格与数量。与需求曲线一样，价格越高，销售量越少。

为了确定最有利于厂商的价格，垄断者必须考虑提高或降低产品的价格是否能增加利润。由于需求曲线是向下倾斜的，垄断者的定价范围不受限制。但是价格的某些上升并不能带来利润，因为它们会导致产品销售量不成比例的大幅下降。

在我们的分析中，我们假定垄断者追求利润最大化。这并不意味着垄断者必然能有正的利润。若产品的需求极低，或厂商的生产是无效率的，那么即便作为垄断者也有可能亏损并最终被挤出行业。但是若某垄断厂商利润为正，它将有能力在长期中继续保持垄断地位，因为不会有新进者抢走利润。

我们可以用第8章中的方法来确定追求利润最大化的垄断者会选择怎样的价格。为了使其利润最大化，垄断者必须比较边际收入（增加一单位产出带来的总收益增量）和边际成本（增加一单位产出带来的总成本增量）。图11-2给出了一个典型的垄断者的边际成本（MC）曲线和边际收益（MR）曲线。请回顾厂商的需求曲线（DD）同时也是其平均收益（AR）曲线这一结论。这是因为若某厂商销售 Q 单位的产出，各单位产出的价格均为 P，那么各单位产出所带来的平均收益必然等于价格 P，因为由一组相等的数构成的总体的平均值必然就是这个数。又因为需求曲线给出的是售出任一特定数量所对应的价格，因此它必然会自动地表明与这个数量对应的 AR（=价格）。

请注意，边际收益曲线总是低于需求曲线的，这表明 MR 总是少于价格（P）。我们从第8章的附录可以知道，这肯定是对的，如果 AR 曲线向下倾斜，因为平均收益 AR 下降的原因正是 MR < AR，故一定有 MR 曲线位于 AR 曲线的下方。这一重要的事实很容易理解。垄断厂商向所有的顾客收取的都是相同的价格。若厂商想增加一单位销

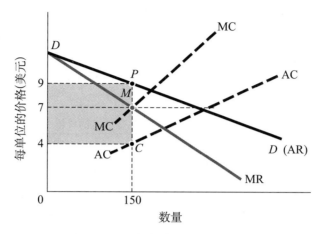

图 11-2 垄断者的利润最大化均衡

售,它就必须降低对所有顾客的价格。当它降价以吸引更多的购买时,之前的所有顾客同时也会受益。因此,垄断者通过增加一单位销售所得到的收益的增量(边际收益)等于厂商从新顾客身上得到的收益减去降价引起的在老顾客身上损失的收入。这意味着 MR 必须小于价格 $P(= AR)$;从图上看,如图 11-2 所示,表现为 MR 曲线位于需求曲线的下方。

11.2.1　决定利润最大时的产出

和其他任何厂商一样,垄断者也是通过边际收益(MR)与边际成本(MC)相等来实现其利润最大化的。图 11-2 中被选取的是点 M,对应的产出为 150 单位。但点 M 并未告知我们垄断价格,因为正如我们刚才见到的,对垄断者而言,价格是高于 MR 的。为了解垄断者收取的价格,我们必须利用需求曲线来找出消费者购买利润最大的产出 150 单位时所愿意支付的价格。答案正如我们所见,由需求曲线上相应产出对应的价格高度给出,即点 M 正上方的点 P。垄断价格为 9 美元/单位。不必惊讶,它超过了 MR 和 MC(均等于 7 美元)。

图 11-2 中所显示的垄断者正赚取相当可观的利润。这一利润在图中用阴影部分的矩形表示,其中矩形的高等于价格(点 P)与平均成本(点 C)之差,而宽等于生产量(150 单位)。在本例中,利润为 5 美元/单位,或总计为 750 美元。

为研究追求利润最大化的垄断者的决策:
(1) 需找出 MR = MC 时的产出以选择利润最大时的产出水平。
(2) 需找出在这个产出水平上需求曲线的高度以确定相应的价格。
(3) 比较这个产出水平上需求曲线与 AC 曲线的高度以确定最后的结果是经济利润还是亏损。

我们还可以用数字说明垄断者的最大利润的计算过程。在表 11-1 中,前两列给出了组成垄断者需求曲线的数量和价格数据。第 3 列是各产出水平下的总收益(TR),等于产品价格乘以数量。因此,对 3 个单位的产出而言,TR = 92 × 3 美元 = 276 美元。第

4 列表示的是边际收益(MR)。例如,当产出由 3 个单位增加到 4 个单位时,TR 由 276 美元增加到 320 美元,故 MR 等于 320 美元 – 270 美元 = 44 美元。第 5 列给出了垄断者在各产出水平下所对应的总成本。第 6 列则是按以往的方法由总成本(TC)推出的边际成本(MC)。最后,将各产出水平的 TR 与 TC 分别相减,我们获得了第 7 列中的总利润。

表 11-1 一个利润最大化垄断者的价格—产出决策

(1) Q	(2) P (美元)	收益(美元)		成本(美元)		总利润(美元)
		(3) TR = P × Q	(4) MR	(5) TC	(6) MC	(7) TR – TC
0	—	0		10		–10
1	140	140	140	70	60	70
2	107	214	74	120	50	94
3	92	276	62	166	46	110
4	80	320	44	210	44	110
5	66	330	10	253	43	77
6	5	300	–30	298	45	2

此表呈现了许多重要的信息。首先,我们从第 2、第 3 列中可以看到降价可以增加或减少总收益。当产出由 1 个单位增到 2 个单位时,P 由 140 美元降低到 107 美元,而 TR 则由 140 美元上升到 214 美元。但当(在 5 至 6 个单位产出之间)P 由 66 美元降至 50 美元时,TR 则由 330 美元降到 300 美元。然后,我们发现,通过比较第 2 和第 4 列,在第 1 个单位的产出之后,价格总是高于边际收益(因为边际收益 MR 曲线必须位于向下倾斜的需求曲线 AR 曲线之下)。最后,我们从第 4 和第 6 列中看到,当 Q 在 3 至 4 个单位之间时,MC = CR = 44 美元,表明这便是使垄断者的总利润最大的产出水平。表中第 7 列也证明了这一点,它显示在所有可能的产出水平中,这个产出水平所对应的利润最高,为 110 美元。

11.2.2 垄断和完全竞争的比较

至此,我们已经完成了对垄断价格—产出决策的分析。因而接下来,我们很自然地想知道垄断均衡是否有特别之处。为了确定这一点,我们需要一个比较的标准。完全竞争就是这个标准,因为正如我们将在第 14 章中所了解的,只有以理想化的理论为平台,我们才能判断其他的市场结构。通过比较垄断的结果和完全竞争所产生的结果,我们会了解为何自亚当·斯密以来经济学家都认为垄断是无效率的。

垄断者可以持续获得利润 竞争与垄断的首要差别是垄断的进入障碍所造成的直接后果。如图 11-2 所示的利润在完全竞争市场中将由于竞争而消失,因为利润会吸引新的竞争者进入行业。竞争厂商在长期中的经济利润必然是 0;即它赚得的只足够补偿其成本,包括所有者资本和劳动的机会成本。但在垄断市场中,若有进入障碍阻止新竞争者进入破坏垄断的话,高利润是有可能保持的。于是,垄断者就可以他们的消费者为代价积累财富。但由于人

> **垄断利润**是垄断厂商持续赚取的超过完全竞争产业中厂商的利润的那一部分。

们发现这种财富的积累是令人不悦的,所以垄断总是受到广泛的谴责。结果,垄断往往受到政府管制,从而限制它们赚取的利润。

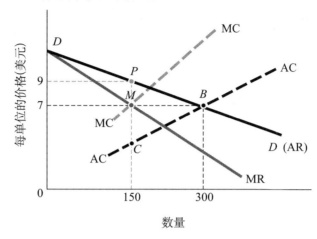

图 11-3　垄断产业和竞争产业的比较

垄断限制产出以提高短期价格　过多的**垄断利润**(monopoly profits)会带来麻烦。但经济学家认为垄断与竞争的第二项差别更令人担忧:

与理想的完全竞争相比,垄断者会对产出进行限制并收取较高的价格。

为理解这一结论,让我们进行以下思想实验。想象法庭命令将图 11-2 所示的(和图 11-3 重新所示的)垄断厂商分解为大量完全竞争厂商。再假定产业的需求曲线保持不变,且图 11-3 中的 MC 曲线是所有新竞争厂商 MC 曲线的(横向)加总。这些可能是不现实的假设,我们很快会进行解释,然而,它们使短期中垄断与完全竞争的产出—价格组合比较过程变得简单化。

在进行比较之前,我们必须注意,在垄断中,厂商和产业是同一实体,但在完全竞争中,任何一个厂商都只是产业中极小的一部分。因此,当我们将垄断和完全竞争的行为做比较时,我们应该将垄断者与整个竞争产业相比。在图 11-3 中,垄断者的产出是 MC = MR 的点 M。竞争产业的长期产出(点 B)大于垄断厂商,因为为了使经济利润达到 0($P = AR = AC$)需要足够多的产出。

垄断者的产出比一家小型竞争厂商大是不言自明的。令人感兴趣的问题是在这两种市场结构中消费者手中得到的产品数量是多少——即与类似的竞争产业所提供的数量相比,垄断者生产的产出量为多大。

垄断限制产出以提高长期价格　正如我们所见,垄断产出是由利润最大化条件 MC = MR(点 M)决定的。但正如我们在第 10 章中学到的,长期完全竞争均衡出现在图 11-3 中的 B 点,此处价格和平均成本相等而经济利润为零。

通过比较 B 点和垄断者的均衡点(M 点),我们可以知道垄断厂商生产的产出单位比相同需求和成本条件下的竞争产业产出单位要少。由于需求曲线向下倾斜,产出减少就意味着价格上升。垄断厂商的价格,在需求曲线上表示为位于 M 点正上方的 P 点,超过了完全竞争情况下的 B 点。这正是普遍认为不受管制的垄断者"压榨群众"的观点背后的基本事实,即垄断者蓄意减少产品的产量从而人为制造稀缺性,造成价格上涨。

我们应该注意,只要处在垄断的产出水平与竞争产出水平之间的平均成本曲线具有正的斜率,那么情况便会如此,这是因为此时 MC 曲线必然位于 AC 曲线上方。我们刚刚还看到,MR 曲线必然位于 AR 曲线之下。所以很显然,MR 曲线与 MC 曲线相交之处(垄断产出)必然位于 AC 与 AR 相交之处(竞争产业的产出)的左方。因此,当竞争产业和垄断产业拥有相同的需求和成本曲线时,垄断产出总是较小。既然垄断产出总是较少,其价格必然也较高。

垄断导致无效的资源配置 我们可以断定,与相同需求和成本条件下的竞争产业相比,垄断者将收取较高的价格而生产较少的产出。为什么经济学家如此反感这种情况呢?因为正如我们将在第 14 章中所讨论的,一个竞争产业生产一特定商品时,投入的社会稀缺资源"在量上是不多不少刚好合适"的,因此,若某垄断者生产的数量低于竞争产业,它必定生产得太少了。

垄断的讨论总结如下:

> 由于进入市场受到阻碍,垄断厂商赚取的利润可能超过资本的机会成本,获得正的经济利润。同时,由于生产的产出太少而收取的价格过高,垄断还会导致资源配置无效。综上所述,若某产业成为垄断性产业,那么自由市场的一些优点将不复存在。

11.2.3 垄断可能改变需求

这项分析并不一定总是正确的。首先,它假定无论产业是竞争的还是垄断的,市场需求曲线都是相同的。但事情总是如此吗?若垄断厂商不试图扩张其市场,那么需求曲线就会保持不变,但事实几乎不可能如此。

在完全竞争的情况下,买者认为产业中所有供给者的产品都是相同的,任何一个供应商都没有理由去做广告。如果广告奏效的话,消费者会增加购买量,但增加的购买量绝大多数会落入其他厂商之手,某个厂商支付广告费用,而广告的绝大部分收益归产业中其他厂商享有,所以个体供给者没有做广告的必要。但若是垄断者接管了一个完全竞争产业,做广告则是十分有利的。若管理者认为广告代理商有创意的宣传能吸引消费者跑到市场上去购买电视上吹捧的产品,厂商就会花费大量的资金来完成这项宣传。以柯达为例,从 19 世纪末到 20 世纪 80 年代,它占据着美国胶卷销售市场,但公司并没有因此而停止在广告上进行巨大投入。这项花费将使需求曲线向外移动。从而垄断的需求曲线与竞争产业的需求曲线不再相同。

垄断产品更高的需求曲线可能促使垄断者扩大生产从而减少图 11-3 中竞争与垄断产出水平的差异。但同时,它还可能使垄断者将价格提升得更高,那么增加的产出就不会为消费者带来净收益。

11.2.4 垄断可能改变成本曲线

垄断的出现还可能改变平均成本曲线和边际成本曲线。成本增加的一个原因可能就是我们刚刚所讨论的广告。另一个原因则是垄断组织庞大的规模,它可能引发低效的官僚主义、协调问题等诸如此类的后果。

同时,垄断还能排除某些对小型独立厂商而言不可避免会重复的一些活动:一个购买代理人可以完成之前须由多个买者进行的投入采购工作;少量大型机械设备可以取代竞争厂商拥有的多种小型设备。此外,垄断厂商大规模的投入购买可能会让它们获得小型竞争厂商不可能得到的大量折扣。

若总的结果确实能使边际成本曲线向下移动,那么垄断产出就会更接近于竞争的产出水平,垄断的价格会趋向于竞争价格。

11.3 垄断有其优点吗?

然而,垄断和完全竞争的上述比较是非常不真实的。它假定其他任何条件都保持不变,而这在现实生活中几乎不可能实现。由于各种原因,至少在某些情况下,垄断并不会像之前的讨论中所描述的那样会损害公众利益。下面的讨论是关于垄断对这些不理想的后果能拥有的一些补偿性优势。

11.3.1 垄断可能有助于创新

一些经济学家认为,只在一个时点上比较垄断和竞争产业的成本曲线是具有误导性的。因为垄断排除了竞争者,从而必然会从任何节约成本的方法和其发明的新产品中获取利润,所以这些经济学家认为,垄断者对研究的投资有极为强烈的动机。若研究能取得成果,即便短期内垄断者的成本将高于那些竞争产业,其长期成本必然会较低。从这个角度看来,垄断可能有助于创新。尽管这种观点已经很老旧了,它仍然富有争议。统计学上的证据是十分混杂的。

11.3.2 自然垄断:单个厂商的生产成本最低

最后,我们必须明确图 11-2 中所表示的垄断者并非自然垄断者,因为当它的产出增加时,平均成本是上升而非下降的。但现实生活中我们可以找到一些自然垄断的情形。当垄断是自然产生的时候,根据定义,单个大型公司分解成许多小型厂商会使生产成本上升,甚至可能会大大上升(见图 11-1)。在这种情况下,允许垄断继续存在对公众利益是有益的,因为消费者能从大规模经济生产中获利。但这样一来,对垄断厂商的定价能力进行法律限制并以此来规制垄断可能是恰当之举。

11.4 垄断下的价格歧视

价格歧视是指厂商在销售供给成本无差异的一种产品时对不同的顾客收取不同的价格。若对不同的顾客供应成本不同，但价格却相等，也属于价格歧视。

至此，我们一直假定垄断者对其所有顾客都收取相同的价格，但事实并非总是如此。在现实生活中，同一产品垄断厂商可以对不同的顾客收取不同的价格，即便价格的差异与任何部分顾客的特殊成本无关，这种情况被称为**价格歧视**（price discrimination）。若顾客 A 的供给成本高于 B，但 A 和 B 仍然被要求支付同样的价格，那么这也可称为价格歧视。

我们对价格歧视的情况并不陌生。例如，假定 Erik 和 Emily 同时从费城寄信，但前者寄往纽约，后者寄往夏威夷。尽管夏威夷与费城的距离远大于纽约与费城，他们所支付的邮费都是 41 美元。飞机票的价格亦是如此。乘客 C 获得了学生票，可能坐在乘客 D 旁边，而乘客 D 却要支付比学生票高 25% 的价格，虽然他们乘坐同样的航班并享受相同的免费食物。

机票的例子证明价格歧视也出现在非垄断产业中。但垄断厂商实施价格歧视远比受到竞争影响的厂商要容易，因为价格歧视意味着同一商品出售给某些消费者的利润比卖给其他消费者的利润要大一些，这样的利润差异会诱发竞争，使更多的新进者进入产业。新进者对利润较多的消费者收取更低的价格以诱惑他们离开"要价过高"的厂商。价格歧视者很讽刺地称这类有目的的进入者在为奶油脱脂，也就是说新进者跟在高价购买者身后，把低价购买者（"脱脂牛奶"）留给歧视者。但是，不论这样做是否合适，这样进入市场肯定使向利润高的消费者收取更高的价格变得更不容易了。

为什么厂商有时会采取价格歧视呢？大家可能已经想到答案了，为了提高他们的利润。对此我们举一个简单的例子来说明。假想一个镇上有 100 个富裕的家庭和 1 000 个贫穷的家庭。每个贫穷的家庭都想买一个电玩游戏，但最高出价不超过 25 美元；而只要游戏的价格不高于 75 美元，每个富裕的家庭也准备购买一个。

如果厂商不能实行价格歧视，那它所能做的就是对每个人都定价 25 美元，获得总收入 25 美元 × 1 100 = 27 500 美元。如果它收取更高的价格，比如说 75 美元，那它就只能向富人出售产品，仅赚到 7 500 美元。如果为贫穷家庭生产 1 000 份游戏增加的成本少于卖给他们带来的收入 27 500 美元 - 7 500 美元 = 20 000 美元，那么 25 美元的价格产生的利润必定比 75 美元的价格更多。

若游戏生产商能够分别对富裕家庭和贫穷家庭收取不同的价格——并能阻止贫穷家庭把他们的低价商品以高价转售给富裕家庭，情况会是怎样的呢？如果这样，企业将能从同样 1 100 份游戏中赚到 32 500 美元的总收入，即从贫穷家庭那里赚到的 25 美元 × 1 000 = 25 000 美元，加上从富裕家庭那里赚到的 75 美元 × 100 = 7 500 美元。显然，这比没有价格歧视时获得的 27 500 美元的收入更合算，利润增加了 5 000 美元。一般来说：

当一个厂商收取歧视性价格时，它就把消费者分为几类，再分别按照厂商利润最大化对每类消费者定价,它的利润通常比厂商收取非歧视(一致)价格时的利润高。

我们举出的简单例子清楚地解释了两种能实现利润最大化的价格。实际上情况并不是这样的。垄断者知道如果他的价格定得太高,需求量和随之产生的利润将会很低。歧视性垄断者的问题是要决定对不同消费群体收取能实现利润最大化的价格。这个问题的答案可由边际分析的另一个法则给出。为简单起见,假设卖者打算对两群顾客 A 和 B 收取两种不同的价格,利润最大化要求 A 组和 B 组的价格能产生相同的边际收入,因此,从每一个顾客组中所获得的 MR 必须等于该产品的 MC,即:

从对 A 组顾客的销售中获得的边际收益必须等于从 B 组顾客的销售中获得的边际收益:

$$MR_a = MR_b$$

推理很简单。事情差不多就是这样的:想象一下,你有两个小件饰品且你只能卖给两位顾客。那在什么情况下你会选择把饰品分别每人卖一个而不是把两个都卖给其中某位顾客呢? 直观的答案就是只有没有一个人会提供更高价格(MR)的时候你才会每人卖一个。假设向居住在富裕镇的一名 A 组顾客多卖出一份游戏产生的收入为 MR_a =28 美元,而同样向在贫穷镇的一名 B 组顾客售出一份游戏只带来 MR_b = 12 美元及收入,那么这样的一种安排就不是一个利润最大化解。若厂商把它的货物从贫穷镇的 B 组顾客中转移出一单位送至富裕镇的 A 组顾客,那它放弃 12 美元的收入就可以获得 28 美元的收入——即从同样的销售总量中获得净收入 16 美元。同样的论证适合任何一种边际收益不等的情况,因此利润最大化显然是要求从每组顾客身上获得的边际收益都相等。

边际收益相同法则使我们可以用图形来决定这样两组顾客的利润最大化价格和销售量。图 11-4 中两幅子图分别给出 A、B 两组顾客的需求曲线和相应的边际收益曲线。假设厂商现正以价格 P_a 向 A 组顾客出售了数量 Q_a 的产品,那么它必须以何种价格向 B 组顾客出售多少产品才能实现最大利润呢? 我们的边际法则给出了答案。由于出售给 A 组的产品形成的边际收益为 H——我们可从图(a)中的 MR 曲线上垂直于 Q_a 的点 J 看出来,法则告诉我们企业向 B 组顾客收取的价格必须要让他们在该价格上购买的数量所产生的边际收益也等于 H。我们可以从图(a)至图(b)画一条过点 J 的水平线 HH 来找出这一数量。显然在 HH 线与 B 组的边际收益曲线的交点 W 点上,两组顾客的边际收益是相等的。而出售给 B 组的能带来最大利润的数量即是垂直位于点 W 下方的 Q_b。当数量为 Q_b 时,市场 B 的价格就由该市场的需求曲线上对应 Q_b 的点给出,即垂直于 Q_b 的 P_b。

给定两个市场中一个市场上的价格和产出图 11-4(a),要决定价格歧视下另一个市场上最大利润时的产出和价格(图 11-4(b)),可以按以下步骤进行:

(1)并列画出不同顾客组的需求曲线和边际收益曲线。

(2)在第一组顾客中(A 组顾客,图 11-4(a)),画一条通过边际收益—数量组

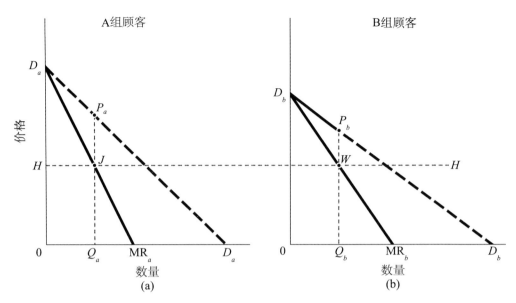

图11-4 价格歧视下的价格与数量

合的对应点 J 点的水平线，J 点确定了 A 组顾客的价格和数量 (P_a, Q_a)。

(3) 在第一个市场找到边际收益 H 和产出 Q_a，即点 J，在水平线与第二组顾客的 MR 曲线的交点上找到第二个市场的最大利润销售量，这样两组顾客的 MR 水平是相等的。

(4) 在第二组顾客的需求曲线上找到与最大利润数量相对应的点来决定第二组顾客的最大利润价格。

但这还不是全部答案：我们还未考虑成本，而我们知道利润最大化必须同时考虑成本和收入。但我们能相当轻易地解决成本问题，至少只要提供给顾客 A 和 B 的游戏的边际成本相同，成本问题就不难解决。即使在价格歧视下，我们仍有基本的 MR = MC 法则适用于每个分市场的最大化利润（见第 8 章），但价格歧视下扩展的利润最大化法则必定是：

$$MR_a = MR_b = MC$$

11.4.1 价格歧视总是不受欢迎的吗？

尽管歧视一词一般是用来指令人非常不满的行为，但价格歧视不一定总是坏的。多数人强烈地认为邮局对美国两地间的所有第一类邮件收同样的价格是合理的，无论送信的成本是否有差异。同样，许多人认同电影院对学生和老人打折的举措，虽然这些价格具有明显的歧视性。人们也广泛认可对贫困病人收取较低的诊疗费用。

除了公平或公正标准之外，还有其他一些原因也可以说明在一些情况下实行价格歧视是恰当的。一种情况就是如果不采取价格歧视，一家私人企业就不可能供给顾客所需要的某种产品。为了解释这一点，让我们回到前面关于游戏的例子，假设生产 100 份游戏的总成本是 8 000 美元，生产 1 100 份游戏的总成本是 30 000 美元，那么我们的厂商用单一的非歧视性价格就不能补偿其成本。如果它按 100 家富裕的顾客所愿意支付的价格收取 75 美元，那么它的总收入 7 500 美元将比其总成本 8 000 美元少。类似地，如果它对全部 1 100 家顾客统一收取 25 美元的价格，它也只能获得 27 500 美元的总收入，少于 30 000 美元的总成本。因此，任何一种一致的价格都会使厂商停止营业，从而剥夺了顾客从其产品的购买中获得消费者剩余的可能。但若实行歧视性价格，我们已知厂商将会赚到 32 500 美元，使厂商挽回它为两组顾客提供所需品产生的 30 000 美元成本。

相对其他定价方式，价格歧视甚至还可能会使一种产品对所有顾客都变得更便宜——甚至包括那些支付高价的顾客。大家可能已经想到，这种情况只有当一种商品的生产存在显著的规模经济时才会出现。比如说，价格歧视让厂商向一些特定顾客提供低价，进而吸引了原本没有的生意。因此厂商的产出增加，规模经济又会降低厂商的边际成本。如果边际成本有足够的下降，原来的"高价"顾客群可能最后付的价格比没有价格歧视时的还低。

这一讨论得出的结论不是说价格歧视总是好的，而是指它有时候是合意的。特别是，我们必须认识到一点：在没有价格歧视时一个厂商可能无法挽回其成本——一些观察者认为这种情况相当普遍。

难题解答：电话服务产业的竞争

最后我们回到本章开始时提出的疑难问题：为什么全美国的电话服务在一个一度被定义为自然垄断的产业中受到了竞争的威胁？原因有好几个，其中最突出的一个是政府规定和法律条文的变化。但电话服务产业引入竞争可能性的主要原因，还是得益于电话服务技术上的巨大突破。

直至近期，地方电话服务市场都被认为是一个自然垄断市场，主要是因为厂商必须为以家庭或办公室为单位的消费者每家每户安装通信设备（主要是通信线缆），而这些设备的费用是极其昂贵的。地方和政府不让竞争进入这些市场是因为他们相信这会导致巨大的固定成本的重复建设，浪费资源，进而产生更高的价格，而地方公用事业委员会对这些垄断者实施管制以确保有足够的服务供给和合理的价格。长途电话也必须通过这些通信线缆才能把用户联系在一起，如果不是政府规定的限制，拥有这些设备的厂商可能早就控制该产业并再度形成垄断了。

图片来源：© AP Images/PRNewsFoto/Verizon Wireless

近些年来通信技术变革已让这个市场做好了接纳竞争的准备，计算机和卫星技术降低了提供电话服务的投资成本，无论你住在哪里，手机通信不需要铺设线缆，电话服务产业的竞争格局基本已经成型。许多报纸的版面上充斥手机服务厂商的广告；网络语音信息传输服务开始普及，该服务成本更低且易于被竞争性厂商采用,发展非常迅速。虽然从目前的形势来看,地方电话服务公司在各自服务的区域内仍有一定程度的近似垄断的力量,但这种力量在不久的将来必定会被慢慢削弱。

小结

1. **完全垄断**是指产业内只有一个厂商生产一种没有近似替代品的产品。
2. 只有当单个厂商经营具有很大的成本优势或存在自由**进入障碍**时,垄断才能存在。这些障碍包括法定限制(**专利权**、许可证),一个潜在进入者因需要增加巨大的沉没成本而会面临的特殊风险或是为使进入者处境困难而采取的"坏伎俩"。
3. 一个重要的成本优势情况就是**自然垄断**——即由于存在显著的大规模生产经济使得只有一家企业能够生存下来的情况。
4. 一个垄断厂商没有供给曲线。它按边际收入等于边际成本决定产量并实现其最大利润。它的价格由其需求曲线上与该产量相对应的点给出。
5. 如果一个垄断产业的需求曲线和成本曲线与竞争产业的相同,并且需求曲线的斜率为负而供给曲线的斜率为正,那么与竞争产业相比垄断产出更低,价格更高。
6. 经济学家认为垄断产出往往低于竞争水平这一点是一种(不合意的)无效率。
7. 广告可以让一个垄断厂商将其需求曲线移到与之相比的竞争产业的需求曲线之上。通过大规模地购买投入,垄断厂商可以将其成本曲线移至竞争产业的成本曲线之下。
8. 利用**价格歧视**,垄断厂商有可能提高其利润。价格歧视就是指,对那些不太抵触价格上升的顾客,同样的商品却收取更高的价格,或者对那些服务成本高的顾客没有收取更高的价格。
9. 对一个有多个不同的顾客群的厂商,能使利润最大的歧视价格及相应的销售量可由一个扩展的利润最大化法则来决定:即每一顾客群的销售产生的边际收益必须等于厂商的边际成本,并且各组相等。
10. 价格歧视有时会损害公共利益,但有时也会有利于公共利益。不实行价格歧视,一些企业就无法生存,而且如果存在相当的规模经济,价格歧视还会降低所有顾客的价格。

关键词

完全垄断	进入障碍	专利权
自然垄断	垄断利润	价格歧视

自测题

1. 下列哪些产业属于完全垄断?
   a. 一个偏远小镇上唯一的取暖燃料供给商
   b. 镇上唯一的 IBM 笔记本电脑供应商
   c. 数码相机的唯一供应商
2. 下面是一个提供自来水的地方垄断企业的需求表和总成本表:

产出(加仑)	每加仑的价格(美元)	总成本(美元)
50 000	0.28	6 000
100 000	0.26	15 000
150 000	0.22	22 000
200 000	0.20	32 000
250 000	0.16	46 000
300 000	0.12	64 000

企业的产出是多少？价格是多少？它有利润吗？是多少？

（提示：先计算出企业的 MR 和 MC 表。）

3. 用自测题 2 中的表说明自来水公司的边际收益（每 50 000 加仑一单位）总是低于价格。

4. 一个垄断厂商向两组顾客出售飞盘，A 组顾客有一条向下倾斜的直线形的需求曲线，而 B 组顾客的需求曲线有无限弹性。用图形说明为实现利润最大化，应对两组顾客实行怎样的歧视价格和出售多少产品。B 组的飞盘价格是多少？为什么？A 组的价格是如何决定的？

讨论题 〉〉〉〉

1. 若一个垄断产业生产的产出少于一个类似的竞争产业的产出，试讨论为什么这被认为是对社会不利的。是因为生产大量的产品总是对社会有利的吗？

2. 如果竞争厂商赚取零经济利润，试解释为何还有人向它们投资。（提示：经济利润中资本的机会成本的作用是什么？）

3. 假设对一个垄断厂商出售的每个产品征收 28 美元的税，从而该厂商决定将其价格也提高 28 美元。为什么说它的这一决定可能会损害它自己的利益？

4. 用图 11-2 说明，为什么亚当·斯密说一个垄断者总收取"它能够收取的最高价格"这一点是错误的。

5. 美国世界通信公司（MCI）和斯普林特公司（Sprint）都在它们的光缆网络中投入了大量资金，该网络的建设成本大而营运成本相对小。如果两家都要破产了，为什么 AT&T 面临的竞争并不会因此而减少？（提示：破产公司的财产将会以怎样的价格出售？）

6. 讨论题 5 的答案告诉了你哪些进入电信产业的容易和困难之处？

7. 一个厂商收取单一价格（非歧视性价格）时无法做到收支相抵，但实行价格歧视后能获得少量利润，试解释为何在这种情况下让厂商采取价格歧视必定会让顾客受益。

8. 可以证明，在其他条件相同时，需求曲线弹性越小的顾客群被收取的价格会越高。为何这一结论是正确的？

第12章 竞争和垄断之间

……既非游鱼亦非飞鸟。

——约翰·海伍德(John Heywood)(约 1565 年)

像许多先进的工业社会一样,美国的大多数生产活动介于我们已讨论过的两种极端的市场形式之间。因此,若我们想了解市场机制在现实现代经济内的运行,我们必须观察位于完全竞争和完全垄断中间地带的混合市场结构:垄断竞争和寡头,这两种市场结构已经被众多的经济学家研究过,并且在实际中也非常重要。

垄断竞争是一种以许多小厂商销售有些差异的产品为特征的市场结构。这里的每一个厂商定的产出只占密切相关的总产出和竞争产品的极小部分,因此,一个厂商自身行为的任何变化都不会引起它的竞争者回应,甚至是注意。

垄断竞争或近似于垄断竞争的一些情况在零售市场中非常广泛,如鞋店、餐厅,以及加油站等就是很好的例子。我们经济中的大部分公司都可以归属为垄断竞争者,因为这样的企业数目众多,尽管它们的规模都不大。本章我们先运用第 8 章中所描述的厂商理论来分析垄断竞争厂商的价格—产出决策,然后像第 10 章一样考虑进入和退出市场的作用。

最后,我们转向寡头,一种由几家大厂商支配市场的市场结构。钢铁、汽车,以及飞机制造工业都是寡头的好例子,尽管仍有强劲的外国竞争者不断加入这些市场。美国经济产值中最大一部分可能就来自寡头。虽然寡头厂商在数量上少于垄断竞争者,但许多寡头厂商的规模相当巨大,年销售额超过世界上许多国家的总产值,甚至还包括欧洲一些小一点的工业国的总产值。

区分寡头与垄断厂商或完全竞争厂商的一项重要特征就是寡头对产业中其他厂商的行为非常在意。我们将看到,由此形成的决策的相互依赖性使得寡头十分不易分析并导致大量不同行为模式的出现。因此,经济理论中使用多个而不止一个寡头模型(本章中我们会学习其中的一部分),而且在不同的具体情形中应该使用哪种模型往往也很难确知。

难题：三个令人迷惑的现象

由于许多经济现象无法用完全竞争或完全垄断来解释，所以我们有必要在本章中研究混合的市场结构。这里给出三个案例。

难题1：为什么有那么多的零售商？ 毫无疑问你曾看到过交叉路口的每个拐角处都设有加油站，通常其中的两三家的油泵都没有顾客。表面看来，加油站似乎多于车辆的需求，造成了相应的劳动、时间、设备以及其他资源的浪费。它们为什么，又是如何全部留在市场中的呢？

难题2：为何寡头比"更具竞争性"的厂商更喜欢做广告？ 许多大型公司将广告视为争夺消费者的主要武器，而广告预算也占到了它们支出的很大比重。这些厂商每年会在广告上花费好几百万美元，试图领先于其他竞争对手。例如有报道称，宝洁公司近期广告支出为40亿美元（大约是同时期收入的10%）。① 可是批评者还经常指责只有几个大型厂商的寡头产业"无竞争性"。另一方面，农业被认为是我们经济中最接近完全竞争的产业，但很少有农民在广告上花钱。② 为什么这些被认为是"无竞争性"的寡头们在广告上投入如此巨大而非常有竞争性的农民则不然？

难题3：为何寡头不轻易改变其价格？ 经济中的许多价格时刻都在发生着变化。网络上每天24小时，每周7天都会发布诸如黄豆、猪肉以及铜等商品的最新价格。若你想于今日上午11:45购买这些商品中的一种，你不能依照昨天的价格——甚至是今天上午11:44的价格——因为它很有可能已经发生了变化。而像汽车和冰箱这样的产品的价格，即使是在通货膨胀上升很快时，也往往至多在一年内有数次变化。出售汽车和冰箱的厂商也熟知产品市场和投入市场的情况随时都在发生变化，为何它们不更频繁地调整价格呢？本章将对这些问题逐一进行解答。

12.1 垄断竞争

> **垄断竞争**指市场中的产品不同质，但在其他方面又与完全竞争市场相同的一种市场类型。

很长一段时间里，经济理论几乎没有关于介于完全垄断和完全竞争之间的市场结构的任何知识。后来，在20世纪30年代，哈佛大学的爱德华·张伯伦（Edward Chamberlin）和剑桥大学的琼·罗宾逊（Joan Robinson）（分别地）在一定程度上弥补了这个空缺，并促进经济理论向更现实的方向发展。他们所分析的市场结构被称为**垄断竞争**（monopolistic competition）。

---

① "The Harder Hard Sell," *The Economist*, June 24, 2004, http://www.economist.com; and http://www.pg.com.
② 但农协会，诸如美国新奇士（Sunkist）和各种奶制品集团会在广告上花钱。

12.1.1 垄断竞争的特征

若一个市场满足以下四个条件,其中有三个条件与完全竞争的完全相同,那么我们就说它是在垄断竞争条件下运行:
- 许多参与者——即许多小的买者和卖者
- 自由进出市场
- 完全信息
- 不同质产品——就买者而言,每一个卖者的产品至少从某种程度上有别于其他卖者

请注意,垄断竞争与完全竞争的区别仅在于最后一项。完全竞争假定同一产业中的不同厂商生产的产品都是相同的,但在垄断竞争下,卖者的产品是各不相同的——在质量、包装、提供的辅助服务(比如加油站中对挡风玻璃的清洁等),或仅仅是消费者的感觉上有所不同。区分产品的特征不一定要在客观或直接的度量意义上是"真实的"。例如,包装或连带服务的差异,可以也确实区分了其他方面都相同的产品。另一方面,即使两种产品的质量检验结果大相径庭,但若消费者却对此一无所知,它也是不相干的。

与完全竞争者相比,垄断竞争者的需求曲线具有负的斜率。因为每个卖者的产品都是不同的,每一种都能迎合钟情于某一特征的消费者群体。若厂商将其价格提升一点,就会让它的部分顾客转向其他竞争者,但对这个厂商的产品有强烈偏爱的顾客不会转移。若某垄断竞争厂商降低其价格,它便可能从其他竞争者抢来生意。但是由于不同的产品不是完全的替代品,所以将竞争者的所有生意都吸引过来是不可能的。

如果 Harriet 热狗店稍微降低价格,它将把那些认为热狗和香肠两者无差异的顾客从 Sam 香肠店吸引过来。如果 Harriet 继续降价,她将获得一些对 Sam 的产品只有轻微偏好的顾客。但即便 Harriet 的价格降得很厉害也不会吸引讨厌热狗而极度喜好香肠的顾客。因此,垄断竞争厂商像垄断者一样面临着一条向下倾斜的需求曲线,而不像完全竞争厂商面临的是一条水平的需求曲线——如果完全竞争厂商坚持高于竞争者的价格就会损失所有生意。

由于消费者认为各产品间都是有差别的,垄断竞争厂商看起来有点像一个小型的垄断厂商。那么我们能由此判断它赚取的经济利润高于零吗?与完全竞争者一样,垄断竞争者在短期内也许能获得经济利润。但是,在长期内,高经济利润将吸引新进者进入垄断竞争市场——与现存厂商的产品不完全相同,但类似的程度足够吸收多余的经济利润。

若某地的麦当劳生意兴隆,那么附近必然会很快出现汉堡王或诸如此类的快餐店。当某个卖者选用了更新、更吸引人的包装时,竞争者也会随后选用他们自己设计的与之在样式和颜色上有细微差别的新包装。因此,进入市场的自由让垄断竞争厂商在长期内从其资本上赚取的报酬不可能比其资本用于其他地方的报酬更高。换言之,厂商不

会赚取多余的经济利润。正如在完全竞争中一样,竞争会促使价格降低直至与平均成本相等,平均成本中还包括资本的机会成本。从这个角度看来,尽管处于垄断竞争之下的厂商的产品与所有其他供给者的都有细微差别,但它与在完全竞争之下的厂商一样不具有垄断力。

现在,让我们来研究长期中即使处于垄断竞争之下,亦能确保竞争驱使经济利润变为零的过程,同时了解这个过程中产生的价格与产出。

12.1.2 垄断竞争下的价格与产出决定

垄断竞争之下厂商的短期均衡与垄断之下的均衡情况区别甚微。由于厂商面临一条斜率向下的需求曲线(图 12-1 中用 D 标出),其边际收益(MR)曲线将位于需求曲线下方,像任何厂商一样,垄断竞争者为实现利润最大化,必定是在边际收益等于边际成本(MC)的那一点上组织生产。在图 12-1 中,加油站利润最大时的产出是 12 000 加仑/周,且其销售价格为 3.00 美元/加仑(需求曲线上的点 P)。厂商每加仑能赚取 20 美分的利润,由点 C 到 P 的垂直距离表示。

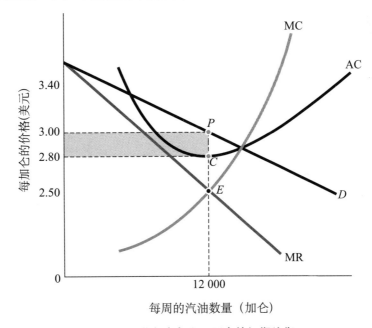

图 12-1 垄断竞争之下厂商的短期均衡

你将注意到这里的分析与图 11-2 中的垄断十分相似。最主要的区别就在于垄断竞争者所面临的需求曲线比完全垄断者的要平缓得多,因为垄断竞争者的产品大多都是相近的替代品。若我们的加油站将价格提升到 3.40 美元/加仑,它大部分的顾客都会到街对面的加油站加油;若将价格降到 2.50 美元/加仑,就会有很多人在油泵前排队。

图 12-1 中所描绘的加油站享有经济利润。由于产出为 12 000 加仑/周时,平均成本只有 2.80 美元/加仑(点 C),加油站每周会因汽油的销售而获 20 美分/加仑的利润,或 1 200 美元/周的总利润,用矩形的阴影部分表示。在垄断之下,这种利润是可以保

持的。而在垄断竞争之下,利润是无法保持的——因为经济利润将吸引新厂商进入市场。尽管新加油站不可能提供完全相同的产品,它们仍能提供足以夺走我们的厂商部分生意的类似产品。[例如,它们能出售康菲石油公司(Conoco)和壳牌石油公司(Shell)的汽油来取代埃克森美孚能源公司(Exxon)的汽油。]

当更多的厂商进入市场时,各厂商的需求曲线都会向下向左移动,但它会移动多远呢?答案基本上与完全竞争的情况相同:市场最终会停留在厂商的经济利润为零时——与厂商从事他业赚取的报酬完全相同。

图 12-2 给出的是与图 12-1 中相同的垄断竞争厂商在完成长期均衡调节后的情况。需求曲线——从而也是 MR 曲线——由于新竞争者的加入而向下移动,直至 MC 与 MR 相等,厂商达到利润最大化(点 E),同时还使价格(P)与平均成本(AC)相等,从而使经济利润变为零(点 P)。与图 12-1 中描绘的短期均衡相比,长期均衡中的价格较低(2.85 美元/加仑对 3.00 美元/加仑),有更多的厂商进入产业,且各厂商的产出也较小(10 000 加仑对 12 000 加仑),每加仑的平均成本较高(2.85 美元对 2.80 美元)。①

总之:

垄断竞争下的长期均衡要求厂商的需求曲线与其平均成本曲线相切。

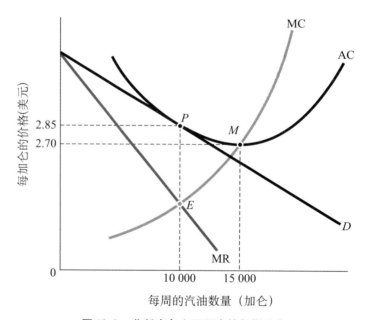

图 12-2 垄断竞争之下厂商的长期均衡

为什么呢?因为若两条曲线相交了或需求曲线位于平均收益曲线之上,厂商就能在价格超过平均成本的情况下生产,这意味着参与者将赚取经济利润,新的相近替代品亦会随之涌入,这就使得需求曲线向下移动。同理,若平均成本曲线位于需求曲线的下方,厂商将遭受经济亏损——它将无法获得与把资本投入其他方面相同的报酬,而厂商

---

① 练习:试说明,如果需求曲线继续下移,厂商就会面临亏损。那么在长期中情况又会怎样?

也会离开产业。

这里的进入分析与完全竞争的情况非常相似。此外,垄断竞争之下的厂商赚取零经济利润也与我们在现实生活中所见的完全吻合。加油站经营的市场符合垄断竞争的特征,而它们所赚取的利润不比接近于完全竞争的农民多。

12.1.3 超额生产能力定理和资源配置

完全竞争和垄断竞争之间有一个经济学上的显著区别。请再次参看图 12-2。平均成本曲线与需求曲线的切点,点 P,出现在平均成本曲线向下倾斜的部分,因为点 P 是 AC 曲线上唯一与需求曲线负斜率相等的点。若 AC 曲线是 U 形的,切点就必然位于平均成本曲线最低点 M 的左上方。换言之,在垄断竞争之下,需求曲线与平均成本曲线切于平均成本递减的区域。平均成本尚未到达最低点。相比之下,完全竞争厂商的需求曲线是水平的,故切点必然位于平均成本曲线的最低点。参见图 10-9(a),你可以很容易证明这一点。这一差异引出了下列重要结论:

> 在垄断竞争下,长期中,厂商生产的产出往往低于单位成本最小的产出水平,因此垄断竞争者的单位成本比所需的成本高。因为与最低平均成本对应的产出水平被视为厂商的最优生产能力,所以上述结果被称为垄断竞争的超额生产能力定理(the excess capacity theorem)。因此,垄断竞争会导致厂商闲置或浪费生产能力。

由此可知,若每个垄断竞争厂商都扩张产出,那么产出的单位成本将减少。但是从这一观察结果推出政策结论时我们必须要谨慎。它并不意味着每个垄断竞争厂商都应该增加生产。毕竟整个产业增加产出意味着其他方面能使用的经济资源会减少,从目前掌握的信息来看,我们尚无从得知这个选择是会改善还是恶化社会福利。

即便如此,图 12-2 所示的情况表现为很明显的无效率。尽管不清楚如果每个厂商都通过扩大生产来降低成本是否能使社会福利得到改善,但若厂商合并为少数大规模公司并生产相同数量的总产出,那么社会资源便能得到节约。例如,在图 12-2 所示的情况中,15 个垄断竞争厂商每星期都分别销售 10 000 加仑汽油。根据表中给出的数据,产出的总成本应为:

厂商数目 × 每个厂商的产出 × 单位成本 = 15 × 10 000 × 2.85 美元 = 427 500 美元

若加油站的数目减少到 10 个,每个加油站销售变为 15 000 加仑,总产出不变。但总成本却会降为 10 × 15 000 × 2.70 美元 = 405 000 美元,无须减少总产出就可以净节约 22 500 美元。

这一结果并不依赖于我们在假设中所使用的具体数据。产业的任一产出的生产总成本必然会随单位成本的下降而减少这一事实就可以得出这一结论。即当平均成本越低时,生产一给定产出 Q 的总成本必然也越低:具体地说,若 $AC_1 < AC_2$,显然有 $TC_1 = Q \times AC_1 < Q \times AC_2 = TC_2$。从总产出 Q 不变但总成本降低的意义上来看,社会应该是获益了。毕竟,用 0.7 美元或是 0.55 美元买一听装苏打水,你更喜欢哪一个呢?

难题1解答：解释零售商众多的原因

超额生产能力定理解释了本章开始时提到的难题之一。高速公路十字路口处的四个加油站就是超额生产能力的一个实例，因为有两个加油站就可以以更低的成本为顾客服务，且不会过多加长顾客等待的时间。

超额生产能力定理似乎暗示着参与垄断竞争市场的卖者过多，减少它们的数量，社会会从中获利，然而这个结论可能有点草率。即使厂商的数量减少可以降低成本，社会也不一定会获利，因为消费者的选择范围会因此减少。由于垄断竞争之下的产品至少有细微的差别，厂商数量的减少就意味着不同的产品种类也会减少。我们是用更大的产品标准化为代价来获取更高的效率。

在某些情况下，消费者可能会认同这一取舍是代表着净收益，尤其是当原来的产品种类过多，只能使他们迷惑时。但对某些产品，大多数顾客都会认为为多样化选择付出额外的成本是值得的。毕竟，若所有的学生都被要求穿校服的话，我们便能节约在服装上的支出了。但由于对某些学生而言，校服可能太厚了，而另一些学生可能认为校服太薄，且几乎不符合每个人的审美观，节约成本真的能带来净收益吗？

12.2 寡头

寡头是一个受少数卖者支配的市场，相对于整个市场，至少有几个卖者拥有足够大的规模使得他们有可能影响市场价格。

寡头（oligopoly）是一个受少数卖者支配的市场，相对于整个市场，至少有几个卖者拥有足够大的规模使得他们有可能影响市场价格。

在高度发展的经济中，"大企业"实质上的同义词不是垄断，而是寡头。任何寡头产业都拥有一群规模庞大的厂商，每个厂商都对其他厂商的行为十分关注。在寡头市场中，厂商间的竞争形式非常直接和活跃。在这里大家会看到新产品的频繁出现、免费试用、侵略性的——如果不完全是威胁性的——广告，以及其他活动和它们所引起的反应。一个厂商的价格决策可能引起竞争者叫苦连连，而厂商也往往陷入每天持续策划战略的战斗中，且每个重要的决策都会引发竞争厂商的直接回应。

请注意，寡头的定义中并未提及产品的差异程度。有些寡头出售的产品在本质上是相同的（比如不同的钢材制造商生产的钢板），而有些则出售在消费者眼中截然不同的产品（例如，雪佛兰汽车、福特汽车、本田汽车等）。有些寡头产业还包含许多较小的厂商（比如，软饮料制造商），它们仍然被视为寡头，因为产业中的大部分买卖是由几家大厂商来进行的，而较小的厂商必须追随大对手的领导以能生存在产业的边缘。寡头厂商往往追求生产独一无二的产品——至少让消费者感觉是特别的。从寡头厂商能够生产在特征、地点、吸引力等方面独特的产品这个意义上来讲，它可以使自己免于竞争带来的降价以及销售减少的压力。

大型寡头厂商的经理如果有机会学习经济学的话,他们会被完全竞争的概念弄得有点惊诧莫名,因为这一概念与他们理解的残酷竞争完全不一样。回想一下,完全竞争厂商的经理不用做出价格决策——他们只用接受市场力量决定的价格并相应地调整产出。正如我们在本章开头所见,完全竞争厂商不用做广告,也不采取销售伎俩,它甚至不知道自己最大的竞争对手是谁。但由于寡头对市场力量有一定程度的影响,它们享受不到这种默默无闻的幸福。它们得为价格操心,为广告花费大量的资金,还得了解甚至预测竞争者的行为方式。

❓ 难题 2 解答:为何寡头做广告而完全竞争厂商一般不做广告?

这种不同行为的两个原因是很显而易见的,而且它们还能说明一个令人费解的事实——寡头做广告远远比完全竞争市场中竞争本应更强的厂商所做的广告多。首先,一个完全竞争厂商能以现有的市场价格出售他想出售的全部产品,因此它有何必要浪费资金来做广告呢?相比之下,通用汽车和丰田就无法在现有价格上出售其全部产出。因为它们面临的是一条负斜率的(因此也非完全弹性的)需求曲线,若它们想增加销售,它们就必须降低价格(移动到需求曲线上数量较大的位置)或者做更多的广告(将需求曲线向外移动)。

其次,由于公众认为完全竞争厂商提供的产品都是相同的,若厂商 A 为其产品做广告,广告同样会为厂商 B 带来生意。但在寡头市场中,商品往往是不相同的。福特做广告是为了使消费者确信它的汽车比通用或斯巴鲁的更好。如果广告获得了成功,通用和斯巴鲁就会受到影响并很可能增加自己的广告数量来做出回应。因此,拥有不同产品的寡头厂商必须通过做广告竞争,而这对于完全竞争厂商而言几乎毫无收益。

12.2.1 为何寡头的行为如此难以分析?

寡头产业中的厂商——尤其是这些厂商中最大的——在其产品价格和产出的选择上有一定自主权。此外,要想在寡头环境下生存并兴旺,厂商必须考虑其竞争者的反应。上述特性都使分析寡头厂商的行为变得复杂,而且让我们无法得出寡头垄断下关于资源配置的明确结论。分析寡头比分析其他形式的经济组织更困难,因为寡头的决策必定是相互依赖的。寡头垄断者意识到他们决策的结果取决于其竞争者的反应。比如,福特的经理知道他们的行为可能会引起通用的反应,从而反过来使福特不得不调整计划,以弱化通用的反应举措对自己的影响。这样一系列作用与反作用的结果很难判断。但福特的经理预先认识到这一可能性,并在它们最初作营销策略决策前就已对通用的反应进行了估计或预测,这使得对第一步的行为分析更加困难并且几乎不可预料。

事实上，寡头垄断下几乎任何情况都有可能发生，有时也确实发生了。早期的铁路巨头甚至雇用一群在黑帮斗争中斗殴的暴徒试图干扰竞争者的路线运行。另一方面，寡头垄断厂商公开或私下串谋以求完全避免竞争——至少暂时将一个寡头垄断产业转化为垄断产业。在另外一些情况下，寡头垄断厂商似乎是通过价格领导（之后将讨论到）或划分地区等协议方式在各厂商之间瓜分顾客以求共同存活。

12.2.2 部分寡头模型介绍

由于现实世界中的寡头垄断者是如此不同，理论中的寡头模型同样具有多种多样的形式和规模。作为入门级课程，很难将所有的寡头模型都覆盖到，这一小节会简略回顾一些寡头的行为模型。在本章余下的部分，我们将转向一系列尤其重要的模型，它们利用博弈论等模型对寡头垄断厂商的行为进行分析。

忽略相互依赖性 解决寡头间相互依赖问题的简便方法之一就是假定寡头本身会忽略这一点——即他们认为自己的行为不会引起竞争对手的反应。一个认识到"若他们认为我们会认为他们会那样认为……"这种推理链太过复杂的寡头垄断者，很可能会忽略竞争者的行为。于是厂商只是假定其决策不会对竞争者产生影响而单纯地追求利润最大化。此时，经济学家便能用我们在第 11 章中描述的分析垄断的方法来分析寡头。可能没有哪个寡头垄断者会完全忽略它所有的主要竞争者的行为，但大多数寡头在做例行决策时好像会如此，尽管这些决策也非常重要。

战略上相互影响 尽管某些寡头垄断者有时会忽略相互依赖关系，但是基于这种行为的模型可能在大多数时候无法为多数寡头垄断者行为提供一个一般性的解释。理由很简单：由于它们在同一市场中运作，品牌 X 和品牌 Y 的肥皂水制造者的价格与产出决策事实上是相互依赖的。

例如，假定品牌 X 的经理决定在假定品牌 Y 保持 1.12 美元的价格不变的情况下将肥皂水的价格由 1.12 美元降至 1.05 美元。品牌 X 决定每年制造 500 万箱并投入 100 万美元的广告费用。它可能会惊奇地发现，品牌 Y 把价格降到 1.00 美元/箱，年产出增加到 800 万箱，并为美国橄榄球超级碗大赛提供赞助！在这种情况下，品牌 X 会遭受利润损失，公司会后悔不该抢先降价。对我们来说最重要的是，品牌 X 的经理从此不会再忽略相互依赖性。

对许多寡头垄断者而言，竞争就像包括战术、战略、行动与反行动在内的军事活动。因此，我们必须考虑能很好解决寡头的相互依赖性的模型。

卡特尔 当一个寡头市场中的所有企业试图利用其相互依赖性来采取某种措施，并同意像垄断者一样确定价格与产出时，相互依赖性就不再被忽略。在一个**卡特尔**（cartel）中，厂商直接串谋以协调它们的行为从而将产业转变为一个大型的垄断产业。

一个引人注目的卡特尔组织就是石油输出国组织（OPEC），它于 20 世纪 70 年代率先开始在石油生产上做出联合决策。OPEC 曾一度成为历史上最令人瞩目且最成功的卡特尔之一。通过限制产出，其成员国在 1973 年至 1974 年间将石

> **卡特尔**是指销售某一产品的一些厂商联合起来控制其生产、销量和价格，以来像垄断者一样获取优势。

油的价格提高至原来的四倍。与其他由于内讧或其他原因而瓦解的卡特尔不一样，OPEC 在经历两次世界范围内的经济大衰退和众多尚未解决的政治事件之后仍然保持一体。在 1979 年至 1980 年，它再次掀起了巨大的价格上涨浪潮。在 20 世纪 80 年代中期，其成员国开始做出不利于整个产业利益之举，石油价格猛跌。但从那之后，油价再次上涨而 OPEC 也得以继续控制石油市场。

OPEC 早期的成就非同寻常。卡特尔是很难形成的，它的实施更为困难。单是为提高价格每个厂商各自将减产多少等诸如此类的事，厂商就很难达成共识。卡特尔要得以生存，各成员就必须服从组织给他定的产出量。然而一旦卡特尔成功地提高了价格和利润，各成员都将面临诱惑——暗地里提供更多的优惠以吸引其他成员的高利润生意。当这种情况发生时，甚至只要有成员开始怀疑其他成员有这种动机时，串谋协议就会开始崩溃。各成员都开始怀疑其他成员并试图在遭到别人的击溃之前率先降价。

因此，卡特尔往往采用详尽的政策协议。事实上，他们监视各个成员公司以保障它没有出售过量的产出或将价格降到卡特尔选定的价格水平之下。这意味着，若厂商出售许多各种各样的价格难以比较且产出难以控制的产品，那么卡特尔是很难获得成功或维持长久的。此外，若厂商频繁地与不同消费者进行价格谈判，并常常提供特殊折扣，卡特尔就几乎不可能形成。

许多经济学家认为，从效率和消费者福利的角度来看，卡特尔是最糟糕的市场组织形式。一个成功的卡特尔会导致垄断价格的形成，并赚取垄断利润。但由于厂商事实上并未联合运作，卡特尔并不能以大规模生产经济的形式为公众带来任何补偿性利益。基于各种理由，厂商间公开的价格及产出串谋在美国是违法的。真正的卡特尔协议在美国是十分罕见的，尽管在其他国家非常普遍。在美国只有一个最大的例外：政府管制有时会强迫铁路或管道气体传输等产业按卡特尔方式行事，管制禁止这些厂商降低由管制机构设定的价格。

价格领导和暗中勾结 厂商通过见面或者其他方式直接接触组成公开联盟，并协商决定价格和产出是非法的，会面临巨额罚款或其他惩罚，故而很少见。但是一些观察者认为暗中勾结——即厂商不用见面，达成"己所不欲、勿施于人"的协议——在我们经济中的寡头垄断市场十分普遍。不想破坏可观的盈利局面的寡头希望找到一种间接进行彼此交流的方式，表明他们的意图并据此管理市场。每个暗中勾结的厂商都希望，如果自己不让竞争对手难做，其竞争对手也不会如此回馈自己。例如，三大婴儿食用奶品的制造商——雅培公司（Abbott Laboratories）、百时美施贵宝（Bristol-Myers Squibb）以及美国家庭用品公司（American Home Products）——由于其零售价仅相差几美分而被指控为合谋对抗竞争。三大制造者否认了一切过错。（另一例可参见专栏"在认识到相互依赖性的前提下行动与'暗中勾结'"）

暗中勾结的一种常见形式就是**价格领导**（price leadership），在这种安排下，实际上是产业中的一个企业为整个产业制定价格。即使没有实质的协议存在——只有默许，但是其他厂商都会采用价格领导者所设定的价格。价格领导者通常是产业中最大的厂商。但在某些价格领导协议中，价格的领导者

> 在**价格领导**下，某厂商制定产业的价格，其他厂商跟随该价格。

> 在**价格战**中,各厂商都决定以比竞争者更低的价格出售其产出,而无论该价格是否能补偿其相关成本。一般而言,在这样的一个价格战中,厂商 A 把价格降到厂商 B 之下,厂商 B 又把价格降至厂商 A 之下来进行报复,如此循环直到有一个或多个企业投降而陷入低价抛售状态。

可能会在不同的厂商间轮换。例如,分析家指出,钢材产业在很多年里都遵循着价格领导模式,由美国钢铁公司(U.S. Steel)和伯利恒钢铁公司(Bethlehem Steel)在不同时期担任领导者的角色。

尽管价格领导并不是解决寡头间相互依赖性所引起的问题的唯一方法,但它确实解决了一些问题。比如,若品牌 X 公司作为肥皂水产业的价格领导者,它就可以预测品牌 Y 对它所宣布的价格上升的反应:品牌 Y 将跟随价格上涨的变化。同理,只要价格领导协议仍然存在,品牌 Z 的经理就可以预测品牌 Y 的行为。

价格领导存在的一个问题就是,尽管寡头产业可能因避免了破坏性的**价格战**(price war)而受益,但每个厂商获得的利益是不等的。作为价格领导者的厂商可能比组织中其他厂商更容易获得利益。但若价格领导者在做出价格决定时不考虑竞争者的福利,它会发现自己的位置也坐不稳了。与卡特尔一样,这样的协议很容易瓦解。

政策争论

在认识到相互依赖性的前提下行动与"暗中勾结"

反托拉斯法明确禁止了固定价格——竞争者之间相互勾结在价格制定政策上达成共识。但若某产业中的厂商认识到它们的相互依赖性,决定"附和"彼此的决策呢?那这算不算是勾结呢?它应该被宣布为违法吗?政府应该要求这样的厂商保证它不不知道竞争对手将如何对其改价行动做出反应吗?厂商必须表现得不相互依赖吗?若这样的要求没有任何意义,政府应该如何要求寡头厂商呢?

航空产业频频为这个问题提供例据,并充分显示了其复杂性。1992 年,美国航空公司认为大量不同的飞机票价和折扣给所有的航空公司都造成了伤害,并认定产业需要一种简化的票价结构。美航提供了一个新的、简化的定价计划,命名为"价值定价",希望其他航空公司广泛接纳这种机票定价体系。但数周之后,西北航空公司推出了一种特别的假日旅游套餐,在美航的基础上又进行了削价。这种行为导致了价格战,而美航不得不撤回计划,并在此过程中亏损了大量资金。这个例子中,美航的竞争者并未跟随价格领导者的决定。

在较近期的一组事件中,情况又发生了变化。一家已经在数年内持续亏损的航空公司,一直试图通过降低工资、解雇职员等方式来减少成本。作为这些成本降低措施的一部分,Delta 航空公司于 1995 年年初宣布给旅行代理人从每张出售的票中获得的报酬设定上限。作为 10 年内第一个这样做的厂商,Delta 公司担心(正如我们从它的内部备忘录中得知的)若其他航空公司不效仿,旅行代理人会不再向 Delta 预订旅客机票。成败就取决于其他航空公司是否会支持 Delta 公司的新政策,而它们确实这样做了。在 Delta 的公告发表一周之内,7 个最大的航空公司分别宣布(显然未经过彼此商讨)它们也将采用 Delta 对旅行代理人报酬实施的上限政策。旅行代理人提出起诉,指控它们暗中勾结。这个案子在庭外和解了。

12.2.3 销售最大化:不考虑相互依赖关系的寡头模型

若某厂商选用使总收入(其销售的货币价值),而不是利润最大化的价格和产出,那么就称这个厂商的目标是**销售最大化**。

在我们对厂商的早期分析中,我们讨论了利润最大化假说,并提出厂商可能还有其他目标。在这些可能的目标中,有一项非常值得注意:**销售最大化**(sales maximization)。

现今产业的企业可能不是由公司所有者管理经营的。公司的管理负责人领取薪水,为公司提供全职服务。这些管理者可能会相信,对自己有利必定是对公司有利的。所有者可能是大量的来自各种群体的股东,他们大多都只拥有数量众多的股票中的一小部分,他们可能对公司的日常运作无多大兴趣,而且对所有权可能也没有真正的感觉。在这样的情况下,经理的目标比所有者利润最大化目标对公司的决策更具影响力。

例如,一些统计证据表明,管理者的报酬往往更直接地与公司的规模相关,而规模是以销售量而非利润来衡量的。大规模厂商的董事长一般比小规模公司的董事长赚取的薪水更高——而且激励性报酬也更多。因此,公司经理可能会选择销售而非利润最大化的价格—产出组合。然而销售最大化是否会带来不同于利润最大化的结果呢?我们很快会看到,答案是肯定的。

图12-3对于大家而言应该很熟悉了。它给出了一家肥皂水厂商的边际成本(MC)和平均成本(AC)曲线——此处是品牌 X 股份有限公司的——以及其需求曲线和边际收益(MR)曲线。我们之前曾使用过这种图,因此应该知道,若公司想使利润最大化,它将选择点 A,此点上的 MC = MR。品牌 X 将拥有 250 万箱的年产量和 1 美元的销售单价(位于点 A 上方的需求曲线上的点 E)。由于这个产出水平的平均成本仅为 80 美分/箱,故 X 公司可以赚取 20 美分/箱的经济利润。从而总的年利润为 0.20 美元 × 2 500 000 = 500 000 美元,这是品牌 X 能赚取的最高利润。

但若品牌 X 选择使销售收入最大化呢?若是这样,它将持续生产直至 MR 变为零,即选择点 B,为什么?根据定义,MR 是增加一单位产出而获得的收入的增量。若厂商希望收入最大化,那么只要 MR 是正数,它都可以进一步增加产出,而只要 MR 变为负数,X 的经理就会开始减少产出,只有当 MR = 0 时才有可能使销售收入达到最大。①

因此,若品牌 X 是销售最大化的追求者,它的年产量将为 3 750 000 箱(点 B),收取的价格为 75 美分/箱(点 F)。因为这个产出水平上的平均成本只有 69 美分/箱,因此每单位的利润为 6 美分,以 375 万箱的销售量,总利润为 225 000 美元。自然地,这个利润明显低于厂商采用利润最大化时的水平,但那并非品牌 X 经理的目的。厂商在点 B 的销售收入等于 75 美分每单位乘以 375 万单位,即 2 812 500 美元,而在点 A 处却只有 2 500 000 美元(250 万单位,1 美元每单位)。我们可以得出结论:

---

① 此处的原理与厂商通过使边际利润为零实现利润最大化的原理是完全相同的。如果你需要复习,请回到第 8 章。

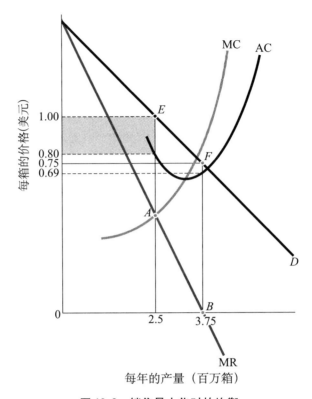

图12-3 销售最大化时的均衡

若厂商选择销售收入最大化,它将比选择利润最大化时生产更多的产出,收取更低的价格。

图12-3很清楚地表明这个结论对于品牌 X 是成立的。但它总是成立的吗?答案是肯定的。再次观察图12-3,忽略数轴上的数字。在点 A 处,MR = MC,由于边际收益等于边际成本,所以它必然是正数(我们可以假定边际成本恒为正值——成本不增加时产出是不可能增加的)。在点 B 处,MR 等于零。由于边际收益曲线的斜率为负,故边际收益为零(点 B)时对应的产出水平必然会高于它与边际成本曲线的交点(点 A)处的产出水平。因此,销售最大化的厂商的产出总是会高于利润最大化的厂商,而为了售出更多的产出,它们必须收取较低的价格。①

❓ 难题3解答:折弯的需求曲线模型②

寡头分析的另一个模型解释了寡头垄断下所谓的价格"黏性",即寡头垄断市场中

---

① 练习:在本图中,销售最大化时的总利润比最大利润低多少?
② 同类的不同模型是由英国的 Hall 和 Hitch 以及美国的 Sweezy 建立的,参见 R. L. Hall and C. J. Hitch, "Price Theory and Business Behavior," *Oxford Economic Papers* 2 (May 1939), pp.12 – 45; and P. M. Sweezy, "Demand under Conditions of Oligopoly," *Journal of Political Economy* 47 (August 1939), pp.568 – 573.

的价格变化远远不及完全竞争市场频繁——本章开头所提出的令人迷惑不解的现象之一。包括玉米、大豆、猪肉以及银等在市场交易中拥有众多买者和卖者的所有商品的价格分分秒秒都在发生变化。但由寡头提供的产品,比如汽车、电视及电冰箱往往数月甚至更长的时间内都不发生价格变动,这些产品即使在通货膨胀很严重时似乎仍抵制着价格的频繁变动。

出现这种"黏性"价格的原因之一就是,当某寡头降低其产品的价格时,它无法预测其竞争者的反应。一种可能的极端就是厂商 Y 将忽略厂商 X 的降价行为:即厂商 Y 的价格保持不变。另一方面,厂商 Y 也可能降低自己的价格,密切配合厂商 X 的行为。因此,我们下一步将讨论的寡头的行为模型会使用两条需求曲线。一条表明竞争者配合价格的变动时,所给定的寡头厂商在不同价格水平上能销售的数量,另一条需求曲线表明若竞争者坚持原来的价格水平时的情况。

图 12-4 中的点 A 代表我们的厂商最初的价格和产出:8 美元的单价和 1 000 单位的产出。两条需求曲线 DD 和 dd,都经过点 A。DD 表示竞争者保持价格不变时我们公司的需求,而 dd 则表示竞争者对我们公司价格的变化做出相应的反应时的情况。

两条曲线中曲线 DD 更富有弹性(更平缓,对价格变化更具反应力),只需稍作思考就可以了解其原因。若我们的厂商把价格从最初的 8 美元降至 7 美元,而竞争者对此不做出反应,我们的厂商很可能会获得大量的新顾客——需求量可能会上升到 1 400 单位。然而,如果竞争者的反应是同步降价,那么需求的增量就会较少——可能仅上升到 1 100 单位(较缺乏弹性的需求曲线 dd)。同理,当我们的厂商提高价格而竞争者没有做出相应的变化时,正如图 12-4 中较平缓(较有弹性)的曲线 DD 所示,它失去的销售量很可能会大于竞争者做出反应时的情况,如需求曲线 dd 所示。

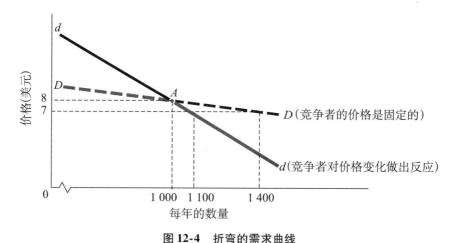

图 12-4 折弯的需求曲线

这跟寡头的价格黏性有什么关系呢?设计这个模型的经济学家假定典型的寡头厂商有理由做最坏的打算。若它降低价格而竞争者没有这样做,它的销量将严重侵犯到竞争对手的销量,从而使竞争者不得不随之降价来保护自己。当我们的厂商决定降低价格时(位于 A 点右下方的点),较为缺乏弹性的需求曲线 dd(应用于竞争者效仿厂商

X 采取降价行为的情况)就会派上用场。

另一方面,如果厂商 X 开始涨价,管理层可能会担心竞争者采取的行动和降价时候的不一样,他们会继续保持原价出售,坐收渔利,等着顾客涌向自己。所以,价格上涨时候相应的需求曲线就不是曲线 dd 而是曲线 DD 了。

> **折弯的需求曲线**
> 是指斜率在某产出水平上突然发生变化的需求曲线。

总之,我们的厂商认为,若它提高价格,它将面临一段较富弹性的需求曲线 DD,若它降低价格,它将面临一段较缺乏弹性的需求曲线 dd。需求曲线将由 DAd 表示。显然,它应该被称为**折弯的需求曲线**(kinked demand curve)。

折弯的需求曲线以潜在价格变化的形式说明了"进退两难"的处境。若某厂商提高自己的价格,它将损失许多顾客(因为此时其竞争对手将不跟随涨价,所以它的需求是较富有弹性的);若它降低价格,销售的增加将相对较少(因为此时其竞争对手会跟随降价,所以它的需求是较缺乏弹性的)。在这些条件下,不论涨价还是降价都对利润的增长没有帮助,管理层只在极度的激励下才会改变其价格——即除非其成本发生极大的变化。

图 12-5 说明了这一结论。两条需求曲线 dd 和 DD 是从图 12-4 中复制的。标为 MR 的虚线是与 DD 对应的边际收益曲线。而标识为 mr 的实线是与 dd 对应的边际收益曲线。在产出水平低于 1 000 单位时,与厂商决策相关的边际收益曲线为 MR,而产出水平高于 1 000 单位时则为 mr。因此,图中拥有两个拐角的折线 DBCmr 表示的就是厂商面临的这条混合的边际收益曲线。

图中画出的边际成本曲线与混合边际收益曲线交于点 E,代表这个寡头利润最大化的产出和价格组合。具体来说,我们从需求曲线 DAd 上可得知,点 E 处的供给量为 1 000 单位,价格为 8 美元。

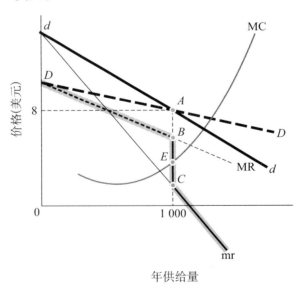

图 12-5 折弯的需求曲线和黏性价格

此图独特的一面就在于折弯的需求曲线导致边际收益曲线在点 B 与点 C 之间出现了一个急剧的下降。因此，即使 MC 曲线向上或向下做适度的移动，它仍然会与边际收益曲线相交于 B 与 C 之间的某一点，从而不至于改变厂商的产出决策。于是，厂商的价格将保持不变。（请试着在图 12-5 中自己完成。）寡头的价格是有"**黏性的**"（sticky），因为它们不会对成本的微小变化做出反应。只有当成本变化到足以使 MC 曲线离开 BC 区间后，才会导致价格变化。

> 若即便成本作适度的变化，价格也不会时常发生变化，那么就称价格是有**黏性的**。

如果这确实是寡头看待其竞争者行为的方式，我们就可以很容易地理解他们不轻易改动价格的原因了。我们还能理解价格领导产生的原因。价格领导厂商在确信它不会被其他不愿跟随的厂商留在折弯点时，它可以随心所欲地提高价格。

12.2.4　博弈论方法

1944 年，数学家约翰·冯·诺依曼（John von Neumann，1903—1957）和经济学家奥斯卡·摩根斯坦（Oskar Morgenstern，1902—1977）发明了一种全新的寡头分析法——博弈论。现在，博弈论已成为经济学家分析寡头行为时使用最广泛的方法。这个理论通过直接处理相互作用的问题，假设各厂商都认为其竞争对手是极明智的策略性决策者。在这种模型中，每个寡头都是策略性博弈中互为竞争的参与者。

> **支付矩阵**表示当两个竞争者（博弈者）各自采取不同的策略选择时，可以期望得到多少收益。

博弈论要使用两个基本概念：策略和**支付矩阵**（payoff matrix）。策略表示一个参与者的行动计划。它最简单的形式可能只涉及一项决策，比如"我将在生产线上增加能为后座乘客提供 DVD 播放器的汽车"，或"我将把汽车的价格降到 19 500 美元"。支付矩阵稍后会介绍。为简化起见，博弈论分析往往集中于只有两个厂商的寡头——双寡头（duopoly）。

举个例子，比如两家移动电话服务公司都计划进入某一低收入加勒比海岛的通信市场，由于专利权和其他一些方面的限制，两家厂商只能提供如下两种手机中的某一种：一种是昂贵的高端手机，且其售价只能为厂商带来比较低的边际利润，另一种是便宜的低端手机，且具有较高的边际利润，并且当地政府规定，进入市场之后，必须保证两年内提供的手机类型和价格不变。表 12-1 展现出博弈论中厂商 A 的支付矩阵。

表 12-1　厂商 A 存在占优策略的支付矩阵

		厂商 B 的策略	
		低端手机	高端手机
厂商 A 的策略	低端手机	1 000 万美元	−200 万美元
	高端手机	1 200 万美元	300 万美元

该矩阵表示出了厂商 A 的预期收益是如何依赖于它唯一的竞争厂商 B 所采用的策略的，每个厂商面临的选择都是在不知道对方决策的情况下选择"低端高回报"

手机或者"高端低回报"手机。如果厂商 A 选择高端手机(矩阵的第 2 行),而厂商 B 选择低端手机(矩阵的第 1 列),那么厂商 A 将获得 120 万美元(矩阵的左下方框)。这个矩阵还表示出了厂商 A 或厂商 B 各自选择两种策略的不同组合下的各种可得收益。

12.2.5 存在占优策略的博弈

> **占优策略**是不论对方选择什么策略,己方可选择的对己方来说收益都更大的那个策略。

博弈论是怎样分析厂商 A 的最优策略选择的呢?方法有很多,最直观的一种是寻找**占优策略**(dominant strategies),当然,正如我们将会看到的,有可能在特定情况下某一方或者双方都不存在占优策略。占优策略的定义是,不论对方选择什么策略,己方可选择的对于己方来说收益都更大的那个策略。我们刚才提到,不是所有的博弈都存在占优策略,不过表 12-1 的例子是存在占优策略的。下面开始占优策略的分析过程。

首先考虑厂商 A 的选择。两个厂商都可以要么选择高端手机要么选择低端手机,不论 B 选择哪一个,基于厂商 B 的选择,厂商 A 都有两个可选策略,从而也有两种可能的回报。假设厂商 B 选择低端手机,从表 12-1 的第一列我们可以看到,厂商 A 的收益是 1 000 万美元或 1 200 万美元,这取决于厂商 A 自己的选择。当然,在厂商 B 选择低端手机时,对厂商 A 而言,选择高端手机获得 1 200 万美元收益是更好的选择。但如果厂商 B 转而选择高端手机呢?在这种情况下,看表 12-1 的第二列,如果厂商 A 选择低端手机,那么它将损失 200 万美元,如果厂商 A 与厂商 B 做出一样的选择,厂商 A 就会赚取 300 万美元,高端手机再一次成为厂商 A 的更优选择。很明显,高端手机就是厂商 A 的占优策略,因为不论厂商 B 选择哪种,高端手机总比低端手机带给厂商 A 更多的利润。

现在我们扩展一下我们的支付矩阵从而同时把两个厂商的利润表示出来,在表 12-2 中使用混合式支付矩阵,标出了双方不同选择下两者的预期可得利润。比如,左上角的方框表明:如果两个厂商都决定选择低端高回报手机,那么厂商 A 和 B 将分别获得 1 000 万美元。同样可以看到,如果一方选择高端手机,而另一方没选择高端手机而是低端的,那么高端手机的供给厂商的利润将增加到 1 200 万美元,而低端手机的供给厂商则损失 200 万美元。当然,如果双方都选择高端手机,那么两个厂商就只能分别获得 300 万美元。

表 12-2　存在占优策略博弈的混合式支付矩阵

		厂商 B 的策略	
		低端手机	高端手机
厂商 A 的策略	低端手机	A:1 000 万美元 B:1 000 万美元	A:-200 万美元 B:1 200 万美元
	高端手机	A:1 200 万美元 B:-200 万美元	A:300 万美元 B:300 万美元

练习:运用上面的推理过程说明供应高端手机也是厂商 B 的最优策略。

因为本例中两个厂商都有占优策略,且对于两者来说,占优策略是一样的,预计它们都会选择高端手机,那么它们的利润相应就是每个厂商每年300万美元。

这个例子给予政策方面很重要的启示,它向我们展示出了竞争怎样促使厂商采取最有利于消费者而非厂商自己的行为方式。本例中,两个厂商的最优获利方式是都选择低端高回报的手机,这样它们分别都能获得1 000万美元,但这可能是以消费者的利益为代价的。但是,竞争者的存在,尤其是其选择难以预测的时候,促使每个厂商都选择占优策略来保护自己,尽管最终分别获利300万美元,但它们提供的是更好的(高端)手机。当然了,如果市场被一个追求利益最大化的垄断者占有,唯一的垄断厂商会选择更加有利可图的低端手机,消费者就与高端手机无缘了。

> 故事的启示:双寡头市场,也就是两个厂商形成寡头,因为内部竞争可以比单个垄断厂商更好地照顾到公众利益。

注意,各厂商对其竞争者实际行为的恐惧将迫使它们选择高端手机而放弃它在相信对方而坚持选择低端手机时所能赚取的高额利润。这个例子说明了为何许多观察家认为,厂商,尤其是厂商数目很小时,不应该被允许商量或交换价格及产品质量信息。如果两个厂商实行串谋从而像垄断者一样行动,消费者的利润会遭受双重损害:首先厂商多得利润就意味着消费者必须支付更多的费用,其次正如经常发生在垄断情况下的一样,消费者会得到数量更少的产品,并且这些产品还极有可能质量并不好。

像表12-2所示形式的支付矩阵还有很多其他有趣的用途。它能说明人们是如何陷入恶化他人(和自己)福利的圈套中的。例如,它可以用于解释法律不对排放污染进行控制时,人们会驾驶污染性汽车。每个人会如此,因为他不相信其他人会自愿执行排放污染控制。也就是说,如果他花钱为自己的汽车配备污染处理装置,由其他汽车排放的绝大多数污染仍然会进入大气,即他需要花钱购买这些装备,但是却只能因此而获得微小的甚至获取不到更清新的空气。尽管他们可以聚集在一起,达成协议一起减少污染排放,从而获得高收益(呼吸清新的空气),但遗憾的是,往往最终所有人都只能获得低收益(呼吸污染的空气)。[①]

此外,还可以解释为何称这种矩阵为"囚徒困境"(prisoners' dilemma)。此处,代替产业中两个厂商的是两名被警察拘捕并分开审讯的夜盗嫌疑犯。每个嫌疑犯都有两个策略选择:否认指控或招认罪行。如果二人都否认,二人都可以被无罪释放,因为警方没有其他的证据,但若其中一人招认而另一人保持沉默,那么前者只会受较轻的处罚而后者就得坐牢。从而此时最佳的解决方案就是二人都招认,并接受这种选择所带来的适度的惩罚。

囚徒困境再次证实了我们上文提及的非常重要的经济学观点。两个嫌疑犯之所以供认不讳、伏法认罪,是因为他们没有相互交流的机会并且他们相互之间也并不信任。否则,他们就会串谋并向对方保证不认罪,双寡头垄断的情况也是如此。出于保护公众

---

① 练习:画出一个支付矩阵来解释这个问题。

利益的目的,我们禁止寡头之间串谋,如果寡头之间达成合谋协定,那么他们提供的将是高价格、低成本、低质量的产品,他们会因此获得垄断利润,而公众将不得不承受相应不好的后果。

> 故事的启示:允许存在竞争关系的厂商串谋,进而对它们的相似产品联合制定价格和质量,会严重损害公众的利益。

12.2.6 不存在占优策略的博弈

我们已经了解到博弈不一定存在占优策略,相应的例子有许多。表 12-3 也只给出了厂商 A 的收益,但这次假定的收益数字与表 12-1 中是不同的。

表 12-3 厂商 A 不存在占优策略的支付矩阵

	厂商 B 的策略	
厂商 A 的策略	低端手机	高端手机
低端手机	100 万美元	700 万美元
高端手机	300 万美元	800 万美元

引入新的数字后,不论低端手机还是高端手机都不再是厂商 A 的最优选择了。假设厂商 A 选择提供低端手机,恰巧厂商 B 也选择低端手机,那么厂商 A 会意识到自己比选择高端手机(利润 300 万美元)获利更多(获得利润 1 000 万美元);但是如果厂商 B 选择的是另一种也就是高端手机,那么厂商 A 意识到自己现在选择低端手机所得(700 万美元)比选择高端手机(800 万美元)要少一些。那么厂商 A 哪种选择更明智就基于厂商 B 的策略,而厂商 B 的决策往往是不可预知的,这种情况下,厂商 A 就不存在占优策略。

极大极小准则就是要求你在假定你的竞争对手会尽其所能对你造成伤害的基础上选择能产生最大收益的策略。

表 12-3 中,厂商 A 做决定会比以前更为艰难,那它该如何做出选择呢?博弈论中提出的一种解决办法就是**极大极小准则**(maximin criterion)。该策略下,我们可以设想厂商 A 的管理层会进行如下推理:"如果我选择提供低端手机的策略,最坏的结果就是竞争者会选择提供高端手机的策略,此时我的回报是 700 万美元。类似地,如果我选择提供高端手机,最坏的情况是获利 300 万美元。"这种情况下,厂商 A 的管理者会采取怎样的措施来维护自己公司的利益呢?博弈论认为理性的做法是基于两种策略回报的最小值的对比来选择合适的策略。如果管理者希望规避风险,那么他们就该选择那个可以被解读为所有较为保险的、次理想的回报中的最大值。换言之,找出每个策略选择的最坏结果,厂商 A 应该选择那个在这些不如意的结果中预期最好的那个。本例中,厂商 A 的极大极小策略就是提供低端手机,此时最差的结果是获利 700 万美元,而如果选择提供高端手机,最差的结果变得只有 300 万美元。

12.2.7 其他策略：纳什均衡

我们可以将极大极小策略解释为悲观主义者解决不确定性的一种方式。采用这种策略的竞争者假定最糟的情况总会发生：无论她的行动如何，她的竞争对手都将采用带给她最大破坏的对应行动。极大极小策略忽略了这种可能性，即对手没有足够的信息，无法找出破坏最大的对策。它还忽略了另一种可能性，即两个竞争者有可能达成共识——当两个竞争对手相互勾结向消费者赚取垄断利润时情况便是如此。

> 如果竞争对手坚持所选的策略不变，那么当每个参与者都选择能给自己带来最大收益的策略时，**纳什均衡**就会出现。

其他的策略没有这么悲观，但也是理性的。其中一种在分析上很有效的策略形成了所谓的**纳什均衡**（Nash equilibrium）。它是由数学家约翰·纳什（John Nash）提出的，他还因此获得了1994年诺贝尔经济学奖（在患了精神分裂症很长一段时间之后）。① 基本思想是很简单的。在一个有两个参与者的博弈中，假定每个厂商都试图决定产品包装是用红色还是蓝色的。再假定若各厂商选择的包装与竞争对手的不同，它们赚取的利润就会较高。因此，若厂商X选择红色的包装，显然Y选择蓝色包装能使之获得最大的利润。此外，两厂商都坚持这种选择是有利的，因为蓝色是Y对X选择红色的最有利的反应，反之亦然。

简而言之，纳什均衡描述的情形是两个参与者采取的行动都是对另一方的行动的最有利反应。通常，这种相互配合的关系是不可能实现的。但一旦它成为可能，若两个参与者都认识到这个事实并切实实施，他们便都能获利。例如，如若像前例中厂商Y决定不惜任何代价破坏厂商X，像X一样选择红色包装，两个厂商的福利都会受到相当程度的恶化。

12.2.8 零和博弈

> **零和博弈**是指博弈中一个竞争者的收益恰好是其对手的损失。

有一种特别且很重要的支付矩阵形式，通常被称为**零和博弈**（zero-sum game）。这一形式很简单，但同时也是思考许多问题的一种非常实用的方法。零和博弈下，只要一方受益，必定有另一方遭受损失。把所得与损失加总得到的和等于零。如果我拿了你的钱包并在里面找到了80美元现金，你损失了80美元，而我发了笔80美元的小财，很明显把正的收益和负的损失加总之后结果就是零。但是如果现金和你的驾驶证、信用卡放在一起，我拿走现金后把钱包扔到河里，得失相加的结果就不再是零了。你损失的不仅仅是现金，还有补办驾驶证和信用卡所花费的时间和成本，而我得到的只有现金。零和博弈的支付矩阵结构非常简单，表12-4就是一例。

---

① 就像2001年的电影《美丽心灵》（*A Beautiful Mind*）中所描述的，该电影由Sylvia Nasar的书改编。

表 12-4　零和博弈的支付矩阵

		厂商 B 的策略	
		策略 1	策略 2
厂商 A 的策略	策略 1	A：1 000 万美元 B：0	A：-200 万美元 B：1 200 万美元
	策略 2	A：400 万美元 B：600 万美元	A：700 万美元 B：300 万美元

该矩阵一个很特殊的性质就是在每一个支付方框中，两个厂商的回报之和加总为 1 000 万美元。比如说，在表 12-4 左下角的方框中，厂商 A 的回报是 400 万美元，厂商 B 的回报是 600 万美元，总和为 1 000 万美元。类似地，可以证明其他三个方框里面两个厂商的回报之和为 1 000 万美元。如果厂商 A 改变策略，它增加的每一分钱都是以厂商 B 的损失为代价的。如果厂商 A 增收 734 美元，厂商 B 就一定会对应损失 734 美元。

下面的例子将突出零和博弈在避免谬误分析中的重要性。国际贸易曾一度被认为是零和博弈，因为人们相信贸易国的目的就是在支付购买过程中获取尽可能多的黄金。如果巴西通过海轮把咖啡运到法国，法国为此支付了 10 000 盎司的黄金，单就这件事情来看，巴西获得的和法国损失的都是 10 000 盎司的黄金，本次交易看起来就是零和交易。只要稍微思考一下就会知道，这种想法相当幼稚，因为它丝毫没有考虑整船咖啡在计算中的作用。贸易不应该简单地只是货币交换，还应该包括提供的货物和服务。如果法国气候太冷不能种植咖啡，而巴西气候太热不能生产好酒，两个国家的国民又都喜欢早上喝咖啡晚上饮酒，很明显贸易使交换双方都能从贸易中获利。国际贸易远非零和博弈。我们考虑洲际贸易相关的问题，如全球化和外包的时候，要记住上面的结论。

12.2.9　重复博弈

至此，我们描述的模型都是一次交易的情况，就像一个旅行者路经某城市，在某家商店进行了一次购买而从今往后再也不会光顾这里了。但多数企业的交易不是这样的。厂商通常日复一日向同样的顾客销售其产品。它必须持续地反观其价格决策，了解竞争者可能从其重复的行为模式中获取信息，并调整他们的反应。重复博弈的概念同时也给寡头垄断下的竞争分析提供了一个重要的全新角度。

> **重复博弈**是指同样的博弈行为重复数次。

重复博弈（repeated games）使参与者有机会了解其他人的行为模式，并且因此而有可能达成互利协议。通过采用一些相当明确的定价行为模式，每个厂商都能获得一种声誉，这种声誉使竞争者做出自己所希望的回应。

我们回到厂商 A 和 B 之间的价格战一例来说明这种方法是如何运作的。在我们研究这个博弈的支付矩阵时，我们假设在双方都不了解彼此的行为方式时，也就是一次性博弈中，各参与者都可能被迫采用最大化策略。换言之，各厂商都担心若自己采用更有利润的低端手机策略，其竞争者将采用高端手机策略抢走顾客，如此一来，两个厂商最终都只能获得低利润。

但当博弈不断重复时,竞争者就可能摆脱这个困境。例如,厂商 A 可以采取"以牙还牙"策略来为自己建立一个好声誉。每当厂商 B 提供高端手机时,厂商 A 做出在下一次提供高端手机的回应;若 B 提供低端手机,厂商 A 也随之采取类似的策略。如此反复几次之后,B 将会意识到 A 总是会回应与它相同的决策,从而他会认为提供低端手机能使其福利改善;厂商 A 同样能从"以牙还牙"的方式中获利,最终使他能选定长久的高利润。

实际中,这相当于隐性合谋。两家竞争厂商从来没有进行实质性接触以非法达成价格和质量的联合决定,它们在重复博弈中观察对方的行动,最终每个厂商都知道怎样调整自己以应对对方的行为。这些行为极可能是反竞争且损害消费者利益的,但却为隐性合谋者带来了垄断利润。要求企业在做决定的时候不考虑对手的公开合法信息是很难的,说服它们不把对手的行为列入考虑范围也是很难的,因此法院对重复博弈中的某些行为也很难给出明确的论断。

威胁与可置信 参与者也能使用威胁手段促使对手改变其行为。问题在于,如果确实实施威胁行为可能会两败俱伤。例如,某零售商可以威胁模仿其产品的竞争者说,他将加倍生产并把价格降至接近于 0。但是竞争者不会相信这个威胁,因为这样的低价会使威胁者与被威胁者受到同样的伤害。这种威胁是不可置信的,但有一个例外。

> **可置信威胁**是指被实施后不会对威胁者自己造成伤害的威胁。

如果威胁者确实采取措施使他人确信威胁会被实施,那么这就可能是一种**可置信威胁**(credible threat)。例如,若厂商 A 签订了一个不变合约,承诺说若厂商 B 模仿 A 的产品,它将加倍生产,此时威胁变得可信,而 B 将被迫相信这一点。A 还能做出其他的承诺使其威胁变得可信。例如,它可以建造一个拥有极大剩余产能的大型工厂。这个工厂建造起来费用可能相当高,但一旦建成,其成本是不变的。如果工厂建成之后,扩大生产所需的原材料和劳动力的生产成本非常低,而且工厂的成本已经交付过,那么即便 A 在很低的价格水平下扩大产出也是有利的(前提是商品的价格大于其边际(可变)成本)。所以,大型工厂一旦建成,以扩大生产的方式来做出反应的承诺就变得非常可信了。

最后这种可能性直接产生了博弈理论的一种重要应用:已经在产业中的厂商("老厂商")是如何从策略上阻碍新厂商进入产业的。为了给潜在的新进者一个可置信威胁,老厂商可能会考虑建造一个更大的工厂。

使用一些假设的数字和典型的博弈论图可以更清楚地说明这个问题。老厂商面临着两种选择:建造一家小工厂还是大工厂。潜在的新进厂商同样也面临着两种选择:开张营业(即进入市场)或不进入市场。图 12-6 表示了四种可能的决策组合及厂商相应的可能的利润或亏损。

该图说明,最佳结果出现在老厂商决定建造一家小工厂而新厂商决定不进入市场的时候。此时,老厂商将赚取 600 万美元,而新厂商没有利润,因为它没有开张。

然而,若老厂商决定建造一家小工厂,那么可以肯定新厂商会开始营业,因为这样新厂商会赚到 200 万美元(而不是 0),如图中的虚线所示。但这样一来,老厂商的利润将会降至 200 万美元。

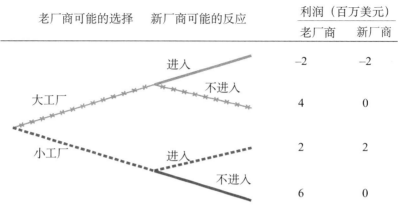

图 12-6 进入和反进入策略

反过来如果老厂商建立一个大工厂,产出的增加会给价格和利润形成压力。现在若新厂商不进入市场,老厂商将仅赚 400 万美元的利润;若新厂商进入市场,那么两个厂商都将亏损 200 万美元,如星形线所示。显然,若老厂商建造了大工厂,新厂商置身于市场之外将使自己福利改善,而不是使自己遭受 200 万美元的亏损。

既然如此,老厂商应该建造的工厂规模应该为多大呢?当我们考虑到厂商间的相互作用时,老厂商显然应该建造一个具有剩余产能的大工厂——因为这项决策将阻止新厂商的进入,使老厂商赚取 400 万美元的利润。这个例子告诉我们:如果将资金"浪费"在多余的生产力上能保护一个寡头厂商的长期利益,那么它就可能不会成为一种浪费。

当然,博弈论是一个远远比我们在这里所讨论的更广泛的话题。例如,博弈理论还是经济学家和企业管理者分析合并的工具,其中可能包括多个厂商。它说明,在多于两个厂商的情况下,哪些厂商进行合并来与另一些厂商竞争会更好。除经济学家之外,许多其他人也利用博弈理论来分析寡头理论领域之外的大量复杂问题。管理培训计划中也利用了它的原理,许多政府机构也是如此。政治科学家和军事战略家也利用博弈理论来系统制定和分析战略。

12.3 垄断竞争、寡头和公共福利

从公共福利的角度来看,垄断竞争或者寡头厂商的行为是好还是坏?

我们已知他们的表现有许多不可取之处。例如,超额生产力定理证明,垄断竞争可以引发无效的高生产成本。类似地,由于市场力量可能不足以限制他们的行为,寡头的价格与产出可能与社会最优水平有显著的出入。特别是,当寡头成功形成卡特尔时,相对于完全竞争厂商而言,它们价格将更高而产出会更少。此外,有些人相信商业巨头的误导性广告通常会扭曲消费者的判断,引导消费者购买他们不需要及原本不想购买的商品。许多社会批评家认为这样的商业巨头支配了政治力量、经济力量,以及消费者的

精神力量——暗中破坏亚当·斯密"看不见的手"的益处的力量。

> 如果进入和退出市场既无成本也无障碍,那么这样的市场就是**完全可竞争**的。

由于寡头的行为太多变化,社会福利的表现也因情况的不同而存在差异。然而,最近的一些经济分析为准确预测和判断寡头的行为和表现提供了理论上的框架。① 这项分析同时还能为以防止寡头厂商做出有害的反竞争行为为己任的政府机构提供一个模型。在这个被称为**完全可竞争市场**(perfectly contestable market)的理论情况中,进出市场无需成本也没有障碍。此时,新厂商可能进入市场的持续威胁迫使即使是最大的已开业老厂商也表现良好——有效地生产并决不收价过高,否则,厂商将会面临被新进者取代的威胁,因为这些新进者能为顾客更有效地提供价格更低的商品。

若厂商选择进入或退出某市场时不用损失他们所投资的钱,那么我们就把这个市场定义为完全可竞争的。此处的关键问题不在于进入产业所需要的资本,而是进入后是否能随时撤回投资。例如,若进入市场需要投入高度可移动的资本(比如飞机、货车或船只——这类可以轻易移动的资本),新进者就能很快地不需耗费太多成本就退出市场。② 例如,若某船运公司决定在密西西比河的下游开展业务,但发现事业不顺,它可以很容易地把船只调到俄亥俄河去。

一个利润可观又可竞争的市场必然会吸引潜在的新进者。由于不存在进出市场的障碍,厂商进入这样的市场不会遭遇任何风险。如果它们发现进入成为一种错误,它们可以毫无损失地转移到另一个市场。

由于完全竞争要求有大量的厂商存在,每个厂商相对于整个产业都非常微小,故具有规模经济的产业都不是完全竞争的。但是,包含几个相对较大厂商的市场虽然不可能是完全竞争的,但也可能是高度可竞争的。然而正如不存在完全竞争产业一样,完全可竞争产业在现实中也是不存在的。

进入市场的持续威胁迫使寡头垄断者不得不表现良好。即便是垄断者,在一个高度可竞争的市场中也必须妥协。具体而言,完全可竞争市场至少有两项合乎社会需求的特征。其一,进入市场的自由性排除了任何超额经济利润,故从这个角度来看,可竞争市场就像完全竞争市场。例如,若现在资本的机会成本为12%,而可竞争市场中厂商赚取的报酬为18%,那么必然会有新厂商进入市场,扩大产业的产出,并使其产品的价格下降到没有任何厂商能赚取超额利润的水平。为了避免这个结局,已建成的厂商必须自己将产出扩大到消除超额利润的水平。其二,无效率的企业无法在可竞争产业中生存,因为成本的无效率促使能以更低的成本和价格提供相同产出的新厂商代替旧厂商。只有以最低成本运营的厂商才能得以生存。总之,完全可竞争市场中的厂商将被迫尽可能有效地运作,并在资本长期生存允许的条件下尽可能制定低的价格。

可竞争市场理论已经被关注企业表现的法院和政府机构广泛地使用,并且它还为只能够或者应该有很少数的厂商经营的规模经济产业中哪些行为可以接受或应该改善

---

① 参见 William J. Baumol, John C. Panzar and Robert D. Willing, *Contestable Markets and the Theory of Industry Structure*, rev. ed. (San Diego:Harcourt Brace Jovanovich ,1988).

② 早些时候,空中运输业被视为高度竞争产业,但最近的证据表明尽管这个判断并非完全错误,但还需要进一步的考证。

提供了的可行指导方针。

12.4 简要回顾：比较四种市场结构

现在,我们已经完成了一系列章节的学习,它们让我们学习了四种主要的市场结构：完全竞争、垄断、垄断竞争和寡头。大家很可能已经在阅读第 10 章至第 12 章的过程中掌握了许多有关这些市场结构的信息,但你们可能被一些细节弄糊涂了。表 12-5 概括地比较了各种市场结构主要特征。它说明了以下信息：

- 完全竞争和完全垄断主要是用于分析时的概念——两者在现实中都不常见。有许多垄断竞争厂商,而寡头厂商占了经济产出的最大比重。
- 在完全竞争和垄断竞争之下,长期均衡的利润都为零,因为进入市场极为容易,而高利润吸引新的竞争者进入市场。

表 12-5 四种市场结构的特性

市场结构	市场中的厂商数量	现实中出现的概率	进入障碍	公共福利结果	长期利润	均衡条件
完全竞争	极多	极少（如果存在的话）	没有	好的	0	MC = MR = AC = AC = AR = P
完全垄断	一个	罕见	很可能非常高	产出不是最优的	可能很高	MR = MC
垄断竞争	许多	极广泛	极少	无效率	0	MR = MC AR = AC
寡头	少许	生产大部分的 GDP	多种	多种	多种	多种

- 因此,在这两种市场结构中,长期均衡使 AC = AR。在均衡处,任何市场结构中的利润最大化厂商都有 MC = MR。然而,在寡头市场中,厂商可能采取博弈论描述的策略或追求利润之外的目标：比如,它们可能追求销售最大化。因此,在寡头厂商的均衡中,MC 可能与 MR 不相等。
- 在给定经济的可支配资源条件下,完全竞争厂商和产业的行为会导致有效的资源分配,给予消费者最大的利益,这一点我们会在第 14 章中再次确认。然而,垄断厂商为了提升价格与利润可以通过限制产出使资源配置不当。在垄断竞争之下,剩余产能和无效率常常发生。而在寡头市场中,几乎任何事都可能发生,所以总结其好处和坏处几乎是不可能的。但正如第 16 章会讨论的,有些分析家认为,过去两百年里寡头对经济增长做出了巨大贡献,并促进了世界上富裕国家平均收入的提升。

小结

1. 在**垄断竞争**下,有许多的买者和卖者；各厂商都生产至少与其他厂商的产品有微小差别的产品,即每个厂商对一些产品特征拥有部分的"垄断性",因此具有一条向下倾斜的需求曲线；进出市场是自由的；买者和卖者也可以获取相关信息。

2. 在垄断竞争的长期均衡下，自由进入市场迫使厂商的需求曲线与其平均成本曲线相切而排除了经济利润的存在。因此，产出将低于平均成本的最低点所对应的水平，所以垄断竞争者被说成具有"**剩余产能**"。

3. 一个寡头产业是由一些在同一市场中出售类似产品的大厂商组成的。

4. 在**寡头**市场中，各厂商都密切关注其竞争对手的主要决策并常常考虑对策。因此，竞争往往是激烈而直接的，而结局也很难预料。

5. 研究寡头行为的模型之一假定寡头忽略相互依赖关系而单纯考虑利润或销售的最大化。另一个模型假定它们联合起来形成**卡特尔**从而充当垄断者。第三个可能性就是**价格领导**，由其中一个厂商设定价格而其他厂商跟随其后。

6. 以**销售最大化**为目标的厂商将继续生产直至边际收益降至为零的那一点。因此，一个销售最大化者将比利润最大化者生产更多，要价更低。

7. 若厂商认为其竞争对手将配合降价而不配合提价，那么它的需求曲线将发生"折弯"而价格将变得有黏性——换言之，它将比在完全竞争或完全垄断下调整价格的频率小。

8. **博弈论**为寡头条件下的企业策略分析提供了新工具。

9. **支付矩阵**表示的是基于每个竞争者的策略选择，每个竞争者能获得的收益。支付矩阵可以用在分析当每个寡头的收益都依赖于市场中其他寡头的选择时所有可能的收益情况，它们之间是相互依赖的。

10. **占优策略**是指在博弈中不论竞争者选择什么策略，对己方而言，存在一个策略的收益总是比其他可能的策略要多，这个策略就是占优策略。

11. **极大极小**策略是参与者为了应对每走一步最坏的可能结果而采取的最有效的风险防范措施。

12. 在**纳什均衡**中，在给定对方选择的行动的条件下，每个参与者都采取能给自己带来最高利润的行动策略。

13. 在**零和博弈**中，一方得到的数量必定等于其他方所失去的。尽管零和博弈在实际中很少见，但在分析方法中是一个很重要的概念。

14. 在**重复博弈**中，厂商可以尽量获得良好的声誉，从而促使其他参与者做出的决策不会损坏它的利益。它还能通过**可置信威胁**来帮助自己达到目标。

15. 垄断竞争和寡头可能会损害公共福利，但由于具体的行为是多种多样的，对社会福利的影响也因具体情况而异。

关键词

垄断竞争	寡头	卡特尔
价格领导	价格战	完全可竞争市场
折弯的需求曲线	黏性价格	支付矩阵
占优策略	极大极小准则	纳什均衡
零和博弈	重复博弈	可置信威胁
销售最大化		

自测题

1. 利用博弈理论，建立一个讨论题 5 中通用汽车的经理可能会使用的支付矩阵。

2. 第 11 章的自测题 4 给出了垄断者的成本和需求数据,并要求你找出利润最大化的解。请使用同样的数据找出销售最大化的解。从厂商边际成本的角度解释答案为什么不同。

3. 在表 12-2 的支付矩阵中,厂商 B 的占优策略是什么?给出推导过程。

4. 现在有一个零和博弈的支付矩阵,在某一个策略组合中,厂商 A 的收益是 9,厂商 B 的收益是 6,在另一个组合中,如果厂商 A 的收益是 7,那么厂商 B 的收益该是多少呢?

讨论题

1. 你能列举多少现实中的寡头产业?多少垄断竞争产业?完全竞争产业?哪种在现实中最难找到?你认为为什么会这样?

2. 想一想一些经常在电视广告中看到的产品。它们分别是由哪类厂商生产的——完全竞争厂商,寡头厂商,还是其他类型的厂商?你能想到多少没有在电视上做过广告的主要产品?

3. 下列商品的小零售商是如何把其商品与其竞争者们区分开来,从而使自己成为垄断竞争者的:汉堡包、收音机、化妆品?

4. 据说股票市场的证券定价是在与完全竞争非常类似的情况下产生的,汽车产业则是一种寡头市场。你认为福特汽车公司的普通股价格多久会改变一次呢?福特"探险者"呢?你将如何解释这种差异?

5. 假定通用汽车聘请了一位流行歌手为其小型汽车做广告。广告做得非常成功,而且公司在小型汽车市场中的份额得到显著提高。福特可能会采取什么措施?

6. 假设一个新进者,Bargain 航空公司,将东西两地间的机票价格降低了 20%。以前就已经在这条航线上运作的 Biggie 航空公司做出降价 35% 的反应。后者希望达到什么目的?

7. 如果空中运输是完全可竞争的,为何 Biggie 航空公司(见讨论题 6)无法实现降价的最终目的?

8. 下列哪些产业最有可能是可竞争的?
   a. 铝生产
   b. 船运
   c. 汽车制造
   请解释你的答案。

9. 自从空中运输业放松管制后,享受单条航线运输服务的人们不再受到管制机构对垄断价格控制的保护。如果存在的话,哪些市场力量会限制该航线像完全垄断者一样提高价格?你认为这些市场力量在保持机票低价上有效吗?

10. 请解释对重复博弈而言:
    a. 为何获得一个有仇必报的声誉也可能带来好处。
    b. 为何获得无理性的声誉也可能带来好处。

第四部分
市场的长处与局限

　　本书不是一纸宣传册。正因为我们认识到,像大多数制度一样,市场既有缺点也有益处,我们的目标之一,就是尽我们所能,没有偏见地对这两方面进行描述。第 14 章勾勒出了市场最好的方面,证明它在协调推动我们经济的大量活动和决策方面如何表现非常出色。相反,在下一章,探讨如果完全让市场机制本身发挥作用,该机制在某些方面并不能很好地服务于公众利益。在第 15 以及第 17 章,我们将考察在弥补这些不足方面——或至少是减少其不合意的结果——我们所能做的。在第 16 章,关于增长的章节,我们描述运动中的经济。在那里我们将看到,市场经济以其自身能力所带来的、我们的先辈不可想象的生活标准和创新产品的显著增长。简而言之,正如第 16 章将要证明和开始解释的那样,市场的增长绩效,完全超越了以前历史上的任何经济。最后,第 18 章向你介绍税收体系和市场经济中政府对资源配置的影响。

　　第 14 章　自由市场的情况 I:价格体系
　　第 15 章　自由市场的缺陷
　　第 16 章　市场的重要成就:创新与增长
　　第 17 章　外部性、环境与自然资源
　　第 18 章　税收与资源配置

第14章 自由市场的情况 I：价格体系

> 若存在一个包罗万象的头脑，它……同时将自然和社会的所有[发展]过程记录下来，并能预测它们互相作用的结果，那么这样的头脑……便可以拟定一份翔实的且永远适用的经济计划……事实上，官僚政府常常臆想，正有这样一个头脑处于自己的支配之下，这也是为何它如此轻易地使自己置身于市场的掌控之外。
>
> ——列昂·托洛茨基（Leon Trotsky），
> 俄国革命的领导人之一

我们对微观经济学的研究集中于两个重要的问题：市场善于做什么，它又不善于做什么？通过应用我们在第5、第6章中学习的需求，第7、第8章中学习的供给，以及第10章中完全竞争市场功能的知识，我们可以为这个问题的前半部分提供一个非常全面的答案。本章描述了市场能出色执行的主要任务——确实，有些还是极为有效的。

我们先回顾第3、第4章中的两个重要主题。首先，由于所有的资源都是稀缺的，因此，社会必须通过有效率地使用它们来获取利益。其次，为达到这一目的，经济必须以某种方式协调许多个体消费者和生产者的行为。确切地说，社会必须在某种程度上选择：

- 每种商品生产多少
- 每种商品的生产过程中使用的投入量是多少
- 如何在消费者中分配产出结果

正如开篇语（来自某位对此颇有了解的人）所提出的，这些任务对于中央计划经济而言是极其困难的。但在一个市场体制中，那些同样任务中的大部分，却表现得相当易于完成。这就是为何像亚当·斯密和俄国革命领导人列昂·托洛茨基这样哲学思想如此不同的观察家都会赞赏市场的原因，也是那些甚至仍保持相当强大的中央政府的国家现在已经转向市场经济的原因。

请不要把本章误解为一纸宣传。此处，我们研究的是市场机制在其理论上的最优——即当每个商品都在确切的完全竞争的条件下进行生产时的最优。虽然我们经济中的某些产业有理由作为完全竞争的一个近似,但许多其他产业与这个理想化的世界相去甚远,就像物质世界与完全无摩擦的真空管大相径庭一样。而正如物理学家利用真空管来研究万有引力定律一样,经济学家利用完全竞争经济的理论概念来分析市场的优点。在之后的章节中,我们还会花费大量时间来研究其缺陷。

难题:跨越旧金山—奥克兰湾大桥:价格正确吗?

在加利福尼亚,旧金山—奥克兰湾(Francisco-Oakland Bay)大桥的交通十分拥堵。自从为补偿建桥成本开始收费后,交费通行的车流量可能依然庞大,但相邻的圣马特奥—海沃德(San Mateo-Hayward)大桥和邓巴顿(Dumbarton)大桥的情况却不会如此,它们并不那么拥挤。而经济学家却认为,旧金山—奥克兰湾大桥的过桥收费价格应该比其他两座桥的高。为什么这样合理?在你读完本章之前,你就可能会赞同这个看似不公平的观点。

14.1 有效资源配置与定价

投入物是稀缺的,这一基本事实意指任何经济体系能够生产的物品和服务的量是有限的。在第3章,我们用被称为生产可能性边界的图形工具解释了稀缺性这一概念,为方便起见,我们将之在图14-1中重新画出。边界曲线 BC 描述在一个假想社会,利用它可支配的既定的稀缺资源,所能够生产的摩托艇和牛奶的所有组合。例如,若社会预备生产300艘摩托艇,剩余的资源最多可用来生产5 000亿夸脱牛奶(点 D)。当然,生产少于5 000亿夸脱的牛奶——像点 G 这样位于生产可能性边界之内的点——也是可能的。但若社会做出这种选择,就必然会浪费其一部分潜在产出;也就是说,像我们现在将要解释的一样,它的运行不是有效率的。

有效的资源配置 是指这样一种资源配置,它利用了每一个机会,使一些人自我评估认为其境况改善了的同时,也没有使其他许多人中的任何一个的境况恶化。

在第3章中,我们相当粗略地将效率定义为没有浪费。由于本章讨论的基本问题就是竞争市场经济是如何有效配置资源的,因此,我们现在需要一个更精确的定义。定义**有效的资源配置**(efficient allocation of resources)的最简单方法,就是说明什么是无效配置。例如,假定我们能够重新安排我们的资源配置,使得某一群人得到更多想要的东西,而其他任何人都不需要放弃任何东西,那么,未能利用这个机会来改变资源配置,显然就是存在浪费——即无效率的。当社会利用了所有这样改善福利的机会,以至于不再有机会改善一些人的境况且不会恶化其他人的境况时,我们就称这样的资源配置是有效率的。

为了明白这对我们的分析意味着什么,让我们看看在我们的图形中,无效率的产出量组合看起来是什么。由于图14-1中的点 G 在边界以下,因此边界上必然存在像 E 这

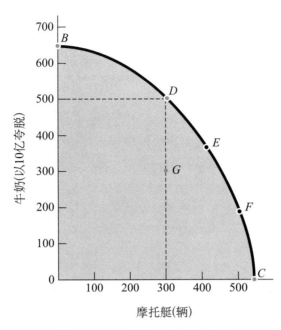

图 14-1　生产可能性边界和效率

样位于 G 右上方的点。在点 E 处,我们不必增加任何可用投入供给,就可以同时得到更多的两种产出,因此,在不损害任何人的情况下,使一些人福利改善是可能的。所以,生产可能性边界以内任何一点都不可能代表有效率的资源配置。相反,边界上的任意一点都是有效率的,因为无论我们从曲线上哪一点出发,我们都无法得到更多的某种商品(通过投入更多可用投入物到该项目的生产中),而不拿走那些用于另一种商品的投入量并因而放弃某些数量的另一种商品。

该讨论同时也表明,一般而言,有许多特定资源配置都是有效率的;在本例中,在边界 BC 上的任意一点所代表的产出组合都是有效的。作为一条规则,效率这个概念本身无法告诉我们这些有效配置中哪一种是社会最优的。然而,正如我们将在本章中看到的,我们可以利用效率概念,制定极为详细的准则,来指导我们避免资源浪费的情况。

14.1.1　促进效率的定价:实例

我们可以利用开篇难题中关于旧金山—奥克兰湾大桥的实例,来说明效率和价格引导有效选择的途径之间的联系。价格能通过引导供应者和其消费者两方面的行为,来做出所有的有效率与无效率的区分。现在我们将看到,加利福尼亚交通当局对使用旧金山湾大桥的司机收取的价格(桥梁通行费),能够节省司机花费在交通上的时间——能使交通过程更有效率。但我们也将看到,也许尽管有理由这样做,人们仍可能拒绝接受这个有效的解决方法。

图 14-2 显示了旧金山湾地区的地图,其中画出了海湾内及附近五座主要的交通桥

梁。从伯克利北边某处(点 A)前往帕洛阿尔托①(点 B)的旅行者,至少可以在以下三条路线中选择:

路线 1:越过里士满—圣拉斐尔大桥,跨过金门大桥,再经过旧金山,经由 101 高速公路向南。

路线 2:由旧金山—奥克兰湾大桥横穿海湾,然后同上经由 101 高速公路向南。

路线 3:沿海湾东海岸向下,穿过圣马特奥—海沃德大桥或邓巴顿大桥,然后到达帕洛阿尔托。

让我们考虑一下,这三种选择中,哪一种能最有效地使用社会资源——往返时间、汽油等。旧金山—奥克兰湾大桥显然是五座桥中最为拥挤的,每日车流量为 280 000 辆,其次是金门大桥,每日车流量为 100 000 辆。而圣马特奥—海沃德大桥、邓巴顿大桥和里士满—圣拉斐尔大桥,其每日车流量分别大约为 90 000、80 000 和 74 000。

为了获得效率,任何一个对这两条路线无差异的司机,都应该选择最不拥挤的桥。这将有助于减少人口总体浪费在交通上的时间。具体而言,在我们的例子中,路

图 14-2　旧金山湾地区的收费桥

线 1,使用金门大桥并不是我们开车去帕洛阿尔托的社会合意的方式,因为它使旅程加长了许多英里,并且还要过两座桥。路线 2,由于其使用旧金山—奥克兰湾大桥,甚至更糟,因为它会耽误其他每个过桥人更长的时间。路线 3,从公众利益的角度来看,是对这些选择无差异的那些司机的最好选择。这并不意味着,均衡各条路线的车流量是符合社会效率的,但若交通当局能诱导某些司机(那些最少关心路线选择的人)离开交通最拥挤的路线,转向某个不那么拥挤的路线,那么,可以肯定,旅行者都能更快地到达目的地。

恰当的价格能促进这类在桥梁使用方面的效率。具体而言,若对通过最拥挤的大桥(此时空间是稀缺资源)的司机收取较高的价格(很可能是相当高的价格),相平衡地,对不太拥挤的大桥上的司机收取较低的价格,这样,将引导更多的司机使用不太拥挤的桥。导致经济学家主张对丰富的自然资源实行低价,而对稀缺资源实行高价的,正是这个同样的推理过程。

---

① 美国硅谷的发源城市。——译者注

专栏

利用经济学原理来减少加利福尼亚奥兰治县的高速公路拥挤

"91 高速公路"是一条四车道 10 英里的收费公路,建造在加利福尼亚拥挤的河边公路(91 州级公路)中段。它开通于 1995 年,是美国第一条可变动收费的全自动高速公路。通过改变司机使用这些车道所必须支付的价格,交通当局可以控制该道路的拥挤,并保持车辆流动。例如,2007 年 1 月,收费范围从最不拥挤时间(像凌晨 3 点)的 1.15 美元,直到最拥挤的高峰时间高达 9.25 美元。在上下班高峰期间,面对高额收费,某些司机选择在这时不使用这条线路。据报告,实际使用该线路的司机平均每次行车节约 30 分钟,自 1995 年以来,通勤时间共节约超过 3 200 万小时。

资料来源:Orange County Transportation Authority, http://www.91expresslanes.com/learnabout/snapshot.asp.

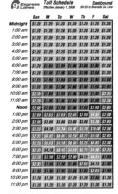

图片来源:Orange County Transportation Authority—Owner and Operator of the 91 Express Lanes

14.1.2　价格上升能有利于公众利益吗?

这个讨论提出了一个未受过经济学训练的人往往极为难以接受的观点:低价并不总是有利于公众利益的!其实理由非常清楚。如果价格,如对通过交通拥挤的大桥收取的过桥费或汽油的价格,定得过低,那么消费者将得到"错误"的市场信号。低价会促使他们更多地挤上拥塞的大桥,或消费更多的汽油,从而挥霍社会宝贵的资源,使我们的星球遭受全球变暖的威胁。

要接受高价比低价更有利于公众利益这一观念,是有些困难的。宣布这一观点的政治家,就像天下的父母,他们在打孩子前会说:"打你比打我自己更痛!"由于提高价格的主张会带来政治灾难,所以当资源突然变得稀缺时,政治体系通常会拒绝市场涨价的解决方案。

航空负责人对在拥挤机场上降落收费的定价方式,就提供了一个很好的实例。机场在上午 9 点前和正好下午 5 点后的"高峰期"内,变得尤其拥塞,这些时间段正是乘客频繁遭遇班机延误的时间。但许多机场坚持全天,甚至在高峰期也只收取便宜的着陆费。这便吸引小型公司的喷气机和其他客机也在这些时段内起飞和降落,从而使延误状况恶化。对高峰期着陆收取较高的费用可以阻止过度使用,但这在政治上是不受欢迎的,而许多机场又是由本地政府经营的。因此,我们只能继续将班机晚点视为航空旅行的正常特征。(参见上面"利用经济学原理来减少加利福尼亚奥兰治县的高速公路拥挤"所提供的定价减少拥挤的成功例子。)

课程结束后仍须牢记的要点

试图否定供求法则：市场会回击 正如我们在"课程结束后仍须牢记的要点"列表中所看到的，当提升价格是恰当之举时，人为地保持低价必然会导致严重的后果。刚才我们观察到，这样做会加重食品和其他生活必需品的短缺所带来的负面影响。1979年，伊朗石油出口突然下降后，不合时宜的低价引起汽油分配在全国范围内陷于混乱。战争期间，对价格的约束阻止了那些本来打算冒险通过敌人防线走私供给食物的人们的脚步，甚至加快了在军事包围下的城市投降的步伐。低价还抑制了城市住房建设，因为政府强加的租金上限使建房处于亏损地位。当然，在某些情况下，对价格上涨进行限制是合适的——当不受限制的垄断者成功地剥削公众时，当产品的税收反复无常且不合理时，当价格的上涨对农场主造成繁重的负担以致使配给制度成为更好的选择时。但是，在干涉市场机制之前，我们必须谨慎估计人为限制价格可能产生的严重甚至悲惨的后果。

14.2 稀缺性与协调经济决策的必要性

当我们关注的是整个经济的运行，而不是仅仅局限于桥梁路径的选择或单个厂商的产出决策这样狭窄的论题时，效率就变为一个尤为关键的问题。我们可以把经济视为一台由上百万个精密零部件组成的复杂机器。为了使这台机器更有效率地运转，我们必须找到使所有的零件协调发挥作用的方法。

在威斯康星麦迪逊的一个消费者，决定购买两打鸡蛋，同一天，全国成千上万的消费者也许做出了类似的决定。这些买者都不知道也不关心其他买者的决定。而稀缺性却要求这些需求必须以某种方式与生产过程相对应，以免鸡蛋的需求量超过供给量。在鸡蛋供给上升或需求下降的情况下，消费者、超市、批发商、运货商，以及养鸡的农场主，必须达成相互一致的决定；否则，经济将陷入混乱，其他成千上万的类似的决策也会陷入混乱。一台失去少许零件的机器是无法正常运转的。

在计划经济或中央指令型经济中，我们很容易想象这样的协调工作是如何发生的——尽管实施远比构想困难。中央计划者为厂商设置生产目标，有时候还会告诉厂商如何达到这些目标。在极端情况下，消费者甚至会被告知而不是被询问，他们被允许消费的物品有哪些。

相反，市场体系利用价格来协调经济活动。高价限制对最稀缺资源的消费，从而可能引导其供给扩张；而低价鼓励对相对丰富资源的消费。用这种方式，亚当·斯密"看不见的手"利用价格来组织经济的生产活动。

"看不见的手"具有惊人的解决极为复杂的协调问题的能力——甚至是那些连电脑都无法解决的问题。像任何机制一样，市场也有不完善之处，有些还极为严重。但我们不应该忽视，市场的确常常完成了这个极为费神的任务——不知不觉地、间接地，而且在某些方面还是惊人地出色。让我们考察一下市场是如何协调经济活动的。

14.2.1 经济中的三个协调任务

在本章开篇，我们回顾了任何经济体系，无论是计划的还是非计划的，都必须为资源配置的三个基本问题找到答案：
- 产出选择。给定必需投入资源的有限供给，每种商品应该生产多少？
- 生产计划。生产每种商品应该使用什么数量的可用投入物？
- 分配。最终产品应该如何在消费者之间分配？

这些协调任务，乍看似乎是为像苏联曾一度使用的政府计划那样的体制量身定做的。今天，大多数经济学家（甚至是之前处于旧中央集权经济中的经济学家）都认为，正是在完成这些协调任务方面，中央指令表现极为糟糕，而似乎充满悖论的是，不受拘束的自由市场，尽管没有任何人指导总体经济活动，却表现最佳。

> **自由放任**是指市场体系的运行受到最少的政府干预的一种状态。这个术语意指应该让人们自己执行他们各自的经济事务。

为了理解无计划和无指导的市场是如何设法避免可能造成的混乱而创造出井然有序的奇迹的，让我们来看看，一个自由的市场体系是如何一一解答这些协调问题的——其经济组织方式被 18 世纪的法国经济学家们称为**自由放任**(laissez-faire)。在自由放任的情况下，政府的职能是阻止犯罪、强制执行合约、修建公路和其他类型的公共工程；然而它不设定价格，并且尽可能少地干涉自由市场的运行。尽管无人管理和无人指导，这种经济是如何解决这三个协调问题的呢？

产出选择　一个自由市场体系通过我们所说的供求"法则"来决定生产什么。只要存在短缺（即只要需求量超过供给量），市场机制就会推动价格上升，从而鼓励短缺商品的生产并抑制消费。只要存在过剩（即只要供给量超过需求量），同样的机制就会反向作用：价格下降，抑制生产并鼓励消费。

比如，假定有上千万人在早上醒来时同时发现自己的口味变了，此后更喜欢吃煎蛋卷了，结果是此时鸡蛋的需求量超过了供给量。但是，市场机制在短短几天的时间里，就立即采取措施来满足突然变化的需求。鸡蛋价格的上升刺激了鸡蛋的生产。起先，农场主仅仅是从仓库中取出更多的鸡蛋来出售。经过较长的一段时间之后，本应以鸡肉形式出售的鸡，将被继续饲养，以产更多鸡蛋。最终，若鸡蛋继续保持高价，农场主将开始增加饲养量，建造更多的鸡笼，诸如此类。因此，消费者需求的变化，会导致社会资源的变化；鸡蛋的需求增加后，市场机制就会确保更多的社会资源用在鸡蛋的生产和销售上。

若技术创新造成某项目生产所需的投入量减少，类似的反应也会产生。电子计算器便是一个极好的例子。计算器曾经过于昂贵，只有企业和科学实验室才能拥有它。随后，科学和工程技术进步极大地降低了其成本，而市场也开始行动起来。随着成本急剧下降，价格下跌而需求量暴涨。电子生产厂商云集于该产业，以满足这种高需求，这就是说有更多的社会资源被投入到了计算器生产中，以满足突然增加的大量需求。这些例子使我们得出以下结论：

> 在自由放任下，社会资源在不同产品中的配置，取决于消费者的偏好（需求）以及被需求商品的生产成本。价格（以及由此形成的不同产品的利润）变化，使得各种商品的生产量与需求量相一致。

请注意，没有任何官僚或中央计划者安排资源配置，取而代之的是，一种看不见的力量指导着配置——利润的诱惑，即一只"看不见的手"，引导着养鸡的农场主在鸡蛋的需求增加时增加饲养数量,引导着电子生产厂商在电子产品成本下降时建造更多的工厂。

生产计划　一旦市场决定了产出的组成,下一个协调任务就是确定那些商品应该如何生产了。生产计划问题,最重要的就是把社会稀缺资源在各企业中分配。哪个农场或工厂将得到多少各种原材料?国家的劳动力有多少?像工厂和机械设备这样生产出来的投入物有多少?这些决策是非常重要的。若某工厂缺乏某种基本投入物,那么整个生产过程将逐渐停滞。

在现实生活中,任何经济体系都不能分开选择投入和产出。分给汽车生产和洗衣机制造业的投入,决定了社会能够获得的汽车和洗衣机数量。然而,把投入和产出决策看成是好像同时发生的,一并来加以考虑,则更为简单。

同样,在自由放任下,劳动、燃料以及其他投入在不同产业中的分配,正是由价格体系适应各产业的需要来完成的。当价格上升时,最迫切需要一项设备的厂商,将是最后一个退出该产品市场的厂商。若磨坊主对小麦的需求超过了现有的可用量,价格将上升,并将需求量重新带回到与供给量一致,从而总是给那些愿意为小麦支付最高价格的人以优先权,因为小麦对他们的价值最大。因此:

> 在一个自由市场中,投入总是被分配给能以最富有生产率(最有盈利性)的方式使用它们的厂商。不能使某项投入物尽其用的厂商,将会被价格排除在该项投入物的市场之外。

这项看似非常简单的任务,实际上几乎是难以想象地复杂。它是如此复杂,导致许多计划经济体系因无法克服计划自身所带来的困难而被击垮。我们很快会回到这一点的讨论上,届时,我们将举例说明用中央计划官僚部门取代市场有多么困难。但现在,让我们首先还是考虑我们三个协调任务中的第三个。

产品在消费者之间的分配　任何经济的第三项任务,都是决定哪些消费者获得生产出的哪种商品。其目标是,尽可能好地匹配消费者的不同偏好,将可用供给进行分配。比如,不能给咖啡的爱好者分配大量的茶叶,却给爱喝茶的人大量的咖啡。

价格机制解决这一问题的方法是,给最大需要的商品以最高的价格,然后让每个消费者追求各自的个人利益。考虑我们的鸡蛋价格上升的例子,随着鸡蛋变得更加昂贵,对煎蛋卷的渴望不那么强烈的人,将开始购买较少的鸡蛋。其结果是,价格就像一个配给装置一样,将可用的鸡蛋分配给愿意为之支付最高价格的消费者。

因此,价格机制相对于其他配给装置有一项重要的优势:它能对消费者个人偏好的变化做出反应。若一个中央计划经济将鸡蛋平均配给每个个人(比如,每个人每周两个鸡蛋),那么,无论他是喜欢还是讨厌鸡蛋,最终都将得到两个鸡蛋。另一方面,价格体系允许每个消费者排出自己的优先顺序。因此:

课程结束后仍须牢记的要点

效率和公平之间的权衡　价格体系以偏好和相对收入为基础配给商品,以此完成分配过程。请注意上句中相对收入一词。价格体系确实优待富者,这正是市场经济必须面对的一个问题。

但是,在我们对价格体系表示反对之前,还请三思而行。如果我们的目标是公平,利用税收制度均等化收入,然后让市场机制以与偏好一致的方式分配商品,岂不是更为合理的解决方案吗？我们将在第 18 章中讨论税收政策时,再来谈及这一观点。

我们刚刚已经粗线条地了解到,自由放任经济是如何解决资源配置的三大基本问题的:生产什么,如何生产,以及如何分配最终产品。由于它在没有中央指令、没有明显关注公众利益的情况下,默默地完成了任务,许多激进的批评者都预测,这样的无计划体系必然会堕入混乱。但是,无计划的自由市场经济却远不是无秩序的。相当具有讽刺意味的是,正是中央计划经济通常以经济混乱告终,而"看不见的手"看来总能天衣无缝地完成好它的任务。也许赞扬自由市场成就的最佳方式,就是考虑中央计划经济是如何解决我们刚刚概述的几个协调问题的,让我们选择其中之一加以考察:生产计划。

专栏

波兰向自由市场经济的转型

自苏联和东欧解体已经过去了二十多年,这些国家结束了经济的中央计划,并宣告自由市场经济的诞生。波兰的转变在这些国家中是最富戏剧性的,在那里激进的经济改革不亚于"休克疗法"。

尽管波兰向市场经济的转型远未及完全,但转型的剧烈程度已基本达到解体后第一个政府的预期。波兰曾经担负了传奇的缺乏竞争性、过时的且管理极其糟糕的经济,这种经济一直试图从火柴和食盐等物品的短缺中走出来,而这种低下的生活水平,正是中央集权经济的产物。波兰向西方寻求建立货币、预算、贸易以及法律等制度方面的帮助,现在,它已经是中欧最稳定的经济,最近,它成为欧盟的新成员。波兰是唯一经历了快速增长的转型经济:实际 GDP 在 2002 年比 1990 年增长了 30%。经济的自由化使成千上万的企业家得以在松散的限制下,以他们想要的任何可获得的价格出售商品。如今,这个国家有超过 170 万的独立厂商,且全国超过 75% 的 GDP 都来自私营部门(1989 年仅有 16%)。

尽管有这么多的好消息,波兰仍然有许多事情要做。差不多 50% 的工作适龄个人没有工作,许多公有产业仍处于落后状态,商业和个人生活仍受到官僚主义作风和腐败的牵制,而波兰的农业耕作过时且低效——农业部门的产出仅占 GDP 的 3%,却足下占有国家 20% 的人口。事实上,正如一位观察家所写的,从空中俯瞰,很容易确定波兰的国界,因为波兰杂乱的小田地,与邻国蔓延扩张的适于耕种的土壤,形成了极为鲜明的对比。

资料来源:Rudolf Herman,"Rural Poland:Ready for the Chop," *Central European Review*,1,no. 10 (August 1999); Stanislaw Gomulka,"Macroeconomic Polices and Achievements in Transition Economies, 1989–1999", United Nations' Economic Commission for Europe Annual Seminar, Geneva (May 2, 2000); Michael P. Keane and Eswar S. Prasad,"Poland: Inequality, Transfers, and Growth in Transition," *Finance & Development*, 38, no. 1 (March 2001); Organization for Economic Cooperation and Development, *OECD Economic Surveys* 2004: *Poland*(Paris: OECD, 2004, http://www.sourceoecd.org.)

14.2.2 投入—产出分析：完全中央计划经济几乎不可能

就任何经济的三个协调任务而言，将投入分配给特定的产业和企业，被认为是中央计划者最为重视的问题。为什么？因为不同产业的生产过程是相互依存的。产业 X 的生产不能缺少产业 Y 的产出，相应地，产业 Y 也需要产业 X 的产品。金属材料供给产业需要铁路运输，但铁路运营不能没有制造铁轨和其他设备的金属材料。两个产业的产出决策，不能逃脱这一（非恶性）循环。若决策者不能圆满地解决生产计划问题，那么整个经济都将陷于停滞。近年来，最后几个保持中央计划经济之一的朝鲜，由于不能适应这类相互依存的关系，而承受了可怕的后果。供电网络、运输系统，以及其他基础产业等基础且重要的经济活动崩溃，加剧了许多其他经济活动的失败，并衍生出经济灾难的恶性循环，引发严重的饥荒，使 20 世纪 90 年代朝鲜人民的预期寿命缩短了 6 年多。①

一个简单的例子将进一步说明这一点。除非经济计划者给货车运输业分配足够的汽油，否则产品无法到达市场。除非计划者分配足够多的卡车为加油站托运汽油，否则司机就没有燃料。这样，货车运输业依赖于汽油供给，而汽油供给同时又依赖于货车运输业的活动。我们又看到决策者陷入一个循环之中了。计划者必须同时，而不是分别地决定卡车和汽油的产出。

由于人们需要的任何产业的产出，都取决于许多其他产业的产出，计划者唯有通过明确考虑产业之间的相互依赖，才能确定各种产出的生产是否足够满足消费者和产业的需要。如果他们改变了某一产业的产出目标，他们也必须同时调整其他许多产业的产出目标。但那些变化，又极有可能需要依次重新调整引起所有这些变化的第一个目标，导致更多要求的目标变化，等等，以至无穷。

例如，若计划者决定向消费者提供更多的电力，那么便需要生产更多的钢铁，以便建造更多的发电机。当然，钢铁产出的增加要求开采更多的铁矿石。更多的采矿，依次也意味着更多的电需要用于采矿的照明、升降机的运转，也许还有运输铁矿石的火车的运行，等等。生产中任何单个的变化，都会触发整个经济的一系列调整，进而要求进行更多的调整，从而又导致更多的调整。

投入—产出分析
是一种考虑经济中产业间的相互依赖的关系，并确定各产业的产出必须作为投入提供给其他产业的数量的数学方法。

至少在理论上，存在解决这一看来难以处理的问题的方法。为决定一个经济必须生产的每种产出的数量，计划者必须使用统计数据构造一组方程，一个方程表示每种产品所要求的投入，然后联立那些方程。联立求解的过程能有效处理分析中的相互依存关系——电力产出依赖于钢铁生产，而钢铁产出依赖于电力生产——并阻止它变成恶性循环。用于求解这些复杂方程的技术——**投入—产出分析**（input-output analysis）——是由已故的经济学家瓦西里·里昂惕夫（Wassily Leontief）发明的，他也因此获得了 1973 年的诺贝

---

① "Life Expectancy Plummets, North Korea Says," *New York Times*, May 16, 2001, http://www.nytimes.com.

尔奖。

随后的专栏"投入—产出方程分析:一个例子",举例解释了投入—产出分析方程,通过精确描述每个产业的产出目标是如何依赖于每个其他产业的目标的办法,这些方程明确考虑了产业之间的相互依存关系。为了避免讨论过于复杂,我们的例子处理的是一个大大简化和想象的经济,它只有三个产业。只有通过同时解这些方程,得到需要的电力、钢铁、煤等的产出,计划者才能确保得到一个一致的解,即生产所需的每种产品的产量——包括每种产品的生产所需要的任何其他产品的产出。

专栏中给出的投入—产出分析的说明性例子,并不是为了让你自己成为应用这种技术的专家。其真正目的,是帮助你想象在现实世界中中央计划者面临的问题会变得多么复杂。尽管他们的任务可以与专栏所描述的任务相类比,但却要庞杂得多。在任何实际经济中,商品的数目都远远大于例子中的 3 种!在美国,一些大型制造厂商就要处理成百上千个部件,而军队则备有好几百万种不同物品的库存。

计划者最终必须对各种物品进行计算。只计划螺栓的正确总数是不够的,他们还必须确定所需的各种尺寸的生产数量。(试图将 500 万颗大螺栓嵌入 500 万颗小螺母中是不可能的。)为了保证他们的计划真的有效,他们需要分别为各种尺寸的螺栓以及各种尺寸和类型的螺母分别建立方程。但此时,若要重复专栏中的分析,他们必须联立求解好几百万个方程!这项任务可能超过了最强有力的电脑的运算能力,但这甚至还不是最主要的困难。

更糟糕的是数据问题。在例子中,我们三个方程中的每个方程,都需要 3 种统计数据信息,3 个方程总共就需要 3×3,即 9 个数据。有关电力的方程必须指出钢铁生产、煤生产和消费者需要的电力分别为多少,还要确保这些统计数据信息准确无误。因此,在对 5 个产业的分析中,需要 5×5,即 25 项数据;对 100 个产业的分析中,就需要 100×100,即 10 000 项数据;100 万个物件的投入—产出分析,可能需要 1 万亿个数据。不夸大地说,解决数据搜集问题就已经不是一项轻松的任务,何况还会有其他复杂性产生,但我们已经可以得出以下结论:

> 为生产问题提供一个完美而严谨的中央计划解决方案,是一项巨大的任务,它需要惊人的大量数据信息和某些令人难以置信的困难计算。而此项非常复杂的工作,却被自由市场经济中的价格机制自动地、在不引人注意的情况下解决了。

专栏

投入—产出方程:一个例子

设想一个只有 3 种产出的经济:电力、钢铁和煤。用 E、S 和 C 分别表示这些产出的美元价值。假定为生产价值 1 美元的钢铁,要使用价值 0.20 美元的电力,故钢铁制造者的总电力需求为 $0.2S$。同理,假定煤炭生产商生产价值 1 美元的煤,要使用价值 0.30 美元的电力,即总电力为 $0.3C$。由于电力的总产值为 E 美元,消费者得到的电力,就是总电力减去产业的电力需求,即 E(可用电力)减去 $0.2S$(用于钢铁生产)再减去 0.3C（用于煤生产）。进一步假定，中央计划者已决定向消费者提供价值 1 500 万美元的电力。最终我们得到一个电力产出的方程：

$$E - 0.2S - 0.3C = 15$$

计划者还需要为另两个产业建立这样的方程，给出两者用于生产后预期剩余给消费者的净产出。整个方程组将具有以下形式：

$$E - 0.2S - 0.3C = 15$$
$$S - 0.1E - 0.06C = 7$$
$$C - 0.15E - 0.4S = 10$$

这些都是投入—产出分析中的典型方程。然而，在现实中，这样的分析往往有几十个有时甚至几百个含有类似未知数的方程。因此，这只是投入—产出分析的基本原理。

图片来源：© Steve Allen/Brand X Picture/Jupiterimages

14.2.3 哪些买者和哪些卖者获得了优先权？

由于所有商品的供给都是有限的，因此，产品的一些潜在消费者可能会得不到任何东西。又因为需求不是无极限的，某商品的潜在供给者可能会找不到市场。因此，哪些消费者能得到稀缺资源，而哪些厂商能成为商品的供给者呢？价格机制再一次解决了问题。

其他条件不变时，价格机制确保对某稀缺商品需求最强的消费者能获得它，而那些能最有效地供应它的卖者成为供给者。

为说明这一点，请参见图 14-3 中的供给—需求图。为简单起见，假定我们此时面临的商品是一部畅销小说，而且任何人不会购买多于一本。需求曲线 *DD* 代表 6 000 名拥有广泛不同偏好的潜在消费者的偏好。第一组 1 000 人愿意以 70 美元的价格购买这本书，用需求曲线上的点 *A* 表示（尽管他们肯定更愿意以较低的价格购买）。点 *B* 显示,第二组1 000人愿意以60美元的价格购买这本书,但拒绝花费70美元(因为他们比点A处的消费者更不重视这本书)。同理,点C表示第三组消费者的需求,此时这本书的重要性更低,他们只愿意花50美元购买。而点E、F和G代表对此书欲望逐渐降低的需求,一直到点G,消费者仅愿为此书支付20美元。

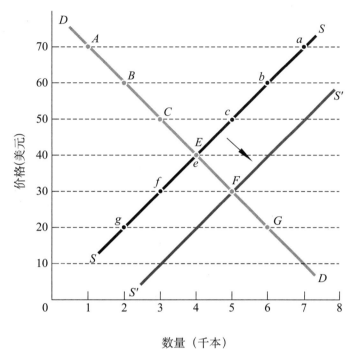

图14-3 供给-需求图显示出价格只排除那些对产品在乎最少的买者和卖者

SS为供给曲线,均衡点为E,即SS与DD的交点。在完全竞争市场中,此书的市场价格将为40美元。对于位于点A,即此书价值70美元的消费者而言,仅用40美元购得它将是欣喜的。同理,点B、C和E的消费者也会购买此书。而在点F和点G上认为此书价值不足40美元的消费者,则不会购买。从此例中我们可以了解到,认为此书价值(以货币为度量)最高的消费者,会得到此书,只有那些认为它价值最低的人,才被剥夺享有它的权利。

> 价格机制总是以某一商品的潜在消费者对该商品的偏好强度来划分次序的,而偏好强度是以他们对该商品的支付意愿来表示的。

价格机制赋予那些十分重视某种商品的消费者以优先权。假定供给增加,供给曲线SS向右移动至S'S'。哪些消费者将获得增加的供给量呢?答案是,那些在之前拒绝购买此商品的消费者中,最迫切希望获得此商品的那部分人。在图中,移动后的供给将均衡点由E移动到F,因此点F处的消费者此时将包含于此书的购买者群体中(与点A、B、C和E处的消费者一起),但点G处的消费者仍然不会购买此书。这本书对于点F处的消费者(30美元)而言,比点G处只愿意支付20美元的消费者,更有价值。

看来价格体系能设置正确的优先次序来决定某一特定商品的预期消费者，哪些的确能获得一些此商品，而哪些则不能。当然，这个论点仍有一个不完善但重要的地方，我们马上会谈到它。

但首先，让我们再看看图14-3，这一次我们从供给厂商的角度出发。假定 SS 是产业的长期供给曲线。曲线上的点 g 代表价格为 20 美元时，产业将供给的数量——即那些平均成本不高于 20 美元，价格足够补偿其成本的厂商，将要供给的数量。同理，点 f 代表那些平均成本不高于 30 美元的所有厂商的产出，此时，供给者群体中包含了某些比点 g 处效率稍低（平均成本较高）的厂商。在点 e，有些供给者的平均成本为 40 美元，但不会有平均成本高于此水平的供给者可以卖出其产品。同理，在我们沿 SS 向点 c、b 和 a 移动的过程中，供给者中将会包含效率更低的厂商。

现在，我们对供给—需求均衡点 e 进行研究，此时的价格为 40 美元。哪些供给者能够在这一点出售其产品？答案是，在点 g、f 和 e 上的可以，而点 c、b 和 a 处的则不行，因为在最后三个群体中，没有任何厂商能在均衡价格上补偿其成本。价格机制再次发挥了它的作用。它根据长期平均成本所度量的效率将厂商进行排序，并给更有效率的厂商带来生意，同时排除最缺乏效率的潜在供给商。

这个例子阐明了价格机制的众多令人满意的特征中的另一个。但它仍有不足之处存在——至少在于需求一方。我们发现，G 组消费者被排除于我们讨论的稀缺商品之外，因为他们相对于其他消费者而言，对此商品的需求最弱。G 组消费者只愿为此书支付 20 美元，而其他消费者的支付意愿都高于此水平。但若 G 组中某些消费者也非常想拥有此书，却又很贫穷呢？这是一个非常重要的问题——我们将反复遇到它。价格机制类似于一个民主政体，但其法则却不是"一个公民一张选票"，而是"一美元一张选票"。换言之，在价格机制中，富裕消费者的偏好比贫穷消费者的愿望更受重视。

14.3 完全竞争是如何实现效率的：图形分析

我们已经指出了市场机制如何解决任何经济中的三个基本协调问题——生产什么，如何生产，如何将商品分配给消费者。同样，我们还认为，这些同样的任务给中央计划者带来了几乎无法克服的困难。但仍存在一个非常关键的问题：根据本章开头对效率的定义，市场机制所选择的资源配置是否有效率？在理想的完全竞争环境下，答案是肯定的。一个简单的供给—需求图，就能够给我们一个为什么如此的直观解释。

集中考虑单一商品市场，现在的问题是，市场机制生产的产出量的上升或下降，是否能给消费者和生产者带来更大的净利益。假定当前在游泳池中教授的游泳课的产出水平（所教的人数）为 20，而且对所有涉及该活动的学院而言，其总净利益用货币衡量为每周 500 美元。如果任何其他的学生数获得的总净利益少于 500 美元，那么，很显然我们可以得出结论，20 个学生是最优的。我们将证明，在完全竞争均衡时，不需要任何中央指令，或任何人明确的指导或计划，市场将自动准确无误地在确切的最优产出水平达到均衡。这是市场机制的显著成就之一。

为证明这一点,让我们从精确定义消费者和生产者利益开始,以便我们能度量这些利益。在第 5 章,我们已经接触过我们所需要的消费者利益概念:消费者剩余。而且我们将为市场的另一边引入一个完全类似的概念,称为生产者剩余。假定安妮愿意在低于 140 美元的任何价格,购买整整一周的游泳课程,但当她到达体育馆时,她发现该课程在价格为 90 美元有售。因为游泳课对她价值 140 美元,而她只需花 90 美元获得,因此该购买给她提供了 140 美元 – 90 美元 = 50 美元的净利益。如果该课程定价于 140 美元,购买的结果将一无所获——她放弃了 140 美元,作为交换,收到了对她恰好值 140 美元的服务。但由于市场价格碰巧为 90 美元,她从交易中获得了对她而言价值 50 美元的净所得——剩余。因此,像我们在第 5 章所做的那样,我们定义:

> 从某一购买所得到的**消费者剩余**(consumer's surplus),等于消费者为某商品的购买所愿意支付的最大数量与市场实际索取的价格之间的差额。在理性消费者的购买活动中,剩余将从来不会为负,因为如果价格高于潜在购买者愿意支付的最大量,他会简单地拒绝购买。

生产者剩余是以完全类似的方式定义的。如果游泳教练本愿意在不低于 30 美元的任何价格下提供一周的课程,但市场价格碰巧为 90 美元时,他从交易中获得 60 美元剩余——且乐意做出这种销售。因此,我们有定义:

> 从某一销售所得到的**生产者剩余**(producer's surplus),是该销售物品的市场价格与供给者愿意提供该物品的最低价格之间的差异。

既然我们知道两种剩余是如何定义以及如何度量的,那么,我们的目标就是考察市场中所有买者和卖者的总剩余,是如何受到市场中生产和销售的数量影响的。我们将推导出一个令人惊奇的结果:在完全竞争市场的产出水平——即在市场供给和需求曲线交点的产出水平——所有参与者的总剩余是最大的。为了做到这一点,我们必须回到我们熟悉的供给—需求分析,并利用它明确表明安妮、本和其他市场参与者的角色。

我们从一个表格开始,为简单起见,假定在游泳课市场存在 5 个潜在购买者(安妮、查尔斯、伊莱恩,等等)和 5 个潜在竞争销售者(本、黛比,等等)。在表 14-1 中,我们看到,在周费用为 90 美元(表中第 3 列)时,对一周课程价值 140 美元的安妮(第 1 行)来说,可获得消费者剩余 50 美元 = 140 美元 – 90 美元。

表 14-1 游泳课市场的消费者和生产者剩余 单位:美元

学生	(1)学生可接受的最高价格	(2)单个的消费者剩余	(3)实际价格	(4)累积总剩余	(5)单个的生产者剩余	(6)教练可接受的最低价格	教练
安妮	140	50	90	110 = 50 + 60	60	30	本
查尔斯	120	30	90	180 = 110 + 30 + 40	40	50	黛比
伊莱恩	110	20	90	220	20	70	弗兰克
乔治	90	0	90	220	0	90	哈丽雅特
艾琳	80	–10	90	180	–30	120	杰克

同样在那个价格下,查尔斯正好获得 30 美元的剩余。这两个消费者的剩余在图 14-4(a) 中表示为需求曲线 DD 下方对应于其购买(两套课程)的两个深灰色区域的面积。例如,最左边的区域具有 90 美元价格的底边和对安妮价值 140 美元的顶边,因而安妮的深灰色区域的面积等于她的剩余,即 140 美元 – 90 美元 = 50 美元。

同样,表 14-1 表示出不同潜在教练可获得的生产者剩余。例如,它表明 90 美元的费用给本带来 60 美元(= 90 美元 – 30 美元)的剩余,因为即使费用低至 30 美元,他也愿意提供该课程。同理,我们看到黛比获得 40 美元的剩余。这两个生产者的剩余,表示为供给曲线 SS 与那两个销售的 90 美元价格线之间的前两个淡灰色区域的面积。我们也注意到,如果安妮和查尔斯两人都获得课程,而本和黛比两人都提供课程,因而两套课程都被提供,那么,市场创造的总剩余将为他们四个人的剩余之和,即 50 美元 + 30 美元 + 60 美元 + 40 美元 = 180 美元——也就是表中第 4 列的第 2 项。这也可用图 14-4(a) 中区域 DRTUVS 的面积表示,即当只有两套课程被提供时,位于需求曲线和供给曲线之间的面积。

但图 14-4(a) 和图 14-4(b) 的比较清晰地表明,两套课程并不足以使市场产生的总剩余达到最大。具体来说,如果伊莱恩也参加课程学习,而弗兰克提供这些课程,这第三个交易将产生额外的 20 美元消费者剩余和 20 美元生产者剩余,使总剩余提高到 220 美元。这个更大的总量,表示为图 14-4(b) 中需求和供给曲线之间,加总所有区域的面积。再多一套课程,即在供给与需求曲线相交于 PP 的数量,不贡献任何净剩余所得,因为乔治和哈丽雅特正好以 90 美元的当前价格衡量课程的价值。通过购买和销售该服务,这两个人交换价值正好相同的货币和服务。进一步增加产出,提高到第五套课程,将实际上减少总剩余。因为潜在的学生艾琳对课程的评价低于 90 美元的价格,而潜在的教练杰克认为,其工作价值 120 美元。如果杰克给艾琳提供课程,他们两人都将获得负的剩余,表示为图中最右边的区域的面积。这些负的剩余把总剩余由 220 美元带回到 180 美元(表中第 4 列最后两项),显然对经济是一个净损失。

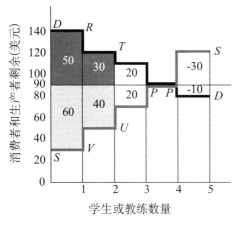
图 14-4(a)　生产者和消费者剩余:2 个游泳者

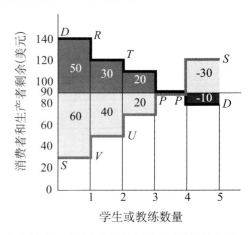
图 14-4(b)　生产者和消费者剩余以及最优产量

现在我们审视从推理中得出的回报。看图 14-4(a),我们发现,如果总产出低于供给曲线和需求曲线的交点(区间 PP),则剩余没有达到最大。同样,如果供给的游泳课比这个量更大,总剩余会减少(图14-4(b))。只有当产出量对应于供给曲线和需求曲线的交点时,买者和卖者获得的净剩余都达到最大。三个结论如下:

(1)因为在完全竞争条件下,均衡产出将位于供给曲线和需求曲线的交点,因此,完全竞争制度将选择对公众利益而言最优的产出水平。它们使消费者剩余和生产者剩余的总和达到最大。

(2)如果诸如垄断这样的影响,使得产出小于(因为价格更高)完全竞争条件下的产出,那么公众利益将因为配置给该市场的资源量少于最优数量而受损。

(3)如果像政府税收下降这样的事情,诱导供给者生产大于竞争水平的产出,那么这也是一种损害公众福利的错误资源配置。

14.4 完全竞争是如何实现最优产出的:边际分析

还存在观察在完全竞争的理想环境中最优产出的第二种方法,这次的讨论与本章开始时定义的效率直接相关。因为关于所有三个协调任务的详细证明冗长而耗时,因此,我们将仅仅给出我们刚刚考虑过的任务——产出选择的证明。我们将看到,至少在理论上,在决定经济生产的不同商品的相对数量方面,完全竞争确实保证了效率。

证明分为两个步骤。首先,我们将推导有效产出选择的标准——即告知我们生产是否有效率的一种检验。其次,我们将证明,完全竞争市场机制中产生的价格会自动通过这项检验。

步骤1:有效产出选择的准则　我们从有效产出选择的准则着手:

课程结束后仍须牢记的要点

边际考量的重要性　边际分析:对经济的每种产出,效率要求产出量使生产最后一单位的边际成本(MC),等于消费最后一单位的边际效用(MU)①。用符号表示为:

$$MC = MU$$

这项准则也是我们在第8章中学习的边际分析的基本原理的另一个例子。

对产出量的有效决策,是这样一种决策,它使得在所选产量水平上,社会总利润(总效用)与社会总成本差值最大。换言之,目标是最大化社会总剩余——总效用减去总成本。但正如我们在第8章中所见,为使总效用与总成本之差最大,我们必须找出使相应的边际数据(边际效用和边际成本)相等的产出水平,这正是前面的效率准则告诉我们的。

一个例子将帮助我们清楚地看到为何资源配置必须满足这一准则才能被看作是有效率的。假定对消费者而言,增加一磅牛肉的边际效用为8美元,但其边际成本只有5美元。那么,用于生产增加的这一磅牛肉消耗的资源的价值(边际成本),将比消费者

---

① 请回顾第5章,我们用货币来衡量边际效用——即某消费者愿意为增加一单位商品而愿意放弃的货币量。经济学家通常称之为商品与货币间的边际替代率。

愿意为额外的一磅牛肉支付的货币的价值(边际效用)少3美元。通过扩大一磅牛肉的生产,社会可以从经济生产过程中获得更多(以边际效用衡量),而投入(以边际成本衡量)较少。我们已经知道,边际效用超过边际成本处的产出不可能是最优的,因为在这个产出水平上,增加产出可以使社会福利改善。反过来,当牛肉的边际成本超过边际效用时也是一样。

从而,我们已经证明,若任一产品的边际效用与边际成本不相等——无论是边际效用超过边际成本,还是边际成本超过边际效用——经济体必然是浪费了能改善消费者福利的机会。这与我们所称的社会无效率地利用资源,表达的是完全相同的意思。正如图14-1中的 G 点一样,若某商品的边际成本与边际效用不相等,那么,在不损害其他任何人的情况下,仍有可能通过重新组织生产,使得一些人的福利得到改善。那么,由此可知,只有当每一种商品的边际成本都等于边际效用时,才发生有效率的产出选择。①

步骤2:价格体系的关键作用　接下来,我们必须证明,在完全竞争条件下,价格体系能自动引导买者和卖者的行为朝着使边际效用与边际成本相等的方向发展。

为明白这一点,回顾第10章可知,在完全竞争条件下,各牛肉生产厂商按牛肉的边际成本等于价格(P)的量进行生产,是最能获利的:

$$MC = P$$

这必然如此,是因为,若牛肉的边际成本低于价格,农场主便可以通过增加牧群的规模(或增加饲养动物的谷物量)提高利润。若边际成本高于价格,情况则恰好相反。因此,在完全竞争条件下,利润的诱惑使得牛肉生产者(及其他每一种产品的生产者)供给 $MC = P$ 的数量。

在第5章中,我们还学到,各消费者将购买的牛肉数量,是牛肉以货币衡量的边际效用等于其价格的量:

$$MU = P$$

若消费者没有这样做,那么,增加或者减少牛肉的购买中必有一种方式能使他们的福利改善。

将最后两个方程联立,我们将看到,"看不见的手"使以下连等式成立:

$$MC = P = MU$$

但若牛肉的 MC 和 MU 同时等于价格 P,那么它们必然也会相等。即在完全竞争市场中,牛肉生产和消费的数量必然满足以下等式:

$$MC = MU$$

这正是我们有效产出选择的准则,因为竞争产业供给的任何其他产品也必然是如此,所以,

---

① 警告:正如第15章所描述的,市场有时因为决策者的边际成本与社会边际成本的差异而不完善。当某个个人产生的成本能被其他人承担时,这种情况就会出现。考虑一个例子:厂商 X 的生产引发了污染排放,使附近的居民增加了洗衣费用。在这种情况下,厂商 X 会忽略这项成本,从而无效率地生产大量产出和排放。我们将在第15章和第17章中研究这类外部性问题。

在完全竞争条件下,生产者和消费者将不约而同地做出决策,使每一种产品的生产数量自动(且令人惊奇地)恰好满足效率准则 MC = MU。即在完全竞争的理想条件下,没有任何政府干预,没有任何其他人的指导或计划,市场机制有能力有效配置社会稀缺资源。

14.4.1 "看不见的手"在起作用

这实在是一个不寻常的结论。价格机制是如何自动满足效率的所有要求(所有商品的边际效用均等于其边际成本)——任何一个中央计划者都无望应对的要求,因为它们包含海量的统计数据和庞大的计算。这就像是一个魔术师突然从一顶帽子中拉出一只兔子!

然而,像通常的情况一样,只有当帽子中本来就藏有一只兔子时,才有可能从帽子中拉出兔子来。那么,我们的魔法到底是靠什么机制实现的呢?秘密就在于价格机制使消费者和生产者都追求他们自己的最大利益——这些他们可能很在行。价格对于消费者而言是商品的美元成本,为追求他们自身的最大利益,消费者将购买每一美元能带给他们最大满足的商品。在完全竞争条件下,消费者支付的价格也与边际成本相等,因为市场的激励会将每个供给者的供给引导到使之相等的这个量上。

因为 $P = MC$ 度量的是(每个厂商)多生产一单位某商品的资源成本,这意味着,当消费者用他们的货币购买能给他们带来最大满足的商品时,他们会自动选择购买那些使得他们能从生产那些商品的资源中获得最大满意程度的组合。换言之,市场机制引导消费者从他们所购买的物品和服务所消耗的社会资源中获取最大的利益。因此,若资源的定价合理($P = MC$),当消费者最好地使用其货币时,他们也必然是最好地使用着社会资源。这就是市场机制保障经济效率的方法。

当所有的价格都定在等于边际成本时,价格体系就给消费者提供了正确的成本信号。它设置了这样的价格水平,引导消费者小心翼翼关注社会资源,与关注他们的货币一样,因为此时,一种商品对消费者的货币成本,设置在等于其社会机会成本的水平上。对于生产者的决策,类似的解释同样适用。

这便是"看不见的手"的魔力。与中央计划者不同的是,消费者既不需要了解制造某一特定产品有多困难,也不需要知道生产过程中需要的投入有多稀缺。消费者在做决策时,需要了解的所有有关供给的信息都包含在市场价格中。在完全竞争条件下,价格精确地反映了边际成本。同理,生产者也不需要知道个体消费者的心理和偏好——当消费者偏好变化时,价格的动向将告诉他们所有需要的信息。

14.4.2 价格的其他作用:收入分配与公平

至此,我们已经着重讨论了经济学家最为强调的价格的作用:价格指导资源配置。但价格还有另一种值得大家重视的作用:价格影响着买者与卖者间的收入分配。例如,高的租金往往使房客变得更穷而房东变得更富。

价格这一相当明显的作用,引起了公众、政治家以及管制者的最大关注,而我们也不能忽视它。[①] 市场只满足消费者有支付能力的需求。市场体系能很好地为贫穷的家庭服务,因为它能比效率稍低的经济体提供更多的食物和衣服。但市场体系向富裕家庭提供的服务更多。许多人认为,这样的安排,无论它多么有效率,都表现了极大的不公平。

人们往往以不公平为理由反驳经济学家推荐的改进经济效率的这些提案。例如,经济学家屡次主张在每天的交通高峰期对运输设施采取更高的价格,提出了一个称为"高峰—非高峰定价"的定价安排,使高峰时刻的公共交通价格高于其他时段。

这项提案的理由可从我们对效率的讨论中明确得出。高峰时刻的火车座位,相对于其他时段闲置的火车座位而言,是稀缺资源。因此,根据本章概述的效率原理,高峰时段的座位应该更为昂贵,以劝阻那些没有固定日程的乘客不要在高峰期乘车。同样的观念也适用于其他服务。长途电话的夜间收费通常比白天要低。而在某些地区,夜间用电比较便宜,因为此时的需求不会对供电者的发电能力施加压力。

然而,运输当局应对公共交通高峰期收取较高费用的提案——比如从上午8:00到9:30,从下午4:30到6:00——往往遭到强烈的反对。反对者指出,这种更高费用的绝大多数负担都落到了对其旅行时间没有选择能力的低收入工作者身上。例如,一份对英国经济学家和议会成员的调查发现,尽管88%的经济学家倾向于提倡高峰期高收费方案,但只有35%的保守党议员和19%的工党议员赞成这种安排(见表14-2)。我们可以认为,这些英国议员比经济学家能更准确地反映公众的观点。在这种情况下,人们只会觉得追求效率的解决方案是不公平的,因此拒绝采纳它。

表14-2 对一份问卷的回答

问题:为最有效率地使用城市资源,地铁和公共汽车的车费是否应该在一天内变动?	经济学家	保守党议员	工党议员
a. 高峰期票价应相对较低,从而以尽可能低的成本运输最多的乘客。	1%	0%	40%
b. 为防止乘客因为价格的变动而变更乘车时刻,票价应保持不变。	4%	60%	39%
c. 高峰期票价应相对较高,以使每天用于运输乘客的设备数量最小化。	88%	35%	19%
d. 无法在已给的数据和选项中得出结论。	7%	5%	2%

资料来源:引自 Samuel Brittan, *Is There an Economic Consensus?* p. 93. Copyright © 1973. Reproduced by permission of Samuel Brittan.

[①] 收入分配是第五部分的主题。

政策争论
公用设施的使用者付费

曾经有一段时间,政治家们都以削减预算作为自己出名的途径,因此,在政府无偿提供公用设施时,公用设施的使用者付费观念又被置于争论之中。经济学家们经常鼓吹对道路、桥梁、博物馆、教育设施,以及其他类似的公用设施的使用收费。当然,有一点是确定无疑的,如果服务是"免费"提供的,公众将不得不以各种方式来付费——政府会更间接地通过税收来让公众支付。但是,如果人们被要求直接为这些服务付费,则会产生很大的差异。

图片来源:© Ron Chapple/Thinkstock Images/Jupiterimages

作为一个例子,让我们假设一条公路是通过一般税收融资的。在此情形下,对独立汽车运输厂商 Sabrina 来讲,使用该道路多少次都是无关紧要的,因为她每年都要支付同样数目的金钱,而不管她一年只使用这条路一两次是还每天都使用。但是,如果 Sabrina 需要对其每一次使用道路进行付费的话,那她就会有很强的激励去避免不必要的使用。这也就是为什么那些提倡定价促进经济效率的建议,不仅要对道路和桥梁使用者收费,而且要对进入国家公园、对使用公共所有的牧地、对使用电视和无线电频率的播放者收取费用。

使用者付费的反对者认为,这些费用对穷人是不公平的。此外,他们认为,对诸如图书馆、博物馆和学校等公用设施的使用,实行使用者收费,不是鼓励而是阻碍了它们的使用。例如,在纽约,穿越连接布鲁克林区、皇后区和曼哈顿区之间的三座日渐颓坏的桥梁是不收费的,但每当有人提出实行使用者付费来进行管理时,他们就会招致人们的怒吼:"难道我进入自己的城市还要交门票钱吗?"

14.4.3 自由市场的另一个成就:增长与效率

本章在评估市场机制时,一直遵循着经济学家的标准方法。经济学家通常强调资源配置中的效率和市场保证实现这种效率的作用——在各种可选用途中配置资源,使得任何增加消费者净收益的机会都不会被遗漏。

有些市场的拥护者不将强调的重点放在自由市场在效率方面取得的成就上。一个多元不同的群体,包括商人、政治家、经济历史学家、前共产主义经济的领导如弗拉基米尔·普京,甚至马克思主义者,基本上从另一个非常不同的理由赞同市场——市场经济所实现的产出的显著增长及其产生的史无前例的财富。

在资本主义市场经济到来之前,历史学家曾预期人均产出的增长会极为缓慢。但今天,美国人均能支付得起的物品及服务,比 100 年前个人收入所能买到的要高出 7 倍。毫无疑问,市场经济在实现显著的增长与繁荣方面的成就值得称颂。第 16 章将回到这一主题,指明自由市场经济在经济增长方面能取得什么样的成就。

难题解答:旧金山桥定价回顾

我们先前有关旧金山湾地区大桥的例子同样引出公平问题。回想一下我们从我们的分析中所得出的结论,即有效地使用桥梁,就必须对更拥挤的桥梁收取更高的费用。因为这个原理看起来似乎十分显而易见且很合理,所以,真实的过桥收费情况是有些出人意料的:所有桥的收费都是 4 美元,尽管它们平均每天的车流量显著不同,而旧金山—奥克兰湾大桥是最拥挤的。[①]

从效率观点来看,相对不拥挤的桥与最拥挤的桥收费相同,这种统一收费看来是不合理的。其解释在于对公平观念的广泛坚持。

许多人觉得,让在某特定大桥上通行的人支付该桥的成本是公平的。按照这种观点,让那些使用拥挤的旧金山—奥克兰湾大桥的人支付更高的过桥费,来补贴最不拥挤的邓巴顿大桥,是不公正的。很自然,通行更重的大桥赚取更多的费用,以补偿其建造、维修及运行成本的速度必然更快。另一方面,人们觉得,使用交通不太拥挤的大桥的相对较少的使用者,应当对大桥的成本做出公平的贡献。

一种经济上非合理的收费模式,对于解决过度拥挤的桥梁上的拥塞问题不会有任何助益,从而将导致缺乏效率。但任何人都不能武断地认为,提倡这种定价方式是"愚蠢的"。这种收费模式是否合意,还必须,或至少部分上,取决于公众对什么构成公平与公正的定价的认知,它还取决于人们为避免明显的不公正而愿意为延误、不便,以及其他无效率结果支付多少费用。

经济学无法独自决定公平与效率之间适当的取舍。它甚至不能设法判断哪种定价安排是公平的,哪种是不公平的。但它能够且应该指出,某一项因为被认为是公平而提

[①] 旧金山湾地区大桥的收费价格表以及车流量情况,来自于加利福尼亚运输部,http://www.dot.ca.gov,而金门大桥的相关信息,来自于高速公路和运输分部,http://www.goldengate.org 和 http://www.answers.com。注意,现在这些桥梁管理当局确实通过为乘坐三人或以上的公共汽车和小轿车提供更快车道的方法刺激效率,这些类型的车在高峰时间通过这五座桥是免费的。且电子收费系统(FasTrak)的引入,可以比人工收费差不多每小时快两倍,显著改善了效率,减少了拥挤。在金门大桥,不使用电子收费系统的司机在通过该桥时,还要额外多收取 1 美元的费用。

出的特定定价决策,是否将强加给社会繁重的无效成本。经济分析还可以且应该指出,如何估量这些成本,以便能够在合理且真实的基础上评估这些问题。

14.5　对价格机制的评估

我们对自由市场情形的讨论,并不是要暗示自由企业制是一种完全理想、完美无缺或没有改进余地的体系。其实,它存在许多严重的缺陷,这些我们将在随后的章节中——揭示。但对这些缺陷的认知,不应当掩盖价格机制的巨大成就。

我们已经证明,在适当的环境下,价格有能力满足配置效率的大多数确切要求——这些要求远远超出中央计划官僚部门的能力。甚至连中央计划经济也利用价格机制来完成相当比例的配置任务,尤其是消费品的分配。没有人曾经发明出一种可以取代价格机制的指导经济的工具,价格机制不是由哪个人设计或计划出来的,它只是历史发展过程的自然产物。

小结 >>>>

1. 若资源配置浪费了任何一个改变经济中资源配置的机会,该机会在不损害其他任何人的条件下至少使某些消费者的福利改善,那么经济学家就称之为无效率。如果没有浪费这样的机会,资源配置就被认为是有效率的。

2. 在完全竞争条件下,自由市场机制调整价格,使得最终的资源配置有效率。它引导厂商以获得最有价值的产出的方式购买和使用投入物。它以与个人偏好相匹配的方式在消费者之间分配产品。最后,它生产那些对消费者价值超过其生产成本的商品,并将生产任务指派给生产最有效率的潜在供给者。

3. 资源配置包含三项基本协调任务:
   a. 各种商品的生产量为多少;
   b. 生产不同商品所使用的可用投入的数量为多少;
   c. 如何将商品在不同消费者之间分配。

4. 社会资源在经济生产和消费的不同商品之间的最优配置,是一种最大化经济中每一个人的消费者剩余和生产者剩余总和的资源配置。至少在理论上,完全竞争均衡能实现这一目标。

5. 生产何种商品的有效率决策,要求生产各种商品的边际成本(MC),等于其对于消费者的边际效用(MU)。若任一商品的边际成本与其边际效用不同,那么,社会便可以通过改变生产量来改善资源配置。

6. 由于市场机制引导厂商将边际成本与价格调整至相等,并诱导消费者将边际效用与价格调整至相等,因此,它能自动地保证边际成本等于边际效用的条件得到满足。

7. 效率的改善偶尔也要求某些价格上升,以刺激供给或阻止消费上的浪费。这便是价格上升有时也会有利于消费者的原因。

8. 除了影响资源配置外,价格还影响买者与卖者间的收入分配。

9. 价格机制在其不公正的意义上会受到批判,因为它与优先满足富有消费者是相吻合的。

关 键 词

有效率的资源配置　　　　　自由放任　　　　　投入—产出分析
消费者剩余　　　　　　　　生产者剩余

自 测 题

1. 在下列情况下,价格上升会引起什么可能的社会优势?
   a. 当热天有许多人使用空调时,对电力收取更高的价格;
   b. 在受干旱侵袭的地区提高水价。
2. 在图14-3的讨论中,有一组数字表明,一本书的不同购买者,其支付意愿的差异有多大。像表14-1中前3列一样,为这些购买者构造一个表,指明其消费者剩余。
3. 像前一个问题一样,运用图14-3中的数字,算出生产者剩余,并完成与表14-1相对应的剩下的各列。

讨 论 题

1. 讨论自测题1中引入的两项建议的公平性。
2. 利用边际成本(MC)和边际效用(MU)的概念,讨论下列各种情况下无效率的实质:
   a. 将极少的咖啡和极多的茶分配给偏好咖啡的人,而对偏好茶的人的安排恰好相反;
   b. 熟练的机械师被指派挖沟渠,而非熟练劳动者被派去修理汽车;
   c. 生产大量货车和少量汽车,假定两者的生产和使用成本相同,但社会中大多数人都偏好小汽车甚于卡车。
3. 在现实生活中,下列哪种情况可能引发讨论题2中描述的各种情况?
   a. 政府对产出量进行管制;
   b. 对商品实行配给;
   c. 在部队指派士兵们去做不同的工作。
4. 我们已经说过,经济体的三项协调任务是产出选择、生产计划,以及产品分配。在讨论题2a、2b和2c中,完成得糟糕的有哪些?
5. 在自由市场中,价格机制将如何处理讨论题2中描述的各种无效率?
6. 有些人迷信于自由市场的力量,认为它能解决所有的问题。你认为他们想到了哪些问题?其中的哪些问题人们可以相信市场机制确实能有效处理?哪些失望和幻灭应该被预料到?哪些失望切实发生了?

第 15 章　自由市场的缺陷

> 当她心情不错时,她非常仁慈;当她心情糟糕时,她却极为恐怖。
> ——亨利·沃兹沃思·朗费罗(Henry Wadsworth Longfellow)

市场在哪些方面运作良好,在哪些方面又不好呢?这些问题是我们微观经济分析的重点,而我们正处在寻求答案的途中。在第10章和第14章中,我们说明了亚当·密斯"看不见的手"的作用,它是一种无须政府引导而在完全竞争经济中有效配置资源的工具。尽管完全竞争模型只是一种理论上的理想情况,但我们从现实中观察的结果肯定了市场机制的惊人成就。自由市场经济已经达成了史无前例的产出水平、生产效率、可用消费品多样化,以及广泛的繁荣——现在已成为以前计划经济羡慕的对象。我们将在第16章中详细讨论在生产与经济增长方面的非凡记录。

然而市场机制也有其弱点。在第11章和第12章中,我们研究了这些缺陷之一——自由市场经济易受大而有势力的商业厂商的剥削,同时导致不恰当的财富集中和资源错误配置。现在,我们将更全面地分析关于市场失灵的观点,并研究某些我们可以采取的补救措施。显然,市场并不能做我们想要它做的所有事情。在我们的经济中,在产品大量涌现的同时,我们还发现有严重的贫困存在,有被交通和污染侵蚀的城市,还有处于严重财政困难之中的医院、教育结构及艺术组织存在。尽管我们的经济生产了极其丰富的物质财富,但是,看来它远远缺乏能力减少社会弊病和环境破坏。我们将研究这些缺陷产生的原因,并指明为何价格体系本身有时可能没有能力解决这些问题,而有时是在政府强加某些变化于市场定价实践后处理它们。

我们对市场局限性的认识,并不意味着强调公共利益要求放弃市场。正如我们将看到的,这一经济体系的许多不完善性都能在市场环境内解决,有时甚至可以利用市场机制矫正其自身的缺陷。

❓ 难题:为何加拿大的医疗保健成本上升了?

早在美国政府郑重决定紧抓医疗保健的成本(但最终失败了)之前,加拿大就已经采取了全面的医疗保健计划,试图解决同样的问题。为此,加拿大政府进行了强有力的价格和费用控制。每一个省都有自己的保险计划,根据统一的收费表补偿医生;医院被置于事先确定的总预算控制之下;而病人只需自己直接支付极低的成本。

尽管有一些评论者不同意,但仍有许多观察者相信,加拿大已经创造了一个使用者友好的有效率的医疗体系。但是,加拿大显然没能成功地控制住成本。尽管有价格控制,加拿大的医疗保健成本上升的速度,还是持续超过了通货膨胀率,与没有这种控制医疗价格上升的全国性规则的美国的情形一样。此外,某些观察者还认为,加拿大的医疗保健服务恶化了,病

图片来源:ⓒ Ron Chapple/Thinkstock Images/Jupiterimages

人诊断检验和择期手术需等待的时间更长,且对病人可用的疗法限制也更严苛了。这种趋势意味着加拿大的医疗保健服务特别无效率或是存在腐败吗?这种怀疑尚无根据。那么,为什么加拿大没能打破其医疗保健成本的上升趋势呢?本章将帮助你理解这个问题的答案,并显示它对美国政策的重要参考意义。

15.1 市场在哪些方面做得很糟?

尽管我们无法列举出市场所有的不完善之处,我们仍能列出一些被指责为失灵的主要领域:

(1)市场经济会遭受严重的商业波动、失业和通胀。(参见第22—33章。)

(2)市场对收入的不平等分配。(参见第21章。)

(3)当出现垄断市场时,它们会无效配置资源。(参见第11章。)

(4)市场在处理诸如环境污染之类的许多经济活动的副作用方面表现得很糟糕。

(5)市场没有能力立即提供诸如国防和街道清洁这类"公共物品"。

(6)市场可能无法很好地在现在与未来之间配置资源。

(7)市场机制使公共和私人服务越来越昂贵,从而促使政府采取具有社会破坏性的对策。

如所指出的那样,我们在本书的其他部分讨论列举的前三项。本章主要涉及余下的四项。为帮助我们分析这些情形,我们将首先简要地回顾一下第14章中详细讨论过的有效资源配置的概念。

15.2 有效资源配置:回顾

资源配置的基本问题,就是决定经济应该生产的每种商品为多少。乍一看,答案似乎非常简单:越多越好!但这并不一定对,正如我们"课程结束之后仍须牢记的要点"之一指出的那样。

课程结束后仍需牢记的要点

它的实际成本是多少？ 机会成本：产出不是凭空创造的。我们利用稀缺的燃料、原材料、机械设备，以及劳动等，生产它们。如果我们利用这些资源生产比如说更多的牛仔裤，那么，我们必然会从其他生产，比如背包的生产中剥夺部分资源。为了确定增加牛仔裤生产是否为一个好主意，我们必须比较这一增加的效用和生产较少背包损失的效用。正如你所回想起的，这意味着我们必须考虑增加产出的机会成本。只有社会认为额外的牛仔裤比放弃的背包更有价值，那么，增加牛仔裤的产出才是有效率的。

> **生产可能性边界**是在可用资源数量和现有技术知识状态下，能够生产出的最大产出数量。

为了说明这一观点，我们重复大家在前几章中见过多次的图——生产可能性边界——但此处我们将它用于稍微不同的用途。图 15-1 中的曲线 *ABC*，是一条**生产可能性边界**（production possibilities frontier），表示经济通过在两种商品的生产之间重新配置其资源，所能得到的牛仔裤和背包的各种组合。假定代表生产 800 万个背包和 6 000 万条牛仔裤的点 *B*，构成最优资源配置，我们假定这个产出组合，是所有可能的生产组合中唯一最符合社会需求的（技术和资源给定，由生产边界表示）。也就是说，我们假定，边界曲线上 *B* 点的产出组合对整个经济产生最高的消费者剩余加上生产者剩余之和，有两个问题关系到我们对价格体系的讨论：

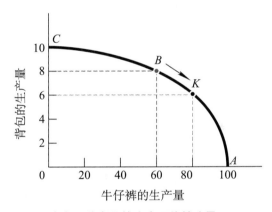

图 15-1 经济中两种商品的生产可能性边界

注：数字为每年百万。

> 如果可能改变资源的用途或它们所生产的物品和服务的组合，从而使消费者和生产者福利改善，那么就称为**资源配置错误**。

（1）什么样的价格会使经济选择点 *B*，即什么样的价格会产生有效率的资源配置？

（2）错误的价格组合如何会导致**资源配置错误**（misallocation of resources）？

我们在第 14 章中详细讨论了第一个问题，并得知：

如果存在完全竞争，有效的资源配置要求达到均衡的价格等于边际成本，即：

$$P = MC$$

这一章主要用于讨论第二个问题：错误的价格组合如何会导致资源配置错误？对

这个问题的回答并不太困难,且我们可以用垄断情形来举例。

需求"法则"告诉我们,某种商品价格的上升将减少其需求量。现在假定背包产业是垄断的,因而背包的价格超过了其边际成本——它们在完全竞争市场上可能的价格。① 这将使背包的需求量下降到我们所假定的社会最优水平 800 万个(图 15-1 中的点 B)之下。经济将由点 B 移至诸如点 K 之类的点,对于消费者最大的满足感而言,背包太少而牛仔裤太多了。于是,由于设置了"错误"的价格,市场诱导个别消费者购买了与所有消费者作为一个群体的福利最大化不一致的数量,从而妨碍了经济资源的最有效利用。

若某商品的价格高于其边际成本,经济将倾向于按照比最大化消费者利益较少的数量生产该物品。若某物品的价格低于其边际成本,情况则恰好相反。

在本章剩余的部分,我们将碰到市场机制可能设置"错误"的价格,导致销售比产生社会作为一个整体最高可得利益数量更多的某些商品和更少的其他商品的另外几个明显的例子。

15.3 外部性:使价格出错

我们从我们的市场失灵列表中的第四项开始我们的讨论(因为我们在前面的章节中已经研究了前三项):市场在应对经济活动带来的意外的副作用方面做得很糟。这个缺陷虽然最不明显,但却可能是价格体系不完善的最严重的后果。

> 若某项活动给其他未直接参与该活动的人造成了附带的利益或损害,而产生这种外部性的人又没有被提供或支付相应的补偿时,那么,就称这项活动产生了**有益的或有害的外部性**。

许多经济活动会对其他并非它们所特意倾向的人产生附带的利益。例如,在家门前的花园里种了美丽花草的房屋所有者,意外和非故意地为邻居和路人提供了愉悦,尽管他们未收到任何回报。经济学家称他们的活动带来了**有益的外部性**(beneficial externality)。也就是说,活动产生的利益是外部的,或外在于直接涉及活动中的人们的意图和利益的。同理,有些活动意外和非故意地会给其他人带来成本。例如,摩托车修理店的所有者造成了许多噪音,他们却不用赔偿被他们打扰的邻居。经济学家称这些所有者产生了**有害的外部性**(detrimental externality)。污染是有害外部性的经典事例。

为了明白为何外部性会造成价格体系错误配置资源,你只需回忆起价格体系是通过奖励为消费者提供良好服务的生产者——即以尽可能低的成本提供服务的生产者来实现效率的。然而,一旦经济活动产生的某些成本和利益被排除在利润计算之外,这一论点就不再成立了。

当某厂商污染了某条河流时,就像当厂商燃烧煤炭时一样,它也确实消耗了一部分社会资源(例如,它耗竭了水中的氧气),然而,若厂商只为煤炭付钱而不对清水的使用付费,我们可以预期,厂商的管理者会更经济地使用煤炭,而浪费地使用水中的氧气。

---

① 为回顾为什么垄断条件下的价格很可能超过边际成本,你可能需要重读第 11 章。

同理,为他人提供了无偿利益的厂商,也不可能慷慨大方地在该活动上配置资源,无论它多么符合社会意愿。

从一个重要的意义上来讲,此时市场机制的困难来源于社会关于产权的规则。煤矿是私有财产,它们的所有者不会让任何人不付费获取它。因此,煤炭是有成本的,从而也不会被浪费地使用。但水道通常不是私有财产,因为它们在一般意义上归每个人所有,所以它们不归某个特定的人所有。因此,任何人都可以利用那些水道作为免费的废物倾倒场,而这些废物会向水中释放出有毒物,消耗水中对水下生命生死攸关的氧气。由于没有人补偿公共水道中具有社会价值的溶解氧,人们便会浪费地使用这些氧。水道被排除在市场的正常控制过程之外的事实,便成为有害的外部性的来源。

15.3.1 外部性和无效率

> 一项活动的**边际社会成本**(MSC)是其边际私人成本(MPC)加上其附带成本(正的或负的)的总和,其中,附带成本由那些福利受到损害却没有得到相应补偿的人承担的。

> **边际私人成本**是由活动执行者支付的活动的边际成本份额。

利用这些概念,我们便能精确地看到,为何外部性会对资源配置具有不良影响。在讨论外部性的过程中,区分社会边际成本和私人边际成本是非常重要的。我们将**边际社会成本**(marginal social cost,MSC)定义为两个部分的总和:(1)**边际私人成本**(marginal private cost,MPC),由活动执行者支付的活动的边际成本份额,加上(2)附带成本(incidental cost),即由其他人支付的份额。

若某厂商产出增加,同时增加了其工厂向空气中排放的烟尘,那么,除了直接的私人成本(如公司会计账户中所记录的)外,生产的扩张还会给他人带来附带成本。这些成本表现为洗衣费用、医药支出、空调和电力花费的增加,以及在有毒气味环绕中不舒适的生活等。这些都是该项活动的边际社会成本的一部分。

当某厂商的活动产生有害的外部性时,其边际社会成本便大于其边际私人成本,而该厂商将仅以其私人成本为基础定价,因为它没有为其营运的社会成本的剩余部分付费(且通常甚至不知道剩余成本有多大)。用符号表示为,MSC > MPC,这里 MSC 是对整个社会的成本,而厂商收取的价格是以 MPC 为基础的。因而,厂商的产出必然过大,因为价格会低于真实相关的边际成本,所以增加了会损害公众的商品销售。在这种情况下,如果该产品的产出减少,社会将必然从中获益。它会损失某些产品,但却避免了高的边际社会成本。我们得出结论:

> 当厂商的活动带来有害的外部性时,自由市场中该产出的边际收益会低于边际社会成本。较低的产出对社会是合意的。

这个关系成立,是因为私人企业没有动力把它不需要对他人进行补偿的成本纳入考虑之列。事实上,竞争迫使厂商以尽可能低的私人成本进行生产,因为如若不然,竞争者将夺走他们的顾客。因此,竞争强迫厂商集约利用不要求它们支付或完全支付的资源。因为引起有害外部性的商品有不需要供给厂商支付的社会成本,所以它们被生产的数量是过大的。

> 某项活动的**边际社会收益**（MSB），等于其边际私人收益（MPB），加上其附带收益（正的或负的）的总和，附带收益是由其他人获得且无须为其支付代价的收益。

当然，在存在外部收益的情况下，相反的结论成立，这种情况发生在**边际社会收益**（marginal social benefit, MSB）大于**边际私人收益**（marginal private benefit, MPB）之时。一个明显的例子是，厂商 A 生产的某项发明，给来自一个不同厂商 B 的工程师带来了另一种新产品或生产过程的构想，那么，厂商 B 显然从厂商 A 的研发（R&D）支出中获益了，而 B 却不会为这一利得向 A 进行任何支付。在那种情况下，社会收益——两个厂商的收益之和——将大于发明者厂商 A 独自的私人收益。因此，投资于研发的边际私人收益会低于边际社会收益，于是，私营企业制度下进行的研发活动将少于社会最优的要求。

> **边际私人收益**（MPB）指某项活动的边际收益中由其参与者获得的那部分。

这些原理可以用图 15-2 进行辅助说明。此图重现了分析厂商均衡的两条基本曲线：边际收益曲线和边际成本曲线（参见第 8 章）。这些曲线代表某特定厂商的私人成本和收益（此处是一个造纸厂）。此造纸厂供给 100 000 吨产出，对应于边际私人成本曲线与边际收益曲线的交点（点 A）。

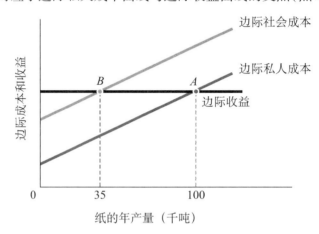

图 15-2 产出生产有害外部性（污染）的厂商的均衡

现在假定工厂的废水污染了附近的入海口，因而其生产带来了工厂所有者无须支付的有害的外部性。那么，如图所示，边际社会成本必然高于边际私人成本。由私人成本决定的纸的产出将为 100 000 吨（点 A）——因其对环境的影响，从公共利益的角度看是过量的。

若无法将外部成本强加于他人身上，造纸厂的所有者被迫自己支付，那么，其私人边际成本曲线将对应于两条成本曲线中较高的那一条。因而，纸的产出将降至 35 000 吨，对应于点 B，即边际收益曲线与边际社会成本曲线的交点。

同样的图也可说明，当厂商的活动产生有益的外部性时，相反的关系成立。厂商对其有益产出的生产数量，将少于其活动带来的利益得到完全回报时的水平。因此：

> 当厂商的活动带来有益的外部性时，自由市场将生产太小的产出。更大的产出水平会使社会的福利改善。

我们还能通过与图 15-1 类似的生产可能性边界的辅助，发现这些结论。在图 15-3 中，我们看到两个产业的生产可能性边界：发电，引起空气污染（有害的外部性），以及郁金香种植，使某一区域更具有吸引力（有益的外部性）。我们刚才已经了解到，有害的外部性使边际社会成本大于边际私人成本。因此，若发电公司收取的价格等于其自身的边际（私人）成本，那么，此价格就会低于真实的边际社会成本。同理，在郁金香种植情况下，等于边际私人成本的价格，将高于真实的对社会的边际成本。

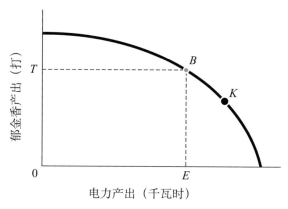

图 15-3　外部性、市场均衡和有效资源配置

在本章较早部分，我们已经看到，收取高于边际社会成本的价格的产业，会通过这一高价格减少需求量，从而它将生产对于资源的有效配置而言太小的产出。若产业的价格低于其边际社会成本，情况则恰恰相反。在图 15-3 中，再次假定点 B 代表资源的有效配置，同时生产 E 千瓦时的电力和 T 打郁金香。

因为带来污染的发电公司收取低于边际社会成本的价格，所以，它将销售大于 E 千瓦时的电力。同理，因为郁金香的种植者产生外部利益，从而收取高于边际社会成本的价格，所以，他们将生产少于 T 打的郁金香。经济最终会在 K 点而不是 B 点进行资源的配置，冒烟的电力生产过多，而具有吸引力的郁金香种植太少。更一般地：

> 产生有害外部性的产业将拥有高于边际私人成本的边际社会成本。若价格与厂商自己的边际私人成本相等，它将低于真实的对社会的边际成本，这样，市场机制趋于鼓励这种引起有害外部性的产品的无效率大量产出。带来有益外部性的产品则恰恰相反，私人产业提供的这些产品将是无效率的很少数量。

15.3.2　外部性随处可见

外部性发生在整个经济中，许多是有益的。例如，一个雇用不熟练或半不熟练劳动力的工厂，不仅给予了他们在职培训，还为未来的雇主提供了更优秀的工人这种外部利益。当厂商发明有用且非专利产品时，或者即使是专利产品也可在某种程度上被他人仿制，从而会给他人带来利益。

有害的外部性同样也是广泛的。由工厂、汽车以及货车等产生的污染，引起了一些我们最为迫切关注的环境问题。建筑物的废弃，引起邻居的环境质量恶化，并形成了城市严重外部性的根源。而这仅是许多显著例子中的两个而已。

我们还没有提到最具破坏性威胁的外部性——全球变暖。本书作者不是这一主题方面的专家,尽管否认人类活动排放的废气引起气候变暖危害的部分怀疑者正在转投对方阵营,但这一问题的争论仍在升温。但是,很清楚,如果把整个威胁具体化,对人类而言其成本巨大,城市洪水泛滥,以前繁茂的地区变成沙漠,也许甚至更糟。而问题的可能根源是排放,不仅是工厂,还有你们和我们,本书的作者,当我们驾驶我们的车,以及烧烤我们的牛排时都会产生排放。这就引申出一个重要观点:破坏性的外部性不仅仅是由商业厂商引起的。它们是由军队产生的,当他们驾驶他们的坦克和飞行他们的飞机时;它们是由农场主产生的,当他们喷洒他们的田地时;它们是由消费者产生的,例如我们。我们大家都在这样做。

尽管市场机制本身并未对治疗外部性问题做任何事情,但还是存在许多要说的。市场经济往往拥有污染的空气和河流,并遭受有毒废弃物不适当排放的侵害,但是这并不表明非市场经济会做得更好。

此外,市场机制确实提供了处理这类难题的一个有效方法。尽管不能说市场是在自动地保护环境,但正如我们将很快看到的,它们为我们提供了一个保护环境的有力工具。

15.3.3 政府政策和外部性

因为市场无力解决外部性问题,所以政府应支持那些被认为能产生外部收益的活动。政府补贴教育,不仅是因为他们知道这样能帮助所有居民提升平等的机会,而且还因为他们相信它能产生有益的外部性。例如,受过教育的人,通常比未受教育的人犯罪的概率要小,因此,我们对人们的教育越多,我们在预防犯罪上的花费可能就越少。同时,教育体系的副产品,学术研究,也常常使整个社会受益,且确实成为国家经济增长的主要贡献者。生物技术和先进计算机技术,正是出自大学研究的两项主要科学突破。可以相信,若教育仅由营利机构提供的话,那么,这些有益服务的产出将以低于最优的水平被提供。

同理,最近政府开始增加对空气和水造成严重污染的公司的罚款。在乔治·W.布什执政之前的几年里,美国环境保护机构对于违反者所处的犯罪罚金和民事处罚,比以前任何时候都多。当然,这是对产生社会破坏性外部性的负激励。换句话说,它使商业厂商支付更接近于补偿其活动产生的所有成本的量。

课程结束后仍须牢记的要点

外部性:用市场方式矫正的市场缺陷　外部性确实是对资源定价的失败,从而使市场有效配置资源产生失灵。解决外部性的有效方式之一,就是利用税收和补贴,让污染者支付他们强加给社会的成本,并向有益外部性的制造者补偿他们活动带来的附带收益(这可以看作是抵消或减少了此项活动的社会成本)。

例如,分析表明,应该给予产生有益外部性的厂商以补贴,每单位产出的补贴等于边际社会成本与其边际私人成本之间的差额。同理,对有害外部性应该征税,使厂商不得不支付全部边际社会成本。在图15-2中,支付税收后,厂商的边际私人成本曲线将上移至与边际社会成本曲线重合的位置,因而,市场价格将以与有效资源配置相一致的方式被设定。

尽管这种方法在原理上运行良好,但在现实中却往往难以执行。可能是因为社会成本广泛分布于整个社会(每个人都受到污染的影响),亦可能是因为许多成本和收益都太难用货币估价(对健康的影响、生活在雾霾中的不愉悦感),所以估计社会成本很少是容易的。在着重于环境问题讨论的第17章,我们将继续对赞成与反对经济学家解决外部性的方法的理由的讨论,并概述控制它们的可行政策。

专栏

通过谈判治疗外部性:科斯定理

我们刚刚看到,由外部性引起的对公共利益的破坏如何能通过政府干预被阻止——例如,通过对破坏性外部性征税。但是,有时市场机制能够解决这个问题,甚至通过产生外部性的个人与受其影响的个人之间的谈判,获得一个最优的结果。这种可能性是由1991年诺贝尔奖获得者罗纳德·科斯(Ronald Coase)首先认识到的。

一个简单的例子将揭示出这些情形的逻辑。想象一个非常有盈利性的工厂,它产生大量的噪声,使附近房屋的所有者不得入睡。假定工厂所有者有可能以10 000美元的成本对其不可缺少的机器消音,而房屋所有者能够以15 000美元的成本建起消除噪声的墙来保护自己。显然,有效率的结果是,房屋所有者给工厂所有者支付10 000美元,或许还可多一点点,以促使工厂所有者安装消音设备,因为这将使噪声的受害者的花费少于15 000美元隔音墙的成本。这一解决方案显然是社会最优的选择,因为它以最低的可能成本保护了受害者。

但是,假定不是让房屋所有者自己解决问题,取而代之的是,地方市政当局通过一项法律,说工厂所有者对于噪声给房屋所有者带来的危害负有责任,那么,工厂所有者同样会选择在工厂安装10 000美元的消音器,而不是在房屋内安装隔音墙,因为这是遵守法律最便宜的方式。

这个例子说明了科斯定理(Coase theorem)的第二个更令人惊奇的特征。因为它表明,不论双方中哪一方占优势,谈判的结果都将是相同的:噪声会被以最低成本的方式消除。即使工厂所有者没有被强迫解决问题,房屋所有者也会贿赂工厂所有者,通过低成本补救措施减少噪声。相反,如果法律要求工厂所有者采取补救行动,工厂也将做完全相同的事情。因此,在这种情况下,就不存在政府干预的必要。

但是,这种天才的观点仍有其局限性,许多情况可能导致事情的结果不会那么美好。首先,故事假定了双方是冷静理性的——他们只是想以最低成本解决问题。但是,假定不管可选方案的成本是多少,房屋所有者仇恨工厂所有者,并发誓不给后者哪怕一美元,那么,他要么忍受不停的噪声,要么花费15 000美元在他的房子里建造隔音墙。

这还不是科斯提出的解决方案的唯一问题。假定为了让所有者进入谈判需要支付昂贵的诉讼费用;或假定附近存在几百所房子,所有居民都受到噪声影响而不得入睡,那么,要使科斯解决方案有效,就要求涉及几百个房屋所有者和工厂所有者的成功谈判。任何人都知道,涉及这么大一群人的谈判将是非常耗时、成本高昂的,且往往得到的是非理性的结果。为了将这一反对意见进一步推展,想象试图运用科斯解决方案解决成百上千辆汽车每天穿过某主要城市所引起的环境污染问题。可以确信,其结果只会是混乱。而被指责引起全球变暖的外部性,甚至更为复杂,且涉及数十亿的参与者。因此,显然存在对公共利益不可或缺的政府干预的时间和空间。

15.4 公共物品的提供

> **公共物品**是这样一种物品或服务,它的利益不会由于使用者的增加而被削减,而且,即便人们不愿意为这种利益付费,通常也很难甚至不可能被排除在外。

市场失灵发生的第二个领域,就在于被经济学家称为**公共物品**(public goods)的提供上。公共物品是一种有社会价值的商品,由于我们即将解释的某些原因,它无法由私人企业融资提供,或至少是不能以社会所愿望的价格提供。因此,如果必要提供公共物品,那么,政府就必须为其付费。公共物品的标准实例包括从国防到海岸灯塔的众多物品。

解释公共物品性质的最简单方法,是与处于谱系另一端的**私人物品**(private goods)进行对比。私人物品有两项重要的基本特性。一可称之为**消耗性**(depletability)。如果你吃掉了一个苹果或用掉了一加仑汽油,那么,世界上就只会存在更少的可供他人使用的水果和燃料。你的消费暂时或永久地消耗了其他人可利用的供给。

> **私人物品**是同时具有消耗性和排他性特征的商品。

但是,纯公共物品就像传奇故事中寡妇的油罐一样,无论有多少油被倒出来,它总是满的。例如,一旦街道上的积雪被清除干净,无论有10辆还是1 000辆汽车从此通过,改善后的行驶环境对每个使用那条街道的司机都是可利用的,一辆开过去的车,不会减少下一位司机的无积雪道路。同样的道理,也适用于小镇旁用来杀死带菌蚊子的喷射点。无论小镇上有1万还是2万人口,喷射的成本都是相同的。镇上某位从这项服务中受益的居民,并不会减少其他居民从中得到的好处。

> 若某人消费某种商品时将其用尽了,那么,这种商品便具有**消耗性**。

私人物品拥有而公共物品不具备的另一个特性,就是**排他性**(excludability),即任何不为该商品支付的人都能被排除在享受其利益之外。若你不购买门票,你就被排除在观看篮球比赛之外。若你不为电吉他付费,店主也就不会把它给你。

> 若某人不为某商品付钱便不能使用它,那么,这种商品便具有**排他性**。

但是,某些物品或服务,一旦提供给任何一个人后,就会自动地变得可为许多其他人使用,即使不是不可能,也很难将其排除在利益之外。当街道上的积雪清除干净后,任何使用街道的人都会受益,而与谁为雪犁付费无关。若某国提供强大的军队,那么,每个公民,即便他们不需要,也都会得到它的保护。

公共物品被定义为缺乏消耗性的商品。它往往还缺乏排他性。请注意下面这两个重要的含义。

首先,由于没有付费的使用者通常不能被排除在享受公共物品的范围之外,故这类商品的供给者将发现,对它们提供的收益收费是很困难或不可能的。这就是所谓的搭便车问题。比如,有多少人每年会自愿出资6 000美元来支持我们的国防建设呢?而这大约就是一个美国家庭每年所需承担的成本。像国防和公共医疗这类服务,既不具有消耗性,也不可能存在排他性,因而不能由私人企业提供,因为人们不会为能够免费获得的东西付费。由于私人厂商不是处在免费提供服务的行当中,因而,公共物品的供给只能留给政府和非营利机构。

我们要注意的第二点就是,由于公共物品的供给不会被一个额外的使用者耗竭,因此,服务一个额外使用者的边际(机会)成本为零。由于边际成本等于零,因此,最优资源配置的基本原则(价格等于边际成本)就要求公共物品与服务对任何需要它们的人都是免费的。换言之,不仅通常不可能对公共物品收取市场价格,而且通常也是不合意的。任何非零价格都会阻止某些使用者享受公共物品,但这样将是无效率的,因为多一个人享受公共物品,不会给社会带来任何成本。总之:

> 通常不可能对纯公共物品收取价格,因为人们不能被排斥在享受其利益之外。对其收取价格也是不合意的,因为这样做会限制一些人受益,即使使用公共物品并不会耗竭其供给。基于这两种理由,政府提供着许多公共物品。没有政府干预,就不会有公共物品的提供。

回头参看我们在图15-1中所举的例子,如果背包是公共物品,而其生产却由私人企业承担,经济最终将处于 A 点,背包的生产趋于零而牛仔裤的产出则远远大于有效配置水平(B 点),社会通常是不会让这种事发生的。今天,为被视为能带来巨大外部利益的公共物品与服务融资,已构成政府支出的很大比例——事实上,是内政预算的最大部分。国防、公共医疗、警察和消防,以及研究,都是政府提供的服务中的几种,因为它们能提供有益外部性,或者是公共物品。

15.5 现在和未来之间的资源配置

市场失灵发生的第三个领域,就是在今天与明天之间的利益划分。当厂商投资于新的工厂和机器设备时,更多的资源被用于扩张其未来生产消费品的能力。但是,如果我们把投入用来建造明天会增加生产的新的工厂和机器设备,那么,这些资源就不能被现在消费。为了新工厂的建造而用于炼钢的燃料,就不能用于家庭取暖或驱动汽车。因此,投入在现时消费和投资间的配置——它们在现在和未来的配置——影响经济增长的速度。对教育的投资有类似的作用,因为今天受到教育的人们,明天可能是更有效率的生产者,而且,如果教育能使他们贡献发明,那就会更多地增加明天的生产。这就是为什么经济学家们把教育称为"对人力资本投资"的原因,因而,受到更多教育的人们,就如同工厂中通过现代化增加了效率的机器一样。

理论上讲,市场机制在现在和未来之间配置资源,应该与它在任何同一时间在不同产出之间配置资源一样具有效率。如果未来对某一特定商品的需求,比如个人电脑,被预期比现在要高,那么,制造商现在就计划建造必要的工厂和机器设备,为将来电脑市场的扩张做好准备,是有好处的。这样一来,就会有更多的资源配置到未来的消费中。

我们可以借助于生产可能性边界图,比如图 15-1,分析现在和未来之间的资源配置。现在的问题是,多少劳和资本应该投入到消费商品生产上,又有多少需要投入到用于生产将来产出的耐用设备的建造上。于是,图中两轴上显示的不再是牛仔裤和背包,而是消费品和设备的数目,但在其他方面,则与图 15-1 完全相同。

正如利润动机处理给定时期内不同产业间的资源配置问题一样,它也引导着资源在不同时期之间的流动。利润的诱惑,指导着资源流向那些高价格从而保证使产出最有利可图的产品和时期。但是,在不同时期配置资源的过程,与在产业间配置资源的过程,至少有一个不同的特点——那就是利率在不同时期的资源配置中发挥着特殊的作用。

15.5.1 利率的作用

如果给定货币量的收款被推迟到将来某个时间,那么,收款人就要承担一个机会成本——即如果早些收到这笔资金并用来投资后本该赚取的利息。例如,若现行利率为 9%,而你能说服欠你 100 美元的某人,比原计划提早一年偿还,那么,你就能多得 9 美元(因为你能拿这 100 美元并以 9% 的利率投资)。换言之,若现在的利率为 9%,而 100 美元的支付被延迟一年偿还,你将损失赚取 9 美元的机会。因此,利率决定了对于在未来某个日期而不是现在收到钱的收款人的机会成本——利率越低,机会成本也就越低。因此,正如我们将在第 19 章中详细讨论的那样:

> 低利率将劝诱人们现在更多地投资于工厂和设备,因为这些投资会在未来获得大比例货币回报,从而降低机会成本。因此,如果利率很低,更多的资源就会通过现在投资于耐用生产设备而被用于将来。同理,高利率将使耐用品投资更不具有吸引力,因为它带来的收益大多只能在将来实现,与更早收款赚取利息相比,这就太迟了。因此,高利率往往是以牺牲未来的产出为代价,使公众将资源更多地用于现在的产出上。

表面上看,价格体系似乎能以消费者偏好的方式,在不同时期配置资源,因为,对贷款的供给和需求决定利率——贷款的价格,并反映了公众对现在和未来的偏好。例如,假定公众突然对将来的消费变得更感兴趣(比如,人们想为退休后的生活多存些钱),人们会更多地储蓄,因而,可用于借贷的资金供给相对于需求增加,而利率,即货币贷款的价格,会趋于下降。这会刺激投资,并以牺牲现在的消费为代价,增加商品未来的产出。

但在现实中,市场机制对在不同时期之间配置资源究竟多有效率?对此,经济学家已经提出了好几个问题。

15.5.2 利率如何在现实中起作用？

使经济学家感到不安的一个事情就是，利率（即控制不同时间资源配置的价格）也用于许多其他目的。例如，利率有时会被用来处理商业波动。比如，政府会采取措施降低利率，以便引导人们借款和增加其支出，从而刺激商业。因为这个或其他类似理由，政府经常操纵利率。例如，在 21 世纪早期经济掉头向下期间，联邦储备局——在美国监管银行活动的组织——曾反复降低利率，以便使消费者和厂商借款并购买消费品或投资于新工厂和设备变得更便宜。在这样做时，政策制定者似乎很少考虑到利率对在现在和未来之间配置资源的影响，因此，我们有必要担心，从那个观点来看，最终的利率是否是最合适的。

其次，有些经济学家认为，即便政府不操控利率，市场也有可能对即期消费投入经济中太大比例的资源。一个英国经济学家 A. C. 庇古（A. C. Pigou）论证道，人们受"一个有缺陷的望远仪器"所累——他们的目光太短浅，不能给未来的适当重视。"一鸟在手胜过双鸟在林"的观念，导致人们在今天的消费上花费过多，而对未来投资得过少。

再次，当我们的经济在掠夺不可替代的自然资源、使整个动植物物种灭绝、峡谷淹没、"开发"具有吸引力的地区却使之成为赤贫之地，诸如此类之时，我们的经济欺骗了未来。其中最糟的是，工业部门、武装部队，以及私人在遗留致命的慢性毒物时，就是给未来安装了一颗定时炸弹。比如，核废料的危险可以保持几百年甚至几千年，但其处置容器很可能在核废料丧失致命性之前就早分解了。这些行为从根本上讲是不可逆的。若今年有座工厂没有建造，使得为将来提供的装备不足，可以通过在下一年建筑这座工厂来补救；但是，一个自然的峡谷一旦被毁坏，就永远也无法恢复了。据此：

> 许多经济学家相信，不可逆的决策具有特殊的重要意义，从而绝不能完全交由私人厂商和个人决策，即绝不能完全交由市场。

然而，有些作者曾经质疑自由市场对未来投资不足这个一般结论。他们指出，我们的经济几十年来一直是非常稳定地在不断繁荣，而且我们有理由预期，未来各代人与我们现在相比，会有更高的实际平均收入和更丰富的消费品，正像我们在经济上比我们的祖父辈大有改善一样。增加未来投资的压力，就像是要求穷人捐助富人一样——是一种罗宾汉式的收入再分配的倒退。

15.6 市场失灵的其他来源

至此，我们已经回顾了市场机制的某些最重要的缺陷。但是，我们的列表还没有完成，而且永远也不会完成。在这个不完美的世界，没有什么能表现得完美。确实，用一个足够强大的显微镜研究任何事物，你总能发现许多瑕疵。然而，某些显著的项目从我们的列表中被省略了。我们将通过对其中三项的简略描述和对当前特别引起关注的第四项在某种程度上进行更细致的讨论，作为结束。

15.6.1 不完全信息:"买者当心"

在我们分析市场机制优点的第14章,我们假定消费者和生产者拥有他们做出好的决策所需要的全部信息。在现实中,情况很少如此。在购买房子或二手汽车时,或在选择一名医生时,消费者清楚地知道,他们自己对要购买的物品知道得太少,"买者当心"的老说法应验了。显然,若市场参与者的信息不充分,他们就不可能总是做出我们在理论模型中所描述的最优决策。(有关这个问题的更多讨论,参见下面的专栏"信息不对称、'次品'及代理"。)

然而,并非所有经济学家都同意不完全信息真的是市场机制的一种失灵。他们指出,信息本身也是一种花费货币来生产的商品。厂商和消费者都没有完全信息,因为对他们来说,花费大量支出去获取所需要的信息是非理性的。像通常情况一样,妥协总是必要的。理想情况下,在获取进一步的信息的边际效用不大于其边际成本的那一点,你就应当停止继续购买信息。利用这些数量的信息,企业经理或消费者就可以做出我们所称的"最优不完善"(optimally imperfect)决策。

专栏
信息不对称、"次品"及代理

你是否曾好奇,为何一辆仅使用过六个月的汽车,要比一辆崭新的汽车便宜得多?经济学家给出了一种与不完全信息有关的解释。问题在于,有一小部分新汽车是有机械问题的"柠檬"①。而新车的销售商对于某辆汽车是否是次品,知道的不比买者多,于是,双方得到的信息被称为对称的,而且从新车销售商处购买到次品的可能性很低。

然而,在旧车市场中,信息是不对称的。售车人清楚地知道这辆车是否为次品,而买者却无从知晓。此外,卖者急于脱手一辆相对较新的汽车,其唯一最可能的理由就是此车为次品。潜在购买者也会意识到这一点。因此,若某人由于突然的现金需要而被迫出售一辆好的新车,他将不得不低价出售,因为他不能证明他的车是否真的性能良好。此例意在表明,信息不对称同样倾向于伤害诚实的卖者。

此外,信息不对称还可能导致委托—代理问题,该分析是当前经济研究主要关注的,因而在正义中有讨论。据说在被广泛关注的安然公司(Enron)的崩溃中,委托—代理和信息不对称问题起到了重要作用。当这个巨大的能源贸易公司倒闭时,股票持有者——"委托人"(包括将退休金投资到该公司的雇员们)失去了他们的储蓄。股票持有者被称为委托人,因为根据法律,他们是厂商的所有者。但安然的经理们,股票持有者的雇员(他们雇用的代理人),早已通过大量奖金支付,抛弃了这条将沉之船,他们在股票价格仍然很高时,就已抛售了他们手中的公司股票。在这里,信息不对称是决定性的。委托人不完全知道他们的代理人是否会诚实有效地为自己的利益服务,或是他们

---

① 美国人把有质量问题的汽车称为柠檬,即次品之意。——译者注

会忽略甚至违背委托人的利益而谋取他们自己的私利。滥用委托人财产、监守自盗，以及政治腐败，都是代理人渎职的极端例子，而不幸的是，它们似乎经常发生。

用于解决信息不对称问题但往往失败的方法之一，就是基于以下逻辑。如果公司管理者的薪酬能够非常紧密地与公司利润相联系，或基于公司股票的市场价值来确定，那么，通过促进股票持有者的福利，经理人员会使他们自己的境况改善。即使股票持有者只知道管理者在做些什么的不完善信息，他们也能对管理者会试图很好地服务于他们的利益有更大的信心。我们即将讨论这一方法为什么出错了。

15.6.2　寻租

一大群律师、专家证人，以及企业经理，挤满了我们的法庭，并引起了巨大的通过诉讼累积起来的成本。商业厂商似乎会因为很轻微的冲突而相互指控，浪费大量的资源，且延误商业决策。为什么呢？因为这类看似不具生产性的活动也能赚钱——通过法律战争夺盈利机会。

例如，假定某市政当局将电力生产合同委派给厂商 A，提供 2 000 万美元的利润，那么，厂商 B 若希望法庭将合同判给自己（因此可获得 2 000 万美元的利润），花费 500 万美元对市政当局和厂商 A 进行指控便是划算的。

> **寻租**是指为获得经济利润，即超过竞争所得的利润而进行的非生产性活动。

总而言之，像垄断这样不寻常的利润来源，都会诱使厂商去浪费经济资源，以获得那种利润来源的掌控权，这个过程被称为**寻租**（rent seeking）（即厂商企图不通过对生产做出贡献而获得收入），它被某些观察者认为是我们经济中最主要的无效率的来源。（更多有关寻租的讨论，请参见第 19 章。）

15.6.3　道德风险

市场机制的另一个被广泛讨论的问题，与保险有关。经济学家把保险——为避免风险提供保护——看作是与鞋子或信息一样的商品。但保险又恰好鼓励了它所要避免的风险。例如，若某人拥有一部珍贵邮集，并为它购买了完全的防盗保险，那她就可能不再具有保护邮集不被窃贼盗走的动机。因为如果邮集被盗，她会从保险公司获得赔偿。例如，她可能没有将它锁进保险柜中。这类问题——保险鼓励风险源出现的倾向——被称为**道德风险**（moral hazard），它使保险业在自由市场很难运行。

> **道德风险**是指保险具有抑制投保人自己规避风险的倾向。

15.6.4　委托、代理与现在的股票期权丑闻

关于未受约束的市场的另一个备受关注的重要领域，就是刚刚提到过的所谓"委托—代理问题"。经济包含许多大型而复杂的活动，以至于那些最直接相关者不可能组织和运行它们。最引人注目的例子是我们的代议制民主，在理论上，它是由"我们人民"掌管的。但是，很显然，把国家所有的公民都集合起来，讨论和决定诸如贸易政策

> **代理人**是被雇用来以**委托人**的名义管理复杂企业的人们,其中委托人就是假定企业服务于其利益的那些人。

或环境保护法则这样复杂的立法提案的细节,将是非常不实际的。因此,取而代之的是,美国宪法要求我们通过选举过程雇用政治家,以我们的名义掌管国家。用经济学术语,我们可以说,在管理国家活动过程中,公民是委托人,而总统和国会议员是代理人,他们是由我们委托人雇用来以我们的名义管理国家的。

　　这里我们将关注的第二个例子,是公司的运营。像英特尔(计算机微处理器的最大生产厂商)这样的巨型公司,拥有成千上万的股票持有者——所有者。而且,像一个国家的公民一样,他们的数量太多,无法日复一日地掌管厂商,做出成千上万个必要的决策。因此,这些委托人也雇用代理人——公司管理者——来做这些工作。指派给代理人的任务,就是以最好地促进股票持有者利益的方式经营公司。

　　像所有委托—代理安排一样,围绕这一安排的主要问题,就是代理人不能总是被信任。他们所有的人都太经常地把他们自己的利益置于其委托人的利益之上,并明显地渎职。确实,最近十几年来,存在着大量的公司丑闻,管理者不加选择地出卖股票持有者和雇员,而他们自己则获得好几亿美元,作为他们假想的功绩的回报。

　　经济分析建议了一种该问题的解决途径:支付给代理人的数量应该取决于其行动在对委托人有利方面成功的程度。如果他们为委托人获取很多,就给代理人支付一大笔;如若不然,就给他们支付很少。如果这样的激励框架建立起来,代理人只有通过为股票持有者做好,才能为他们自己做好。

　　这一解决方案的唯一麻烦是,在纸上描述要比在实际中执行容易得多。首先,要衡量代理人实际上完成了什么就不容易。如果公司的销售增加了,那么,这是因为管理者做了某事,还是主要取决于偶然?第二个问题是,寡廉鲜耻的经理人员,通常能够通过操纵法律,或通过指定朋友和支持者,而不是单数投票指定那些能确保忠诚和有管理能力的人,进入公司董事会等方式,找到规避规则的方法。

　　一个看起来聪明的方法被想出来,即用雇员股票期权来回报管理者所取得的成就。但是,厂商内部的腐败和不够理性的税法,以及其他障碍因素,逐渐损害了股票期权的有效性,阻碍了股票期权完成它所被期望的工作。让我们来看看什么是股票期权,以及为什么它通常没有效果。

> **股票期权**是一项合同,它允许其所有者在未来某一日期购买特定数量的公司股票,但是以合同规定的价格,而不是购买日的股票市场价格。

　　事实上,**股票期权**(stock option)是一项合同,它允许拥有期权的人,在特定限制条件下,在未来某个可以由期权所有者选择的日期,购买特定数量的公司股票。但是,当期权所有者支付股票价格时,他所支付的不是他购买股票那天的价格,而是他获得期权那天的价格。例如,假定2月12日获得期权那天的股票价格为40美元,3月23日,所有者考虑使用期权购买股票,如果价格降至30美元,那么,期权所有者会决定不购买任何数量的股票,因为如果他买了,期权合同将要求他花费40美元购买价值仅为30美元的股票,显然处于亏损地位。但是,假定股票价格走向另一方向,且在计划的购买日期股票价格上升至60美元。因为这意味着期权所有者仅以40美元就能购买到价值60美元的股票,它将立即给他带来20美元的利润——一桩非常好的买卖。

当公司股票的价格下降时,股票期权不会被使用。因此,如果有任何损失的话,期权所有者只是损失了他为期权所支付的。但是,如果股票的价格上升,所有者能够通过"行使期权"获取利润;也就是说,通过使用期权购买股票,把期权确定的价格与购买股票时股票的价值之差,装进自己的口袋。

如果在适当的规则下授予公司管理者股票期权,那么,它们可以成为处理公司中委托—代理问题的强有力的方式。因为,如果拥有股票期权的经理人员努力工作,使得公司成功,那么,他们的行动就能提高公司股票的市场价格,从而既让股票持有者获利,也让他们自己获利。换句话说,赠送或销售给管理者的股票期权,能使股票持有者和管理者的利益达到一致:他们双方都需要股票价格上升。很少有其他工具能保证这种股票持有者和管理者利益的协调一致。

然而,现在授予股票期权的条件与这个理想情况相去甚远。例如,它们会导致管理者关注短期股票价格的收益,而不是厂商的长期绩效。甚至当厂商绩效比整个产业以及整个股票市场要差时,它们仍然会酬报管理者。而且卑躬屈膝的董事会,通常以大规模的股票期权形式,提供令人惊愕和也许非常不值得的管理者补偿。

寡廉鲜耻的经理人员,已经学会了操控股票期权和逐渐损害它对于股票持有者利益的方法。例如,存在这样的案例,管理者发出误导性的信息,虚假地指称公司将要赚取大量利润。这就暂时提升了公司的股票价格,给股票期权所有者以机会使用股票期权,在期权规定的低价格下快速买进股票,并在其市场价格仍然高时快速卖出股票,从而为他们自己牟取暴利。直接应对这些问题,最好是通过要求股票期权对管理者的发行,满足类似如下的条款:

(1)那些股票期权的行使,在某个较长的期间,比如说在它们初次发行的5年内,应当不被允许;

(2)说股票期权是以绩效为基础的,意指它们是有条件的,应根据厂商的绩效超过可比较的厂商的绩效,或超过厂商自己过去的记录,来决定授予管理者与厂商绩效卓越程度成比例的股票期权数量;

(3)授予管理者任何数量的这种期权,都应该受制于厂商的股票持有者投票批准;

(4)高层管理者出售这类股份,应即时公开信息。

在这些条件下授予的股票期权,可以很好地引导管理者面对激励发生戏剧性改变——且朝着所愿望的方向。如果期权在其鼓励更高收益的目的方面取得成功,那么,赠予管理者期权可能不会给股票持有者带来任何成本。相反,每股收益有可能还会高于它们原本可能的收益,从而经理人员和股票持有者双方都会获利。

但不幸的是,现存的规则并不包含这类保护股票持有者(委托人)利益的条款。甚至还存在妨碍这些条款中某些条款的规则。例如,在现行税收规则下,如果公司运用股票期权作为对管理者的部分补偿,那么,公司会获得某些税收利益。但是,法律所提供的那些税收利益,只有在授予期权不是以管理者对公司绩效做得有多好为基础才存在的。只要当期权被直接给出,在管理者工作绩效好和坏之间回报无差别的情况下,现行法则才对公司提供一个税收利益。

15.7 市场失灵和政府失灵

我们已经指出了"看不见的手"的一些最值得注意的失灵。我们似乎不得不得出结论：如果把一切都交给市场经济，它产生的结果，至少在某些方面，很可能与理想情况相去甚远。我们已经在讨论中直接或间接地指出，政府能为修正这些缺陷做一些事情。但是，政府常常能够建设性地干涉经济运行这一事实，并不意味着它实际上将会成功。我们不能指望政府能有理想的表现，就像我们不能期待企业能做到一样。

很难合适地将这一点用适当的不偏不倚的话来解释。不同评论者声明的观点往往是过于频繁地从一个极端跳到另一个极端。有些人认为，由于那些经营企业的人们的贪婪，市场机制本来就是不公平和有所偏颇的，并寄望于政府来治疗所有的经济弊端。其他人则谴责政府的干预，并且认为，公共部门是滋生各种低效率、贪污受贿以及官僚愚昧的温床。像通常情况一样，真相介于两者之间。

像人类一样，政府本来就是不完善的。政治过程有时会导致不像是理性决策的妥协。例如，通过经济分析提出的议员版本的政策，有时简直就是对经济学家观点的一种讽刺。

然而，通常由不受拘束的经济造成的问题太严重，以致不能留给自由市场解决。通货膨胀、环境破坏、公共物品提供等，就是这样的例子。在这类情况下，政府干预很可能为公众带来显著的利益。然而，即使当某些政府活动显然是有其正当理由的时候，要想计算政府干预的最优程度，也是很困难或不可能的。因而存在干预过度的危险，以至于如果没有干预，社会福利或许能得到改善。

在其他领域中，市场机制很可能会运行得非常好，其小小的不完善，并不足以构成政府干预的理由。在任何情况下，即便政府的行为是合适的，我们也必须考虑类似市场的工具，将其作为校正市场机制缺陷的一种可能方法。我们在前面讨论外部性时所描述的税收激励，就是我们心中一个很好的例子。

15.8 某些生活服务部门的成本病：引入政府失灵

作为我们最后的例子，我们接下来所考虑的问题不是严格意义上的市场机制失灵。更确切地说，是这样一种情况，市场行为产生某种错觉，并往往导致不当地威胁一般福利的政府行动。这个问题与价格的急剧上升有关，最为典型的是大学学费。作为本书的一名读者，你很清楚进入一所大学，可能每年要花费 40 000 美元。当本书两位作者中较年长者进入研究生院时，每年的学费大约是 100 美元多一点。那是一个急剧的成本上升，而且受到影响的不仅仅是大学学费。在这一节，我们将考察这些价格上升的原因，以及经济中受影响的其他部分的令人不安的发展情况。

15.8.1 逐渐恶化的个人服务

这些年来,一般生活标准提高了,而且我们的物质财富也得到了成倍的增加。但与此同时,我们的社会却经历了许多种公共和私人服务质量的下降。例如,不仅在美国,而且在全世界,街道和地铁都变得越来越肮脏。汽车、火车及邮政服务都减少了。更令人惊奇的是,19世纪,在伦敦郊区,每个工作日都有12个邮递员,包括星期六,星期日也有1名! 今天,英国的邮政服务再也难以成为令人羡慕的对象了。

类似的削减也出现在个人服务的质量方面。牛奶曾经被每天送到个人家庭,原来在银行对一个人说话,也不需要相继按5个按钮,而且,医生几乎再也不到病人家就诊了。在许多地区,50年前十分普遍的医生电话问诊,现在也极少发生了。另外一个例子就是餐厅提供的食品质量,尽管它受到一般关注的程度要小一些,但即便是那些环境最优雅、价格最昂贵的餐厅,有时提供的也是冷冻和再加热的食品——收取高价格,而分量却不比电视晚餐多。

图片来源:By Rose for Byrd Newspapers, Harrisburg, VA

15.8.2 个人服务变得越来越昂贵

可能最令人烦恼,而且与我们方才描述的问题密切相关的,是我们称之为个人服务——供给者和消费者之间需要面对面、个别接触的服务,例如医疗保健和教育——的成本的持续和急剧上升。作为一名大学生,你知道大学学费一直以多么快的速度上涨。但你可能没有认识到,住院费上涨的速度甚至更快。更糟糕的是,医疗保健成本使得我们很大比重的人口无法享受到适当的医疗服务——包括穷人甚至一些中产阶级的成员。这些成本的增加,使医疗保健成为不仅是美国,而且差不多每一个其他工业化国家政治竞争中争论的一个基本主题。

考虑这些事实:在 1948 年到 2004 年,消费价格指数(CPI,经济中价格总水平上升的一个官方度量方法)以每年大约 3.7% 的平均速度上涨,而医师服务的价格则每年大约上涨 5.2%。这一差别看似微小,但按 56 年的复合比率,以购买力不变的美元计算,它已经使就医费用上升了超过 130%。在同一时期,医院护理的价格也骤然飙升:住院病人的医院服务的平均价格以每年大约 8% 的复合比率增长。消除通胀的影响,以不变美元计算,这相当于价格从 1948 年起上升了 1 000% 有余。①

如图 15-4 所示,几乎每个主要的工业化国家,都曾试图阻止医疗保健成本上升的速度超过自身经济的一般通胀率,但没有任何国家成功。在此图中,各国的条形图显示了该国在 1970—2004 年间,人均医疗保健实际(通胀调整后)支出的年平均增长率。在某些国家,实际医疗保健成本甚至比美国的增长速度还快。

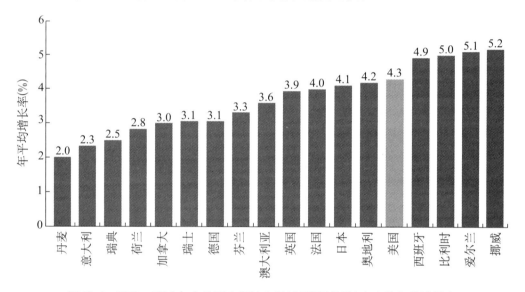

图 15-4 1970—2004 年人均医疗保健实际(通胀调整后)支出的年均增长率

注:荷兰的数据为 1972—2004 年;澳大利亚,1971—2004 年;日本和比利时,1970—2003 年;意大利,1988—2004 年。

教育成本也有类似的记录——在美国,每个学生的成本在过去的 50 年里,几乎以 7% 的年平均速度增长。而如图 15-5 所示,在 1985 年到 2002 年之间的 17 年中,美国教育成本的增长在 7 个最发达的工业化国家集团中是最高的。

这些是值得关注的统计数据,特别是因为在第二次世界大战以后,医生收入的增长勉强与经济的总体通胀率持平,而教师的薪水增长事实上还低于总体通胀率。持续的成本上升还殃及如邮递和图书馆等服务。教育、医疗保健以及警察和消防等逐渐飙升的成本,给市政预算带来了可怕的财政负担。

---

① 这些数字来自美国劳工部劳工统计局提供的数据,可从 http://www.bls.gov 获得;以及美国教育部,*Digest of Education Statistics*,可从 http://nces.ed.gov 获得。

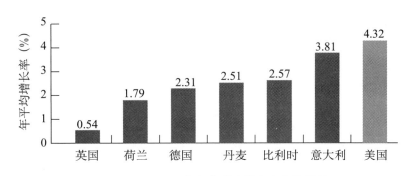

图 15-5　1985—2002 年每个学生教育支出的增长

资料来源：U. S. Department of Education, National Center for Education Statistics, *Digest of Education Statistics*, various years, http://www.nces.ed.gov.

15.8.3　为何这些"个人"服务花费如此之多？

个人服务的成本病是指这些服务的成本与价格有持续以快于经济中平均产出增长的速度上升的趋势。

是什么造成成本的不断增加呢？应该归咎于政府管理无效还是政治腐败？可能在某种程度上两者兼有。然而，还存在着另一种更重大的理由——一种不论市政管理的行为多么纯粹及其官僚多么有效都无法避免的理由，一种同样严重影响经济中公共部门和私人部门提供的个人服务的理由。所有这些成本上升而服务质量恶化问题背后的共同影响因素，是被称为**个人服务的成本病**（cost disease of the personal services）的因素，它不仅具有经济的特性，而且预期随着时间的流逝还会日趋严重。

这种"成本病"是从个人服务的基本特性中产生的：它们通常要求这些服务的提供者和消费者之间有面对面的接触。医生、护士、教师，以及图书管理员，都从事着需要直接面对面跟人接触的活动。而且，如果医生、教师，以及图书管理员对其服务的每一个使用者提供了较少的个人时间，那么，服务质量就会恶化。

15.8.4　经济中劳动生产率的不平衡增长

在经济的其他部分中，比如制造业，不需要消费者与生产者间的直接接触。例如，某汽车的购买者，往往无从得知是谁工作在其装配线上，也很少关注有多少工时投入到其生产过程中，因而汽车生产中节约劳动的创新并不意味着产品质量的下降。其结果是，多年的经验证明，节约劳动的技术变化在制造业中比在服务业中要容易得多。美国制造业和农业中，劳动生产率（每个工人的产出）自第二次世界大战以来，每年以约2%的平均速度增加，而大学教育的生产率（由每个教师教授的学生人数粗略衡量），在这段时间内每年仅以1%的速度增加，在小学和中学教育中，劳动生产率实际上下降了——每个教师教授学生的平均人数，从1955年的大约27人下降到1999年的17人，部分原因是班级缩小了。[①]

---

① 美国教育部，*Digest of Education Statistics*，可从http://nces.ed.gov获得。

生产率绩效上的差异给价格带来了严重的后果。当制造业的工资上升2%时,生产出的产品的成本不一定会增加,因为每个工人产出的增加能够补偿工资的上升。但是,许多个人服务的本质特点,使得很难在那些部分的服务部门引入节约劳动的方法。教师或警察的工资增加2%,通常不能通过更高的劳动生产率来弥补,从而必然会导致内政预算的等量增加。同理,美发师的工资增加2%,亦必然会导致美容沙龙提高其价格。

在长期中,整个经济中所有工人的工资趋向于同时上升或下降,因为如若不然,那些工资率严重落后的工作将倾向于失去其劳动力队伍。因此,在长期中,汽车工人和警察人员会看到其工资以大致相同的速度上升。但是,如果生产线上每个工人的产出——劳动生产率——进步了,而巡逻警车的生产率没有提高,那么,随着时间的推移,与制造业相比,警备活动必然会变得越来越昂贵。因为对大多数个人服务而言,实现劳动生产率的改进都是十分困难的,所以,可以预期,年复一年,它们的成本上升会比制造业产品的成本上升迅速得多。经过几十年后,这两个部门成本增长的差异将越积越大,使得服务与制造业产品相比,要远远更为昂贵。这种不平衡解释了个人服务与商品相比,稳定地变得更加昂贵的原因,而且看来还会持续下去。

15.8.5 更多物品但更少服务的未来:是不可避免的吗?

如果某些服务相对于物品持续变得更加昂贵,那么,这对未来的生活确实将具有深远的意义。成本病预示着这样一个世界,在这个世界里,典型家庭容纳丰富的物品——我们几乎无法想象的奢侈品和家具,但它同时也被垃圾,甚至是暴力所围绕。成本病也预示着这样一个未来,医生、教师及警察人员等服务将日益是大量生产的而且是非个人的,而艺术和工艺品将逐渐只能由业余人士提供,因为这些领域的专业工作成本太高。

但这样的未来并不是不可避免的。要明白为什么,我们必须首先认识到,问题的根源并不在于我们经济的生产率增长,即在一小时内每个工人创造的产出量的增长,更确切地说,在于那个增长的不平衡性。垃圾清除的成本上升,不是因为清洁工人变得更没有效率,而是因为汽车制造的劳动变得更有效率,从而增进了清洁工人在汽车装配线上的潜在价值。清洁工人的工资必须上升,以保证他继续从事垃圾清除工作。

但是,物品制造业生产率的提高不会使国家变穷。它不会使我们不能负担我们在过去就能负担的东西。确实,不断增加的生产率(即每工时更多的产出),意味着我们能够负担更多的所有东西——电视、电动牙刷、移动电话,以及医疗保健、教育及其他服务。

服务在国家未来的作用,取决于我们如何排定我们的优先次序。如果我们给服务足够高的价值评价,那么,我们就能拥有更多更好的服务——以牺牲制造品的某些增长率为代价。这对社会而言是否为一个好的选择,不能由经济学家来判定。但是,社会确实有一个选择,如果我们没有执行这个选择,事情就会毫不留情地朝着这样一个世界发展：物质商品极其丰富，而被大多数人现在认为是高质量生活的基本必需品的许多东西，将变得稀缺。

15.8.6 政府可能使问题变得更糟糕

成本病如何联系着本章的中心话题——市场绩效及其对政府的经济作用的意义？这里的问题是，市场确实给出了适当的价格信号，但是，政府中的政治家看来却误解了这些信号，进而被误导做出了不能最有效地促进公众福利的决策。

医疗保健就是个很好的例子。成本病本身能够引起医疗保健成本（比如住院的成本）比经济的通胀率更迅速地增长，是因为医疗保健不能充分地标准化，以分享由自动化和装配线所提供的生产率增加。其结果是，如果我们想保持公共医院的护理标准，只保持医疗保健预算按经济现行的通胀率增长是不够的。为了阻止质量的下降，那些预算实际上必须一直快速地增长。例如，当每年通胀率为4%时，医院的预算可能需要按每年6%增加。

在这种情况下，一个规定医院的预算每年按5%增加的州立法，看来似乎是个错误。有责任感的法律制定者，毫无疑问会被这样的事实所困扰，即预算在稳定增长，且超过了通胀率，而公共医院的质量标准却在持续下滑。如果法律制定者不能认识到正是成本病引起了这个问题，他们就会寻找罪魁祸首——贪婪的医生、腐败或无效率的医院管理者，等等。最终的结果往往是，一系列无用的规则出台，不合理地阻碍医院和医生的自由行动，或是紧缩医院预算，使之低于由市场机制的需求和成本所要求的而非政府决定的水平。

在许多情况下，价格控制被建议用于经济中受成本病影响的部门——医疗服务、保险服务，以及诸如此类。正如我们所知道的，这样的价格控制，至多只是消除疾病的症状，并且常常会产生比这个成本病本身更加严重的问题。①

❓ 难题解答：解释加拿大医疗保健成本逐渐上升的原因

这把我们带回到本章开始时的难题：为什么价格控制在对阻止加拿大医疗保健成本上升方面失败了呢？答案在于，像每个其他工业化国家的医疗保障体系一样，加拿大的医疗保健体系，也与个人服务的成本病的影响进行着持续的斗争。正如我们刚刚看到的那样，法律命令并不能改变导致医疗保健成本持续而普遍地以快于总体通胀率的速度上升的生产率增长模式。事实上，政府对医生诊疗费和医院预算施加的价格控制，反而导致那些需要高技术医疗服务的加拿大人不得不排长队等候，并且降低了病人就诊高价格专家的机会。加拿大政府已经被迫在某种程度上放松了价格控制，允许医疗保健的价格更适应成本的变化，以阻止医疗保健服务更严重地

---

① 参见第4章。

恶化。省政府也试图通过压缩由公共健康保险覆盖的服务列表,删除了诸如视力检测和物理治疗等项目,迫使加拿大人从自己的口袋为这些服务支付,来压低成本。总体的服务质量似乎保持了较高水平,但成本却持续地以比总体通胀率更快的速度上升,正如美国的情况一样。

图 15-4 表明,美国医疗保健成本增加的记录,并未表现出与其他工业化国家的记录不一致。在对不同国家的总体通胀率差异进行修正后(如果省略这一修正,美国的记录看来甚至更好),我们看到,在 1970 年到 2004 年这一时期,在这个 18 个国家组成的样本中,美国的绩效不是最好的,但也不是最差的。结论是,尽管对美国医疗保健体系的修改可能由于某些其他原因变得可取或不可取,但对成本病而言,它很难成为值得称道的治疗方法。国会可以同时宣布心脏病和服务的成本病属于非法,但那对两者都没有治疗作用,而且这样的法律很可能会阻碍解决问题更有效的方法。

"制造这个天堂的,正是我们伟大的健康保健计划。"
图片来源:经 The Wall Street Journal 许可,Cartoon Features Syndicatee

总之,成本病并不属于市场表现不佳的情况。相反,它是市场通过一些部门的成本特别大的增加,而发送信号来突出一些特定部门,这显得好像是错误行为。因为市场在这里看起来运行不佳,因此,一些会严重损害公共利益的政府的反应就很可能会出现,也就是,"政府失灵"可能发生。

15.9 对市场体系的中肯评价

像第 14 章一样,本章故意对市场机制给出了一个相当不中肯的评价。在第 14 章中,我们赞美了市场的优点;在本章中,我们列举了其缺陷。我们像儿歌一样作结,即市场既非极其完美,亦非极其恐怖。

关于市场体系表现的质量,似乎存在着走极端的现象。在普通消费商品的生产和对消费者偏好变化的反应方面,市场作为一种获得效率的手段是不可比拟的。在下一章,我们将看到,市场体系在总体成员中的创新和收入增长方面的绩效,是人类历史上从未曾有过的。事实上,价格体系在这些领域的成就,怎么说也不过分。另一方面,市场已经证明自己无力解决商业波动、收入分配不均,以及垄断的影响等问题。已经证明,市场在导致外部成本和外部收益的产出上,是一个很糟糕的资源配置者,而且,市场已经表明它自己无力安排公共物品的提供。有些困扰我们社会的最紧迫的问题——城市中服务的恶化、对大气层的掠夺、归因于贫困的社会动荡不安——都可以部分地归结于这些市场体系缺陷中的一个或另一个。

大多数经济学家从这些观察中得出结论,尽管市场机制的确是不可替代的,但是,公共利益仍然要求对其运行方式进行大量的调整。直接针对贫困、垄断及资源在时间上的配置问题所设计的建议,在经济文献中比比皆是。它们全部都要求政府对经济进行干预,要么是通过直接提供那些被认为私人企业不能供给适当数量的物品和服务对经济进行干预,或是通过管制寻求对经济运行的更间接的影响。我们在前几章已讨论过很多这些计划,在后面的章节,我们还会解释其他一些这类计划。

15.10　尾声:不宽容的市场,其带来丰富产品的本性及其危险的支持者

正如我们在第 14 章结尾所说,经济学家对自由市场成就的分析,尽管足够正确,但仍有可能未能强调其核心贡献。对于他们对市场缺陷的分析,同样可以这样说。

市场对大众福利的主要贡献,就是它对生产率的刺激作用,它带来了大量丰富的消费品,增加了人类的寿命,创造了新产品,扩大了教育,并将生活标准提高到了以前社会做梦都无法想象的水平。这是尚未讨论的一个成就(参见第 16 章)。根据许多观察者的观点,市场最主要的缺陷在于公正和非公正的竞技场,对这一主题,经济学家不比其他任何人更有资格说话。市场是残酷和不公正的,这种感知源自市场机制的最核心。有时候,市场机制被描述为利润机制是适当的,因为它给予那些成功地引入了有吸引力的新产品,或那些成功地大幅提高了效率,以至于使其他商品的价格大幅下降的人,以丰厚的报酬。同时,它也毫不宽容那些失败者,致使他们破产甚至步入贫困。

给成功者以财富的回报以及给失败者以严厉的惩罚,二者都是市场生产力的主要来源。但它们同时也能激起觉醒与对立。考虑新近"市场化"的东欧国家所发生的事情,可以预知,当这些国家的企业获得自由之后,许多成功的企业家赚取了很高的收入,导致老百姓广泛的激愤,并要求对企业家收入进行限制。这些批评者似乎没有认识到,一个没有对成功企业家给予巨大回报的市场,如果不是一个完全没有动力的市场的话,也是一个动力被减弱的市场。

事实上,有效率且有效竞争的市场,往往会引起那些尽力在暗中破坏竞争的群体的支持。例如,寻求阻止"过度竞争"的管制者,以及其他国家中安排将政府企业卖给私人所有者并时时都在限制新的所有者的决策的政治家们,实际上正尽力使市场不能运作。而当一般公众要求对利率、租金以及医疗保健服务进行价格控制时,他们就是在表明他们不愿意接受自由市场的决策。还有,那些不辞劳苦地公开声明他们拥护市场制度,却同时又寻求获得垄断力量扭曲市场活动的生意人,也在做着同样的事情。简而言之,市场拥有许多公开的支持者,他们真正地相信它的优点,但在行为上,他们却持续地

对其有效性造成威胁。

我们尚无法判断在东欧新近引入的市场机制是否成功。俄罗斯经济,与东欧许多其他经济一样,在其转型的过程中,已经非常缓慢地从混乱中走出来了。即便在较老的自由企业经济中,我们也不能简单地假定,市场能毫发无伤地从其能说会道的支持者的危险怀抱中逃脱。

小结

1. 至少存在七种与市场机制相关的主要的不完善性:
   a. 收入分配不均
   b. 经济活动的波动(通胀和失业)
   c. 垄断产出限制
   d. 有益的和有害的外部性
   e. 公共物品提供不足
   f. 现在和未来之间的资源配置不当
   g. 个人服务的质量恶化与成本上升

2. 有效的资源配置,是指平衡增加生产一单位某商品的收益与将需要的投入物用于某种其他商品生产的收益这样的事情。

3. 当一项经济活动对其他没有直接参与活动的人产生了附带伤害时,有害的**外部性**就发生了。当某项经济活动对其他人产生附带收益时,有益的外部性就发生了。

4. 当某项活动引发有害外部性时,此活动的**边际社会成本**(包括它对其他人带来的伤害),必然大于那些执行该活动的人的**边际私人成本**。当发生有益外部性时,情况则恰好相反。

5. 若某产品的制造引起有害的外部性,其价格通常不会包含它所引起的全部边际社会成本,因为有一部分成本将由其他人承担。对于有益外部性,情况恰好相反。

6. 市场因此会倾向于对引起有害外部性的商品生产配置过量的资源,而对产生有益外部性的商品生产配置不足的资源。这种不平衡性,是我们"课程结束后仍须牢记的要点"之一。

7. **公共物品**是一种不会被额外使用者消耗的商品(比如某海岸灯塔的领航光束)。要想排除一个不愿意付钱的人,使他们不能享受公共物品的利益,往往是十分困难的。相反,**私人物品**同时具有**排他性**和**消耗性**两个特征。

8. 自由企业厂商通常不会生产公共物品,即使它对社会非常有用,因为厂商无法对商品的使用收费。

9. 许多观察者相信,市场常常使未来的状况更加恶化,尤其是当它做出不可逆的破坏自然资源的决策时。

10. 复杂且大规模的企业,例如大型公司,不可能日复一日地直接由其所有者,即**委托人**有效控制。因而,他们雇用**代理人**以他们的名义经营企业。其危险在于,代理人会按有利于自己而不是有利于委托人的方式运营企业。

11. 由于个人服务——例如教育、医疗保健,以及治安保护等——都是价值取决于面对面个人接触的活动,因此,它们不服从于节约劳动的创新,从而会遭受**成本病**。也就是说,它们的成本倾向于比整个经济的成本持续更快地上升,而整体经济生产率的增加补偿了投入成本的上升。当上升的成本被错误地归咎于贪婪和管理不善时,结果可能是政府对服务供给的扭曲,或者是实行不明智的价格控制。

关键词

生产可能性边界　　　　　资源错误配置　　　　　　外部性(有害的和有益的)
边际社会成本(MSC)　　　边际私人成本(MPC)　　　边际社会收益(MSB)
边际私人收益(MPB)　　　公共物品　　　　　　　　私人物品
消耗性　　　　　　　　　排他性　　　　　　　　　寻租
道德风险　　　　　　　　委托人　　　　　　　　　代理人
股票期权　　　　　　　　个人服务的成本病

自测题

1. 货车行驶100英里对社会的机会成本是什么？为何货车所使用的汽油的价格可能未能适当地反映其机会成本？

2. 假定由于某种新疾病袭击了咖啡作物，收获一磅咖啡所需要的劳动和其他投入远远多于从前。这种变化将如何影响茶与咖啡之间的资源有效配置？自由市场上咖啡和茶的价格又将如何反应？

3. 请给出一些生产过程引起有害外部性的商品的例子，以及一些生产过程产生有益外部性的商品的例子。

4. 请比较打扫宿舍房间与清洁城市环境，哪一个属于公共物品，哪一个是私人物品？为什么？

5. (稍难)某厂商持有估价2 000万美元的一项专利。此项专利在法庭上反复遭到大量(逐利)厂商的挑战，每个厂商都希望抢占这项专利。如果任何人都能自由挑战该专利，因而诉讼过程可以自由进入，那么，最终将会有多少钱花费在这场法律斗争中？(提示：在完全竞争条件下，厂商可能赚取任何经济利润吗？)

讨论题

1. 请给出一些公共物品的其他例子，并解释在各种情况下，为何额外使用者不会消耗该商品，而且为何排除其他人使用非常困难。

2. 请考虑你们地方政府提供的物品和服务。哪些像是经济学家使用"公共物品"这一术语意义上的"公共物品"？

3. 请解释为何灯塔有时被用作公共物品的例子。

4. 请解释为何教育不是一个令人满意的公共物品的例子。

5. 在最近几十年中，大学学费比一般价格水平上升更为迅速，而大学教授的工资却未能赶上价格水平。你能解释为什么吗？

第16章 市场的重要成就：创新与增长

宝洁(Procter & Gamble)拥有一个世界级的全球研究和开发组织，有7 500名科学家工作在全世界12个国家的22个研究中心，包括1 250名有博士学位的科学家。为了正确地认识这一点，我们做一比较，这比哈佛、斯坦福、麻省理工联合起来的科学人员还要多……

——宝洁(消费品巨人公司)http://www.pg.com

许多教科书，包括本书的以前各版，大体上未能给予对创新和增长的微观经济学足够的关注。然而，考虑到市场这个大舞台对社会经济福利的令人难以置信的贡献，这一遗漏是令人惊讶的。它是我们的先辈做梦也不会想到的一项巨大成就，而且其利益远远超出了我们所知的任何其他可能的对市场运行的修正所能带来的利益。在这一章，我们将开始我们对这场经济革命背后的机制的讨论。首先，我们将试图给予你们关于这一成就大小的某种感觉——因为我们习惯于把创新和增长视为理所当然，而通常忽视的某种东西。我们必须指出，对这一成就(至少)存在五个贡献者：政府、大学、发明者、企业家，以及高科技产业中的寡头竞争者。因为这里我们的兴趣基本上在于市场的贡献，因此，我们将很少提及政府和大学的作用，尽管这些也很重要。在这一章，我们将重点关注寡头垄断者的作用，而将发明者和企业家的关键作用，放在本书第20章关于经济的"生产要素"，也就是经济生产性投入物的主要类型，那一节讨论。

难题：市场如何实现史无前例的增长？

这一章重点关注一个惊人且重要的发展，即市场经济为其每一个居民平均生产的商品数量的史无前例的扩张，及其给他们提供的如洪水般的新产品和其他发明。以前的人类历史上，从来也没有过与这一成就相接近的经济表现。当然，曾经存在过有惊人的发明记录的经济，也存在过其他产生了对关于宇宙和与其他科学相关的物质的知识有贡献的经济。但是，没有哪一个曾经接近于我们的经济和其他许多经济对于生活标准的提高。这个近乎奇迹的表现是由什么造就的？对于这些问题，没有人能给出绝对肯定的回答，但是，经济学家提供了某些切题的见解，这些见解能帮助我们保证我们的经济持续进步，也能为大多数居民还生活在贫困中的极端贫困的国家提供有益的指导。

16.1 市场经济令人难以置信的增长记录

> 如果某项活动对其他没有直接参与该活动的人引起了附带的收益或损害，并且那些产生外部性的人没有相应地得到补偿或给予支付，那么我们就说该活动产生了有益或有害的**外部性**（externalities）。

前面几章试图提供对市场的中肯评价，既描述其缺陷，也描述其成就。在其缺陷中，我们列举了对付垄断势力的脆弱、破坏环境的**外部性**（externalities），以及公共物品生产不足的倾向等。在优点方面，我们证明了市场如何能比计划和中央指令更有效地配置资源，以及更好地与消费者愿望协调一致。

但是，我们把最好的留到了最后——即自由市场在创新和增长方面令人难以置信的成就，它远远超过了古代和近代历史上任何其他类型的经济。不论你认为我们的经济体系在别的方面怎么样，但是，它在增进全体人民的收入方面，取得了令人震惊的成就，是世界上任何地方在以前的历史上都无法匹敌的。

尽管增长通常被看作宏观经济的主题，但是，发明是由个人或个体实验室提供的，而且是由个别厂商引入市场的。因此，理解创新及其对增长的贡献，需要对个别创新者和厂商的行为进行微观经济分析。这一章将指出市场增长成就的大小。在这里和第20章，我们将运用我们的微观经济工具，分析市场是如何实现这一成就的。

> 一个经济中的**人均收入**，是指那个经济中所有人的平均收入。

顺便提一下，这里的部分讨论，既可以被看作对我们以前使用过的某些分析工具的回顾，也可以被看作这些工具能够被用于探讨各种各样更广泛的主题的额外说明。

在自由市场经济中，**人均收入**（per-capita income）（平均每个人的收入）和**生产率**（productivity）（每小时工作的产出）的增长如此巨大，以至我们无法理解其大小。

> 一个经济的**生产率**，等于那里生产的所有物品和服务的价值除以投入到该经济的生产性活动中的总劳动时间。

尽管如此，少数几个数字还是可以帮助说明究竟取得了什么样的增长成就。今天，平均一个美国人的收入大约是43 368美元，与之形成对比，在20世纪刚开始时，按今天的购买力计算，人均收入还不足6 000美元。[①] 而且如果在21世纪，每个人的收入能像在20世纪一样快速增长，那么，到2100年，我们的后代平均所赚取的数量，按大致等价于今天的购买力计算，超过

---

① 实际上，美国人均收入的增长甚至比这还要多，而且很可能多很多。我们使用了我们能找到的最保守的估计，即Angus Maddison 的估计，以避免给一个已经令人震惊的数字带来夸大之嫌。

300 000美元。只是想象一下,如果你家所有的储蓄和收入都突然乘以 7,那么,你和你的家庭能买到什么!① 从另一个方式看,大致生活在 1900 年的美国家庭,平均只能负担得起大约 1/7 的构成今天生活标准的食物、衣服、房子以及其他令人愉快的事物。那个数字真的有些令人难以置信。只是试着想象一下,如果突然所有储蓄和收入中的每 7 美元就失去了 6 美元,而且被迫相应地减少家庭消费支出,那么,你的家庭生活会如何变化。

> **工业革命** 是在 18 世纪末期开始于英国的一股新技术及其引起的产出增长。

这样的经济增长是以前从未经历过的。与最近几百年收入的爆发性扩张形成对照,在**工业革命**(Industrial Revolution)(大约在乔治·华盛顿执政时期)前大约整整 1 500 年里,人均收入的平均增长率可能近似于 0。在 1776 年,即使是世界上最富有的英国的最富有的消费者,也许也只能比一千多年前古代罗马人多购买半打消费品。这些新产品包括(高度不精准的)猎枪、(相当不精准的)手表、带有印刷材料的纸张、玻璃窗,以及很少的其他东西。不曾有任何声音被记录下来,因此我们永远也不能听到华盛顿的声音。在陆地上,任何人也不曾行进得比在马背上更快。从老世界②到新世界③的信息传递,需要几周甚至几个月,因此,在和平条约已经签订之后,新奥尔良战争(1815 年)还在进行。而罗马市民享受了很多令人愉快的事务,例如热水澡和铺好的路,但这些事实上在美国革命之前就早已消失了。

工业革命前及之后的相当长一段时期,低收入数字及其引起的较低经济阶层的经济状况,对我们来说是难以把握的。经常性的饥荒——至少平均每 10 年就有一次,伴随着广泛的饥饿和满街的尸体——只是在 18 世纪才开始消失。甚至饥荒偶尔还延续至 19 世纪,而且不只是在爱尔兰。例如,在相对富裕的比利时,"在 1846 年大危机期间,报纸每天都在讲述着饥饿造成的死亡案例……(在某个镇上)这种案例如此频繁,以致当地警察每天都要从事这样的工作:每天去叫每一家的门,看看其居民是否还活着。"④但即使上层阶级的生活标准也远不是令人羡慕的。

> **资本主义** 是一种经济制度,它的大多数生产过程是由市场中的私人厂商控制的,政府很少控制。这些公司的投资者(称为"资本家")拥有这些厂商。

相比之下,在过去的两个世纪里,典型**资本主义**(capitalism)经济的人均收入,上升了几百到几千个百分点不等。近几十年获得了新产品与服务不可比拟的涌现:互联网、彩色电视、电脑、喷气式飞机、VCR 和 DVD 播放机、微波炉、掌上计算器、移动电话,等等,而且新产品还在如洪水般不断涌现。⑤

当然,还存在许多美国人仍生活在贫困中的现象,但是,像大规模饥荒这样的现象已经消失了。但是,只是在非市场经济中,你可以发现,18% 的世界人口仍依靠大约一天一美元或更少的钱在生存。⑥

---

① Angus Maddison, *The Nature and Functioning of European Capitalism: A Historical and Comparative Perspective* (Groningen, Netherlands: University of Groningen, 1997), p. 34. 实际收入不是以真实美元衡量的,而是以购买力保持不变的美元衡量的。
② 欧亚非三洲。——译者注
③ 美洲和澳洲。——译者注
④ Adrien De Meeüs, *History of the Belgians* (New York: Frederick A. Praeger, 1962), p. 305.
⑤ "拿破仑能在一夜之间穿过大西洋吗?……托马斯·阿奎耶能只需轻触一个键就将一封信发送到 1 000 个收信人手中,并在一小时内收到回复吗?" (J. Bradford DeLong, *The Economic History of the Twentieth Century: Slouching Toward Utopia?*, 第 2 章, 第 3 页, 草稿, 参见 http://www.j-bradford-delong.net。
⑥ Shaohua Chen and Martin Ravallion, "Absolute Poverty Measures for the Developing World. 1981—2004," *Proceedings of the National Academy of Science*, 104, no. 43 (October 23, 2007), pp. 16757 - 16752.

我们还可以换一个角度来看这一巨大的经济进步：通过考察我们所购买的物品需要多少工作。例如，在1919年，平均每个美国工人需要工作将近一小时，才能购买一磅鸡肉。而在今天的工资和家禽的价格下，一个劳动力只需不足五分钟就可以了！

食物并非唯一按需要支付的劳动时间计算，变得更便宜的项目，电子产品的成本也显著下降，当然，所有这些中最轰动性的下降要数计算机的成本。计算机的运算能力，是以计算机能处理的MIPS（每秒运行的指令数，以百万计）为标准的。现在，每MIPS的能力，只需要大约27分钟的劳动；在1984年，它需要52个小时劳动的工资；在1970年，它需要1.24个生命时间的劳动；而在1944年，其价格是令人难以置信的，相当于733 000个生命时间的劳动。① 在本章中，我们将研究自由市场在增长和经济进步方面的杰出记录。

重要的是，在长期，一个国家全体人民的经济福利，严重地依赖于以创新和人均生产增长的速度衡量的绩效，而且没有任何经济，曾经可能在任何事情上近似地接近现代市场经济的这些成就。

16.2 创新而非发明是自由市场独一无二的成就

发明是指新产品或新的生产过程的创造，或它们所依据的思想。

创新是开始于发明的一个过程，它包括完善发明以准备将其进行实际应用，并营销这一发明或其产品。

寻求对资本主义增长奇迹的解释，必须重点关注其创新的史无前例的涌现，而我们将马上转向这一点。但是，首先，把关键词创新与相联系的词发明区分开来，是非常重要的。经济学家使用的**发明**（invention），意指其通常的定义所断言的：即新产品或新的生产过程的创造，或者至少是它们所依据的思想。但是，术语**创新**（innovation）的含义比那要多：它涉及整个扩展的过程，而发明则只是整个扩展过程的最初步骤。创新包括将发明的设计发展到能实际应用那一点，包括将其引入市场，还包括经济随后对它的利用。在这里，这个区别非常关键，因为资本主义经济的成就，与它的那些所有先辈经济，包括那些具有惊人发明记录的较早期经济的区别，就是依据此来划分的。

发明并不新鲜。例如，古代中国发明了印刷术、造纸、纸牌、纺车、带轮的手推车、精巧的水钟、雨伞，当然还有火药，这里仅列举了少数几种。尽管中国有智慧创造新奇的技术，但是，采用和利用这些发明的成就很难说是杰出的。曾不只一次，发明总是转化为娱乐，而非生产性的利用，或者像奇异的水钟那样，很快就被遗忘了。② 即使在苏联，其干部都是有能力的科学家和工程师，且存在值得尊敬的发明记录方面的证据，但是，利用这些发明的记录显然很差——除了在军事中的应用外。原因是，古代中

---

① 但是，生产率增长的魔法，并不是在美国经济的每个部门都取得了成功。具体而言，大学教育的过程，似乎能够逃到生产率增长的成本下降能力之外。在1965—1995年间，公立大学的教育成本上升了33%，而私立大学则上升了超过150%，由500个劳动小时上升到1 300个劳动小时。所有这些在劳动价值价格上的数字变化，都来自达拉斯联邦储备银行，*Time Will Spent: The Declining Real Cost of Living in America*, 1997 Annual Report (Dallas, Tex., 1997)。

② 这种现象一直持续到非常近的现代。西方人带来机械钟作为礼物送给中国皇帝们，发现计时的精确性很少能引起赞扬，但由钟表的机械带动的人物行走或跳舞，则能获得高度的评价。

国和苏联两者的经济制度,不仅在提供创新活动的激励上是失败的,而且实际上提供了坚决阻碍创新的很强动机。

在中国,发明通常会被政府没收,对发明者没有任何回报。在苏联,工厂管理者抵制安装改进的设备或采用改进的产品,因为必要的替换或更改机器的期间,可能会削减工厂的生产,而这正是管理者获得回报的基础。简而言之,尽管自由市场的发明记录值得注意,但是,它在创新方面的成就才真正是独一无二的。

16.3 自由市场创新的源泉:企业家的作用

正如已经提及的那样,存在许多明显的创新的源泉。某些创新归功于大学和政府研究机构,它们在本质上不是市场驱动的。然后还存在众所周知的个人发明者的产品,例如托马斯·爱迪生和亚历山大·格拉汉姆·贝尔的发明。此外,创新企业家,那些把眼睛总是盯在有成功希望的发明上,并采取行动考察那些发明是否被商业厂商和其他人所使用的人,在指导发明获得其最有效的利用方面,发挥着重要作用。最后,还有巨型公司里工业实验室的产出。最后两个源泉——私人企业家和巨型公司——显然是直接包含在市场经济的运行之中。在这一章,我们将重点关注大型厂商在经济的创新中的作用,而把企业家,即新商业厂商的创造者,及其在创新过程中的决定性作用,推迟到以后,即当我们在第20章讨论这一重要的生产要素的贡献和活动之时,再进行研究。这里,我们只是要注意,在整个历史上,创新企业家的出现或不出现,看起来对他们经济的增长和创新成就是决定性的。

16.3.1 突破性发明与具有企业家精神的厂商

直到19世纪末,当大型公司开始在创新过程中发挥决定性作用之前,个人发明者和企业家一直是创新的基本源泉。但是,大型公司所发挥的作用,与更自由且更灵活的小企业相比,具有很大的差异。大型商业组织中的研究活动,本质上是谨慎的且关注对现有技术小而有限的改进。已经建立起来的大型厂商,倾向于避免革命性的突破所包含的巨大风险。相反,真正的突破性发明,通常仍然是小型或新近建立的厂商的领域,它们由富有创业精神的所有者指导,尽管一项发明的成功会很快将一个新生厂商转变为商业巨头。

在可以被认为是革命性突破的发明与"仅仅是"微小改进积累的发明之间,不存在明显的边界,但是,某些发明显然会落到前一个类型中。例如,电灯、交流电、内燃发动机,以及电子计算机必然确定无疑是革命性的。与之相反,洗衣机和电冰箱的后续模式——每一个新模式持续更长时间、损坏的可能性更小,以及使用起来更方便——显然构成一系列增量式的改进。

小厂商和大厂商在它们引进革命性还是微小改进发明之间,存在着令人震惊的不对称。美国小企业管理局曾经准备了归功于小厂商的20世纪突破性创新的一个列表,

| 研究开发（R&D）是指厂商、大学和政府机构寻求发明新产品和新的生产过程，并改进那些发明以便它们能为市场和其他使用者运用的活动。 | 及其由 A 排到 Z 的发明清单，即由空调（air-conditioning）到拉链（zipper）。包括在该列表中的有摘棉机、电子表单、调频收音机、直升机、集成电路、快速照相机、速冻食品、真空管，以及复印机，还有许多其他东西，这些对我们的经济都具有巨大的意义。
因此，在过去两个世纪，高比例的革命性新思想是由运营小商业企业的独立创新者提供的，而且这个趋势很可能还将继续。具有企业家精神的小厂商，在部分商业**研究开发**（research and development, R&D）活动中发挥了领导作用，而研发指寻求革命性突破的活动，其是市场经济增长机器的关键部分。 |

16.4　创新性寡头垄断厂商的微观经济分析

16.4.1　大型企业及其创新"装配线"

研发方面的私人投资，在过去的 30 年里迅速地上升了（在那些年里，只是伴随着很少一些资金供给增长方面的放缓）。逐渐地，至少是在美国，创新的融资是由大型寡头企业供给的，而不是由独立发明者或小型的、新近建立的具有企业家精神的厂商供给的。今天，美国接近 70% 的研发支出是由私人企业支付的，而大多数这类支出是由大型厂商提供的。[①]　即使是生产消费品的"低科技"公司（宝洁以生产清洁和个人护理产品著称）也雇用小规模的研发人员队伍（如本章开头的引语所显示的那样）。这些大型厂商在竞争性创新的巨大市场压力下，被迫这样做。

事实上，创新已经成为经济中大量部门进行竞争的首选武器。当然，价格仍然是重要的。但是，正是改进的产品和生产方法，才真正抓住了厂商经理们的注意力。像计算机和计算机软件、汽车、照相机和机器设备等各种的生产线，全部都具有持续改进的特征，对它们的广告宣传也是即时而广泛的。

| 高科技厂商或产业是指其产品、设备和生产方法应用不断变化和改进的高度先进技术的厂商或产业。例如航天航空、科学仪器、计算机、通信以及医疗器械产业。 | 结果是一场创新军备竞赛，使得在高科技产业中，没有任何厂商能够承担得起落后于其竞争者的结果。的确，只有保持与其他厂商并肩前进，厂商才有希望在市场中保住自己的地位。在其创新过程中，为了站稳脚跟，厂商被迫尽可能快速运转——因为它的竞争者也是如此。任何能比其竞争者发现更优模式的厂商，都将获得关键性优势。
许多**高科技产业**（high-tech industries）——例如计算机、医疗设备、航天航空，甚至汽车——的厂商，都以这种方式为其市场地位而斗争。厂商的经理们不能承担忽略研发活动的结果。因为，如果某厂商无法采用最新技术——即使 |

[①]　例如，据美国国家科学基金报告，在 2001 年，68 家最大的制造厂商（每家雇用着 25 000 名及以上的工人）构成了经济中制造部门研发的 49%（National Science Board, *Science and Engineering Indicators*—2004, Arlington, VA: National Science Foundation, 2004, http://www.nsf.gov）。

该技术是由其他厂商创造的——那么,竞争厂商就能很容易地领先,并对较慢的厂商的销售造成灾难性的障碍。通常,对厂商而言,毫不夸张地说,创新是生死攸关的事情。

因此,特别是在高科技部门,厂商不敢靠运气去创新,或不敢依靠独立发明者在他们的地下室和车库里拙劣修补的偶然贡献去创新。与之相反,竞争市场迫使厂商自己接管创新的进程,并(用伟大的喜剧作家 W. C. 菲尔兹的名言来说)在采取行动的过程中"排除所有的偶然因素"。① 今天,许多商业厂商常规性地进行研发预算,雇用科学家和工程师从事研发工作,并系统地决定如何促进他们的创新以及如何为他们的创新定价。

> 一个产业创新过程的"军备竞赛"特征,也许在市场经济不断涌现的创新方面,发挥着关键的作用。资本主义经济本身已经变成一部巨大的创新机器,其可预期的产出就是不断被改进的技术。在任何其他类型的经济中,从来没有存在过这样一部创新机器——一条驱使经济把一个接着一个的创新从画板一路带到市场的装配线,就像是生产腊肠的肉食工厂一样,而不像是产生改进产品的高科技企业。

在其努力规避创新过程的内在风险的过程中,大型商业厂商一直意在将其努力倾斜于小的增量改进而非革命性突破方面。使用者友好型、可靠性增加、逐步增加的应用、容量扩张、灵活性设计——这些以及许多其他类型的改进,带着惊人的连续性,年复一年地已经从产业研发中制造出来,并且通常被事先宣布和广告。它们生产寿命更长的照明灯泡、更可靠的保护汽车乘客的气囊,以及更清晰的电视机屏幕。但是,它们通常不发明像飞机、计算机或抗生素那样的东西。

因此,这些创新活动的产品通常是适度的,每种创新只是在产品或其生产过程上进行非常微小的改进。毫无疑问,如果把它们累积起来,这些微小改进也会取得巨大成就。以飞机为例,现代民用飞机的舒适性、速度和可靠性,以及今天军用飞机的复杂性和威力,很清楚已经将莱特兄弟原创的革命性装置变成了历史珍品。今天航空设备的绝大多数复杂功能、速度和可靠性,都要归功于由公司设施日常研究活动制造的增量改进的合成。

还存在更多有关大型公司对创新贡献的令人惊奇的例子,其增量进步能够合成为巨大的结果。例如,据报道,在 1971 年到 2003 年之间,英特尔微处理芯片的"时钟速度"——也就是每个芯片每秒能执行指令数——增长了三百万个百分点,今天已经达到了每秒三十亿次的计算速度。而且,在 1968 年到 2003 年之间,集成在单个芯片上的晶体管数量,扩张了一千万个百分点,而一美元所能购买的晶体管数量则增长了五十亿个百分点。② 加总起来,这些进步确定无疑地贡献了比电子计算机发明的原创革命性突破更为巨大的计算能力。当然,原创发明是所有后续改进所不可或缺的必需品。但是,只有将两者的工作结合起来,才有可能制造出今天有效服务于我们的强大而便宜的装置。其他仔细的观察扩展了类似的例子,并得出了这样的结论,即大型厂商的增量创

---

① 这个短语是在菲尔兹玩扑克牌,试图引诱一个不知情的新手加入扑克牌游戏,而他意向受骗者提出了"机会的游戏"这个道德性问题时说出的。菲尔兹立即再次向他保证:"年轻人,当你与我一起玩时,所有的偶然因素都已被排除了!"

② John Markoff, "Technology: Is There Life After Silicon Valley's Fast Lane?", *New York Times*, Business/Financial Desk, Section C, April 9, 2003, p. 1.

新活动,构成了20世纪创新对经济增长贡献的一个非常令人尊敬的份额。

在增长过程中,个人企业家(我们将在第20章讨论)和巨型厂商发挥了各自不同的作用,但他们相互都是必要的。突破性思想,主要是由企业家在他们追求由成功的创新所提供的暂时垄断利润的过程中贡献的。巨型厂商专业化于流水作业的增量改进,以便保护它们不被在创新博弈中一直寻求机会想打败它们的竞争者所毁灭。两个群体的贡献加在一起,在市场经济的增长中发挥了关键的作用,甚至可以回溯到古希腊和古罗马崛起之前很久的古代美索不达米亚。但是,巨型厂商内部的研发部门只是在19世纪后半叶才获得其开端。

> 使没有哪一个厂商在其创新努力中胆敢自甘落后的创新军备竞赛,是一个令人难以置信的强大机制,在这个机制的作用下,市场经济取得了巨大的经济增长成就。

接下来,我们从对与创新和经济增长方面的市场成就相联系的事实的描述,转向看看什么样的微观经济分析工具能够帮助我们理解这些成就。

16.4.2 创新的利润:熊彼特模型

创新及其回报的现代微观理论,可以追溯到已故的约瑟夫·熊彼特(Joseph Schumpeter)教授的著作。他的模型(1911)论证,成功创新企业家的回报是垄断利润,它之所以产生,是因为企业家是第一个把新产品引入市场的人。因为没有竞争者,所以那个利润暂时会超过在完全竞争条件下能够赚取的利润。这一高额利润吸引那些通过模仿创新寻求分享那些利润的模仿竞争者进入该市场。通过对新产品的"反向工程"(reverse engineering),也就是说,通过对产品的分拆考察其工作原理,这些模仿者就能够带着他们的竞争产品进入该市场,从而侵蚀原创企业家的"垄断"所得。最后,那些经济利润将被减少到零,因为只要所得高于零,模仿者的进入就会继续。

熊彼特的分析证明了在这个模型中,企业家是如何被驱动,不停地为经济增长工作的。为了避免垄断回报的终结,企业家从来不会停止进一步的创新,也不会躺在自己的荣誉上休息。这样,这一分析很清楚地描述了创新企业家精神与增长之间的紧密联系。

但是,现实不会在每个细节上都完全遵从熊彼特的理论。正如将在第20章证明的那样,在现实中,许多创新者的财务回报都是非常低的,而且他们的努力和投资的失败并非罕见。然而,许多关于创新的讨论,都以假定创新者能够预期赚取很高的利润开始。确实,那些引入成功创新的人,通常真的可以获得巨额回报。我们大家都听过,像托马斯·爱迪生、亚历山大·格拉汉姆·贝尔,以及更现代的比尔·盖茨、斯蒂夫·乔布斯和其他在计算机产业的创新者,都从他们发明或将创新引入市场的能力中,获得了巨大的财富。当然,相对于每一个成功的创新者而言,许多其他创新者将其家庭储蓄投资于新产品,却损失了其全部支出。有证据表明,平均而言,创新者赚取零经济利润,甚至亏损。

当我们考虑大企业的研发投资时,这种可能性看来也会出现。正如我们在第10章中看到的,如果某产业是完全竞争的,那么,在经济利润被迫降至零之前,进入还会发生。换一种方式来说,完全竞争使厂商刚好赚取他们需要给提供资金的投资者的支付——既不多也不少。这是必然的,因为如果某产业中一个典型厂商比其他产业中的厂商赚取的要多,那么,投资者就会在更可获利的产业投入更多。任何超额利润都会导致产业产出的扩张,而这又将推动价格下降并挤压利润。

因为存在着某些创新的进入壁垒,所以我们不能肯定,来自发明的经济利润将精确地趋向于零,但是,我们可以预期,平均而言,它们会是非常低的。换句话说,尽管发明活动有时获利可观,但是,大规模研发投资也会惨烈地失败,因此,产生出来的平均经济利润会接近于零。特别地,拥有一个大的研发部门的大型厂商,可能会同时进行许多可能的创新工作。"平均法则"表明,这些努力中某些会成功,而某些则会失败。因此,我们不必因为发现有大量创新活动的产业的经济利润接近于零而感到惊奇。

尽管我们没有系统研究所有发明活动,但是,高科技产业提供了一个有用的解释——特别是计算机产业,在那里,许多先驱者都创造了财富,并受到广泛关注。根据公司管理宗师彼得·F. 德鲁克(Peter F. Drucker)的说法:"计算机产业未曾赚到一毛钱……英特尔和微软是赚了大钱,但是,看看世界各地亏钱的那些人,你就会发现,该产业是否已经保本,还是值得怀疑的。"[1]但每个地方都是如此吗? 一项近期的研究考察了1975—1992 年间上市的公司,其中大多数是高科技厂商,一旦研究者对风险和公司规模进行控制之后,发现它们的回报率大约是平均水平(即零经济利润)。[2] 在第20章,我们将看到,创新企业家的典型所得看上去甚至更低。

16.4.3　为创新"军备竞赛"融资:高额研发成本与"垄断利润"

在我们前一节关于熊彼特模型的讨论中,我们提出了对他描述为企业家的垄断利润的怀疑。大规模创新活动是昂贵的。厂商必须年复一年地投入大量的资金。对于某些厂商,研发成本能够达到公司总成本的40%之多。如果一个创新厂商要持续经营,那么,它所供给的产品必须按照使厂商能够补偿那些支出的方式定价。

这一努力需要一种定价方法,一种非常不同于我们在前面章节中研究过的定价方法。我们之前得出的结论是,在竞争市场中,价格趋向于被定在近似等于边际成本的水平,并假定该价格会带来足够的收入,保持厂商持续经营。为了说明这种情况与创新厂商之间产生差异的原因,考虑吉姆——一个种植有机小麦的农场主——的案例,他决定比去年多种植1 000 蒲式耳小麦。那一生产水平要求他多租用 x 英亩土地、多购买 y 袋肥料和 z 袋种子、多雇用 h 个小时的劳动、多向银行贷款 b 美元。这些投入的价格会告知吉姆,为获得额外的产出他必须花费多少。若将这个额外成本除以增加的1 000 蒲式耳小麦,我们便能(近似地)计算出每蒲式耳小麦的边际成本,包括资本的边际报酬——吉姆对银行支付的贷款利息。若有机小麦的价格由市场设定,从而补偿了这个数目,显然价格与边际成本是相等的,同时也足以使农场持续经营。价格足够使吉姆的

---

[1] 正如在 Jane Katz, "To Market, To Market: Strategy in High-Tech Business", *Federal Reserve Bank of Boston Regional Review* (Fall 1996), www.bos.frb.org 中引用的那样。

[2] Alon Brav and Paul A. Gompers, "Myth or Reality? The Long-Run Underperformance of Initial Public Offerings: Evidence from Venture and Nonventure Capital-Backed Companies", *Journal of Finance*, 52, no. 5 (December 1997): 1791—1821.

农场持续经营,因为他所有的成本,包括租用更多土地的成本,都是因增加其产出而增加的成本——在本质上,他所有的成本都以边际或增量成本的形式出现。

将这种情况,与一家刚刚在开发一个有价值的新电脑程序上支出了 2 000 万美元的软件厂商对比。如果厂商多供给一个单位的该程序(或甚至多供给 1 000 单位的该程序),其增加的成本是什么?答案是几乎为零——仅仅是制作一张新 CD、包装它和运送它的成本。厂商的主要成本之一是研发成本,但是,当另一个购买者获得已经设计出来的程序时,并没有发生增加的研发成本。因此,厂商沉重的研发支出对边际成本没有任何贡献。仅仅补偿多一单位程序的边际成本的价格,几乎不会达到多于 5 美元。这个价格,不能补偿 2 000 万美元的研发成本——而这个成本很可能在下一年会重复出现,以便厂商保持程序的最新水平,并达到竞争标准。因此,把软件——或其他任何有高额而持续的研发成本的厂商生产的产品——定价在边际成本水平,无异于财务上的自杀。创新厂商产品的价格不能简单地遵循公式:$P = MC$。相反,进入将迫使发明在预期寿命周期内的收益刚好高到足以获得零经济利润,补偿边际成本、机会成本和发明的研发固定成本。确实,刚开始时,在模仿者进入和挤压市场收益之前,收益会比较高。但是,那些早期的高收益,将刚好是补偿固定研发支出的主要部分,一点也不像是垄断利润。当然,存在某些这样的案例,即创新者确实赚取了垄断利润,就像在一些贡献很少创新的产业中一样。但是,创新过程的自由进入,意味着垄断利润将不是事情的正常状态,就像美国法院在处理涉及创新的反垄断案例时已经认识到的那样。

厂商迫于竞争的压力,不得不年复一年在研发上投入大量资金,但是,如果它们像在完全竞争条件下那样,将其价格设定在等于或接近于边际成本的水平的话,那么,利用研发的结果来改进一种产品,虽然该产品的边际成本较低,也不能预期足够补偿其研发成本。

这种定价情况一直很麻烦,因为它会误导那些负责阻止厂商像垄断者那样行事的政府机构。在这些机构工作的许多人,都是使用与本书一样的教科书训练出来的,而且他们带着完全竞争条件下价格必须等于边际成本这项合理的(却可能是不能适用的)结论,离开了学校。因此,当他们遇到创新厂商的价格根本不接近于边际成本时,就会不时引起他们的怀疑。该厂商是否正通过高于边际成本的价格剥削公众呢?应该采取某种措施使公司像小麦农场主吉姆一样对其产品定价吗?现在我们能够明白,如果这样做,很可能会带来创新活动实质上的停滞。当然,绝大多数关心垄断行为的政府当局知道的比这更详尽,但是,发现 $P > MC$ 的情况,毫无疑问仍会激起他们怀疑。此外,他们当中的一些人的确误解了这个问题,因而对企业的创新活动构成了威胁。

16.4.4 利润最大化厂商会在创新上支出多少?

传说中的"找到了!我找到它了!"的情景,也就是某个在地下室或车库里工作的孤独的发明者,偶然发现了一个杰出的发明的过程,可能无法用传统的经济分析进行检验。但运用厂商理论的标准工具,可以很容易对现代公司中的创新进行分析,因为研发预算看起来很像其他商业决策,诸如那些关于生产多少或在广告上花费多少之类的决策。我们可以用我们在第 5、第 7 和第 8 章中的边际分析工具,来分析所有这些标准的商业决策。关键问题是,我们能预期厂商在研发上支出多少?他们这样做又能预期赚到多少?竞争又会如何影响他们的创新活动?

我们刚刚已经考虑了他们能预期赚到多少这样的问题,而且之前我们在研究基本的边际分析是如何引导制定商业决策的时候,也已经提出和回答了同样的问题。如果厂商寻求最大化其利润,那么,它将扩张其在研发上的支出到这样一点,在这一点上,额外研发的边际成本等于边际收益。

到现在为止,这种逻辑大家应当是很熟悉了。例如,一个边际收益(MR)大于边际成本(MC)的研发支出水平(称其为 X 美元),不可能代表公司在研发上支出的数量是使利润最大化的。因为,如果边际收益超过边际成本,那么,公司通过在研发上支出多于 X 美元,就能增加其利润。如果 MR < MC,情况则恰好相反。在那种情况下,厂商可以通过降低研发支出增加利润。因此,如果在那个支出水平上,无论是 MR > MC 还是 MR < MC,X 美元都不可能是最优的支出水平。由此可得,使利润最大化的研发支出水平只能是这样一个数量——比如说,Y 美元——在这个数量上,MR = MC。你会意识到这一论点,因为我们在先前的章节中,讨论其他商业决策,比如那些与价格和产出量有关的决策时,曾重复过许多次。

这一分析同时既告诉了我们有关研发决策的一切,又什么也没有告诉我们。说它告知了我们一切,是因为它的结论是正确的。如果厂商是一个利润最大化者,而且如果我们已知其研发投资的边际收益和边际成本曲线,那么,从理论上讲,MR = MC 法则确实准确地告诉了我们,追求利润的厂商应该在研发上投入多少。但是,到目前为止的讨论,既没有告诉我们有关研发的"典型的"边际收益与边际成本曲线的形状的任何信息,也没有告诉我们竞争压力在研发决策中发挥多么重要的作用,因为这会影响那些曲线。接下来,我们将转向这些关键性问题的研究。

16.4.5 创新支出的折弯收益曲线模型

迄今为止,我们的讨论留下了一个基本问题尚待解答。如果创新是如此昂贵和如此具有风险,而且,如果预期从创新获得的经济利润接近于零,那么,为何厂商还要创新呢?为何每一个厂商都不拒绝参与这场毫无吸引力的博弈呢?答案,至少部分地是,竞争市场没有给他们留下任何选择。如果厂商在产品的吸引力和以改进生产过程效率以降低成本上,不能与竞争者保持同步,那么,他们就会输给其竞争者,并以亏损而告终。显然,比起负的经济利润和投资者逃逸来说,厂商更偏好零经济利润——仅给投资者竞争性回报的利润。

利用与我们在第 12 章中遇到的非常相似的微观经济模型——即我们用来解释寡头垄断市场中为何价格趋于"黏性"的折弯需求曲线模型,我们可以研究厂商会在研发上支出多少这样的问题。在那里,基本的机制在于厂商对其竞争者期望的不对称性。厂商犹豫着,如果降价,又害怕竞争者会跟随其降价,导致厂商最终仅获得极少的新顾客,而收入却显著下降。也就是说,如果厂商降低其价格,它将面对一个缺乏弹性的需求曲线。但是,厂商也害怕如果它提升其价格,其他厂商又不会跟随其后,因而留给它自己的,就只有定价过高的产品,它会损失许多顾客——如果价格提升,与其相关的那部分需求曲线会是高度弹性的。而且,我们已经知道,对于一个缺乏弹性的需求曲线而言,价格降低会削减总收入,而当需求有弹性时,价格上升会减少总收入。因此,带有这种信念的厂商,会希望将其价格设定在产业水平上——既不多也不少——并维持不变,除非竞争情况发生显著变化。

创新的故事也是类似的。想象一个有五家规模大致相等厂商的产业。如果 X 公司发现,产业中其他每个厂商在研发上每年大约支出 2 000 万美元,那么,我们的厂商将通常发现,多于或少于这一数量的支出,都是缺乏吸引力的。它将不敢使自己的研发支出远远少于 2 000 万美元,因为如果它这样做了,那么它在不停引入产品改进的竞赛中,就会落后于其竞争对手,因为其竞争对手会一直持续支出约定俗成的 2 000 万美元,从而使得我们厂商的下一个产品模型,会因为没有像竞争对手那样有吸引力的新特征而落后。但是,X 公司也没有什么理由将赌注提高到 3 000 万美元,因为它知道,其竞争对手将会被驱使而跟随,它们所有厂商只是同时扩张了其创新努力,任何厂商都不能获得任何领先于其竞争对手的优势。因此,不论是研发支出的削减,还是在这类支出上的增加,都不能保证增加利润,因为竞争对手很可能会匹配任何支出的增加,从而抵消其预期优势,但同时可以预期,竞争者不会复制我们厂商的任何研发支出的削减,因为竞争者希望以这种方式从我们的企业引诱走顾客。其结果是,我们可以预期,厂商不会在其创新活动支出数量上做出任何重大变化,既不会增加其支出,也不会降低它。

但这还不是故事的结局。即使研发的成本稍微向下移动,或发生了某种其他的微小变化,产业中所有厂商还是会像过去一样,在研发上持续投入相同的数量,直到它们中的某一个厂商获得一个研究突破,并导致一个令人惊奇的新产品产生为止。然后,那个幸运的厂商会扩张其在突破性产品上的投资,因为即使产业中的其他厂商匹配这一增加,这样做也会获得回报。这样,突破性厂商的边际收益曲线会向右移动,从而其利润最大化的研发预算水平上升——达到一个大于 2 000 万美元的数量。那么,产业中的其他公司会被迫跟随。这样,现在产业的常规投资将不再是每年 2 000 万美元,而是某个更大的数量,比如说每个厂商 2 500 万美元。因为害怕其竞争对手不会跟随这种减少支出的变动,没有哪个厂商会首先退回到老的 2 000 万美元水平。因此,现在的 MR = MC 均衡点会是 2 500 万美元的研发支出。再一次地,国家之间军备竞赛的普遍现象,与厂商之间的创新战故事是相似的。

棘轮效应是一种允许某个经济变量,比如投资或广告等增加,却防止这个变量随后下降的安排。

我们刚才描述的过程,假设竞争迫使产业中的厂商在其研发投资上彼此同步。而一旦它们赶上了对方的脚步,投资水平就会一直保持相当固定,直到其中某厂商打破等级,并增加其支出为止。然后,其他所有厂商都会跟随,没有哪个厂商胆敢退回。这样的安排被描述为一种棘轮,类似于为防止拧紧的发条突然松开的机械装置。这种安排通常会使技术支出保持稳定,偶尔允许它有向前运动,但通常不会允许它后退。这样,我们可以预期研发支出会随时间变化而扩张。一旦达到新的水平,**棘轮效应**(ratchet)——通过竞争市场的压力——就会阻止厂商退回到以前较低的水平。[①]

棘轮效应在创造自由企业经济非凡的增长记录,并使之区别于其他所有已知的经济制度中,发挥着关键作用。竞争压力迫使厂商在创新竞赛中尽可能地向前冲,以赶上其他厂商。

16.4.6 作为公共物品的创新

一项创新一旦被创造出来,通常不只是对发现该突破的厂商产出有贡献。只需要很少或不需要额外成本,新技术也能增加其他企业的产出,增加其他产业产出的情况也是经常出现的。技术知识的这种公共产品属性[②],使得那些创新的采用者(有或没有发明者的许可)能够更便宜地应用创新。

在第15章中,我们用"公共物品"这个术语,来描述任何一种投入或产出,经过一次使用后,它不会被消耗尽,而是可以被更多的使用者以很少或没有额外成本地反复使用。这类商品能使得整个公众可用,而不会因提供给单个个人增加任何额外的成本。类似地,当厂商反复利用知识来生产产出时,并不需要复制研发支出。例如,托马斯·爱迪生和他的同伴们在最终发现切实可行的灯泡之前,已经工作了许多个月,并耗尽了许多材料。但是,他们并不需要重复那种实验支出来生产他们的第二个灯泡。同样地,如果爱迪生许可另一个厂商使用这项技术,那个厂商就也没有必要重复为获得第一只灯泡所进行的昂贵的研究。创新就像古时候犹太教的光明节传说中的油灯一样:一盏能奇迹般地自动再填满其燃料,并日复一日不需要额外加任何油的灯。

这便是任何知识的独特属性之一。煤和技术知识二者都能贡献产出,但是,当一吨煤用作燃烧后,就不能被再度使用了。第二吨煤必须被开采出来用于燃烧,才能使发动机运行更长时间。然而,一旦技术知识被创造出来,它就能被一次又一次地使用而不会被消耗尽。

16.4.7 生产过程研究对产出和价格的影响

> **产品创新**是指全新或包含对早期产品的重要改变的产品或服务的引入。

> **生产过程创新**是指改变商品生产方式的创新。

作为我们运用微观经济学分析的标准分析工具研究创新的最后一例,我们转向创新对产出和价格的影响。我们将考虑独立于其他企业的活动和决策的单个垄断厂商。

创新通常被分为两类:**产品创新**(product innovations),包括引入一个新项目(比如复印机或摄像机),以及**生产过程创新**(process innovations),包含商品生产方式的改进,以便使购买它们更便宜。此处,我们仅讨论生产过程创新,因为它们更易于分析。

可以预期,成功的生产过程创新,可以使运用该生产过程生产的产品的

---

① 这项表述有些夸大了棘轮效应阻止经济在研发支出上任何回滑的作用。毕竟,即使是在机械上,棘轮有时也会打滑。例如,如果商业景气状况极端糟糕,那么,厂商可能就会被迫削减其研发支出。它们还有可能在投资支出多少上犯错误,或因为其研究部门在开发适销产品方面屡次失败而气馁。经济的棘轮确实并不完美,但它们毫无疑问是存在的。它们不能完全阻止研发支出的回滑,但它们可以成为一种有效限制回撤的有力影响因素。

② 要复习公共物品概念,可参见第15章。

产出扩张,并降低产品的价格,理由很简单:生产过程创新通常导致厂商的边际成本和平均成本曲线向下移动,但是,因为它不包含任何产品方面的变化,因此,它不会引起需求曲线和边际收益曲线的任何变化。

使用我们在前面章节熟悉的标准图形,可以证明这些结果。图16-1分别显示了厂商生产小机械的边际收益曲线和需求(平均收益)曲线,MR和DD(需求)。图中还显示了在生产过程创新之前的边际成本曲线 MC_1,以及采用创新之后的边际成本曲线 MC_2。因为创新降低了制造小机械的成本,故 MC_2 自然比 MC_1 低。在创新之前,我们利润最大化厂商的产量为 Q_1,在这个产量上 $MR = MC_1$(点 E_1 处)。相应的价格为 P_1,即需求曲线(DD)上与产量 Q_1 相对应的点。在生产过程创新之后,边际成本曲线下移到 MC_2,新的边际成本曲线与向下倾斜的 MR 曲线交于点 E_2,位于点 E_1 的右方。这表明,利润最大化产出量必须由 Q_1 增加到 Q_2,又因为需求曲线是向下倾斜的,价格必然会由 P_1 下降到 P_2。于是,正如前面所述,我们已经证明:

> 削减成本的生产过程创新,会使盈利性厂商在创新的帮助下,供给产品的产出增加而价格下降。

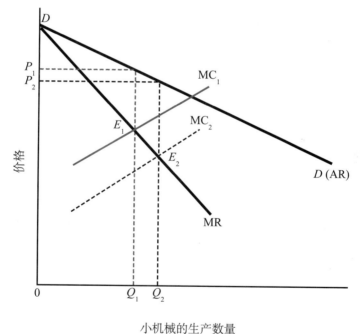

图16-1 生产过程创新对价格和产出的影响

16.5 自由市场在研发活动上的支出足够吗?

我们已经看到,今天的市场经济所推出的创新在速度和复杂程度上,都是人类历史上未曾见过的。商业厂商、美国政府、大学,以及其他机构,都在研究和创新上进行了大量投入。正如我们在前面注意到的那样,在2003年,超过2910亿美元(约占美国总GDP的2.6%)被花费在这些活动上,其中商业厂商提供的资金接近那个数量的70%。① 然而,我们不禁要问,这个量占GDP的份额是太小还是太大? 也就是说,如果更多的资源被投入创新,大众会得益还是受损? 一些经济分析表明,存在一条基本的理由使我们相信,尽管我们在这个领域中已取得了巨大的成功,但是,我们的支出仍然是不足的。

像通常情况一样,要比我们现在支出更多,也存在着权衡取舍。如果今年我们在创新中投入更多的资源,那么,余下来生产衣服、食物或新电视节目——主要用于今天而不是明天消费的物品和服务的资源就会减少。由于这些物品供给更少,因而其价格就会上升。另一方面,如果我们在创新上投入更多的资源,我们很可能会在将来获得更好更便宜的产品。因此,就像任何投资行为一样,研发支出也包含在现在与未来之间的权衡取舍。更多的研发支出,意味着消费者这一年的消费会变少,但是,他们在将来会获得更多更好的产品。而问题是,多少才算足够呢?

16.5.1 作为有益外部性的创新

许多经济学家都相信,私人企业对创新没有投入足够的资源,因为获得新技术知识会产生很大的外部性。回顾第15章,外部性是指商业交易对那些不是直接参与交易的人们,带来收益或损害的一种效应。② 例如,如果某一食品供给厂商发现,为了使到其餐厅的顾客及时获得食品,有必要在某个冬天下雪的早晨,早在行动缓慢的市政积雪清除工作启动之前,清扫掉其街上的积雪,那么,该厂商所有的邻居,将不需要对及时的街道清洁承担成本,但可以从中受益。在这里,商业厂商及其为购买食品等待已久的餐厅顾客,是交易的直接参与者,而邻居则得到了来自有益外部性的收益。因此,我们看到,有时外部性会有益于没有联系的第三方,而不是伤害他们,然而,那些执行该交易的人们,仅收获到部分收益。作为另外一个例子,假定你的室友,一个高等工程学的学生,制作出了一种更有效率的电池,其结果对便携电脑制造商、电动汽车制造商,以及许多其他制造商都有利。你的室友因为她的工作而获得了某个奖,或者甚至从授予她专利的公司手中获得了一笔使用费,但是,她不会获得所有的收益。这对大多数创新而言都是真实的:它们只给创新者带来某种程度的收益,但大部分的收益——有人估计会超过90%③——同时也流到他人手中。这种有益的外部性意味着,投资于研发的厂商,只能预期从创新中收获一小部分利润。

因此,许多经济学家都相信,自由市场会引导私人厂商在产生外部收益的活动上投资少于社会最优的数量,其中创新是一个基本的例子。他们相信,许多收益超过其成本的创新绝不可能完成,因为任何支出资金生产该创新的厂商,都只能获得部分的收益,

---

① National Science Board, *Science and Engineering Indicators*—2006 (Arlington, VA: National Science Foundation, 2006), http://www.nsf.gov.

② 若需复习,请参见第15章。

③ 参见William D. Nordhaus, "Schumpeterian Profits in the American Economy: Theory and Measurement", Working Paper 10433 (Cambridge, M.A: National Bureau of Economic Research, 2004).

而那部分收益将不足以补偿厂商的成本。因此,政府资助大量的创新和研究活动,这些活动都是在政府实验室和大学研究机构中完成的。

> **基础研究**涉及寻求提供科学知识和一般原理,而不产生任何特定的可市场化的发明。

外部性问题最为严重的可能就是所谓的**基础研究**(basic research)——即针对科学和一般原理而非改进某特定产品的研究。后一种类的研究,直接与商业或其他用途相关,称为**应用研究**(applied research)。例如,某种对电与磁的本质的进一步研究,在最近或遥远的未来,有可能会产生巨大的经济利益,但是现在,它只能满足物理学家的好奇心。极少有厂商愿意为这类研究投资。当然,若没有人进行这类研究,那么,在长期中,经济的生产率将大大减弱。这就是为什么美国和其他一些工业化国家的政府资助基础研究,而经济学家通常也支持这种资助的原因。

> **应用研究**是一种以发明或改进特定产品或生产过程为目的的研究,通常以利润为目标。但请注意,军队和政府的医疗保健机构,提供了非营利应用研究的例子。

16.5.2 为什么创新支出不足可能并不像想象中的那样大?

我们在创新上的支出占GDP的比重太小,这项判断并不真的非常可信。观察我们自己的现状,可以看到大量的新产品和新工艺涌现,没有任何迹象表现出新技术的匮乏。如今,有许多经济学家也正在寻找理由,论证支出不足也许并不存在,或即使有所不足也可能是相当有限的。

此处仅提出理由之一:给其他人创新许可的可获利市场的存在。正如我们将在本章后文中看到的那样,许多厂商允许其他人,甚至是其最近的竞争者,使用自己的私有技术——付费使用。那个费用成为许可使用技术的市场价格。为把这一思想推至极致,想象所有的创新厂商,都能成功地向那些从其技术获益的个人和厂商,可获利地许可其技术,那么,外部性问题就会消失。理由很简单:毕竟有益的外部性只不过是一种良好的行为,只是良好行为的行使者,并未由于他创造的利益而得到任何或恰当的回报罢了。因此,从一般福利的观点看来,产生有益外部性的产出,通常被认为偏低。但是,如果供给者可以通过某种安排,获得充分的支付,那么,供给适当数量的有益外部性产品的激励,就会完全被保持。因此,技术许可的可获利市场,通过让供给者因为供给了有价值的创新而获得回报,以及通过保持进一步创新的激励,而被认为是有助于"内部化外部效应"的。

> **技术贸易**是这样一种安排,即某厂商自愿使其私人拥有的技术为其他厂商可用,或者是以交换获得另一个公司的技术为条件,或者按双方所协定的收费为条件。

当许多厂商试图通过**技术贸易**(technology trade),即通过获得使用另一厂商技术的权利的形式,来与另一厂商使用其技术进行交换。这种类型的交易,可以被认为是一种技术许可的物物交换,而不是销售。不管是何种方式,创新厂商都收到了其他厂商使用其技术的某种补偿。

上述所有内容的含义是,即使创新厂商未收到其技术提供给他人的利益的完全补偿,但是,那些厂商似乎已经变得非常擅长获取相当大一部分的适当回报了。其结果是,创新的外部性,可能并不像理论可能使一些观察家所怀疑的那样严重地阻碍创新。

16.6　市场经济与新技术扩散的加速

市场经济对其增长不可或缺的另一个特性是,现在新技术以令人惊奇的速度扩散这个事实,意味着过时的产品和生产过程不会长期存在,或不会阻碍经济增长。证据表明,扩散不仅惊人地快速,而且在一个多世纪里以明显的一致性变得越来越是如此(参见专栏"技术扩散的加速")。

发明快速扩散加速的原因是什么?看来也许是,当某商业厂商获得一种有前途的新发明时,它会很自然地尽其所能,妨碍其竞争者接近这项新技术,以便保持自己相对于其竞争对手的竞争优势。而在现实中,情况往往并非如此。如果某厂商能够通过向其他厂商许可其技术获得一个足够高的价格,那么,它这样做,也许刚好像保留创新为自己排他性使用一样可获利。这不仅仅是一种理论上的可能性。例如,报纸报道表明,IBM 在 2000 年的利润中,有 20% 以上是从其技术许可获得的。

厂商与其他厂商,包括其竞争者开展创新贸易,还存在另一种激励。因为害怕它们自己的实验室在某特定时期进行的所有研发工作会全部失败,而与此同时,竞争者可能运气更好,所以,厂商往往与某一竞争者达成协议:在某特定时期——比如说在接下来的 5 年里,共享未来全部成功的创新。这样的协议能降低双方厂商的风险。例如,在照相机产业中,某照相机制造商也许引入了一种改进的自动聚焦装置,第二个厂商也许开发了自动调光设置,而第三个厂商发明了使照相机更轻便的方法。这三个厂商中,各厂商都可以自己保留其发明。但是,如果他们联合起来,并同意结合它们所有的新特性生产照相机,那么,它们显然可以出售比任何一个厂商单独生产的更优越的产品。它们也将位于一个好得多的地位来迎接来自另一个照相机制造商的竞争。

当两个厂商中的每一个都同意,让另一个厂商使用某些其特定专利,或是按其协议确定的价格,或是以可利用其他厂商的专利作为回报时,专利的**交叉许可**就发生了。

许多厂商和产业都参与了这样的**交叉许可**(cross licensing)实践。例如,IBM 与其每个主要的竞争者之间都交叉许可专利。对美国小型钢铁厂——现在都是钢铁生产力的世界领导者——之间技术交易的一项研究发现,11 个厂商中除了一家厂商,都会有规律和常规性地与其他厂商交换信息。厂商有时会对竞争厂商的雇员进行培训,或将自己的职员送进竞争厂商以帮助安装不熟悉的设备。[①]

的确,商业厂商为了利润而给其他厂商提供其技术,是如此普遍,以至于麻省理工学院(MIT)开办了一个研讨会,专门教授厂商如何从其技术中赚取更多利润——出租业务。甚至还存在一个技术许可厂商的国际协会——拥有数千名成员。

新发明变得越来越快地可为其他厂商所使用,包括厂商的竞争者在内。此外,竞争压力保证了这些创新成果能被迅速地投入使用。

---

① Eric Von Hippel, *The Sources of Innovation* (New York: Oxford University Press, 1988), p. 79.

专栏
技术扩散的加速

一项关于46种主要产品创新的最近研究发现,在不到一个世纪的时间里,在新产品的商业化引入和供给相同或相近产品的竞争者进入之间的平均时间差异,已经从20世纪之交的33年急剧下降到1967—1986年的仅3.4年。① 而且,这种下降是显著稳定和持续的。

专栏
在创新中是合作而非竞争

即便是一些这个世界上最大的公司也发现,合作而不是竞争,有时会给他们在全球经济中带来的某种利益。嘉吉(Cargill)和孟山都(Monsanto),全球农产品市场中的两个活跃的厂商,发起成立了一家联合企业,以便在全世界更好地生产和销售动物饲料。

嘉吉是一家农产品、药用原料和食物添加剂的生产者和销售者,在72个国家拥有79 000名员工。孟山都是一家农产品、食物和工业产品的全球销售者,在全世界拥有21 000名员工。尽管这两家公司无论用什么指标衡量都属于大公司,它们仍决定汇聚力量:孟山都在基因和生物技术方面有更强的专业技术和知识,而嘉吉有很强的渠道和市场营销网络。强强联手,它们能利用生物技术研究的最新成果,在全球范围内创造和销售更好的动物饲料。

孟山都—嘉吉联合企业,将允许这两家厂商开发新产品,并更迅速地将它们引入市场,这也许会减少全球范围内的饥荒——当然也会赚取更大的利润。

图片来源:ⓒ Imageshop/Jupiterimages

资料来源:"Cargill and Monsanto Announce Global Feed and Processing Biotechnology Joint Venture", http://www.cargill.com,1999年1月11日获取。

---

① Rajshree Agarwal and Michael Gort, "First Mover Advantage and the Speed of Competitive Entry, 1887—1986", *Journal of Law and Economics*, XLIV (April 2001), pp. 161-177. 作者指出其他研究也支持他们的结果。

16.7　结论：市场经济及其创新装配线

尽管我们在前面的章节对市场体系的优缺点给予了许多关注,但是,那些章节却几乎没有提及市场最强有力的功能。自由市场资本主义已经被证明是已知的经济增长和创新最强大的发动机。不断增长的创造力、更快的技术扩散,以及发明的加速应用,显然不是偶然的。现代经济运行方式存在某种东西,使它在创造和应用新技术方面,超越了其所有的先驱者——而且,在两个多世纪的时间里,一直不间断地这样做着。以前历史上从未有过在发达经济中,人均的经济回报上升得如此之高和如此之快,而这可以被认为是市场机制最壮观的经济成就。

小结

1. 市场经济所取得的增长记录和**人均收入**,远远超越了其他任何形式的经济组织。**创新**就是这种经济增长的主要来源之一。

2. 由**企业家**创立的小厂商贡献了经济中很大比例的突破性发明,而大型公司则专业化于增量改进,但随着时间推移,这些增量改进通常累积成非常重要的进步。

3. 自由市场经济中的创新,是由商业厂商之间的竞争激发的,这些厂商都试图在其新的和改进的产品的吸引力方面,以及在其生产过程的效率方面相互超越对方。

4. 拥有企业家精神的创新性厂商,被驱动提供源源不断的创新,因为如若不然,竞争者就有可能引入替代品,侵蚀来自任何一个创新的利润。而在大型竞争厂商中,频繁的创新是一个生死攸关的重大问题,因为只有过时产品或生产过程的厂商,才会失掉顾客给竞争者。

5. 竞争迫使许多厂商在研发上投入大量资金,而有时运用这些创新生产的消费品的边际成本太低,这通常意味着,如果厂商像在完全竞争条件下那样设定 $P = MC$,那么,创新将不能补偿其成本。

6. 像其他任何决策一样,利润最大化厂商会投资于研发直到这样一点,在这一点上,预期的边际收益等于研发支出的边际成本。

7. 竞争会迫使厂商将其研发支出设定在与竞争者相对应的水平上。

8. 某一产业中典型的研发支出水平有时会上升,然而却很少下降,因为没有任何厂商敢于率先削减这类支出。

9. 可以通过 $MR = MC$ 分析证明,即使在垄断厂商里,**生产过程创新**也会增加产出,降低价格。

10. 许多经济学家都相信,对创新的私人投资会低于社会最优水平,因为来自于创新的外部性意味着,发明者不能获得其创新的全部收益。

11. 厂商通常会通过与其他厂商达成共享彼此技术的协议,来寻求降低其研发活动的风险。它们也可能向其他人出售其技术许可。

关键词

外部性　　　　　　　人均收入　　　　　　　生产率
工业革命　　　　　　资本主义　　　　　　　发明

创新	研究开发（R&D）	高科技
棘轮效应	产品创新	生产过程创新
基础研究	应用研究	技术贸易
交叉许可		

讨论题

1. 为理解自由企业经济将生活水平提高了多少，请想象南北战争后美国某主要城市中一个中产阶级家庭的日常生活，当时的平均购买力估计还不足今天的九分之一。你认为他们吃些什么呢？他们拥有多少衣服呢？他们居住的地方是怎样的呢？他们预算中有多大的比重可用来度假和娱乐呢？

2. 请说出自你出生后才引入的五种普通产品。

3. 请说出一些其将产品广告为"新的"或"改进的"公司。

4. 在某产业中，在广告上花费了大量资金的厂商，可能会感到被锁定在现行的广告预算上，而没有任何一个厂商敢于削减支出，请解释其原因。描述创新竞争中与此类似的情况。

5. 亚历山大·格拉汉姆·贝尔早几个小时到达专利办公室，从而打败了艾丽莎·格瑞（Elisha Grey），因此贝尔获得了电话的专利权。想象一下这项专利的价值有多大。你认为格瑞从在这项发明的开发上投入的精力和支出中获得了多少？这又是如何帮助说明创新的平均经济利润接近于零这种可能性的？

6. 如果来自创新投资的平均经济利润接近于零，那么，为何有这么多的人迫不及待地要投资于创新呢？

7. 请解释，与竞争者共享自己技术的厂商，是如何通过提高其与新进入者竞争的能力而获益的？

8. 当厂商使得其技术自动地为他人可用时，对于大众福利可能的好处是什么（当然，对技术的使用要收取一定价格）？

9. 为何某厂商在研发上的投入远多于其竞争者可能是无利可图的？

10. 定义以下术语：
    a. 外部性
    b. 公共物品
    c. 棘轮效应

    并解释这些概念对创新经济的作用。

11. 从一般福利的观点来看，你认为美国在研发上的支出太低，太高，还是正好？为什么？

第17章 外部性、环境与自然资源

> 环境税可能是社会可以用来构建一个能够保护人类和环境健康的经济的最有力工具。
> ——戴维·马林·鲁德曼,世界观察研究所
> (David Malin Roodman, Worldwatch Institute)

经济学在指出市场的成就和缺陷两个方面都是有用的。但是,这只是战役的一半。如果经济分析不能给我们提供任何处理市场缺陷的补救建议,那么,它就会是相当苍白无力的。在这一章,我们将考察微观经济学家研究的一个重要的市场不完善:外部性。在第15章,我们知道了外部性——强加于未直接涉及某一经济活动的人们身上的附带利益或损害——会引起市场机制的功能失灵。在本章的第1部分,我们研究这个观点的一个特别重要的应用:外部性作为解释环境问题的一种方式。我们将考虑价格机制对这些问题应负的责任,以及同样的价格机制怎样才能被调整以便有助于这些问题的解决。在本章的第2部分,我们将讲述一个密切相关的主题:自然资源的耗竭。我们将讨论对世界上许多不可或缺的资源被迅速用光的担忧,并考察价格机制如何也能帮助解决这个问题。

难题:那些有弹性的自然资源供给

诸如石油、铜、锡和煤等重要资源,在地球上只拥有有限的数量,这是一个清楚的事实。这个现实是大量担心一种或另一种资源会不可避免地将出现枯竭的预测的基础。

实际上,许多重要的矿物和燃料的有效供给正在不断增长,而远远不是在耗尽。我们已知的大多数矿物质的供给,其增长速度至少与生产增长的速度一样快,并且在许多情况下,还远远超越它。例如,在1950年,锡的世界储藏量估计为600万公吨(或6mmt)。但在1950—2000年,却共有11mmt锡从地底下开采了出来。毫无疑问,到2000年年末,锡的世界储藏量已增加至10mmt。到2006年年末,世界储藏量已经降至6mmt,但却还是被认为有点供给过量。对铁矿石(用于制造钢铁)而言,在1950年,已知的储藏量为19 000mmt,而在1950—2000年,其生产量达到大约38 000mmt,但是,到2006年年底,估计的世界储藏量已上升至160 000mmt。类似的令人惊叹的故事同样发

生在锌、铜和许多其他矿物质上。① 这怎么可能呢？难道这些资源的数量不是有限的吗？我们将在本章的后面看到，经济学原理会帮助澄清这些谜团。

第1部分：环境保护的经济学

环境问题并不新鲜。例如，早在中世纪，英国国王们就反复控诉了泰晤士河的大量污染，他们认为，这种污染已经变得如此糟糕，以至于它阻碍了微小的中世纪船的航行！新颖且不同的是，我们如今给予环境问题大量关注。绝大多数增加的兴趣，是由于不断上升的收入，它使我们减少了对衣、食、住等最基本需求的关注，并允许我们奢侈地集中关注生活质量。

关于环境恶化主题的经济思想，先于公众关注的爆发差不多半个世纪。在1911年，英国经济学家阿瑟·C. 庇古(Arthur C. Pigou)写了一本著名的书，称为《福利经济学》(*The Economics of Welfare*)，该书第一次用外部性解释了环境问题。庇古还描述了环境政策的一种思路，到目前为止，该思路依然受到大多数经济学家的青睐，并逐步赢得了法律制定者、官僚，甚至还有十分谨慎的环境学家的认可(就如开头的引语所表明的那样)。他的分析表明，迫使污染者支付的货币性污染收费制度，可能是控制污染的一种有效手段。以这种方式，价格机制能够克服其自身的一个缺陷。

17.1 回顾——外部性：市场机制的一个关键缺陷

> 若某项活动给其他未直接参与该活动的人造成了附带的收益或损害，而产生这种外部性的人，又没有被提供或支付相应的补偿，那么，就称这项活动产生了有益的或有害的外部性。

在我们第15章的讨论中，我们曾强调，在整个经济中都可能发现外部性。例如，空气和水道的污染，在很大程度上归咎于工厂和汽车活动的不可避免的副产品对其他社会成员的损害。同样地，一辆车进入本已过度拥挤的高速公路，就会增加其他旅行者必须忍受的延迟，从而使这些驾驶员和乘客遭受一种有害的**外部性**(externality)。但是，外部性也可能对第三方是有益的。在第16章中，当我们讨论创新和增长的微观经济学时，我们曾强调，不可或缺的创新活动，对此社会投入了巨大数量的资源，常常会给那些既没有对创新投资，也没有在研究和开发组织中工作的人们，提供有益的外部性。

外部性：能用市场方法治疗的一个市场缺陷 因为那些对他人产生了有害外部性的人，并没有对他们所带来的损害做出补偿，所以，他们很少有激励停止损害。这样，市场倾向于产生大量不合意的有害外部性。类似地，因为那些产生有益外部性的人，没有为此而获得补偿，他们也很少有激励提供最好地服务于社会利益的那样大的数量。因此，市场倾向于对这种有益外部性供给一个不合意的小的数量。总之，经济学家得出结论：除非对此做些什么，要不然市场将提供

课程结束后仍须牢记的要点

---

① U. S. Geological Survey, *Minerals Yearbook*, various years, http://www.minerals.usgs.gov/.

过量的有害外部性,而合意外部性的供给则不足。每一种情形都远不够理想。

因为外部性对社会福利和经济运行效率会产生重大的后果,因此它们是我们"课程结束后仍须牢记的要点"之一。它影响到人们的健康,并威胁到我们的自然资源的可持续利用,或许甚至还影响人类的生存。这一章将讨论这些问题的特点和程度,以及可用来控制其有害结果的方法。

在这一章,我们关注于最引人注意的外部性之一——污染。一家化工厂排出的有害烟雾,不仅会影响工厂的雇员和消费者,而且还会影响到与工厂没有直接关系的其他人们。因为工厂不需要为这个附带的损害支付,所以,工厂所有者就没有任何财务上的激励,去限制他们的污染排放,特别是因为控制污染需要花钱。而且,即使有害烟雾对社区没有产生外部损害,造成污染的企业也会发现,继续排放有害烟雾对它自己仍然是有利可图的。

17.1.1 事实:世界真的污染越来越严重了吗?

首先,让我们来看看真正的事实是什么。大众新闻媒体通常给大家的印象是,环境问题持续恶化,而现代工业化和利润制度是造成所有污染的罪魁祸首。的确,问题是严重的,其中一些还极为紧迫。但毫无疑问,它们还是有可能被夸大了。

可以明确的是,污染并不是什么新鲜事。中世纪的城市中害虫到处出没,街道和河流上撒满了垃圾,空气中弥漫着垃圾腐烂的恶臭——这是当时被接受的污物的正常水平。在20世纪初,汽车真的是大受欢迎,主要是因为它改进了城市街道的清洁状况,而在这之前,人们对马粪增多的战斗一直是失败的。

自第二次世界大战以来,在大量污染问题的解决上,存在着显著的进步。在过去30年里,美国城市的空气质量得到了改善,而且大多数空气污染物的浓度在持续下降。最令人惊奇的是,1970年后,大气中的铅含量减少了将近100%。图17-1描绘了美国空气污染水平令人振奋的变化趋势。除了臭氧以外,空气中各种成分的平均浓度,都被很好地控制在由美国环境保护局(the U. S. Environmental Protection Agency,EPA)建立的全国大气空气质量标准(the national ambient air quality standards,NAAQS)之下。汽车污染的快速下降与电厂排放的减少一起,对这一改善发挥了重大的作用。在水质方面也存在着一些重大的改善。在五大湖区域,凯霍加河(Cuyahoga River)曾因水中的有毒物质负荷而发生火灾,伊利湖(Lake Erie)也曾一度被宣布为死湖,而如今,有力的污染控制已逐步取得了成效,情况正在恢复。

欧洲人也取得了进步。例如,恶名昭彰的伦敦烟雾,一度曾是英国小说中惯用的背景,现在已成为历史,因为1950年后,空气质量已得到了改善。泰晤士河已清洁起来了,并使得经过150年停顿之后,大规模的巨大海鳗捕捞得以恢复。这里的关键是,环境问题并不是独一无二的现代现象,它也不是指环境的每个部分都在发生不可逆转的恶化。

严重的环境问题,也持续折磨着东欧和苏联。波兰,尽管自1989年以来,已经取得了相当大的进步,但是,仍在与非常严重的空气污染问题做斗争;特别是在城市里,居高不下的污染水平还导致了人们的健康问题。苏联解体后揭示出了一连串令人吃惊的环

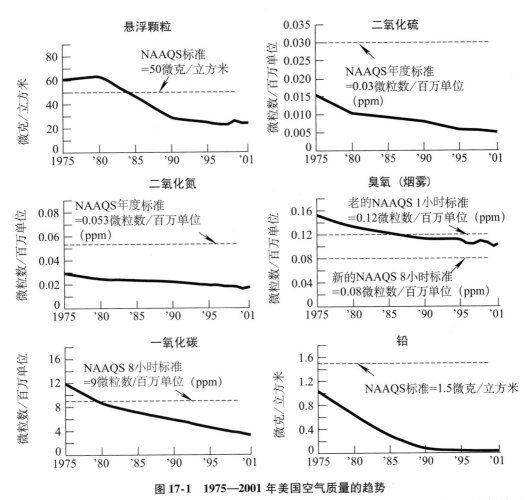

图 17-1　1975—2001 年美国空气质量的趋势

注：度量单位为 6 种污染物在大气中的平均浓度，对此，美国环境保护局建立了全国大气空气质量标准（NAAQS）。1987 年后，特定物质仅以 PM10 度量，它是指那些小于 10 微米的微粒状物质的度量指标。

资料来源：Council on Environmental Quality, *Environmental Quality 1993*, *24th Annual Report of the CEQ*, Washington, D. C. , April 1995；U. S. Environmental Protection Agency, *National Air Quality and Emissions Trends*，各年，可从 http://www. epa. gov 获得。特别感谢美国环境保护局的 Joe Elkins 在获得最近的空气质量数据方面所给予的协助。

境惨状，包括工业工厂附近大量有毒的空气、土地和水，以及咸海（Aral Sea）的毁坏，它曾经是世界上第四大内陆海，而现在已经缩小到不足其原来规模的一半。许多俄罗斯人生活在危险的环境条件下，特别是在车臣（Chechnya）地区，问题很严重，在那里，数百万桶的石油从该地区黑市石油产业所在地渗入到地下。玛雅克（Mayak）产业联合体50 年里生产、加工、储存钚元素所形成的放射性污染物，使卡拉恰伊湖（Lake Karachay）周边，变成了地球上受污染最严重的地方之一。其后果是，在这些地区，出现了大范围的疾病和不计其数的过早死亡。[①]

---

① Central Intelligence Agency, *The World Factbook*, https://www. cia. gov；"Poland：Areas of Concern", Resource Renewal Institute, http://www. rri. org；"Russia：Environmental Issues," U. S. Department of Energy, Energy Information Administration, http://www. eia. doe. gov.

然而,美国自己的环境也并不是没有问题。尽管有所改进,但许多美国城市地区依然要忍受许多天不健康的空气质量,特别是在夏季月份。根据美国环境保护局(EPA)的统计,在2004年,约有15 900万美国人(超过人口的一半)生活的地区,其污染水平至少仍有一项超出了联邦政府所采用的国家空气质量标准。[①] 臭氧(出现在地球高空,保护人类免受最炽烈的太阳紫外线辐射)是严重的城市地面空气污染——烟雾——的最重要组成部分,且如今依然是美国最普遍的问题。甚至连早先偏远的野外地区,现在也受到了空气污染的威胁(参见专栏"空气污染引起了大峡谷国家公园能见度下降")。

我们的世界不断地受到新污染物的侵害,其中某些比那些已为我们减少的污染物要危险得多,尽管它们相对更不易被发现,也不那么难闻。不适当倾倒的有毒物质——例如多氯联苯(PCBs)、氯化烃、二氧化物、重金属及放射性物质——会引发癌症,或以其他方式威胁生命和健康;而且部分这些物质所具有的危害,可以持续几千年,引起差不多不可逆的损害。

但是,当与全球环境威胁——地球大气的长期变暖——相比较时,所有这些问题都会变得苍白无力。科学家已经证实,上个世纪特别是近十年记载的全球变暖现象,至少部分是人类活动增加了大气层中的"温室气体"的结果。大多数气象学家都同意,由诸如石油、天然气和煤等化石燃料的燃烧形成的二氧化碳,是导致这个问题的元凶。到2100年,预计未来气候变暖的幅度在1.8—6.3华氏度之间,这一剧烈的变化,会改变世界的降水模式,使农业陷入混乱,导致沿海城市遭受洪水泛滥的威胁,并且扩展沙漠。

虽然环境问题既不是什么新鲜事,也不局限于资本主义、工业化经济,但是,我们还是在不断地给我们自己和周围环境带来伤害。

专栏

空气污染引起了大峡谷国家公园能见度下降

即使是在犹他州的大峡谷国家公园这么偏远而原始的区域,空气污染也降低了能见度,正如这两幅照片所反映的情况那样。

晴天　　　　　　　　　　　雾天

图片来源:©经由 USEPA 许可。

资料来源:U. S. Environmental Protection Agency, Office of Air & Radiation, *Visibility Impairment*, http://www.epa.gov/air/visibility/parks/canyonld.html.

[①] U. S. Environmental Protection Agency, Office of Air Quality Planning and Standards, "Report on Air Quality in Nonattainment Areas for 2003—2005 Covering Ozone, Particulate Matter, Carbon Monoxide, Sulfur Dioxide, Nitrogen Dioxide, and Lead", November 2006, Research Triangle Park, N. C.:U. S. EPA, November 2006.

17.1.2　个人和政府在环境破坏中的角色

许多人认为,工业是环境破坏的主要原因。其实不然:

> 在破坏环境上,虽然商业厂商有其不可推卸的责任,但个人和政府也是主要的贡献者。

例如,拥有汽车的个人需要对城市中的大部分空气污染负责;燃烧木头的炉灶和壁炉,是颗粒物污染(烟)的一个来源;冲洗式厕所和家用洗衣机排出的废物,也能引起严重的危害。

政府也加重了污染问题。市政医疗机构的废物,是水污染的一个主要源头。军用飞机不仅排出废气,还制造噪声污染。废弃的原子能材料以及与化学和核武器相关的副产品,是所有废物中最危险的东西,而且它们的妥善处置,仍然是一个悬而未决的问题。政府还建造大型的水坝和水库,它们会淹没农地,摧毁峡谷。地下排水系统改变了地方生态,运河修筑改变了河流的走向。美国工程兵部队被人们指责为是在所谓"大厦情结"(edifice complex)的基础上行事。

17.1.3　污染与物质和能源的守恒法则

物质和能源守恒的物理学法则告诉我们,物质不会消失——它们至多能被变成别的什么东西。例如,石油能被转化成热量(和烟)或塑料——但它永远不会消失。这意味着,一旦一种原材料被使用,要么它必须被再次使用(回收),要么它会变成一种需要处置的废物。

> 任何用于生产的投入,如不能回收,必定最终会变为一种废物,它也许最终堆积在某个市政垃圾场内;它也可能直接随烟雾上升,造成大气污染;或者它还可能转化为热,使邻近水道升温,并杀死水生物。但物理学法则告诉我们,做任何事情都不能让使用过的投入物全然销声匿迹。

我们还会产生惊人数量的固体废物——每个美国人每天要扔掉近 4.5 磅的垃圾,尽管我们在努力地减少这种废物。值得庆幸的是,面对日益增多的垃圾,许多日常被使用过的物质(如铝、纸和玻璃)的回收利用率,在美国和许多其他工业化国家都正在上升。在美国,回收利用已经显著增加——根据 EPA 的报告,在 2005 年,美国人回收了城市固体废物的 24%,这一比例,几乎在过去 15 年翻番。瑞士回收了超过 20% 的城市固体废物,而日本、瑞典、荷兰、德国和西班牙的相关统计数据,都在 15% 到 20% 范围不等。①

正是我们的存在,不可避免地制造了某些环境损害。为了吃和保护我们自己免受

---

① U. S. Environmental Protection Agency, *Municipal Solid Waste Factbook—Internet Version*, http://www.epa.gov 可得。我们应该指出的是,回收利用并不像看起来那样好。对再利用材料的准备处理过程,通常会产生危险的排放物。废弃石油的回收就是一个明显的例子。因为使用过的石油产品常常混合着有害的化学物质,所以,它们在回收利用过程中会被释放出来。

自然力的威胁,人们必须不可避免地利用地球资源,并产生废物。

环境损害不能被减少到零。只要人类生存着,完全消除这类损害就是不可能的。

既然环境损害不能被减少到零,为什么经济学家相信,公共利益要求将其减少到自由市场水平之下呢?从我们前面的分析来看,理由很清楚:为什么经济学家得出结论,擅长提供近似正确数量的曲棍球杆和头发吹风机的市场,会产生如此之多的污染呢?因为污染是一种外部性,这意味着,价格机制故障阻碍了市场像它通常有效执行消费者愿望那样运行。

这里,价格体系失灵,是由产生污染的厂商能够利用社会的某些清洁空气和水,而又不用对该特权支付所引起的。正如如果可以免费使用石油和电时,厂商毫无疑问会浪费性地使用它们一样,它会浪费性地使用"免费"的空气,用远远超出符合公共利益水平的化学烟雾大肆夺取它。问题就在于,在这里,没有允许价格发挥它通常的作用。取代厂商必须为其所使用的纯净空气支付的是,污染厂商免费获得这种有价值的资源。

外部性在影响生活质量方面发挥着决定性的作用。它们表明,为什么在消费商品供给方面如此有效的市场机制,却在环境影响方面有如此糟糕的记录。污染问题说明了外部性对公共政策的重要性。

我们的污染问题的大小,很大程度上是由于市场任由个人、厂商和政府机构消耗诸如清洁的水和纯净的空气这类资源,却不向他们收取任何利用资源的费用造成的。

因此,处理污染问题的方法之一,就是向那些排放污染物以及用其他方式掠夺环境的人,收取一个与他们给社会带来的成本相当的价格。

17.2 环境政策的基本方法

从广义上讲,存在三种方法来控制破坏环境的活动:

• 自愿努力,诸如企业受社会责任的驱使而对控制污染的设备进行的非强制性投资,或者消费者对固体废物的自愿回收。

• 直接控制,包括(1)对任一污染者强加一个允许排放数量的法定上限,或(2)具体规定必须执行哪些特定活动。例如,直接控制可以禁止后院的垃圾焚烧炉,或禁止燃烧含硫量很高的煤,或要求电厂安装烟囱"去杂质器"来捕捉污染排放。

• 对污染征税、可交易排放许可证,或者运用其他货币性激励或处罚,使污染排放者继续像往常一样污染环境在财务上变得不具有吸引力。

正像我们下面将看到的那样,所有这些方法都发挥了有效的作用。

自愿制度　自愿制度,尽管值得敬佩,但通常被证明是微弱且不可靠的。例如,一些善意的商业厂商,主动真诚地努力采取有利于环境的策略。然而,竞争常常阻止他们在这一目标上支出多于象征性的数量。没有哪个企业,不论它有多么高尚,能够长期承担如此之多的在"善事上"的支出,而又使它的竞争对手不能轻易地对其削价竞售。其结果是,自愿的商业项目有时更多的是有助于公司的公关活动,而不是有助于环境。

然而,自愿措施确实有它们的作用。它们适合于运用在监督不可行,因而强制执行也不可行的场合,如阻止露营者在偏远地区乱扔垃圾,在那里,呼吁人们的良知是唯一的选择。并且在简单但严重的紧急状况下,不允许有时间来计划和实施一个系统的计划时,自愿承诺可能是唯一可行的方法。

例如,几大主要城市曾经经历过污染物暂时但危险集中的插曲,迫使当局呼吁公众大幅削减污染物的排放。公众对短期要求合作的呼吁,其反应常常是强烈且令人振奋的,特别是当市民的自豪感被激发时,情况更是如此。例如,在1984年的夏季奥运会期间,洛杉矶市政府官员要求摩托车手加入拼车,要求企业缩短工作时间,以及要求卡车司机限制自己只做必要的运送,并避免交通高峰时间。其结果是,交通拥挤和烟雾都显著减少,以至于城市后面6 000英尺高的圣加布里埃尔山(San Gabriel Mountains)竟然变得清晰可见。

直接控制 **直接控制**(direct controls)是美国环境政策的主要传统工具(即所谓命令和控制的方法)。联邦政府,通过环保局(EPA)制定水和空气的质量标准,并要求州和地方政府采取确保实现这些目标的规则。例如,汽车尾气排放标准要求新汽车要通过检测,以证明它们的排放量不超过规定的数量。作为另外一个例子,就是地方政府有时禁止产业使用某些"脏"的燃料,或是要求厂商采取措施"清洁"这些燃料。

对污染排放征税 大多数经济学家同意,仅仅依靠直接控制是错误的,并且,在大多数情况下,对污染者施以罚款,或进行**排污收费**(pollution charges),能够使同样的工作更可靠、更有效和更经济。

最常见的建议是,政府允许厂商想污染多少就污染多少,但迫使它们为这个特权支付税收,以便使它们想要更少污染。在这种计划下,污染者排放的数量,就像使用电能一样是用表来计量的。在月末,政府就送给污染者一份账单,对每加仑(或其他单位)的排放征收规定数量的税。(税额也可以随排放物的质量而变化,排放物越危险,或越让人不舒适,征收的税率就可以越高。)因此,在这个框架下,对环境的破坏越大,污染者缴纳的税就越多。排污税是有意设计出来鼓励污染者利用税收漏洞的——通过减少污染,污染者就能减少所应纳税的数量。

企业的确对这类税收有反应。一个众所周知的例子是,德国鲁尔河谷(the Ruhr River basin),这里的排污税已经使用了许多年。尽管鲁尔是一个高度集中的工业中心,但受排污税保护的河流,干净得可以用于钓鱼以及实现其他娱乐活动的目的。厂商也发现,从他们的液态排放物中提取污染物,并回收利用它们,以此来避免缴纳排污税,同样是有利用可图的。

> **直接控制**是告诉组织或个人,什么生产过程或原料他们可以使用,或什么产品允许他们供给或购买的政府规则。

> **排污收费**(或对排放征税)是要求污染者支付的税收。他们支付的数量,取决于他们排放了什么以及排放了多少数量的污染物。

17.2.1 排污税与直接控制

为什么说可以证明对排放征税比直接控制更有效和更可靠呢？弄明白这一点十分重要。直接控制的执行，依靠的是刑事审判制度。但是，一个违反规则的污染者，先要被拘捕，然后，管制机构必须决定是否有足够的证据起诉他，接下来，管制机构必须能打赢官司，最后，法庭必须强加一个能够起作用的足够强有力的惩处。如果这些步骤中有任何一步缺失，污染者都会逃脱破坏环境的惩罚。

执行问题 直接控制的执行，要求管制机构具有警戒性和富有热情，这都必须指派具体执行所需的资源和人员。但是，在许多情况下，用于执行的资源少得可怜。直接控制的有效性，还取决于法庭体系的速度和严厉性。然而，法庭通常是缓慢和仁慈的。在声名狼藉的储备采矿公司(the Reserve Mining Company)的案件中，为阻止该公司向苏必利尔湖(Lake Superior)排放污物(其中包括类似石棉的被认为能致癌的纤维)的诉讼，就花了十多年时间，而苏必利尔湖是许多社区的饮用水源。

最后，只有当立法制度给违法者施以相当数量的处罚时，直接控制才能见效。20世纪90年代后期，在几个案件中存在某些判处大额罚款的情况(例如，在1998年，路易斯安那太平洋公司，因违反《清洁空气法》(the Clean Air Act)，被处以创纪录的3 700万美元罚金；以及在1999年，皇家加勒比游轮有限公司(Royal Caribbean Cruises Ltd.)，世界上最大的游轮公司之一，因为在美国水域倾倒石油和危险化学物品，同意支付1 800万美元)。某些污染者，甚至因为其错误行为被判入狱。然而，更多的情况是，大型厂商被裁定实施了污染，并处以了罚款，但罚金的数量甚至不足以一个相当小的公司挂齿。上面提到的3 700万美元的罚金，与该公司那年25亿美元的销售额相比，显得是多么的微不足道。① 而且，在现有管理条件下，环境罚款和对污染者的起诉，已经显著下降了。

相反，排污税是自动的和确定的。没有任何人需要被逮捕、起诉、定罪或处罚。税单会由不知疲倦的收税者自动送出。对污染者而言，避免支付排污收费的唯一有效方式，就是减少污染。

清洁的效率 排污税的另一个重要优点在于，它倾向于比直接控制花费更低的成本。对一些污染控制项目的统计估计表明，通过直接控制来减少污染，其成本大约是征收排污税两倍之多。为什么会存在这么大的差距呢？因为在直接控制下，排污量的削减，通常不是以不同厂商更便宜和更有效地减少污染的能力为基础，成比例分配的。

假设企业A每减少1加仑的污染排放量只需花3美分，而企业B却要花上每加仑20美分做同样的工作。如果每个企业每天排放2 000加仑的污染物，那么，管理当局通过命令两个企业都把每天的排污量限制在1 000加仑，就能实现50%的污染减少。这样做可能公平也可能不公平，但它肯定不是有效率的。企业A的社会成本将是1 000×

---

① "$37 Million Fine Levied for Clean Air Violation," *The New York Times*, May 28, 1998, p. A22; "Royal Caribbean Gets Record Fine in Dumping Case," July 21, 1999, http://www.CNN.com.

3 美分(即 30 美元),而企业 B 的社会成本将是 1 000 × 20 美分(即 200 美元),共计 230 美元。如果政府对每加仑的排污征收 10 美分的税来取而代之,那么,企业 A 将会完全消除其所有排放,支付 3 美分/加仑的成本,以便避免 10 美分/加仑的税收。而企业 B 还是如以前一样继续排污,因为税收比 20 美分/加仑的污染控制成本更便宜。这样,在排污税条件下,总的日排放量依然会每天削减 2 000 加仑,但是,在该计划下,每天的总成本将只有 60 美元(3 美分 × 2 000 加仑),这与直接控制下 230 美元的成本形成了鲜明的对比。

污染税的效率之谜是直观易解的。只有那些能够便宜而有效地减少排污量的污染者,才能够占到税收内在漏洞的好处——即通过减少排污量以获得节省税收支出的机会。因此,征税的方法就是把任务交给那些能够最有效完成它的人来做——给他们的奖励就是让他们逃税。

优势与劣势 给定税收方法的所有这些优点,那么,为什么还会有人想要用直接控制呢?

在三种重要的情况下,直接控制具有明显的优势:

- 当一种污染物十分危险而必须全部禁止时。
- 当情况发生突然变化——例如,一次危险的空气质量危机出现——需要行为发生迅速且巨大的变化时,例如临时减少汽车的使用。由于改变税则困难并且耗时,因此,在这样的情况下,直接控制通常效果更佳。比如,在一个受到危险的空气质量危机威胁的城市,其市长可以禁止私人载客车的使用,直到危机过去。
- 当有效可靠的污染计量装置还没有发明出来,或是其安装和使用成本极高时。在这些情形下,管理当局无法运行一个有效的税收计划,因为,它们无法决定一个污染者的排污水平,从而无法计算出税款。唯一有效的选择,可能就是要求企业使用"清洁"燃料,或安装排放净化装备。

17.2.2 保护环境的另一种金融工具:排放许可证

排放许可证是由政府发放的许可证,它们指定了许可证持有人被允许排放的污染物的最高数量。许可证在总量上只能允许排放一个有限的数量。通常,这些许可证必须从政府手中购买,或是在特定市场上购买。

保护环境的排污税方法的基本思想是,用财务激励诱导污染者减少他们对环境的损害。但是,至少还有另外一种形式的财务激励方法,可以实现同样的目标:要求污染者购买**排放许可证**(emission permits),获得指定数量污染排放的授权。这些由政府当局确定的有限数量的许可证,能够按供求决定的价格被提供出来销售。

在这种安排下,环保局决定每单位时间(比如说每年)什么数量的排放是可以容忍的,然后,发行一批许可证,授权刚好与之相等的污染量。许可证卖给那些出价最高的竞买者,其价格由供求决定。如果可供出售的许可证的数量很小,而许多厂商又需要购买许可证来完成他们的工业活动,那么,许可证的出售价格就会很高;类似地,如果当局发行了大量的许可证,但厂商需求的污染排放量很小,那么,其价格就会很低。

排放许可证的工作原理,基本上与排污税相似——它们使得厂商继续像以前一样污染那么多变得太昂贵。然而,许可证方法还有一些比排污税优越的地方。例如,它降低了将要排放的污染量的不确定性。在征税情况下,我们无法事先确知这一数量,因为它取决于污染者对一给定税率的未来反应。而在许可证的情况下,环保当局事先决定一个排放的上限,然后,按照这一排放量发放许可证授权排放。当美国环保局在1995年首次引入可交易排放许可证时,许多人被这种"污染证"的观念激怒了。而如今,人们却很少听到抱怨,因为可交易许可证计划已经获得了巨大的成功。最好的例子之一是"酸雨"市场上的二氧化硫许可证(其中主要的参与者都是大型发电公用事业公司)。这一"限量和交易"计划(the "cap and trade" program,环保局限定了 SO_2 的排放量,并发行了相当于该限量的可交易许可证,称为排放限额(allowances),以保证排放量处于那些限量之内)降低了污染水平,同时也为污染者节省了数十亿美元的成本。在2003年,超过1 500万的 SO_2 排放限额被交易,其中绝大多数是私人柜台交易,辅之以环保局提供的排放限额追踪、排放追踪以及连续排放监测在线系统。芝加哥交易所(The Chicago Board of Trade)经营环保局的一个很小比例的年度排放限额的拍卖,这就产生了关于排放限额价格的有价值的信息。这些市场对任何人都是开放的,这样,环保主义者也能够购买到这些许可证,并把它们"束之高阁",因而也就可以改进空气质量(例如,在2004年的拍卖中,酸雨回收基金(the Acid Rain Retirement Fund),一家以缅因州波特兰市为基地的非营利组织,就以2 100美元的价格购买了7份排放限额;与此同时,以俄亥俄州为基地的美国电力公司,花费20 813 800美元购得了75 000份排放限额)。①

尽管有关"限量和交易"的经济激励在二氧化硫和其他污染物控制方面的好消息,但是,必须注意到,政治有时会干涉环境项目。例如,在2007年,美国最高法院否决了布什政府试图对老电厂放松清洁空气法规则的提案。而且在同一天(2007年4月2日)的另一项决策中,最高法院坚持认为,清洁空气法赋予了美国环保局管制二氧化碳和其他全球变暖污染物的权力,刚好与布什政府的论点相矛盾。

17.3 两次为市场欢呼

在本章的第1部分,我们已经知道,环境保护不能留给自由市场来解决。由于包含着大量的外部性,市场会系统性地对这项工作的资源配置不充分。然而,这种市场失灵,并不意味着我们应该轻视价格机制。相反,我们已经看到,基于排污收费的立法创造的市场解决方案,通常是保护环境的最佳途径。至少,在这种情况下,市场机制的力量,可以被用来纠正它自己的缺陷。

现在,在本章的第2部分,我们转向自然资源问题的讨论,在那里,市场机制也同样起着关键作用。

---

① 资料来源:http://epa.gov/airmarkets/trading/index.html

第 2 部分：自然资源的经济学

> 自从燃料变得如此昂贵，而且它当然还会变得越来越稀缺和珍贵，因此，任何节约（燃料）的新建议……至少都应该被认为是值得考虑的。
>
> ——本杰明·富兰克林，1744

当我们浪费自然资源时，环境破坏的最主要形式之一就出现了。在本章前面，我们看到，外部性刚好会导致这种类型的浪费——如当政府、个人或商业厂商使用清洁的空气和清洁的水而不用花费成本或不受处罚时，情况就会如此。在我们刚刚研究过的环境保护经济学，和我们现在要转向讨论的自然资源经济学之间，存在一种密切的分析上的联系。

将近30年前，世界上受到一次突然而来的"能源危机"的冲击。石油价格暴涨，消费者发现他们要排长队等待购买汽油。这次事件对整个世界产生了深远的影响，并结束了自然资源的存量是无限的，只等我们去获取这样一个广泛流传的假设。确实，早在20世纪70年代末和80年代初，就存在许多关于自然资源枯竭的威胁的恐慌。一份主要杂志的首页甚至提出这样的问题："我们会耗尽一切吗？"

自然资源一直是稀缺的，而且它们常常被浪费性地使用。但是，我们将不会耗尽大多数重要的资源。在许多情况下，替代物是可以找到的，而且，20世纪70年代的许多短缺，在很大程度上可以归咎于愚蠢的政府计划，而不是自然资源枯竭将至。

17.4 经济分析：可耗竭资源的自由市场及定价

如果已知矿物储量的统计数据，如我们在本章开头的难题中看到的那样，保持惊人地持续上升的话，那么，我们就会开始对它们产生怀疑，并且会产生这样的疑问，是统计数据错误，还是我们根本没有耗尽一系列有价值的资源，尽管它们的供给有限，且被持续不断地使用。存在另外一种更为可靠的关于资源耗竭的指标吗？大多数经济学家会说存在这样一个指标——那就是资源的价格。

17.4.1 稀缺性与不断上涨的价格

根据经济分析，资源耗竭程度的一个更好的指标是其价格。当一种资源变得更为稀缺时，我们预期其价格会由于多个原因而上涨。一个原因是，我们耗竭一种资源，不是简单地逐渐用完一种同质产品，即每个单位都是同等地可获得的；相反，我们通常是首先用完最容易获取且质量最高的贮藏，只有在那之后，我们才会转向需要高成本，因而更不易获得的供给，或更低纯度或质量的贮藏。石油就是一个明显的例子。开始时，美国人主要依赖于最容易发现的国内石油。然后，他们转向从需要更高运输成本的中东进口石油。那时,从北海海底开采石油这项危险且成本极高的生产过程,仍然是不可获利的。我们知道,美国依然拥有巨大的石油储量,但都埋在页岩下(即页岩油),到目前为止,开采这些石油仍然太困难,因而成本也太高。

一种资源如石油不断增加的稀缺性,通常不是指它会马上和完全消失;相反,它涉及的是,最容易获取因而最廉价的资源枯竭了,从而使得新的供给变得成本更高。

17.4.2 供给—需求分析和消费

不断增长的稀缺性,也会因一般的供给—需求原因提高资源的价格。我们知道,供给短缺的商品倾向于变得更昂贵。为了弄明白这一过程是如何作用于自然资源的,想象一种虚构的矿物,"经济质"(economite),其质量是稳定的,且其开采和运输成本可以忽略不计。那么,这种矿物的储藏多快会被用尽,以及随着时间的推移,其价格会发生什么变化呢?

可耗竭资源定价的基本法则告诉我们,随着可耗竭资源储藏逐渐被用尽,在一个完全竞争的市场中,它的价格每年会以一个越来越大的货币数量上升。

尽管不用知道任何关于"经济质"的供给或消费者对它的需求,我们就能预测其价格,但是,我们的确需要知道有关其供给和需求的某些情况,才能决定它的消费会发生什么样的变化——即它会被以何种速度用光。

图17-2(a)是"经济质"的一条需求曲线DD,它表示在不同的价格水平下,人们每年想要用掉的数量。在纵轴上,我们表示了价格如何必须年复一年上涨,从初始年的100美元/吨到下一年的110美元/吨,等等。由于需求曲线的斜率为负,因此,这种矿物质的消费每年都会下降。也就是说,如果不存在需求曲线的移动,如图中的(a)部分所示,消费量会从最初的100 000吨,降低到下一年的95 000吨,等等。

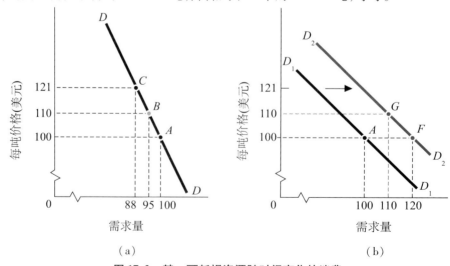

图17-2 某一可耗竭资源随时间变化的消费

注:需求量以每年千吨为单位。

在现实中,这样的需求曲线很少保持不动。随着经济的增长,以及人口和收入的增加,需求曲线会向外移动——这一模式也许对大多数稀缺资源是正确的。需求曲线的这种移动,至少部分地抵消了因价格上升导致的需求量下降。毫无疑问,相对于如果价格保持不变的情况来说,价格上升的确削减了消费的增长。图17-2(b)描述了需求曲线的一次外移,即从初始期的 D_1D_1 曲线,移至一年后的 D_2D_2 曲线。如果价格保持在初始的价值 100 美元/吨不变,那么,每年的消费量会从 100 000 吨增加至 120 000 吨。但是,因为随一给定的供给曲线,价格必须上升,比如说至 110 美元/吨,所以,需求量只能增加到 110 000 吨。因此,不论需求曲线是否移动,我们都可得出结论:

> 伴随某种可耗竭资源稀缺性的日益增加,其不断上升的价格会抑制消费(鼓励保存)。即使需求量增长,其增长的幅度仍会比价格没有上升时要小。

17.5 20 世纪的实际资源价格

那么,事实与这个理论分析是否吻合呢?正如我们将要看到的,吻合得不是太好。图 17-3 给出了自 20 世纪初以来,三种金属——铅、锌和铜——的价格变化。该图表示的是这三种资源与经济中其他价格的相对价格(换句话说是实际价格,即对影响美元购买力的通胀或通缩进行了调整之后的价格)。我们发现的结果,与理论带给我们的预期不同,价格不是稳步上升,相反,锌的价格实际上惊人地保持不变,铅的价格亦是如此,尽管这两种金属在逐渐被耗尽。铜的价格是一直有起有伏,但并没有表现出任何上升的趋势。

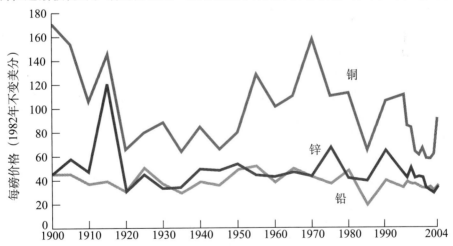

图 17-3 1900—2004 年铅、锌和铜的实际(调整通胀后)价格

注:价格以 1982 年不变美分表示,对所有商品经过生产者价格指数平减。

资料来源:U. S. Bureau of the Census, *Historical Statistics of the United States*, *Colonial Times to* 1970, Washington, D. C. :1975; *Statistical Abstract of the United States*, Washington, D. C. :各期; U. S. Department of Labor, Bureau of Labor Statistics, http://www.bis.gov; U. S. Geological Survey, http://www.usgs.gov.

图 17-4 表示的是自 1949 年以来,美国原油的实际价格(同样经过了通胀调整)。它给出的是井源价格——即在生产地的价格,不包括任何运输成本。注意,直到 1973 年第一次"能源危机"出现之前,这些价格是多么稳定,而在 1973 年,石油价格陡然上升。第二次更大的石油价格上涨,发生在 20 世纪 70 年代末和 80 年代初。但此后直到 2003 年,实际石油价格保持在显著低于"能源危机"时的水平,在 2003 年,石油价格再次显著上涨。在 2008 年年初,石油价格达到破纪录的每桶 100 美元。①

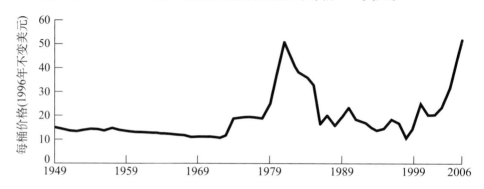

图 17-4 1949—2006 年美国国产石油的井源价格,实际值(通胀调整后)

注:价格以 2000 年不变美元计算,经过隐含的 GDP 价格平减指数平减(2006 年仅为前 10 个月)。

资料来源:U. S. Department of Energy, Energy Information Administration, http://www.eia.doe.gov; Department of Commerce, Bureau of Economic Analysis, http://www.bea.gov.

17.5.1 干预价格模式

我们该如何解释有限资源价格的这种奇特行为呢?这些资源肯定要被耗尽,即使只是逐渐地被用完。尽管有许多东西都能够对理论带给我们的价格模式进行干预,但在这里,我们只提及三种:

(1)意外地发现了以前未曾预想到的新的储藏。如果我们突然发现了一个巨大且易开采的"经济质"矿藏,它对市场也完全是一个意外的话,那么,这种矿物质的价格显然会下降。这种情况可由图 17-5 解释,其中我们看到,人们最初认为的可得供给以 S_1S_1 曲线表示。新经济质储藏的发现,导致他们认识到供给比原来料想的要多出许多。其结果是供给曲线向右移动(S_2S_2 曲线),因为这一发现降低了供给者在任一给定数量的供给成本,所以,在任一给定价格下,供给一个更大的数量对它都是有利的。像供给曲线的任何外移一样,可以预期,这个变化会引起价格下降(从 P_1 降至 P_2)。

历史上一个明显的例子就是,在 16 世纪,西班牙人在墨西哥和南美发现了金和银,导致这些贵重金属在欧洲的价格大幅下跌。更有效率地使用资源的创新,也会产生同样的影响。如果一项新的发明,使人们用一加仑汽油能行驶的英里数翻倍,那么,这就相当于把仍在地下的石油的供给增加了一倍。

(2)可能显著降低开采成本的新的采矿或冶炼方法的发明。这一发展也能导致供

---

① Jad Mouawad, "Wider Troubles Trickle Down to Oil Sector," *New York Times*, January 24, 2008, C1.

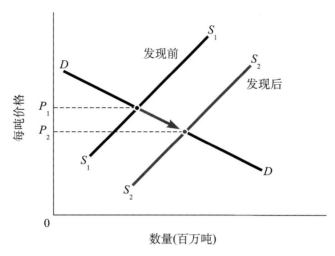

图 17-5 一个额外储藏发现的价格效应

给曲线向右移动,因为供给者在任一给定的价格下,变得能够提供更大的数量。此种情形当然再次可以用类似图 17-5 的图来表示——只不过现在是成本的下降,而非新储藏的发现,向右移动了供给曲线。

(3)保持低价或降低价格的价格控制。立法机关能够通过一项法律,禁止资源以高于价格 P^* 的水平销售(见图 17-6)。通常这一战略不能生效,因为在许多情况下,会出现一个非法的黑市,在黑市上,供给者秘密地或多或少收取非常高的价格。但是,一旦价格控制确实生效,短缺通常接踵而至。因为目标是使法定的价格上限 P^* 低于市场均衡价格 P,那么,在价格 P^* 上,需求量(图中为 500 万吨)将高于自由市场的水平(400万吨)。同样地,我们可以预期,供给量(图中为 200 万吨)要少于自由市场的水平(也是 400 万吨)。这样,与在这些情况下通常发生的一样,供给量少于需求量,其结果是短缺(在图 17-6 中以 AB 线段衡量,或为 300 万吨)。

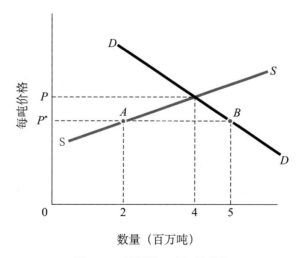

图 17-6 控制某一资源的价格

许多经济学家相信,这正是1971年后,当尼克松总统决定实行价格控制时所发生的一切。也正是在那时,经济经历了一次短缺灾难,我们似乎"差不多用完了一切东西"。当价格控制在1974年终止后,大多数短缺消失了。

我们可以用这些影响因素中的一个或多个,解释我们所举的矿物价格没有上升的每个例子。例如,铜和锌是受益于技术进步,从而降低了它们的开采成本。此外,直接电镀技术的发展,使铜的生产变得更有效率。至于铅,是因为在密苏里州(Missouri)发现的新矿拥有丰富数量的矿石,与以前可得的铅矿相比,它们开采起来更容易,且冶炼起来更便宜。当然,真实事件比理论模型使我们相信的要更加复杂。

17.5.2 价格干预合理吗?

尽管有这些影响因素存在,但如果一种资源确实变得相当稀缺,并且获取的成本很高,那么它的价格最终必定会上升,除非政府干预。而且:

> 在一个自由市场上,需求量永远不会超过供给量,即使是一种正迅速趋于枯竭的有限资源,其供求关系亦是如此。理由很简单:在任何一个自由市场上,价格会自动地调节,以消除供给量和需求量之间存在的任何差异。

> 理论上,任何短缺——任何需求量对供给量的超出——必定是人为的,应归咎于为阻止价格机制发挥作用而采取的决策。

当然,说原因是人为的,没有解决根本问题——即当资源稀缺时,价格自由调节是否合意,或者说,干预定价过程是否合理。

许多经济学家相信,这是一种疾病——短缺及其所引起的经济问题——远比治疗——放松价格管制——更为糟糕的情况。他们坚持认为,一般公众被误导了,他们把价格上升看作是问题,而实际上,价格上升是(不可否认的痛苦的)治疗的一部分。

当然,很容易理解,为什么消费者都不喜欢价格上升;也不难弄明白,为什么许多消费者都把这种价格上升归咎于贪婪的供应商的合谋,他们以某种方式故意制造短缺,以迫使价格上升。有时,这种观点甚至是正确的。例如,石油输出国组织(OPEC)的成员们,就堂而皇之地试图影响石油的流量,以便提高其价格——并且还屡屡得手。但是,从供给和需求原理来认识,当一种资源日益稀缺时,即使没有任何合谋或阴谋,其价格也会倾向于自动上升,这是非常重要的。

17.5.3 不断上升的价格的优点

不断上升的价格,有助于从三个基本的方面控制资源的耗竭:
- 它们抑制消费和浪费,并对保护提供激励。
- 它们刺激工业部门更高效地使用资源,对采用能节省资源或可以使用替代资源的生产过程提供激励。
- 它们鼓励创新——包括发现其他能发挥同样作用但储量更丰富的资源,以及发明能使这些其他资源被经济地利用的新技术。

难题解答：可耗竭资源的储藏量不断增加

非常奇怪的是，在前面我们已看到，许多矿物资源的储藏量实际上一直在增加，尽管全世界使用这些资源的生产也在不断增长。对这个自相矛盾的现象，有一个直观的经济解释：不断增加的矿物储藏量，归因于成功的定价和勘探活动。矿藏不是被意外发现的，相反，勘探和发现包含了需要地理学家、工程师和昂贵的设备的成本高昂的工作。当储藏丰富而矿物价格低廉时，产业部门不会认为花这些钱是值得的。

在20世纪，每当某种矿物的已知储藏量下降，而其价格倾向于上升时，勘探就会增加，直到储藏量下降被抵消为止。供求法则发挥了作用。例如，在20世纪70年代，不断上升的石油价格，导致石油勘探活动非常显著地增加，从而有助于增加石油储量。尽管为了保护我们自己（美国人）不受OPEC的控制，需要更多地消费源自美国的石油，但是，这对我们来说，可能不是明智之举，但通过勘探来增加我们的石油储量，显然的确是谨慎稳妥之策。增加勘探的获利性，可能是实现这一目标的最有效途径。

小结 》》》

1. 污染问题与人类历史一样古老。与流行观点不同的是，一些形式的污染，实际上甚至在政府的保护环境计划发起之前，就一直在下降。
2. 计划经济和市场经济都面临着严重的环境问题。
3. 商品生产必定会引起废物处置问题，除非任何东西都可以被回收利用，但是，即使是回收利用过程也会引起污染（并耗尽能量）。
4. 工业活动引起环境破坏，而私人个体活动也是如此（如当人们驾驶排放污染物的汽车时）。政府机构同样也破坏环境（如当军用飞机制造噪声和废气，或者水力发电项目引发大面积的洪水灾害时）。
5. 污染是一种**外部性**——当一家工厂排放烟雾时，它弄脏了邻近区域的空气，而且可能会损害一些既不为工厂工作，也不购买其产品的人们的身体健康。因此，在污染控制上，自由市场没有最好地服务于公众利益。这一结论，是另一个我们"课程结束后仍须牢记的要点"。
6. 污染可以通过自愿制度、**直接控制**、**污染收费**（排污税）或其他货币性激励等来控制降低排放。
7. 大多数经济学家相信，货币性激励方法，是控制有破坏性的负外部性最有效率和最有成效的方法。
8. 只有当某个因素阻碍了市场机制自由运作时，稀缺资源的需求量才会超过供给量。
9. 在自由市场上，当一种资源变得稀缺时，其价格会上升，从而促使消费者增加保存，增加对新的储藏地的勘探，增加能服务于相同目的的其他替代物品。
10. 在20世纪，许多资源的相对价格大致维持不变，主要是因为发现了新的储藏和成本节约的创新。
11. 在20世纪70年代，OPEC成功地提高了石油的相对价格，但是，价格上升导致石油的世界需求大幅下降，同时引起OPEC以外的国家石油增产。
12. 可耗竭稀缺资源的已知储藏量，并没有倾向于随时间的推移而下降，因为随着资源的价格因稀缺性不断增加而上升时,增加对新储藏的勘探变得有利可图了。

关键词

外部性　　　　　直接控制　　　　　污染收费(排污税)
排放许可证

自测题

1. 每生产一单位商品 X 会产生 10 磅的污染排放。商品 X 的需求和供给曲线由下表描述:

价格(美元)	需求量	供给量
10	80	100
9	85	95
8	90	90
7	95	85
6	100	80
5	105	75

均衡的价格和数量是多少,有多少污染会被排放?

2. 运用自测题 1 中的数据,如果 X 对消费者的价格为 9 美元,政府对每单位的 X 征收 2 美元的税,试证明,由于供给商只拿到了 7 美元,它们将只生产 85 个单位的 X,而不是他们拿到全部 9 美元时将生产的 95 个单位的产出。

3. 按自测题 2 中描述的税收,有多少污染会被排放?

4. 比较你对自测题 1 和自测题 3 的答案,并证明,因为对污染性的产出征收 2 美元的税,污染排放减少了多少。

讨论题

1. 在一个非洲的小村落里,你预期会有哪些污染问题? 在一个印度的城市呢? 在中国呢? 在纽约市呢?

2. 假设指定你起草一份对排烟征税的法律,你会把哪些条款放入法律中?
   a. 你怎样决定税收规模的大小?
   b. 你怎样处理一家市政电厂排出的烟雾?
   c. 在密集居住区和稀疏居住区,你会使用同样的税率吗?
   在你决定该如何处理上述条款之前,你需要收集哪些信息?

3. 试讨论反对让持续上升的价格消除稀缺资源供给短缺的观点的合理和不合理之处。

4. 为什么燃料价格上涨,在几年之后引发的保护程度,要比它在价格上涨后的几个月中引发的保护程度更大? 你的答案对分析燃料需求的长期和短期弹性的大小有何意义?

第18章 税收与资源配置

> 政府的征税力量,应该用来为实现合法的政府目标提供所需的收入,而不应该用来规制经济或引起社会变革。
>
> ——罗纳德·里根(Ronald Reagan)

一句老谚语说道:"除了死亡和税收,人世间没有什么事是确定的。"但最近几十年来,美国的政治却把这句格言颠倒了过来。如今看来,增税是通向政治死亡的必由之路——而赢得竞选的必由之路是减税。

减税的热潮第一次席卷这个国家是在罗纳德·里根总统任期内——他赢得了两届竞选的大胜利。在誓言决不增税后,老布什总统又在1990年批准了某些小幅度的增税——一些人认为,正是这一决定毁掉了他在1992年的竞选。随后接任的比尔·克林顿总统,在他1993年削减赤字的计划中,把增加上层收入纳税者的所得税,作为其计划的主要组成部分。在接下来的一年,在民意调查中,民主党完全被共和党的减税誓言所消灭。不过克林顿还是赢得了1996年的连任竞选,但是,在2000年,小布什总统击败阿尔·戈尔,部分是基于他的减税承诺,而在2004年再次赢得竞选,部分是因为约翰·克里像克林顿一样,提议废止部分布什的减税。在2008年大选期间,是否延续布什的减税再次成为热点政治话题,领导民主党的两个候选人,巴拉克·奥巴马和希拉里·克林顿都誓言撤回某些减税,但共和党候选人约翰·麦凯恩竞选宣称,不仅要延续布什的减税,而且还要削减更多。

反税情绪在美国,一个某种程度上因税收叛乱而诞生的国家,并不是什么新鲜事。但是,在任何一个现代的混合经济中,税收都是不可避免的。在美国,尽管绝大多数经济活动都是交给私人部门打理的,但还有一些——诸如国防和高速公路的提供——是留给政府的。而任何这类政府支出,都需要税收收入来支付账单。同样如此的还有诸如社会保障和失业保险之类的转移支付计划。

此外,政府有时会运用税收体系促进某个社会目标的实现。例如,在上一章我们已经知道的,政策制定者们可以运用税收来纠正由外部性,包括那些影响全球气候变化的外部性,引起的资源配置错误。

本章讨论被用来获取里根总统称为"合法的政府目标所需的收入"的税收类别，税收对资源配置和收入分配的影响，以及区分"好"税与"坏"税的原则。

难题：布什的减税应当被部分废止吗？

乔治·W. 布什总统是美国历史上最大的减税者之一。他提议并经国会通过了 2001 年、2002 年和 2003 年的减税。这些账单显著地降低了个人所得税税率，逐渐淘汰了遗产税，创造了特别优惠的低股利税——以及其他减税。然而，立法使大多数减税都是暂时性的（在"日落"年份上有所不同），因而它们在 2010 年将到期，除非国会明确地再次执行它们。也许正是由于这个原因，废止或延续布什减税，变成了 2008 年总统竞选的一个话题。

布什减税从开始就一直受到争议。支持者，包括差不多所有参与 2008 年初选的共和党候选人，认为 2003 年和 2004 年经济的快速增长得益于减税，并争论应该让减税永久化。批评者，包括差不多每一个民主党候选人，指责减税使联邦财政赤字像吹气球一样膨胀，并提出应当废止对高收入家庭的税收削减，因为国家承担不起它们。在大选中，候选人可预期地按党派阵线划分，共和党被提名的候选人约翰·麦凯恩参议员支持包括高收入者在内的减税，而民主党被提名的候选人则反对它们。

在这一章，你会学到判断税收制度的原则，然后，我们会应用那些原则来评估布什减税。

18.1 征税的水平和类型

许多美国人相信，税收在美国的经济中所占的份额，一直在贪婪地持续上升。然而，联邦税收在 GDP 中的份额，从 20 世纪 50 年代早期直到大约 2000 年，一直是相当稳定的。它从 1929 年的不到 4%，上升至第二次世界大战期间的 20%，战后又迅速降至 15%，然后，直到布什减税将它推到 17% 以下之前，都一直在 18%—20% 波动。目前，它又重新跳回到 18%—19% 的范围内。

州和地方税收占 GDP 的份额，从第二次世界大战以来直到 20 世纪 70 年代早期，显著攀升。但是，自此以后，它也保持相当稳定——约为 10%—11%。至于这些份额是过高还是过低，在某种程度上是一件值得争论的事。但是，无论如何：

> 联邦、州和地方政府所征税收占 GDP 的份额，在大约 40 年的时间里近似稳定不变。

美国人总是觉得，税收既太多又太高。有时候征税者看似无处不在。我们有从我们的薪水账户扣减的所得税和工资税，有加在我们购买支出上的销售税，有对我们的房屋征收的财产税。我们还要支付汽油税、酒税、烟税和电话税。毫不奇怪，减税在政治上比增税更受欢迎。然而,正如我们在第2章已提到的那样,按照国际标准来看,美国人是世界上税负最轻的人民。

18.1.1 累进税、比例税和累退税

> **累进税**是指个人支付的平均税率随收入上升而上升的一种税。

经济学家们把税收分为累进税、比例税和累退税。在**累进税**(progressive tax)情况下,像个人所得税,收入中用来支付税收的比例随着个人收入的增加而上升;在**比例税**(proportional tax)情况下,像工资税,这个比例是固定不变的;而在**累退税**(regressive tax)情况下,像恶名昭彰的人头税(head tax),对每个人征收相同的税额,因而,支付给收税人的收入比例会随收入的上升而下降。① 因为支付税收占收入的比例被称为**平均税率**(average tax rate),所以,我们可以像在边栏所做的那样,重新给这些概念下定义。

> **比例税**是指在所有收入水平上的平均税率都相同的一种税。

> **累退税**是指平均税率随收入上升而下降的一种税。

> **平均税率**指的是税收对收入的比例。

然而,通常平均税率不如**边际税率**(marginal tax rate),即每一额外美元支付给收税人的比例,更令人感兴趣。其理由,正如我们看到的那样,正是边际税率,而不是平均税率,最直接地影响经济激励。那些减税的提倡者所强调的正是低边际税率的优点。

18.1.2 直接税与间接税

> **边际税率**是指每一额外美元的收入中,用来支付税收的比例。

税收分类的另一种方法,是把它们划分为**直接税**(direct taxes)或**间接税**(indirect taxes)两种之一。直接税是直接对人征收的,基本的例子有所得税和遗产税。与之相反,间接税是对特定经济行为征收的,诸如购买香烟、汽油,或是使用电话等。但当然是由人民最终支付的——因而称其为"间接"税。

> **直接税**是指直接对人征收的税。

> **间接税**是指对特定经济活动征收的税。

联邦政府主要是通过直接税获得税收,而州和地方政府则更依赖于间接税。销售税和财产税是美国最为重要的间接税;尽管许多其他国家,包括欧盟成员国,严重地依赖于**增值税**(value-added tax, VAT)——一种在美国经常被讨论,但迄今从未被采用过的税。

18.2 联邦税收体系

> **个人所得税**是对个人或家庭收入征收的税,一般它是按照累进率的结构征收的。

个人所得税(personal income tax)是联邦政府税收收入的最大来源。但很少有人认识到,工资税——在一定限额以下对工资和薪金征收的,并由雇主和雇员共同支付的税——是联邦税收的第二大来源。而且,最近几十年里,工资税增长快于所得税。在1960年,所收到的工资税仅占所收到的所得税的36%那么多,而今天,这一数字大约为75%。实际上,与支付所得税相

---

① 1990年,玛格丽特·撒切尔首相因为着手征收人头税,在英国引起了骚乱。

比,今天大多数美国人支付了更多的工资税。

剩下的联邦政府收入,绝大多数来自公司所得税和各种形式的货物(销售)税。

18.2.1 联邦个人所得税

对个人收入征税的起源,可以追溯到1913年的美国宪法第16次修正案,但是,直到第二次世界大战开始之前,它一直是时断时续的。二战开始之后,那时,华盛顿大幅提高了个人所得税,为战争提供资金,此后,它就一直是联邦收入的主要来源。

当4月15日①来临之时,许多纳税人很少甚至没有额外需要支付的税收,因为雇主们从工资中扣出所得税,并把这些资金转交给美国财政部。实际上,许多纳税人在一年中都被"过长时间地保留"了所得税,并会收到来自"山姆大叔"②退回税款的账单。事实上,大多数纳税人(包括本书的作者们)都惧怕联邦税表1040号的到来,因为其手续相当烦琐。

个人所得税是累进的。表18-1给出了这一事实的证据,该表表明,平均税率随收入的上升而上升。忽略一些复杂性,现行税法共有六个基本的边际税率,每一个都适用于一个特定的纳税人类型。当收入上升到某一特定的点之上时,边际税率就会相应地从10%上升至15%,然后至25%、28%,最后至33%和对非常高收入(一对已婚夫妇的应纳税收入超过320 000美元)的35%。

表18-1 2007年一对已婚夫妇共同承担的联邦所得税税率

应纳税收入(美元)	税额(美元)	平均税率(%)	边际税率(%)
10 000	1 000	10.0	10.0
25 000	3 035	12.1	15.0
50 000	6 785	13.6	15.0
100 000	18 475	18.5	25.0
150 000	31 958	21.3	28.0
250 000	63 525	25.4	33.0
1 000 000	324 643	32.5	35.0

> **税收漏洞**是指税法中的一些特殊条款,即如果满足特定的条件,税率可以降低到正常税率以下(甚至低至零)。

事实上,由于存在形形色色的**税收漏洞**(tax loopholes),所得税的累进程度要比看起来的小一些。下面让我们来看看几种主要的税收漏洞。

市政债券利息的税收免除地位 为了帮助州和地方政府以及一些公共管理当局筹集资金,国会在联邦所得税下,对其债券的利息实行了**税收免除**(tax exempt)。不论它是不是国会的意图,但这一条款对那些大富翁来说是最大的税收漏洞之一,这些人将他们的大量财富投资于免税的市政公债上。这种有税收意识的投资活动,长期以来成为某些千万富翁只缴纳很少所得税的

---

① 美国每年的税收结算日。——译者注
② Uncle Sam,对美国政府的戏称。——译者注

主要原因。

> 如果从某一特定来源获得的收入是不用征税的,那么,这种收入来源就是**税收免除**的。

> **税收减除**是指纳税人在计算其应纳税收入之前,可以被减掉的货币总额。

对房屋所有者们的税收利益　房屋所有者支付的抵押贷款利息和财产税的可减除性,是美国所得税制中神圣不可侵犯的条款之一。这些**税收减除**(tax deductions)显著减少了房屋所有者们的税收账单,而且相对于租房者而言,给了他们更为优惠的待遇。然而,平均来说,因为房屋所有者比租房者更富裕,所以,这一漏洞也侵蚀了所得税的累进度。

但是,为什么我们称这个为"漏洞",而其他的利息费用和税收(例如那些由商店老板支付的税收),却被认为是合法的减除呢? 答案是,与商店老板不同,房屋所有者通过支出这些费用获取了收入,但却没有为此纳税。理由是,从拥有房屋中获得的"收入"不是现金,而是以免租居住的形式存在的。

举例来说明这一点。杰克和吉尔是邻居,每人每年挣 60 000 美元,且都住在价值为 200 000 美元的房子里。不同的是,杰克拥有其房屋,而吉尔是租住的。大多数观察者都会认为,两人应该支付相同的所得税。他们是不是呢? 假定杰克每年要支付 4 000 美元的地方财产税,并有利率为 8% 的 160 000 美元抵押贷款,每年的利息费用为 12 800 美元。财产税和抵押贷款利息二者都是税收减除性的,因此,杰克在房屋费用上总共减除了 16 800 美元。但是吉尔每年可能要支付 16 800 美元房租,却得不到任何减除。这样,吉尔的税负就要比杰克高得多。

虽然我们还会继续列举更多的税收漏洞,但以上所述足以说明要点:

> 每一种税收漏洞,都会鼓励某些特定的行为方式,并偏袒某些特定类型的人群。并且,因为大多数漏洞主要有利于富人,因此,它们侵蚀了所得税的累进性。

18.2.2　工资税

> **工资税**是对从工作中所赚取的收入征收的税。在美国,该税从赚取的第一个美元开始缴纳,直到达到某个逐年增加的上限为止。

在美国,第二种最重要的税是**工资税**(payroll tax),其所得被特别指定支付给各种"信托基金"。作为回报,这些基金主要用来支付社会保障、医疗保障和失业救济等。工资税是以固定百分率征收的(现在约为 16%),由雇员和雇主双方平均分担。例如,一个每月支付工人 5 000 美元工资的厂商,会从工人的工资单中扣除 400 美元(5 000 美元的 8%),加上厂商自己的 400 美元资金,最后共上交政府 800 美元。

表面上,该税看起来是比例税,但实际上,由于两个原因,它是高度累退的。第一,仅有工资和薪金适用于该税,利息和股利则不需要;第二,因为社会保障利益有上限限制,高于某一特定水平的所得(这一水平每年变化)免除社会保障税。2008 年,该水平为每年 102 000 美元,在这一限额上,边际工资税率为零。①

---

① 然而,工资税中支付医疗保障的部分,适用于所有的收入水平,没有上限。

18.2.3 公司所得税

公司所得税是在减除了在工资、利息、租金和采购其他投入物等方面的支出后,对公司利润所征收的税。

对公司利润征税,也被认为是"直接税",因为,在法律上,公司是虚拟的"人"。目前,所有大型公司都支付35%的基本边际税率。(利润较小的厂商支付较低的税率。)因为该税只适用于利润——而不是收入——因此,所有由公司支付的工资、租金和利息等,在纳税之前都被减除。从第二次世界大战以来,**公司所得税**(corporate income tax)的征收额在联邦税收中占的份额呈持续下降之势——所占比例现在还不到8%。

18.2.4 货物税

货物税是对某种特定物品或服务的购买征收的税。

货物税(excise tax)是对某一特定物品和服务的购买征收的销售税。尽管在美国,销售税主要是留给州和地方政府的,但是,联邦政府确实还对各种杂项物品和服务,包括香烟、酒精饮料、汽油和轮胎等,征收货物税。

尽管这些税构成联邦政府收入来源的很小一部分,但是,获取收入并不是其唯一目标。一些税是为了通过提高某一商品的价格,进而抑制对它的消费。例如,存在急剧提高的对香烟和酒精饮料的货物税,但是,其主要目的不是获取收入,明显的意图是抑制抽烟和喝酒。

18.2.5 工资税与社会保障体系

在政府的统计文件中,工资税委婉地以"对社会保险的贡献"的形式出现,尽管这些"贡献"远不是自愿的。该术语表明了这样一个事实,即与其他的税不同,这一特殊税的所得,是单独存放在"信托基金"中,用来支付社会保障津贴领取者和其他人的利益的。

社会保障体系从工资税获取资金,对退休者提供社会保障津贴。

但是,信托基金的标准内涵在这里并不适用。一些私人的养老金计划才是真正的信托基金。当你还在工作时,你把钱存在它们那里,受托者替你将你的储蓄用来投资;然后在你退休期间,你再一点一点地把钱取出来。而**社会保障体系**(Social Security System)不是按这种方式运作的。在它大部分的历史中,该体系就是简单地把从当期工人手中收取的工资税,转发给当期的退休者。因而,每个月你的祖父母领到的津贴支票,从任何实际的意义上来讲,都不是他们当年工作时所做的投资所得的分红。相反,这些支票是由你的父母(或是你自己)每月支付的工资税转化而来的。

许多年以来,这种"现收现付"(pay-as-you-go)制度,维持着给每一代退休者比他们当年所贡献的工资税更多的津贴。社会保障"贡献"曾经确实是一项很好的投资。这一奇迹又是如何实现的呢?它严重依赖于增长——既包括人口增长,又包括工资增长。只要人口在不断增长,就会有越来越多的年轻人纳税。相似地,只要实际工资保持不断上升,同样的工资税税率,就可以让政府支付给每一代人的津贴超过那代人的贡献。毕竟,今天平均实际工资的10%,远远多于50年前你的祖父辈们实际工资的10%。

不幸的是,这一增长魔术在20世纪70年代停止工作了,其原因是多方面的。首先,实际工资的增长显著放慢,而与此同时,社会保障津贴却持续快速增长。其结果是,为社会保障融资的负担变得日益沉重。

其次,美国的人口增长显著放缓。自第二次世界大战结束到大约1960年(战后"婴儿潮"),这个国家的人口出生率一直非常高,但自此之后就下降了。其结果是,65岁以上人口在美国总人口中所占的比例,从1945年的7.5%,攀升至今天的超过12.5%。而且,在以后的几十年中,随着战后"婴儿潮"时期的出生者退休,这一比例还会更高的。这样,支持每一个退休者的工作人群会越来越少。

再次,预期寿命保持不断上升,而平均退休年龄则保持不断下降。这些事实对美国人而言,毫无疑问是好消息,但是,它们对社会保障体系的融资健康来说,却是坏消息。原因很简单,人们活的时间越长,退休得越年轻,他们退休生活的年数就越来越多。当年,当国会把正常的社会保障退休年龄定在65岁时,大多数美国人还活不了那么长;而如今,大多数人能活那么长,而且许多人在退休后还能活20年甚至更长的时间。

1983年,随着增长魔术的结束以及社会保障的长期资金来源明显出现风险,国会调整了社会保障津贴(主要是通过逐步提高正常退休年龄到67岁),并提高了工资税以支撑该制度的融资。而且更为重要的是,社会保障已放弃了其传统的"现收现付"融资,取而代之的是,国会决定事先发起累积性基金,以便社会保障管理当局有能力支付"婴儿潮"出生者的退休津贴。

从那以后,信托基金吸收的资金一直多于其支出。现在,社会保障盈余每年高达约2 000亿美元。如果目前对人口、实际工资和退休行为的预测被证明是基本精确的话,那么,这些年度盈余在少许几年里,将累积为一个巨大的信托基金余额,而随后将会逐渐启用。不幸的是,长期资金来源问题仍然悬而未决,因为同样的预测还表明,到2040年,信托基金的资金将会耗尽。因此,很明显,从长期来看,除非能找到某种途径为该体系注入更多的资金,否则,更低的社会保障津贴和更高的工资税的某种组合,就会在长期中可怕地来临。(参见专栏"社会保障私有化"。)

政策争论

社会保障私有化

根据政府的长期预测,已经承诺的社会保障津贴,将大幅地超过未来可预期的工资税收入。这样,尽管社会保障不会马上面临资金问题,但是,必须采取一些措施,使该制度最终能在一个良性的资金基础上运行。

虽然你不一定是精算师,但你也会明白,需要更高的工资税(或是某种其他的收入来源)和更低的社会保障津贴的某种组合,来应对这件事。但是,这两种方案在政治上都是令人不快的。这一困境导致布什总统提出了另外一条出路:社会保障体系的部分私有化。

这意味着什么呢？简单地说，就是将目前工资税的一部分，从社会保障基金中分离出来，转入由个人工作者所拥有并控制的私人投资账户。其思路是，这些私人账户，比起把所有的资金都投入到美国政府债券上的社会保障信托基金来说，将赚取更高的回报。如果真是如此，那么，私人账户会快速增长，从而会缓解一些信托基金支付未来津贴的负担。但是，批评者们却担心，许多个人可能并非聪明的投资者。

2004年，在布什总统成功连任后，他提出了自己的具体私有化计划，并开始推进该计划。但是，国会没有通过该计划，即使当时国会中共和党人占优势。在2008年大选中，大多数民主党人提出观点反对私有化，而且很少有共和党人以任何明确的态度支持它。看起来，社会保障私有化现在已经寿终正寝了。

18.3　州和地方税收体系

尽管大多数州也征收所得税，但是，间接税是州和地方政府收入的支柱。销售税是各州的主要收入来源，而城镇则主要依赖于财产税。

18.3.1　销售税和货物税

现在，美国除了五个州以外的其他所有各州、许多大城市和一些县，都对物品和服务的购买征收广泛的销售税，但也有一定的特别免税。例如，在许多州，食品都是免除消费税的。总的销售税率一般在5%–8%的范围内。此外，大多数州对诸如烟草制品、烈性酒、汽油和奢侈品等，征收特殊的货物税。

18.3.2　财产税

> **财产税**是对诸如住宅和办公楼等可征税财产按照评估价值征收的税。

市政府通过对诸如住宅和办公楼等财产征税获取收入。教育和宗教机构通常被免除这些**财产税**（property tax）。通常的程序是，先基于每项可征税财产的市场价值进行价值评估，然后，对社区财产的总的评估价值设定一个税率，使得获得的收入足以补偿地方服务的支出。通常，财产税占到财产真实市场价值的1%至3%。

多年以来，围绕着财产税有相当大的政治争论。因为地方财产税是公立学校的主要资金来源，所以，拥有昂贵房地产的富裕社区，相对于贫穷社区而言，就有能力提供质量更高的学校。一个简单的算术例子就能弄清楚为什么会如此。假定富裕镇每户平均拥有300 000美元的房产，而贫困镇每户平均仅仅拥有100 000美元的房产。如果两个镇都征收2%的财产税支付给它们各自的学校，富裕镇将会从每户获得6 000美元收入，而贫困镇只能得到2 000美元。

看到像这样的不平等，许多州的法院都宣布，通过地方财产税为公立学校融资是违反宪法的，因为这样做，就剥夺了较贫困地区的孩子接受高质量教育的均等机会。结果是这些立法决策也导致了相当大的政治混乱,像各州在遵守法院规定的同时,又都曾想方设法地资助它们的学校。许多州多年以来一直在努力地克服这个问题。

18.3.3 财政联邦主义

> **财政联邦主义**是指一级政府向其下一级政府拨款的制度。

联邦政府的拨款是州和地方政府收入的一个主要来源。此外,对地方政府而言,州政府的拨款是不可或缺的。这种一级政府向其下级政府的转移支付制度,具有悠久的历史,被称为**财政联邦主义**(fiscal federalism)。

从这种渠道获得的资助,是由传统的限制性拨款(restricted grants)转变而来的——也就是说,从一级政府给予下级政府的资金是有限制条件的,其条件就是这些资金必须用于某一特定用途。例如,美国政府可能拨给一个州一笔资金,如果这个州承诺用这笔资金修建高速公路的话。或者一个州政府可能给一个校区一笔资金,用于某个特定的教育项目。

联邦政府向州政府拨款的制度,经常是政治争论的主题。支持大额拨款的人士认为,州政府更灵活且更接近人民。他们也把州看成是"民主的实验室",在那里,可以形成有创意的解决问题的方法,使得政府能发展得更有效率。批评拨款计划的人士争论道,州政府的历史很少给出理由,让人把它们看作是公共服务的有效率的提供者。这些人担心,随着各州都节省它们有限的财政资源,可能导致最低限度的国家福利和医疗保健标准都会被牺牲。

18.4 税收中的公平概念

判断税收有两个标准:公平(税收公正吗?)和效率(税收是否干预了市场经济的运行?)。尽管经济学家们大多关注第二个标准,但公众对税收提案的讨论,几乎毫无例外地集中在第一个标准上。所以,让我们通过对公平税收的概念的探讨,开始我们的讨论。

18.4.1 横向公平

> **横向公平**的意思就是对情况相同的个体应征收同等的税收。

有三种不同的税收公平概念。第一种是**横向公平**(horizontal equity),简单地说,就是对情况相同的个人应征收同等的税。很少有人会对这一原则有争议。但是,因为它在实践中实施有一定的困难,所以,违背横向公平的情况在税法中比比皆是。

例如,考虑个人所得税,横向公平要求两个有相同收入的家庭支付同样的税。但是,如果一家有八个孩子,而另一个只有一个孩子,该怎么办呢?当然,你会回答,我们必须定义"相同情况"应包括家庭规模相同这一条,因此,只有有同样数量的孩子的家庭,才能在横向公平的基础上进行比较。但是,如果一个家庭通常有很高的医疗费用,而另一个家庭却没有任何这些费用,这时又该怎么办呢?他们还是"相同情况"吗?至此,观点应该很明确了:要决定两个家庭何时是相同的情况,不是一件容易的事情。事实上，美国的税法逐一列举了两个家庭被认定为相同时，必须满足的要求的详细情形。

18.4.2 纵向公平

> **纵向公平**是指对不同情况的个体应征收不同的税，这样社会显得更公平。

公平税收的第二个概念，看来是顺着第一个概念自然形成的。如果同等的人需要同等地对待，那么，看来对不同的人就应该区别对待。这一准则被称为**纵向公平**(vertical equity)。

> 税收的**支付能力原则**指的是有更大税收支付能力的人，应支付更高的税这一思想。

然而，仅仅这样说，还不能使我们太明白，因为纵向公平是一个含糊的概念。它通常被转换成**支付能力原则**(ability-to-pay principle)，也就是说，最有支付能力的那些人，应该支付最高的税收。遗憾的是，与"相同情况"的定义一样，这一原则也留下了一个定义问题：我们如何衡量支付能力呢？通常，每一种税的属性，都提供了一个直接的答案。在所得税中，我们依据收入来衡量支付能力；在财产税中，我们用财产的价值来衡量，如此等等。

但是，当我们试图把这一概念转变成具体的条款时，一个更棘手的问题产生了。考虑一下表18-2中列举的三种不同的所得税计划。收入较高的家庭在三种方案中都支付较高的税，因此，他们都可以声称遵循了支付能力原则。但是，三种计划却有着显著不同的分配结果。计划1是一种累进税，像美国的个人所得税：越富有的家庭承担越高的平均税率。而计划2是比例税：每个家庭支付其收入的10%。计划3却是累退税：因为税收支付比收入上升慢得多，较富家庭的平均税率还低于较穷家庭的平均税率。

表18-2 三种可选的所得税计划

收入 （美元）	计划1		计划2		计划3	
	税额（美元）	平均税率(%)	税额（美元）	平均税率(%)	税额（美元）	平均税率(%)
10 000	300	3	1 000	10	1 000	10
50 000	8 000	16	5 000	10	3 000	6
250 000	70 000	28	25 000	10	7 500	3

哪一个计划与理想的纵向公平的内涵最为接近呢？许多人发现，计划3，累退税，与他们的公平意识相违背。但是，人们对于累进税相对于比例税的优点，比较难达成共识。一些人认为，纵向公平的含义通常与累进性是同义的。在其他情况相同的条件下，累进税从道德意义上讲，被认为是"好"税，而累退税则是"坏"税。基于这些观点，倡议税收更大平等的人，就支持累进的所得税，反对累退的消费税。但是，其他人则不同意这种观点，并认为比例税是"公平的"。

18.4.3 受益原则

> 税收的**受益原则**认为，从一种服务中受益的人们，应该支付为其融资的税收。

虽然横向公平和纵向公平原则在含义上模棱两可，在实际操作上相当困难，但至少它们之间互不冲突。可是，公平税收的最后一个原则，经常与大家普遍接受的纵向公平的内涵相抵触。根据**税收的受益原则**(benefits principle of taxation)，那些从政府提供的服务中受益的人应该支付税收。

我们通常用受益原则来说明将某些特定税收的所得用于特定的公共服务是合理的。例如，汽油税的收入一般用来修建和维护道路。这样，那些使用道路的人支付该税——且大致与他们的使用情况成比例。大多数人会认为，这种制度是公平的。但是，在其他的一些情况下——诸如公立学校和医院——政治团队厌恶应用这一原则，因为它显著地与一般意义上的公平相冲突。（病人应该为公立医院付费吗？）因此，绝大多数公共服务是由普通税收入融资的，而不是通过对它们的使用直接收费。

18.5 税收中的效率概念

经济效率是经济学最核心的概念之一。如果一个经济利用每一个可获得的机会，使一些人的境况变得更好，而又不使任何其他人的境况变坏，我们就说这个经济是有效率的。从这个意义上讲，税收几乎总是引入无效率。也就是说，如果取消税收，在没有任何人受到伤害的同时，可以使一些人的境况变得更好。

然而，那也不是一个完全中肯的比较。毕竟，政府确实需要收入支付它所提供的服务。因此，当经济学家们讨论"有效率的"税收的含义时，他们通常在寻求为获得给定数量的税收收入而引起最少无效率量的税收。或者，借用法国国王路易四世的财政部长、浸信会教友简·科尔伯特（Jean-Baptiste Colbert）的话来说，会更为形象生动，"税收艺术就像拔鹅毛，既要获得最多的羽毛，又要听到尽可能最少的鹅叫声"。

> 个人的**税收负担**，是为了使他有和没有税收的境况刚好相同，所必须补偿给他的数量。

为了解释有效率的税收的概念，我们需要引入一个新的术语。经济学家们定义**税收负担**（burden of a tax）如下：税负是在税收出现和它不出现两种情况下，刚好使税收支付者的境况一样好，而必须补偿给他的数量。一个例子会说明这句话的含义，并解释清楚为什么：

税收负担通常会超过税收所得的收入。

假设政府为了节约能源，对最大的耗油型汽车征收很高的税，而对较小型的车累进地征收较低的税。① 例如，一个简单的税收表可能如下：

汽车类型	税收（美元）
悍马	1 000
克莱斯勒 300	500
丰田普锐斯	0

哈里偏爱大型越野车（SUV），且最近正准备购买悍马。一旦新税收生效，他有三种选择：他仍可以购买悍马，并支付 1 000 美元的税；他可以转向购买克莱斯勒 300，避免一半的税；或者他还可以转向购买混合型的丰田普锐斯，避免所有的税。

如果哈里坚持要买悍马，那么我们就得到这样一种情况，他的税收负担刚好等于他

---

① 类似于这里所描述的税种，从 1984 年起就已经开始生效了。

所支付的税收。为什么呢?因为如果某人给哈里1 000美元,他的境况就与税收发生前完全一样。一般来说:

> 当税收不引起经济行为的任何变化时,税收负担可以精确地由所征收的收入来衡量。

然而,这一结论并不是我们通常预期发生的,而且,这也当然不是政府通过对耗油车征税所意向的。通常,我们预期税收能诱致一些人按照减少或避免税收支出的方式改变其行为。因此,让我们来看看哈里的其他两个选择。

> 一个人的**超额税负**,是税收负担中超出所支付的税收的那个数量。

如果哈里决定购买克莱斯勒,他仅需支付500美元的税。但是,那500美元过低表示了其税负。因为,如果我们给哈里500美元,虽然可以补偿他的税收账单,但是,他依然会因为再也不能驾驶悍马这一事实而懊恼。那么,多少钱可以使哈里的境况刚好与他纳税前一样好呢?这只有哈里自己才能确切知道。但是,我们确实知道,它要多于他所支付的500美元的税。不论那个(未知的)数量是多少,这个超出500美元税收账单的数量,被称为**超额税负**(excess burden of the tax)。

哈里的最后一个选择,使得理解超额税负的重要性更加清楚。如果哈里转向购买普锐斯,他将不用支付任何税收。那么,我们能否因此说他没有承担任何税负呢?显然不能,因为他渴望的是他再也不能驾驶的悍马。一般的原则是,

> 无论何时,当一种税收诱致人们改变其行为时——即无论何时,当它"扭曲"了人们的选择时——那么,这种税就会有超额税负。在这种情况下,征收的收入就会系统性地过低表示真实税负。

因税收诱致的经济行为变化而引起的超额税负,正是我们在本小节开始时注意到的无效率。有效率的税收的基本意义,就是试图设计出一种最小化这些无效率的税收制度。特别地:

> 在比较两种能带来相同总收入的税收时,那种产生较少超额负担的税收,更为有效率。

注意到两种相比较的税收必然产生相同收入这一条件,那么,我们真正感兴趣的就是每种税收的总税负。因为

$$总税负 = 税收收入 + 超额税负$$

所以,我们可以清楚地表述,只有当税收收入相等时,具有越低超额税负的税收越有效率。

当消费者和厂商因为税收而改变其行为时,超额税负就产生了。因此,合理的税收政策这一箴言,使人不禁回想起本章开始时里根总统的陈述,且可以将这一方式重新表述:

> 在设计一种获取收入的税收制度时,政府应该尽量通过那些引起最小行为变化的税收,来获取给定数量的收入。

然而，有时征税并不主要是为了获取收入，而是作为一种诱导个人或厂商转变其行为的方法——这与里根总统的格言相反。例如，对像煤和汽油等碳基燃料征税的提案，就是为诱导人们更少地使用它们而设计的。运用税收改变消费者行为的可能性，将在本章稍后讨论。

18.5.1 税收漏洞与超额税负

较早我们已经注意到，税收漏洞使所得税的累进程度比它表面上看起来的要小些。既然我们已经知道税收诱致的行为变化会导致超额税负，那么，我们就能理解税收专家们指责税收漏洞的第二个理由：税收漏洞使所得税比它原本所应有的效率更低。为什么呢？因为大部分税收漏洞都涉及对不同的收入类型征收不同的税率。给定一种选择，比如说，对一种类型的收入征收35%的边际税率，而对另一种则征15%，绝大多数理性的税收支付者会偏好后者。因此，

> 当不同的获取收入的活动被征收不同的边际税率时，经济选择就会被税收考虑所扭曲，而这反过来又会损害经济效率。

我们上面的例子几乎就是事实。在美国，收入最高类型的纳税人，现在大约为工资和利息两种形式的收入支付35%的税收，而为资本利得和股利类型的收入仅支付15%的税收。那么，毋庸置疑，这些人会避开利息转而寻求资本利得——通常在股票市场上。

税收改革者们的一个共同的主要目标，是通过封闭税收漏洞和降低税率，提高个人所得税的公平性和效率。1986年的税收改革法——税收改革者们的骄傲和喜悦——正是这样做的。但是这个法已成老皇历。自1986年以来，国会不仅允许了大量的税收漏洞重现，同时，又造成了新的税收漏洞。两个阵营的批评者，长期以来都在为税收体系的复杂性而感到遗憾，并渴望一个更简单且更少税收漏洞的税法。

18.6 税负的转嫁：税负归宿

> **税负归宿**是指税负对特定个体或群体的配置。

当经济学家们谈到**税负归宿**(incidence of a tax)时，他们指的是谁实际承担税负。在讨论对耗油型汽车征税时，我们坚持的是所谓税负归宿的"捕蝇纸理论" (flypaper theory)，即政府把税放在哪里，税负就钉住在哪里。在这种情况下，税负就落在我们的越野车爱好者哈里的身上。但是，情况通常不是这样的。

例如，考虑如果政府对像悍马这样的越野车征收1 000美元的税，那么，会发生什么。我们在第4章已经学会如何用供给和需求图形来处理这类税收：供给曲线会向上移动一个税收量——在这种情况下为1 000美元。图18-1通过从 S_0S_0 到 S_1S_1 的运动表示了这一移动。如果需求曲线 DD 不移动，市场均衡就从 A 点移动到 B 点。随着全美国的哈里们都对更高的价格做出反应而购买更少的越野车，越野车的数量就会下降。注意，车价从40 000美元上升到40 600美元，增加了600美元——少于他们支付的税收！

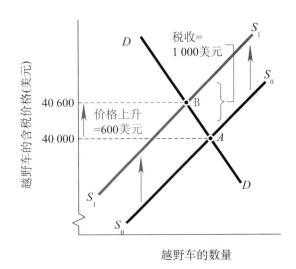

图 18-1　一种货物税的归宿

这是否意味着该税产生了一个负的超额税负呢？当然不是。它所意味的是，那些被抑制购买征税商品的消费者，设法将部分税负从作为整体的消费者转移走，包括那些继续购买越野车的消费者。那么，谁是**税收转嫁**（tax shifting）的受害者呢？主要存在两类候选者。第一类是汽车制造商，或者更准确地说，是他们的股东。在税收减少了汽车的销售和利润的意义上，股东们承担了税负。另一类主要的候选者是汽车工人。在降低生产导致裁员或更低工资的意义上，这些工人承担了部分税负。

> 当对某一税收的经济反应，引起经济中价格和产出变化，从而部分地将税负转移给其他人时，**税负转嫁**就发生了。

那些从未学习过经济学的人们，几乎总是相信税负归宿的捕蝇纸理论，认为销售税是由消费者承担的，财产税是由房屋所有者承担的，而对公司的征税是由股东承担的。也许这一章告诉大家最重要的一点是：

> 税负归宿的捕蝇纸理论一般是错误的。

未能掌握这一基本点，导致了各种误导性税收立法的出现，在这些立法中，国会议员或州议员认为他们是把税负加在某一群人身上，却一不留神把它直截了当地加到了另一群人身上。当然，在某些情况下，税收归宿的捕蝇纸理论也大致正确。因此，让我们考虑某些税收归宿的特例。

18.6.1　货物税的归宿

我们的越野车例子已经说明了货物税的情况，因为图 18-1 能代表任意一种被征税的商品。我们的基本发现是，部分税负会落在征税商品的消费者身上（包括那些因为税收而停止购买该商品的消费者），而另一部分税负则由生产该商品的厂商和工人承担。

税负是如何在买者和卖者之间分摊的呢？它完全取决于需求曲线和供给曲线的斜率。直观地讲，如果消费者对征税商品非常忠诚，他们会不顾价格，继续购买差不多相同的数量。在那种情况下，因为他们使自己对税收有弱点，所以，他们将要承担绝大部

分的税单。因此,

> 产品的需求越缺乏弹性,消费者将支付越大的税收份额。

相似地,如果不论价格有多低,供给者都决定提供同样数量的产品,那么,他们最后就要支付大部分的税收,也就是说:

> 供给曲线越缺乏弹性,供给者将支付越大的税收份额。

当价格上升而没有任何人停止购买越野车时,就会引起一种极端的情况。需求曲线变成垂直的,像图 18-2 中的需求曲线 DD 一样。那么,就不会有任何税负转嫁发生。当供给曲线向上移动一个税收量(1 000 美元)时,越野车的价格(含税)按全部 1 000 美元上升——从 40 000 美元上升至 41 000 美元。因此,消费者承担全部税负。

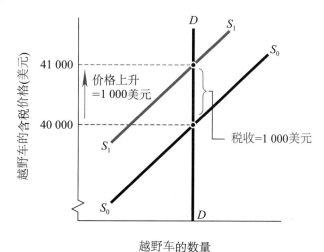

图 18-2　税负归宿的一个极端情形

当供给曲线完全无弹性,如像图 18-3 中描绘的垂直的 SS 曲线那样时,就会引起另一种极端的情况。因为越野车的供给量在任何价格下都是相同的,当征税时,供给曲线将不会移动。其结果是,汽车制造商必须承担对其产品征收的任何税收的全部税负。图 18-3 表明,税收没有改变市场价格(含税),这当然意味着,卖者收到的价格必须下降一个税收量。

大多数物品和服务的需求曲线和供给曲线,并不像图 18-2 和图 18-3 中描绘的那样极端,因此,通常买者和卖者双方共同分担税负。至于精确地如何分摊,则取决于供给曲线和需求曲线的弹性。①

18.6.2　工资税的归宿

经济学家们把工资税看作是对雇佣劳动征收的货物税。像较早提及的那样,美国

---

① 对于具体的例子,可参考本章后面的自测题 3 和自测题 4。

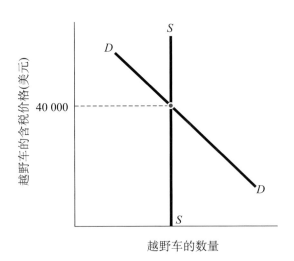

图 18-3　税负归宿的另一个极端情形

的工资税共有两个部分：一半是对雇员征收的（通过工资扣除），一半是对雇主征收的。从未学习过经济学的人，通常不能抓住的基本观点是，

> 不论工资税是对雇主还是雇员征收，它的最终归宿都是相同的。

一个简单的数字例子就可以说明为什么必定如此。考虑一个每天赚取 100 美元收入的雇员，16% 的工资税由雇主和雇员双方平均分摊，就像在目前的美国法律下一样。要雇用这样一个工人，厂商必须支付给工人 100 美元的工资，再加上支付给政府的 8 美元税收——总的日成本为 108 美元。而工人收到的是多少呢？他得到雇主支付给他的工资 100 美元，减去扣除并送交给政府的 8 美元，也就是每天 92 美元。支付的工资与收到的工资之间差额为 108 美元 − 92 美元 = 16 美元，这就是税收额。

现在假定，国会试图通过提高雇主的税至 16 美元，而降低雇员的税至 0，以将税负完全"转嫁"给厂商。起初，因为每天的工资固定为 100 美元，厂商的总劳动成本（包括税收）上升到每天 116 美元，而工人的净收入上升到每天 100 美元。国会看似实现了其目标。

然而，这一成就是转瞬即逝的，因为我们刚刚描述的并不是一个均衡状态。当厂商每天的劳动成本为 116 美元时，其劳动力需求的数量，就会比劳动成本每天仅为 108 美元时要少。类似地，如果工人拿回家的工资上升至 100 美元，劳动力供给的数量，就会比税后工资仅为 92 美元时要多。因此，市场上就会形成劳动力剩余（供给量超过需求量的差额），而这一剩余会对工资形成向下的压力。

工资会下降多少呢？我们会很容易地发现，一个 92 美元的税后工资将重建均衡。如果每天拿回家的工资是 92 美元，与税收变化前一样，那么，供给量也会是一样的。从厂商角度来看，现在劳动成本每天为 108 美元（92 美元的工资加上 16 美元的税收），也正好与税收变化前一样。因此，厂商将与工资税分摊时一样，需求相同数量的劳动力。这样，市场最终完全破坏了国会的意图。

工资税是一个很好的例子。在这个例子中，国会受税收归宿的捕蝇纸理论的误导，错误地认为，提高雇主的纳税份额就是在"向厂商征税"，提高雇员的纳税份额就是在"向工人征税"。事实上，在长期，是谁实际上支付税收，取决于工资税的归宿。而雇员和雇主份额的变化，不会引起持久的变化。

那么，是谁事实上承担税负呢？与货物税一样，工资税的归宿，取决于供给和需求曲线的弹性。在劳动力方面，大量的实证证据指向这样的结论，即对大多数人口群体来说，劳动力供给对价格没有太大的反应。其供给曲线几乎是垂直的，就像图18-3表示的那样。其结果是，工人作为一个群体，基本不能把工资税的税负转嫁给雇主。

但是，在大多数情况下，雇主能做到这一点。对厂商而言，其工资税份额是其使用劳动的一个额外成本。当工资税上升时，只要有可能，厂商就会试图尽可能地用更廉价的生产要素（如资本）来替代劳动力。这种努力会减少对劳动力需求的数量，降低工人收到的工资。这样，市场力量就把税负部分地从厂商转嫁到了工人身上。

在劳动力的供给曲线具有某个正斜率的意义上，当工资下降时，劳动的供给量就会随之减少，使得工人能够将一些税负转回给厂商。但反过来，厂商可以通过提高其价格，把税负转嫁给消费者。正如我们在第三部分已经知道的那样，竞争性市场上的价格通常会随成本的增加（如劳动成本）而上升。因此，厂商是否承担大部分的工资税，是值得怀疑的。税收归宿的捕蝇纸理论，可能与事实相去甚远。即使工资税是通过厂商收取的，但是，它实际上是由工人和消费者承担的。

18.7 税收何时能改进效率

在这一章，我们已经花了大量的篇幅，讨论税收引起的低效率和超额负担问题。在结束这一讨论之前，我们还必须指出两件事情。

第一，经济效率并不是社会的唯一目标。例如，如果一项对能源的征税改变了人们的行为模式，那它就是"无效率"的。但是，这些变化也许正是政府所倾向的。政府想让人们保护能源，并愿意为了实现这一目标而忍受某种程度的经济无效率。当然，我们可以争论，用损失效率作为代价来获得能源保护是否值得。但是，普遍观点是，

> 如果某些税收有助于实现其他的目标，尽管它们会引入经济无效率，那么它们毫无疑问也会是好的社会政策。

我们已经提到过的旨在改变行为而对香烟征收的货物税就是这样，另外一个重要的例子就是对酒精饮料征收的高额税收。

第二个也是更为基本的要点是，

> 某些改变经济行为的税收，也可能导致效率增加而不是效率损失。

正如你可能猜到的，只有在征税前制度就存在无效率的时候，这种有利的结果才是可能的。在这种情形下，一项合适的税收可以帮助事情走入正轨。这种现象的一个重要例子，曾在前面一章用较大篇幅讨论过。因为破坏清洁空气和水源的厂商和个人通

常无须为这样做支付任何价格,所以,这些宝贵资源会被无效率地使用。对污染征收一种矫正性的税收,就可以治理这一问题。

18.8 公平、效率和最优税收

在一个完美的世界里,理想的税收将能提供政府所需要的收入,反映公平税收的社会观点,并且不会引起任何经济行为变化——这样也就不会有超额税负。但不幸的是,不存在任何这样的税收。

实际上,超额税负最小的税收有时候是最为累退的。比如人头税,对每个人都征收同样多的货币量,是非常累退的,但是,它也是完全有效率的。因为经济行为的任何改变都无法让任何个人规避它,所以,也就没有任何人以任何理由去改变行为。正如我们已经注意到的,累退的工资税也具有很小的超额税负。

然而,幸运的是,存在一种税,尽管它并非理想,但是按照公平和效率两大标准,它仍然可以获得高分,即很少有漏洞的全面的个人所得税。尽管事实上,所得税可以通过赚取更少的收入来避免,但是,我们已经观察到,在现实中,劳动供给很少会对税收政策做出反应。人们也可以通过投资于相对安全的资产(如政府债券)而不是较有风险的资产(如普通股票),来减少他们的税收账单,因为,越是安全的资产,其回报率也就越低。但是,所得税是否真的会诱致这样的行为还并不清楚。为什么呢?因为,当投资赚钱时,尽管政府会分享利润,而当投资亏损时,政府同样也会分担损失。最后,因为所得税会减少储蓄的回报,所以,许多经济学家都一直担心,它会抑制储蓄并因此而阻碍经济增长。① 然而,经验证据并未显示这样的反应有多激烈。那么,总的来说,尽管未解决的问题依然存在,研究还在进行中,但是,

> 目前进行的大多数研究表明,没有漏洞的全面的个人所得税,很少会诱致无效率的行为反应,因此,也会只有相当小的超额税负。

按照公平标准,我们知道,可以使个人所得税具有如社会所愿望的累进性,即使如果富人的边际税率变得极其之高,一些潜在的效率损失可能变得比其目前的状况更为严重。那么,基于这两方面的理由,许多经济学家——既包括自由派,也包括保守派——都认为,全面的个人所得税是政府获得收入的最佳办法之一。然而,他们的差别在于所得税的累进性应当是多大,其中某些保守主义者甚至偏好比例税。

❓ 难题解答:支持和反对废止布什减税的理由

在2001年和2003年实行的减税按这两个标准衡量会怎样呢?这些减税应当保留

---

① 正是由于这个原因,一些经济学家相对于对收入征税,更偏好于对消费征税。

还是废止？

第一，布什减税集中于降低边际税率。因此，可以预期它们会至少是轻微地促进经济效率。其影响显然是正面的，因此——毫不奇怪——这一点在2008年竞选期间被约翰·麦凯恩大加称赞。

第二，然而，减税是偏向高收入类型的纳税人的，因而降低了税制的累进性。这个变化是正面的还是负面的，取决于人们对不公平的态度。某些美国人不理解，为什么那些非常富有的人应该获得如此大幅度的减税；另一些人则指出，在2001—2003年获得最大减税的，就是那些支付最高税收的人们。很自然，减税的这个方面，一直是自2001年以来民主党和共和党之间辩论的核心——而且在2008年大选期间也保持如此。

第三，减税的许多批评者担心的是庞大的减税规模。他们质疑，我们能否真正如此慷慨，或者说政府是否真的需要资金来实现里根总统所说的"合法的政府目的"？为了回答这个问题，可以回溯到2001年，当时大规模的预算盈余正在出现，布什总统争论道，政府应该将部分钱返还给那些支付了（不必要的）税收的人们。但是，预算剩余在2001年9月11日后迅速消失了，而且，自此以后，联邦政府一直面临着大规模的赤字。民主党在2008年的竞选中认为取消布什的减税是提高收入的好办法，而共和党则认为只能从支出方面解决赤字问题。

那么，这里对支持和反对废止布什减税的部分原因的陈述，又将我们置身于何地呢？像通常一样，在激烈的公共政策的争论中，总有大量的空间留给理性的人来表达他们的不同见解。正如我们在第1章中所说的那样，经济学并不会给你所有的答案，它是帮助你问出正确的问题，现在大家应该明白为什么要这样说了。

小结 》》》》

1. 自20世纪70年代早期以来，美国的税收占国内生产总值的百分比一直相当稳定。2001年以后，联邦税收份额急剧下降，但是，自此之后，它又一直上升。

2. 美国政府通过**直接税**获取大部分收入，如个人和公司所得税，以及工资税。在所有这些税收中，工资税增长最快。

3. 几十年来，社会保障体系成功地依赖于现收现付的办法融资。然而，近些年来，它已积累了一笔庞大的信托基金，准备用来支付未来退休人员的津贴。但是，专家们认为，这笔信托基金未必足够大。

4. 州和地方政府通过**间接税**获取大部分税收收入。州政府主要依赖于销售税，而地方政府则依赖于财产税。

5. 在地方财产税是否是为公立学校融资的公平办法这一问题上，一直是有争议的。

6. 在我们的多级政府制度下，联邦政府给州和地方政府各种拨款，而州依次又拨款给各市镇和校区。这种政府之间的转移支付制度，称为**财政联邦主义**。

7. 税收的三个公正或"公平"概念，有时相互冲突。**横向公平**仅要求对同等的人以同等的对待。**纵向公平**则要求对不同的人要区别对待，它常常被转换为**支付能力原则**——也就是说，那些有更大能力支付税收的人们，应当更重地征税。税收公平的**受益原则**忽视支付能力，却寻求依据人们收到的利益向他们征税。

8. **税收负担**是使一个人在有税和没有税的情况下境况一样好，而需要补偿给他的数额。通常这种税负会超过支付的税收,这两个数量之间的差额,称为**超额税负**。

9. 无论何时,只要一种税收诱致某些人们或厂商改变其行为,超额税负就会产生。因为超额税负显示出经济无效率,因此,有效税收的基本原则就是采用那些超额税负很小的税收。

10. 当人们因为考虑税收而改变其行为时,他们通常会把**税负转嫁**到其他人身上。正是因为这个原因,"税负归宿的捕蝇纸理论"——相信任何税收的负担都是钉住在国会征税的对象身上的观点——通常是不正确的。

11. 销售税或货物税的税负,一般是由供给者和消费者共同承担的。其分担方式取决于供给和需求弹性。

12. 工资税就像是对劳动服务征收的货物税。因为劳动供给比劳动需求的弹性要小得多,所以,工人承担了绝大部分的工资税负担——包括雇主和雇员双方的税收份额。

13. 有时候"无效率"的税收——即引起大量超额税负的税收——却毫无疑问是合意的,因为它们诱致的行为变化促进了其他社会目标。

14. 当制度中存在无效率的原因不是税收制度(例如外部性)时,那么可以相信,税收能够促进效率。

关键词

累进税、比例税和累退税	平均税率和边际税率	直接税和间接税
个人所得税	税收漏洞	税收免除
税收减除	工资税	公司所得税
货物税	社会保障体系	财产税
财政联邦主义	横向公平和纵向公平	支付能力原则
税收的受益原则	经济效率	税收负担
超额税负	税负归宿	税负转嫁

自测题

1. 利用下面假想的所得税表,计算出边际税率和平均税率。该税是累进的、比例的,还是累退的?

收入(美元)	所得税(美元)
20 000	2 000
30 000	2 700
40 000	3 200
50 000	3 500

2. 如果有的话,下面的每一种税哪一个看来符合税收公平的概念?
   a. 累进的所得税
   b. 对香烟征收的货物税
   c. 汽油税
3. 假设香烟的供给和需求表如下:

每盒的价格(美元)	需求量	供给量
3.00	360	160
3.25	330	180
3.50	300	200
3.75	270	220
4.00	240	240
4.25	210	260
4.50	180	280
4.75	150	300
5.00	120	320

注:数量按每年百万盒计。

    a. 均衡价格和均衡数量是多少?
    b. 现在政府对每盒香烟征收 1.25 美元的货物税。消费者支付的新均衡价格是多少? 生产者获得的价格又是多少? 均衡数量是多少?
    c. 请解释,为什么国会无论是对消费者还是对生产者征收 1.25 美元的税,其结果均无差别(把你的答案与文中工资税的讨论联系起来)。
    d. 假设是对生产者征税,生产者可以把多少税转嫁给消费者? 解释一下他们是如何做到的。
    e. 这一税收存在任何超额税负吗? 为什么? 谁承担了这一超额税负?
    f. 考虑到税收时,香烟消费减少了多少? 尽管存在超额税负,为什么政府仍会对这一结果感到高兴?

4. 现在假设供给表变化如下:

每盒的价格(美元)	供给量
3.00	60
3.25	105
3.50	150
3.75	195
4.00	240
4.25	285
4.50	330
4.75	375
5.00	420

注:数量以每年百万盒计。

    a. 在没有税收时,均衡价格和均衡数量是多少?
    b. 在每盒征收 1.25 美元的货物税后,均衡价格和均衡数量又是多少?
    c. 请解释一下,为什么 b 中的答案与上一题 b 中的答案不同。试把这种差异与本章中货物税的归宿问题的讨论联系起来。

5. 一个叫作 Taxmania 的国家仅生产两种商品:大米和鱼子酱。穷人把所有的收入都花在大米上,而富人两种产品都购买。大米的需求和供给都相当缺乏弹性。在鱼子酱市场上,供给和需求都相当有弹性。如果 Taxmania 人主要关注效率,那么,应该对哪种商品征收重税? 如果他们主要关心的是纵向公平呢？

讨论题

1. 评论："美国人被过度征税了，联邦政府应该继续减税。"
2. 在2001年上任不久后，布什总统就提出了一系列大规模的减税计划，包括降低各收入类型的税率和废止遗产税。批评者争论，这些减税在大小上过量，而且在分配的影响上却是累退的。为什么他们会这么说？你同意吗？
3. 想想你个人支付的一些税。为了降低你的税收支付，你已采取了哪些或你能采取哪些措施？存在超额税负吗？为什么存在或者为什么不存在？
4. 讨论本章开头所引用的里根总统的话，你同意他的观点吗？
5. 运用税收的公平和效率标准来评价观点：相对于其他收入来源，应对资本所得征收一个更低的税率。

第五部分

收入分配

在第五部分，我们将研究市场经济是如何运用价格机制，即运用由供给与需求所决定的生产过程中投入物的价格，来分配其收入的；也就是说，我们将探讨是什么决定总产出在工人、土地所有者和投资者等之间的份额。我们将看到，市场对每一个接受者的边际生产率——即每一个接受者对经济的总产出做出了多少边际贡献赋予了重要意义。

在第19章，我们将研究对资本(利息)、土地(租金)等的使用所做的支付，以及对企业家的回报(利润)。因为大多数人主要是以薪资的方式赚取其收入的，而且因为这些支出几乎构成了美国国民收入的四分之三，所以，我们把对劳动的支付(工资)的分析给予独立的一章(第20章)。在第21章中，我们转向收入分配中的一些重要问题——贫困、不平等和歧视。

第19章　生产要素定价
第20章　劳动力与企业家精神：人力投入
第21章　贫困、不平等与歧视

第 19 章　生产要素定价

地租是为利用土壤中原有的不可摧毁的能量而支付给土地所有者的那一部分土地产出。

——大卫·李嘉图(1772—1823)

> **生产要素被划分为土地、劳动、资本、可耗竭自然资源和企业家精神——我们以此来区分经济中的不同生产性投入。**

在第 15 章中,我们已经注意到,我们不能指望市场机制按照公平的道德标准去分配收入,而且,我们还将此列为市场缺陷之一。但是,关于在市场经济中收入是如何分配的,还是存在许多需要讲述的东西。

市场机制通过其对**生产要素**(factors of production)的支付来分配收入。任何人都拥有某些潜在可用的生产要素——被用于生产过程中的投入物。我们当中有许多人只拥有自身的劳动;但有另一些人同时还拥有可以按供给和需求决定的价格借出的资金、出租的土地,或出售的自然资源。因此,在市场经济中,收入分配是由生产要素的价格与其被使用的数量共同决定的。例如,如果工资较低且不公平,而失业率又很高,那么,显然就会有许多人受穷。

难题:为什么更高的储蓄回报会减少某些人储蓄的数量?

利率是某人通过储蓄某些钱并将其借给他人的价格——例如,把钱借给银行(通过把钱存入银行账户)或把钱借给公司(通过购买其债券)。我们通常预期贷款的价格上升(像任何其他东西的价格一样)会减少需求量而增加供给量。但是,事实上,许多存钱并把它借给其他人的人们,做的却与之相反——当利率上升时,他们反而减少借出的钱的数量。这是什么道理呢?

相同的难题也影响其他生产要素。例如,当工资即劳动的价格上升时,工人们通常决定更少地工作,或许更长地休假。当报酬更好时,他们为什么不更多地工作呢?其解释将在本章后文讨论。

> **企业家精神**指的是创办新企业，引进新产品和技术创新，以及更一般地，承担追求经营机会过程中必要的风险等行为。

将生产要素分为五大类是非常有用的：土地、劳动、资本、可耗竭自然资源，以及一种被称为**企业家精神**（entrepreneurship）的神秘的投入。在这一章，我们将考察其中的两种——支付给资本的利息和土地的租金。

但是，因为人们对工人、资本供给者，以及土地所有者之间的收入分配存在许多误解，所以，首先让我们来看看这三个群体实际上赚取多少。2006年，在美国所有的生产要素报酬中，利息支付占大约4.5%；土地租金十分微小，仅占0.7%；公司利润占到15%；而其他企业所有者的收入占了9.4%。总而言之，我们在本章中所涉及的所有生产要素的报酬，总共占到国民要素收入的30%。剩下的部分到哪儿去了呢？答案是，2006年将近70%的国民要素收入，都构成了雇员的补偿——也就是工资和薪水。①

关于收入分配的性质，以及关于政府为了影响收入分配能做些什么，还存在许多其他严重的误解，而且有关这些主题的讨论，通常都是情绪化的。这是因为，在经济学中，收入分配是任何一个人的利益都几乎不可避免地会与另一个人的利益发生冲突的领域。从定义上来说，如果我能得到收入馅饼中较大的一块，那么最终你得到的将是较小的那块。而且，正如我们在下一章将要看到的那样，通过增加馅饼的规模，你自己有可能获得更多，并且每个人都能获益。

19.1 边际生产率原理

> 一种投入的**边际物质产品**（MPP）是指在保持其他所有投入的数量不变的情况下，增加一单位该投入的使用所产生的产出的增量。

到目前为止，相信你对供给和需求决定投入物价格，正如其决定物品和服务的价格这一点，应该不会感到惊讶了。市场中各种不同要素的供给方，存在着巨大的差异，因此，我们必须分别讨论各个要素市场。但是，我们能够使用同一种基本原理，即边际生产率原理，来解释在给定投入物价格的条件下，任何一个利润最大化的厂商对投入物的需求会是多少。为了回顾这一原理，我们必须首先回忆来自第7章的两个概念：**边际物质产品**（marginal physical product，MPP）和**边际收益产品**（marginal revenue product，MRP）。

> 一种投入的**边际收益产品**（MRP）是指某厂商通过销售该投入的边际物质产品所得到的额外销售收入的货币价值。

表19-1用劳米的自然农场的例子，来帮助我们回顾这两个概念，该农场要决定的是，在有机玉米的价格为10美元/袋时，该买多少来饲养其小鸡。边际物质产品（MPP）那一列告诉我们，每增加一袋玉米能额外获得多少磅鸡肉。例如，根据表中所示，第4袋增加34磅产出。边际收益产品（MRP）那一列则告诉我们，这些边际物质产品的美元价值是多少。在表19-1中，我们假

---

① *National Income and Product Accounts*, U. S. Department of Commerce, Bureau of Economic Analysis, 从 http://www.bea.gov 获得。（注：这个计算包括 the Bureau of Economic Analysis categories, Compensation of Employees, Proprietors' Income with IVA and CCAdj., Rental Income of Persons with CCAdj., Corporate Profits with IVA and CCAdj., and Net Interest and Miscellaneous Payments, all as a percentage of Net National Factor Income.）

定劳米的曾获奖的自然鸡,以 75 美分/磅的价格出售,那么第 4 袋玉米的 MRP 为 0.75 美元/磅乘以 34 磅,即 25.50 美元(表中最后一列)。

表 19-1　劳米的自然农场玉米的 TPP、MPP、APP 和 MRP 表

(1)	(2)	(3)	(3)	(4)
玉米投入 (袋)	TPP 总物质产品 (鸡肉,磅)	MPP 每袋玉米的 边际物质产品 (鸡肉,磅)	APP 每袋玉米的 平均物质产品 (鸡肉,磅)	MRP 每袋玉米的 边际收益产品 (美元)
0	0.0	14.0	0.0	10.50
1	14.0	22.0	14.0	16.50
2	36.0	30.0	28.0	22.50
3	66.0	34.0	22.0	25.50
4	100.0	30.0	25.0	22.50
5	130.0	26.0	26.0	19.50
6	156.0	19.0	26.0	14.25
7	175.0	9.0	25.0	6.75
8	184.0	1.4	23.0	1.05
9	185.4	-5.4	20.6	-4.05
10	180.0	-15.0	18.0	-11.25
11	165.0	-21.0	15.0	-15.75
12	144.0		12.0	

　　边际生产率原理表明,在竞争的要素市场中,利润最大化厂商将雇用或购买的投入的数量,是由投入的边际收益产品与其价格相等的那一点决定的。

　　就像我们以前看到的那样,这一原理的基本逻辑基础是简单的。我们都知道,厂商增加一单位投入所获得的利润,就是此投入的边际收益产品减去其边际成本(增加的那一单位投入的价格)。若此投入的边际收益产品大于其价格,那么对追求利润的厂商来说,购买更多的投入是有利的,因为增加一单位投入能使厂商的收益超过其成本。厂商应该继续购买这种投入,直至递减的报酬将边际收益产品减少至与投入价格相等时的水平为止,以使扩张获得的进一步的额外利润为 0。按照类似的推理,如果边际收益产品低于价格,那么,厂商就过多地使用了投入物。我们从表 19-1 中可看出,劳米每周对玉米的最优使用量大约就是 7 袋,因为第 8 袋只能带来 6.75 美元的边际收益产品,少于购买此袋玉米的 10 美元成本。

　　从边际生产率原理中可以推出一个很显而易见的自然结果:任何投入的需求量都取决于其价格。玉米的价格越低,农场主购买就越有利。在我们的例子中,在价格为 10 美元/袋时,劳米使用 7 至 8 袋间的某个量是有利的。但若玉米的价格更贵些——比如,20 美元/袋——这一高价将超过 6 袋及 7 袋之间的边际产品的价值。于是,只购买 5 袋玉米是有利的。因此,边际生产率分析表明,一种投入的需求量通常随其价格的上升而下降。需求"法则"就像适用于消费品一样适用于投入物。

19.2　投入及其引致需求曲线

事实上,我们可以更精确地知道某个利润最大化厂商对各种投入物的需求量。这是因为,边际生产率原理确切地告诉了我们,如何从一种投入的边际收益产品(MRP)曲线推导出其需求曲线。

图 19-1 中画出了表 19-1 所示的 MRP 曲线,它表明,随着劳米给她的鸡喂的饲料越来越多,玉米的边际收益产品(MRP_C)有一个先升后降的变化。在图中,我们集中于三种可能的玉米价格:20 美元、15 美元和 10 美元。就像我们已经看到的那样,最优购买法则要求劳米持续增加其对玉米的使用,直至其边际收益产品开始降低,并最后降低到等于玉米的价格时为止。在 20 美元/袋的价格下,我们发现,需求量约为每周 5.6 袋(点 A);在那一点,边际收益产品等于价格。同样地,如果玉米的价格为 15 美元/袋,需求量约为每周 6.8 袋(点 B)。最后,在价格为 10 美元/袋时,需求量将变为每周 7.7 袋(点 C)。因此,点 A、B 和 C 便是玉米需求曲线上的三点。在其他任何价格水平上不断重复这一过程,我们便得知,因为对某一投入物的利润最大化购买发生在边际收益产品降低到等于投入物价格水平的那一点,因此,

任何投入的需求曲线,均为其边际收益产品曲线向下倾斜的那一部分。①

> 对某种投入物的**引致需求**,是指生产者对某种投入物的需求是由对利用该投入物生产的最终产品的需求决定的。

对玉米或劳动(或其他任何投入物)的需求,都被称为**引致需求**(derived demand),因为它是在最终产品(在本例中是鸡肉)需求的基础上推导出来的。例如,假定需求的一次突然增长,使有机鸡肉的价格上涨到 1.50 美元/磅,那么,在玉米的各种使用水平上,边际收益产品将为鸡肉价格为 75 美分/磅时的两倍。这种效应,在图 19-2 中,表现为玉米的(引致)需求曲线由 D_0D_0 到 D_1D_1 的一个向上移动,即使边际物质产品曲线并没有发生变化。这样,鸡肉需求的外移,导致了玉米需求的外移。② 我们可以得出以下结论,一般而言:

任何商品的需求曲线外移,都会引起此商品生产中使用的所有要素的引致需求曲线也发生外移。

同理,一种商品的需求曲线内移,将导致该商品生产中使用的要素的需求曲线发生内移。

---

① 为什么需求曲线被限定在边际收益产品曲线斜率为负的部分呢?是因为边际生产率原理的逻辑强加了这项约束。例如,如果玉米的价格为 15.00 美元/袋,图 19-1 表明,在两种投入数量上都可实现边际收益产品 = P:(大约)1.75 袋(点 D)及 6.8 袋(点 B)。然而,点 D 不可能是最优点,因为第 2 袋的边际收益产品(16.50 美元)大于第 3 袋的成本(15.00 美元);也就是说,厂商通过扩张其投入物使用量至少超过每周 1.5 袋,就能赚更多的钱。类似的扩张可获利机会发生在 P = MRP,而在该价格水平下,MRP 曲线向上倾斜的任何时候。这必然如此,因为在那时,厂商使用的投入物数量的增加,将会提高边际收益产品到投入物的价格之上。从而得出这样的结论,即一个利润最大化厂商对投入物的需求数量,将总是处在边际收益产品递减的范围之内。

② 为了让图 19-2 更易理解,我们省略了每条曲线(不相关的)向上倾斜的部分和斜率为负的某些部分。

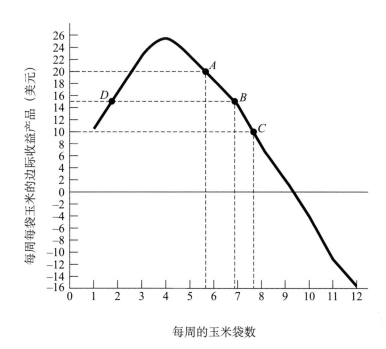

图 19-1 劳米的自然农场的边际收益产品

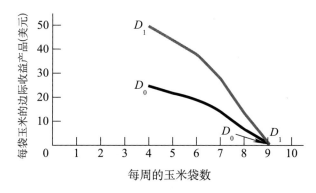

图 19-2 玉米需求曲线的移动

这就完成了我们对投入物定价分析的需求方面的讨论。该讨论中最值得注意的一个特征就是这样的事实,即同样的边际生产率原理,是所有各种类型投入物的需求曲线的基础。特别是,正如我们将在第 20 章看到的,边际生产率原理,也能作为决定劳动需求的基础——而劳动是一种关键投入物,其财务回报在一个经济的生活标准方面发挥着非常重要的作用。在需求方面,同一种分析差不多可适用于所有投入物。

然而,各种投入物的供给方面,却包含截然不同的情况。在此,我们必须分别处理每一种主要的生产要素。我们必须这样做是因为,正如我们即将看到的那样,不同投入的供给关系差异很大。让我们从利息支付或资本的报酬开始。首先,我们必须定义一些关键术语。

19.3 投资、资本和利息

资本是指某个商业厂商、某个人，或某些其他组织拥有的厂房、设备，以及其他(通常是耐用性)生产性资源的存货(存量)。

投资是指流入新资本生产中的资源。它是在某一段时间内，投入到工厂、仓库、铁道，以及其他部分的资本建设中的劳动力、钢材，以及其他投入物。

尽管人们有时会像可互换一样使用投资和资本这两个概念，但是，对它们二者做出区分，仍然是非常重要的。经济学家把**资本**(capital)定义为厂商、个人或一些其他组织所拥有的工厂、设备，以及其他生产性资源的存货(或存量)。**投资**(investment)是指资本的增长量。某厂商拥有的仓库是其资本的一部分。通过对仓库建筑增加新的面积扩展仓库，是一项投资。因此，当经济学家使用投资这个词时，他们所指的并不仅仅是货币的转移。投资的水平越高，投资者拥有的资本量的增长就越快。投资与资本之间的关系，通常可以用给浴缸注水的比喻来解释：浴缸中积累的水，类似于资本的存量，而从水龙头流出(添加到浴缸中)的水，类似于投资的流入。正如必须打开水龙头，才能积累更多的水一样，只有当投资持续进行时，资本存量才能增加。如果投资停止，那么，资本存量就会停止增长(但不会消失)。换言之，如果投资为零，资本存量并不会降到零，而是保持不变(正如你关掉水龙头，不会使浴缸突然变空，而只是使水位保持不变一样)。

通过投资构建资本，然后将该资本运用于生产中的过程，可以划分为五个步骤，分别列出如下，并已归纳在图19-3中：

步骤1　厂商决定扩大其资本存量。

步骤2　厂商筹集资金为其扩展融资，既可以通过开发外部来源如银行，也可以留存自己的部分收益，而不是将其支付出去给公司的所有者。

步骤3　厂商利用这些资金来购买投入物以建造厂房、仓库等。这一步就是投资行为。

步骤4　在投资完毕之后，厂商最终拥有更大的资本存量。

步骤5　厂商利用资本(与其他投入物一起)来扩张生产或降低成本。到这一点为止，厂商便开始赚取其投资的回报。

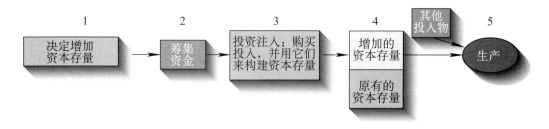

图19-3　投资生产过程

请注意，投资者是将钱投入到投资过程之中——既可以是他们自己的，也可以

> **利息**是支付给资本生产过程中所使用的资金的报酬,它是由用于资本中的资金价值的年百分数衡量的。

是从别处借入的资金。然后,通过一系列步骤,厂商将这笔资金转化为适用于生产使用的物质投入。如果投资者借入这笔资金,他们就必须在某天向借款者偿还这笔资金,同时为其使用支付一些报酬。这种报酬称为**利息**(interest),它是按照借入金额的年百分数计算的。例如,如果某投资者以每年12%的利率借入1 000美元,则年利息支付额就是120美元。

19.3.1 资金的需求

利率是资金租用(借入)的价格。正如其他要素价格一样,利率也是由供给和需求决定的。

贷款市场中的需求方是借款者——因为或这或那的原因,希望支出比他们目前所拥有的更多资金的人们或机构。个人或家庭会贷款购买房屋或汽车,或其他昂贵产品。正如我们所知的,他们有时会借款,是因为他们想消费的多于他们的承担能力,而这会给他们带来资金问题。但通常,当他们经历收入的暂时下降时,不难理解,借款将是一种很好的理财方法。借款购买像房屋这类可长年使用的物品也不难理解。对这类具有长期使用寿命的产品而言,人们更适合于在使用它们的过程中分期付款,而不是在购买时一次付款。

企业利用贷款主要是为投资融资。对于那些为某项投资融资而贷款并支付利息报酬的企业经理而言,资金实际上代表的是获取厂商将要购买的机械设备、建筑物、存货,以及其他类型的物质资本的一个中间步骤。边际生产率原理支配资金的需求量,就像它支配饲养小鸡的玉米需求量一样。具体而言:

> 厂商对借入资金的需求量,就是使由该资金融资的投资的边际收益产品,刚好等于借款所需支付的利息时的那个数量。

资本有一个值得注意的特征使之与其他投入,比如玉米,区分开来。当劳米用玉米饲养小鸡时,投入物只使用了一次就消失了。但是,一个鼓风炉,作为钢铁公司资本的一部分,通常可以持续很多年。鼓风炉是一种耐用品,因为它耐用,所以它不仅对今天的生产做出贡献,而且也对未来的生产做出贡献。这一事实,使得资本品的边际收益产品计算比其他投入更为复杂。

为了决定某一资本品的边际收益产品是否大于其融资成本(即决定此项投资是否可获利),我们需要一种方法来比较不同时间收到的货币的价值。在其他条件不变时,将于2010年收到的1美元,其价值低于2009年收到的1美元,因为2009年收到的美元,有额外的1年用于赚取更多的钱;例如,他能将其借出额外的1年,并赚取额外的利息。为了做出这种不同日期获得的货币的比较,经济学家和商人使用一种称为贴现(discounting)的计算方法。这里,实际上只需要认识有关贴现的两个重要属性就可以了:

- 在未来某个日期收到的一笔钱的价值,将少于今天收到的同样数目的钱的价值。

- 当利率越高时,今天的货币与未来的货币之间价值的差异就越大。

我们能很容易地理解为什么会是如此。为了说明我们的第一个要点,考虑你在今天而不是一年以后的今天收到 1 美元时,你会做什么。如果年利率为 10%,你可以将其借出(例如,将它存入一个储蓄账户中),并在 1 年的时间里获得 1.10 美元——你原有的 1.00 美元加上 10 美分的利息。正因如此,今天收到的钱,比今后收到的同样数目的钱,更有价值。

现在讨论我们的第二个要点。假定前例中的年利率为 15% 而不是 10%,在这种情况下,今天投资的 1.00 美元,在 1 年的时间里将增加到 1.15 美元(而不是 1.10 美元)。这意味着,1 年后的今天收到的 1.15 美元,与今天收到的 1.00 美元是等价的,因此,当利率为 15% 时,未来 1 年后的 1.10 美元的价值,现在就必然低于今天的 1.00 美元的价值。相反,当年利率为 10% 时,从今天开始 1 年后将要收到的 1.10 美元,就与今天的 1.00 美元等价了。这就说明了我们的两个要点中的第二个。

利率是经济中投资水平的一个关键性因素。它强烈影响着消费者为了把资源用于构建能够增加未来消费品产出的机器和工厂所选择放弃的当期消费品的数量。利率在决定社会资源在现在与未来之间的配置中是关键性的——这是我们曾在第 15 章中讨论过的问题。那么,现在让我们来看看市场是如何设定利率的。

19.3.2 向下倾斜的资金需求曲线

像任何商品的价格上升一样,借入资金的价格上升,通常会减少需求量。但是,当资金被厂商用于投资时,情况会比价格与消费品之间的关系稍微复杂一些。上面讨论的贴现的两个属性,有助于解释为什么资金的需求曲线具有负的斜率的特殊原因。

回忆一下,像对所有投入物的需求一样,对借入资金的需求也是一种引致需求,是由对资本品的投资意愿引致的。但是,厂商会在将来收到部分——也许是全部——某一机器或工厂的边际收益产品。因此,以今天的货币衡量的边际收益产品,将随利率的上升而缩水。为什么呢?因为,正如我们解释的关于贴现的第二个要点所表明的那样,当利率上升时,对某一机器或工厂投资的某一给定未来报酬的价值会变得更低(它必须被更多地打折)。这种缩水的结果是,一部机器,当利率为 10% 时看来还是一个不错的投资,而如果利率上升至 15% 时,它就可能会变为一个极糟的投资。也就是说,利率越高,厂商需求的机器就会越少。之所以如此,是因为对机器的投资会用掉存在储蓄账户中本应赚取更多利息的资金。这样,机器及其他形式资本的需求曲线就会有负的斜率——利率越高,厂商需求的数量就越小。

> 随着借款利率的上升,越来越多之前看来可获利的投资,将开始看来无利可图。因此,以投资为目的的借贷需求,在利率较高时会较低。

需要注意的是,尽管这一分析很明显是应用于厂商购买如工厂和设备等资本品的,但是,它也可以应用于公司对土地和劳动的购买。厂商通常通过借入资金同时为这些支出融资,而这些投入的边际收益产品,可能在它们被购入并投入使用后仅几个月甚至几年之后才会产生。(例如,新购入的农地,可能需要很长时间才能收获可以在市场上出售的庄稼。）这样，就像在资本投资的情况下一样，利率上升，会减少对像土地和劳动之类的投资品的需求量，正像它削减对工厂和设备投资的引致需求一样。

图 19-4 描绘了一条贷款的引致需求曲线，其中纵轴是作为借款者的贷款成本的利率。其负的斜率解释了我们刚刚陈述过的结论：

利率越高，想借款为其投资融资的人们和厂商就越少。

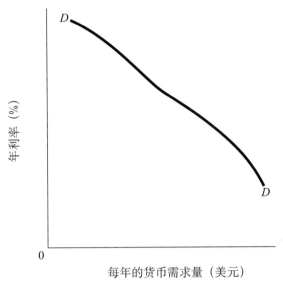

图 19-4 货款的引致需求曲线

? 难题解答：资金的供给

在资金市场的供给方可能会产生某种不同的关系——在那里，供给者或贷款者是消费者、银行以及其他商业厂商。借出的资金通常仅在一段时间后就会返还给所有者（连同利息）。当贷款具有较高的利率时，它们对贷款者而言看起来就更有利，因此，很自然地可以预期，贷款的供给曲线是向上倾斜的——在较高的利率上，贷款者就会供给更多的资金。像这样的供给曲线表现为图 19-5 中的 SS 曲线，图中我们还从图 19-4 复制了需求曲线 DD。这里，自由市场利率为 7.5%。

然而，并非所有的资金供给曲线都像曲线 SS 一样一直向右上方倾斜。正如我们在本章开始时的难题里陈述的那样，有时利率（作为储蓄的金融回报的贷款的价格）上升，会导致人们更少而不是更多地储蓄。一个例子将有助于解释这一显然反常的行为的原因，正如我们将要看到的，有时这一行为是理性的。比如，假定吉姆正为在三年内购买一辆 10 000 美元的二手拖拉机而储蓄。如果他将钱按在该期间的利率借出，假定他每年必须储蓄 3 100 美元，才能实现其预定目标。如果利率更高，那么，他每年可以不用存 3 100 美元那么多，但仍旧能实现其 10 000 美元的目标，因为有更高的利率，所

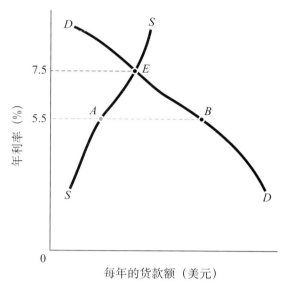

图 19-5 贷款市场的均衡

以他每年从其储蓄中可以获得更大的利息支付。这样,利率上升的结果,会使吉姆的储蓄(和借出)降低。这个论证仅能完全应用于像吉姆这样拥有固定积累目标的储蓄者,但是,类似的考虑也会影响其他储蓄者的计算。因此,当利率上升时,某些人会储蓄更多,但也有某些人会储蓄更少。

一般而言,我们预期,当利息回报上升时,贷款供给的数量至少会有某种程度的上升,因此,供给曲线将有一个正的斜率,就像图 19-5 中的 SS 一样。然而,因为类似于那些在吉姆的例子中指出的理由,利率上升引起的经济中储蓄的增加,通常是十分微小的。这就是我们为什么将供给曲线画得如此陡峭的原因。一些放贷者供给的资金量的上升,部分地被有固定目标的储蓄者(像存钱购买拖拉机的吉姆,或储蓄购买一架昂贵照相机的贾斯敏)贷出金额的下降所抵消。

考察了相关的需求和供给曲线之后,现在,我们就可以对均衡利率的决定进行讨论了。这被概括在图 19-5 中,其中,像通常的情况一样,均衡点是供给量等于需求量的 E 点。于是我们再次得出结论,即图中例子的均衡贷款利率为 7.5%。

19.3.3 高利贷法问题:利率太高了吗?

人们通常对市场机制决定的利率不满。由于担心如果没有管制利率可能会攀升到过高的水平,因此,在许多时期和场合,制定高利贷法(即对货币借贷利率设置上限)非常流行。控制利息支付的企图要追溯到圣经时代,而中世纪基督教的影响,甚至导致大部分欧洲完全禁止利息支付。在美国,随着 20 世纪 80 年代对银行业取消管制,形形色色的州高利贷法也名存实亡了。

贪婪的放贷人通常想方设法逃避高利贷法的限制,收取甚至高于自由市场均衡水平的利率。但是,即便是在高利贷法发挥作用时,它们也会干扰供给和需求的运行,正如我们即将证明的那样,它们可能损害经济效率。

再次看图 19-5,但这次假定图中描绘的是银行对消费者的贷款供给。考虑如果高利贷法禁止对消费者的贷款收取高于 5.5% 的年利率时,会发生什么情况。在利率为 5.5% 时,供给量(图 19-5 中的点 A)相对需求量(点 B)发生短缺。这意味着许多消费贷款申请者会被拒绝,即使银行认为他们的信誉是可靠的。

从这种高利贷法中,谁能获益,谁又会受损呢? 获益者是那些即使愿意支付 7.5% 的年利率,却有幸按 5.5% 的年利率获得贷款的幸运消费者。亏损者既有供给方也有需求方:那些原本在 7.5% 的年利率下愿意而且能够获得贷款,却在 5.5% 的年利率下遭到拒绝的消费者,以及,如果不存在任何利率上限限制时,原本可以按 7.5% 的年利率发放可获利贷款的银行。

这一分析解释了高利贷法为何在政治上大受欢迎的原因。很少有人会同情银行股东,而那些以更低的利率取得贷款的消费者,自然对高利贷法的结果十分满意。其他愿意以 7.5% 的年利率贷款,却因为供给量少于需求量而未能获得贷款的消费者,往往会怪罪于拒绝贷款的银行,而不是去责怪把互利交易宣布为非法的政府。

然而,对过高的利率有所担忧是理性的。例如,通过使为贫困者建房的融资更便宜来对抗无家可归,不失为一种适当的方法。当然,政府对为贫困者建房实行利息补贴,而不是宣布高利率非法——就像高利贷上限所试图要做的那样,其实只是假装仅仅通过立法就能将那些成本消除——可能是更为理性的。[①]

19.4 租金的决定

我们接下来将要讨论的生产要素是土地。地租,对土地使用的支付,是另一种价格,当交由市场决定时,所设定的水平在政治上通常也是不受欢迎的。地租控制则是一种经常性的解决方案。我们已在第 4 章讨论过地租控制的影响,而在本章后面,我们将对其再稍多做一些讲述。但在这里,我们主要关注的是自由市场对地租的决定。

土地市场的特点,在于其供给方面具有一个特殊的性质。土地是一种总供给量(大致)不会发生变化,而且几乎不能变化的生产要素:在任何可能的价格上,可用的土地数量都是相同的。事实上,古典经济学家利用这个观念来作为土地的操作性定义。而且这个定义至少近似于合适。尽管人们可以排出沼泽的水、清理森林、使田地更肥沃、建造摩天大楼,或将土地的用途由一种(农场)转换成另一种(住房开发),但是,人类的力量仍无法很大程度地改变土地的总供给。

这些事实告诉了我们什么有关市场如何决定地租的信息呢? 图 19-6 帮助提供了一个答案。垂直的供给曲线 SS 意味着,无论地租的水平有多高,在名为小山谷的一个小村庄里,都只有 1 000 英亩的土地。需求曲线 DD 向下倾斜,且是一条典型的边际收益产品曲线。其预测依据是,像其他任何物品一样,土地的使用也遵循报酬递减这一观

---

① 法律有时也会涉及对妇女或少数族裔的贷款歧视。强有力的证据表明,贷款行业中存在着性别与种族歧视。例如,晚至 19 世纪,即使当已婚妇女拥有大量的独立收入时,若没有丈夫的明确许可,她们的贷款通常也会被否决。

念。像通常一样,自由市场价格由供给和需求曲线的交点 E 决定。在本例中,小山谷的每英亩土地的年租金为 2 000 美元。该图的第一个有趣的特征是,因为不论价格是多少,供给量都被刚性地固定在 1 000 英亩,所以,租金的市场水平完全由市场的需求方决定。而这又导致第二个特别的性质:任何提高(或降低)需求曲线 X 美元的移动,都会精确地使土地的均衡价格提高(或降低)同样的数量——X 美元。

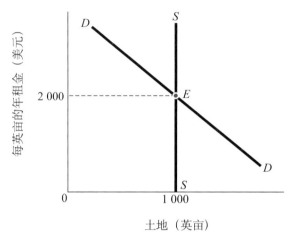

图 19-6 小山谷地租的决定

例如,如果一所大学迁至小山谷,吸引更多人想要到那里居住,DD 曲线将向外移动,如图 19-7 所示。市场中的均衡将由点 E 移动到点 A。可用的土地仍然是 1 000 英亩,但现在每英亩的地租将要求 2 500 美元。土地所有者将征收更多的租金,尽管社会并未从土地所有者那里获得更多的投入——土地——作为租金增加的回报。

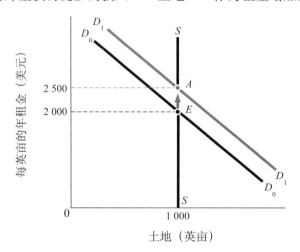

图 19-7 供给曲线呈垂直状时需求曲线的移动

然而,同样的过程反过来亦成立。如果大学关闭,而土地需求因此降低,即使土地所有者并未促成土地需求的下降,他们仍会遭殃。(为了明白这一点,只需将图 19-7 的逻辑颠倒过来,即需求曲线开始时位于 D_1D_1,现在移动至 D_0D_0。)

这种讨论表明了租金所具有的特殊性质,它导致经济学家把租金与其他生产要素的报酬区别开来。**经济租**(economic rent)是对供给数量不会发生变化的某一生产要素(例如土地)的一个"超额"支付。社会不会因为它支付的租金上升,会使它获得的土地数量有任何增加而获得补偿。因此,经济租就是超出诱致要素供给所必要的最小报酬的那部分要素报酬。

> **经济租**是某生产要素的收入中,超过诱致其供给所必要的最低量的那部分收入。

直到19世纪末,经济租的思想所产生的强大影响,远远超越了经济学专著的影响。1886年,一个美国新闻记者离亨利·乔治(Henry George)差一点于被选举为纽约市市长,他的竞选政纲就是,所有政府都应当通过对土地所有者征收"单一税"来融资,他说,他们是唯一不用在生产过程中付出任何贡献就能赚取收入的人。乔治说,土地所有者在对经济进步没有做出任何贡献的情况下,收获着经济增长的硕果。他的逻辑基础是,当地租增加时,土地所有者没有增加其生产要素的供给——土地的数量——这一观点。

19.4.1 地租:进一步的分析

如果所有的土地都是同质的,那么,我们前面的讨论几乎就是地租的全部理论。但是,不同地块的土地确实是有差别的——在地理位置上、地形上、离市场的远近程度上、土质上等方面,都存在差别。早期经济学家,特别值得注意的是大卫·李嘉图在他们分析租金决定时都考虑到了这种差异——一条自19世纪至今仍被视为正确的一条重要经济学逻辑。

其基本观点是,投入到任何一片土地的美元资本获得的收益必须与投入到任何其他土地的资本的收益相同。为什么呢?若非如此,资本家就会为了更有利润价值的土地而相互竞争。竞争会一直持续到他们为这些土地所必须支付的租金被推高至它们相对于其他土地的优势消失时为止。

假定某个农场主,每年以160 000美元的劳动、肥料、燃料,以及其他非土地成本,在某一块土地生产农作物,而他的一点也不会比他更有效率的邻居,在另一块土地上生产同样的农作物,其成本仅为120 000美元。那么,第二块土地的年租金,必然恰好比第一块土地的年租金高40 000美元,因为如若不然,在一块土地上的生产就会比在另一块土地上的生产便宜。例如,如果年租金的差异仅为30 000美元,那么,在第二块土地上生产就会便宜10 000美元。没有人会愿意租用第一块土地,所有的种植者都会竞价以租用第二块土地。第一块土地的地租将会因为缺乏顾客而被迫下降,而第二块土地的租金将因为急切的竞价者而被推升。这些压力只有在地租差异达到40 000美元时才会终结,从而,两块土地变得同等程度地可获利。

> **边际土地**是指恰好处于已被使用边缘上的土地——即哪怕农场主只需付一分钱的租金也会变得无利可图的土地。

在任何给定的时间,总有一些低质量的地块是如此劣质,以至于没有任何使用价值——人迹罕至的沙漠就是最佳的例子。任何处于已被使用与未被使用边缘的土地,都称为**边际土地**(marginal land)。根据这个定义,边际土地赚不到任何地租,因为,如果其所有者对它收取任何费用,是不会有任何人愿意支付费用来使用它的。

我们结合这两个观察——任何两块土地上的生产成本之差,必须等于其租金之差,以及边际土地收取零地租——得出以下结论:

> 任何一块土地的地租,将等于在这片土地上生产某产出的成本,与在边际土地上生产它的成本之差。

也就是说,对优质地块的竞争,将允许土地所有者收取到其优质地块全部利益的价格。这一分析有助于我们更透彻地理解土地需求曲线外移的影响。假定人口增长提高了对土地的需求,那么,地租自然也会随之上升。但是,我们可以做出比这更为明确的陈述。作为对需求曲线外移的反应,将会发生两个变化:

- 之前某些无利可图的土地,现在变得值得利用了。之前处于零租金边际上的土地,现在不再处于边缘状态,而某些在先前甚至不值得考虑的极度贫瘠的土地,现在将恰好达到可盈利的边缘水平。对美国西部的开发定居就生动地说明了这一过程。曾一度不能被租出的土地,现在会变得极有价值。
- 人们将开始对已利用的土地进行更集约的开发。就像近几十年来已经发生的情况一样,农民将使用更多劳动和肥料,从他们的田地里收获更多数量的农作物。而城市里先前的两层建筑,现在将被用于高层建筑。

这两个事件会以可预知的方式带来租金的上升。因为变化后被视为边际的土地必然劣于变化前就已经是边际的土地,租金必然会以新旧边际土地之间收获的差异量上升。表 19-2 说明了这一点。在表中,我们涉及了三块土地:A,一块极富生产力的土地;B,一块最初仅被视为边际的土地;以及 C,劣于 B,但是当土地的需求曲线向右上方移动后,成为边际的一块土地。

表 19-2 三块土地上的非租金成本和租金

土地类型	生产指定农作物的非土地成本(美元)	总租金(美元) 变化前	总租金(美元) 变化后
A. 变化之前和之后都优于边际土地的一块土地	120 000	80 000	92 000
B. 变化之前是边际土地,而现在成为更有吸引力的一块土地	200 000	0	12 000
C. 变化之前没有利用价值,而现在成为边际土地的一块土地	212 000	0	0

当在 B 土地上生产时,农作物的成本要比在 A 土地上生产时多 80 000 美元,而当在 C 土地上生产时,农作物的成本又要比在 B 土地上生产时多 12 000 美元。假定最初对农作物的需求如此之低,以至于农场主琼斯不在 C 土地上种植农作物。农场主琼斯也处于是否在 B 土地上种植农作物的边缘状态。因为 B 土地是边际土地,它恰好处在被使用与被闲置的边际——它将不要求任何租金。我们已知,A 土地上的租金,将等于 A 对 B 的 80 000 美元的成本优势。现在假定,对农作物的需求增加得足够多,使得 C 土地也变为边际土地。于是,B 土地就要求 12 000 美元的租金,即 B 对 C 的成本优势。那么,A 土地的租金现在必然会从 80 000 美元上升到 92 000 美元,即 A 对新的边际土地 C 的成本优势。

除土地之间的质量差异外,推动地租上升的第二项影响因素是,增加的对在耕土地利用的集约程度。随着农场主对其土地施用的肥料与投入的劳动增加,土地的边际生产率也会提高,正如当工厂对其设备更多地投资,会使工厂工人变得生产率更高一样。再一次,土地所有者们能够以更高的地租的形式,来获取这种生产率的增加。(如果你没有理解这是为什么,请回头参见图 19-7,并回忆需求曲线就是边际收益产品曲线这一要点——也就是说,它们指明了资本家为使用土地所有者的土地,愿意向土地所有者支付的数量。)这样,我们可以将租金理论总结如下:

随着土地使用的增加,土地所有者可以通过两种来源收到更高的报酬:
- 增加的需求,导致社会开始使用先前并不适于使用的土地;先前已被利用的土地相对于新的边际土地的优势增加,租金也相应上升。
- 土地被更集约地使用;土地的边际收益产品上升,从而增加使用土地的生产者支付租金的能力。

专栏
世界各地的土地价格

当商品是像土地这类不能从地理上由一个市场转移到另一个市场的商品时,供给和需求就不能使不同销售者提供的同质商品的价格均等化。例如,在 2006 年,巴黎的房地产销售的平均价格为每平方英尺 645 美元;在伦敦,在当前价格最高的地段购买房屋,基本住房售价大约为每平方英尺 2 300 美元,与纽约市的 1 900 美元形成对比。在蒙特利尔,基本住房售价大约为每平方英尺 250 美元,而在罗马尼亚的布加勒斯特,其购买成本大约为 110 美元。

资料来源:Stephanie Rosenbloom,"Buying Around the World," *International Herald Tribune*, February 22, 2006, and Arlane Bernard, "An American (and His Second Home) in Paris," *International Herald Tribune*, October 18, 2006, http://www.iht.com.

19.4.2 一般化:寻求经济租

经济学家将土地的报酬称为"地租",但是,土地并不是唯一具有固定供给的稀缺投入物,至少在短期内不是唯一的。回溯到 20 世纪初期,有些经济学家就已经意识到,地租的经济分析可以应用到土地之外的投入上。正如我们将要看到的,这种扩展产生了许多值得关注的见解。

租金的概念可以被用来分析诸如工业集团在美国国会中的游说(企图影响国会议员的投票)、竞争厂商之间的诉讼,以及排他性许可证争夺战(比如为一个电视台)之类的日常现象。这类厂商之间的争斗,会浪费有价值的经济资源——例如,经理、官僚、法官、律师,以及经济学家用于准备和赢取这类法庭审理所花费的时间。因为这些有价值的时间本可以用于生产,所以,这类活动产生了大量的机会成本。租金分析有助于找出这些争斗的原因,并提供了一种评估人们在寻求稀缺资源的经济租时,所浪费的资源数量的方法。

经济租——即为某生产要素所支付的高于和超过为使其用于生产所必要的货币数量——与这类情况有何关系呢？戈登·图洛克(Gordon Tullock)，一位也受过法律知识训练的经济学家，第一次明确指出寻租现象，是为获取或收集那些报酬高于和超过为产生该收入来源所必要的货币数量的机会，而展开的搜寻和争斗。

垄断许可就是这类租金的一个明显来源。例如，经营镇上唯一一家电视台的许可证，将产生巨大的广告利润，远远超过电视台运作所必要的资金数量。这就是寻租者为何在这类许可证变得可获得时，突然展开猛烈斗争的原因。同样，美国甜味剂生产商，包括玉米和甜菜的种植者，以及蔗糖农场主，它们的强有力的游说，均迫使国会阻碍蔗糖进口，因为自由进口会显著地削减其价格(和租金)。这类活动并不能增加产品的供给数量，就像更高的租金不会增加土地的供给一样。这就是为什么其导致的所得被称为"租金"，而为获得这类对产出没有任何贡献的所得所做出的努力被称为"寻租"的原因。

有多少社会资源会被浪费在这类过程中呢？寻租理论可以给我们一些概念。考虑一场为某个垄断有线电视许可所展开的竞争，一旦被授予许可，就会使竞争对手电视台无法继续营运。没有任何东西会阻碍任何人进入抢夺经营许可的竞争。在对这种极具诱惑力的经营许可的争夺战中，任何人都能雇用游说者和律师，或是提供需要的贿赂。这样，尽管有线电视经营本身可能并不具有竞争性，但是，对许可的争夺过程却是极富竞争性的。

当然，我们从完全竞争条件下的长期均衡分析(第10章)中已经获知，在这类市场中，经济利润趋近于零——换言之，收入恰好补偿成本。如果所有者预期，有线电视许可证在其有效期内，可产生比如说90 000万美元的租金，那么，寻租者(即为首先获得许可证而竞争的公司)可能会在它们为许可证的争夺中，花费某个接近于那个数量的资源。

为什么呢？因为，假定十个竞标者中每一个都有同等的机会赢得许可证，那么，对每个竞标者而言，这个机会都将值9 000万美元——即有十分之一的机会获得90 000万美元。如果平均竞标者在该争夺战中的支出仅为7 000万美元，那么，每个厂商将仍会评估许可证争夺战的价值为9 000万美元减去7 000万美元。这一事实将诱使第十一个竞标者进入，并提高游说费用的赌注到比如说8 000万美元，希望抢夺到该租金。吸引额外竞标者的过程，只有当所有可获得的超额租金全部都被花费到了寻租过程中之后，才会停止，因而，也就不再存在吸引更多人参与竞标的任何进一步的激励了。

19.4.3 作为投入物补偿的一部分的租金

我们可以利用经济租的概念，将任何投入的报酬划分为两个部分。第一个部分只是获取该投入所必需的最小报酬——例如，生产一个滚珠轴承的成本，或是人们因劳动过程中涉及不愉快、艰苦的工作，以及闲暇的损失等而要求的补偿。如果要让投入的所有者愿意供给该投入物，那么，就必须对其提供这个第一部分的要素报酬。如果工人们连这第一部分的报酬都没有收到，那么，他们就不会供给其劳动。

报酬的第二部分是一种奖金，它并不是给所有投入物的，而是只针对质量特别高的投入物，像我们稍早的例子中对高质量土地所有者的支付。给拥有特殊天赋技能的工人的报酬，是租金一般化概念的最佳说明。因为这些奖金就像对更好的土地的额外支付一样,所以,它们被称为经济租。的确,就像地租一样,支付给某种投入物的经济租数量的增加,可能不会增加该投入供给的数量。这个第二部分报酬——经济租——是一种纯意外所得。熟练工人很高兴将其作为一种额外收入而拥有它,但是,在选择是否工作的过程中,它并不是一个决定性的考虑因素。

19.4.4　租金理论的一个应用:职业运动员的薪水

职业运动员与一块块土地看起来可能没有任何共同之处。然而,对一名经济学家而言,同一种分析——经济租理论——能够解释市场是如何决定这些"生产要素"的报酬的。为理解这个原因,让我们研究一个假想的篮球队——丢失的湖人队(Lost Lakers),以及其七英尺高的核心明星达珀·丹(Dapper Dan)。首先,我们必须注意到,只有一个达珀·丹。也就是说,他是一种稀缺的投入物,其供给正如土地的供给一样,是固定的。因为他的供给已定,所以,他的服务的价格,是以类似于地租的方式决定的。

只要稍加思考就可以明白,经济租的一般概念是如何同时适用于土地与达珀·丹身上的。无论租金是高、是低还是零,可利用土地的总量都是固定不变的;而诱致土地所有者向市场供应土地所必要的报酬并不高。那么,根据定义,给土地所有者的报酬中有相当大的一部分是经济租——即高于和超过土地所有者向经济供应土地所必要的报酬的部分。在这一方面,达珀·丹(几乎)与土地是一样的。他的运动天赋是独一无二、无法复制的。是什么决定了这种要素的报酬呢?因为这种独特的、不可复制的要素供给的数量是绝对固定的(只有一个达珀·丹),因此也就对价格没有任何反应,所以,我们在图19-6中总结的租金分析就是适用的,而达珀·丹提供的服务的需求曲线的位置,取决于其服务超过其他队员的优越程度。

假定丢失的湖人队同时还有一名边际球员,韦瑞·威利(Weary Willy),上一年度最没价值的球员奖得主。为了获得威利的服务,每年必须付给他50 000美元。再假定如果达珀·丹没有其他可用选择,他愿意以50 000美元的年薪打篮球,而不是做一名汉堡包厨师,他唯一胜任的另一项工作。但是丹知道,他能比那做得更好。他非常精确地估计到,他在球队中的出现,会比像威利那样的球员给球队多带来1 000万美元的收入。在那种情况下,丹及其经纪人每年应该比威利多获得1 000万美元。结果,丹获得了1 005万美元的薪水,其中1 000万美元是经济租——完全类似于前例中涉及的不等质的土地的租金。请注意,球队并未因支付的租金而获得达珀·丹任何更多的工作时间。(一个现实世界的例子,参见专栏"第一棒:赚取大量经济租"。)

几乎所有的投入物,包括雇员在内,都赚取某些经济租。什么类型的投入物不能赚取任何租金呢?只有那些可以由许多供给者以不变成本和完全相同的质量供应的投入物,才不能赚取任何租金。例如,没有任何一个滚珠轴承的供给者会从一个滚珠轴承上收到租金,至少在长期中是如此,这是因为,质量相同的任何合适的数量,都能以(几乎)不变的成本生产出来,而且它们给使用者带来的利润也是相同的。如果某一个滚珠轴承的供给者试图收取高于其成本 x 美分的价格,另一个制造商就会对第一个供应者削价竞争,并夺走它的顾客。因此,竞争性价格不包含任何经济租。

专栏

"第一棒":赚取大量经济租

如果你认为我们对经济租的讨论仅仅是学术推理,那么,请考察这些数据:在2000年,在一次给整个棒球界带来冲击的交易中,游击手亚历克斯·罗德里格斯(Alex Rodriguez)与得克萨斯骑兵队(Texas Rangers)签订了一份为期10年、价值25 200万美元的合同。他的超过2 500万美元的年薪,使他成为运动史上报酬最高的职业运动员之一。可以很确定地推断,他的薪水的绝大部分是经济租——换句话说,如果没有任何球队提供超过远小于这个数量的报酬,他也会愿意继续打棒球。

不足四年之后,骑兵队就发现他们自己无力承付第一棒的巨额薪水,从而将其超级巨星游击手转签给了纽约扬基队(New York Yankees)——一个能够养得起他的球队。然而事实上,直至2010年,骑兵队仍将承担罗德里格斯的部分薪水。但是,这个英勇冒险的故事还在继续:在2007年10月,在扬基队未能进入最终决赛之后,第一棒选择了退出他的合同,并成为一名自由代理人。6周之后,他与扬基组织签订了一个新的10年期合同。

19.4.5 租金控制:误置的类比

为什么经济租分析如此重要呢?那是因为只有经济租能够被税收征走而不会减少投入物供给的数量。这里,通常的文字表述会妨碍合理的推理。事实上,许多人认为,他们向房东所支付的租金就是经济租。因为毕竟,无论他们每月支付1 500美元,还是500美元,或者100美元,他们的公寓始终留在原地。这一观点尽管在短期内是正确的,却是非常短视的。

就像滚珠轴承的生产者一样,一栋房屋的所有者不能预期赚取经济租,因为如果租金很高,那么就会有太多的其他潜在所有者也提供公寓,其构建成本大致相同。如果市场价格暂时包含某些经济租——也就是说,如果价格超过生产成本与所需资本的机会成本之和——那么,其他的建筑者将开始新的建筑工程,从而推动价格下降。因此,远远不是像生地那种完全缺乏弹性(垂直)的供给,建筑物是极为接近完全弹性(水平)的供给,就像滚珠轴承的供给一样。正如我们已在租金理论中了解到的那样,这意味着,建筑商和建筑物的所有者在长期中是无法收取经济租的。

因为公寓所有者收取的经济租几乎等于零,自由市场中的租房者所支付的报酬,必然仅仅足够使公寓保留在市场之中(而这恰恰正是零经济租的定义)。如果租金控制迫使这些价格下降,公寓的供给就会逐渐从市场上消失。① 因此,在其他不幸的后果之

---

① 这些并不意味着,在特定区域中暂时的租金控制在短期内不能带来合意的效果。在短期中,公寓与住房的供给确实是固定的,而需求曲线的大幅度移动能为房东带来意外的所得——如果是暂时的话,这种所得便是真实的经济租。能消除这类意外所得的控制,并不会带来严重的问题。但是,必须了解的是,一旦"短期"逐渐变成"长期",情况就会变得很微妙,"暂时的"租金控制法有可能会变为相当长期性的。

中,我们可以预期,租金控制会使无家可归恶化——当然,尽管这显然还不是这种令人痛苦的现象的唯一影响。

19.5 对企业所有者的支付:利润是太高还是太低?

接下来我们转向对商业利润的讨论,这种讨论通常看来更多的是情感性的而非逻辑性的。除某些经济学家以外,几乎没有人认为利润率大致处于恰当的水平。批评者对某些商业巨头数十亿美元的巨额利润发出责难,并争论它们高得没有天理;然后,他们呼吁对利润征收更严厉的税收。另一方面,美国商会(Chambers of Commerce)、全美制造商协会(National Association of Manufactures),以及其他商业集团,则抱怨说,管制和"具有毁灭性的"竞争将利润遏制得太低,并不断地向国会请求减免税收。

公众对美国经济的基本情况存在着许多误解,但是,也许其中没有任何一种,比人们对美国公司赚取的利润的普遍看法,离现实更远。大家可以做下面的实验。去问一下你的五个从未接受过经济学课程训练的朋友,在他们的想象中,公司的纯利润占国民收入的比例是多少。尽管正确答案每年都各不相同,但是,2006 年的商业利润,构成国内生产总值(GDP)的 12.4%(税前)。① 一个与你所支付的价格可比的百分数,代表的就是税前利润。大多数人认为,这一数字应该高出许多许多。

现在大家毫无疑问已经注意到,经济学家是不愿意在某种道德或伦理层面上来区分要素价格是"太低"还是"太高"的。相反,他们很可能会首先询问:市场均衡价格是多少?然后,他们会询问,是否有很好的理由去干预市场结果。然而,这种分析并不能轻易应用于利润的情况,因为,当你不知道是哪种生产要素赚取利润时,是很难运用供给和需求分析的。

无论是在记账的意义上还是在经济的意义上,利润都是一个剩余(residual)。它们是从销售价格中已经对所有其他要素做出支付后留下的剩余。

但是,是哪一种生产要素赚取了这一报酬呢?哪一种要素的边际生产率构成了利润率呢?

19.5.1 是什么产生了利润?

经济利润是企业的总收入减去其所有成本,包括其支付的利息和从投资者获得的资本的机会成本。

正如我们在第 10 章中所了解到的那样,**经济利润**(economic profit)是企业赚取的超过和高于对所有投入物的支付的数量,这些支付包括对所利用的资本的利息支付,以及对厂商所有者提供的任何资本的机会成本在内。厂商所有者收到的用以补偿其资本机会成本的支付(而这按照通常的说法就被认为是利润),是与利率紧密相关的,但它并不是经济利润的一部分。在一个想

---

① 资料来源:*National Income and Product Accounts*,U. S. Department of Commerce,Bureau of Economic Analysis,从 http://www.bea.gov 可得。

象的(和单调的)世界中,任何事物都是确定不变的,向厂商投入资金的资本家,将只能赚取其资金的市场利率。超过这一水平的利润会因竞争而消失,而低于这一水平的资本报酬将是不能持久的,因为资本家会从厂商那里撤回其资金,并将其存入银行。在这种世界中,资本家仅仅是货币放贷者。

但现实世界的情况不尽如此。许多资本家并不仅仅是货币放贷者,而且他们所赚取的数目往往在很大程度上超过了现行的利率。这种大量的收入可能是地租,就是我们刚刚讨论的那种。然而,我们可以列出三条基本的途径,通过它们,就能赚取高于"正常"利率水平的利润。

垄断势力 如果厂商能对其部分或全部产品建立起垄断,即使只有很短暂的时间,那么,它就能利用这种垄断势力赚取垄断利润。我们已在第11章中分析了这些垄断所得的性质。

承担风险 厂商通常会从事具有财务风险的活动,使得厂商的资本家投资者(以及它的雇员)蒙受某种财务危险。例如,当某个厂商勘探石油时,它必须钻勘探井,希望在井底下发现石油。当然,许多这类勘探井最终只是一口枯井,从而其成本不能带来回报。另一方面,幸运的投资者则的确找到了石油,并得到了丰厚的回报——多于对厂商资本的竞争性回报。这种额外收入值得厂商承担风险。

少数幸运的个人在这个过程中收获颇丰,但也有许多人却蒙受了沉重的损失。那么,平均而言,我们能在多大的程度上正确预期冒险者的行为呢?若10次勘探性的钻井中有1次能有回报,我们能期望其回报就恰好是利率的10倍,从而平均厂商将刚好赚取正常的利率吗?答案是,若投资者不喜欢赌博——也就是说,如果他们偏好于规避风险,那么,报酬将多于利率的10倍。为什么呢?这是因为,风险厌恶的投资者,将不会愿意把他们的钱投入到一个面对如此悬殊的比数——10比1——的经营中,除非市场为这种财务危险提供补偿。

在现实中,没有任何东西能保证事情总是按这种方式发展。有些人热衷于赌博,且往往倾向过于乐观。即使输赢比数证明一些项目是不合理的,他们仍可能会铤而走险。这些赌徒在风险承担活动中的平均报酬,最终可能低于利率。成功的投资者仍然会赚取不错的利润,就像拉斯维加斯的幸运赢家一样。然而,平均参与者将不得不为承担风险付出代价。

对创新的回报 利润的第三个重要来源,可能是对社会福利而言最重要的一个。引入新产品、为厂商销售的商品引入新的生产方法或发现新市场的人们,被称为创新企业家。第一个能创新并营销一种令人满意的新产品,或使用一种新的节约成本的机器的企业家获取的利润,将比一个不具创造性(但其他所有方面都相似)的企业经理能赚取的收入要高得多。

创新不同于发明。如果**发明**(invention)是指产生新思想的话,那么,**创新**(innovation)则采取下一步,即将新思想付诸实际应用。商人很少是发明者,但他们通常是创新者。

当一个企业家创新时,即使新产品或新生产过程不受专利保护,企业家也会领先于其竞争者一步。如果市场喜欢该创新,那么,或是通过向顾客提供更好的产品,或是通过以更低的价格供给这些产品,企业家就能够获取大部分的销售额。无论是两种情况中的哪一种,当竞争者还很弱时,企业家都能暂时拥有某种程度的垄断势力,并因这种领先而收到垄断利润。

而且对社会的利益也是巨大的。创新企业家在发现有潜力的发明,并确保它们被投入生产性使用方面,发挥了决定性的作用。他们对过去几个世纪以来出现的人均收入的快速增长和新产品如洪水般的涌现,做出了巨大的贡献。有关企业家的决定性作用,将在接下来的一章做出更完整的讨论,从而完成从第 16 章开始的关于经济增长的因素的故事。

19.5.2 对利润征税

这样,我们可以将超过市场利率的利润,视为对企业家才能的回报。但是,这种定义实际上并没有多少帮助,因为没人能准确说明企业家才能是什么。必然地,我们既不能衡量它,也无法在大学课程里教授它,尽管许多商学院可能会试图这样做。我们并不知道,观察到的利润率是否提供了多于市场吸引企业家才能所必要的最低报酬。当我们开始考虑对利润征税这一政策的细节时——确实是一个颇具争议的问题,观察到利润率与最小必要报酬间的关系,就是决定性的了。

考虑对石油公司征收一个利润税。如果石油公司赚取的利润高于吸引企业家才能所要求的最小数量,那么,那些利润就包含了很大成分的经济租。在那种情况下,我们就可以通过征税收走这些超额利润(租金),而又不用担心减少石油生产。相反,如果石油公司的利润并不包含经济租,那么,意外的利润税当然就会严重阻碍石油的勘探和生产。

这个例子说明了在决定政府应该对利润征收多重的税收时,存在的一个一般性的问题。呼吁征收高额——如果不是苛刻的——利润税的大型企业的批评者相信,利润几乎都是经济租。假若他们错了——如果事实上,大部分观察到的利润都是吸引人们担当企业家之职所必需的——那么,高额利润税就会是危险的。这种税将威胁到资本主义制度的生命之源。可以预见,商业游说集团曾宣称,现行的税收政策恰好在制造这种威胁。不幸的是,没有任何一方能为其结论提供十分有力的证据。

19.6 对边际生产率理论的批评

本章描述的要素定价理论,再次用到了供给—需求分析。要素定价理论同时还严重依赖于边际生产率原理,以推导出各种投入物的需求曲线的形状和位置。确实,有些经济学家(极具误导性地)把这一分析称为分配的边际生产率理论,而实际上,它充其量只是相关市场的需求方的一个理论。

多年以来,要素定价分析因众多原因而受到了抨击。其中一个常见的指责,在很大程度上(但不完全)是没有根据的,即边际生产率理论仅仅是试图维护资本主义制度所形成的收入分配——换言之,它只是支持资本主义的一种宣传口号。根据这一论证,当边际生产率理论宣称,对各要素的支付恰好是其边际收益产品时,它仅仅是"对每种要素的支付恰好是它们应得的"另一种狡猾的说法。这些批评家们宣称,这项理论将制度中大量存在的不公平合法化——大量的贫困者和仅有的少数巨富者并存。

这一论证很直接,但却是错误的。首先,报酬并不是给生产要素的,而是给那些刚好拥有这些要素的所有者的。如果一英亩土地因为其边际收益产品而赚了2 000美元,这并不意味着,也不暗示着土地所有者应该得到任何具体的报酬,因为他甚至可能是通过诈骗获取的这块地。

其次,某投入物的边际收益产品,不仅取决于"它努力工作的程度",而且还取决于它碰巧被使用的数量——因为,根据边际报酬递减"法则",超过某一水平的使用后,某投入物的使用量越大,其边际收益产品就越低。这样,某要素的边际收益产品,不是也不能被合理地解释为对其"生产性努力"集约程度的衡量。在任何情况下,从某种道德意义上讲,某投入物"应得的",可能不仅仅取决于它在工厂中所做的。例如,生病或有很多孩子的工人,可能被认为应得更多报酬,哪怕他们不比其健康或没孩子的同伴更有生产力。

基于这样和那样的理由,至今没有任何经济学家宣称,边际生产率分析说明了资本主义制度下的分配是公正的或是不公正的。而只是说,宣称边际生产率理论是支持资本主义制度的宣传口号是错误的。边际生产率原理,在资本主义制度和社会主义制度的组织生产中,都是一样的。

其他批评者攻击边际生产率理论,他们认为它通过相当复杂的推理却几乎没有告诉我们有关收入分配的任何切实紧迫的问题。在他们看来,该理论所能说的就是一切取决于供给和需求,并用许多复杂的方程式来表达这一思想(大多都出现在更高深的专著和文章中)。但是,这些方程式并不能告诉我们如何解决一些严峻的分配问题,诸如拉美本土人口中的营养不良问题,美国少数群体中的贫困问题等。

尽管批评确实对现实情况有某种程度的夸大,但它仍然反映了部分事实。在本章中我们已经看到,这一理论给我们提供了某些对实际中政策问题的洞察,尽管不如我们所期望的那么多。在本书稍后,我们将看到,经济学家对于贫困和欠发达问题,的确有其有价值的见解,但对这些问题,我们所能说的,很少是由边际生产率分析引起的。

也许最后,对边际生产率理论应该作如下评价:作为我们目前拥有的最佳模型,边际生产率理论给我们提供了某些有价值的对经济运行方式的洞见,而且,在我们找到更强有力的模型之前,我们最好还是使用现有的工具。

小结

1. 利润最大化厂商购买任何投入物的数量,是投入物的价格与其**边际收益产品**(MRP)相等时的数量。其结果是,厂商的投入需求曲线是投入物的边际收益产品曲线向下倾斜的那一部分。

2. 一个厂商的**投资**,是指增加到厂商资本上的数量,而厂商的资本,是联系在其资金上的工厂、设备、存货,以及其他生产性投入物。

3. **利息**是由资金的供给和需求决定的。资金的需求是一种**引致需求**,因为这些资金是用作企业投资的,而投资的可获利性,取决于对在此项投资的帮助下生产出的最终产品的需求。按照这种方式,资金需求便取决于资本的边际收益生产率。

4. 较短时间内得到的 1 美元比较长时间内得到的 1 美元更有价值,因为在这 1 美元可以赚得利息。

5. 对需要使用土地生产的某种商品的需求增加,将会推动土地价格上升,其原因既可能是更劣质的土地被投入使用,也可能是土地会被更集约地使用。

6. 租金控制并不能显著地影响土地供给,但它们确实倾向于减少建筑物的供给。

7. **经济租**是指支付给生产要素供给者的报酬中,任何超出诱致要素供给所必需的最低报酬的数量。

8. 性质独特和难以或不可能复制的**生产要素**,由于其稀缺性,通常倾向于被支付相对较高的经济租。

9. 容易以不变成本生产,并且可由多个供给者供应的生产要素,将赚取很少,甚或不能赚取任何经济租。

10. 超出**资本**成本的**经济利润**是(a)通过垄断势力实施,(b)作为承担风险的报酬,以及(c)作为成功**创新**的所得等途径赚取的。

11. 提高对利润的征税是否合意,取决于该税对企业家才能供给的影响。如果大多数利润属于经济租,那么,较高的利润税将会很少有不合意的影响。如果大多数利润是吸引好的经理和企业家进入市场所必需的,那么,更高的利润税会削弱资本主义经济。

关键词

生产要素　　　　　　企业家精神　　　　　　边际物质产品(MPP)
边际收益产品(MRP)　　引致需求　　　　　　　资本
投资　　　　　　　　利息　　　　　　　　　经济租
边际土地　　　　　　经济利润　　　　　　　发明
创新

自测题

1. 你认为下列哪种投入物在其所得中包含了相对大量的经济租?
    a. 螺母和螺钉
    b. 石油
    c. 一匹获得冠军的赛马
    运用供给—需求分析解释你的答案。

2. 在一个偏僻的地区使用了三台机器。它们每个月各自能生产 2 000 单位的产出,第一台需使用 20 000 美元的原材料,第二台需 25 000 美元,第三台需 28 000 美元。如果第三台机器每月的租用价格为 9 000 美元,你预期第一台和第二台机器的月租分别是多少?前两台机器的租金哪部分是经济租?

3. 经济学家得出结论,对企业收入征收的税,将会以更高价格的形式,部分转嫁给那些厂商产品的消费者。然而,他们相信,地租通常是不能被转嫁的,必须完全由土地所有者承担。如何解释这种差异呢？（提示：画出供给—需求图。）

4. 许多经济学家争论，对公寓楼征税很可能会降低公寓的供给，但是，对所有土地，包括公寓建筑地征税，却不会降低公寓供给。你能解释这种差异吗？它与自测题3的答案有什么联系？

5. 试区别投资和资本这两个概念。

6. 请解释发明与创新的区别，并分别举例。

7. 利息与利润的区别何在？谁赚取利息，对生产的什么贡献能得到这种回报？谁赚取经济利润，对生产的什么贡献能得到这种回报？

讨论题

1. 一个利润最大化厂商会扩大它对任何投入的购买，直至递减报酬使边际收益产品降至与投入价格相等为止。为什么厂商"早一点退出"，即只购买少量投入，使投入的边际收益产品高于其价格水平，反而会对厂商不利呢？

2. 如果你有一份合同，依合同在从现在起的两年后，你将得到10 000美元的收入，为何如果利率下降，你反而会变得更富有呢？

3. 你认识任何企业家吗？他们是如何赚钱的？他们与经理有什么不同？

4. "边际生产率并不决定一个工人能赚多少钱——它仅能决定在给定的工资水平上，将有多少工人被雇用。因此，边际生产率分析是一种劳动需求理论，而不是分配理论。"那么，你认为是什么决定了工资呢？边际生产率影响工资水平吗？如果是如此，那么又是如何影响的呢？

5. （稍难）美国是所有工业化国家中储蓄率最低的国家。这也引发了公众对为美国工业的新工厂和新设备融资的能力的关注。一些政治家和其他人曾建议降低储蓄税作为一种对策。你预期这样的计划很有效吗？为什么？

6. 若租金仅构成美国人收入的2%，为何租金仍具有重要意义呢？

7. 一个公司起诉另一个公司的诉讼通常包括律师成本和其他诉讼成本，不夸张地说，一个案件的这些成本就达到数亿美元。租金与这个问题有什么关系呢？

第 20 章 劳动力与企业家精神：人力投入

> 奥克塔维厄斯(一位富有的英国年轻人)："我十分敬重劳动者的尊严。"
> 司机："那是因为你从未参加任何实质性劳动。"
> ——乔治·萧伯纳,《人和超人》第二幕
>
> 哦,缪斯之火将托举最亮的发明之天堂。
> ——威廉·莎士比亚,《亨利五世》第一幕第一场

对一个国家生产和经济增长的主要贡献归功于两种人力生产要素——劳动力和企业家。前者对生产做出所需要的体力和智力贡献;而后者则组织工人的努力,并确保给他们提供其活动所必要的资本和原材料,他们还发现完成这些生产过程的新方法、发明新产品、发现销售它们的新市场。我们将从劳动力活动的经济学开始这一章的讨论,然后转向对企业家的讨论。

第 1 部分：劳动力市场

劳动力成本显然占据国内生产总值(GDP)的最大份额。正如在第 19 章所指出的,劳动所得几乎达到了国民收入的四分之三。工资同样代表着绝大多数美国人个人收入的主要来源。一个多世纪以来,工资仍是美国人梦想的中心。几乎在每一个年代,典型工人所得的购买力都有实质性的增长,而且美国的工人阶级演变成了舒适的中产阶级——引起了全世界的羡慕,并对数百万移民产生了不可抗拒的诱惑。然而,有些事情发生了根本的变化,而经济学家还没有完全理解。

图 20-1 显示,平均实际工资(对工资的美元购买力变化进行了调整)在 1973 年 3 月左右停止了上行趋势,一些(有争议的)计算甚至认为下降了。相反,每小时补偿金(工资加额外的津贴)并没有下降,额外津贴包括雇主给予雇员的健康保险、退休金和

教育补贴等。但补偿金增长确实明显减慢。① 图形也显示出，20世纪早期以来，每周平均工作时间大约下降了35%，甚至是当工资和补偿金正在增长时。（在20世纪30年代，工作时间的大幅度下降是大萧条的结果，而40年代，工作时间的急剧上升，要归因于第二次世界大战。）在20世纪90年代的大多数时间里，每周平均工作时间差不多保持不变，而在2000年以后，又开始缓慢下降。

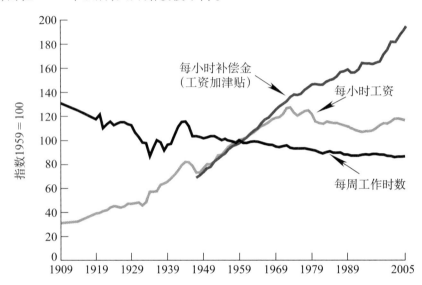

图 20-1　工资、补偿金和工作时数的指数趋势，1909—2005年（经通胀调整后的实际数据）

资料来源：由作者根据数据绘制，数据来自 U. S. Census Bureau, *Historical Statistics of the United States*, *Colonial Times to* 1970 （Washington, D. C.：U. S. Government Printing Office, 1975）；*Economic Report of the President* （Washington, D. C.：U. S. Government Printing Office, various years）；U. S. Bureau of Labor Statistics, http://www.bls.gov.

缓慢的工资增长伴随着富人与穷人之间收入差距的不断扩大，正如将在第21章讨论的那样。如今在美国，高收入家庭与低收入家庭之间的比例接近于6——而且不平等性正在不断增长。在2005年，最贫困的五分之一家庭的收入份额，大约只占美国总收入的3.4%，而最富有的五分之一家庭的收入份额，达到了大约50%。② 差不多六分之一的美国儿童生活在贫困中，这一比例几乎高达西欧大型经济体的两倍。

与此相一致，未来大学毕业生的收入，与同时代没有上过大学的人的收入之间的预期差距，已经急剧扩大。例如，在1973年，男性大学毕业生的收入，比同时期高中毕业生的收入多出大约38%，而女性大学毕业生的收入，比同时期高中毕业生的收入多出大约50%。到了2005年，大学毕业的男生与女生，分别比只是高中毕业的男生与女生多赚大约80%与72%。这些发展，总体上对我们的未来社会有着深远而又令人苦恼的含义。我们会在本章后面讨论某些可能的原因。

---

① 一些年份补偿金的急剧增加，至少是部分地反映了诸如健康保健等服务成本的增加，而不是提供给工人的福利的数量和质量的不断上升。我们在第15章已经探讨了服务成本不断上升的原因。

② U. S Census Bureau, http://www.census.gov.

❓ 难题：企业家比大多数人想象的要赚得少——为什么如此之少呢？

对创新企业家对创新活动投入时间、努力和投资的最显而易见的激励是，在他们所从事的看来有成功希望的创新所带来的巨大财富和荣誉，就像超级明星发明家伊莱·惠特尼（Eli Whitney）、詹姆斯·瓦特（James Watt）、伊莱亚斯·辛格（Elias Singer）、托马斯·爱迪生（Thomas Edison）、莱特兄弟（Wright Brothers）等的情况一样。但是，有必要打一针有益的清醒剂。Thomas Astebro[①] 在 1 091 个发明样本的基础上报告："仅有 7%—9% 出现在市场，而在 75 项到达市场的发明中，有 6 项获得了高于 1 400% 的回报，60% 负的回报，而且平均回报为负。"

也许更为令人惊奇的是经济学家威廉·诺德豪斯（William Nordhaus）最近的成果。[②] "利用来自美国非农场企业部分的数据，我估计创新者能够获得大约 2.2% 的创新总利益……在 1948—2001 年期间，他们投资的利润率估计为每年 0.19%。"

因此我们把创新企业家的活动看作是只提供少数大奖的抽奖活动，就像那些占据了新闻头条的中奖活动一样。某个创新者的活动很像是个大彩票，或像追求仅提供有限数量超级明星位置的职业。彩票的一个已被公认的属性是其内在的不公平性。其平均成本确定无疑地小于每张彩票持有者带给彩票经营者的数量——这也就是为什么他仍在继续经营的原因。证据确实支持这样一个假设，即发明者和企业家在某种程度上具有高于一般的乐观主义特征。研究表明，与其他人相比，他们更倾向于相信，他们好像真的要赢得彩票的大奖。

但这并不是故事的结束。这些活动中的每一种——创新企业家精神和购买彩票——还提供另一种重要的利益。两种活动都在预期的辉煌前景、财富和名声以及产生期望的快乐和兴奋等方面，提供明确的心理回报，即使胜算从未实现也是如此。实际上，他们是梦想的制造者。

20.1 竞争性市场中的工资决定

为了理解这类劳动力问题，我们必须首先研究工资是如何决定的。在完全自由的劳动力市场中，工资（劳动力的价格）是由供给和需求决定的，就像任何其他价格一样。在需求方面，我们可以发现，劳动力需求曲线就像其他任何投入物需求曲线一样，是引

[①] Astebro, Thomas, "The Return to Independent Invetion: Evidence of Unrealistic Optimism, Risk Seeking or Skewness Loving," *The Economic Journal*, January 2003, pp. 226—238.

[②] Nordhaus, William D., "Schumpeterian Profits in the American Economy: Theory and Measurement," Working Paper 10433, Cambridge, MA: National Bureau of Economic Research, 2004.

致的——通过劳动力的边际收益产品推导出来的,就像在第 19 章所描述的方式一样。但是,在供给方面,劳动力市场却有许多独有的特征。

尽管劳动力市场通常远不是完全竞争的,但是,我们仍将以讲述竞争性劳动力市场理论开始我们的研究,在这个市场中,买者是大量的微小厂商,卖者是相互独立行动的个体工人。在这个模型中,买者和卖者都太小,以至于没有任何选择,只能接受由非个人的供给和需求的力量决定的工资率。

20.1.1 劳动力需求与工资决定

> **劳动的边际收益产品**(MRP_L)是指当雇主雇用额外一单位劳动力时,给其总收入带来的增加量。

关于劳动力需求我们能说的,绝大多数已经在前面的章节概括性地讲述投入要素需求时都说过了。工人(基本上是)由利润最大化厂商雇用的,它们雇用某一投入物的数量会达到这样一点,即使得该投入物的价格(市场工资)等于其边际收益产品(MRP)时的数量。在这一章,MRP_L 是我们所使用的**劳动力的边际收益产品**(marginal revenue product of labor)的缩写。请回忆,MRP_L 是厂商增加雇用一个工人所获得的厂商收入的增加。它等于工人生产的额外产出(工人的边际物质产品,MPP)乘以产品的价格。换句话说,为了确定工人带来了多少额外收入,我们可以用她所生产的商品的数量乘以其所生产的商品的价格得到。①

如果 MRP_L 超过了劳动力的价格(工资),根据通常的边际分析推理,厂商可以通过雇用至少更多 1 名的工人,或是生产更多产出,或是替代其他投入物,从而增加其利润。当 MRP_L 小于其工资时,反过来也是正确的。这样,引致的需求,也就是劳动力的需求曲线,是由劳动力的边际收益产品决定的。这一需求曲线在图 20-2 中以曲线 DD 表示。图中也包括一条供给曲线 SS。因为,在竞争性的劳动力市场中,均衡建立在工资使劳动力供给量等于需求量上,因此,均衡发生在 E 点,在这一点,需求曲线 DD 与供给曲线 SS 相交。均衡工资为每周 300 美元,而均衡雇佣量则为 500 000 名工人。在这里,因为 500 000 名工人会以每周 300 美元的工资被雇用,所以,工人的总收入将是 300 美元×50 万 =15 000 万美元。

20.1.2 MRP_L 的影响因素:劳动力需求的变动

那么又是什么决定了 MRP_L 呢?其答案会提供关于劳动力市场的一些重要见解。

> **人力资本投资**是指对个人所做出的,任何增加个人未来赚钱能力或生产率的支出。

一些明显的影响因素会改变劳动力的边际收益产品。例如,增加教育能提高劳动力队伍掌握高难度技术的能力,从而提高边际收益产品。经济学家用**人力资本投资**(investment in human capital)这一短语,来指代在增加劳动者知识和技能的教育或其他方法上的支出。这类支出类似于在厂商工厂和设备上的投资,因为它们二者都是今天的支出会同时增加现在和未来的生产。

劳动者也能够通过被称为在职培训的经验,或以其他给予他们增加的信息,以及增强脑力与体力的灵活性的许多不同方式,提高他们的技能。

因为劳动力需求是引致需求,所以任何提高对由劳动提供的物品与服务的需求的

---

① 要复习请参见第 7 章。

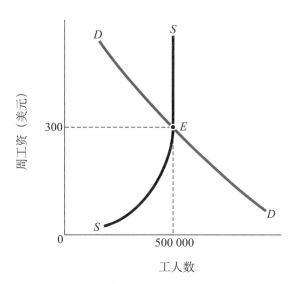

图 20-2 竞争性劳动力市场的均衡

因素,都能向上移动劳动的需求曲线。因此,在经济繁荣时期,当消费者有更多的支出时,他们对产品的需求会向上移动,这又提高了工人的产品的价格,从而向上移动了边际收益产品曲线——即向上移动劳动力需求。当然,这也就是为什么在经济繁荣时期,失业总是很低的原因。

20.1.3 技术变革、生产率增长与劳动力需求

另一个影响 MRP_L 的关键因素,是工人所使用的其他投入物的质量与数量。特别重要的是创新,因为它改进了机器设备、动力源,以及其他生产工具,从而增加了既定数量的劳动力的生产量,因此,它会对工资和就业水平产生重要影响。

增加工人生产率的技术变革,有两个作用方向相反的效应。第一,增加的生产率显然意味着工人的边际物质产品的增加——额外增加的一个工人所能生产的小部件数量的上升。第二,由于劳动成本下降和小部件产出增加,使得我们能够预期,当生产率上升时,小部件的价格将下降。现在请回忆:

小部件生产中的劳动力的边际收益产品 = 小部件的价格乘以工人的边际小部件产出:

$$边际收益产品 = P(小部件的价格) \times MPP$$

因为生产率的增加提高了 MPP 但却降低了 P,我们不能确定其对边际收益产品的净效应——也就是对劳动力需求曲线的净效应。①

---

① 然而,经验表明,在非常短的短期,劳动生产率的增加(也就是说,节约劳动的技术进步)通常引起劳动力需求曲线向下移动,从而使工资下降。如果与上一年需要的工人相比,厂商能够少使用 10% 的工人而满足对其产品的当前需求,那么,它们会被诱使"减小规模",即它们将解雇某些工人的一种文雅的说法。这有时确实会发生,因此,从某种程度上来看,工人对劳动节约的技术的广泛恐惧是理所当然的。

课程结束后仍须牢记的要点

生产率增长：在长期，生产率增长（几乎）就是一切 在长期，不断上升的生产率，总是既改善了工人的生活标准，也改善了其他生产要素所有者的生活标准。正如我们在我们"课程结束后仍须牢记的要点之一"所指出的那样，在长期，没有任何东西对国家福利做出的贡献能比上升的生产率更多。今天，与一个世纪以前或任何更早的时期相比，工人们享有更长的寿命、更好的健康、更多的教育，以及更奢侈的物品。与我们的祖先一小时所能创造的相比，今天的一小时劳动所能生产的已经有了成倍的增长，这一事实能够增加每一个人的平均收入。在短期，节约劳动的技术进步，有时会削减就业并降低工资。然而，从长期的历史来看，技术变革并没有降低就业，而且还提高了工人的收入，增加了实际工资。上个世纪在美国，每小时劳动的生产率提高了8倍，而一个工人赚取的每小时工资的购买力也增长了将近5倍。

20.1.4 服务经济与劳动力需求

尽管生产率的增长并没有导致失业的长期向上的趋势，但是，它确实彻底地削减了经济中某些部门的工作，将劳动力队伍送到经济的其他部门就业。农业就是一个最好的例子。据估计，在美国独立战争时期，差不多90%的美国劳动力从事农业工作，并竭力维持着被今天视为贫困标准的生活水平。然而今天，不足2%的国家劳动力工作在农场，而美国所生产的农产品有如此巨大的剩余，以至于有时看来到了难以处理的程度。起初，正当农场工作巨大下降之后，随着美国收入的不断增长，急剧地提高了对工业产品的需求，于是农场工人转移到制造业；然后，制造业的生产率起飞，而工人们不得不再次转移到别处，移动到经济的服务部门。事实上，它使美国经济转型为"服务经济"，超过四分之三的劳动力就业于通信、软件设计、医疗保健、教育和餐饮等服务业。

曾经有这样的争论，认为之所以发生这样的情况，是因为其他国家窃取了美国制造业的商业基础。但这完全是不正确的。正如图20-3所报告的那样，在所有主要的工业国家，服务部门都已经变成了占优势的部门。没有任何工业经济能够通过从其他国家偷窃制造业市场来避免这种变化。这里对我们而言更为关切的是另一种担忧：从经济的制造业被驱逐出来进入到服务部门的工人，已经主要地变成了低报酬的洗碗工人和汉堡包制作工人。这在某些情况下是真实的，但是，在过去半个世纪里产生的大多数新的服务工作，是在经济的信息部门，包括计算机、研究和教学，所有这些职业都需要教育和专业化技能。

20.2 劳动力供给

接下来我们转向劳动力供给近几十年来经历的若干重要趋势。

第一，总体劳动力队伍持续扩张，其中大多数归因于国家人口的绝对增长。从这一点来看，拥有工作的人口的数量也增长了——从第二次世界大战后的大约6 000万到今天的大约1.5亿。

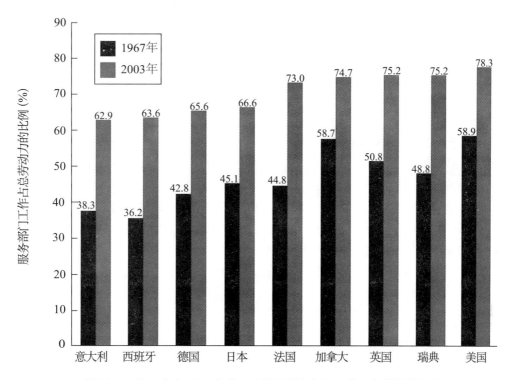

图 20-3　1967 年和 2003 年在 9 个国家服务部门工作不断增长的份额

资料来源：Organization for Economic Cooperation and Development, *Quarterly Labor Force Statistics*, various issues; *OECD in Figures*, various years, http://www.sourceoecd.org。

第二，拥有工作的人口比例也同样增长了，从第二次世界大战后的大约 58% 到今天的 67%。这被称为劳动力参与率的上升。

第三，存在新的工人群体，尤其是女性，她们今天比以前（除战争时期）拥有更大比例的工作份额（占工作队伍的 46%）。

第四，劳动力供给状况受到工会成员数量持续和大幅的相对下降的影响。属于工会的美国工人的份额已经存在一个显著的下降，而工会声明的目的是保护其成员的利益。工会寻求在某个厂商或某个产业为所有工人议价，从而消除工人之间对工作和工资的竞争。我们将在本章稍后考虑这些。首先，我们讨论供给方面的某些其他影响因素。

20.2.1　不断上升的劳动力参与率

在工业国家，劳动力供给的一个重要发展，是家庭成员中拥有工作的人数的增加。在 2004 年，5 900 万美国已婚夫妇家庭中，55% 都有两位工资赚取者，与 1970 年只有 40% 形成对比。[①] 过去通常"户主"（一般指丈夫）是唯一养家糊口的人。然而今天，已婚的女性同样拥有工作。这种现象部分归因于工资上涨的滞后，迫使家庭的两位户主参与有报酬的就业。快速上升的医疗成本和教育成本，也增添了财务压力。

---

① U. S. Census Bureau, *Current Population Survey*, http://www.census.gov。

但是，劳动力参与率的增加也有其他原因：女性解放运动将女性从家庭的传统角色中解放出来，针对少数群体教育的进步增加了她们的就业机会。在不久以前，在主要商业厂商里从未听说过有非洲裔美国人当经理；妻子被雇用会被看成是很不光彩的事，因为这说明她的丈夫不能很好地养活她。今天，这种现象已经彻底改变了，尽管毫无疑问歧视仍然没有结束。这些变化影响了劳动力市场。供给增加可能会暂时降低工资，当然，这是通常的供给—需求图告诉我们的结果——当劳动力的供给曲线向右移动时，劳动力的价格（也就是工资）预期会下降。此外，已有论证认为，这些新进入劳动力市场的人所受歧视与最初缺乏经验的结合（这会暂时减少他们的 MRP_L）也有相似的影响。在劳动力市场上，对妇女或非洲裔美国人或拉丁裔美国人的歧视，会迫使他们接受比那些支付给予他们有同等能力的白人男性雇员的更低的工资（正如将在第 21 章附录中更完整讨论的那样）。缺乏经验也有类似的效应，但是，是因为某个很少能反驳的原因：如果工人是通过工作经验（在职培训）而获得技能的，那么，平均而言，可以预期缺乏经验的工人的 MRP_L 较低，从而对缺乏经验的工人的需求曲线也会很低，随之而来的是较低的工资。

20.2.2 一个重要的劳动力供给之谜

对于大多数商品而言，其价格的增加会导致供给数量的增加，而价格下降会使供给数量减少；也就是说，供给曲线是向上倾斜的。但是，劳动力供给的令人惊讶的历史趋势讲述了一个相当不同的故事。当工资上升时，供给倾向于下降，而当工资降低时，供给却上升。在 20 世纪的前四分之三时间里，实际工资上升了，正如图 20-1 所清楚表明的那样。然而，劳动力却要求并获得了工作日和工作周长度的减少。在 20 世纪初，标准的工作周时间是 50 到 60 小时（几乎没有假期）。从那时起，劳动时间普遍下降到了平均工作周大约 34 小时。

但是，在最近的 20 年，随着实际工资上升的停止或至少是显著放慢，人们已经增加了他们供给劳动的数量。

关于这个问题的常识看法在哪里出错了呢？为什么小时工资上升了 75 年，而工人却不出售更多他们可利用的小时数，而是相反，迫切要求越来越短的工作周？而且为什么在近年来，随着实际工资率停止上升，他们却愿意出售更多的工作时间？

一个简单的观察有助于我们回答这些问题：给定一周中固定的时间，个人给厂商供给更多劳动时间的决策，同时也是给他自己更少闲暇时间的决策。闲暇时间可以被简单解释为花费在工作之后所剩下的时间。假设扣除吃饭与睡觉必要的时间之后，一个工人一周有 90 个小时可利用，那么，在这些小时中，一项花 40 个小时工作的决策，同时也就是一项为了其他目的而需求 50 个小时的决策。

这给我们提供了对工资和劳动供给之间关系的关键看法。经济学家说，工资上升，对工人对闲暇的需求有两种效应——替代效应和收入效应。这就告诉了我们大量关于劳动力市场的信息。

替代效应　任何商品价格增加的**替代效应**（substitution effect）的结果，是使顾客转向价格没有上升的替代品。例如，鱼的价格增加，会导致顾客购

> 工资增长的**替代效应**，是指由于更高的劳动的相对报酬所导致的对工作更多的激励。

买更多的肉。这对工资和闲暇的需求同样是正确的。例如，如果你决定这个周末不加班，那么，你为增加闲暇而支付的价格（机会成本）就是由于这个决定你所必须放弃的工资。所以，工资的增加会使闲暇变得更昂贵。因此，工资增加会诱致工人购买更少的闲暇时间（和更多其他东西）。这样：

较高工资的替代效应，会导致大多数工人想要工作更多。

收入效应 其他条件不变时，任何商品价格的增加，显然会增加该商品出售者的实际收入。这种收入的上升，会影响个人对该商品需求的数量（以及其他物品的数量）。价格变化对需求的这种间接效应，称为价格变化的**收入效应**（income effect），这在工资的情况下尤其重要。较高的工资会使消费者更加富有。我们预期这种财富的增加会提高对大多数商品的需求，包括闲暇。因而，

> 工资增长的**收入效应**是指工人的购买力上升后可以使得他们负担更多的闲暇。

较高工资的收入效应，导致大多数工人想要工作更少（即需求更多的闲暇），而较低工资的收入效应，是使他们想要工作更多。

将两种效应综合起来，我们得出结论，某些工人对其工资增加的反应可能是想要工作更多，而其他工人可能的反应是想要工作更少。对整体市场而言，更高的工资既可能会导致更大也可能会导致更小的劳动供给数量。而且在美国，对于这一问题的统计研究得到了如下结论：

- 对大多数工人而言，劳动供给对工资变化的反应并不是非常强烈。
- 对低工资工人而言，替代效应似乎明显占优势，因此，当工资上升时，他们会工作更多。
- 对高工资工人而言，收入效应恰好差不多抵消替代效应，因此，当工资上升时，他们不会工作更多。

图20-4描述了这些近似的"事实"。它表明，随着工资上升到 A 点，由于替代效应超过收入效应，劳动力供给会（轻微地）上升。此后，一直到 B 点，当工资上升时，收入效应变得与替代效应一样重要，劳动力供给会大致保持不变。在高于 B 点的更高的工资水平上，收入效应可能超过替代效应，因而，上升的工资甚至会削减劳动供给的数量。

> 当工资在最初很低的水平时，工资上升导致劳动供给数量增加，而在已经很高的工资水平时，工资上升降低供给量，则劳动的供给曲线就是**向后弯曲的**。

这样，当工资提高到足够高时，甚至有可能出现这样的情况，工资的进一步增加会导致工人购买更多闲暇，从而工作更少（参见专栏"收入效应：时间比金钱更珍贵吗？"）。因此，劳动供给曲线被称为是**向后弯曲的**（backward-bending），如图20-4中曲线上位于 B 点以上的虚线部分所示。

劳动力供给的这一理论能适用于大学生吗？一项对普林斯顿大学学生的工作时数研究发现，它确实适于大学生。[①] 更高工资对普林斯顿大学学生的劳动供给而言，估计的替代效应为正，而收入效应为负，正如理论所预测的那样。显然，替代效应稍微超过收入效应一点点，因此，更高的工资在某种程度

[①] Mary P. Hurley, "An Investigation of Employment among Princeton Undergraduates during the Academic Years," Senior thesis, Department of Economics, Princeton University, May 1975.

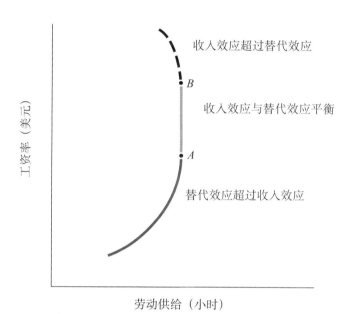

图 20-4 典型的劳动供给曲线

上吸引了更大的劳动供给。具体而言,10% 的工资上升,会增加大约 3% 的普林斯顿大学生的工作时数。

专栏

收入效应:时间比金钱更珍贵吗?

受压力的苦恼,越来越多的人说,他们认为时间变得比金钱更加珍贵,而且他们正试图将生活节奏慢下来……美国人说,他们已经疲惫不堪了。但是,疲惫就代表着一个悖论。即使他们与前一代或前两代的成年人相比,赚了更多的钱、拥有更多的闲暇时间、在娱乐上支出更多,并享受着更节约劳动和更有效率的技术,但是,他们却承受着不寻常的压力。这个悖论背后的原因是多种多样的。许多美国人,尤其是已婚女性,现在比她们过去在工作上花费更长的时间——尽管她们削减了在她们家中所做的工作量。不断加剧的全球经济竞争所造成的焦虑,已经将许多人推向边缘,更不用说与工作相联系的指令,通过传真、电子邮件或移动电话,闯入人们生活从厨房到家用车的各个角落。

除此以外,有一篇经济学家斯蒂芬·林德(Steffan Linder)的论文,出版成名为《被掠夺了闲暇的阶级》(*Harried Leisure Class*)的书论证道,富裕本身就造成了"不断增长的时间稀缺性"。他的论据是,生产率增加了花费在工作上的时间的"价值",那么,想要最大化自

图片来源:© Pixland/Jupiterimages

身价值的人们，就会感觉到他们应当工作得更多。

现在，越来越多的市民已经开始把他们的生活从使他们感受到留给他们很少或没有任何时间再充电的系统中拔出来。他们已经开始退缩了……退缩到他们的私人角落，并至少需求某些宁静的时间。在一次由美国新闻杂志（U. S. News）和广告机构博泽尔世界公司（Bozell Worldwide Inc.）联合开展的关于"新的有品质生活"的广泛民意调查中，一半的美国人说，在过去五年里，他们已经采取了能使他们的生活简单化的行动——明显的行动如搬入更少紧张忙碌生活的社区、削减他们的工作时间、降低他们的承诺或期待，也减少升职。

资料来源：引自 John Marks, "Time Out: Plagued by Stress, a Growing Number of People Say They Think Time Is Becoming More Precious Than Money and They're Trying to Slow Down," *U. S. News and World Report*, December 11, 1995, pp. 84 – 96。

20.2.3 解答劳动力供给之谜

现在我们可以回答稍早的问题了：为什么在历史上，工资上升降低了劳动供给，而工资下降反而增加了劳动供给呢？

工资上升使得工人们能够以更少的工作时数供养其家庭。其结果是，工人可以承担购买更多的闲暇而又不用降低生活标准。这样，工资增加的收入效应诱致工人工作更少的小时数。相似地，工资下降降低了工人的收入，为了保持家庭的生活标准，她必须寻求额外的工作时数；而工人的伴侣可能不得不把他们的孩子送进托儿所，自己参加工作。

这样，正是工资上升的强烈的收入效应，引起了劳动供给向"错误"的方向做出反应这样一个事实，即随着实际工资的上升，工人工作的时间越来越短，而随着工资的下降，工作时间反而更长。

20.3 工资为何不同？

在本章前文，我们已经看到，在一个自由市场经济中，工资是如何被决定的：在一个竞争的劳动力市场中，均衡工资发生在供给量等于需求量之处（参见图20-3）。当然，在现实中，不存在一个可以适用于所有工人的单一的工资水平。某些工人的报酬相当丰厚，而另一些却被迫接受不足的收入。大家都知道，在我们的社会中，一些特定的群体（年轻人、弱势群体、未受教育者）赚取的工资相当低，而我们的某些最为严重的社会病（贫困、犯罪、吸毒），多与此有着关联。可是，为什么一些工资如此之低，而另一些却又那般高呢？这个问题的解释十分重要，因为它能帮助我们决定，怎样做才能帮助收入很低的工人提高他们的收入，并向那些更为幸运的劳动供给者的收入水平靠拢。

在最一般意义上的工资差异的解释，是基于这样一个事实，即存在不止一个而是很多个劳动力市场——每一个都有其自己的供给曲线和需求曲线，以及它自己的均衡工资。供给—需求分析表明,在需求相对于供给较高的市场中,工资会相对高些,如图20-5(a)所示。然而,这也没有告诉我们关于工资差异我们想知道的东西。为了使分析有用,我们仍然必须为供给—需求曲线添加一些新的含义。

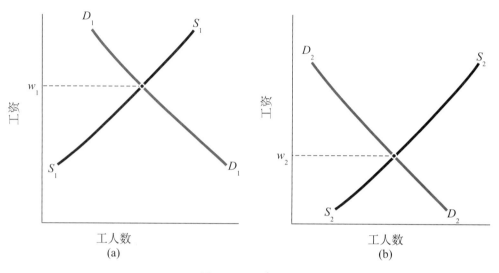

图 20-5 工资差异

20.3.1 一般意义上的劳动力需求

我们从需求开始讨论。之所以在某些市场上的劳动需求大于另一些市场,是因为它受工人的边际物质产品(MPP)的指引,当然,工人的 MPP 又取决于工人的工作能力和工作努力程度。但是,还存在工人用于生产产出的其他生产要素的影响。在美国产业中的工人,比其他许多国家的工人更有生产力,至少部分是因为他们拥有充足的机器设备、自然资源和技术知识供给,因此,他们赚取高工资。

某工人的边际产品,还会通过更优越的教育、培训和经验,而能相对其他人有所增加。

20.3.2 一般意义上的劳动力供给

接下来转向劳动力供给的讨论。很清楚,在一个给定的区域,与工业活动水平相对应的可供使用的劳动人口的规模是很重要的。它帮助解释为什么在新奥尔良(New Orleans)的建筑业工资急剧上升,那是卡特里娜飓风(Hurricane Katrina)过后重建努力的结果:需求上升而供给因工作人口损失而下降。

任何工作的非货币吸引力显然也会对工人对它的供给产生影响。人们觉得令人愉悦和满足的工作——如在城郊学校教书——会吸引大量的劳动供给,其结果是相当低的工资。相反,为了吸引工人从事那些枯燥、令人不愉快,或危险的工作——如清洗摩天大楼的窗户,就必须支付额外的津贴。

最后,进入某个特定工作或职业所需的能力和培训的数量也与其劳动供给相关联。

脑外科医生和专业滑冰者赚取丰厚的收入,因为很少有与他们一样具有高技能的人,其原因是,即使对于那些有能力的人,这些技能的获得也是既耗时又昂贵的。

20.3.3 人力资本投资

教育是一种投资的思想,即使对于从未明确思考过它的学生来说,可能也是很熟悉的。你有意识地做出上大学而不是加入劳动力市场的决策,而且你也可能精明地知道,这项决策现在会花费你的钱——很多钱。想想你的那些没有选择上大学而是现在就工作的高中朋友。你为了获得更多教育而深思熟虑地放弃了获得这一类似收入的机会。

在这个意义上,你的教育是一种对自己的投资——人力投资。就像厂商投入其部分资金建造工厂,以在某个未来日期获得利润一样,你在对你自己的未来进行投资,希望你的大学教育会帮助你比你高中毕业的朋友赚得更多,或当你毕业时,使你能找到更舒适或更享有声望的工作。经济学家称诸如此类上大学的行为是为人力资本投资,因为这样的行为给予个人许多资本投资的特性。

> **人力资本理论**关注那些通过教育或其他方法,为了提高工人的生产能力所做出的支出。它类似于为了增加机器的生产率,对更好的机器所进行的投资。

人力资本理论(human capital theory)的含义之一是,大学毕业生应当比高中毕业生显著地赚得更多,以补偿他们对上学的额外投资。是这样的吗?你的大学投资也许是值得的。的确,现在大学毕业生能赚取的差不多是他们同辈的高中毕业生的两倍,而且差距还在上升。①

> 大学毕业生赚得的巨大收入差异,给他们上学期间"投资"的学费支出和由于上学所牺牲的所得提供了极佳的"回报"。

但是,是什么使厂商愿意支付给受过更高教育的人们更高的工资呢?

大多数人力资本理论家假定,学生在高中和大学获得的技能,在市场上是具有生产力的,因而会提高他们的边际收益产品。根据这种观点,教育机构就像是工厂,它们把较低生产率的工人作为他们的原材料,应用各种培训,创造出更有生产力的工人作为产出。

20.3.4 青少年:劳动力市场的弱势群体

正如我们所观察到的那样,"劳动力市场"实际上是由不同类型的劳动力子市场组成的,每个子市场都有其自身的供给和需求曲线。有一个特别的劳动力市场看来总是比作为一个整体的劳动力市场有更高的失业:那就是青少年的劳动市场。

图20-6表明,青少年失业率一直大大高于总失业率,而黑人青少年的处境比白人青少年更糟。然而,在大部分时间里,这三个失业率同时向上和向下运动,如图所示。图形显示,不论什么时候,只要所有工人的失业率向上或向下运动,那么,青少年(这里限定为16—19岁的人)的失业率几乎总是一起在相同方向运动,只不过会更加剧烈。这样,当情况一般很糟时,情况对青少年工人而言会更加糟糕,而对黑人青少年工人则

---

① U. S. Census Bureau,http://www.census.gov/population/www/socdemo/edu-attn.html.

更是特别地糟糕。尽管有反对种族歧视的社会和立法压力,改善对内陆城市儿童可获得的教育质量的努力,以及许多相关计划,但是,近年来在黑人青少年失业方面并不存在任何相对改善。

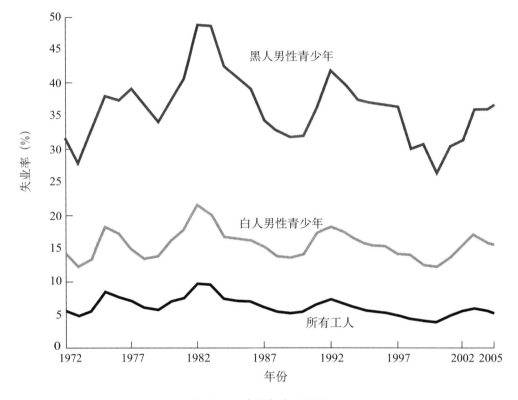

图 20-6 青少年失业问题

资料来源：*Economic Report of the President*（Washington D. C.：U. S. Government Printing Office；various years）；U. S. Bureau of Labor Statistics, http://www.bls.gov.

原因之一是,青少年通常没有完成他们的教育,而且很少有工作经验,因此,他们的边际收益产品倾向于相对较低。直到现在,许多经济学家还认为,这个事实,再加上阻止青少年接受与他们较低的边际收益产品相适应的工资的最低工资法的限制,是引起青少年高失业的主要原因。其推理过程是,法律强加的高工资,使得雇用青少年太昂贵。然而,最近的研究表明,最低工资的上升,如果有的话,也很少产生对青少年劳动力需求的削减。

20.4 工会组织与集体谈判

到目前为止,我们对竞争性劳动力市场的分析还没有涉及劳动力市场的一个特别显著的特征：劳动力的供给在许多劳动力市场上根本就不是完全竞争性的,而是受一个劳动力垄断组织——工会控制的。

尽管**工会**(labor union)组织非常重要,但在美国,工会并不像人们所想象的那么重要。例如,大多数不熟悉统计数据的人会惊讶地发现,大约少于13%的美国工人属于工会。这个比例大约只有20世纪50年代中期工会主义全盛时期比例的一半。图20-7表明,在20世纪30年,略少于7%的美国劳动力队伍加入了工会,而到1933年,这一数字下滑到仅略多于5%。自20世纪50年代以来,工会化比例很少有间断地持续下降。

> **工会**是由一群工人组成的一个组织(通常具有相同的专业化分工,诸如管道工或服装设计,或处于同一个产业中)。工会代表工人就诸如工资、假期以及病假等问题与雇主谈判。

在美国,工会化比例下降的一个原因是,美国劳动力(就像在其他每一个工业国家所经历的一样)从制造业向服务业转移,而在制造业,工会组织有其传统基础。此外,美国工人的偏好看来已经从工会组织转移走了。劳动力队伍中女性份额的不断增加,促使了这种趋势的发展,因为传统上比男性更少热衷于加入工会。

图20-7 在美国的工会化

资料来源:U. S. Department of Labor, Bureau of Labor Statistics, *Employment and Earnings* (Washington, D. C. : U. S. Government Printing Office; January issues, various years); http://www.bls.gov.

最后,在20世纪90年代和21世纪早期,由于来自国内外更强大的竞争,美国工会面临的压力增加。结果,一家又一家的厂商关闭了工厂,并取消了工作岗位。这种"规模下降"的趋势,使得工会赢得让步,以提高其成员的经济地位,变得更加困难。反过来,这又降低了加入工会的吸引力。

在美国,工会会员数目的水平远远低于大多数其他工业化国家。例如,大约30%的德国工人和超过80%的丹麦工人加入了工会。① 其差别是令人惊奇的,这无疑与美国传统的"强健的个人主义"有关。但是,这里也还涉及其他一些影响因素。在美国,不断增长的保守主义,显然导致了对工会不断增长的敌意。

---

① 根据《经济学人》杂志(*The Economist*)的一篇报告,小的或下降的工会会员数目,可能并不一定与其影响的下降是同一回事。例如,在法国,工会会员数目比在美国的更低,但是,其工会组织的势力更加强大,这是由于工会在法国福利体系中的正式角色的原因(资料来源:"Déjà vu?: Special Report, Trade Unions," *The Economist* magazine, June 7, 2003, http://www.economist.com)。

20.4.1 作为劳动力垄断组织的工会

工会改变了我们对劳动力市场的经济分析,就像垄断改变了我们对商品市场的分析一样(参见第11章)。回忆一下,商品的垄断卖者,会选择其需求曲线上最大化利润的那一点。非常相同的思想也可以应用于工会,因为它毕竟是劳动力的垄断卖者。它也同样面临一条需求曲线——这次是从厂商的边际收益产品曲线推导出来的——并且可以选择曲线上最有利于它的那一点。

经济学家试图分析工会行为的问题——也许同样是工会领导者试图选择行动方案的问题——是如何决定需求曲线上的哪一点,对工会及其成员是"最有利的"。不存在任何明显的类似于利润最大化的单一目标,可以明确决定工会应该怎么做。相反,而是存在许多听起来似乎合理的可供选择的目标。

例如,工会领袖可以决定,工会的规模大致固定,并试图迫使雇主支付他们会支付的最高工资,同时又不解雇任何一个工会成员。但是,这个策略对于工会来说,是一个高风险的战略。被迫支付如此高工资的厂商,与非工会成员劳动力的厂商相比,会处于竞争劣势,它们甚至可能会被迫倒闭。另一方面,工会领袖可能会对扩大他们的工会规模给予优先考虑。他们甚至可能试图通过接受稍高于竞争水平的工资,使就业尽可能扩大一些。在最大化工资和最大化就业这两个矛盾的目标上达到平衡的一种方式,但肯定不是唯一的方式,是把所有工人纳入一起考虑的总收入最大化。

20.4.2 买方垄断与双边垄断

到目前为止,我们的分析在几个重要的方面对事情的考虑过于简单化了。首先,我们构想的市场状况是一个有势力的工会对应于许多没有势力的雇主:我们假设了劳动力市场在卖方是垄断的,而在买方是竞争性的。一些行业差不多符合这个模式。在强大的卡车驾驶员工会与货车运输业交涉中,货车运输业是由成百上千的厂商组成,并且其中大多数是规模小且没有势力的厂商。相类似地,建筑行业中的大多数工会,比与他们谈判的厂商要大得多。

买方垄断是指市场只有一个买者的情形。

但有许多情况完全不符合这个模式。当联合汽车工人(United Automobile Workers, UAW)工会为他们的劳动者在需求曲线上选择最适当的点时,大型的汽车制造公司不会轻易地遵从。钢铁工人工会也不能与完全竞争性行业的代表同坐于谈判桌前。在这些或其他行业,尽管工会肯定在劳动力供给方面有很大的垄断势力,但厂商同样在劳动力需求方面有一定的买方垄断势力。(**买方垄断**(monopsony)是指买者的垄断——即卖方的产品只有一位买者的情况。)其结果是,厂商可能审慎地减少其需求的劳动力数量,作为一种迫使均衡工资水平下降的方式。我们可以用与我们在第11章决定垄断者利润最大化的产出限制条件同样的方式,来计算利润最大化的劳动力数量限制条件。

双边垄断是指市场中买方和卖方都垄断的情形。

当市场的买方与卖方都被垄断时——一种被称为**双边垄断**(bilateral monopoly)的情况,很难预测所出现的工资与就业决策。这里的困难,类似于我们在第12章考虑寡头垄断产业时所遇到的困难。正如一个寡头垄断者精确地知道，其竞争对手对于寡头垄断雇主所做的任何事情可能都会做出反应一样，双边垄断的任何一方也知道，其任何行动都会引起对方的回应行动。这个知识使第一决策变得更加复杂。实际中，双边垄断的结果，依赖于经济理性、工会和管理层的相对势力、谈判者的技能与准备工作，还有部分依赖于运气。

更进一步，我们可以有一些关于双边垄断时工资决定过程的更具体的结论。没有受工会限制的买方垄断雇主，会利用其市场势力迫使工资低于竞争性水平，就像卖方垄断者凭其市场势力抬高价格一样。它通过将其劳动力需求降低到本该实现最大化利润的数量以下来实现这一点，因而也就削减了工资和雇用工人的数量。

然而，工会可能有防止这种下降发生的立场。工会可以深思熟虑地制定一个最低工资限额，并保证其成员在低于这一最低限额的任何工资水平时不工作，迫使买方垄断雇主支付更高的工资，同时雇用更多的工人。

在现实中，大型寡头垄断厂商确实通常以一对一的工资议价方式，与其雇员所属的工会谈判，而且所进行的谈判过程，非常类似于我们刚才描述的双边垄断模型。

20.4.3 集体谈判与罢工

集体谈判是指在某产业中的工会与厂商之间，有关工资和工作条件的谈判过程。

工会与管理层制定劳工合同的过程，被称为**集体谈判**（collective bargaining）。令人遗憾的是，没有像供给—需求图那么简单的事物可以告诉我们，集体谈判会议会出现怎样的工资水平。

此外，现实的集体谈判会议，会涉及除工资以外广泛分布的更多问题。养老金、健康与人寿保险、加班工资、资历特别待遇与工作条件等，通常都是重要的议题。许多劳动合同详细说明了在设定工作条件时劳工与管理层各自的权利——而且也提供了在解决不平与争议时的具体程序。集体谈判的最终合同，可能会打印出许多页纸。

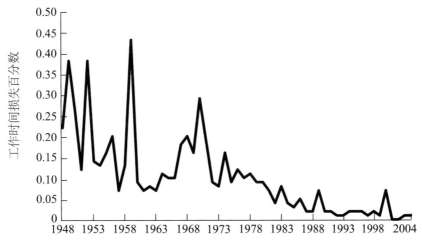

图 20-8　美国因为罢工而损失的工作时间，1946—2004 年

资料来源：U. S. Department of Labor, Bureau of Labor Statistics, *Monthly Labor Review*, various issues; and http://www.bls.gov.

为了迫使管理层接受其要求,工会往往会以罢工或降低工作速度来威胁。而厂商甚至会以关闭工厂来威胁以阻止罢工(被称为停工)。

幸运的是,罢工并不像人们所认为的那么普遍。图20-8 报告了在美国从1948年至2004年间罢工所造成的工作时间损失的百分数。这一比例在各年之间的变化很明显,但从来都不是很大。自1979年以后,总共损失的工作时间在十分之一个百分点以下,而在2001年以后,该比例下降到微乎其微,低于五百分之一个百分点。尽管头条新闻报道了主要全国性罢工,但由于罢工而损失的工作时间总计实际上是微小的——甚至远小于工间休息所损失的时间!与其他国家相比,比如与日本相比,美国遭受了更多的罢工,但比加拿大等国家要少得多(见图20-9)。

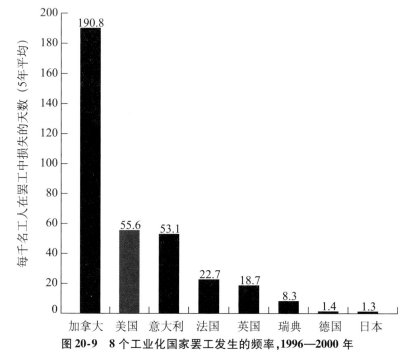

图20-9　8个工业化国家罢工发生的频率,1996—2000年

资料来源:International Labor Office, *Yearbook of Labor Statistics*, various years, Geneva, Switzerland.

专栏

工作条件

1911年,灾难性的三角女用衬衫厂(Triangle Shirtwaist Factory)大火,造成了146名成年女性与女孩丧生,成为美国劳工历史上的标志性事件。它激起了改进血汗工厂的工作条件、工作时间和工资待遇运动背后的公众观念。波林·纽曼(Pauline Newman)8岁时就在这家工厂工作,工厂位于现在纽约大学的校园内。她的许多朋友在大火中丧生。她后来成为新近组建的国际女士服装工人联合会(International Ladies Garment

Workers' Union)的组织者和执行官。她说：

我们在早上7:30开始工作,在旺季,我们一直工作到晚上9:00。他们不会支付给你任何加班费,也不会支付给你任何晚餐费用……

雇主不把给他们工作的任何人当人看。不允许你唱歌……不允许我们相互交谈……如果你去上厕所,而你在那儿待的时间超过了清洁员认为你所该花费的时间,那么你会被停工半天并遣送回家。当然,这也就意味着你不会获得任何报酬。

在夏季,不允许你在避火梯里吃午餐。门锁着不让我们外出。那也就是在发生大火时有那么多人被困的原因……如果有需要,你预期每天都要工作。而不论你是否额外工作了,工资都是一样的。

在那个时代,工作条件是可怕的。我们一无所有……没有福利、没有养老金、没有失业保险。什么都没有……那时,存在强烈的反对工会组织的情绪。当我们其中一名女孩在交由法官处理时,法官却对她说:"小女孩,你要知道,你罢工反抗的不是你的雇主,你是在罢工反抗上帝",并宣判将她关押了两个星期。

当大火发生时,我不在三角女用衬衫厂,但我的许多朋友都在……困扰我的是雇主们找到了律师。怎么会有人为他们辩护!因为我非常肯定,大火是为了保险目的而策划的。而且没有人能说服我不是如此。而且当他们证明通向安全梯的门是开着的时候,他们是在撒谎!它从来都不是开着的,一直都锁着。146个人牺牲了,但法官却仅判罚了布兰克(Blank)和哈里斯(Harris)75美元!

问题依然存在

以下摘录自《时代》(*Time*)杂志,它表明,即使在今天的社会,不安全的工作条件继续在引发着悲剧。

在皇家食品厂工作的任何人,都不会喜欢这个地方,该工厂位于哈姆雷特,北卡罗来纳州的一个小镇。其工作是——为快餐食品餐厅煎炸、称重和打包炸鸡块——既炎热又油腻,而且工资低得可怜。传送带快速移动,而休息时间却被如此严格地控制,以至于如果在错误的时间去洗澡也会被开除。但是,在这个仅有6 200人口的沉寂小镇上,也没有什么其他工作可做。因而,工厂的200名雇员中的大多数人,主要是黑人女性,他们反而非常庆幸能有这种最低工资的工作。直到上周,也还是如此。

早班刚刚开始,这时,头顶上的水压管破裂了,向地面洒落了挥发性的液体。在煎炸油桶下的煤气炉点燃了蒸汽,并使30 000平方英尺的工厂变成了充满火焰与黄烟的地狱。恐慌的雇员涌向紧急出口,却发现其中几个门都上了锁。其中一位生还者莱莎·特丽(Letha Terry)说:"当时我想我完了,直到有人将锁弄断。"25个特丽的同事就没有那么幸运了。他们的尸体遍布在被锁着的门道里或被困在冷库中。

灾难使大多数的人开始关注美国的工作场所。据一些人估算,每年有多于

10 000名工人死于工伤——大约每天30人。每年导致永久性伤残的工人多于70 000名。大火同样暴露出保证工作安全的措施方面的弱点。有11年历史的皇家食品厂从未接受过检查。如同许多美国工作场所一样,它逃脱了安全体系的检查,因为该系统只有太少的检查者、罚金在大多数情况下少得可怜,而且报告危险状况的相关程序,能给工人留下的只有在失业风险和丧生风险之间做出选择。

资料来源:引自 Joan Morrison and Charlotte Fox Zabusky, *American Mosaic : The Immigrant Experience in the Words of Those Who Lived It* (New York : E. P. Dutton; 1980),经出版者 E. P. Dutton, Inc. 许可重印;Richard Lacayo,"Death on the Shop Floor: A Murderous Fire in a North Carolina Poultry Plant Underscores the Dangers of America's Workplace," *Time*, September 16, 1991, p. 28.

第2部分:企业家:另一种人力投入

我们前面认为市场机制完全不受指导——没有任何人设计它,也没有任何人控制其运行。但是,这在某种意义上有点误导,因为存在着一个重要的个人类型,企业家,他们对某些关键的市场活动提供了指导。具体来说,正是他们组织和建立了新企业。更有甚者,他们不仅设计了新企业,而且还通常利用这些新企业引入创新,这些创新对我们在第16章描述的对生活标准极为重要的经济增长发挥了关键的作用。因此,企业家可以被认为是隐藏在市场伟大成就——史无前例的经济增长率——背后的秘密。

创建新企业的人通常都被称为"企业家"。大多数这类新企业仅仅是已经存在的公司的重复:新的制衣厂或新的杂货商店。但是,有一小部分企业家是特别的,他们开办销售新产品,或使用新的生产方法,或开辟新的市场的企业;简而言之,他们创新。这一区别极为关键,因为只有创新企业家才能被我们毫无保留地与经济增长相联系。通常他们本身不是发明者,但是他们的基本能力,是在认出他人有成功希望的发明,以及找到如何调整这些发明以使其对购买者有吸引力,并保证它们投入有效利用方面的敏锐性。

20.5 企业家精神与增长

某些历史事例会显示出创新企业家的贡献有多么重要。蒸汽机就是一个很好的例子。许多人曾经对詹姆斯·瓦特发明的蒸汽机具有错误的看法,实际上,在瓦特改进并显著提高蒸汽机的有效性和效率之前几十年,在英格兰就存在许多运行中的蒸汽机。甚至有说法认为蒸汽机是在很久以前由亚历山大港(Alexandria)的赫伦(Heron)建造的,或许

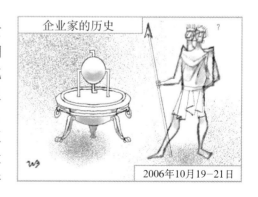

在公元 1 世纪。但是,那个蒸汽机从来也没有实际使用过。亚伯拉罕·林肯(Abraham Lincoln)告诉我们:

……两千多年前,蒸汽的动力就不仅被观察到,而且在亚历山大港,一个精巧的玩具实际上已经被制造出来,并由蒸汽推动其运动了……

看起来奇怪的是,既包括玩具的发明者,也包括其他任何人,在这之后如此之长的时间里,都没有认识到,推动玩具运动的蒸汽,同样能推动有用的机器运动(Abraham Lincoln, "Lecture on Discoveries and Inventions," 1858)。

为什么这种机器没有在罗马投入生产性利用?至少似乎合理的一个答案是,在罗马不存在任何那种出现在工业革命期间的创新企业家。稍后我们会讨论为什么。对赫伦来说,由于没有任何企业家伙伴,因此,他自然而然把这个以及他的许多其他发明卖给了罗马牧师,他们利用这些当时令人惊奇的装置,向其信徒证明牧师的神奇力量。

与之形成对比的是,瓦特确实拥有一个企业家伙伴,马修·博尔顿(Matthew Boulton)。博尔顿在英格兰各地销售瓦特的蒸汽机给矿山所有者,在那里它们被用于抽水,这是它们在当时仅有的用途。然而,在一次销售旅行途中,博尔顿发现,这类抽水机的市场已经饱和了——他光顾的每一个矿山都已经拥有了一台博尔顿—瓦特抽水机。然后,他产生了一个想法,这种蒸汽机也能做其他事情,比如可以运转纺织机器和火车机车。他说服瓦特为这些新用途进行必要的适应性设计,而剩下的也就是历史所记载的了。

而这远不是不是企业家精神在某项发明的生产性和非生产性利用之间差别的唯一例子。众所周知,在许多世纪以前,中国人就进行了大量的发明,不仅包括火药,而且还包括独轮手推车、活字印刷、纺轮、纸牌、精巧复杂的钟,等等。但是,这些发明也未能广泛传播和投入生产性利用。而且,存在很多理由得出结论,这些失败也是因为缺乏像博尔顿那样感兴趣的企业家所导致的。

20.5.1 企业家的价格与利润

创新企业家是这样的人,他们将新产品或生产品的新的生产过程引入经济,或发现商品销售的新市场或开展经营的新方式。

正像我们对资本、土地和劳动力所做的那样,要理解**创新企业家精神**(innovative entrepreneurship)的经济学,我们必须研究其账务情况。由于企业家通常是自我雇用的,因此也就不存在对应于土地的价格或劳动力的工资这类企业家精神的"价格"的任何东西,因为,企业家的服务不是直接卖给任何人的。然而,存在两个与这一概念相近的东西。第一,存在企业家从其活动中赚取的数量;第二,存在他们供给或/和受他们的创新所影响的产品的价格。

以下被广泛引用的故事,说明了创新企业家精神的经济学起源于已故哈佛大学经济学家约瑟夫·熊彼特(Joseph Schumpeter)的贡献。它产生于敏锐的创新企业家创造或认识一个新的更好的产品、获得它,并将其引入市场,使得老的替代品过时,这一过程被称为"创造性破坏",正像汽车将马车制造逐出市场一样。作为改进产品的第一个提供者,企业家最初面对很少或没有任何竞争,而所产生的垄断势力,使得企业家销售新产品的价格相对高于其成本,从而获得丰裕的利润。这种丰厚的利润吸引了其他有企业家野心的个人的注意,他们寻求带着竞争性和模仿性的产品进入该市场。那些模仿性产品可能在某种程度上区别于我们企业家的产品,以避免专利问题,但是却与原产品足够相似以吸引顾客。这种竞争性进入,首先降低并最终终结由企业家最初享有的暂时性超过竞争水平的价格。现在,由于从其首次创新可得的经济利润只有零,企业家被迫寻找其他发明性产品带入市场,以希望继续赚取多于零的经济利润。

这样,对创新者而言不存在任何休息。如果他们想要其暂时性高额利润得以持续,那么,他们也就从来不能满足于过去的成就。昨天的发明很快会成为古老的历史,而且,除非发明者——企业家合伙人足够迅速地引入后继的发明,否则,竞争者就会成功地进入甚至抢占市场,并将抽干起初企业家的利润流。因此,企业家没有任何选择,他们必须寻求产生一系列创新,而且这是自由市场成功故事的关键部分之一——市场提供这样一种机制,它将创新从一种带有大量随机性的偶然事件改变成一个系统的过程,这个系统的过程可以保证,在创造力和目前知识许可的条件下,将一系列创新流一个接一个地注入经济。①

20.5.2 发明和企业家精神中的固定成本和公共物品特性

对于充分理解发明的经济学,有两个关于发明的特别性质是基本的:第一,在将某一发明成功引入市场过程中所需要的研发支出和所产生的许多其他成本的固定成本特性;第二,发明的公共物品特性。

第一个特性涉及这样的事实,一旦企业家支出了创造某一发明并改进它使其在市场上成功所必要的研发资金,以及使这个新产品引起消费者关注所必需的数量,那么,这些数量的资金就会是固定的——不管该产品拥有500个还是500万个买家,这个资金数量都是相同的。而新产品使用的金属的数量显然会有一个正的边际成本——购买它的买者的数量越大,该产品的制造就需要越多的金属。但是,额外的销售将不再需要任何额外的研发支出。边际研发成本会是零。获得信息的总成本也是一样,不管该思想是被100个还是100万个人使用。

第二,与此相关,发明所基于的信息正是经济学家所称的"公共物品"。从第15章的讨论中可以回忆起来,当增加一个人使用这类物品时,它不会有任何数量被消耗。不像国家的小麦库存那样,每当有一些面包被吃掉时,小麦库存就会下降,对某项发明的另一次阅读,不会减少其所包含的信息量。在这个意义上,所有信息都是公共物品——它的供给不会被利用它的人的数量增加所消耗。

现在,这两种特性都意味着,某项发明的成本存在显著的完全缺乏边际成本的部分。如果有更多的人购买新产品或者有更多的人使用其说明书,都不会增加厂商的研发成本或任何其他类似的成本因素,而且因为按照定义,边际成本是由产品的产出增加

---

① 这一分析似乎告诉我们,企业家活动提供给他自己高于竞争水平的利润流。但是,我们将看到,实际情况是有显著差别的。可以证明,在均衡时,发明者和创新企业家最初所获得的高额所得(如果他们足够幸运的话),将通常刚好使得他们补偿自己在创造产品时投入的研发支出,以及他们将新产品引入市场所必须支出的数量。

而引起的成本增加,所以,在厂商的边际成本曲线图中,就不存在任何研发或其他类似的成本部分。

这有几个方面的意义。第一,如果价格被设定在等于边际成本,就像在完全竞争上必须发生的那样(如需要复习,请参见第10章),那么,发明在财务上就不会成功。这样的价格将不能补偿任何研发成本和相关支出,而这些成本和支出,正如我们已经看到的那样,完全不在某一创新的边际成本中。因此,对于创新产品而言,在由某个创新企业家建立的某个创新企业里,$P = MC$是一种财务损失和灾难性的收入。

第二,这还意味着,那些在熊彼特情景下看起来表现为初始垄断利润的数量,可能仅仅是补偿那些固定的研发成本和任何类似支出所必要的收入。事实上,在存在创新的完全竞争市场上,那正好就是我们必须预期的情况。假定任何人都可以在其车库或地下室开始某项发明,按照通常的理由,我们可以预期,只要存在可供赚取的经济利润,发明者和企业家对市场份额竞争的进入就会继续。正如通常的情况一样,这种进入将推动价格下降到这样一点,在这一点上,预期收入刚好补偿所有成本,包括固定的研发成本,而不会有任何多余。在理论上,这将是市场的长期均衡,而熊彼特的初始"垄断所得"将刚好是补偿研发成本所采取的形式,并且,对发明者作为一个整体的零经济利润,正是他们能够预期赚取的平均数。正是因为这个理由,这就是现在通常被经济理论家们接受的故事。而且,正如我们接下来就会看到的,它甚至能把我们带到比目前为止所描述的更进一步的深入洞见。

20.5.3 创新产品在其生命周期中的差别定价

当然,除了由成功新产品的模仿者带来的不断增长的竞争以外,还存在其他原因造成新产品普遍下降的成本和价格。显然,经验将教会其供给者如何更有效率地生产新项目,因而其成本通常会被不断改进的技术降低。而且,如果产品竟然能令顾客愉快甚至兴奋,那么,成本也可以通过具有更大生产能力的机器的规模经济和其他成本节约特性而降低。

另一种已被接受的情景是我们刚刚复习过的一种,它告诉我们,创新产品的价格最初会很高,然后通过竞争被逐步降低,直到其生命周期达到它再也不会带来更多利润的一点。但是,这仅仅是对这些价格的含糊描述。我们能够绘出一种分析,以便给出一个更具体的公式,决定在这两个日期之间的那些价格的大小吗?答案是,如果市场是竞争性的,那么,在较早章节讨论的标准的经济分析,确实能使我们做到我们之前解释厂商的其他价格决策的程度。

为了理解这一点,我们必须首先回忆价格歧视的概念,以及利润最大化厂商决定这类价格的方式。我们将回忆起,即使服务两群顾客具有完全相同的成本,当厂商以比销售给另一群顾客更低的价格向一群顾客销售相同的产品时,所收取的价格被称为"歧视性的"。

现在,厂商能够并且确实按照群体的某些特征在不同群体之间进行价格歧视,例如,给予年长者折扣。它们有时也在不同区域进行价格歧视,例如,在它们面临更多竞争的城市收取较低价格。最后，它们还能够在不同时间购买的顾客之间进行价格歧视，像它们对在圣诞节前一天购买的项链收取的价格比节后一天更高。稍一思考就会明白，最后一种价格歧视涉及在不同日期之间的价格歧视：在新产品的竞争到达市场之前采用高价格，而随着后来越来越多的竞争者进入，则逐步采用越来越低的价格。我们明白，其逻辑是与在具有不同竞争者数量的城市之间的价格歧视相同的。

此外，在本书稍早我们已经看到，当价格是歧视性的时候，存在一个公式能给我们利润最大化的各种价格。那个公式是简单明了的：如果厂商准备对两群顾客收取不同价格，那么，它应当对每一群顾客供给 Q 数量的商品，使得从这些销售中得到的边际收益等于边际成本。然后，为了决定对两群顾客中每一群顾客的利润最大化价格，只要考察每一群顾客对产品的需求曲线，并选择使每一群中的顾客刚好购买使厂商的 MC = MR 的数量的产品，那么，这些价格当然就会是利润最大化的。

其逻辑与我们以前已经反复使用过的是完全相同的。如果对两个群体中的任何一个，厂商自己的边际收益不等于边际成本，那么，（至少）向那些顾客卖出稍多或稍少数量将会提高厂商的利润，这取决于边际收益和边际成本哪一个更大。①

20.5.4 对企业家活动的财务回报为负吗？

我们几乎已经完成了定价的故事，除了一件事情以外——即较早的断言：如果存在对企业家活动的自由进入，那么，这将倾向于驱使企业家和发明者的平均利润趋于零。这可能看起来像是个难以置信的结论。毕竟，我们所谈论的是把比尔·盖茨（Bill Gates）提升到世界首富位置的活动。确实，我们接下来会证明，在现实中，零经济利润的结论是错误的。但是，令人吃惊的证据却与一些人可能预期的刚好相反——平均而言，实际经济利润低于而不是高于零！

显然，如果这是正确的，那么，就需要对发生了什么有更多的解释。在以下几个段落的大部分，简单地把企业家看作是自我雇佣的人是很方便的，他们偏好于做他们自己

---

① 关于那些价格，存在更多我们可以了解的，它们与前面一节所讲述的更少分析性的情景是一致的。这里，我们从回忆以前已经碰到的两个其他结论开始讨论：(1) 在其他条件相同的情况下，市场存在的竞争越少，厂商需求曲线的弹性就越小，其理由将很快被回忆起来；(2) 在其他条件相同的情况下，正如将被再一次证明的那样，某一群顾客的需求弹性越低，利润最大化的价格就会越高。这两个观察导致我们得出的结论正是与这种情景完全一致的，但是，在我们刚刚得到的推导那些利润最大化的价格的公式方面，具有差别。正如熊彼特所论证的，这两个结论所表明的是，当某项创新被第一次引入市场时，因为起初竞争稀少或根本不存在，所以，可以预期，对新产品的需求与后来出现更多竞争时所变成的情况相比，其弹性是（显著）更低的。然后，从前面两个结论中的另一个结论来看，它告诉我们，在新产品刚刚来到市场后的早期，利润最大化 MC = MR 的价格，将会比后来变成的情况要高。

为了完成这一分析，我们只需要关于竞争的两个观察，即该情景下的弹性和价格。这些观察的逻辑是简单且易于直观地解释的。第一，当存在很少或完全没有竞争者时，厂商可以提高其价格，而不会将许多顾客驱逐到竞争者的队伍里去。但是，这只是当竞争更加有限时，需求将会是更缺乏弹性的另一种说法；也就是说，某一给定的价格上升，只会驱逐厂商顾客的相对较小的份额。这正是我们对缺乏弹性的需求的定义。

第二，正如我们刚刚回忆起来的那样，当需求更缺乏弹性时，价格上升将会是更有可获利性的，因为它只会驱逐走很少的顾客，因而会提高收入，而与此同时，削减厂商的投入支出，因为更高的价格会使总销售有某种程度的下降。

这些段落可以看作是对我们较早关于商业决策的某些分析的回忆，但是，现在我们也看到，那种分析可以有多么丰富，给创新的分析和市场引导创新者采取的定价政策提供了启示。

的老板,而不是使自己受雇于某个经营中的企业。而且存在一些对相关数据的研究表明,自我雇佣的人的所得,显著地低于具有相似教育和经验的雇员。

所有这些都表明,当个人决定成为企业家或发明者时,他们必须预期赚取如此之低的利润,以至于使他们蒙受某些财务损失,而不是相反。也就是说,相对于他们在其他人所有的商业企业工作可能赚取的收入,他们必须预期遭受显著的机会成本。这怎么可能是真的呢?为什么在如此之低的预期收益的情况下,他们还会自愿这样工作呢?

❓ 难题解答:为什么企业家所得令人惊讶得低?

现在,我们可以尝试提供对在这一章较早提出的难题的答案了。我们并不确定,为什么平均而言企业家赚得那么少——但是,这里有某些可能性。尽管这看起来有点奇怪,但是,存在理由做出结论,在竞争性市场中,这是不足为奇的。有两个理由。第一,由相对少数杰出的成功者产生的非常高的报酬提供了激励,这可以在许多其他活动中发现,诸如对获得数百万美元收益的彩票的投资,或对像表演这样的职业的投资,二者的平均所得实际上是非常低的。

企业家将其一生的时间和财富投资于如此有风险的活动的意愿,意味着他们要么高度地过分乐观,要么喜欢这种赌博。而且存在强烈的证据表明,过分乐观是企业家的特征。"可获得的证据当然支持这样的观点,企业家都是不现实地乐观的。在对美国企业家的一项抽样调查中,68%的回答者认为,他们预期其经营中的企业,会比同一个部门中的其他企业要好;而只有5%的回答者认为会差些……(另一项抽样调查发现)所有的回答者过分乐观地预期,与建议的寿命表相比,他们会活得更长,但是,企业家显著地更会认为他们会活得更长。这些作者也得出了这样的结论,即乐观是与成为企业家显著地正相关的。"[1]

这样,低估风险和对少数一鸣惊人的创新的非常巨大的回报,确实会导致企业家的平均报酬低于经济中具有可比的能力和表现的其他人的报酬。

但是,对于如此低的财务回报还存在第二个理由,因为企业家还会以一种可以被看作不同于货币的形式收到第二种报酬。

对企业家而言,第二种货币就是独立性这种心理回报,也就是说,不用屈从于直接上司的领导和参与创新过程的兴奋(这一点可以从创新企业家的传记里观察到)。在竞争均衡中,如果企业家精神比为他人工作更快乐,那么,对企业家的财务回报,必然通常低于具有同等能力而在已建立起来的商业厂商从事更"索然无味"的工作的个人的报酬。因为,如果两种工作的工资是相同的,而一种工作非常愉快,另一种工作过度不愉快,那么,有能力的个人就不会愿意接受两种职位中远远更缺少快乐的那一种。其结

---

[1] Simon C. Parker, "The Economics of Entrepreneurship: What We Know and What We Don't," University of Durham (UK), Forthcoming.

果是，在不快乐的职位上从事工作的人的稀缺性，会推动工资上升，而在另一个职位上寻找工作的人的大量富余，则会推动那些工资下降。最终，两种工作的收益差异，必然补偿其吸引力差异。

因此，我们必然得出结论，企业家角色必须提供比为他人工作所能提供的显著更高的工作满意程度，从而使得企业家愿意从事这些活动，即使平均而言，其财务报酬是如此之少。

20.6 制度与创新企业家精神的供给

但是，现代自由市场经济存在什么，允许这样的创新过程繁荣，并形成其对在以前人类历史上从未有过的经济增长率的基本贡献呢？答案主要在于与资本主义经济一起成长的新制度，或许也只是一种历史的偶然。

在工业革命之前，也存在这样的社会，它们拥有一定比例的具有企业创建精神的个人，他们通过不同于其先辈的做事方式而获利。但是，可获利的和值得尊敬的发明的类型，看来是军事的或可以被用于促进宗教实践的，甚至包括帮助实现腐败。我们已经注意到，亚历山大港的赫伦是如何利用其蒸汽机和他的其他发明，促进罗马牧师的势力，并看起来通过其获得了相当好的补偿。中世纪时期中国的各种奇妙而有潜在价值的发明的利用，因为没有激励最有创建企业精神的个人采取将那些发明引入到生产性活动中的步骤而遭遇阻碍。相反，他们通常经过好多年的努力，变成官场的官吏，在那里，他们预期通过腐败获利的权力来获得财富。而且，在整个历史上，最值得尊敬的通往财富和权力的通途是军事，基本上是通过私人军队，通常使用创新的军事设备和战术，通过战利品、赎金、掠地、使战俘成为奴隶，以及其他相关方式获得财富。

但是，到 18 世纪，在英国和前美洲殖民地，政府变得有足够强大的力量，阻止通过组织私人军队来实施军事企业家精神。作为法律和习惯禁止或至少是妨碍的结果，其他形式的非生产性企业的开办也更加困难。而且，与此同时，使创新企业家精神更安全、更容易和更具有获利性的新制度也被采用了。例如，在古代社会未曾听说的专利制度，就是直接由美国宪法创造的。

其基本点在于，具有企业创建精神的个人，与那些从事任何其他职业的人相比，既不具有更多也不具有更少的道德良心。正如某个该学科值得关注的研究者观察到的那样，企业家的特殊天赋，是识别出新的、到目前为止未利用过的获利机会的能力。但是，哪些活动预示着可获利，取决于现行政府规则和从不同影响来源导致的压力的性质。今天，企业家在其寻求利润的过程中，受到各种各样的规则的鼓励，当这种活动对生产和可供消费者所用的选择做出贡献时，这些规则就会对这种活动提供保护。现在，我们有各种法律制度，诸如神圣产权，禁止国王及其贵族对产权的任意剥夺；有专利制度，帮助发明者和创新企业家从其努力中获取回报；有通过法院对合同的强制执行；还有允许那些做出了不幸的商业决策的人再试一次的破产保护制度，以及许多其他制度。但是，情况并非总是如此。这些规则在工业革命时期还是相当新鲜的，而且也正是在那时，企业家和创新者第一次确信,他们能够保有他们的努力所产生的财富。这种信念,不仅提供了吸引个人参与为创新奋斗的激励,而且可以作为一种对竞争者的进入的不可抵制的诱惑。早期创新企业家的出现及其成功,引致了更多的企业家,但是,它也引起了把创新当作武器的越来越残酷的竞争。而这又提供了仅仅在市场经济中才会出现并充分有效的对创新的推动力。

今天,企业家继续是市场史无前例的增长表现的不可或缺的因素。通过保证发明快速和有效地被投入使用,他们保证了我们生产和改进质量的能力持续增长。但是,为了保证这一过程持续,我们必须小心地阻止削减这些活动且减少激励企业家保持其增进生产力的努力的规则的采用。这就是自工业革命以来从经济史的经验中产生的一种关键精神。

小结 》》》

1. 在自由市场中,供给和需求的相互作用决定了工资率和就业水平。工人处于大量需求或供给短缺的状态时,会要求高工资。同样地,有富余供给或其技能并不是大量需求的工人,会得到低工资。

2. 劳动力需求曲线,就像所有其他生产要素的需求曲线一样,是由**边际收益产品曲线**推导而来的。它因为边际报酬递减"规律"而向下倾斜。

3. 通过教育或在职培训的增加提高工人的边际物质产品,或通过增加对那些产品的需求而提高产品的价格,从而也增加劳动力的边际收益产品,都会使劳动力需求曲线向上移动。

4. 节约劳动的创新,在短期内,既可能增加也可能减少工人的工资和可获得的工作。因为这种创新同等地提高生产率,所以,在长期它们一般会与提高社会其他成员的收入一起,提高工人的收入。

5. 因为**收入效应**和**替代效应**的冲突,工资上升的结果,可能引起劳动力供给量上升或下降。历史数据显示,当工资上升时,每周的工作小时数却下降了,这表明从长期来看,收入效应可能占据主导地位。

6. 大多数技能可以通过**人力资本投资**的方式获得,如教育。

7. **人力资本理论**假定,人们做出教育决策与企业做出投资决策有很多相似之处,并且它还隐含地假定,人们在学校学习知识增加了他们在工作中的生产力。

8. 仅有13%的美国工人属于**工会组织**,其被我们认为是劳动力的垄断卖方。与许多其他工业化国家相比,在美国,工会成员占劳动力队伍的比例较小,而且在政治上更少表现出激进性。

9. 工会也许在迫使工资高于而就业低于在竞争性劳动力市场可能的水平方面取得成功。

10. 罢工在作为在大企业与大劳动力之间分割经济活动成果的一种方式的集体谈判中,发挥着重要的作用。但是,罢工并没有想象的那么普遍。

11. 在大约二十年里,美国人经历了三个值得关注的趋势:(1)工会成员比例下降超过了30%,(2)稳定的实际工资下降被额外福利的增加部分补偿,(3)获得良好报酬和获得糟糕报酬的工人之间的收入差距加大。

12. 创新企业家寻找新产品或新的生产过程或新市场,并试图将它们投入可获利的使用。

13. 在这一过程的一个被广泛认可的模型中,在企业家将新产品引入市场时,他们没有面对任何竞争,并赚取垄断利润;但是之后,竞争者带着某一成功新产品的模仿品进入,并逐渐驱使价格降低到竞争性水平。因此,为了持续赚取利润,企业家必须立即发现另一个创新,并将其带入市场。

14. 在新产品和开拓市场上的研发支出是一种具有公共物品特性的固定成本,因此,它加在边际成本上的量为零。

15. 当然,为了补偿那些固定成本,并在总体上赚取至少为零的经济利润,价格必须超过边际成本,而不像完全竞争市场那样在 $P = MC$ 处。

16. 为了补偿研发等方面的固定成本,以及伴随着来自模仿者日益增长的竞争的威胁,实际上,企业家会收取歧视性价格,也就是说,对相同产品的较早的购买者和稍晚的购买者收取有差别的价格。

17. 在不同日期进行价格歧视的利润最大化规则,与在价格歧视的通常情况下应用的规则是相同的;也就是说,如果供给较早的顾客的边际成本与供给稍晚的顾客的边际成本是相同的,那么,在两个日期供给的数量必须这样来设定,即让在两个日期的边际收益相等。

18. 企业家将通过创新做那些会带来财富、权力和荣誉的事情。因此,在保护私人产权、强制执行合同和提供对创新的专利保护的法律存在之前,他们通常会组织私人军队、采取贿赂,以及寻找新方法以便从有权势的人们那里获取特别的好处,而不是促进生产性的创新。但是,大约自从工业革命以来,法律发生了变化,而且,对企业家而言,从事生产性创新变得更有利可图了。

关键词

劳动的边际收益产品(MRP_L)　　人力资本投资　　替代效应
收入效应　　　　　　　　　　　　向后弯曲的　　　人力资本理论
工会　　　　　　　　　　　　　　买方垄断　　　　双边垄断
集体谈判　　　　　　　　　　　　创新企业家精神

自测题

1. 下表显示了一个大型比萨饼营业厅雇用不同数量的比萨饼厨师时,比萨饼的生产数量。

厨师的数量	每天生产比萨饼的数量
1	40
2	64
3	82
4	92
5	100
6	92

　　a. 求出比萨饼厨师的边际物质产品表。
　　b. 假设每个比萨饼的价格是 9 美元,求出边际收益产品表。
　　c. 如果每天支付厨师 100 美元,那么,这个比萨饼营业厅会雇用多少名厨师?如果厨师每天工资增加到 125 美元,你的结论会发生怎样的变化?
　　d. 假设比萨饼的价格从 9 美元增加到 12 美元,说明厨师的引致需求曲线会怎样变化。

2. 讨论大学教育的财务回报率的概念。如果这一回报率少于银行账户的回报率,那么,这是否意味着你应该退学?你为什么想要待在学校?在什么情况下,即使当上大学的财务回报很高时,不上大学反而是理性的?

3. 下面哪一个行业的工资决定用完全竞争模型来解释是最合理的？用完全垄断模型呢？用双边垄断模型呢？

　　a. 在私人家庭修理的零工
　　b. 低价儿童服装制造业
　　c. 汽车制造业

4. 你能想到一些类型的工人,他们的边际产品可能会由于计算机化而增加吗？存在边际产品可能会由于计算机化而降低的工人类型吗？你可以简单地说出这两种类型工作的不同特征吗？

5. 假定你是 X 商品的唯一生产者,该商品是刚刚发明的,它能更有效地清除人行道的积雪,而且你已经生产了足够在两个冬季销售的数量。如果你预期 2009 年的销售量可能获得 MR = 400 美元,而 2010 年将会是 300 美元,为了增加你的总利润,你会试图怎样做？

6. 解释如果你的扫雪机的顾客数量翻倍,对你的边际成本中的研发部分有什么影响。

7. 如果两个工作均可获得,其中一个工作很有趣且受人尊敬,而另一个工作则令人不快且危险,那么,你预期哪个的工资会较高？在现实中真的如此吗？

8. 假设扫雪机的发明者仅获得 3% 的收益,剩下的来自背痛的医疗账单减少。从普通公众观点来看,解释为什么这是一种外部性,它有多大？它是一种有益外部性吗？它如何影响扫雪机制造最可获利的数量,与对公众福利的最大贡献的数量相比呢？

讨论题 》》》

1. 众所周知,大学支付给学生劳动力相当低的工资。这种趋势可以由当地劳动力市场的供给和需求运行来解释吗？买方垄断的概念有用处吗？如果学生组成工会,情况会有什么不同？

2. 大学教授是高技能(或至少是受大量教育!)的劳动者,然而,他们的工资却并不是很高。这违背了边际生产率理论吗？

3. 一个看起来广泛成立的事实是,具有更多受教育年数的工人一般收到更高的工资。这个趋势有哪些可能的原因呢？

4. 大约什么比例的美国劳动力队伍属于工会组织？(试着向从未学习过经济学的人询问这个问题。)你认为为什么该比例会这么低？

5. 工会组织某些合理的目标是什么？运用供给和需求的工具,解释工会可能会如何寻求实现其目标,不论那些目标是什么。考虑最近发生的工会新闻。工会组织正试图达到什么目标？

6. "罢工是完全不可容忍的,并且应该规定其不合法。"试对这一说法进行评论。

7. 在东方航空与其若干工会的痛苦的罢工对抗中,从开始他们就都很清楚,航空公司有严重的财务危机。航空公司最终确实被迫倒闭了,同时损失了许多工作岗位。讨论是什么促使工会不屈不挠地坚持。

8. 大约自从 1980 年,美国人均 GDP(即人均实际收入)已经非常显著地上升了。然而,实际工资却没有上升。你认为应如何解释这个现象？

9. 如果你是中世纪英国贵族最小的儿子,你可能会怎样赚取你的财富？什么类型的创新会受到有权势的人的喜爱？

10. 尤里乌斯·恺撒(Julius Caesar)是如何在罗马和历史上获得其地位？在什么意义上他的活动可以说成是企业家性质的？

11. 你认为有着那些令人难以置信的发明的中国,为什么会落后？

12. 美国的哪些法律和规则,在美国获得人均收入和创新领导地位上发挥了关键性的作用?

13. 美国应考虑采取哪些措施,避免像其他国家那样曾经是世界经济领导者而后来远远地落后的命运?

14. 在一些国家,中学教育被广泛认为好于美国,但是为什么那些国家还把最优秀和最聪明的学生送到美国,获得他们的博士学位?

第21章 贫困、不平等与歧视

> 白人知道如何做每一件事,但他却不懂得如何分配。
>
> ——坐牛①

上两章分析了要素的价格——工资、租金与利率——是如何在市场经济中决定的。关注这个问题的原因之一是,这些报酬决定了拥有这些要素的人们的收入。因而,关于要素定价的研究,对于认识市场如何在个人之间分配收入,提供了一种间接的方式。

在这一章,我们将转向更直接地思考收入分配问题。具体来说,我们会着重寻求下列问题的答案:在美国,收入如何不平等,以及为什么?社会如何理性地决定需要多大程度的平等?而这个决定一旦做出,什么样的政策可以用来达成这个目标?

❓ 难题:布什的减税不公平吗?

减税是乔治·W. 布什总统主要力推的经济政策。减税是在 2001 年、2002 年、2003 年和 2004 年通过的,促成了联邦税负总量的大规模下降——或者,按照某些批评者的话来说,是富人的税负的大规模下降。这正是一个公平问题。对布什减税的主要批评之一是,布什减税在分配上是不公平的,其中,富裕的美国人是主要的受益者,而最贫穷的人们从中受益很少。根据某项估计,60% 的较低收入者——人口的大部分——仅得到 13.7% 的减税,而 1% 的最高收入者得到了 24.2%。② 对那些关心收入不平等

---

① Sitting Bull,美国历史上的印第安人领袖。——译者注
② 参见 Isaac Shapiro and Joel Friedman, "Tax Returns: A Comprehensive Assessment of the Bush Administration Tax Cuts," Center on Budget and Policy Priorities, April 2004, p. 19.

的人们而言,这是可争辩的证据,减税显然是不公平的。而且正是由于这个原因,每一个2008年民主党总统提名候选人都誓言要撤回某些对富人的减税。

布什总统及其支持者以各种不同的方式对这些批评进行了回应。其中之一是否认其不公平性。他们说,高收入类型的纳税者获得不成比例额的减税很自然,其理由很简单:因为他们支付了不成比例份额的税收。但是,第二个反驳观点指出,较低的税率会改善激励和促进经济效率——这是我们在第18章阐述过的话题。他们坚持认为,公正自在人心,但是,我们确知的一件事是,较低的税率会改善经济表现。在很大程度上就是由于这个原因,约翰·麦凯恩参议员,像其他每一个共和党2008年参选提名人一样,誓言要继续布什的减税。

争论的哪一方是正确的呢?我们应该更多地担心布什减税的分配结果,还是欢迎其效率效应呢?这是一个很好的问题,但是,正如我们将会看到的那样,它是一个没有明确答案的问题。

课程结束后仍须牢记的要点

正如我们将在本章证明的那样,对布什减税的争论,提供了我们在第1章引入的公平与效率之间权衡取舍的一个经典例子。某些保守主义者看来是如此地着迷于较低税率的效率所得,以至于他们忽视甚至否认分配结果。相反,某些自由主义者争论道,不管减税的潜在效率收益如何,减税都是如此地"不公平",应该被拒绝。

经济学家倾向于避免这类绝对性,而代之以采用权衡取舍的方法思考。为了获得某个方面的利益,社会通常必须做出另一个方面的牺牲。如果一项政策对效率做出足够重要的贡献,我们就没有必要简单地因为其对收入不公平的非所意愿的影响而认为它是坏的。但是,具有非常负面的分配结果的政策,即使它们有可能提高国民总产出,可能也是值得被拒绝的。

承认存在公平与效率之间的权衡取舍——也就是说,有利于富人的减税毫无疑问会增进经济效率——可能并不一定是赢得选票的最好方法,但它的确是面对现实的。而且按照这种方式,有助于我们考虑清楚关于应该怎么做的政治决策。

如果我们想要理解这些复杂的问题,那么,像通常一样,最好是从事实开始我们的讨论。

21.1 现实情况:贫困

1962年,社会批判家迈克尔·哈灵顿(Michael Harrington)出版了一部名为《另一个美国》(The Other America)的小册子,在美国社会产生了深远的影响。哈灵顿的"另一部分美国人",是指住在很多地方的穷人。根据哈灵顿的描述,他们是地球上最富有国家中的衣衫褴褛者、肥胖成为问题的国家中的营养不良者、世界上最高健康标准国家之一中的体弱者,他们住在破旧的小屋里,其存在几乎已被忽视了。更糟糕的事情是,这种贫困常使"另一部分美国人"的孩子也重复着他们父辈的贫困生活。哈灵顿争论道,存在一种"贫困循环",只有通过政府行动才能将它打破。

哈灵顿的著作以及其他作品，触及许多似乎并不知道在自己国家里还有另一些生活条件恶劣的人的心灵。在几年内，人们对于贫困者的状况的愤怒不断增长，并明确为"向贫困宣战"，这是总统林顿·约翰逊（Lyndon Johnson）在1964年宣布的。

专栏
美国最穷的地方

松岭（Pine Ridge，南达科他州）位于美国最贫困的县，具有75%的失业率，而且平均家庭收入仅为每年3 700美元。男性的预期寿命仅48岁，比这个国家的平均水平低25岁，婴儿的死亡率是全国最高的。恶劣的健康状况、疾病、毒品和烈酒已经侵蚀了奥格拉拉·苏族部落（Oglala Sioux）。他们的文化受电视的影响已逐渐淡化，他们的语言也逐渐消失了。

……现存的人认为……部落的资金长期没有得到良好的管理，裙带关系控制着工作岗位，而且，部落有一部分人变得更加富有，而另一部分人却在挣扎着求生存。……但是……任何不在那儿的人都不会知道松岭到底发生了什么。

资料来源：Julie Winokur, "Bury the News at Wounded Knee," at archive. salon. com/news/feature/ 2000/03/13/pine_ridge/index. html.

21.1.1 计算贫困：贫困线

> **贫困线**是一个收入的量，在其之下的家庭被视为"贫困的"。

作为反贫困计划的一部分，政府采用了一个关于贫困的官方定义：在1964年，贫困者是指那些收入少于3 000美元的家庭。这种划分贫困与非贫困的界限，称为**贫困线**（poverty line），而且政府建立了一个目标：在1976年国家二百周年纪念时，使所有美国人都达到贫困线以上（该目标并没有实现）。贫困线随后要根据家庭规模差异和其他因素来修改，现在，贫困线仍每年都在调整，以反映生活成本的变化。在2006年，四口之家的贫困线大约是刚好超过20 500美元，而根据官方的定义，仍有12.5%的美国人处于贫困中。

谁是贫困者？相对于他们在总人口中的比例，与白人相比，他们更可能是黑人，而与男性相比，他们更可能是女性。比起全体居民，他们受到更少的教育，而且处于较差的健康状况。大约有35%的贫困者是儿童。

在1963—1973年这十年里，美国在消除贫困方面有实质性的进步；生活在贫困线以下的人口比例从20%下降到了11%（见图21-1）。但自此以后，减缓的经济增长和社会福利计划的削减，逆转了这一趋势。到1983年，贫困比例回复到了20世纪60年代时的状况。随后，贫困比例没有明显的上升或下降趋势，直到90年代经济大繁荣之后，这一比例才大约恢复到了70年代的低水平。但是，当经济在本世纪初衰退时，贫困再次上升，不过，之后又在2005年和2006年恢复了某些失地。

许多人担心贫困率过高，特别是因为贫困似乎通常与无家可归、违法行为、毒品依赖和健康状况差相联系。然而,一些批评者争论道,官方数据夸大了贫困人数。一些人甚至走得更远,他们声称,如果官方定义(在现金收入的基础上)修改成为包含贫困者收到的如下类型的许多物品:公共教育、公有住房、健康保健、食品等,那么,就可以认为贫困只是过去的事情。

这些批评,促使人口普查局(the Census Bureau)研发出若干试验性的贫困指标,考虑了以上给出的物品的价值。如果这些新的度量方法被有效接受,那么,会有更少的人被划分为贫困者,但基本的形势仍会保持相同:贫困比例从20世纪70年代后期,直到大约1993年,仍有时上升有时下降,没有明显的趋势,然后开始下降,直到2000年为止(见图21-1中的虚线)。

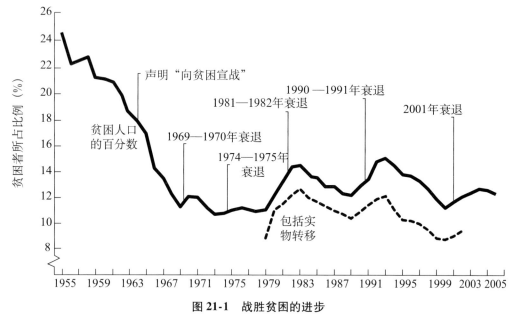

图 21-1　战胜贫困的进步

资料来源:1959—2006年,参见 U. S. Bureau of the Census;1955—1958年,感谢 Gordon M. Fisher 所提供的估计。

21.1.2　绝对贫困与相对贫困

这一争论提出了一个基本问题:我们应如何定义"贫困"?经济的不断增长最终会使所有人的生活水平高于一个设定的贫困线。那么,这就标志着贫困结束了吗?某些人会认为是,但另一些人则会坚持《圣经》中的训谕是正确的:"贫困总是会伴随你左右。"

我们可以用两种方式定义贫困。更乐观的定义使用了绝对贫困的概念:如果你没有达到某一特定的最低生活标准,那么你就是贫困者;一旦你达到了这个标准,你就不再是贫困者了。更悲观的定义依赖于相对贫困的概念:贫困者是其收入比平均收入低很多的人。

每一定义都有其优缺点。绝对贫困概念的根本问题在于它是武断的。谁来设定这个界限呢？如果生活在略低于美国贫困线以下一点点，大多数孟加拉人都会认为他们很富有。同样地，我们现在称之为"贫困"的生活标准，可能在1990年的美国就不会这么认为了，而且，在中世纪时的欧洲，肯定也不会这么认为。显然，不同的时间和不同的地点要求有不同的贫困线。

因为贫困的概念似乎是由文化——而不是由生理——决定的，因此，它必然是一个相对的概念。例如，欧盟将贫困线设定在国家平均收入一半的水平——这意味着，当欧盟国家变得更富有时，贫困线就自动地上升。

一旦我们从贫困的绝对概念转换到相对概念，贫困与非贫困之间的明显差异就开始变得模糊了。至少在某种程度上是这样，贫困者如此地贫困，是因为富有者如此地富有。如果我们顺着这个思路想下去，我们将逐渐远离贫困这个狭隘的问题，而是面对一个更宽泛的问题，即收入不平等。

21.2 现实情况：不平等

在市场机制条件下，没有什么能够保证收入的平等。相反，市场机制更倾向于允许和孕育不平等，因为市场机制伟大效率的基本来源是其奖惩制度。市场对于那些能成功有效运营企业，对消费者需求做出反应的人是慷慨的，但是，它也会残酷地惩罚那些不能或不愿意有效满足消费者需求的人。美国近期的发展已经证明了这一趋势，因为不平等急剧上升。

市场对于那些进行尝试但失败的人的财务惩罚是相当残酷的。有时，市场甚至会打垮一些伟大的人或有势力的人。罗伯特·莫里斯（Robert Morris），曾经可以说是美国殖民地最富有的居民，却最终在债务人的监狱里结束了其一生。19世纪后期美国某些最大的富翁是在铁路上产生的，其中绝大多数之后都破产了。当互联网神话在2000年结束时，许多曾是百万富翁（还有少数亿万富翁），发现他们自己没有了工作，而且极度贫困。最近的是，2007年的金融危机挫败了某些美国最大的金融机构。

大多数人都知道，富人与穷人之间的鸿沟很大。但很少人知道自身处于收入分配的什么位置。例如，在1995年国会辩论"中产阶层"的减税问题时，一位年薪超过150 000美元的议员，宣称自己是"中产阶层"中的一员，如果确实不是"下中产阶层"的话！

表21-1提供了2006年美国家庭收入分配的某些统计数据。但在看这些数据之前，试着做一下下面的实验。首先，写下你所认为的你的家庭在2006年的税前收入（如果你不知道，猜猜看）。然后，你试着猜想收入低于这个数额的美国家庭比例。最后，如果我们将美国分成三个收入阶层——富裕、中等阶层和贫穷——那么，你认为你的家庭属于哪一阶层？

表 21-1 2006 年美国的家庭收入分配

收入范围	在该范围的家庭数(%)	在该范围和低于该范围的家庭数(%)
低于 5 000 美元	3.1	3.1
5 000—9 999 美元	4.4	7.5
10 000—14 999 美元	5.9	13.4
15 000—24 999 美元	11.8	25.2
25 000—34 999 美元	11.5	36.7
35 000—49 000 美元	14.6	51.3
50 000—74 999 美元	18.2	69.5
75 000—99 999 美元	11.3	80.8
100 000 美元及以上	19.1	100.0

注:如果你的家庭收入落在接近这里标明的某个区间的末端,你可以仅仅通过查看最后一列,就可以近似获得收入低于你的家庭收入的家庭的比例。如果你的家庭收入落在某个区间内,你可以通过插值法找到答案。例如,你的家庭收入为 80 000 美元,这一收入在 75 000—100 000 美元区间的 20% 左右,因此,你的家庭大致上比这个区间 0.20×11.3% =2.3% 的家庭更富有,再加上较低阶层家庭的比例(在这里是 69.5%)就得出了答案——大约 72% 的家庭比你的家庭挣得少。

资料来源:U. S. Bureau of the Census, at http://pubdb3.census.gov/macro/32007/hhinc/new01_001.htm.

现在你已经写下了关于这三个问题的答案,再看看表 21-1 中 2006 年的收入分配数据。如果你与大多数大学生一样,那么,这些数据可能会让你十分吃惊。首先,如果我们采用的是试验性的定义,即收入最低的 20% 的人是"穷人",收入最高的 20% 的人是"富人",中间 60% 的人是"中产阶层",那么,你们中很少的人如你所想的属于值得庆幸的"中产阶层"。实际上,在 2006 年定义为"富人"阶层的人的分割点的税前收入,大约只是 97 000 美元,许多大学生父母的收入都已经超过了这个数额。(你的父母可能会很惊讶地认识到他们属于富人!)

接下来,运用表 21-1 来估算低于你家庭收入的美国家庭的比例。(表格的注可以帮助指导你进行估算)。大多数来自中等阶层家庭的大学生认为,他们处于收入分配中接近中间的位置,因此,他们估算大约一半或可能更多一些的家庭比他们收入低。事实上,在 2006 年,美国家庭的中值收入仅为 48 200 美元。

这个练习可能会使我们很失望。美国并非像麦迪逊大道①让我们相信的那么富有。现在让我们看看过去的平均收入水平,并看看馅饼是如何分割的。表 21-2 描述了 2006 年以及几个更早年份每 1/5 人口所获得的收入份额。在一个完全平等的社会,表中的所有数据都会是"20%",因为每 1/5 的人口应得到总收入的 1/5。事实上,如表所示,真实情况远不是完全平等的。例如,在 2006 年,最贫困的 1/5 家庭仅占有总收入的 3.4%,而最富有的 1/5 却占有 50.5%,差不多是贫困家庭的 15 倍。

表 21-2 若干年份的收入份额

收入分组	2006 年(%)	1990 年(%)	1980 年(%)	1970 年(%)
最低收入的 1/5 人口	3.4	3.9	4.3	4.1
第二个 1/5 人口	8.6	9.6	10.3	10.8

---

① Madison Avenue,美国纽约市的一条街道,因为集中了美国的主要广告公司而被作为美国广告业或美国广告风格的代称。——译者注

（续表）

收入分组	2006年(%)	1990年(%)	1980年(%)	1970年(%)
第三个1/5人口	14.5	15.9	16.9	17.4
第四个1/5人口	22.9	24.0	24.9	24.5
最高收入的1/5人口	50.5	46.6	43.7	43.3

资料来源：U. S. Bureau of the Census.

这些2006年的数据给我们勾勒了一个关于美国收入分配的草图。但是，为了解释它们，我们必须知道在早些年，或者在其他国家，收入分配状况是怎样的。表21-2中的历史数据表明

自1980年以来，美国的收入分配变得显著地更加不平等了。

具体来说，自从1947年政府开始收集数据以来，最穷的1/5人口所占的收入份额现在是最低的，而最高收入的1/5人口所占的收入份额现在是最高的。美国并不是一个阶级意识非常强的社会，而且，多年以来，只有专家才会对如同表21-2中的数据给予更多的关注。但是后来，当越来越多的美国家庭意识到他们正在让位于最高收入阶层时，收入不平等引起了越来越多公众的注意。一种特别且理由充分的关注在于，低于中间阶层的工资赚取者的实际所得，与最高阶层工资的差距越来越大。这种收入和工资差距加大的趋势至今几乎已经持续了三十年，很长一段时间了。

"穷人正变得越来越穷，而富人则变得越来越富，但长期而言，都平均掉了。"

图片来源：© *The New Yorker Collection*, 1988, Joseph Mirachi from cartoonbank.com，版权所有。

将美国与其他国家进行比较是很困难的，因为没有任何两个国家使用完全相同的收入分配定义。卢森堡收入研究（The Luxembourg Income Study）是领先的对许多国家产生可比数据的国际性尝试。在其最新的对20个高收入国家（大多数是欧洲国家）的收入分配比较中，瑞典和芬兰的收入分配最平等，挪威、荷兰和比利时紧随其后，美国的收入分配是最不平等的。这样，看起来是

与大多数其他工业化国家相比，美国有更大的收入不平等。

21.3 收入不平等的某些原因

现在,让我们列出引起收入不平等的原因的一个清单。下面是想到的一些原因。

能力差异 众所周知,人们有着不同的能力。一些人能跑得更快、雪滑得更好、计算速度更快、打字更准确,等等。因此,一些人在赚钱方面更精通,这并不值得惊奇。准确地说出哪些类型的才能与赚取收入相关,是在经济学家、社会学家与心理学家之间争论了几十年的问题。有助于在学校成功的才能,似乎有些影响,但绝不可能是压倒性的影响。与生俱来的智力——"IQ"也是如此(参见专栏"钟形曲线有多重要?")。显然,一些类型的善于创造的能力在市场上是可以获得丰厚回报的,如像我们在较早章节中讨论过的难以捉摸的特性——企业家才能。很明显,糟糕的健康状况通常也会影响赚取收入的能力。

工作强度差异 有些人会比其他人工作更长的时间,或在工作中更大强度地劳动。这些差别所导致的收入差异,在很大程度上是自愿的。

承担风险 大多数赚大钱的人需要承担一些风险——通过将其资金投资于股票市场、小型创业公司,或其他不确定的投机。那些赌博并获得成功的人变得富有。也许最投机的例子是比尔·盖茨,他被认为是世界上最富有的人,辍学于哈佛大学,开办了一个小公司,也就是我们现在熟知的微软公司。当然,进行尝试而又失败了的人通常都破产了。大多数人偏好不这样冒险,最终处于收入的中间状态。这是自愿引起收入差异的另一种方式。

补偿性工资差异 某些工作会比其他工作更艰辛、更危险或由于其他原因更让人不愉快。为了引导人们从事这些工作,通常必须提供某种类型的财务激励。例如,轮夜班的工人,通常会比那些在白天工作的工人收到更高的工资。

学校教育与其他类型的培训 第20章分析了作为"人力资本投资"的学校教育与其他类型的培训。正如在那里解释的那样,这个术语涉及这样的思想,即人们会牺牲当前的收入来改善其技能,以便使将来的收入更高。当这样做后,收入差异自然就产生了。尽管通常都同意,学校教育的差异是导致收入差异的重要原因,但是,这个特定的原因既有自愿的成分,也有非自愿的成分。有些男女青年选择不上大学,是自愿的抉择,从而影响了他们的收入。但是,有许多人从来就没有选择的机会:他们的父母完全没有能力承担送他们上学。对于他们来说,所引起的收入差异并非自愿。

工作经验 大多数人都知道,而且已被学术研究文献所证实,拥有更多工作经验的工人,能赚取更高的工资。

继承的财富 并不是所有的收入都来自于工作。有些代表的是对财富投资的回报,而这种财富的一部分可能是继承而来的。尽管引起不平等的这个原因仅适用于很少的人,但是,却有许多美国超级富翁是通过继承而来的。想想洛克菲勒家族,或更近些年的沃尔顿家族(因沃尔玛而闻名)。而且,金融财富并不是可以继承的资产的唯一形式——人力资本同样也能继承。部分地,这种继承是自然地通过基因发生的:具有高能力的父母倾向于生育出具有高能力的孩子,尽管这种联系是不完全的。但是,其发生同样有部分是经济原因:富裕的父母会送他们的孩子到最好的学校,从而将他们拥有的金融财富转化为他们孩子的人力财富。这种形式的继承,可能比金融形式的继承影响更多的人。

机遇 我们社会的所有观察者都会注意到,机遇对于收入不平等发挥了一定的作用。某些富人和某些穷人的产生,在很大程度上是由于好的或坏的运气所造成的。两个互联网企业家同等程度地努力工作,但是,仅有一个开发出很火的网站,并使他富有。一个农民在挖掘水源时,却开采出了石油。在世界贸易中心发生灾难期间,一位零售店店主由于没有顾客而被迫停业。这类例子可以一直列举下去。许多收入差异纯粹是起因于机遇。

专栏

钟形曲线有多重要?

十多年前,社会批判家查尔斯·莫瑞(Charles Murray)和心理学家理查德·赫恩斯坦(Richard Herrnstein),通过一本声称基因继承的智力对于经济上的成功具有压倒性的重要作用的书,引起了一阵热潮。书的名称为《钟形曲线》(*The Bell Curve*),意指常规的智商测试得分的分布形状(如图所示),它表明,大多数人的智力分布接近于中间,只有很少人的智力分布在两边。

政府反贫困努力的批判者对书的主旨产生了兴趣:即在很大程度上,贫困者之所以贫困,是因为他们并不非常聪明。赫恩斯坦和莫瑞所提出的最令人惊讶的主张是,许多观察到的黑人与白人之间的经济差异,应归因于黑人的智商得分平均而言要低于白人。

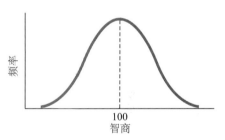

尽管《钟形曲线》迅速受到了媒体的关注,但是,社会科学家普遍给予这个分析很低的评价。没有任何人怀疑智力有助于经济上的成功,也不怀疑基因对智力会产生某些影响。但是,关于这些联系的强弱程度的科学证据,还存在很大的争议。例如,许多智商方面的专家争论道,在决定智力方面,环境因素可能比基因更加重要,而且"真实"智力可能不同于测定的智商。此外,如果有的话,也是很少的经济学家相信,认知能力会是经济上成功的主要因素。

根据大多数学者的看法,底线是,黑人—白人的智商差异并不能充分解释种族收入不平等。我们也不能肯定,大多数测试的智商差异是从生物而不是从文化的角度决定。

21.4 现实情况:歧视

我们刚才列出的导致收入差异的一些原因,被广泛认为是"恰当的"。例如,大多数人认为,更努力工作的人获得更高的收入,这是公平的。我们列举的其他一些原因,却引起了激烈的争论。例如,一些人认为,纯粹是由于机遇而引起的收入差异,完全是可以接受的,但另一些人觉得,同样的这些差异是不能容忍的。但是,几乎没有任何人愿意宽恕由于歧视而引起的收入不平等。

歧视的事实并不容易发觉。**经济歧视**(economic discrimination)发生在对产出有相同贡献的同等生产要素,却收到不同的回报之时。但是,这个定义很难应用于实际,因为我们通常不能指出两个生产要素在什么时候是"同等的"。

> **经济歧视**发生在对产出有相同贡献的同等生产要素,却收到不同的回报之时。

如果仅有中学学历的女士收到比拥有大学学历的男士更低的薪水,那么很少有人会称这是"歧视"。即使一位男士与一位女士拥有同等学力,但这位男士比这位女士多10年的工作经验,如果他们由于这个原因而收到不同的工资,这是歧视吗?

原则上,我们应该对具有相同生产力的男士与女士进行比较。如果女士收到比从事同样工作的男士更少的工资时,我们就会将这种差异归咎于歧视。但是,歧视通常会以比对于同等工作支付不同等的工资更隐秘的方式出现。例如,雇主可以简单地安排女士从事更低劣的工作,从而理所当然地支付她们更低的薪水。

衡量歧视的一个明显不正确的方式,是比较不同群体的典型收入。表21-3显示了白人男性、白人女性、黑人男性和黑人女性在2005年的这类数据。事实上,每一个人都同意,歧视的数量比这些差异所揭示的要小,但远大于零。精确的歧视数量是多少,是经济研究的持续主题。有几项研究表明,大约一半观察到的黑人男性与白人男性之间的工资差异,以及至少一半观察到的白人女性与白人男性之间的工资差异,是由劳动力市场的歧视引起的(尽管更多可能要归因于教育歧视等原因)。而另一些研究却得出了某种程度上不同的结论。

表21-3 2005年的收入中值

人口分组	收入中值(美元)	占白人男性收入的比例(%)
白人男性	32 179	100
黑人男性	22 609	70
白人女性	18 669	58
黑人女性	17 595	55

注:对15岁及以上的人。
资料来源:U. S. Bureau of the Census.

21.5 平等与效率之间的权衡取舍

我们注意到,与其他富裕国家相比,美国有更多的收入不平等,而且我们也观察到,大约30年来,美国的不平等一直在上升。社会应当试图扭转这种趋势吗?在此,仅仅是经济学不能提供答案,尽管它可以发起对该问题的讨论。需要用价值判断来补充经济分析。

有些人说,"这正是球之所以弹跳的原因。"①如果市场机制碰巧生产高的和不断上升的不平等,那么就让它去吧。对这些保守主义者而言,政府没有义务干预以降低收入不平等。他们争论道,如果政府干预了,经济效率就会受到阻碍。但是,其他人的诉求则与之迥异。在他们的视野里,一个"好的社会",是不应该包含高的和不断上升的不平等的,特别是当那些处于底层的人还是如此贫穷之时。这些自由主义者要求政府颁布降低收入不平等的政策——诸如对穷人的收入支持计划、反歧视法规,以及累进所得税和遗产税等。

经济分析不能告诉我们促进更大的平等有多么重要。这种充满价值的判断更多地属于政治理论和哲学,也许甚至是心理学的领域。这是一个理性的人们可能而且确实会产生分歧的一个问题。但是,经济学能运用衡量效率降低的方法,告诉我们不少关于促进更大平等的可选政策的不同成本。特别地:

课程结束后仍须牢记的要点

平等与效率之间的权衡取舍　再分配收入的政策会降低高收入者的报酬,而同时提高低收入者的报酬。因此,这类政策会降低赚取高收入的激励。这种激励效应引起在经济学中最基本的一种权衡取舍,也是我们在"课程结束之后仍须牢记的要点"之一。

为增加经济平等的程度而采取的措施通常会降低经济效率,也就是说,会降低社会总产出。因此,为了试图将馅饼分配得更均等,我们可能会不经意地降低了其规模。

这种令人苦恼的权衡取舍并不意味着,所有降低不平等的企图都是误导的。这正是经济分析的切入点——缓和和召唤我们的价值判断。基本经济学原理教会了我们两点,我们将在这一章中肯地展开论述:

(1)存在促进平等的更好或更差的手段。为了追求更加平等的收入(或对抗贫困),我们应该寻求对激励和效率造成尽可能最小伤害的政策。

(2)平等是以一定价格购买到的。这样,就像其他任何商品一样,社会必须理性地决定"购买"多少。我们可能会想要在平等上花费我们部分的潜在收入,但肯定不是所有的。

第一点是显而易见的:我们应该通过使用最有效率的再分配政策来实现意愿的再分配。通过选择这些政策,而不是效率更低的政策,我们能够以产出损失衡量的更低的"价格","购买"到我们想要的任何程度的平等。在这一章剩下的部分,我们将讨论可选的政策,并试图指出哪一个政策对激励的损害最小。

第二点在某种程度上更不明显一些:通常的社会最优选择,既不是完全的自由放任,也不是完全的平等。要明白为什么,让我们从两个步骤进行论证。在一个极端,很容易理解,为什么我们不应该寻求完全平等。问问你自己,如果我们试图通过对所有收入征收100%的所得税,然后在所有人口中平均分配这些税收收入,以实现完全平等,

---

① "事情就是这样的。"——译者注

将会发生什么。那将会没有任何人具有任何激励去工作、去投资、去承担风险,或去做任何别的事情以赚取货币,因为所有这些活动的报酬都会消失。国民总生产将会急剧下降。只有某个对平等具有狂热愿望的人,才会喜欢这样的结果。

该论证的另一个极端更加微妙。让我们假设(1)如果实现平等不需要任何牺牲,那么差不多每个人都会喜欢更大的平等,以及(2)自由放任会产生多于社会想要的不平等。也许存在某种小的再分配政策,它基本上不会对激励产生任何负面影响。例如,对亿万富翁征收0.1个百分点的所得税,并把所得给予贫穷的孩子。在民主条件下,像这样的政策也许差不多会获得全体一致通过。因此,社会应该总是执行某种再分配,即使它是微小的。

因此我们就建立起了我们的结论:社会最优的平等程度,也许多于自由市场自由运行可能产生的平等程度,但却少于完全平等。因此,政府也许应当采取某种程度的收入再分配,但不能太多。

如果不能理解这两点,那么所产生的混淆会是惊人的。更大平等的支持者通常感觉到,他们不得不否认他们提议的计划最终会伤害激励。有时,这些激烈否认是如此显然地不实际,以至于它们暗中破坏的正是平等主义者们所试图做到的情形。反对这类政策的保守主义者,同样也通过做出关于来自再分配的效率损失的古怪可笑的声明,削减了其案例的说服力。

课程结束后仍须牢记的要点

看来,没有任何一方愿意承认在平等与效率之间存在基本的权衡取舍。其结果是,争论产生了更多压力而非愉快。因为这些争论看来会在你有生之年继续下去,所以,我们希望对这一权衡取舍的理解能在课程结束之后一直很好地伴随着你。

权衡取舍的思想可以直接应用于关于扩展还是取消布什减税的争论。减税确实恶化了收入不平等,但是,它们也改善了激励,因而会贡献更大的经济效率。你可以赞成或不赞成该项政策,这取决于你的价值判断。

这个案例说明了这样的观点,即仅仅理解这一权衡取舍,将不会告诉你该怎样做。我们知道,最优的平等程度处于两个极端之间,但是,我们不知道它确切应该是多少。我们也不能预期人们会就最优的不平等程度达成一致,因为答案取决于价值判断:刚好多少的更平等对你而言是值得的?

阿瑟·奥肯,曾经是经济顾问委员会的主席,形象地描述了这个问题。想象货币是流动的,而且你有一个桶可以用来将富人的钱转移给穷人。不幸的是,桶是漏的。当你转移货币时,某些会损失掉。(存在来自于再分配的效率损失。)如果你每转移1美元仅损失1美分,那么你会使用这个桶吗?差不多每个人都会回答是。但是,如果损失的是90美分,即每从富人那里取走1美元,其结果却只有10美分到穷人手上,你又会怎样回答呢?只有最极端的平等主义者才会仍然回答是。现在试着考虑更难的问题。如果你每转移1美元将损失20至40美分,你又将会怎样回答?如果你可以回答这样一些问题,你就可以决定你想要多少平等,因为你已经以数量方法表达了你的价值判断。

"今天，有一个极好的例子说明这个国家什么错了。"   "今天，有一个极好的例子说明这个国家什么错了。"

图片来源：© The New Yorker Collection，1978，James Mulligan from cartoonbank.com，版权所有。

21.6 对抗贫困的政策

让我们假定理所当然国家想要减少贫困，或至少在某种程度上减少贫困。那么，哪些政策可以促进达成这个目标呢？这些政策中又是哪一个对激励损害最小，从而是最有效率的呢？

21.6.1 教育作为摆脱贫困的出路

教育通常被宣传为摆脱贫困的主要方式之一。毫无疑问，很多人已经成功运用了这条途径，并仍在这么做。而且有证据清楚地指向这样的结论，即更多的教育会推升所得增加。

然而，给予贫困的孩子高质量的教育，却并不是一件简单的事。他们中有许多人，特别是在内陆城市的那些，学习设备不健全，而且所上的学校教学设施也不健全。尽管近几年有令人满意的改进，但辍学率仍高得令人沮丧。有惊人数量的年轻人，甚至没有掌握基本的读写能力，就离开了公立学校体系。所有这些问题是常见的；没有一个问题容易解决。

确实，我们的教育体系必须服务于多重目标，而且减少贫困也许不是主要目标。如果减少贫困是主要目标，那么我们肯定会比现在为入学前与内陆城市的孩子花费更多的钱，而在大学教育上花费更少的钱。此外，教育并不是让成年人摆脱贫困的有效方式。它的作用会延迟一代人或更多代人。

21.6.2 福利争论与权衡取舍

与此相对，为了减少贫困，一系列被总称为"福利"的计划被特别设计出来了，意在既帮助成年人也帮助儿童，并希望能快速见效。这些计划中最著名并受到最严重批判的，是对有子女家庭的援助计划（Aid to Families with Dependent Children，AFDC）。AFDC 直接给予那些有子女但没有赚取收入的人的家庭以现金援助，通常是因为父亲不在或不知是谁，而母亲又不能或没有工作。

当比尔·克林顿在 1992 年竞选总统时，他承诺"结束我们所知的那个福利计划"，因为许多美国人也与他一样对该体系不满意。为什么呢？因为 AFDC 是一个无效率再分配计划的经典例子，一个主要原因是，它对这些福利母亲赚取收入没有提供任何激励。一旦月薪超过了几百美元，AFDC 支付就会因家庭作为工资赚取的收入多 1 美元，而相应减少 1 美元。这样，如果家庭中有一位成员获得了工作，这个家庭就要面临 100% 的边际税率！那么，毫不奇怪，许多福利接受者也就不会非常努力地去寻找工作。此外，批评者争论道，这个"福利大餐"太官僚化、太昂贵，而且甚至可能正在伤害着它所设计要帮助的人们——例如，通过鼓励非婚生育和养成一种依附于国家的文化。

1996 年，国会实现了克林顿总统的竞选誓言，用一个新的福利计划——对需要帮助家庭的临时性援助（Temporary Assistance to Needy Families，TANF），取代了 AFDC。注意"临时性"这个词。TANF 限制每次福利时间不超过 2 年，而且在某个人的一生中获取福利时间的总和不能超过 5 年。在福利接受者达到这些时间限制之前，他们被假定已经找到了工作。新法律也给予各州更大的自由去设计它们自己的福利体系，从而极大地降低了联邦政府对福利的影响。而且确实，TANF 的慷慨程度在 50 个州之间存在着巨大的差异。

当新的福利法颁布时，曾经引起了很大的争议。批评者争论道，当需要帮助的家庭福利用完时，它会将许多需要帮助的家庭置于极度贫困的境地。支持者则认为，它给予他们的"是帮助，而不是施舍"——而且此外还会节约纳税人的钱。这一争论提供了关于平等与效率之间权衡取舍的另一个例子，而且也说明了我们对它的理解有多么贫乏。TANF 的批评者争论道，新法律有着吝啬的精神，因为它减少了贫困母亲可能获得的收入支持的数量。支持者则认为，TANF 比 AFDC 提供了更好的工作激励。

从 1996 年到 2000 年，经济繁荣了，工作岗位充足了，而福利名册急剧地收缩了。因此，新体系一直没有投入检验，直到经济放缓的 2000 年和 2001 年，工作变得稀缺了。当时，在 2001—2003 年很弱的工作市场中，福利名册并没有升高，TANF 出色地通过了其第一次检验。支持者声称，这次成功证明了新体系运行良好。然而，对福利人口的研究发现，那些退出 TANF 计划的人口中，存在非常高的贫困比例。这些研究还发现，差不多一半有资格获得 TANF 福利的人们，没有获得这些福利。此外，因为许多贫困妇女周期性地进出福利计划，所以，她们很少达到 5 年的生命周期限制。由于所有这些原因，关于福利改革的争论还在持续。

食品券 第二种著名的福利计划就是食品券，它在 20 世纪 70 年代迅速发展，而又在 80 年代和 90 年代中止过几次。在这个计划下，贫困家庭获得"券"——如今实际上是通过电子福利卡发放——他们可以用其购买食物。每个家庭获得的食品券的福利规模取决于其收入：家庭越贫困，福利越大。

各种转移支付 除了 TANF 和食品券以外，政府还给许多贫困者提供一些重要的物品和服务，它们要么是免费的，要么只收取远低于市场水平的价格。医疗援助计划下的医疗保健和有补贴的公共住房就是两个值得注意的例子。① 这些计划显著地增进了穷人的生活标准。然而,它们中的大多数所提供的福利,会随着家庭收入的上升而下降。总体来说,所有的反贫困计划一起把某些贫困家庭置于这样的境地,即如果他们的所得上升,那么,他们就会被极端沉重地征税。当这种情况发生时,工作激励就会变得非常之弱。

21.6.3 负所得税

我们如何能做得更好?我们可以设计一个简单的结构,使收入转到穷人手中,而又不破坏他们的工作积极性吗?经济学家最经常建议的解决方式称为**负所得税**(negative income tax, NIT)。

表21-4阐述了负所得税是如何运作的。一个具体的负所得税计划,是通过选择两个数字来定义的:一个最低收入水平,即任何家庭收入都不能低于这个数字("保证点"),以及一个比率,即随着收入的上升,多少福利被"税收征收掉"。该表考虑了这样一个计划,其保证收入为12 000美元,以及一个50%的税率。这样,一个没有任何收入的家庭(最上一行)会收到政府12 000美元的支付("负税")。赚取了4 000美元收入的家庭(第二行),其所得的基本福利会下降50%,或2 000美元。这样,它将收到政府支付的10 000美元,加上所赚取的4 000美元收入,其总收入为14 000美元。

表 21-4 对一个负所得税计划的说明

所得(美元)	政府总支付(美元)	收入(美元)
0	12 000	12 000
4 000	10 000	14 000
8 000	8 000	16 000
12 000	6 000	18 000
16 000	4 000	20 000
20 000	2 000	22 000
24 000	0	24 000

注意,在表21-4中,由于税率是50%,所以,随着所得上升,总收入增加的量总是所得增加量的一半。这样,福利领取者总会有某些激励去工作。同样要注意,存在一个使福利终止的收入水平——在这个例子中是24 000美元。这个"保本"点并不是政策制定者可以任意选择的第三个数字。相反,它是由保证点与税率的选择决定的。在我们的例子中,12 000美元是最大可能的福利,而且,福利会随着每增加1美元所得而减少50美分。因此,当收入的50%等于12 000美元时,福利就会减少到0——这发生在所得为24 000美元的时候。其一般关系是:

---

① 医疗援助(Medicaid)计划是为低收入群体支付的健康保健;而医疗保健(Medicare)是所有年长者都可获得的,不论其收入高低。

$$\text{保证点} = \text{税率} \times \text{保本点}$$

保本点完全由保证点与税率决定的事实,引起了一个令人烦恼的问题。为了在贫困问题的解决上有实际的进展,保证点必须设定在非常接近于贫困线的地方。但是,那么任何适度的税率都会将保本点推至远远高于贫困线。其结果是,并不被当作"贫困"的家庭(尽管它们当然不是富裕的)同样会获得福利。例如,1/3 的低税率,意味着某些福利支付给了其收入是保证点三倍的家庭。

解决方案看来显而易见:提高税率以便使保证点与保本点更接近。但是,那样的话对工作的激励会减少,而对工作的激励正是负所得税最重要的基本理论依据。因此,负所得税对于治愈福利体系的疾病并不是灵丹妙药。同样也必须做出困难的抉择。

负所得税与工作激励 负所得税应该增加对福利接受者工作的激励。然而,我们刚才已经看到,许多足够富裕从而不应该收取福利的家庭,反而有资格变成负所得税支付的接受者。对于这些人,因为负所得税使他们承受相对高的负所得税税率,从而对他们的工作强加了负面的激励。回溯到 20 世纪 60 年代,政府资助的实验发现,负所得税福利的接受者与非接受者相比,事实上工作得更少,但是却仅少一个微小的量。

在很大程度上,正是因为负所得税的工作激励优势,经济学家相信,比起现存的多方面的福利体系,负所得税是收入再分配的更为有效率的方式。如果这个观点是正确的,那么,用负所得税替换现存的福利体系,将会导致既有更多的平等,又有更多的效率。但是,这并不意味着平等化变成无成本的了。权衡取舍会依然存在:为了增加平等,我们仍然会减少国民产出。

负所得税与现实 负所得税通常被错误地认为只是"学术性"的思想,它在现实生活中并不存在。但事实上,美国有两个重要的计划与负所得税非常相似。一个是已经提及的食品券计划。随着收入的上升,食品券的福利下降,而且在许多贫困的社区中,食品券的使用就像现金一样。因此,食品券福利与表 21-4 描述的负所得税计划非常相似。

第二个计划是所得税法的一个重要特征,被称为**已得收入所得税抵减**(Earned Income Tax Credit,EITC)。其运作如下:当工资从 0 增长到一定临界值时(在 2006 年,对有两个孩子的工人,这个临界值是 1 340 美元),联邦政府会通过给予工作着的穷人按照与他们的所得成比例的援助,来补贴他们的所得。但是,一旦所得超过了第二个临界值(在 2006 年是 14 810 美元),政府就开始撤回援助,就像负所得税所做的那样。EITC 可以追溯到 1975 年,但是在 1993 年才实质性地更加慷慨。现在,它是美国最大的收入支持计划,覆盖超过 2 200 万个家庭。

21.7　对抗不平等的其他政策

如果我们采取更广泛的观点,即社会的目标不仅仅是消除贫困,而且还要减少收入不平等,那么,许多非贫困家庭在负所得税计划下可能获得福利的事实,也许就不是什么严重的缺陷。毕竟,除非这个计划慷慨到不可思议,否则,这些家庭的收入仍远在平均水平以下。即便如此,负所得税在很大程度上仍被认为是反贫困的计划,而不是促进一般收入均等化的工具。

21.7.1 个人所得税

与此相对应,联邦个人所得税被认为是促进更大平等的方法。事实上,人们对其在这个方面的信任可能比它实际值得的信任更多。因为所得税是累进的,所以从富人那里拿走的收入份额要大于从穷人那里拿走的收入份额。① 这样,与税前收入分配相比,税后收入分配会更平等一些。但是,通过个人所得税所实现的再分配量是非常微小的——而这甚至又被2001—2004年的减税所降低。

21.7.2 遗产税与其他税收

州和联邦政府同时对遗产和财产征税,这同样会使收入均等化。在这种情况下,看来很清楚,他们的目的在于限制富人的收入,或至少限制他们将这种丰厚的礼物从一代人转移到下一代人的能力。但是,其涉及的钱的数量太少,以至于不能引起总收入分配的太大变化。各级政府从遗产税和赠与税获得的总收入,还不及总税收收入的1%。

毫无疑问,在2001年,当国会投票取消联邦遗产税时,它成为当时热门的政治话题,但却是以非常不寻常的方式。在现行法律下,遗产税会在2010年取消。但之后又会奇迹般地在2011年重现!当然,事实上没有任何人预期那会发生。因此,可以确信,遗产税法在接下来的一些年里将会再次发生变化。

大多数专家都同意,在美国体系中的许多其他税收——包括销售税、工资税和财产税——作为一个整体,显然是累退的。中肯地看,证据似乎表明:

> 总的来说,美国税收制度仅有轻微的累进性。

21.8 对抗歧视的政策

我们刚才考虑的政策,都是以税收和转移支付为基础的——即将美元从一双手转移到另一双手中。而用于对抗歧视的方法则是非常不同的:政府已经规定歧视为不合法。

在反对歧视的战斗中,最主要的里程碑也许是1964年的《民事权利法案》(Civil Rights Act of 1964),它规定了许多形式的歧视行为不合法,并建立了公平就业机会委员会(Equal Employment Opportunity Commission, EEOC)。当你在一个招聘广告中看到该公司是"一个公平机会的雇主"时,那么,该厂商是在声明其遵从此法案及相关法律。

最初,政策制定者通过宣布在工资率和雇佣标准方面的歧视不合法,来寻求攻克歧视问题——并通过投入资源来强制执行这些条款。从1964年到70年代早期,这在减

---

① 关于累进税、比例税和累退税的定义,参见第18章。

少种族歧视与性别歧视方面无疑取得了一些进步。但是,许多人感觉到进步的速度太慢。其中一个原因是,劳动力市场的歧视表现得比起初想象的更加隐蔽。官方人员仅能找到很少的证据,明确证明对同等的工作支付了不同等的报酬,这是因为,决定在什么情况下工作是"同等的"被证明是一件艰难的工作。

> **积极行动**涉及的是积极努力寻求并雇用代表名额不足的团体的成员。

为了战胜这个问题,一个新的且引起争议的方法被加入到了反歧视的武器库。对于只有值得怀疑的很小比例的少数族裔和女性的厂商或其他组织,不仅需要终止歧视活动,而且还需要证明他们将采取**积极行动**(affirmative action)来弥补不平衡现象。也就是说,他们必须引证这样的事实,即他们正在努力为少数族裔成员和女性安排工作,如果他们合格,那么就雇用他们。

这种对抗歧视的方法,直到今天还一直保留着很大争议。批评者,包括国会中的许多共和党成员,声称积极行动就等于是数量配额和对不合格工人的强制性雇佣,仅因为他们是黑人或女性。如果这个断言是正确的,那么,它就会要求经济效率有一个损失。积极行动的支持者,包括许多民主党人,争论道,为了矫正过去的错误,以及阻止歧视性雇主声称他们不能找到合格的少数民族和女性雇员,积极行动是必要的。(参见专栏"积极行动应当被废止吗?"。)

解决问题的困难之处在于,不可能根据纯粹客观的标准,判定谁是"合格"的,谁又不是"合格"的。一个人看到的好像是政府强制雇用某个不合格的申请者来填充配额,而另一个人看到的则好像是歧视性雇主被强迫改变他或她的行事方式。这本书中或任何其他地方,都没有告诉你,在任何特定情况下哪一个观点是正确的。

围绕积极行动的争议,再一次说明了平等与效率之间的权衡取舍。把更多的女性与少数族裔成员投入到高收入的工作,当然会使收入分配更加平等。积极行动的支持者所寻求的就是这个结果。但是,如果积极行动扰乱了行业,并要求厂商用其他"不那么合格"的工人代替"合格"的白人男性,那么,国家生产力会受到损害。积极行动的反对者被这些潜在的效率损失所困扰。这些计划应推行到什么程度?这是一个很好的问题,但却是一个没有很好的答案的问题。

政策争论

积极行动应当被废止吗?

积极行动从一开始就是有争议的。在1990年到2000年左右,当保守政治家反击认为积极行动是"对白人男性的仇恨"的主要冤屈之一时,积极行动变成了一个特别热门的政治话题。

许多批评者相信,积极行动已经存在太久而失去了其有效性。他们认为,是时候应依赖于"种族盲"标准,即根据他或她的个人特点来评价一个人。他们坚信,任何其他选择体系都是不公平的,特别是当积极行动计划推进了按照种族或性别进行的刚性配额——正如它们通常所实施的那样的时候。

尽管联邦法律没有任何改变,但是,1995年最高法院的阿德兰德诉佩纳案(Adarand

v. Pena）裁决，给联邦积极行动计划设定了新的更严格的标准。这项裁决，敦促克林顿总统对诸如雇佣和报酬合同中偏袒少数族裔的联邦计划进行综合评估。尽管一些计划已被终止或消除，但是，评估的一般结论是，美国与"肤色盲"的社会仍相距甚远，以至于积极行动仍是必要的，而且，在共和党人努力废除它时，总统持续地为积极行动辩护。

然而，一些州政府比联邦政府走得更远。例如，加利福尼亚和得克萨斯，在它们的州立大学中，已经废止了几项积极行动计划。（在加利福尼亚，这个行为遵循的是在全州范围内对这个争议问题的公民投票。）当他们这么做后，少数族裔的入学人数急剧地垂直下降，以至于一些积极行动的反对者的不同看法得到广泛宣传。

这个问题仍悬而未决。事实上，很少有人喜欢积极行动——它违背了许多人的公平意识，甚至许多支持者也把它当作必要之恶。最高法院的新的任命，使得法院在这些年来对积极行动的赞成越来越少。

21.9 回顾

至此，我们已经完成了关于收入分配的三章内容。因此，可能是时候停下来，看看这个分析如何与我们的中心主题相联系：市场在哪些方面运作得好？而又在哪些方面运作得不好？

我们已经认识到，市场经济根据边际生产率原理来分配每一个人的收入。在这样做时，市场赋予稀缺要素以高价格，而赋予丰富的要素以低价格，从而指导厂商有效率地使用社会资源。这是市场最强大的能力之一。

然而，在给一些要素赋予高价格，而给另一些要素赋予低价格的同时，市场机制可能造成非常不平等的收入分配。一些人意外地变得富有得惊人，而另一些人却意外地穷得可怜。由于这个原因，几个世纪以来，市场因为在协调人们通常拥有的公正与平等的观念相联系的收入分配方面运作得很差，而受到广泛的批判。

中肯地说，大多数观察者觉得，称赞和批判都是有道理的：市场机制在促进效率方面格外出色，但在促进平等方面就不那么好了。正如我们在开始时就讲到的，市场既有优点也有缺陷。

小结 》》》

1. 美国在 1964 年宣布要"对贫困宣战"，并在十年内，使低于官方**贫困线**的家庭比例有了实质性的下降。今天，贫困率高于 20 世纪 70 年代的水平。

2. 在今天的美国，最富有的 20% 家庭获得了超过 50% 的收入，而最贫困的 20% 家庭仅获得了少于 3.5% 的收入。这些数据反映出大约自 1980 年以来，不平等有了显著的增加。美国的收入分配同样表现出比大多数其他工业化国家更多的不平等。

3. 个人收入会由于许多原因产生差异。天生的能力、对努力工作与承担风险的愿望、就学与经验、还有继承的财富等,所有这些方面的差异,都可以用来解释收入差异。**经济歧视**也发挥着作用。然而,所有这些因素,都只能解释我们所观察到的部分不平等。剩下的部分则可能完全归因于运气的好坏,而这种平衡是无法解释的。

4. 在减少贫困和增进经济效率这两个目标之间,存在着权衡取舍。也就是说,有助于公平的政策,通常会面临对效率的损害,反之亦然。

5. 因为这种权衡取舍,所以在原则上,任何社会都存在一个最优的不平等程度。社会发现这种最优的方法,就像消费者决定不同的商品各购买多少一样;这种权衡取舍告诉我们,"购买"更多平等时的成本是多少,然后,偏好决定我们应当"购买"多少。然而,因为人们对于平等的重要性有着不同的价值判断,所以,他们终究难以达成对理想的平等程度的共识。

6. 不论选择何种平等目标,社会都可以通过使用更有效率的再分配政策而获益,因为这类政策可以让我们以按照产出损失衡量的较低的价格,"购买"给定数量的平等。例如,经济学家们宣称,**负所得税**就是一种有效率的再分配工具。

7. 但是,负所得税并不是解决与不平等相关所有问题的灵丹妙药。它的基本优点在于它对工作激励的保护。但是,如果这个目标伴随着要保持低税率,那么,要么是最低保障收入将会被迫调低,要么是很多非贫困家庭将会变得有资格获得福利。

8. 收入平等的目标也可以通过税收体系来实现,特别是通过累进联邦所得税和遗产税来实现。但是,由于其他税收通常都是累退的,因此,税收体系作为一个整体,仅具有轻微的累进性。

9. 曾经是通过使歧视非法来打击它的,而不是通过税收和转移支付体系。但是,简单地宣布歧视非法,比实际结束歧视要容易得多。**平等和效率之间的权衡取舍**被再一次应用;严格推行**积极行动**将必然会减少歧视,并增加收入平等,但是,在这样做时,可能会招致按照经济效率损失衡量的成本。

关键词

贫困线
公平与效率之间的权衡取舍
负所得税(NIT)

贫困的绝对和相对概念
对需要帮助家庭的临时性援助(TANF)
已得收入所得税抵减(EITC)

经济歧视
食品券
积极行动

自测题

1. 试定义贫困率。在萧条期间它是上升还是下降?

2. 因为1964年官方贫困线设定为3 000美元,而价格上升了大约7倍。如果对贫困线仅进行通胀调整,那么,它现在将会是多少?这与实际贫困线相比如何?

讨论题

1. 与你的同学讨论"渗漏的桶"的类比。在将钱由富人转移至穷人时,你个人允许从桶中漏出的最大量是多少?试解释为何每个人对这个问题的答案各不相同。

2. 假定你将为美国设计一个负所得税体系,选一个对你而言合理的一个保证收入水平和一个税率。这种选择所包含的保本收入水平是多少?按表21-4的样式构造出你刚刚设计的计划。

3. 假设"对贫困宣战"掀起了新的一页,而你被指派为定义贫困的总统委员会的一员。那么,你是选用绝对贫困概念还是相对贫困概念呢?为什么?你对贫困的具体定义又是什么?

4. 试讨论"最优不平等程度"的概念。在确定何种程度的不平等才是真正的最优时,会有哪些实际问题?

5. 一些保守的政治家和经济学家提议,用对所有高于某一确定的减免量的收入适用相同的低税率的"同一税",取代累进税。反对做出这一变化的一个论点是,自20世纪70年代以来,收入分配变得越来越不平等了。这一证据可以支持这一观点吗?它是反对同一税的决定性论据吗?其中包含了公平与效率之间怎样的权衡取舍?

附录 歧视的经济理论

尽管歧视通常被认为是一种非经济话题,但是,经济分析实际上能告诉我们相当一些关于歧视的经济影响。这个附录运用我们前面章节所提供的分析方法,对两个特定的问题给出启示:

(1) 偏见,我们定义当某一群体不喜欢与另一群体结交时就会产生,必然导致在本章正文中所定义的经济歧视(对同等的工作支付不同等的报酬)吗?

(2) 随着时间的推移,"自然的"经济力量倾向于削减还是加剧歧视?

正如我们现在将要看到的那样,究竟谁是有偏见或带有歧视性的,对于回答这两个问题极为关键。

来自雇主的歧视

大多数人的注意力似乎都集中于来自雇主的歧视,因此让我们就从这里开始。例如,如果某些厂商拒绝雇用黑人,会发生什么情况? 图21-2有助于我们找到答案。图21-2(a)部分属于存在歧视的厂商的情况,图21-2(b)部分属于没有歧视的厂商的情况。图中表明了每个市场上劳动力的供给曲线和需求曲线,都以第20章的分析为基础。我们假设两条需求曲线完全相同。

然而,与市场(a)中的供给曲线相比,市场(b)中的供给曲线向右偏移得更远,因为在(b)市场中,白人和黑人都可以工作,而在(a)市场中,只有白人可以工作。其结果是,在(b)市场中的工资会比在(a)市场更低。因为所有的黑人被驱逐到了(b)市场,所以我们得出结论:雇主在经济的意义上歧视了他们。

但是,现在我们从雇主的角度来考虑该情形。(a)市场的厂商支付给劳动者更多(W_a大于W_b),因此,在(b)市场中非歧视的厂商就具有一个成本优势。正如我们在较早的章节所知道的,竞争的力量将会把越来越多的市场份额转移给低成本(非歧视)的生产者,最终会将歧视者从经营中驱逐出去。当然,只有在市场有效竞争时,这一切才会发生。如果市场(a)的歧视性厂商是受到保护的垄断者,那么,它就会有能力继续经营。但是,它将会比不歧视赚取更低的垄断利润,从而为其歧视特权付出代价(因为它会比所需要的支付更高的工资)。

来自工人伙伴的歧视

因此,如果只有雇主是歧视的来源,那么,竞争的力量会倾向于随时间逐渐减少歧视。然而,如果正是雇员是有偏见的,那么,就不能得出这么乐观的结论了。例如,考虑如果男士拒绝女士成为他们的上司,那将会发生什么情况。如果男性工人不给予她们完全的配合,那么女性上司就会比男性上司的效率要低,从而赚取更低的工资。这里,偏见确实导致了歧视。更有甚者,在这种情况下,将女士

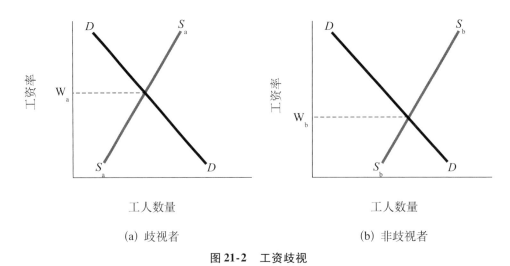

图 21-2　工资歧视

置于上司地位的厂商,与没有这样做的厂商相比,就会处于竞争劣势。因而,市场力量不会消除歧视。

统计歧视

歧视的最后一种类型,被称为**统计歧视**(statistical discrimination),可能是所有歧视中最顽固的。甚至在没有偏见时,这种歧视也会存在。

> 当仅仅是因为某个特定的工人从属于某个特定的群体(比如女性),就估计其生产力是低的时,我们就说发生了**统计歧视**。

让我们来看一个重要的例子。当然,只有女士可以生育是一个生理事实。大多数工作女性在有小孩时,都会离开工作岗位一段时间来照顾新生儿,这也是一个事实。雇主同时明白这两个事实。然而,他们所不知道的是,究竟哪些生育年龄的女性会由于这个原因离开劳动力队伍。

假定有三名候选人申请某项需要长期坚持的工作。苏珊计划在几年以后辞职来组建家庭。珍妮并没有打算生小孩。杰克是一名男士。如果雇主知道所有这些实情,那么他可能不会选择苏珊,但会对珍妮和杰克都很满意。但是,雇主无法区分苏珊和珍妮之间的不同。因而他推测,她们中的任何一个人,作为一名年轻的女性,都比杰克更有可能辞去工作去建立家庭。因此,他雇用了杰克,尽管珍妮也与杰克一样好。这样,珍妮就成了统计歧视的牺牲者。

以免把这个例子看作是对女性歧视的经济合理性的实际辩护,应当注意到,大多数女性在生完孩子后六个月内就回到了工作岗位。而且,女士一般比男士由于非怀孕的健康原因而缺勤的时间更少,而且变换工作也更少。专栏"女性是更好的工人吗?"认为,雇主通常没有考虑到这些与性别有关的其他差异,从而错误地更偏好于男性。

市场和政府的作用

针对我们在这部分开始时提出的两个问题,我们得出这样的结论,不同类型的歧视会导致不同的答案。偏见常常但并不总是导致经济歧视,而且即使没有偏见,歧视也可能发生。最后,竞争的力量趋向于消除某些由歧视而产生的不平等,但并不是全部。

然而,当发生歧视时,歧视的牺牲者并不是仅有的损失者。无论何时,只要歧视性实践损害了经济效率,社会同样也会受到损失。这样,合理的反歧视政策应当能够同时增进公平和效率。正因为这个理由,大多数观察者相信,我们不应仅仅依赖于市场力量来对抗歧视,政府也有很明显的作用。

专栏

女性是更好的工人吗?

在这里所摘录的片断中,经济学家奥德雷·弗里德曼(Audrey Freedman)认为,与男性相比,女性雇员可以是一项更好的交易,尽管只有女性会申请怀孕假期,而且主要是女性会为了照顾孩子等原因而贻误工作日。

不可否认的是……女性,而不是男性,会因怀孕而请假。同样不可否认的是,女性是家庭中主要的教养者。她们最有可能会承担照顾和扶持孩子以及年长的父母的责任。如果我们就此打住……那么,在经营中,女性比男性更耗费成本。

但是,这个分析的内在偏差在于,没有考虑到一些远远更耗费公司生产率的行为是男性而不是女性的特征。

例如,男性更有可能大量饮酒。这种与性别相关的习惯,导致企业蒙受过多的医疗成本、严重的绩效损失以及生产率流失。然而,以男性为主导的公司管理层,通常会选择忽视这些"好老弟"的习惯。

华尔街快节奏生活的人滥用毒品,似乎可以理解成是对为别人的钱财承担风险的压力的正常反应。因判断失误导致的损失是可以容忍的。但他们没有将其计算为与男性相关的经营成本……

此外,在我们的文化中,与女性相比,男性中存在更多的无视法律和暴力倾向。犯罪与监狱人口统计数据是显而易见的,然而,我们似乎未能认识到这些主要是男性的行为特征。

一家主要航空公司的首席执行官曾对我抱怨过,他的公司的最大问题是驾驶舱的大男子气概问题——驾驶员与副驾驶员为争夺控制权而争斗。有一个明显的解决方案:从人口中更少易受男子气概一时冲动影响的那一半,雇用驾驶员。

图片来源:© 1986 Etta Hulme,经 Etta Hulme 以及 Fort Worth Telegram 许可重印。

资料来源:Audrey Freedman,"Those Costly 'Good Old Boys,'" *The New York Times*, July 12, 1989, p. A23. 1989年版权归纽约时报公司所有,经许可重印。

小结

1. 雇主的偏见,会引起报酬率和工作场所部分隔离的歧视。然而,竞争的力量会消除这种类型的歧视。

2. 工人伙伴的偏见会引起工资歧视,也许甚至还会引起工作场所的隔离。但是,竞争不能消除这种类型的歧视。

3. 甚至当不存在任何偏见时,也会引起歧视,这被称为**统计歧视**。

关键词

统计歧视

第六部分

宏观经济：总供给与总需求

宏观经济学是经济学中最受人们关注的部分。当经济新闻出现在你每日的报纸头版上或是在晚间电视新闻播报上时，你看到的或听到的极可能就是有关国家或世界经济的一些宏观发展问题。美联储刚削减了利率；通胀仍保持在低水平上；工作岗位缺乏——或充足；联邦政府预算处于赤字；欧元升值了。这些变化都是宏观经济新闻。那么它们的含义是什么呢？

第六部分将向大家介绍宏观经济学。首先是让大家熟悉一些重要的宏观经济学概念，一些你们每天都听得到的东西，如国内生产总值（GDP）、通货膨胀、失业以及经济增长（第22章和第23章）；然后向大家介绍我们用来解释和理解宏观经济事件的基本模型（第24章到第27章）。在你们学完第27章后——仅仅只需6章内容，对你们来说，那些报纸上的文章就应该更容易理解了。

第22章　宏观经济学导论

第23章　宏观经济政策的目标

第24章　经济增长：理论与政策

第25章　总需求和有影响力的消费

第26章　需求方的平衡：失业还是通货膨胀

第27章　引入供给方：失业还是通货膨胀

第22章 宏观经济学导论

> 在望远镜无用武之地的地方,显微镜可以大显身手。那么两者看到的景观哪个更美呢?
> ——维克托·雨果(Victor Hugo)

根据长期的传统,经济学被分为两个领域:微观经济学(microeconomics)和宏观经济学(macroeconomics)。这两个生硬的字眼源自希腊语,其中的"micro"是指小的事物,而"macro"是指大的事物。第3章和第4章已经把大家引入微观经济学。本章为大家呈现宏观经济学。

经济学学科的两个分支有什么区别呢?区别不在于它们使用的工具不同。供给和需求为构建宏观经济学模型提供了基本的组织框架,这与它们为微观经济学模型所做的没有两样。两者的区别是基于它们所讨论的问题不同。下页所呈现的,就是一个宏观经济学问题的例子。

难题:为何2006—2007年经济增长放缓?

从2003年年初到2006年年初,美国经济以每年3.5%的复合增长率增长。然而,从2006年第二季度开始,随后7个季度,年均增长率仅为2.2%。这到底是怎么回事呢?

当然,该问题不会有简单的答案。但从这一章开始以及整个第六和第七部分,我们将要学习大量的导致经济增长从一年到下一年波动的因素。正如我们将看到的,一些政府政策也在这些因素之中。

22.1　界定宏观经济学和微观经济学

微观经济学关注的重点是个体决策单位的行为方式。例如第4章中讲到的提供奶制品的农场主就是个体决策者,那些买牛奶的消费者也是。那么,他们是如何决定哪些行为才最符合自己的利益的呢?这些数以百万计的决策是如何通过市场机制协调的?其结果怎样?类似的问题就是微观经济学的核心所在。

即使柏拉图和亚里士多德可能对他们的语言被滥用耿耿于怀,但是微观经济学还是包括了一些异常庞大的单位所做的决策。例如,通用电气和通用汽车的年销售额超出许多国家的总生产值。但是研究通用电气定价政策的人是微观经济学家,而研究摩纳哥通货膨胀的人却是宏观经济学家。因此,经济学中的微观与宏观的区别肯定不完全以大小为基础。

那么,什么是这个长期被坚持的区别的基础呢?答案是,微观经济学重视的是个体单位的决策,而不论个体单位有多大;宏观经济学强调的是整个经济的行为,而不论它有多小。微观经济学家会考察一个公司的定价和产出决策,宏观经济家研究的是总体价格水平、失业率和其他我们称之为经济总量的东西。

22.1.1　加总和宏观经济学

"经济总量"仅仅是一个抽象概念,是人们用来形容经济生活的某种显著特征的。例如,虽然我们每天观察汽油、打电话和电影票的价格,但我们却从来没有真切地看到过"价格水平"。许多人——不仅仅是经济学家——发现提及"生活成本"是有意义的。事实上,政府对它的度量每月都通过新闻媒体广泛公开。

> **加总**是把许多单个市场合成一个总的市场。

在这些抽象的概念中最为重要的一个是国内产值(domestic product),它是指一国经济的总生产值。把实际物品如软件、棒球和戏票综合起来成为一个被称为国内生产总值的抽象概念的过程就是**加总**(aggregation),它是宏观经济学的基础之一。我们用一个简单的例子来说明。

假设有一个虚构的国家叫阿格拉瑞(Agraria),它只生产食品并卖给消费者,宏观经济学家并不分别处理许多市场如比萨饼市场、糖果市场、汉堡包市场等,相反他们把这些市场组合成一个抽象的"产出市场"。这样当宏观经济学家们宣称阿格拉瑞的产出每年增长10%时,他们指的是更多的土豆、热狗、大豆或是青椒吗?答案是,他们不关心这些。在宏观经济学的总量计算中,产出就是产出,而不论它的形式是什么。

22.1.2　加总的基础

把许多市场合并为一个市场意味着要忽略不同产品的差别。我们能否真正相信没有人在乎阿格拉瑞的国民产出的组成吗?它包括价值800 000美元的泡菜和200 000美元的馄饨,而不是500 000美元的莴苣和500 000美元的西红柿,真的没有人在意这些吗？这一点很难说。

当然宏观经济学家是不会相信没人在乎的，相反，他们是在下面两个基础上进行加总的：

(1) 虽然不同市场上的供给和需求的组成因为某些目的（如收入是怎样分配的和人们喜欢哪种食物）可能特别重要，但这对增长、通胀和失业——这些宏观经济学家关心的问题——却可能没那么重要。

(2) 在经济处在波动时，各个市场往往会一起变化，当经济中的需求增加时，对土豆和西红柿的需求会随之增加，对洋蓟和泡菜的需求会增加，对馄饨和热狗的需求也会增加。

虽然有例外，但这两个原则作为假设很实用，足够获取大致情况。事实上，如果它们不成立，也就没有称之为宏观经济学的这门学科了。一年的经济学课程可能会减至半年。如果这使你感觉到一丝遗憾，那就请记住这一点：许多人相信如果没有宏观经济学，失业和通货膨胀就会更加难以控制——这可糟糕得多。

22.1.3 重新审视区分界限

这样两个原则——供求组成会因某些目的变得不重要，以及市场一般都是一起变化的——使我们能够在微观经济学和宏观经济学之间划出一条不同的分界线。

在宏观经济学中，我们通常假定：相对于总体通胀率和失业率而言，资源配置和收入分配的大部分细节变得不那么重要了。而在微观经济学中，我们通常忽略通货膨胀、失业和增长问题，较而强调单个市场是如何配置资源和分配收入的。

打个老比方，一个宏观经济学家分析的是经济"派"的大小，至于"派"里有什么或是如何把"派"分给就餐的客人他就不操心了。与之不同，一个微观经济学家假定派的大小和形状正合适，主要考虑的是派的配料和谁能吃到这个派。如果你曾经做过或吃过的话，你就能明白每一种思路都有点像近视眼，只看事物的一部分。

把经济学分成宏观和微观主要是为了教学上能更清晰：我们不可能把所有的内容都立刻教授给读者。但是实际上宏观经济学和微观经济学之间自始至终都存在重要的联系。毕竟，我们只有一个经济。

22.2 宏观经济学中的供给与需求

无论你选修的是宏观经济学还是微观经济学的课程，第4章的供给和需求讨论都是一个极其重要的入门知识。供给和需求分析既是微观经济学的基础，也是宏观经济学的基础。

22.2.1 简单的回顾

图22-1中的两幅图大家应该看来不陌生，与第4章的相同。在图22-1(a)我们

看到的是向下倾斜的需求曲线,用 DD 表示,以及向上倾斜的供给曲线,用 SS 表示。由于该图可用作分析不同的情况,因此轴上标出的"价格"和"数量"并不特指某种特定的商品。为了从大家熟悉的情况开始,首先想象这个图描绘的是牛奶市场,因而纵轴代表的是牛奶的价格,横轴代表的是需求的和供给的牛奶的数量。我们已经知道,如果没有什么干预自由市场的运作,均衡应该是 E 点,该点的价格为 P_0,产出数量为 Q_0。

下面假设发生了一件事使得需求曲线外移,例如我们在第4章学过消费者收入的提高就会产生这种影响。图 22-1(b)中表示出了需求曲线从 D_0D_0 向右移至 D_1D_1。均衡从 E 点移至 A 点,价格和产量随之同时提高。

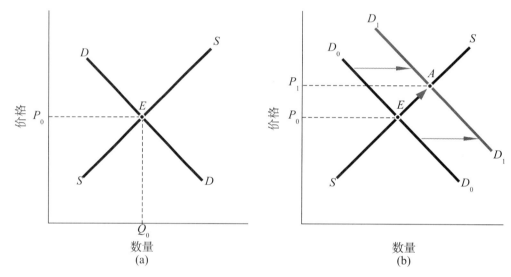

图 22-1 需求曲线移动的两种解释

22.2.2 转向宏观经济总量

总需求曲线表示的是在每一种可能的价格水平下人们对国内产出的需求数量。

总供给曲线表示的是在每一种可能的价格水平下人们供给的国内产出的数量。

现在我们从微观经济学转向宏观经济学。为此,我们重新解释图 22-1,现在它代表的是一个称之为"国内产值"的抽象物品的市场,"国内产值"就是我们前面提到的经济总量之一。虽然没有人曾经看到、摸到或是吃到过一单位的国内产值,但是这种抽象为宏观经济分析提供了基础。

为了与重新解释相一致,纵轴代表的价格也要抽象化——总体价格指数或"生活成本"。① 这样图 22-1(a)中的曲线 DD 称为**总需求曲线**(aggregate demand curve),曲线 SS 为**总供给曲线**(aggregate supply curve)。从第24章到第27章,我们将运用经济理论来清楚地解释这些曲线,我们将会发现,这些曲线与第4章中学过的微观经济学中相对应的供求曲线有明显差异。

---

① 第23章的附录中详细解释如何计算价格指数这一问题。

22.2.3 通货膨胀

通货膨胀指的是一般物价水平的持续上涨。

根据上面的宏观经济新解释,图 22-1(b)表示的是**通货膨胀**(inflation)问题。从图中我们看到,总需求曲线向外移动——不论是什么原因造成的——拉动价格水平上升。如果总需求月复一月地总是向外移动,经济就会遭受到通货膨胀——指一般物价水平的持续上涨。

22.2.4 衰退与失业

衰退是指经济总产出处于下降状态的那段时间。

宏观经济学的第二个主要问题是衰退和失业,这也可以用供求图来解释,但这次的需求曲线是向反方向移动。图 22-2 重复了图 22-1(a)中的供给曲线和需求曲线,并绘出了总需求曲线向左移动的情形,即从 D_0D_0 移至 D_2D_2。现在的均衡从 E 点移到 B 点,国内产值(总产出)下降。这就是我们通常意义上的**衰退**(recession)——在一段时间里生产下降,人们失去工作。

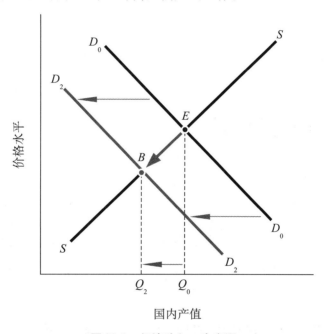

图 22-2 经济陷入一次衰退

22.2.5 经济增长

图 22-3 说明的是宏观经济学关注的第三个方面:经济增长的过程。图中总需求曲线和总供给曲线最初的位置仍是 D_0D_0 和 S_0S_0,两条曲线相交于 E 点。但是现在我们考虑两条曲线随时间的推移都向右移的可能性,即分别移至 D_1D_1 和 S_1S_1。新的交点是 C,从 E 点指向 C 点的箭头表示的是经济增长的路径。在这期间,国内产值从 Q_0 增至 Q_1。

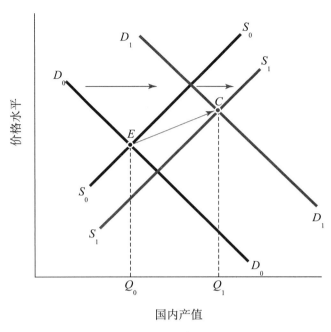

图 22-3 经济增长

22.3 国内生产总值

国内生产总值（GDP）是一国国内经济在特定时期内，通常是一年，所生产并在有组织的市场上销售的最终物品和服务的货币价值总和。

到目前为止，我们一直有些随意地使用着"国内产值"一词。现在让我们更明确具体些。在衡量一个经济的总产出的各种方法中，目前最常用的是**国内生产总值**（gross domestic product），或简称 **GDP**——这个词你可能在新闻媒体上早见过。GDP 最为全面地计算了美国所有的工厂、办公室和商店的产出。具体来说，它是一年内由国内经济生产的所有最终产品和服务的货币价值总和。

我们需要强调这个定义的几个特征。① 首先，必须注意：

我们是把事物的货币价值加起来。

22.3.1 货币作为度量工具：实际 GDP 与名义 GDP

名义 GDP 是用当期价格来衡量所有产出的价值而算出来的。

GDP 包括包罗万象的物品和服务：计算机芯片和薯条，油罐和教材，芭蕾舞表演和摇滚音乐会。我们怎样才能把所有这些合成一个数字呢？对经济学家而言，一个自然而然的方法就是，先把每种物品和服务转换成货币形式，然后再把全部的货币额加起来。那么，和常理相反，我们能够将苹果和桔子相加起来。如果我们想把 10 个苹果和 20 个桔子加在一块儿，我们首先会问：它们每个

---

① 第 25 章的附录中谈到了这个定义的某些例外情形。一些老师可能更喜欢把那些内容综合到这里一起讲解。

值多少钱?如果一个苹果值20美分,一个桔子值25美分,那么苹果就是2美元,桔子是5美元,这样"产出"总值为7美元,每一种物品和服务的市场价格就是它的社会价值的显示,原因很简单:有人愿意为它支付那么多钱。

但同时一个问题也随之而来:用什么样的价格来衡量不同产出的价值呢?官方数据提供了两种选择。很明显,我们可以用每种物品和服务出售的实际价格来计算。如果我们采用这个方法,获得的结果称为**名义 GDP**(nominal GDP),或是用当期价格计算的 GDP。虽然这样看起来是非常合理的选择,但是用它计算 GDP 有一个严重的缺点:名义 GDP 会随价格上涨而增加,即使实际产出并未增加。比方说,如果汉堡包今年的价格是2.00美元,而去年的价格仅为1.50美元,那么100个汉堡包在今年的名义 GDP中做出的贡献是200美元,而在去年的名义 GDP 中做出的贡献仅为150美元。但是,100个汉堡包的数量没变——产出并未增加。

由于这个原因,政府的统计员设计了另一种方法以纠正通胀的影响,即用相同的一组价格来衡量不同年份里生产的物品和服务的价值。也就是说,如果汉堡包的价格在两年中都是1.5美元,那么每年的 GDP 中就都包括价值150美元的汉堡包了。实际中这种计算可能会相当复杂,但是在这门初级课程中我们无须为它的细节担心。当结果算出来后,我们只需说我们获得了**实际 GDP**(real GDP),或按不变美元计算的 GDP 就足够了。新闻媒体经常称这种方法为"经通货膨胀调整后的 GDP"。当然,在这本书的大部分篇幅中,当我们讨论一国的产出时,我们关心的是实际 GDP。

> **实际 GDP** 是用相同的价格来衡量不同年份的产出价值而算出来的。因此,实际 GDP 比名义 GDP 能更好地反映出总产量的变化。

利用名义 GDP 和实际 GDP 两者的区别,我们可以把衰退定义为一个时期的实际 GDP 持续下降。比如,在2000年的第四季度和2001年的第三季度,美国的一次衰退中,名义 GDP 虽然从99 540亿美元增至101 350亿美元,但实际 GDP 却从98 880亿美元降至98 710亿美元。实际上按惯例,当实际 GDP 持续下降两个季度或者更长时间时,我们就说一次衰退出现了。

22.3.2 哪些东西计入 GDP 中?

GDP 定义中的另一个重要因素是:

> 某年的 GDP 只包括该年内所生产的物品和服务。前一年生产的物品的销售不计入内。

举例来说,假设下周你要从一个朋友手中买一辆1985年产的非常漂亮的雷鸟汽车,并因此而欣喜若狂。但国民收入统计员并不会分享你的快乐。因为该车的首次生产和销售是在1985年,她已把那辆车记入1985年的 GDP 中了,并且永远不重复计算。对于房屋也是这样。房屋的再售价值不计入 GDP,因为它们已经被算进房屋修建年份中的 GDP 里了。

再有,国内生产总值的定义还表明:

> **最终物品和服务** 是指那些由最终的使用者购买的物品和服务。

> 只有**最终物品和服务**(final goods and services)才计算到 GDP 中。

形容词"最终"在这里是关键词。例如,当戴尔公司从英特尔公司购买电

> **中间物品**是为再卖出或为了生产其他物品而购买的物品。

脑芯片时,交易不会算进 GDP 中,因为戴尔公司自己并不需要这些芯片。它购买芯片仅仅是为了把它们转售给消费者。只有当芯片是作为电脑的组成部分卖给消费者时,它们才被认为是最终物品。当戴尔公司从英特尔公司购买芯片时,经济学家们把它们看作是**中间物品**(intermediate goods)。GDP 中不包括中间物品和服务的销售,因为如果它们被包括进去,我们最终就会把同样的产出计算多次。① 例如,如果卖给电脑制造商的芯片被算进 GDP,那么同样的芯片在它被卖给电脑制造商时会算一次,当电脑被卖给消费者时又被算了一次。

此外,还要指出:

> GDP 定义中的形容词国内的(domestic)是指生产是在本国的地理边界之内进行的。

一方面,一些美国人在国外工作,而且许多美国公司在国外有办公室或工厂。例如,大约一半的 IBM 员工不在美国本土工作。所有这些美国公司的在国外的员工都生产有价值的物品,但它们都不计入美国的 GDP。(相反,它们被算进其他国家的 GDP 中。)另一方面,大量外国人和外国公司在美国生产物品和提供服务。例如,如果你的家庭拥有一辆丰田或本田轿车,那么该轿车就极有可能是丰田或本田公司在美国的工厂所组装的。所有这些在美国境内的外国公司的活动都要计入到美国的 GDP 中。②

最后,GDP 定义还表明:

> 就大多数情况来说,只有通过有组织的市场销售的物品和服务才计入到 GDP 中。

当然,这一限制排除了许多经济行为。例如 GDP 中不包括非法行为。因此,亚特兰大市的赌博服务是 GDP 的一部分,但是芝加哥的赌博服务却不是。车库买卖尽管有时候很赚钱,但也不算入 GDP 中。因而,GDP 的定义反映了统计员无法估计经济中许多非常重要的活动的价值,例如家务活,自我维修工作和闲暇。这些活动当然是当期生产的物品或服务,但它们都缺乏重要的度量工具——市场价格。

GDP 的这一特征会产生一些奇怪的现象。比方说,假设两家邻居相互请对方来打扫房屋,并且每星期为此项服务慷慨地支付 1 000 美元。每家都能如此大方是因为它们各自从邻居家拿到了同样的薪水。事实上没有什么改变了,但 GDP 却每年增加 104 000 美元。如果这个例子有点乏味,那么你可能对下面的信息有兴趣:根据一项估计,如果未开工资的家务活按市场价格来估价,美国的 GDP 将会陡然增加 44%。③

---

① 实际上,计算 GDP 还有一种办法,就是计算每次中间交易的一部分。第 25 章的附录对此做了解释。
② 还有另一个概念为国民生产总值(gross national product,GNP),它包括所有美国人生产的物品和提供的服务,不论他们在哪里工作。相应地,在美国的外国人生产的产出部分不计入到 GNP 中,实际上,GDP 和 GNP 两个指标是非常接近的。
③ Ann Chadeau,What Is Households' Non-Market Production Worth? *Economic Studies*,18(1992),pp. 85—103.

22.3.3　GDP的局限性：GDP不是什么？

在详细地分析了GDP是什么之后，让我们再看看GDP不是什么，具体地说：

国内生产总值（GDP）无法衡量一国的经济福利。

GDP并不是用来衡量经济福利的，其原因是：

只有市场活动才计入GDP中　我们已看到，大量在家中干的活是增进一国福利的，但它们并不算进GDP中，因为没有价格指标。当我们试图比较发达国家和欠发达国家的GDP时，家庭活动被排除在GDP之外，这一点就会产生重要的意义。当美国人听到最穷的非洲国家的人均GDP每年不足250美元时总是惊诧不已。在美国肯定没有人能靠每星期5美元生存下来。那非洲人是如何做到的呢？答案的一部分当然就是因为这些人极度贫困，但答案的另一部分却在于：

当两个国家在有组织的市场上进行的经济活动的比例差别很大时，国家间的GDP比较的误导性也会很大。

由于这部分经济活动在美国的比例相当大而在欠发达国家的比例相当小，因此当我们比较各自估算的GDP时，我们并不是在比较相同的经济活动。许多被算进美国GDP中的事物并没有算进欠发达国家的GDP中，因为它们不是通过市场交易的。因此这些人虽然很穷，但认为他们仅仅是靠美国人想象的每个星期5美元生存下来的想法是很可笑的。

另一个方面，GDP统计中没有考虑所谓的地下经济——该词不仅包括犯罪活动，还包括大量的合法生意，为了逃避税收，这些生意是以现金或是物物交换的形式操作的。对于地下经济的大小我们自然是没有足够的数据，但是一些观察家认为可能占到美国GDP的10%甚至更多——还有更多是在其他一些国家进行的。

GDP没有估算闲暇的价值　当一国变得越富裕，它的居民一般会享受越来越多的闲暇时光，如果这是真的，那么加上闲暇的价值能更好地衡量国民福利，这样得出的福利反映出的增长速度比按传统的方案估算的GDP更快。例如，几十年来美国人的工作时间稳步缩减，这意味着GDP的增长系统性地低估了国民福利的增长。但是最近这种趋势已停下来，甚至已扭转了方向。

"坏的"与"好的"都被算入了GDP　实际上还有一些因素使GDP夸大了我们的生活处境。举一个悲惨的例子，2001年的9月11日，美国遭受了灾难性的打击。没有人怀疑这次灾难使美国的情形恶化。好几千人失去了生命。很多建筑和企业被摧毁。然而，几乎可以肯定的是这次灾难却增长了GDP。政府要花更多的钱来安抚和清理，以及灾后重建。企业要花更多的钱来重建和维修受损的建筑以及更换失去的部件。甚至，消费者也要花更多的钱来清理打扫并重置失去的财产。但是没有人会认为这样的GDP增长使美国人的生活比"9·11"之后更好了。

战争是更为极端的例子。为争夺其他国家的土地而发动的战争通常使一国的

GDP 迅速增长。但是参军的男女兵本来可以生产民用产品,指定生产武器的工厂也能生产汽车、洗衣机和电视机。参战的国家的境地肯定比和平国家的境地差,但是这个事实并不能从 GDP 中反映出来。

生态成本没有从 GDP 中排除掉　现代工业经济的许多生产活动对环境会产生负面影响。汽车是基本的交通工具,但它们会污染空气。工厂在生产有价值的商品时会污染江河湖泊。几乎每件事都会生成垃圾,引起严重的垃圾处理问题。所有这些生态成本都没有从 GDP 中排除掉,因而也无法更真实地衡量我们的经济活动所带来的经济福利的净增长。忽略了这一点是不是不明智呢？如果我们记住国民收入统计员努力地估算通过有组织的市场从事的经济活动,而不是国民福利的话,那就不是不明智的。

在定义了几个宏观经济学的基本概念之后,让我们回顾一下美国的经济史以便给它们注入一些活力。

22.4　过山车上的经济

22.4.1　增长,但伴随着波动

美国经济最显著的特点就是它看似无限的增长;它的经济几乎每一年都在壮大。美国 2007 年的名义国内生产总值约有 13.8 万亿美元,比 1959 年的 27 倍还多。图 22-4 中的黑色曲线显示了这一非凡的增长路径。但是,名义 GDP 与实际 GDP 的相关讨论表明这种增长的一大部分是通货膨胀。由于价格上涨了,2007 年每一美元的购买力实际上还不到 1959 年的 1/5。除掉通胀因素,我们发现 2007 年的实际 GDP 大约只有 1959 年的 4.75 倍。

> **人均实际 GDP**
> 是实际 GDP 除以人口数量的比值。

引起 GDP 增长的另一个原因是人口的增长。一国只有在它的 GDP 增长快于它的人口增长时才会变得更富裕。要想知道自 1959 年以来美国实际变富裕了多少,我们必须用实际 GDP 除以人口数量来获取**人均实际 GDP**(real GDP per capita),如图 22-4 中的浅灰色曲线所示。结果竟然是 2003 年的人均实际产出大约只有 1959 年的 2.8 倍,但这仍然是一个不错的成绩。

如果总供给和总需求年复一年地平滑增长,如图 22-3 所示,那么经济扩张也会是平稳的。但是美国的经济史反映出的模式并不规则——快速增长和慢速增长相互交替,这种现象被称为经济波动,有时就叫作经济周期。在一些年中——准确地说是 1959 年后的 5 年中——实际 GDP 实际上下降了。① 这样的衰退和随之出现的失业增加问题是美国经济的一个长期特征。我们在接下来的章节中将会重点关注。

图 22-5 清晰地体现了美国历史上经济增长路径的波动情况,该图采用了与上幅图

---

① 2001 年的衰退很微弱,实际上 2001 年全年的实际 GDP 比 2000 年的要高一些。

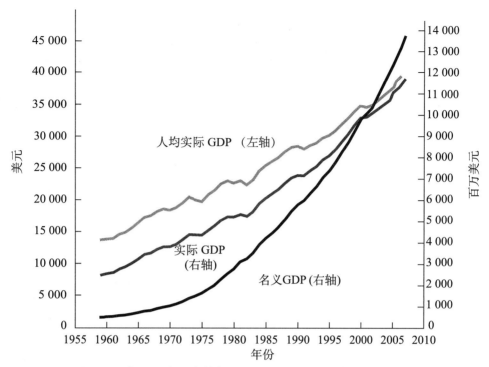

图 22-4　自 1959 年以来的名义 GDP、实际 GDP 和人均实际 GDP

注：实际 GDP 以 2000 年美元计。

资料来源：Economic Report of the President (Washington, D. C.：U. S. Government Printing Office,多年)。

相同的数据,但是表现方式不一样,并把时间追溯到了1870年。图中我们画的不是每年的实际 GDP 水平,而是 GDP 的增长率——两年间变化的百分比。因此繁荣和萧条在图中表现得非常清楚,它们不仅影响人们的喜怒哀乐,还能影响总统大选。例如,1983 年到 1984 年的实际 GDP 增长率接近 7%,这帮助里根在第二次总统竞选中获得了压倒性的胜利。而 1990 年到 1991 年的实际 GDP 下滑了 1%,这帮助比尔·克林顿击败乔治·H. W. 布什。另一方面,2000—2004 年的弱的经济增长,没有阻止乔治·W. 布什的再次竞选。

22.4.2　通货膨胀与通货紧缩

> **通货紧缩**是指一般价格水平的持续下降。

图 22-6 描绘的通货膨胀史表明正值多于负值——通货膨胀多于**通货紧缩**(deflation)。虽然价格水平自 1869 年上涨了大约 16 倍,但是通胀直到近几十年才有向上的趋势。图 22-6 表明,在第二次世界大战之前,通胀和紧缩都没有明显的趋势。事实上,1940 年的价格几乎不比内战结束前的价格高。但是,该图确实体现出了通胀率的一些大的波动,包括两次世界大战期间和之后突然爆发的通胀以及 19 世纪 70 年代、19 世纪 80 年代、1921—1922 和 1929—1933 年间出现的严重紧缩。而正如你所看到的,最近通胀一直比较低且趋势平稳。

总而言之,尽管在过去 138 年的时间里衡量一国经济产出的实际 GDP 和价格水平

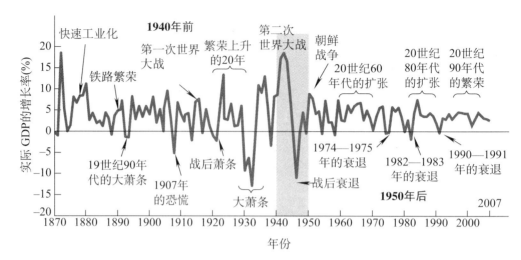

图 22-5　自 1870 年以来的美国实际 GDP 的增长率

资料来源：1929 年之后的数据由作者从美国商务部的数据构造而来；1869—1928 年的数据是基于 Christina Romer 教授的研究。

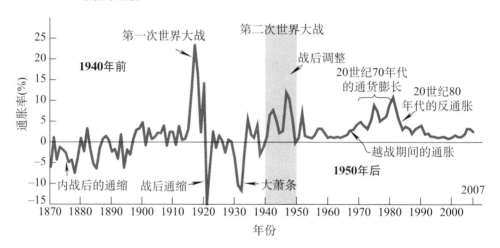

图 22-6　自 1870 年以来的美国的通胀率

资料来源：1929 年之后的数据由作者从美国商务部的数据构造而来；1869—1928 年的数据是基于 Christina Romer 教授的研究。

都提高了许多，但两者的增长都不是平稳的。实际增长和通胀的上下波动都是重大的经济事件，需要我们给出解释。第六部分的后面几章——介绍总供给和总需求模型，以及第七部分——讨论政府使用的管理总供给的政策，将构建一个宏观经济学理论，就是要解释这些问题。

22.4.3　大萧条

当你在看这些图表时，20 世纪 30 年代的大萧条一定会吸引你的目光。1929—1933 年的经济下滑（如图 22-5 所示）是美国历史上最严重的一次，同期的急剧通货紧缩（如图 22-6 所示）也是最不寻常的。虽然大萧条在现在的记忆中是模糊的，但对那些亲身经历过的人——包括你们一些人的祖父母——将永远不会忘记它。

人道主义后果 统计数据通常掩盖了经济事件的人道主义后果及其戏剧性。但是大萧条的情况却不同——相反，这些数据苦涩地证实了大萧条的严酷性。物品和服务的产量下降了 30%，令人难以置信的是，商业投资几乎完全停止了，失业率从 1929 年的 3% 升至 1933 年的 25%——4 个人中就有 1 人无事可做。单从这些数字来看，你就可以想象得出各种苦难场景，流落街头的乞丐，大门紧闭的工厂和无家可归的人们。

大萧条是一次世界性的灾难，没有哪个国家幸免其害。它确实改写了许多国家的历史。在德国，它为纳粹法西斯的出现创造了条件，在美国，它使富兰克林·罗斯福实现了美国历史上最令人兴奋的政治联盟，并促成了一系列的政治和经济改革。

经济思想大变革 世界范围内的萧条还引起了经济思想的一场必要的变革。直至 1930 年，流行的经济理论坚称，虽然资本主义经济偶尔会偏离均衡，但它自身具备从衰退和通胀中恢复的自然趋势。就像过山车，虽然晃动不止，但它不会从轨道上滑落下来。但是难以对付的大萧条几乎动摇了所有人的信念——经济具有自行恢复的能力。在英国，约翰·梅纳德·凯恩斯（John Maynard Keynes）这位世界上最著名的经济学家之一，带着这种怀疑的态度写出了《就业、利率和货币通论》（1936）一书。这本书可能是 20 世纪最重要的经济学巨著，更重要的是它还带来了在当时看来革命性的信息。凯恩斯否认经济能自动实现平稳增长和高就业；相反，他断言，如果前景不乐观，工商企业和消费者就会减少他们的支出计划，那么经济就可能陷入多年的停滞。

用我们的总供给—总需求框架的思路来分析，凯恩斯当时的观点是，经济有时会出现总需求曲线向内移动的情况——就像图 21-2 中表现的一样，其结果是产出下降，出现通货紧缩。虽然这个消极的预测在当时听起来不过于现实，但是凯恩斯还是满怀希望地写完了这本书。因为他在书中说明了如何运用我们称作货币政策和财政政策的政府行为以使经济从萧条状态中摆脱出来。他在当时告诉世界的经验就是我们在第六部分后面几章和第七部分将要学的（还包括自凯恩斯的书出版后，经济学家们自 1936 年以来学到的许多办法）。这些经验告诉我们，政府如何才能管理好经济使得衰退不会恶化为萧条或是萧条发生后不会像大萧条一样持续那么长的时间，但这些经验也同样向我们表明，这并不是一件简单的任务。

当年凯恩斯在写《通论》一书时，他曾写信给朋友萧伯纳（George Bernard Shaw）说："我相信自己正在写的这本关于经济理论的书会极大地革新……人们思考经济问题的方式。"在许多方面，他是对的。

22.4.4 从第二次世界大战到 1973 年

> 政府的**财政政策**是其支出和税收的计划。它可以用来引导总需求向理想的方向变化。

1940 年年初美国参战，大萧条也最终结束了。由于政府支出增至极高的水平，总需求获得了极大的推动。因此，**财政政策**（fiscal poling）（意外地）被大规模应用。经济迅速发展，战争期间失业率曾降至 1.2%。

图 22-1(b)表明这么大幅地增加支出会导致通货膨胀。但是在战争期间

价格控制抑制了大部分的潜在的通货膨胀。由于价格低于供求量相等时的均衡价格水平，消费品短缺是常事。白糖、黄油、汽油、布料和其他许多商品都严格地实行配额制，当战后价格管制取消后，价格迅速上升。

战后的增长是最强劲的，虽然也伴随有几次短时的衰退。随后就是神话般的 20 世纪 60 年代，一个史无前例的低通胀增长期出现了。人们都把这归功于 1930 年凯恩斯提出的经济政策的成功运用。一时大家都认为只要总需求和总供给扩张基本保持平衡，我们就能同时避免失业和通胀。但是对这两者的乐观判断都为时过早了。

首先是通货膨胀出现了，大约从 1966 年开始，它的主要原因是战争期间支出水平过高——历史上曾多次出现过这种情况，这一次，越南战争使得总需求上升得太快了。当经济发展在 1969 年停滞，失业随之增多。虽然衰退时间很短且性质温和，但通货膨胀每年均处在 5%—6% 的水平。面对如此持久的通胀，尼克松总统在 1971 年启动了工资和价格控制，让全国上下大吃一惊，因为这是第一次在和平年代运用这个策略。在一段时间里，通胀得到了控制，但是到 1973 年，世界范围内的农业歉收导致食品价格大幅上涨，通胀急剧恶化。

22.4.5　大滞胀，1973—1980 年

到了 1973 年，不仅是美国，还包括所有的石油进口国的情况都开始进一步恶化。以色列和阿拉伯国家在 1973 年发生的战争使 OPEC 把石油价格猛地提高了四倍。与此同时，全球许多地方的农业仍然歉收，食品的世界价格继续上涨。其他原材料的价格也暴涨。而且这些事件恰恰都在尼克松政府刚实行工资和价格管制时不期而至。与第二次世界大战结束后的情形相同，由于价格一直被人为地控制在均衡水平之下，价格管制取消后引起通货膨胀短期内加速上升。上述所有的原因使得美国的通胀率在 1974 年超过了 12%。

> **滞胀** 是在经济增长缓慢（停滞不前）或陷入衰退时却出现通货膨胀的情况。

与此同时，美国的经济陷入了自 1930 年以来的一次持续时间最长且最严重的衰退之中。从 1973 年年末到 1975 年年初，实际 GDP 下降，失业率接近于 9%。由于通货膨胀和失业在 1974 年和 1975 年里都居高不下，新闻界创造了一个新词——**滞胀**（stagflation）——来指经济停滞和高通胀同时发生的情形。从概念上来讲，这一时期所发生的是经济中的总供给曲线向内移动了，而在一般情况下，总供给曲线是向外移动的。随供给曲线内移，经济均衡从图 22-7 中的 E 点移到 A 点。实际 GDP 下降而价格水平上升。

经济最终复苏要归功于政府行为和自然的经济力量。但不幸的是，在 1979 年当石油价格再次上涨时，滞胀又一次席卷而来。通货膨胀率在 1980 年上半年达到令人吃惊的 16%，经济也停滞不前。

22.4.6　里根经济学及其后果

当罗纳德·里根总统在 1981 年 1 月就职时，经济逐步恢复，但是高通胀看起来根深蒂固。新总统承诺要用一揽子政策（主要是大规模减税）来改变现状。他声称政策

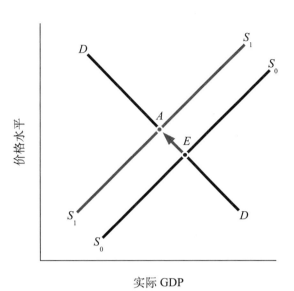

图 22-7　反向的供给变化的影响

将增进增长并降低通胀。

货币政策指的是美联储所采取的利用改变利率来影响总需求的行动。

然而,保罗·沃尔克领衔的美联储已经采取了对抗通胀的**货币政策**(monetary policy),这意味着使用极高的利率以遏制支出。因此,尽管通胀下降了,但是经济却陷入了自大萧条之后最严重的衰退中。当1981—1982年的衰退降至谷底时,失业率达到了11%,金融市场出现混乱,萧条一词再次进入美国人的词典中。美国政府也面临了庞大的预算赤字,这一点人们在几年前就是做梦也不会想到。预算赤字问题困扰了美国人大约15年。

在1982—1983年冬天开始的经济复苏也是强劲而持续的。在约6年的时间里,失业率平稳下降,甚至降到5.5%之下。通胀也保持在较低的水平之上。这些变化为乔治·H. W. 布什接任里根提供了一个理想的经济平台,并且他还坚持了里根的政策。

但是布什总统并不幸运,好时代并没有持续下去。在他上任后不久,通胀开始逐步上升,国会又没有完全按总统的意愿颁布了一系列减少赤字的计划(包括增税)。在1990年中期,美国经济再次跌入了衰退——海湾战争前的石油价格上涨进一步使之恶化。1990—1991年衰退后的经济复苏十分缓慢,候选人比尔·克林顿不断以布什年间毫无生气的经济表现为攻击对象,他所传达的信息很快与美国选民产生了共鸣。

22.4.7　克林顿经济学:赤字下降和"新经济"①

尽管当时还是候选人的克林顿的竞选纲领是刺激经济增长,但巨大的预算赤字却迫使后来作为总统的他不得不减少赤字。一项在政治上颇受争议的增税减支方案在1993年8月勉强通过国会决议,而第二次的减少赤字计划在1997年顺利通过。的确,把巨大的联邦预算赤字变为高额盈余是克林顿经济政策最值得炫耀的成功。

---

① 本书的作者之一是克林顿总统的经济顾问委员会成员。

在克林顿总统的8年执政时期,不论是事出有因还是纯属巧合,国民经济确实大大改观。工商业开始振作,股市飙升,失业迅速下降,甚至通胀也得到了相当好的控制。为什么所有这些好事都同期而至呢?一些乐观人士宣称令人振奋的"新经济"——全球化和计算机被广泛使用的产物——自然要比以往的经济表现更佳。

可以肯定新经济是具有吸引力的论点,但它是否是真的?大多数主流经济学家会回答:是和不是。一方面,计算机和信息技术的进步看来确实促进了20世纪90年代后半期的快速增长。从这个角度来看,我们确定有一个"新经济"。但是某些更为普通的情况也在发生:在1996—1998年间大量的即期因素推动了经济总供给曲线快速外移。当这种情况出现时,更快的经济增长和更低的通货膨胀就是可预见的结果,如图22-8所示。

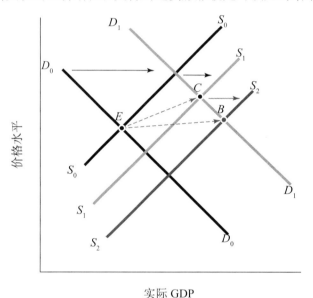

图22-8 令人满意的供给变化的影响

图22-8在图22-3分析经济增长的基础上增加了一条新的总供给曲线,S_2S_2,就是S_1S_1右边的那条。随着供给S_2S_2曲线取代S_1S_1,经济就会从E点移到B点,而不是早先的C点。比较B、C两点,我们发现经济的位置更靠右(也就是增长更快)更低(即通胀更低)。那么,用简单总需求—总供给框架至少可以部分解释最近的美国经济历史。

22.4.8 减税与布什经济

克林顿的繁荣在2000年中期终结——正好是乔治·W.布什当选总统之前,在2000年后半年,实际GDP增长相当缓慢,到2001年,GDP实际上连续两个季度下滑,标志着美国10年来出现的第一次衰退。

虽然2001年的减税在时间上把握得恰到好处,但是对恐怖主义的战争使得政府支出暴增。这两项政策推动了总需求曲线向外移动,减轻了衰退(回顾图22-1(b))。美联储也降低利率以鼓励消费。衰退在2001年晚些时候结束。但是经济复苏的力度一直极其微弱,直到2003年春季,经济增长终于上升——整个2006年一直保持强劲势头,直至在 2007 年后期和 2008 年年初才放缓。2001—2003 年的减税,在给予经济繁荣的同时,也带来了巨额的财政赤字。

❓ 难题解答:经济为何放缓?

在这一章的开始,我们问为何美国经济的增长在 2006 年年初以后开始变弱。这一章的分析提示我们应该在总需求的减缓上寻找答案。事实上,有一个答案——华府要为此付一部分责任(不是全部)。政策制定者们为什么这么干?这是因为对通胀的担忧,美联储在 2005 年年中开始调高利率。部分因为政策制定者们担忧巨额的财政赤字,曾经帮助提升经济的减税政策,也在 2002—2004 年逐渐被放弃。同时,由于所谓的房地产泡沫破裂,国家的住房支出开始减少。同 2003—2005 年相比,这些因素均抑制了总需求和实际 GDP 的增长。

22.5 宏观经济的稳定性问题:预览

对历史记录的简短回顾表明我们的经济增长并不总是平稳而没有通胀的。相反,它一直是阶段性受到失业或通胀的困扰,有时还同时受到两者的攻击。而且从中我们还能得出一个提示:政府政策可能对经济的这种表现有所作为。现在我们将进一步系统地探讨这一点。

> **稳定性政策**指的是为防止或缩短衰退和对付通胀(也就是稳定价格)而采取的政府方案。

稳定性政策(stabilization policy)指的是政府为缩短衰退和抵御通胀采取的各种办法。为了对它做出初步的分析,我们需要再一次运用总供给—总需求分析这一基本工具。为了便于讨论,我们重新给出了两幅图:图 22-9 和图 22-10。虽然这两幅图在本章前面已出现过,但这里我们将赋予它们一些不同的含义。

22.5.1 对付失业

图 22-9 简单地给出了政府政策对付失业的一种情形。假设在没有政府干预的情况下,经济在总需求曲线 D_0D_0 和总供给曲线 SS 的交点 E 点上实现均衡。如果与 E 点对应的产出太低了,使许多工人处在失业状态,那么政府可以通过增加总需求来减少失业。在下一章,我们将详细讨论政府是如何做到这点的。在我们简单的历史回顾中已经提及三种方法:国会可以增加支出或减税(财政政策),比如 2008 年所采取的刺激方案;或者像 2007 年年末和 2008 年年初的美联储降低利率(货币政策)。在该图中,政府这些行为会使需求曲线外移到 D_1D_1 的位置,均衡随之移至 A 点。一般来说:

> 衰退和失业经常是因总需求不足引起的。当这种状况出现时,能成功地扩大需求的财政和货币政策将是增加产出和减少失业的有效方法。但是这些政策往往会同时提高价格。

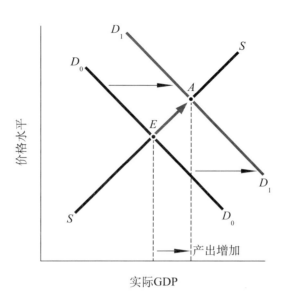

图 22-9 对付失业的稳定性政策

22.5.2 对付通货膨胀

当通货膨胀是主要的宏观经济问题时,我们就需要一种与上相反的需求管理办法。图 22-10 说明的就是这种情形。这里,总需求曲线 D_0D_0 和总供给曲线 SS 的交点 E 点依然是没有政府干预时的经济均衡点。但现在假设与 E 点相对应的价格水平"太高"了,也就是说如果经济走向 E 点,价格水平就会迅速上涨。那么减少需求使 D_0D_0 移至 D_2D_2 的政府政策将能够降低价格,从而降低通胀。一些政府减少支出或增加税收的例子包括,克林顿政府在 20 世纪 90 年代所做的那样,或美联储 2005—2006 年提高利率的例子,因此:

> 通货膨胀通常是总需求扩张太快引起的。当这种情况出现时,减少总需求的财政和货币政策是对付通货膨胀的有效方法。但是这些政策同时会降低实际 GDP 并增加失业。

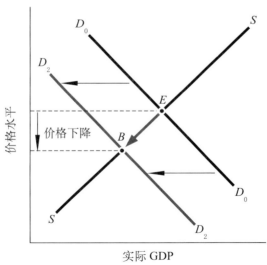

图 22-10 对付通胀的稳定性政策

简单地总结一下稳定性政策的作用和意图。当总需求波动是经济不稳定根源时，政府能够限制衰退和通胀，具体办法是在总需求不足时，推动需求扩张，而当总需求增长太快时，阻止它的扩张。

22.5.3 它真的有用吗？

那么真的如这些简单的图解所说的，政府的确能稳定经济吗？这是一个颇受争议的问题——该争议是如此重要，是"课程结束后仍须牢记的要点"之一。

我们将在第七部分讨论这些争论。但是回过头去看图22-5和图22-6，情况也会很明了。首先，把两幅图中自1940年以后的那部分，即阴影及阴影右边的部分全部遮掩起来，不难看出1870—1940年那段时间里的情形是经济处在频繁的波动中，有时的波动还相当厉害。

现在反过来做，把1950年前的数据全部覆盖，只看战后一段时间。我们发现情况是大不相同的。负的实际GDP增长的情形不多见，而且经济波动看起来也不严重。虽然政府政策没有完全成功，但情况确实大有改观。

但是当我们转向通货膨胀时，情况看起来相当严重。二战前通货紧缩和价格稳定的情形不见了。现在的价格好像只会上涨。粗略地从数据上来看，经济生活已发生了一些变化。1950—2007年的美国经济运行情况不同于1870—1940年间的情况。

课程结束后仍须牢记的要点

尽管争论不断，许多经济学家仍把经济运行的这种变化归功于政府已经学会的管理经济的经验和方法——这些大家将在下个部分学到。观察一下战前的数据，你会发现一个没有受到管理的波动的经济，即因一些"自然的"经济原因经历着繁荣与衰退的经济。政府对此没有采取什么措施。但是当你仔细考察战后的数据时，你看到的是一个日益受到政府政策管理的经济，虽然管理有成功也有失败。尽管衰退程度比以前弱，但这种改变是有代价的：与很久以前相比，经济好像是越来越容易发生通货膨胀了。经济中的这两种变化可能是相互关联的。但要理解为什么，我们还需要学一些相关的经济理论。

从某种意义上来讲，在这一章我们还没有学会走，先已学会了跑，而且跑了好一阵子。因为在学习总需求和总供给曲线的理论基础之前，我们已经大量地运用了它们来分析问题。在第六部分后面的章节中，我们的任务就是学习相关的理论知识。

小结 》》》

1. 微观经济学研究个人和企业的决策、这些决策相互作用的方式以及它们对一国的资源配置和收入分配的影响。宏观经济学考察的是整体经济的运行方式并研究大家普遍关心的经济增长、通货膨胀和失业等社会问题。

2. 尽管微观经济学和宏观经济学强调的主题不同，但它们依赖完全相同的工具。它们都是运用在第4章介绍的供求分析方法。

3. 宏观经济模型使用抽象的概念，如"价格水平"和"国内生产总值"，它们是通过把许多不同的市场合成一个大市场而获得的，这个过程称为**加总**。但它只能看作是一个有用的近似值，而不是真实值。

4. **国内生产总值（GDP）**是衡量一国经济产出的最佳方法，它是在给定的一年里所生产的所有**最终物品和服务**的货币价值的总和。这些产出既可以用当期市场价格来计算（获得**名义 GDP**），也可以用某一组不变价格来计算（获得**实际 GDP**）。**中间物品**和发生在有组织的市场之外的交易都不进入 GDP。

5. GDP 衡量的是一国经济的产量，而不是其福利的增加。例如 GDP 不包括家庭服务、其他自给活动或是闲暇时光的价值。此外，即使一些商品被认为是"坏的"而不是"好的"，它们也被算进了 GDP（例如，那些破坏环境的行为）。

6. 美国的经济史表明稳定的增长不时受到周期性**衰退**的打断。衰退是指实际 GDP 下滑的那段时间。虽然在较远的过去，价格下降（**通货紧缩**）还时有发生，但近期的历史显示只有价格上涨（**通货膨胀**）出现。

7. 20 世纪 30 年代的大萧条是美国历史上最严重的萧条。它深远地影响了美国和世界各国。它还引起了经济思想的一次革命，这次革命在很大程度上归功于约翰·梅纳德·凯恩斯的工作。

8. 从第二次世界大战到 20 世纪 70 年代早期，美国经历了比过去更稳定的经济增长。许多观察家把这种更稳定的经济表现归功于凯恩斯建议的**财政政策**和**货币政策**（合起来称为**稳定性政策**）的运用。但是与此同时，价格水平在现代经济中看起来只会上涨——而从不下降。经济看似越来越容易发生通货膨胀了。

9. 从 1973 年到 1991 年，美国经济遭遇了几次严重的衰退。并且在开始的一段时间里，通货膨胀还非常严重。经济增加缓慢和高通胀并存的状况被称为"**滞胀**"。但是自 1982 年，通货膨胀一直处在较低的水平。

10. 20 世纪 90 年代，美国的经济是繁荣的，失业率达到 30 年来的最低点，而且通胀率也下降。对这次高增长和低通胀的组合的一种可能的解释是**总供给曲线**快速向外移动。

11. 引起通货膨胀的一个主要原因是总需求的增长超过了总供给的增长。在这种情况下，减少总需求的政府政策可能会抑制通胀。

12. 衰退发生通常是因为总需求增长太慢了。在这种情况下，激励需求的政府政策可能是对付衰退的有效办法。

关键词

加总　　　　　　　总需求曲线　　　　　总供给曲线
通货膨胀　　　　　衰退　　　　　　　　国内生产总值（GDP）
名义 GDP　　　　　实际 GDP　　　　　　最终物品和服务
中间物品　　　　　实际人均 GDP　　　　通货紧缩
财政政策　　　　　滞胀　　　　　　　　货币政策
稳定性政策

自测题

1. 下列哪些交易包括在 GDP 中？每个能增加多少 GDP？
   a. 史密斯付给一个木匠 50 000 美元来修一间车库。
   b. 史密斯购买了价值 10 000 美元的材料用来自己修建一间车库，车库的价值为 50 000 美元。

c. 史密斯到树林中砍了一棵树，然后用木材自己修建一间价值为 50 000 美元的车库。

d. 琼斯家把自己的旧房子以 400 000 美元的价格卖给了雷诺兹家，然后琼斯家从建造商手中以 500 000 美元的价格买了栋新房子。

e. 你用 200 美元从朋友手中买了一台二手计算机。

f. 你们学校从 IBM 买了一款新的大型电脑，支付了 25 000 美元。

g. 你在亚特兰大市的一家赌场赢了 100 美元。

h. 你在股市赚了 100 美元。

i. 你以 60 美元把一本旧的经济学教材卖给了你们大学的书店。

j. 你花了 100 美元从你们大学的书店买了一本新的经济学教材。

2. 运用总供给—总需求图形研究当总需求曲线不动而总供给曲线每年都向外移动时，经济会发生怎样的变化。

3. 下列问题中哪些可能是微观经济学家研究的？哪些可能是宏观经济学家研究的？

a. 谷歌的快速增长。

b. 为什么在 2003—2006 年美国的失业增加了？

c. 为什么日本的经济在 20 世纪 80 年代增长比美国快，而在 21 世纪前十年却比美国慢？

d. 为什么近年来大学学费提高得如此快？

讨论题

1. 在每天的讨论中，你可能频繁地使用"总量"一词。试着举出一些例子。（这就是一个：你是不是说过，"这个大学的学生一般认为……"？你的意思准确地说是什么？）

2. 试着问问一个没有学过经济学的朋友，他或她认为哪一年的价格更高，1870 年还是 1900 年？1920 年还是 1940 年？（两种情况都是前一个年份的价格更高。）大多数年轻人都认为价格一直在涨，你认为他们为什么会有这种观点？

3. 为什么国内生产总值不能恰当地衡量一国的福利？试着给出些原因。（你是否曾注意到在报纸上的报道中，一些新闻记者好像是用 GDP 来衡量福利？）

第23章 宏观经济政策的目标

人们有工作的时候就是他们最心满意足的时候。

——本杰明·富兰克林（Benjamin Franklin）

通货膨胀就是否定一切。

——卡尔文·柯立芝（Calvin Coolidge）

有人曾说过这样的俏皮话,你只需教一只鹦鹉两个词就可以让它成为一个经济学家:供给与需求。现在你们已经学完了第4章和第22章,应该已经知道他这样说的含义了。经济学家认为经济增长的过程包括两个基本要素：

> **投入**是用来生产产品的劳动、机器、建筑物和其他资源。

- 第一个要素是总供给。即当可获得的劳动和资本的**投入**（inputs）以及所掌握的技术既定时,经济所能生产出的一定数量的**产出**（outputs）,由GDP来衡量。一般地,随着投入的供给增加和技术提高,生产能力会逐年增加。总供给理论将是第24章和第27章的重点。

> **产出**是一个经济生产的产品和服务。

- 第二个要素是总需求。生产能力实际上能有多少被实现取决于人们和企业愿意购买多少这些物品和服务。我们在第25章和第26章介绍总需求理论。

> **增长政策**指的是政府实行的为使经济在长期增长更快的政策。

根据这两个要素,经济学家为那些制定宏观经济政策的人设想了一项双重任务。第一,政策应该创造一种环境使得经济在这种环境中能迅速地扩大其生产能力,因为这是提高生活标准的最终源泉。这第一项任务是**增长政策**（growth policy）的范畴,将放在下一章讨论。第二,政策制定者应该管理总需求使它的增长与经济的生产能力相适应,尽可能避免我们在前一章看到的周期性繁荣和萧条。我们称这一思路为稳定性政策。在上一章我们已指出,总需求增长过慢会导致失业,而总需求增长过快会导致通胀,两者都要避免。

这样,宏观经济政策的目标可以简要地总结为:在获得高速增长的同时保持低失业和低通胀。不幸的是,这个要求太高了。在后面几章,我们将解释为什么不能像机器那样精确地实现这些目标,以及为什么其中一个目标得以改善必然会使另一个的情况恶化。沿着这一思路,我们将把大量的注意力放在低增长、高失业和高通胀的原因及其解决方法上。

但是在详细分析理论和政策这些重大问题之前,本章我们先仔细看看这些目标本身。经济增长能够或者应该有多快?为什么失业增加会引起社会不安?为什么通货膨胀让人担忧?一部分问题的答案可能一看就能知道,但是你们将会发现还有比表面更深层的东西。

这一章分为三部分,与这三个目标有关。附录将解释通货膨胀是如何度量的。

第1部分:经济增长的目标

对像美国一样繁荣的社会的居民而言,经济增长——指生活水平一年高过一年——看起来像事物自然发展的一部分。但它不是的。历史学家告诉我们,从罗马帝国到工业革命前夕——近16个世纪的时间——生活水平基本上没有改变。把时间拉近一点,在最近几十年中,苏联和非洲的一些最贫困国家的人均收入还减少了,因此经济增长不是自发的。

经济增长还是一个非常缓慢的因而不易察觉的过程。在2008年,一个普通的美国人消费的物品和服务将比他或她在2007年消费的多出1%—2%左右。你能发觉如此小的差异吗?可能不会,但是把几十年甚至几个世纪的小变化按复利计算则会完全改变社会。举例来说,在20世纪,美国的生活水平提高了7倍之多——这意味着在1900年你们的祖先消费的食物、衣服、住宅和其他事物只有你们今天消费的1/7。试想一下你们家靠现在收入的1/8怎么生活呢。

23.1 生产率增长:从小橡子开始成长……

增长率的微小差异最后会带来巨大的不同。为了解释这一点,让我们考虑三个大国:美国、英国和日本在1870年和1979年两个历史阶段的相对地位。1870年,美国是一个年轻的新兴国家,虽然是地球上最发达的国家之一,美国在任何意义上都不是强国。而英国却是当时世界上最发达的经济和军事强国,维多利亚时代是它的巅峰时期,大英帝国的太阳永不落山。同时期,在太平洋的彼岸有一个不起眼的岛国叫日本,在1870年,日本刚刚向西方打开门户,经济上十分落后。

一个世纪很快就过去了。到1979年,美国已成为世界上最大的经济强国,日本以第二的身份跻身强国之列,而英国却退到了第二集团国中。显然,在一个世纪期间,日本经济增长比美国快,而英国的经济增长却慢得多,要不然这种令人吃惊的相对地位的改变就不会发生了。但是增长率的差别程度可能在你的意料之外。

在这109年的时间里,美国的人均GDP的年增长率为2.3%,而英国的年增长率为1.8%——在一个多世纪里,两国每年仅仅相差0.5%,但是按复利计算一个世纪,差别就大了。日本的情况怎样呢?什么样的增长率使它从一个名不见经传的国家进入了世界前列?答案是仅为3.0%的增长率,每年比美国快出0.7%。但这些数字生动地表明了0.5%或0.7%的增长率变化如能持续很长的时间将会导致多么巨大的差异。

> **劳动生产率**是一个工人工作一小时(或一个星期、一年)的产出量。如果产出是用 GDP 来衡量,那么它就是每工作一小时的 GDP。

经济学家把一国劳动力的生产率(或"**劳动生产率**",labor productivity)定义为一个普通的工人工作一小时的产出量。例如,如果产出是用 GDP 来衡量的,生产率就是 GDP 与总工作小时数之比。决定生活水平提高得快与慢的就是生产率的增长率。

课程结束后仍须牢记的要点

生产率的增长(几乎)就是长期中的一切 在我们列出的"课程结束后仍须牢记的要点"的名单中,我们已指出,只有提高生产率才能在长期中提高生活水平。生产率的增长率按复利方式计算,就像银行存款的利率,细小差别经过很长时间后能给一个社会的繁荣与兴旺带来天壤之别。没有什么比生产率的增长率更能提高一国改善其物质福利、减少贫困、增加闲暇时光以及支持教育和公众健康、改善环境和发展艺术的能力了。

难题:增长越快越好吗?

美国经济,或者说任一经济应该增长多快呢?乍一看,这个问题可能问得很傻,难道我们不是应该尽可能快地增长吗?毕竟,那会使我们都变得更富裕。大致上,经济学家们同意更快的增长一般要好于慢一点的增长。但是我们马上就会发现,进一步的思索表明,这个表面上看似幼稚的问题并不像它听起来那么愚蠢。增长是需要代价的。越多并不总是越好。

23.2 生产能力:潜在 GDP 和生产函数

> **潜在 GDP** 是在劳动和其他资源充分利用时,经济所能生产出的实际 GDP。

我们的经济能够或是应该增长多快这样的问题需要的是定量的答案。经济学家们已经发明了**潜在 GDP**(potential GDP)的概念来衡量经济生产物品和服务的正常能力。具体地说,潜在 GDP 是**劳动力**(labor force)充分就业时一国经济能生产的实际国内生产总值。

> **劳动力**是拥有工作或正在寻找工作的人的数量。

注意用来形容能力的"正常"(normal)一词。就像一家工厂可能超出它的正常的运作能力(比如,通过加夜班)一样,经济超负荷运转从而超出它正常的充分就业水平也是可能的。例如,在上一章我们发现,第二次世界大战期间的失业率在不正常的情况下曾一度降低至1.2%。因此,当我们说充分就业时,并不意味着失业率为零。

从概念上来看,我们估算潜在 GDP 要分为两步。第一步,我们要计算劳动、资本和其他生产资料的供给量,然后我们估计这些投入充分利用后能生产多少产出。第二步——把投入变成产出——涉及对经济中的技术的评估。一国经济的技术越先进,用给定的一组投入它能生产的产出越大——与我们在第3章中强调的生产可能性曲线的讨论一样。

> 经济的**生产函数**是指在一定的技术水平下,用给定的投入(如劳动和资本)所能生产的产量。

为了帮助我们理解技术对投入与产出之间的关系的影响,介绍一个有用的工具,**生产函数**(production function)。它是简单地用数学或图表的方式来描述投入与产出的关系。一般来说:

给定劳动力,更多的资本或更高的技术都将会使生产函数上移,从而提高潜在GDP。

23.3 潜在GDP的增长率

有生产函数这个新工具,要理解潜在的增长率是件轻而易举的事。如果说潜在GDP的大小取决于经济拥有的劳动力、资本和其他资源的多少以及它的技术水平,那么潜在GDP的增长率一定取决于:

- 劳动力的增长率
- 国家的资本存量的增长率
- 技术进步的速度

为准确地表述这一点,我们知道,根据定义,实际GDP是经济中的总劳动时间与单位劳动时间的产出,即我们刚刚说的劳动生产率的乘积。

GDP = 劳动时间 × 单位时间的产出 = 劳动时间 × 劳动生产率

例如,用粗略的数据,现今美国的GDP约是14万亿美元,每年的总劳动时间为2 500亿小时,这样劳动生产率约为14万亿美元/2 500亿小时 = 56美元/小时。

一国的劳动生产率能提高多快呢?把上面的等式转换成增长率的形式,可以得出一个答案:潜在GDP的增长率是劳动投入(劳动时间)的增长率与劳动生产率的增长率之和!①

潜在GDP的增长率 = 劳动投入的增长率 + 劳动生产率增长率

在最近几年里,美国的劳动投入一直约以每年1%的比率在增长。劳动生产率在20世纪90年代中期之前增长相当缓慢,但自那以后一直处于较快的增长——1995—2007年平均年增长率约为2.6%。两个数字加起来就意味着在过去的12年,潜在GDP增长率的估计值为3.6%左右。

那么潜在GDP的增长率与实际GDP的增长率一致吗?这个问题的答案十分重要,我们在本书中将会反复提到:

在长期中,实际GDP和潜在GDP的增长率通常十分相近,但是在短期由于周

---

① 你可能会想资本怎么样了呢?刚才我们在生产函数的讨论中已知道,潜在GDP的一个主要决定因素,也是劳动生产率的决定因素之一,就是每个工人拥有的资本量。因此,资本的作用已包括在生产率中,也就是说劳动生产率增长率取决于资本增长率。

期性波动,两者经常相距甚远。

从1994年起,每两年的GDP增长率从低的平均2.1%到高的4.3%不等。但是在整整12年的时间段里,GDP的增长率平均为3.1%,这个数字可能稍低于潜在GDP的增长率的当前估计值。

下一章将研究经济增长的决定因素及可能加快增长的一些政策。但从生产函数我们已经知道,除了更快的人口增长和更努力的工作之外,有两种基本的方法可以提高一国的增长率。一是积累更多的资本。在其他条件相同的情况下,为将来积累了更多的资本的国家将增长更快。另一种提高增长率的方法是技术进步。如果技术能迅速地不断突破,一国经济的增长将会更快。我们将在下一章详细讨论这些因素。但是,我们还是要先回答本章前面提出的更为基本的问题。

难题解答:增长越快越好吗?

表面上看起来,这个问题的答案是肯定的。毕竟,劳动生产率或人均GDP的更快增长是提高生活水平的必由之路。但是一些例外情况已经被发现了。

对于把更快的经济增长作为一国的最终目标是否合适这一问题,一些社会批判家,至少是对它在富裕国家是否合适已提出质疑。可以肯定,增长越快带来的财富就越多,对大多数人来说财富毫无疑问是受欢迎的。"我既经历过贫寒,也经历过富贵,但是相信我,亲爱的,富比穷好。"歌唱家苏菲·塔克(Sophie Tucker)曾经这样告诉记者。并且大多数人看来都同意她的观点。对那些坚信这一点人来说,一个健康的经济应该是能生产大量的牛仔裤、比萨饼、汽车和计算机的经济。

但是对一个已经十分富裕的社会来说,进一步的经济增长是否恰当已经由于多方面的原因受到质疑。环境学家们担心产品数量的急剧增加会以拥挤、污染、全球气候变化和需要处理的不断扩散的废品等形式给社会带来巨大的成本。他们认为经济增长已经让废物堆满了我们的路旁,让污染充斥了我们的空气,让有害化学物质污染了我们的食物。

一些心理学家和社会批评家认为永无止境地追求更多更好的产品并不能使人们更快乐。相反,工业进步已经把能带给人满足和具有创造性的技术工人的工作转变成了机械刻板的非人性化的流水线工人的工作。在一些国家,如美国,对增长的追求似乎驱使人们工作的时间变得越来越长。问题是物质产品的大量涌现是不是值得人们去承受所有这一切压力和环境破坏。实际上,关于幸福的自我评估报告显示,平均来看,富国居民的幸福感没有比穷国的更高。

但尽管这样,大多数经济学家还是相信快的增长好于慢的增长。首先,较慢的增长会使旨在改善生活质量的资助计划变得极为难以实现,这其中也包括保护环境所需做出的努力。因为这些计划往往是要花许多钱的,证据表明只有当收入达到一定程度后,人们才会为这些计划埋单。其次,要阻止进步的经济增长很困难,即使我们真的试图这样做。多数美国人不喜欢强制性的管制。我们无法命令人们停止创造发明和辛勤劳动。再次,较慢的经济增长将严重限制消除美国和全世界的贫困的能力。地球上还有许多人依然生活在极其贫困的状态。这些不幸的人更关心的不是清洁的空气和自身才能的充分发挥,他们想要的是更多的食物、更好的衣服和更坚固的庇护所。

但经济学家们也承认越快的增长并不总是越好。我们将在第六部分和第七部分仔细讨论一个重要的原因:经济增长过快可能会引起通货膨胀。为什么呢?在上一章的末尾大家已经知道了答案:当总需求大于总供给时,通胀就会出现。用简单的话来说就是,如果人们对物品和服务的需求扩张快于经济的生产能力,经济就会产生通胀。因此我们可能不愿意增长速度高于潜在 GDP 的增长率,至少在长期中是如此。

那么社会是否应该寻求最大的可能潜在 GDP 的增长率呢?可能是,但可能也不是。毕竟,更快的增长并不是免费的,我们已经指出积累更多的物质资本是加速潜在 GDP 的增长的一种好办法,但是用来制造飞机引擎和计算机服务器的资源也可以用来生产家用空调和游戏机。因此,资本形成会给社会带来明显的成本:居民必须减少今天的消费。但这点并不构成反对未来投资的理由。实际上,大多数经济学家相信我们需要做更多的投资。但我们必须认识到通过资本形成带来的更快的增长是有成本的——机会成本。这与其他的事情一样,没有免费的午餐。

第 2 部分:低失业率的目标

在前面我们已指出实际 GDP 增长在几年的时段里可能与潜在 GDP 的增长之间出现明显的偏离,这种宏观经济波动对就业和失业有重要的意义。特别是,

> **失业率**是以劳动力的百分比表示的失业人数。

当经济的增长慢于其潜在能力时,它就不能为不断增多的劳动力提供足够多的新工作,因此,**失业率**(unemployment rate)提高。相反,比潜在 GDP 增长快的 GDP 增长将使失业率下降。

高失业对社会而言是极为浪费的。当经济无法生成足够多的工作岗位来雇用每一个想工作的人时,经济就会损失一种有价值的资源。本可以生产为消费者享用的潜在的物品和服务也随之永远失去了。失去的产出就是高失业的主要经济成本,我们可以通过比较实际 GDP 和潜在 GDP 计算出成本的大小。

该成本是相当可观的。表 23-1 总结了最近几十年中经济活动最少的一些年份里工人和机器闲置引起的国民产出损失。第二栏列出的是市民失业率,代表的是未利用的劳动资源。第三栏列出的是美国制造商实际利用的工业生产能力的百分比,它代表的是工厂和机器闲置的程度。第四栏估计了潜在 GDP 与实际 GDP 之差。我们看到失业使美国人的实际收入降低了 8.1% 之多。

表 23-1　高失业的经济成本

年份	市民失业率(%)	工业生产能力利用比(%)	因资源闲置带来的实际GDP损失(%)
1958	6.8	75.0	4.8
1961	6.7	77.3	4.1
1975	8.5	73.4	5.4
1982	9.7	71.3	8.1
1992	7.5	79.4	2.6
2003	6.0	73.4	2.2

虽然表 23-1 用的例子有点极端,但是我们无法使用国家拥有的全部资源却是几十年来的一个持久的经济问题。实际 GDP 更多地是低于潜在 GDP 而不是超出了它,特别是在 1973—1993 年期间。事实上:

> 一个保守的估计表明,在 1974—1993 年间(均用 2000 年价格为基准估算)实际 GDP 和潜在 GDP 之间的累计差距约达 17 500 亿美元。按 2007 年的水平计算,失业引起的产出损失将是一个半月的产量,并且这些损失无法弥补。1992 年浪费的劳动无法在 2007 年使用。

23.4　高失业的人力成本

如果这些数据看起来有点枯燥和抽象,那么想想失业的人力成本。多年以前,失去工作不仅意味着无奈的无所事事和收入的急剧下降,它经常还会带来饥饿、寒冷、疾病甚至是死亡。下面是在大萧条期间一位失业工人向宾夕法尼亚州的州长写的一封哀伤的信,信中描述了他家的困境:

> 我已经失业一年半了。在家待了近 13 个月后,房东告诉我,如果我不能在 1932 年 1 月之前付清房租我就必须搬出去,但在这严寒的冬天我和我的孩子能到哪里去呢?请看在上帝和小孩的份上,帮帮我吧,请做您可做到的,给我一些帮助,好吗?我找不到任何工作可做……感恩节晚餐是黑咖啡和面包,我们很高兴能吃到这些,我的妻子现在正住着院。我们没有鞋没有衣服穿。天哪,我该怎么办?我肯定会感激您的。①

如今,虽然失业对大多数家庭来说没有这样恐怖,但它的后果依然十分严重。我们的失业保险制度(在本章后面讨论)部分地承担了失业的剧痛,其他社会福利也提高了穷人的收入。但是大多数家庭依然痛苦地承受收入损失,并且,当负担家庭生计的人失业后,家庭经常还要遭受严峻的非经济后果。

---

① 选自 Milton Meltzer, *Brother, Can You Spare a Dime? The Great Depression 1929—1933*, p. 103。版权 1969 年,由米尔顿·梅尔策所有,经 Alfred A. Knopf. Inc 授权翻印。

即使是受到失业补偿保护的家庭在失业时也会遭受损失。我们的社会是一个以工作为中心的社会，一个男人的位置一直是在办公室或商店，后来女人亦是如此。一个工人因经济衰退而被迫无事可做要忍受我们无法估量的心理成本。马丁·路德·金曾形象地描述过这一点："在我们的社会中，剥夺一个人的工作在心理上等同于谋杀……你实质上是在说那个人无权生存。"[1]高失业已经与心理和生理紊乱、离婚、自杀和犯罪联系在一起。

不论这些成本总量是大还是小，这些成本在人口中分布极为不均衡，认识到这一点尤为重要。例如，在2007年，所有工人的失业率平均为4.6%，但是，其中黑人工人有8.3%失业。青年人的处境更糟糕，失业率达15.7%。黑人男青年中的33.8%处在失业状态。已婚男人的失业率最低——大约2.5%，虽然每年的失业情况不同，但这些关系是有一般性的：

> 无论在好的时代还是坏的时代，已婚男性失业的最少而青年人失业的最多，非白种人失业比白种人多得多，蓝领工人的失业率在平均失业率之上，受过良好教育的人的失业率处在平均失业率之下。[2]

值得指出的是，这些年美国的失业比其他大多数工业国家的失业率低出许多。例如，在2006年，美国的平均失业率为4.6%，而加拿大为5.5%，法国为9.5%，意大利为6.9%，德国为10.4%。[3]

23.5　计算失业人数：官方统计数据

我们一直在用失业的数据，而没有想这些数字从何而来以及它们的准确性怎样等问题。基本数据来自于美国劳工统计局(U. S. Bureau of Labor Statistics，BLS)每月对约60 000户家庭进行的调查。普查人员对家庭的每个成员的就业状态提出几个问题，然后基于他们的回答把人们归类为就业的、失业的或者不属于劳动力的人员三种。

就业人员　第一类是最易定义的人群。它包括目前有工作的每一个人，也包括兼职工作者。虽然一些兼职者有时工作时间还不到一周，另一些人因为无法找到合适的全职工作而只能兼职，但是这些都被认为是就业者，尽管许多人认为他们是"失业者"。

失业人员　第二类人群的定义有点复杂。对那些目前没有工作的人，首先要判断他们是否是最近从他们想获得报酬的工作上被辞退了，如果是这样，他们就被认为是失业者。然后要问剩下的没工作的人是不是在前四周中积极地寻找工作，如果他们这样做了(却没找到)，他们也被认为是失业者。

---

[1] 引自 Coretta Scott King(ed.) *The Words of Martin Luther King* (New York：Newmarket Press；1983)，p. 45。
[2] 现今，男性和女性的失业率基本相同。
[3] 外国的数据是近似地基于美国的失业概念得出。

非劳动力人员 如果没有工作的人没有寻找工作,他们就被归类为非劳动力人员而不是失业人员。这好像是一个合理的划分——毕竟,并不是每个人都愿意工作。然而这里也存在一个问题:研究表明许多工人失业在一段时间后会放弃寻找工作。他们被称为**丧志的工人**(discouraged workers),与官方认可的失业者一样也是差的工作预期的受害者。但是当他们放弃希望后,得到的失业率——失业人数占总劳动力之比——会下降。

> **丧志的工人**是指放弃继续寻找工作因而不再被认为是劳动力的那一部分的失业工人。

非自愿的兼职工作,加班的损失或缩短工作时间以及丧志的工人全都是"隐藏的"或"隐性的"失业。关心这些现象的人们认为我们应该把他们包括进官方的失业率中,因为如果我们不这样做,问题的严重性会被低估。但是其他人认为失业率高估了问题,因为为了算成失业者,潜在的工人只需声称一直在寻找工作即可,即使他们不是真正想找工作。

23.6 失业的类型

为那些愿意工作的人提供工作是宏观经济政策的一个主要目标。我们该怎样定义这个目标呢?

> **摩擦性失业**是劳动市场上正常的变动引起的失业。它包括那些由于搬家或变换职业或与此相似的原因而暂时未就业或失业的人。

"失业率为零"显然是错误的答案。我们的经济是动态的,具有高度的流动性。家庭会从一个州搬迁至另一个州,个人为寻求更好的职位或更具吸引力的职业会放弃现有的工作。这些和其他的决定形成了一种最低数量的失业——人们在不同工作中徘徊,经济学家称为**摩擦性失业**(frictional unemployment)。摩擦性失业在我们的市场经济中是不可避免,它最重要最明显的特点就是具有短期性,一个摩擦性的失业者总是希望尽快能找到一个新的工作。

> **结构性失业**指的是因为工种被自动化技术替代,他们的技能不再有需求或是因为类似的原因而失去工作的工人。

第二类失业很难与摩擦性失业相区分,但却有着十分不同的含义。当经济中的变化(如自动化或永久性的需求变化)使得一些工作不复存在时,**结构性失业**(structural unemployment)就会出现。结构性失业和摩擦性失业之间最重要的区别就是,与摩擦性失业的工人不同,结构性失业的工人实际上不能被认为是"在工作间徘徊",相反,他们的技能和经验在他们生存的不断变化的经济中可能已没有市场价值。因此他们面临的要么是长时期的失业要么是必须更换他们的技能或职业。

> **周期性失业**是指因经济的总产量下降而引起的那一部分失业。周期性失业在衰退期间增加,在繁荣期间减少。

还有一种类型的失业是**周期性失业**(cyclical unemployment),它是我们关注的重点。当经济活动的水平下降,如衰退中的情形,周期性失业就会上升。因此,当经济学家们说到维持"充分就业"时,他们不是指实现零失业,而是把失业降低至摩擦性失业和结构性失业的水平——基本上就是指实现潜在GDP,这样,一个关键的问题是,摩擦性失业和结构性失业有多大?

政策争论

最低工资会导致失业吗?

由下图中简单的供求图所归纳出的基本经济学推理表明,设置一个高于自由市场工资(图中的 w 点)的最低工资(图中的 W 点)必定会导致失业的出现。在该图中,失业由最低工资水平上的劳动供给量(B点)与劳动需求量(A点)之间的水平差距表示。实际上,这一结论看来是如此基本,数代经济学家都把它视为理所应当。例如,在本书的较早的版本中,我们就十分肯定地传授给学生:最低工资定得越高就会导致越多的失业。

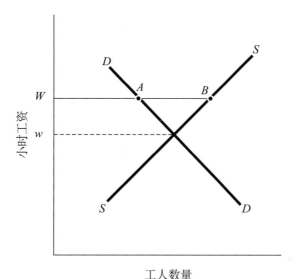

然而,在20世纪90年代发表的一些令人惊讶的经济学研究却对这个传统的论点提出了深刻的质疑。① 例如,经济学家大卫·卡德(David Card)与艾伦·克鲁格(Alan Krueger)对1992年新泽西州提高其最低工资之后新泽西的快餐店和宾夕法尼亚州附近的快餐店的就业变化情况进行了比较(宾夕法尼亚并未提高最低工资),他们惊奇地发现新泽西快餐店的新增雇佣人数竟然超出了宾夕法尼亚的同业雇佣人数。而且在1991年联邦最低工资被提高之后的得克萨斯州快餐店与1988年加州的州最低工资被提高之后的加州快餐店也发现了相似的结果。在这些实例中,较高的最低工资看来均没有降低就业——与简单的经济学理论的推论相反。

卡德和克鲁格的研究以及其他的类似结论从一开始就是有争议的,而且争议不断。如此一来,一个早先本认为无须争论的政策问题现在看来又将被提及:最低工资会导致失业吗?

这一争论的结果不仅仅是出于学术的兴趣。在1996年,克林顿总统提议且国会通过了提高联邦最低工资法案——其部分依据新研究所得出的失业不会因此而增加的结

---

① 参见 David Card and Alan Krueger, *Myth and Measurement: The New Economics of the Minimum Wage* (Princeton, N. J.: Princeton University Press; 1995).

论。同样的研究在2007年国会争论是否提高工资时再次被引用,并且通过了在2009年夏天以前分三阶段将最低工资提高到7.25美元的法案。经济学研究发挥了作用。

23.7 "充分就业"时的就业是多少?

充分就业指的是每个愿意且能够工作的人都能找到工作的一种状态。在充分就业状态,失业率依然是正值。

约翰·F.肯尼迪总统是首位为联邦政府定下具体失业目标的总统。他选定的目标为4%,但是这个目标后来在20世纪70年代被认为过低而遭否决。当政府放弃4%的失业目标后,没有定新的数字来替代它。相反,我们经历了一个长期的争论,关于如何准确地衡量与**充分就业**(full employment)相对应的失业,直到今天该争论仍在继续。

在20世纪90年代初,许多经济学家认为充分就业时的失业率为6%。另一些经济学家争论该估计太过于悲观了。真实世界中发生的事件具有决定意义地否定了充分就业时的失业率高达6%的主张。20世纪90年代的经济繁荣使失业率在1994年秋低于6%,到1997年夏,失业率还不到5%,并且直至2001年9月,每个月的失业率都一直处于5%以下,在2000年还曾两次降至3.9%,所有这一切都让经济学家们在推测充分就业的可能值。2008年年初官方发表的政府报告估计充分就业时的失业率刚好是5%左右。但是没有人对这个估计值完全具有信心。

23.8 失业保险:意义重大的缓冲保护

失业保险是一项政府计划,它补给失业工人一部分损失的工资,但只有符合标准的失业工人才有资格得到。

在20世纪30年代失业工人完全失去收入来源,这曾击垮了许多人,而如今美国的失业工人再也不会经历这样的灾难了,一个主要原因是我们建立的**失业保险**(unemployment insurance)制度,它是自大萧条苦难后出现的最有价值的制度创新之一。

在联邦政府的指导下,50个州各自都实行一套失业保险计划。尽管具体的数目不尽相同,但在2007年的调查中,年均每周的福利约为288美元,近似于平均每周所得的一半。虽然50%的收入下降仍然会产生严重的问题,但是说这50%的收入保障具有重大意义却一点也不夸大,特别是它还可以得到其他福利计划所获得的基金的支援。那些享受失业保险的家庭在他们失去工作时几乎不会再挨饿或无家可归。

获得福利的资格在各州各不相同,但是一些标准是通用的。只有富有经验的工人才有资格,那些刚加入劳动大军的人(如毕业不久的大学生)或是在长期沉寂后重新参加工作的人(如在抚养小孩多年之后重回劳动市场的女性)都无法获得福利待遇。还有那些辞去工作的人也是没有资格的,除非有特殊情况。并且福利在规定时效期后取消,通常是6个月。由于这些原因,在2007年平均每周的710万失业人口中,仅有37%的人才真正接收到了福利。

失业保险对失业者的重要意义是显而易见的。但那些从未失业的居民也同时享受到了相当的好处。在衰退期间,数十亿美元以失业福利支出,由于获得福利的人可能会花掉大部分资金,因而失业保险在最需要它的时候和地方提供了更多的购买力,从而阻止了衰退的恶化。

失业保险制度是自1933年后为防止大萧条再次发生而建立的几种保护措施之一,通过向那些失业者提供金钱,该制度有助于在衰退期间扩大总需求。

虽然美国的经济现在可能有抵御大萧条的能力,但这不应该成为过分欣喜的理由,因为20世纪70年代以来美国经历的许多次衰退充分显示了美国远远不能抵御衰退。

失业保险和其他福利计划替代了相当一部分失去的收入,这已经使一些抱怀疑态度的人宣称失业不再是一个严重的问题。但事实是失业保险正如其名,它只是一个保险计划。保险从来就不能阻止灾难的发生,它只是简单地把成本分散到许多人身上,而不是让成本全部落在少数不幸的人肩上。正如我们前面指出的,失业使经济失去了它本可生产的产出,而且任何保险单也无法保证社会免受这些损失。

工资税和失业福利制度把失业的成本分摊到所有人身上,但它不能消除基本的经济成本。

在这种情况下,你也许会问,为什么不像许多欧洲国家已经在做的,加大失业保险力度,以更好地减少影响呢?答案是失业保险也有负面影响。当失业的收益非常大的时候,那些失去工作的人们就不再那么渴望去找新工作了。恰当的失业保险水平应当在保证失业人员收入和提高失业率的代价之间,找到一个合适的平衡点。

第3部分:低通货膨胀的目标

通胀的人力成本和经济成本都不如失业的成本那样一目了然。但这并不妨碍它的真实性。对于通胀,有一件事是明确的,那就是人们都不喜欢它。

当通货膨胀率较低时,通胀在国家公众民意测验中很少作为一个问题出现,但是当通胀很高时,它往往是首要问题——一般还排在失业之前。调查还表明通胀与失业一样使人们不高兴。最后,对选举的研究指出,当通胀高时,选民会责难入主白宫的政党。人们不喜欢通胀是毋庸置疑的事实。问题是,为什么?

23.9 通货膨胀:臆断与现实

起初,这个问题看似有点滑稽。在通胀期间,人们需要为他们以前消费的同样多的物品和服务支付更高的价格。因此要维持同样的生活水平就需要越来越多的收入。**购买力**（purchasing power）下降——也就是货币能购买的东西的数量减少——使每个人的处境更差了,这一点是不是不明显呢?

> **购买力**指一定数量的货币能买到的物品和服务的数量。

23.9.1 通胀和实际工资

要不是一个显著的事实,情况就真的如人们想象的一样。但是,人们挣的工资也是价格——服务的价格。在通胀期间,工资也会上涨。事实上,平均工资一般多少会随价格一起发生变化。因此,与大家想象的相反,工人并不总是通胀的受害群体。

> **实际工资率**是指随通胀而调整的工资率。具体来说,它是名义工资除以价格指数。它体现了货币工资能买到的物品和服务的数量。

工资的购买力——称为**实际工资率**（real wage rate）——并不随通胀有规律地下降。有时工资上涨快于价格,有时价格上涨快于工资。在长期,由于新资本设备和创新提高了每个工人的产出,工资增长往往超过了价格。

要谨记我们在第1章给出的警告:不要仅凭数据就试图推出因果关系。但是在这里因果分析不是我们的目的。我们仅仅是想消除通胀必定导致实际工资下降这一臆断。

但是为什么这一观点如此普及呢? 先设想一个没有通胀的世界,因劳动生产率的提高,工资每年上涨2%,现在假设通胀突然发生,价格每年开始上涨3%,其他什么都没变,比价格上涨迟一点,工资增长将会加速,增至每年2%+3%=5%。

那么工人会平静地看待这个变化吗? 可能不会。对每个工人来说,5%的工资增长是他的血汗挣来的。在他的眼里,这增长的5%里的每一分钱都是他应得的。在某种意义上,他是对的,因为他的血汗为他赚到了实际工资的2%,当通胀率为3%时,只有把他的货币工资增加5%才能实现这2%的实际工资。经济学家会把这样的工资增长按下列方式分解:

工资增长的原因	数 量
生产率的提高	2%
对价格上涨的补偿	3%
合 计	5%

但是工人可能对数值有不同的观点。由于他觉得是凭借自己的努力获得了全部5%的增长,因此他会认为是通胀"掠夺"了他应得的3/5。通胀率越高,工人就会觉得增长的工资中被抢走的越多。

当然,没有什么能与事实违背。基本上,不论通货膨胀率是多少,经济制度会回报工人2%的实际工资增长,与生产率提高引起的2%的实际工资上涨一样多。"通胀的罪行"经常被夸大了,因为人们没有理解这一点。

专栏

实际工资的计算:一个实际例子

实际工资不是指一个工人每小时工作的报酬是多少美元(那其实是名义工资),而是指这些钱的实际购买力,它表明一个小时的劳动的价值能购买多少东西。注意我们前面对实际工资的定义,我们用名义工资除以价格水平得到实际工资。公式是

$$实际工资 = 名义工资/价格水平$$

这里有个具体的例子。在1998—2007年间,美国每小时工资的平均值从13.01美元涨到了17.41美元,9年增长了34%,这听起来对美国工人是不错的。但在同样的9年里,使用最普遍的价格水平指数CPI,涨了27%,从163.0到207.3。这意味着这两年的实际工资是

$$1998 年的实际工资 = 13.01/163 = 0.0798$$
$$2007 年的实际工资 = 17.41/207.3 = 0.0840$$

9年间只有5.2%的增长,远远小于34%。[①]

23.9.2 相对价格的重要性

> 一个物品的**相对价格**是指用其他物品来表示的它的价格,而不是用美元表示。

一个相关的误解是因为人们不能区分一般价格上涨和**相对价格**(relative prices)的变化,即一种价格相对于另一种价格的上涨。为了清楚地弄明白两者的区别,先假设在一年里每种价格都涨高了10%,即一次**纯粹的通胀**(pure inflation),因而相对价格不变。在表23-2的例子中,电影票的价格从6.00美元涨到6.60美元,糖果从50美分涨到55美分,汽车的价格从9 000美元涨到9 900美元。通胀后与通胀前一样,买12块糖果的钱可以买一张电影票,1 500张电影票可以买一辆汽车,等等。一个生产糖果的人如果想买电影票不会受到通胀的帮助或损害。同样,汽车商人也不会多获得一块糖果。

表 23-2 纯粹的通胀

物品	去年的价格(美元)	今年的价格(美元)	增长率(%)
糖果	0.50	0.55	10
电影票	6.00	6.60	10
汽车	9 000	9 900	10

表 23-3 真实世界的通胀

物品	去年的价格(美元)	今年的价格(美元)	增长率(%)
糖果	0.50	0.50	0

---

① 正如附录中的解释,按常规还要乘上100,这样得到的实际工资分别为7.98和8.40。但这不会影响百分比。

（续表）

物品	去年的价格（美元）	今年的价格（美元）	增长率（%）
电影票	6.00	7.50	25
汽车	9 000	9 450	5

但是真实的通胀并不是这样。当总的通胀 10% 时——指"平均价格"上升了 10%——一些价格可能会涨了 20% 甚至更多，而另一些价格实际上是下降了。[1] 假设价格上升不是如表 23-2 所示，而是如表 23-3 所示。电影的价格提升了 25%，而糖果的价格没有变化。喜爱电影的糖果商此时就会很不开心，因为看电影要花 15 块糖果而不是之前的 12 块。他们将会因电影票的价格上涨而指责通胀，而实际问题是电影对糖果的相对价格提高了。（如果电影票的价格还是 6 美元，而糖果的价格降至 40 美分，他们受到的伤害是一样的。）由于汽车的价格只涨了 5%，想买新车的影院老板会十分高兴，因为一辆车现只值 1 260 张电影票——这就像汽车价格跌至 7 560 美元而电影票的价格没变一样让他们欣喜。但是他们不可能把这种好运归功于通胀。实际上他们也不应如此。真实的情况是汽车相对于电影变得更便宜了。

由于现实世界的通胀率是不平衡的，因而相对价格总是处于变化中。这样就有获利者和受害者，这就像没有通胀而相对价格发生改变一样，一些人将因此获利，另一些人则会受害。但是，通胀却获得一个坏名声，因为亏损者往往把他们的不幸归咎于通胀，而受益者又很少把他们的好运归功于通胀。

当一些物品相对其他物品变得更贵时，不能总是抱怨通货膨胀。

以上两种误解有助于解释为什么公众民意调查的调查对象们常常把通胀作为一个主要的国家问题，为什么较高的通胀使消费者不快，以及为什么通胀高时选民会通过选举投票来表达他们的不满等问题。但也不是所有的通胀成本都是人们的幻觉，下面让我们看看它的一些真实成本。

23.10　通货膨胀作为收入和财富的再分配作用

我们刚才看到，平均地，人既不会获得通胀的帮助，也不会受到它的伤害。但是几乎没有人是真正平均的。一些人会从通胀中受益而另一些则会受害。例如，靠养老金或其他固定收入度日的老年人会严重地受到通胀的影响。因为他们不挣工资，因而他们无法获得工资与价格同步变化带来的安慰，他们的养老金是不随价格发生变化的。[2]

这个例子说明了一个问题。领养老金的人的行为可以看作是他们在年轻时把钱"借给"一个机构（养老基金）以期望年老后连本带息要回来。由于在这期间价格水平

---

[1] 统计学者获得"平均"价格上涨的方法在本章附录中讨论。
[2] 社会保障福利不是这样，它随价格水平自动增加以补偿接受者。

上升了,这些不幸的养老金领取者拿回来的钱没有他们当初借出的钱值钱。一般而言:

  债主更易受到通胀的不利影响。

  虽然借出钱的人可能损失惨重,但借钱的人可能会受益颇多。例如,房主在20世纪50年代向银行以抵押贷款的形式借了钱,当时的利率是3%或4%,那么他们会在20世纪70年代的高通胀中大赚一笔。他们还的钱的购买力比当时借的钱的购买力小得多。其他借钱的人的情况是一样的。

  债务人常常从通胀中获益。

  由于通胀引起的再分配通常是以贷款的人的利益为代价使借钱的人受益,并且在每一收入水平下都有贷款的和借钱的人,因而我们可以总结:

  通胀既不总是从富人那里拿钱帮助穷人,也不是让穷人更穷富人更富。

  那么为什么通胀的再分配效应受到如此广泛的指责呢?因为它的受害者经常改变。没有人为再分配制定法律,没有人自愿参与这样的再分配,获利者没有得到战利品,受害者也不是命中注定的。并且通胀年复一年地降低特定阶层的购买力——那些靠个人养老金生活的人、那些积攒钱并"贷给"银行的家庭以及那些薪资不随价格上涨而提高的工人的购买力。尽管平均来说人们没有受到通胀的伤害,但是事实却无法让那些通胀的受害者寻求安慰。这是通胀的一个基本"罪行"。

  通胀是随意地再分配收入的。社会的收入分配应该既能反映自由市场的运行又能体现政府有目的改变分配的努力,它是两者相互作用的结果。通胀干预并扭曲了这一过程。

23.11 实际利率与名义利率

  但是等一下,难道通胀总是会损害贷款者而有利于借钱的人吗?如果借贷双方都觉察到通胀的来临,难道贷方不会要求借方支付更高的利率作为即将来临的通胀的补偿吗?事实上他们会的,因为这点,经济学家明确区分了预期通胀(expected inflation)和未预期到的通胀(unexpected inflation)。

  如果双方都完全预期到通胀,情况会怎样呢?假设吉姆想从斯克鲁奇那里借1 000美元,时间为1年,双方都同意没有通胀时,利率为3%。这就是说吉姆为现在能拥有1 000美元,他需在年末还钱1 030美元。

  如果两人都预期价格要上涨6%,斯克鲁奇可能会如此推算:要是吉姆在明年的今天还我1 030美元,那么它能买到的东西将要比今天1 000美元能买到的东西少。这样,实际上是我付钱给他要他向我借钱!我又不是慈善家,为什么不向他收9%的利息呢?那样在年底他会还1 090美元。因为价格涨了6%,这1 090美元将大致与今天的1 030美元价格相当。因而与我们在没有通胀时达成的协定一样,我的购买力同样增加了3%，我的情况没有变坏，这是我能接受的最低价。

而吉姆也可能遵循一个相似的逻辑。"没有通胀，为现在获得1 000美元，我将要在年末支付1 030美元，斯克鲁奇将愿意借钱给我。如果通胀是6%，这样做会使他发狂的，他定会收我更多的钱。我应该付多少呢？如果1年后我付给他1 090美元，它的购买力基本上与今天的1 030美元相同，因此我的处境一点也没变坏，我最多能付这么多。"

这些想法会使他们以9%的利率签约，其中3%是吉姆付给斯克鲁奇的作为提高购买力的部分，6%是补偿预期通胀的。如果6%的预期通胀真的发生了，那么双方都未受通胀的影响。

这个例子说明一个一般性的原则。吉姆同意付给斯克鲁奇以提高购买力的3%称为**实际利率**（real rate of interest）。两人写进贷款协定中的9%的合约利率为**名义利率**（nominal rate of interest）。名义利率等于实际利率加上预期通胀率。一般关系是

> **实际利率**是借款者为获得贷款而付给放款人的购买力增加的百分比。它表示放款人赚到的购物品和服务的能力的增加。

> **名义利率**是借款者还的钱中超出其贷款的那部分所占的百分比，它没有对通胀引起的购买力下降作出调整。

$$名义利率 = 实际利率 + 预期通胀率$$

加上预期通胀是为了弥补贷款人预计要因通胀遭受的购买力损失，因此，

被精确预期到的通胀不一定引起借贷双方之间的收入再分配，如果体现在名义利率中的预期通胀率与实际通胀率一致，那么既无人受益也无人受损。但是，只要预期被证实不准确，通胀还是会产生收入再分配效应。①

但毋庸置疑，通货膨胀率的预期错误是常事而非例外。公布了的预测证实经济学家在预测通胀率上面临巨大的困难。同样对工商企业、消费者和银行来说，它也非易事。这也从另一方面解释了为什么通胀受到如此广泛的谴责，被认为是不公平的和不合意的。它建立了一个没人喜爱的猜测游戏。

23.12 通货膨胀扭曲度量

正如我们看到的，因为通胀难以预测，它给社会带来了成本。但是即使通胀被准确预期，其他一些成本还是会随之产生。它们中的许多成本是因为人们不习惯按通胀调整后的方式进行思考，从而在想法和计算中出现错误。许多为无通胀经济制定的法律和法规在通胀高时无法正常发挥作用。下面就是一些重要的例子。

23.12.1 混淆实际利率和名义利率

人们频繁地混淆实际利率和名义利率。例如，大多数美国人认为1980年银行收取的12%的抵押贷款利率特别高，而认为2006年6.5%的抵押贷款利率很合算。事实

---

① 练习：如果通胀只有4%而不是斯克鲁奇和吉姆预期的6%，那么谁受益，谁受损？通胀率为8%时的情况又怎样呢？

上,算上 2006 年约 2.5% 和 1980 年 10% 的通胀率,2004 年的实际利率(约为 4%)在 1980 年的实际利率(约为 2%)之上。

23.12.2 功能失灵的税收制度

> **资本收益**是一项资产的卖出价与买进价之差。

税收制度可能是通胀幻觉发生作用的一个最重要的例子。法律没有区分名义利率和实际利率,它只是简单地对名义利率征税,而不考虑名义利率所能代表的实际利率是多少。类似地,**资本收益**(capital gains)——投资者买进与卖出一项资产的价格差——是按名义而非实际收益征税的。因此,当出现高通胀时,我们的税收制度会做出奇怪的事情。下面的例子将对此作出解释。

从 1984 年到 2007 年,价格水平大约增长了一倍,假若某种股票在 1984 年的买进价为 20 000 美元,在 2007 年的卖出价为 35 000 美元。由于 1984 年的 20 000 美元的购买力大致相当于 2007 年的 40 000 美元的购买力,因此,持有此股票的投资者实际上损失了购买力。但是由于法律是规定对名义资本收益征税,而不考虑通胀,因此对投资者 15 000 美元的名义资本收益要征税,即使实际情况是投资者损失了 5 000 美元的实际资产。

许多经济学家已提出(可能不是有意的),只向剔除通胀因素之后的资本收益征税就可以改变法律的这一特征。但迄今为止,国会还未批准。因此这个简单的例子说明了一个普遍存在的严重问题:

> 由于我们的税收制度没有区分名义资本收益和实际资本收益,或者说没有区分名义利率和实际利率,因此当通胀高时,它对资本收入征收的税率就高,尽管这并不是故意的。因此,在一个通胀的环境里,管理我们金融制度的法律可能不利于生产,并导致立法者意想不到的问题。一些经济学家觉得通胀引起的高税率不利于储蓄、贷款和投资——因此会阻碍经济增长。

因此,高的名义利率之下实际利率可能依然很低,人们已经意识到不能正确理解这一点会使税法无法做到有的放矢,会使储蓄者变得贫穷,会阻止借贷行为发生。重点要指出的是通胀的这些成本并不只是具有再分配效应。当法制功能失常阻止了互惠的交易行为时,整个社会将蒙受损失。

那么,为什么这些无益的法律还出现在书本上呢?其主要原因可能是对名义利率和实际利率两者间的区别缺乏认识。人们不理解通常是实际利率在经济交易中起作用,因为只有实际利率才能以货币所能购买到的物品和服务的形式反映出借贷双方各需支付和收取多少钱。他们关注的是通胀引起的高名义利率,即使这些名义利率相对应的是很低的实际利率。

> 实际利率和名义利率之间的区别,以及实际利率在经济上具有重要意义而名义利率经常是在政治上具有重要意义这一事实至关重要,却又很少被人们理解,许多公共政策的决策者也是如此。

23.13　通货膨胀的其他成本

通货膨胀的另一个成本是价格的频繁变动使参与长期合约变得有风险。在通胀极为严重时,"长期"可能就是几天的工夫,但就算是温和的通胀,也能对长期贷款产生显著影响。假设一家公司想借 100 万美元来购买一些新设备,期限需为 20 年,如果在这期间平均通胀为 2%,那么 20 年后这 100 万美元的还款按现在的购买力计算将值 672 971 美元。但是如果平均通胀为 5%,那么还款将仅值 376 889 美元。

显然这种长期的借与贷是个大赌局。因为风险太高,结果可能是借贷双方都不想参与到长期合约中来,但是倘若没有长期贷款,商业投资就可能成为泡影,经济就会停滞。

通胀还使消费者的日子不好过。可能有多个商店是你经常惠顾的,因为你想买的东西在这些商店中的价格大致与你所期望的相当。这种信息为你节省了大量的时间和精力。但是当价格迅速变化时,你所列的购物单很快也就派不上用场了。当你再次光顾你最喜欢的服装店时,你发现牛仔裤的价格上升了许多。你是否该买呢?还是应到其他的店里去转转呢?它们是不是也已经提高了价格呢?企业面对它们的供应商也有着同样的疑问。价格提升迫使它们要到更多的地方去采购,这会给企业带来成本,总的来说,这会降低整个经济的效率。

23.14　低通货膨胀与高通货膨胀的成本

前面对通胀成本的解释使我们注意到了一个非常重要的事实:可预见的通胀给人们带来的负担比不可预见的通胀带来的要小得多。通胀在什么时候具有良好的预见性呢?当它年复一年地按一个微小的或基本上稳定的比率变化时,它就是可预见的。因此,通胀率的波动是一个至关重要的因素。通胀率连续 3 年保持在 3% 所带来的社会成本肯定比第一年的通胀率为 2%,第二年为 0,而第三年为 7% 的成本小。总的来说:

> 稳定的通胀比多变的通胀更易预见,因而它的社会成本和经济成本也小一些。

但是通胀的平均水平也很重要。一部分是因为前面提及的通胀幻觉,另一部分是因为我们刚刚提到的正常的购买关系的迅速瓦解,每年为 6% 的稳定通胀比每年 3% 的稳定通胀的破坏力更大。

经济学家将低通胀(low inflation)与高通胀(high inflation)区分开来,前者是个小的经济问题,后者则可能是一个灾难性的经济问题,一方面因为通胀的平均水平高,另一方面因为它的多变性。如果通胀保持稳定且水平较低,虽然价格在长期中会上涨,但上涨的速度不大且相当平稳,人们容易适应。例如,用 CPI 来衡量,美国的通胀自 1991 年以来是相当平稳的,从未低于 1.6%,也未高过 4.1%。

一般非常高的通胀持续时间较短,且其特征是每月或每年的通胀率变动非常大。例如在近几十年里,从阿根廷到俄罗斯再到津巴布韦等国家爆发的通胀的年增长率超出了100%甚至1 000%(参见专栏"如何使恶性通货膨胀更糟")。这些事件中的每一件都严重地影响了本已受挫的国家经济。

第一次世界大战后德国的恶性通胀大概是最著名的高通胀事件。从1922年12月到1923年11月,当迟迟未能奏效的改革计划最终阻止了不断加剧的物价上涨时,德国的批发价格几乎增长了100 000 000%！但是与最严重的通胀,1945—1946年的匈牙利大通胀相比,德国的经历却是小巫见大巫了。在那一年的一段时间里,平均月通胀率约为20 000%,到了最后一个月,价格水平飙升了百分之四十二万亿！

如果大家回顾一下本章已讨论过的通胀成本,你们将会明白为什么低通胀与高通胀的区别如此重要。许多经济学家认为在一个稳定的低通胀环境中我们能够生活得不错,却没有人相信我们能很好地生活在极高的通胀之中。当通胀水平低且平稳时,物价上升率很容易被预见。所以在确定利率时人们可以把它考虑进来。而在高通胀下,特别是当价格持续上升或者价格上升率变化很大时,要做到这一点极为困难,甚至是不可能做到的。潜在的再分配效应变得非常大,借贷行为可能会全然终止。

但是,通胀不论高低都使签订长期合同变得困难。在低缓的通胀下,"长期"可以是20年、10年或5年,但是在高通胀下,"长期"可能是按天或星期来计算。餐馆的饮食价格可能每天都在变。飞机票可能在你旅行期间就已经涨价了。如果人们签订的合同连数日都无法持续,那么经济活动就会陷入瘫痪。因此,结论是

恶性通胀的恐怖是非常真实的。但这些恐怖要么是低稳的通胀所不具有的,要么是被弱化以至于人们没有认识到它们的可畏性。

专栏

如何使恶性通货膨胀更糟

最近一些年来,世界上最高的通胀率出现在津巴布韦这个贫困的非洲国家。历经几十年,近来,这里已经升级为极度危险的恶性通胀。

津巴布韦的通胀率在20世纪90年代中期时平均每年约为20%,然后在20世纪90年代末期开始加速,2002年就开始飙升了。据国际货币基金组织(IMF)统计,津巴布韦的消费价格在2002年涨了132%,2004年350%,2006年更是惊人的1 017%。之后通胀率月复一月不断地涨,完全超出控制。在撰写本文的时候,IMF预计津巴布韦的通胀率将在2007一整年达到惊人的16 000%,媒体报道在12月,年通胀率将突破66 000%。当然,与很多恶性通胀的原因一样:津巴布韦政府不断印制巨量的货币来支付账单。

印制太多的货币已经很糟糕了,2007年7月,津巴布韦的独裁者,罗伯特·穆加贝,决定实行价格控制,这更加剧了过错。他简单推理到,如果通胀太高,为何不命令它停止？看来,如果让印钞机全速运行的话,即使是绝对的独裁者也必须和经济规则周旋。(2007年夏,津巴布韦央行被迫发行了面额为200 000津巴布韦元的钞票以供人们进行交易。)结果可以预见:商品,包括基本的食品,很快在货架上消失了。津巴布韦的饥饿市民们排起长队,甚至发展成为骚乱,他们争相购买本来就很少的商品。邻国南非报道津巴布韦人涌过边界,有的为了逃离国内的混乱,有的只是为了购物。

一个报纸在 2007 年 7 月报道:"那些天买肉就好像买非法货物一样。"尽管政府规定牛肉的价格上限是每千克 87 000 津巴布韦元,但据报道只有为数不多的肉店卖牛肉,每千克牛肉要价高达 300 000 津巴布韦元,卖得时候还要小心翼翼地注意门口的政府观察员。津巴布韦一些城市的报纸报道寻找待售的牛肉就好比"在撒哈拉大沙漠寻找雪花"。为什么会这样?因为政府每天只允许肉类加工厂屠宰 100 头牛——来供应一千两百万人口。

而肉类绝不是特例。在价格管制实施的几周内,一些基础物资如面包、麦片、糖、盐、面粉,甚至连火柴都难以看到,数以千计的店主被逮捕,许多杂货铺只能在晚上开门以避开政府观察员。津巴布韦正全速迈向经济混乱。

23.15 低通货膨胀不一定会导致高通货膨胀

前面我们已指出,通货膨胀被一个与事实本身关系不大的臆想所围绕。低通胀具有扩张趋势,它不可避免地会导致高通胀,这一误断长期以来深入人心,因此,消除这一误解来结束本章的讨论应该是合适的。

对于低通胀必定导致高通胀的观点现在既无统计数据证明,也没有理论支持。虽然有时候通胀会上升,但在其他时候它们却是下降的。

尽管引起缓慢上升通胀的原因是多方面的,但是只有在政府印刷的货币数量极为庞大时,通常是为了应付战时开销,通胀才会急剧上升。在 1923 年的德国通胀中,政府最后发现它的货币印刷局已无法生产出足够的纸币来赶上猛涨的价格。并不是它没有尽全力——到通胀的最后阶段,每天的货币印刷费超过了 4×10^{17} 马克。而匈牙利当局在 1945—1946 年期间作出的努力更大:货币供给的月平均增长率超出了 12 000%。当然,在可预见的未来,工业化国家都不太可能遇到这类通胀问题。

但是这并不意味着低通胀就不存在问题,我们已经用了几页的篇幅来分析温和的通胀的实际成本。虽然温和的通胀的确也应受到反对,但"缓慢上升的通胀总是导致剧烈上升的通胀"这一口号并不能用来支持该观点,幸运的是,它本身也不是真的。

小结

1. 宏观经济政策是在保持低失业和低通胀的同时致力于获得高速稳定的增长。
2. 只有提高生产率才能在长期提高生活水平。看似很小的生产率增长率差异,按复利计算可以导致巨大的生活水平差异。这点是我们在"课程结束后仍须牢记的要点"之一。
3. **生产函数**告诉我们的是在技术水平一定的条件下,一个经济体用可以利用的劳动和资产的供给所能生产出的产量的多少。
4. **潜在 GDP** 的增长率是**劳动力**的增长率和**劳动生产率**的增长率两者之和。后者取决于技术变化和对新资本的投资。

5. 在较长的时间段里,实际 GDP 和潜在 GDP 的增长率吻合得很好。但是由于宏观经济波动,在短期两者可能偏差很大。

6. 尽管一些心理学家、环境学家和社会批评家对较快的经济增长好处有所质疑,但是经济学家们一般假设潜在 GDP 的更快增长对社会是有好处的。

7. 当 GDP 小于潜在 GDP 时,失业就会高出"**充分就业**"时的失业,高失业使它的受害者承受巨大的经济和心理成本,但这些成本并不是由不同人群平均分摊的。

8. 当人们因正常的原因处在不同的工作之间时,**摩擦性失业**就产生了。因此,大部分摩擦性失业是合意的。

9. **结构性失业**的形成是因为需求模式发生了改变,或是因为技术变化使得一些技能过时了。

10. **周期性失业**指的是实际 GDP 增长低于潜在 GDP 增长引起的失业增多和实际 GDP 增长快于潜在 GDP 增长时引起的失业减少。

11. 如今,在经过了多年的极低失业率之后,经济学家们已不太确定充分就业时的失业率。一些人认为这一比率可能在 5% 左右。

12. **失业保险**基本提供了获得保险的失业者所失去收入的一半。但是只有不到三分之一的失业者才能获得此种福利,并且任何保险项目都无法挽回已损失的产出,即如果这些人有工作这些产出本是可以生产出来的。

13. 人们对通胀有着许多误解。例如,许多人相信通胀降低了**实际工资**,他们还把相对价格的所有不利变化都归咎于通胀等。所有这些想法都是人们的主观臆断。

14. 但是通胀的其他成本却是真实存在的。例如,通胀常常把贷款人的收入再分配给借钱人。

15. 把预期的通胀率加入到利率中可以抵消这种再分配效应。但是这些预期往往被证明是不准确的。

16. **实际利率**是**名义利率**与**预期通胀率**之差。

17. 由于实际利率表明的是借钱人付给贷款人的实际资源,因此它具有重大的经济意义。但是公众的注意力常常是放在名义利率上,并且混淆名义利率和实际利率会导致高成本的政策错误。

18. 由于是对名义**资本收益**和利息而不是实际的资本收益和利息征税,因此当通胀很高时,我们的税收制度对资本的收入征收了很重的税。

19. 与高且多变的通胀相比,每年以温和的且可预见的比率变化的低通胀带来的社会成本低得多,但是即使是低稳的通胀也产生成本。

20. 低通胀会不可避免地加速至高通胀这一看法是一种主观臆断,它既没有经济理论基础也没有历史事实依据。

关键词

投入	产出	增长政策
经济增长	劳动生产率	潜在 GDP
劳动力	生产函数	失业率
丧志的工人	摩擦性失业	结构性失业
周期性失业	充分就业	失业保险
购买力	实际工资率	相对价格
通胀的再分配效应	实际利率	名义利率
预期通胀	资本收益	

自测题

1. 大多数经济学家相信,2000—2003年美国的实际GDP增长慢于潜在GDP,那么这三年失业率发生了什么变化呢?在接下来的2003—2006年,实际GDP增长快于潜在GDP,失业率又发生了什么变化呢?
2. A、B两国的人口增长率相同均为每年1%,各国的每个人每星期总是工作40小时,但A国的劳动生产率的增长率为2%,B国则为2.5%,那么两国潜在GDP的增长率各是多少?
3. 如果通胀率如下,承担18%的年名义利率的信用卡贷款需付的实际利率分别是多少?
   a. 0
   b. 4%
   c. 8%
   d. 15%
   e. 20%
4. 如果产出增长35%,而工作时间增加了40%,那么生产率是提高了还是降低了?提高或降低了多少呢?
5. 最初两国的GDP相同。A国的经济每年增长3%,而B国的经济每年增长4%,那么25年之后,B国的经济比A国的经济大多少?为什么答案不是25%?
6. 假设你在和你的朋友入大学那一天答应借钱给他,当时你俩都预期实际利率为0,钱在毕业时归还,以固定的名义利率算,如果在大学期间的通胀比你们当时预期的低,那么谁获利谁受损?

讨论题

1. 如果一次地震摧毁了Poorland的一些工厂,那么它的潜在GDP会发生怎样的变化?如果Poorland从Richland引进了某种新的先进技术,并开始使用它,它的潜在GDP又会怎样呢?
2. 为什么现今的失业不像大萧条期间的失业那么可怕呢?
3. 试评论:"失业不再是个社会问题,因为失业工人获取了失业救济和其他福利,这些可以抵他们失去的大部分工资。"
4. 为什么定义"充分就业"如此困难?如今政府应该以多高的失业率为目标?
5. 试说明为什么下列的抱怨都是基于对通胀的误解:
   a. "必须阻止通胀,因为它夺走了工人的购买力。"
   b. "通胀使得工作的人们无法买到许多他们本想购买的东西。"
   c. "现在必须阻止通胀,因为如果我们不这样做,它肯定会加速,使得通胀率高至具有毁灭性从而带来灾难。"

附录 统计学家是如何度量通货膨胀的?

通货膨胀的衡量指数

通胀通常用一般物价水平的某一指数的变化来衡量。例如,1977—2007年间,最常用的价格水

价格指数表示的是市场上一篮子商品的价格与它们在某一"基期"的价格之比。基期通常指的是作为比较基础的年份。

平指数消费价格指数,从 60.6 增至 207.3——增高了 242%。这个变化的含义是再明确不过的了。但是数字 60.6 对 1977 年的物价水平有什么意义呢?2007 年的 207.3 又有什么含义呢?两者都是**价格指数**(price index)。

因为现在的 CPI 用的是 1982—1984 年作为基期,因此 2007 年的 CPI 207.3 的意思是购买同样几百种的一篮子物品和服务在 1982—1984 年花费 100 美元,在 2007 年要花费 207.3 美元。

这里所列举的几种物品和服务在 1982—1984 年实际上值不了 100 美元,但在获取指数值时,依惯例基期的指数定为 100。随后就用这一惯例值通过一种简单的方法获得其他年份的指数值。假设购买 CPI 中包含的上百种物品所需的预算在 1982—1984 年间每月为 2 000 美元,在 2007 年每月为 4 146 美元。那么根据下面的法则给出指数:

$$\frac{2007 \text{ 年的 CPI}}{1982\text{—}1984 \text{ 年的 CPI}} = \frac{2001 \text{ 年的一篮子市场商品总价格}}{1982\text{—}1984 \text{ 年的一篮子市场商品总价格}}$$

由于 1982—1984 年的 CPI 定为 100,所以

$$\frac{2007 \text{ 年的 CPI}}{100} = \frac{4\ 146 \text{ 美元}}{2\ 000 \text{ 美元}} = 2.073$$

或者

$$2007 \text{ 年的 CPI} = 207.3$$

用同样的公式我们可以算出其他任何一年的 CPI。我们有下面的公式:

$$\text{给定一年的 CPI} = \frac{\text{给定年的一篮子市场商品总价格}}{\text{基年的一篮子市场商品总价格}} \times 100$$

如果相对价格发生变化,那么就没有对每个消费者都合适的"完美的价格指数"存在。任何统计指数都会低估一些家庭的生活成本的增加,却高估另一些家庭的生活成本的增加。指数至多能代表一个"平均"家庭的情况。

当然并不是在 1982—1984 年值 2 000 美元的任何消费品组合到 2007 年都涨到了 4 146 美元。比如,一台彩色电视机在 1983 年值 400 美元,到 2007 年仍然只值 400 美元,而 1983 年的一张值 400 美元的医院账单到 2007 年可能猛增至 3 000 美元。"指数值问题"指的是这样一个事实,即不存在完美的生活成本指数,因为没有哪两个家庭购买完全相同的物品和服务组合,因此任何两家承受的价格上涨也不全然相同。经济学家把这种现象称为**指数值问题**(index number problem)。

消费价格指数

消费价格指数是用一个典型城市家庭的具有代表性的预算单中包括的商品的价格来衡量的。

消费价格指数(Consumer Price Index,CPI)由美国劳工统计局每月计算并发布,它肯定是最被密切关注的物价指数。当你在报纸上读到或在电视上看到"上个月的生活开支增加了 0.2%",播报人有可能就是指的 CPI。

为了弄清楚哪些商品进入 CPI 及商品数量,劳工统计局大约每隔十年对支出习惯进行一次深入调查。因此,同样一组物品和服务作为标准,要使用约 10 年,不论支出习惯改变与否。① 当然支出习惯的确会改变,并且这种变化会给用 CPI 衡量的通胀带来一点小的误差。

一个简单的例子可以帮助我们理解 CPI 的构成。假设大学生只购买三种物品——汉堡包、牛仔裤和电影票——对此我们想设计一个生活开支指数(或者"学生价格指数",Student Price Index,SPI)。首先,我们要调查基年(假定是 1983 年)的支出习惯。表 23-4 代表的是假设的结果,你会发现那些节俭的学生每月仅花费 100 美元:56 美元用在汉堡包上,24 美元用在牛仔裤上,还有 20 美元用在电影上。

---

① 经济学家称之为基期权重指数,因为每种商品的价格的重要性取决于消费者在基期实际上用了多少钱在这种商品上。

表 23-4 学生支出调查的结果，1983 年

项目	平均价格（美元）	每月平均购买量	每月平均支出（美元）
汉堡包	0.80	70	56
牛仔裤	24.00	1	24
电影票	5.00	4	20
总计（美元）			100

表 23-5 表示的是同样 3 种商品在 2007 年假设的价格。每种价格上涨的幅度不尽相同，从牛仔裤的 25% 至汉堡包的 50%。SPI 会增加多少呢？

表 23-5 2007 年的价格

项目	价格（美元）	比 1983 年上涨幅度（%）
汉堡包	1.20	50
牛仔裤	30.00	25
电影票	7.00	40

用 2007 年的价格重新计算 1983 年的学生预算，我们发现曾经是 100 美元的开支现要花掉 142 美元，就如表 23-6 所示的计算结果。这样，基于 1983 = 100，SPI 为

$$\text{SPI} = \frac{2007 \text{ 年的预算开支}}{1983 \text{ 年的预算开支}} \times 100 = \frac{142 \text{ 美元}}{100 \text{ 美元}} \times 100 = 142$$

因此，2007 年的 SPI 为 142，意思是学生的生活开支在 24 年的时间里增长了 42%。

表 23-6 用 2007 年价格计算的 1983 年学生预算开支

以价格 1.2 美元购买 70 个汉堡包	84 美元
以价格 30 美元购买一条牛仔裤	30 美元
以价格 7 美元购买 4 张电影票	28 美元
总计	142 美元

利用价格指数来"折算"货币数字

价格指数最常用在两个不同时间点上的货币数字的比较中。如果存在通胀，问题就会出现：美元不再是一个良好的衡量工具，因为它现在能买到的东西要比过去少。

下面是个简单的例子。假设学生平均每月的开支在 1983 年为 100 美元，在 2007 年为 140 美元，如果学生们被说成是挥霍者，你们会怎样回答这一指责呢？

答案显然是 2007 年的 1 美元能买的东西不如 1983 年的 1 美元多。具体地说，我们这里的 SPI 表明在 2007 年要花 1.42 美元才能买到 1983 年 1 美元所能买到的东西。为了比较这两年的学生的支出习惯，我们必须用 2007 年的支出额除以 1.42，即 2007 年的学生"实际"支出（其中的"实际"是用 1983 年美元定义的）是

$$2007 \text{ 年的实际支出} = \frac{2007 \text{ 年的名义支出}}{2007 \text{ 年的价格指数}} \times 100$$

因此，

$$2007 \text{ 的实际支出} = \frac{140 \text{ 美元}}{142} \times 100 = 98.59 \text{ 美元}$$

这一计算说明，与表面看来的相反，名义支出从 100 美元变至 140 美元，其代表的实际支出却减少了。

该过程称为用价格指数来进行**折算**（deflating），它把本不可比较的货币数字转化为可以直接比较的实际数字。

> **折算**指的是用某种适当的价格指数除以某一货币数额以获得其真实值的过程。

我们在本章已讨论过的实际工资概念就是一个很好的实例说明。正如我们在前面看到的，我们可以通过将名义工资除以价格水平得到实际工资。

使用价格指数来衡量通货膨胀

除了折算名义值外，价格指数还被普遍用来衡量通胀，也就是价格水平增加的速度。方法很简单。1974 年的 CPI 为 49.3，1973 年的为 44.4。这两个数据的比值，49.3/44.4，是 1.11，意味着 1974 年的价格相对于 1973 年的价格水平增长了 11%。因此，1973 年到 1974 年间的通胀率为 11%。同样的方法也可以用于任意两个邻近的年份。最近，CPI 从 2006 年的 201.6 涨到 2007 年的 207.3。207.3/201.6 为 1.028，意味着从 2006 年到 2007 年的通胀率为 2.8%。

GDP 平减指数

在宏观经济学中，我们必须折算的一个最为重要的货币量之一是名义国内生产总值（GDP）。

> 用来折算名义 GDP 的价格指数称为 **GDP 平减指数**。它从广义上衡量了整个经济的通货膨胀，包括经济中所有的物品和服务的价格。

根据折算名义的一般原则，我们可以把名义 GDP 转变为实际 GDP：

$$\text{实际 GDP} = \frac{\text{名义 GDP}}{\text{GDP 平减指数}} \times 100$$

与 CPI 的情形一样，这里的 100 就是为了方便把指数的基数定为 100，而不是 1.00。

一些经济学家认为 **GDP 平减指数**（GDP deflator）比消费价格指数能更好体现整体通货膨胀，主要原因是 GDP 平减指数是基于更为广泛的市场篮子。前面提到过，CPI 是以一个典型城市家庭的预算为基础。与此不同，GDP 平减指数是由一个包括了 GDP 中的每一件物品的市场篮子构建成的，也就是包括经济所生产的每一种最终物品和服务。因此，除了消费品的价格，GDP 平减指数还包括了由企业购买的飞机、橡胶和其他商品——特别是电脑，它的价格每年都在下降。此外，它还包括了政府服务。正因如此，两个指数反映的通胀几乎没有相同过。通常差距很小，但有时也很悬殊，如 2000 年，CPI 反映的通胀率比 1999 年高出 3.4%，而 GDP 平减指数反映的通胀率仅为 2.2%。

小结 ▶▶▶

1. 通胀是由一个**价格指数**的增长百分比衡量的，它反映的是某种商品篮子的价格在一段时间里的变化程度。

2. 因为相对价格总是在不断变化，而且不同的家庭购买的商品也不尽相同，所以任何价格指数都不能精确地代表每个家庭的实际情况。

3. **消费价格指数**（CPI）试图通过对每个月具有代表性的市场篮子定价来衡量一个普通的城市家庭的生活开支。

4. 价格指数如 CPI 可以用来**折算**名义数字使它们更具可比性。折算就是用名义量除以合适的价格指数。

5. 相继年份的通胀率是以第一年和次年间价格变化的百分比计算的。

6. **GDP 平减指数**衡量的整个经济的通胀比 CPI 衡量的通胀更广义，因为它包括了经济中所有物品和服务的价格。

关键词

价格指数　　　　　　指数值问题　　　　　　消费价格指数
折算　　　　　　　　GDP 平减指数

自测题

1. 把下表中所缺的 GDP 的相关数据填上。

	2005 年	2006 年	2007 年
名义 GDP	12 434		13 843
实际 GDP	11 003	11 319	
GDP 平减指数		116.6	119.7

2. 运用下面的数据，以 1982 = 100 为基数计算 2007 年的大学价格指数。

物品	1982 年的价格（美元）	1982 年的月需求量	2007 年的价格（美元）
衬衫	10	1	25
休闲鞋	25	1	55
运动鞋	10	3	35
教材	12	12	40
牛仔裤	12	3	30
餐馆就餐	5	11	14

3. 在过去几年中，美国平均每小时的收入如下：

1970 年	1980 年	1990 年	2000 年
3.23 美元	6.66 美元	10.01 美元	13.75 美元

利用本书后面提供的 CPI 数值计算每一年的实际工资（用 1982—1984 年的美元计算）。哪 10 年里的货币工资增长最快？实际工资增长最快的又是哪 10 年？

4. 附录中的例子表明学生价格指数（SPI）从 1983 年到 2007 年增长了 42%。如果你能完成下面的问题，你将能更好地理解它的含义。

　　a. 用表 23-4 计算 1983 年三种商品的开支在总开支中的比例，得出的数值称为"支出权重"。
　　b. 用你刚算出的支出权重，计算表 23-4 列出的三种价格上升的百分比的加权平均数。

你所得出的答案应该是 42%。它说明用 SPI 衡量的"通胀"是指数中包括的所有商品的价格上升百分比的加权平均数。

5. 下表中你看到的是 4 个不同年份的道·琼斯工业指数（Dow Jones Industrial Average）的年平均值，最常见的是股票市场价格指数，每年的消费价格指数（以 1982—1984 年 = 100 为基数），在本书后面你可以找到。用这些价格指数折算一下这 4 个股市价值。股票价值一直在涨吗？

年份	道·琼斯工业指数
1970	753
1980	891
1990	2 679
2000	10 735

6. 下面你看到的是1987年、1997年和2007年的名义GDP和各自的GDP平减指数(以2000年=100为基数)。

GDP统计数据	1987年	1997年	2007年
名义GDP(10亿美元)	4 740	8 304	13 843
GDP平减指数	73.2	95.4	119.7

a. 计算每年的实际GDP。
b. 计算从1987年到1997年以及从1997年到2007年的名义GDP和实际GDP的变化百分比。
c. 计算上面两阶段的GDP平减指数的变化百分比。

第24章 经济增长：理论与政策

> 当一个人开始思考……"各国的增长率差异时"，那他就不会再考虑别的事情了。
> ——罗伯特·E. 卢卡斯，1995年诺贝尔经济学奖获得者

为何一些经济增长迅速而另一些却增长缓慢——或是不增长？就像开头引语所说的那样，在经济学的所有问题中可能没有哪个比这个问题更重要了。从1995年到2005年，据世界银行统计，美国经济的年增长率为3.2%，而中国的为10.3%，俄罗斯的是每年下降1.2%（平均值），差别相当明显。是哪些因素造成的呢？

第23章对增长的讨论使我们的注意力集中到了对宏观经济政策制定者而言至关重要却又大不相同的两个任务上，并且两者都难以完成：

- 增长政策（growth policy）：确保经济的潜在GDP的长期增长率维持在一个较高的水平上（尽管不一定是能达到的最高增长率）。
- 稳定政策（stabilization policy）：保持实际GDP在短期中尽可能地接近潜在GDP，使得社会免受高失业或高通胀之苦。

本章专门讨论经济增长理论，以及该理论所建议的政策。

对应于上面列出的两项任务，这一章和下一章会提供两种方法来考虑。在本章对增长政策的讨论中，我们将学习决定一国经济的长期增长率的因素，然后我们将讨论政策制定者是如何提高这一增长率的。当我们在下一章转向稳定政策的时候，我们将探讨如何以及为什么在短期中实际GDP和潜在GDP存在偏差，还有政策制定者们如何减少这些偏差。宏观经济学的两种观点正是这样相互补充的。

❓ 难题：为什么大学教育变得越来越贵？

你是否曾想过为什么大学教育的费用每年都比其他价格上涨得更快这一问题？如果你不曾想过，你的父母必定想过，而且这也是事实。从1978年到2007年，消费价格

指数（CPI）中代表大学费用的部分累计上升了800%——整个CPI仅上升了218%。这就是说，大学学费的相对价格大幅增长了。

经济学家们至少明白其中的部分原因。它与大学的运作效率（或运作缺乏效率）没有什么关系，相反，它是伴随经济的长期增长率自然形成的。而且，我们有理由认为增长更快的社会的大学学费的相对价格上涨更快。经济学家相信，有关上大学费用过快增长的解释同样适用于诸如就医、戏剧表演和餐馆饮食等各种服务——相对而言这些服务的价格都增长更快。在本章后面，我们将会学到这一解释的具体内容。

24.1 生产率增长的三大支柱

在上一章我们已学到，潜在GDP的增长率是工作时间和劳动生产率两者的增长率之和。因此毫不奇怪，如果一国的人们工作越来越努力，其经济会年复一年地不断增长，而且已有一些国家在较短的时期里成功地运用了这一方法。但是，有多少人能工作，或者更重要的，他们愿意工作多少是有限的。事实上，随着人们变得富有，他们通常都希望享有更多的闲暇时间，而不是更长的工作时间。因此，增长政策的重点自然是提高生产率——更轻松而不是更辛苦地工作。

上一章介绍了生产函数这一工具，它告诉我们在技术水平既定的条件下，使用劳动和资本两种特定投入进行经济生产将能获得多少产出量。当时的讨论强调了生产率增长三大主要决定因素中的两个[①]：

- 经济积累资本存量的速度
- 技术进步的速度

在介绍第三个决定因素之前，让我们先复习这两大支柱是如何发挥作用的。

24.1.1 资本

图24-1下方的曲线OK_1代表的是当资本存量较低时（为K_1）的生产函数。曲线向上倾斜充分表明劳动投入量越多，产出越大。（记住，此图中的技术是既定的。）中间的曲线是资本存量增至K_2时的生产函数，而最高的曲线OK_3对应的是更高的资本存量K_3。

为了简单起见，先假定工作时间不随时间的变化而增多，总是固定为L_1。但是，国内企业不断投资于新的厂房和设备，使得资本存量从第1年的K_1增至第2年的K_2及第三年的K_3。从而经济的生产能力从第1年的a点上移至第2年的b点至第3年的c点。潜在GDP相应地从Y_a增长至Y_b和Y_c。由于此例中（假定）工作时间不发生变化，所以这里的增长都是源于生产率的提高。[②] 一般而言：

[①] 如果你需要复习一下，见第23章。
[②] 由于生产率就是Y/L之比，在图中是由连接原点与a点或b点、c点的直线的斜率表示。很明显，斜率随时间在增加。

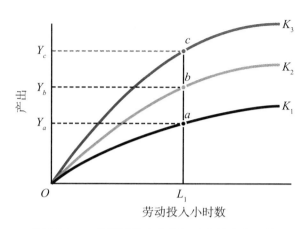

图 24-1 三种不同资本存量相对应的生产函数

给定技术和劳动力,资本存量越多,劳动生产率越高。

这个结论一点也不令人奇怪。显然,有更多资本可以使用的雇员们能够生产出更多的物品和服务。这只需想象一下,用(1)锤子和锯,(2)电动工具或(3)现代家具工厂里可使用的一切工具来做一张课桌;或是想想在(1)人行道旁,(2)书店或(3)网上售书的情形就可以理解这一点。在每个例子中,生产率都会提高。而且,配有更多资本的工人几乎总是有更新的也是更好的资本可用。这一优势也使他们更具生产率。这一点通过比较一个世纪前的亨利·福特组装线上的工人与如今福特工厂的一名汽车工人的情况就一目了然了。

24.1.2 技 术

像图 24-1 的图也可以用来解释技术进步的影响。现在假设图 24-1 中的曲线 OK_1、OK_2 和 OK_3 对应的是同样的资本存量和不同的技术水平。具体地说,就是随着曲线从 OK_1 上移至 OK_2、OK_3,该经济体的技术进步了。依图(和常识)得出的结论与上面的完全相同:从第 1 年至第 2、第 3 年,技术进步促使劳动生产率越来越高。一般而言:

给定劳动和资本的投入,技术越好,劳动生产率越高。

这一结论同样不让人觉得意外——实际上,它就是技术进步的定义而已。当我们说一国的技术进步了,我们基本上就是指这个国家的企业用同样多的投入能够生产出更多的产出。当然,更先进的技术是决定富国工人的生产率高出穷国很多的一个主要原因。例如,北卡罗来纳州的纺织厂使用的技术就远远超出了非洲使用的纺织技术。

24.1.3 劳动力素质:教育和培训

现在我们来介绍生产率增长的第三大支柱,这一点在第 23 章中未提及,即劳动力的素质(workforce quality)。人们一般假定——事实也支持——受教育水平多的工人在一小时中能生产出的物品和服务比受教育少的工人要多。同样的经验还适用于发生在学校之外的培训,如在工作上,受过好的培训的工人生产能力更强。体现在一国劳动力中的教育和培训程度常被称为该国的**人力资本**（human capital）存量。

> **人力资本**指的是体现在劳动力中的技术含量。它一般是由教育和培训的数量来衡量的。

从概念上看来,人力资本的增加对生产率的影响与物质资本和技术进步对生产率的影响是一样的,即同样数量的劳动投入将能生产出更高的产出。因而我们可以再次利用图24-1——以曲线从 OK_1 上移到 OK_2、OK_3 来代表不断提高的劳动力素质。一般性的结论再一次是明显的:

给定资本存量、劳动力和技术,劳动力所受的教育和培训越多,劳动生产率越高。

第三大支柱也是富国与穷国差距悬殊的另一个明显根源,因为前者往往有受过良好教育的人们,而后者没有。因此,在我们列出的一国生产率增长率的主要决定因素中可以加上第三项:

- 经济体建立其资本存量的速度。
- 技术提高的速度。
- 劳动力素质（或人力资本）提高的速度。

在当代美国,因其平均受教育程度很高,劳动力素质每年变化很小。但在一些发展迅速的国家,劳动力素质的提高可能是增长的重要源泉。比如,韩国的平均受教育年数从1970年的不足5年猛增至了1990年的9年多,这一变化为韩国取得的令人瞩目的快速经济增长作出了巨大的贡献。

虽然没有独一无二的增长公式,但是第二次世界大战后,自日本的"经济奇迹"为先的最为成功的增长战略都充分地运用了这三大支柱。从第二次世界大战后极为虚弱的基础出发,日本以其事实告诉了世界:极高的投资率、受过良好教育的劳动力和运用最先进的技术三要素结合起来,是如何能在短短几十年里使一个贫穷的国家蜕变为排名前列的世界强国的。同样的经验在亚洲"四小龙"——中国台湾地区、韩国、新加坡和中国香港地区的发展历程中也可发现,它们运用各自版本的日本模式取得了迅速的发展。如今,许多其他国家和地区,最显著的是中国内地,也正在致力于把这一增长模式因地制宜地加以运用。这是有效的。

24.2 水平、增长率和趋同假说

值得注意的是,当涉及生产率的增长率时,起作用的是资本、技术和劳动力素质的增长率,而不是它们目前的水平。区分这两者是至关重要的。

富国的生产率水平比穷国的高出很多——这也正是它们富裕的原因所在。富有的国家拥有更充足的资本供给,更多的熟练工人和更先进的技术,因而它们在单位劳动时间能生产出更多的产出。例如,用美元来计算,2005年,法国单位劳动时间的产出占到了美国的99%,而在巴西,相应的数字仅为23%。

但是富国的资本、劳动力技能和技术的增长率却不一定更高。比如说，A 国也许有丰富的资本，但增长却可能极为缓慢，而 B 国的资本虽然稀缺，但可能增长迅速。当要决定长期增长率时，是三个支柱的增长率而不是目前的水平在起作用。

一国的生产率水平取决于它的物质资本和人力资本的供给以及它的技术水平，但是生产率的增长率则取决于这些要素的增长率。

趋同假说认为生产率水平低的国家的生产率增长率往往高，因此，国际生产率差异会随时间逐步缩小。

生产率水平和生产率增长率两者间的区别可能对你来说有点像烦心的算术，但它却有着许多重要的实际应用。下面就是特别受关注的一个。如果穷国的生产率增长率高于富国，那么穷国与富国之间的差距会最终消失。这就是所谓的"**趋同假说**"（convergence hypothesis）表明的含义。

趋同假说：穷国的生产率增长率往往要高于富国。

隐藏在趋同假说后面的思想就是最初生产率水平越低的国家，它的生产率的增长率通常就会越高，图 24-2 说明了这一情况。在这个假想的例子中，穷国起初的人均 GDP 为 2 000 美元，仅占到富国的 1/5。但是穷国的人均实际 GDP 增长较快，因而它逐步缩小了与富国的相对收入差距。

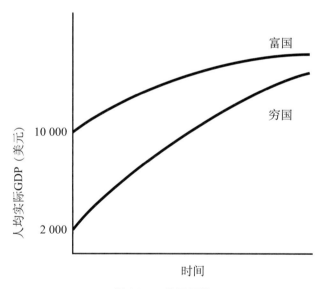

图 24-2　趋同假说

为什么我们会把趋同作为一种常态呢？因为在一些穷国，资本供给的增长非常迅速，而另一些穷国的受教育程度也正在快速提升，尽管其基础很弱。但是期望长期趋同的一个主要原因是随着科学知识和管理知识在全世界范围内扩散，生产率水平低的国家可以向生产率水平高的国家学习。

一个位于技术前沿的国家只有通过创新才能提高它的技术，它必须不断地寻求比以前更好的解决问题的方法。但是一个技术不发达的国家可以简单地凭借模仿和采用那些在发达国家已被广泛使用的技术来快速提高它的生产率水平。毕竟"参考"总比"思考"要更容易。

现代通信加速了信息在全球的传播,有力地支持了趋同过程。比如,互联网主要是在美国和英国开发的,但它迅速地传至了几乎世界上每个角落。同样地,人类基因学和干细胞研究的进步是一些最为发达的国家最近取得的成果,但是很快全世界的科学家们都在探讨它们。因此,一个从富国引进科学和管理进步的穷国能够获得非常高的生产率增长。事实上,当日本还是个穷国的时候,成功的仿效就是其致富的秘密之一。印度和中国现在正在尝试相同的办法——已经取得了相当的成功。

但不幸的是,并不是所有的穷国都能参与到趋同过程中来。由于各种原因(其中的部分原因将在本章后面部分提到),大量的发展中国家好像无法适应并采用先进的技术,实际上,在超过四分之一个世纪的时间中,其中一些国家的人均收入的增长实际上还远慢于富国。阿根廷和巴西的劳动生产率的增长都比美国慢很多,而且,墨西哥的生产率(用美元度量)实际还是下降的,令人悲哀的是,这种下降并不是特殊现象。世界上一些最为贫困的国家,特别是在非洲国家等,它们的实际收入停滞不前甚至还有所下降。因此可以肯定,趋同并不是理所当然之事。

技术落后国,可能有时的确通过模仿和改造已有的技术缩小了它们与技术领先国的差距。在"趋同群体"中,生产率水平低的国家具有更高的生产率增长率。但不幸的是,世界上一些极为贫困的国家无法参与到这一群体中来。

24.3 增长政策:鼓励资本形成

现在让我们来看看政府是如何影响这三大支柱以促进经济增长的。先从资本开始。

> 一国的**资本**指的是可用的厂房、机器设备和软件的供给。它是过去对这些项目作出的投资决策的结果。

首先我们需要解释一些术语。我们已提到过**资本**(capital)的供给,它指的是现在可以用的厂房(工厂、办公楼等),设备(钻床、电脑等)和软件的数量。只要企业有**投资**(investment)支出——购买新的厂房、设备和软件,现有的资本供给就增加。因此,资本存量的增长取决于企业投资的多少。这一过程称为**资本形成**(capital formation)——简单地说就是形成新的资本。

> **投资**是为生产新资本而产生的资源流动。它指的是在某一时期为了建造工厂、仓库、铁路和其他的资本项目而使用的劳动、钢材和其他投入。

但是你不可能不劳而获。投入更多的社会资源以生产投资品通常意味着生产消费品的资源投入就会变少。第3章里介绍的生产可能性边界可以用来描述这种权衡取舍关系的性质和一个国家所能够作出的选择。给定其技术和现有劳动力、资本等资源,该国原则上可以选择图24-3上的生产可能性边界 $AICD$ 上的任何点生产。如果选择 C 点,它的公民将享受许多的消费品,但是对未来不会有很多的投资,因此它将缓慢增长。另一方面,如果它选择 I 点,它的公民当前的消费会减少,但是国家高水平的投资意味着它将增长得更快些。因此,至少在一定范围内,资本形成和增长的量是能够被选择的。

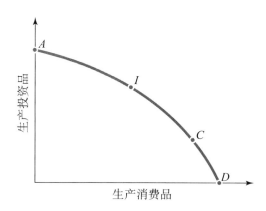

图 24-3　投资还是消费

现在假设政府想让资本存量增长更快些,也就是说,希望从图 24-3 的 C 点移动到 I 点。在一个像美国一样的资本主义市场经济中,几乎所有的投资决策,如要建立多少工厂、要买多少计算机等都是由私人企业做出的。为了加速资本形成,政府必须得用某种方法说服私人企业做更多的投资。用什么方法呢?

> **资本形成**是投资的同义词。它指的是积累资本存量的过程。

实际利率　增加私人企业投资最为明显的方法就是降低实际利率。当实际利率下降时,投资一般会增加,为什么呢?因为企业常常是借钱投资的,实际利率的高与低体现的是企业进行投资必须支付的成本。一个在利率为 10% 时无利可图的投资项目在利率仅为 6% 时可能会获利颇多。

企业的投资量取决于他们借款所必须支付的实际利率。实际利率越低,投资支出将会越多。

在后面几章,我们将学习政府政策,尤其是货币政策,是如何影响利率的——它使得政策制定者对私人投资决策具有一定的调节能力。实际上,这种关系也正是货币政策在我们后面几章的讨论中至关重要的原因所在。但在这里我们把结论告诉大家:由于后面将要讨论到的原因,政府对利率不具有完全的控制能力。此外,利率仅仅是投资支出的几个决定因素之一。因此,通过操纵利率,政策制定者仅能对投资水平产生有限的影响力。

税则　政府通过改变税法的各种条款也能影响投资支出。例如,乔治·W. 布什总统和国会同意在 2003 年削减资本收益的税率,资本收益是以高于买价售出一项资产所赚到的利润。支持降低资本收益税率的主要论据是认为它会带来更多的投资支出,但批评者不同意这一观点。此外,美国对公司利润征税,削减此税也能鼓励投资。而且美国还有其他一些更为复杂的税收条款与投资有关。① 总而言之,

税法为政府提供多种途径来影响企业对投资品的支出。但是其影响与总量控

---

① 但是任何减税都会减少政府的财政收入。除非通过减少支出或者用其他的税收弥补,否则政府的赤字将会上升——这还是会影响到投资。我们将在第 32 章学习这些途径。

制截然不同。

技术变革 被列为增长支柱之一的技术也能激励投资。当一个新产品问世,如移动电话的发明,或是当一项技术突破使得现有产品变得更物美价廉时,正如现在的平板电视,新商机就会马上出现。在一个资本主义制度下,企业家们纷纷涌向这些机会,建立新的工厂、商店和办公室,并购买新设备。因此,如果政府知道该如何推动技术进步(这一点在本章后面讨论),那些推动技术进步的政策同样会刺激投资。

需求的增长 高增长本身能促使企业做更多的投资。当需求给生产能力带来压力时,执行官们很可能相信建立新的工厂和购买新的机器是有利可图的——这就会产生强烈建立新资本的动机。因此,在 20 世纪 90 年代美国经济繁荣的年代里,其投资迅猛增长,而当 2000—2001 年经济缓慢滑落时,投资随之下降,并在 2003 年再次上升,这都不是历史的巧合。但是,如果机器和工厂都闲置着,企业就不会认为新的投资有多大的吸引力了。总之,

> 高销售水平以及对经济会快速增长的预期都会形成一个良好的投资环境。

这是一种良性循环,在该循环中,高投资率推动经济增长,快速的增长又进一步推动投资。当然,同样的过程也可能朝相反的方向发展——形成一种恶性循环。当经济停滞时,企业将不愿进行更多的投资,这对未来增长的前景不利。

政治稳定与产权 还有一个因素美国人认为是决定投资支出的关键。

> **产权**指的是赋予财产所有者(在法律范围之内)合理使用其财产的法律和条文——比如出售其财产或是在拥有财产期间获取利润(例如租金或股利等)的权利。

一个正在考虑筹钱——如用来建工厂——的企业会遇到数不清的风险。建筑成本可能比估计的更高,利率可能会上升,产品的需求可能比预期的低等,诸如此类的意外不胜枚举。这些都是作为企业家要面临的正常风险,因此心脏脆弱的人是不适合当企业家的。但是,至少一点,考虑要进行长期投资的企业家希望能保证他们的财产不会由于那些变幻莫测的原因或政治原因从他们的手中失去。在美国,如果民主党赢得了下届选举,共和党派的商业人士不用担心他们的财产会被掠走。他们也不用担心在没有正当程序的情况下法庭规则会剥夺他们的**产权**(property rights)。

相反,在许多组织不善的社会,法律条文经常受到武断的政府行为、不稳定的政治、反资本主义的意识形态、猖狂的腐败和无法控制的犯罪行为等因素的多重威胁。在许多穷国的历史上这些问题严重地阻碍了长期投资的扩张。它们是造成这些国家依旧贫困的部分主要原因。而且威胁产权的这些问题并未成为历史,它们依然存在于今天的许多国家,如俄罗斯、非洲的大部分国家和部分拉美国家。如果一国的企业担心他们的财产会被剥夺,利率下降几个百分比并不足以鼓励过多的投资。

不用说,产权的力量、法律条文的力度、腐败的程度等类似的问题都难以衡量。因此试图以此作为标准来为各国排名必定要加入许多个人主观判断。尽管如此,归功于最近对该问题的关注,世界银行当前将 175 个国家营商环境的各个方面做了一个排序,包括它们各自对投资者的保护程度。

24.4 增长政策：改进教育和培训

对许多国家的数据进行的大量研究都支持这一观点：受教育越多和培训越好的工人赚的工资越高。经济学家一般假定赚得多的人其生产能力也高。因此，更多的教育和培训带来更高的生产率。虽然私人机构在教育过程中起到的作用不容忽视，但是在许多社会里，国家依然承担了对人们进行教育的主要责任。因而教育政策显然是增长政策的一个重要组成部分。

如今，一个现代工业社会更多地是建立在智力而非体力之上，即使是普通的蓝领工作经常也要求有高中学历。因此，提高高中的上学率和学业完成率以及更重要的，提高高中教育的教学质量能够为增长作出巨大贡献。但不幸的是，事实证明这样的政策既难以制定又难以执行。有关如何改善公立学校教育的争议一直在进行，却不见任何决议的踪影。布什总统的"不让一个孩子掉队"项目，只是一长列教育改革计划的最新进展。

最后一点，如果在信息时代知识就是力量，那么送更多的年轻人上大学和读研究生就对经济的成功甚为关键。记录清楚表明，在美国高中毕业生和大学毕业生的收入差距自20世纪70年代后期急剧拉大。显然，从1978年左右到2000年左右，工作市场对从大学里学到的技能的回报比以前更慷慨些。只要高工资体现高生产率，那么收取低学费（如许多州立学院和大学），向低收入家庭发放的学生贷款以及其他鼓励上大学的政策都将为社会带来丰厚的收益。

因此，对教育多投入是能提高经济增长率的。通过适当的重新解释，图24-3能再次用来说明现在和未来之间的权衡取舍。因为只需要用纵轴来表示教育投资，对教育的支出自然而然可以被当作是对人力资本的投资，如果一个社会在教育上的花费比消费品多（这样，经济从C点移动到I点），那么它会增长得很快。正以极大的热情致力于此事的中国，就是最显著的例子。

但是教育并不是医治一国经济所有疑难杂症的良方。苏联的教育，至少在某些方面是突出的，但最终还是证实这不足以阻止苏联经济在经济增长上远远落后于资本主义经济。

> **在职培训**指的是工人在工作中，而不是在学校或正规的职业培训项目中获得的技能。

在职培训（on-the-job training）在提高生产率上与正规教育同等重要，但它受政府的影响较小。大体上来讲，是由私人企业来决定对其工人进行多少培训以及按什么方式来进行培训。但多种公共政策激励——从政府主办的培训项目到给私人部门培训以补贴以及规定企业的最低培训支出等在各国都有尝试，其结果不尽相同。在美国，最低培训支出的规定一直被认为是对私人企业决策的不当干预，因而被阻止了。政府也进行了一些培训项目，但主要（目前）是军队的项目。

24.5 增长政策:推动技术变革

增长的第三大支柱是技术,或者说从给定的投入量生产更多的产出。我们已经谈到了一些加速技术进步的最有效的政策。

更多的教育 尽管一些发明和创新是偶然的产物,但大多数还是日积月累地将知识、资源和脑力运用到科学、工程和管理问题上的结果。我们刚刚指出受教育多的工人看似更具生产能力等观点。此外,如果一个社会拥有更多的科学家、工程师和总是在寻找新机遇的技能型的企业经理人,那么它很可能具有更大的创新性。现代增长理论就是强调运用更多的人力、物力和财力以获取知识在增长过程中的关键作用。

更高的教育水平,尤其是科学、工程学和管理学的教育水平,有利于技术的进步。

毫无疑问,在科学和工程学的许多领域以及商业研究生项目的质量上,美国在世界上独占鳌头。至于这一优势的证据,大家只需看看成千上万的外国学生蜂拥至我们的研究生院并留在美国就会明了。因而我们有理由认为美国在科学和商业教育领域的绝对领先地位成就了它在生产率上的领先优势。在此基础上,许多经济学家和政治家赞同用制度政策以激励更多的青年才俊从事科学和工程学事业——比如奖学金、学术奖金以及研究奖励。

更多的资本形成 最新型的手机、个人电脑、个人数字助理(personal digital assistants,PDAs)甚至还有电视机所具有的新功能在一年前甚至半年前都是不可能的,对于这一事实我们是再熟悉不过了。而工业资本领域的情况也与此相同。实际上,新的投资是最新的技术突破转变为国家的资本存量的主要渠道。我们在前面资本形成的相关讨论中已指出,新资本往往是更好的资本。因此,

高投资率有利于技术快速进步。

这样一来,我们前面讨论的所有鼓励资本形成的政策都能看作是加速技术进步的方法。

研究开发 激励**发明**(invention)与**创新**(innovation)还有一种更为直接的方法:把更多的社会资源投入到**研究开发**(research and development,R&D)中。

> **发明**是指发现新产品或发现生产产品的新方法的行为。
>
> **创新**是把新想法予以实施的行为,如把新产品投放到市场上,改变产品的设计,改进做事的方法等。

受利润的驱使,美国企业长期以来对R&D产业投资颇多。一句老谚语说得好:"磨刀不误砍柴工。"在美国和其他地方,创新公司几十年来一直致力于"更好的刀"的研究。宝丽来公司发明了快速摄影术,施乐公司开发了复印技术,苹果公司率先研究出了台式电脑,波音公司多次改进喷气式飞机,药物公司发现了许多新的有益于身体的药品,英特尔开发了一代又一代的运行速度越来越快的微型处理器。例子太多,不胜枚举。

> **研究开发**指的是旨在发明新产品或新流程,或是改进现有的产品或流程所进行的活动。

所有这些公司及其他的公司都花了不知多少亿美元在研发上来发现新产品、改进旧产品或使他们的工业流程更具效率。尽管许许多多的用于研究的美元不可避免地"浪费"在错误的起点和没有结果的试验上,但大量的研究已经表明,投资于研发上的美元总的来说给社会带来了很高的收益,在研发上的大量投入确实是生产率高速增长的关键之一。

美国政府从几种不同的途径支持和鼓励研发。第一,它通过税法来资助私人研发。具体来说,是用**研究和试验税收抵免**(Research and Experimentation Tax Credit)减少那些把更多的钱投资于研发上的公司的税收。

第二,政府有时参与到与私人公司的合作研究中。人类基因项目可能是这种公私合作关系最有名的例子(也有一些人称它为竞赛!),而且在新的汽车技术、不同的能源来源和其他领域中也都有合作的特征。

第三,但肯定不是次要的,联邦政府多年来一直把大量的纳税人的钱直接用在研发上。这一支出的大部分聚集到了国防部门。但美国航空航天局(NASA)、美国国家自然科学基金(NSF)、美国国家卫生研究院(NIH)及其他众多机构都起了重要作用。形形色色的发明如原子能、先进的制陶材料和互联网最初都是在联邦实验室中开发出来的。在2006财政年度联邦政府的研发支出总计约达1 340亿美元,约有超过一半用在五角大楼。

图24-3再次说明了社会面临的选择。现在将纵轴用来衡量研发的投资。将更多的资源投入到研发,也就是选择 I 点而不是 C 点,将会在消费变少的同时带来更大的增长。

24.6 美国生产率的下降与增长

大约在1973年,美国的生产率增长突然神秘地下滑——从1948—1973年的年均2.8%的增长率降低至此后的1.4%左右。几乎没有人预见到生产率的这次下滑。后来,大约自1995年开始,生产率又突然加速增长——从1973—1995年间每年的1.4%上升至此后的2.5%左右。再次,增长率的突然变化出乎绝大多数人的意料。

回顾一下第23章讨论过的复利,如果1个百分点左右的增长率变化持续10年,它将引起生活水平的巨大差异,因此弄明白这两大事件非常重要。但是直至今天,经历了35年,经济学家们依然对1973年的生产率下滑困惑不已,对1995年后的生产率上升的原因也仅仅一知半解。下面让我们看看经济学家们对这两件事到底知道多少。

24.6.1 生产率下降,1973—1995年

1973年后的生产率下滑肯定是一次不利的变化,自它发生以后经济学家们一直尝试着解释它发生的原因。其中主要的解释有:

投资不足 在20世纪80年代和90年代早期,许多人认为投资不足是美国生产率

问题背后的原因。这些评论者发现,一些国家如德国和日本的储蓄和投资都远远超出美国,从而使他们的工人配有能推动劳动生产率进步的更先进的设备。他们认为,美国的税收政策应该为企业和家庭提供更强的激励,使他们更多地投资和储蓄。

尽管该论点是符合逻辑的,但事实却与之不相吻合。例如,在生产率增长缓慢期间,企业投资在美国 GDP 中所占的比例并未真正下降。资本形成对增长的贡献也未减少。

高的能源价格　第二种解释源自一个令人感兴趣的事实:生产率下滑始于 1973 年左右,那时石油输出国组织(OPEC)正好提高了石油的价格。依逻辑,石油价格上涨会减少企业的能源使用,从而使劳动的生产率下降。而且在能源价格上涨的同时,生产率下降不仅发生在美国,而且在全世界发生——这是一个相当明显的巧合。这样的环境因素把原因指向了石油价格。同样,这论点看似很具说服力——但当你记起另一个重要事实后,情况就不是这么回事了:在 20 世纪 80 年代中期,能源价格急剧下降,但生产率增长却并没有恢复。所以,生产率下滑的能源解释疑点颇多。

劳动力技能不够　是不是因为 1973 年后美国劳动力的技能跟不上新技术的要求呢? 虽然劳动力技能的度量非常困难,但人们过去和现在都普遍觉得美国的教育质量下降了。例如,SAT 分数在 20 世纪 60 年代末达到最高值,然后在约 20 年的时间里一直下降。① 但是 20 世纪 70 年代和 80 年代的诸如上学率、毕业率和平均受教育水平等标准度量值持续上升。因此,很明显,美国劳动力质量下降的观点至少是值得争论的。

技术进步变缓? 是不是在 1973—1995 年间创新的脚步放慢了? 多数人会凭直觉回答道"不是"。毕竟,微型集成电路块(微型芯片,microchip)和个人电脑都是在 20 世纪 70 年代开发出来的,它们打开了被称为计算和信息技术革命的大门。工作场所的转变超出了人们的想象。全新的产业(如那些与个人电脑和互联网服务相关的产业)迅速扩大。难道这些技术奇迹没有极大地提高生产率吗?

看似迅速的技术进步却伴随着呆滞的生产率表现这一矛盾困惑了经济学家多年。技术对增长的贡献怎么会下降呢? 从来没有人给出一个标准答案。然后事情突然改变了。

24.6.2　生产率增长,1995—?

生产率的增长在 1995 年后显著上升,自 1995 年到 2007 年,年增长率从约 1.4% 上升到 2.5%。这次原因就好理解了,大部分归功于信息技术革命。

投资大幅增多　IT 部门和其他产业充裕的新商机与强劲的国民经济一道带来了 20 世纪 90 年代的商业投资支出的大幅增加。商业投资占实际 GDP 的百分比从 1991 年的 9.1% 上升到 2000 年的 14.6%,投资增长的绝大部分集中在计算机、软件和通信设备上。在本章我们多次看到当资本存量增长加速时,生产率的增长率会提升,而 20 世纪 90 年代晚期的实际情况也的确如此。但随后从 2000 年起,股市崩盘,投资下降。因此,在 1995—2006 年资本形成对生产率增长的贡献和 1973—1995 年的一样,因此投

---

① 大约在 10 年前,SAT 被重新评估以反映其平均值的下降。

资不是答案。

能源价格下跌？ 这一时期的部分时间里,尤其是 1996—1998 年,能源价格一直处于下跌状态。按前面讲的同样的逻辑,能源价格下降本应推动生产率增长。但是在前面我们指出,这一论点在 20 世纪 80 年代能源价格下跌时并不十分成立。那么我们是否应该相信它在 20 世纪 90 年代的表现呢？此外,十年中生产率持续上升的最初几年,能源价格已经开始上升了。

信息技术的进步 当我们转向用技术进步,特别是计算机和半导体方面的技术进步来解释生产率增长的加速时,我们的底气好像更足些。首先,在 20 世纪 90 年代创新好似突然爆发的火山一样势不可挡。计算机的速度越来越快,价钱却越来越低——电信设备和服务也是这样。商业网络不再新奇。互联网从一个科学奇迹成长为一个商业现实,这样的事举不胜举。我们真正进入了信息时代。

其次,美国企业可能需要花一些时间来学会充分利用在以前,如 1980 年至 20 世纪 90 年代初期发明的计算机和电信技术。一些观察者认为直到 20 世纪 90 年代晚期,美国工业才真正开始以更高的生产率的形式获得了这些技术进步的好处。如此长时间的滞后并非没有先例。例如,研究表明,在 19 世纪末,电力运用为生产率增长作出较大贡献也花了一段很长的时间。与电力一样,计算机也是用于生产的一种全新投入,有远见的使用者可能需要用上多年的时间才能发现运用它们最具生产率的方式。

总之,

> 生产率增长三大支柱中的最重要一个——技术变革——在解释 1995 年后美国生产率为何加速增长这一问题上看来是令人信服的。

难题解答:为什么大学学费的相对价格持续上升？

在本章前面,我们指出诸如大学学费、医疗和戏票等服务的相对价格好似一年比一年高。我们也提到它的一个主要原因与经济的长期增长率有关。现在我们能够准确地理解这一机制是如何运行的了。生产率增长是关键。论证要分三个步骤:

步骤 1: 我们有理由得出,历史经验也充分表明了,实际工资往往与劳动生产率同比例增长。这一关系说明:无论何时何地,只要劳动产出更多,它通常就会获得更高的支付。因而,在生产率增长越快的经济中,其实际工资也就上涨越快。

步骤 2: 虽然经济中的平均劳动生产率每年都在增长,但仍有一些私人提供的服务的生产率(单位时间的产出)无法或是没有提高。我们已经提到过一些这样的情况。你们学院或大学可以通过扩大班级提高它教职工的生产率,但是大部分学生和家长会认为这一变化降低了服务的质量。相似地,现在一个医生给病人做检查所花的时间与 25 年或 50 年前他的同行所用的时间相当。一个管弦乐队今天演奏一首贝多芬交响曲要用的时间与贝多芬时代演奏同一首曲子所需时间也是完全相同的。

这些不同例子的相同点是,我们在本章所学到的提高劳动生产率的主要源泉——

更多的资本和更先进的技术与之全然或几乎不相关。与100年前一样,我们仍需要一个老师给一个班的学生上课,一个医生给一个病人做检查,四个音乐家演奏一首弦乐四重奏曲。但使用更多更好的设备来节省劳动这点几乎是不可能的。① 这里所谓的个人服务与前面提到的完全不同,比如在汽车组装线上或半导体工厂工作,或者是在电信这样的服务产业中工作,资本形成和技术进步两者通常都会提高劳动生产率。

步骤3:在长期,不同职业的实际工资大致是按相近的比例上升的。这点初看起来好像是错误的:最近几年计算机程序员的工资难道不是比学校老师的工资涨得快吗?是的,他们的工资是涨得快些,这是市场为吸引更多的年轻人到计算机编程方面工作所采取的办法。但在长期,两者的增长率一定(基本上)会相同,否则将没有人愿意再当学校老师了。

现在让我们把这三步放在一块来看,大学教师的生产率与以前差不多,然而汽车工人的生产率较前提高了(步骤2)。但是在长期,大学教师和汽车工人的实际工资必须按相近的比率增长(步骤3),这一比率就是整个经济的生产率的增长率(步骤1)。因此,大学教师和医生的工资上涨将快于他们的生产率增长,因此他们的服务与电脑和手机相比,必定会变得更贵一些。

> 根据个人服务的**成本病**,那些需要直接个人接触的服务活动的价格相对于其他的物品和服务的价格往往会上升得更快。

情况看来的确如此。与你们父母成长的时代相比,如今的电脑和手机十分便宜而大学学费和就医费用却是非常昂贵。同样的推理也适用于警官(每辆警备车上两人)、垒球运动员(每队9人)、厨师和其他许多职业所提供的服务,它们的生产率提高要么是不可能的,要么是不合适的,所有这些服务的价格在这些年里涨了许多。这一现象被称为**个人服务的成本病**(cost disease of the personal services)。

因而,滑稽的是,罪魁祸首实际上是经济生产率的强劲增长。如果制造业和电信业工人的生产率没有随时间而提高,那么他们的实际工资也不会上升。如此一来,教师和医生的实际工资也不必跟上来,他们的服务也不会变得更加昂贵。这样看来有点自相矛盾,繁荣了我们的经济并提高了我们的生活水平的巨大的生产率进步同时也是引起日益增加的学费成本问题的原因所在。说得更直接点,我们是我们自己所取得的成功的受害者。

24.7 发展中国家的增长②

欧内斯特·海明威(Ernest Hemingway)曾经将同意这样的说法作为对F.司各特·菲茨杰拉瑟(F. Scott Fitzgerald)的疑问的回答:是的,富人是不一样的——他们有更多的钱! 同样,资本的增长、技术的提升和劳动力技能的提高这些经济增长的主要决定因素,无论对富国还是穷国都是一样的,但它们看起来是如此不同。至此,本章的重

---

① 然而,一些人预计一个通过互联网传送的远程教育和医疗的世界会出现,我们拭目以待。
② 短期课程可以略过该节。

点是工业化国家的经济增长，因此让我们将中国作为近来最突出的成功例子，从发展中国家的角度来重新回顾生产率增长的三大支柱。

24.7.1 对三大支柱的回顾

> **发展援助（对外援助）**，指的是富国和世界银行等跨国机构向穷国提供的补助或低息贷款。其目的是刺激经济增长。

资本 先前我们注意到许多贫穷的国家本身资本不足。给定它们的低收入，它们实在不能积累商业资本（工厂、设备以及其他类似资本）和公共资本（道路、桥梁、机场，等等）的规模，而在工业化世界这些资本都是理所当然的。在像美国这样的超级富有的国家，一个典型的工人背后有着 150 000 美元或者更多价值的资本作支持，而在一个非洲的穷国相应的资本价值不到 500 美元。所以我们也不必为美国工人的生产率遥遥领先于它的非洲同行而感到惊讶。

但发展中世界积累更多的资本就可能会很困难。先前我们注意到，富国可以选择投入多少资源到目前的消费还是未来的投资中去。但是对于那些有很多还在生存边缘挣扎和未来几乎没有积蓄的人民的穷国来说，为将来建立资本是一个遥远而且困难的任务。由于这个原因，**发展援助**（development assistance），有时又称为对外援助，是发展中世界增长的关键要素。事实上，1944 年成立的世界银行正是为穷国提供发展所用的低利率贷款的。

发展援助一直饱受争议。对外援助的反对者们指出援助款项经常没有被好好使用。他们强调，那些缺乏诚实和良好运作的政府、明确的财产权等条件的国家是不可能将它们所得到的援助款项好好利用的。对外援助的支持者们在反击中则强调捐赠国们太吝啬了。以美国为例，每年用于捐赠的仅占 GDP 的 0.1%。共计每人 60 美元的援助——这对接受国来说是相当具有代表性的数字——真能带来许多变化吗？

> **外国直接投资**，是指在国外进行像厂房、办公室和机械等实际商业资产的购买或建设。

尽管在某些例子中，对外援助是关键的，但它肯定不是中国成功的秘密。相反，中国人表现出一种显著的储蓄和投资的意愿和能力——近年来几乎是 GDP 的一半——尽管他们的收入相对较低。此外，中国欢迎通常是由**跨国公司**（multinational corporations）发起的**外国直接投资**（foreign direct investment），而且也已经接受了大量这样的投资。

> **跨国公司**，是在很多国家都有业务的大公司。绝大多数这样的公司的总部是在发达国家。

技术 参观一个贫穷的国家你就会发现它的技术水平要远远落后于在我们眼里再平常不过的西方发达国家的技术水平。理论上，这种技术障碍是容易克服的。注意我们前面提到的趋同假设，穷国的人民不需要发明任何东西，他们要做的只是采用那些富国已经发明了的技术。事实上，过去相当数量的穷国正是采用这种策略取得了成功。20 世纪 50 年代中期还是赤贫状态的韩国就是最好的例子。中国现在也采用了这种策略。实际上，涌入中国的许多外国直接投资也带去了西方技术。

但正如我们先前提到的，许多发展中国家，尤其是那些最贫穷的，看起来没有能力加入这种"趋同群体"。它们可能缺乏必需的科学和工程学知识。它们可能缺乏受过良好教育的工人。它们可能缺乏一些必需的交通和通信系统方面的援助。或者，它们可能被无能或腐败的政府折磨。不管是上面的哪条原因,它们无力赶上西方的先进技术。

这个问题并不好解决。一个比较普遍认可的方法是鼓励跨国公司的外国直接投资。像丰田(日本)、IBM(美国)、西门子(德国)和其他一些产业巨头可以通过在某个发展中国家开设工厂和办事处同时将技术也带到该国。它们能够培训当地员工和改进当地的交通和通信网络。但是这些公司都是外国的,而且它们以获取利益作为投资的目的,这些都可能会激起当地人的愤恨。

由于这样和那样的原因,许多发展中国家一直不欢迎外国投资。而上面提到的中国是一个例外:它热情欢迎外国投资,尤其是能带来技术的投资,它对西方抱着学习和开放的态度。然而极度贫困的发展中国家对跨国公司去开办工厂的吸引力是很小的,比如撒哈拉以南的非洲大陆,那儿的技术工人短缺,交通设施不健全,而且政府不稳定也不可靠。

教育和培训　在富国和穷国的平均教育程度之间存在巨大的差异。差异是很明显的——范围从高的美国的 12.3 年到印度的少于 5 年和苏丹的少于 2 年。大多数工业化国家已经实现了普及初等教育和较高的高中入学率。但在许多的穷国,小学毕业的都很少见,而且,像读、写、基本算术这样的最基本的技能都是缺乏的。在这些国家,普及和提高小学教育可能才是可行的最具成本效益的增长政策。尤为严重的问题是在一些传统社会,妇女是二等甚至更低等公民。在那些国家,女孩受教育被看作是不重要的甚至是不适合的。

再来看中国,它提供了一个惊人的对比。它的教育程度上升得非常迅速。它送大批的学生到国外去学习科学、工程学、商业和经济(还包括其他专业)。它自身也在努力寻求发展世界一流大学的道路。

24.7.2　发展中国家的一些特殊问题

积累资本、改进技术、提高劳动力技能不管是对富国还是穷国都是发展的源泉。但是许多第三世界的国家还必须应对一些对增长不利的特殊障碍,而这些障碍的绝大多数是西方世界所没有面临的。

地理　美国人往往忘记我们的地理位置是多么优越。我们生活在温带气候区,在拥有数百万英亩平坦、肥沃且适合农耕的土地的大陆上。事实上,我们国家的地理走向是"从海向光辉的海",这意味着我们拥有许多得天独厚的海港。与这种优越的地理环境相反的则是世界上最贫瘠的地带,撒哈拉以南的非洲大陆。许多非洲国家为陆地所围,有着极其炎热的气候,而且极其缺乏适宜耕种的土地。

健康　在富裕国家的人们很少想到破坏性的热带疾病如疟疾,但是这些疾病却在许多发展中国家横行,尤其是非洲。艾滋病在非洲大陆肆虐。尽管在所有的国家公共健康的提升都受到重视,但在这些极度贫困的国度,这就意味着生死。而且形成了一个恶性循环:糟糕的健康严重阻碍了经济增长,而贫困又使健康水准的提高难上加难。

管制　在西方民主国家对低质或不诚实的政府的抱怨是大众的消遣,美国人每天都干。相比一些发展中国家的政府(当然不是全部),绝大多数工业化国家的政府堪称美德和效率的典范。正如我们在本章强调的,政治稳定、法治和对财产权的尊重,是经济增长的必要条件。同样,腐败和过度的商业管制是对投资的明显遏制。缺乏法治、专制和战争是更严重的危害。不幸的是,太多贫穷的国家深受一系列的腐败独裁者和悲惨战争的摧残。几乎不用说,这些条件是完全不利于经济增长的。

24.8 把长期和短期联系起来

这章的大部分篇幅都是在解释和评论潜在 GDP 的长期增长率的基础因素。长期以来,实际和潜在 GDP 的增长率是十分相符的。但是与人一样,经济并非总是完全发挥了它们的潜能。就如我们在前面章节看到的,由于宏观经济波动,美国的实际 GDP 增长经常与潜在 GDP 增长偏离。有时它高一些,有时它又低一些。实际上这一章研究了某个特定国家的 GDP 每年增长率的决定因素,但我们知道 GDP 偶尔也会收缩——我们称这种时期为衰退。要研究这些波动,我们必须利用短期总需求理论补充我们刚刚描述过的长期总需求理论。这是我们下一章的任务。

小结

1. 更多的**资本**、更高的劳动者素质(一般用受教育和培训的多少来衡量)和更先进的技术都能提高劳动生产率,从而推动生产函数上移。它们构成增长的三大主要支柱。

2. 劳动生产率的增长率取决于资本形成速度和劳动力质量的提高速度以及技术进步的速度。因此增长政策的重点放在加速它们的进程上。

3. 下列因素可以鼓励**资本形成**:低的实际利率,优惠的税收待遇,快速的技术变革,需求的快速增长以及一个尊重**产权**的稳定的政治环境。这些因素都会受到政策的影响。

4. 提高教育和培训——增长的第二大支柱的政策有望提高一国劳动力的生产率。这些政策包括从支持大众基础教育到提供科学和工程学的研究员基金等一系列措施。

5. 更多的教育、更高的**投资**率以及社会和私人对**研究开发(R&D)**的直接支出都能推动技术进步。

6. **趋同假说**认为生产率水平较低的国家往往具有更高的生产率增长率,因而穷国会逐渐缩小与富国的差距。

7. 趋同之所以可能的一个主要原因是技术知识能够迅疾地从技术领先国传散到技术落后国。但不幸的是,看来并不是所有的国家都能从这种信息传播中受益。

8. 1973 年前后,美国的生产率增长明显变缓,经济学家迄今仍不太明确它的原因。

9. 从 1995 年,美国的生产率增长再次加速,主要原因可能是信息技术革命的发生。

10. 由于许多个人服务——如教育、医疗和警防——基本上是不符合创新节省劳动这一结论的服务活动。一种**成本病**使它们的价格随时间变得越来越高。

11. 经济增长的三大支柱——资本、技术和教育同样也适用于发展中国家,但是在所有三个方面,条件更为困难,改进更难获得。

12. 富国通过所有三个支柱努力实施帮助,如提供**发展援助**,**跨国公司**有时会通过**外国直接投资**

提供资本和更好的技术。但这两种机制一直饱受争议。

13. 许多穷国的发展受到了不利的地理环境和/或政府腐败问题的阻碍。

关键词

人力资本　　　　　　趋同假说　　　　　　资本
投资　　　　　　　　资本形成　　　　　　产权
在职培训　　　　　　发明　　　　　　　　创新
研究开发(R&D)　　　个人服务的成本病　　发展援助
外国直接投资　　　　跨国公司

自测题

1. 下表列出了四个想象中的国家在1997年和2007年的单位劳动时间的实际GDP，各国的劳动生产率是以什么百分比增长的？生产率初始水平最高的国家的生产率增长是否真的最低？哪些国家的情况是这样的？

	单位时间的产出(美元)	
	1997年	2007年
A国	40	48
B国	25	35
C国	2	3
D国	0.50	0.60

2. 假设计算机产业的新发明对生产率增长率的影响如下：

发明年	发明后一年	5年后	10年后	20年后
0%	−1%	0%	+2%	+4%

这一影响方式是否有助于解释美国自20世纪70年代中期开始的生产率表现？为什么？

3. 你认为下列哪些服务的价格将会迅速上涨？为什么？
   a. 有线电视率
   b. 足球票
   c. 互联网连接
   d. 家庭清洁服务
   e. 驾驶课程

4. 两个国家的生产可能性边界(PPF)如图24-3所示，但是Consumia选择C点，Investia选择了I点。哪个国家在接下来的年份会有更高的生产可能性边界(PPF)？为什么？

5. 用图表示出资本形成是如何使生产函数移动的。然后用该图说明资本形成如何提高劳动生产率，并用文字解释为什么随着资本存量的扩大劳动生产率会提高。

讨论题

1. 解释(长期)增长政策与(短期)稳定性政策的不同目标。

2. 解释为什么与一个产权不确定、政府不稳定的国家相比，一个建立了良好的产权和稳定的政治制度的国家的经济增长可能会快些？

3. 第23章曾指出，由于更快的资本形成是有代价的（如降低现期消费），因此一国有可能会投资过多。假定某国政府确定其企业的投资过多，那么它能采取哪些措施来放慢资本形成的步伐？

4. 解释为什么在下列国家，推动更快增长的最优教育政策各不相同？
    a. 莫桑比克   b. 巴西   c. 法国

5. 试评论："美国投资量的急剧变化有助于解释1973年的生产率下降和1995年的生产率上升。"

6. 分别从受援国和捐赠国的角度来讨论增加发展援助的优点和缺点。

第25章 总需求和有影响力的消费者

> 随着收入的增加，人们一般倾向于增加他们的消费，但消费的增加少于他们收入的增加。
>
> ——约翰·梅纳德·凯恩斯

上一章着重讨论了潜在GDP——经济的生产能力的决定因素。现在我们把注意力集中到实际GDP的决定因素方面来，即潜在GDP实际被完成的情况。经济是会给它的能力带来压力从而可能面临通胀问题，还是将它的能力大量闲置从而面临高失业呢？

经济学家用来回答这些问题的理论基础是我们在第22章介绍的两个概念：总需求和总供给。上一章分析了总供给的长期决定因素，这是我们将在第27章再次讨论的问题。在本章和下一章，我们将构建一个简单的总需求模型，并学习如何推出总需求曲线。

第22章讲到的美国经济史走过的曲折历程表明总需求的力量是决定短期经济状况的关键，而总供给在长期中是起决定作用的。当总需求迅速增长时，经济就会出现繁荣景象。当总需求疲弱时，经济将会停滞不前。

我们为理解总需求而在本章和下章建立的模型将会告诉我们这一过程的大量内容。但是这个模型过于简单，无法有效地分析政策问题，因为它忽略了大部分的政府行为和金融制度，我们将在第七部分把这些被忽略的因素考虑进来，让政府支出、税收和利率发挥适当且重要的作用。

难题：需求管理和坏脾气的消费者

在第22章，我们曾提出政府有时想移动总需求曲线，并且它能够用多种方法实现这一点。一个直接的方法是改变它自己的支出，当私人需求弱时，它就扩大支出，当私人需求强时,就缩减支出。另外,政府可以采取一条稍为间接的路径:利用税收和其他政策工具来影响私人支出决策。由于消费支出占到国内生产总值的2/3还多,因而消费是一个最具吸引力的目标。

2000年选举过后的情况正好说明了这一点,当时在20世纪90年代经历过的长期繁荣戛然而止,美国经济增长慢如蜗牛爬行。乔治·W. 布什总统和他的经济顾问们认为消费支出需要加强,同时国会在2001年通过了一项多年的减税方案。减税的规定之一是提前退还纳税人在2001年的税!从2001年7月开始,600美元以下的支票免税。对于个人税收的变化会如何影响消费支出这一问题应该是明确的。个人税收的任一减少都会让消费者有更多的税后收入可用,任何增税都使他们的税后收入减少。税收与消费支出的可用收入之间的关系看来是直接的和正确的,而且在某种意义上,的确如此。

但是26年前的一次类似事件中,国会对税法议案的争论促使立法者和新闻工作者忙着寻找学术论据。在1975年春,当美国经济滑到了谷底时,国会颁布减税法令以刺激消费支出。但是那一次消费者并没有遵循总统和国会的意愿。他们没有花掉因减税而增加的收入,而是把大部分存了起来。结果是,经济并没有像人们预期的那样扩张。

也许立法者应该把1975年的事铭记在心。对2001年减税效果的初期估计表明消费者得到的钱只被花掉了相当少的一部分。因此,从这种意义上来讲,历史重演了。那么是为什么呢?为什么这两次临时减税的效果看来如此小呢?本章将尝试着给出一些答案。但在处理这些复杂问题之前,我们必须学习一些术语和基本概念。

25.1 总需求、国内产品和国民收入

总需求是所有消费者、工商企业、政府机构和外国人用在最终物品和服务上的支出总额。

消费支出(C)是消费者用于新生产出的物品和服务(不包括新房屋的购买,房屋被看作是投资品)的支出总额。

首先来看看一些术语。我们已经介绍了国内生产总值这一概念作为经济总产出的衡量标准。[①]

在很大程度上,市场经济的企业只会在它们认为它们生产出的产品都能售出时才会进行生产。**总需求**(aggregate demand)是所有消费者、工商企业、政府机构和外国人希望花在美国的最终物品和服务上的支出总额。第22章中的向下倾斜的总需求曲线使我们注意到这一事实:总需求是一条线,而不是一个固定的数——总需求的实际数值依赖于价格水平。后面几章将会解释这种依赖性的几个理由。

但是总需求的水平还取决于其他各种因素——例如消费者收入、不同的政府政策和外国发生的事件等。要理解总需求的性质,最好的方法就是像我们在本章要做的,把它分解成几个主要的组成部分。

---

① 见第22章。

消费支出(consumer expenditure)，简称消费(consumption)，是所需求的全部消费品和服务的总值。消费支出超过总支出的2/3，因而它是本章的重点。我们用字母 C 代表它。

投资支出(investment spending)以字母 I 代表，曾在前一章深入地讨论过。它是企业用在工厂、机器、软件及其他类似产品上的金额与家庭用于购置新房屋的货币量总和。注意这里的投资一词与平时使用的不同。多数人讲的是投资于股市或银行账户。但这种投资仅仅是把一种金融资产（如货币）换成另一种形式（如股票）。当经济学家们说到投资时，他们指的是对新的物质资产的购买，如一架钻床、一台电脑或一所房子。此处这一区别十分重要，因为只有经济学家们所指的投资才对新生产的物品形成直接的需求增加。

总需求的第三个主要组成部分是对物品和服务的**政府购买**(government purchases)，它包括各级政府购买的物品如纸张、电脑、飞机、轮船和劳动等。我们用字母 G 代表这一变量。

总需求的最后一个组成部分是**净出口**(net exports)，它被简单地定义为美国出口与美国进口之差。原因也很简单。对美国物品和服务的一部分需求来自我们边境之外的居民——如外国人购买我们的小麦、软件和银行服务。因此要取得对美产品的需求总量，这些物品和服务必须加入到美国的国内需求中。类似地，一些包括在消费 C 和投资 I 中的物品是国外制造的。例如德国的啤酒、日本的汽车以及马来西亚的衬衣。因而若想计算对美产品的总支出，我们必须把它们从美国的消费者的需求总量中扣除掉。这样，加上出口 X 并减去进口 IM，我们现在可以得到总需求的简短定义形式：

$$总需求 = C + I + G + (X - IM)$$

最后一个我们需要解释的概念是用来衡量一国所有个人的总收入的。它有两种形式：一是针对税前收入的，叫做**国民收入**(national income)，一是针对税后收入的，称为**可支配收入**(disposable income)。① 可支配收入一词，我们将之简称为 DI，它很形象地告诉我们消费者实际有多少收入可以花掉或存下来。因此，它在本章和后面的讨论中具有突出的作用。

投资支出(I)是企业用于新厂房和设备的添置及家庭用于新房屋购买上的支出总和。它既不包括金融"投资"，也不包括已有的物质资产的重售。

政府购买(G)指的是各级政府购买的物品（如飞机和纸张）及服务（如学校教学和警察护卫）。

净出口($X-IM$)是出口(X)与进口(IM)之差。它表示的是我们卖给外国人的物品和服务总额与我们从国外买进的物品与服务总额两者之间的差额。

国民收入是经济中所有个体以工资、利息、租金和利润等形式赚到的收入之和。它不包括政府的转移支付，而且其核算也没有考虑所得税带来的收入减少。

可支配收入(DI)是经济中所有个体在减掉全部税收并加上各种转移支付之后得到的收入之和。

25.2 支出、生产和收入的循环流

在解释清楚这些概念之后，我们不禁要问：国内产品、总支出和国民收入三者在一个市场经济中是如何相互发生作用的呢？为了更好地回答这个问题，我们用一幅十分精致的图来解释（见图25-1）。显然图25-1可称为**循环**

---

① 本章附录提供了有关这些概念及其他概念的更详尽的信息。

流图(circular flow diagram)。图中画出了一根大管道,一种假想的流体按顺时针方向在管道中循环流动。在沿途几个点上,有一些流体渗出,还有一些其他的流体渗入管道。

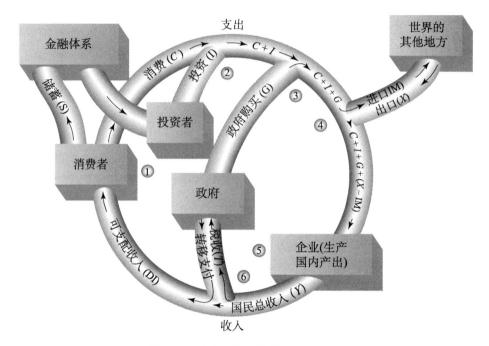

图 25-1 支出和收入的循环流

下面让我们检查一下该体系的运行。从图的正左方开始,在圆圈的第 1 点上,我们找到了消费者。可支配收入(DI)流进他们的口袋,两样东西流出来:消费(C)和储蓄(S),前者仍在循环流中,而后者"渗出"。这一渗出说明了消费者通常不会花完他们所赚到的钱,他们把余下的存了起来。当然"渗出"的储蓄部分也不会消失,它会通过银行、互助基金等流入金融体系。对金融体系内部的情况,我们将留到第 29 和第 30 章考虑。

循环流上方代表的是支出,当我们沿顺时针方向移动至第 2 点时,我们会遇到第一个"注入"流:投资支出(I)。该图表明这一注入来自投资者——这个群体包括工商企业和房屋购买者。① 当循环流离开第 2 点时,它比之前要大一些:总支出已从 C 增至 $C+I$。

在第 3 点上又有一次注入。政府把它对物品和服务的需求(G)加到了消费者和投资者的需求($C+I$)上。现在总需求增加为 $C+I+G$。

下一次渗出和注入都在第 4 点。在这一点,我们看到出口支出从国外进入循环而进口支出则从循环中渗出。这两股力量的净效果既可能增大也可能减小循环流,具体取决于净出口到底是正值还是负值。(在现在的美国,它们是较大的负值。)不论是哪种情况,在我们经过第 4 点后,总需求的总量都会累计为:$C+I+G+(X-\mathrm{IM})$。

循环流图表明对物品和服务的总需求汇集到企业,即图中的第 5 点。根据这一需求,企业生产出国内产品。当循环流从企业出来后,我们重新称它为国民总收入(gross

---

① 已经提醒了大家,购房支出是 I 的一部分,而不属于 C。

national income)。为什么呢?除了附录中解释的一些复杂因素外,其原因是,

> 国民收入和国内产品必须相等。

为什么是这样的呢?当一家企业生产并出售价值100美元的产出,它要把其中的大部分付给它的工人,付给那些借了钱给它的人以及付给房主——因为企业的厂房位于房主拥有的财产之上。所有这些支付都代表一些个体的收入。那么剩下的哪里去了呢?例如,企业支付的工资、利息和租金总计为9 000万美元而卖出了1亿美元,那剩下的1 000万美元怎么样呢?它被作为利润为企业主接受了。由于企业主都是国家公民,他们的收入也被计入国民收入中。① 因此,当我们把经济中全部的工资、利息、租金和利润加总起来得到国民收入时,我们一定也得出了产出值。

> **转移支付**是政府完全以赠款的形式——而不是作为雇主所使用的服务的报酬——发放给特定个体的钱的总数。社会保障和失业救济都是一些常见的例子。

循环流图的下方表明的是国民收入从企业流向消费者。但是部分国民收入绕了道。在第6点上,政府做了两件事。第一,它以税收的形式吸走了部分国民收入,第二,它又以政府**转移支付**(transfer payments)的形式返还一部分,如失业补偿和社会保障福利,它是政府机构付给那些指定的个体的钱,但不是作为所购买的物品和服务的支付,而完全是作为赠款(grants)发放的。

从国内生产总值中扣除税收后再加上转移支付,我们得到的是可支配收入②:

$$DI = GDP - 税收 + 转移支付$$
$$= GDP - (税收 - 转移支付)$$
$$= Y - T$$

其中 Y 代表的是 GDP,T 为税收与转移支付之差,或称为净税收。可支配收入最后毫无阻拦地流向在第1点上的消费者,然后开始新一轮的循环。

图25-1提出了几个复杂的问题,这里我们先把它们列出来,但将在后面各章逐一作出回答。

- 当我们沿圆环顺时针方向移动时,支出和收入是会变大还是变小呢?为什么?
- 企业在第5点上生产的产出(GDP)是否与总需求相等?如果是,是什么让这两个量相等?如果不是,情况是怎样的?

下一章将回答这两个问题。

- 政府账户会实现平衡吗?即第6点上的流入量(税收减去转移支付)是否等于第3点上的流出量(政府购买)?如果不平衡又会发生什么情况?

这个重要问题首先会在第28章分析,此后又会多次出现,特别是会再次出现在第32章有关预算赤字和盈余的讨论中。

- 我们的国际贸易能实现平衡吗?即在第4点出口是否等于进口?或者说得更明白点,哪些因素决定净出口?贸易赤字或贸易盈余会引起什么后果?

我们将在随后的两章中讨论这些问题。

但是,除非我们先弄明白在第1点上即消费者决策一环上的主要内容,我们将无法深入地研究这些问题。因此,下面我们将分析消费支出的决定因素。

---

① 美国公司把部分收入付给了非美国公民。同样地,一些美国人也从国外企业获得收入,本章后的附录对此有讨论。
② 这一定义省略了一些小细节,在附录中有相关的解释。

25.3 消费支出和收入：重要的关系

回想一下我们在本章开始提到的那个令人困惑的问题：为什么消费者对2001年和1975年的减税反应如此微小？一个经济学家如果有意预测消费支出对所得税变化的反应情况，他必须先弄清消费（C）与可支配收入（DI）之间有什么关系，因为很明显，增税会减少税后收入，而减税则使之增加。因此，在这一节，我们将研究可支配收入的变化对消费支出的影响。

图25-2描绘的是自1929年以来美国的C和DI的历史路径。两者密切的联系表明，每当可支配收入上升，消费就随之上升；可支配收入下降，消费也随之下降。两条曲线间的垂直距离代表的是个人储蓄（可支配收入减去消费）。值得注意的是，在20世纪30年代的大萧条期间，两条线靠得非常近，消费者的储蓄相当少。而在第二次世界大战期间，大量消费品没得买或是限额配给的，消费者的储蓄大幅增加。最近几年的低储蓄量也同样值得注意。

> **散点图**是一种反映两个变量之间的关系（如消费支出和可支配收入）的图。图中的一点代表的是一年，而每一年的这个点的坐标值表示的是两个变量在这一年中的数值。

当然，对政策设计者而言，仅知道C的变化方向与DI相同这一点是远不够的。他们需要知道的是，当一个变量增加一个给定量时，另一个变量会随之增加多少。图25-3中体现的数据与图25-2相同，但它可用来回答"多少"的问题。

经济学家称这样的图为**散点图**（scatter diagrams）。它们在预测一个变量（这里为消费支出）会怎样随着另一个变量（这里为可支配收入）的变化而变化时非常有用。图中的每一点对应着一个特定年份的C和DI的数据。例如标有1996的那一点表示的是1996年的实际消费支出为56 190亿美元（从纵轴上读出的），而实际可支配收入达到了60 810亿美元（我们可从横轴上读出该数）。类似地，从1929年到2007年的数据都各自由图25-3中标有相应年份的点代表。

为了弄明白该图是如何帮助财政政策的设计者的，我们假设回到1964年，国会正考虑一项减税计划。（实际上，国会在1964年确实实施了减税。）立法者们想知道不同程度的减税能刺激消费支出增加多少。为了方便大家思考，散点图25-4去掉了图25-3中从1964年到2007年的所有点，毕竟这些数据在1964年是不可能知道的。1947年以前的点也都省掉了，因为从图25-2中可以看出，大萧条和战争时的配给打乱了DI与C两者的正常关系。根据你目前掌握的经济学知识，你有何见解呢？

一个方便但有效的粗略方法是找来一把直尺放在图25-4中，然后划出一条直线使其尽可能地通过所有的点。图25-4已替你把这一条直线画出来了，你可以看到画出的直线基本上碰到了全部的点。这条线十分粗略地总结了收入与消费的一般关系。显然这两个变量看来是密切相关的。

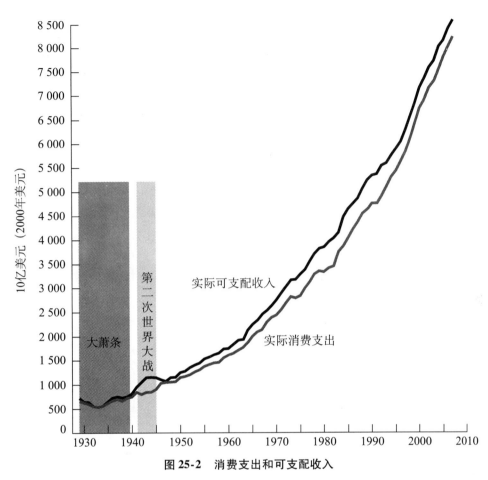

图 25-2 消费支出和可支配收入

图 25-4 中的直线斜率(slope)非常重要。具体地,我们是指:

$$\text{斜率} = \frac{\text{纵轴上的变化}}{\text{横轴上的变化}} = \frac{1\,800\ \text{亿美元}}{2\,000\ \text{亿美元}} = 0.90$$

因为从 A 点移到 B 点在横轴上的变化代表的是可支配收入增加 2 000 亿美元(从 13 000 亿美元到 15 000 亿美元),相应的纵轴变化代表的是随可支配收入的增加而增加的 1 800 亿美元的消费支出(从 11 800 亿美元到 13 600 亿美元),所以,直线的斜率表示的是消费支出对可支配收入变化的反应程度。在本例中,我们看到的是收入每增加 1 美元支出就会增加 90 美分。

现在让我们回过头来看税收政策。首先我们知道每减税 1 美元就会等量增加 1 美元的可支配收入。然后运用从图 25-4 中得出的结果:可支配收入每增加 1 美元,消费支出就会增加 90 美分,我们可以得出结论。比如说,一次减税 90 亿美元——1964 年就是如此——将有望增加消费支出约 90 亿美元 × 0.9 = 81 亿美元。

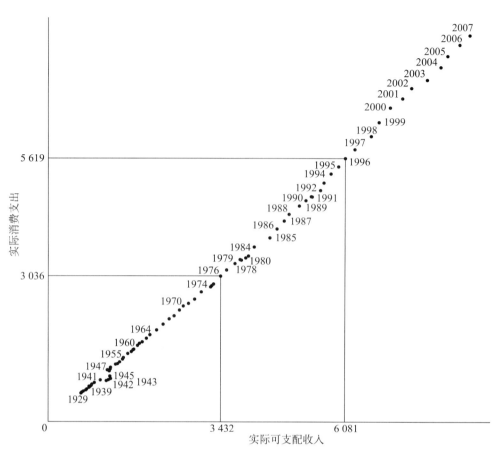

图 25-3　消费支出和可支配收入的散点图

注：数据单位为 10 亿美元（以 2000 年美元计）。

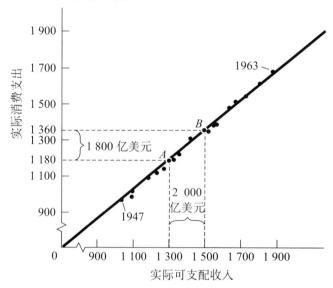

图 25-4　1947—1963 年的消费支出和可支配收入的散点图

注：数据单位为 10 亿美元（以 2000 年美元计）。

25.4 消费函数和边际消费倾向

消费函数表示的是在消费支出的其他决定因素都保持不变的条件下,经济中的总消费支出与总可支配收入之间的相互关系。

边际消费倾向(MPC) 是消费的变化与引起消费变化的可支配收入的变化之比。在图中它表现为消费函数的斜率。

人们说经济学就是把常识体系化。因而我们现在就把到目前为止完全直观的讨论加以组织和概括。消费支出 C 与可支配收入 DI 两者之间明显的密切关系是我们发现的第一件事。经济学家称这种关系为**消费函数**(consumption function)。

我们从这些数据中获得的第二个事实是消费函数的斜率相当稳定。我们之所以说它稳定是因为图 25-4 中画出来的直线近乎接触到了每个点。如果消费函数的斜率变动很大,那么我们将无法只用一条直线就得出如此好的效果。[1] 由于斜率在应用中(如减税)非常重要,所以经济学家给它定了一个特别的名字——**边际消费倾向**(marginal propensity to consume,MPC),MPC 告诉我们的是,如果可支配收入增加 1 美元,消费者会多花掉多少钱。

$$\text{MPC} = \frac{C\text{ 的变化}}{\text{引起 }C\text{ 变化的 DI 变化}}$$

解释 MPC 的最佳办法是举例。为此我们先把美国的数据放在一边,来看看一个虚构的国家的消费和收入,为了便于计算,这些数字都是整数。

表 25-1 中的第 1 列和第 2 列分别代表的是 2002—2007 年每年的消费支出和可支配收入,这两列构成了消费函数,并在图 25-5 中绘出来了。表中的第 3 列代表的是边际消费倾向,即图 25-5 中的直线斜率,它是由前两列的数据算出的。我们可以看到,2004—2005 年间,DI 增加了 4 000 亿美元(从 40 000 亿美元到 44 000 亿美元),而 C 增加了 3 000 亿美元(从 33 000 亿美元到 36 000 亿美元),这样,MPC 为

$$\text{MPC} = \frac{C\text{ 的变化}}{\text{DI 的变化}} = \frac{300\text{ 美元}}{400\text{ 美元}} = 0.75$$

表 25-1 虚构经济中的消费与收入

年份	(1) 消费 (C)	(2) 可支配收入 (DI)	(3) 边际消费 倾向(MPC)
2002	2 700	3 200	
2003	3 000	3 600	0.75
2004	3 300	4 000	0.75
2005	3 600	4 400	0.75
2006	3 900	4 800	0.75
2007	4 200	5 200	0.75

注:以 10 亿美元为单位。

---

[1] 图 25-4 只用了 17 年的数据。若要把图 25-3 中的所有数据拟合成一条直线,你将会发现你得出的效果没有那么好。

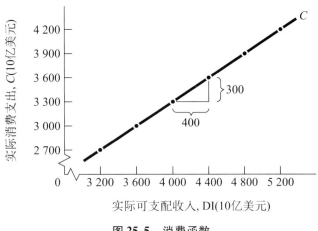

图 25-5 消费函数

很容易证明,表 25-1 中其他年份的 MPC 也都是 0.75。这种关系说明了图 25-4 中的直线的斜率为什么在评估减税的效果时如此关键。我们得出的 0.90 的斜率仅仅是美国的 MPC。MPC 告诉我们的是可支配收入每发生 1 美元的变化将会引起支出发生多大的改变。对于每 1 美元的减税,经济学家预计消费的增加将等于 1 美元 × 边际消费倾向。

要估计一次减税对消费支出的最初影响,经济学家必须先估算出 MPC,然后用 MPC 的估计值乘上减税量,由于他们从来就不能确知 MPC 的真实值,因此他们的预测总是有一些误差。①

25.5 影响消费函数的因素

对政策设计者来说不利的是,消费函数不总是不变的。回想一下第 4 章讲过的沿着需求曲线的移动和需求曲线的移动两者间存在的重要区别。需求曲线说明的是需求量与它的多个决定因素之一的价格之间的关系。因此价格的变化引起的是沿着需求曲线的移动。影响需求量的其他因素的变化引起的是整个需求曲线的移动。

由于除了可支配收入,还有其他因素影响消费支出,因此类似的区分对理解真实世界中的消费函数相当重要。回过去看看上面给出的消费函数的定义可知,消费函数反映的是 C 与 DI 的关系,因此,可支配收入的变化引起的是沿着消费函数的移动。到目前为止,我们考虑的都是这样的移动,如图 25-6 中的长箭头所示。

但是消费还有其他的决定因素,这些因素中的任何一个发生变化都会使整个消费函数发生移动——如图 25-6 中的短箭头所示。这些移动是消费预测中出现许多误差的原因。总而言之:

---

① 第一句中的"最初"(initial)一词非常重要。下一章将解释为什么说本章所讨论的影响仅仅是事情的开始。

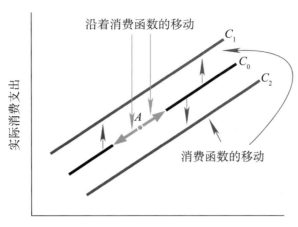

图 25-6　消费函数的移动

可支配收入的任一变化让我们沿着给定的消费函数移动。消费的其他决定因素的变化使整个消费曲线移动(见图 25-6)。

由于可支配收入还远不是消费支出的主要决定因素,所以图 25-3 里面的数据应该接近于一条平坦的直线。但如果你用尺子去画一条那样的线,你会发现这条线会错过许多点。这些误差是刚才提到的其他决定因素所造成的。下面让我们看看一些"其他决定因素"。

财富　影响支出的一个因素是消费者拥有的财富,它是除收入之外的购买力的另一种来源。但财富和收入是不相同的。例如,一个有巨额银行存款的富有退休者可能在利率低时几乎没有收入,而一个自负的投资银行家虽有很高的收入,但他可能花光了挣来的每分钱,因而没有积累任何财富。

为了更好地理解这一区别的重要性,让我们设想两个刚毕业不久的大学生,每人每年赚 40 000 美元。如果其中一个有 100 000 美元存在银行,而另一个没有任何财产,那么你认为谁的开支更大呢?很可能是那个有大量银行存款的人。一般的观点是,当前收入并不是可使用资金的唯一来源,家庭还可以把他们早先积攒的部分财富换作现金补贴日常开支。

这样分析还有一个重要的隐含意义,即股票市场能够对消费支出产生重大影响。一个繁荣的股市会增加财富从而提高消费函数,如图 25-6 中表示的 C_0 到 C_1 的移动。这也正是 20 世纪 90 年代晚期所发生的,当时股市上扬,美国消费者的支出也处于上升之势。相应地,股市下跌,就像 2000—2002 年发生的一样,会使消费函数下移(C_0 移至 C_2)。使用相同的逻辑,许多经济学家担忧房价的下跌会使消费者们的财富缩水,从而使他们的消费意愿变弱。

<u>固定货币资产</u>指的是价值固定为一定量美元(货币)的资产。

物价水平　股票并非唯一的财富形式。人们还以固定货币的形式持有大量财富。银行账户是最显而易见的例子,而政府债券和公司债券都是以货币形式保持着固定面值。这些**固定货币资产**(money-fixed asset)的购买力显然是随物价水平上涨而下降的,也就是说资产所能买到的东西变少了。例

如，若价格水平上涨了10%，1 000美元的政府债券能买到的东西将会比物价低的时候少了约10%。这可不是一件小事。在美国，消费者持有的固定货币资产价值约在8万亿美元以上，这样价格水平每上升1%，消费者财富的整体购买力下降将超出800亿美元，这是一个相当大的数目。由于物价水平下降会增加固定货币资产的购买力，因而上述过程反过来也完全成立。

实际利率 实际利率上升会增加储蓄的报酬。因此，许多人相信，提升实际利率必定鼓励储蓄从而限制支出这一点是"明摆着"的。然而令人惊讶的是，对这一关系的统计研究却并不支持它。除了极少数个别情况，研究表明在美国和其他一些国家，利率实际上对消费决策几乎没有影响。因此，我们在构建经济模型时，将假定实际利率的变化不改变消费函数。（参见"利用税法鼓励储蓄"。）

未来收入预期 认为消费者对他们未来收入所形成的预期会影响到他们今天支出的多少一点也不令人惊奇。消费支出的最后一个决定因素是解决本章开始时提出的疑难问题的关键：为什么1975年和2001年制定的刺激消费支出的税收政策均以失败而告终？

政策争论

利用税法鼓励储蓄

与多数工业化国家的市民相比，美国人的储蓄相当少。许多政策制定者认为储蓄不足是一个严重的问题，因此他们提出了大量的改变税法的建议来提高储蓄动力。例如，在2001年，国会扩大了个人退休账户（individual retirement accounts, IRAs），允许纳税人免税储蓄。在2003年，减少了股息税收。似乎每年都有进一步减税以鼓励储蓄的建议提出。

这些税收改革和其他类似的改变是为了增加储蓄的税后回报而设计出来的。举例来说，如果你以5%的利率把钱存入一家银行，你的收入按30%的税率交税，那么你的储蓄的税后回报率只有3.5%（5%的70%）。但是如果在IRA上所得利率是免税的，那么你将获得全部的5%。在很长的时间里，这个看来细小的利率差别按复利计将会带来巨大的收益差异。例如，按3.5%的利息投资100美元，20年后它是199美元。若利率为5%，它将变为265美元。支持用税收激励储蓄的那些国会议员认为降低税率会促使美国人储蓄更多。

这个观点看似很合理，并且有许多的支持者。不幸的是，证据与它并不吻合。经济学家们对更高的储蓄税后回报率的影响进行了大量研究，除了极少数的例外情况，他们发现几乎没有或完全没有影响。尽管证据没有支持低储蓄问题的"常识性"解决办法，但争论还在继续。看来许多人们拒绝相信证据。

难题解答：为什么 1975 年和 2001 年的减税会失败？

为了理解未来收入预期会如何影响当前的消费支出，让我们考虑表 25-2 中给出的三个消费者被浓缩了的人生史。（我们给这三个虚构的人起如此怪异的名字的用意很快就会明了。）起名为"不变"的消费者在表中列举的各年中都赚 100 美元；叫"临时"的消费者在 4 年中 3 年的收入均为 100 美元，但 1975 年是个好年成；而叫"永久"的消费者在 1975 年之后永久性地获得一次收入的增加，因此他也是最富有的人。

表 25-2　三个消费者的收入

消费者	每年的收入（美元）				
	1974 年	1975 年	1976 年	1977 年	总收入
不变	100	100	100	100	400
临时	100	120	100	100	420
永久	100	120	120	120	460

现在让我们运用我们的常识来分析三位消费者在 1975 年各自会花多少钱。"临时"和"永久"在那一年的收入相同，那你认为他们的支出会一样吗？如果他们能部分地预见自己的未来收入，他们的支出就不一样，因为从长期来看，"永久"更有钱。

再来比较"不变"和"临时"的情况。"临时"在 1975 年的收入增加了 20%（120 美元对 100 美元），但相对整整 4 年的时间，收入仅增加了 5%（420 美元对 400 美元）。那你认为他在 1975 年的开支是比"不变"约高出 20% 还是 5% 呢？多数人推测后者。

这个例子的要点是，消费者通过观察他们的长期收入的前景十分合理地决定他们的当期消费支出。这一论点应该是大学生意料之中的事。虽然你今年的开销可能超出了你的收入，但这并不代表你是一个愚蠢的挥霍者。相反，你受到的大学教育让你坚定地预期到你未来的收入将会高出很多，而且你正是带着这种想法来安排现在的花费的。

下面让我们把这个例子与 1975 年削减所得税失败一事联系起来。假设表 25-2 中的三排数据分别代表的是整个经济在三种不同政府政策下的情况。我们知道 1975 年的减税是暂时性的。第一排（"不变"）表示的是没有减税时不变的可支配收入。第二排（"临时"）表示的是仅减税一年引起的可支配收入的增加。最底下一排（"永久"）表示的是 1975 年永久性的减税政策使后来每年的可支配收入都增加了。那你想想下面两排中的哪一个能使 1975 年的消费支出增加更多？当然是最下面一排（永久）。这样，我们的结论会是

> 永久性的削减所得税比临时等量的削减更能增加消费支出。

这一分析可以直接用来解释 1975 年和 2001 年的减税。1975 年的减税宣传的是税后收入的一次性增加，与表 25-2 中的"临时"的经历相同。由于未来收入没受到影响，消费者增加的支出并没有政府官员所希望的那么多。令人啼笑皆非的是，虽然

2001年的减税计划实际上是第一次实施的部分的永久减税方案,但它仍是作为一件一次性事性被广泛宣传,以至于大多数收到减税支票的人都还认为这次的收入所得仍是暂时的。

这样,我们用历史证据和常识支持了一个一般性的原理,收入税的永久性变化或持续时间较长的变化对消费支出的影响比收入税的短时变化的影响显著得多。这一结论虽然看似明显,但是在30年前你是无法从一本入门教材上学到这一点的。它是我们在痛苦的经历之后琢磨出来的。

25.6　投资的极端不稳定性

下面我们要学的是总需求中变动最大的一个组成部分——投资支出。① 尽管图25-2显示消费支出与可支配收入的变动轨迹相当接近,但投资支出水平高低的波动速度却快得令人吃惊。例如,美国的实际GDP从2000年3.7%的快速增长放慢到2001年0.8%的迟缓增长,即下降了3个多百分点,而同时期的实际投资支出的增长率却是从5.7%跌到-7.9%,幅度超过13%。是什么导致了投资支出如此剧烈的变化呢?

影响企业投资大小意愿的几个因素在前一章已讨论过了,它们包括利率、税则、技术变革和经济力量。有时候这些决定因素突然变化,导致投资出现急剧波动。但是第23章可能并没有讨论投资支出波动的最重要因素——企业的信心状态;它取决于对未来的预期。

尽管信心难以度量,但情形显然是,当企业乐观时,它们将会建立更多的工厂,购买更多的新机器;而当经济前景显得暗淡时,它们的投资计划就会很谨慎。凯恩斯指出,类似这样的心理感觉很容易突然改变,从而使得投资的波动成为总需求不稳定的主要原因。

但无论是经济学家还是心理学家,对于如何度量企业信心都没有太多好点子,更不用说如何控制企业信心了。因此经济学家通常强调那几个更为客观的决定因素,那些更易量化甚至更易受影响的因素,如利率和税则。

25.7　净出口的决定因素

对美国产品的国外购买,即我们的出口,是另一个非常多变的需求来源。在本章前面我们已看到,从出口中减掉进口,我们就可以得出外国人对美国总需求的净贡献,其中的进口则是指由国外产品来满足的那部分国内需求。净出口的决定因素又是什么呢?

---

① 这里我们再重复一下早先给出的投资一词的含义。它包括企业和个人对新生产出的工厂、机器设备和房屋的开支。但它不包括旧的工业厂房、设备和房屋的购买,也不包括购买股票和债券等纯金融交易。

25.7.1 国民收入

虽然出口和进口都取决于许多因素,但不同国家的收入水平是最主要的一个。当美国的消费者和企业将更多的钱用于消费和投资时,一些新支出就会用在国外产品的购买上。因此:

> 我们的进口随我们 GDP 增长而增多,随我们 GDP 下降而减少。

相似地,由于我们的出口就是其他国家的进口,因此我们的出口取决它们的 GDP,而不是我们自己的 GDP,这样:

> 我们的出口相对于我们自己的 GDP 不太敏感,却对其他国家的 GDP 十分敏感。

把这两个观点放在一起得出一个清晰的推论:当我们的经济比我们的贸易伙伴的经济增长更快时,我们的净出口往往会收缩。相反,国外的经济比我们的增长更快时,我们的净出口往往会扩大。20 世纪 90 年代发生的事件戏剧性地说明了这一点。美国经济在 1990 年到 1992 年间增长缓慢,此时的净出口从 -550 亿美元增加到 -160 亿美元。(记住,-160 比 -550 大!)而当美国的增长在 1992 年到 2007 年间超出国外的增长时,美国的净出口又从 -160 亿美元猛降到了 -5 600 亿美元。

25.7.2 相对价格和汇率

虽然国内和国外的 GDP 水平是一国净出口的重要影响因素,但它们并不是唯一的相关因素。国际价格也很重要。

为了让情况更清楚,让我们把注意力集中在美日贸易上。假设美国的价格上升而日本的价格下降,使得美国产品相对比日本产品贵。如果美国消费者对这些新的相对价格做出反应,购买更多的日本产品,美国的进口会增加。如果日本消费者同样做出反应,购买更少的美国产品,美国的出口会减少。两者都会减少美国的净出口。

自然,美国的价格下降(或日本的价格上升)的结果会完全相反,即

> 一国产品的价格上涨会引起其净出口减少。同理,一国产品的价格下跌会引起它的净出口增加。类似地,国外产品的价格上涨会增加国内的净出口,而国外产品的价格下跌的影响相反,使国内的净出口减少。

这个简单的思想是理解世界各国货币之间的汇率对出口和进口的影响的关键所在。原因是,汇率把外币转换成国内消费者所熟悉的币种——他们自己的货币。

举例来说,假设美国想购买一批价值 3 000 000 日元的日本汽车,如果 1 美元兑 100 日元,这些汽车要用掉美国买者 30 000 美元;如果 1 美元值 150 日元,同样的车只要用掉美国人 20 000 美元,那么美国消费者很可能会买更多的车。这种反应有助于解释在 20 世纪 90 年代末当美元对日元升值时,为什么美国汽车制造商的市场份额被日本进口车占领了。这也可以解释为什么今天的许多美国制造业希望看到人民币升值。

25.8 总需求的可预测性如何？

我们所学的足以让我们明白为什么经济学家常常在预测总需求时会遇到困难。让我们来考虑它的四个主要组成部分，先从消费支出开始。

因为财富影响消费，所以股市的变化或是未来价格预测的不准确都可能推翻支出预测。而且要预见纳税人对所得税法变化的反应也很困难。如果政府说减税是永久的（如1964年），消费者会相信政府的话并增加他们的支出吗？如果政府曾经在允诺保持低税率后又食言提高了税收的话，消费者可能不会相信政府。那么如果政府明确宣布减税是短期的（如1975年），消费者是否又会一直相信政府的声明呢？或是他们可能对此高度置疑呢？如果曾有"短期"税收变化无限期地出现在书本上的历史，那么怀疑的反应是很有可能的。

投资支出的变动就更难以预测了，一部分是因为它们与企业的信心和预期的联系太紧密了，此外国外的发展也经常使净出口账户出现意外情况。甚至总消费的最后一个组成部分，政府购买（G）也会受到变幻莫测的政治因素、突然的军事活动和国家安全事件的影响，例如"9·11"及伊拉克战争。

对于总需求的决定因素的讨论还可以更深入，但我们最好是把它留给更高级的课程，现在我们已经为把总需求的知识运用到构建第一个经济模型上做好了准备。尽管收入决定消费是正确的，但消费函数反过来也会决定收入水平。如果你觉得这有点像循环推理，下一章的内容会告诉你更多。

小结

1. **总需求**是由消费者、企业、政府和外国人购买的物品和服务的总量。它可以表示为 $C + I + G + (X - IM)$，其中 C 为消费支出，I 为投资支出，G 是**政府购买**，而 $X - IM$ 是**净出口**。

2. 总需求是一条线：需求总量取决于价格水平，但是，对任一给定的价格水平，总需求是一个具体的数值。

3. 经济学家说的**投资**一词指的是对新生产来的工厂、机器、软件和房屋的购买。

4. 国内生产总值是一国所生产的最终物品和服务的总量。

5. **国民收入**是一国所有个体赚到的工资、利息、租金和利润在纳税之前的总和。它必须近似等于国内产值。

6. **可支配收入**是一国所有个体在纳税和获得转移支付之后的收入的总和。它是**消费支出**的主要决定因素。

7. 所有这些概念还有其他一些都可以用一个**循环流图**表示，该图反映的是流入企业的四大支出和流出的国民收入。

8. 消费支出（C）和可支配收入（DI）之间的密切关系称为消费函数。它的斜率被用来预测因所得税的变化引起的消费变化，该斜率又被称为**边际消费倾向（MPC）**。

9. 可支配收入的变化使经济沿一给定的消费函数移动。任意一个影响消费支出的其他变量发生变化都将移动整个消费函数。总的消费者财富、物价水平和预期的未来收入是这些其他变量中最重要的几个因素。

10. 因为消费者持有许多**固定货币资产**，所以当价格上涨，他们会损失购买力，这使得他们减少支出。

11. 政府经常试图通过影响个人消费决策来管理总需求，其手段通常是改变个人所得税，但是这一政策在 1975 年和 2001 年都没起到很好的效果。

12. 未来收入预期可以解释其原因。1975 年的减税是临时的，从而没有改变未来收入。而 2001 年的减税也被宣传为一次性事件。

13. 投资是总需求中最易变的组成部分，主要是因为它与信心和预期的关系太密切了。

14. 政策制定者无法以任何可信赖的方式影响信心，因而为刺激投资而设计的政策更多的是强调投资的客观决定因素，例如利率和税收，尽管它们的重要性可能低一些。

15. 净出口取决于国内和国外的 GDP 及相对价格。

关键词

总需求	消费支出(C)	投资支出(I)
政府购买(G)	净出口($X - IM$)	$C + I + G + (X - IM)$
国民收入	可支配收入(DI)	循环流图
转移支付	散点图	消费函数
边际消费倾向(MPC)	固定货币资产	

自测题

1. 总需求的四大组成部分是什么？哪个最大？哪个最小？
2. 依据经济学家的定义，下列哪些行为构成投资？
   a. 肯马瑞公司建立了一个新工厂来制造药品。
   b. 你买了肯马瑞公司的 100 股股票。
   c. 一个小型麻醉药制造商破产了，肯马瑞公司购买了它的工厂和设备。
   d. 你家从开发商手里购置了一套新建的房屋。
   e. 你家从另一家手中买了一栋老房子。（提示：这一行为中有对新产品的需求吗？）
3. 用下面给出的数据在一张坐标纸上构建一个消费函数，并算出 MPC。

年份	消费支出(美元)	可支配收入(美元)
2003	1 200	1 500
2004	1 440	1 800
2005	1 680	2 100
2006	1 920	2 400
2007	2 160	2 700

4. 如果价格水平上升，消费函数会按什么方向移动？在上一题的图中描绘出来。

讨论题

1. 解释大多数人和经济学家对投资的定义有何不同。
2. 没有政府部门的经济循环流图（图 25-1）将是怎样的？自己画一下试试。
3. 美国的总的边际消费倾向（MPC）大约为 0.90。用文字解释这是什么意思。你现阶段的个人 MPC 是多少？当你到了你父母的年纪时，你的个人 MPC 会怎样变化？
4. 看看图 25-3 的散点图，该国在 1942 年到 1945 年的情况怎样？
5. 什么是消费函数？为什么它是政府经济学家制订减税方案的一个有利工具？
6. 解释为什么永久性减税比临时性减税能引起消费支出更大的增加。
7. 在 2001 年和 2003 年，国会几次改变税法以促进储蓄。如果这些储蓄激励成功了，消费函数会怎样移动？
8. （稍难）1990—1991 年，因为衰退，实际可支配收入（用 2000 年美元计）几乎没有增长。（它从 53 240 亿美元增至 53 520 亿美元。）用实际消费支出 C 的数据变化与 280 亿美元的 DI 变化进行比较，两者相除并不能很好地估算出边际消费倾向，解释为什么。

附录　国民收入核算

本书为大家呈现的这种宏观经济分析方法可以追溯到 1936 年凯恩斯的《就业、利息和货币通论》一书的出版。但在那时，由于缺乏所需的数据，因而实际上无法检验凯恩斯的理论正确与否。多年之后，我们才能用真实世界的数据清楚地表述出凯恩斯的理论观点。

> 为收集和描述宏观经济数据而设计的度量体系被称为**国民收入核算**。

国民核算体系（national income accounting）的开发可列为"应用经济学的一个伟大成就"，其重要性可能可与凯恩斯的理论相媲美。如果没有它的出现，凯恩斯分析法的实际价值会受严格限制。在经济学家把理论转换成数字的过程中会出现许多难懂的概念问题，他们要花很长的时间努力处理它们。因此，必须做出一些多少有点武断的决定，不得不使用一些惯例。你可能不全部同意这些决定和惯例，设计出来的核算框架也不完善，但它却具有突出的适用性。

定义 GDP：例外情况

> **国内生产总值（GDP）**是在特定时期内，通常为一年，一国生产的所有的最终物品和服务的货币总值。

我们在第 22 章首次见到了**国内生产总值**（gross domestic product, GDP）的概念。但是，GDP 的定义有些例外情况，我们还不曾注意到。

第一，在政府产出的处理上轻微地偏离了使用市场价格的原则。与私人产品不同，政府办公室的"产出"并不出售，实际上，有时甚至要定义那些产出是什么都很困难。缺少产出的价格，国民收入核算人员只能退而求助于他们掌握的价格——生产产品的投入的价格。这样：

> 政府产出是用生产它们所需的投入成本来衡量的。

举例来说明这句话的意思：如果一名在交通部门工作的职员每小时挣 20 美元，他花半个小时向你解释你不能拿驾照的原因，那么这种特殊的政府"服务"使 GDP 增长了 10 美元。

第二,在一年中生产出来却并未售出的一些物品并不能计入当年的 GDP 中。但是企业加到它们的存货中的物品会计入 GDP,即使这些物品并没有通过市场。

国民收入统计员把存货视为被生产出它们的企业所"购买"的物品,尽管这些"购买"行为并未真的发生。

第三,对投资品的处理稍微有点违背 GDP 仅包括最终物品这一原则。从广义上讲,工厂、发电机、机器工具等可能被认为是中间物品。毕竟,它们的所有者仅仅是想用它们来生产其他物品,而不是想利用它们所具有的原有价值。但是这样归类会产生一个实际的问题。因为工厂和机器一般是从不出售给消费者的,那么我们何时会把它们计入 GDP 中呢? 国民收入统计员为避免这一问题,他们把投资品定义为购买它们的企业所需求的最终物品。

既然我们现在对 GDP 概念有了一个更完整全面的定义,下面让我们转入到 GDP 的实际度量这一问题上来。国民收入核算员已经设计了三种核算方法,我们将逐一介绍。

作为最终物品和服务总和的 GDP

度量 GDP 的第一种方法看来是最自然而然的,因为它相当直接地遵循了循环流图(图 25-1)。它同样也是宏观经济分析中最有用的定义方法。我们只需简单地把所有的消费者、企业、政府和外国人的最终需求加总起来。运用我们在本章中使用的 Y、C、I、G 和 $(X-\mathrm{IM})$ 符号,我们有:

$$Y = C + I + G + (X - \mathrm{IM})$$

在美国的实际国民核算中,I 被称为**国内私人总投资**(gross private domestic investment)。我将马上解释"总"(gross)一词的含义,"私人"(private)表明政府投资是 G 的一部分,而"国内"(domestic)则意味着美国企业卖给外国公司的机器设备是包括在出口中而不是作为"投资"(investment)。在美国,国内私人总投资有三个组成部分。我们再重复一次,仅有这三项才是国民收入核算概念中的投资。

国内私人总投资(I)包括企业对厂房、设备和软件的投资,以及住宅建筑和存货投资。

根据国民收入核算的定义,投资仅包括新生产出的资本产品,例如机器设备、工厂和新房屋,它不包括现有资产的交换。

代表政府购买的 G 表示的是各级政府购买的当期物品和服务总量。因此,政府支付给其雇员的所有报酬与它购买的所有物品一样都计入 G 中。但是,很少有市民认识到,联邦政府的大部分钱不是用在购买物品和服务上,而是用作转移支付——说得明白点,就是把钱要么给个人,要么给其他各级政府。

这一概念上的区别十分重要,因为 G 代表的是政府用来满足它自己购买——支付军队、官员、纸张和墨水之用——的那一部分国民产出,而转移支付仅仅是把购买力从一群市民手中转移至另一群市民手中。除了运行这些转移支付方案所需的行政人员,这一过程不需花费任何实际经济资源。

在把国民总产出加总为 $C+I+G+(X-\mathrm{IM})$ 之和时,我们得到了消费者、投资者、政府和外国人分别使用的 GDP 份额之和。由于转移支付仅仅是给予了某个人在 C 上的支付能力,因而把转移支付排除在我们定义的 G 中是合乎逻辑的。如果我们把转移支付计入 G 中,那么同样的支付就会计算两次:一次在 G,另一次在 C 中。

GDP 的最后一个组成是净出口,它就是物品和服务的出口减进口。

作为所有要素支付总和的 GDP

我们可以用另一种方法计算 GDP:把经济中的所有收入加总起来。让我们看看这一方法是如何处理一些典型的交易的。假设通用电气制造了一台发电机,以 100 万美元卖给了通用汽车。计算 GDP 的第一种方法就是把 100 万美元作为 I 的一部分。而第二种方法则会问:生产这台发电机会带来多少收入?答案可能如下:

通用电气员工的工资	400 000 美元
债券持有人的利息	50 000 美元
建筑物的租金	50 000 美元
通用电气股票持有人的利润	100 000 美元

总计 600 000 美元,剩下的 400 000 美元为通用电气从其他公司购买投入如钢材、电路、管材、橡胶等的费用。但是如果我们更进一步考察这 400 000 美元,我们会发现它是由这些其他公司支付的工资、利息和租金,再加上它们的利润、它们从其他企业的购买构成。实际上,对经济中的每一个企业,都有一个核算等式:

$$\text{销售的收益} = \begin{cases} \text{支付的工资} + \\ \text{支付的利息} + \\ \text{支付的租金} + \\ \text{赚到的利润} + \\ \text{从其他企业的购买} \end{cases}$$

为什么这一等式必须总是成立的呢?因为利润是平衡项,它是企业在付出所有支付项后的剩余。事实上,这一核算方法体现了利润的含义,它是销售收益减去所有成本之差。

现在把这一核算方法运用到经济中的所有企业上,从其他企业的总购买恰好是我们说的中间产品。那么,如果把等式两边同时减掉中间交易,我们会得到怎样的结果呢?

$$\text{销售收益} - \text{从其他企业的购买} = \begin{cases} \text{支付的工资} + \\ \text{支付的利息} + \\ \text{支付的租金} + \\ \text{赚到的利润} \end{cases}$$

在等式的右边,我们得到的是所有要素的收入总和:对劳动、土地和资本的支付。在等式左边,我们得到的是总销售减掉中间产品的销售,这意味着我们得出了最终物品的销售额,恰好是我们定义的 GDP 概念。因此,对整个经济而言,该核算等式可能重写如下:

$$GDP = \text{工资} + \text{利息} + \text{租金} + \text{利润}$$

这一定义使国民收入核算员们获得了另一种计算 GDP 的方法。

国民收入是一国所有个人以工资、利息、租金和利润的形式获取的收入总和,它包括间接商业税,但它不包括转移支付也不减掉收入税。

当我们把销售税、消费税等相关项加入到工资、利息、租金和利润之和中时,我们得到的就是所谓的国民收入——所有要素支付(报酬)的总和,包括间接的商业税(business taxes)。

需注意的是,**国民收入**(national income)度量的是所有美国人的要素收入,而不论他们是在本国还是在其他地方工作,类似地,在美国的外国人赚取的收入是不计入(我们的)国民收入的。等下我们会重新讨论这一区别。

我们在下面会碰到一个表示生产的新概念:国民生产净值(net national product,NNP)。由于本章所解释的原因,NNP 在概念上与国民收入相等。但是实际上,国民收入核算员是独立估算收入和产出的,因此这两者的值也不完全相等。

我们会发现 NNP 和国民生产总值(gross national product,GNP)的唯一差别是国家的资本存量的**折旧**(depreciation)。因而形容词"净"的意思是不包括折旧,而"总"都包括折旧。这样,GNP 衡量的是全部最终产出,并没有对每一年都有一些资本耗费需要重新替代这一事实做出相应的调整。NNP

中剔除了所需的替代资本从而得出一个生产净值。

> **折旧**是一国在一年内耗费的资本设备的价值,它告诉我们的是仅维持经济的资本存量需要多少产出。

从概念的角度来看,大多数经济学家觉得 NNP 相对 GNP 是一个更有意义的经济产出指标。毕竟,GNP 中的折旧部分代表的是修理和替代损耗的工厂和机器所需要的产出,它不能满足任何人的消费①,因此,NNP 似乎是比 GNP 更好的一个生产度量指标。

然而,GNP 却更容易计算,因为折旧是相当繁琐的一项。如去年农户琼斯的拖拉机"损耗"了多少呢?帝国大厦在 2007 年又折旧了多少?如果你问自己这些难以回答的问题,你将会理解为何大多数经济学家相信我们计算的 GNP 比 NNP 精确。正因如此,大多数经济模型都是以 GNP 为基础的。

最后两个调整项使我们得到 GDP,这两项早先也提到过。一些美国公民从国外赚得收入,而美国公司的一些支付是付给外国公民的。因此,要得出美国国内经济的总生产值(即 GDP),而不是美国国民的总生产值(即 GNP),我们必须减去美国人在国外提供要素所得的收入再加上外国人在我们这里提供要素所获得的收入。但这两个调整之差是非常小的数目,GDP 与 GNP 差不多是相等的。

作为附加值总和的 GDP

对国民收入核算员仅仅把最终物品和服务纳入 GDP 之中你可能觉得很奇怪。难道中间物品就不是国家产出的一部分吗?它们当然是。问题是,如果把所有的中间物品都算进 GDP,那么我们最终就会两次或三次重复计算某些物品和服务,从而对经济活动实际水平形成的印象就是夸大了的。

为了解释其原因并说明国民收入核算员是如何解决这一难题的,我们必须介绍一个新的概念,称之为**增加值**(value added)。

> 一个企业的**增加值**是它销售一个产品的收益与它从其他企业购买物品和服务所支付的成本之差。

这一概念的直观意义是明显的:如果一家企业从其他企业买进一些投入,对它们进行一些生产处理,然后把得出的产品以一个高出投入支付的价格销售,我们就说企业给产品"增加了"价值,如果我们把经济中所有企业的增加值加起来,我们肯定会获得全部最终物品的总价值。因而,

GDP 可以用所有企业的增加值之和来衡量。

为了证实这一事实,让我们回头看看前面提到的核算等式。该等式的左边用销售收益减去从其他企业的购买后恰好是企业的增加值。因此,

$$增加值 = 工资 + 利息 + 租金 + 利润$$

由于我们计算 GDP 的第二种方法就是加总工资、利息、租金和利润,因此增加值法定会得出同样的结果。

增加值概念在避免重复核算上很有用。通常,中间物品很难与最终物品相区分。比如,一个油漆工买的油漆是一种中间物品,但是一个人买油漆自己刷漆时,此时的油漆就是一种最终物品。那么,如果一个专业油漆工买些油漆重新粉刷他自己的车库时,情形又怎样呢?中间物品又变成了最终物品。你可以发现在实际中,中间物品和最终物品之间的界限是很模糊的。

但是,如果我们用增加值之和来计算 GDP,我们就无须做如此微妙的区分。用这种方法,对新物品和服务的每一次购买都要计入,但我们并不包括全部销售价格,而仅包括代表增加值的那部分。

---

① 如果资本存量是用于消费的,则 GNP 会下降,国家就会比过去更穷。

为了说明这一点,考虑表25-3中列出的数据,并分析它们会如何影响作为最终产品之和的GDP。在我们的例子中,首先是一个种大豆的农户以每蒲式耳3美元的价格把大豆卖给一间磨坊。这一交易并未计入GDP中,因为磨坊主买大豆不是自己用。他把大豆磨成粉后把得到的一袋大豆粉卖给一家生产酱油的工厂。磨坊主拿到4美元,但是GDP仍然没有增加,因为碾碎的大豆还是中间产品。接下来,工厂把大豆制成酱油,并把它以8美元卖给你最喜欢的一家中餐馆。这一次GDP仍没受影响。

表25-3 最终物品和中间物品示例

物品	卖方	买方	价格(美元)
1蒲式耳大豆	农户	磨坊主	3
1袋大豆粉	磨坊主	工厂	4
1加仑酱油	工厂	餐馆	8
1加仑酱油用作调料	餐馆	顾客	10
			总计:25
补充:对GDP的贡献为10美元			

重大时刻终于来到:餐馆把酱油卖给你以及与你一同就餐的其他顾客,并且你们都吃了它。此时,价值10美元的酱油成为一种最终产品并算入GDP之中。注意,如果我们把三次中间产品交易也算进来(农户至磨坊主、磨坊主至工厂、工厂至餐馆),我们最后将得到25美元——多2.5倍。

为什么有如此之多? 原因很明了。无论是磨坊主、工厂主还是餐馆都没有自己消费我们所考虑的产品,只有吃了最终产品(酱油)的顾客才提高了他们的物质福利,因此只有这最后一次交易才能算入GDP中。但是,就如我们马上会看到的,只要把每次交易的一部分算进来,增加值计算法就能让我们得出正确的答案(10美元)。基本的思路是,在每一步只考虑这一步对最终产品所作的贡献,而不包括其他步所生产的物品的价值。

如果忽略农户从其他人那里买的次要物品(如化肥),一蒲式耳大豆的售价3美元全都是农户生产的新产出,也就是说,3美元都是增加值。然后,磨坊主把大豆磨成粉并卖了4美元,她就给大豆增加了4美元减3美元,或者直接说1美元的价值。而当工厂把这些大豆粉制成酱油并以8美元的价格出售后,它就增加了8美元减4美元,或者说4美元的价值。最后,当餐馆以10美元的价格把酱油卖给饥饿的顾客时,另外2美元的增加值随之产生。

表25-4中的最后一栏反映了增加值形成的链条。我们看到四家企业增加的总价值为10美元,它恰好是餐馆的售价。情形必定如此,因为只有餐馆以最终产品出售大豆。

表25-4 增加值示例

物品	卖方	买方	价格(美元)	增加值(美元)
1蒲式耳大豆	农户	磨坊主	3	3
1袋大豆粉	磨坊主	工厂	4	1
1加仑酱油	工厂	餐馆	8	4
1加仑酱油用作调料	餐馆	顾客	10	2
			总计:25	10
补充:对GDP的贡献(美元)				
	最终产品		10	
	总增加值		10	

小结

1. **国内生产总值**(GDP)是在一年内生产并在有序的市场中销售出的全部最终物品和服务的货币价值之和。但这一定义也有些例外情况。

2. 计算 GDP 的一种方法就是把消费者、投资者、政府和外国人的最终需求加起来：GDP = $C + I + G + (X – IM)$。

3. 计算 GDP 的第二种方法是先把所有的要素支付(报酬)——工资、利息、租金和利润——即构成**国民收入**的各项加起来，然后再加上间接商业税和**折旧**。

4. 计算 GDP 的第三种方法是把经济中每个企业的**增加值**加起来(同样还要加上间接商业税和折旧)。

5. 不考虑可能存在的记录和统计误差，三种方法得出结果一定是相同的。

关键词

国民收入核算　　　　国内生产总值(GDP)　　　　国内私人总投资(I)

国民收入　　　　　　折旧　　　　　　　　　　　增加值

自测题

1. 下列交易中哪些应计入国内生产总值？每种交易会使 GDP 增加多少？
   a. 你购买了一辆美国制造的丰田汽车，支付 25 000 美元。
   b. 你购买了一辆从日本进口的丰田汽车，支付了 25 000 美元。
   c. 你购买了一辆二手凯迪拉克汽车，支付 12 000 美元。
   d. 谷歌花了 50 000 万美元来增加其互联网容量。
   e. 你的祖母收到了一张金额为 1 500 美元的社会保险单。
   f. 克莱斯勒制造了 1 000 辆汽车，每辆的成本为 15 000 美元。由于没能售出，公司以存货保存。
   g. 黑先生和蓝先生星期天各自开车兜风，发生了撞车事故，他们的车子被撞坏，两人分别雇了一名律师起诉对方，均支付给律师 5 000 美元。但法院不予受理该案件。
   h. 你以 100 美元的价格将一台电脑卖给了你的朋友。

2. 下面各项完整地描述 Trivialand 在 2007 年的全部经济活动。按表 25-3 和表 25-4 的形式分别用两种不同的方法("最终需求总和"和"收入总和")计算 Trivialand 的 GDP。①
   a. 在 Trivialand，有成千上万户农户，但仅有两家大的商业企业：Specific Motors (一家汽车公司)和 Super Duper(一家连锁食品市场)，没有政府也没有折旧。
   b. Specific Motors 生产 1 000 辆小汽车，每台售价 6 000 美元，还生产 100 辆卡车，每辆售价 8 000 美元。消费者购买了 800 辆汽车，剩下的 200 辆出口至美国。Super Duper 购买了所有的卡车。

---

① 在 Trivialand，国民净产值和国内净产值是相同的，因此这里与表 25-4 不同，没有相应的"从其他国家获得的收入"和"给其他国家的支付"项。

c. Super Duper 市场的销售额共计达 1 400 万美元,全部是卖给消费者所得。

d. 所有的 Trivialand 农户都是自产自销,他们的全部产品都卖给了 Super Duper。

e. Trivialand 的所有生意的成本如下表所列:

	Specific Motors(美元)	Super Duper(美元)	农户(美元)
工资	3 800 000	4 500 000	0
利息	100 000	200 000	700 000
租金	200 000	1 000 000	2 000 000
食品购买	0	7 000 000	0

3. (稍难)这里 Trivialand(见自测题2)的情况复杂些,试着回答上题所给出的同样的问题,此外,计算出国民收入和可支配收入。①

a. 政府购买了 50 辆汽车,仅有 150 辆出口。此外,政府工资支出为 800 000 美元,转移支付为 1 200 000 美元。

b. 该年 Specific Motors 的折旧共计为 600 000 美元,Super Duper 的折旧为 200 000 美元(农户没有折旧)。

c. 政府分别对 Specific Motors 和 Super Duper 征收销售税 500 000 美元和 200 000 美元(农户不交税)。此外,政府对所有的工资、利息和租金收入征收 10% 的所得税。

d. 除了自测题2中提到的食物和汽车,Trivialand 的消费者还从美国以每台 2 000 美元的价格进口了 500 台电脑。

讨论题

1. 试解释最终产品和中间产品的区别,为什么在实际中有时难以应用这一区别?从这一角度出发,为什么增加值的概念很有用?

2. 试解释政府支出与物品和服务的政府购买(G)之间的区别,哪个更大?

3. 试解释为什么在没有折旧的条件下,国民收入和国内生产总值基本相等。

---

① 在这里,可支配收入等于国民收入加上转移支付再减掉税收。

第26章 需求方的均衡：失业还是通货膨胀

> 在收入和投资之间可以建立一种明确的比例关系，它被称为乘数。
> ——约翰·梅纳德·凯恩斯

先让我们简要地回顾一下我们已学的一些内容。在第22章，我们知道总需求与总供给的相互关系决定经济是停滞还是繁荣，决定我们的劳动和资本资源是被充分利用还是处于未充分利用状态。在第25章，我们学到了总需求有四个组成部分：消费支出（C）、投资（I）、政府购买（G）和净出口（$X-IM$）。现在我们应该建立一种能把这些内容融合在一起的理论，以便弄明白总需求和总供给曲线的由来。

我们的思路是循序渐进的，因为在你学会跑之前最好的方式是走。在本章的大部分篇幅中，我们假定税收、价格水平、利率和美元的国际价值都是固定不变的。当然，这些假定都不是事实，因而我们在随后的章节中逐一放弃这些假定。但是从这些非现实的假定中，我们现在可以得到两点非常重要的好处。第一，它们有助于我们建立一个简单但却十分有用的模型，用来分析总需求对国内生产总值（GDP）水平的影响有多强，运用这个模型我们将推导出许多具体的数字答案。第二，这个模型向我们初步给出了一个对政策制定者而言至关重要的问题的答案：如果政府不干预，我们能期望经济实现充分就业吗？

❓ 难题：市场为何容许失业存在？

经济学家们喜欢带着一丝敬畏地指出自由市场令人惊异的成就。没有中央指令，自由市场运用某种方式使得企业生产的物品和服务恰好是消费者想要的——并且是如此低成本而高效率地实现这一点。如果消费者想少要些肉而多吃些鱼，市场会回应。如果人们连续不断地改变主意，市场也会回应。自由市场似乎能毫不费力且毫不留痕迹地协调数以百万计的决策。

但是经过数百年,在整个世界上,市场经济学家一直被一个特别的协调问题绊住,即被我们称为衰退和萧条的大量失业的周期性爆发。从下面的意义来看,普遍失业代表的是协调经济活动的失败。如果失业者被雇用,他们就可以购买企业无法卖出的物品和服务,从这些销售中获得的收益又使企业可以支付工人的报酬。因而一次看来很简单的"交易"既为失业者提供了工作又为企业带来了销售。但是这种交易有时却无法实现。工人依然处于失业状态,而企业还是陷在产品销不完的困境之中。

因此,自由市场虽然能把从南非地底下挖出的粗糙钻石变成洛杉矶的新郎为新娘购买的精美钻戒,但是看来它却无法解决失业引起的协调问题。为什么不能呢?几个世纪以来,经济学家都对此问题迷惑不解。在本章的结尾,我们将给出一个答案。

26.1 均衡 GDP 的含义

首先我们用上一章的循环流图作为组织框架把总需求的四个组成部分放在一起来研究它们是如何相互作用的。为此,我们先不考虑政府为了引导经济朝某一合意的方向发展而使用货币政策和财政政策的可能性。之所以这样做,除了方便教学外,还有一个重要的原因,即围绕政府稳定性政策的一个关键问题是,如果政府完全不干预经济,经济能否自动地走向充分就业。凯恩斯声称经济无法做到这一点,这与他前面几代经济学家的教育理念背道而驰。但迄今为止,凯恩斯的观点仍有争议。因此,假定一个政府从来不设法管理其总需求的经济可以让我们更好地研究这个问题,这也正是本章中我们要做的。

为了给这样的经济构建一个简单的模型,我们必须先理解均衡 GDP 的含义。图 26-1 是一个循环流图,它重现了图 26-1 的内容,将帮助我们理解均衡 GDP。上一章讲到,总产出与总收入必须相等。但总支出却无须如此。想想出于某种原因,图中第 4 点后形成的总支出,$C + I + G + (X - IM)$ 超出了第 5 点上的企业的产出,会发生怎样的情况呢?

由于消费者、企业、政府和外国人总共要购买的产品比企业要生产的多,企业就会从它们的仓库中拿出产品来满足顾客的需求。这样存货的存量将下降——这就给零售商和制造商以信号,前者需要增加他们的订货量,后者则需要加紧生产。结果是产出很可能增加。

一些日子过后,如果事实表明高水平的支出不仅仅是一次暂时的偏离,制造商和零售商也有可能提高他们的价格来回应过热的销售状况。因此,经济学家们认为当总支出超过了当前的生产时,产出和价格水平都不是**均衡**(equilibrium)的。

> **均衡**指的是消费者和企业都不愿意改变他们的行为的一种状态。他们对现状很满意。

上面给出的均衡定义告诉我们当总支出超过了生产时,经济不可能处于均衡。因为下降的存货向企业表明他们的生产和定价决策不太恰当。① 由于

---

① 为简单起见,本书中所有的模型假定企业的存货总是不变的。有目的的存货变化会在更难的课程中出现。

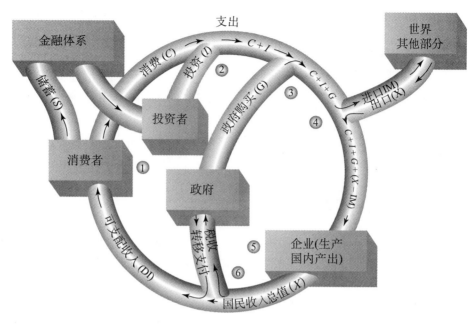

图 26-1　循环流图

我们一般用 GDP 代表产出,因此,

在需求方面,均衡的 GDP 水平不可能在总支出大于产出时实现,因为企业会注意到它们将用尽它们的存货存量。它们可能会先决定增加生产以满足过高的需求,然后它们可能会决定提高价格。

现在试想一下另一种情况,流向企业的支出小于当前的生产。未售出的产出最后成为存货。存货堆积会给企业信号:它们的定价或产出决策错误。同样,它们可能会以削减生产作为第一反应,从而使 GDP 下降(图 26-1 中的第 5 点)。如果失衡依然持续,它们也可能降低价格以刺激销售。但是它们肯定对此耿耿于怀。因而,

在需求方面,均衡的 GDP 水平不可能在总支出小于产出时实现,因为企业是不会让存货堆积如山的。它们可能会做出减产的决定,它们也可能会决定降低价格以刺激需求。

现在通过排除法我们已经得出了与人们支出意愿一致的唯一的产出水平。我们推理得出:只要 GDP 小于总支出 $C + I + G + (X - \text{IM})$,GDP 就会增加,而只要它大于 $C + I + G + (X - \text{IM})$,它就会下降。因此,只有当支出刚好足够吸收现有的生产水平时,均衡才会发生。在这种情形下,生产者才会断定他们的价格和产出决策是正确的,从而没有改变的意愿。因此,我们的结论是:

在需求方面,均衡的 GDP 水平是在总支出等于产出时所处的水平。在这种状态下,企业发现它们的存货保持在合意的水平上,因而它们没有任何改变产出价格的意愿。

如此，循环流图不仅帮助我们理解了均衡 GDP 的概念，还向我们展示了经济是如何被推至这一均衡状态的。但是，仍然有三个重要问题亟待解决：
- GDP 的均衡水平为多少？
- 经济会遭受失业或/和通胀吗？
- 需求方面的均衡 GDP 水平同样与企业的生产意愿相一致吗？也就是说，它同样也是供给方面的均衡吗？

本章先回答前两个问题，第三个问题将留给下一章。

26.2 收入决定机制

我们的第一个目标是准确决定需求方面的均衡 GDP 水平。为了使分析更具体，我们用一个数字例子来说明。我们来研究上一章中介绍的虚拟经济的总支出与 GDP 的关系。

表 26-1 中的第 1 列和第 2 列重复了我们在表 26-1 中遇到的消费函数，它反映了消费支出 C 对 GDP 的依赖关系，我们用字母 Y 代表 GDP。第 3 列至第 5 列给出的是总支出的其他三个组成，I，G 和 $X - IM$，为简化分析，假定这三者与 GDP 的水平无关，为固定数值。具体而言，我们假定投资支出为 9 000 亿美元，政府购买为 13 000 亿美元，净出口为 -1 000 亿美元——意指在这个虚拟的经济中，进口超过了出口，就像现今的美国。

表 26-1　总支出表

(1) GDP (Y)	(2) 消费 (C)	(3) 投资 (I)	(4) 政府购买 (G)	(5) 净出口 ($X - IM$)	(6) 总支出
4 800	3 000	900	1 300	-100	**5 100**
5 200	3 300	900	1 300	-100	**5 400**
5 600	3 600	900	1 300	-100	**5 700**
6 000	3 900	900	1 300	-100	**6 000**
6 400	4 200	900	1 300	-100	**6 300**
6 800	4 500	900	1 300	-100	**6 600**
7 200	4 800	900	1 300	-100	**6 900**

> **支出表**反映的是国民收入 GDP 与总支出的关系。

把第 2 列到第 5 列各项加起来，我们得到 $C + I + G + (X - IM)$，或者说是总支出，它为表 26-1 的第 6 列所示。第 1 列和第 6 列着重标出是为表明总支出对收入的依赖关系如何，我们称这种关系为**支出表**（expenditure schedule）。

图 26-2 以图的形式反映了支出表的结构。标为 C 的黑色直线为消费函数；它是按表 26-1 的第 1 列和第 2 列的数字画出的。

> **引致投资**是随 GDP 增加而增多或随 GDP 下降而减少的那部分投资支出。

标为 $C + I$ 的直线体现了投资固定为 9 000 亿美元这一假定。它位于 C 线之上，两条直线的距离固定（与 9 000 亿美元相对应）。如果投资不总是 9 000 亿美元，这两条直线的距离将会变小或变大。比如说，我们对投资支出的决定因素的分析就表明 GDP 越高投资越多。因此，随 GDP 增长而增加的投资——被称为**引致投资**（induced investment）——会导致 $C + I$ 线的斜率比

C线更陡。但这里为简化分析,我们忽略了这种可能性。

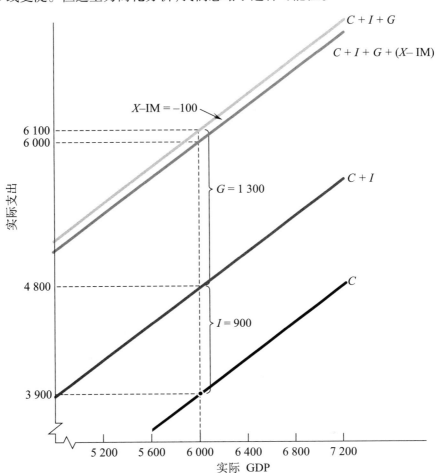

注：数据单位为每年10亿美元。

图26-2　支出表的构建

记为 $C+I+G$ 的直线加入了政府购买。由于政府购买被假定为13 000亿美元,与GDP的大小无关,因而 $C+I+G$ 线与 $C+I$ 线平行,只是高出了13 000亿美元。

最后,记为 $C+I+G+(X-\mathrm{IM})$ 的直线加入了净出口。它与 $C+I+G$ 平行但低了1 000亿美元,表明净出口总为 -1 000亿美元的假定。同样,如果与上一章讲的一样,进口依赖于GDP,那么 $C+I+G$ 线与 $C+I+G+(X-\mathrm{IM})$ 线不会相互平行,我们将在本章的附录B中涉及这一更为复杂的情形。

现在我们可以决定虚拟经济中的需求均衡了。表26-2以表格的形式体现了循环流的观点。表中前面两列是我们刚构建的支出表。其余各列解释了经济走向均衡的过程。让我们来看看为什么GDP为60 000亿美元时,它一定是处在均衡水平上。

表 26-2 均衡产出的决定

(1) 产出 (Y)	(2) 总支出 [$C+I+G+(X-\text{IM})$]	(3) 总支出与产出的差额	(4) 存货状态	(5) 生产者的反应
4 800	5 100	支出超过产出	减少	多生产
5 200	5 400	支出超过产出	减少	多生产
5 600	5 700	支出超过产出	减少	多生产
6 000	6 000	支出＝产出	不变	不变
6 400	6 300	支出超过产出	增加	少生产
6 800	6 600	支出超过产出	增加	少生产
7 200	6 900	支出超过产出	增加	少生产

首先考虑小于60 000亿美元时的情况。比如说产出水平 Y = 52 000亿美元,而总支出为54 000亿美元,比产出高出了2 000亿美元,即如表中第2列所示。由于支出高于产出,如第3列指出的,存货将会减少(见第4列),这就给生产者传达了要提高产出的信号,如表第5列所指。很显然,任何低于 Y = 60 000亿美元的产出水平都是非均衡的,因为产出太低了。

同样推理即可排除任何高过60 000亿美元的产出水平,例如 Y = 68 000亿美元。表中显示在产出为68 000亿美元时,总支出为66 000亿美元,将有2000亿美元的产出无法售出。这会增加生产者的存货存量,给他们发出生产速度过高的信号。

与我们从循环流图中得出的结论一样,只有当总支出 $C+I+G+(X-\text{IM})$ 恰好等于 GDP,Y 时,均衡才会实现。均衡 GDP 的条件用等式表示为

$$Y = C + I + G + (X - \text{IM})$$

表 26-2 表明只有在 GDP 为60 000亿美元时,该等式才成立,因此它必定是均衡的 GDP 水平。

图 26-3 在图 26-2 的基础上加了一条45°线,以图的形式得出了相同的结论。为何是45°线呢? 45°线表示的是所有横轴代表的变量(此处为 GDP)的数值与纵轴代表的变量(此处为总支出)的数值相等的点。这样图 26-3 中的45°线上所有的点对应的都是产出与支出相等的点——即 $Y = C + I + G + (X - \text{IM})$。因此,45°线上的所有点也都是经济有可能实现需求方均衡的点,因为只有总支出等于产出时,企业才会保持现有的产出水平。

现在我们必须把这些潜在的均衡点和与消费者和投资者的当前行为相一致的支出和产出的实际组合进行比较。在图 26-3 中,当前的行为是用 $C+I+G+(X-\text{IM})$ 线表示的,它说明了总支出是如何随收入变化而改变的。由于只有 $C+I+G+(X-\text{IM})$ 线上的点才反映了消费者和投资者的支出计划,因此经济将总是处于支出线上。但是如果经济处于均衡,它又必定位于45°线上。这两个条件意味着唯一的均衡为图 26-3 中的 E 点,即 $C+I+G+(X-\text{IM})$ 线与45°线的交

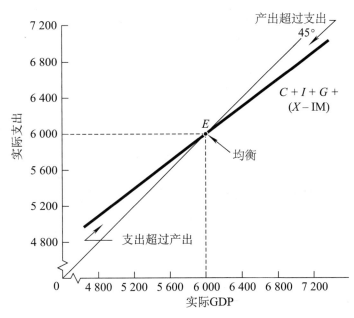

图 26-3 收入—支出图

点,只有这一点既满足均衡又与人们的实际消费和投资意愿相吻合。

注意在均衡点 E 的左边,支出线位于 45°线之上,这意味着总支出超过了总产出,因而,存货会减少,企业将得出该增产的结论。这样,生产会提高至均衡点 E。而在 E 的右边,同理可推出完全相反的结论。由于支出低于产出,存货增多,企业会减产——从而向 E 点靠近。

换句话说,只要生产高于均衡水平,市场力量将会拉动产出下滑;而只要生产低于均衡,市场力量就会推动产出上升。在任一情形下,需求方均衡的偏离都会逐渐消除。

在本章和后面几章中,像图 26-3 这样的图会频繁出现,因此给它们起个名字将会方便一些。我们称之为**收入—支出图**(income-expenditure diagrams),因为它们反映的是支出随收入变化的情况,或者简单地称之为**45°线图**(45° line diagrams)。

> **收入—支出图**或 **45°线图**体现的是实际总支出(纵轴)与实际收入(横轴)的对应关系。45°线是收入与支出相等的点的集合。

26.3 总需求曲线

第 22 章介绍了总需求曲线和总供给曲线,把需求总量和供给总量与价格水平联系了起来。图 26-3 中给出的支出表显然不是总需求曲线,因为我们还没把价格水平引入讨论中来。下面我们将弥补这一缺陷并推导出总需求曲线。

要把价格水平纳入分析,只需回顾一些我们在上一章已学的知识。我们提到过,消费者拥有许多价值以货币形式固定的资产,当价格上升,它们会丧失一些购买力。你银行账户里的存款就是最好的例子。由于该原因,价格水平上升时,消费者的实际财富就

下降,也就会影响到他们的支出。具体来说:

> 高价格会减弱消费者财富的购买力,从而降低了其对物品和服务的需求。相反,低价格则会加强消费者财富的购买力,从而提高了对物品和服务的需求。

由于这些原因,价格水平的变化会影响整个消费函数。下面将这种变动在图像上表示出来,见图 26-4(和图 26-6 相似):

> 高价格水平导致低的实际财富从而会减少在任意实际收入水平下的支出。因此,较高的价格水平导致较低的消费函数(图 26-4 中的 C_1),较低的价格水平导致较高的消费函数(图 26-4 中的 C_2)。

因为学生们有时会对该问题产生疑惑,所以在这里有必要重复一下价格水平是通过实际财富而不是实际收入来产生对消费者支出的不利影响的。消费函数表示的是消费者实际收入和实际支出之间的关系。因此,不管什么原因,任何实际收入的下降将会推动经济沿固定的消费函数左移,注意消费函数并没有被移动。与之对应的是,实际财富的下降则会将整条消费函数下移,这意味着在任意给定的实际收入水平下,人们的支出将变少。

用 45°线图表示,价格水平上升会使图 26-2 中的消费函数下移,从而使总支出计划下降。相反,价格水平下降会同时提高图中的 C 和 $C + I + G + (X - IM)$ 两条直线。图 26-5 中的两幅图分别说明了这两种变化。

那么,价格水平的变化会影响需求方实际 GDP 的均衡水平吗?常识告诉我们,支出减少,均衡 GDP 应下降,图 26-5 说明这一结论是正确的。图(a)表明,价格水平上升使支出曲线下移,引起实际 GDP 的均衡需求量从 Y_0 下降至 Y_1。图(b)表明,价格水平下跌使支出曲线上移,引起实际 GDP 的均衡需求量从 Y_0 增至 Y_2。总之,

> 价格水平上涨导致实际总需求量的均衡水平下降。价格水平与实际 GDP(如图 26-6 所示)之间的这种关系正好是我们在前面几章中说的总需求曲线。它直接由图 26-5 中的 45°线图推出。因此,图 26-6 中的 E_0、E_1 和 E_2 三点正好与图 26-5 中的同样记为 E_0、E_1 和 E_2 的三点一一对应。

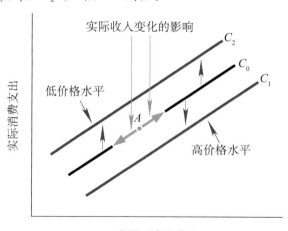

图 26-4　价格水平是如何移动消费函数的

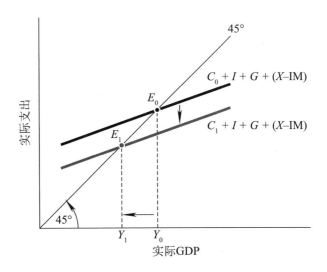

(a) 价格水平上升

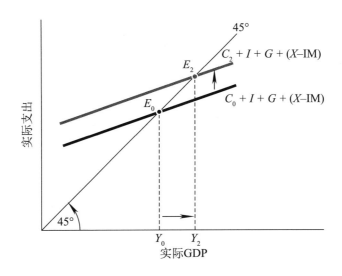

(b) 价格水平下降

图 26-5　价格水平对均衡总需求的影响

高价格对消费者财富的影响仅仅是总需求曲线向下倾斜的原因之一。第二个原因源自国际贸易。在第 25 章对净出口的决定因素的讨论中,我们曾指出,如果国外的价格维持不变,美国的价格上涨将抑制出口(X)并鼓励进口(IM)。它的意思是,在其他条件相同的情况下,美国的价格上涨会减少总支出中的$(X-\text{IM})$部分,从而使 $C+I+G+(X-\text{IM})$线下移,实际 GDP 下降,如图 26-5(a)所示。

在本书后面,在我们学习利率和汇率之后,我们还会知道总需求曲线向下倾斜的更多原因。所有这些都意味着:

类似于图 26-3 的收入—支出图只有在特定的价格水平下才能画出来。价格水平不同,$C+I+G+(X-\text{IM})$曲线也会不同,从而均衡的 GDP 需求量也不同。

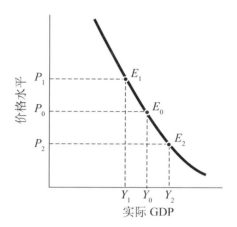

图 26-6　总需求曲线

我们马上会看到,这一关于该图有些技术性的内容对理解失业和通胀的根源至关重要。

26.4　需求方均衡与充分就业

下面我们考虑第 26.1 节末尾提出的第二个主要问题:经济会实现无通胀的充分就业均衡吗,还是我们会看到失业或通胀,或两者皆有之? 这个问题对稳定性政策很关键,因为如果经济总是自动地走向充分就业,那么政府就应该让它自己独立运行。

在我们已使用的收入—支出图中,均衡的 GDP 需求水平表现为支出曲线和 45°线的交点,与充分就业对应的 GDP 水平无关。然而,我们会看到,当均衡 GDP 高于潜在 GDP 时,经济可能会遭遇通胀,而当均衡 GDP 低于潜在 GDP 时,失业和衰退便是后果。

这一显著事实是凯恩斯的《就业、利息和货币通论》的主要内容之一。因为凯恩斯是在大萧条期间写的此书,所以很自然,他关注的是低于充分就业的均衡,一些资源未被利用时的均衡。图 26-7 反映的就是这种可能性。假定潜在 GDP 为 70 000 亿美元,沿潜在 GDP 水平画一条垂直线,这个数字部分取决于总供给的考虑,我们已经在第 24 章详细讨论过了,我们在下一章还将涉及。我们看到 $C+I+G+(X-IM)$ 线与 45°线相交于 E 点,它对应的 GDP(Y = 60 000 亿美元)小于潜在 GDP。在这种情况下,支出曲线太低而无法实现充分就业。由于受到房地产市场以及其他各种各样的金融问题的冲击,美国经济在 2007 年下半年开始减缓,随后在 2008 年就出现过这种情况。

低于潜在 GDP 的均衡出现可能是因为消费者或投资者不愿意按正常比例支出、政府支出水平低、国外需求微弱,或者是由于价格水平"太高"等原因,这些因素中的任何一个都会抑制 $C+I+G+(X-IM)$ 曲线扩张,从而失业必定出现,因为对产出的需求不足以保证所有的劳动力都有工作可做。

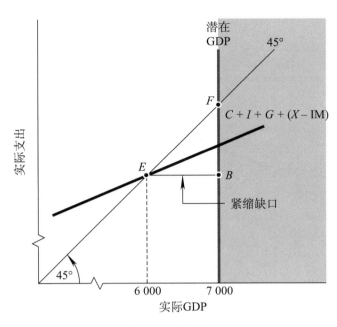

图 26-7 紧缩缺口

注：数据单位为每年 10 亿美元。

紧缩缺口是均衡的实际 GDP 水平低于潜在 GDP 时两者之差。

均衡的产出需求水平与充分就业的产出水平（即潜在 GDP）之间的差距称为**紧缩缺口**（recessionary gap），在图 26-7 中为 E 点到 B 点的水平距离。它们是美国经济史的一个常见特征。

图 26-7 清晰地表明只要增加总支出计划以消除紧缩缺口，充分就业就能实现。具体地说，曲线 $C + I + G + (X - IM)$ 必须上移直至它与 45°线相交于 F 点。没有政府干预这能发生吗？我们知道价格水平下降的幅度足够大时，这一点能够做到。但这是现实的展望吗？我们将在下一章把供给纳入分析之后再讨论这个问题，因为不把供给和需求同时引入，我们就无法讨论价格的决定。让我们先考虑另一种情况——当均衡 GDP 高于充分就业时的情况。

图 26-8 显示的就是这种可能性，许多人相信它是美国 2006 年到 2007 年的经济所具有的特征，当时的失业率下降到了 5%。现在支出曲线与 45°线相交于 E 点，在这一点 GDP 为 80 000 亿美元，但它超出了充分就业时的水平，$Y = 70 000$ 亿美元。当消费或投资支出异常强劲，或者当外国需求特别旺盛、政府支出过多、"过低"的价格水平推动 $C + I + G + (X - IM)$ 曲线上移时，这样的情形可能会出现。

通胀缺口是均衡的实际 GDP 大于充分就业的 GDP 水平时两者之差。

要实现充分就业均衡，价格水平必须上涨使支出曲线下移直至通过 F 点。水平距离 BE——代表的是 GDP 的需求量高出潜在 GDP 的数量——被称为**通胀缺口**（inflationary gap）。如果存在通胀缺口，要实现充分就业均衡就需要提高价格水平或采取其他减少总支出的方法。价格提高最终会使 $C + I + G + (X - IM)$ 曲线下移直至经过 F 点。总之，

只有价格水平和支出计划"刚刚好"，支出曲线才会正好在充分就业那一点与

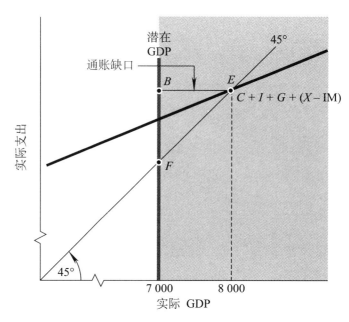

图 26-8 通胀缺口

注:数据单位为每年 10 亿美元。

45°线相交,这样紧缩缺口和通胀缺口都不会发生。

那么我们是否有理由期待这一结果的出现呢?经济是否有一个自我调整机制能自动消除紧缩缺口或通胀缺口并推动经济走向充分就业呢?为什么通胀和失业有时同起同落?我们现在还不能回答这些问题,因为我们还没有把总供给引入分析。不过现在先了解一下为什么衰退期间事情会变糟这一问题是可行的。

26.5 储蓄和投资的协调

要做到这一点先提出下面的问题是很有帮助的:充分就业的 GDP 水平一定是需求方的均衡吗?几十年前,经济学家认为答案是"肯定的"。自凯恩斯后,大部分经济学家相信答案是"不一定"。

为了帮助我们弄明白原因,图 26-9 给出了一个简化的循环流图,该图不考虑出口、进口和政府的作用。在这里,收入只能在第 1 点"漏出"循环流,在这一点消费者把他们收入的一部分存起来。类似地,失去的支出只能在第 2 点获得弥补,投资在这点进入循环流。

如果在图中的第 3 点企业恰好生产充分就业时的 GDP 水平,情况会是怎样的呢?这里收入水平会沿着循环流图保持不变吗?或者它会减少还是会增加呢?答案是,只有投资者在第 2 点上的支出与消费者在第 1 点上的储蓄完全相同时,充分就业时的收入水平才能保持不变。换句话说:

只有消费者想要储蓄的那部分充分就业收入与投资者想要的投资量相等,经济

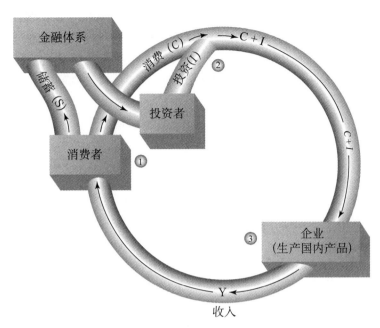

图 26-9　简化的循环流图

才会实现需求方的充分就业均衡。如果这两者的数量不等,充分就业就不是均衡的。

因此,我们在本章一开始提出的难题的基本答案是

当总支出太低不足以雇用整个劳动力时,市场是会允许失业的。

那么,那是如何发生的呢?循环流图表示:如果在充分就业时,储蓄大于投资,那么在第3点上的企业所获得的总需求将少于总产出,因为新增的投资支出不足以替代"漏出的"的储蓄。由于需求不足以支持充分就业时的产出,GDP 必定降至潜在 GDP 之下,紧缩缺口出现。反之,若在充分就业时投资大于储蓄,总需求就会超出潜在 GDP,产出就会增至充分就业水平之上,通胀缺口因而出现。

协调失败是指如果 B 方改变自己的行为,那么 A 方就想改变自己的行为,反之亦然,但这两种情况都不会出现,因为 A、B 两方的决策互不协调。

至此,我们的讨论只不过是用一种不同的表达方式复述了我们已经知晓的内容。① 但这种表述传递的是理解经济为何有时处在充分就业之上,而有时又处于充分就业之下的关键点:进行投资的人不是进行储蓄的人。在一个现代资本主义经济中,投资是由一群个体(主要是公司经理和家庭购买者)进行的,而储蓄则是由另一群人来完成的。② 因此不难想象他们的计划可能不会很协调一致。如果这些计划真的不一致,那就正如我们刚看到的,失业或通胀就会出现。

---

① 用符号表示,在没有政府和外贸时,均衡条件为 $Y = C + I$。如果我们用消费加储蓄之和来表示 Y,$Y = C + S$,那么就有 $C + S = C + I$,即 $S = I$,这是均衡条件的另一种表述。

② 在一个现代经济中,不仅有家庭储蓄,企业也以留存收入(retained earnings)形式进行储蓄,但家庭是用来支持投资的储蓄的最终来源。

课程结束后仍须牢记的要点

如果储蓄和投资两种行为能完美地协调一致，上述问题都不会发生。但是完美是永远也无法实现的。随后的专栏"协调失败时的失业和通胀"，给出的是一种极可能出现的情况。如果高失业和高通胀都是由**协调失败**（coordination failures）引起的，那政府对此能否做些什么呢？凯恩斯认为通过货币政策和财政政策是可以的。他的观点，也是我们"课程结束后仍须牢记的要点"之一，将会在后面几章中被详细地分析。但是专栏中描绘的足球例子提醒我们，一个中央政府可能会发现要解决协调问题并非易事。

专栏

协调失败时的失业和通胀

储蓄者和投资者的决策不协调会引起失业这种想法看似很抽象，但是在真实世界里，我们会频繁地遇到协调失败的例子。下面这个较为熟悉的例子会让这个思想容易理解。

想象一大群人在观看足球比赛的画面。现在令人兴奋的事情发生了，因而足球迷们都从座位上站了起来。前面几排的人先站起来，坐在后面的人为了观看比赛被迫也站了起来，很快体育馆的每个人都站着。

但是当每个人都站起来时，没有哪个人能比大家都坐着时看得更清楚，而且球迷们还要受站立带来的更大的不舒适感（不考虑体育馆不舒适的座位的影响）。如果体育馆中的每个人都坐好，那么每个人的情况都会更好，有时这种情形会出现。但每次有精彩表现之时，人群又会站起来。没有简单的方法能够让成千上万的足球迷的个人决策协调一致。

失业反映的是一个与此类似的协调问题。在严重的衰退期间，工人失业，企业也无法售出它们的产品。也就是说，每个人都"站着"并对此心怀不满。要是企业能同意雇用更多的工人，那这些被雇用的人就有能力购买更多的企业想生产的物品和服务。但是与足球场的情形一样，没有哪个中央机构能协调这些数百万计的决策。

协调失灵的思想也能解释为什么阻止通胀如此困难这个问题。实际上每个人都更喜欢价格稳定，不喜欢价格上涨。但假设你自己是一种产品的卖者，如果经济中所有其他的生产者都保持它们的价格稳定，你当然也会很高兴地维持自己的价格不变。如果你相信其他人会不断地提高他们的价格，比如以每年5%的比例提升，那么你会发现如不跟着提价你将会陷入困境之中。这样，纵然每个人都认同零通胀更好，但社会依然会遭受5%的通胀。

图片来源:Thinkstock Images/Jupiterimages

26.6 需求方的变化:乘数分析

乘数 等于均衡 GDP(Y) 的变化与最初引起 GDP 发生变化的支出的变化之比。

上面我们已经学到,需求方的均衡是怎样依赖于消费函数、投资支出、政府购买和净出口的。但这些要素都不具有稳定的性质,它们总是在不断发生变化。当消费函数或 I、G、$(X-IM)$ 改变时,均衡 GDP 会怎样变化呢?我们马上会看到,答案很简单,均衡 GDP 的变化会更大。这个引人注目的结果被称为**乘数**(multiplier),它是指支出的变化会带来(需求方的)均衡 GDP 的更大的变化。让我们来看看原因是什么。

26.6.1 神奇的乘数

由于投资支出总是突然发生变化的,因而它经常引起美国或其他地方的经济出现波动。如果企业突然决定增加对投资品的支出,那么会有什么情况出现呢?我们会看到,这一决定会对 GDP 产生一个乘数效应,也就是说,投资支出每新增 1 美元将使 GDP 增加超过 1 美元。

让我们看看表 26-3,它与表 26-1 很像,两者的唯一区别是我们在这里假设企业现在想要的投资比原先增加了 2 000 亿美元——总投资为 11 000 亿美元。表中加粗的数字表明,现在只有当收入水平 $Y=68\,000$ 亿美元时,经济才能实现需求方的均衡,因为只有在这个水平上,总支出 $C+I+G+(X-IM)$ 才等于产出(Y)。

表 26-3 投资增加 2 000 亿美元后的总支出

(1) 收入 (Y)	(2) 消费 (C)	(3) 投资 (I)	(4) 政府购买 (G)	(5) 净出口 ($X - \text{IM}$)	(6) 总支出
4 800	3 000	1 100	1 300	-100	5 300
5 200	3 300	1 100	1 300	-100	5 600
5 600	3 600	1 100	1 300	-100	5 900
6 000	3 900	1 100	1 300	-100	6 200
6 400	4 200	1 100	1 300	-100	6 500
6 800	**4 500**	**1 100**	**1 300**	**-100**	**6 800**
7 200	4 800	1 100	1 300	-100	7 100

注：数据单位为每年 10 亿美元。

乘数原理表明 GDP 的增加会大于投资增加的 2 000 亿美元。具体地说，乘数被定义为均衡 GDP(Y)的变化与引起 GDP 变化的支出变化之比，简单地说，当我们计算投资(I)的乘数时，公式可以表示为：

$$\text{乘数} = \frac{Y \text{的变化}}{I \text{的变化}}$$

现在让我们来证实乘数的确大于 1。表 26-3 说明在每一个 Y 水平下，把 C、I、G 和 (X - IM) 加起来就可以得出新的支出曲线，这与我们在前面做的一样，只是这里的 I = 11 000 亿美元，而不是 9 000 亿。如果把表 26-1 和表 26-3 的最后一列相比较，我们会发现新的支出曲线都比原来的增加了 2 000 亿美元。

图 26-10 用图解的形式说明了这一变化。记为 $C + I_0 + G + (X - \text{IM})$ 的曲线是由表 26-1 的最后一列得出的，而那条位置较高记为 $C + I_1 + G + (X - \text{IM})$ 的曲线则是由表 26-3 的最后一列得出的。两条支出曲线相互平行且相距 2 000 亿美元。

至此事情与我们大家预计的一样，但随后一步将会把乘数从幕后带出来。让我们来看看支出曲线向上移动会使均衡收入发生怎样的变化。在图 26-10 中，均衡从 E_0 点向外移至 E_1 点，或者说从 60 000 亿美元增加至 68 000 亿美元，两者之差，即增加的 8 000 亿美元 GDP，都是由投资增加 2 000 亿美元引起的吗？这就是神奇的乘数。

由于 I 的变化为 2 000 亿美元，均衡 Y 的变化是 8 000 亿美元，根据我们的定义，乘数是

$$\text{乘数} = \frac{Y \text{变化}}{I \text{变化}} = \frac{8\,000 \text{ 亿美元}}{2\,000 \text{ 亿美元}} = 4$$

它告诉我们，在本例中，投资需求每增加 1 美元，均衡 GDP 将增加 4 美元。

这一结果真的看起来很神奇，难道可以无中生有吗？让我们先确认图形并没有欺骗我们。图 26-10 中表示的数字就是表 26-3 中第一列和最后一列给出的。现在的均衡为 Y = 68 000 亿美元，因为只有在这一点，总支出才等于总产出(Y)。这时均衡 GDP 水平比之前的 60 000 亿美元高了 8 000 亿美元，因此，投资增加 2 000 亿美元的确引起均衡 GDP 增加了 8 000 亿美元，乘数确实是 4。

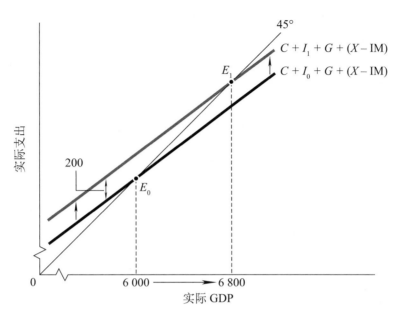

图 26-10 乘数的图示

注:数据单位为每年 10 亿美元。

26.6.2 解开乘数之谜:它是如何发挥作用的

乘数的结果初看有些令人吃惊,但一旦我们回顾一下收入和支出的循环和一个人的支出就是另一个人的收入这一简单事实,其神秘面纱就会揭开。为了解释乘数的原理并弄清楚例子中的乘数为何刚好为 4,让我们想想当企业决定投资 100 万美元到投资品上时会发生什么。

假设微硬(Microhard)——我们虚拟的国家中的一个大公司——决定用 100 万美元建一座新办公楼。它的 100 万美元支出以工资和利润的形式到了建筑工人和建筑公司的所有者手中,即 100 万美元变成了他们的收入。

但是建筑公司的所有者和工人不会把全部的 100 万美元存入银行,相反他们会花掉大部分钱。如果他们是"典型的"消费者,他们的支出将是 100 万美元乘上边际消费倾向(MPC)。在我们的例子中,MPC 为 0.75,因而假设他们用掉 750 000 美元,剩余的存起来。这 750 000 美元的支出是对物品和服务的国民需求的一次净增长,与微硬公司最初的 100 万美元支出一样。因此在这一阶段,100 万美元的投资已经使 GDP 增加了 175 万美元。但这一过程还没有结束。

商店老板获得了建筑工人花掉的 750 000 美元,然后他们也用掉自己新收入的 75%,这一行为带来的是"第 3 轮"的消费支出,562 500 美元(750 000 美元的 75%)。随后的第 4 轮中,获得 562 500 美元的人们又支出这一数值的 75%,即 421 875 美元,如此循环,在这个支出链的每一环节上,人们都支出他们获得的额外收入的 75%,并且这一过程还在延续着——在每一轮中消费也都随之在增加。

它在哪儿停下来?它会停下来吗?答案是肯定的,它的确会最终停下来——当

GDP 比早先总计高出 400 万美元时。微硬公司最初建的是 100 万美元的办公大楼。乘数的确为 4。

表 26-4 列出了这一结论的基础内容。在表中,"第 1 轮"代表的是微硬的初始投资,它为建筑工人带来了 100 万美元的收入。"第 2 轮"代表的是建筑工人的支出,这也为商店老板提供了 750 000 美元的收入。表中其余各轮依此进行。第 2 列中的每个值都是上面值的 75%。第 3 列列出的是第 2 列每轮与前面各轮之和。

表 26-4 乘数的支出链

（1）	（2）	（3）
轮数	该轮的支出（美元）	总累积（美元）
1	1 000 000	1 000 000
2	750 000	1 750 000
3	562 500	2 312 500
4	421 875	2 734 375
5	316 406	3 050 781
6	237 305	3 288 086
7	177 979	3 466 065
8	133 484	3 599 549
9	100 113	3 699 662
10	75 085	3 774 747
⋮	⋮	⋮
20	4 228	3 987 317
⋮	⋮	⋮
"无穷"	0	4 000 000

我们看到在 10 轮支出之后,最初的 100 万美元的投资扩增至 377 万美元,而且总值还在增加。20 轮后,GDP 总共增加 398 万美元有余,已接近 400 万美元的最终值,尽管在乘数接近 4 之前还要经历不少轮的支出,但我们从表中发现乘数非常之快地就到达了 3。如果支出链中的每个收入获得者都在两个月之后才使用他的新收入,只需大约 10 个月的时间乘数就会达到 3。

图 26-11 给出的是表 26-4 最后一列的数字图。注意看开始时乘数增长有多快,然后它又逐渐越来越慢地接近它的最终值(本例中为 4)。

当然,在相反方向,当支出下降时,所有这些运作完全一样。例如,当美国房地产的繁荣在 2005 年和 2006 年终结时,对新房的支出开始下降。事情进一步发展,房地产的低迷导致负的乘数的出现,影响到了家电、家具,乃至地毯、绝缘材料等一切。事实上,在 2007 年和 2008 年全球经济都在关注房地产市场会不会将整个经济拖入衰退。

26.6.3 乘数的代数表达

图 26-11 和表 26-4 可能已让人信服:乘数最终会是 4。为了消除剩下的一丝怀疑,

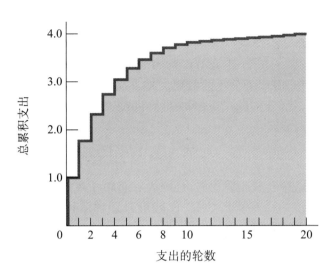

图 26-11 乘数是如何建立的

注:数据单位为每年 100 万美元。

我们下面给出一个简单的代数证明。① 在高中你们大多数人都学过无穷等比数列(infinite geometric progression)。它指的是无限个数字,每个数字与它前面的数字之比均相等,这一相等的比称为公比(common ratio)。第一个数字为 1,公比为 0.75 的一个等比数列如下表示:

$$1 + 0.75 + (0.75)^2 + (0.75)^3 + \cdots$$

更一般地,第一个数字为 1,公比为 R 的等比数列可表示为

$$1 + R + R^2 + R^3 + \cdots$$

在 $R < 1$ ② 时,这样的等比数列之和可用一个简单的公式表示③:

$$\text{无穷等比数列之和} = \frac{1}{1-R}$$

我们可以发现表 26-4 中的乘数链就是一个公比为 0.75 的无穷等比数列。也就是说,微硬公司每 1 美元的支出会带来建筑工人 0.75×1 美元的支出,然后是商店老板 $(0.75) \times (0.75 \times 1\text{美元}) = (0.75)^2 \times 1$ 美元的支出,以此类推。因此,对起初 1 美元的投资支出,数列可表示为

$$1 + 0.75 + (0.75)^2 + (0.75)^3 + (0.75)^4 + \cdots$$

用上面的公式表示有:

$$\text{乘数} = \frac{1}{1 - 0.75} = \frac{1}{0.25} = 4$$

---

① 那些看到代数就有些头晕目眩的学生不应退却。因为任何一个可以核对账本的人(即使是不能核对的人)都能看懂下面的推导。

② 如果 $R > 1$,就无法计算等比数列之和——即使借助一部现代计算机也不可能——因为它的和是无穷大的。

③ 该公式的证明很简单,用 S 代表数列之和:$S = 1 + R + R^2 + R^3 + \cdots$,然后两边同乘 R,$RS = R + R^2 + R^3 + R^4 + \cdots$,两式相减有 $S - RS = 1$ 或 $S = \frac{1}{1-R}$。

注意这个结果是可以一般化的。如果边际消费倾向不是一个具体的数字,而仅仅简单称之为 MPC,表 26-4 代表的等比数列就是

$$1 + \text{MPC} + (\text{MPC})^2 + (\text{MPC})^3 + \cdots$$

这是一个以 MPC 为公比的数列。把上面计算等比数列之和的公式用到这个更一般的情况中来,我们可以得出一个一般性的结论:

简化的乘数公式

$$\text{乘数} = \frac{1}{1 - \text{MPC}}$$

之所以说这个公式是简化的,是因为它忽略了现实世界中许多重要的因素。如果你想想美国经济的一些真实数据,你就可以理解简化的公式有多么不现实。美国的 MPC 约为 0.95,用我们的简化公式,乘数看似为

$$\text{乘数} = \frac{1}{1 - 0.95} = \frac{1}{0.05} = 20$$

实际上,美国经济的真实乘数不足 2,这一差距是相当显著的。

但是这一差距并不意味着我们关于乘数的全部分析都是错误的。我们的分析只是不太全面。在学完本章和后面几章的内容后,你会明白为什么美国的乘数小于 2,虽然它的 MPC 超过 0.95。一个原因是与国际贸易有关,特别是一国的进口取决于它的 GDP。我们在本章的附录 B 中对这一问题会有讨论。第二个因素是通胀,我们将在下一章讨论这一复杂的问题。第三个因素是收入征税,我们将在第 28 章详细分析这一点。最后一个重要的原因来自金融体系,在第 29 章和第 30 章分析货币和银行系统后,我们会在第 31 章中解释金融体系对乘数的影响情况。你将会看到,这些因素都会使乘数变小。因此,

> 虽然在现实世界中,乘数是大于 1 的,但它无法精确地从简化公式中计算出来,实际乘数要比公式算出来的小得多。

26.7 乘数是一个一般性的概念

我们用商业投资阐明了乘数的作用,但应该清楚任何支出的增加都能形成一个乘数链。要弄明白消费支出的一次扩张会怎样产生乘数效应,我们必须先区分消费支出变化的两种类型。

> **引致消费增加**是指因消费者收入增加而引起的消费支出的增加。它在图形中表现为沿着一条固定的需求曲线移动。

为了这样做,我们回头去看看图 26-4,当 C 因收入增加而增加时——即消费者沿一条固定的消费曲线向外移动——我们把 C 的增加称为**引致消费增加**(induced increase in consumption)(如图中的垂直箭头所示)。当 C 是因为整个消费函数上移而增加时(见图中从 C_0 到 C_2),我们称之为**自发消费增加**(autonomous increase in consumption)。这个名称表明消费的变化独立于收入。第 25 章中对消费函数的讨论曾指出许多情形,如股市价格的变化等都能引起这种移动。

自发消费增加是指消费者收入没有提高时消费支出的增加，它在图中表现为整个需求曲线的移动。

如果消费支出自发增加 2 000 亿美元，总需求则变为表 26-5 那样。把该表与表 26-3 相比较，我们看到第 2 列的每个数均比表 26-3 中相对应的数高出 2 000 亿美元（因为消费高一些），而第 3 列的数又都要少 2 000 亿美元（因为此时投资仅有 9 000 亿美元）。

第 6 列代表的是支出曲线，在两个表中是相同的，因此均衡的收入水平显然也是 $Y = 68\,000$ 亿。最初增加的 2 000 亿美元的消费支出最终使 GDP 增加了 8 000 亿美元，与投资支出增加的情况完全一样。实际上，图 26-10 同样可以用来分析这个例子，只要我们指明是 C 的自发性变化而不是 I 的自发性变化引起了消费曲线的上移。这样，自发消费支出变化的乘数也是 4（= 800/200）。

表 26-5 消费者决定增加 2 000 亿美元支出后的总支出

(1)	(2)	(3)	(4)	(5)	(6)
收入 (Y)	消费 (C)	投资 (I)	政府购买 (G)	净出口 ($X-\mathrm{IM}$)	总支出
4 800	3 200	900	1 300	-100	5 300
5 200	3 500	900	1 300	-100	5 600
5 600	3 800	900	1 300	-100	5 900
6 000	4 100	900	1 300	-100	6 200
6 400	4 400	900	1 300	-100	6 500
6 800	**4 700**	**900**	**1 300**	**-100**	**6 800**
7 200	5 000	900	1 300	-100	7 100

注：数据单位为每年 10 亿美元。

原因很明了。不论是谁——商业投资者或消费者——向经济注入新的 1 美元，其结果是一样的。不论增加的美元从何而来，如果 MPC 为 0.75，它的 75% 就会被花掉，第二轮支出的接收者也会用掉他们新增收入的 75%，以此类推。支出的延续构成了乘数。因此，政府支出（G）或净出口（$X-\mathrm{IM}$）增加 2 000 亿美元形成的乘数效应与图 26-10 描述的一样。之所以一样是因为它们背后的逻辑是相同的。

在第 28 章有关政府稳定性政策的讨论中，G 的变化对 GDP 有乘数效应这一论点具有核心地位。因此在这里值得指出：

> 政府对物品和服务购买的数量发生变化会使需求方的均衡 GDP 水平按同一方向发生改变，而且是按乘数变化的。

引用一个近期的例子，联邦政府自 2003 年起在伊拉克战场上的巨额支出，提高了 $C+I+G+(X-\mathrm{IM})$ 中的 G，通过乘数效应提高了 GDP。

把乘数应用到进出口上来也给我们一个重要启示：繁荣与衰退往往跨国界传播。为什么会这样呢？假设国外经济繁荣使国外一些国家的 GDP 增长了，因为收入在增加，外国人将购买更多的美国产品——这就意味着美国的出口会增加，美国出口增加又会通过乘数效应提高美国的 GDP。通过这种机制，国外快速的经济增长会有利于美国经济的迅速增长。当然，同一机制也可反向作用。因此，

> 主要国家的 GDP 通过贸易而相互联系。一国的繁荣往往会增加它的进口从而推动其他国家的出口和 GDP 增长。类似地，一国的衰退往往会拉动其他国家的 GDP 下滑。

26.8　乘数与总需求曲线

下面是关于乘数的最后一点：前面说过像图 26-3 一样的收入—支出图只能在一个给定的价格水平下才能得出，不同的价格水平推出不同的总支出曲线。这意味着，如果价格水平不变，简化的乘数公式反映的就是对实际 GDP 的需求会增加。如用图表示，这就是说该公式代表的是经济的总需求曲线的水平移动。

图 26-12 说明了这一结论，它假定图 26-3 隐含的价格水平 $P=100$。图 26-12 中的上面一幅图与图 26-10 是一样的，它解释的是投资支出从 9 000 亿增至 11 000 亿是如何使 GDP 从 60 000 亿美元增至 68 000 亿美元这一问题。

下面一幅图给出了两条向下倾斜的总需求曲线。第一条记为 D_0D_0 的曲线代表的是投资为 9 000 亿美元时的情形，曲线上的 E_0 点代表的是在给定的价格水平下（$P=100$），GDP 的均衡需求量为 60 000 亿美元，它与上面一幅图中的 E_0 点相对应。第二条总需求曲线 D_1D_1 代表的是投资增至 11 000 亿美元后的情形。曲线上的 E_1 点代表的是 $P=100$ 时 GDP 的均衡需求量已增至 68 000 亿美元，它与上面一幅图中的 E_1 点对应。

从图 26-12 可以看出，两条总需求曲线间的水平距离正好等于收入—支出图中实际 GDP 的增长额——这里为 8 000 亿美元。因此，

> 自发的支出增长使总需求曲线发生水平移动，而且是按简化乘数公式所给出的倍数移动。

因此，我们所学的具有乘数效应的因素都能引起经济中总需求曲线的移动。如果企业决定增加它们的投资支出，如果消费函数上移，或者如果政府或外国人决定购买更多的产品，总需求曲线均会向右平移，如图 26-12 所示。如果这些变量中的任意一个下移，总需求曲线就会向左平移。

因而，我们不能期望经济中的总需求曲线长时间保持不变。总支出的四个组成部分中的每个自发变化都会使它移动。但是要理解总需求的这些变化的后果，我们必须把总供给曲线纳入分析。这正是下一章的任务。

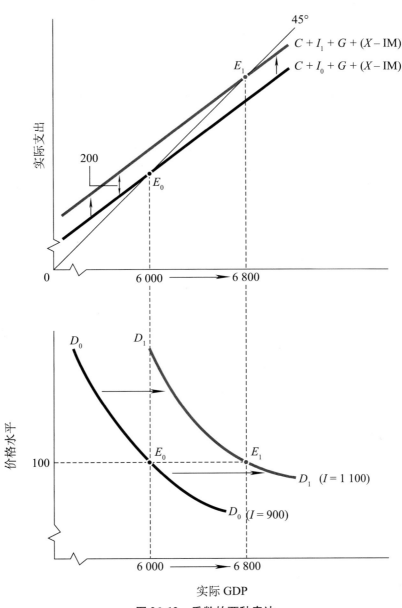

图 26-12 乘数的两种表达

注:数据单位为每年10亿美元。

小结 ≫≫ >

1. **需求方的均衡 GDP 水平**是总支出恰好等于产出的那一水平。由于总支出是消费、投资、政府购买和净出口四者之和,因而均衡条件为 $Y = C + I + G + (X - IM)$。

2. 低于**均衡**水平的收入一定会上升,因为当支出超过产出时,企业发现它们的存货减少,它们会增加生产来做出反应。

3. 高于均衡水平的收入一定会下降,因为当支出不足以吸纳所有产出时,存货会增加,企业会减少生产来做出反应。

4. 需求方的均衡 GDP 水平的决定可以在简单的**收入—支出图**上表示出来,即为**支出曲线**与 45°线的交点,其中支出曲线定义为 $C + I + G + (X - IM)$ 之和。这里 45°线至关重要,因为它是支出等于产出的点的集合——即在它上面,$Y = C + I + G + (X - IM)$,这是均衡的基本条件。

5. 只有在一个特定的价格水平下才能画出收入—支出图。因此,这样决定的均衡 GDP 取决于价格水平。

6. 由于价格上涨会削弱消费者的财富的购买力,他们在 45°线图上减少总支出,所以,价格越高,需求的均衡实际 GDP 水平越低。两者之间的反向关系为**总需求曲线**。

7. 均衡 GDP 可以大于或小于**潜在 GDP**。潜在 GDP 被定义为劳动力充分就业时所能生产出的 GDP。

8. 如果均衡 GDP 大于潜在 GDP,那么两者之差称为**通胀缺口**;如果均衡 GDP 小于潜在 GDP,两者之差则称为**紧缩缺口**。

9. 缺口的出现是因为**协调失败**的问题:在充分就业收入水平下,消费者愿意进行的储蓄与投资者愿意进行的投资在量上不等。

10. **自发支出增加**对 GDP 有乘数效应,即 GDP 的增长大于最初的支出增长。

11. **乘数**效应的产生是因为一个人增加的支出构成了另一个人的新收入来源,这一新增的收入会带来更多的支出,并以此类推。

12. 消费、投资、政府购买或者净出口的自发增加同样会产生乘数。

13. 乘数的一个简单公式表明乘数等于 $1/(1 - MPC)$。但是,这公式过于简单,以至无法给出精确的答案。

14. 由于一国的进口是其他国家的出口,因而一国经济增长迅速(或滞缓)会引起其他国家的增长迅速(或滞缓)。

关键词

均衡	支出表	引致投资
$Y = C + I + G + (X - IM)$	收入—支出图(或45°线图)	总需求曲线
充分就业的 GDP 水平(或潜在 GDP)	紧缩缺口	通胀缺口
储蓄和投资的协调	协调失败	乘数
引致消费增加	自发消费增加	

自测题

1. 用下面的数据,在一张坐标纸上画出一条支出曲线。然后用收入—支出图(或45°图)决定出 GDP 的均衡水平。

单位:美元

收入	消费	投资	政府购买	净出口
3 600	3 220	240	120	40
3 700	3 310	240	120	40
3 800	3 400	240	120	40
3 900	3 490	240	120	40
4 000	3 580	240	120	40

如果投资支出增至 260 美元，而价格水平不变，均衡 GDP 会增加多少？分别从数字上和图形上得出答案。

2. 用下面的数据，在一张坐标纸上画出一条支出曲线。然后用收入—支出图(或45°图)决定 GDP 的均衡水平。比较该题答案与上一题的答案。

单位：美元

收入	消费	投资	政府购买	净出口
3 600	3 280	180	120	40
3 700	3 340	210	120	40
3 800	3 400	240	120	40
3 900	3 460	270	120	40
4 000	3 520	300	120	40

3. 假定投资支出为 250 美元，政府购买为 100 美元，净出口为 50 美元，而消费支出按下面的方式取决于价格水平：

单位：美元

价格水平	消费支出
90	740
95	720
100	700
105	680
110	660

在坐标纸上用这些数据画出一条总需求曲线。你认为为什么这个例子假设消费随价格水平上涨而下降？

4. (稍难)在一个经济中，消费函数为下面的代数式：$C = 300 + 0.75 DI$，投资固定为 900 美元，净出口一直为 –100 美元，政府购买固定为 1 300 美元，税收固定为 1 200 美元。找出 GDP 的均衡水平。把你的答案与图 26-2 和表 26-1 相比较。(提示：记住可支配收入是 GDP 减掉税收：$DI = Y - T = Y - 1 200$)

5. (稍难)除了投资变为 $I = 1 100$ 美元外，其他各项均与第 4 题中的相同。用均衡条件 $Y = C + I + G + (X - IM)$ 找出需求方的均衡 GDP 水平。(在计算过程中假定价格水平不变。)把你的答案与表 26-3 和图 26-10 比较，然后与第 4 题的答案相比。对乘数你又了解了什么？

6. (稍难)一个经济的消费函数为 $C = 200 + 0.8 DI$。政府预算是平衡的，政府购买和税收都为 1 000 美元。净出口为 100 美元，投资为 600 美元，找出均衡 GDP。该经济体中的乘数是多少？如果 G 提高 100 美元，Y 会发生什么变化？如果 G 和 T 同时上升 100 美元，Y 又会发生什么变化呢？

7. 用数字和图形两种方式找出一个经济中消费函数如下变化时的乘数效应，其中投资、政府购买和净出口分别固定为 220 美元、100 美元和 –40 美元。(提示：边际消费倾向是多少？)

单位：美元

收入	变化前的消费	变化后的消费
1 080	880	920
1 140	920	960
1 200	960	1 000
1 260	1 000	1 040

续表

收入	变化前的消费	变化后的消费
1 320	1 040	1 080
1 380	1 080	1 120
1 440	1 120	1 160
1 500	1 160	1 200
1 560	1 200	1 240

讨论题

1. 在近 25 年的时间里,美国的进口一直超过了出口。许多人认为这种失衡是一个大问题。本章是否给了你一些关于它的原因的提示?(你可能想与你的老师讨论这个问题。你在后面的章节中会了解更多。)

2. 回头看图 26-3 的收入—支出图,试解释为什么除 6 000 美元外其他的实际 GDP 水平(如 5 000 美元或 7 000 美元)都不是需求均衡。不要给出一个机械的答案,要解释其中的经济机制。

3. 今年的经济看来会出现通胀缺口还是紧缩缺口?(如果你无法从报纸上得出答案,你可以问你的老师。)

4. 试着回忆你上一次的 1 美元是在哪里花的。解释一下这 1 美元会引起怎样的一个收入和支出增加的乘数链。(谁得了那 1 美元?他用它做了什么?)

附录 A 收入决定的简单代数运算和乘数

本章用图形和表格形式给出的需求方的均衡模型同样可以用简单代数来处理。我们的例子中消费函数用等式可表示为

$$C = 300 + 0.75 \text{DI} = 300 + 0.75(Y - T)$$

根据定义,$\text{DI} = Y - T$。这是一条直线的等式,其斜率为 0.75,截距为 $300 - 0.75T$。由于例子中的 $T = 1\,200$,所以截距等于 -600,因此等式可以写得更简单:

$$C = -600 + 0.75Y$$

本例中的投资被假定为 900,与收入水平无关,政府购买为 1 300,净出口为 -100。所 $C + I + G + (X - \text{IM})$ 之和为

$$C + I + G + (X - \text{IM}) = -600 + 0.75Y + 900 + 1\,300 - 100 = 1\,500 + 0.75Y$$

这个等式表示的是图 26-3 中的支出曲线。由于均衡的 GDP 需求量被定义为

$$Y = C + I + G + (X - \text{IM})$$

我们可以用 $1\,500 + 0.75Y$ 代替 $C + I + G + (X - \text{IM})$ 来求 Y 的均衡解,我们有

$$Y = 1\,500 + 0.75Y$$

要算出 Y 值,首先等式两边同时减去 $0.75Y$,得

$$0.25Y = 1\,500$$

然后两边同时除以 0.25 就可以得出答案:

$$Y = 6\,000$$

这正是我们在本章中用图形和表格的方式找到的答案。

我们可以轻易地把这个代数方法一般化来处理等式中的任意一组数字。假设消费函数形式如下：

$$C = a + b\mathrm{DI} = a + b(Y - T)$$

（在本例中，$a = 300$, $T = 1\,200$, $b = 0.75$）

然后，均衡条件 $Y = C + I + G + (X - \mathrm{IM})$ 可以表示为

$$Y = a + b\mathrm{DI} + I + G + (X - \mathrm{IM}) = a - bT + bY + I + G + (X - \mathrm{IM})$$

等式两边同时减去 bY 得：

$$(1 - b)Y = a - bT + I + G + (X - \mathrm{IM})$$

同时除以 $(1 - b)$ 得：

$$Y = \frac{a - bT + I + G + (I - \mathrm{IM})}{1 - b}$$

这一公式适合于 a、b、T、G、I 和 $(X - \mathrm{IM})$ 取任何一组数值（只要 $0 < b < 1$）。

从这个公式，很容易以代数形式推出简化的乘数公式，也很容易证明它同样适合于分析投资、自发消费支出、政府购买或净出口的变化。为说明这一点，假设乘数公式的分子上的某一项增加一个单位，那么按前面的公式，GDP 增加至：

$$Y = \frac{a - bT + I + G + (X - \mathrm{IM}) + 1}{1 - b}$$

把这个表达式与上面的 Y 的表达式相比，我们看到任意一个支出的组成部分变化 1 个单位，均衡 GDP 的变化就为

$$Y \text{ 的变化} = \frac{a - bT + I + G + (X - \mathrm{IM}) + 1}{1 - b} - \frac{a - bT + I + G + (X - \mathrm{IM})}{1 - b}$$

或者

$$Y \text{ 的变化} = \frac{1}{1 - b}$$

这里 b 是边际消费倾向，因此这恰好是简化的乘数公式。

自测题

1. 在一个经济中，投资为 300 美元，净出口为 -50 美元，政府预算平衡，其购买和税收均为 400 美元，消费函数由下面的代数式给出：

$$C = 150 + 0.75\mathrm{DI}$$

试找出它需求的均衡 GDP 水平。（提示：$\mathrm{DI} = Y - T$）

2. 参照第 1 题，当投资为 250 美元，净出口为 0，政府购买和税收均为 400 美元，消费函数为 $C = 250 + 0.5\mathrm{DI}$ 时，经济需求的均衡 GDP 水平为多少？

3. 在上两题中，均衡时的储蓄为多少？（提示：储蓄为没有消费的收入。）储蓄与投资相等吗？

4. 如果一个经济的消费支出为 $C = 50 + 0.75\mathrm{DI}$。在任何收入水平下投资者都愿意支出 500 美元（$I = 500$ 美元），净出口为 0（$X - \mathrm{IM} = 0$）。政府购买为 300 美元，税收为 200 美元。

    a. 均衡 GDP 水平为多少？

    b. 如果潜在 GDP 为 3 000 美元，是否存在紧缩缺口或通胀缺口？如果有，是多大？

    c. 如果投资者对国家的未来很乐观，把他们的投资增至 600 美元，均衡 GDP 会怎样变化？

d. 投资增至 600 美元后,是否存在紧缩缺口或通胀缺口? 为多少?

5. 一国的消费函数为 $C = 100 + 0.8DI$,企业投资一直为 700 美元,净出口开始为 0。政府支出和税收均为 500 美元,预算平衡。

    a. 找出均衡 GDP 水平。

    b. 储蓄为多少? 储蓄与投资相等吗?

    c. 现在假设一项推动出口的方案成功地把净出口提高至 100 美元,a 和 b 两小题的答案会改变吗? 情况如何?

讨论题

1. 用文字来解释乘数背后的逻辑原理。为什么需要 b,也就是边际消费倾向在 0 到 1 之间呢?
2. (稍难)如果 $b = 0$,乘数会有什么变化? $b = 1$ 呢?

附录 B 进口变化时的乘数

在本章,我们假定净出口是个常数,例子中是 $-1\,000$ 亿美元。但事实上,一国的进口取决于它的 GDP。原因很简单:GDP 越高,收入越高,其中一部分就会用于国外的产品上。因此,

    本国的进口随本国 GDP 的增减而增减。

同时,我们的出口是其他国家的进口,因此我们自然可以说我们的出口取决于其他国家的 GDP,而非本国的 GDP,因此,

    本国的出口对本国的 GDP 相对不敏感,但它对其他国家的 GDP 的反应相当敏感。

本附录将找出这些基本观点的含义。特别是,一旦我们认识到一国的进口对它的 GDP 的依赖性,我们就会得出:

    国际贸易使乘数变小。

为了说明原因,我们先看表 26-6,这是我们的虚拟经济的例子,但其进口现依赖于 GDP。第 1 列至第 4 列的内容与表 26-1 中的一样,是不同 GDP 水平下的 C、I 和 G。第 5 列至第 6 列是修改后的出口和进口行为。不论 GDP 大小如何,出口固定为 6 500 亿美元,但假定 GDP 每增长 4 000 亿美元,进口就增长 600 亿美元,即用数字变化简单地反映了进口依赖于 GDP 这一观点。第 7 列是出口减掉进口的净出口,$(X - IM)$,第 8 列是总支出的四个部分的和,$C + I + G + (X - IM)$。你可以看出,在 $Y = 60\,000$ 亿美元时,均衡实现,这与本章中的结果一样。

表 26-6　进口变化对应的均衡收入

(1)	(2)	(3)	(4)	(5)	(6)	(7)	(8)
国内生产总值 (GDP)	消费支出 (C)	投资 (I)	政府购买 (G)	出口 (X)	进口 (IM)	净出口 ($X - IM$)	总支出 $[C + I + G + (X - IM)]$
4 800	3 000	900	1 300	650	570	+80	5 280
5 200	3 300	900	1 300	650	630	+20	5 520

续表

（1）	（2）	（3）	（4）	（5）	（6）	（7）	（8）
国内生产总值（GDP）	消费支出（C）	投资（I）	政府购买（G）	出口（X）	进口（IM）	净出口（X − IM）	总支出 [C + I + G + (X − IM)]
5 600	3 600	900	1 300	650	690	−40	5 760
6 000	**3 900**	**900**	**1 300**	**650**	**750**	**−100**	**6 000**
6 400	4 200	900	1 300	650	810	−160	6 240
6 800	4 500	900	1 300	650	870	−220	6 480
7 200	4 800	900	1 300	650	930	−280	6 720

注：数据单位为每年 10 亿美元。

图 26-13 和图 26-14 用图形表示了这一结果。图 26-13 的上图反映的是出口固定在 6 500 亿美元，与 GDP 无关，而进口随 GDP 增长而增加，与表 26-6 的情况一样。出口与进口之差，即净出口在 GDP 达到 53 000 亿美元之前均为正值，之后为负值。图 26-13 的下图就是净出口，从中可以清楚地看出：

净出口随 GDP 的增长而下降。

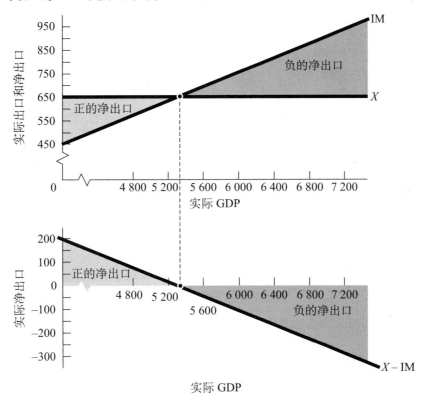

图 26-13　净出口对 GDP 的依赖

注：数据单位为每年 10 亿美元。

图 26-14 用 45°线图继续展开分析。我们熟悉的是净出口固定的 C + I + G + (X − IM) 线。前面我们简单地假设净出口与 GDP 无关，为固定值 −1 000 亿。当我们修改模型指明净出口随 GDP 的增加而减少后，C + I + G + (X − IM) 增加就比先前假设的要慢一些，用净出口变化的线表示这一改变，它

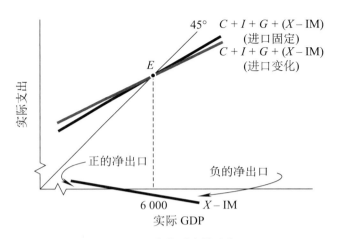

图 26-14 进口变化对应的均衡 GDP

没有净出口固定的线陡。

现在让我们看看,如果出口增加 1 600 亿美元,而进口是表 26-6 中列出的不变,情况会怎样。表 26-7 表明现在的均衡为 $Y=64\,000$ 亿美元。自然,出口增加提高了国内的 GDP。那 GDP 提高了多少呢?出口增加 1 600 亿美元(从 6 500 亿美元增至 8 100 亿美元)使 GDP 增长了 4 000 亿美元(从 60 000 亿美元增至 64 000 亿美元)。因此乘数为 2.5($=4\,000/1\,600$)。①

表 26-7 出口增加 1 600 亿美元后的均衡收入

(1)	(2)	(3)	(4)	(5)	(6)	(7)	(8)
国内生产总值 (Y)	消费支出 (C)	投资 (I)	政府购买 (G)	出口 (X)	进口 (IM)	净出口 ($X-IM$)	总支出 $[C+I+G+(X-IM)]$
4 800	3 000	900	1 300	810	570	+240	5 440
5 200	3 300	900	1 300	810	630	+180	5 680
5 600	3 600	900	1 300	810	690	+120	5 920
6 000	3 900	900	1 300	810	750	+60	6 160
6 400	**4 200**	**900**	**1 300**	**810**	**810**	**0**	**6 400**
6 800	4 500	900	1 300	810	870	-60	6 640
7 200	4 800	900	1 300	180	930	-120	6 800

注:数据单位为 10 亿美元。

这一结果用图形表示就是图 26-15,图中的曲线 $C+I+G+(X_1-IM)$ 代表的是原来的支出曲线,曲线 $C+I+G+(X_1-IM)$ 代表的是出口增加 1 600 亿美元后的支出曲线。均衡从 E 点变为 A 点,GDP 增长了 4 000 亿美元。

注意,这个例子中的乘数为 2.5,而在本章中,净出口为常数时,乘数为 4。这个简单的例子说明了一个一般性的结论:国际贸易会使乘数变小。为什么会如此呢?因为在一个开放经济中,支出的任一自发增长都会部分地用于国外产品的购买之上,这会给外国人而不是本国居民带来额外的收入。

因此,为什么简化的乘数公式会夸大乘数的真实值,作为几个原因之一的国际贸易在此先给我

---

① 练习:照表 26-6 列表,看看出口保持为 6 500 亿美元不变而进口在每种 GDP 水平上都增加 1 600 亿美元时情况怎样。你将会得出新的均衡为 $Y=56\,000$ 亿美元。

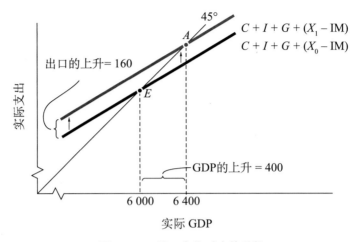

图 26-15　进口变化对应的乘数

们作出了解释。

小结 》》》

1. 因为进口随 GDP 的增长而增长,而出口却对(本国的)GDP 不敏感,所以净出口随 GDP 的增长而增长。

2. 如果进口依赖于 GDP,国际贸易就会使乘数变小。

自测题 》》》

1. 假设一国的出口和进口由下表给出:

单位:美元

GDP	出口	进口
2 500	400	250
3 000	400	300
3 500	400	350
4 000	400	400
4 500	400	450
5 000	400	500

计算每一 GDP 水平下的净出口。

2. 如果国内支出($C + I + G$ 之和由自测题 1 给出)如下表,请画出 45°线图并标出均衡的 GDP 水平。

单位:美元

GDP	国内支出
2 500	3 100
3 000	3 400
3 500	3 700
4 000	4 000
4 500	4 300
5 000	4 600

3. 现在把出口增至 650 美元,计算均衡 GDP 及乘数。

讨论题

1. 解释进口变化会减少乘数数值的逻辑原理。

第 27 章 引入供给方：失业还是通货膨胀

> 若要讨论价值是受"需求"的影响还是受"供给"的影响，就好像我们想争论一张纸到底是由一把剪刀的上剪刀还是由下剪刀剪开的那般。
>
> ——阿尔弗雷德·马歇尔

上一章告诉我们经济的总支出曲线 $C + I + G + (X - IM)$ 的位置决定了经济是会经历紧缩缺口还是通胀缺口。支出太少将引起紧缩缺口，支出过多就引起通胀缺口的出现。到底哪种缺口会出现具有相当重要的实践意义，因为紧缩缺口会转换为失业，而通胀缺口则会变成通胀。

但是第 26 章所提供的分析工具无法告诉我们哪种缺口会出现，因为支出曲线的位置取决于价格水平，而价格水平是由总需求和总供给共同决定的。因此这一章的任务很明确：把经济的供给方纳入到我们的分析。

这样我们就可以解决前面提出的那个关键问题：经济是否具有一个有效的自我调整机制？我们将看到答案为"有，但……"：有，但它的作用缓慢。这一章还能够使我们解释滞胀这个令人苦恼的问题，滞胀是指高失业和高通胀同时存在，在 1980 年，经济曾一度遭受它的冲击，而且有人还担心它会卷土重来。

难题：什么导致了滞胀？

在 2007 年和 2008 年里，金融新闻里充斥着关于可怕的滞胀可能重返的报道，20 世纪 70 年代和 80 年代早期的美国经济曾经深受其害。然而，许多经济学家认为这种说法过于使人惊恐。

表面上，滞胀——也就是经济停滞和通货膨胀共存的现象——看起来好像违背了

第 1 章里"课程结束后仍须牢记的要点":在通胀和失业之间有一种权衡取舍。低失业率应该使得通胀率上升,而高失业率应该使得通胀率下降。(该权衡取舍将在第 33 章详细讨论。)然而事实却没有一直按照这种方式发展。例如,失业率和通胀率就在 20 世纪 80 年代早期一起上升了,然后又在 20 世纪 90 年代晚期一起回落。为何会这样?什么决定了通胀率和失业率是向相反方向移动(权衡取舍观点)还是向相同方向移动(滞胀)。本章将提供一些答案。

27.1 总供给曲线

在前面的章节中,我们已指出总需求不是一个固定不变的数字,而是一条线。对实际国内生产总值(GDP)的需求数量取决于价格水平,这正是经济中的总需求曲线。同样的观点也适合于总供给:总供给的概念也不是一个不变的数字,而是一条线(一条总供给曲线)。

总供给曲线表示的是,在决定总供给数量的其他所有因素不变的情况下,在特定的时期内一国所有企业在每种可能的价格水平下愿意生产的物品和服务的数量。

追求利润的企业家提供的物品和服务的数量取决于他们产出的售出价格,取决于工资水平和其他生产成本,取决于资本存量、技术状况和其他一些条件。在其他所有供给的决定因素不变的情况下,实际 GDP 的供给数量与价格水平之间的关系称为经济的**总供给曲线**(aggregate supply curve)。

图 27-1 给出了一条典型的总供给曲线。它向上倾斜,意味着在其他条件不变时,生产的产出随价格上涨而增多。让我们看看原因是什么。

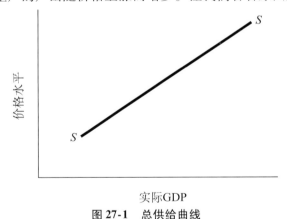

图 27-1 总供给曲线

27.1.1 总供给曲线为什么是向上倾斜的?

生产者主要是受利润驱使。生产一单位产出的利润就是它的出售价格与单位生产成本之差:

$$每单位的利润 = 价格 - 每单位的成本$$

因此,产出对价格上涨的反应——即总供给曲线的斜率的含义——取决于成本的反应。因此问题是,成本是否随着售价上涨而上涨?

答案是,有些是,有些不是。企业支付给劳动和其他投入的许多价格虽然不总是一成不变的,但在一段时间里是固定的。例如,工人和企业常常签订长期劳动合约,这种合约提前一年甚至更多年把名义工资定了下来。即使是没有明确的合约存在,工资率一般也是按年调整。同样,大量的物质投入也是按长期合约中事先安排好的价格卖给企业的。

这一事实意义重大,是因为企业是通过比较它们的出售价格和它们的生产成本来决定生产数量的。如果企业的出售价格上升而名义工资及其他要素的成本没变,生产变得更加有利可图,企业很可能会生产更多。

一个简单的例子可以解释这一观点。假设一家企业用一个小时的劳动多生产一个机器配件。如果售价为 9 美元,工人每小时赚 8 美元,而且企业再无别的成本,那么它的单位利润为

$$单位利润 = 价格 - 单位成本$$
$$= 9 - 8 = 1(美元)$$

如果配件的价格涨至 10 美元,而工资率不变,那么企业的单位利润变为

$$单位利润 = 价格 - 单位成本$$
$$= 10 - 8 = 2(美元)$$

因为生产的利润更多,企业很可能供给更多的配件。

同样的过程也可反向运行。如果售价下降而投入成本相对不变,利润会减少,生产会下降。向上倾斜的总供给曲线体现了这种行为变化:当价格水平(用 P 表示)上升时,生产增多;P 下降时,生产减少。换而言之:

> 总供给曲线向上倾斜是因为在一段时间里企业可以按不变价格购买劳动和其他投入。因此,产出的出售价格上涨会使得生产变得更加有利可图。①

这里的"在一段时间里"提醒我们注意一个重要事实,总供给曲线不可能长时间保持不变。如果工资或其他投入的价格发生变化,如在通胀期间它们必然会改变,总供给曲线就会移动。

27.1.2 总供给曲线的移动

下面让我们来考虑投入价格变化时会发生些什么。

名义工资率 决定总供给曲线位置的最明显的因素是名义工资率(有时也称作货币工资率)。在一个经济中,工资是成本的主要组成,占到全部投入的 70% 有余。由于工资越高就意味着成本越大,因而在任一给定价格下,利润也就越少。这种关系解释了为什么当工会要求大幅涨工资时,公司宁死不让步。例如,通用汽车和美国汽车工人工会之间的谈判,导致了 2007 年 9 月的一次短期罢工,原因是通用汽车觉得必须降低其劳动成本以生存下去。

---

① 总供给曲线与在第 4 章学过的微观经济中的供给曲线既有不同点又有相似的地方。两者都是基于供给量取决于产出价格相对于投入价格的变化这一思想。但是总供给曲线体现的是总价格水平的行为,而微观上的供给曲线体现的某一特定商品的价格。

回到上面的例子,来看看如果名义工资率涨到每小时 8.75 美元,而配件的价格依然为 9 美元,会发生怎样的变化。单位利润会从 1 美元下降至

$$9.00 - 8.75 = 0.25(美元)$$

利润减少了,企业很可能减少生产。

因此,工资上涨使得当前价格下的总供给数量减少。用图形表示就是当名义工资上涨时,总供给曲线就向左移动(或内移),如图 27-2 所示。在图中,当工资低时,企业愿意在价格水平为 100 时提供 60 000 亿美元的物品和服务(A 点)。但工资上涨后,同样的企业在同一价格水平下仅愿意提供 55 000 亿美元(B 点)。同理,如果工资下降,总供给曲线会右移(或外移)。

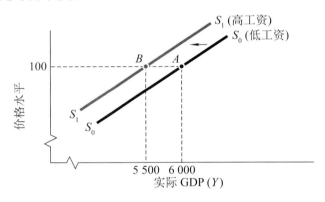

图 27-2 总供给曲线的移动

注:数据单位为每年 10 亿美元。

名义工资率上升使总供给曲线内移,意味着任何价格水平下的总供给量都减少了。名义工资率下降使总供给曲线外移,意味着任何价格水平下的总供给量都增加了。

这些移动背后的逻辑是容易理解的。考虑一次工资的增长,如图 27-2 的 S_1S_1 线所示。图中的价格固定在 100,那么一次名义工资的增长意味着工资相对于价格上涨了。换句话说,实际工资率上涨了。正因如此,使得企业的生产成本上涨,于是缩减供应产量——从图中的 A 点减到 B 点。

其他投入的价格 工资不是唯一影响总供给的因素。企业购买的任何投入的价格上涨都会使总供给曲线发生同样的变化。也就是说,

生产过程中的任一投入的价格上涨都使总供给曲线向左移(内移),任一投入的价格下跌都使总供给曲线向右移(外移)。

其逻辑是完全相同的。

虽然除了劳动,生产者还使用许多其他投入,但最近几十年最受关注的一个因素是能源。进口能源价格的上涨,如在 2002 年至今的绝大部分时期那样,使总供给曲线像图 27-2 所示的一样向内移动。同理,进口石油的价格下跌,如我们在 2006 年下半年短暂享受到的,使总供给曲线反方向移动——外移。

> 生产率指的是每单位投入所生产的产出的数量。

技术和生产率 另一个能够使总供给曲线移动的因素是技术水平。技术进步提高劳动**生产率**(productivity)这一思想在前几章已为我们所熟悉。如果工资不变,生产率提高会降低企业成本、提高利润,从而鼓励更多的生产。

同样,配件公司的例子可以帮助我们理解这一过程的发展。假设一个配件的价格仍是 9 美元,每小时的工资率仍是 8 美元,但配件生产工的生产能力提高了。具体地,假设生产一个配件所需的劳动投入从一个小时(需花 8 美元)降到 45 分钟(要花 6 美元),单位利润就会从 1 美元上升到

$$9 - \left(\frac{3}{4}\right)8 = 9 - 6 = 3(美元)$$

高利润的诱惑会使配件制造商提高产量——当然这也是公司致力于提高它们的生产率的原因。简而言之,我们的结论是

> 生产率的提高使总供给曲线外移。

因此,我们也可以把图 27-2 解释为生产率的下降。在第 24 章我们曾提到,生产率的增长速度放慢是美国自 1973 年起 20 年来面临的一个持久性问题。

劳动和资本供给的可获得性 最后一个决定总供给曲线位置的因素是我们在第 24 章中学过的:经济越大——用它可供给的劳动和资本数量来衡量——其生产能力就越大。

> 当劳动力增加或劳动质量提高时,当投资增加了资本存量时,总供给曲线向右外移,意味着在任一给定的价格水平下,将有更多的产出被生产出来。

例如,20 世纪 90 年代后期的投资繁荣,资本供给增多使美国生产物品和服务的能力提高——即它使总供给曲线外移了。

因此,名义工资率、其他投入(如能源)的价格、技术、劳动力,以及资本存量都是我们绘制总供给曲线时假定不变的主要"其他决定因素"。价格水平的变化使经济沿一条给定的供给曲线移动,但供给总量的这些其他决定因素中的任意一个发生变化都会使整个供给曲线移动。

27.2 总需求和总供给的均衡

从第 26 章我们学到,均衡 GDP 到底是低于充分就业(紧缩缺口),或是恰好处于充分就业,还是高于充分就业(通胀缺口),价格水平是一个关键性的决定因素。现在,我们把刚刚学过的总供给分析和上一章的总需求分析结合起来分析,如果有,在每一种情况下,到底是哪种类型的缺口会出现。

图 27-3 给出了一种简单的机制。在图中,总需求曲线 DD 和总供给曲线 SS 相交于 E 点,此时的实际 $GDP(Y)$ 为 60 000 亿美元,价格水平(P)为 100。从图中我们可以看出,在任何一个高一些的价格水平上,如 120,供给总量就会超出需求总量。这种情形下,企业会发现它们无法售出它们所有的产出,市场上就会出现供给过剩。随着存货越积越多,企业就会为获取顾客而展开越来越激烈的竞争,从而迫使价格下跌。价格水

平和生产都会下降。

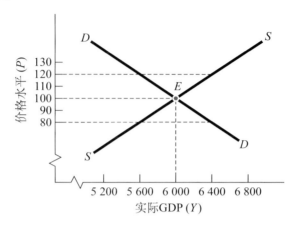

图 27-3　实际 GDP 和价格水平的均衡

注：数据单位为每年 10 亿美元。

而在任何低于 100 的价格水平上，如 80，需求量会超出供给量，市场上会出产品短缺。随着存货日益减少，顾客光顾频繁，企业就会提高价格。价格水平和产出都会上升。只有当价格水平为 100 时，实际 GDP 的需求量和供给量才会相等。因此，只有 $P = 100,Y = 60\,000$ 这一组合才是均衡的。

表 27-1 用另一种方式，即与上一章相似的表格形式，解释了这一结论。表中的第 1 列和第 2 列构成了一条与图 27-3 中的 DD 曲线相对应的总需求表，第 1 列和第 3 列构成了与 SS 曲线相对应的总供给表。

表 27-1　均衡价格水平的决定

(1) 价格水平	(2) 总需求量	(3) 总供给量	(4) 供给和需求的均衡	(5) 价格将会
80	6 400	5 600	需求超过供给	上升
90	6 200	5 800	需求超过供给	上升
100	**6 000**	**6 000**	**需求等于供给**	**不变**
110	5 800	6 200	供给超过需求	下降
120	5 600	6 400	供给超过需求	下降

注：数据单位为 10 亿美元。

该表清晰表明，只有在 $P = 100$ 时，均衡才会出现。在其他任何价格水平上，供给总量与需求总量都是不相等的，都会给价格带来上涨或下降的压力。例如，在价格水平为 90 时，顾客需要价值为 62 000 亿美元的物品和服务，而企业愿意供给的仅有 58 000 亿美元，这种情况下，价格水平过低因而会被迫上涨。与此相反，价格水平为 110 时，供给量（62 000 亿美元）超过了需求量（58 000 亿美元），意味着价格水平必须下降。

27.3 通胀和乘数

为了说明总供给曲线斜率的重要性,我们回顾一下上一章里提出的一个问题:如果总需求曲线外移,GDP 均衡会发生什么？我们在第 26 章发现这种变化有一种乘数效应,它的实际值比简化的乘数公式算出的值要小一些。进口的变化是原因之一,这在上一章的附录中已有分析。现在我们来解释第二个原因:

> 通胀使乘数变小。

基本的思想很简单。在第 26 章,我们描述了乘数形成的过程,即一个人的支出变为另一个人的收入,这引起第二个人继续进一步支出,如此发展下去。但是这一过程仅限于经济的需求方面,忽视了在供给方面会有怎样的变化。问题是,随着乘数过程的展开,企业在不提高价格的情况下能否满足新增的需求呢？

如果总供给曲线是向上倾斜的,那么答案是否定的。只有价格提高了企业才会提供更多的产品。因此,随着乘数链的发展拉动收入和就业提高,价格也会上涨。我们从前面的章节中已知,这一变化会降低净出口,削减消费支出,因为价格上涨吞噬了消费者的财富的购买力,从而,乘数链延伸的长度将比在无通胀的条件下要短一些。

那么需求扩张会带来多大的通胀呢？通胀又会缩减多长的乘数链呢？这些问题的答案取决于经济的总供给曲线的斜率。

为了使例子更具体,让我们回到第 26 章中已使用过的投资支出增加 2 000 亿美元的假定。在那里(图 25-10),我们发现,如果价格水平不上升,投资新增 2 000 亿美元最后会使支出增加 8 000 亿美元——也就是说,它暗中假定总供给曲线是水平的。但事实并不是如此。总供给曲线的斜率告诉我们总需求的扩张是如何在更高的产出和更高的价格之间分摊的。

在我们的例子中,图 27-4 中总需求曲线从 D_0D_0 右移 8 000 亿美元至 D_1D_1,这一数字是从第 26 章的简化乘数公式推算出来的。随着均衡由 E_0 点移至 E_1 点,实际 GDP 并未增加 8 000 亿美元。相反,价格上升了,它抵消了需求量的部分增长。最后,产出从 60 000 亿美元增至 64 000 亿美元——仅增加了 4 000 亿美元,因此,在我们的例子中,通胀乘数从 8 000 美元/2 000 美元 = 4 变小为 4 000 美元/2 000 美元 = 2。一般地:

> 只要总供给曲线向上倾斜,总需求的任一增加都会拉动价格水平上涨。相应地,更高的价格会降低消费者财富的购买力并减少净出口,从而削弱部分实际需求增加。因此,通胀使乘数值低于简化乘数公式求得的值。

还需注意的是,例中的价格水平因投资需求增加而上升(从 100 涨至 120,或上涨 20%),这也是一个一般性的结论:

> 只要总供给曲线向上倾斜,总需求曲线外移都将使价格上涨。

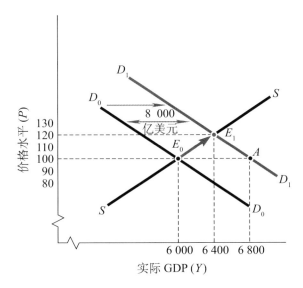

图 27-4 通胀和乘数

注:数据单位为每年 10 亿美元。

这些结论后面的经济行为一点也不新鲜。当需求量大幅增加而价格没变时,企业以两种自然的方式回应条件的改变:(1)它们提高产量(因而实际 GDP 增加),和(2)它们提高价格(因而价格水平上升)。但价格水平的上升又降低了消费者持有的银行账户和债券的购买力,从而他们的自然反应是,削减他们的支出。这一反应意味着经济会沿着如图 27-4 所示的总需求曲线 D_1D_1 移动,从点 A 移到点 E_1。

同时,图 27-4 还向我们准确地表明了简化乘数公式的缺陷所在。由于忽略了价格水平上升的影响,简化的公式错误地假定经济水平地从 E_0 点移至 A 点,这种情况只会在总供给曲线是水平时才会发生。该图清楚地表明,产出实际上并没有增加那么多,这也是简化公式夸大了乘数大小的一个原因。

27.4 再看紧缩缺口和通胀缺口

现在我们再度考虑我们已经提出却迟迟未全面回答的问题:均衡是在等于、低于或高于潜在 GDP 的点上实现吗?

在前一章,我们不能全面地回答这个问题,是因为我们没有办法决定均衡的价格水平,从而没有办法判断,如果有的话,哪种缺口会出现。现在在本章中总结出的总供给和总需求分析为我们提供了我们所需要的。然而我们得出的答案仍然是一样:任何情况都可能出现。

原因是图 27-3 并未告诉我们潜在 GDP 在哪里。虽然在第 24 章,我们多方面地讨论了决定经济生产能力的因素,但在这样的分析中,潜在 GDP 有可能位于均衡水平 60 000 亿美元之上或之下。依据总需求曲线和总供给曲线的不同位置,我们得出的均衡可以高于潜在 GDP（通胀缺口），等于潜在 GDP，或低于潜在 GDP（紧缩缺口）。所有三种可能都可以在图 27-5 中表明。

上面三幅图与第 26 章的相近。① 从上面中间的图开始，支出曲线 $C + I_1 + G + (X - IM)$ 和 45°线正好交于潜在 GDP——我们这里以 70 000 亿美元为例。均衡点是 E 点，既没有紧缩缺口也没有通胀缺口。现在假设总支出降至 $C + I_0 + G + (X - IM)$（左上方的图）或者上升到 $C + I_2 + G + (X - IM)$（右上方的图）。我们从左往右看，会看到均衡和紧缩缺口并存、正好在充分就业点或者均衡同通胀缺口并存，共三种情况，具体出现哪一种取决于 $C + I + G + (X - IM)$ 线的位置。在第 26 章，我们学习过可能以这种方式使将支出图向上向下移动的几种变量，其中一种是价格水平。

下面的三幅图用不同的方式描述了同样的三个例子，该方式能够告诉我们价格水平如何变化。三幅图同时考虑了总需求和总供给，因而在 E 点——总供给曲线 SS 和总需求曲线 DD 的交点上，均衡价格和均衡 GDP 同时被决定。但还是出现了相同的三种可能性。

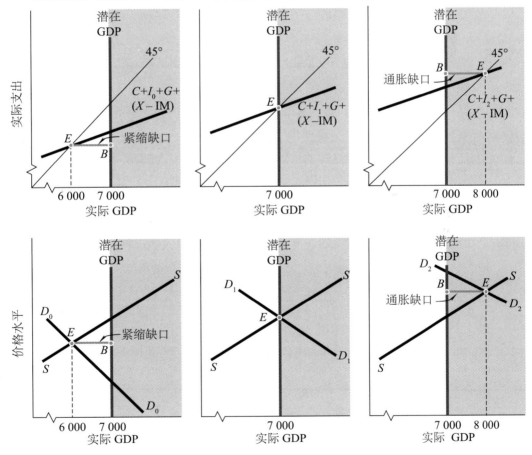

图 27-5　再看紧缩缺口和通胀缺口

注：实际 GDP 单位为每年 10 亿美元。

---

① 每幅收入—支出图只考虑了经济的需求方面，且价格水平不变。

在左下方的图中,总需求太低,无法为全部劳动力提供工作,因而存在一个紧缩缺口,其大小为 EB 间的距离,或为 10 000 亿美元。这种情形恰好与它上面的收入—支出图表示的一样。

在右下方的图中,总需求过高,经济实现的均衡远比潜在 GDP 高。一个等于 BE 或 10 000 亿美元的通胀缺口出现,这正好与它上面的图的情形相同。

在下面中间的图中,总需求曲线 D_1D_1 的位置恰好使经济在潜在 GDP 上实现均衡。既无紧缩缺口也无通胀缺口存在,这也与它上面的图所表示的情形相同。

所以,看起来我们只是简单地重述了我们早先的结论。但实际上,我们做的远不止这样。一旦我们知道了均衡价格水平的决定因素,我们就能研究经济对紧缩缺口或通胀缺口的调整方式。特别地,由于工资在短期是固定的,图 27-5 表示的三种情况中任意一种都可能出现。但是,在长期中,工资会随劳动市场的条件而调整,这将使总供给曲线发生移动。下面我们就转入分析这种调整行为。

27.5 紧缩缺口的调整:通货紧缩还是失业?

假设开始时存在一个紧缩缺口——即均衡低于潜在 GDP——如图 27-5 的左下图所示。这种情况的出现可能是由于如消费支出不足或投资支出缺乏。在 2007 年的金融危机打击下(集中在房屋抵押贷款市场方面),许多观察家认为美国正陷入此困境之中,这是多年来首次出现这样的局面,并且这种担忧在 2008 年年初有所增加。然而,在日本,自 20 世纪 90 年代初期以来,紧缩缺口是多年的常态。当经济经历着一次紧缩缺口时,会发生什么样的事情呢?

由于均衡 GDP 在潜在 GDP 之下(图 27-6 中的 E 点),找工作变得困难。失业人数会超出那些由于搬迁、转换职业等原因而没有工作的人数。按第 23 章的术语,经济会面临一个相当规模的周期性失业。另一方面,企业很容易雇到工人,它们现有的员工都很想保住自己的工作。

这种情况下,工人很难得到涨工资的机会。实际上,在极端的情况下,工资甚至有可能下降——从而使总供给曲线外移(回想一下,总供给曲线是在一个给定的名义工资条件下得出的)。随着总供给曲线右移,最终由图 27-6 中的 S_0S_0 移至 S_1S_1,价格下降,紧缩缺口变小。通过这一过程,通货紧缩逐步消除紧缩缺口——使经济在潜在 GDP 上实现均衡(图 27-6 中的 F 点)。

但是这里有一个重要的问题。在我们现代经济中,这一调整过程进行得很缓慢——慢得让人苦不堪言。在第 22 章我们对历史记录的简短回顾中表明,美国历史上有几次通胀紧缩的实例,但都是在第二次世界大战之前,二战后却一次没有。即使是严重的衰退也没有使平均价格和工资下降——虽然可以肯定,衰退使价格和工资的增长率放慢了。自 1930 年以来,发达经济经历的唯一长时间的通货紧缩事件就是日本近十年来的遭遇,尽管通缩率比较缓和。

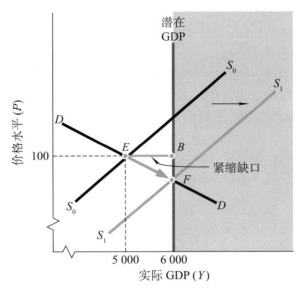

图 27-6 紧缩缺口的消除

注:数据单位为每年 10 亿美元。

27.5.1 为何名义工资和价格不会(轻易)下降?

在我们的现代经济中,工资和价格为何很少下降在经济学家中确实还是一个受到激烈争论的主题。一些经济学家强调制度因素,如最低工资法、工会合约和为特定工资和价格制定法定最低限度的大量政府管制。由于大多数的此类制度都是近期建立的,这种理论成功地解释了为什么现在工资和价格下跌的频率比二战前小。但是美国经济中只有极小一部分要遵守对下调工资和价格进行限制的法律。因此,在解释美国的工资—价格调整迟缓上,法律限制看来是不能让我们十分信服的。但是在欧洲,这些制度因素可能就重要得多。

另外一些观察家认为工人对降低工资一事抱有深深的抵触情绪。这一理论在心理学研究上是有依据的:绝对的损失(例如,名义工资的一次下降)对人们的打击程度要远大于他们所得很少时所受的打击。例如,企业会发现将工资的增幅从 3% 减到 1% 要相对容易些,而要想将工资从增长 1% 变为减少 1% 确实极度困难。该心理理论当然是有道理的。试想如果你的老板宣称要降低你的单位时间工资率,你会作何种反应。你可能会辞职,或者你可能会在工作中投入更少的精力。如果老板猜到你将如此行事,他有可能不会降低你的工资。现今,真正的工资削减非常少见甚至可能具有新闻价值。但是,尽管没人质疑降低工资会损伤士气,但这一心理解释有一个主要的缺点:它无法解释为何抵触工资下降的心理仅在二战后才初显端倪。

第三种解释是基于我们在第 22 章强调的一个事实——战后的经济周期不如战前严重。该观点认为,当工人和企业逐渐意识到衰退不会恶化为萧条时,他们决定不接受工资或价格的下降以免将来后悔,并愿意等到坏年景结束。

而另一种理论基于的是一句老谚语:"种瓜得瓜,种豆得豆。"其思想是,工人的生产率各不相同,但每个雇员的生产率却难以识别。所以,企业担心如果他们降低工资,他们将会失去他们最好的雇员——因为这些工人在经济的其他地方会有更好的机会。该观点认为,企业不愿冒这个险,而是更愿意维持高工资不变,即使是在衰退过程中。

还有其他理论被相继提出,但没有哪个赢得了大多数专业人士的同意。但不论是什么原因,我们依然可以把它作为一个事实来接受,即当需求乏力时,工资只会缓慢下降。

这种刚性的含义是相当重要的,因为若没有通货紧缩,紧缩缺口就无法自我消除。而如果工资和价格不下降,如图 27-6 中的紧缩缺口 EB,将会持续很长的时间。也就是说:

> 当总需求不足时,经济可能长时间陷入紧缩缺口。如果工资和价格下降十分缓慢,那么经济中的生产将长期处于潜在 GDP 之下。

27.5.2　经济是否具有一个自我调整机制?

上面描述的情况大概不会永远持续下去。随着衰退的时间加长和程度加深,越来越多的工人无法在现行的"高"工资下找到工作,最后,他们想被雇用的需求会战胜他们对降低工资的抵触。另一方面,随着微弱需求持续的时间变长,经理们逐渐相信衰退不是短时可以结束的,企业也可能日益愿意降价。事实上,在 1930 年的大萧条期间,许多国家的价格和工资的确下降了。在日本,价格和工资也下降了十年(尽管幅度微小)。

因此,从任意一个紧缩缺口开始,经济最终会回到潜在 GDP——沿着有点类似于图 27-6 中的从 E 点到 F 点的箭头所指路径。由于该原因,一些经济学家认为在潜在 GDP 点的垂直线代表了经济的长期总供给曲线。而该"长期"是真正意义上的长期。

经济的**自我调整机制**指的是货币工资对紧缩缺口或通胀缺口的反应方式。工资变化会移动总供给曲线,从而改变均衡 GDP 和均衡价格水平。

现在民主共和两党的政治领导人——甚至所有国家——均相信,等待工资和价格下降来消除紧缩缺口是愚蠢的。他们认为在衰退的情况下,政府行为是必要且合适的。但是关于什么程度的干预和何种干预合理的争论未曾间断,且流派分明。意见不一致的一个原因是,**自我调整机制**(self-correcting mechanism)确实只能轻微地消除紧缩缺口。

27.5.3　最近历史上的一个实例:日本的通货紧缩

美国人是幸运的,因为美国历史近期没有经历过长期持续的紧缩缺口。但日本却遭遇过。自 20 世纪 90 年代初期,日本经济一直不景气,还多次陷入衰退。结果日本经历了约 15 年的持续的紧缩缺口。日本从 90 年代的低通胀变为 1999 年至 2005 年的低通货紧缩,这一点并不令人吃惊。从定性上分析,这正好是自我调整机制的理论模型所预测到的行为方式。但它用了相当长的时间!因此,实际中的政策问题是,一国能这样等多久呢?

27.6 通胀缺口的调整：通货膨胀

现在让我们再来看经济超出了完全就业水平时的情况——也就是如图27-7所示的那样出现了通胀缺口。当总供给曲线为S_0S_0，总需求曲线为DD时，经济最初的均衡（E点）上存在一个通胀缺口，即图中的BE段。

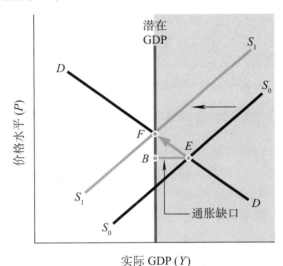

图 27-7　消除通胀缺口

一些经济学家认为，这种情形曾在2006年和2007年的美国出现，当时的失业率降到了5%以下。这种情形下经济会出现怎样的情况呢？我们会看到，过紧的劳动市场会带来通胀，最终消除通胀缺口，但可能是以缓慢和痛苦的方式。下面我们具体看一下。

当均衡GDP高出了潜在GDP时，工作很多，对劳动的需求也很大。企业很可能难以找到新工人，甚至难以保住他们原有的工人，因为其他企业试图用更高的工资吸引工人跳槽。

增加工资提高了企业成本，使总供给曲线左移。当图27-7中的总供给曲线从S_0S_0移至S_1S_1时，通胀缺口缩小。换句话说，通胀最终消除了通胀缺口并把经济均衡拉回到潜在GDP（F点）。

我们可以用一种直接的方式来看这一过程中的经济含义。由于购买者需要的产出超出了经济在标准的运行速度下所具有的生产能力，通胀上升。用一句老话来解释就是过多的需求追逐过少的供给，这会推动价格进一步上涨。

最终，上涨的价格会吞噬消费者财富的购买力，迫使他们削减消费，就如第25章所解释的。此外，出口下降而进口上升，这是我们在第26章学到的。最后，需求总量退回至经济生产能力——在图上表现为经济沿DD曲线从E点回移至F点，在这一点，自我调整过程停止。简而言之：

如果总需求意外地高，经济会在高出充分就业水平之上实现一个短期均衡（通胀缺口）。当这种情况出现后，紧张的劳动市场很快就会推动工资上涨。因为工资上涨会增加企业的成本，提高价格，从而出现通胀。随着更高的价格削弱了消费者的购买力，减少了净出口，通胀缺口开始消失。

随着通胀缺口变小，产出下降，价格继续上涨。当缺口最后消除，长期均衡就在更高的价格水平和等于潜在 GDP 的 GDP 水平上实现。

上述过程恰恰是许多经济学家相信在 2006 年和 2007 年发生的。因为他们相信美国经济在 2006 年和 2007 年存在一个小的通胀缺口，他们预期通胀会轻微地上涨——在经济再次衰退之前，的确发生了。但我们重申一下：自我调整机制发挥作用需要时间，因为工资和价格无法迅速得以调整。因此，尽管通胀缺口播下了自我毁灭的种子，但种子的成长相当缓慢。所以，政策制定者可能还是希望加速这一过程。

27.6.1 需求型通胀和滞胀

尽管经济调整通胀缺口的模型很简单，但它告诉我们许多有关真实世界中的通胀的重要信息。首先，图 27-7 提醒我们真正的罪魁祸首是超额总需求（excess of aggregate demand）——相对潜在 GDP 而言。总需求曲线的初始位置太高，使得它与总供给曲线相交在充分就业的上方。随之出现的对物品和服务的过旺需求会推动价格和工资上涨。虽然超出潜在 GDP 的总需求不是引起通胀的唯一可能原因，但在我们的例子中，它肯定是一个原因。

> **滞胀**是在经济增长缓慢或陷入衰退时出现的通胀。

然而，企业管理者和新闻记者可能把通胀归咎于上涨的工资。从表面上看，他们当然是对的，因为更高的工资确实引起企业提高产品价格。但从更深层的意义上来讲，他们是错误的。工资上涨和价格上升都是同一个隐含的弊病的症状：过高的总需求。在这种情形下，把通胀归咎于劳动有点像是把你生病归咎于过高的就医费用。其次，随着经济由图 27-7 的 *E* 点移至 *F* 点，产出下降而价格上涨。这是我们第一次（但不是最后一次）对**滞胀**（stagflation）现象的解释。滞胀指的是通胀和经济停滞的同时存在。特别地：

> 滞胀时期是超额总需求时期的正常后果的一部分。

原因很易理解。当超额总需求存在时，经济生产会暂时超出其正常生产能力。劳动市场紧张，工资上涨。机器和原料也可能变得稀缺，并开始涨价。面对更高的成本，企业的反应自然是减少生产而提高价格。这就是滞胀。

27.6.2 一个美国实例

你会看到，在一段时期的超额总需求后接踵而来的滞胀只是可怕的疾病的一种相当温和的表现形式。毕竟，虽然产出下降，但它依然高出潜在 GDP，并且失业很低。美国经济在 20 世纪 80 年代末期就遇上了一次这样的经历。

到 1989 年的 3 月，20 世纪 80 年代经历的长期经济扩张使失业率保持在 5% 的低水平上达15年之久,几乎所有的经济学家都相信在那时5%的失业率是低于充分就业的失业率的,也就是说,美国在1989年存在一个通胀缺口。与理论表明的相近,通胀开始加速上升——从1988年的4.4%到1989年的4.6%,再到1990年的6.1%。

与此同时,经济增长开始滞缓。实际GDP增长从1989年的3.5%降到1990年的1.8%,再到1991年的-0.5%。通胀使通胀缺口逐步变小,最后在1990年中期消失了,而衰退则从那时开始了。但在衰退初期的几个月中,通胀依然居高不下。美国经济进入了一个滞胀阶段。

我们有关经济自行恢复能力的总结论可表述如下:

> 实际上,经济的确具有一个自我调整机制,它往往能消除失业或通胀,但这一机制运行速度缓慢且不均衡。此外,它对通胀或失业的有利影响有时受一些强劲的力量(如总需求的快速扩张或收缩)的反向推动。因此,自我调整机制有时不可靠。

专栏

两个毕业班的故事:2003年与2007年

时机是非常重要的。2007年的毕业生再幸运不过了,在该年5月和6月,失业率降到了4.5%——基本上是这一代人经历过的最低水平——雇主们争先恐后地招聘人员,基薪上涨,许多毕业班的学生同时有多个工作可供挑选。

而四年以前,2003年的毕业生面临的工作市场就迥然不同了。美国的经济增长放慢已经持续了一段时间,工作相对缺乏。2003年5月到6月的平均失业率达到6.2%。许多公司不是那么渴望雇用更多的新员工了,薪水上涨得相当少,津贴也被削减。

这件事的出现意味着,2003年的大学毕业生同四年后的幸运的学弟学妹们相比,他们职业生涯的起点是不占优势的。而且,最近的研究表明,同2003年的毕业班相比,2007年的这种最初就业市场的优势可能会持续好多年。

27.7 供给冲击引起的滞胀

我们刚刚讨论的滞胀是因通胀扩张引起的。然而,在20世纪70年代和80年代初出现的失业和通胀并不是这么一回事。导致这次恶性滞胀的原因是什么呢?虽然主要原因是能源价格的上涨,但还有其他几个方面的因素。

1973年,OPEC把原油的价格提高了四倍。美国消费者很快发现汽油和家庭供暖燃料的价格急剧上涨,同时美国企业发现生产过程中的一个重要成本——能源价格迅猛攀升。OPEC在1979—1980年期间又一次限产,这一次的价格翻了一番。1990年当伊拉克入侵科威特时,同样的历史再次上演,但程度要小些。最近的一次是因为伊拉克战争、在中东以及在其他地区的政治问题、炼油能力的限制和中国能源需求的增加,石油价格在自 2002 年起非正常剧增。

在前面的讨论中我们已知,高的能源价格会使总供给曲线内移,如图 27-8 所示。如果总供给曲线内移——每次"石油"冲击之后必定如此,生产会下降。为减少对有限供给的需求,价格必定上升。结果对供求双方而言都是最差的:减产和提价。

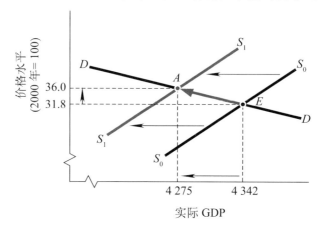

图 27-8　总供给一次逆向移动所造成的滞胀

注:数据单位为每年 10 亿美元。

这一结论在图 27-8 中被清晰地反映出来。图中有总需求曲线 DD 和两条总供给的曲线。当供给曲线向内移动,经济均衡由 E 点移到 A 点。这样,产量下降而价格上涨——这正是我们定义的滞胀。简而言之:

> 滞胀是总供给曲线逆向移动产生的典型结果。

图 27-8 中所用的数据大致上反映出了 1973 年的大"能源冲击"后美国的情况。从 1973 年(由供给曲线 S_0S_0 和 E 点表示)到 1975 年(由供给曲线 S_1S_1 和 A 点表示)间,实际 GDP 大约下降了 1.5%,而这 2 年以来价格水平的上涨幅度超出 13%。从美国经历的供给冲击中,我们学到的清楚且重要的一般性经验是

> 逆向供给冲击的典型后果是产量降低和通胀上升。这是世界经济在 20 世纪 70 年代中期和 80 年代初期遭遇滞胀的一个原因。如果类似的一系列供给减少事件发生,同样的经历还会再次出现。

专栏

为何 2006—2008 年没有出现滞胀?

正如我们前面提到的,自 2002 年年初起石油价格稳步攀升,虽然可能是不规律地上升。然而连续的"石油冲击"看起来没有掀起多大风浪,美国或其他发达经济体并没有出现滞胀。最近这一次经历同 20 世纪 70 年代和 80 年代初期形成了鲜明的对比。这次有些什么不同呢?

事实上,经济学家对这个问题并没有一个完整的回答,研究还在继续。但我们还是知道一些事情的。最直接的,世界已经在学习如何依靠较少能源(相对于一定的 GDP)来生存。例如,在美国和许多其他国家,现在 1 美元 GDP 里面所包含的能源大概只占 20 世纪 70 年代的一半,单单这一项就将石油冲击的影响减少了一半。

另外,美国和其他经济体自 20 世纪 80 年代中期以来看起来变得没有像以前那么变化起伏,原因还不是很清楚。有效的宏观政策对变化的减少有贡献,各种各样的结构变化使得经济体更加灵活。但是大多数研究者们的观点是,一部分仅仅是靠运气。自然,我们不能期望好运会永远继续。

最后,有人认为我们还是有一点滞胀的。在 2007 年年末和 2008 年年初,增长明显放缓,通胀上升。

图片来源:Creatas Images/Jupiterimages

27.8　将该模型运用到一个经济增长的例子

你应该已经注意到了,从第 22 章开始,我们就开始使用简单的总供给—总需求模型来确定均衡价格水平和实际 GDP 的均衡水平,正如本章的几幅图形所描绘的。但在真实世界里,无论是价格水平还是实际 GDP 都不是长时间保持不变的。相反,它们通常都是年复一年上升的。

历史清楚地显示了随时间流逝经济会向上发展的趋势——向更高的价格和产出水平。

总需求和总供给曲线一般每年都会向右移动,这种上升趋势一点也不神秘。总供给的增长是因为每年有更多的工人加入劳动力市场,而且投资和技术进步促进了生产率的提高(第 24 章)。总需求的增长是因为人口增长所引起的消费品和投资品需求的增加以及政府采购的增加(第 25、第 26 章)。

图 27-9 是一个更现实的总供给—总需求图,表明我们的理论模型是如何应用于一个增长的经济中的。我们之所以选择这些数字是为了让曲线 D_0D_0 和 S_0S_0 大致与 2005

年的情况相符,让曲线 D_1D_1 和 S_1S_1 大致与 2006 年的情况相符,采用整数是为了简化计算。因此,2005 年的均衡点是点 A,实际 GDP 是 110 000 亿美元(基于 2000 年美元),价格水平是 113。一年后 2006 年的均衡点是点 B,实际 GDP 是 113 300 亿美元(基于 2000 年美元),价格水平是 116.5。图中的箭头显示了均衡是如何从 2005 年移动到 2006 年的。它指向右上方,意味着价格和产出都增加了。在这个例子中,经济增长 3%,价格也增长 3%,同那年美国实际发生的情况很接近。

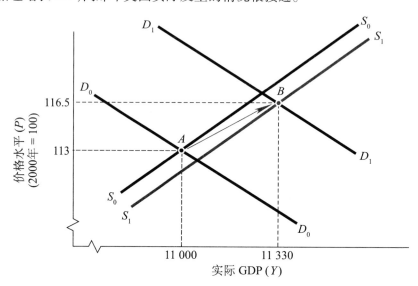

图 27-9 经济增长的总供给—总需求分析

注:数据单位为每年 10 亿 2000 年美元。

27.8.1 需求方的波动

现在让我们用我们的理论模型来重写历史。假设总需求比 2005—2006 年的实际增长要快,这会对美国的经济状况有何影响呢?图 27-10 提供了答案。这里的需求曲线 D_0D_0 和前面图里的完全相同,两条供给曲线也与前面图里的完全相同,说明供给还是按给定的速率增长。但是需求曲线 D_2D_2 比图 27-10 中的 D_1D_1 要在更右边。2005 年的均衡点是 A 点,而 2006 年的均衡点是 C 点。比较图 27-9 中的 B 点和图 27-10 中的 C 点,你会发现这一年产出和价格增长更多了——也就是说,经济会经历更快的增长和更多的通胀。这就是总需求增长速率加速时一般会发生的情况。

> 对于任何给定的总供给增长速率,更快的总需求的增长速率会导致更多的通胀和实际产出的更快增长。

图 27-11 表明的情况正好相反。这里我们假设总需求曲线向外移动的幅度比图 27-9 里面的少,也就是说,需求曲线 D_3D_3 在图 27-9 的需求曲线 D_1D_1 的左边。我们可以看到,后果是经济均衡从 2005 年的 A 点移到了 2006 年的 E 点,经济需要比实际发生更少的通胀和更慢的实际产出增长。这一般是总需求增长较慢时候的情况。

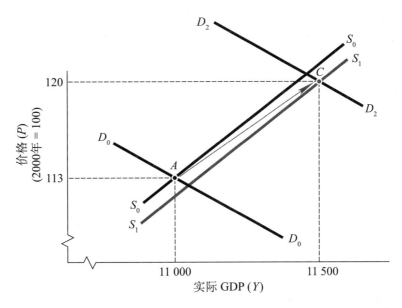

图 27-10 较快的总需求增长的影响

注:数据单位为每年 10 亿 2000 年美元。

对于任何给定的总供给的增长速率,更慢的总需求的增长速率会导致更少的通胀和实际产出的更慢增长。

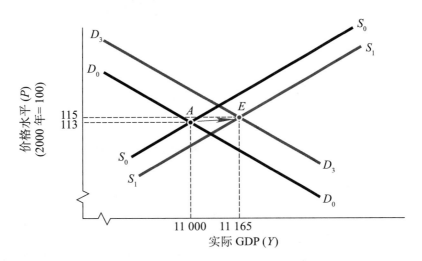

图 27-11 较慢的总需求增长的影响

注:数据单位为每年 10 亿 2000 年美元。

将两种发现综合起来,我们就得到了一个清晰的预测:

如果经济年复一年的增长速率的波动主要是受总需求增长速率变化的影响,那么数据将会说明最快速的通胀发生在产出增长最迅速的时候,而最慢速的通胀发生在产出增长最缓慢的时候。

是这样吗？大多数情况下，是的。我们在第22章对美国经济历史的简短回顾中发现，大多数的高通胀是伴随着高增长的，但也不是全部，有的通胀是我们在本章考虑过的多种供给冲击所造成的。

27.8.2 供给方的波动

正如一个历史上的例子，让我们回顾一下图27-8所描绘的1973—1975年的事件，但现在让我们补充一点我们曾经忽略过的内容：由于石油冲击，当总供给曲线向内移动时，总需求曲线是向外移动的。图27-12里的总需求曲线 D_0D_0 和总供给曲线 S_0S_0 对应的是1973年的经济状况。均衡点为 E 点，价格水平为31.8（2000年=100），实际产出为43 420亿美元。到了1975年，总需求曲线已经移动到了曲线 D_1D_1，但总供给曲线从 S_0S_0 移动到 S_1S_1，1975年的均衡点（B 点）因此跑到了1973年均衡点（E 点）的左方。实际产出轻微下降（尽管比图27-8的少），而由能源成本决定的价格迅速增长（比图27-8的快）。

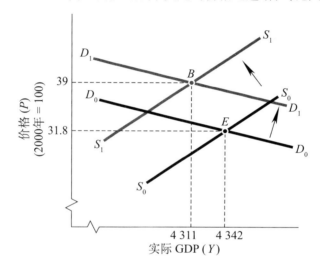

图27-12　逆向供给冲击导致的滞胀

注：数据单位为每年10亿2000年美元。

那么相反的情形呢？假设经济经历了一次像发生在20世纪90年代晚期那样的积极的供给冲击，总供给曲线以一个非常快的速率向外移动。

图27-13描绘了这种结果。总需求曲线像通常一样从 D_0D_0 向外移动到 D_1D_1，但总供给曲线一直向外移动到 S_1S_1（虚线表示的是"通常年份"的总供给曲线）。于是经济均衡点跑到了 B 点而不是 C 点。同 C 点相比，B 点代表了更快的经济增长（B 点在 C 点的右边）和较低的通胀（B 点比 C 点低）。简而言之，经济在前面提到的两方面都占优：GDP快速增长的同时通胀也下降，正如20世纪90年代晚期发生的情况一样。

将两个例子结合，我们得到结论：

> 如果经济活动的波动主要源自于供给方面，较高的通胀率将会和较低的经济增长率相关联。

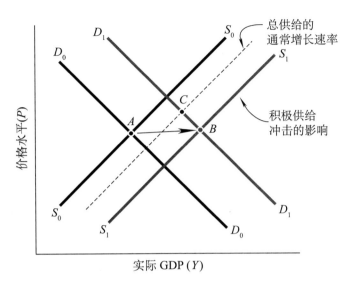

图 27-13 积极供给冲击的影响

难题解答:解释滞胀

我们在本章学习的内容将有助于我们理解为何美国经济在 20 世纪 70 年代和 80 年代初表现得如此糟糕,失业率和通胀率一起上升。OPEC 卡特尔在 1973—1974 年首次出手,将石油价格提高了四倍,第一回合的冲击使得美国和其他石油进口国出现了严重的通胀。OPEC 在 1979—1980 年又再度出手,这次石油价格翻了一番,滞胀卷土重来。不幸吗?是的。难以理解吗?不。所发生的只不过是由于能源价格的上涨使得经济的总供给曲线年复一年地向内而不是像通常一样向外移动。

不利的供给冲击往往会推动失业和通胀同时上升。20 世纪 70 年代和 80 年代初糟糕的经济表现主要是由于不利的供给冲击。①

27.9 稳定性政策的作用

第 25 章强调了投资支出的多变性,第 26 章则指出投资的变化对总需求会产生乘数效应。本章更进一步,说明了总需求曲线的移动怎样引起实际 GDP 和价格波动——多是不合意的波动。它还表明经济的自我调整机制有作用,但作用发挥缓慢,从而为政府运用稳定性政策来改善自由市场运行留下了空间。政府真的能

---

① 正如我们前面所提到的,至于为何 2003—2007 年滞胀没有再次出现的问题,只有部分的答案。

实现这一目标吗？如果能，又是怎样实现的呢？这些都是第七部分要解决的一些重要问题。

小结

1. 经济的**总供给曲线**把要供给的物品和服务的数量与价格水平二者联系起来。它一般是向右上方倾斜的，因为在短期，劳动和其他投入的成本是相对固定的，这意味着出售价格越高，投入成本相对变得越低，从而鼓励越多生产。

2. 总供给曲线的位置会因名义工资率、其他投入的价格、技术、劳动和资本的数量及质量等因素的变化而发生移动。

3. **均衡价格水平**和**均衡 GDP** 水平是由总供给曲线和总需求曲线相交决定的。

4. 忽略了总需求扩张会带来通胀这一事实是简化乘数公式存在不足的原因之一。这样形成的通胀会同时降低消费支出和净出口，从而使**乘数**变小。

5. 总供给和总需求的均衡既可能就是充分就业点，也可能低于充分就业（**紧缩缺口**）或高于充分就业（**通胀缺口**）。

6. 经济具有一个能消除紧缩缺口的**自我调整机制**。具体而言，疲弱的劳动市场减缓工资增长，在极端情况下，甚至会拉动工资下降。工资下降使总供给曲线外移，但这一过程进行得十分缓慢。

7. 如果存在通胀缺口，经济也有一个类似的机制通过通胀消除缺口。异常光明的工作前景推动工资上涨，使总供给线向左移动，通胀缺口随之变小。

8. 这种自我调整机制的一个后果是，如果总需求迅速扩张带来通胀缺口，随后的自动调整会导致一个时期的**滞胀**——即在一段时间内价格上升而产出下降。

9. 总供给曲线内移会导致产出下降而价格上涨，即形成滞胀。国外石油价格的暴涨是引起这种移动的事件之一。

10. 1973—1974 年、1979—1980 年和 1990 年石油价格三次猛涨使美国经济遭遇多次逆向供给变化，且每次都形成了滞胀。

11. 但在 1997—1998 年间情况反过来了。石油价格下跌和生产率提高使总供给曲线的移动速度超出了常态，从而同时促进了实际 GDP 的增长和通胀的下降。

12. 通胀既可以是由需求增长过快也可以是由总供给增长过慢造成。当经济活动的波动是来自于需求方面，当产出快速增长时价格会快速上涨。当经济活动的波动是来自于供给方面，当价格快速增长时产出会慢速增长。

关键词

总供给曲线	生产率	实际 GDP 和价格水平的均衡
通胀与乘数	紧缩缺口	通胀缺口
自我调整机制	滞胀	

自测题

1. 假设一个经济的总需求和总供给为下表所列，找出均衡的实际 GDP 水平和价格水平，并用图形表示出来。如果在 28 000 亿美元上实现充分就业,是否存在紧缩缺口或通胀缺口?

总需求总量(10 亿美元)	价格水平	总供给量(10 亿美元)
3 200	90	2 750
3 100	95	2 900
3 000	100	3 000
2 900	105	3 050
2 800	110	3 075

2. 假设一个工人每小时的工资为 20 美元,计算价格水平分别为 85、95、100、110、120 时的实际工资(用价格指数计算去除通货膨胀后的工资)。实际工资和价格水平之间有何种关系?把你的结果与总供给曲线的斜率进行比较。

3. 把下表中的总供给表和总需求表与第 26 章的自测题第 2 题结合起来,分析通胀是如何影响乘数的。并在坐标纸上画出这些曲线。

(1)	(2)	(3)	(4)
价格水平	投资为 240 美元时的总需求(美元)	投资为 260 美元时的总需求(美元)	总供给(美元)
90	3 860	4 060	3 660
95	3 830	4 030	3 730
100	3 800	4 000	3 800
105	3 770	3 970	3 870
110	3 740	3 940	3 940
115	3 710	3 910	4 010

　　a. 注意第 2 列和第 3 列表明在两种不同投资水平的总需求总是相差 200 美元,这不变的 200 美元的差距与你在前一章所得出的答案有什么关系?

　　b. 找出投资增加前后的均衡 GDP 和均衡价格水平,乘数为多大?把它与你在第 26 章的自测题第 2 题中得出的乘数值相比较。

4. 用总供给—总需求图说明,总供给曲线越陡,乘数效应越小。哪种情况会引起更高的通胀——是陡峭的总供给曲线还是平缓的总供给曲线?如果总供给曲线是垂直的,乘数的大小如何?

讨论题 >>>>

1. 请解释为何国外石油价格的下降会使总供给曲线向外向右移动。这样的移动会有什么样的后果?

2. 评论如下观点:"我们无须担心通胀缺口和紧缩缺口,因为经济具有一个内在机制可以自动消除每种缺口。"

3. 经济是如何导致滞胀的?请给出两种不同的解释。

4. 在你看来,为何工资下降往往具有刚性?

5. 用文字解释为什么价格上涨会削弱总需求的自发性增加的乘数效应。

第七部分
财政政策与货币政策

第六部分为理解宏观经济构建了一个框架。其基本理论包括三个方面:潜在 GDP 的长期增长(第 24 章),短期总需求波动(第 25 章和第 26 章),以及短期总供给波动(第 27 章)。第七部分将运用这一框架来考虑各种公共政策问题——那些以头版头条出现在报纸和电视上的事情。

在前面各章,从第 1 章就列为"课程结束后仍须牢记的要点",我们曾多次表明,政府可能可以运用财政政策和货币政策管理总需求。第 28 章到第 30 章将重新提及,并展开这一论点。你将会学到政府是如何在抑制通胀的同时尽可能地推动快速增长和降低失业的——以及它的努力为什么并非总是能够成功。然后,从第 31 章到第 33 章,我们开始分析许多与政府的稳定性政策相关的有争议的重要话题。美联储应该怎样行事?为什么减少预算赤字被认为是极其重要的?通胀和失业之间存在权衡取舍吗?

学完第七部分后,你将能很好地理解与国家经济政策——不仅是当今政策,而且还有未来几年的政策——相关的一些最为重要的争论。

第 28 章　总需求管理:财政政策

第 29 章　货币与银行体系

第 30 章　总需求管理:货币政策

第 31 章　关于货币政策和财政政策的争论

第 32 章　短期与长期政府预算赤字

第 33 章　通货膨胀与失业之间的权衡取舍

第 28 章　总需求管理：财政政策

> 下面，让我们来研究我们的财政政策问题。但这方面不仅迷雾重重而且真理难觅。
> ——约翰·F. 肯尼迪

在我们第六部分构建的经济模型中，政府的作用并不积极。它确实进行一些支出并征收税收，但仅此而已。我们已得出结论，这样的经济走向高就业低通胀均衡的趋势十分微弱，而且我们也暗示了，设计有方的政府政策可能可以加强这一趋势并改善经济的表现。这里我们将展开此观点，并了解若要稳定性政策成功而需克服的一些难题。

> **政府的财政政策**指的是政府的支出计划和征税计划。其目的是使总需求朝某种合意的方向发展。

这章我们从**财政政策**(fiscal policy) 开始，随后的 3 章将分析政府管理总需求的另外一个主要的工具：货币政策。

❓ 难题：总需求、总供给以及 2008 年的竞选

就在本书英文版即将付印的时候，2008 年的总统大选正全面展开，尽管民主党的候选人还没有确定（贝拉克·奥巴马或希拉里·克林顿）。民主党和共和党人麦凯恩之间的主要经济问题之一是对布什总统和共和党议会在布什先生首个任期中提出来的执行到 2010 年的减税政策做些什么。奥巴马先生和希拉里女士都提倡废除该减税政策里的许多条款，尤其是那些主要对高收入人群有益的。但是麦凯恩先生反对更改该财政政策，其理由是这样做会从两个方面损害经济增长：其一是减少消费支出（因而减少了总需求）；其二是削弱了赚取更高收入的激励（因而减少了总供给）。

两位民主党人驳斥了这些主张。对于总供给，他们认为，较低的税率产生的激励效应是微不足道的。对于总需求，他们提出了两个论点：首先，富裕的纳税人不会从他们被减掉的税款中拿出很多来消费；其次，废除对富人的减税政策后，有利于政府对那些重要优先的项目支出更多，例如全民保健。总的来说，他们保持了总需求的上升，不会

下降。

对撤销还是继续布什的减税政策的争论涉及我们本章要学习的三个概念：
- 减税政策和较高政府支出的乘数效应
- 不同类型的减税的乘数效应（例如，对穷人和对富人的减税）
- 减税的激励效应

在本章的结尾，你将能够有较好的能力去建立你自己对这些重要公众政策的观点。

28.1 所得税和消费曲线

要理解税收如何影响均衡 GDP，我们先回忆一下，用 GDP(Y) 减去税收(T) 得到可支配收入(DI)：

$$DI = Y - T$$

可支配收入而不是 GDP，才是消费者可以使用的数额，因此 DI 才是消费支出(C) 的决定因素。因此，在给定收入水平下，税收增加，消费支出就会相应减少。将我们刚才用文字描述的用图 28-1 表示：

> 税收的任何增加使消费曲线向下移动，税收的任何削减使消费曲线向上移动。

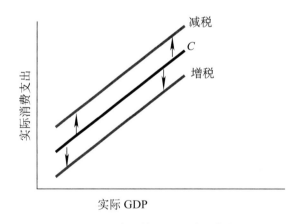

图 28-1　税收政策如何移动消费曲线

当然，如果 C 曲线上移或者下移，$C + I + G + (X - IM)$ 曲线也会同样移动。而且在第 26 章中，我们知道这种移动会对总需求有一个乘数效应。也就是说：

> 税收的增加或减少会在需求方面对均衡 GDP 产生乘数效应。减税使均衡 GDP 增加，增税则使均衡 GDP 减少。

到目前为止，我们只是重复了前面对政府支出的乘数效应的分析。但是这里有一个重要的区别。政府对物品和服务的采购直接计入了总支出——G 作为 $C + I + G + (X - IM)$ 的组成部分。但是税收仅仅是间接地减少了总支出——通过降低可支配收入(DI)，从而减少了 $C + I + G + (X - IM)$ 中的 C。正如我们现在将看到的，这个小细节是相当重要的。

28.2 再看乘数

要理解为什么,我们回顾在第 26 章出现的例子。我们知道,因为一个人的支出变为另一个人的收入,乘数就是通过这样的支出—再支出链条形成的。假设所得税的税率为 20%。该例子中,当微硬公司额外支出 100 万美元用于投资时,因为 MPC 是 0.75,所以,完整的支出的乘数链就是:

$$1\,000\,000 + 750\,000 + 562\,500 + 421\,875 + \cdots$$
$$= 1\,000\,000 \times [1 + 0.75 + (0.75)^2 + (0.75)^3 + \cdots]$$
$$= 1\,000\,000 \times 4 = 4\,000\,000(\text{美元})$$

这样,公司的最初每一美元的支出最终产生了 4 美元的额外支出。

28.2.1 税收乘数

现在假设最初的事件是 100 万美元的减税。正如我们刚刚提到过的,减税仅仅是间接影响支出。通过增加了 100 万美元的可支配收入(DI),增加了 75 万美元的消费支出(MPC 为 0.75),此后,支出的乘数链和对应的过程和前面完全一样,结果为

$$750\,000 + 562\,500 + 421\,875 + \cdots$$
$$= 750\,000 \times [1 + 0.75 + (0.75)^2 + \cdots]$$
$$= 750\,000 \times 4 = 3\,000\,000(\text{美元})$$

请注意减税对每一美元的乘数效应是 3,而不是 4。原因是直截了当的。对 C、I、G,新的额外支出的每一美元的乘数是 4,但减税的每一美元只创造出 75 美分的消费支出,对第一轮的 75 美分支出使用基本支出乘数 4 导致了减税的每一美元的乘数为 3。这个数值的例子说明了一个一般性结果①:

> 改变税收的乘数要小于改变政府采购的乘数,原因在于并不是减税的每一美元都被支出了。

28.2.2 所得税和乘数

但这并不是税收促使我们调整第 26 章里的乘数分析的唯一途径。如果税收的数额取决于 GDP——当然事实上不是——那么就有另一个途径。

要理解这个新的途径,还得借助于我们前面的微硬的例子,但现在假设政府征收了 20% 的所得税——就是说个人每获得 1 美元的收入就得付 20 美分的税款。当微硬公

---

① 你会发现税收乘数 3 和支出乘数的比值正好是 MPC 也就是 0.75。请参看附录 B 提供的代数解释。

司支出 100 万美元的工资时,工人实际只获得了税后 800 000 美元的(可支配)收入,剩下的通过税收到了政府手里。如果工人用掉其中的 75%(因为 MPC 是 0.75),下轮的支出仅为 600 000 美元。注意这只占到最初支出的 60%,而不是 75%——而前面的例子是 75%。

这样,每一美元支出的乘数链会从

$$1 + 0.75 + (0.75)^2 + (0.75)^3 + \cdots = \frac{1}{1 - 0.75} = \frac{1}{0.25} = 4$$

收缩为

$$1 + 0.6 + (0.6)^2 + (0.6)^3 + \cdots = \frac{1}{(1 - 0.6)} = \frac{1}{0.4} = 2.5$$

显然,乘数变小了不少。虽然这是个具体数值的例子,但本章后面的两个附录将会告诉我们这个基本的发现具有一般性。

乘数会被所得税减小,这是因为所得税减掉了每一美元的部分 GDP,也就是减掉了消费者真正获得的和花掉的。

我们也找到了第 26 章给出的简化乘数公式之所以夸大了乘数值的第三个原因:它忽略了所得税。

简化的乘数公式不准确的原因:
(1)它忽略了进口的变化,这一因素使乘数变小。
(2)它忽略了价格水平的变化,这一因素使乘数变小。
(3)它忽略了所得税,这一因素使乘数变小。

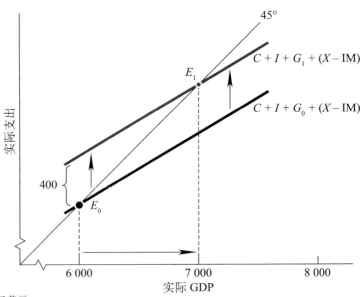

注:数据单位为每年10亿美元。

图 28-2 所得税下的乘数

在实践中,最后一个因素最重要。

关于乘数的这一结论可用图形表示为图28-2,并与图26-10比较一下。这里给出的 $C+I+G+(X-IM)$ 曲线的斜率是0.6,而不是前面第26章所使用的0.75,新斜率代表的是0.75的MPC和20%的税率。图28-2说明了政府对物品和服务的购买增加4 000亿美元后的影响,它使总支出 $C+I+G_0+(X-IM)$ 曲线移动到 $C+I+G_1+(X-IM)$。均衡从 E_0 点移到 E_1 点,GDP随之从 $Y=60\,000$ 亿美元增加到 $Y=70\,000$ 亿美元。

如果我们此时忽略价格水平的上涨(这使乘数变得更小),政府支出增加4 000亿美元引起GDP增加10 000亿美元。因此把20%的所得税引入我们的模型后,乘数仅为10 000亿美元/4 000亿美元 = 2.5,与上面的结果一样。

现在我们提出了税收改变乘数分析的两种不同途径:

(1)同政府采购或其他方面的支出变化比较,税收变化的乘数效应要小一些。
(2)所得税会减小税收变化和支出变化的乘数。

28.2.3　自动稳定器

乘数的大小可能看起来像一个相当抽象的概念而没有太多实践意义。但情况并非如此。总支出的组成部分,C、I、G,或 $X-IM$ 的波动时有发生。一些是意料之外的,一些甚至难以用事实来解释。从第26章我们知道,任一这样的波动都将以乘数形式推动GDP上升或下降。因此,乘数越小,GDP对这些冲击的反应越不敏感,也就是说,经济越稳定。

> **自动稳定器**是经济具有的降低其自身对冲击,如支出的急剧增加或减少的敏感性的一种特征。

经济具有的这种自我降低对冲击的敏感性的特征称为**自动稳定器**(automatic stabilizers)。最明显的例子就是我们刚讨论过的个人所得税。这种税就像一个冲击吸收器,因为它让可支配收入,也就是消费支出对GDP的波动变得不那么敏感。我们已经知道,当GDP增加时,可支配收入(DI)也增加,但增加的幅度小于GDP,因为增加的GDP的一部分被美国的财政部拿走了,这一部分限制了消费支出的增加。而当GDP下降时,DI的下降幅度也要小一些,因为部分损失被财政部承担了,而不是由消费者承担,因而,消费比没有所得税时减少得要小一些。因此,备受指责的个人所得税是现代经济具有的保证大萧条不再重现的几个特征之一。

我们的经济还具有许多其他的自动稳定器,例如,第23章中讨论过的美国的失业保险制度,该制度也是一个自动稳定器:当GDP下降时,人们会失去工作,但失业福利阻止了可支配收入随收入的突然减少大幅下降。这样,失业工人能够较好地维持他们的支出,而消费的波动也比失业小。

我们还能列举一些例子,但其基本原理都是一样的:虽然方法不完全一样,但每种自动稳定器都是一个冲击吸收器,因此它们都会使乘数变小。并且每种自动稳定器都能迅速地发挥作用,无需决策制定者采取任何措施,简而言之,这些稳定器是自动发挥作用的。

一个切实的例子就出现在美国经济不景气的2008财年。税收收入比预计的要少时,财政赤字自然上升。尽管对当时不断攀升的赤字有很多争议,但多数经济学家认为短期内它是一件好事:自动稳定器正在支持支出。

28.2.4 政府的转移支付

为了结束我们对财政政策乘数的讨论,让我们现在转向财政政策最后一个主要工具:政府的转移支付。大家要记住,转移支付是给个人的支付,但它不是作为个人对生产做出了直接贡献的报酬。在我们的收入决定模型中,转移支付该如何处理——像物品和服务的购买(G)还是像税收(T)?

这个问题的答案在循环流图和会计恒等式中就已给出。要理解转移支付,重要的一点是要弄明白,转移支付对国内生产总值(Y)和可支配收入(DI)的影响与所得税对两者的影响完全相反。它们增加收入而不是从收入里扣除。

具体来说,从构成国民收入的工资、利息、租金和利润中,我们减掉所得税计算出可支配收入。我们这样做是因为这些税收代表的是消费者赚到的却又永远无法得到的那一部分收入。但是我们必须加上转移支付,因为转移支付代表的是获取收入的一种来源,尽管这种收入不是在生产过程中赚到的,因此,

> 转移支付基本上就是负的税收。

大家应该还记得在第25章,我们使用符号T来表示税收减去转移支付。所以,以转移支付的形式给消费者1美元,在45°线图中就像税收减少了1美元一样。

❓ 难题解答:2008年对税收和支出的争论

我们所了解的已经与2008年民主党和共和党之间的争论有所关联了。民主党希望废除布什的一些针对富裕纳税人的减税政策,而将更多的资金花在像全民健康保险这样的项目上。我们刚刚了解T的乘数要小于G的乘数,这意味着政府支出的增加是利用等额的税收的增加来平衡的——这应该和民主党的提议是接近的——政府应该增加总支出。

下面来考虑主张中的这一部分,即关于布什的针对富人的减税政策对支出的刺激程度是有限的。和很多人的猜想一样,这种说法假定富人的边际消费倾向是很低的。低的MPC导致低的乘数。(但实际的数据说明这些富人都是"败家子",就像我们这些不是富人的人一样。)也就是说,贫困的家庭可能有极高的MPC,因此对于通过减税来提升乘数的效果而言,对穷人减税的效果或多或少要好于对富人的效果。

28.3 制定扩张性的财政政策

对于大选的争论我们以后还有很多要说的,但是现在假设你是美国国会的一员,试

图决定是否运用财政政策刺激 2001 年的经济,以及如果运用的话,其程度如何？如果政府再次实施去年的预算,经济将实现 60 000 亿美元的 GDP。进一步假设你的目标是实现劳动力充分就业,经济学家们告诉你要达到这一目标需要 GDP 约为 70 000 亿美元。最后,为了使计算更方便,假设价格水平不变。你会为哪种预算投上一票呢？

我们在本章已知,政府有三种方法可以使 GDP 提高 10 000 亿美元。国会可以运用下面的方法缩小实际 GDP 和潜在 GDP 之间的紧缩缺口:

- 增加政府购买
- 减税
- 增加转移支付

图 28-3 用 45°线图解释了这个问题,它是通过增加政府支出来实现的。图 28-3(a)代表的是预算不变时的均衡。若支出乘数为 2.5,你可以算出,要使 GDP 增加 10 000 亿美元以消除缺口需要增加 4 000 亿美元的政府支出(4 000 亿美元×2.5＝10 000 亿美元)。

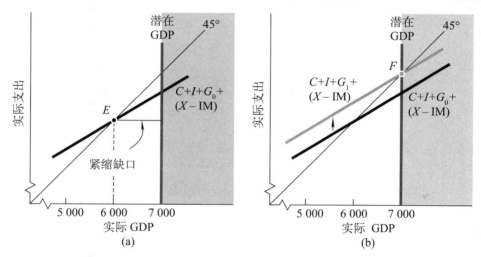

图 28-3　用财政政策消除紧缩缺口

注:数据单位为每年 10 亿美元。

因此你可以投票赞同把 G 提高 4 000 亿美元,以希望图 28-3(a)中的 $C+I+G+(X-IM)$ 线上移到图 28-3(b)中所示的位置,从而实现充分就业均衡。或者,你可能更偏好通过降低所得税来实现这一财政激励。又或者,你可以选择更慷慨的转移支付。重要的是,各种预算都能够使 GDP 增长 10 000 亿美元,而图 28-3 适合分析每种情形。乔治·W. 布什总统支持减税,这是 2001 年美国政府的主要工具。尤其是"9·11"事件之后,通过减税来鼓励消费者进行更多消费成为国家的重中之重。

28.4　制定紧缩性的财政政策

上面的例子假定财政政策的基本问题是缩小紧缩缺口,正如 2001 年的实际情况,随后是2008年。但就在这之前的两年,即1999年,许多经济学家相信美国的主要宏观经济问题正好相反:实际GDP超过了潜在GDP,导致了通胀缺口。而且一些人相信当失业率在2006年和2007年降至4.5%左右的时候,通胀缺口再次出现。这种情况下,政府希望采取更具制约性的财政政策以减少总需求。

把上面的分析反向进行并不需要太多的想象力。如果继续实行当前的预算政策将引起通胀缺口,那么相反的财政政策工具就能够消除该缺口。通过减支、增税,或是两者兼用,政府可以把 $C + G + I + (X - IM)$ 曲线向下拉至无通胀的位置上,并在充分就业水平上实现均衡。

需注意这种消除通胀缺口的方法与我们在上一章讨论的自然的自我调整机制之间的区别。在上一章我们发现,如果让经济的内在机制发挥作用,通胀逐步升高却又自我约束的过程最终会消除通胀缺口并使经济恢复到充分就业。然而在这里,我们看到,我们不需要让经济接受通胀的磨难。相反,严格的财政政策把总需求约束在经济能够实现充分就业的水平上,从而避免通胀。

28.5 支出政策和税收政策间的选择

理论上,财政政策,无论是改变政府支出还是改变税收都一样可以很好地推动经济向合意的方向运行。比如政府要想扩张经济,它既可以增加 G,也可降低 T。两种政策都会使总支出曲线上移,从而在需求上提高均衡GDP,如图28-3(b)所示。

用总供给总需求图表示,两种政策都会使总需求曲线外移,由图28-4的 D_0D_0 移至 D_1D_1。结果,经济的均衡点由 E 点变到 A 点,实际GDP和价格水平同时上升。依图可知:

使总需求曲线移动到相同位置的支出增加和税收减少会带来相同的实际GDP增长和价格上涨。

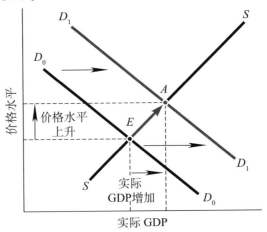

图28-4 扩张性的财政政策

那么，政策制定者是如何决定增加支出还是减税的呢？答案主要取决于他们要建立一个多大的公共部门，这也是美国对政府的适当大小进行长期争论中的一个主要问题。

小政府观点，主要的支持者是保守派人士，他们认为把私人个体和企业自己可以做得更好的事情交给公共部门来做是很愚蠢的。保守派相信，政府的扩大会对我们的日常生活干预过多，进而限制了我们的自由。那些持有这一观点的人在宏观经济需要扩张性的财政政策时可能支持减税（如布什总统所做的），而当经济需要紧缩性的财政政策时，他们会赞同减少公共支出的政策。

与此相反的观点，通常是由自由主义者提出的，该观点认为一个如美国这般富庶的国家却拥有一个如此寒酸的公共部门是不应当的。在他们看来，美国最紧迫的需求不是更多的快餐食物和游戏，而是更好的学校、更有效率的交通设施，以及所有公民的健康保险。这一观点的支持者们相信，当经济需要激励时，我们应该增加支出，当经济需要约束时，我们则应增加税收来为这些改善了的公共服务埋单。

运用财政政策实现经济稳定有时被错误地与扩张的公共部门——即"大政府"联系在一起，这大可不必。实际上，

> 偏好小公共部门的人与那些喜欢大公共部门的人一样都可能支持一个积极的财政政策。大政府的支持者们应该是通过增加政府支出寻求需求的扩张（在适当的时候）而通过增税寻求需求的收缩（在适当的时候）。相反，小政府的支持者们应该是通过减税寻求需求的扩张，通过减少支出寻求需求的收缩。

实际上，我们最近的两个最保守的总统，罗纳德·里根和乔治·W.布什，都在减税政策的基础上奉行了积极的财政政策。

❓ 难题：民主党和共和党

虽然双方都青睐财政刺激，但选择延长布什的减税政策还是用开支来取代减税政策在2008年总统大选的经济辩论中扮演了中心角色。约翰·麦凯恩忠实地保卫着布什的减税政策，在部分理由上强调"小政府"好于"大政府"，他甚至支持更长久的减税政策。但是奥巴马和希拉里都主张，为更多的美国人提供医疗保险的项目应远远优先于为那些小康的人们提供减税。民主党还青睐于其他的例如环境保护和基础设施方面的支出。

28.6 一些残酷的事实

本章上面所勾画的机制使得财政政策制定者的工作看起来比实际中的简单得多。基础的图形表明，政策制定者似乎仅仅是通过设计支出和税收就可以把GDP拉至他们

喜欢的任一水平上,好像每次他们都应该能击中充分就业这头公牛的眼睛。实际上,更好的比喻应是一个可怜的步枪手拿着一把不精准的枪和速度慢的子弹在浓雾中对着一个移动的靶子在射击。

靶子是移动的是因为,在真实世界中,投资、净出口和消费计划总是随着预期、技术、国外发生的事件以及其他一些因素的变化而不断地在改变。由于所有这样或那样的原因,今天决定的政策只会在未来某天起作用,而等到未来的这一天到来时,它可能已经不再合适了。

我们使用的图形的第二个误导性的特征(即"不精准的枪")是我们知道的乘数不像例子中得出的那般准确。虽然我们最好的推测可能是,政府购买增加 200 亿美元将使 GDP 上升 300 亿美元(乘数为 1.5),而实际的结果可能是少得只有 200 亿美元或者是多达 400 亿美元。因此,想把经济增长路径中的每次波动都"微调"掉是不可能的。经济科学没有那么精确。

第三个难点是我们的靶子(目标)——充分就业时的 GDP——可能只是若隐若现,就像是雾里看花。例如,2006 年和 2007 年来,围绕着美国的失业率 4.5% 到底是在充分就业水平以下还是以上,一直处在激烈的争论之中。

第四个难题是财政政策的"子弹"行进太慢:税收和支出政策只有在一段时间之后才能对总需求产生影响。比如说,消费支出可能要花上数个月才能对一次所得税的下调做出反应。由于时滞的存在,财政政策的决定必须以对未来经济状况的预测为基础,而预测却不是一直精确的。较长的时滞和不准的预测交织在一起有时使政府在与上一次的衰退做斗争时,新一轮的通胀刚好来到。

最后一点,瞄准政策"步枪"的人是政治家,不是经济学专业人士。有时政治上的考量使得政策远远偏离了严谨的经济学的建议。即使他们没有,国会的运作有时也会很慢。

除了上述所有这些操作方面的问题外,立法者在决定是否降低失业率时应该会想要进一步知道这样两个问题的答案。第一个问题,既然不管是高支出还是低税收都会提高政府的预算赤字,那么,运行庞大的预算赤字的长期成本是什么呢?这个问题我们将在第 32 章深入讨论。第二个问题,通胀的成本会有多大?我们知道,通过增加总需求来缩小紧缩缺口的扩张性财政政策会降低失业,但它也会带来通胀,如图 28-4 提醒我们的那样。这一不利的负面影响可能使政府在使用财政政策对付衰退时有些犹豫不决。

是否能够解决这个矛盾呢?我们能够在与失业抗衡时不引起通胀吗?大约在 30 年里,一小部分但却很有影响的经济学家、新闻记者和政治家一直认为我们能。他们自称其方法为"供给学派经济学"(supply-side economics)。这一思想帮助罗纳德·里根在 1980 年和 1984 年两次获得选举的胜利,并在乔治·W. 布什当政时复苏。那什么是供给学派经济学呢?

28.7 供给学派减税背后的思想

供给学派经济学的中心思想是一些类型的减税会增加总供给。例如,减税可以朝提高工作、储蓄和投资三者的收益的方面进行。如果人们真得对这些激励做出反应,那么这样的减税就会增加经济中劳动和资本的总供应,从而增加总供给。

图 28-5 用总供给—总需求图解释了这一思想。如果政策措施能够把经济的总供给曲线的位置移动至 S_1S_1,那么与总供给曲线为 S_0S_0 时相比,价格更低,产出更高,政策制定者同时降低了通胀并提高了实际产出——如图中 B 点所示。通胀和失业之间的权衡取舍关系也将因此不复存在,这也正是供给学派经济学的目标。

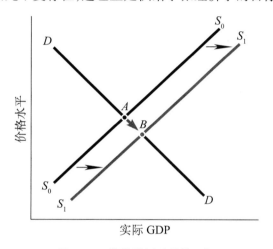

图 28-5 供给学派减税的目标

那么供给学派支持怎样的政策呢?下面是他们列出的冗长的减税建议中的一小部分例子。

降低个人所得税的税率 大幅削减个人税收是乔治·W. 布什总统的经济战略的基石,正如 20 年前是罗纳德·里根经济战略的基石一样。自 2001 年以来,通过多条渠道,个人税率逐步降低。在布什总统上任时,四个高等级税率(它们是 39.6%、36%、31% 和 28%)分别降至 35%、33%、28% 和 25%。此外,一些收入低下的纳税人发现他们的税率从 15% 降低到了 10%。供给学派的支持者认为,税率降低会使劳动和资本的供给都增加。

降低储蓄收入的税率 该建议的一个极端形式就是完全免除利息和股利所取得的全部收入的税收。因为收入一定是用于消费或储蓄。这样做实际上是把我们目前的个人所得税变为消费支出税。几年里,华府一直对几个类似的激进的税收改革建议有所考虑,却从未采纳。然而,在 2003 年,国会的确把对股利征收的税率降到仅为 15%。自那时起,布什总统和民主党人士都提出对储蓄实行优惠税率。

降低资本收益税 当投资者为了获得利润而卖掉资产时,这些利润就是他们投资的资本收益。供给学派认为,如果对资本收益征税的税率低于一般的收入税率,政府能够借此鼓励更多的投资。这一建议最终在2003年生效,资本收益的最高税率降到了15%。

降低公司所得税,供给学派的拥护者认为通过减少公司的税收负担,政府可以提供更大的投资激励(通过提高投资的利润率)和更多的投资资金(通过让企业持有更多收入)。

下面让我们假设国会实行了一次成功的供给学派的减税方案。由于总需求和总供给同时增加,经济可能会避免一次扩张性的财政政策带来的令人痛苦的通胀后果,见图28-4。

图28-6解释了这一结论。两条总需求曲线和初始的总供给曲线S_0S_0是直接从图28-4中拿过来的。但这里我们引入一条新的总供给曲线S_1S_1,代表的是图28-5中描述的成功的供给学派的减税。经济的均衡点从E点移至C点,但若按传统的"需求学派"的减税,均衡则是从E点移至A点,与A点相比——它仅反映出了需求学派的减税效应,C点产出更高,而且价格更低。

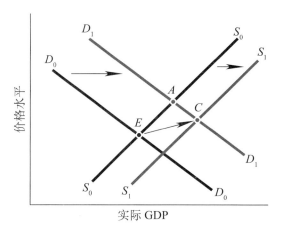

图28-6 一次成功的供给学派的减税

太棒了!你会说。而且的确如此。在理论上,供给学派的论点是极具吸引力的。问题是,实际中它有效吗?我们真的能做到如图28-6所示的那样吗?下面让我们考虑一些难点之所在。

28.7.1 供给学派的缺陷

供给学派经济学的批评者很少质疑它的目标或减税提高激励这一基本思想。相反,他们认为供给学派夸大了减税的有利效应而忽略一些不利的副作用。下面列举了部分主要的反对意见。

供给效应的总量小 第一个反对观点是,供给学派的支持者们过于乐观:没有人知晓如何做到图28-5所示的那样。尽管要设计出让储蓄更具吸引力的激励并非难事,但人们可能真的对这些激励没有回应。事实上,大多数统计证据表明,我们不应该过多期望税收激励对储蓄的影响。就像经济学家查尔斯·舒尔茨(Charles Schultze)曾经说过的一句俏皮话:"一个数不能被10整除可不是供给学派经济学的错。"

对需求的影响　第二个反对观点是,供给学派忽视了减税对总需求的影响。如果削减个人税收,大家可能会工作更多,但他们肯定会开销更多。

这两条结合起来的影响如图28-7所示。该图表示的是总供给曲线小幅外移(代表第一个反对观点)和总需求曲线的大幅外移(代表第二个反对观点)。结果是,经济的均衡从 E 点(S_0S_0和D_0D_0的交点)移至 C 点(S_1S_1和D_1D_1的交点)。随着产出增加价格上涨。这一结果与图28-4表示的直接的"需求学派"财政政策激励的结果区别不大。

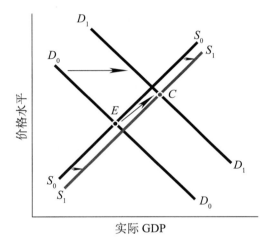

图 28-7　一个供给面减税更悲观的观点

时间问题　投资激励是供给学派减税类型中最有希望的一种。但是投资增加的收益并不是马上就可能实现的。特别是,增加对投资产品的需求肯定是在资本扩张之前发生。因此,供给学派的减税在短期的影响主要是对总需求,对总供给的影响要晚一些。

对收入分配的影响　上述的反对意见全部针对的是供给学派政策对总供给和总需求可能产生的影响,但还有一个不同的问题值得提出来:大多数供给学派的提议会强化收入的不平等性。确实,按供给学派的逻辑有些偏向富人几乎是不可避免的必然结果。供给学派经济学的基本目标是对工作和投资形成更多的激励——即拉大在经济游戏中的那些获胜者(通过努力的工作、良好的投资或单纯凭运气获胜)与那些失败者在回报上的差距。因此,供给学派的政策往往会增加经济的不平等性,这一点也不令人奇怪。

减少税收收入　你肯定已注意到,供给学派提议的大多数政策不是减这个税就是减那个税,因此,供给学派的减税必定会扩大政府的预算赤字。这一问题在20世纪80年代被证实为美国供给学派经济学的阿喀琉斯之踵。里根的减税政策所留下的庞大的预算赤字花了15年的时间才消除。反对乔治·W. 布什大规模削减所得税建议的人士的理由也与此相似:减税会耗尽预算盈余,并把它变成赤字。

难题解答：党派的再次争论

前面提到的几个反对要点在 2008 年的大选中起到了关键性作用。民主党提出以下理由：布什的减税政策在供给方的刺激作用非常小；而且其主要面对小康阶层是不公平的；2002 年巨额预算赤字的出现也主要归咎于此。共和党反驳：减税政策大大提高了经济的增长；对高额纳税人提供大幅减税是公平的；布什的减税政策并不是预算赤字的主要原因——他们将财政赤字归咎于 2001 年的衰退和 2001 年"9·11"事件后的必要支出。

专栏

供给学派经济学与总统竞选

我们已提到，罗纳德·里根运用供给学派的平台分别在 1980 年和 1984 年两次压倒性地获胜。但 1992 年，候选人比尔·克林顿攻击供给学派经济学是"涓滴经济学"（trickle-down economics），认为它已经失败了。他强调了这种财政政策的两条缺陷：对收入不平等和预算赤字的影响。选民们显然也同意他的分析。

克林顿经济学的标志，首先是，缩小老布什总统遗留下来的预算赤字；其次，积累大量的盈余。这一政策成功了一段时间。巨大的预算赤字变成了庞大的盈余，经济也开始繁荣。与里根一样，克林顿很容易赢得了连任。

在 2000 年的总统选举中，选民们再一次改变主张。在选举活动期间，民主党候选人艾尔·戈尔承诺继续承担克林顿时代的"财政责任"，而共和党候选人乔治·W. 布什重申里根提出的应大幅减税。这次布什赢得了一场几乎不分胜负的比赛。然后，在 2004 年，约翰·克里同布什竞选的砝码是他将中止布什的一些减税政策，回到克林顿经济的轨道。结果布什又赢了。

2008 年，相同的问题又提上议事日程。民主党希望废除布什的大多数减税政策，他们认为政府需要税收收入。但约翰·麦凯恩希望使减税政策成为永久的法案。

美国的选民到底真正喜欢哪一思路呢？看来他们是变化无常的。但有一点是明摆着的：有关财政政策的争论在决定前 8 次的总统选举中扮演了重要的角色。

28.7.2 对供给学派经济学的评价

最后，对给学派的减税激励，大多数经济学总结出了下列结论：

（1）供给学派的减税是否有效取决于被减税的税收类型。旨在激励企业投资的减税的作用可能大于旨在促使人们工作更长时间或储蓄更多的减税。

(2) 这样的减税很可能会更快地增加总需求而不是总供给。因此,供给学派的政策不应该被视为是对短期稳定性政策的替代,而更应该看作是在长期中(轻微)促进经济更快增长的一种措施。

(3) 在短期,供给学派减税的需求效应可能超出它的供给效应。

(4) 供给学派的减税很可能拉大收入的不平等性。

(5) 几乎可以肯定,供给学派的减税会导致更大的预算赤字。

在看过上面列出的几条内容之后,有些人会决定要支持供给学派的减税,而另一些人却会得出完全相反的结论。但我们并不能说他们中的哪一方错了,因为,与每一个经济政策一样,供给学派经济学有其正确的地方,也有其不正确的地方,不同人因价值判断不同而可能有不同的结论。

那么,为什么供给学派经济学在20世纪80年代初和近些年的宣传及实践中得到如此多的经济学家的否定呢?主要原因看来是,多数激进的供给学派支持者提出的主张显然是名过其实。自然地,他们的主张被证明是错误的。但是说那些夸张的主张是荒谬的并不能抹杀供给学派经济学正确的核心思想:降低边际税率的确增进了经济激励。因此,我们必须以其自身价值来判断每一次具体的供给学派的减税方案。

小结

1. 政府的**财政政策**是指它通过支出和税收方案来管理总需求的计划。这一政策是由总统和国会共同制定的。

2. 由于消费支出(C)取决于可支配收入(DI),而 DI 等于 GDP 减税收,因此,税收的变化会使 45°线图中的消费曲线发生移动。在消费曲线上的移动对 GDP 有乘数效应。

3. 税收变化的乘数比政府购买变化的乘数小一些,因为每减税 1 美元带来的支出增加少于 1 美元。

4. 降低所得税会使乘数变小。

5. 因为所得税降低了乘数,于是也就降低了经济对冲击的敏感度,因此它被称作**自动稳定器**。

6. 政府转移支付发挥作用的方式与减税类似,而与政府对物品和服务的购买不同,因为它们对总支出的影响只能通过间接地影响消费才能实现。

7. 如果我们能精确地知道乘数的大小,那么要制定一种财政政策来消除紧缩缺口或是通胀缺口都是可能的。紧缩缺口可以通过提高 G 或削减 T 来消除。而通胀缺口可以用减少 G 提高 T 来消除。

8. 积极的稳定性政策既可以通过扩大政府大小的方式(在合适的时候提高 G 或 T)也可以通过缩小政府大小的方式(在合适的时候降低 G 或 T)来实现。

9. 扩张性的财政政策能够减轻衰退,但也会增加预算赤字。

10. 扩张性的财政政策一般以提高通胀为代价。这一矛盾使得人们对旨在激励总供给的"供给学派"的减税政策大感兴趣。

11. **供给学派的减税**目的是推动经济的总供给曲线向右外移。如果成功的话,它能同时扩张经济和降低通胀——这是一个十分合意的结果。

12. 但是批评者至少指出了供给学派的减税中存在的五大严重问题:(1)同时会刺激总需求;(2)对总供给的有利影响可能很小;(3)需求效应可能发生在供给效应之前;(4)使收入分配更不平

等;以及(5)大幅减税导致庞大的预算赤字。

关键词

财政政策　　　　　　所得税的乘数效应　　　　　自动稳定器
供给学派的减税

自测题

1. 假设一个经济征收的税保持为400美元,而总需求的四个组成部分的情况为下表给出:

(美元)

GDP	税收	DI	C	I	G	(X − IM)
1 360	400	960	720	200	500	30
1 480	400	1 080	810	200	500	30
1 600	400	1 200	900	200	500	30
1 720	400	1 320	990	200	500	30
1 840	400	1 440	1 080	200	500	30

在图上找出经济的均衡点。边际消费倾向有多大？乘数是多少？如果政府购买下降60美元而且价格水平不变,均衡GDP会怎样改变？

2. 假设一个经济的情况与前一个问题中的很相似:投资也是200美元,政府购买为500美元,净出口为30美元,价格水平不变。但税收随收入变化,从而消费曲线如下表所示:

(美元)

GDP	税收	DI	C
1 360	320	1 040	810
1 480	360	1 120	870
1 600	400	1 200	930
1 720	440	1 280	990
1 840	480	1 360	1 050

在图上找出均衡。边际消费倾向是多少？税率为多大？用你的图说明政府购买降低60美元的影响,其乘数是多大？把这道题的答案与第1题的答案比较一下,你得出什么结论？

3. 回到自测题1中的虚构经济中,假设税收和政府购买都增加120美元,消费支出仍然是可支配收入的3/4(与自测题1相同),试找出新的均衡。

4. 假设你负责为自测题1中描述的经济制定财政政策。现在存在一个通胀缺口,你想使收入降低120美元。你可以采取什么具体措施来实现这一目标？

5. 现在你负责自测题2中的经济,假设充分就业在GDP为1 840美元时实现,你如何才能把收入提高至那一水平？

讨论题

1. 因为伊拉克战争,美国的国防预算得到了很大的提升。如果高额的国防支出导致了如下情况,美国的 GDP 会受怎样的影响?
   a. 巨额的预算赤字;
   b. 在其他方面削减支出,以保持政府采购不变。
2. 解释为什么 G 的乘数与 I 的乘数相同,而税收的乘数却不同。
3. 如果政府认定现在总需求超额并正在形成通胀,它可以怎样做? 如果政府认为总需求过弱,情况又如何?
4. 供给学派的减税建议哪一种最吸引你? 列出支持或反对实施这一建议的观点。
5. (稍难)支持降低资本收益税收的人认为这一类型的减税会刺激企业投资而增加总供给。比较下面三种不同的削减资本收益税的方法对投资、总供给和税收收入的影响。
   a. 降低所有投资的资本收益税,包括减税前进行的投资;
   b. 只降低减税实行后进行的投资的资本收益税;
   c. 只降低几种特定投资的资本收益税,如公司股票和债券。

哪种方法最合你意? 为什么?

附录 A　税收与财政政策的图形关系

可变税 是指随 GDP 水平的不同而变化的税收。

固定税 是指不随 GDP 水平变化的税收。

美国政府——实际上所有国家的政府——征收的大多数税都是随 GDP 变化而变化的。一些情况的理由很明显:例如,个人和公司所得税的征收取决于纳税收入的大小;销售税的征收取决于 GDP 是因为 GDP 越大,消费支出越大。但是,有些类型的税,如财产税是不随 GDP 而变化的。我们把第一种税称为**可变税**(variable tax),把第二种称为**固定税**(fixed tax)。

这一区别很重要,是因为它决定了税收变化时消费曲线如何移动。如果一种固定税增加了,可支配收入就按同一数量减少,而与 GDP 水平无关。这样,在每种收入水平下,消费支出的减少都相同,换句话说,消费曲线向下平移,如图 28-1 所示。

但实际上许多税收政策是,收入越高,对可支配收入的影响越大。国会每次改变个人所得税的税率时,如 2001 年和 2003 年的减税,情况便是如此。因为 GDP 越大,税率越高,可支配收入下降越多,因此 C 曲线在收入水平高时下移快,收入水平低时下移慢,见图 28-8。同样的关系也适用于增税,即图中 C 曲线的上移。

图 28-9 说明的是区分固定税和可变税之所以重要的第二个原因。图中有两条不同的消费曲线。C_1 是前几章中所使用的消费曲线,它体现了不论 GDP 为多少,税收是固定的这一假定条件。C_2 代表了一个更现实的情形,即政府按 GDP 的 20% 征税。注意 C_2 比 C_1 更平坦。这并非偶然。实际上,正如我们在本章指出的:

> 可变税,如所得税,使 45°线图中的消费曲线更平坦。

原因很易理解。表 28-1 的第 1 列出了 GDP 从 45 000 亿美元至 75 000 亿美元的不同值。第 2 列代表的是税收总为 GDP 的 1/5。第 3 列是前两列之差,为可支配收入(DI)。第 4 列给出了与每个 DI 水

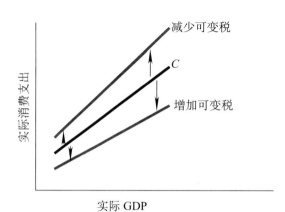

图 28-8 可变税是如何移动消费曲线的

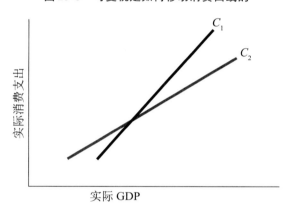

图 28-9 固定税和可变税与消费曲线

平相对应的消费支出量。45°线图中反映 C 和 Y 关系的曲线可由第 1 列和第 4 列得出。

表 28-1 所得税对消费曲线的影响

(1)	(2)	(3)	(4)
GDP	税收	可支配收入 (GDP – 税收)	消费
4 500	900	3 600	3 000
5 000	1 000	4 000	3 300
5 500	1 100	4 400	3 600
6 000	1 200	4 800	3 900
6 500	1 300	5 200	4 200
7 000	1 400	5 600	4 500
7 500	1 500	6 000	4 800

注:数据单位为每年 100 万美元。

值得注意的是,在表 28-1,GDP 每增加 5 000 亿美元,消费支出就增加 3 000 亿美元,因此,图 28-9 中 C_2 的斜率为 3 000 亿美元/5 000 亿美元 = 0.60。但在第 26 章中的例子中,GDP 每增加 4 000 亿美元,消费支出就增加了 3 000 亿美元,使得斜率为 3 000 亿美元/4 000 亿美元 = 0.75(见图 28-9 中更陡的 C_1 线)。表 28-2 清晰地将两种情况放在一起比较。在第 26 章,税收固定为 12 000 亿美元,Y 每增加4 000亿美元,C 就增加3 000 亿美元——如表 28-2 的左半边所示;但当税收可变时(等于 GDP 的 20%),Y 每增加5 000 亿美元,C 才增加3 000 亿美元——如表 28-2 右半边所示。

表 28-2　消费与 GDP 的关系

固定税($T=1\,200$)(来自图26-1)		可变税(收入的20%)(来自图28-1)	
Y	C	Y	C
4 800	3 000	4 500	3 000
5 200	3 300	5 000	3 300
5 600	3 600	5 500	3 600
6 000	3 900	6 000	3 900
6 400	4 200	6 500	4 200
6 800	4 500	7 000	4 500
7 200	4 800	7 500	4 800
图28-9 中的 C_1		图28-9 中的 C_2	

注:数据单位为每年10亿美元。

两者的差异看似极为机械,但隐含的经济推理对理解税收政策至关重要。当税收固定时,GDP 每增加1美元,可支配收就随之增加1美元,如 C_1 线。那么消费支出就增加1美元 × 边际消费倾向(MPC),本例中 MPC = 0.75。因此,GDP 增加1美元,支出就会增加75美分。但是,当税收随收入变化时,GDP 增加1美元,DI 的增加会小于1美元,因为政府以税收形式拿走了一部分。本例中,税收为 GDP 的20%,因此 GDP 每增加1美元仅仅带来60美分(80美分的75%)的支出增加。所以图28-9 中的 C_2 线的斜率仅为0.60,而不是0.75。

表28-3 和图28-10 用这个新的消费曲线代替了收入决定表和45°线图中原来的消费曲线。我们可以直接看出,均衡 GDP 水平为 E 点。在这一点,国内生产总值为60 000 亿美元,消费为39 000 亿美元,投资为9 000 亿美元,净出口为 -1 000 亿美元,政府购买为13 000 亿美元。正如我们在前一章了解的,充分就业可能在高于或低于 $Y=60\,000$ 亿美元时达到。如果低于这一水平,通胀缺口会出现。价格可能开始上涨,拉动支出曲线下移,从而降低均衡 GDP。如果高于这一水平,可能出现紧缩缺口,但历史表明价格只会慢慢下降。在此期间,经济会经历一段时间的高失业。

表 28-3　所得税为 20% 时的总支出

(1)	(2)	(3)	(4)	(5)	(6)
GDP Y	消费 C	投资 I	政府购买 G	净出口 ($X-\text{IM}$)	总支出 $C+I+G+(X-\text{IM})$
4 500	3 000	900	1 300	-100	5 100
5 000	3 300	900	1 300	-100	5 400
5 500	3 600	900	1 300	-100	5 700
6 000	3 900	900	1 300	-100	6 000
6 500	4 200	900	1 300	-100	6 300
7 000	4 500	900	1 300	-100	6 600
7 500	4 800	900	1 300	-100	6 900

注:数据单位为每年10亿美元。

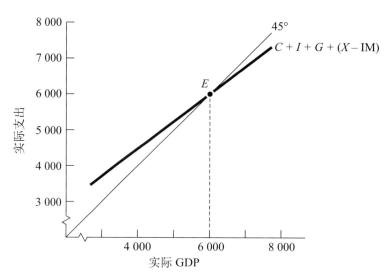

图 28-10 可变所得税下的收入决定

简单地说，当我们按可变税调整支出曲线后，国民收入的决定过程与前面的分析完全一样。因此，政府支出和征税的影响相当直接且可总结如下：

> 政府对物品和服务的购买直接通过 $C+I+G+(X-IM)$ 中的 G 来增加总支出。高税收则间接地通过降低可支配收入，从而减少 $C+I+G+(X-IM)$ 中的 C 来减少总支出。因此，政府的行为最后有可能提高或降低 GDP 的均衡水平，这要取决于它的支出和税收的大小。

税收政策的乘数

现在让我们把注意力转移到税收变化的乘数效应上来。与支出乘数相比，税收的乘数要复杂一些，因为它们是通过消费间接地发挥作用的。正因如此，我们只讨论固定税的乘数，而把复杂的可变税的相关讨论留给更高级的课程。税收乘数必须分两步才能算出：

(1) 弄清楚任一建议的或实际的税法改变将对消费支出产生多大的影响。
(2) 在 45°线图中用消费曲线的垂直移动表示出该影响，然后看看它对产出有什么影响。

为了举一个简单且为大家熟悉的数字例子，假设在每一个 GDP 水平下，所得税都按一个不变的数减少——比如，减少 4 000 亿美元。第一步告诉我们要用边际消费倾向(MPC)乘上减税额以得出消费支出的变化。这里 MPC 为 0.75，减税 4 000 亿美元，两者乘积为 3 000 亿美元，即消费支出增加 3 000 亿美元，也就是说，消费曲线会垂直移动 3 000 亿美元。

第二步告诉我们要用乘数乘上增加的消费，以得出 GDP 的变化。例中，乘数是 2.5，消费增加了 3 000 亿美元，所以 GDP 会增加 7 500 亿美元。图 28-11 用一幅 45°线图证明了这个结果是正确的：图中消费函数垂直上移了 3 000 亿美元，结果 GDP 也的确增加了 75 000 亿美元——从 60 000 亿美元增至 67 500 亿美元。

注意，4 000 亿美元的减税只让 GDP 增长了 7 500 亿美元，而图 28-2 所示的政府购买增加 4 000 亿美元的乘数效应是 GDP 增加了 10 000 亿美元。在我们这一章所学的内容中，这是一个具体的数值例子。由于可支配收入的部分变化会影响储蓄而不影响支出，所以减税 1 美元比 G 增加 1 美元的作用小。这也正是我们用 0.75 乘上 4 000 亿美元的减税得出消费曲线移动 3 000 亿美元的理由，如图 28-11 所示。

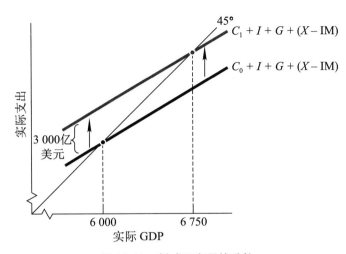

图 28-11 削减固定税的乘数

小结

1. 税收变化对消费函数的影响完全取决于是**固定税**还是**可变税**发生了改变。
2. 税收政策导致的消费函数的移动,受制于与 G、I 或 $X - IM$ 的自发移动的相同的乘数效应。
3. 由于税收的变化只是间接影响 C,T 改变的乘数要小于 G 改变的乘数。
4. 政府对总需求的净影响以及由此对均衡产出和价格的影响,取决于对支出的扩张程度同税收的紧缩效应相比是大还是小。

关键词

可变税　　　　　固定税

自测题

1. 下面哪些是可变税,哪些是固定税?
   a. 汽油税
   b. 企业所得税
   c. 土地税
   d. 工资税

2. 在某个经济中,政府采购的乘数是 2,固定税改变的乘数是 1.5。政府想将支出和税收同时提高 1 000 亿美元。在需求方面对均衡 GDP 会有什么影响?

3. (稍难)假设实际 GDP 是 100 000 亿美元,基本支出乘数是 2。如果两种税同时发生改变:
   a. 固定税增加 1 000 亿美元,
   b. 收入税从 20% 减到 18%,
   均衡 GDP 在需求方面是增长还是减少?

讨论题

1. 当所得税税率下降,正如美国在近10年中发生的,乘数是上升还是下降?请解释原因。
2. 讨论高或者低的乘数的优缺点。

附录 B　税收与财政政策的代数关系

在本附录中,我们将用简单的代数解释本章所讨论的财政政策的乘数。在此过程中,我们只分析价格不变时的简化情况。虽然给价格可变条件下的更现实的总需求—总供给分析提供相应的代数解释是可能的,但这一分析相当复杂,最好把它留给更高级的课程。

我们以本章和附录 A 中使用的例子开始。① 政策对物品和服务的支出为 1 300 亿美元($G=1\,300$)并按 GDP 的 20% 征收所得税。如果用 T 代表税收,则有:

$$T = 0.20Y$$

我们使用的消费函数为

$$C = 300 + 0.75\,\mathrm{DI}$$

其中 DI 是可支配收入,由于 DI 与 GDP 的关系由会计恒等式给出:

$$\mathrm{DI} = Y - T$$

从而用 45°线图表示的 C 曲线可以用下列的代数等式给出:

$$\begin{aligned}C &= 300 + 0.75(Y - T)\\&= 300 + 0.75(Y - 0.20Y) = 300 + 0.75(0.80Y)\\&= 300 + 0.60Y\end{aligned}$$

现在我们运用均衡条件:

$$Y = C + I + G + (X - \mathrm{IM})$$

本例中的投资为 $I=900$,净出口为 -100,把 C、I、G 和 $(X-\mathrm{IM})$ 代入等式得:

$$Y = 300 + 0.60Y + 900 + 1\,300 - 100$$
$$0.40Y = 2\,400$$
$$Y = 6\,000$$

这就是有政府存在的均衡 GDP。

为算出政府支出的乘数,假设 G 增加了 1,重新求解:

$$Y = C + I + G + (X - \mathrm{IM})$$
$$Y = 300 + 0.60Y + 900 + 1\,301 - 100$$
$$0.40Y = 2\,401$$
$$Y = 6\,002.5$$

因此乘数为 $6\,002.5 - 6\,000 = 2.5$,与正文中所说的相等。

为计算固定税增加的乘数,把税收方程改为:

$$T = 0.20Y + 1$$

---

① 但此处数计均为 10 亿美元计。——译者注

可支配收入变为
$$DI = Y - T = Y - (0.20Y + 1) = 0.80Y - 1$$
因此消费函数变为
$$C = 300 + 0.75DI = 300 + 0.75(0.80Y - 1)$$
$$= 299.25 + 0.60Y$$

按上面的方法求出均衡 GDP：
$$Y = C + I + G + (X - IM)$$
$$Y = 299.25 + 0.60Y + 900 + 1\,300 - 100$$
$$0.40Y = 2\,399.25$$
$$Y = 5\,988.125$$

因此,固定税增加 1 美元使 Y 降低 1.875 美元。税收的乘数为 -1.875,也就是 -2.5 的 75%。

下面我们用符号而不是具体的数字来推出一个更一般的答案。模型的等式如下：
$$Y = C + I + G + (X - IM) \tag{1}$$
是一般均衡条件。
$$C = a + bDI \tag{2}$$
是我们在第 26 章附录 A 中所使用的消费函数。
$$DI = Y - T \tag{3}$$
是把可支配收入和 GDP 联系起来的会计恒等式。
$$T = T_0 + tY \tag{4}$$
是税收函数,其中 T_0 代表固定税(在我们的数字例子中为 0),t 代表税率(例子中为 0.20)。最后,I、G 和 $(X - IM)$ 是固定不变的数值。

我们先把(3)式和(4)式代入(2)式,以推导出反映 C 和 Y 关系的消费函数：
$$\begin{aligned} C &= a + bDI \\ C &= a + b(Y - T) \\ C &= a + b(Y - T_0 - tY) \\ C &= a - bT_0 + b(1-t)Y \end{aligned} \tag{5}$$

注意固定税(T_0)的变化改变 C 曲线的截距,而税率(t)的变化改变它的斜率,这也与附录 A 中的解释吻合。

下面把(5)式代入(1)式中以求得均衡 GDP：
$$Y = C + I + G + (X - IM)$$
$$Y = a - bT_0 + b(1-t)Y + I + G + (X - IM)$$
$$[1 - b(1-t)]Y = a - bT_0 + I + G + (X - IM)$$
或
$$Y = \frac{a - bT_0 + I + G + (X - IM)}{1 - b(1-t)} \tag{6}$$

等式(6)说明 G、I、a 或 $(X - IM)$ 的乘数都是
$$乘数 = \frac{1}{1 - b(1-t)}$$

实际上,G、I、a 或 $(X - IM)$ 中的任意一个提高 1 个单位的乘数都是这样的。每种情况下,等式(6)都会变为
$$Y = \frac{a - bT_0 + I + G + (X - IM) + 1}{1 - b(1-t)}$$

用这个等式减(6)式,就会得出 G、I 或 a 改变1个单位引起的 Y 的变化:

$$Y \text{ 的变化} = \frac{1}{1-b(1-t)}$$

在第26章,我们曾指出,如果没有所得税($t=0$),代入 b(即边际倾向)的一个实际值得出的乘数为20,这比真实的乘数高出了许多。一旦我们把税收引入模型,我们的乘数公式算出的数值会真实许多。美国这些参数的近似值为 $b=0.95$,$t=\frac{1}{3}$,依乘数公式得:

$$\text{乘数} = \frac{1}{1-0.95 \times \left(1-\frac{1}{3}\right)} = \frac{1}{1-0.633} = \frac{1}{0.367} = 2.72$$

这与实际的估计值——1.5 至 2 之间——相距不远。

最后,我们还能够从等式(6)得出固定税(T_0)变化的乘数:

$$\text{税收乘数} = \frac{-b}{1-b(1-t)}$$

用本章和附录前面使用的例子,$b=0.75$,$t=0.20$,从上面的公式可得:

$$\frac{-0.75}{1-0.75 \times (1-0.20)} = \frac{-0.75}{1-0.75 \times (0.80)} = \frac{-0.75}{1-0.60} = \frac{-0.75}{0.40} = -1.875$$

根据这些计算,T_0 每提高1美元,Y 就减少 1.875 美元。

自测题

1. 一个经济的情况由下列一组等式给出:

$$C = 120 + 0.80 \text{DI}$$
$$I = 320$$
$$G = 480$$
$$(X - \text{IM}) = -80$$
$$T = 200 + 0.25Y$$

找出均衡 GDP 水平,然后算出政府购买和固定税的乘数。如果在 $Y=1\,800$ 时充分就业,哪些政策可以使 GDP 移至那一水平?

2. 这个问题是上一问题的另一种形式,它是从一个财政政策制定者的角度来看的。经济的消费函数和税收函数由自测题第1题给出,投资为320,净出口为 -80,试找出能使 GDP 等于 $1\,800$ 的 G 的值。

3. 你知道一个经济的情况如下:

$$C = 0.90 \text{DI}$$
$$I = 100$$
$$G = 540$$
$$(X - \text{IM}) = -40$$
$$T = -\frac{1}{3}Y$$

a. 找到均衡 GDP 和预算赤字的大小;

b. 假设政府对预算赤字不满,决定削减政府支出,减少额正好等于你刚算出的赤字大小,那么 GDP 和预算赤字实际因此发生怎样的变化?为什么?

4. (稍难)同样是自测题第3题描绘的经济,假设政府发现预算赤字并未完全消除,继续减少 G,直至成功平衡预算。那么 GDP 会达到怎样的水平?

第29章 货币与银行体系

> [货币]是一种工具,是为了让交易进行得更迅速和更方便。如果没有它,交易就不会开展得如此迅速和方便。
>
> ——约翰·斯图亚特·穆勒

前面几章中给出的循环流图的左上角是一个"金融体系"(例如,可参考图28-1)。储蓄流入该体系,投资从中流出。显然在该金融体系内部发生着的一些事情为储蓄变为投资开辟了渠道,现在就让我们来学习它们是什么。

学习和研究金融体系还有另外一个同样十分重要的原因。除财政政策外,政府还通过制定货币政策对总需求实施控制。实际上,如今大多数观察者把货币政策视为一个更重要的稳定性工具。为了理解货币政策如何运行(第30章和第31章的主要内容),我们必须先对银行业和金融体系有所了解。本章结束后,你就会有所了解的。

❓ 难题:为什么银行受到如此严厉的管制?

在美国,银行业长期以来是受管制最严厉的产业之一。但银行管制也一直是有松有紧,有起有落。

在20世纪70年代末和80年代初,美国对银行在利率和活动范围方面放宽了限制。之后,大量银行和储蓄机构在20世纪80年代纷纷倒闭,因而国会和银行管制机构用更严格的管制和更紧密的监督取缔了上次放松了的限制。后来,钟摆又朝放松管制的方向荡了回来,以20世纪90年代的两大银行业法为标志。绝大多数限制银行业跨州经营的规定都在1994年取消了。在1999年,把银行业与保险业、投资银行业严格分开的管制也基本上成为历史。最近,2007年发生的抵押贷款危机使新的问题浮现,那就是可能需要进一步的管制。

简而言之,我们已花了数十年时间被这个问题纠缠:多大的银行管制是足够的——或过分的呢？要回答这个问题,我们必须先讨论一个更基本的问题:为什么银行当初受到如此严厉的管制呢？

第一个原因是银行业的主要"产出"——国家的货币供给——是总需求的一个重要决定因素,这一点我们会在下一章学习。银行经理拿了报酬就需要为他们的股东的最大利益尽力。但我们会看到,对股东最好的却未必对整个经济来说也是最好的。因此,政府不允许银行家严格以利润为目的来决定货币供给和利率。

银行管制的网撒得如此大的第二个原因是基于对存款人的安全的考虑。在自由企业制度中,每天都有新企业出现和消亡,除了与此直接相关的人外,别人一般不会对此深刻关注。一家企业破产时,股东会损失钱财,雇员可能失去工作。但是,这基本上就是事情的结果,除非是特大型企业破产,情形则另当别论。

> 当许多存款人同时从他们的账户中取出现金时,**银行挤兑**就会发生。

可是银行业与此不同。如果对银行与其他企业一视同仁,那么只要有一家破产,存款人就会失去他们的钱。这一结果本身就已很糟糕了,但真正的危险出现在**银行挤兑**(run on a bank)的情形中。当存款人对他们的钱的安全性感到不安时,他们可能都会跑去把钱以现金的形式取出。因为我们在本章中将要学到的原因,多数银行会无法承受这样的"挤兑"而被迫关门。

更糟糕的是,这种情形高度传染。如果有家人听说他们的邻居因银行破产而失去了一辈子攒下的积蓄,他们也很可能跑到自己存款的银行把钱全部提出来。事实上,当2007年9月专门从事住房抵押贷款的北岩银行(Northern Rock)经历大规模公开挤兑时,正是对事态扩大的担忧,促使英国银行监管机构采取了行动。他们首先对北岩银行的所有存款提供担保,随后又对所有英国银行提供担保。①

因此,如果没有现代的银行管制形式,一家银行的倒闭可能会引起连锁反应。实际上,在美国历史中,银行倒闭是很寻常的。但自1930年以来,它就没那么常见了,并且银行也很少出现挤兑现象,因为政府已经采取措施保证这样的"传染疾病"不会传播扩散。本章我们会提到政府的数种措施。

29.1 货币的性质

> **物物交易**是一种交换制度,在该制度下,人们直接用一种物品与另一种物品交换,而不使用货币作为中间物。

货币是我们日常生活中不可缺少的一部分,以至于我们把它看作是一个理所应当之事而没有理解它所做的一切。但是货币绝不是"天然的",与车轮一样,它也是被发明出来的。

商品交换最明显的方式不是通过货币,而是通过**物物交易**(barter)——人们把一种商品与另一种商品直接进行交换的制度。因此,要理解货币交易的贡献,最好的方式就是假想一个没有它的世界,看看情况是怎样的。

---

① 英国没有类似于美国的联邦存款保险公司(Federal Deposit Insurance Corporation,FDIC)的存款保险制度。

29.1.1 物物交易与货币交易

在直接的物物交易制度下,如果农户琼斯种玉米,同时又很喜欢花生,那么他就必须找一个种花生的农户,而且其对玉米感兴趣,假设是农户史密斯。如果他找到了这样一个人(这种情况称为双边需求巧合,double coincidence of wants),他们之间就会进行交易。这看似简单,但你不妨设想一下,如果农户琼斯在一个星期中消费的每件东西都依此重复,那么他会有多繁忙。在大部分情况下,合意的双边需求巧合更可能是成为对巧合的双重需要(double wants of coincidence)。琼斯得不到花生,史密斯也得不到玉米。更糟糕的是,因为花很多时间寻找交易对象,琼斯用在种玉米上的时间也少了许多。简而言之:

> 货币润滑了交换的车轮,因此也提高了整个经济的生产效率。

在货币制度下,农户琼斯用玉米换来钱。他这样做不是因为他想要货币本身,而是想要货币所能够买到的东西。现在他只需要找到一个需要钱的种花生的农户,而这也正是种花生的农户所需要的。由于这些原因,货币交易在人类文明的最初阶段就取代了物物交易,只有在极端情况下,如爆发大规模战争或高通胀期间才可能(暂时)恢复物物交易。

29.1.2 货币的概念定义

货币是在交换商品和服务过程中使用的标准物。简单地说,货币就是交换媒介。

交换媒介是指用于购买其他商品如物品和服务的一种或多种物品。

计价单位是用来标示价格的标准单位。

价值贮存手段是一种用来在一段时间里储存财富的物品。

在货币交易下,人们买东西时就用**货币**(money)交换物品,卖东西时就用物品交换货币,但他们不直接用物品交换物品。这种实践活动定义了货币的主要作用:作为**交换媒介**(medium of exchange)。但任何用作钱的东西一旦被作为交换媒介为大家所接受,它就注定同时具有其他功能。一个就是,它不可避免地成为**计价单位**(unit of account)——即标示价格的标准单位。因此,如果一个恬静的热带岛屿上的居民用椰子作为货币,那么他们若是用贝壳来标价将是愚蠢的。

货币还可以用作**价值贮存手段**(store of value)。如果农户琼斯卖玉米换来的钱比他想要花掉的多,他会发现用货币的形式暂时保存这一差额会很便利。他知道货币在晚些时能够轻易地"卖出"以换回物品和服务,但土地、黄金或其他价值贮存手段可能不会如此方便。当然,如果通胀很高,他可以决定放弃货币的便利性而以一些其他的方式来保存他的财富,以免看到货币的购买力消失。所以货币作为价值贮存手段这一功能不是一定的。

由于货币可能不总是作为价值贮存手段,也因为其他商品可以用作价值贮存工具,所以,我们不把价值贮存功能作为我们定义的货币概念,我们只是把用作交换媒介的东西记为"货币"。

29.1.3 什么可以作为货币

人类学家和历史学家能够证实,在不同时代和不同地方,有形形色色的东西用作过货币,多得令人眼花缭乱,牛、石头、糖块、香烟、啄木鸟的皮、海豚的牙齿和长颈鹿的尾巴等就是众多例子中的一些。

> **商品货币**指的是用作交换媒介的一种物品,但它的其他(非货币)用途仍具实在价值。

在原始或缺乏组织的社会,用作货币的商品一般保持了它们自身的价值。如果不用作货币,牛可以杀了作食物,香烟可以用来吸,等等。但这些**商品货币**(commodity money)通常会面临几个严重的问题。首先,要作为交换媒介,一个商品必须具有可分割性。这一标准使牛难以成为一个理想的选择。其次,它还必须具有相同的质量,或者至少可以辨别质量的好坏,这样劣质的替代品能被轻易地识别出来,这一要求可能是啄木鸟的皮从来未获得大规模流行的原因。再次,交换媒介还必须可以保存并且经久耐用,这正是糖块货币存在的一个严重问题。最后,人们要携带和保存商品货币,因此如果物品轻便,即如果每个重量单位和体积单位具有很高的价值的话,它就会有利一些。

所有这些特性要求使得第一个铸币约在 2 500 年前出现后,金银便天然地作为货币流通。因为它们在非货币用途上价值颇高,不多的量便具有很大的购买力。金块也可贮藏、可分割(有点难度),并且其质量可识别(更难一点)。

同样这些特点表明用纸做钱会更胜一筹。中国人在 11 世纪就发明了纸币,后来马可·波罗把这一思想带到了欧洲。因为我们能根据我们的兴趣在纸上印出任何一个数字,所以我们能让纸币的分割性如我们所愿。人们也能够轻便地携带大量金额的纸币。纸张也易于保存。而且只要用点小聪明,我们就能够给制造伪钞者带来挑战,虽然一切皆有可能。(见专栏"谈谈美国的纸币")

> **法定货币**是指政府以法律形式确立的货币。作为商品,它几乎没有价值,但作为一种交换媒介它具有稳定的价值,因为人们相信货币发行者会支持这些已印刷的纸张并限制它们的生产量。

可是,纸不能用作商品货币,因为每平方英寸的纸另作他用的价值很低。一种不受货币发行者认可的纸币可能可以用作墙纸或用来包鱼,但这些用途肯定仅代表了作为货币的纸的价值的一小部分。① 与普通的表达不同,这种货币实际上只值印钱用的纸的价值——也就是说它不值钱。因此纸币总是**法定货币**(fiat money)。

在当代美国,货币几乎全是法定货币。看一下一美元的钞票,在乔治·华盛顿头像的旁边写着:"这个票据是法定货币,它适合所有公共和私人债务。"这句话根本就没有明说或暗示美国政府愿意把它兑换成其他任何东西的承诺。一美元的钞票可以换成,比方说 4 个 25 美分或 10 个一角——但不能换成黄金、巧克力或是任何其他的商品。

那人们为什么持有这些纸张呢?因为他们知道,其他人愿意在提供本身具有价值

---

① 由美国联邦政府发行的第一代纸币,"美洲美元"(the Continental dollar),基本上已经被弃绝。(实际上,新的美国政府在 1790 年以 1 美分的价格回收美洲美元。)这件事后来引出一句话:"它还不值 1 美洲美元。"

的东西如食品、租房、鞋类等时接受它们。这种信念一旦消失，美钞就不能用作交换媒介，鉴于它们用作墙纸也难看无比，它们会变得毫无价值。

但是不用恐慌，这种事情几乎不可能发生。我们现行的货币制度已发展了几百年。其间商品货币先是被足值纸币（full-bodied paper money）替代，它是由发行者金库中的金或银等值支持的一种纸凭证。后来这种实体纸币被只有部分地受金银支持的凭证代替，最后就是我们目前的制度，纸币没有任何支持物。这一发展过程就像一个犹豫的游泳者，她先只把脚趾放进凉凉的游泳池，随后把腿、最后把整个身子都放了进去。我们每走一步都是这样先"试试水温"，然后发现它就是我们所喜欢的。我们若要反向后退一步是不大可能的。

专栏

谈谈美国的纸币

在过去几年里，美国财政部在美国的纸币上重新设计出了新的符号，使得伪造货币更加困难。几处新的防伪特征是肉眼可见的。仔细观察一张新的面值为 20 美元的美钞——它上面有一张很大的安德鲁·杰克逊（Andrew Jackson）的画像，看起来就好像刚刚从洗衣机里拿出来一样——你能轻易地发现一些防伪标志（但要发现另一些就稍困难些）。

最明显之处是有许多不同的色度，包括杰克逊左边的银蓝色的老鹰。把钞票拿至灯下，对着有杰克逊图像那一面，在靠近左边的地方，你会发现一些垂直的而不是水平的打印字，如果你的视力足够好，你能够看出它说的是什么。但是如果你是一个制伪钞者，你将发现这一行字极难模仿。还有，晃动钞票看看右下角的金色数字"20"是如何闪光和变换颜色的。是视觉幻象吗？不是，这是为了加大伪造难度的又一个聪明之举。

29.2 如何衡量货币数量

因为流通中的货币数量是决定国民产值和价格水平的重要因素，所以政府必须知道经济中有多少货币。因此我们也必须找出一些衡量货币供给的方法。

把货币定义为交换媒介给我们带来了一个难题：我们在计算货币供给时应包括哪些物品，又该排除哪些呢？这样的问题长时间使货币统计学定义成为大家争论的主题。事实上，美国政府对货币供给有几种官方定义，在下面我们会看到其中的两种。

有一些货币的组成是显而易见的。全部的铸币和纸币——我们经济制度的小变化——显然应该计为货币。但我们不禁要问，如果我们想要把我们社会中主要的支付手段包括进来该怎么办？因为我们国民支付的大部分既不是用金属铸币也不是用纸币来完成,而是用支票。

支票存款在银行总账上实际就是一些计账项目。许多人认为支票是把铸币或美钞传到另一个人手中的一种便利的方法。但情况并非如此。比方说,当你用支票付给杂货店老板50美元时,美钞并未易手。相反,通常是支票返回到你存钱的银行,然后从记录你的存款的账目中减去50美元,并把这50美元加到你的杂货店老板的账目上。(如果你和杂货店老板是在不同的银行开户,那么就有更多的计账项目包括进来,但铸币或钞票在两人手中仍不可能变动。)因此,用支票提取存款的方式所持有的货币数量远远超过了通货。

29.2.1　M1

因此看来我们必须把可用支票提取的存款算入到货币供给的定义中来。但不幸的是,这并不是件容易的事情。因为通过支票来转移货币的方式相当多。商业银行中的传统的活期存款是最为大家熟知的一种。但许多人还可以从他们的定期存款、他们在信用社(credit unions)的存款、他们的共同基金以及他们与经纪人的账户等开出支票。

狭义的货币供给,通常简称为 **M1**,是流通的全部铸币和纸币之和,加上银行和储蓄机构中一些可用支票提取的存款余额。①

货币供给的一般性定义作了明确的区分,仅包括铸币、纸币、旅行支票、传统的活期存款,以及银行和储蓄机构指定的其他可用支票转账的存款。按美国官方的统计标准,这种狭义的货币概念称为 M1。

29.2.2　M2

但其他类型的存款也可以用支票提取,因此它们也是货币供给的候选项。最值得注意的是,货币市场定期存款(money market deposit accounts)虽然每月仅允许其所有者开出几份支票,但它们会支付市场利率。消费者发现这些账户很具吸引力,其余额现已超过了 M1 中所包括的所有的可用支票的存款。

广义的货币供给,通常简称为 **M2**,是流通的全部铸币和纸币之和,加上各种形式的活期存款余额,再加上大多数形式的定期存款余额以及货币市场共同基金的股票。

此外,许多共同基金组织和证券经纪公司(brokerage houses)提供货币市场共同基金(money market mutual funds)。这些基金出售股票然后用所筹得的钱购买大量的短期证券。但对我们而言,最重要的一点是,货币市场共同基金的股票持有人可以开支票提取他们的基金。这样存款人可以像使用活期存款一样使用他们的基金股票所持有的金额。

最后,虽然你不能从定期存款上开出支票,但现代银行业的操作程序已经使活期存款与定期存款之间的区别变得模糊。例如,多数银行为不同账户之间提供便捷的电子转账,只需用电话、网络或按下自动取款机(ATM)上的一个键就可以完成。定期存款几乎是马上就能变为支票。由于这个原因,定期存款与货币市场定期存款和货币市场共同基金股票一起进入广义的货币供给定义中,即 **M2**。

---

① 这部分包括旅行支票和可转让支付命令账户(negotiable order of withdrawal,NOW)。

我们的货币供给不仅来自银行,还来自储蓄机构、证券经纪公司以及共同基金组织。即便如此,银行发挥的仍是主导作用。

29.2.3 货币供给的其他定义

> **近似货币**指的是几乎能替代货币的流动性资产。

一些经济学家还不满足于 M2 的计算,他们偏爱更广义的货币定义(M3等),它包括了更多类型的银行存款和其他密切相关的资产。但是,一个不可回避的问题是,这一定义没有止境。在那些资产和仅是货币的近似替代物的资产——所谓的**近似货币**(near money)之间没有明确的界限。

> **流动性**指的是该资产能被转换成现金的难易程度。

如果我们把一项资产的**流动性**(liquidity)定义为其资产所有者能够把它转换成现金的难易程度,那么我们会得到一系列具有不同程度的流动性的资产。M1 中的所有资产都是完全"流动"的;M2 中的货币市场基金股票和可转账的定期存款的流动性低一些;以此类推,直到我们遇到短期政府债券等,虽然它们也具有相当的流动性,但一般不计入货币供给。因此,按不同的标准,我们可以,也已经定义了各种不同的 M 值。

但是还有更复杂的情况出现。例如,信用卡现已明显成为了一种交换媒介。它们是否应该包括到货币供给中来呢?你会说,当然应该。但是你的信用卡代表的是多少货币呢?是你目前卡中存有的金额吗?那它很可能为零。或者是你持卡的信用额度,即使你有可能从来不使用它?这些好像都不是明智的选择。而且你最终可能会为偿还你的信用卡账单而填张支票(包含于 M1)。这也是经济学家至今仍没有把信用卡包括进货币的定义中的两个原因。

我们还能够列举出更复杂的问题,但在一门经济学的基础课程中,纠缠一些复杂的定义问题并不合适。因此我们在此坚持传统的观点:

"货币"只包括铸币、纸币和可用支票提取的存款。

29.3 银行体系

在我们已定义货币并弄明白了如何衡量它之后,我们可以把注意力转到货币的主要创造者——银行上来。银行业是一个复杂的行业——并变得越来越复杂。如果你继续学习经济学,你可能会学到更多有关银行运作的知识。但几个简单的原则就足够达到我们现在的目标,先从银行业的起步开始吧。

29.3.1 银行业是如何起步的?

当亚当和夏娃离开伊甸园时,他们并没见过 ATM 机。银行业必定是创造出来的。无需太多的想象力,我们能明白第一批银行是怎样必然出现的。

当货币是由黄金或其他金属制成的时候,消费者和商人每次进行交易时,要带着这样的货币到处走,称它的重量及估算它的纯度,这都很不方便。这样,随着实践的发展,人们把黄金寄放在一个金匠的保险柜里,取而代之的是一张收据,写着某某的确拥有 5 盎司的黄金。当人们开始用金匠的收据而不是黄金本身进行物品和服务的交换时,收据就成了纸币的早期形式。

在这个阶段,纸币全部都有黄金作为储备。但是,渐渐地,金匠们开始注意到每天实际需要用来付账的黄金量仅占到他们全年中所贮藏的黄金总量的一小部分。然后有一天,一个具有企业家头脑的金匠突然想到了一个重大的主意,这个主意一定可以使他变得非常富有。

他的想法可能就是这样的:"在我的金库中,我为顾客贮存了 2 000 盎司的黄金,并向他们收取保存费。但我还从没有遇到在哪一天黄金的支付量超过了 100 盎司,如果我把,比如说我现有的一半黄金借出去,会有什么坏结果吗?我将仍有足够多的黄金来付给那些要来取钱的存款人,因此没有人会知晓其中的差异。而且我每年就能从贷款中以利息的形式获取 30 盎司的黄金(按 3% 利率借出 1 000 盎司),有了这个利润,我还能降低向存款人收取的服务费,从而将吸引到更多的存款。我想我就这么做。"

> **银行业的部分准备金制度**是指,在这种制度下,银行家只保留他们持有的存款资金的一部分作为准备金。

源于这一决定,现代银行业的**部分准备金制度**(fractional reserve banking)诞生了。这一制度有三个特征,对本章后面的学习至关重要。

银行的盈利性 以零利率获得存款,然后以正的利率借出部分存款,金匠们因此获得了利润。银行业作为盈利性行业的历史从此开始并延续至今。银行与其他企业一样,都是从事盈利性事业。

银行决定货币供给 当金匠们决定只保留他们总存款的一部分用作准备金并把剩余的贷出时,他们就获得了创造货币的能力。如果他们保留全部准备金,每张黄金凭证代表的就是 1 盎司黄金,这样无论人们是决定带走他们的黄金还是把它留给金匠都不影响货币供给,因为货币供给是由黄金量决定的。

但是,银行业的部分准备金制度出现后,只要金匠贷出部分他们持有的黄金存款,新的纸张凭证就会出现。实际上,贷款创造了新货币。用这种方法,货币总量就取决于每个金匠觉得自己必须保留在金库中的黄金量。对于任一给定的黄金存款,金匠们保留的准备金越低,他们就能贷出越多,因此流通的货币也越多。

虽然我们不再用黄金来支持我们的货币,但这一原理至今仍是正确的。银行家对持有多少准备金所做的决定会影响货币的供给。如我们已指出的,现代货币政策的部分理论依据是,追求利润的银行家创造的货币量可能对社会而言不是最好的。

存在挤兑风险 一个保留 100% 准备金的金匠从不用担心他的金库会有挤兑发生。即便是他的所有存款人同时出现在门前,他总能把他们的纸张凭证兑换为黄金。但是当第一个金匠决定只保留部分准备金时,挤兑的可能性变成了真正需要关注的问题。如果第一个借出半数黄金的金匠发现在不幸的一天里有 51% 的顾客来到了他的门前,他就必须做一大通解释。相似的问题萦绕了银行家几个世纪。银行挤兑的危险使银行家对保留准备金很谨慎,对贷出货币也很小心。

大多数情况下,银行挤兑应该属于过去的遗留问题了。你可能在 Frank Capra 的 1946 年经典影片《美好生活》(*It's a Wonderful Life*)中看到过著名的银行挤兑片断,Jimmy Stewart 在里面扮演一位名叫 George Bailey 的青年银行家。但你也许从来没有见到过现实中的银行挤兑。然而,2007年9月,当储户们"挤兑"北岩银行(一家大的抵押贷款银行)时,英国相当多的民众就见识过一次。正如我们前面看到的,银行管制的主要理由之一就是避免挤兑。

29.3.2　银行管理的原则:利润与安全

银行家在政治、衣着和商务等方面的处理上享有保守主义的名声。从我们已经谈到的情况,这个保守主义的经济根源应该是再明显不过了。活期存款全部都是法定货币。多年以前,这些存款没有任何"支持",除了一个特定的银行承诺会把它们转换成所需要的通货。如果人们对一家银行丧失了信任,那它的末日就到了。

因此,银行家一直依靠其谨慎的名声,他们用两大原则来获取这一名声。第一,他们维持一个足够高的准备金水平,以最小化挤兑发生时的脆弱性。第二,他们在贷款和投资上小心慎重,因为贷款上的巨大损失会削弱他们的存款人的信心。

在部分准备金制度下的银行业本身是一个具有内在风险的行业,只有通过小心谨慎的管理才能成就安全,认识到这一点很重要。美国银行失败的漫长历史辛酸地证实了许多银行家既不小心也不谨慎的事实。为什么不呢?因为小心不是获取高利润之道。银行利润的最大化是通过尽可能少地保留准备金,以及通过放贷,至少部分放贷给那些愿意支付更高利率但信用状况有问题的借贷人来实现的。

银行的管理艺术就是在利润的诱惑和安全的需要两者之间找到合适的平衡。如果一个银行家过分守旧,他的银行就赚不到足够的钱。如果他错误地冒毫无保证的风险,他的银行可能会无法生存。

29.3.3　银行管制

几乎每个社会的政策都认定,以利润为目的的银行家可能无法在利润和安全之间找到社会所需要的平衡。因此他们撒开一张设计好的管制大网,以保证存款人的安全并控制货币供给。

> **存款保险**是一种制度,它保证即使存款人的银行倒闭了,他们也不会失去他们的钱。

存款保险　确保银行存款安全的主要创新是**存款保险**(deposit insurance)。如今,多数美国的银行存款都已向一个联邦政府机构——联邦存款保险公司(Federal Deposit Insurance Corporation,FDIC)投保以避免损失。如果你的银行属FDIC管——几乎所有银行都是如此,那么你的账户最高可投保100 000美元,而不论银行发生什么变故。这样,尽管银行破产可能给银行的股东带来灾难,它却不会给许多存款人带来大麻烦。存款保险消除了顾客仅因听到有关银行资金的坏消息就冲入银行的那股冲动。自1933年FDIC成立之后,宣布的银行倒闭事件下降了,许多观察者把这一事实大多归功于这一创新。

> **道德风险**是指,当人们为某一风险的后果投保后,将会去从事高风险活动。

尽管取得如此成就,一些FDIC的批评者仍担忧既然储户能摆脱失败银行所带来的任何风险,那么他们就不会货比三家地去挑选更安全的银行了。该问题就是**道德风险**(moral hazard)问题的一个例子:一般的看法是,当被保险人对某一特定风险投保后,他们不会尽很大努力去确保风险不会发生。

(例如,一个购买了足额的火灾保险的企业可能不会安装昂贵的灭火设备了。)在此背景下,一些美国联邦存款保险公司的批评者认为,高额存款保险实际上使银行体系更不安全。

银行监督 部分由于这个原因,政府还采取各种措施确保银行不会陷入资金困境。首先,各种管制机构进行定期的银行检查,以监督银行在其许可范围内的资金情况和商业操作情况。在经历了20世纪80年代末和90年代初连续不断的银行破产事件后,美国通过立法允许行政当局尽早介入资金出现困难的银行的业务,从而加强了银行监督的力量。其他的一些法律和规定限制了银行可以进行投资的资产类型和数量。例如,银行只允许持有一定数量的普通股票。这些形式的管制和其他方式,显然都是以保证银行安全为目的的。但我们还是得说,没有任何一件事是绝对安全的,2007年的次贷风波(见专栏"次级抵押贷款市场到底怎么了?")就是一个例子。

> **法定准备金**是法律要求的最低准备金额(用现金或相当于现金的资产)。一般而言,法定准备金与存款量成比例。

准备金要求 最后一种管制部分是出于安全性的考虑,但它的主要动机是政府想要控制货币供给。我们已经看到,一个银行将要发行的货币数量取决于它选择保留的准备金的数量。正因如此,大多数银行要依法遵守最低**法定准备金**(required reserves)。虽然银行保留的准备金可以(并且有时的确)超出法定的最低量,但它们不能低于这个量。这条规定为货币供给定了一个上限。本章后面将关注这一机制的详细情况。

专栏

次级抵押贷款市场到底怎么了?

一个有价值的,但也有点风险的美国银行业务创新在最近十年内迅速扩张开来,该业务被称作次级抵押贷款,也就是贷款给历史信用等级不够的未来购房者。通常,这些借款者是低收入和教育程度不高的人群。银行家自然会预计到次级贷款的违约率会高于优级贷款。因此他们收取较高的利率以弥补预期的未来损失。这听起来是个不错的银行业务。

但是这出了一些问题,尤其是在2005年和2006年。首先,次级贷款开始在很少或根本没有证据来表明业主有足够的经常性收入(例如,一笔足额的薪水)以应付每月还款额的情况下做出。也就是说,这是一项不健全的银行业务。其次,许多次级贷款具有"调节利率",在实践中,这意味着每月的按揭还款额在两年后几乎肯定将暴涨。次贷偿还能力的问题本该引起严肃的关注,但显然没有,这将成为一个定时炸弹。再次,大约半数的这种高风险贷款不是出自受监管的银行之手,而是出自抵押贷款经纪人之手——他们不受联邦政府管制而且有时从事不正当的销售行为。最后,对房地产的普遍热情(房地产泡沫)导致许多人相信所有的这些危险将会被不断上涨的房屋价格所"裱糊"。

当2005—2006年房屋价格的快速上涨停止时,这种抢座位游戏的音乐突然停止。次贷的违约率猛增。随后,2007年次贷市场实际上已经关闭,在美国和世界各地的金融市场促成了恐慌。为了平息恐慌,美联储开始介入,大规模向银行提供贷款并随后降低利率。

这剂猛药虽然有点帮助,但房屋市场低迷造成的损失仍在继续,银行战战兢兢,贷款变得难以获得。在 2008 年早期,衰退即将到来的言论不绝于耳。

29.4 货币供给的来源

我们的目的是了解货币供给是怎样决定的。但在我们能够充分理解货币"被创造"出来的过程之前,我们必须先初步认识现代银行业的机制。

29.4.1 银行家是如何记账的?

> 个人或企业的**资产**指的是个人或企业拥有的有价值的物品。

> 个人或企业的**负债**指的是个人或企业欠下的有价值的物品。许多负债就是我们所知道的债务。

首先需要弄清如何区分资产与负债。银行的**资产**(asset)就是银行拥有的有价值的东西,这个"东西"可能是一个实物,如银行的大楼或电脑;它也可能是一张纸,如银行给顾客贷款的借条(I owe you,IOU)。银行的**负债**(liability)是银行欠下的某个有价值的东西。大多数银行的负债是以计账项目的形式存在。如果你在缅街银行(Main Street Bank)有个账户,你在银行的余额就是银行的一项负债。(当然它是你的资产。)

一个简单的测试能够说明某张纸或账单是一家银行的资产还是负债。问问自己,如果这张纸转化成现金,银行是接受现金(如果这样,它是一项资产)还是偿还现金(如果这样,它是一项负债)。这个测试清楚地表明,给顾客的贷款是银行资产(还贷款时,银行收钱),但顾客的存款都是银行负债(存款兑现时,银行必须付钱)。当然,对银行的顾客来讲,情况恰好相反:贷款是负债而存款是资产。

> **资产负债表**是一种会计报表,表的左边列的是全部资产的价值,表的右边列的是全部负债的价值和净值。

> **净值**是全部资产的价值减去全部负债的价值之差。

当会计师把所有的银行资产和银行负债全部列出来,得出的表格称之为银行的**资产负债表**(balance sheet)。一般地,银行的全部资产的价值超出它的全部负债的价值。(在极少数情况下,情况不是这样的,此时的银行就处在严重的困境中。)那么在何种意义上,资产负债表是平衡的呢?

资产负债表是平衡的,因为会计师们发明了**净值**(net worth)的概念来平衡账目。具体地说,他们把一家银行的净值定义为它的全部资产价值与它的全部负债价值之差额。因此,根据定义,当会计师把净值加到负债上,他们得到的总和必定等于银行的资产价值:

$$资产 = 负债 + 净值$$

表 29-1 用一家虚构的神话银行的资产负债表来说明这一点。它的财务状况极为简单。在 2007 年 12 月 31 日,它只有两项资产(列在表的左边)——100 万美元的现金储备金和 450 万美元给顾客的未清贷款,即顾客的 IOU。它只有一

项负债(列在表的右边)——500万美元的活期存款。总资产(550万美元)和总负债(500万美元)之差就是银行的净值(50万美元),同样出现在表的右边。

表29-1 神话银行的资产负债表(2007年12月31日)

资产		负债和净值	
资产		负债	
准备金	$ 1 000 000	活期存款	$ 5 000 000
贷款	$ 4 500 000		
总计	$ 5 500 000	净值	
附:银行准备金		股东权益	$ 500 000
实际准备金	$ 1 000 000	总计	$ 5 500 000
法定准备金	1 000 000		
超额准备金	0		

29.5 银行与货币创造

存款创造指的是部分储备金的银行业制度把1美元的银行准备金变为许多美元的银行存款的这一过程。

现在让我们来看存款创造过程。许多银行家会否认他们有任何"创造"货币的能力。这个词本身具有一点令人不相信的"忽悠"意味。但是银行家的辩词也不十分正确。虽然单个银行创造货币的能力相当有限,但整个银行体系能够创造出比它的组成银行的总和多得多的货币。通过**存款创造**(deposit creation)这一现代炼金术,银行体系能够把1美元变成许多美元。但要理解这一重要过程,我们最好是一步步地来,先从单个银行的情况开始,以我们虚构的银行为例。

29.5.1 单一银行创造货币的局限性

超额准备金是指银行持有的超出法定最低水平的那部分准备金。

根据表29-1的资产负债表,神话银行持有现金准备金100万美元,是它的500万美元存款的20%。假设这就是法定的准备金率,而且银行努力想把它的准备金保持在法定的最低水平上;也就是说,它尽力使它的**超额准备金**(excess reserves)为零。

现假设在2008年1月2日,一个性格怪僻的鳏夫来到该银行,在他的活期存款中存入现金100 000美元。现在银行有多余的现金储备100 000美元,其活期存款也增加了100 000美元。因为存款增加100 000美元,法定准备金仅需增加20 000美元,剩下的80 000美元为超额准备金。表29-2在银行的资产负债表上反映出了这次交易的影响。与之类似的表格反映的是资产负债表内部的变化而不是其本身,因而它们将有利于我们认识货币创造的过程。[①]

---

① 这些表称为T型账户(T accounts)。在所有这样的表中,账面两边必须是平衡的。之所以这样是因为,如果资产负债表在交易前与交易后都要平衡,那么资产的变化和负债的变化就必须相等。

表 29-2　神话银行资产负债表的变化（2008 年 1 月 2 日）

资产		负债	
准备金	+ $ 100 000	活期存款	+ $ 100 000
附:准备金的变化			
实际准备金	+ $ 100 000		
法定准备金	+ $ 20 000		
超额准备金	+ $ 80 000		

对表 29-2 中反映的状况，神话银行不可能感到高兴，因为它并没有从持有 80 000 美元的超额准备金上赚到利息。因此，只要可能，它就会把这多余的 80 000 美元借出去，这里假设它借给一家建筑公司。这次放贷使资产负债表发生如表 29-3 所示的变化：银行的贷款增加了 80 000 美元，而它拥有的现金储备减少了 80 000 美元。

表 29-3　神话银行资产负债表的变化（2008 年 1 月 3—6 日）

资产		负债	
贷款	+ $ 80 000	没有变化	
准备金	- $ 80 000		
附:准备金的变化			
实际准备金	- $ 80 000		
法定准备金	没有变化		
超额准备金	- $ 80 000		

把表 29-2 和表 29-3 合起来，我们得到表 29-4，它总结了银行在一周中的交易。准备金增加了 20 000 美元，贷款增加了 80 000 美元，一旦银行有机会调整流入的存款，它就不再持有超额准备金。

表 29-4　神话银行资产负债表的变化（2008 年 1 月 2—6 日）

资产		负债	
准备金	+ $ 20 000	活期存款	+ $ 100 000
贷款	+ $ 80 000		
附:准备金的变化			
实际准备金	+ $ 20 000		
法定准备金	+ $ 20 000		
超额准备金	没有变化		

看看表 29-4 和我们记在心里的特定的货币定义，现在看来，当银行行长声明他没有从事不正当的"货币创造"活动时，他是对的。所发生的一切不过是，为了与它收到的 100 000 美元现金进行交换，银行发给了这个鳏夫 100 000 美元的活期存款余额。这个交易并没有改变 M1，它只是把一种形式的货币（通货）变为另一种形式（活期存款）。

但是，等一下，那个怪僻的男人送给银行的 100 000 美元现在怎么样了？表上说明银行保留了 20 000 美元在金库中，由于这一部分通货不进入流通，因而也不再计入官方的货币供给 M1 中（注意表 29-2 仅包括了"银行之外的通货"）。但是剩下的银行贷出去的80 000美元仍在流通,它由建筑公司持有,该公司可能把它存到了另一家银行。但即使是在这次新存款发生之前,最初的100 000美元现金已经给货币供给带来了一次增加。现有100 000美元的活期存款和80 000美元的现金在流通,总共为180 000美元——然而在第一次存钱发生之前仅有100 000美元的现金在流通。货币创造的过程已经开始。

29.5.2 多个银行的多倍货币创造

让我们跟随80 000美元现金来看看货币创造是如何积聚力量的。假设建筑公司的钱是存在镇对面的第一国民银行,这次它把80 000美元也存入该银行。第一国民银行的现金储备增加了80 000美元。虽然它的存款增多了80 000美元,它的法定准备金却只需增加该数字的20%就够了,即16 000美元。如果第一国民银行像神话银行一样行事,它将会把64 000美元的超额准备金贷出去。

表29-5反映了这些事件对第一国民银行的资产负债表的影响。(这里我们没有像表29-2和表29-3那样给出基本步骤。)在链条的这个阶段,最初的100 000美元现金带来的是180 000美元的存款——其中100 000美元在神话银行,80 000美元在第一国民银行——以及64 000美元的现金,它仍在流通(在第一国民银行的借款人手中——比如某家汽车行。这样一来,相比最初的100 000美元,总共有价值224 000美元的货币(180 000美元的活期存款和64 000美元的现金)被创造出来。

表29-5 第一国民银行资产负债表的变化

资产		负债	
准备金	+ $ 16 000	活期存款	+ $ 80 000
贷款	+ $ 64 000		
附:准备金的变化			
实际准备金	+ $ 16 000		
法定准备金	+ $ 16 000		
超额准备金	没有变化		

但是,用一个合适的短语,雄鹿的奔跑并没就此停止。该汽车行很可能把它得到的贷款又存到它自己在第二国民银行的账户上。第二国民银行不愿持有超额准备金,也把多余的51 200美元贷出去了,这样使得它的资产负债表出现了如表29-6所示的变化。因而你可以看出,货币创造过程是如何继续下去的。

表29-6 第二国民银行资产负债表的变化

资产		负债	
准备金	+ $ 12 800	活期存款	+ $ 64 000
贷款	+ $ 51 200		
附:准备金的变化			
实际准备金	+ $ 12 800		
法定准备金	+ $ 12 800		
超额准备金	没有变化		

图 29-1 总结了链条中五家银行(从神话银行到第四国民银行)的资产负债表的变化情况。其假设条件有二:(1)每家银行都只持有20%的法定准备金,和(2)每个获得贷款的人(或单位)又把贷款存到另一家银行。但是链条并没有在此结束。从第四国民银行获得32 768美元贷款的电影院还会把钱存入第五国民银行。第五国民银行把其中的20%即6 553.60美元留下来作为准备金,把剩下的贷出去。然后链条还会如此继续下去。

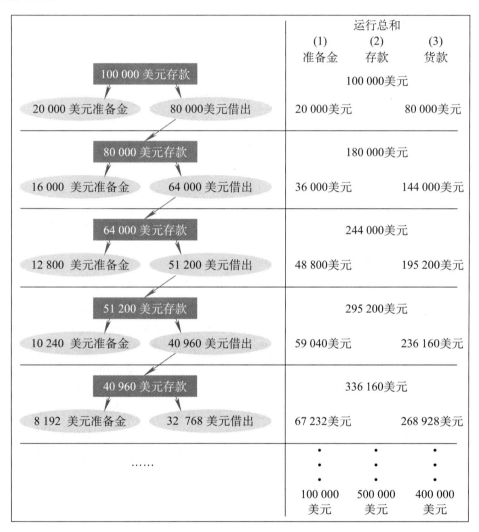

图 29-1 多倍货币创造链

注:该图由 Ivan K. Cohen 博士推荐给我们,在此表示感谢。

那么它在哪里止步呢？图 29-1 右边的各项的累计和说明了整个银行体系的最终结果。最初的100 000美元现金存款最后完全被吸收为银行的准备金(列1)。并且,它带来的新存款总计达500 000美元(列2),新贷款达400 000美元(列3)。最后,因为非银行的公众持有的通货下降了100 000美元,而拥有的活期存款增加了500 000美元,所以货币供给增加了 400 000 美元。

我们看到的确实有点"忽悠"。不管怎么说,最初的 100 000 美元的存款形成了 500 000 美元的新的银行存款——即开始的每一美元多倍扩张后变成了 5 美元——使货币供给净增 400 000 美元。我们需要弄明白为什么会这样。但我们先来证实图 29-1 中的计算是正确的。

如果你仔细看看这些数字,你会发现每一列都构成了一个等比数列。具体地说,每一项都是它前一项的 80%。在第 26 章对乘数的讨论中我们已经学会了如何计算一个无限等比数列的和,这也恰好是这里每一链条的含义所在。特别地,如果公比为 R,一个无限等比数列的和为:

$$1 + R + R^2 + R^3 + \cdots = \frac{1}{1-R}$$

把这个公式用到图 29-1 中的活期存款链上,我们得到:

$$100\,000 + 80\,000 + 64\,000 + 51\,200 + \cdots$$
$$= 100\,000 \times (1 + 0.80 + 0.64 + 0.512 + \cdots)$$
$$= 100\,000 \times (1 + 0.80 + 0.80^2 + 0.80^3 + \cdots)$$
$$= 100\,000 \times \frac{1}{1-0.80} = \frac{100\,000}{0.20} = 500\,000(美元)$$

同理,我们可以证明新贷款之和为 400 000 美元,新的法定准备金之和为 100 000 美元。(把它们作为练习计算一下。)因此,图 29-1 中的数字都是正确的,所以,让我们想想它们背后的逻辑关系。

只有当没有超额准备金可以贷出去——即当 100 000 美元的现金全部变为法定准备金后,存款创造的链条才会停止延伸,这说明了为什么图 29-1 中的第 1 列的最后一项必须是 100 000 美元。但在准备金的比率为 20% 时,仅有活期存款扩大至 500 000 美元时——即第 2 列的最后一项,超额准备金才会消失。最后,由于资产负债表必须是平衡的,所有新创造的资产之和(准备金加贷款)必等于所有新创造的负债之和(500 000 美元的存款)。这就留下 400 000 美元为新贷款——即第 3 列中的最后一项。

更一般地,如果准备金率为某个数 m(不是我们例子中的 1/5),每一美元的存款只需 m 美元作为准备金。所以,上面的公式中的公比,$R = 1 - m$,并且注入银行体系中的每一美元的新准备金会使存款扩张 $1/m$ 倍。这表明,当法定准备金率为 m,多倍货币创造的一般公式为:

货币乘数是新创造出来的银行存款与新准备金之比。

简化的货币乘数公式

如果法定准备金率为 m,整个银行体系能够把每 1 美元的准备金变成 $1/m$ 美元的新货币,也就是说,**货币乘数**(money multiplier)可表示为:

货币供给的变化 = $(1/m) \times$ 准备金的变化

尽管这个公式正确地描述了我们的例子中所发生的情况,但它遗漏了一个重要的细节。最初存入神话银行的 100 000 美元现金构成了 100 000 美元的新准备金(见

表29-2），把乘数 $1/m = 1/0.20 = 5$ 用到这 100 000 美元，我们得到银行存款将增加 500 000 美元，这正是所发生的情况。但是请记住，这个过程是在那个怪僻的鳏夫拿着 100 000 美元的现金并把它存入其银行账户时开始的。因此，这个例子中公众持有的货币——包括活期存款和现金——只增加了 400 000 美元：存款增加了 500 000 美元，但现金减少 100 000 美元。

29.5.3 相反的过程：货币供给的多倍收缩

现在让我们简单地考虑一下这个存款创造机制是如何反向运行的——即存款收缩（deposit destruction）制度。假设那个怪僻的鳏夫回到神话银行从他的活期存款中取出 100 000 美元放回到他的床垫下。这样神话银行的法定准备金减少 20 000 美元（100 000 美元的 20%），但其实际准备金下降了 100 000 美元。银行还有 80 000 美元的缺口，如表 29-7(a) 所示。

表 29-7 神话银行资产负债表的变化

(a) 资产	负债	(b) 资产	负债
准备金　 − $100 000	活期存款 − $100 000	准备金　 + $80 000	没有变化
		贷款　　 − $80 000	
附：准备金的变化		附：准备金的变化	
实际准备金 − $100 000		实际准备金 + $80 000	
法定准备金 − $20 000		法定准备金 没有变化	
超额准备金 − $80 000		超额准备金 + $80 000	

银行对这一差额会做出怎样的反应呢？它将暂时不向外发放新的贷款，随着它的部分贷款陆续到期被还清，它将积累它所需的 80 000 美元的法定准备金。假定借款者都是用现金还贷款，神话银行业务收缩的数据如图 29-7(b) 所示。①

但借款人是从何处筹到这些钱的呢？可能是从别的银行取出来的。这里假设所有的资金都来自第一国民银行，那么它会失去 80 000 美元的存款和 80 000 美元的准备金。这样它会发现准备金短缺 64 000 美元，如表 29-8(a) 所示，从而它必须减少它的放贷业务达 64 000 美元，如表 29-8(b) 所示。当然，这种反应会使另一家银行准备金和存款都遭受 64 000 美元的损失，整个过程就如同存款增加的情况。

在整个银行体系都介入后，情况就是图 29-1 所体现的，只是所有数字前要加上一个负号。存款将收缩 500 000 美元，贷款减少 400 000 美元，银行准备金下降 100 000 美元，货币供给 M1 减少 400 000 美元。用我们的货币乘数公式来表示，$m = 0.20$，货币供给中的银行存款的收缩量等于 $1/0.20 = 5$ 乘上准备金的减少量。

---

① 实际上，借款人可能会以其他银行的支票来还贷。神话银行只要将这些支票兑现，就能获得准备金了。

表 29-8 第一国民银行资产负债表的变化

(a)

资产	负债
准备金　　－ $80 000	活期存款　－ $80 000

附：准备金的变化	
实际准备金　－ $80 000	
法定准备金　－ $16 000	
超额准备金　－ $64 000	

(b)

资产	负债
准备金　　＋ $64 000	没有变化
贷款　　　－ $64 000	

附：准备金的变化	
实际准备金　＋ $64 000	
法定准备金　没有变化	
超额准备金　＋ $64 000	

本书的作者之一曾经是 20 世纪 60 年代末激进学生运动高潮时期的马萨诸塞州的剑桥的大学学生。一天，当地出现一本小册子，要求居民们按册子上所写日期把他们的活期存款账户中的所有资金全部取出来，以现金形式保留一个星期后再存回去。发布传单的人认为这次行为将会摧毁资本主义制度。显然，这些激进分子中的一些人对现代货币机制颇有研究，因为他们的论点基本上是正确的。这种运动若成功，它会引起银行业体系经历巨大的多倍收缩和紧接着的多倍扩张，这必然严重干扰当地金融体系。但历史记载表明，这次呼吁并没有成功，显然提取活期存款并不是革命成功的要素。

29.6　为什么货币创造公式过于简单？

到现在为止，我们对货币创造过程的讨论看似相当机械。如果每件事都按公式进行，那么每有 1 美元的新准备金注入银行体系，就会有 $1/m$ 美元的新存款增加。但实际中，事情并非如此简单。就像支出乘数的情况一样，过于简单的货币乘数只有在特定的条件下才是准确的，这些条件需要：

(1) 每个拿到现金的人必须把现金存入另一家银行，而不是持有现金。
(2) 每家银行持有的准备金必须不大于法定最低水平。

如果违背上述两条中的任何一条，图 29-1 这个"链条"图可以告诉我们将要发生的事情。

先假设拿到银行贷款的企业和个人决定只存部分贷款到他们的银行账户上，其他以现金形式保留。例如第一次 80 000 美元的贷款带来的存款少于 80 000 美元——以此类推，那么存款创造的整个链条都会变小，因而，

> 如果个人和企业决定持有更多的现金，那么银行存款的多倍扩张就会受到限制，因为可以用作准备金以支持活期存款的美元现金变少了，结果，货币供给也会少一些。

这里的基本思想是简单的。一家银行持有的每 1 美元的现金都能够支持几美元的货币（此处为 $1/m$ 美元），但银行体系外持有每 1 美元的现金就是 1 美元的货币，它无法支持银行存款。因此，只要现金从银行系统转到家庭或企业中，货币供给就会下降。反之，只要现金进入银行系统，货币供给就会增加。

下面假设，因为衰退，银行经理变得更加保守，或者人们归还贷款的可能性降低，在这种情况下，银行决定保留超出法定要求的准备金，并且减少贷款的发放——低于图29-1 中的贷款额。如果真是这样，链条后面的银行获得的存款减少，再一次，存款创造的链条受阻，因此，

> 如果银行希望保留超额准备金，银行存款的多倍扩张将会受到限制。与银行不持有超额准备金的情况相比，给定数量的现金将只能支持更少的货币供给。

后面这个问题，在 20 世纪 90 年代已折磨日本多年，并在近 10 年延续。因为他们的账册上有太多的坏账。除了一些他们最值得信赖的借款人，日本的银行家对贷款给其他人都变得非常小心了。因此，虽然日本银行的准备金一直在增加，但货币供给却没有增加。在 2007 年和 2008 年，当银行家们开始小心翼翼的时候，美国也发生了类似的情况。

29.7 货币政策的必要性

如果我们把这两点看得更深入一点，我们会明白为什么政府在努力维持经济的稳定时必须控制货币供给。我们刚刚说到，当银行预计没有可获利的安全的放贷机会时，它们更愿意保留超额准备金。当商业情况不景气时，这种情形更有可能出现。在这些时候，银行持有超额准备金的倾向可能把存款创造过程变为一个存款收缩的过程，就像美国和其他地方最近所经历的。此外，如果存款人也变得敏感，他们也可能决定要持有更多的现金，因此，

> 在衰退期间，如果政府不干预，以盈利为目的的银行会增加他们的超额准备金，减少对不太值得信赖的申请者发放贷款，从而减少货币供给。正如我们在随后几章中要学习的，货币供给是影响总需求的重要因素，因此，货币供给的收缩会恶化衰退。

这正是 20 世纪 30 年代大萧条期间所发生的——以一种极端的形式。当时，尽管总的银行准备金增加了，但货币供给却剧烈收缩，因为银行宁愿持有超额准备金，也不愿发放无法收回的贷款。类似这样的情况在日本已经发生了多年：准备金的供给比币供给扩张快得多，因为紧张的银行家坚持持有超额准备金不放。

另一方面，当对银行贷款的需求旺盛、利润很高并且安全的投资机会较多时，银行把它们的准备金几乎保持在最低水平上，想从给定的现金准备金中释放出尽可能大的货币供给。在前景光明的时候，这种想降低超额准备金的持有的动机意味着：

> 在经济繁荣时，以盈利为目的的银行很可能使货币供给扩张，给繁荣的经济增加不合意的力量，并为通胀铺路。政府当局必须阻止货币的这种迅速增长。

这样，管制货币供给是必需的，因为以盈利为目的的银行家给经济提供的可能是随经济周期变化并加大经济周期的波动幅度的一种货币供给。至于当局怎样控制货币供

给,这正是下一章的主要内容。

小结

1. 使用**货币**作为交换媒介进行物品和服务交换比直接进行**物物交易**更具效率。
2. 用作货币的东西,除了是**交换媒介**,还可能成为**计价单位**和常用的**价值贮存手段**。
3. 纵观历史,形形色色的物品曾被用作货币。**商品货币**先是被**足值纸币**(一种由某种商品如黄金100%等价支持的凭证)代替,后来足值纸币被部分地由黄金支持的非足值纸币代替。现今我们的纸币完全没有支持物,它纯粹是**法定货币**。
4. 美国的货币供给的一种常用定义是 **M1**,它包括铸币、纸币和几种活期存款。多数经济学家实际上更喜欢 **M2** 的定义,它是在 M1 的基础上加入了其他类型的可用支票提取的存款和大部分定期存款。大量 M2 是由银行之外的投资公司、信用合作社和其他金融机构持有。
5. 在我们现代的部分准备金银行业制度下,银行持有的现金准备金仅占到它们的总存款**负债**的一部分。这一惯例是它们获得利润的关键,因为剩下的资金能够贷出去赚取利息。但它也使银行有可能容易遇到**挤兑**事件。
6. 由于银行的这种脆弱性,银行经理一般对他们的投资战略都很保守。同时,他们把持有的准备金维持在一个相当慎重的水平上。即使是这样,政府还是严密地监管着银行的行为。
7. 在 1933 年以前,银行倒闭在美国屡见不鲜。当**存款保险**建立后,倒闭事件迅速减少了。
8. 由于银行只持有部分准备金,整个银行系统能够从它获得的每 1 美元的准备金中创造出几美元的存款。在一定的假设条件下,新的银行存款与新的准备金之比为 $1/m$,其中 m 是**法定准备金**率。
9. 当把现金从银行系统中取出来,相同的过程会反向发生,形成一种货币收缩体系。
10. 当经济波动时,银行和个人可能都想持有更多的现金,在这种情况下,如果政府不干预,货币供给可能会收缩。类似地,在繁荣时期,如果不加以管制,货币供给可能会迅速扩张。

关键词

银行挤兑	物物交易	货币
交换媒介	计价单位	价值贮存
商品货币	法定货币	M1
M2	近似货币或准货币	流动性
银行业的部分准备金制	储蓄保险	道德风险
联邦存款保险公司(FDIC)	法定准备金	资产
负债	资产负债表	净值
存款创造	超额准备金	货币乘数

自测题

1. 假设银行没有超额准备金,个人或企业不持有现金,如果某个人突然在埋藏的宝藏中发现了 1 200 万美元并把它存入银行,试解释当法定准备金率为 10% 时,货币供给会有怎样的变化。
2. 如果准备金率为 25%,自测题第 1 题的答案会有所不同吗?准备金率为 100% 呢?

3. 用与表 29-2、表 29-3 相似的表解释下列交易发生后,银行的资产负债表会发生怎样的变化:
   a. 你从你的活期存款中取出 100 美元买音乐会门票。
   b. 山姆在路边捡到 100 美元,把它存入了自己的活期存款中。
   c. 玛丽从家乡银行的账户中取出现金 500 美元,到城市后,将这 500 美元现金存入了她在大城市银行的账户中。
4. 如果法定准备金率为 1/8(12.5%),自测题第 3 题中列出的每个交易最终会对货币供给产生什么影响?假设简化的货币乘数公式适用于本题的分析。

讨论题

1. 如果我们是一个物物交易的经济,你会怎样付你的学费?如果你的大学不想要你用作支付的物品或服务,你怎么办?

2. 概念上的和实际中的"货币"是怎样定义的?美国的货币供给包括的是商品货币、实体纸币(或足值纸币)还是法定货币?

3. 什么是银行业的部分准备金制,为什么它是银行盈利的关键?(提示:如果准备金要求为 100%,银行会丧失什么样的盈利机会?)为什么该制度使银行家对货币供给的大小很慎重?为什么它使银行很脆弱,容易遇到挤兑现象?

4. 在 20 世纪 80 年代末和 90 年代初,美国接二连三地出现银行倒闭事件。试解释为什么这些倒闭事件没有引发银行挤兑。

5. 每年的圣诞节时,消费者和商店都会增加他们的现金持有量,试解释这一变化会给货币供给带来怎样的多倍收缩。(事实上,当局会阻止这一收缩的发生,其方法将在下一章讨论。)

6. 超额准备金使银行受到挤兑的可能性变小,那么为什么银行家不愿意持有超额准备金?何种情况会使他们相信持有超额准备金是明智的?

7. 如果政府接管了一家负债为 20 亿美元(主要是存款)的倒闭了的银行,偿还存款人的钱,然后出售资产得 15 亿美元,那么缺的 5 亿美元从何而来,为什么?

第30章 总需求管理:货币政策

> 维多利亚时代的人们全神贯注地听着关于银行利率已提高的消息。虽然他们并不知道它的含义,但他们清楚这是一个极其明智的举措。
>
> ——约翰·肯尼思·加尔布雷思(John Kenneth Galbraith)

货币政策指的是为达到影响经济的目的,联邦储备体系所采取的改变利率和货币供给的行为。

在对银行业的基本知识有了一定的了解之后,我们现在可以把货币和利率引入到我们的收入决定及价格水平的模型中来。到目前为止,我们一直把投资(I)看作是固定不变的。但这是一个拙劣的假设。投资不仅是可变的,而且还取决于利率——而利率又受**货币政策**(monetary policy)的严重影响。因此,这一章的主要任务是解释货币政策是如何影响利率、投资和总需求的。本章结束后,我们就已构建了一个完整的宏观经济模型。在随后的几章中,我们将运用这个模型来研究大量重要的政策问题。

❓ 难题:为什么本·伯南克如此重要?

2007—2008年的金融危机实际上只酝酿了很短一段时间。但是当它在2007年8月爆发的时候,金融世界里的每一双眼睛都转向了本·伯南克,这位在18个月以前刚刚上任的美联储主席。为什么?因为许多观察者认为美联储主席是经济世界里最有权力的人。

伯南克是一位杰出且谦逊的经济学家,在普林斯顿大学执教多年。但是当他现在开口说话时,全世界金融市场上的人都非常重视他的讲话,以至于他的声音能延伸到克里姆林宫的高墙之后。因为在许多经济学家看来,美联储对利率的决定是影响总需求,进而影响经济增长、失业和通胀的一个最重要的因素。而且金融危机使人们开始担忧经济的健康。

伯南克是美国中央银行,即联邦储备体系(Federal Reserve System)的大当家。美国的联邦储备体系,即美联储,简称"Fed",是一家银行,但它是一家非常特殊的银行。它的顾客不是个人,而是银行。它为银行提供一些与你的银行为你提供的服务相同的服务。虽然它的利润颇为丰厚,但盈利不是它的目标。美联储的目标是根据它所理解的国家利益的内涵努力地管理利率。本章将告诉大家美联储是如何完成这项工作的,以及为什么它的决策对我们经济的影响如此深远。简单地说,它会告诉大家,为什么在本·伯南克讲话时,人们会听得如此专注。

30.1 货币与收入:重大的区别

首先我们必须把一些术语理顺。在通常情况下,货币(money)和收入(income)两词几乎是可以通用的。但在这里,我们必须更准确地弄清它们的含义。

货币是某时间点上的即时概念。它的提问方式如:"现在你有多少钱?"或"你在11月5日星期五下午3:32有多少钱?"要回答这些问题,你要把带在身上的现金和你有的可用支票提取的存款余额加起来,答案就像这样:"我有126.33美元",或"在11月5日星期五下午3:32,我有31.43美元"。

与此不同,收入更像一幅移动的图画,它需过一段时间后才能为你所有。如果有人问你"你的收入是多少?"你必须这样回答:"每周1 000美元",或"每月4 000美元",或"每年50 000美元",或与此相似的答案。注意这些答案的每一个都附带上了单位时间。如果你只回答,"我的收入为45 000美元",而没有说明是每周、每月或每年的,没有人会明白你的意思。

显而易见这两个概念是大有不同的。一个典型的美国家庭每年的收入约为45 000美元,但它在每个时间点上持有的货币(用M1计算)可能不足2 000美元。同样,从整个国家来看,2007年的名义GDP超过了14万亿美元,而2007年来的货币存量(M1)不足1.4万亿美元。

虽然货币和收入有很大差别,但它们的确是相关联的。这一章的重点就是两者之间的关系。说具体点,我们将分析,在任一时间点的利率和货币存量如何影响人们获得的收入的大小,即货币政策如何影响GDP。

30.2 美国的中央银行:联邦储备体系

中央银行是银行的银行。美国的中央银行是联邦储备体系。

当国会在1914年建立联邦储备体系后,美国才真正踏入最先进的工业国家之列。在此之前,美国因不相信中央集权式的经济力量,几乎是唯一一个没有**中央银行**(central bank)的大国。例如,英国的中央银行(The Bank of England),英格兰银行,可以追溯到1694年。

30.2.1 起源与结构

促使美国建立中央银行的动力并不是经济逻辑的力量,而是经济现实带来的一些痛苦经历。在1873年到1907年之间,美国发生了四次严重的银行业恐慌,其间大量银行倒闭,这使得立法者和银行家一同相信,能够管制信用状况的中央银行不是摆设而是必需的。1907年的危机后,国会开始研究银行业制度的缺陷,并建立了联邦储备体系。

虽然中央银行经营的基本思想源自欧洲,但美国在引进该思想时做了一些改变,使联邦储备体系,成为独一无二的美国机构。① 由于美国幅员辽阔而且存在数量众多的商业银行,以及历来联邦与各州共同承担责任的传统,国会决定美国不应只有一个中央银行,而应该拥有十二个。

在技术层面,每个联邦储备银行都是一个公司,它的股东是它的会员银行。但是,一家银行,如果它是体系中的一员,它并不享有一般意义上股东的特权:它只获得美联储的巨大利润中的一个象征性的份额(利润大部分上交美国财政部),并且,它对公司的决策没有实质性的发言权。在许多方面,私人银行不像是美联储的主人,反倒更像它的顾客。

那么是谁控制美联储呢?华盛顿联邦储备体系由7人组成的董事会,特别是该董事会的主席掌握着大多数权力。7名董事是在议会的建议和批准下由总统任命的,任期14年。总统还要从7名董事中挑选一位任命为董事会主席,任期4年。这样,董事会主席便成为世界上最有权力的中央银行家。

美联储独立于政府的其他部门。只要它在国会界定的法定授权内,它就能独立担负决定国家货币政策的职责。但是,总统的任命权使他对美联储的政策具有某种长远的影响。例如,正是乔治·W. 布什总统在2006年选择了本·伯南克,一名前顾问,担任美联储主席。

与董事会密切相关的是大权在握的联邦公开市场委员会(Federal Open Market Committee,FOMC),其委员每年在华盛顿会晤八次。FOMC的决策在很大程度上决定着短期利率和美国货币供给的大小。委员会的12位委员包括美联储的7名董事,纽约联邦储备银行的行长,剩下的4名委员由其他11家地区银行的行长轮流担任。②

专栏

联邦公开市场委员会的一次会晤

联邦公开市场委员会的会晤是严肃正式的事件。所有19位成员——7位董事和12位储备银行的行长——在美联储那间深邃但庄重的董事大厅中围坐在一张巨大的桌子边。少数几位美联储的高级职员坐在他们中间,因为FOMC会议的参加人员是受

---

① 有趣的是当欧洲中央银行(the European Central Bank)于1999年建立时,它的结构模式是以美联储模式为基础的。
② 艾伦·布林德(Alan Blinder)是联邦储备董事会的副主席,因此在1994—1996年,他曾是FOMC的委员。

严格控制的。

在上午9点整——准时在美联储是高尚的美德——所有的门被关上,主席宣布会议开始。与大多数重大的华盛顿会晤不同,新闻记者一律不准入内,任何信息都不会向外透漏,保密是美联储推崇的另一种高尚的美德。

图片来源:Courtesy of the Federal Reserve Board

在听完几个例行报告后,主席要求每个会员轮流就当前的经济形势发表自己的观点。各地区行长对当地经济做出分析,所有会员对国民经济的前景各抒己见。委员会成员还会提出他们认为合适的货币政策变动。不同的意见被提出来,但却不闻争论之声。因为礼貌是另一种美德。最值得一提的是,在这个政治氛围最浓的城市,大家几乎从不提及政治。

在听取所有其他人的观点后,主席给出自己对经济形势的看法,然后他一般会提出一些政策选项和行动方针。虽然有人会指出不同的观点,但多数会同意。在听完这些后,主席请秘书唱票。只有12名具有投票资格的会员做出回答,说同意或不同意。否决票很少,因为FOMC努力实现意见一致,一个不同意见就被认为是强烈反对。

会议在下午2:15结束。美联储的发言人向公众宣布最后的决定。几分钟之内,全世界的金融市场都会做出反应。

30.2.2　中央银行的独立性

> **中央银行的独立性**指的是中央银行在没有政治干预下做决策的能力。

在美国和其他国家,支持和反对**中央银行的独立性**(central bank independence)的争论持续了几十年。

支持者认为,中央银行的独立性能够让中央银行从长远考虑,在客观的技术标准上制定货币政策,并保证货币政策不受"政治选票"的干扰。如果没有这种独立性,他们认为政治家们可能会迫使美联储过快地扩张货币供给,尤其是大选前,从而引起长期通胀并削弱人们对美国金融制度的信任。他们用历史证据表明,一般来看中央银行的独立性越大,国家经历的通胀越低。

但这一观点的反对者驳斥道,让一群经推选的银行家和经济学家做出影响每位公民福利的决策本身具有严重的非民主性。他们认为,货币政策应该与财政政策一样,由选举出来的人民代表来制定。

20世纪70年代和80年代早期的高通胀帮助解决了这个问题,它使各国政府相信一个独立的中央银行对于通胀的控制必不可少。例如,《马斯特里赫特条约》(1992),承诺欧盟的成员国走向低通胀和单一货币(欧元),要求每个成员国的中央银行都需独立。它们都这样做了,尽管还有几个国家尚未加入货币联盟。日本在1998年也决定让其中央银行独立。在拉美,几个先前的高通胀国家如巴西和墨西哥发现给予中央银行更多的独立性有利于它们控制通胀。欧洲的一些前社会主义国家,发现它们总是在高通胀和"不健康"的货币之间徘徊,出于类似的原因,它们也使自己的中央银行具有更大的独立性。因此,从实践的角度看,关于中央银行独立性的争论已经基本停止了。

新的问题是如何保持这种独立的和强大的机构对政治当局和广大公众负责。例如,大部分中央银行已经放弃了过去的保密传统,而更多地接受公众的监督。一些"通胀目标者们"甚至宣布通胀目标的具体数值,使得外部观察员们更容易地判断中央银行的成败。美联储没有做得这么明确,但它会在其长期的预报中揭示足够多的信息使人们能很好地了解它的通胀目标。

30.3 执行货币政策:公开市场操作

公开市场操作指的是美联储通过公开市场的交易买进或卖出政府债券的行为。

当美联储想改变利率时,它通常依赖**公开市场操作**(open-market operations),其以降低利率来应对2007—2008年的金融危机时,采用的就是这种方式。公开市场操作要么给银行多一点的准备金,要么从它们那里拿走准备金,从而引发货币供给的多倍扩张或多倍收缩,这与前一章讨论的情形一样。

这一过程是怎样运作的呢?如果联邦公开市场委员会决定降低利率,那么它可以通过给银行提供更多的准备金来实现这一目的。具体是,美联储从愿意出售一种特定的短期美国政府债券(国库券,Treasury bill)的个人和银行那里买进债券,利用新创造出来的准备金来支付。要想知道公开市场操作如何影响利率,我们必须理解银行准备金市场(图30-1)是如何运作的。

30.3.1 银行准备金市场

在市场上交易的银行准备金的供给和需求的来源是直截了当的。在供给方面,美联储决定提供多少美元的准备金。图30-1中供给曲线的标注说明供给曲线的位置取决于美联储的政策。货币政策的实质就是美联储决定的银行准备金的数额,而我们关注的就是美联储如何来做这种决定。

在需求方面,我们在前面的章节里已经了解到为何银行要持有准备金:政府管制要

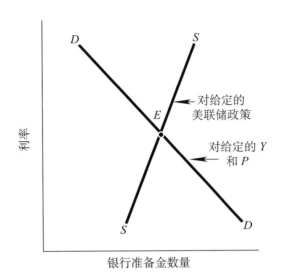

图 30-1　银行准备金市场

求它们这么做。在第 29 章,我们利用符号 m 来表示法定准备金率(美国的是 0.1)。如果存款交易的量是 D,那么对准备金的需求就是 $m \times D$。对准备金的需求就是如此反映对银行存款的交易需求的。

对银行存款的需求取决于很多因素,但是最主要的决定因素是交易的美元价值。毕竟,人们和企业持有存款是为了去交易。实际 GDP(Y)一般用来作为衡量交易量的便捷指标,价格水平(P)自然就用来衡量每笔交易的成交均价了。因此银行存款量 D,以及银行准备金的需求,取决于 Y 和 P——正如图 30-1 中需求曲线上标注表明的。

联邦基金利率是银行间互相借贷准备金时的利率。

该问题还有很多要说的,然而,我们还没有解释为什么需求曲线 DD 向下倾斜而供给曲线 SS 向上倾斜。图 30-1 的纵轴上表示的利率称作**联邦基金利率**(federal funds rate),也就是银行之间借贷准备金时的利率。当你在晚间新闻中听到"美联储今天将利率下调了 1/4 个点",该报道指的就是联邦基金利率。

那么这种借贷是哪儿来的呢?我们在前面的章节曾提到过,银行有时也会出现准备金不足或超额的情况,对银行而言哪一种情况出现都不合意。准备金实际保留量低于法定准备金水平是不被允许的。持有超过需求的准备金完全合法,但是就失去了利息,对于超额准备金而言,将它们借出去比闲置起来要好得多。因此银行业发展出一个活跃的市场,在该市场中,有多余准备金的银行能将多出来的准备金借给那些准备金不足的银行。这种银行给银行的贷款提供了一个新的而且(与法定准备金不同)对利率敏感的供需源泉。

任何想借准备金的银行必须支付用联邦基金利率来计算的利息。自然,该利率上涨时,贷款的代价就更大,对准备金的需求就更少。总而言之,准备金需求曲线(DD)向下倾斜。类似地,准备金供给曲线(SS)向上倾斜的原因是基金利率的上涨对贷出准备金有更大的吸引力。

和往常一样,需求和供给曲线的交点,也就是图 30-1 中的 E 点,就是均衡联邦基金利率。现在假定美联储想调低联邦基金利率。它可以提供额外的准备金到该市场上去从银行手中购买国库券(简称T-bills)。① 这种公开市场购买将会推动图30-2中的准备金供给曲线向外移动，从S_0S_0移到S_1S_1。均衡点从E点移动到A点，那么如图所示，对应更低的利率和更多的银行准备金。这正与美联储想降低利率的初衷相符。②

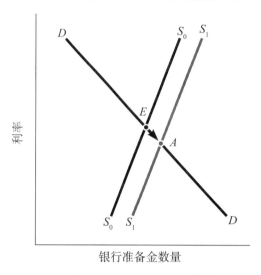

图30-2 公开市场购买的影响

30.3.2 公开市场操作机制

假设美联储从商业银行购买了价值10 000万美元的国库券，表30-1提供了一张关于这种公开市场购买的记账簿。当美联储从银行买进价值10 000万美元的债券后，这些债券的所有权就从银行转到美联储(见表30-1中的实线箭头)。美联储在银行的美联储账户中入账10 000万美元新准备金作为支付方式，表中称这一项为"银行准备金"。这些准备金既是美联储的负债，又是银行的资产。

你可能会奇怪美联储购买债券的钱是哪里来的。它可以用现金付款，但一般不会。相反，该资金是凭空产生的，或者说明白点就是靠敲几下键盘。具体来讲，美联储把适当的数目加到银行保留在美联储的准备金账户上，就完成了对银行债券的支付。这些账户上的余额构成银行的准备金，与银行金库中的现金额一样。尽管美联储的这一记账过程有时被称为"印钞票"，美联储却并未真正启动印刷机。相反，它只是用它的借据(IOU)与一项现存资产(国库券)进行交换。但与其他的借据不同，美联储的借据构成银行准备金从而能够与现金一样支持货币供给的多倍扩张。让我们来看看这是如何运作的。

---

① 买家是不是银行不重要。本章自测题第3题表明，如果银行客户购买证券，其对银行准备金和货币供给的影响是相同的。

② 经济中有许多的利率，但是它们趋向于一起向上或向下。因此对于第一门经济学课程，我们不需要把它们区分开来。

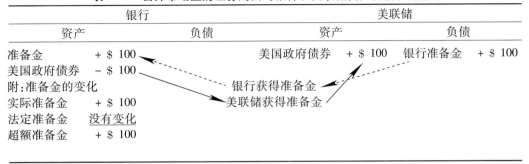

表 30-1　公开市场上的证券购买对银行和美联储资产负债表的影响

表 30-1 很清楚地表明,银行的存款根本就没有增加。因此,法定准备金没有因为公开市场操作而改变。但实际准备金增加了 10 000 万美元。因此,如果银行最初只持有法定准备金,它们现在就有了 10 000 万美元的超额准备金。银行消除这些超额准备金的方法就是创造更多的贷款,银行系统的多倍扩张就按通常的方式开始进行,正如我们在前面的章节描述的一样。对美联储而言,要估计它的行为最终能带来多大的货币供给的增加并非难事。我们从前一章已知,每新创造 1 美元的银行准备金能够支持 1/m 美元的活期存款,其中 m 为法定准备金率。在我们的例子中,$m = 0.20$,因此,10 000 万美元的新准备金能够支撑 10 000 万美元/0.2 = 50 000 万美元的新货币。

然而估计最终货币扩张量与准确知道这个数值全然是两回事。在前一章我们已学到,简单的货币乘数公式是以两个假设条件为基础的:货币扩张进程中,人们不想持有更多的现金,银行不想持有更多的超额准备金。在实际中,这些假定不可能是完全正确的。因此,要预测其行为对货币供给的最后影响,美联储必须估计出企业和个人想增加的货币持有量以及银行想增加的超额准备金的数量,然而这两个数字都不可能被准确无误地估计出来,总之,

> 当联邦储备体系想要增加货币供给时,会在公开市场上买进美国政府债券。它通过创造出新的银行准备金来实现对债券的支付,而这些新增的准备金会引起货币供给的多倍扩张。但是,由于人们持有现金的意愿和银行持有超额准备金的意愿都是波动不定的,联邦储备体系无法精确地预测这些行为的结果。但其总可以通过购买正确数量的债券一直将联邦基金利率控制在其需要的水平。①

由于该原因,在这一章和接下来的章节,我们将简单假设美联储可以直接控制联邦基金利率。

当 FOMC 想提高利率时,它采取的步骤与上述解释正好相反。简单地说,它会在公开市场上卖出政府债券。由于银行会取出它们在美联储的存款来购买政府债券,所以这会拿走银行的准备金。银行系统的多倍收缩必定出现。其原理是完全一样的,因此不确定性同样存在。

---

① 为什么?因为联邦基金利率在市场上每分钟都可以观察到,所以不需要被估计。如果利率下降得不够,美联储只需要多买点债券。如果利率下降太多了,美联储可以少买点债券。而且这些调节能够迅速做出。

30.3.3 公开市场操作、债券价格和利率

扩张性的货币政策行为是从美联储决定购买更多的政府债券开始的,这在上一节我们已举例说明了。当美联储进入公开市场购买更多债券时,它通常会使债券价格上升。图30-3说明了这一过程,图中,个人投资者面临的(垂直的)债券供给曲线向左移动,从S_0S_0移至S_1S_1,表明美联储已经从私人市场上买走了一些债券。因为个人需求曲线DD没变,所以随着债券市场的均衡由A点移至B点,债券价格从P_0上涨至P_1。

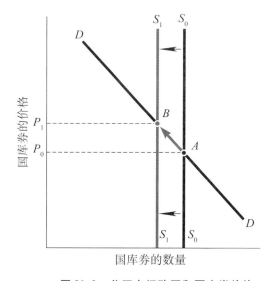

图30-3 公开市场购买和国库券价格

国库券或其他类型的债券价格上升直接意味着利率下降。为什么呢?原因只需简单的计算。因为多数债券每年支付的利息是一个固定的金额。具体点,假设一种债券每年支付60美元的利息。如果债券的售价为1 000美元,债券持有人将获得6%的投资回报(60美元的利息是1 000元的6%)。现假设债券的价格涨到1 200美元。年利息仍是60美元,因而债券持有人只获得5%的回报(60美元是1 200美元的5%)。债券的有效利率降到了5%。债券价格和利率的关系具有一般性:

> 当债券价格上升时,利率会下降,因为债券的购买者为赚到一个给定不变的年利息必须花比以前更多的钱。相似地,当债券价格下降时,利率则上升。

实际上,这种关系就是用两种方式说同一件事,利率越高就意味着债券价格越低,利率越低意味着债券价格越高。① 因此图30-3是说明美联储的公开市场操作对利率影响的另一个方法。具体而言:

> 美联储在公开市场上购买国库券不仅增加货币供给,而且还会提高国库券价

---

① 更进一步的讨论和例子,见本章后面的自测题第4题。

格并降低利率。相反,在公开市场上售出国库券会减少货币供给并降低国库券价格,提高利率。

30.4 货币控制的其他手段

美联储建立之初,它的建立者并不是要它为稳定经济而积极制定货币政策。实际上,在当时,稳定性政策的基本思想并不为人知晓。相反,美联储的建立者只是把它作为一种手段以防止货币供给和信用在经济收缩期间干涸——像1914年以前经常发生的那般。

30.4.1 给银行提供贷款

让美联储作为"最后贷款人"是国会要求美联储确保金融恐慌不再发生的一个主要手段。当商业前景风险过大使得商业银行不愿继续发放新贷款时,或当银行身处困境时,美联储就会以借钱给银行的方式介入,从而促使银行更多地贷款给它们的顾客。如果这听起来有点熟悉,那是因为这正是美联储和其他中央银行在2007年夏初和秋季所做的,当时的金融危机使银行不敢随便贷款。中央银行给商业银行的巨额贷款在一段时间内保证了金融体系的正常运作并缓解了恐慌。后来,在2008年,美联储实际上开始了一项贷款给证券公司的新计划,该计划是自20世纪30年代以来从来没有过的。

表30-2描述了美联储贷款机制。当美联储给一个需要准备金的银行贷款时,该银行就会在它的美联储的存款账户上获得一笔贷款——例中为500万美元,这500万美元作为新创造出来的准备金。因此,该500万美元就扩大了图30-2中的准备金供给。由于银行存款以及所需法定准备金都没有增加,这新增的银行准备金就形成了超额准备金。这一超额准备金可以引起一轮货币供给扩张。

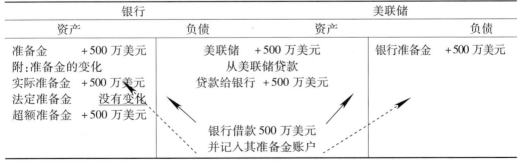

表30-2 从美联储借款的资产负债表变化

贴现率是美联储贷款给银行所收取的利率。

美联储的官员能够影响银行向美联储借款的数额,因为是他们制定这些贷款所需支付的利率,即我们所知道的**贴现率**(discount rate)。如果美联储想要银行拥有更多的准备金,它可以降低收取的贷款利率,从而吸引银行借更多的钱——正是其在 2007 年和 2008 年反复做的。反之,美联储可以提高利率,并劝银行减少向美联储借款,从而把准备金回收。

但是当美联储改变它的贴现率时,它无法明确知晓银行的反应。有时它们可能对一次贴现率的降低做出强烈的反应,从美联储借走大笔钱,同时大量地贷款给它们的顾客。有时它们可能基本上忽略贴现率的变化。实际上,当美联储 2007 年首次降低贴现率时,美联储就对银行的微小反应感到失望,因为它的本意是为系统增加准备金。该事例说明了一个公认的观点:贴现率与货币供给之间的联系可能相当松散。

一些国外中央银行积极地运用贴现率的变化,把它作为重要的货币政策。但在美国,美联储给银行的贷款频率不高且数额通常不大。相反它依靠公开市场操作来执行货币政策。美联储一般只是被动地调整它的贴现率,使之与市场利率保持一致。但是在金融危机中,美联储使用了贴现窗口,将其作为公开市场操作的补充和支持。在 2007 年和 2008 年美联储曾经常这样做。

30.4.2 改变法定准备金要求

理论上,美联储还有另一种方法来实行货币政策:改变最低法定准备金率。为了说明这个过程,假定银行持有的准备金刚刚达到法定的最低水平。换句话说,超额准备金为 0。如果美联储认为有必要降低利率,它可以降低法定准备金率,从而把先前的法定准备金部分地转变为超额准备金。这一行为不会直接创造新的准备金。但我们从前一章的分析中已知这一变化会启动银行系统的多倍扩张。就银行准备金市场来看(图 30-1),准备金需求的减少推动需求曲线内移(因为银行不再需要那么多准备金了),因此降低了利率。相似地,提高法定准备金率会提高利率并引起货币供给的多倍收缩。

然而,事实上,多年来美联储没有将准备金率作为货币控制的武器。目前的法律和条例规定的法定准备金率为交易存款的 10%——该数字自 1992 年以来就没变过。

30.5 货币政策是如何发挥作用的?

记住美联储的货币政策行动几乎一直都是公开市场操作,图 30-4 中的两个图表明了扩张性货币政策的影响(公开市场购买)和紧缩性货币政策的影响(公开市场出售)。图(a)看起来就像图 30-2。扩张性货币政策使利率下降,收缩性货币政策让利率上升。但后来发生了什么情况?

想知道答案,我们先回顾一下前面章节的相关分析,在那里我们学过,总需求是消费支出(C)、投资支出(I)、对物品和服务的政府购买(G)以及净出口($X-IM$)四者之和。我们知道财政政策直接控制的是 G 并通过税法间接影响 C 和 I。现在我们想知道货币政策怎样影响总支出。

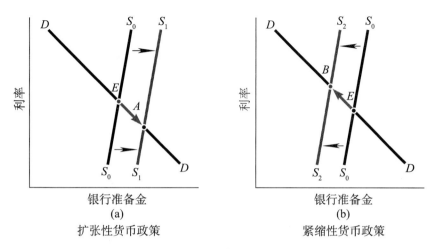

图30-4 货币政策对利率的影响

多数经济学家认同,在总需求的四个组成部分中,投资和净出口对货币政策是最敏感的。这里,我们先假定净出口($X-\text{IM}$)是固定的,而着重分析货币政策对投资(I)的影响。

30.5.1 投资与利率

鉴于最近住房市场上发生的事件,记住 $C+I+G+(X-\text{IM})$ 中的 I 既包括企业对新厂房和新设备的投资,也包括对房产的投资,这一点很重要。由于房屋抵押贷款的利息成本是拥有一所房子总成本的主要组成部分,当利率提高时,想买新房的人变少。因此,高利率会减少住房方面的投资。企业投资对利率也是敏感的,其原因我们在前面章节中已经解释过。① 由于借款所必须承担的利率是投资成本的一部分,企业经理会发现当利率上升时,投资预期的吸引力会下降。因此,他们会减少投资。我们的结论是

> 高利率引起低投资支出,但是投资(I)是总支出 $C+I+G+(X-\text{IM})$ 的一部分,因此,当利率升高时,总支出下降。用前面学的 45°线图来说,利率越高,支出曲线的位置越低,反之,低的利率导致高的支出曲线。

图 30-5 说明的就是这一情况。

30.5.2 货币政策与总支出

利率对支出的影响是货币政策影响宏观经济的一个主要机制。我们从对银行准备金市场的分析中已知(回顾图30-4),货币政策能够改变利率。下面让我们简要地看一下货币政策是如何发挥作用的。

假设美联储担忧经济下滑从而导致衰退,决定增加银行准备金的供给。一般它会在公开市场上购买政府债券,因而使货币供给曲线外移——图30-4(a)中的 S_0S_0 曲线移至 S_1S_1 曲线。这正是美联储在 2007 年和 2008 年的行动。

---

① 例如,可参见第 24 章。

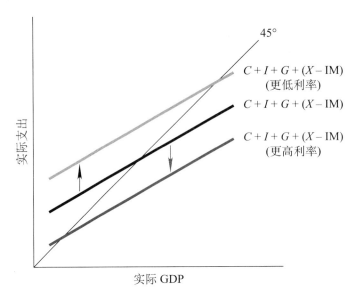

图 30-5 利率对总支出的影响

由于银行准备金需求曲线 DD 暂时不动,供给曲线的这一移动的影响如自由市场上供给增加的影响一样:降低价格,如图 30-4(a)所示。这里的价格就是利率 r(联邦基金利率),也就是借用准备金必须付出的代价。因此,r 下降了。

随后,投资支出(I)对利率的下降做出反应,对住房和企业设备的支出增加,其原因就是上面我们刚归纳的。而我们在第 26 章学过,这种自发性投资的增加会带动产出和就业的乘数倍增长。

这样,我们就成功地把银行准备金供给与总需求水平联系起来。简单地说,货币政策的作用如下:

扩张性货币政策引起利率(r)下降,利率下降会鼓励投资(I),而投资增加对总需求产生乘数效应。

反之亦然。减少银行准备金和货币供给,中央银行能够迫使利率上升,美联储在 2004 年中期到 2006 年 8 月之间那段时间正是这么做的。高的利率引起投资支出下降,并通过乘数机制拉动总需求下滑。

这是凯恩斯模型中货币政策如何影响经济的大纲。由于这个因果链相当长,下面的图解可以把它表述得更清楚。

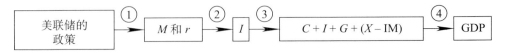

在这个因果链中,链接①表示美联储在公开市场的行为会影响利率和货币供给。链接②代表的是利率对投资的影响。链接③指明投资是总支出的一部分。链接④则是乘数,把自发性的投资变化与最终的总需求变化联系起来。让我们再复习一下每个链接的含义,借此我们会更清楚如果经济学家想要估计货币政策的影响,他们必须做哪些研究。

链接①是本章的主题。图 30-4(a)说明的就是这一条。图中表明了美联储注入的银行准备金是如何迫使利率下降的。因此,经济学家必须弄明白的第一件事是利率对银行准备金供给变化的敏感度如何。

链接②把利率的降低转化成投资支出的增加。实际估计这个影响时,经济学家必须研究投资对利率的敏感度,这是第 24 章的重点。

链接③告诉我们把 I 增加考虑进来,它表现为45°线图中 $C + I + G + (X - \text{IM})$ 曲线的自发性移动。图 30-6 完成了这一步。支出曲线从 $C + I_0 + G + (X - \text{IM})$ 移至 $C + I_1 + G + (X - \text{IM})$。

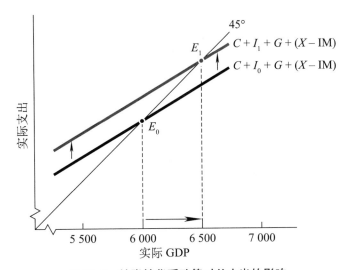

图 30-6 扩张性货币政策对总支出的影响

注:GDP 的单位为每年 10 亿美元。

最后链接④用乘数分析支出曲线的垂直变化,以预测实际 GDP 需求的最终增加量。这一变化在图 30-6 中表示为均衡从 E_0 点移至 E_1 点。例子中的实际 GDP 增加了 5 000 亿美元。当然,乘数本身的大小也必须估计。总之,

> 货币政策对总需求的影响既取决于利率对公开市场操作的敏感度,又取决于投资支出对利率的反应程度,还取决于基本支出乘数的大小。

30.6 凯恩斯模型中的货币与价格水平

我们的分析进行到这里还留下一个重要问题尚未回答:价格水平会怎样?要找到答案,我们需记得总需求和总供给共同决定价格和产出这一点。我们目前对货币政策的分析只告诉我们货币供给的增加会引起总支出增加——即它是在任一给定的价格水平下会增加总需求量。但要知道价格水平和实际产出会发生怎样的变化,我们必须同时考虑总供给。

具体地说,我们在第 28 章讨论财政政策引起的总需求变化时,就已指出总支出的增加通常会促使企业增加部分产出并提高价格。这正是向上的总供给曲线所表示的含义。至于价格和实际产出的反应哪个更大,取决于总供给曲线的斜率(见图 30-7)。由于这种对产出和价格的反应所做的分析同样适用于货币政策,或者说同样适用于任何其他提高总需求的因素,因此,我们得出结论:

> 在正常情况,扩张性的货币政策会导致部分通胀。但是它引起的通胀到底有多大还要取决于总供给曲线的斜率。

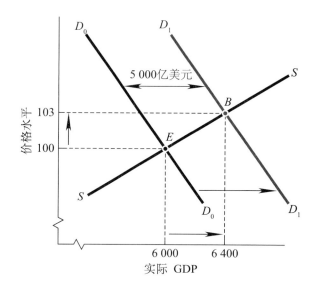

图 30-7 扩张性货币政策的通胀效应

注:GDP 的单位为每年 10 亿美元。

通过图 30-7 的总供给和总需求图,我们可以看出扩张性货币政策对价格水平的影响。在图 30-6 的例子中,美联储通过降低利率使总需求增加了 5 000 亿美元(通过乘数),即为图 30-7 中总需求曲线从 D_0D_0 移至 D_1D_1 时发生的 5 000 亿美元的水平变化。从图中可以看出,扩张性的货币政策把经济均衡从 E 点推动至 B 点,从而价格水平从 100 提高到 103,或是上升 3%。该图还表明,实际 GDP 仅增加了 4 000 亿美元,这比上面提到的 5 000 亿美元的总需求增长要少。原因我们已知,是价格上升抑制了实际总需求。

把货币供给的增加对价格水平的影响考虑进来后,我们就已完成对凯恩斯模型中货币政策的作用的讨论,我们可以把货币政策的图解进一步扩展:

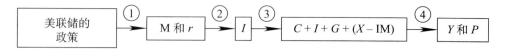

最后一个链接表明产出和价格一般都受利率和货币供给变化的影响。

30.6.1 应用:总需求曲线为何是向下倾斜的?[①]

货币政策对价格水平的影响分析使我们能够更好地理解价格上升会降低总需求量的原因——即总需求曲线为何向下倾斜。在前面几章,我们曾从两个方面对这一现象做出过解释,其一,我们发现价格上升会降低消费者持有的某些资产,特别是货币和政府债券的购买力,实际财富的下降使消费支出减少。其二,我们指出国内价格上涨抑制出口而鼓励进口。

这些分析并没有错,只是不全面。价格上涨对总需求还有另一个重要的影响,其途径正是我们将要讲的。

银行存款主要是用来进行交易的。正如我们在这一章已指出的,每次交易的平均货币成本增加,即价格水平上升,会增加存款的需求量,从而增加对银行准备金的需求。因此,不管什么原因,当支出增加时,价格水平也会提高,在任一给定的利率水平下,会需要更多的银行准备金,银行准备金的需求曲线就会向右向外移动,如图30-8所示。

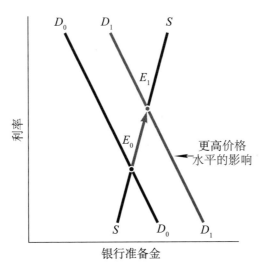

图30-8 高价格水平对银行准备金市场的影响

如果美联储不增加准备金供给,需求曲线的外移必定推动借准备金的成本,即联邦基金利率上升,如图30-8所示。我们知道,利率上升会减少投资,从而减少总需求。这是经济总需求曲线具有负斜率的主要原因,它意味着价格越高,总需求量越少。总之,

> 价格水平越高,银行准备金需求量越大。如果美联储控制货币供给不变,价格水平上涨必定引起利率上升。因为利率上升会抑制投资,所以在更高的价格上总需求量反而更低。也就是说,总需求曲线具有负斜率。

---

① 这部分涉及的内容有点难度,短期课程可以跳过。

30.7 从模型到政策争论

我们已经把分析稳定性政策所需的所有技术工具都已呈现出来,相信大家听到这一点一定是如释重负。有一点是肯定的,在后面几章,你们会遇到大量图解。但是多数是大家已熟悉的。我们的注意力现在就从构建理论转移到运用理论来理解重大政策问题上来。

图片来源:© Harley Schwadron/CartoonStock.com

后面三章将要讨论的是频繁在报纸上出现的三个重大且具争论性的政策问题:有关实行稳定性政策的争论(第 31 章),有关预算赤字以及财政政策和货币政策对增长的影响的持续争论(第 32 章),以及有关通胀与失业之间的权衡取舍的争论(第 33 章)。

小结 »»»

1. **中央银行**是银行的银行。

2. **联邦储备体系**是美国的中央银行。美国一共有 12 个联邦储备银行,但大多数权力是由华盛顿的董事会和联邦公开市场委员会控制的。

3. 美联储完全独立于政府的其他部分行事。在过去 20—25 年中,许多国家认为应保持**中央银行的独立性**,且在往这个方向靠拢。

4. 美联储有三大货币政策工具:**公开市场操作**、法定准备金要求,以及它对银行的贷款政策。但只有公开市场操作经常被运用。

5. 美联储通过在公开市场上购买政府债券来增加准备金的供给。当美联储为这些购买向银行

---

① "裙长理论"(Hemline theory),1920 年由美国经济学者乔治泰勒(George Taylor)提出,主要内容是:女人的裙长可以反映经济兴衰荣枯,裙子愈短,经济愈好,裙子愈长,经济愈是艰险。——译者注

履行支付时,它给银行提供的是新准备金,从而降低了利率而且引起了货币供给的乘数扩张。相反,公开市场出售债券会拿走银行的准备金,提高利率,从而引起货币供给的收缩。

6. 当美联储购买债券时,债券价格上升而利率下降。当美联储售出债券时,债券价格下降而利率上升。

7. 通过让银行借更多的准备金,美联储还可实现更具扩张性的货币政策,其方法是降低它给银行贷款的利率(**贴现率**)或者降低**法定准备金**。

8. 然而,任何一种工具都不能让美联储在短期完全控制货币供给,因为它无法准确预测存款创造或收缩的过程会发展到何种程度。然而美联储能牢牢控制住借贷银行准备金的利率,也就是**联邦基金利率**。

9. 投资支出(I),包括企业投资和家庭对新房屋的投资,对利率(r)很敏感,具体地说,r越高,I越低。

10. 在凯恩斯模型中,**货币政策**是以下面的方式发挥作用的:增加银行准备金供给会降低利率,更低的利率会刺激投资支出;投资激励通过乘数效应增加总需求。

11. 当产出提高时,价格很可能上升。扩张性货币政策会导致通胀,其程度取决于总供给曲线的斜率。供给曲线越陡,出现的通胀越高;曲线越平,引起的通胀越低。

12. 总需求曲线向下倾斜的主要原因是,价格越高,为进行交易所需持有的银行存款越多,从而银行准备金越多。如果准备金供给不变,更高的准备金需求将推动利率上升,进而抑制投资。

关键词

货币政策
联邦公开市场委员会(FOMC)
银行准备金市场均衡
美联储贷款给银行
总需求曲线为何向下倾斜

中央银行
中央银行的独立性
联邦基金利率
贴现率

联邦储备体系
公开市场操作
债券价格和利率
法定准备金要求

自测题

1. 假设现一共有1 200亿美元现金,一半作为法定准备金放在银行的金库中(即银行不持有超额准备金),如果法定准备金率为10%、12.5%,或$16\frac{2}{3}$%,货币供给分别为多大?

2. 如果纽约联邦储备银行以1亿美元的价格从花旗集团购买了一栋办公楼,其资产负债表会发生怎样的变化?把这一变化与表30-1中表示的公开市场的债券购买的影响进行比较,你会得出什么结论?

3. 假设美联储从在旧金山的美国银行开户的比尔·盖茨手中购买了50亿美元的政府债券。试说明该交易对美联储、美国银行和盖茨三方的资产负债表的影响。(提示:美联储支付给盖茨的50亿美元是从哪里来的?)美联储从银行或个人手中购买债券,结果有区别吗?

4. 国库券的面值是固定的(例如1 000美元),它是以"折价"出售的方式支付利息。比方说,一张面值为1 000美元的一年期国库券今天的售价为950美元,那么它支付的全部利息将是1 000美元 − 950美元 = 50美元。它的利率就是50美元/950美元 = 0.052 6,或者为5.62%。

    a. 假设国库券的价格降到925美元,利率会怎样变化?

b. 如果价格涨到975美元,利率又会怎样呢?

c. (稍难)现在把这个例子一般化。用 P 表示国库券的价格,r 表示利率。请用一个 P 的代数式表示 r。(提示:利息所得为1 000美元 $-P$,那么利率的百分比是多少呢?)并用这个公式说明本章中提出的一个结论:债券价格越高意味着利率越低。

5. 解释在下列假设下,银行准备金增加50亿美元会给实际GDP带来什么影响:

a. 银行准备金每增10亿美元,利率就下降0.5个百分点。

b. 利率每下降1个百分点,会刺激投资新增300亿美元。

c. 支出乘数为2。

d. 总供给曲线很平坦,当需求增加时,价格不会有明显上升。

6. 解释如果自测题5中的假设发生变化,你的答案会有何不同。这些假设发生何种变化会弱化货币政策的作用?

7. (稍难)假定一个经济的政府购买、税收,以及净出口都是零,消费函数为

$$C = 300 + 0.75Y$$

投资支出(I)取决于利率(r),其关系由下式给出:

$$I = 1\,000 - 100r$$

如果美联储使利率为(a)2%($r=0.02$),(b)5%,和(c)10%,请找出相应的均衡GDP。

讨论题

1. 为何一个现代工业化经济体需要中央银行?

2. 中央银行具有更大的独立性是全世界的一个趋势,其背后的原因是什么?有没有一些反对论点?

3. 解释为什么利率越高,银行准备金的供给量一般越多而银行准备金的需求量一般越少。

4. 自2007年9月到2008年4月,美联储认为利率太高并采取措施逐步降低联邦基金利率,从5.25%到2%。美联储是如何降低联邦基金利率的?把你的答案画在图上。

5. 解释为什么当利率下降时,企业投资和新房购买都会增加。

6. 在本世纪初,因为减税和支出的增加,联邦政府赤字急剧增加。如果美联储想在赤字大幅上升的情况下仍然维持同样的总需求水平,那它应该怎么做?你认为利率会如何变化?

第31章 关于货币政策和财政政策的争论

> 贪财是万恶之源。
>
> ——《新约》
>
> 乏财是万恶之源。
>
> ——萧伯纳

到目前为止,我们对稳定性政策的讨论几乎全是客观性的和技术上的。为了理解国民经济的运行以及政府政策对它的影响,我们基本忽视了围绕着货币政策和财政政策的真正实施问题存在的激烈的经济和政治争论。第31章到第33章将着重涉及这些问题。

在这一章,我们先介绍有关货币政策对经济的影响的另一种理论,即货币理论。尽管货币主义理论和凯恩斯主义理论看似相互冲突,可我们会发现这种冲突更多是表面上的,而非实际意义上的。但是如何正确地设计和实施货币政策,在经济学家中间的确存在重大差异。这些差异正是本章关注的重点。我们将会了解到有关总供给的性质、货币政策与财政政策的相对优点,以及美联储是应该努力控制货币存量还是利率等方面存在的持续争论。正如我们将要看到的,这些问题的答案是正确实行稳定性政策的关键,而且实际上,它对政府是否应该尝试实行任何形式的稳定性政策的决定也至关重要。

❓ 难题:我们应该放弃稳定性政策吗?

在本书中我们不止一次地表明适时地改变财政政策或货币政策能够减轻通胀和失业的波动。例如,在2001年9月遭遇恐怖分子的袭击后,美国经济下滑,它的财政政策和货币政策都变得更具扩张性。国会减税,美联储降低利率。这些面对衰退威胁的举措可以称为"教科书式反应"①。类似地,当2007—2008年的金融危机好像要把经济拖入衰退的时候,美联储再次降低利率,政府也推出一个庞大的"刺激计划"。这些政策决定与我们在第28章和第30章学习的内容是一致的。

---

① "textbook responses",指按经济学教科书上的建议做出反应。——译者注

但是一些经济学家认为这些内容最好是被忘掉。他们认为,在实际中,试图实现宏观经济稳定的举措很可能是弊大于利。因此,给政策制定者最好的建议是遵循单一规则,而不是就事论事。

到目前为止,我们所做的分析和讨论都无法得出这一结论。但这只是因为我们的讨论尚未结束。在本章,你将会看到几种支持规则的论点,到那时对这个重要问题,你将能更好地做出自己的回答。

31.1 货币流通速度和货币数量理论

> **货币流通速度**表示的是平均1美元每年用来购买物品和服务的次数。它是名义国内生产总值(GDP)与货币存量之比,即
> 货币流通速度
> $=\dfrac{\text{名义 GDP}}{\text{货币存量}}$

在上一章,我们学习了货币如何影响实际产出和价格水平的凯恩斯主义观点。但另一种更老的模型为探讨这些问题提供了一种不同的方法,这个模型就是货币数量论,为了便于理解该理论我们先介绍一个新概念:**货币流通速度**(velocity)。

在第29章我们了解到,由于物物交易过于繁琐,先进经济中几乎所有的交易使用的都是货币。如果在一特定年份里,一个经济中的交易额为10万亿美元,而那一年的平均货币存量为2万亿美元,那么那一年中,每一美元的货币必须平均使用5次。

这个例子中的数字5称为流通速度(velocity of circulation),或简称"速度"(velocity),因为它表示的是货币流通的快慢。打个比方,一张特定的美钞在1月份可能用来理发;在3月份,理发师可能用它买了一件毛衣;在5月份,商店老板可能又用它为汽车加了一次油;而在10月份,加油站老板可能把它给了一个房屋油漆工,最后在12月份,这个油漆工用它购买了一个圣诞礼物。这样,同一张美钞在一年里被使用了5次。如果一年中它只被使用了4次,那么它的流通速度就是4,以此类推。

因为没有人会记录下来经济中的每一次交易,所以,为了使货币流通速度成为一个可操作的概念,经济学家们需要一个切实的美元所有交易量的度量。我们前面提到过,最常用的选择是使用名义GDP,尽管它忽略了许多使用货币的交易,如金融市场的大量活动。如果我们认可名义GDP来衡量交易的货币价值,那么,我们就可以具体地定义货币流通速度为名义GDP与货币存量之比。由于名义GDP是实际GDP与价格水平的乘积,所以我们可以把这一定义用符号表示为

> **交易方程式**表述的是,GDP交易的货币价值必须等于平均货币存量与货币流通速度的乘积,即
> $M \times V = P \times Y$

$$\text{货币流通速度} = \dfrac{\text{交易价值}}{\text{货币存量}} = \dfrac{\text{名义 GDP}}{M} = \dfrac{P \times Y}{M}$$

等式两边同时乘上 M,我们就得出一个称为**交易方程式**(equation of exchange)的等式,它把货币供给与名义GDP两者联系起来:

$$\text{货币供给} \times \text{货币流通速度} = \text{名义 GDP}$$

或者用符号表示为

$$M \times V = P \times Y$$

交易方程式表明，货币存量 M 与国民产出的名义价值 $P \times Y$ 之间存在明显的关系。但是，这种关系纯粹是算术上的——不是经济意义上的。例如，它并不意味着美联储增加 M 就能够提高名义 GDP。为什么不能呢？因为 V 可能会同时下降，从而阻止 $M \times V$ 上升。换句话说，如果有更多的美钞在流通，但每张钞票参加交易的次数减少了，总支出可能不会增加。因此，我们需要一个辅助性的假设，把这个算术等式变为一种经济理论：

> **货币数量论假定货币流通速度（近似）为一个常数。这样一来，名义 GDP 与货币存量成比例变化。**

货币数量论（quantity theory of money）假定货币流通速度的变化很小以至于可以把它近似地看作常数，从而把交易方程式从一个算术等式变为一个经济模型。

不难看出，如果 V 保持不变，交易方程式就是一个极为简单的名义 GDP 的决定模型，它远比我们花了几章的篇幅来解释的凯恩斯模型简单。为了表述得更清楚，我们把交易方程式以增长率的形式重新改写一下：

$$\%\Delta M + \%\Delta V = \%\Delta P + \%\Delta Y$$

如果 V 是常数（那么它的百分比变化总为 0），例如，美联储想让名义 GDP 每年增长 4.7%，该方程式将表明，它仅需要每年按 4.7% 的比例增加货币供给就可以了。在这样一个简单的世界中，经济学家们只要预测到货币的增长率，就可以运用交易方程式预测名义 GDP 的增长了。从而政策制定者通过控制货币供给增长就能够控制名义 GDP 的增长。

然而在真实的世界里，事情并非如此简单，因为货币流通速度不是一个不变的数。但是可变的货币流通速度不会完全破坏数量理论的有用性，正如我们在第 1 章解释过的，所有经济模型的假设条件多少都有些不现实，如果没有这些假设条件，它们就根本算不上是模型，而只是对现实的令人乏味的描述。真正的问题是，货币流通速度不变的假设是对事实的完全扭曲还是对恼人细节的有用抽象归纳。

图 31-1 给出的是自 1929 年后的货币流通速度情况，它对这个问题做出了一些解释。图中的数据包括两种不同的货币流通速度，分别标为 V_1 和 V_2。为什么呢？回想一下，在第 29 章，我们可以用几种方式衡量货币，最常用的是 M1 和 M2。由于 V 就是名义 GDP 除以货币存量（M），因此用不同的 M 值得出的 V 值也不尽相同。图 31-1 给出的是 M1 和 M2 的流通速度。

毫无疑问，大家会看出 V_1 和 V_2 之间存在显著差异。V_1 无论何时也不是近似不变的，在 1929—1946 年，它表现出一个明显向下的趋势，此后至 1981 年向上的趋势也很明显，而这之后又表现得毫无规律可言。V_2 则更接近于常数，但自 1980 年后，它也有明显的上升。并且，对月份和季度数据的进一步研究表明，无论哪种方法得出的流通速度都具有相当大的波动。由于货币的流通速度在短期不是不变的，所以不论用哪种 M，假设货币流通速度不变并以此为基础是无法很好地预测出名义 GDP 的。一言以蔽之，绝对的货币数量论不是一个充分的总需求模型。

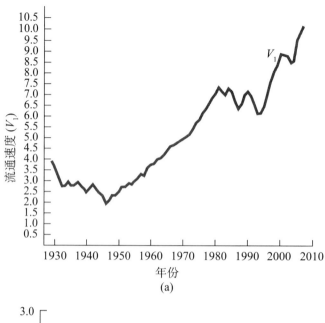

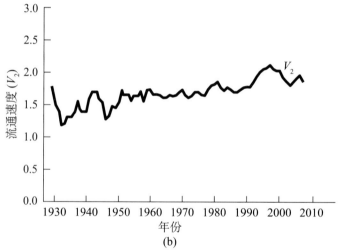

图 31-1 货币流通速度，1929—2007 年

31.1.1 货币流通速度的一些决定因素

相当明显，货币流通速度是一个变量而不是常数，因此，只有在我们能够解释它的变化的条件下，交易方程式才会成为一个有用的 GDP 决定模型。那么 1 美元每年用来买物品和服务的次数是 4 次、5 次还是 6 次，到底由哪些因素来决定呢？尽管相关的因素有许多，但这里我们只需讨论其中两个重要的因素就够了。

支付系统的效率　货币便于进行交易，这也是人们持有它的原因。但货币有一个重大的缺点：现金没有利息，而且普通的活期存款的利息也相当低。因此，如果带息资产能够立刻以很低的成本转变为货币，那么理性的个人可能会偏爱使用这类资产，如信用卡,来进行大多数的购买,而只是在需要时定期往活期存款账户上转账。如此一来,同样多的交易只需要更少的现金余额来完成。根据定义可知,货币的流通速度就会加快。

这样,减少现金持有量的可能性取决于货币可以转化为其他资产的难易程度和速度——即我们所指的"支付系统的效率"。随着计算机的运用使银行的计账程序加速,随着金融创新使活期存款与其他资产之间快速转账成为可能,随着信用卡已逐步取代现金,持有货币余额的需求已减少,货币流通速度已提高。

实际上,支付系统的进步已经给那些对货币流通速度预测感兴趣的分析师提出了一些操作上的难题。自20世纪70年代开始并一直持续至今的大量金融创新(部分创新在第29章讨论货币的定义时已提及)已经把货币流通速度的预测变成了一个极具风险的职业。事实上,许多经济学家相信,这项工作是不可能完成的,甚至根本不应该去尝试它。

利率 决定货币流通速度的第二个关键因素是利率。我们已经说过,利率越高,持有货币的机会成本越大。因此,随着利率上升,人们想持有的现金余额变少,这样现有的货币存量流通加快,货币流通速度变大。

利率因素最直接削弱了货币数量论指导货币政策的有用性。在前一章,我们学到扩张性货币政策能增加银行准备金和货币供应以及降低利率。但是如果利率下降了,在其他条件不变的情况下,货币流通速度(V)也会变小。因此,当美联储增加货币供给(M)时,$M \times V$ 的乘积增加的比例可能会比 M 本身增加的比例小。

因此,我们得出结论:

货币流通速度不是一个严格的常数,它取决于金融系统的效率和利率等因素。只有在研究货币流通速度的这些决定因素之后,我们才能希望从所知的货币供给的增长率预测出名义 GDP 的增长率。

31.1.2 货币主义:现代货币数量论

> **货币主义**是一种分析模式,它是运用交易方程式来组织和分析宏观经济数据。

上面的结论正是一个称为**货币主义**(monetarism)的思想流派的支持者力图要做的。货币主义者认识到货币流通速度是变化的,但他们声明,这些变化具有相当的可预测性——在长期是一定的,甚至在短期也可能。因此,他们的结论是,研究经济活动的最佳方法就是从用增长率形式表示的交易方程式开始,即

$$\%\Delta M + \%\Delta V = \%\Delta P + \%\Delta Y$$

在此基础上,通过仔细研究货币增长的决定因素(我们在前面两章已讨论)和货币流通速度变化的决定因素(我们刚刚也已分析),我们就可以对名义 GDP 的增长率进行预测。同样,如果理解了 V 的变化,那么控制 M 后,美联储就可以很好地控制名义 GDP。这些思想就是货币主义的核心论点。

货币主义的分析思路与凯恩斯主义的思路可以被看作是两种相互竞争的总需求

理论。凯恩斯主义者把整个经济划分为四个明确的组成部分,分别由 C、I、G 和 $(X - IM)$ 代表,然后又用一个均衡条件 $Y = C + I + G + (X - IM)$ 把它们结合起来。在凯恩斯主义的分析中,货币对经济的影响是先通过它对利率形成影响而实现的。与之不同,货币主义者把他们对经济的理解组织为两个可替代的部分,分别以 M 和 V 表示,然后运用 $M \times V$ 来预测总需求。在货币主义的模型中,货币发挥作用无须局限于利率途径。

从 $M \times V$ 算出 $P \times Y$ 所需的算术知识并不比把 C、I、G 和 $(X - IM)$ 加起来以得出 Y 所需的算术知识高深,当然两者都是正确的。真正的问题是,哪个分析框架在实际中更有用。也就是说,作为一个总需求模型,哪种思路运行更好?

尽管在所有时间段里,并没有一个对所有的经济而言都正确的一般性答案。但只要回头看看图31-1,你就能明白为什么多数经济学家在20世纪90年代之前都放弃了货币主义。20世纪60年代至70年代,货币流通速度(至少是 V_2)相当稳定,这种稳定性帮助货币主义在美国和全世界赢得了大量信奉者。但是自那以后,美国和其他许多国家的货币流动速度变得毫无规则可循,从而很少有真正的货币主义者坚持下来。

然而,正如在本章后面将看到的,我们依然能听到凯恩斯主义者和货币主义者之间的争论之声。而且,很少有经济学家怀疑在 M 和 P 之间有一个牢固的长期关系。他们只是会考虑这种关系在短期内是否有用(见专栏"货币增长总会导致通胀吗?")。

政策争论

货币增长总会导致通胀吗?

货币主义者长期以来一直坚持一个观点,用米尔顿·弗里德曼的至理名言来表述:"通胀在任何时候以及任何地方都是一个货币现象。"弗里德曼说这句话的意思是,货币供给的增长率的变化(%ΔM)根本就是通胀率(%ΔP)变化的主导因素。

很少有经济学家会对快速的货币增长要对极高的通胀率负主要责任感到质疑。例如在20世纪20年代德国的恶性通胀期间,货币印刷的速度太快以至于印刷机都苦于跟不上。但是多数经济学家对弗里德曼名言中的"任何时候以及任何地方"的措辞提出质疑。难道许多温和的通胀不就是由于货币供给的增长率之外的因素引起的吗?

答案显然是"是"。随文附的两幅图运用近代美国历史上的数据做出了解释。在散点图(a)中,每一点代表的是1979—2007年中相应各年的货币供给M2的增长率和通胀率(与CPI的计算一样)。其中,在1979—1981年,两个变量之间好像存在一个微弱的正向关系,但在1982—2007年间根本就没有任何关系出现。

货币主义者经常争辩,这种比较不公平,因为货币供给增加对通胀的影响存在一个为期约两年的时滞。所以散点图(b)把通胀与两年前的货币供给的增长对应起来。但得出的结果与前面的散点图极为相似。类似的更为复杂的散点图所得出的结果已使大多数经济学家拒绝接受货币主义者发表的通胀与货币供给增长之间紧密相关的声明。

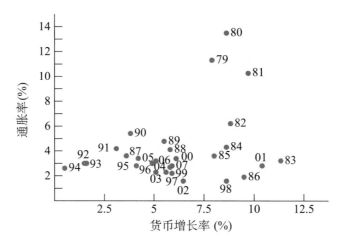

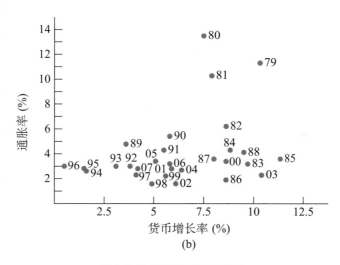

图片来源：美联储和劳工统计局

31.2 财政政策、利率和货币流通速度

我们在前一章了解到，凯恩斯主义经济学赋予了货币政策一个有力的重要作用：银行准备金和货币供给增加会降低利率从而刺激投资需求。但是财政政策同样也会对利率产生有力的影响。

为了说明这一点，让我们来考虑一下，假设政府支出增加，实际产出和价格水平会随之发生怎样的变化。我们已经知道实际 GDP(Y)和价格水平(P)会同时上升,因此名义 GDP 肯定增加。但前一章对银行准备金市场的分析告诉我们,通过提高交易的货币量而使价格和/或产出上升会推动银行准备金需求曲线向右外移。如果准备金供给不变,利率必定上升。因此扩张性的财政政策会提高利率。

如果政府按相反的方向运用它的支出和税收工具,同样的过程则会反向发挥作用。产出减少和价格(可能)下降,使准备金需求曲线向左内移。如果供给曲线不变,银行准备金市场在一个更低的利率上实现均衡。因此,

> 货币政策不是唯一影响利率的政策,财政政策也影响利率。具体而言,政府支出增加或减税一般会使利率上升,但紧缩性的财政政策一般会使利率下降。

表面上看来,财政政策的变化引起利率上升或下降是件平常的事,但它却会导致一些重大的后果。下面就是其中的两个。

31.2.1 应用:再看乘数公式

我们刚指出扩张性的财政政策会提高利率。我们也知道利率提高会抑制私人投资支出。因此,当政府增加 $C+I+G+(X-IM)$ 中的 G 时,一个值得注意的负面影响可能是 I 减少。因此,总支出增加的幅度将会比简单的乘数分析所得出的结果要小。为什么简化的乘数公式 $1/(1-MPC)$ 夸大了乘数的大小?政府需求(G)增加会抑制部分私人需求(I)这一事实又给出了另一个原因:

> 由于 G 增加(或者类似地,总支出的任一组成部分自发增加)会提高利率,从而抑制部分投资支出,所以总支出 $C+I+G+(X-IM)$ 增加的幅度比简化的乘数公式所预测的要小。

把这一发现与我们前面的乘数分析结合起来,我们现在可以完整地列出:

简化的乘数公式之所以夸大的原因

(1) 忽略了可变的进口,它会使乘数变小。
(2) 忽略了价格水平的变化,它会使乘数变小。
(3) 忽略了所得税,它会使乘数变小。
(4) 忽略了支出的自主增加引起的利率上升,它也会使乘数变小。

使乘数变小的原因这么多,因此毫不奇怪,实际的乘数——美国经济的乘数的估计值小于 2——远比简化的公式算出的要小。

31.2.2 应用:政府预算和投资

支持减少政府赤字的一个主要的论据是赤字越小,私人投资支出的水平越高。现在我们可以弄清其中的原因。政府减少赤字是通过实行紧缩性的财政政策,降低支出或提高税收,来实现的。我们刚刚分析过,无论哪种措施都会降低实际利率,利率降低应该会刺激投资支出。这一简单的观点——更低的政府赤字促进更多的私人投资——将在下

一章发挥主导作用。

31.3　争论：我们应该依靠财政政策还是货币政策？

凯恩斯主义和货币主义的分析思路看起来更像两种不同的语言。但众所周知,语言差异会以许多微妙的方式影响人们的态度。例如,凯恩斯主义语言使人们处理事情时偏好以财政政策作为第一考虑对象,因为 G 是 $C+I+G+(X-IM)$ 的一部分。与之相反,货币主义思路是通过交易方程式 $M \times V = P \times Y$ 发挥作用的,因而它让人们的视点更多地放在 M 上。事实上,许多年以前,经济学家们还在展开一个激烈的争论,其中极端的货币主义者声称财政政策无用,而极端的凯恩斯主义者则认为货币政策无效。现今,这样的争论已很少听到了。

经济学家们已不再为哪种政策更有力而展开争论,他们现在争论的是哪种药——财政政策还是货币政策——能更快地治愈病人。一直以来,我们都忽略了时间问题,而是假设当局能立刻意识到稳定性政策的需要,马上决定行动方向,并立马采取正确的措施。事实上,每一步都要花费时间。

首先,数据收集所耽误的时间就意味着最新的数据描述的也是几个月前的经济状态。其次,民主的一个代价就是政府常常要花上一段长得令人痛苦的时间来决定要怎样做,来争取必要的政治支持,以及把其决策付诸实施。最后,我们14万亿美元的庞大经济有点像一头沉睡的大象,对温和的财政和货币刺激的反应相当迟钝。结果竟然是,在选择财政政策和货币政策的过程中,这些所谓的稳定性政策的时滞因素起到了一个举足轻重的作用。原因如下。

管理消费者支出(C)的主要政策工具是个人所得税,而且第25章已经引证了为什么财政政策的制定者对于每一美元的税收减免最终会导致消费者增加大约90—95美分的支出充满信心。但并不是所有这些额外支出都会马上发生。

首先,消费者必须知晓税收的变化。然后他们可能需要确认这种变化是长期的。最后,存在一种习惯力量:当情况变化后,家庭需要一定的时间来调整他们的支出习惯。因此,在减税后的前几个月,收入每增加1美元,消费者可能只会花掉其中的30%—50%美分。他们只会逐渐地增加支出,慢慢地把新增收入的90%—95%花掉。

投资(I)的时滞更长一些,投资是货币政策影响总需求的主要途径。一家公司生产能力的扩大是一个长期的耗时的过程。首先必须递交构思并获得认可,然后必须草拟计划,获得所需资金,订购机器设备或签订新建筑合同等。这些事情大都发生在实质性支出货币之前。经济学家们已经发现,投资对利率或税法条文的变化做出反应多半需要花上几年的时间。

因此 C 的反应快于 I 的反应这一点对于不同的稳定性政策的选择具有重要意义。由于最常用的财政政策手段要么是直接影响总需求——G 是 $C+I+G+(X-IM)$ 的一部分——要么是通过消费间接影响总需求,但其时滞相当短,而货币政策主要影响的是投资,因此,与货币政策相比，传统的财政政策，例如改变 G 或调整个人税收对总需求的影响可能要快得多。

那么，财政政策就是一个更好的稳定性工具吗？不一定。我们刚提过的不受政策制定者控制的时滞，不是影响稳定性政策时效的唯一因素。政策制定者的行为本身还会产生其他的时滞。这些时滞指的是政策制定者在研究经济形势、斟酌所需采取的措施以及最后把他们的决策付诸实施的过程中延误的时间。

而在这一点上，货币政策具有很大的优势。理由很明显。联邦公开市场委员会（FOMC）每年会晤八次，需要时会晤的次数还会增加。因此货币政策的决策制定很频繁。一旦美联储决定了行动方向，一般它会立刻在公开市场上通过买卖债券加以实行。

相反，联邦预算程序是按年度财政预算周期展开的。除了特殊情况外，主要的财政政策激励只能在年度预算时形成。理论上，税法可以随时调整，但国会动作速度缓慢而且还经常受到党派政治的阻挠。由于这些原因，国会要改变财政政策一般要花上好几个月的时间。从这种意义上说，国会在这个十年中有两次证明过自己在面对紧急情况时是能够迅速反应的。第一次在 2001 年，然后是在 2008 年，当经济面临衰退的时候，国会两次都迅速通过，随后总统签字，财政刺激法案落实到消费者身上——尽管在第二次里，白宫和国会是由不同的党派控制的。这个最近的经历使得许多观察者开始反思那些老看法，即

货币政策的政策时滞比财政政策的政策时滞要短得多。

这种说法会不会不再是真的了？

既然支出时滞和政策时滞都会产生影响，我们又该何去何从呢？恐怕没有什么定论。实际上，多数学习稳定性政策的学生逐渐相信，我们的政治体制既不易发挥作用，又常常具有党派特征，因此，要想积极运用财政政策来实现稳定性目的，即使是可能的，也是非常困难的。他们认为货币政策是大家唯一可以玩的真实的游戏，稳定性政策的全部重担都将落在货币政策的身上。

31.4 争论：美联储应该控制货币供给还是利率？

美联储应该怎样实行货币政策是另一个激烈争论了几十年的重要话题。一些经济学家认为美联储应该运用它的公开市场操作来控制利率（r），也就是我们到现在为止一直在描绘的货币政策。而另一些经济学家，特别是货币主义者，都坚持美联储应该重点控制银行准备金或货币供给（M），这一争论现在在欧洲又引起一些共鸣，因为欧洲中央银行（ECB）与美联储不同，它密切关注的是货币供给的增长。（然而许多人对它的实际做法持怀疑态度。）

要理解这一争论的本质，我们必须先行理解为什么美联储不能同时控制 M 和 r。图 31-2 将会帮助我们弄明原因，该图和图 30-8 很类似，除了将横轴上原来的银行准备金换成了货币供给。之所以做这样的变换的理由来自我们在前面的章节中学到的：货

币供给量是由美联储供应的银行准备金通过乘数扩张决定的。① 你会记得,该过程导致两个量大致成比例增长——也就是说,如果银行准备金提高了 $X\%$,那么货币供给也会提高 $X\%$。② 由于 M 基本上与银行准备金成比例,因此凡能够在准备金市场上分析的问题,我们都可以在货币市场(图 31-2 描绘的市场)上用同样的方法分析。

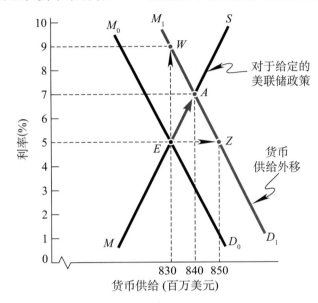

图 31-2 美联储的政策两难

图中货币市场的最初均衡在 E 点,即货币需求曲线 M_0D_0 与货币供给曲线 MS 的交点。这点上利率 $r=5\%$,货币存量 $M=8\,300$ 亿美元。我们假定这就是美联储的目标:它就是想把货币供给和利率维持在该水平上。

如果货币需求曲线不变,那么事情都会进展得很顺利。但是如果货币需求不愿伸出援助之手,假设货币需求曲线现在移动到图 31-2 的 M_1D_1 线表示的位置上,情况会怎样呢?我们在上一章已知,货币需求曲线这样移动可能是因为产出增加或价格上升,交易量因此而上升,或者是因为人们决定持有更多的银行存款。不论哪种原因,美联储都无法继续同时实现它前面的两个目标。

如果美联储什么也不做,货币需求曲线外移后会同时推动货币数量(M)和利率(r)上升。在图 31-2 中表现为从 E 点移至 A 点。例子中,如果货币需求曲线从 M_0D_0 外移至 M_1D_1,而货币政策保持不变(即货币供给曲线不动),那么货币存量将增加到 $8\,400$ 亿美元,利率上升到 7%。

现在假设美联储的目标是货币供给,且它不愿意让 M 增加。那样的话,它必须运用紧缩性的公开市场操作来阻止 M 增加。但是这样做,它会进一步提高 r,如图 31-2 的 W 点所示。在货币需求曲线外移后,E 点无法再实现。美联储必须在 M_1D_1 线上选择一点,而 W 点就是这条线上能够使货币供给维持在 $8\,300$ 亿美元的那一点。因此,只

---

① 如果你需要回顾这一过程,可回到第 29 章看看。
② 要想对这个比例关系有更详细的了解,包括一些数值例子数,可以看本章末尾自测题 5。

有让货币供给曲线内移并让它通过 W 点,美联储才能把 M 保持在 8 300 亿美元的水平上(你可以用铅笔在图上把这一移动画出来)。但利率就会飙升至 9%。

或者,如果美联储追求的是利率目标,它可能决定要避免 r 上升。这样该例中,美联储不得不实行扩张性的公开市场操作以阻止货币需求曲线外移引起的 r 上升。用图 31-2 表示,货币供给曲线外移至通过 Z 点,利率就可以维持在 5%。但这样做,美联储必须让货币供给增加到 8 500 亿美元。(同样你可以用铅笔在图上画出所需的货币供给曲线。)总结一下可以得出:

> 当货币需求曲线外移时,美联储必须忍受利率上升,或货币存量增大,或者两者兼有。它无法同时控制货币供给和利率。如果它试图保持 M 稳定,那么 r 会急剧上升;反之,如果它想稳定 r,那么 M 就会大量增加。

31.4.1　两个不完美的选择

多年以来,经济学家们一直在讨论,中央银行应该如何解决它无法同时控制货币供给和利率这一问题。它是不是应该严格地坚持它的银行准备金和货币供给的增长目标而完全不顾利率后果,即货币主义的政策?或者,它是不是应该坚持利率稳定,即使这会引起准备金和货币存量的剧烈波动,即基本上是美联储现在所做的?或者是否采取某种折中的办法更合适?让我们先分析一下这些问题,然后再考虑实际情况。

给货币供给制定严格目标存在的主要问题是,货币需求每月的增长并不是平滑而可预测的,相反,在短期它有相当的波动。这种不稳定性说明,建议控制货币供给会面临两个问题:

(1)控制货币供给几乎是不可能实现的。因为实际存在的货币数量同时取决于货币需求曲线和货币供给曲线,在货币需求具有明显波动的情况下钉住 M 目标将需要特别熟练高超的技巧。

(2)正如刚解释过的,严格坚持货币存量目标可能会导致利率出现大的波动,这会给企业决策制造一个不稳定的环境。

但是,如果只强调利率的变化,我们也能提出一些有力的反对观点。由于产出增加和价格上升会使货币需求曲线外移(如图 31-2 所示),中央银行若决定要阻止利率上升,就必须相应地扩大货币供给。反之当 GDP 突然降低,它就必须减少货币供给以防止利率下降。因此,钉住利率将在经济繁荣时扩张货币供给,在经济衰退时紧缩货币供给,这会给经济的稳定性带来潜在的严重后果。且有趣的是,设计联邦储备体系的目的就是要阻止这种货币行为。因此,如果美联储要控制利率,它最好的选择是制定浮动的利率目标而不是固定的目标。

31.4.2　美联储实际做了些什么?

在第二次世界大战后美国历史的大部分时间中,主导的观点认为两个目标中利率重要得多。原因是,利率波动会导致投资支出出现剧烈的不确定的变化,这又会使整个经济出现波动。因此,稳定利率被认为是稳定 GDP 的最佳方法。如果这样做必须引起货币供给波动,那就让它去吧。结果是,美联储强调利率而很少关注货币供给,这也基本上是其如今的观点。

在 20 世纪 60 年代,这一盛行的观点受到米尔顿·弗里德曼和其他货币主义者的攻击。这些经济学家认为,美联储想稳定利率实际上会使货币供给过多波动,最终使经济陷入不稳定。因此,他们极力要求美联储停止对利率波动的担心,而是让货币供给月复一月、年复一年地按一个不变的比例增长。

在通胀出现的 20 世纪 70 年代,货币主义对美联储的影响迈出了重大一步,特别是在 1979 年 10 月,当时保罗·沃尔克(Paul Volcker)主席宣布货币政策将会经历一个重要变化。此后,他主张,美联储会更紧密地坚持它的货币存量的增长目标,而不论这对利率意味着什么,利率将完全交给供求法则。

根据我们的分析,政策的这一变化应该会加剧利率的波动——事实也的确如此。不幸的是,美联储遇到了厄运。随后的三年是以非同寻常的严重的货币需求波动为特征的,而且利率的上下起伏远远超出了人们的预期。图 31-3 表示的就是 1979 年年末至 1982 年年末利率的剧烈波动情况。不难想象,这种反常的表现让美联储受到了严厉的批评。

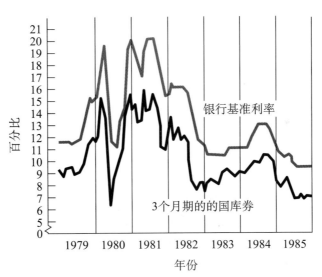

图 31-3　利率在 1979—1985 年的行为

然后在 1982 年的 10 月,沃尔克宣布美联储临时放弃钉住货币供给增长路径的目标。虽然他没有明说,但他的声明很可能意味着美联储会重新更多地关注利率。从图 31-3 中可以看出,政策改变后,利率的确变得稳定许多。多数观察者认为这一稳定并非偶然。

1982 年后,美联储逐渐远离了货币供给应按不变比例增长这一观点。最终,在 1993 年,艾伦·格林斯潘主席正式认可了许多人已经知道的一个事实:美联储不再利用各种 M 值来指导政策,他强有力地暗示大家美联储是以利率,特别是实际利率为目标——此后这一暗示又一而再再而三地多次重复。事实上,美联储毫无选择。在 20 世纪 80 年代和 90 年代,货币需求表现得毫无规则且无法预测,因此稳定货币存量既无可能也不合适。至少到目前为止,美联储对回归到关注 M 值还未表现出任何兴趣。

31.5 争论:总供给曲线的形状

有关稳定性政策的另一个热烈争论是围绕着经济的总供给曲线的形状展开的。许多经济学家认为总供给曲线很平坦,如图 31-4(a)所示,这样经济能够实现产量的大幅增加而不会引起通胀。但另一些经济学家认为总供给曲线很陡峭,如图 31-4(b)所示,这样价格对产出变化的反应会很强烈。对公共政策而言,这些差异是相当重要的。

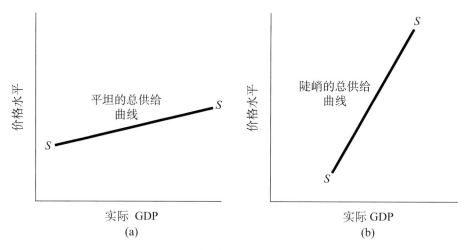

图 31-4 对总供给曲线的不同观点

如果总供给曲线是平坦的,扩张性的财政政策或货币政策引起总需求曲线扩张外移后,能够以较低的通胀成本实现较大的实际 GDP 增长。图 31-5(a)中,需求刺激使总需求曲线从 D_0D_0 外移至 D_1D_1,经济均衡相应从 E 点移至 A 点。产出增加显著(图中为 4 000 亿美元),而伴随的通胀却很小(1%)。因此,反衰退的政策是相当成功的。

但是当总供给曲线平坦时,紧缩性的稳定性政策就不是降低通胀的有效办法。相反,它主要是降低实际产出,如图 31-5(b)所示。图中,总需求曲线从曲线 D_0D_0 左移至曲线 D_2D_2,使均衡由 E 点移至 B 点,结果实际 GDP 降低了 4 000 亿美元,而价格水平只下跌了 1%。在这个例子里,降低总需求来反通胀的成本显然相当大。

如果总供给曲线很陡峭,那么情形恰好相反。扩张性的财政政策或货币政策将会引起高通胀但对实际 GDP 的作用有限。如图 31-6(a)所示,图中扩张性的政策使总需求曲线由 D_0D_0 外移至 D_1D_1,从而使经济均衡由 E 点移至 A 点。产出仅仅增加了 1 000 亿美元,但价格却猛涨了 10%。

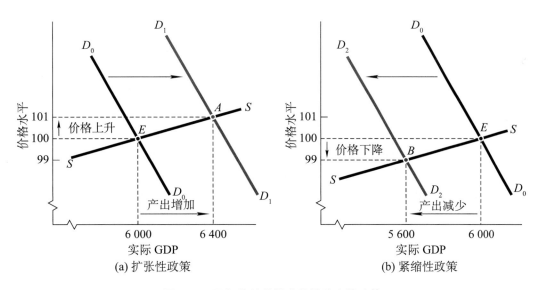

图 31-5　平坦的总供给曲线的稳定性政策

注：实际 GDP 单位为每年 10 亿美元。

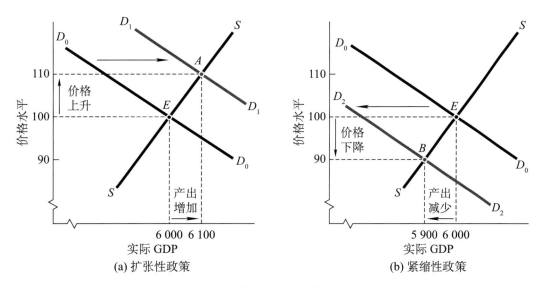

图 31-6　陡峭的总供给曲线的稳定性政策

注：实际 GDP 单位为每年 10 亿美元。

同理，紧缩性的政策能有效地拉动价格水平下滑，而无须大量减少产出，如图 31-6 (b)中均衡由 E 点移至 B 点。这里，仅花了 1 000 亿美元的产出损失(从 60 000 亿美元降到 59 000 亿美元)来"购买"10% 的通胀下降。

如我们所见，总供给曲线是陡峭还是平坦的认定对实行合适的稳定性政策显然具有非常重大的意义。如果供给曲线平坦，稳定性政策反衰退更有效；如果供给曲线陡峭，稳定性政策反通胀更有效。

既然这样，为什么还有争论？为什么经济学家不能测量总供给曲线的斜度并停止争论呢？因为真实世界中的供给情况远比我们的简单图解所表明的要复杂。一些产业可能具有平坦的供给曲线,而另一些产业则具有陡峭的供给曲线。第 27 章也解释过,总供给曲线随时间会变化。而且,与实验科学家不同,经济学家无法做控制性的实验——能直接反映总供给曲线的实验,他们必须运用统计参考数据来进行经验性猜测。

尽管经验研究仍在继续,但我们对总供给的理解还是比不上我们对总需求的理解。然而许多经济学家相信一致的观点大致已经出现。这种观点认为,总供给曲线的陡峭程度取决于所考虑的时间的长短。

在相当短的时期内,总供给曲线是相当平坦的,图 31-5 相对比较真实。因此较短时期内,总需求的波动对产出有很大的影响,对价格的影响甚微。但是在长期,总供给曲线会变得相当陡峭,甚至可能是垂直的。这种情况下,图 31-6 更好地反映了现实,因此需求变化主要影响的是价格,而不是产出。① 这意味着:

> 在短期,总需求的变化主要影响产出,而在长期,它主要影响价格。

31.6 争论:政府应该干预吗?

至此我们尚未考虑本章开头提出的问题,它可能是所有争论的问题中最基本、分歧最大的一个。政府能成功地稳定经济——这可能吗?或者,这种出发点是很好的努力但可能是弊大于利吗?

这一争论已经激烈地持续了几十年,至今都没停止的倾向。争论带有部分政治性或哲学性。自由主义的经济学家往往更具干预意识,从而更加支持积极的稳定性政策。保守主义的经济学家更倾向于政策之手远离经济,从而建议坚持单一的不变规则。这种政治上的分歧并不奇怪。但意识形态不是激发争论的唯一因素。我们需要理解的是其经济学含义。

反对稳定性政策的人士针对的是财政政策和货币政策实行过程中存在的时滞和不确定性因素,这些我们在本章和前面几章已多次强调。美联储的行动会对货币供给产生合意的影响吗?这些行动会如何影响利率和支出?财政政策能迅速实施吗?支出乘数有多大?更多的问题还可列出来。

这些怀疑者看到上述重重困难,对我们预测未来经济形势的能力产生更大的怀疑,并担心稳定性政策会失败。因此他们建议财政当局和货币当局都寻求一种消极的而非积极的政策——坚持单一规则,虽然它不能熨平经济增长路径中的每一坎坷,但至少它会使经济在长期中基本处在轨道上。

支持积极的稳定性政策的人士,承认完美是不可能的,但他们对成功的展望要乐观得多,而对经济在没有需求管理时能否顺利运行,他们却表现得不太乐观。因此,他们建议在经济出现紧缩缺口时,审慎地增加政府支出(或减税)和降低利率——当经济出现通胀缺口时则采取相反的措施。他们相信,这些政策有助于经济更加靠近它充分就业的增长路径。

---

① 短期总供给曲线较平、长期总供给曲线较陡这一观点背后的原因将会在第 33 章给出更多解释。

双方都能找到证据支持各自的观点。积极主义者骄傲地回顾1964年的减税以及它开创的那段持续的经济增长时期。他们还提到1975年的减税（这次减税恰好在一次衰退的谷底到来之时及时实施），甚至更近的"9·11"和2008年2月后推出的一揽子财政刺激计划。使用相机抉择的货币政策的支持者们歌颂美联储在1982年"放松银根"，在1992—2000年熟练地控制经济，以及2001年9月11日后以及2007年8月的金融冲击后，对经济威胁做出迅速反应等做法。而规则的支持者则让我们想起了1966—1968年越南战争期间，政府拒不阻止已显然失控的需求形势，1972年政府引起的经济过度扩张，1981—1982年货币过度紧缩引起的严重衰退以及1990年年初不恰当的反衰退政策，也有一些人认为美联储在2003—2005年所保持的低利率助长了房屋"泡沫"。

财政政策和货币政策的历史并不辉煌。尽管当局有时采取了适当的及时措施来稳定经济，但在另一些时候，他们显然是采取了不恰当的措施或者是压根儿什么也没做。因此，政府应该采取消极的规则还是尝试积极的稳定性政策这一问题还需要进一步探讨。我们会看到，本章前面讨论过的政策的时滞效应在争论中扮演了一个重要的角色。

31.6.1　时滞与单一规则与审慎政策之争

时滞给稳定性政策带来了一个根本性的难题——一个难以逾越的难题，它使一些经济学家得出结论：试图稳定经济活动的结果可能是弊大于利。为说明原因，参看图31-7。这是一个虚构的经济，没有稳定性政策，其实际GDP和潜在GDP均以一个经济周期的情况同时出现在图中。在 A 点，经济开始滑入一次衰退，直至 D 点才恢复到充分就业。然后在 D、E 两点之间，它又超出潜在GDP，进入了一次通胀型的繁荣。

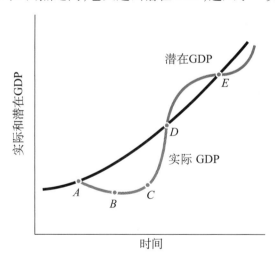

图 31-7　一个典型的经济周期

支持稳定性政策的论点是这样推理的：在 B 点，政策制定者认识到衰退是个严重的问题，他们便采取合适的行动。这些行动大约在 C 点发挥出主要影响，从而防止了衰退深化及延续。

但是如果时滞确实比他们描述的要长一些而且更难以预测，情况会怎样呢？比如说,行动直到 C 点才开始,而激励政策的主要作用在 D 点后才发挥出来。那么,政策在衰退期间就根本没起到任何作用,实际上在随后的繁荣阶段它还过度刺激经济产生了负面影响。因此,

> 当时滞很长时,试图稳定经济的结果可能实际上使经济更不稳定。

正因如此,一些经济学家认为,让经济独立地依靠它自身的自我调整力量来治愈衰退和通胀情况会更好。他们建议政策制定者坚持单一的规则——不理会当前发生的经济事件,而不是采取周期性的货币与财政激励或货币与财政制约措施。

对于货币政策,我们已经提及货币主义者的政策规则:美联储应该让货币供给按一个固定的比例增长。对于财政政策,规则的拥护者们经常建议政府放弃积极管理需求的意愿,而是要依靠经济的自动稳定器,这一点我们在第 28 章已做过讨论。

31.7 单一规则与审慎政策之争的各个方面

这些观点是正确的吗?我们应该放弃审慎的政策而把经济交给自动驾驶仪——依靠自动稳定器和经济自身的自我调整机制吗?和通常一样,问题的答案取决于许多因素。

31.7.1 经济自我调整机制的作用发挥有多快?

在第 27 章,我们重点指出过经济具有一个自我调整机制。如果自我调整机制能快速且有效地发挥作用,衰退和通胀就会自行迅速消失,干预就大可不必。也就是说,如果这些问题一般只会持续很短一段时间,那么审慎的稳定性政策具有的时滞将意味着药物经常是在疾病消除之后才发挥主要药效的。用图 31-7 表示这种情形就是 D 点与 A 点相距甚近。实际上,某些杰出的经济学家(虽然仍是少数)反对 2001 年的"9·11"恐怖袭击后以及 2007—2008 年的金融冲击后的财政激励政策用的就是这一推理。

尽管这一机制的强烈支持者认为事实就是如此,但大多数经济学家认为自我调整机制很缓慢而且不是那么可靠,即使在有自动稳定器的辅助作用下。这对酌情决定的政策又提供了支持。

31.7.2 稳定性政策的时滞有多长?

我们刚解释过,货币政策和财政政策存在的长时间的不可预测的时滞很可能使稳定性政策难以发挥好的作用,短且可靠的时滞则不会产生这种影响。因此单一规则的支持者强调时滞过长,而审慎政策的拥护者则说时滞很短。

谁对谁错须依情况而定。有时政策制定者及时采取行动,经济在滑入衰退的一年之内至少可以从扩张性的政策那里获得部分刺激。"9·11"事件和 2007—2008 年的金融危机后的减税和大幅削减利率就是最新例子。虽然远不完美,但这些及时的行动,

在很短的时间里就发挥了作用并取得了一定的成效。可是正如我们已经看到的,相当迟缓的政策反应却可能带来不稳定性。由于历史同时证明了双方的存在,我们并不能得出一般的结论。

31.7.3 经济预测有多准?

准确预测经济事件是显著缩短政策制定时滞的一种途径。如果我们能够整整提前一年预测到衰退将来临(当然我们不能),那么即使是相当滞后的政策反应也可能仍是及时的。用图31-7来说,这种情况就是在 A 点之前就已经预测到了衰退的到来。

多年以来,工作在大学、政府机构以及私人企业的经济学家们研究出了大量的技术工具来帮助他们预测未来的经济。但遗憾的是,没有哪种方法是十分精确的。为了给大家一个粗略的量的概念,一般来说,对下一年的通胀率或实际 GDP 的增长率的预测误差一般为 $\pm\frac{3}{4}$ 到 ± 1 个百分点。但对预测者来说情况不好时,2—3 个百分点的误差也是会出现的。

这样的成绩够好了吗?这要取决于预测结果的用途。如果用来作为实行微调(fine-tuning)的基础——试图使经济尽可能地保持在充分就业的水平上,这样的预测结果显然不够好。但是如果政策制定者想运用审慎的稳定性政策来消除实际 GDP 和潜在 GDP 之间存在的持续的较大缺口,这样的结果可能绰绰有余。

31.7.4 政府的大小

积极的财政政策不可避免地会引起公共部门扩大,这一观点并不正确,但不时会听到。由于单一规则的支持者通常也反对大政府,因而他们认为公共部门扩大是不合意的。当然,其他人会认为更大的公共部门才是社会所需要的。

但是这一观点与我们讨论的正题完全无关,因为我们在第 28 章就指出:一个人对合适的政府大小的看法不应该与他对稳定性政策的看法有任何关系。例如,乔治·W. 布什总统与那些致力于缩小公共部门的人一样是保守主义者。[①] 但他在 2001—2003 年开始实施的减税激励却是一个极端的积极主义者支持的刺激经济的财政政策。而且,如今多数稳定性政策也包括货币政策,而货币政策既不会扩大也不会缩小政府的规模。

31.7.5 政府政策引起的不确定性

当规则的支持者们强调税法、政府支出计划或货币情况的频繁变化会使企业和消费者难以形成和实施理性的计划时,他们的理由是很有力的。他们认为坚持单一规则可以让政府为私人部门提供一个稳定的经济环境,从而企业和消费者就会准确地知道他们可以预期什么。

没有人不同意更稳定的环境对私人计划更有利,即便如此,审慎政策的支持者强

---

① 实际上,联邦政府在他的任期内迅速扩张,部分是出于国家安全的考虑,部分是因为国内的消费。

调经济稳定比政府预算稳定(或美联储的操作稳定)更重要。稳定性政策的整个思想就是用政府预算(或货币政策)的适时变化来阻止经济活动过程上的波动。他们会问,哪种环境对企业更有利——是坚持财政和货币规则让国会和美联储尽享安宁却让衰退和通胀来击垮经济,还是让政府偶尔突然地改变政策,但经济却更加稳定地增长?他们认为答案是不言而喻的。当然,稳定性政策在实际中能否成功是另一个存在的问题。

专栏

介于规则与审慎之间

近年来,很多经济学家和政策制定者一直在寻找一个中间地带,也就是既不给货币政策制定者制定严格的规则,也不给他们完全的自由裁量权——如美联储拥有的权力。

其中一种思路称为"以通胀为目标"(inflation-targeting)。按照英国的操作,当一位当选官员(财政大臣,与美国财政部长相当)为通胀率选定一个数字目标后,通胀目标开始起作用,目前这一目标为2%,按消费价格计。然后,英国的中央银行,英格兰银行依法要努力实现这一目标。在这种意义上,这一制度的作用有点像单一规则。但是,至于他们想如何实现这一目标,货币政策制定者拥有完全的自由裁量权。财政大臣和议会都不干预每天的货币政策的决策。美联储主席本·伯南克还在普林斯顿大学当教授的时候,他就是"以通胀为目标"的一个坚定支持者。但美联储不认同这一点。

另一思路称为"泰勒规则"(Taylor rule),以斯坦福大学的约翰·泰勒教授的名字命名。大概10年前,泰勒注意到格林斯潘时代的美联储利率决策可以用一个简单的代数方程表示。这一方程现称为泰勒规则,它以2%的实际利率开始,指导美联储按紧缩缺口的大小成比例降低利率,或者当通胀高出2%时(2%是美联储设定的通胀目标),按比例提高利率。没有哪个中央银行把泰勒规则作为一个机械的规则来使用,泰勒本人也不想这样。但是世界上许多中央银行,包括美联储,发现把泰勒规则作为指导他们的决策基准很实用——该决策再次成了具有规则和审慎特征的混合物。

图片来源:© David Devins/newscast

31.7.6 存在政治性经济周期吗？

规则支持者们提出的最后一个观点是政治上的，而非经济意义的。由于做出财政政策决策的人是被选举出来的政治家：总统及国会成员。当选举在即（包括众议院议员的选举），这些政治家就有可能把职位的获取与应该采取的经济措施联系起来。这使得财政政策受到"政治操控"——法律制定者可能为实现短期目标而采取不恰当的行动。反对审慎政策的人士认为，完全自动稳定的制度就不会有这样的危险。

政治家刻意引起经济不稳定以帮助自己再选获胜当然是可能的。事实上，"政治性经济周期"（political business cycle）的一些研究者已声称，曾有几位美国总统充分利用此类机会。而且，即便没有任何阴险意图，政治家们也可能出于完全正当的理由做出错误的行动。政界中的决策从来就不是一清二楚的，在美国的财政政策的历史中，出现极为严重的错误的实例可以被轻而易举地找到。

如此从整体上看来，反对审慎财政政策的政治论点似乎很有见地。我们应该如何对待它呢？若相信财政决策能够或者应该交给一群客观的无党派之分的技术人员来处理，这显然是不现实的。在一个民主的环境里，税收和财政政策本身要求政治决策应该由经选举产生的官员们做出。

从可能存在的政治欺诈的角度上看，这一事实似乎令人担忧。但是，其他领域的政策制定也存在类似的谋略操作，因此，与它们一样，这也不应该过多（或过少！）地困扰我们。毕竟，同样的问题也出现在国际关系、国防、法律的制定和实施等各方面。所有这些决策都是由政治家们做出的，它们只是在选举时偶尔会受到影响。所以，实际没有什么理由使财政政策与众不同。

但是货币政策确实不同。由于国会担心注重短期绩效的被选官员过度扩张货币政策，因此很久以前，它就把货币政策的适时决策权授予了美联储的技术专家们——他们不是经选举产生的。政治只能间接地影响货币政策：美联储必须向国会报告，而总统有权根据自己的喜好任命联邦储备银行的行长。但大致上说，美联储还是与政治无关的。

专栏

规则与审慎之争的诺贝尔奖

2004 年，卡内基·梅隆大学的经济学家 Finn Kydland 和亚利桑那州大学的经济学家 Edward Prescott 由于他们关于规则与审慎之争的突出贡献而共同获得诺贝尔奖。他们呼吁关注一个他们称为"时间不一致性"的一般性问题。他们分析该问题而得出的结论是美联储应该遵循规则。

一个贴近生活的例子可以说明时间不一致性问题的基本原理。假定你的导师在 9 月宣布，期末考试将在 12 月举行。考试的主要目的是确保学生们学习和掌握了课程教材，而且考试本身既是老师的工作也是对学生的压力。因此，当 12 月即将来临的时候，在最后时刻取消考试看起来是"最好的了"。当然,如果这经常发生,学生们会立即停止为期末考试学习。所以举行考试是更好的长期政策。解决该时间不一致问题的一个办法就是采取一个简单的规定——一旦宣布考试就一定会执行,不能允许个别教师随意取消期末考试。

Finn Kydland 和 Edward Prescott 提出货币政策制定者面临类似的时间不一致问题。他们首先宣布一项严格的反通胀政策(就像要举行期末考试)。但是后来,当关键时刻(12月)来到的时候,他们可能不会那么坚决了,因为不想造成失业(工作和压力)。他们建议的解决方案是,美联储和其他央行应该制定规则以取消不同时期的自由裁量权。

❓ 难题解答:应该怎么办?

那么对本章开始提出的问题,我们得出了什么样的结论呢?是力求实行最为审慎的政策更好——即便我们完全了解我们无法完美地实现目标?还是依靠不变的规则和自动稳定器更明智?

大家对经济的基本看法是决定赞同或反对一种观点的关键。一些经济学家相信,如果经济不受到任何管理,它会产生出一系列难以预测的波动,但是它会在相当短的时间里自行恢复。他们得出结论,由于时滞很长,加上预测不准,在政策行动实际发挥作用之前,我们要判断经济到底需要激励还是约束的能力相当有限。因此,他们支持单一规则。

另一些经济学家把经济比喻成一条巨大的冰河,具有极大的惯性,在他们看来,如果我们现在发现经济中存在通胀或紧缩缺口,该缺口仍可能在今后的一年或两年中都会存在,因为自我调整机制运行相当缓慢。在这样的世界里,预测无须很精确,即使政策时滞很长。例如,我们预测到一年后实际 GDP 与潜在 GDP 的缺口为4%并以此作为政策的基础,可实际缺口竟然仅为2%。在这种情况下,尽管预测不精确,但我们所做的仍是正确的。因此对经济持有这种看法的人往往支持审慎政策。

无论是经济学家还是政治家都没有就这个问题达成共识。毕竟这个问题既涉及经济学,又与政治意识形态相关。自由主义者经常指望政府解决社会问题,而保守主义者又不断地指出政府的许多努力,即使意愿是好的,也都失败了。对此,一种审慎的观点可能是

> 当经济出现严重无效率或出现超额总需求时,积极的审慎政策很有说服力。但规则支持者指出试图消除 GDP 增长路径中的每一个微小的波动不是明智之举的观点也是正确的。

但有一点看来是可以肯定的:规则—审慎政策之争很可能还要持续相当一段时间。

小结

1. **货币流通速度**(V)是名义 GDP 与货币存量(M)之比。它表明的是货币流通速度的快慢。
2. **利率**(r)是决定货币流通速度的一个重要因素。当利率很高时,人们发现持有货币不合算,因为货币不付息或者只付很少的利息。因此,当 r 上升时,货币流通更快,V 上升。
3. **货币主义**是一种分析思路,它重点关注的是货币流通速度和货币供给(M)。尽管货币主义者认识到 V 不是一个常数,但他们相信它是可预测的,因而是政策分析和预测的有用工具。
4. 由于扩张性的财政政策提高交易数量,进而增加银行存款以及由此衍生的银行准备金的需求,因而它会推动利率上升。利率上升会抑制一些类型的支出,特别是投资支出的增加,因而减少了乘数。
5. 由于财政政策可以直接通过 G 或间接通过 C 影响总需求,其支出时滞,即财政措施采取后到它对总需求产出影响所需的时间可能相当短。相反,货币政策主要是对投资(I)有作用,而 I 对利率的变化的反应很慢。
6. 然而,财政政策的政策制定时滞相对货币政策的要长得多。因此,把两种时滞加起来后,哪种政策的作用更快就不是很明确了。
7. 因为美联储无法控制货币需求曲线,所以它无法同时控制 M 和 r。如果货币需求改变了,美联储就必须决定它是想保持 M 稳定,还是保持 r 稳定,或是在 M 和 r 之间选取一个折中点。
8. 货币主义者强调稳定货币供给的增长路径的重要性,而主导的凯恩斯主义的观点更重视保持利率目标的稳定。
9. 实际上,对于这个问题,美联储的观点改变过多次。几十年中,它主要强调利率,后来在 1979—1982 年,它改而致力于货币供给的稳定增长。但那之后,它的重点明显又转回到了利率目标上。
10. 当总供给曲线很平时,总需求的变化对国家的实际产出影响很大,对价格水平的影响很小。这种情况下,稳定性政策作为反衰退工具效果显著,但反通胀的力量有限。
11. 当总供给曲线很陡时,总需求的变化对实际产出的影响很小,而对价格水平的影响很大。这种情况下,稳定性政策是反通胀的有效手段,但对减少失业的作用不大。
12. 短期总供给曲线可能相当平坦,而长期总供给曲线相当陡峭。因此,稳定性政策在短期主要影响产出,在长期主要影响价格。
13. 当财政政策和货币政策的时滞长且不易预测时,试图稳定经济活动的政策措施可能反而会使经济活动变得更加不稳定。
14. 一些经济学家相信,由于我们无法充分了解稳定性政策发挥作用的途径,由于存在较长的时滞和不精确的预测等多个因素,审慎的稳定性政策难以成功。
15. 另一些经济学家承认这些问题的存在,但他们相信情况并没有这么严重,而且他们也不太相信经济自行治愈衰退和通胀的能力。因此,他们认为审慎政策不仅是可行的,而且是必要的。
16. 用财政政策稳定经济不一定会形成"大政府"。

关键词

货币流通速度　　　　交易方程式　　　　货币数量论
货币主义

自测题

1. 利用 M1 的定义回答：你平常一般会持有多少钱（包括现金和活期存款余额）？用你过去 12 个月的总收入除以这个数得出你个人的货币流通速度。你能代表整个国家吗？

2. 下表列出了所选年份的名义 GDP 和货币供给（M1）的数据。计算每一年的货币流通速度，你能发现什么趋势吗？同 1975—1995 年的趋势相比呢？

年份	年末的货币供给（M1）	名义 GDP
2004	1 376	11 686
2005	1 375	12 434
2006	1 367	13 195
2007	1 364	13 841

注：数据以 10 亿美元计。

3. 用与自测题 2 一样的供求分析说明货币需求意外减少后，美联储会面临怎样的选择。如果美联储采取货币主义观点的政策，利率会怎样变化？

4. 下列事件中，哪些支持审慎政策论点，哪些支持规则论点。

   a. 结构变化使经济自我调整机制的作用比以前发挥得更快速更可靠。

   b. 发现了新的统计方法，从而提高了经济预测的准确性。

   c. 一位共和党人士当选为总统，而国会成员绝大多数是民主党人士，对于应该如何管理国民经济，国会和总统分歧巨大。

5. （稍难）货币供给（M）是银行存款总额（D）和大众手中的通货（C）的加总。假定法定准备金率是 20%，美联储提供了 500 亿美元的银行准备金（$R=500$ 亿美元）。

   a. 首先假定大众手中没有通货（$C=0$）。货币供应量（M）有多少？如果美联储将银行准备金增加到 $R=600$ 亿美元，M 又是多少？

   b. 下面假定大众持有价值银行存款的 20% 的通货，也就是，$C=0.2D$。定义基础货币（B）为准备金（R）和通货（C）的加总：$B=R+C$。如果美联储现在新创造出价值为 500 亿美元的基础货币，M 是多少？（提示：你需要一点代数学知识来计算。记住 500 亿美元的基础货币分为两个部分：银行准备金和通货。）现在，如果美联储将基础货币提高到 $B=600$ 亿美元，M 又是多少？

   c. M 和 B 之间存在什么关系？

讨论题

1. 运用机会成本的概念解释，为什么利率越高，流通速度越大。

2. 货币主义与货币数量论有何区别？

3. 如果货币流通速度的情况如图 31-1 所示，那么美联储是制定 M1 目标还是 M2 目标的意义更大？

4. 试区分稳定性政策的支出时滞和政策时滞，是货币政策还是财政政策的支出时滞更短？政策时滞的情况又怎样？

5. 解释为什么对总供给曲线形状的不同观点使一些经济学家强烈支持稳定性政策对付失业，而另一些经济学家强烈支持稳定性政策反通胀?

6. 为什么时滞有可能使以稳定经济为目的的政策行为反而使经济不稳定?

7. 在2007年,美国经济状况急剧恶化。我们能够把这次经济表现归咎于不当的货币政策或财政政策吗?(你可以就该题向你的老师提问。)

第32章　短期与长期政府预算赤字

> 年轻人是受到祝福的人，因为他们将是国家债务的继承人。
>
> ——赫伯特·胡佛（Herbert Hoover）

货币政策和财政政策一般被认为是实现短期经济稳定的工具——对付通胀或失业的手段。人们对美联储下一次的利率决策或对本年度联邦预算的讨论通常会受到一些短期考虑因素的支配，例如，如经济目前需要刺激或约束吗？

但是，政府在今天采取的货币政策和财政决策会对我们的经济在未来生产物品和服务的能力产生深远的影响。我们在第六部分重点分析了长期增长，特别是资本形成的作用（见第23章和第24章）。而在第七部分，我们一直着重于对通胀、失业和衰退等短期问题的讨论。本章我们将同时考虑财政政策和货币政策的长期和短期意义，以把两方面整合起来。如果我们用财政政策或者货币政策来刺激（或约束）经济，情况有什么不同吗？我们应该努力平衡预算吗？持有大量的预算赤字对现在和未来的经济有哪些好处和坏处？

❓ 难题：联邦政府的预算赤字太大了吗？

在2008年总统大选期间，各党派对预算赤字的争论使本章导言中提到的一些问题日渐突出。

在首个季度，几乎所有民主党候选人都对布什执政几年中的巨额预算赤字提出指责。大多数——包括奥巴马和希拉里·克林顿——提议，废除部分2001年和2003年实施的减税政策，尤其是那些有利于高收入阶层的，以缩减预算赤字。他们认为巨额的预算赤字是会危害美国经济的。

相反，几乎所有的共和党候选人，包括约翰·麦凯恩，发誓要维持布什的减税政策，认为废除这些政策会伤害美国经济。尽管这些候选人也是反对巨额财政赤字的，他们也坚定维护布什内阁的大部分支出计划。既然不依靠增税和削减支出就无法减少预算赤字，他们其实是含蓄地表示，减少预算赤字的优先级不是最高的。

那么哪一方是对的呢？削减预算赤字是否重要？维持目前的减税和开支是不是更为明智？抛开政治，本章结束时，你们自己将能很好地回答这个重要的问题。

32.1 预算应该保持平衡吗？短期分析

长期以来，年复一年地维持政府预算平衡的想法深深地吸引着美国人——以至于一项要求预算平衡的宪法修正案被多次提出而且被多次讨论。在我们开始对预算平衡的考察之前，我们先要复习一下已学的（特别是在第 28 章学过的）财政政策的基本原理。

这些原理并没有暗示我们必须总是维持一个平衡的预算，尽管其概念上可能要求我们具有良好的财务管理直觉。它们要求财政政策的制定者重视平衡总供给和总需求，而不是重视平衡预算，当私人需求 $C + I + (X - IM)$ 过弱时，它们就会显示出预算赤字的优点①；而当私人需求 $C + I + (X - IM)$ 过强时，它们就会显示出预算盈余的可取之处。根据这些原理，只有当平衡预算政策下的 $C + I + G + (X - IM)$ 近似等于潜在 GDP 时，预算才应该是平衡的，这种情况有时可能会出现，但它不一定是常态。

从我们前面对稳定政策的讨论中可以清楚地明白为何平衡预算并不总是可取的原因。如果政府的目标是每年保持预算平衡，正如 50 个州中的大部分所做的，让我们看看政府会采取怎样的财政政策。假设预算开始是平衡的，但由于某种原因个人支出减少，就像 2007—2008 年发生的情况一样，那么乘数效应会拉动 GDP 下滑。由于 GDP 下降后个人和公司缴纳的税收会大幅减少，预算赤字自动出现。为了恢复预算平衡，政府不得不减少支出或增加税收——这与应对紧缩缺口的合适的财政政策恰好相反，也与联邦政府实际的行为恰好相反。因此，

> 在衰退期间，若想平衡预算——如大萧条期间所做的——就会延长和恶化衰退。

许多观察者认为日本在 1997 年经济脆弱时提高税收后所发生的正是这一幕。实际上，1996—1998 年的日本首相桥本龙太郎曾一度被称为"日本的赫伯特·胡佛"，因为他不顾日本下滑的经济而致力于降低预算赤字。由于有平衡预算的要求，美国的州和地方政府也经常在衰退期间提高税收和削减支出。

该问题会以两个方式出现。在经济繁荣情况下，预算平衡同样会导致不恰当的财政政策。如果收缴的税收增加促使政府为平衡预算而增支或减税，那么这样财政政策会进一步刺激本已繁荣的经济——且带有不利的通胀后果。

---

① 即需要增加 G 以扩大需求，而 G 增加，在其他条件不变时，预算赤字增加。——译者注

32.1.1 政策组合的重要性

实际上,问题比我们所表明的还要复杂。我们知道,财政政策不是政府影响总需求的唯一方法,政府还借助它的货币政策来影响总需求。因此,

> 除了其他因素,正确的财政政策取决于当前的货币政策的立场。虽然在一种货币政策下,平衡的预算可能是合适的,但在另一种货币政策下,赤字或盈余则可能是恰当的。

举例来说,假设国会和总统都相信,如果保持预算平衡,总供给和总需求曲线会近似地相交于充分就业水平,那么平衡的预算看来就是合适的财政政策。

现在假设货币政策从紧,使总需求曲线向左内移,如图 32-1 的上方箭头所示,那么紧缩缺口会出现。如果财政当局希望把 GDP 恢复到原来的水平,那他们就必须让总需求曲线回移至最初的位置 D_0D_0 上,按下方箭头所示的方向。为实现这一点,他们必须增加支出或者减税,从而会导致预算赤字。因此,从紧的货币政策使合适的财政政策从平衡的预算变化到预算赤字,原因是货币政策和财政政策都会影响总需求。

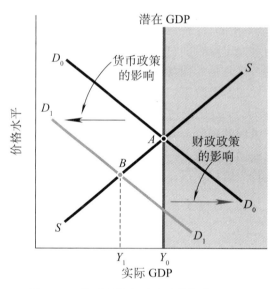

图 32-1　货币政策和财政政策的共同作用

同理,对任一给定的总需求目标,财政政策的变化也会使货币政策发生变化。例如,我们能够重新解释图 32-1,用它来表示增加政府支出或减税以扩大预算赤字的影响。那么,如果美联储希望实际 GDP 保持在 Y_1,它必须提高利率直到总需求曲线回到 D_1D_1 位置。

在 20 世纪 90 年代,美国政府正是运用了这种政策组合的变化——少量的预算赤字配以松散的货币——并取得了巨大的成功。一方面,国会增税减支,这样做降低了总需求;另一方面,美联储实行一个足够松散的货币政策,通过降低利率把"损失了"的总

需求又还给了经济。

因此,我们不应该把平衡的预算作为一种标准。那么我们如何能判断一个赤字是过大还是过小呢?从我们目前的讨论来看,答案取决于私人部门的总需求的力量和货币政策的立场。但这些不是仅有的因素。

32.2 盈余与赤字:长期分析

上面的内容暗含了这样的意思:财政政策和货币政策的不同组合能够实现相同的总需求水平,从而在短期实现相同的实际 GDP 和价格水平。例如,政府提高税收会降低总需求,而美联储降低利率又能增加总需求,从而两者相互补充。相反的组合也可以得出同样的结论:政府减税而美联储提高利率,使总需求保持不变。但是,货币政策和财政政策的这些不同组合引起的长期后果可能大相径庭。

在前面几章,我们已经学过,更松的财政政策(减税或增加政府支出)和更紧的货币政策应该会提高实际利率从而减少投资。因此这样的政策组合会使总支出 $C + I + G + (X - IM)$ 向更多的 G、更多的 C(因减税)和更少的 I 变化。预期的结果是资本形成减少,潜在 GDP 的增长因此放慢。我们马上会看到,这正是美国政府在 20 年代 80 年代初期和后来的 2004—2006 年不经意间选择的政策组合——大幅的减税和相当从紧的货币。

而相反的政策组合——从紧的预算配以松散的货币政策——会得出相反的结果:实际利率下降,投资增加,潜在 GDP 增长因此加速。这恰好是美国在 20 世纪 90 年代所选择的宏观经济政策方向——其取得了显著的成就。因此,经济学家们相信,减少预算赤字并逐步把它变成预算盈余是提高 GDP 中的投资比例的一个有效途径。这一比例在美国从 1992 年的 12% 上升到了 2000 年的 17%。一般的观点认为:

> 总需求的组成是经济增长率的一个主要决定因素。如果用于投资的 GDP 的比例越大,那么国家的资本存量增加越迅速,总供给曲线向右移动也会越快,从而加速增长。

国际数据同样也表明增长与用于投资的 GDP 之间存在正向关系,图 32-2 给出了四大洲 24 个国家 20 年(20 世纪 70 年代到 80 年代)的投资与 GDP 之比以及人均产出的增长情况。平均而言,投资率越高的国家显然经历了越快的增长。

因此,当我们问预算是应该处于平衡、赤字或是盈余状态这个问题时,我们提出的不仅是一个好问题,而且还是一个复杂的问题。在回答它之前,我们还需要弄明白一些事实。

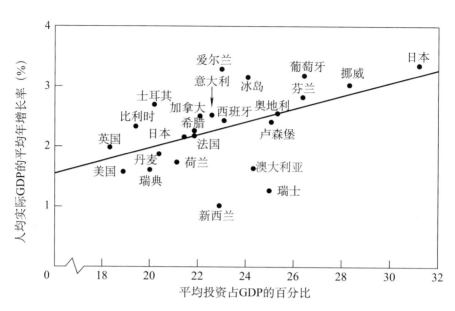

图 32-2　24 个国家的增长和投资，1970—1990 年

资料来源：*Economic Report of the President*（Washington, D. C.：U. S. Government Printing Office；1995），p. 28.

32.3　赤字与国债：术语和事实

首先让我们学习一些关键性术语。人们常常混淆两个具有不同含义的词语：预算赤字和国债，我们必须知道如何区分两者。

预算赤字是在某一特定时期，通常是一年，政府支出超过其收入的数量，如果收入大于支出，超出部分则称为**预算盈余**。

国债是指在一个时间点上，联邦政府的负债总额，它是由以前形成的赤字累积而成的。

预算赤字（budget deficit）是指在某一特定时期内，通常是一年，政府支出超过其收入的总量。相反，如果收入大于支出，我们就会得出一个**预算盈余**（budget surplus）。例如在 2007 财年，政府的收入为 2.568 万亿美元，支出了 2.730 万亿美元，形成了 1 620 亿美元的赤字。①

国债（national debt）也称为公债（public debt），指的是在某时间点上，政府的负债总额。例如，在 2007 财年年末，美国的国债约为 9 万亿美元。

赤字和国债是两个密切相关的概念，因为当政府预算出现赤字时，政府国债增加，当预算出现盈余时，政府的国债就会减少，国债与赤字或盈余之间的关系可以借助一个简单的比喻来解释。当你往一个盆加水时（出现赤字），盆中所存的水量（国债）会增加，或者当你把盆中的水往外倒时（出现盈余），盆中的水量（国债）会减少。换句话说，预算赤字增加国债，而预算盈余减少国债。但是，消除赤字（关掉水流）当然不能清除所有累积的国债（盆里所有的水）。

---

① 提醒一下：美国政府的财政年度以 9 月 30 日为截止日。因此，2007 财年是从 2006 年 10 月 1 日算起，到 2007 年 9 月 30 日结束。

32.3.1 关于国债的一些事实

在弄清两者的区别后,再让我们来看看累积的国债的大小和特征,以及年度预算赤字。美国的国债有多大?它是如何形成的?谁是债权人?它是在增加还是在减少?

让我们从最简单的问题开始。国债很庞大,到 2007 年年末,美国的每个男人、女人和小孩平均持有大约 30 000 美元的国债。但是超过半数的国债是由美国政府的各个机构持有,换句话说,政府部门相互欠债。如果把这一部分去掉,净国债约为 5 万亿美元,或者每人约有 16 500 美元。

但当我们把国债与国内生产总值,即我们的经济在一年中生产出的物品和服务总量相比时,它看起来根本不大。与 2007 年年末超出 14 万亿美元的 GDP 相比,净国债只占到国民年收入的 35% 左右。相比之下,许多拥有房屋的家庭欠给他们办理住房抵押贷款的银行的钱要相当于他们几年的收入总和;许多美国公司欠其持股人的钱也远超出了它们年销售额的 35%。

这些类比可能让大家觉得很舒坦,但是我们应该指出国债和私人债务之间的这种简单类比总是具有误导性的:比如,个人不可能长生不老,但联邦政府会——或至少是我们希望会——这增强了它的还债能力。

另一方面,一个背有大额抵押贷款的家庭同时拥有一座房屋,其价值可能超过抵押额。一个有支付能力的企业拥有资产(工厂、机器、存货等),这些资产的价值远远超出了它的大量负债。美国政府的情况也是这样的吗?没有人明确知道。白宫值多少钱?或者国家公园值多少钱?国内和国外的军事基地又价值几何?没人知道它们的真正价值,因为政府的这些资产不在市场上出售。但一些人认为政府资产的价值和它的负债几乎是相当的。

图 32-3 给出的是 1915—2007 年净国债的演变路径,其中每年的净国债是用它与名义 GDP 之比表示的。用这个比例研究国债十分重要,原因有二:第一,我们必须记住在一个增长的经济中,任何事物都在增长。如果自 1915 年以来,国债并未增长,那将令人奇怪不解。事实上,第二次世界大战后的大部分时间里,联邦负债的增长比私人负债和 GDP 的增长都要慢。从图 32-3 中可以看出,只有在 1980 年到 1994 年前后的几年时间里,情况有些不同,国债和 GDP 之比急剧上升。

第二,国债是以美元表示的,只要存在通胀,每一美元代表的购买力就会逐年下降。用国债除以名义 GDP,如图 32-3 中所做的,就同时考虑了实际增长和通胀因素,从而把负债数据放在一个更好观察平台上。

图 32-3 向我们说明了美国政府的这些债务是如何以及什么时候形成的。可以看到,在第一次世界大战、大萧条,特别是第二次世界大战期间,国债与 GDP 之比迅速爬升。此后直到 1974—1975 年的衰退,大家可以看出一个明显的下降趋势。在 1945 年,国债累计相当于全年的国民收入,到 1974 年,这个数字下降到仅相当于 2 个月的国民收入。

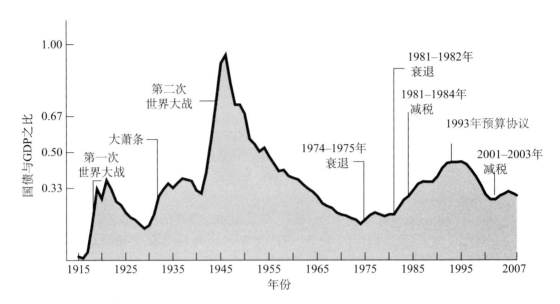

图 32-3　美国国债和 GDP 的比值,1915—2007 年

资料来源:作者根据 *Historical Statistics of the United States and Economic Report of the President* 中的数据绘制。

因此,直到 20 世纪 80 年代,美国政府的大多债务是因资助战争和衰退形成的。稍后我们会知道,国债形成的原因是决定国债是否是负担这一问题的主要因素,因而记住下面一点很重要:

> 大约直到 1983 年,美国的国债几乎全部是因为两个因素形成的:(1)资助战争和(2)伴随衰退出现的税收损失。

但此后的情况就不同了。从 20 世纪 80 年代初至 1993 年,国债的增长超过了名义 GDP 的增长,扭转了自 1945 年一直保持的势态。这次国债猛增期间没有发生战争且只有一次衰退。到 1993 年,国债超过了 5 个月的 GDP——几乎是 1974 年的 3 倍。这一不良的发展势头让许多经济学家和公众人物深感不安。

这时,政府采取果断措施削减预算赤字,国债与 GDP 之比持续几年下降。但布什总统的减税使 2001 年后几年的趋势再次发生根本性变化。后来,该比例又一直在温和下降。

32.4　解释预算赤字或预算盈余

我们已经注意到,从 20 世纪 80 年代初到 90 年代中期,以及最近十年中的好几年,联邦政府面临的预算赤字极为庞大。根据图 32-4,预算赤字从 1981 财政年度的 790 亿美元骤增至 1983 财政年度的 2 080 亿美元——这一纪录后来又被多次刷新。到 1995 财政年度,赤字仍然还有 1 640 亿美元。这些都是大得吓人的数字。但它们是什么意思?我们应该如何解释它们?

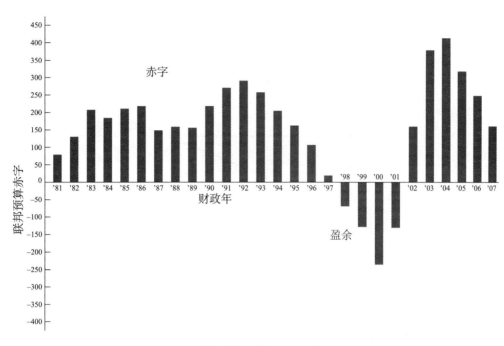

图 32-4 官方财年预算赤字,1981—2007 年

资料来源:*Economic Report of the President*(Washington. D. C. ;U. S. Government Printing Office;2008)。

注:数据单位为 10 亿美元。

32.4.1 结构性赤字和结构性盈余

首先,相同的财政方案既可能导致赤字也可能导致盈余,它取决于经济状况,理解这一点很重要。对这一点缺乏理解使得许多人认为赤字越大就表明财政政策越具扩张性——但这并不总是对的。

我们以衰退期间的预算情况为例。随着 GDP 下降,政府税收最主要的来源——所得税、公司税和工资税——都会萎缩,因为企业和人们的收入下降时他们缴纳的税收就会减少。同时,一些类型的政府支出,特别是转移支付,如失业救济,会随 GDP 下降而增多,因为更多人失业了。我们已知,赤字是政府支出——政府购买或转移支付——与税收所得之差:

$$赤字 = G + 转移支付 - 税收 = G - (税收 - 转移支付) = G - T$$

由于 GDP 下降会导致转移支付增加,税收收入减少,所以

即使财政政策不变,赤字仍会在衰退时增多,在繁荣时减少。

图 32-5 描绘的是 GDP 和预算赤字的关系。政府的财政计划由直线表示。标为 G 的水平线表明联邦对物品和服务的购买基本上不受 GDP 的影响。标为 T 的向上倾斜的线($T = $ 税收 - 转移支付)说明的是随 GDP 增长,税收会增加,转移支付会减少。可以看出,同样的财政政策(即相同的两条线)会产生不同的结果:当 GDP = Y_1 时,出现较大赤字;GDP = Y_2 时,预算平衡;而 GDP = Y_3 时,出现盈余,显然,赤字本身不能很好地度

量政府的财政政策。

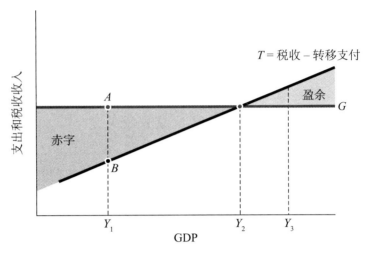

图 32-5　经济对预算的影响

结构性预算赤字或盈余是假设经济运行接近充分就业时我们在现行的财政政策下所能出现的虚构的赤字或盈余。

为了寻求更好的测量方法,许多经济学家现在更关注的是称为**结构性预算赤字或盈余**(structural budget deficit or surplus)的概念。它是一种假设性的预算测度:给定当前税率和支出规则,假设经济处于一种不变的高就业水平,估算出政府在这种情况下可能的支出和收入,并用估计出来的支出和收入替代实际预算中的支出和税收。例如,如果图 32-5 中的高就业基准为 Y_2,虽然实际 GDP 仅为 Y_1,那么结构性赤字是 0,尽管实际赤字为 AB。

由于这种方法的基础是政府在某种固定的 GDP 水平上的支出和税收,而不是实际的支出和收入,因此结构性赤字对经济状况不敏感。只有当政策改变时,它才会改变,它不随 GDP 的变化而变化。因为这一点,大多数经济学家认为它比实际赤字更能体现财政政策的作用。

这一新概念能够帮助我们更好地理解美国 20 世纪 80 年代出现庞大的预算赤字、20 世纪 90 年代末赤字令人惊讶地变成了盈余,以及 2001 年后巨大的赤字再次出现的变化本质。表 32-1 中的前两列分列出了自 1981 年后每两年的实际盈余和结构性盈余。由于 1983 年和 1991 年出现了衰退,这几年的实际赤字比结构性赤字大了许多。但是在 1987 年和 1995 年,两者相差甚小,因为当时的经济接近充分就业水平。然后在 1997—2001 年,数字前面的符号变成"＋"号(结构性赤字比实际赤字大)。到了 2007 年,两个量又相当接近了。

表 32-1　两种预算概念,1981—2007 年

财年	总盈余 (1)	结构性盈余 (2)	预算内盈余 (3)	预算外盈余 (4)
1981	−79	−17	−74	−5
1983	−208	−112	−208	0
1985	−212	−179	−222	+10
1987	−150	−156	−168	+18

(续表)

财年	总盈余 (1)	结构性盈余 (2)	预算内盈余 (3)	预算外盈余 (4)
1989	-153	-117	-205	+52
1991	-269	-150	-321	+52
1993	-255	-193	-300	+45
1995	-164	-146	-226	+62
1997	-22	-80	-103	+81
1999	+126	-1	+2	+124
2001	+128	+105	-32	+160
2003	-378	-276	-538	+160
2005	-318	-237	-494	+176
2007	-162	-166	-344	+182

注：数据单位为10亿美元。
资料来源：国会预算办公室。

当我们把前两列的数字相比较，四个有趣的事实会凸显出来。第一，尽管1995财政年度的官方赤字比1983财政年度小，但1995财政年度的结构性赤字实际上要大一些——尽管都是预算"窘迫"年。第二，1989年至1993年，结构性赤字上升。这一上升趋势曾经让关心联邦预算的学生深感不安。第三，1993年到1999年，令人惊叹的3 810亿美元预算赤字大跳跃（从2 550亿美元的赤字到1 260亿美元的盈余）大大超出了结构性赤字的变化，它"仅仅"减少了1 920亿美元。但是这个数字依然令人印象深刻，它更好地反映了这期间财政政策的改变程度。第四，从2001年至2003年，少量的结构性盈余跃至大量的结构性赤字，变化的速度快且数额大——仅仅2年就有3 810亿美元。幸运的是，自此，实际和结构性赤字急剧下降了。

32.4.2 预算内盈余和预算外盈余

如果你在报纸上读到有关预算的内容，你可能会看到"预算外"盈余或赤字（off-budget surplus or deficit）和"预算内"盈余或赤字（on-budget surplus or deficit）。它们是什么意思呢？

由于社会保障福利的资金来自一种指定了特定用途的税收来源——工资税，社会保障传统上是与联邦财政核算分开的。具体地说，社会保障的支出以及资助这些支出的工资税收入是作为预算外项目来处理的，而所有其他的支出和收入都被归类于预算内的。因此，

总预算盈余 = 预算外盈余 + 预算内盈余

由于最近一些年社会保障系统持有大量盈余，总预算余额与预算内余额之间相差特别大。例如，在2007财政年度，总预算为1 620亿美元的赤字（见第1列），而它是由3 440亿美元的庞大的预算内赤字（第3列）与1 820亿美元的社会保障盈余（第4列）组成的。一些人声称，如此大的差异一定意味着社会保障盈余"掩盖"了"真实"赤字。这是一种文字游戏，其实什么都没有隐藏，所有的事实都由表32-1揭示。但需要你正

确解释这些事实。如果你想知道联邦政府每年必须借多少钱,表 32-1 第 1 列的总赤字会给你想要的数字。

32.4.3 结论:1981 年后发生了什么?

表 32-1 帮助我们理解了自 20 世纪 80 年代初期后联邦预算赤字升、降、再升的过程。表中第 1 列给出的是 1981—2007 年每两年的总盈余(如果是正数)或总赤字(如果是负数),第 2 列列出的是相应年份的结构性盈余。后面的第 3 列和第 4 列把总盈余分成了预算内盈余和预算外盈余两部分。该表告诉了我们下面这个有关预算赤字发展的故事。

20 世纪 80 年代初期,里根的大幅减税使预算赤字从 790 亿美元猛增至 2 120 亿美元,结构性赤字的变化还要超过 100%(见第 2 列)。到 20 世纪 80 年代末,赤字又开始攀升——尽管当时社会保障开始出现大额盈余(见第 4 列),总赤字在 1991 年达到 2 690 亿美元,随后开始减少。减少的一个原因就是迅速增加的社会保障盈余,1993—2001 年,它增加了 1 150 亿美元;另一个原因是强有力的经济发展——可以看出实际盈余增加的速度快于结构性盈余。但最主要的"工作"还是由预算内盈余和结构性盈余完成的,是因为克林顿执政年间的增税和限支最终使预算得到了控制。简单地说,情况就是这样。

到 2003 年,大幅的减税、在反恐和伊拉克战争上猛增的支出以及疲弱的经济增长三者相结合使赤字创造了 3 780 亿美元的纪录——该纪录在 2004 财政年度结束时被打破。但自此以后,实际预算赤字(第 1 列)和结构性预算赤字(第 2 列)都降了下来。

32.5 国债为何被看作一种负担?

在对事实获得了一些了解后,让我们再来看看那些认为预算赤字会给未来几代人带来难以承受的负担的人提出的一些论点。最经常听见的理由是我们的后代将会承担沉重的利息支付,这必定导致更高的税收。但是,想想谁将以收入形式获得这些更高的利息支付:是拥有债券的我们的后代。因此,在未来,将是一群美国人向另一群人支付利息——对整个国家而言这不能成为负担。①

但未来负担取决于外国人拥有的国债规模。我们的部分国债是由外国个人、外国企业和外国政府拥有的,而且这一比例在迅速扩大,现已超过了 52%。这部分国债的利息支付将确实是未来美国人的负担。原因是直观的:随着时间的流逝,当国债到期后,美国 GDP 的一部分送到国外为我们在 20 世纪 80 年代、90 年代和 21 世纪前十年的负债支付利息。由于这个原因,许多慎重的观察者日益担心美国现在从国外借的钱太

---

① 然而,未来为了支付利息而不得不提高的税收可能会降低经济效率。

多了。因此我们的结论是

> 只要国债是由本国居民拥有——美国的国债大部分是这样,那么未来的利息支付将是把钱从一群美国人手中转移到另一群美国人手中。但由外国人持有的那部分国债将成为整个国家的负担。

许多人也担忧这样的问题:每个国家借钱的能力是有限度的,就像每个家庭和每个企业一样。如果超过这个限度,就会有无法向债权人支付的危险而可能破产——对谁都是灾难性的结果。对于一些国家,的确需要严肃地注意这些问题。债务危机给许多拉丁美洲、亚洲和非洲国家以摧毁性的打击。

但美国政府无须为自己拖欠债务而担忧,原因很简单,美国的债务是要用美元来偿还的:每笔债据需要财政部在规定时期支付相应数量的美元。这些美元从哪儿来呢?它们来自美国政府的印钞机!因此,在最坏的情况下,如果美国政府没有更好的方法来向其债权人支付,它还可以印美钞,需要多少印多少。总而言之,如果还债所需的货币是本国货币,那么没有哪个国家会对债务违约。① 但这种选择权不属于那些需用美元还债的国家,东南亚的许多国家在1997年和阿根廷在2001年就分别意识到了这一点。

当然,这并不是说通过预算赤字形成更多的债务一定是个好主意,其实有时它是个特别不好的主意。尽管如此,

> 以本国货币借款的国家(例如美国)和以他国货币(通常是美元)借款的国家有一个本质的区别。前者永远不会需要对债务违约;而后者可能必须对债务违约。

32.6　预算赤字与通胀

现在我们转向赤字对宏观经济产出的影响。人们往往说赤字性支出是通货膨胀的一个原因。让我们通过图32-6这幅总供给—总需求图考虑一下该论点。

起初,经济均衡于 A 点,即需求曲线 D_0D_0 和供给曲线 SS 的交点上。此时的产出为70 000亿美元,价格指数为100。图中,总供给曲线和总需求曲线正好相交于潜在GDP水平上,表明经济处于充分就业状态。我们也假设预算最初是平衡的。

如果政府现在增加支出或减少税收使得总需求曲线从 D_0D_0 向外移至 D_1D_1,均衡则会从 A 点移到 B 点。图上表明,均衡价格水平由100涨至106,或升了6%。但这还不是终点,因为 B 点代表了一个通胀缺口的存在。从前面几章的分析中我们已知,通胀会一直持续,直到总供给曲线内移至通过 C 点,在 C 点通胀缺口消失。本例中,赤字性支出最后使价格水平上升12%。

这样看来,预算赤字导致通胀的主张具有正确的一面。然而这种观点的正确性有多大还要取决于几个因素。总供给曲线的斜率是其中一个。图32-6清楚地表明,陡峭

---

① 1998年俄罗斯违约不还以卢布欠下的债务,曾惊动了整个金融界。

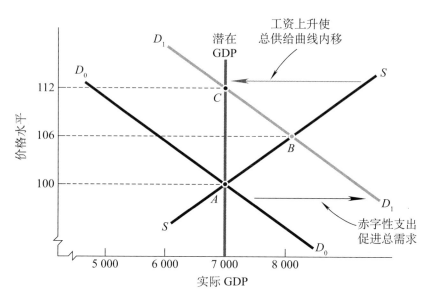

图32-6 赤字性支出的通胀影响

注：实际GDP以10亿美元计。

的供给曲线比平坦的供给曲线引起的通胀大。第二个因素是资源的利用程度。相对于充分就业经济（如图32-6所示），赤字性支出具有的通胀性在存有大量闲置资源的经济中小一些。

最后，大家一定还记得美联储的货币政策可以把总需求曲线拉回到它的初始位置，因此它总是能消除赤字性支出的通胀影响。这一次，政策组合还是很关键。

32.6.1 货币化问题

货币化赤字是指中央银行购买政府发行的债务。

但是，美联储总能中和预算赤字增加的通胀影响吗？这个问题也是一些人担心赤字的通胀后果的另一个原因。他们担心，在美联储购买一些政府新发行的国债时，它可能会觉得是被迫在"货币化"部分赤字。在对**货币化赤字**（monetize the deficit）做出解释之前，让我们先说明美联储为什么会进行这些购买行为。

我们刚刚指出，赤字性支出通常会推动实际GDP和价格水平上升。我们在第30章也强调过，这样的经济扩张会使银行准备金需求曲线向右外移——如图32-7所示的D_0D_0移至D_1D_1。该图表明，如果美联储不采取措施移动供给曲线，随着均衡从A点移到B点，利率将会上升。

现在假设美联储不想利率上升。它能做什么呢？要阻止利率r上升，美联储就必须实行扩张性的货币政策使货币供给曲线向右外移，如图32-8所示。当货币供给曲线为S_1S_1线时，均衡不再是B点而是C点，在C点利率没变。由于美联储通常在公开市场上购买国库券来实施扩张性的货币政策，赤字性支出可能会促使美联储购买更多的政府债券。

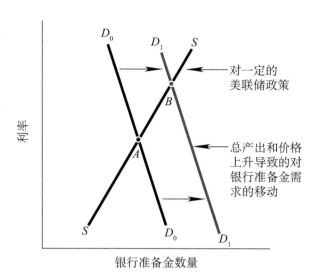

图 32-7　财政扩张和利率

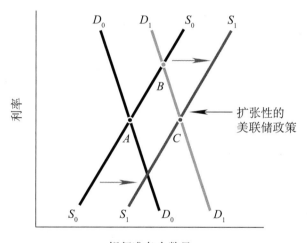

图 32-8　货币化和利率

那为什么称这一过程为货币化赤字呢？原因很简单。我们在第 29 章已学过，美联储在公开市场的债券购买会增加银行的准备金，通过乘数扩张，这会导致货币供给增多。因此间接地，越大的预算赤字可能导致越多的货币供给。总之，

如果美联储不采取补偿性措施，那么引起预算赤字增加的扩张性财政政策将会提高实际 GDP 和价格，进而提高银行准备金需求，拉动利率上升（图 32-7）。如果美联储不想利率上升，它可以实行扩张性的公开市场操作，即它可以购买更多的政府债券，如果美联储这样做，银行准备金和货币供给就会增多（图 32-8）。在这种情况下，我们就说部分赤字被货币化了。

货币化的赤字比非货币化的赤字更具通胀性。理由很简单，扩张性的财政政策和扩张性的货币政策比单纯的扩张性财政政策更具扩张性。但这点真的令人担忧吗？美联储

真的会货币化相当比例的赤字吗？通常它不会。最明显的证据是，20世纪80年代，美联储一直设法降低通胀，在这个十年的早期也是如此，即使政府面临着庞大赤字。但赤字的货币化是其他许多国家的通胀的一个主要原因，如拉美、俄罗斯、以色列等。

32.7 国债、利率和挤出效应

到现在为止，我们已经分析了国债对经济的需求方可能引起的一些问题。但真正的担忧来自于供给方。简单地说，巨大的预算赤字会抑制投资从而阻止国家资本存量的增长。

要理解这一机制最简单的方法就是假设（情况一般也如此）美联储不会采取大量的货币化措施。我们刚说到，预算赤字往往会提高利率。而从前面几章中我们知道，利率（r）是投资支出（I）的一个主要决定因素。特别是，高利率 r 导致低投资 I。而今天的低投资量意味着国家将来拥有少的资本量——进而潜在 GDP 就会变小。在大多数经济学家看来，这就是高额国债会给未来几代人带来负担，而少量国债会给后人带来帮助的观点的真正意义之所在。

国债越大，一个国家留给未来几代人的物质资本就会越少。这几代人继承的厂房和设备越少，他们拥有的生产能力越小——潜在 GDP 越低。换句话说，巨大的赤字会阻碍经济增长。同理，预算盈余能够刺激资本形成和经济增长。

> 当政府的赤字性支出迫使私人投资支出收缩时，**挤出**就会发生。

换种方式来阐述上面这一论点可以解释为什么这一结果常被称为**挤出效应**（crowding-out effect）。试想当政府实施赤字性支出时金融市场会发生什么。当政府的支出多于它的收入时，它必须借进差额。它通过出售债券来实现这一目标，这就会与公司债券和其他金融工具一起为有限的资金供给进行竞争。当一些储蓄者决定购买政府债券时，余下来向私人债券投资的资金必然萎缩。因此，当政府占有的经济中的总储蓄的比例不断增加，那么一些私人筹款人就会被"挤出"金融市场。

指责赤字性支出的一些人士把这一经验推到一种不合理的极端情形。他们认为每 1 美元的政府支出会完全挤出 1 美元的私人支出，使得"扩张性"的财政政策对总需求无法产生任何影响。在他们看来，当 G 增加时，I 会等量减少，使 $C+I+G+(X-\text{IM})$ 的总量并未变化。在正常的情况下，我们不会看到这种情形的发生。为什么呢？首先，少量的预算赤字只会轻微地推动利率上升。其次，私人支出对利率反应的敏感程度也一般。即使政府赤字导致了更高的利率，但多数公司仍会继续借钱来满足它们资本投资的需要。

> 当政府支出使实际 GDP 增长进而引致私人投资支出增加时，**挤入**就会发生。

而且，在经济不景气的时候，一种与挤出效应相反的力量会产生，我们称之为**挤入效应**（crowding-in effect）。赤字性支出可能会加速经济活动的步伐。至少，这是它的目的。随着经济扩张，企业发现提高它们的生产能力来满足消费者的更大需求是有利可图的。由于这种我们曾在前面的章节提到过的引致投资（induced investment）的存在，增加 G 往往会增加投资，而不是像挤出假说所预测那样会减少投资。

挤入效应的大小取决两个因素：一是政府支出能刺激实际 GDP 增长多少（也就是取决于乘数的大小）；二是私人投资支出对快速增长带来的更大的盈利机会的反应程度有多敏感。在短期，挤入效应甚至能够大于挤出效应，从而 G 增加最终会使 I 增加。

但是，从挤出论点来看这一点怎么可能是正确的呢？可以肯定，如果私人储蓄总量是固定的，政府一旦多借，私人企业只能少借。这只是一个简单的算术问题。严格的挤出论点的错误就在于它认可经济储蓄额真的是固定不变的。可是，如果政府赤字成功地提高了产出，那么我们的收入将会更高，储蓄也会更多。这样一来，政府和企业都能借到更多。

哪个效应是主要的——挤出还是挤入？挤出的产生是因为赤字提高利率，而挤入是因为赤字有时能加速实际经济的增长。在短期，挤入效应，即总需求曲线外移的结果，通常更强大，特别是经济尚未实现充分就业时情况更是如此。

然而从长期来看，供给方面是主要的，因为我们已学过，经济的自我调整机制在长期会推动实际 GDP 的增长率与潜在 GPD 的增长率趋于吻合。当经济基本上处于充分就业状态时，挤出效应占到上风：利率提高引起投资下降，因而资本存量和潜在 GDP 增长放慢。反过来说，这是支持减少预算赤字的基本的长期论点：较小的预算赤字能提高投资和加速增长。

图片来源：*The Wall Street Journal*—Permission, Cartoon Features Syndicate

32.7.1 基本结论

下面总结一下我们所学的有关挤出争论的主要内容：

- 挤出假说的基本论点是正确的：除非经济多生产出足够的储蓄，否则政府借走的储蓄增多就会挤出部分个体借款，因为更高的利率会阻止他们借款。这一过程将会减少投资支出并抵消政府支出增加的部分扩张效应。
- 但挤出通常并不足以抵消政府支出增加的全部推动力。经济仍然会受到一些刺激。
- 如果赤字性支出引致相当的 GDP 增长，那么挤入效应会带来更多的收入和储蓄。即使政府借走了更多，但私人企业依然可能获得比原来还要多的贷款。
- 在长期或在经济接近充分就业水平时，挤出效应很可能是主要的，但在短期或经济有大量闲置资源时，挤入效应很可能占据上风。

32.8　国债的真正负担:减缓增长

对挤出和挤入效应的对比分析可以帮助我们更好地理解国债是否会给后代带来负担这一问题:

> 如果政府预算赤字是在高就业经济中发生的,那么挤出效应很可能是主要的,这样赤字将会给后代带来损失,使他们拥有更少的资本存量和更低的潜在GDP。但是,在高度失业的经济中,赤字可能导致更多而不是更少的投资。在这种情况下,挤入效应是主要的,赤字性支出会提高增长,新国债将不是负担而是祝福。

美国的国债属于哪种情形呢? 要回答这个问题,让我们先回顾历史事实弄清20世纪80年代前的所有国债是如何形成的。第一个原因是战争,尤其是为第二次世界大战提供资金。由于这种债务是在充分就业的经济中发生的,因此毫无疑问它构成了真正意义上的负担。毕竟,用它购置的炸弹、轮船和飞机都在战争中被耗尽了,无法作为资本留给后人。

但是如果换个角度来考虑,今天的美国人可能不会觉得20世纪40年代当权者的决定给他们带来了巨大负担。比如,我们可以用税收来支持战争,这样负担是由消费而不是投资承受的。但是在如此庞大的战时支出之下,这种选择也会具有真正的破坏性,并很可能无法实现。或者,我们可以印钱,但这会引起大家不愿意看到的通胀。再或者政府只花了很少的钱并在战争中失利了。若与这些选择相比,今天的美国人可能不会觉得20世纪40年代形成的庞大赤字性支出是过重的负担。

1983年前的国债形成的另一主要因素是一系列的衰退。但这些情况恰恰证明的是,国债的增加带来的不是负担,而是祝福。因此,只是在20世纪80年代,我们的赤字类型才真正符合国债产生负担的论点,因为赤字是在充分就业的和平时代的经济中形成的。

20世纪80年代的赤字与历史上的赤字在成因上的显著差异使得它令人担忧。1981—1984年的减税给政府预算带来了巨大的赤字,而1981—1982年的衰退更是雪上加霜。到20世纪80年代末,虽然美国经济已恢复至充分就业,但每年1 000亿—1 500亿美元的结构性赤字依然存在。这种持续出现的赤字在以往是不曾有过的现象。高额的结构性赤字产生了真正的挤出压力并留给后代一个严重的潜在负担。在20世纪90年代昙花一现的预算盈余之后,几年前大量结构性赤字随着大幅减税和迅速增加的支出再次出现。根据目前的预测,赤字在未来的一段时间内仍然会是一个相当可观的数目,经济学家们和预算分析师对此忧心忡忡。

让我们总结一下我们对国债的负担所做的评价:

- 国债不会置国家于破产的境地。但它给后代增加的负担取决于国债卖给了外国人或是在和平时代的充分就业经济中形成的程度。在后面一种情形下,它将会减少一国的资本存量。
- 在某些情况下,预算赤字符合稳定性政策的目标。
- 20 世纪 80 年代之前,美国政府的实际国债大多是战争和衰退的后果,不符合有效的国债负担论。但是 20 世纪 80 年代和 21 世纪前十年的大量赤字主要不是因衰退引起的,因此令人担忧。
- 这十年从预算盈余回到预算赤字的变化可能会阻碍资本形成和未来的经济增长。

难题解答:预算赤字太大了吗?

现在我们可以来回答本章开始时提出的问题:联邦的预算赤字太大了吗? 要解决这个问题,我们先得了解财政政策是为何以及如何改变的。我们还需区分预算赤字的短期(需求方)影响和长期(供给方)影响。

在 2000 财年联邦预算盈余是 2 360 亿美元(截至 2000 年 9 月 30 日)。在 2003 财年,预算赤字是 3 780 亿美元——仅仅 3 年时间,波动幅度达到 6 140 亿美元。这是如何发生的,主要有三个因素。

第一个主要因素是 2001 年和 2003 年的减税,其幅度甚至超过乔治·W. 布什在参加 2000 年总统竞选时所建议的。正如我们在本章提到的,减税是一项明智还是愚蠢的政策还存在着激烈的争论。但这件事是清楚的:鉴于 2001 年的衰退以及随后的虚弱的经济,通过减税来刺激总需求是受欢迎的。争论在于当经济在 2004—2006 年走强的时候,政府该不该减少财政刺激。

第二个主要因素是 2001 年的衰退及其后果——GDP 在一段时间内低于潜在 GDP。正如我们在本章强调过的(见图 32-5),预算赤字的恶化和好转完全是自然而然的经济行为。

第三个主要因素是布什总统第一个任期内的急剧上升的联邦支出。自 2001 到 2005 财年,联邦总支出增加了 33%,而名义 GDP 仅增长 22%。这些额外的支出是用于伊拉克战争,该支出政策是否明智,引起了另一番热烈的争论。其实除了伊拉克战争,其他类型的支出也增加了。

这些都是财政政策。它们有些什么影响呢?

在短期,总需求决定着经济表现,来自于高支出和减税的刺激在经济需要的时候提供了扩张的动力。盈余到赤字的变化通过繁荣总需求,也许为衰退提供了缓冲而且加速了经济的恢复,如图 32-9 所示。

但在长期,不管总需求发生什么,产出都趋向潜在 GDP,因此是总供给在起作用。而且那也就是财政刺激显现的长期成本之所在。庞大的预算赤字导致高的实际利率,由此降低了私人投资水平。这使得国家资本存量的增长放慢,阻碍了潜在 GDP 的增长。图 32-10 描绘了这样的慢速增长,预算赤字导致未来的潜在 GDP 会在 Y_1 点而不是

在 Y_0 点。由于总需求曲线还是 DD，所以结果是降低了实际 GDP。

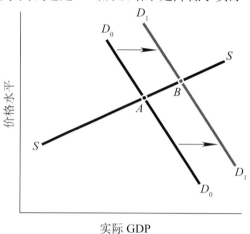

图 32-9　庞大赤字和少量盈余的短期影响

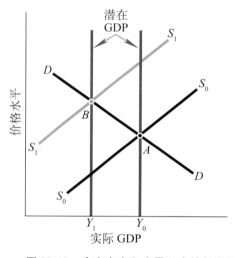

图 32-10　庞大赤字和少量盈余的长期影响

所以总的说来，赤字是否合适？答案不是很清晰。在短期，2001—2003 年经济明显是需要刺激的，2008 年也是如此。但由于庞大的预算赤字阻止了一些投资支出，长期的潜在的经济增长因赤字减慢。这就是财政刺激的忠实支持者们在 2001 年呼吁政府增加一些投资或暂时削减税收的原因。他们提议，在短期我们应当减少预算盈余，但在长期中还是要维持预算盈余。该建议在 2001 年没有被采纳。但在后来的 2008 年政府通过庞大的刺激方案时，该建议被迅速地采纳，该方案显然是暂时的。

32.9　美国预算赤字的经济学和政治学

在学完本章关于预算赤字的理论和事实之后，现在我们可以来讨论在政界已争论多年的一些问题。

(1) 20世纪80年代、90年代和21世纪前10年的赤字是问题吗？在1981—1982年，1990—1991年以及2001年，美国经济都经历了衰退。在2007年年末到2008年，美国经济再次走弱。在这些情况下，挤出不是重要的关注点，在衰退期间或衰退刚结束时就采取措施消除赤字将会不利于随后的经济恢复。根据财政政策的基本原理，在上述每种情况下增加赤字都是正确的。

图片来源：*The Wall Street Journal—Permission*, Cartoon Features Syndicate

但在每种情况下，随着经济恢复至充分就业，挤出会变成一个日益严重的问题。预算赤字此时应该降下来——20世纪90年代以及2004—2007年的赤字便是如此。但20世纪80年代和2002—2004年这段时间（至少到目前为止）的赤字表现却非如此。结果，结构性赤字增加了。曾一度让人迷惑不解的国债负担隐忧变成了现实。

(2) 我们是如何消除20世纪90年代的赤字的？部分地，我们是按传统的方式做的：增税和三次不易的减支，包括1990年的有争议但经两党通过的预算协议，1993年的党派性极强的削减赤字计划（通过时无一名共和党人投票）以及1997年的两党同意的减少预算协议。

增税和减支形成一个紧缩性的财政政策，会降低总需求。但这一影响对20世纪90年代的美国来说并不构成问题，因为当时的财政政策和货币政策配合有效。如果财政政策从紧以减少赤字，货币政策就会从松以抵消总需求受到的影响。用这种方法，我们有望降低赤字而不收缩经济。政策组合的这一变化还可以降低利率，因为紧预算和松货币一般会使利率下降。其实20世纪90年代所发生的情况正是如此。利率降低了，同时美联储保证了总需求足够维持经济的不断增长。

此外，20世纪90年代令人惊叹的快速经济增长所带来的税收收入远远超过了几年前任何人的想象，而且所谓的预算外盈余也增加了，两者一块作用使联邦预算迅速从赤字变为盈余。

(3) 盈余是怎样迅速地为如此庞大的赤字让道的？答案由三个部分组成：衰退、减税和高水平的支出，尤其是在国防和国家安全上的支出。因此，支出的急速扩张和税收的大量减少使预算从盈余变为赤字就一点也不稀奇了。

(4) 联邦预算赤字的前景是什么？总而言之，不是很好。从2011年开始，在1946年以后"婴儿潮"中出生的那一代人就要步入神奇年龄65岁了——自该年龄起，他们将拥有医保资格，而且不久以后还可以享受充分的社会福利保障。因此几乎可以肯定，美国联邦开支将开始急剧上升。可是现在，国会还没有通过未来的增税方案，该方案是为了给将来的退休和医保项目的支出提供资金的。因此，如果没有任何改变，预算赤字将会再次增长。经济学家们并不十分关心2007年和2008年三位数的预算赤字，但他们担心美国政府在2020年、2030年和2040年将如何埋单。

小结

1. 严格坚持预算平衡会使经济更不稳定，因为实现平衡会在私人支出低时降低总需求（通过增税和减少政府支出），而在私人支出高时提高总需求。

2. 由于货币政策和财政政策都会影响总需求，因此**预算赤字或盈余**恰当与否取决于货币政策，同样，恰当的货币政策也取决于预算政策。

3. 财政政策和货币政策的不同组合可以产生相同的总需求水平。但 GDP 的构成在每种情况下不同。较大的预算赤字配上较紧的货币政策往往会使利率升高，GDP 中的投资比例变小，增长减慢。较小的预算赤字加上较松的货币政策则会导致更高的投资比例和更快的增长。

4. 20 世纪 80 年代初和 20 世纪 90 年代初出现巨大的预算赤字的一个主要原因是经济运行远远低于充分就业。在那些年里，**结构性赤字**比官方赤字要小许多。结构性赤字使用的是政府在充分就业时可能会有的收入和支出的估计值，目的是排除经济周期的波动。

5. 是否需要将公众债务未来的利息支付作为负担，仅仅取决于外国人持有国债债权的程度。

6. 大量**国债**能够使美国这样的国家破产的论点是错误的，因为它忽视了一个事实：美国的国债全部是用美元偿还的债务，而美国政府通过增加税收就可以获得美元，或者它只是开动印钞机就可以创造出美元来。

7. 在许多情况下，预算赤字是会引起通胀的，因为它可以扩张总需求。如果赤字被**货币化**了，也就是说，如果中央银行在公开市场上买了政府新发行的债券，那么它会引起更大的通胀。

8. 除非赤字被大量货币化，否则赤字性支出会导致利率上升并限制私人投资支出，这一过程就称为**挤出效应**。如果大量挤出发生，那么留给后代的资本存量变少，赤字就会真的给他们造成负担。

9. 但是政府支出（G）增加也会产生**挤入效应**。如果扩张性的财政政策成功地提高了实际产出（Y），那么更多的 Y 会引致更多的投资。

10. 挤出效应大还是挤入效应大在很大程度上取决于时间的长短。在短期，特别是当失业率高时，挤入的力量可能更大，从而 G 增加不会引起投资减少。但是在长期，经济会接近充分就业，挤出假说的支持者就是正确的：增加的政府支出将主要替代私人投资。

11. 赤字增加在短期可能（通过总需求）刺激增长，但在长期它会（通过总供给和潜在 GDP）阻碍增长。

12. 赤字是否会形成负担取决于最初政府赤字是如何以及为何原因产生的。如果赤字是因为政府反衰退而出现的，那么会有更多的投资因产出的增加被挤入，而不是因利率上升被挤出。虽然参加战争引起的赤字会由于一些非经济原因可以不看作是负担，但这种赤字肯定不利于未来资本存量的增长。由于这两个因素是 20 世纪 80 年代中期之前美国的大部国债形成的原因，所以不认为这部分国债是负担是合理的。但是，1984 年后出现的赤字却令人担忧。

关键词

预算赤字
结构性预算赤字或盈余
挤入效应

预算盈余
货币化赤字

国债
挤出效应

自测题

1. 解释预算赤字与国债之间的区别。如果预算赤字变成了盈余,国债会有怎样的变化?

2. 用文字解释为什么当实际预算是赤字时,结构性预算可能是盈余,并用类似图 32-5 一样的图形来说明你的答案。

3. 如果美联储开始降低利率,政府预算赤字会怎样变化?(提示:税收收入和利息支出会怎样变化?)如果政府想抵消美联储的行为对总需求的影响,它可以做什么?这样做将会怎样影响赤字?

讨论题

1. 解释美国政府是如何积累近 9 万亿美元的国债的。谁是它的债权人?这些国债是后代的负担吗?

2. 试评论:"赤字性支出为灭亡铺了路,如果我们让它不断增加,整个国家就会'破产',即使情况不会这么糟糕,我们又有什么权利让自己如此贪婪地生活,却让我们的子孙后代担负这些债务?"

3. 新闻报道经常表明政府(不论谁是总统)正在向美联储施压,要它降低利率。根据你给出的自测题 3 的答案,你认为这是怎么一回事?

4. 解释挤出和挤入的区别。以经济的现状,你预计现在哪种效应更大?

5. 根据经济的现状,你认为现在最合适的财政—货币政策组合应是怎样的?(注意:这道题没有唯一正确的答案,最好是在班上展开讨论。)

第33章 通货膨胀与失业之间的权衡取舍

> 我们必须寻求以更低的成本,即更少的失业和产出损失来降低通胀。
>
> ——吉米·卡特(Jimmy Carter)

假如你就是本·伯南克,美联储的主席,在2007年和2008年为了提升总需求而降低了利率。你可能会想知道的两件事是,你的行动可能在多大程度上给实际GDP增长提速,以减少失业;以及这些行动在多大程度上会增加通胀——因为短期内货币政策通常会使失业和通胀向相反的方向移动。

早在第1章,我们就曾在"课程结束后仍须牢记的要点"栏中指出过,通胀和失业之间存在着一种恼人的权衡取舍:旨在降低失业的高增长政策往往会提高通胀,而降低通胀的低增长政策又会增加失业。然后在第31章,我们会发现,这种权衡取舍在短期与长期中看来显然不同,因为总供给曲线在短期相当平坦而在长期相当陡峭(甚至可能是垂直的)。一种称为菲利普斯曲线的统计关系试图总结出通胀与失业在短期和长期的权衡取舍的数量含义。本章就是关于菲利普斯曲线的,也是关于伯南克主席在2007年和2008年想知道的事情中的其中一件。

难题:通胀与失业之间的权衡取舍已成为历史了吗?

在20世纪90年代末,美国的失业率降到极低的水平——30年来的最低水平。可是,与以前的经历截然不同的是,通胀没有上升;事实上,它还稍微降低了点。极低的失业和下降的通胀这种令人欢喜的组合在美国历史上是史无前例的,它使许多人开始谈论辉煌的"新经济"(New Economy),在这里,通胀和失业之间的权衡取舍不复存在。一路飙升的股市,尤其是科技股上好的行情,更是锦上添花。

长期担心的权衡取舍,现在真的仅仅是回忆了吗?现代美国经济能够一路加速增长而没有通胀的后顾之忧吗?或者快速增长最终会带来通胀后果吗?这些都是2007年和2008年困扰美联储的问题,也是本章的核心问题。我们的答案简单地说是:不是,不能和会。本章我们将用大量篇幅来解释为什么。

33.1 需求型通胀与供给型通胀:复习

我们先复习前面各章中学过的有关通胀的部分知识。通胀的一个主要原因,虽然不是唯一的原因,就是需求的快速增长。我们知道自发性支出的增加——不论是通过消费者、投资者、政府还是外国人——都会对总需求产生一个乘数效应。因而C、I、G或$(X-IM)$每增加1美元,都会使需求的增加大于1美元。我们还知道,企业一般发现,只有价格越高,增加产出供给才会有利可图,即总供给曲线向上倾斜。因此,对总需求的刺激一般会拉动实际产出和价格一起上升。

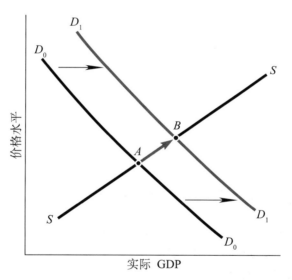

图 33-1 需求型通胀

图33-1是我们所熟悉的,它帮我们来复习这一结论。起初,经济处在A点上,即总需求曲线D_0D_0与总供给曲线SS的相交。然后由于某种原因支出增加,总需求曲线相应发生水平移动,至D_1D_1。新的均衡位于B点,此时的价格和产出都比A点上的高。这样经济同时经历了通胀和产出增长。总供给曲线的斜率代表的是伴随产量的某一增长出现的通胀数量,因此它说明了通胀和经济增长之间存在的权衡取舍。

但是我们在本书中(特别是第27章中)还学到通胀并非总是由需求方面的因素引起的。任何阻碍总供给增长的因素——如国外石油价格的上涨——都能够导致总供给曲线内移。这种通胀如图33-2所示,图中的总供给曲线S_0S_0内移至S_1S_1,经济均衡因此从A点移到B点。结果价格上涨,产量下降。滞胀出现。

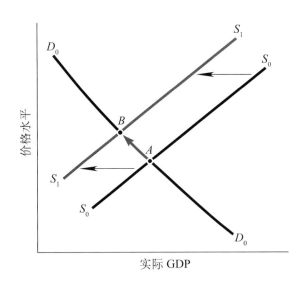

图 33-2　供给型通胀

尽管通胀既可由经济的需求因素引起，又可由供给因素引起，但这两种通胀之间存在重大差异。**需求型通胀**（demand-side inflation）通常伴有实际 GDP 的快速增长（见图 33-1）；而**供给型通胀**（supply-side inflation）则很可能伴随的是 GDP 的停滞甚至下降（见图 33-2）。我们在本章会发现这种区别具有重大的实际意义。

需求型通胀是指因总需求增长迅速引起的价格水平上涨。

供给型通胀是指因总供给增长缓慢（或下降）引起的价格水平上涨。

33.2　菲利普斯曲线的来源

我们以这样一个假设开始，即假设大多数的经济波动是受总需求的变化所驱策，这是我们在第 21 章对美国宏观经济的简短回顾时提出的。在这种情况下，我们看到 GDP 增长和通胀是同涨同落的。那么数据是否如此呢？

我们过会儿再来检验这一点。首先让我们将预言转化为对通货膨胀和失业之间的关系的相应说明。产出的快速增长自然意味着工作岗位数量的快速增长，也就意味着低的失业率。反过来，产出的低速增长自然意味着工作岗位数量的低速增长，也就意味着高的失业率。因此我们得出结论：如果商业波动来自需求方面，失业和通胀就应该反向变化，通胀高，失业就低；失业高，通胀就低。

图 33-3 说明了这种思想。美国 2007 年的平均失业率为 4.6%（图中近似表示为 5%），CPI 较 2006 年上涨 2.8%（图中近似表示为 2%）。图 33-3 的 B 点对应了这两个数字。如果总需求快速增长，通胀就会高，失业率就会低。举一个实际例子，我们假设失业率为 4%，通胀率为 3%——图 33-3 的 A 点。相比较而言，如果总需求比它实际增长的速度要慢，失业率就会高，通胀就会低。在图 33-3 中，我们假设失业率为 6% 而通胀率为 1%（C 点）。该图显示了我们的理论模型的主要经验含义：

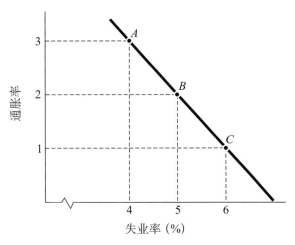

图33-3 菲利普斯曲线的来源

如果总需求曲线每年向外移动的速度变化是经济活动出现波动的主要原因,那么数据就会显示出失业与通胀之间存在反向关系。

菲利普斯曲线是一个坐标图,它的横轴表示的是失业率,纵轴表示通胀率或货币工资的变化率。菲利普斯曲线一般向下倾斜,表明高通胀率总是与低失业率联系在一起。

现在让我们来看看真实数据。我们真的能观察到通胀和失业之间的这种反向关系吗?50多年前,经济学家 A. W. 菲利普斯把英国历史上几段较长时期的失业和货币工资(不是价格)的变化率的数据描绘成一系列的散点图。然后他画出一条与数据"拟合"得很好的曲线。这种曲线,我们现在称为**菲利普斯曲线**(Phillips curve),它表明当失业低时,工资通胀一般很高;而失业高时,它一般较低。如是这样,这些数据说明通胀和失业之间存在短期权衡取舍——课程结束后仍须牢记的要点之一。

菲利普斯曲线更常见的是用来表示价格通胀,图33-4 给出的就是第二次世界大战后美国的失业率与(价格)通胀率之间的关系。曲线看来与数据拟

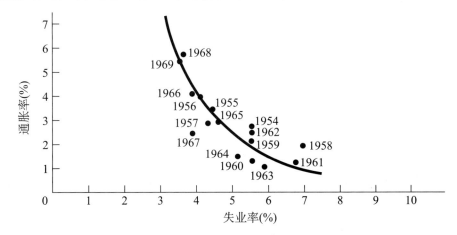

图33-4 美国1954—1969年的菲利普斯曲线

合得很好。从我们的理论观点来看,这些事实表明 1861—1913 年英国的经济波动与 1954—1969 年美国的经济波动主要是总需求增长发生变化引起的。简单的需求型通胀模型看来的确反映了所发生的事实。

在整个 20 世纪 60 年代和 70 年代初期,经济学家经常把菲利普斯曲线认为是政策制定者可选的一个"菜单"。按这种观点,政策制定者可以选择低失业和高通胀——如 1969 年所做的,或者,他们可以偏爱高失业伴随着低通胀——如 1961 年所做的。菲利普斯曲线被认为是表述了通胀和失业之间在数量上的权衡取舍。在许多年里它也确实如此。

后来,意想不到的事情发生了。20 世纪 70 年代和 80 年代初期的经济表现比菲利普斯曲线带给经济学家的预期逊色了许多。尤其是,同历史水平相比,与那些年的失业率相对应的通胀高得出奇。这一事实反映在图 33-5 中,该图只是在图 33-4 的基础上加入了代表 1970—1984 年的各点。很明显,把菲利普斯曲线看作是政策选择的菜单的旧观点出现了错误。但错在哪里呢?这个问题有两个主要解答,而要给出全面的解释就需要详细分析每一种解答。

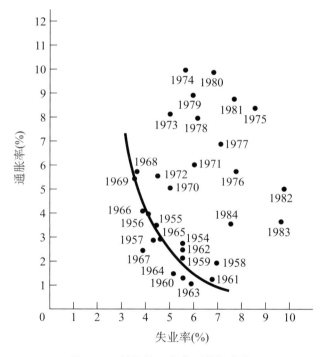

图 33-5　美国的一条菲利普斯曲线?

33.3　供给型通胀与菲利普斯曲线的失灵

我们先从相对容易的开始——这种观点认为 1972—1982 年的通胀根本不是由需求引起的。相反,在 20 世纪 70 年代和 80 年代初,经济中充满了不利的"供给冲击",例如 1972—1973 年的农业歉收,1973—1974 年和 1979—1980 年的石油价格上涨等。这些事件都使得经济的总供给曲线向左内移,正如图33-2所示。当经济波动是源于供给因素时,菲利普斯曲线会是怎样的呢?

图33-2提醒我们当经济受到不利的供给冲击时,产出会下降(至少是上涨更加缓慢),价格也会上升。随着人口的不断增长,每年都会有更多人在寻找工作,停滞的经济无法创造出新的工作,则其必然面临失业率的上升。美国当年发生的情况正是如此,失业率从1979年和5.8%上升到1980年的7.1%。这样通胀和失业同时上升了:

> 如果经济活动的波动是源于供给层面,那么高通胀率将与高失业率相连,低通胀率将与低失业率一同出现。

在图33-5中,20世纪70年代几次主要的供给冲击十分突出。(记住这些都是真实的数据,而不是教材中的例子。)食品价格在1972—1974年急剧上涨,其在1978年再度升高。能源价格在1973—1974年和1978—1980年两次飙升。显然,1972—1974年和1978—1980年美国经济生成的通胀和失业数据与我们的供给型通胀模型吻合。许多经济学家相信是供给冲击,而不是需求冲击,充斥着1972—1982这十年。

33.3.1 解释辉煌的20世纪90年代

下面让我们把上述的供给冲击分析倒过来。假设经济经历的是一次有利的(favorable)供给冲击,而非不利的(adverse)供给冲击,这样一来,总供给曲线会以异常快的速度向外移动。大量因素,如石油价格下跌、农业丰收,或者出乎意料的高速技术进步,都会产生这种影响。

不论总供曲线移动的原因是什么,其结果都如图33-6(同图27-13一样)所示。总需求曲线与以往一样向外移动,而总供给曲线比正常年份的移动要多。因此经济均衡位于B点而不是C点,这意味着更快的经济增长(B在C的右侧)和更低的通胀(B在C的下方)。简单地说,经济出现双赢局面:通胀下降,而快速的增长减少了失业。

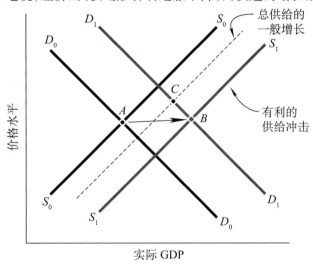

图33-6 有利的供给冲击的影响

图33-6大致反映出了1996—1998年的美国经济的特征。石油价格暴跌,降低了美国企业和家庭的成本。技术的显著进步使电脑的价格比往日下降得更快。而且,美元升值使美国人进口商品变得更加便宜。因此我们从一系列的有利的供给冲击中受益。其影响正如图33-6所示。美国经济迅速增长,但通胀和失业同时下降。

难题解答:为什么通胀和失业同时下降了?

现在我们找到了本章开头提出的问题的答案。我们不需要任何新的或神奇的东西来解释美国在20世纪90年代后半期的惊人经济表现。根据本书所教的基本宏观经济学理论,有利的供给冲击会带来快速的经济增长和下降的通胀——这就是实际所发生的。美国经济运行如此出色,部分地是因为我们是如此幸运。

33.4 菲利普斯曲线不能解释什么?

对菲利普斯曲线哪里错了的问题,一种观点是不利的供给冲击充斥着20世纪70年代和80年代初期。但还有另一种观点,它坚持认为,政策制定者错误地解释了菲利普斯曲线,并试图挑选本就不可能获得的通胀失业组合。

说明白点,如果经济周期的波动主要是由总需求增长的变化引起的,那么菲利普斯曲线表示的是我们所期待出现的通胀和失业之间的一种统计关系。但是在20世纪70年代和80年代,该曲线被广泛地错误解释成为经济能够实现的各种可能的均衡点组合,并且,政策制定者可以从这些均衡点中做出选择。

为了理解这一推理中的错误,让我们先简单复习一下前面的知识。从第27章中我们知道,经济具有一个自我调整机制,即使政府什么都不做,它最终也能治愈通胀和衰退。这一点与我们这里讲的问题有什么关系呢?它告诉我们许多产出和价格的组合不可能长期实现,一些组合会自我消亡。尤其是,当经济发现它自己已远离了正常的充分就业水平上的失业时,它就会自动生成力量以消除衰退缺口或通胀缺口。

图33-7代表的是存在衰退缺口的情况,图中总供给曲线S_0S_0与总需求曲线DD相交于点A,由于均衡产出远低于潜在的GDP,经济具有闲置的工业生产能力和未售出的产出,因此通胀很温和。与此同时,大量的失业工人急切地想找到工作,这样劳动推动工资率上涨的力量受到限制。由于工资是企业成本的主要组成,当工资下降时(相对于没有衰退时本可能出现的工资),成本也会降低。成本降低会刺激生产增加。图33-7表示了这一过程——总供给曲线向外移动,从S_0S_0到曲线S_1S_1。

从图上可以看出,随着经济从A点移到B点,衰退引起的总供给曲线外移推动了均衡产量增加。这样,衰退缺口开始变小。这一过程一直会继续,直到总供给曲线移到图33-7中曲线S_2S_2位置,此时工资下降的幅度已经可以消除衰退缺口,经济在C点实

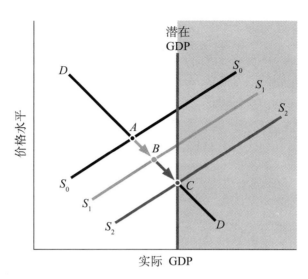

图33-7 紧缩缺口的消除

现了充分就业均衡。①

图33-8是一条虚构的菲利普斯曲线。借助它的帮助,我们可以把这一系列的变化与我们讨论的菲利普斯曲线的来源联系起来。图33-8中的 a 点对应于图33-7中的 A 点,它代表的是最初的衰退缺口,失业率(设为6.5%)高于充分就业时的水平,我们假设失业率为5%时经济实现充分就业。

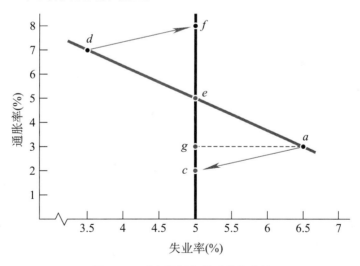

图33-8 垂直的长期菲利普斯曲线

我们刚才已看到图33-7中的 A 点——同样图33-8上的 a 点——是无法保持的。经济会通过我们刚讨论过的反通胀过程自动消除衰退缺口。图33-7中从 A 点到 C 点的调整路径在我们的菲利普斯曲线图上将表现为向更低的通胀和更低的失业变化——

---

① 这个简单的分析假定在调整期间总需求曲线不变。如果它向右移,衰退缺口会消失得更快,但通胀不会下降这么多。(练习:在图33-7中加入总需求曲线的变化来分析这一情况。)

类似于图 33-8 中由 a 点指向 c 点的箭头所示。

同理,代表通胀缺口的点——如图 33-8 的 d 点——也都无法实现。它们也会被我们在第 27 章学过的自我调整机制慢慢消除。不同寻常的低失业会推动工资上涨,进而推动价格上升。更高的价格一方面通过提高利率而限制投资支出,另一方面通过降低消费者财富的购买力而约束消费支出。通胀过程一直会持续,直到人们想要支出的数量与企业在正常的充分就业状态下愿意供给的数量持平。在这个调整过程中,失业和通胀都会上升——如图 33-8 上由 d 点指向 f 点的箭头所示。把这两个结论放在一起,我们得出:

> 在如图 33-8 的菲利普斯曲线图中,与通胀缺口相对应的点(如 d 点)和与衰退缺口相对应的点(如 a 点)都不能无限期地实现。通胀缺口会引起失业和通胀同时升高,衰退缺口会导致通胀和失业同时下降。

经济的自我调整机制总是把失业率推回到一个特定的失业率上,即我们说的**自然失业率**。

长期中所有能实现的点(如 c、e、f)对应的都是同一个失业率,因而被称为**自然失业率**(natural rate of unemployment)。自然失业率与我们一直以来称为充分就业时的失业率一致。

垂直的(长期的)菲利普斯曲线表示的是在长期社会可以选择的通胀/失业菜单(组合)。它是一条通过自然失业率的垂直直线。

这样连接 d、e 和 a 点的菲利普斯曲线根本就不是政策选择的菜单。虽然通过给总需求足够的激励,我们能够从一点如 e 点移到另一点如 d 点,但是经济不会停留在 d 点。我们不能无限期地把失业维持在如此低的一个水平。但是,政策制定者必须在 c、e 和 f 点中选择,这些点全部对应的是同样的"自然"失业率。明显地,这些点的连线就是**垂直的长期菲利普斯曲线**(vertical long-run Phillips curve)。这条连接了 e、f 这样的点的垂直的菲利普斯曲线才代表了真正的长期的政策选择菜单。因此,我们得出结论:

课程结束后仍须牢记的要点

通胀与失业之间的权衡取舍 在短期,刺激总需求可能会让经济"沿着菲利普斯曲线向上"走向更低的失业水平(例如图 33-8 中的 d 点)。相反限制总需求增长也可能会让经济"沿着菲利普斯曲线向下"走向更低的通胀(例如图 33-8 中的 a 点)。因此,在短期失业与通胀之间存在权衡取舍。刺激总需求会改善失业状况但同时会恶化通胀;限制总需求将会降低通胀却同时会扩大失业问题。

然而,在长期这种权衡取舍不存在。经济的自我调整机制会保证失业最终会回到"自然率"上,不论总需求发生怎样的改变。在长期,快速的需求增长只会导致更高的通胀,而不会减少失业;缓慢的需求增长只会导致更低的通胀,而不会增加失业。

33.5 用财政政策和货币政策对付失业

下面我们把这一分析运用到具体的政策问题上,这是一个一直困扰着许多美国和其他国家政策制定者的问题。政府应该用财政政策和货币政策管理总需求的能力来对付失业吗?如果应该,又该如何做呢?为了突出讨论,我们以最近的真实世界中的案例为例。

在2000年4月,美国的失业率跌至3.8%,大多数经济学家认为该失业率远远低于自然失业率(相当于图33-8中的d点);然后它逐步增加,一年后它升至了4.9%——可能接近自然率(图33-8中的e点)。然后就是2001年9月11日的恐怖袭击的发生,短短几个月内,失业率就已增至5.7%。到2001年12月,经济所处位置类似于图33-8中的a点,出现了衰退缺口。

即使财政政策和货币政策的制定者什么也不做,经济的自我调整机制也会逐步清除衰退缺口。随着经济沿图33-8中的箭头从a点移至c点,失业和通胀都会慢慢下降。最后,如图所示,经济将会回到它的自然失业率上(这里设定为5%),通胀也会降低,例中由3%降至2%。

最终的结果是相当令人满意的:调整之后(c点)的失业和通胀都低于调整之初(a点)。但是它可能要花上一段长得令人痛苦的时间才能从a点走到c点。在2001年,美国的政策制定者可不认为耐心是美德。几乎是在2001年"9·11"恐怖袭击刚发生之后,美联储就立刻采取行动开始减息。财政政策的反应也一样。国防和安全上的支出在袭击之后迅速增加,2001年第一阶段的减税随即介入,国会也通过了一个小型的财政刺激方案。

按照我们已学的理论,如此大剂量的扩张性的财政政策和货币政策应该会推动经济沿短期菲利普斯曲线上移,如图33-8中从a点移到e点一样。与简单地依赖于自我调整机制相比,稳定性政策的强有力反应应该会让经济更快地从2001年的衰退中恢复过来,这当然也是总统、国会和美联储的意愿。但图33-8同时表明,它还可能带给我们一个更高的通胀率(图中为5%,实际中约为2%)。

这个例子说明了政策制定者可以选择的范围。他们可以耐心地等待经济的自我调整机制把失业拉回到自然失业率——实现一个与图33-8中的c点一样的长期均衡。或者,他们可以采用扩张性货币政策和财政政策迅速完成这一过程——最终得到同样的失业但更高的通胀(e点)。那么在哪种意义上,政策制定者面临着通胀和失业的权衡取舍呢?图像显示的答案是

> 用扩张性的财政政策和货币政策更快地降低失业的成本是一个永久性的更高的通胀率。

33.6 应该做什么?

政府是否应该以提高通胀为成本来对付失业?当短暂的收益(失业短期内下降)与永久的成本(更高的通胀)相比较,我们合算吗?

我们已指出,在2001年美国政府选择了一个有力的政策反应。因此同时有两种力量在发挥作用,自我调整机制拉动经济向图33-8中的c点移动,扩张性的货币政策和财政政策又推动它向e点移动。但最终的结果应该是中间路经——如图33-8中指向g点的虚线。经历2003—2006年这几年后,经济回到充分就业水平,增长势头强劲而且

只有轻微的通胀。

政策制定者是如何做出这些决定的呢？我们将着重分析关系到答案的三个关键问题。

33.6.1 通胀和失业的成本

在第23章,我们已经研究过通胀和失业的社会成本。失业减少的多数收益可以很容易地用钱来衡量,基本上我们只需估算每年的实际 GDP 高了多少就可以了。然而,长期居高不下的通胀率的成本难以度量。因此对运用需求管理对付失业的成本与收益之争充满分歧。

那些相信通胀成本极大的经济学家和政治领导人可能认为为了更快地减少失业而接受通胀后果不是明智之举。事实上,在2001年和2007年(当美联储再次下调利率以防止衰退)一些反对者就对未来的通胀深表担忧。但是,大多数美国的政策制定者显然不同意这种观点,他们认定减少失业更重要。但事情并不总是这样。在最近十年,许多欧洲政府宁愿不采取扩张性稳定政策,听任失业率停留在高位,而不愿接受更高的通胀。

33.6.2 短期菲利普斯曲线的斜率

短期菲利普斯曲线的形状也很关键。回头参考图33-8,并想象一下,连接 a 点、e 点和 d 点的菲利普斯曲线更陡时,情况会怎样。若是这样,使用扩张性政策降低失业就会产生更大的通胀成本。反之,若菲利普斯曲线比图33-8中所示的要平坦一些,那么降低失业只会带来很小的通胀成本。

33.6.3 经济自我调整机制的效率

我们曾强调过,一旦衰退缺口打开,经济本身的自我调整机制最终会关闭它——即使没有任何政策回应。但显然存在的问题是,我们必须等多久？如果自我调整机制——通过降低工资通胀发挥作用——快且可靠,高失业就不会持续很长的时间,所以等待成本会很小。但是如果工资通胀仅对失业做出缓慢反应,那等待的成本可能会很大。在欧洲,情况显然就是这样,因为失业已经多年停留在较高的水平上。

自我调整机制的效率也是一个备受争论的话题。多数经济学家相信,事实证明工资行为极其迟缓:工资性通胀(wage inflation)看来对经济的不景气仅做出缓慢的反应。用图33-8来说明,这种滞后意味着经济从 a 点走向 c 点的速度慢得令人难耐,要想把通胀降下来必须经历一段长时间的无生机的经济活动。

但一个引人注目的少数派的观点认为这种评价太消极。这些经济学家认为降低通胀的成本根本没有这么大,而且反通胀政策成功与否的关键在于它对人们的通胀预期产生了怎样的影响。要理解该论点我们必须先理解预期为何与菲利普斯曲线相关。

> **专栏**
>
> **通胀目标和菲利普斯曲线**
>
> 在第 31 章我们曾提及通胀目标是货币政策的一种新思路,它在许多国家都赢得了支持者。在实际操作中,以通胀为目标要求政策制定者在很大程度上依赖菲利普斯曲线。为什么呢？因为,比如一个中央银行以 2% 通胀为目标,它就必须实行一种货币政策,它相信这一政策在一段时间后,如一年或两年后会把通胀率降至 2% 的水平。那么中央银行怎样知道何种政策能实现这一目标呢？
>
> 准确地知道正确的政策当然是不可能的。但中央银行可以运用与我们在前面已学的总供给/总需求模型类似的模型来估计它的政策选择会怎样影响今年或明年的失业率,然后它可以用菲利普斯曲线来估算这样的就业路径又会怎样影响通胀。事实上,这基本上是以通胀为目标的中央银行所采用的方法——从新西兰到挪威等国家。

33.7 通胀预期与菲利普斯曲线

从第 27 章我们已知,经济的总供给曲线向上倾斜,即产量随价格水平上升而增加,其主要原因是企业一般都是在长期合同下购买劳动和其他投入的,而投入成本在合同中都是以货币形式固定的。(最明显的例子就是货币工资内。)在合同有效期内,当商品价格上涨,实际工资会下降。那么劳动实际上变便宜了,这会让企业雇用更多工人并增加生产。毕竟低价买进然后高价卖出会带来更高的利润。

表 33-1 用一个具体的例子说明了这一原理的运作方式。假设工人和企业今天同意从现在开始的一年后,货币工资将按每小时 10 美元支付。表中给出了与每一个可能出现的通胀率相对应的实际工资。例如,如果通胀率为 4%,一年后的实际工资就会成为 10.00 美元/1.04 = 9.62 美元。显而易见,通胀率越高,一年后的价格水平越高,实际工资就越低。

表 33-1　未预期到的通胀下的货币工资和实际工资

通胀率(%)	从今年以后的价格水平	从今以后的小时工资(美元)	从今年以后的实际小时工资(美元)
0	100	10.00	10.00
2	102	10.00	9.80
4	104	10.00	9.62
6	106	10.00	9.43

注:每一项实际工资都是由名义工资除以年末的价格水平并乘以 100% 所得。例如,当通胀率为 4% 时,该年年末的实际工资为(10.00 美元/104)×100 = 9.62 美元。

正如我们已指出的,更低的实际工资会激励企业增产。但是更低的实际工资也使工人在购买力上遭受损失。因此在某种意义上,如果工人在一个通胀的环境中签订一个规定了不变货币工资的合约,他们就上了通胀的"当"。

如果工人能够看到通胀要来,他们还会签这样的合同吗?许多经济学家对此表示怀疑。这些经济学家问,坚持通胀补偿不是更明智吗?毕竟,如果企业预期到通胀,它们应该愿意提供更高的货币工资,因为它们能认识到更高的货币工资不意味着更高的实际工资。

表 33-2 说明了这一情况是如何实现的。比方说,如果人们预期到4%的通胀,合约上定的工资率在年末应增加到 10.40 美元(比 10 美元多4%)。这就使实际工资保持在零通胀情况下的 10 美元(因为 10.40 美元/1.04 = 10.00 美元)。表 33-2 中的其他货币工资额都是依此得出的。

表 31-2　预期通胀下的货币工资和实际工资

预期通胀率(%)	从今以后的预期价格水平	从今以后的小时工资(美元)	从今以后的预期实际小时工资(美元)
0	100	10.00	10.00
2	102	10.20	10.00
4	104	10.40	10.00
6	106	10.60	10.00

如果工人和企业都这样行事,并且他们能准确地预测通胀,那么实际工资不会随价格水平上升而下降。(在表 31-2 中,不论预期的通胀率是多少,预期的未来实际工资都是每小时 10 美元。)价格和工资会一同上升。工人不会因通胀损失什么,企业也不会从中获得什么。当价格水平上升时,企业也不再有理由增加生产。一句话,总供给曲线变成一条垂直线。总之,

> 如果工人能够预期到通胀的到来,如果他们因此能够得到补偿,那么通胀就不会降低实际工资。如果实际工资没有下降,企业也没有动力增加生产。在这种情况下,经济的总供给曲线不是向上倾斜的,而是一条经过潜在 GDP 的垂直线。

图 33-9(a)给出的就是这样的总供给曲线。由于垂直的总供给曲线推出垂直的菲利普斯曲线,因此在这些情况下短期的菲利普斯曲线甚至也是垂直的,如 33-9(b)所示。[①]

如果这个分析正确,那它对反通胀的成本和收益讨论有着深远的含义。为了说明这一点,让我们再次回到图 33-8,但这次我们用该图表示一个引起衰退的反通胀策略。假设我们从 e 点开始,通胀率为5%。要移到 c 点(代表2%的通胀),经济必须经过 a 点做一次长时间的不合意的迂回。具体来说,在经济自我调整机制开始作用并推动经

[①] 本章末的自测题 1 需要你证明一条垂直的总供给曲线会推出一条垂直的菲利普斯曲线。

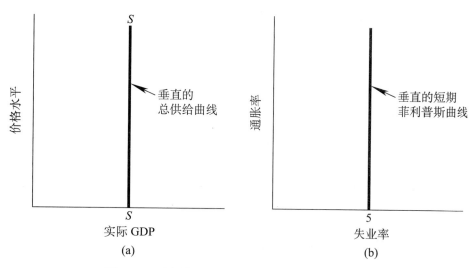

图 33-9 垂直的总供给曲线和相应的菲利普斯曲线

济由 a 点走向 c 点之前,紧缩性政策必须推动经济沿菲利普斯曲线下移至 a 点。简单地说,我们必须忍受一次衰退来降低通胀。

但是如果短期菲利普斯曲线也是垂直的,而不是向下倾斜的,情况会是怎样?若是这样,不合意的衰退型迂回将大可不必。通胀将可能下降而无须增加失业,经济直接从 e 点跳至 c 点。

这样的乐观分析适用于现实世界吗?我们果真能如此不费吹灰之力消灭通胀吗?不一定,因为我们目前讨论的预期至少有一个不真实的假定:企业和工人都能准确预期到通胀。在这一假定条件下,实际工资不受通胀的影响(如表 33-2 所示),使总供给曲线即使在短期也是垂直的。

可是通胀预测经常是不准的。假设工人低估了通胀,如他们预期只有 4% 的通胀,而实际通胀有 6%,那么实际工资会下降 2%。更一般地说,如果工人完全低估了通胀,实际工资会下降。受通胀影响的实际工资将会在表 33-1 和表 33-2 所表示的两种结果之间的某个点上。① 这样当价格水平上升时,企业仍有提高生产的部分动力,也就是说总供给曲线仍然具有正斜率,因此我们的结论是

> 当通胀被准确预测时,短期总供给曲线是垂直的;当通胀被低估时,短期总供给曲线向上倾斜。因此,只有未预期到的高通胀才会提高产量,因为只有未预期到的通胀会降低实际工资。② 同理,只有通胀的下降未预期到时,它才会导致衰退出现。

由于人们通常无法准确预期到通胀的变化,因此,这一分析似乎基本上没有改变我

---

① 为了让你真正明白,在假定工人们预测有 4% 的通胀(由此下一年的工资设为 10.40 美元/小时)且不考虑实际通胀率为多少的基础上,建立一个如表 33-2 所示的表格。如果你能正确做出这个表格,它将表明高通胀导致低的实际工资,就像表 33-1。

② 为明白这一点,可比较表 33-1 和表 33-2。

们先前对菲利普斯曲线所做的分析。事实上,现今的大多数经济学家都相信菲利普斯曲线在短期是向下倾斜的,但是在长期是垂直的。

33.8 理性预期理论

> **理性预期**虽然不一定正确,但是在给定现有数据下能够得出的最好预测。因此,理性预期不会犯系统性的错误。如果预期是理性的,预测偏差都是纯随机值。

然而少数一些有影响的经济学家不同意这一假说。这些**理性预期**(rational expectations)假说的信奉者坚持菲利普斯曲线即使在短期也是垂直的。要理解他们的观点,我们必须先解释什么是理性预期。然后我们再来看为什么理性预期对通胀和失业之间的权衡取舍有如此极端的含义。

33.8.1 什么是理性预期?

在许多经济环境中,人们必须对未来的情况形成预期。例如,那些在股市上投资的人需要预测他们买卖的股票的未来价格。同样,像我们刚才所讨论的,工人和企业在商定货币工资前可能想要预测未来的价格。如何做出这些预测?理性预期就是关于它的一种有争议的假说。

按经济学家所使用的概念,如果一个预测者最优地运用了预测时所能获得的全部相关信息,这样对一个未来变量的预测(预期)就被认为是理性的。让我们用一个虚构的股市投资者来解释该定义中的两个词:最优和所能获得的,例中的投资者具有理性预期。

首先,理性预期的支持者认识到信息是有限的。一个对谷歌的股票感兴趣的投资者会想知道公司在未来几年中能获利多少。拥有这些信息之后,她能够更为准确地预期谷歌股票的未来价格。但是这种信息根本无法获得。正是由于投资者无法预见未来,她对谷歌股票的未来价格的预测就不是"非理性的"(irrational)。另一方面,如果谷歌股票的价格通常是在周五下跌而后周一上涨,那她应该是知晓这一事实的。

下面让我们看看最优一词的意思。根据经济学家的观点,它是指运用正确的统计方法处理预测前所能获得的全部相关信息。简单地说,要获得理性预期,你的预测不一定非是正确的,但它们不能犯系统性的错误,即通过运用更好的统计方法可以避免的那些错误。这个要求虽然严格,但并不像看起来的那样奇特。一个优秀的台球运动员可以相当熟练地运用物理定理,即使他根本不理解它的理论基础。同样,一个富有经验的股市投资者可以很好地利用信息,即便他没有受过正式的统计学训练。

33.8.2 理性预期与权衡取舍

下面让我们来看一些经济学家是如何使用理性预期假说否定通胀和失业之间存在任何权衡取舍的——甚至在短期。

尽管理性预期的支持者们认识到通胀无法总是被准确预测到,但他们坚持工人不会犯系统性的错误。我们是基于下面这个假定得出短期菲利普斯曲线的形状是倾斜的论点的：工人对变化的反应往往比较慢。这也就是说，他们会在通胀升高时低估通胀，而在它降低时却高估了它。许多观察者把这样的错误当作对人的行为的真实描述。但是理性预期的支持者并不同意这一点，声称它基本上不合逻辑。他们争辩道，工人总是能运用所有最新的数据和可获得的最好经济模型做出最好的可能的通胀预测。这些预测虽然有时太高有时又太低了，但它们不会按同一个方向犯系统性的错误。因此，

> 如果预期是理性的，那么实际通胀率和预期通胀率之间的差额（预测误差）一定是一个纯随机值，即

$$通胀 - 预期通胀 = 随机值$$

回顾一下，在上一节我们的结论是，只有当实际通胀与所预期的通胀有所不同时，失业才会受它的影响。但是，在理性预期下，没有预测到的通胀变化能够使预期通胀率与实际通胀率相偏离。两者之间只是相差一个随机值。这样，根据理性预期假说，失业总是保持在自然率水平上——除了因预测误差导致的随机的并因而完全无法预测的波动。因此，

> 如果预期是理性的，那么降低通胀不会引起一段时期的高失业，因为短期菲利普斯曲线与长期菲利普斯曲线一样，将是垂直的。

根据理性预期的观点，政府管理总需求的能力并不能让它影响实际产出和失业，因为总供给曲线是垂直的——在短期甚至也是垂直的。（要想弄明白原因，可以在总供给曲线是垂直时——如图33-9(a)所示——移动总需求曲线。）政府总需求管理是提前计划的，因而可以预测到，而任何预测到的总需求改变都会改变预期的通胀率，因此实际工资不会发生变化。

政府只有让总需求发生意料之外的变化才能影响产出。但是如果预期是理性的，意料之外的变化不大容易设计，因为人们理解政策制定者想做什么。举例来说，如果当局一般是采取减少总需求的办法来对付高通胀，那么人们会迅速地预测到这一行为。任何预测到的总需求的减少都不会引起预期通胀的变化。

33.8.3 评价

理性预期的信奉者很乐观地认为我们能够降低通胀而不损失产量，即便是在短期也如此。他们是否正确呢？

作为纯逻辑分析，理性预期的论点是无懈可击的。但是其思想在实际应用中的好与坏备受争论，这也是经济政策上司空见惯的事情。虽然该理论吸引了一些支持者，但是当前的证据使多数经济学家拒绝接受极端的理性预期观点，而认同通胀和失业之间在短期存在权衡取舍的观点。部分理由如下。

合同可能体现的是过时的预期 许多劳动合同和其他原料合同的有效期很长，以

至于作为合同基础的预期,曾在合同签订之时是理性的,但以今天的观点来看,可能会是相当非理性的。例如,在1996年签订的一些为期3年的劳动合约。当时通胀已多年接近于3%,因此预期1999年的价格水平比1996年的价格水平高出9%并以此确定了1999年的工资,这在当时可能是理性的。但到1997年,通胀几乎下降到低于2%,因此3%的预期显然已是非理性的——但它已经被写入了合约。如果是这样,实际工资比大家想象的高出了很多,从而促使企业减产,就业也因此下降——虽然没有人是非理性行事的。

预期调整可能缓慢　许多人相信,通胀预期对经济环境的变化做出调整的速度不像理性预期理论假设的那么快。例如,如果政府实行了一个反通胀的政策,工人可能在一段时间里还会预期通胀很高,这样,他们会继续坚持货币工资迅速增加。那么,如果通胀真的降下来了,实际工资的增长会比任何人预期的都要快,结果便是失业,这种行为可能并不十分理性,但可能就是事实。

工人何时得到通胀补偿?　一些观察者怀疑工资协定是否真的像理性预期理论所假设的通常会事先弥补工人的预期通胀损失。他们认为,更一般的情况是,工资是在事后追赶上实际通胀的。如果是这样,情况会与传统的观点一致,实际工资将因通胀而降低。

事实怎么说　事实也并没有善待理性预期假说。该理论表明在多数时间里失业应是围绕自然失业率波动的,即按一个方向或另一个方向出现随机性的波动。可是这与数据所显示的并不一致。该理论还预言事先公布的(因而是预期到的)反通胀计划应该是不会带来痛苦的,但是事实证明,几乎在每个国家里反通胀都要付出高昂的成本。最后,对预期理性所进行的大量直接的检测都对该假说提出了质疑。例如,对人们预期的调查数据很少与理性的准确要求相符。

但是所有这些与理性预期有关的问题都不应该掩盖一个基本的事实:在长期中,理性预期的观点应该基本是正确的,因为人们不会长久地坚持错误的预期。正如亚伯拉罕·林肯的至理名言所说的,你不能在所有时候愚弄所有的人。

33.9　经济学家之间(和政治家之间)为何存在分歧?

为什么经济学家们常常在如何正确实行稳定性政策上存在分歧?至此本章已经告诉了我们部分原因。同时,它还可以帮助我们理解一些相关的政治争论。

政府是否应该采取强硬措施阻止或降低通胀?你会回答"应该",如果你相信(1)通胀的成本大于失业的成本,(2)短期菲利普斯曲线很陡,(3)预期反应很快,和(4)经济的自我调整机制运行顺畅且迅速。持有这种经济观点的人往往是理性预期者。

但是,如果你相信(1)失业的成本大于通胀的成本,(2)短期菲利普斯曲线很平,(3)预期的反应缓慢,和(4)经济自我调整机制的作用迟缓且不可靠,那么,你会回答

"不应该"。许多凯恩斯主义经济学家持有这些观点,因此,他们常常会反对以衰退为代价反通胀这一点也就丝毫不让人奇怪了。

但是,当问题变为是否应该运用需求管理让衰退快速结束时,结果又变了。凯恩斯主义者的世界观——失业的成本大,短期菲利普斯曲线平,预期调整慢以及经济自我调整机制的作用不可靠——得出的结论是,对付失业的收益大而成本小。因此凯恩斯主义者极力要求反衰退。理性预期主义者在这四点上看法恰好相反,因而他们的政策结论也与上面相反。

33.10 需求管理的困境

我们已经看到,货币政策和财政政策的制定者面临着一个无法避免的权衡取舍。如果他们刺激总需求以降低失业,他们将会提高通胀。如果他们限制总需求以对付通胀,他们就会引起更多的失业。

但是等一下,我们在本章前面学过当通胀是由供给推动时,通胀和失业是正相关的:它们是同上同下的。那这是不是意味着货币政策和财政政策能躲过通胀和失业之间的权衡取舍呢? 很不幸,不是的。

课程结束后仍须牢记的要点

总供给曲线的移动能够导致通胀和失业同升或同降,从而打破了统计上的菲利普斯曲线关系。但是,货币政策和财政政策产生的任何影响都将使失业和通胀反向变化,因为货币政策和财政政策只影响总需求曲线,而不影响总供给曲线。

因此,不论通胀的根源是什么,不论菲利普斯曲线发生怎样的变化,实行货币政策和财政政策的当局依然面临着通胀和失业之间令人不悦的权衡取舍。许多政策制定者没能明白这一原理,这也是我们希望大家牢记在心的"课程结束后仍须牢记的要点"之一。

自然地,这种令人不快的权衡取舍促使经济学家和公共官员都在寻求一种能走出困境的方法。在结束本章之前,我们考虑部分相关的想法——但没有哪一个是万能之策。

33.11 降低自然失业率的尝试

一个高度令人满意的方法——如果我们知道如何能实现它的话——是降低自然失业率。这样的话我们可以在不提高通胀的情况下享有更低的失业。但问题是,如何做?

最让人看好的思路与教育、培训和工作安置有关。数据明确表明,受教育多的工人比受教育少的工人失业少。职业培训和再培训计划如若成功,可以帮助技能过时的工人获得当前所需要的工作能力。这样做既可以提高就业,又可以缓解那些合格工人供给不足的工种的工资上涨压力。政府和私人提供的工作安置和咨询服务的作用类似。这些计划试图把信息在将来有可能成为雇主和雇员关系的人之间传递,从而实现工人和工作的更佳匹配。

这些想法看似合理且可能,但是实施过程中会出现两大问题。其一,培训和安置计划更多的时候像是纸上谈兵,实际中它们只取得了少许的成绩。在一些情况中,人们受培训后所能从事的工作在他们的培训结束之前就已经不存在了——即使这些工作曾经的确存在过。

其二,这些计划的高额成本限制了大量有此需要的工人的参与,甚至有些成功的计划也面临这样的问题。为此,在美国由公共扶持的工作培训开展的范围很小,比多数欧洲国家的小得多。少量的支出几乎是无望实现自然失业率的大幅下降的。

但是许多观察者相信,即便有这些问题存在,美国的自然失业率还是降低了,为什么?原因之一是,工作经验在正式的训练中具有共性,也就是说,通过在工作中学习,工人的生产能力越来越高了。随着美国劳动力的年龄增加,工作经验的平均水平也提高了,在许多经济学家看来,这一点降低了自然失业率。(其他更多的可能原因见专栏"自然失业业率为何降低了?")

专栏

自然失业率为何降低了?

在1995年,多数经济学家相信美国的自然失业率接近于6%,并且肯定不低于5.5%,他们认为,如果失业降到这一重要比率之下,通胀就会上升。但是20世纪90年代末的经历推翻了这一观点。在1996年夏,失业率降至5.5%,并还在下降。到1998年年末,它已低于4.5%。在2001年的几个月中,它甚至降到4%以下。而通胀并没有上升的迹象。

这种令人难以置信的宏观经济表现的原因之一在本章中已经讨论过,即一系列的有利的供给冲击推动了总供给曲线以超常的速度向外移动。可是,自然失业率看来在20世纪90年代也降低了。为什么呢?

对这个问题,经济学家们还没有一个完整的答案,但有几个困惑已经被解开了。首先,美国的工作人口的年龄增长了——而成熟的工人通常比年轻工人失业少。其次,临时扶持机构增多以及网络求职功能的提高使工人和工作匹配更佳。具有讽刺意味的是,创纪录的高犯罪水平可能减少了失业,因为大量在监狱的人若是在社会上可能也是处于失业状态。最后大家相信(但难以证实)20世纪90年代初疲软的劳动市场使劳动者更加不敢轻举妄动,从而促使失业下降并保持通胀不变。

不论原因是什么,事实看来是美国现在可以维持一个比15年前更低的失业。

33.12 指数化

> **指数化**指的是法律或合同中的一些条款,根据这些条款,只要指定的价格指数发生变化,货币支付会自动做出调整。货币工资、养老金、债券的利息支付、所得税和其他许多事物都可以并已经按这种方式指数化了。有时这种合约条款被称为自动调整条款。

指数化(indexing)指的是法律或合约中规定货币支付可随指定价格指数的变化而做出相应调整的条款。它代表的是解决通胀—失业困境的另一种完全不同的思路,指数化不是试图改善权衡取舍,而是希望降低通胀的社会成本。

最常见的指数化例子是工资协议中的自动调整条款。只要价格水平上涨超出一个指定的数量,无需新的合同谈判,自动调整条款就可以让货币工资随之自动增加。因此,这样的协议部分地保护了工人,使他们不会受通胀的过大影响。如今,由于通胀低且稳定,相当少的工人能受自动调整条款的保护。但是通胀高的时候,受自动调整条款保护的情形会更普遍。

债券或银行存款的利息支付也可以指数化。美国政府在1997年开始对它的一小部分债券实行了指数化。但现今在美国最广泛的指数化出现在政府的转移支付上。例如,社会保障福利被指数化后,退休者就不再是通胀的受害人。

一些经济学家相信,美国应该效仿一些国外的国家采取一个更广泛的指数化体系。因为他们认为,这会避免通常引起的多数痛苦。为了弄明白原理,让我们复习一下我们在第23章已分析过的通胀的一些社会成本。

一个主要的成本是由未预期到的通胀引起的不确定的收入再分配变化。我们看到借贷双方通常都会在名义利率中加入一个与预期通胀率相等的通胀补贴。如果实际通胀比预期通胀高,借款人也只需付给贷款人双边已协定的名义利率,其中包括预期通胀补贴,而不需为更高的实际通胀向贷款人做出补偿。这样,借款人获得了一个意外的收益而贷款人则蒙受损失,如果通胀比预期的要低,相反的情况就会发生。

但是如果贷款利率被指数化,上述情况都不会发生。借贷双方会就一个不变的实际利率达成一致,借方将补偿贷款所出现的实际通胀,没人需要猜测通胀率将是多少。[①]

第23章中提及的第二个社会成本来自我们的税收制度是对名义利率和名义资本收益征税这一事实。我们已经学过,税收制度的这一缺陷会在通胀的情况下形成一个极高的有效税率。但是指数化可以解决这个问题。我们只需将税法改为只对实际利息支付和实际资本收益征税就可以了。

既然有这么多好处,为什么我们的经济不使用更多的指数化呢?一个显而易见的原因是多年来,通胀一直处于较低水平。指数化在多年以前吸引了众多的关注,因为当时通胀很高。另一个原因是一些经济学家担心指数化会消磨社会反通胀的决心。他们

---

① 例如,一项被指数化了的实际利率为2%的贷款在通胀为3%时需要支付5%的名义利率,而在通胀为5%时需支付7%的名义利率,依此类推。

问道,通胀的成本如此显著降低了,那什么能阻止政府引起越来越高的通胀呢?他们担心答案是什么也没有。而那些没因通胀遭受损失的选民们也不可能给他们的立法者施压,以阻止通胀,因而反对指数化的人担忧一次温和的通胀病会变成高度指数化经济中的一场破坏性极强的传染病。

小结

1. 通胀既可由总需求的快速增长引起,也可由总供给的迟缓增长引起。
2. 当经济活动的波动出现在**需求方**时,价格和实际产出都会迅速上升。因为快速的增长意味着有更多的工作,所以失业和通胀是负相关的。
3. 失业和通胀的反向关系称为**菲利普斯曲线**。美国在20世纪50年代和60年代的数据显示出了清晰的菲利普斯曲线所示的关系。但20世纪70年代和80年代的数据却没有。
4. 菲利普斯曲线不是经济长期政策选择的菜单,因为自我调整机制确保通胀缺口和衰退缺口都不会长期存在。
5. 由于自我调整机制的作用,经济真正的长期选择位于**垂直的长期菲利普斯曲线**上,它表明**自然失业率**是可以长期维持的唯一失业率。
6. 在短期,经济可以沿短期菲利普斯曲线上下移动,以更高的通胀为代价可以实现暂时的失业降低,暂时的失业上升也可以用来反通胀。**通胀和失业之间的短期权衡取舍**是我们"课程结束后仍须牢记的要点"之一。
7. 利用失业来对付通胀是否可行取决于四个主要因素:通胀相对于失业的社会成本,经济自我调整机制的效率,短期菲利普曲线的形状,以及通胀预期的调整速度。
8. 如果工人预期通胀会出现,并要求(且获得了)通胀补偿,那么产出将不受价格水平的影响。这种情况下的总供给曲线和短期菲利普斯曲线都是垂直的。
9. 预测通胀中的误差会改变实际工资进而改变企业愿意供给的产出量,因此,未预测到的价格水平变化将会形成正常的向上倾斜的总供给曲线。
10. 根据**理性预期**假说,预测通胀中的误差完全是随机的。因此除了一些随机性的波动外,总供给曲线即使在短期也是垂直的。
11. 许多经济学家反对理性预期的观点。其中一些人否认预期是"理性的",并相信人们往往会在通胀上升时低估了它;另一些人指出多年前签订的合约的预期不可能与我们今天所指的"理性"预期相吻合。
12. 当经济活动的波动是因总供给曲线的移动引起时,产出增长会放慢(导致失业增加),而通胀上升。因而,失业率和通胀率之间将是正相关的。许多观察者觉得这种滞胀是菲利普斯曲线在20世纪70年代失灵的原因。同理,一系列有利的供给冲击有助于解释20世纪90年代同时出现的低通胀与强劲的经济增长。
13. 即使通胀是供给方的问题引发的,并使通胀和失业同时发生,货币和财政当局仍然面临着这种权衡取舍:他们采取的提高就业的任何举措都可能会恶化通胀,而降低通胀的任何举措也可能扩大失业——这是"课程结束后仍须牢记的要点"之一。原因是货币政策和财政政策主要影响的是总需求曲线,而不是总供给曲线。
14. 改善劳动市场运作的政策——包括再培训计划和就业服务——在理论上能够降低自然失业率。然而迄今美国政府的这些措施只取得了少许的成功。
15. **指数化**是解决权衡取舍的另一种方法。它强调的是降低通胀的社会成本,而不是试图改善权衡取舍关系。但是反对指数化的人士担心经济反通胀的决心会因指数化变小。

关键词

需求型通胀　　　　　供给型通胀　　　　　　　　菲利普斯曲线
自然失业率　　　　　垂直的(长期)菲利普斯曲线　理性预期
指数化

自测题

1. 试说明,如果经济中的总供给曲线是垂直的,那么总需求的增长波动只能引起通胀变化而不影响产出。

2. 长期政府债券现在支付的名义利率大约为5%。你是否愿意把你的债券变为一种支付3%的实际利率的指数化债券?如果实际利率为2%会怎样?实际利率为1%呢?你对这些问题的回答反映了你个人对通胀的态度是什么?

讨论题

1. 当20世纪90年代通胀和失业一同降低时,一些观察者声称政策制定者不再面临通胀和失业间的权衡取舍。他们的观点正确吗?

2. "试图通过货币政策和财政政策缩短衰退是毫无意义的,因为这些政策对失业的影响肯定是暂时的。"评论这一表述的正确性以及它与政策制定的关联性。

3. 为什么说对财政政策和货币政策的决策至少部分上是无法按"客观"经济标准做出的政治决策?

4. 什么是菲利普斯曲线?为什么它在1954—1969年比在20世纪70年代运行得好一些?

5. 试解释,预期通胀为何会影响劳动者—管理者双边所协定的工资。

6. "理性"预期指的是什么?为什么理性预期假说对经济政策有如此与众不同的含义?理性预期的信奉者会想要通过扩张总需求来缩短衰退吗?他们会降低总需求来反对通胀吗?结合你对自测题1的解答来分析。

7. 据说美联储董事会相对政府关注通胀更多,失业更少。如果它是真的,那为什么总统要担忧美联储对利率的可能动作?

8. 2007年年末失业率接近5%,实际GDP几乎没增加,通胀在2%之上而且显然只增长了一点,联邦预算出现庞大赤字。

  a. 阐述在这种情况下,赞成实行扩张性的货币政策或财政政策的一条或多条理由。

  b. 阐述在这种情况下,赞成实行紧缩性的货币政策或财政政策的一条或多条理由。

  c. 你认为哪种论点更有说服力?

后　　记

当今西方,坊间刊行的经济学原理教科书无数,但究其风格独特,影响深远者,则屈指可数。然有三本经济学原理教科书,可谓此中翘楚:萨氏的《经济学》(Paul Samuelson 和 William Nordhaus 合著 *Economics*)、曼氏的《经济学原理》(N. Gregory Mankiw 著 *The Principles of Economics*),以及威廉·J. 鲍莫尔和艾伦·S. 布林德两位教授所著的力作《经济学——原理和政策》一书。

三书之中,萨氏之书的地位自不待言,作为战后新一代经济学教科书的鼻祖,其体例详尽之格式,浅显易懂之文风和与时俱进之态度,不仅影响了一代又一代经济学学子,同时,也开创了当代经济学教科书的写作典范。

曼氏的《经济学原理》,在当今经济学原理教科书中可谓"新贵",当年,哈佛大学年轻教授曼昆,坐拥尚未着笔,即有出版商先行送上百万美元润笔之威风,以其生动幽默的笔触,庖丁解牛般的自信,痛快淋漓将现代经济学的门径呈现在初学者的面前,此书甫出,顿时"洛阳纸贵",全美高校纷纷采用此书作为教材,其后便风行世界至今。

而鲍氏和布氏的一书,国内虽名声不显,但其在欧美,却也名声赫赫。此书初刊于 1979 年,历经 30 余载,历经 11 版而不坠,目前仍稳居美国最流行的经济学教科书之列,非有过人之处,无以至此。对于该书的特点,北京大学光华管理学院的张维迎教授曾总结道:"本书的最大特点是叙述上的'问题导向'和'政策导向'。作者认为,学习经济学的最好方法是'从问题到理论',而不是相反。为此,本书的每一章都从一个具体的、使人感到困惑甚至自相矛盾的政策问题或现实问题开始,然后通过深入浅出的经济学分析,使你走出迷雾。这样做不仅提高了读者读书的兴趣,而且可以加强读者对所学内容的记忆。如果你能记住本书作者所归纳的经济学的 12 个基本观点,你将终身受益。"

其中萨氏的《经济学》和曼氏的《经济学原理》在国内已早有中文本刊行,且最新的中文版本和国外的英文原版已趋于同步;而威廉·J. 鲍莫尔和艾伦·S. 布林德两位教授所著的力作《经济学原理》一书,在国内虽也有译本(第七版由叶伟强翻译,辽宁教育出版社 1999 年出版)和影印本(第七版,机械工业出版社 1998 年出版),但却存在明显的"时滞",为了弥补这一不足,让国内读者尽快看到最新版的《经济学——原理和政策》,前年夏末,北京大学出版社继 2004 年购买了鲍氏和布氏这一大作的中文版权,并于2005年委托我们翻译出版之后,又于2009年购买了更新的第11版版权,仍然约请我们承担该书的中文翻译工作。

在翻译过程中,我们一方面深深认同张维迎教授对此书慧眼独具的评价,但另一方面,我们也感到此书的价值除了在行文上的对"问题导向"和"政策导向"的强调外,还有一些优点是值得我们国内的经济学教育工作者认真学习的:

第一,鲍氏和布氏的一书特别强调以"学生为导向",由于作者在写作教材时,牢牢地将其目标受众置于写作的中心位置,所以,我们从开篇就可以感觉到作者对学生学习的关心。在前言中,就开宗明义给学生提供了详尽和具体的学习教辅指导,充分体现了对学生学习的关心和重视;第二,在教材内容的安排中,为了有利于学生的学习和掌握,书中突出了以兴趣来引导学生,教材中有大量丰富翔实的案例,史料、事例固然使得我们的翻译工作变得任务繁重,但我们却相信,对于一本经济学的入门教材而言,这无疑增加了它的可读性。第三,作者为了深化学生对知识的了解和掌握,教材的结构安排上也良苦用心。每章在主体内容之外的内容小结和术语、关键词的列表以及习题的安排都是围绕帮助学生"循序渐进学好经济学"这一根本宗旨。

鲍氏和布氏的一书特别强调在经济学原理中体现出学科的"与时俱进"性。作为经济学原理,应当是讲授经济学科最基本、最核心的内容,但由于经济学本身具有"经世济民"的重要的现实价值,如果不能在原理之中反映出经济学对于现实经济的重要指导功能,这不仅不利于学生接触和了解本学科的前沿动向,同时,对学生在学习理论后,通过"理论联系实际"养成经济学的现实敏锐性的过程,也会形成滞碍,所以,在这本教材中,两位教授特别注重了在基本的原理讲授中体现出学科的最新发展成果。这一点,各位读者只需参考前言中两位教授对在这一版本中引入经济增长的内容的介绍以及本书的目录,便可洞知一二。

此外,我们在翻译过程中,还深深为两位教授幽默而生动的笔触而折服,在这本经济学原理的教科书,两位教授语言流畅,文字生动,且旁征博引,妙语连珠,没有半点冬烘先生的习气,在这样的语境中学习经济学,不可不谓一大妙事。因此,在翻译中,作者的灵性也成为我们试图再现的一个目标,但成与不成,只有交由读者来评判了。

总之,这本教材是一本非常优秀的经济学原理的教科书。在该书新版的翻译工作中,我们感谢曾参与2004年第9版翻译的译校者方齐云、姚遂、陈卓淳、方臻旻等的辛勤劳动,由于工作原因,2009年第11版的翻译主要由方臻旻完成,徐梦全对第6和第7两部分提供了初译帮助,陶守来对第3部分提供了初译帮助,全书的译校由方齐云完成。由于本书内容丰富,我们在翻译工作中不可避免会有不足和缺陷,欢迎读者对本书的翻译提出任何宝贵意见。

我们要感谢北京大学出版社,由于工作繁忙,本书翻译过程历时较长,但出版社容忍了我们"拖欠";我们还要感谢为本书的出版付出努力的所有人士。

方齐云

2014年初秋8月于喻珈山

教学支持服务

圣智学习出版集团（Cengage Learning）作为为终身教育提供全方位信息服务的全球知名教育出版集团，为秉承其在全球对教材产品的一贯教学支持服务，将为采用其教材图书的每位老师提供教学辅助资料。任何一位通过Cengage Learning北京代表处注册的老师都可直接下载所有在线提供的、全球最为丰富的教学辅助资料，包括教师用书、PPT、习题库等。

鉴于部分资源仅适用于老师教学使用，烦请索取的老师配合填写如下情况说明表。

教学辅助资料索取证明

兹证明＿＿＿＿＿＿＿大学＿＿＿＿＿＿系/院＿＿＿＿＿＿学年（学期）开设的＿＿＿名学生□主修 □选修的＿＿＿＿＿＿＿＿＿＿课程，采用如下教材作为□主要教材 或 □参考教材：

书名：＿＿＿＿＿＿＿＿＿＿＿＿＿＿＿＿＿＿＿＿＿＿＿＿＿＿＿＿＿＿＿＿＿＿

作者：＿＿＿＿＿＿＿＿＿＿＿＿＿＿＿＿＿＿＿＿＿ □英文影印版　　□中文翻译版

出版社：＿＿＿＿＿＿＿＿＿＿＿＿＿＿＿＿＿＿＿＿＿＿＿＿＿＿＿＿＿＿＿＿＿

学生类型：□本科1/2年级　□本科3/4年级　□研究生　□MBA　□EMBA　□在职培训

任课教师姓名：＿＿＿＿＿＿＿＿＿＿＿＿＿＿＿＿＿

职称/职务：＿＿＿＿＿＿＿＿＿＿＿＿＿＿＿＿＿＿＿

电话：＿＿＿＿＿＿＿＿＿＿＿＿＿＿＿＿＿

E-mail：＿＿＿＿＿＿＿＿＿＿＿＿＿＿＿＿＿＿＿＿

通信地址：＿＿＿＿＿＿＿＿＿＿＿＿＿＿＿＿＿＿＿

邮编：＿＿＿＿＿＿＿＿＿＿＿＿＿＿＿＿＿＿

对本教材的建议：＿＿＿＿＿＿＿＿＿＿＿＿＿＿＿＿＿

系/院主任：＿＿＿＿＿＿＿＿（签字）

（系/院办公室章）

＿＿＿＿年＿＿＿＿月＿＿＿＿日

---

*相关教辅资源事宜敬请联络圣智学习出版集团北京代表处。

经济与管理图书事业部
北京市海淀区成府路 205 号 100871
联 系 人：徐冰
电　　话：010-62767312 / 62767348
传　　真：010-62556201
电子邮件：em@pup.pku.edu.cn
　　　　　shm@pup.pku.edu.cn
网　　址：http://www.pup.cn

Cengage Learning Beijing Office
圣智学习出版集团北京代表处
北京市海淀区科学院南路2号融科资讯中心C座南楼1201室
Tel: (8610) 8286 2095 / 96 / 97　Fax: (8610) 8286 2089
E-mail: asia.infochina@cengage.com
www.cengageasia.com